2024

法律法规全书系列

中华人民共和国房地产法律法规全书

（含相关政策及文书范本）

中国法制出版社

CHINA LEGAL PUBLISHING HOUSE

出 版 说 明

　　随着中国特色社会主义法律体系的建成，中国的立法进入了"修法时代"。在这一时期，为了使法律体系进一步保持内部的科学、和谐、统一，会频繁出现对法律各层级文件的适时清理。目前，清理工作已经全面展开且取得了阶段性的成果，但这一清理过程在未来几年仍将持续。这对于读者如何了解最新法律修改信息、如何准确适用法律带来了使用上的不便。基于这一考虑，我们精心编辑出版了本丛书，一方面重在向读者展示我国立法的成果与现状，另一方面旨在帮助读者在法律文件修改频率较高的时代准确适用法律。

　　本书独具以下四重价值：

　　1. 文本权威，内容全面。本书涵盖房地产领域相关的常用法律、行政法规、国务院文件、部门规章、规范性文件、司法解释，及最高人民法院公布的典型案例、示范文本，独家梳理和收录人大代表建议、政协委员提案的重要答复；书中收录文件均为经过清理修改的现行有效文本，方便读者及时掌握最新法律文件。

　　2. 查找方便，附录实用。全书法律文件按照紧密程度排列，方便读者对某一类问题的集中查找；重点法律附加条旨，指引读者快速找到目标条文；附录相关典型案例、文书范本，其中案例具有指引"同案同判"的作用。同时，本书采用可平摊使用的独特开本，避免因书籍太厚难以摊开使用的弊端。

　　3. 免费增补，动态更新。为保持本书与新法的同步更新，避免读者因部分法律的修改而反复购买同类图书，我们为读者专门设置了以下服务：（1）扫码添加书后"法规编辑部"公众号→点击菜单栏→进入资料下载栏→选择法律法规全书资料项→点击网址或扫码下载，即可获取本书每次改版修订内容的电子版文件；（2）通过"法规编辑部"公众号，及时了解最新立法信息，并可线上留言，编辑团队会就图书相关疑问动态解答。

　　4. 目录赠送，配套使用。赠送本书目录的电子版，与纸书配套，立体化、电子化使用，便于检索、快速定位；同时实现将本书装进电脑，随时随地查。

修订说明

《中华人民共和国房地产法律法规全书》自出版以来,深受广大读者的欢迎和好评。本书在前一版本的基础上,根据最新国家法律、行政法规、部门规章、司法解释及相关文件的制定和修改情况,进行了相应的增删和修订,具体情况如下:

新增、更新文件:《中华人民共和国行政复议法》《中华人民共和国行政诉讼法》《农村土地承包合同管理办法》《中华人民共和国无障碍环境建设法》《住房城乡建设部、中国人民银行、金融监管总局关于优化个人住房贷款中住房套数认定标准的通知》《住房和城乡建设部、市场监管总局关于规范房地产经纪服务的意见》《中央财政农村危房改造补助资金管理办法》《关于保障性住房有关税费政策的公告》《建设工程消防设计审查验收管理暂行规定》《城镇污水排入排水管网许可管理办法》《住房城乡建设部关于进一步加强建设工程企业资质审批管理工作的通知》《建设工程质量检测管理办法》。

总 目 录

一、综　合 ························ (1)
二、拆迁征收 ···················· (54)
　1. 综　合 ······················ (54)
　2. 国有土地上房屋征收 ········ (55)
　3. 农村土地征收 ················ (74)
　4. 大型工程建设项目征地 ······ (86)
三、住　房 ······················ (101)
　1. 综　合 ······················ (101)
　2. 权属登记 ···················· (127)
　3. 房屋交易 ···················· (208)
　4. 住房公积金 ·················· (239)
　5. 房地产经纪 ·················· (276)
　6. 房屋租赁 ···················· (281)
　7. 物业管理 ···················· (296)
　8. 住房保障 ···················· (318)
　9. 房产税费 ···················· (333)
四、建设用地 ···················· (352)
　1. 综　合 ······················ (352)
　2. 审查报批 ···················· (375)
　3. 出让转让 ···················· (383)
五、建筑工程 ···················· (402)
　1. 综　合 ······················ (402)
　2. 节能减排 ···················· (460)
　3. 资质管理 ···················· (480)
　4. 工程招投标承包 ·············· (511)
　5. 建筑工程设计与验收 ·········· (554)
　6. 工程质量管理 ················ (569)
六、人大代表建议、政协委员提案答复 ··· (702)

目录[*]

一、综　合

中华人民共和国民法典（节录） …………… (1)
　　（2020 年 5 月 28 日）
最高人民法院关于适用《中华人民共和国民法典》合同编通则若干问题的解释 …… (8)
　　（2023 年 12 月 4 日）
中华人民共和国城乡规划法 ………………… (17)
　　（2019 年 4 月 23 日）
违反土地管理规定行为处分办法 …………… (23)
　　（2008 年 5 月 9 日）
住房和城乡建设部关于规范城乡规划行政处罚裁量权的指导意见 ………………… (26)
　　（2012 年 6 月 25 日）
住房和城乡建设行政处罚程序规定 ………… (27)
　　（2022 年 3 月 10 日）
住房城乡建设领域违法违规行为举报管理办法 ………………………………………… (31)
　　（2014 年 11 月 19 日）
中华人民共和国行政复议法 ………………… (32)
　　（2023 年 9 月 1 日）
住房城乡建设行政复议办法 ………………… (40)
　　（2015 年 9 月 7 日）
中华人民共和国行政诉讼法 ………………… (46)
　　（2017 年 6 月 27 日）

二、拆迁征收

1. 综　合
住房城乡建设部城市管理监督局关于推行城市管理执法全过程记录工作的通知 …… (54)
　　（2016 年 11 月 8 日）
住房城乡建设部办公厅、国家发展改革委办公厅、财政部办公厅关于印发《棚户区改造工作激励措施实施办法（试行）》的通知 ……… (54)
　　（2016 年 12 月 19 日）

2. 国有土地上房屋征收
国有土地上房屋征收与补偿条例 …………… (55)
　　（2011 年 1 月 21 日）
国有土地上房屋征收评估办法 ……………… (58)
　　（2011 年 6 月 3 日）
最高人民法院关于办理申请人民法院强制执行国有土地上房屋征收补偿决定案件若干问题的规定 ……………………………… (60)
　　（2012 年 3 月 26 日）
最高人民法院关于违法的建筑物、构筑物、设施等强制拆除问题的批复 …………… (61)
　　（2013 年 3 月 27 日）

・典型案例・
1. 马生忠与宁夏回族自治区固原市人民政府行政批复、宁夏回族自治区固原市住房和城乡建设局房屋拆迁行政裁决案 …… (61)
2. 宋莉莉诉宿迁市建设局房屋拆迁补偿安置裁决案 ………………………………… (64)

---

* 编者按：本目录中的时间为法律文件的公布时间或最后一次修正、修订公布时间。

3. 高耀荣诉江苏省溧阳市建设局城市房屋
　　拆迁行政裁决案 …………………………（66）
4. 施桂英诉福建省厦门市思明区人民政府
　　行政强制措施案 …………………………（66）
5. 许水云诉金华市婺城区人民政府房屋行
　　政强制及行政赔偿案 ……………………（68）

3. 农村土地征收
农村土地承包合同管理办法 ………………（74）
　　（2023年2月17日）
自然资源部、农业农村部关于农村乱占耕地
　　建房"八不准"的通知 ……………………（77）
　　（2020年7月29日）
国土资源部、财政部、农业部关于加快推进
　　农村集体土地确权登记发证工作的通知 …（77）
　　（2011年5月6日）
劳动和社会保障部、国土资源部关于切实做好
　　被征地农民社会保障工作有关问题的通知 …（79）
　　（2007年4月28日）
最高人民法院关于审理涉及农村集体土地行
　　政案件若干问题的规定 …………………（80）
　　（2011年8月7日）

最高人民法院关于审理涉及农村土地承包纠
　　纷案件适用法律问题的解释 ……………（82）
　　（2020年12月29日）
· 典型案例 ·
1. 陈清棕诉亭洋村一组、亭洋村村委会征
　　地补偿款分配纠纷案 ……………………（84）
2. 易泽广诉湖南省株洲县人民政府送电线
　　路建设工程征地拆迁补偿安置决定案 ……（85）

4. 大型工程建设项目征地
长江三峡工程建设移民条例 ………………（86）
　　（2011年1月8日）
大中型水利水电工程建设征地补偿和移民安
　　置条例 ……………………………………（91）
　　（2017年4月14日）
国务院关于完善大中型水库移民后期扶持政
　　策的意见 …………………………………（96）
　　（2006年5月17日）
南水北调工程建设征地补偿和移民安置暂行
　　办法 ………………………………………（98）
　　（2005年1月27日）

三、住　房

1. 综　合
中华人民共和国城市房地产管理法 ………（101）
　　（2019年8月26日）
中华人民共和国无障碍环境建设法 ………（106）
　　（2023年6月28日）
城市危险房屋管理规定 ……………………（110）
　　（2004年7月20日）
房地产估价机构管理办法 …………………（111）
　　（2015年5月4日）
注册房地产估价师管理办法 ………………（117）
　　（2016年9月13日）
城市居民住宅安全防范设施建设管理规定 ……（120）
　　（1996年1月5日）
建设部关于落实新建住房结构比例要求的若
　　干意见 ……………………………………（121）
　　（2006年7月6日）

建设部、商务部、国家发展和改革委员会、
　　中国人民银行、国家工商行政管理总局、
　　国家外汇管理局关于规范房地产市场外资
　　准入和管理的意见 ………………………（123）
　　（2006年7月11日）
国家发展改革委、住房城乡建设部关于加强
　　城镇老旧小区改造配套设施建设的通知 …（124）
　　（2021年9月2日）
住房和城乡建设部办公厅、国家发展改革委
　　办公厅、财政部办公厅关于进一步明确城
　　镇老旧小区改造工作要求的通知 ………（125）
　　（2021年12月14日）

2. 权属登记
不动产登记暂行条例 ………………………（127）
　　（2024年3月10日）
不动产登记暂行条例实施细则 ……………（130）
　　（2019年7月24日）

不动产登记操作规范（试行） ……………（141）
　　（2021年6月7日）
不动产登记资料查询暂行办法 ……………（191）
　　（2019年7月24日）
城市房地产权属档案管理办法 ……………（193）
　　（2001年8月29日）
国土资源部、住房城乡建设部关于房屋交易
　　与不动产登记衔接有关问题的通知 ……（195）
　　（2017年9月11日）
国家发展改革委、财政部关于不动产登记收
　　费标准等有关问题的通知 ………………（196）
　　（2016年12月6日）
最高人民法院关于审理房屋登记案件若干问
　　题的规定 …………………………………（198）
　　（2010年11月5日）
最高人民法院关于审理建筑物区分所有权纠
　　纷案件适用法律若干问题的解释 ………（199）
　　（2020年12月29日）
建设部关于房屋建筑面积计算与房屋权属登
　　记有关问题的通知 ………………………（200）
　　（2002年3月27日）
商品房销售面积计算及公用建筑面积分摊规
　　则（试行） ………………………………（201）
　　（1995年9月8日）
・典型案例・
　　1. 张成银诉徐州市人民政府房屋登记行政
　　　　复议决定案 ……………………………（202）
　　2. 张一诉郑中伟、中国联合网络通信有限
　　　　公司武汉市分公司建筑物区分所有权纠
　　　　纷案 ……………………………………（205）
3. 房屋交易
商品房销售管理办法 ………………………（208）
　　（2001年4月4日）
城市房地产转让管理规定 …………………（212）
　　（2001年8月15日）
城市房地产开发经营管理条例 ……………（213）
　　（2020年11月29日）
房地产开发企业资质管理规定 ……………（216）
　　（2022年3月2日）
房地产广告发布规定 ………………………（217）
　　（2021年4月2日）

国家发展改革委、最高人民法院、国土资源
　　部关于对失信被执行人实施限制不动产交
　　易惩戒措施的通知 ………………………（219）
　　（2018年3月1日）
住房和城乡建设部关于进一步加强房地产市场
　　监管完善商品住房预售制度有关问题的通知 ……（219）
　　（2010年4月13日）
已购公有住房和经济适用住房上市出售管理
　　暂行办法 …………………………………（221）
　　（1999年4月22日）
建设部关于已购公有住房和经济适用住房上
　　市出售若干问题的说明 …………………（223）
　　（1999年7月27日）
商品房销售明码标价规定 …………………（226）
　　（2011年3月16日）
国家发展改革委办公厅、住房城乡建设部办
　　公厅关于开展商品房销售明码标价专项检
　　查的通知 …………………………………（227）
　　（2016年11月4日）
商品住宅实行住宅质量保证书和住宅使用说
　　明书制度的规定 …………………………（228）
　　（1998年5月12日）
住房和城乡建设部、中国人民银行、中国银
　　行业监督管理委员会关于规范商业性个人
　　住房贷款中第二套住房认定标准的通知 ……（229）
　　（2010年5月26日）
住房城乡建设部、中国人民银行、金融监管
　　总局关于优化个人住房贷款中住房套数认
　　定标准的通知 ……………………………（229）
　　（2023年8月18日）
城市房地产抵押管理办法 …………………（230）
　　（2021年3月30日）
建设部关于个人住房抵押贷款证券化涉及的
　　抵押权变更登记有关问题的试行通知 …（233）
　　（2005年5月16日）
建设部、中国人民银行、中国银行业监督管
　　理委员会关于规范与银行信贷业务相关的
　　房地产抵押估价管理有关问题的通知 …（234）
　　（2006年1月13日）
最高人民法院关于审理商品房买卖合同纠纷
　　案件适用法律若干问题的解释 …………（236）
　　（2020年12月29日）

最高人民法院关于商品房消费者权利保护问题的批复 …………………………………（238）
　　（2023年4月20日）

4. 住房公积金

住房公积金管理条例 ……………………（239）
　　（2019年3月24日）
中央国家机关住房资金管理中心关于简化住房公积金提取业务申请材料的公告 …………（242）
　　（2019年10月23日）
建设部、财政部、中国人民银行关于住房公积金管理若干具体问题的指导意见 …………（242）
　　（2005年1月10日）
住房和城乡建设部、财政部、中国人民银行、中国银行业监督管理委员会关于规范住房公积金个人住房贷款政策有关问题的通知 …（243）
　　（2010年11月2日）
中央国家机关住房资金管理中心关于调整中央国家机关住房公积金存款利率的通知 ………（244）
　　（2015年10月24日）
中央国家机关住房资金管理中心关于执行住房公积金个人贷款差别化政策有关问题的通知 ……（244）
　　（2013年4月8日）
住房城乡建设部关于住房公积金异地个人住房贷款有关操作问题的通知 ……………（246）
　　（2015年9月15日）
中央国家机关住房资金管理中心关于接入全国住房公积金异地转移接续平台办理住房公积金异地转移接续业务的通知 …………（246）
　　（2017年6月5日）
住房城乡建设部、财政部、人民银行关于改进住房公积金缴存机制进一步降低企业成本的通知 …………………………………（250）
　　（2018年4月28日）
中央国家机关住房资金管理中心关于简化住房公积金业务部分申请材料的公告 …………（251）
　　（2018年5月14日）
关于优化住房公积金提取政策进一步规范提取行为的通知 …………………………（251）
　　（2023年8月16日）
住房城乡建设部、财政部、人民银行、公安部关于开展治理违规提取住房公积金工作的通知 …………………………………（252）
　　（2018年5月2日）

住房和城乡建设部关于印发《住房公积金统计管理办法》的通知 ……………………（253）
　　（2021年9月2日）

・典型案例・

1. 黄颖诉美晟房产公司商品房预售合同纠纷案 ………………………………………（255）
2. 戴雪飞诉华新公司商品房订购协议定金纠纷案 ……………………………………（257）
3. 邓虎诉孔春能房屋买卖合同纠纷案 ……（260）
4. 中天建设集团有限公司诉河南恒和置业有限公司建设工程施工合同纠纷案 ……（261）
5. 郑某安与某物业发展公司商品房买卖合同纠纷再审检察建议案 …………………（263）

・文书范本・

商品房买卖合同（预售） ………………（265）

5. 房地产经纪

房地产经纪管理办法 ……………………（276）
　　（2016年4月1日）
国家发展改革委、住房城乡建设部关于放开房地产咨询收费和下放房地产经纪收费管理的通知 …………………………………（279）
　　（2014年6月13日）
住房和城乡建设部、市场监管总局关于规范房地产经纪服务的意见 …………………（280）
　　（2023年4月27日）

6. 房屋租赁

商品房屋租赁管理办法 …………………（281）
　　（2010年12月1日）
住房和城乡建设部、国家发展改革委、公安部等关于整顿规范住房租赁市场秩序的意见 …………………………………（283）
　　（2019年12月13日）
公安部、中央社会治安综合治理委员会办公室、民政部等关于进一步加强和改进出租房屋管理工作有关问题的通知 ……………（285）
　　（2004年11月12日）
国家税务总局关于加强出租房屋税收征管的通知 …………………………………（286）
　　（2018年6月15日）
最高人民法院关于审理城镇房屋租赁合同纠纷案件具体应用法律若干问题的解释 …………（287）
　　（2020年12月29日）

财政部、税务总局、住房城乡建设部关于完
　善住房租赁有关税收政策的公告 …………（288）
　（2021年7月15日）
住房和城乡建设部等部门关于加强轻资产住
　房租赁企业监管的意见 ………………（289）
　（2021年4月15日）
住房和城乡建设部办公厅关于集中式租赁住
　房建设适用标准的通知 …………………（290）
　（2021年5月27日）
国务院办公厅关于加快发展保障性租赁住房
　的意见 ……………………………………（291）
　（2021年6月24日）
·典型案例·
　1. 上海中原物业顾问有限公司诉陶德华居
　　间合同纠纷案 …………………………（293）
　2. 饶国礼诉某物资供应站等房屋租赁合同
　　纠纷案 …………………………………（294）

7. 物业管理
物业管理条例 ………………………………（296）
　（2018年3月19日）
物业服务收费管理办法 ……………………（300）
　（2003年11月13日）
物业服务收费明码标价规定 ………………（302）
　（2004年7月19日）
物业服务定价成本监审办法（试行） ……（303）
　（2007年9月10日）
业主大会和业主委员会指导规则 …………（304）
　（2009年12月1日）
前期物业管理招标投标管理暂行办法 ……（309）
　（2003年6月26日）
最高人民法院关于审理物业服务纠纷案件适
　用法律若干问题的解释 …………………（312）
　（2020年12月29日）
·典型案例·
　1. 陈书豪与南京武宁房地产开发有限公
　　司、南京青和物业管理有限公司财产损
　　害赔偿纠纷案 …………………………（312）
　2. 无锡市春江花园业主委员会诉上海陆家
　　嘴物业管理有限公司等物业管理纠纷案 ……（315）

8. 住房保障
经济适用住房管理办法 ……………………（318）
　（2007年11月19日）

经济适用住房开发贷款管理办法 …………（321）
　（2008年1月18日）
廉租住房保障办法 …………………………（322）
　（2007年11月8日）
城镇最低收入家庭廉租住房申请、审核及退
　出管理办法 ………………………………（325）
　（2005年7月7日）
公共租赁住房管理办法 ……………………（327）
　（2012年5月28日）
中央财政农村危房改造补助资金管理办法 …（330）
　（2023年6月29日）
住房城乡建设部关于支持北京市、上海市开
　展共有产权住房试点的意见 ……………（332）
　（2017年9月14日）
住房和城乡建设部办公厅关于加强保障性住
　房质量常见问题防治的通知 ……………（332）
　（2022年2月8日）

9. 房产税费
全国人民代表大会常务委员会关于授权国务
　院在部分地区开展房地产税改革试点工作
　的决定 ……………………………………（333）
　（2021年10月23日）
中华人民共和国房产税暂行条例 …………（334）
　（2011年1月8日）
中华人民共和国契税法 ……………………（334）
　（2020年8月11日）
中华人民共和国城市维护建设税法 ………（336）
　（2020年8月11日）
中华人民共和国印花税法 …………………（336）
　（2021年6月10日）
中华人民共和国土地增值税暂行条例 ……（339）
　（2011年1月8日）
中华人民共和国土地增值税暂行条例实施细则 …（339）
　（1995年1月27日）
房地产开发企业销售自行开发的房地产项目
　增值税征收管理暂行办法 ………………（341）
　（2018年6月15日）
国家税务总局关于土地增值税清算有关问题
　的通知 ……………………………………（343）
　（2010年5月19日）
中华人民共和国城镇土地使用税暂行条例 ………（344）
　（2019年3月2日）

财政部、国家税务总局关于房产税城镇土地
　　使用税有关问题的通知 ……………………（345）
　　（2009 年 11 月 22 日）
财政部、国家税务总局关于房产税、城镇土
　　地使用税有关政策的通知 ………………（345）
　　（2006 年 12 月 25 日）
国家税务总局、财政部、建设部关于加强房
　　地产税收管理的通知 ……………………（346）
　　（2018 年 6 月 15 日）
国家税务总局关于个人转让房屋有关税收征
　　管问题的通知 ……………………………（347）
　　（2007 年 3 月 21 日）
国家税务总局关于个人转租房屋取得收入征
　　收个人所得税问题的通知 ………………（348）
　　（2009 年 11 月 18 日）

财政部、国家税务总局关于调整个人住房转
　　让营业税政策的通知 ……………………（349）
　　（2015 年 3 月 30 日）
国家税务总局关于个人住房转让所得征收个
　　人所得税有关问题的通知 ………………（349）
　　（2018 年 6 月 15 日）
关于保障性住房有关税费政策的公告 ………（351）
　　（2023 年 9 月 28 日）
国家税务总局关于个人与房地产开发企业签
　　订有条件优惠价格协议购买商店征收个人
　　所得税问题的批复 ………………………（351）
　　（2008 年 6 月 15 日）
国家税务总局关于房地产开发企业开发产品
　　完工条件确认问题的通知 ………………（351）
　　（2010 年 5 月 12 日）

四、建设用地

1. 综　合
中华人民共和国土地管理法 …………………（352）
　　（2019 年 8 月 26 日）
中华人民共和国土地管理法实施条例 ………（360）
　　（2021 年 7 月 2 日）
机关团体建设楼堂馆所管理条例 ……………（365）
　　（2017 年 10 月 5 日）
国务院关于加强土地调控有关问题的通知 …（367）
　　（2006 年 8 月 31 日）
国土资源部关于加强房地产用地供应和监管
　　有关问题的通知 …………………………（369）
　　（2010 年 3 月 8 日）
国土资源部、住房和城乡建设部关于进一步
　　加强房地产用地和建设管理调控的通知 …（371）
　　（2010 年 9 月 21 日）
国土资源部、住房城乡建设部关于进一步严
　　格房地产用地管理巩固房地产市场调控成
　　果的紧急通知 ……………………………（374）
　　（2012 年 7 月 19 日）
2. 审查报批
建设项目用地预审管理办法 …………………（375）
　　（2016 年 11 月 29 日）

建设用地审查报批管理办法 …………………（376）
　　（2016 年 11 月 29 日）
建设部机关实施行政许可工作规程 …………（378）
　　（2004 年 6 月 30 日）
建设部机关行政许可责任追究办法 …………（380）
　　（2004 年 6 月 30 日）
建设行政许可听证工作规定 …………………（381）
　　（2004 年 6 月 30 日）
3. 出让转让
中华人民共和国城镇国有土地使用权出让和
　　转让暂行条例 ……………………………（383）
　　（2020 年 11 月 29 日）
城市国有土地使用权出让转让规划管理办法 …（386）
　　（2011 年 1 月 26 日）
最高人民法院关于审理涉及国有土地使用权
　　合同纠纷案件适用法律问题的解释 ……（387）
　　（2020 年 12 月 29 日）
招标拍卖挂牌出让国有建设用地使用权规定 …（388）
　　（2007 年 9 月 28 日）
协议出让国有土地使用权规定 ………………（391）
　　（2003 年 6 月 11 日）
规范国有土地租赁若干意见 …………………（392）
　　（1999 年 7 月 27 日）

闲置土地处置办法 …………………………（393）
　　（2012年6月1日）
● 典型案例 ●
　1. 梁昌运与霍邱县人民政府国土资源局建
　　设用地使用权出让合同纠纷案 …………（396）
　2. 定安城东建筑装修工程公司与海南省定
　　安县人民政府、第三人中国农业银行定
　　安支行收回国有土地使用权及撤销土地
　　证案 …………………………………………（397）

五、建筑工程

1. 综　合
中华人民共和国建筑法 ……………………（402）
　　（2019年4月23日）
中华人民共和国安全生产法 ………………（407）
　　（2021年6月10日）
建设工程安全生产管理条例 ………………（419）
　　（2003年11月24日）
建设工程消防设计审查验收管理暂行规定 …（424）
　　（2023年8月21日）
住房和城乡建设部办公厅关于做好建设工程
　消防设计审查验收工作的通知 ……………（429）
　　（2021年6月30日）
安全生产许可证条例 ………………………（429）
　　（2014年7月29日）
生产安全事故报告和调查处理条例 ………（431）
　　（2007年4月9日）
建筑施工企业安全生产许可证管理规定 …（435）
　　（2015年1月22日）
建筑施工企业安全生产许可证动态监管暂行办法 …（437）
　　（2008年6月30日）
建筑工程施工许可管理办法 ………………（439）
　　（2021年3月30日）
中华人民共和国产品质量法 ………………（441）
　　（2018年12月29日）
实施工程建设强制性标准监督规定 ………（446）
　　（2021年3月30日）
中华人民共和国防震减灾法（节录）………（447）
　　（2008年12月27日）
建设工程抗震设防要求管理规定 …………（450）
　　（2002年1月28日）
中华人民共和国文物保护法（节录）………（451）
　　（2017年11月4日）
国家重点建设项目管理办法 ………………（454）
　　（2011年1月8日）
工程建设工法管理办法 ……………………（455）
　　（2014年7月16日）
最高人民法院关于审理建设工程施工合同纠
　纷案件适用法律问题的解释（一）…………（457）
　　（2020年12月29日）

2. 节能减排
中华人民共和国节约能源法 ………………（460）
　　（2018年10月26日）
民用建筑节能条例 …………………………（465）
　　（2008年8月1日）
民用建筑节能管理规定 ……………………（469）
　　（2005年11月10日）
建设项目环境保护管理条例 ………………（471）
　　（2017年7月16日）
绿色建筑标识管理办法 ……………………（473）
　　（2021年1月8日）
城镇污水排入排水管网许可管理办法 ……（475）
　　（2022年12月1日）
国家发展改革委 住房城乡建设部 生态环境部
　关于推进污水处理减污降碳协同增效的实
　施意见 ………………………………………（478）
　　（2023年12月12日）

3. 资质管理
工程造价咨询企业管理办法 ………………（480）
　　（2020年2月19日）
建设工程勘察设计资质管理规定 …………（483）
　　（2018年12月22日）
建筑业企业资质管理规定 …………………（487）
　　（2018年12月22日）
工程监理企业资质管理规定实施意见 ……（491）
　　（2016年6月16日）

注册建造师管理规定 …………………………（495）
　　（2016 年 9 月 13 日）
注册造价工程师管理办法 ………………………（499）
　　（2020 年 2 月 19 日）
注册监理工程师管理规定 ………………………（503）
　　（2016 年 9 月 13 日）
勘察设计注册工程师管理规定 …………………（506）
　　（2016 年 9 月 13 日）
住房城乡建设部关于简化建筑业企业资质标
　　准部分指标的通知 …………………………（509）
　　（2016 年 10 月 14 日）
住房和城乡建设部办公厅关于简化监理工程
　　师执业资格注册程序和条件的通知 ………（509）
　　（2021 年 11 月 5 日）
住房和城乡建设部办公厅关于建设工程企业
　　资质有关事宜的通知 ………………………（509）
　　（2022 年 10 月 28 日）
住房城乡建设部关于进一步加强建设工程企
　　业资质审批管理工作的通知 ………………（510）
　　（2023 年 9 月 6 日）

4. 工程招投标承包
中华人民共和国招标投标法 ……………………（511）
　　（2017 年 12 月 27 日）
中华人民共和国招标投标法实施条例 …………（516）
　　（2019 年 3 月 2 日）
建筑工程设计招标投标管理办法 ………………（523）
　　（2017 年 1 月 24 日）
工程建设项目勘察设计招标投标办法 …………（526）
　　（2013 年 3 月 11 日）
工程建设项目施工招标投标办法 ………………（531）
　　（2013 年 3 月 11 日）
工程建设项目货物招标投标办法 ………………（538）
　　（2013 年 3 月 11 日）
房屋建筑和市政基础设施工程施工招标投标
　　管理办法 ……………………………………（544）
　　（2019 年 3 月 13 日）
工程建设项目招标投标活动投诉处理办法 ……（548）
　　（2013 年 3 月 11 日）
建筑工程施工发包与承包计价管理办法 ………（550）
　　（2013 年 12 月 11 日）
房屋建筑和市政基础设施工程施工分包管理
　　办法 …………………………………………（552）
　　（2019 年 3 月 13 日）

住房城乡建设部办公厅关于工程总承包项目
　　和政府采购工程建设项目办理施工许可手
　　续有关事项的通知 …………………………（554）
　　（2017 年 7 月 13 日）

5. 建筑工程设计与验收
建设工程勘察设计管理条例 ……………………（554）
　　（2017 年 10 月 7 日）
房屋建筑和市政基础设施工程施工图设计文
　　件审查管理办法 ……………………………（557）
　　（2018 年 12 月 29 日）
建设工程勘察质量管理办法 ……………………（560）
　　（2021 年 4 月 1 日）
建设工程监理范围和规模标准规定 ……………（562）
　　（2001 年 1 月 17 日）
房屋建筑和市政基础设施工程竣工验收规定 …（563）
　　（2013 年 12 月 2 日）
房屋建筑和市政基础设施工程竣工验收备案
　　管理办法 ……………………………………（564）
　　（2009 年 10 月 19 日）
住房和城乡建设部关于做好住宅工程质量分
　　户验收工作的通知 …………………………（565）
　　（2009 年 12 月 22 日）
住房城乡建设部办公厅关于简化工程造价咨
　　询企业资质申报材料的通知 ………………（566）
　　（2017 年 7 月 13 日）
住房城乡建设部关于加强和改善工程造价监
　　管的意见 ……………………………………（566）
　　（2017 年 9 月 14 日）
住房和城乡建设部办公厅关于取消工程造
　　价咨询企业资质审批加强事中事后监管
　　的通知 ………………………………………（568）
　　（2021 年 6 月 28 日）

6. 工程质量管理
建设工程质量管理条例 …………………………（569）
　　（2019 年 4 月 23 日）
建设部关于适用《建设工程质量管理条例》
　　第 58 条有关问题的复函 ……………………（574）
　　（2006 年 1 月 20 日）
建设部关于运用《建设工程质量管理条例》
　　第六十七条、第三十一条的复函 …………（574）
　　（2002 年 4 月 24 日）

房屋建筑工程质量保修办法 …………… (574)
　　(2000 年 6 月 30 日)
建设工程质量检测管理办法 …………… (575)
　　(2022 年 12 月 29 日)
房屋建筑和市政基础设施工程质量监督管理
　　规定 ………………………………………… (579)
　　(2010 年 8 月 1 日)

住房城乡建设部关于进一步强化住宅工程质
　　量管理和责任的通知 …………………… (580)
　　(2010 年 5 月 4 日)
· 文书范本 ·
建设项目工程总承包合同（示范文本）……… (585)
建设工程施工合同（示范文本）……………… (636)
建设工程勘察合同（示范文本）……………… (689)

六、人大代表建议、政协委员提案答复

对十三届全国人大五次会议第 8259 号建议的
　　答复 ……………………………………… (702)
　　——关于开展既有建筑分布式光伏自能
　　　　源化升级改造的建议
　　(2022 年 8 月 10 日)
对十三届全国人大五次会议第 2483 号建议的
　　答复 ……………………………………… (703)
　　——关于加快中水回用立法大力推进城
　　　　市中水回用的建议
　　(2022 年 7 月 11 日)
关于政协第十三届全国委员会第五次会议第
　　02006 号（城乡建设类 057 号）提案答复的函 … (704)
　　——关于提升城市绿化带生态化设计的
　　　　提案
　　(2022 年 9 月 8 日)
关于政协第十三届全国委员会第五次会议第
　　00301 号（资源环境类 018 号）提案答复的函 … (704)
　　——关于提升我国北方城市洪涝治理能
　　　　力的提案
　　(2022 年 8 月 31 日)
关于政协第十三届全国委员会第五次会议第
　　03601 号（城乡建设类 098 号）提案答复
　　的函 ……………………………………… (706)
　　——关于我国城市现有基础设施实现快
　　　　速、低成本数字化升级的提案
　　(2022 年 8 月 18 日)
对十三届全国人大四次会议第 2126 号建议的答复 … (707)
　　——关于规范发展长租公寓市场促进我
　　　　国住房租赁行业平稳健康发展的建议
　　(2021 年 6 月 25 日)

关于政协十三届全国委员会第三次会议第
　　2958 号提案答复的函 ………………… (707)
　　——关于从国家层面出台政策破解"空
　　　　心村"的提案
　　(2020 年 10 月 9 日)
关于政协十三届全国委员会第三次会议第
　　3192 号提案答复的函 ………………… (708)
　　——关于建议国家发改委牵头部署启动
　　　　全国内涝与防洪城市大数据建设项
　　　　目的提案
　　(2020 年 9 月 25 日)
对十三届全国人大三次会议第 5910 号建议的答复 …… (709)
　　——关于城市更新过程中老旧建筑改造
　　　　的建议
　　(2020 年 9 月 8 日)
关于政协十三届全国委员会第三次会议第
　　4855 号提案答复的函 ………………… (711)
　　——关于修订住房公积金缴纳办法减轻企
　　　　业负担的提案
　　(2020 年 9 月 18 日)
对十三届全国人大二次会议第 9306 号建议
　　的答复 …………………………………… (711)
　　——"建立房地产经纪人信用体系电子档
　　　　案，评定经纪人信用等级，建立公
　　　　示和惩戒机制"的建议
　　(2019 年 10 月 31 日)
对十三届全国人大二次会议第 1780 号建议的
　　答复 ……………………………………… (712)
　　——关于简化企业工程项目建设审批程
　　　　序，推进项目建设进程的建议
　　(2019 年 7 月 12 日)

对十三届全国人大二次会议第 8130 号建议的
答复 ……………………………………（713）
　　——关于精准帮扶城镇特困群体的建议
　　（2019 年 7 月 2 日）
关于政协十三届全国委员会第一次会议第
1597 号提案答复的函 ………………（713）
　　——关于建立进城落户农民住房公积金
　　制度的提案
　　（2018 年 7 月 12 日）
关于政协十三届全国委员会第一次会议第
1848 号提案答复的函 ………………（714）
　　——关于提请国家出台城市管理法的提案
　　（2018 年 7 月 11 日）

对十三届全国人大一次会议第 3227 号建议的
答复 ……………………………………（716）
　　——关于提升城市水污染防治效果的建议
　　（2018 年 8 月 14 日）
对全国政协十二届五次会议第 0191 号提案的
答复 ……………………………………（717）
　　——关于加快出台农村住房建设管理办
　　法的提案
　　（2017 年 8 月 29 日）

一、综　合

中华人民共和国民法典(节录)

- 2020年5月28日第十三届全国人民代表大会第三次会议通过
- 2020年5月28日中华人民共和国主席令第45号公布
- 自2021年1月1日起施行

……

第三编　合　同

……

第九章　买卖合同

第五百九十五条　【买卖合同的概念】买卖合同是出卖人转移标的物的所有权于买受人,买受人支付价款的合同。

第五百九十六条　【买卖合同条款】买卖合同的内容一般包括标的物的名称、数量、质量、价款、履行期限、履行地点和方式、包装方式、检验标准和方法、结算方式、合同使用的文字及其效力等条款。

第五百九十七条　【无权处分的违约责任】因出卖人未取得处分权致使标的物所有权不能转移的,买受人可以解除合同并请求出卖人承担违约责任。

法律、行政法规禁止或者限制转让的标的物,依照其规定。

第五百九十八条　【出卖人基本义务】出卖人应当履行向买受人交付标的物或者交付提取标的物的单证,并转移标的物所有权的义务。

第五百九十九条　【出卖人义务:交付单证、交付资料】出卖人应当按照约定或者交易习惯向买受人交付提取标的物单证以外的有关单证和资料。

第六百条　【买卖合同知识产权保留条款】出卖具有知识产权的标的物的,除法律另有规定或者当事人另有约定外,该标的物的知识产权不属于买受人。

第六百零一条　【出卖人义务:交付期间】出卖人应当按照约定的时间交付标的物。约定交付期限的,出卖人可以在该交付期限内的任何时间交付。

第六百零二条　【标的物交付期限不明时的处理】当事人没有约定标的物的交付期限或者约定不明确的,适用本法第五百一十条、第五百一十一条第四项的规定。

第六百零三条　【买卖合同标的物的交付地点】出卖人应当按照约定的地点交付标的物。

当事人没有约定交付地点或者约定不明确,依据本法第五百一十条的规定仍不能确定的,适用下列规定:

(一)标的物需要运输的,出卖人应当将标的物交付给第一承运人以运交给买受人;

(二)标的物不需要运输,出卖人和买受人订立合同时知道标的物在某一地点的,出卖人应当在该地点交付标的物;不知道标的物在某一地点的,应当在出卖人订立合同时的营业地交付标的物。

第六百零四条　【标的物的风险承担】标的物毁损、灭失的风险,在标的物交付之前由出卖人承担,交付之后由买受人承担,但是法律另有规定或者当事人另有约定的除外。

第六百零五条　【迟延交付标的物的风险负担】因买受人的原因致使标的物未按照约定的期限交付的,买受人应当自违反约定时起承担标的物毁损、灭失的风险。

第六百零六条　【路货买卖中的标的物风险转移】出卖人出卖交由承运人运输的在途标的物,除当事人另有约定外,毁损、灭失的风险自合同成立时起由买受人承担。

第六百零七条　【需要运输的标的物风险负担】出卖人按照约定将标的物运送至买受人指定地点并交付给承运人后,标的物毁损、灭失的风险由买受人承担。

当事人没有约定交付地点或者约定不明确,依据本法第六百零三条第二款第一项的规定标的物需要运输的,出卖人将标的物交付给第一承运人后,标的物毁损、灭失的风险由买受人承担。

第六百零八条　【买受人不履行接受标的物义务的风险负担】出卖人按照约定或者依据本法第六百零三条第二款第二项的规定将标的物置于交付地点,买受人违反约定没有收取的,标的物毁损、灭失的风险自违反约定时起由买受人承担。

第六百零九条 【未交付单证、资料的风险负担】出卖人按照约定未交付有关标的物的单证和资料的，不影响标的物毁损、灭失风险的转移。

第六百一十条 【根本违约】因标的物不符合质量要求，致使不能实现合同目的的，买受人可以拒绝接受标的物或者解除合同。买受人拒绝接受标的物或者解除合同的，标的物毁损、灭失的风险由出卖人承担。

第六百一十一条 【买受人承担风险与出卖人违约责任关系】标的物毁损、灭失的风险由买受人承担的，不影响因出卖人履行义务不符合约定，买受人请求其承担违约责任的权利。

第六百一十二条 【出卖人的权利瑕疵担保义务】出卖人就交付的标的物，负有保证第三人对该标的物不享有任何权利的义务，但是法律另有规定的除外。

第六百一十三条 【权利瑕疵担保责任之免除】买受人订立合同时知道或者应当知道第三人对买卖的标的物享有权利的，出卖人不承担前条规定的义务。

第六百一十四条 【买受人的中止支付价款权】买受人有确切证据证明第三人对标的物享有权利的，可以中止支付相应的价款，但是出卖人提供适当担保的除外。

第六百一十五条 【买卖标的物的质量瑕疵担保】出卖人应当按照约定的质量要求交付标的物。出卖人提供有关标的物质量说明的，交付的标的物应当符合该说明的质量要求。

第六百一十六条 【标的物法定质量担保义务】当事人对标的物的质量要求没有约定或者约定不明确，依据本法第五百一十条的规定仍不能确定的，适用本法第五百一十一条第一项的规定。

第六百一十七条 【质量瑕疵担保责任】出卖人交付的标的物不符合质量要求的，买受人可以依据本法第五百八十二条至第五百八十四条的规定请求承担违约责任。

第六百一十八条 【标的物瑕疵担保责任减免的特约效力】当事人约定减轻或者免除出卖人对标的物瑕疵承担的责任，因出卖人故意或者重大过失不告知买受人标的物瑕疵的，出卖人无权主张减轻或者免除责任。

第六百一十九条 【标的物的包装方式】出卖人应当按照约定的包装方式交付标的物。对包装方式没有约定或者约定不明确，依据本法第五百一十条的规定仍不能确定的，应当按照通用的方式包装；没有通用方式的，应当采取足以保护标的物且有利于节约资源、保护生态环境的包装方式。

第六百二十条 【买受人的检验义务】买受人收到标的物时应当在约定的检验期限内检验。没有约定检验期限的，应当及时检验。

第六百二十一条 【买受人检验标的物的异议通知】当事人约定检验期限的，买受人应当在检验期限内将标的物的数量或者质量不符合约定的情形通知出卖人。买受人怠于通知的，视为标的物的数量或者质量符合约定。

当事人没有约定检验期限的，买受人应当在发现或者应当发现标的物的数量或者质量不符合约定的合理期限内通知出卖人。买受人在合理期限内未通知或者自收到标的物之日起二年内未通知出卖人的，视为标的物的数量或者质量符合约定；但是，对标的物有质量保证期的，适用质量保证期，不适用该二年的规定。

出卖人知道或者应当知道提供的标的物不符合约定的，买受人不受前两款规定的通知时间的限制。

第六百二十二条 【检验期限或质量保证期过短的处理】当事人约定的检验期限过短，根据标的物的性质和交易习惯，买受人在检验期限内难以完成全面检验的，该期限仅视为买受人对标的物的外观瑕疵提出异议的期限。

约定的检验期限或者质量保证期短于法律、行政法规规定期限的，应当以法律、行政法规规定的期限为准。

第六百二十三条 【标的物数量和外观瑕疵检验】当事人对检验期限未作约定，买受人签收的送货单、确认单等载明标的物数量、型号、规格的，推定买受人已经对数量和外观瑕疵进行检验，但是有相关证据足以推翻的除外。

第六百二十四条 【向第三人履行情形的检验标准】出卖人依照买受人的指示向第三人交付标的物，出卖人和买受人约定的检验标准与买受人和第三人约定的检验标准不一致的，以出卖人和买受人约定的检验标准为准。

第六百二十五条 【出卖人的回收义务】依照法律、行政法规的规定或者按照当事人的约定，标的物在有效使用年限届满后应予回收的，出卖人负有自行或者委托第三人对标的物予以回收的义务。

第六百二十六条 【买受人支付价款及方式】买受人应当按照约定的数额和支付方式支付价款。对价款的数额和支付方式没有约定或者约定不明确的，适用本法第五百一十条、第五百一十一条第二项和第五项的规定。

第六百二十七条 【买受人支付价款地点】买受人应当按照约定的地点支付价款。对支付地点没有约定或者约定不明确,依据本法第五百一十条的规定仍不能确定的,买受人应当在出卖人的营业地支付;但是,约定支付价款以交付标的物或者交付提取标的物单证为条件的,在交付标的物或者交付提取标的物单证的所在地支付。

第六百二十八条 【买受人支付价款的时间】买受人应当按照约定的时间支付价款。对支付时间没有约定或者约定不明确,依据本法第五百一十条的规定仍不能确定的,买受人应当在收到标的物或者提取标的物单证的同时支付。

第六百二十九条 【出卖人多交标的物的处理】出卖人多交标的物的,买受人可以接收或者拒绝接收多交的部分。买受人接收多交部分的,按照约定的价格支付价款;买受人拒绝接收多交部分的,应当及时通知出卖人。

第六百三十条 【买卖合同标的物孳息的归属】标的物在交付之前产生的孳息,归出卖人所有;交付之后产生的孳息,归买受人所有。但是,当事人另有约定的除外。

第六百三十一条 【主物与从物在解除合同时的效力】因标的物的主物不符合约定而解除合同的,解除合同的效力及于从物。因标的物的从物不符合约定被解除的,解除的效力不及于主物。

第六百三十二条 【数物买卖合同的解除】标的物为数物,其中一物不符合约定的,买受人可以就该物解除。但是,该物与他物分离使标的物的价值显受损害的,买受人可以就数物解除合同。

第六百三十三条 【分批交付标的物的情况下解除合同的情形】出卖人分批交付标的物的,出卖人对其中一批标的物不交付或者交付不符合约定,致使该批标的物不能实现合同目的的,买受人可以就该批标的物解除。

出卖人不交付其中一批标的物或者交付不符合约定,致使之后其他各批标的物的交付不能实现合同目的的,买受人可以就该批以及之后其他各批标的物解除。

买受人如果就其中一批标的物解除,该批标的物与其他各批标的物相互依存的,可以就已经交付和未交付的各批标的物解除。

第六百三十四条 【分期付款买卖】分期付款的买受人未支付到期价款的数额达到全部价款的五分之一,经催告后在合理期限内仍未支付到期价款的,出卖人可以请求买受人支付全部价款或者解除合同。

出卖人解除合同的,可以向买受人请求支付该标的物的使用费。

第六百三十五条 【凭样品买卖合同】凭样品买卖的当事人应当封存样品,并可以对样品质量予以说明。出卖人交付的标的物应当与样品及其说明的质量相同。

第六百三十六条 【凭样品买卖合同样品存在隐蔽瑕疵的处理】凭样品买卖的买受人不知道样品有隐蔽瑕疵的,即使交付的标的物与样品相同,出卖人交付的物的质量仍然应当符合同种物的通常标准。

第六百三十七条 【试用买卖的试用期限】试用买卖的当事人可以约定标的物的试用期限。对试用期限没有约定或者约定不明确,依据本法第五百一十条的规定仍不能确定的,由出卖人确定。

第六百三十八条 【试用买卖合同买受人对标的物购买选择权】试用买卖的买受人在试用期内可以购买标的物,也可以拒绝购买。试用期限届满,买受人对是否购买标的物未作表示的,视为购买。

试用买卖的买受人在试用期内已经支付部分价款或者对标的物实施出卖、出租、设立担保物权等行为的,视为同意购买。

第六百三十九条 【试用买卖使用费】试用买卖的当事人对标的物使用费没有约定或者约定不明确的,出卖人无权请求买受人支付。

第六百四十条 【试用买卖中的风险承担】标的物在试用期内毁损、灭失的风险由出卖人承担。

第六百四十一条 【标的物所有权保留条款】当事人可以在买卖合同中约定买受人未履行支付价款或者其他义务的,标的物的所有权属于出卖人。

出卖人对标的物保留的所有权,未经登记,不得对抗善意第三人。

第六百四十二条 【所有权保留中出卖人的取回权】当事人约定出卖人保留合同标的物的所有权,在标的物所有权转移前,买受人有下列情形之一,造成出卖人损害的,除当事人另有约定外,出卖人有权取回标的物:

(一)未按照约定支付价款,经催告后在合理期限内仍未支付;

(二)未按照约定完成特定条件;

(三)将标的物出卖、出质或者作出其他不当处分。

出卖人可以与买受人协商取回标的物;协商不成的,可以参照适用担保物权的实现程序。

第六百四十三条 【买受人回赎权及出卖人再出卖

权】出卖人依据前条第一款的规定取回标的物后,买受人在双方约定或者出卖人指定的合理回赎期限内,消除出卖人取回标的物的事由的,可以请求回赎标的物。

买受人在回赎期限内没有回赎标的物,出卖人可以以合理价格将标的物出卖给第三人,出卖所得价款扣除买受人未支付的价款以及必要费用后仍有剩余的,应当返还买受人;不足部分由买受人清偿。

第六百四十四条 【招标投标买卖的法律适用】招标投标买卖的当事人的权利和义务以及招标投标程序等,依照有关法律、行政法规的规定。

第六百四十五条 【拍卖的法律适用】拍卖的当事人的权利和义务以及拍卖程序等,依照有关法律、行政法规的规定。

第六百四十六条 【买卖合同准用于有偿合同】法律对其他有偿合同有规定的,依照其规定;没有规定的,参照适用买卖合同的有关规定。

第六百四十七条 【易货交易的法律适用】当事人约定易货交易,转移标的物的所有权的,参照适用买卖合同的有关规定。

第十章 供用电、水、气、热力合同

第六百四十八条 【供用电合同概念及强制缔约义务】供用电合同是供电人向用电人供电,用电人支付电费的合同。

向社会公众供电的供电人,不得拒绝用电人合理的订立合同要求。

第六百四十九条 【供用电合同的内容】供用电合同的内容一般包括供电的方式、质量、时间、用电容量、地址、性质、计量方式,电价、电费的结算方式,供用电设施的维护责任等条款。

第六百五十条 【供用电合同的履行地点】供用电合同的履行地点,按照当事人约定;当事人没有约定或者约定不明确的,供电设施的产权分界处为履行地点。

第六百五十一条 【供电人的安全供电义务】供电人应当按照国家规定的供电质量标准和约定安全供电。供电人未按照国家规定的供电质量标准和约定安全供电,造成用电人损失的,应当承担赔偿责任。

第六百五十二条 【供电人中断供电时的通知义务】供电人因供电设施计划检修、临时检修、依法限电或者用电人违法用电等原因,需要中断供电时,应当按照国家有关规定事先通知用电人;未事先通知用电人中断供电,造成用电人损失的,应当承担赔偿责任。

第六百五十三条 【供电人抢修义务】因自然灾害等原因断电,供电人应当按照国家有关规定及时抢修;未及时抢修,造成用电人损失的,应当承担赔偿责任。

第六百五十四条 【用电人支付电费的义务】用电人应当按照国家有关规定和当事人的约定及时支付电费。用电人逾期不支付电费的,应当按照约定支付违约金。经催告用电人在合理期限内仍不支付电费和违约金的,供电人可以按照国家规定的程序中止供电。

供电人依据前款规定中止供电的,应当事先通知用电人。

第六百五十五条 【用电人安全用电义务】用电人应当按照国家有关规定和当事人的约定安全、节约和计划用电。用电人未按照国家有关规定和当事人的约定用电,造成供电人损失的,应当承担赔偿责任。

第六百五十六条 【供用水、气、热力合同参照适用供用电合同】供用水、供用气、供用热力合同,参照适用供用电合同的有关规定。

……

第十四章 租赁合同

第七百零三条 【租赁合同的概念】租赁合同是出租人将租赁物交付承租人使用、收益,承租人支付租金的合同。

第七百零四条 【租赁合同的内容】租赁合同的内容一般包括租赁物的名称、数量、用途、租赁期限、租金及其支付期限和方式、租赁物维修等条款。

第七百零五条 【租赁期限的最高限制】租赁期限不得超过二十年。超过二十年的,超过部分无效。

租赁期限届满,当事人可以续订租赁合同;但是,约定的租赁期限自续订之日起不得超过二十年。

第七百零六条 【租赁合同登记对合同效力影响】当事人未依照法律、行政法规规定办理租赁合同登记备案手续的,不影响合同的效力。

第七百零七条 【租赁合同形式】租赁期限六个月以上的,应当采用书面形式。当事人未采用书面形式,无法确定租赁期限的,视为不定期租赁。

第七百零八条 【出租人义务】出租人应当按照约定将租赁物交付承租人,并在租赁期限内保持租赁物符合约定的用途。

第七百零九条 【承租人义务】承租人应当按照约定的方法使用租赁物。对租赁物的使用方法没有约定或者约定不明确,依据本法第五百一十条的规定仍不能确定的,应当根据租赁物的性质使用。

第七百一十条 【承租人合理使用租赁物的免责

承租人按照约定的方法或者根据租赁物的性质使用租赁物,致使租赁物受到损耗的,不承担赔偿责任。

第七百一十一条 【承租人未合理使用租赁物的责任】承租人未按照约定的方法或者未根据租赁物的性质使用租赁物,致使租赁物受到损失的,出租人可以解除合同并请求赔偿损失。

第七百一十二条 【出租人的维修义务】出租人应当履行租赁物的维修义务,但是当事人另有约定的除外。

第七百一十三条 【租赁物的维修和维修费负担】承租人在租赁物需要维修时可以请求出租人在合理期限内维修。出租人未履行维修义务的,承租人可以自行维修,维修费用由出租人负担。因维修租赁物影响承租人使用的,应当相应减少租金或者延长租期。

因承租人的过错致使租赁物需要维修的,出租人不承担前款规定的维修义务。

第七百一十四条 【承租人的租赁物妥善保管义务】承租人应当妥善保管租赁物,因保管不善造成租赁物毁损、灭失的,应当承担赔偿责任。

第七百一十五条 【承租人对租赁物进行改善或增设他物】承租人经出租人同意,可以对租赁物进行改善或者增设他物。

承租人未经出租人同意,对租赁物进行改善或者增设他物的,出租人可以请求承租人恢复原状或者赔偿损失。

第七百一十六条 【转租】承租人经出租人同意,可以将租赁物转租给第三人。承租人转租的,承租人与出租人之间的租赁合同继续有效;第三人造成租赁物损失的,承租人应当赔偿损失。

承租人未经出租人同意转租的,出租人可以解除合同。

第七百一十七条 【转租期限】承租人经出租人同意将租赁物转租给第三人,转租期限超过承租人剩余租赁期限的,超过部分的约定对出租人不具有法律约束力,但是出租人与承租人另有约定的除外。

第七百一十八条 【出租人同意转租的推定】出租人知道或者应当知道承租人转租,但是在六个月内未提出异议的,视为出租人同意转租。

第七百一十九条 【次承租人的代为清偿权】承租人拖欠租金的,次承租人可以代承租人支付其欠付的租金和违约金,但是转租合同对出租人不具有法律约束力的除外。

次承租人代为支付的租金和违约金,可以充抵次承租人应当向承租人支付的租金;超出其应付的租金数额的,可以向承租人追偿。

第七百二十条 【租赁物的收益归属】在租赁期限内因占有、使用租赁物获得的收益,归承租人所有,但是当事人另有约定的除外。

第七百二十一条 【租金支付期限】承租人应当按照约定的期限支付租金。对支付租金的期限没有约定或者约定不明确,依据本法第五百一十条的规定仍不能确定,租赁期限不满一年的,应当在租赁期限届满时支付;租赁期限一年以上的,应当在每届满一年时支付,剩余期限不满一年的,应当在租赁期限届满时支付。

第七百二十二条 【承租人的租金支付义务】承租人无正当理由未支付或者迟延支付租金的,出租人可以请求承租人在合理期限内支付;承租人逾期不支付的,出租人可以解除合同。

第七百二十三条 【出租人的权利瑕疵担保责任】因第三人主张权利,致使承租人不能对租赁物使用、收益的,承租人可以请求减少租金或者不支付租金。

第三人主张权利的,承租人应当及时通知出租人。

第七百二十四条 【承租人解除合同的法定情形】有下列情形之一,非因承租人原因致使租赁物无法使用的,承租人可以解除合同:

(一)租赁物被司法机关或者行政机关依法查封、扣押;

(二)租赁物权属有争议;

(三)租赁物具有违反法律、行政法规关于使用条件的强制性规定情形。

第七百二十五条 【买卖不破租赁】租赁物在承租人按照租赁合同占有期限内发生所有权变动的,不影响租赁合同的效力。

第七百二十六条 【房屋承租人的优先购买权】出租人出卖租赁房屋的,应当在出卖之前的合理期限内通知承租人,承租人享有以同等条件优先购买的权利;但是,房屋按份共有人行使优先购买权或者出租人将房屋出卖给近亲属的除外。

出租人履行通知义务后,承租人在十五日内未明确表示购买的,视为承租人放弃优先购买权。

第七百二十七条 【承租人对拍卖房屋的优先购买权】出租人委托拍卖人拍卖租赁房屋的,应当在拍卖五日前通知承租人。承租人未参加拍卖的,视为放弃优先购买权。

第七百二十八条 【妨害承租人优先购买权的赔偿

责任】出租人未通知承租人或者有其他妨害承租人行使优先购买权情形的,承租人可以请求出租人承担赔偿责任。但是,出租人与第三人订立的房屋买卖合同的效力不受影响。

第七百二十九条 【租赁物毁损、灭失的法律后果】因不可归责于承租人的事由,致使租赁物部分或者全部毁损、灭失的,承租人可以请求减少租金或者不支付租金;因租赁物部分或者全部毁损、灭失,致使不能实现合同目的的,承租人可以解除合同。

第七百三十条 【租期不明的处理】当事人对租赁期限没有约定或者约定不明确,依据本法第五百一十条的规定仍不能确定的,视为不定期租赁;当事人可以随时解除合同,但是应当在合理期限之前通知对方。

第七百三十一条 【租赁物质量不合格时承租人的解除权】租赁物危及承租人的安全或者健康的,即使承租人订立合同时明知该租赁物质量不合格,承租人仍然可以随时解除合同。

第七百三十二条 【房屋承租人死亡时租赁关系的处理】承租人在房屋租赁期限内死亡的,与其生前共同居住的人或者共同经营人可以按照原租赁合同租赁该房屋。

第七百三十三条 【租赁物的返还】租赁期限届满,承租人应当返还租赁物。返还的租赁物应当符合按照约定或者根据租赁物的性质使用后的状态。

第七百三十四条 【租赁期限届满的续租及优先承租权】租赁期限届满,承租人继续使用租赁物,出租人没有提出异议的,原租赁合同继续有效,但是租赁期限为不定期。

租赁期限届满,房屋承租人享有以同等条件优先承租的权利。

……

第十七章　承揽合同

第七百七十条 【承揽合同的定义及类型】承揽合同是承揽人按照定作人的要求完成工作,交付工作成果,定作人支付报酬的合同。

承揽包括加工、定作、修理、复制、测试、检验等工作。

第七百七十一条 【承揽合同的主要条款】承揽合同的内容一般包括承揽的标的、数量、质量、报酬、承揽方式、材料的提供、履行期限、验收标准和方法等条款。

第七百七十二条 【承揽人独立完成主要工作】承揽人应当以自己的设备、技术和劳力,完成主要工作,但是当事人另有约定的除外。

承揽人将其承揽的主要工作交由第三人完成的,应当就该第三人完成的工作成果向定作人负责;未经定作人同意的,定作人也可以解除合同。

第七百七十三条 【承揽人对辅助性工作的责任】承揽人可以将其承揽的辅助工作交由第三人完成。承揽人将承揽的辅助工作交由第三人完成的,应当就该第三人完成的工作成果向定作人负责。

第七百七十四条 【承揽人提供材料时的主要义务】承揽人提供材料的,应当按照约定选用材料,并接受定作人检验。

第七百七十五条 【定作人提供材料时双方当事人的义务】定作人提供材料的,应当按照约定提供材料。承揽人对定作人提供的材料应当及时检验,发现不符合约定时,应当及时通知定作人更换、补齐或者采取其他补救措施。

承揽人不得擅自更换定作人提供的材料,不得更换不需要修理的零部件。

第七百七十六条 【定作人要求不合理时双方当事人的义务】承揽人发现定作人提供的图纸或者技术要求不合理的,应当及时通知定作人。因定作人怠于答复等原因造成承揽人损失的,应当赔偿损失。

第七百七十七条 【中途变更工作要求的责任】定作人中途变更承揽工作的要求,造成承揽人损失的,应当赔偿损失。

第七百七十八条 【定作人的协作义务】承揽工作需要定作人协助的,定作人有协助的义务。定作人不履行协助义务致使承揽工作不能完成的,承揽人可以催告定作人在合理期限内履行义务,并可以顺延履行期限;定作人逾期不履行的,承揽人可以解除合同。

第七百七十九条 【定作人监督检验承揽工作】承揽人在工作期间,应当接受定作人必要的监督检验。定作人不得因监督检验妨碍承揽人的正常工作。

第七百八十条 【工作成果交付】承揽人完成工作的,应当向定作人交付工作成果,并提交必要的技术资料和有关质量证明。定作人应当验收该工作成果。

第七百八十一条 【工作成果质量不合约定的责任】承揽人交付的工作成果不符合质量要求的,定作人可以合理选择请求承揽人承担修理、重作、减少报酬、赔偿损失等违约责任。

第七百八十二条 【支付报酬期限】定作人应当按照约定的期限支付报酬。对支付报酬的期限没有约定或者约定不明确,依据本法第五百一十条的规定仍不能确定的,定作人应当在承揽人交付工作成果时支付;工作成果部分交付的,定作人应当相应支付。

第七百八十三条 【承揽人的留置权及同时履行抗辩权】定作人未向承揽人支付报酬或者材料费等价款的,承揽人对完成的工作成果享有留置权或者有权拒绝交付,但是当事人另有约定的除外。

第七百八十四条 【承揽人保管义务】承揽人应当妥善保管定作人提供的材料以及完成的工作成果,因保管不善造成毁损、灭失的,应当承担赔偿责任。

第七百八十五条 【承揽人的保密义务】承揽人应当按照定作人的要求保守秘密,未经定作人许可,不得留存复制品或者技术资料。

第七百八十六条 【共同承揽】共同承揽人对定作人承担连带责任,但是当事人另有约定的除外。

第七百八十七条 【定作人的任意解除权】定作人在承揽人完成工作前可以随时解除合同,造成承揽人损失的,应当赔偿损失。

第十八章　建设工程合同

第七百八十八条 【建设工程合同的定义】建设工程合同是承包人进行工程建设,发包人支付价款的合同。

建设工程合同包括工程勘察、设计、施工合同。

第七百八十九条 【建设工程合同形式】建设工程合同应当采用书面形式。

第七百九十条 【工程招标投标】建设工程的招标投标活动,应当依照有关法律的规定公开、公平、公正进行。

第七百九十一条 【总包与分包】发包人可以与总承包人订立建设工程合同,也可以分别与勘察人、设计人、施工人订立勘察、设计、施工承包合同。发包人不得将应当由一个承包人完成的建设工程支解成若干部分发包给数个承包人。

总承包人或者勘察、设计、施工承包人经发包人同意,可以将自己承包的部分工作交由第三人完成。第三人就其完成的工作成果与总承包人或者勘察、设计、施工承包人向发包人承担连带责任。承包人不得将其承包的全部建设工程转包给第三人或者将其承包的全部建设工程支解以后以分包的名义分别转包给第三人。

禁止承包人将工程分包给不具备相应资质条件的单位。禁止分包单位将其承包的工程再分包。建设工程主体结构的施工必须由承包人自行完成。

第七百九十二条 【国家重大建设工程合同的订立】国家重大建设工程合同,应当按照国家规定的程序和国家批准的投资计划、可行性研究报告等文件订立。

第七百九十三条 【建设工程施工合同无效的处理】建设工程施工合同无效,但是建设工程经验收合格的,可以参照合同关于工程价款的约定折价补偿承包人。

建设工程施工合同无效,且建设工程经验收不合格的,按照以下情形处理:

(一)修复后的建设工程经验收合格的,发包人可以请求承包人承担修复费用;

(二)修复后的建设工程经验收不合格的,承包人无权请求参照合同关于工程价款的约定折价补偿。

发包人对因建设工程不合格造成的损失有过错的,应当承担相应的责任。

第七百九十四条 【勘察、设计合同主要内容】勘察、设计合同的内容一般包括提交有关基础资料和概预算等文件的期限、质量要求、费用以及其他协作条件等条款。

第七百九十五条 【施工合同主要内容】施工合同的内容一般包括工程范围、建设工期、中间交工工程的开工和竣工时间、工程质量、工程造价、技术资料交付时间、材料和设备供应责任、拨款和结算、竣工验收、质量保修范围和质量保证期、相互协作等条款。

第七百九十六条 【建设工程监理】建设工程实行监理的,发包人应当与监理人采用书面形式订立委托监理合同。发包人与监理人的权利和义务以及法律责任,应当依照本编委托合同以及其他有关法律、行政法规的规定。

第七百九十七条 【发包人检查权】发包人在不妨碍承包人正常作业的情况下,可以随时对作业进度、质量进行检查。

第七百九十八条 【隐蔽工程】隐蔽工程在隐蔽以前,承包人应当通知发包人检查。发包人没有及时检查的,承包人可以顺延工程日期,并有权请求赔偿停工、窝工等损失。

第七百九十九条 【竣工验收】建设工程竣工后,发包人应当根据施工图纸及说明书、国家颁发的施工验收规范和质量检验标准及时进行验收。验收合格的,发包人应当按照约定支付价款,并接收该建设工程。

建设工程竣工经验收合格后,方可交付使用;未经验收或者验收不合格的,不得交付使用。

第八百条 【勘察、设计人质量责任】勘察、设计的质量不符合要求或者未按照期限提交勘察、设计文件拖延工期,造成发包人损失的,勘察人、设计人应当继续完善勘察、设计，减收或者免收勘察、设计费并赔偿损失。

第八百零一条　【施工人的质量责任】因施工人的原因致使建设工程质量不符合约定的，发包人有权请求施工人在合理期限内无偿修理或者返工、改建。经过修理或者返工、改建后，造成逾期交付的，施工人应当承担违约责任。

第八百零二条　【质量保证责任】因承包人的原因致使建设工程在合理使用期限内造成人身损害和财产损失的，承包人应当承担赔偿责任。

第八百零三条　【发包人违约责任】发包人未按照约定的时间和要求提供原材料、设备、场地、资金、技术资料的，承包人可以顺延工程日期，并有权请求赔偿停工、窝工等损失。

第八百零四条　【发包人原因致工程停建、缓建的责任】因发包人的原因致使工程中途停建、缓建的，发包人应当采取措施弥补或者减少损失，赔偿承包人因此造成的停工、窝工、倒运、机械设备调迁、材料和构件积压等损失和实际费用。

第八百零五条　【发包人原因致勘察、设计返工、停工或修改设计的责任】因发包人变更计划，提供的资料不准确，或者未按照期限提供必需的勘察、设计工作条件而造成勘察、设计的返工、停工或者修改设计，发包人应当按照勘察人、设计人实际消耗的工作量增付费用。

第八百零六条　【建设工程合同的法定解除】承包人将建设工程转包、违法分包的，发包人可以解除合同。

发包人提供的主要建筑材料、建筑构配件和设备不符合强制性标准或者不履行协助义务，致使承包人无法施工，经催告后在合理期限内仍未履行相应义务的，承包人可以解除合同。

合同解除后，已经完成的建设工程质量合格的，发包人应当按照约定支付相应的工程价款；已经完成的建设工程质量不合格的，参照本法第七百九十三条的规定处理。

第八百零七条　【工程价款的支付】发包人未按照约定支付价款的，承包人可以催告发包人在合理期限内支付价款。发包人逾期不支付的，除根据建设工程的性质不宜折价、拍卖外，承包人可以与发包人协议将该工程折价，也可以请求人民法院将该工程依法拍卖。建设工程的价款就该工程折价或者拍卖的价款优先受偿。

第八百零八条　【参照适用承揽合同的规定】本章没有规定的，适用承揽合同的有关规定。

……

最高人民法院关于适用《中华人民共和国民法典》合同编通则若干问题的解释

- 2023年5月23日最高人民法院审判委员会第1889次会议通过
- 2023年12月4日最高人民法院公告公布
- 自2023年12月5日起施行
- 法释〔2023〕13号

为正确审理合同纠纷案件以及非因合同产生的债权债务关系纠纷案件，依法保护当事人的合法权益，根据《中华人民共和国民法典》、《中华人民共和国民事诉讼法》等相关法律规定，结合审判实践，制定本解释。

一、一般规定

第一条　人民法院依据民法典第一百四十二条第一款、第四百六十六条第一款的规定解释合同条款时，应当以词句的通常含义为基础，结合相关条款、合同的性质和目的、习惯以及诚信原则，参考缔约背景、磋商过程、履行行为等因素确定争议条款的含义。

有证据证明当事人之间对合同条款有不同于词句的通常含义的其他共同理解，一方主张按照词句的通常含义理解合同条款的，人民法院不予支持。

对合同条款有两种以上解释，可能影响该条款效力的，人民法院应当选择有利于该条款有效的解释；属于无偿合同的，应当选择对债务人负担较轻的解释。

第二条　下列情形，不违反法律、行政法规的强制性规定且不违背公序良俗的，人民法院可以认定为民法典所称的"交易习惯"：

（一）当事人之间在交易活动中的惯常做法；

（二）在交易行为当地或者某一领域、某一行业通常采用并为交易对方订立合同时所知道或者应当知道的做法。

对于交易习惯，由提出主张的当事人一方承担举证责任。

二、合同的订立

第三条　当事人对合同是否成立存在争议，人民法院能够确定当事人姓名或者名称、标的和数量的，一般应当认定合同成立。但是，法律另有规定或者当事人另有约定的除外。

根据前款规定能够认定合同已经成立的，对合同欠缺的内容，人民法院应当依据民法典第五百一十条、第五百一十一条等规定予以确定。

当事人主张合同无效或者请求撤销、解除合同等，人民法院认为合同不成立的,应当依据《最高人民法院关于民事诉讼证据的若干规定》第五十三条的规定将合同是否成立作为焦点问题进行审理,并可以根据案件的具体情况重新指定举证期限。

第四条 采取招标方式订立合同,当事人请求确认合同自中标通知书到达中标人时成立的,人民法院应予支持。合同成立后,当事人拒绝签订书面合同的,人民法院应当依据招标文件、投标文件和中标通知书等确定合同内容。

采取现场拍卖、网络拍卖等公开竞价方式订立合同,当事人请求确认合同自拍卖师落槌、电子交易系统确认成交时成立的,人民法院应予支持。合同成立后,当事人拒绝签订成交确认书的,人民法院应当依据拍卖公告、竞买人的报价等确定合同内容。

产权交易所等机构主持拍卖、挂牌交易,其公布的拍卖公告、交易规则等文件公开确定了合同成立需要具备的条件,当事人请求确认合同自该条件具备时成立的,人民法院应予支持。

第五条 第三人实施欺诈、胁迫行为,使当事人在违背真实意思的情况下订立合同,受到损失的当事人请求第三人承担赔偿责任的,人民法院依法予以支持;当事人亦有违背诚信原则的行为的,人民法院应当根据各自的过错确定相应的责任。但是,法律、司法解释对当事人与第三人的民事责任另有规定的,依照其规定。

第六条 当事人以认购书、订购书、预订书等形式约定在将来一定期限内订立合同,或者为担保在将来一定期限内订立合同交付了定金,能够确定将来所要订立合同的主体、标的等内容的,人民法院应当认定预约合同成立。

当事人通过签订意向书或者备忘录等方式,仅表达交易的意向,未约定在将来一定期限内订立合同,或者虽然有约定但是难以确定将来所要订立合同的主体、标的等内容,一方主张预约合同成立的,人民法院不予支持。

当事人订立的认购书、订购书、预订书等已就合同标的、数量、价款或者报酬等主要内容达成合意,符合本解释第三条第一款规定的合同成立条件,未明确约定在将来一定期限内另行订立合同,或者虽然有约定但是当事人一方已实施履行行为且对方接受的,人民法院应当认定本约合同成立。

第七条 预约合同生效后,当事人一方拒绝订立本约合同或者在磋商订立本约合同时违背诚信原则导致未能订立本约合同的,人民法院应当认定该当事人不履行预约合同约定的义务。

人民法院认定当事人一方在磋商订立本约合同时是否违背诚信原则,应当综合考虑该当事人在磋商时提出的条件是否明显背离预约合同约定的内容以及是否已尽合理努力进行协商等因素。

第八条 预约合同生效后,当事人一方不履行订立本约合同的义务,对方请求其赔偿因此造成的损失的,人民法院依法予以支持。

前款规定的损失赔偿,当事人有约定的,按照约定;没有约定的,人民法院应当综合考虑预约合同在内容上的完备程度以及订立本约合同的条件的成就程度等因素酌定。

第九条 合同条款符合民法典第四百九十六条第一款规定的情形,当事人仅以合同系依据合同示范文本制作或者双方已经明确约定合同条款不属于格式条款为由主张该条款不是格式条款的,人民法院不予支持。

从事经营活动的当事人一方仅以未实际重复使用为由主张其预先拟定且未与对方协商的合同条款不是格式条款的,人民法院不予支持。但是,有证据证明该条款不是为了重复使用而预先拟定的除外。

第十条 提供格式条款的一方在合同订立时采用通常足以引起对方注意的文字、符号、字体等明显标识,提示对方注意免除或者减轻其责任、排除或者限制对方权利等与对方有重大利害关系的异常条款的,人民法院可以认定其已经履行民法典第四百九十六条第二款规定的提示义务。

提供格式条款的一方按照对方的要求,就与对方有重大利害关系的异常条款的概念、内容及其法律后果以书面或者口头形式向对方作出通常能够理解的解释说明的,人民法院可以认定其已经履行民法典第四百九十六条第二款规定的说明义务。

提供格式条款的一方对其已经尽到提示义务或者说明义务承担举证责任。对于通过互联网等信息网络订立的电子合同,提供格式条款的一方仅以采取了设置勾选、弹窗等方式为由主张其已经履行提示义务或者说明义务的,人民法院不予支持,但是其举证符合前两款规定的除外。

三、合同的效力

第十一条 当事人一方是自然人,根据该当事人的年龄、智力、知识、经验并结合交易的复杂程度,能够认定其对合同的性质、合同订立的法律后果或者交易中存在的特定风险缺乏应有的认知能力的,人民法院可以认定该情形构成民法典第一百五十一条规定的"缺乏判断能力"。

第十二条 合同依法成立后，负有报批义务的当事人不履行报批义务或者履行报批义务不符合合同的约定或者法律、行政法规的规定，对方请求其继续履行报批义务的，人民法院应予支持；对方主张解除合同并请求其承担违反报批义务的赔偿责任的，人民法院应予支持。

人民法院判决当事人一方履行报批义务后，其仍不履行，对方主张解除合同并参照违反合同的违约责任请求其承担赔偿责任的，人民法院应予支持。

合同获得批准前，当事人一方起诉请求对方履行合同约定的主要义务，经释明后拒绝变更诉讼请求的，人民法院应当判决驳回其诉讼请求，但是不影响其另行提起诉讼。

负有报批义务的当事人已经办理申请批准等手续或者已经履行生效判决确定的报批义务，批准机关决定不予批准，对方请求其承担赔偿责任的，人民法院不予支持。但是，因迟延履行报批义务等可归责于当事人的原因导致合同未获批准，对方请求赔偿因此受到的损失的，人民法院应当依民法典第一百五十七条的规定处理。

第十三条 合同存在无效或者可撤销的情形，当事人以该合同已在有关行政管理部门办理备案、已经批准机关批准或者已依据该合同办理财产权利的变更登记、移转登记等为由主张合同有效的，人民法院不予支持。

第十四条 当事人之间就同一交易订立多份合同，人民法院应当认定其中以虚假意思表示订立的合同无效。当事人为规避法律、行政法规的强制性规定，以虚假意思表示隐藏真实意思表示的，人民法院应当依据民法典第一百五十三条第一款的规定认定被隐藏合同的效力；当事人为规避法律、行政法规关于合同应当办理批准等手续的规定，以虚假意思表示隐藏真实意思表示的，人民法院应当依据民法典第五百零二条第二款的规定认定被隐藏合同的效力。

依据前款规定认定被隐藏合同无效或者确定不发生效力的，人民法院应当以被隐藏合同为事实基础，依据民法典第一百五十七条的规定确定当事人的民事责任。但是，法律另有规定的除外。

当事人就同一交易订立的多份合同均系真实意思表示，且不存在其他影响合同效力情形的，人民法院应当在查明各合同成立先后顺序和实际履行情况的基础上，认定合同内容是否发生变更。法律、行政法规禁止变更合同内容的，人民法院应当认定合同的相应变更无效。

第十五条 人民法院认定当事人之间的权利义务关系，不应当拘泥于合同使用的名称，而应当根据合同约定的内容。当事人主张的权利义务关系与根据合同内容认定的权利义务关系不一致的，人民法院应当结合缔约背景、交易目的、交易结构、履行行为以及当事人是否存在虚构交易标的等事实认定当事人之间的实际民事法律关系。

第十六条 合同违反法律、行政法规的强制性规定，有下列情形之一，由行为人承担行政责任或者刑事责任能够实现强制性规定的立法目的的，人民法院可以依据民法典第一百五十三条第一款关于"该强制性规定不导致该民事法律行为无效的除外"的规定认定该合同不因违反强制性规定无效：

（一）强制性规定虽然旨在维护社会公共秩序，但是合同的实际履行对社会公共秩序造成的影响显著轻微，认定合同无效将导致案件处理结果有失公平公正；

（二）强制性规定旨在维护政府的税收、土地出让金等国家利益或者其他民事主体的合法利益而非合同当事人的民事权益，认定合同有效不会影响该规范目的的实现；

（三）强制性规定旨在要求当事人一方加强风险控制、内部管理等，对方无能力或者无义务审查合同是否违反强制性规定，认定合同无效将使其承担不利后果；

（四）当事人一方虽然在订立合同时违反强制性规定，但是在合同订立后其已经具备补正违反强制性规定的条件却违背诚信原则不予补正；

（五）法律、司法解释规定的其他情形。

法律、行政法规的强制性规定旨在规制合同订立后的履行行为，当事人以合同违反强制性规定为由请求认定合同无效的，人民法院不予支持。但是，合同履行必然导致违反强制性规定或者法律、司法解释另有规定的除外。

依据前两款认定合同有效，但是当事人的违法行为未经处理的，人民法院应当向有关行政管理部门提出司法建议。当事人的行为涉嫌犯罪的，应当将案件线索移送刑事侦查机关；属于刑事自诉案件的，应当告知当事人可以向有管辖权的人民法院另行提起诉讼。

第十七条 合同虽然不违反法律、行政法规的强制性规定，但是有下列情形之一，人民法院应当依据民法典第一百五十三条第二款的规定认定合同无效：

（一）合同影响政治安全、经济安全、军事安全等国家安全的；

(二)合同影响社会稳定、公平竞争秩序或者损害社会公共利益等违背社会公共秩序的；

(三)合同背离社会公德、家庭伦理或者有损人格尊严等违背善良风俗的。

人民法院在认定合同是否违背公序良俗时，应当以社会主义核心价值观为导向，综合考虑当事人的主观动机和交易目的、政府部门的监管强度、一定期限内当事人从事类似交易的频次、行为的社会后果等因素，并在裁判文书中充分说明。当事人确因生活需要进行交易，未给社会公共秩序造成重大影响，且不影响国家安全，也不违背善良风俗的，人民法院不应当认定合同无效。

第十八条　法律、行政法规的规定虽然有"应当""必须"或者"不得"等表述，但是该规定旨在限制或者赋予民事权利，行为人违反该规定将构成无权处分、无权代理、越权代表等，或者导致合同相对人、第三人因此获得撤销权、解除权等民事权利的，人民法院应当依据法律、行政法规规定的关于违反该规定的民事法律后果认定合同效力。

第十九条　以转让或者设定财产权利为目的订立的合同，当事人或者真正权利人仅以让与人在订立合同时对标的物没有所有权或者处分权为由主张合同无效的，人民法院不予支持；因未取得真正权利人事后同意或者让与人事后未取得处分权导致合同不能履行，受让人主张解除合同并请求让与人承担违反合同的赔偿责任的，人民法院依法予以支持。

前款规定的合同被认定有效，且让与人已经将财产交付或者移转登记至受让人，真正权利人请求认定财产权利未发生变动或者请求返还财产的，人民法院应予支持。但是，受让人依据民法典第三百一十一条等规定善意取得财产权利的除外。

第二十条　法律、行政法规为限制法人的法定代表人或者非法人组织的负责人的代表权，规定合同所涉事项应当由法人、非法人组织的权力机构或者决策机构决议，或者应当由法人、非法人组织的执行机构决定，法定代表人、负责人未取得授权而以法人、非法人组织的名义订立合同，未尽到合理审查义务的相对人主张该合同对法人、非法人组织发生效力并由其承担违约责任的，人民法院不予支持，但是法人、非法人组织有过错的，可以参照民法典第一百五十七条的规定判决其承担相应的赔偿责任。相对人已尽到合理审查义务，构成表见代表的，人民法院应当依据民法典第五百零四条的规定处理。

合同所涉事项未超越法律、行政法规规定的法定代表人或者负责人的代表权限，但是超越法人、非法人组织的章程或者权力机构等对代表权的限制，相对人主张该合同对法人、非法人组织发生效力并由其承担违约责任的，人民法院依法予以支持。但是，法人、非法人组织举证证明相对人知道或者应当知道该限制的除外。

法人、非法人组织承担民事责任后，向有过错的法定代表人、负责人追偿因越权代表行为造成的损失的，人民法院依法予以支持。法律、司法解释对法定代表人、负责人的民事责任另有规定的，依照其规定。

第二十一条　法人、非法人组织的工作人员就超越其职权范围的事项以法人、非法人组织的名义订立合同，相对人主张该合同对法人、非法人组织发生效力并由其承担违约责任的，人民法院不予支持。但是，法人、非法人组织有过错的，人民法院可以参照民法典第一百五十七条的规定判决其承担相应的赔偿责任。前述情形，构成表见代理的，人民法院应当依据民法典第一百七十二条的规定处理。

合同所涉事项有下列情形之一的，人民法院应当认定法人、非法人组织的工作人员在订立合同时超越其职权范围：

(一)依法应当由法人、非法人组织的权力机构或者决策机构决议的事项；

(二)依法应当由法人、非法人组织的执行机构决定的事项；

(三)依法应当由法定代表人、负责人代表法人、非法人组织实施的事项；

(四)不属于通常情形下依其职权可以处理的事项。

合同所涉事项未超越依据前款确定的职权范围，但是超越法人、非法人组织对工作人员职权范围的限制，相对人主张该合同对法人、非法人组织发生效力并由其承担违约责任的，人民法院应予支持。但是，法人、非法人组织举证证明相对人知道或者应当知道该限制的除外。

法人、非法人组织承担民事责任后，向故意或者有重大过失的工作人员追偿的，人民法院依法予以支持。

第二十二条　法定代表人、负责人或者工作人员以法人、非法人组织的名义订立合同且未超越权限，法人、非法人组织仅以合同加盖的印章不是备案印章或者系伪造的印章为由主张该合同对其不发生效力的，人民法院不予支持。

合同系以法人、非法人组织的名义订立，但是仅有法定代表人、负责人或者工作人员签名或者按指印而未加盖法人、非法人组织的印章，相对人能够证明法定代表人、负责人或者工作人员在订立合同时未超越权限的，人民法院应当认定合同对法人、非法人组织发生效力。但是，当事人约定以加盖印章作为合同成立条件的除外。

合同仅加盖法人、非法人组织的印章而无人员签名或者按指印，相对人能够证明合同系法定代表人、负责人或者工作人员在其权限范围内订立的，人民法院应当认定该合同对法人、非法人组织发生效力。

在前三款规定的情形下，法定代表人、负责人或者工作人员在订立合同时虽然超越代表或者代理权限，但是依据民法典第五百零四条的规定构成表见代表，或者依据民法典第一百七十二条的规定构成表见代理的，人民法院应当认定合同对法人、非法人组织发生效力。

第二十三条 法定代表人、负责人或者代理人与相对人恶意串通，以法人、非法人组织的名义订立合同，损害法人、非法人组织的合法权益，法人、非法人组织主张不承担民事责任的，人民法院应予支持。法人、非法人组织请求法定代表人、负责人或者代理人与相对人对因此受到的损失承担连带赔偿责任的，人民法院应予支持。

根据法人、非法人组织的举证，综合考虑当事人之间的交易习惯、合同在订立时是否显失公平、相关人员是否获取了不正当利益、合同的履行情况等因素，人民法院能够认定法定代表人、负责人或者代理人与相对人存在恶意串通的高度可能性的，可以要求前述人员就合同订立、履行的过程等相关事实作出陈述或者提供相应的证据。其无正当理由拒绝作出陈述，或者所作陈述不具合理性又不能提供相应证据的，人民法院可以认定恶意串通的事实成立。

第二十四条 合同不成立、无效、被撤销或者确定不发生效力，当事人请求返还财产，经审查财产能够返还的，人民法院应当根据案件具体情况，单独或者合并适用返还占有的标的物、更正登记簿册记载等方式；经审查财产不能返还或者没有必要返还的，人民法院应当以认定合同不成立、无效、被撤销或者确定不发生效力之日该财产的市场价值或者以其他合理方式计算的价值为基准判决折价补偿。

除前款规定的情形外，当事人还请求赔偿损失的，人民法院应当结合财产返还或者折价补偿的情况，综合考虑财产增值收益和贬值损失、交易成本的支出等事实，按照双方当事人的过错程度及原因力大小，根据诚信原则和公平原则，合理确定损失赔偿额。

合同不成立、无效、被撤销或者确定不发生效力，当事人的行为涉嫌违法且未经处理，可能导致一方或者双方通过违法行为获得不当利益的，人民法院应当向有关行政管理部门提出司法建议。当事人的行为涉嫌犯罪的，应当将案件线索移送刑事侦查机关；属于刑事自诉案件的，应当告知当事人可以向有管辖权的人民法院另行提起诉讼。

第二十五条 合同不成立、无效、被撤销或者确定不发生效力，有权请求返还价款或者报酬的当事人一方请求对方支付资金占用费的，人民法院应当在当事人请求的范围内按照中国人民银行授权全国银行间同业拆借中心公布的一年期贷款市场报价利率（LPR）计算。但是，占用资金的当事人对于合同不成立、无效、被撤销或者确定不发生效力没有过错的，应当以中国人民银行公布的同期同类存款基准利率计算。

双方互负返还义务，当事人主张同时履行的，人民法院应予支持；占有标的物的一方对标的物存在使用或者依法可以使用的情形，对方请求将其应支付的资金占用费与应收取的标的物使用费相互抵销的，人民法院应予支持，但是法律另有规定的除外。

四、合同的履行

第二十六条 当事人一方未根据法律规定或者合同约定履行开具发票、提供证明文件等非主要债务，对方请求继续履行该债务并赔偿因怠于履行该债务造成的损失的，人民法院依法予以支持；对方请求解除合同的，人民法院不予支持，但是不履行该债务致使不能实现合同目的或者当事人另有约定的除外。

第二十七条 债务人或者第三人与债权人在债务履行期限届满后达成以物抵债协议，不存在影响合同效力情形的，人民法院应当认定该协议自当事人意思表示一致时生效。

债务人或者第三人履行以物抵债协议后，人民法院应当认定相应的原债务同时消灭；债务人或者第三人未按照约定履行以物抵债协议，经催告后在合理期限内仍不履行，债权人选择请求履行原债务或者以物抵债协议的，人民法院应予支持，但是法律另有规定或者当事人另有约定的除外。

前款规定的以物抵债协议经人民法院确认或者人民法院根据当事人达成的以物抵债协议制作成调解书，债权人主张财产权利自确认书、调解书生效时发生变动或者具有对抗善意第三人效力的，人民法院不予支持。

债务人或者第三人以自己不享有所有权或者处分权的财产权利订立以物抵债协议的，依据本解释第十九条的规定处理。

第二十八条 债务人或者第三人与债权人在债务履行期限届满前达成以物抵债协议的，人民法院应当在审理债权债务关系的基础上认定该协议的效力。

当事人约定债务人到期没有清偿债务，债权人可以对抵债财产拍卖、变卖、折价以实现债权的，人民法院应当认定该约定有效。当事人约定债务人到期没有清偿债务，抵债财产归债权人所有的，人民法院应当认定该约定无效，但是不影响其他部分的效力；债权人请求对抵债财产拍卖、变卖、折价以实现债权的，人民法院应予支持。

当事人订立前款规定的以物抵债协议后，债务人或者第三人未将财产权利转移至债权人名下，债权人主张优先受偿的，人民法院不予支持；债务人或者第三人已将财产权利转移至债权人名下的，依据《最高人民法院关于适用〈中华人民共和国民法典〉有关担保制度的解释》第六十八条的规定处理。

第二十九条 民法典第五百二十二条第二款规定的第三人请求债务人向自己履行债务的，人民法院应予支持；请求行使撤销权、解除权等民事权利的，人民法院不予支持，但是法律另有规定的除外。

合同依法被撤销或者被解除，债务人请求债权人返还财产的，人民法院应予支持。

债务人按照约定向第三人履行债务，第三人拒绝受领，债权人请求债务人向自己履行债务的，人民法院应予支持，但是债务人已经采取提存等方式消灭债务的除外。第三人拒绝受领或者受领迟延，债务人请求债权人赔偿因此造成的损失的，人民法院依法予以支持。

第三十条 下列民事主体，人民法院可以认定为民法典第五百二十四条第一款规定的对履行债务具有合法利益的第三人：

（一）保证人或者提供物的担保的第三人；

（二）担保财产的受让人、用益物权人、合法占有人；

（三）担保财产上的后顺位担保权人；

（四）对债务人的财产享有合法权益且该权益将因财产被强制执行而丧失的第三人；

（五）债务人为法人或者非法人组织的，其出资人或者设立人；

（六）债务人为自然人的，其近亲属；

（七）其他对履行债务具有合法利益的第三人。

第三人在其已经代为履行的范围内取得对债务人的债权，但是不得损害债权人的利益。

担保人代为履行债务取得债权后，向其他担保人主张担保权利的，依据《最高人民法院关于适用〈中华人民共和国民法典〉有关担保制度的解释》第十三条、第十四条、第十八条第二款等规定处理。

第三十一条 当事人互负债务，一方以对方没有履行非主要债务为由拒绝履行自己的主要债务的，人民法院不予支持。但是，对方不履行非主要债务致使不能实现合同目的或者当事人另有约定的除外。

当事人一方起诉请求对方履行债务，被告依据民法典第五百二十五条的规定主张双方同时履行的抗辩且抗辩成立，被告未提起反诉的，人民法院应当判决被告在原告履行债务的同时履行自己的债务，并在判项中明确原告申请强制执行的，人民法院应当在原告履行自己的债务后对被告采取执行行为；被告提起反诉的，人民法院应当判决双方同时履行自己的债务，并在判项中明确任何一方申请强制执行的，人民法院应当在该当事人履行自己的债务后对对方采取执行行为。

当事人一方起诉请求对方履行债务，被告依据民法典第五百二十六条的规定主张原告应先履行的抗辩且抗辩成立的，人民法院应当驳回原告的诉讼请求，但是不影响原告履行债务后另行提起诉讼。

第三十二条 合同成立后，因政策调整或者市场供求关系异常变动等原因导致价格发生当事人在订立合同时无法预见的、不属于商业风险的涨跌，继续履行合同对于当事人一方明显不公平的，人民法院应当认定合同的基础条件发生了民法典第五百三十三条第一款规定的"重大变化"。但是，合同涉及市场属性活跃、长期以来价格波动较大的大宗商品以及股票、期货等风险投资型金融产品的除外。

合同的基础条件发生了民法典第五百三十三条第一款规定的重大变化，当事人请求变更合同的，人民法院不得解除合同；当事人一方请求变更合同，对方请求解除合同的，或者当事人一方请求解除合同，对方请求变更合同的，人民法院应当结合案件的实际情况，根据公平原则判决变更或者解除合同。

人民法院依据民法典第五百三十三条的规定判决变更或者解除合同的，应当综合考虑合同基础条件发生重大变化的时间、当事人重新协商的情况以及因合同变更或者解除给当事人造成的损失等因素，在判项中明确合同变更或者解除的时间。

当事人事先约定排除民法典第五百三十三条适用的，人民法院应当认定该约定无效。

五、合同的保全

第三十三条 债务人不履行其对债权人的到期债

务，又不以诉讼或者仲裁方式向相对人主张其享有的债权或者与该债权有关的从权利，致使债权人的到期债权未能实现的，人民法院可以认定为民法典第五百三十五条规定的"债务人怠于行使其债权或者与该债权有关的从权利，影响债权人的到期债权实现"。

第三十四条 下列权利，人民法院可以认定为民法典第五百三十五条第一款规定的专属于债务人自身的权利：

（一）抚养费、赡养费或者扶养费请求权；

（二）人身损害赔偿请求权；

（三）劳动报酬请求权，但是超过债务人及其所扶养家属的生活必需费用的部分除外；

（四）请求支付基本养老保险金、失业保险金、最低生活保障金等保障当事人基本生活的权利；

（五）其他专属于债务人自身的权利。

第三十五条 债权人依据民法典第五百三十五条的规定对债务人的相对人提起代位权诉讼的，由被告住所地人民法院管辖，但是依法应当适用专属管辖规定的除外。

债务人或者相对人以双方之间的债权债务关系订有管辖协议为由提出异议的，人民法院不予支持。

第三十六条 债权人提起代位权诉讼后，债务人或者相对人以双方之间的债权债务关系订有仲裁协议为由对法院主管提出异议的，人民法院不予支持。但是，债务人或者相对人在首次开庭前就债务人与相对人之间的债权债务关系申请仲裁的，人民法院可以依法中止代位权诉讼。

第三十七条 债权人以债务人的相对人为被告向人民法院提起代位权诉讼，未将债务人列为第三人的，人民法院应当追加债务人为第三人。

两个以上债权人以债务人的同一相对人为被告提起代位权诉讼的，人民法院可以合并审理。债务人对相对人享有的债权不足以清偿其两个以上债权人负担的债务的，人民法院应当按照债权人享有的债权比例确定相对人的履行份额，但是法律另有规定的除外。

第三十八条 债权人向人民法院起诉债务人后，又向同一人民法院对债务人的相对人提起代位权诉讼，属于该人民法院管辖的，可以合并审理。不属于该人民法院管辖的，应当告知其向有管辖权的人民法院另行起诉；在起诉债务人的诉讼终结前，代位权诉讼应当中止。

第三十九条 在代位权诉讼中，债务人对超过债权人代位请求数额的债权部分起诉相对人，属于同一人民法院管辖的，可以合并审理。不属于同一人民法院管辖的，应当告知其向有管辖权的人民法院另行起诉；在代位权诉讼终结前，债务人对相对人的诉讼应当中止。

第四十条 代位权诉讼中，人民法院经审理认为债权人的主张不符合代位权行使条件的，应当驳回诉讼请求，但是不影响债权人根据新的事实再次起诉。

债务人的相对人仅以债权人提起代位权诉讼时债权人与债务人之间的债权债务关系未经生效法律文书确认为由，主张债权人提起的诉讼不符合代位权行使条件的，人民法院不予支持。

第四十一条 债权人提起代位权诉讼后，债务人无正当理由减免相对人的债务或者延长相对人的履行期限，相对人以此向债权人抗辩的，人民法院不予支持。

第四十二条 对于民法典第五百三十九条规定的"明显不合理"的低价或者高价，人民法院应当按照交易当地一般经营者的判断，并参考交易时交易地的市场交易价或者物价部门指导价予以认定。

转让价格未达到交易时交易地的市场交易价或者指导价百分之七十的，一般可以认定为"明显不合理的低价"；受让价格高于交易时交易地的市场交易价或者指导价百分之三十的，一般可以认定为"明显不合理的高价"。

债务人与相对人存在亲属关系、关联关系的，不受前款规定的百分之七十、百分之三十的限制。

第四十三条 债务人以明显不合理的价格，实施互易财产、以物抵债、出租或者承租财产、知识产权许可使用等行为，影响债权人的债权实现，债务人的相对人知道或者应当知道该情形，债权人请求撤销债务人的行为的，人民法院应当依据民法典第五百三十九条的规定予以支持。

第四十四条 债权人依据民法典第五百三十八条、第五百三十九条的规定提起撤销权诉讼的，应当以债务人和债务人的相对人为共同被告，由债务人或者相对人的住所地人民法院管辖，但是依法应当适用专属管辖规定的除外。

两个以上债权人就债务人的同一行为提起撤销权诉讼的，人民法院可以合并审理。

第四十五条 在债权人撤销权诉讼中，被撤销行为的标的可分，当事人主张在受影响的债权范围内撤销债务人的行为的，人民法院应予支持；被撤销行为的标的不可分，债权人主张将债务人的行为全部撤销的，人民法院应予支持。

债权人行使撤销权所支付的合理的律师代理费、差旅费等费用，可以认定为民法典第五百四十条规定的"必要费用"。

第四十六条 债权人在撤销权诉讼中同时请求债务人的相对人向债务人承担返还财产、折价补偿、履行到期债务等法律后果的，人民法院依法予以支持。

债权人请求受理撤销权诉讼的人民法院一并审理其与债务人之间的债权债务关系，属于该人民法院管辖的，可以合并审理。不属于该人民法院管辖的，应当告知其向有管辖权的人民法院另行起诉。

债权人依据其与债务人的诉讼、撤销权诉讼产生的生效法律文书申请强制执行的，人民法院可以就债务人对相对人享有的权利采取强制执行措施以实现债权人的债权。债权人在撤销权诉讼中，申请对相对人的财产采取保全措施的，人民法院依法予以准许。

六、合同的变更和转让

第四十七条 债权转让后，债务人向受让人主张其对让与人的抗辩的，人民法院可以追加让与人为第三人。

债务转移后，新债务人主张原债务人对债权人的抗辩的，人民法院可以追加原债务人为第三人。

当事人一方将合同权利义务一并转让后，对方就合同权利义务向受让人主张抗辩或者受让人就合同权利义务向对方主张抗辩的，人民法院可以追加让与人为第三人。

第四十八条 债务人在接到债权转让通知前已经向让与人履行，受让人请求债务人履行的，人民法院不予支持；债务人接到债权转让通知后仍然向让与人履行，受让人请求债务人履行的，人民法院应予支持。

让与人未通知债务人，受让人直接起诉债务人请求履行债务，人民法院经审理确认债权转让事实的，应当认定债权转让自起诉状副本送达时对债务人发生效力。债务人主张因未通知而给其增加的费用或者造成的损失从认定的债权数额中扣除的，人民法院依法予以支持。

第四十九条 债务人接到债权转让通知后，让与人以债权转让合同不成立、无效、被撤销或者确定不发生效力为由请求债务人向其履行的，人民法院不予支持。但是，该债权转让通知被依法撤销的除外。

受让人基于债务人对债权真实存在的确认受让债权后，债务人又以该债权不存在为由拒绝向受让人履行的，人民法院不予支持。但是，受让人知道或者应当知道该债权不存在的除外。

第五十条 让与人将同一债权转让给两个以上受让人，债务人以已经向最先通知的受让人履行为由主张其不再履行债务的，人民法院应予支持。债务人明知接受履行的受让人不是最先通知的受让人，最先通知的受让人请求债务人继续履行或者依据债权转让协议请求让与人承担违约责任的，人民法院应予支持；最先通知的受让人请求接受履行的受让人返还其接受的财产的，人民法院不予支持，但是接受履行的受让人明知该债权在其受让前已经转让给其他受让人的除外。

前款所称最先通知的受让人，是指最先到达债务人的转让通知中载明的受让人。当事人之间对通知到达时间有争议的，人民法院应当结合通知的方式等因素综合判断，而不能仅根据债务人认可的通知时间或者通知记载的时间予以认定。当事人采用邮寄、通讯电子系统等方式发出通知的，人民法院应当以邮戳时间或者通讯电子系统记载的时间等作为认定通知到达时间的依据。

第五十一条 第三人加入债务并与债务人约定了追偿权，其履行债务后主张向债务人追偿的，人民法院应予支持；没有约定追偿权，第三人依照民法典关于不当得利等的规定，在其已经向债权人履行债务的范围内请求债务人向其履行的，人民法院应予支持，但是第三人知道或者应当知道加入债务会损害债务人利益的除外。

债务人就其对债权人享有的抗辩向加入债务的第三人主张的，人民法院应予支持。

七、合同的权利义务终止

第五十二条 当事人就解除合同协商一致时未对合同解除后的违约责任、结算和清理等问题作出处理，一方主张合同已经解除的，人民法院应予支持。但是，当事人另有约定的除外。

有下列情形之一的，除当事人一方另有意思表示外，人民法院可以认定合同解除：

（一）当事人一方主张行使法律规定或者合同约定的解除权，经审理认为不符合解除权行使条件但是对方同意解除；

（二）双方当事人均不符合解除权行使的条件但是均主张解除合同。

前两款情形下的违约责任、结算和清理等问题，人民法院应当依据民法典第五百六十六条、第五百六十七条和有关违约责任的规定处理。

第五十三条 当事人一方以通知方式解除合同，并以对方未在约定的异议期限或者其他合理期限内提出异议为由主张合同已经解除的，人民法院应当对其是否享有法律规定或者合同约定的解除权进行审查。经审查，享有解除权的,合同自通知到达对方时解除;不享有解除权的,不发生合同解除的效力。

第五十四条 当事人一方未通知对方,直接以提起诉讼的方式主张解除合同,撤诉后再次起诉主张解除合同,人民法院经审理支持该主张的,合同自再次起诉的起诉状副本送达对方时解除。但是,当事人一方撤诉后又通知对方解除合同且该通知已经到达对方的除外。

第五十五条 当事人一方依据民法典第五百六十八条的规定主张抵销,人民法院经审理认为抵销权成立的,应当认定通知到达对方时双方互负的主债务、利息、违约金或者损害赔偿金等债务在同等数额内消灭。

第五十六条 行使抵销权的一方负担的数项债务种类相同,但是享有的债权不足以抵销全部债务,当事人因抵销的顺序发生争议的,人民法院可以参照民法典第五百六十条的规定处理。

行使抵销权的一方享有的债权不足以抵销其负担的包括主债务、利息、实现债权的有关费用在内的全部债务,当事人因抵销的顺序发生争议的,人民法院可以参照民法典第五百六十一条的规定处理。

第五十七条 因侵害自然人人身权益,或者故意、重大过失侵害他人财产权益产生的损害赔偿债务,侵权人主张抵销的,人民法院不予支持。

第五十八条 当事人互负债务,一方以其诉讼时效期间已经届满的债权通知对方主张抵销,对方提出诉讼时效抗辩的,人民法院对该抗辩应予支持。一方的债权诉讼时效期间已经届满,对方主张抵销的,人民法院应予支持。

八、违约责任

第五十九条 当事人一方依据民法典第五百八十条第二款的规定请求终止合同权利义务关系的,人民法院一般应当以起诉状副本送达对方的时间作为合同权利义务关系终止的时间。根据案件的具体情况,以其他时间作为合同权利义务关系终止的时间更加符合公平原则和诚信原则的,人民法院可以以该时间作为合同权利义务关系终止的时间,但是应当在裁判文书中充分说明理由。

第六十条 人民法院依据民法典第五百八十四条的规定确定合同履行后可以获得的利益时,可以在扣除非违约方为订立、履行合同支出的费用等合理成本后,按照非违约方能够获得的生产利润、经营利润或者转售利润等计算。

非违约方依法行使合同解除权并实施了替代交易,主张按照替代交易价格与合同价格的差额确定合同履行后可以获得的利益的,人民法院依法予以支持;替代交易价格明显偏离替代交易发生时当地的市场价格,违约方主张按照市场价格与合同价格的差额确定合同履行后可以获得的利益的,人民法院应予支持。

非违约方依法行使合同解除权但是未实施替代交易,主张按照违约行为发生后合理期间内合同履行地的市场价格与合同价格的差额确定合同履行后可以获得的利益的,人民法院应予支持。

第六十一条 在以持续履行的债务为内容的定期合同中,一方不履行支付价款、租金等金钱债务,对方请求解除合同,人民法院经审理认为合同应当依法解除的,可以根据当事人的主张,参考合同主体、交易类型、市场价格变化、剩余履行期限等因素确定非违约方寻找替代交易的合理期限,并按照该期限对应的价款、租金等扣除非违约方应当支付的相应履约成本确定合同履行后可以获得的利益。

非违约方主张按照合同解除后剩余履行期限相应的价款、租金等扣除履约成本确定合同履行后可以获得的利益的,人民法院不予支持。但是,剩余履行期限少于寻找替代交易的合理期限的除外。

第六十二条 非违约方在合同履行后可以获得的利益难以根据本解释第六十条、第六十一条的规定予以确定的,人民法院可以综合考虑违约方因违约获得的利益、违约方的过错程度、其他违约情节等因素,遵循公平原则和诚信原则确定。

第六十三条 在认定民法典第五百八十四条规定的"违约一方订立合同时预见到或者应当预见到的因违约可能造成的损失"时,人民法院应当根据当事人订立合同的目的,综合考虑合同主体、合同内容、交易类型、交易习惯、磋商过程等因素,按照与违约方处于相同或者类似情况的民事主体在订立合同时预见到或者应当预见到的损失予以确定。

除合同履行后可以获得的利益外,非违约方主张还有其向第三人承担违约责任应当支付的额外费用等其他因违约所造成的损失,并请求违约方赔偿,经审理认为该损失系违约一方订立合同时预见到或者应当预见到的,人民法院应予支持。

在确定违约损失赔偿额时,违约方主张扣除非违约方未采取适当措施导致的扩大损失、非违约方也有过错造成的相应损失、非违约方因违约获得的额外利益或者减少的必要支出的,人民法院依法予以支持。

第六十四条 当事人一方通过反诉或者抗辩的方

式,请求调整违约金的,人民法院依法予以支持。

违约方主张约定的违约金过分高于违约造成的损失,请求予以适当减少的,应当承担举证责任。非违约方主张约定的违约金合理的,也应当提供相应的证据。

当事人仅以合同约定不得对违约金进行调整为由主张不予调整违约金的,人民法院不予支持。

第六十五条 当事人主张约定的违约金过分高于违约造成的损失,请求予以适当减少的,人民法院应当以民法典第五百八十四条规定的损失为基础,兼顾合同主体、交易类型、合同的履行情况、当事人的过错程度、履约背景等因素,遵循公平原则和诚信原则进行衡量,并作出裁判。

约定的违约金超过造成损失的百分之三十的,人民法院一般可以认定为过分高于造成的损失。

恶意违约的当事人一方请求减少违约金的,人民法院一般不予支持。

第六十六条 当事人一方请求对方支付违约金,对方以合同不成立、无效、被撤销、确定不发生效力、不构成违约或者非违约方不存在损失等为由抗辩,未主张调整过高的违约金的,人民法院应当就不支持该抗辩,当事人是否请求调整违约金进行释明。第一审人民法院认为抗辩成立且未予释明,第二审人民法院认为应当判决支付违约金的,可以直接释明,并根据当事人的请求,在当事人就是否应当调整违约金充分举证、质证、辩论后,依法判决适当减少违约金。

被告因客观原因在第一审程序中未到庭参加诉讼,但是在第二审程序中到庭参加诉讼并请求减少违约金的,第二审人民法院可以在当事人就是否应当调整违约金充分举证、质证、辩论后,依法判决适当减少违约金。

第六十七条 当事人交付留置金、担保金、保证金、订约金、押金或者订金等,但是没有约定定金性质,一方主张适用民法典第五百八十七条规定的定金罚则的,人民法院不予支持。当事人约定了定金性质,但是未约定定金类型或者约定不明,一方主张为违约定金的,人民法院应予支持。

当事人约定以交付定金作为订立合同的担保,一方拒绝订立合同或者在磋商订立合同时违背诚信原则导致未能订立合同,对方主张适用民法典第五百八十七条规定的定金罚则的,人民法院应予支持。

当事人约定以交付定金作为合同成立或者生效条件,应当交付定金的一方未交付定金,但是合同主要义务已经履行完毕并为对方所接受的,人民法院应当认定合同在对方接受履行时已经成立或者生效。

当事人约定定金性质为解约定金,交付定金的一方主张以丧失定金为代价解除合同的,或者收受定金的一方主张以双倍返还定金为代价解除合同的,人民法院应予支持。

第六十八条 双方当事人均具有致使不能实现合同目的的违约行为,其中一方请求适用定金罚则的,人民法院不予支持。当事人一方仅有轻微违约,对方具有致使不能实现合同目的的违约行为,轻微违约方主张适用定金罚则,对方以轻微违约方也构成违约为由抗辩的,人民法院对该抗辩不予支持。

当事人一方已经部分履行合同,对方接受并主张按照未履行部分所占比例适用定金罚则的,人民法院应予支持。对方主张按照合同整体适用定金罚则的,人民法院不予支持,但是部分未履行致使不能实现合同目的的除外。

因不可抗力致使合同不能履行,非违约方主张适用定金罚则的,人民法院不予支持。

九、附 则

第六十九条 本解释自 2023 年 12 月 5 日起施行。

民法典施行后的法律事实引起的民事案件,本解释施行后尚未终审的,适用本解释;本解释施行前已经终审,当事人申请再审或者按照审判监督程序决定再审的,不适用本解释。

中华人民共和国城乡规划法

- 2007 年 10 月 28 日第十届全国人民代表大会常务委员会第三十次会议通过
- 根据 2015 年 4 月 24 日第十二届全国人民代表大会常务委员会第十四次会议《关于修改〈中华人民共和国港口法〉等七部法律的决定》第一次修正
- 根据 2019 年 4 月 23 日第十三届全国人民代表大会常务委员会第十次会议《关于修改〈中华人民共和国建筑法〉等八部法律的决定》第二次修正

第一章 总 则

第一条 【立法宗旨】为了加强城乡规划管理,协调城乡空间布局,改善人居环境,促进城乡经济社会全面协调可持续发展,制定本法。

第二条 【城乡规划的制定和实施】制定和实施城乡规划,在规划区内进行建设活动,必须遵守本法。

本法所称城乡规划,包括城镇体系规划、城市规划、镇规划、乡规划和村庄规划。城市规划、镇规划分为总体规划和详细规划。详细规划分为控制性详细规划和修建性详细规划。

本法所称规划区，是指城市、镇和村庄的建成区以及因城乡建设和发展需要，必须实行规划控制的区域。规划区的具体范围由有关人民政府在组织编制的城市总体规划、镇总体规划、乡规划和村庄规划中，根据城乡经济社会发展水平和统筹城乡发展的需要划定。

第三条　【城乡建设活动与制定城乡规划关系】城市和镇应当依照本法制定城市规划和镇规划。城市、镇规划区内的建设活动应当符合规划要求。

县级以上地方人民政府根据本地农村经济社会发展水平，按照因地制宜、切实可行的原则，确定应当制定乡规划、村庄规划的区域。在确定区域内的乡、村庄，应当依照本法制定规划，规划区内的乡、村庄建设应当符合规划要求。

县级以上地方人民政府鼓励、指导前款规定以外的区域的乡、村庄制定和实施乡规划、村庄规划。

第四条　【城乡规划制定、实施原则】制定和实施城乡规划，应当遵循城乡统筹、合理布局、节约土地、集约发展和先规划后建设的原则，改善生态环境，促进资源、能源节约和综合利用，保护耕地等自然资源和历史文化遗产，保持地方特色、民族特色和传统风貌，防止污染和其他公害，并符合区域人口发展、国防建设、防灾减灾和公共卫生、公共安全的需要。

在规划区内进行建设活动，应当遵守土地管理、自然资源和环境保护等法律、法规的规定。

县级以上地方人民政府应当根据当地经济社会发展的实际，在城市总体规划、镇总体规划中合理确定城市、镇的发展规模、步骤和建设标准。

第五条　【城乡规划与国民经济和社会发展规划、土地利用总体规划衔接】城市总体规划、镇总体规划以及乡规划和村庄规划的编制，应当依据国民经济和社会发展规划，并与土地利用总体规划相衔接。

第六条　【城乡规划经费保障】各级人民政府应当将城乡规划的编制和管理经费纳入本级财政预算。

第七条　【城乡规划修改】经依法批准的城乡规划，是城乡建设和规划管理的依据，未经法定程序不得修改。

第八条　【城乡规划公开公布】城乡规划组织编制机关应当及时公布经依法批准的城乡规划。但是，法律、行政法规规定不得公开的内容除外。

第九条　【单位和个人的权利义务】任何单位和个人都应当遵守经依法批准并公布的城乡规划，服从规划管理，并有权就涉及其利害关系的建设活动是否符合规划的要求向城乡规划主管部门查询。

任何单位和个人都有权向城乡规划主管部门或者其他有关部门举报或者控告违反城乡规划的行为。城乡规划主管部门或者其他有关部门对举报或者控告，应当及时受理并组织核查、处理。

第十条　【采用先进科学技术】国家鼓励采用先进的科学技术，增强城乡规划的科学性，提高城乡规划实施及监督管理的效能。

第十一条　【城乡规划管理体制】国务院城乡规划主管部门负责全国的城乡规划管理工作。

县级以上地方人民政府城乡规划主管部门负责本行政区域内的城乡规划管理工作。

第二章　城乡规划的制定

第十二条　【全国城镇体系规划制定】国务院城乡规划主管部门会同国务院有关部门组织编制全国城镇体系规划，用于指导省域城镇体系规划、城市总体规划的编制。

全国城镇体系规划由国务院城乡规划主管部门报国务院审批。

第十三条　【省域城镇体系规划制定】省、自治区人民政府组织编制省域城镇体系规划，报国务院审批。

省域城镇体系规划的内容应当包括：城镇空间布局和规模控制，重大基础设施的布局，为保护生态环境、资源等需要严格控制的区域。

第十四条　【城市总体规划编制】城市人民政府组织编制城市总体规划。

直辖市的城市总体规划由直辖市人民政府报国务院审批。省、自治区人民政府所在地的城市以及国务院确定的城市的总体规划，由省、自治区人民政府审查同意后，报国务院审批。其他城市的总体规划，由城市人民政府报省、自治区人民政府审批。

第十五条　【镇总体规划编制】县人民政府组织编制县人民政府所在地镇的总体规划，报上一级人民政府审批。其他镇的总体规划由镇人民政府组织编制，报上一级人民政府审批。

第十六条　【各级人大常委会参与规划制定】省、自治区人民政府组织编制的省域城镇体系规划，城市、县人民政府组织编制的总体规划，在报上一级人民政府审批前，应当先经本级人民代表大会常务委员会审议，常务委员会组成人员的审议意见交由本级人民政府研究处理。

镇人民政府组织编制的镇总体规划,在报上一级人民政府审批前,应当先经镇人民代表大会审议,代表的审议意见交由本级人民政府研究处理。

规划的组织编制机关报送审批省域城镇体系规划、城市总体规划或者镇总体规划,应当将本级人民代表大会常务委员会组成人员或者镇人民代表大会代表的审议意见和根据审议意见修改规划的情况一并报送。

第十七条 【城市、镇总体规划内容和期限】城市总体规划、镇总体规划的内容应当包括:城市、镇的发展布局,功能分区,用地布局,综合交通体系,禁止、限制和适宜建设的地域范围,各类专项规划等。

规划区范围、规划区内建设用地规模、基础设施和公共服务设施用地、水源地和水系、基本农田和绿化用地、环境保护、自然与历史文化遗产保护以及防灾减灾等内容,应当作为城市总体规划、镇总体规划的强制性内容。

城市总体规划、镇总体规划的规划期限一般为二十年。城市总体规划还应当对城市更长远的发展作出预测性安排。

第十八条 【乡规划和村庄规划的内容】乡规划、村庄规划应当从农村实际出发,尊重村民意愿,体现地方和农村特色。

乡规划、村庄规划的内容应当包括:规划区范围,住宅、道路、供水、排水、供电、垃圾收集、畜禽养殖场所等农村生产、生活服务设施、公益事业等各项建设的用地布局、建设要求,以及对耕地等自然资源和历史文化遗产保护、防灾减灾等的具体安排。乡规划还应当包括本行政区域内的村庄发展布局。

第十九条 【城市控制性详细规划】城市人民政府城乡规划主管部门根据城市总体规划的要求,组织编制城市的控制性详细规划,经本级人民政府批准后,报本级人民代表大会常务委员会和上一级人民政府备案。

第二十条 【镇控制性详细规划】镇人民政府根据镇总体规划的要求,组织编制镇的控制性详细规划,报上一级人民政府审批。县人民政府所在地镇的控制性详细规划,由县人民政府城乡规划主管部门根据镇总体规划的要求组织编制,经县人民政府批准后,报本级人民代表大会常务委员会和上一级人民政府备案。

第二十一条 【修建性详细规划】城市、县人民政府城乡规划主管部门和镇人民政府可以组织编制重要地块的修建性详细规划。修建性详细规划应当符合控制性详细规划。

第二十二条 【乡、村庄规划编制】乡、镇人民政府组织编制乡规划、村庄规划,报上一级人民政府审批。村庄规划在报送审批前,应当经村民会议或者村民代表会议讨论同意。

第二十三条 【首都总体规划和详细规划】首都的总体规划、详细规划应当统筹考虑中央国家机关用地布局和空间安排的需要。

第二十四条 【城乡规划编制单位】城乡规划组织编制机关应当委托具有相应资质等级的单位承担城乡规划的具体编制工作。

从事城乡规划编制工作应当具备下列条件,并经国务院城乡规划主管部门或者省、自治区、直辖市人民政府城乡规划主管部门依法审查合格,取得相应等级的资质证书后,方可在资质等级许可的范围内从事城乡规划编制工作:

(一)有法人资格;
(二)有规定数量的经相关行业协会注册的规划师;
(三)有规定数量的相关专业技术人员;
(四)有相应的技术装备;
(五)有健全的技术、质量、财务管理制度。

编制城乡规划必须遵守国家有关标准。

第二十五条 【城乡规划基础资料】编制城乡规划,应当具备国家规定的勘察、测绘、气象、地震、水文、环境等基础资料。

县级以上地方人民政府有关主管部门应当根据编制城乡规划的需要,及时提供有关基础资料。

第二十六条 【公众参与城乡规划编制】城乡规划报送审批前,组织编制机关应当依法将城乡规划草案予以公告,并采取论证会、听证会或者其他方式征求专家和公众的意见。公告的时间不得少于三十日。

组织编制机关应当充分考虑专家和公众的意见,并在报送审批的材料中附具意见采纳情况及理由。

第二十七条 【专家和有关部门参与城镇规划审批】省域城镇体系规划、城市总体规划、镇总体规划批准前,审批机关应当组织专家和有关部门进行审查。

第三章 城乡规划的实施

第二十八条 【政府实施城乡规划】地方各级人民政府应当根据当地经济社会发展水平,量力而行,尊重群众意愿,有计划、分步骤地组织实施城乡规划。

第二十九条 【城市、镇和乡、村庄建设和发展实施城乡规划】城市的建设和发展,应当优先安排基础设施以及公共服务设施的建设,妥善处理新区开发与旧区改建的关系,统筹兼顾进城务工人员生活和周边农村经济社会发展、村民生产与生活的需要。

镇的建设和发展，应当结合农村经济社会发展和产业结构调整，优先安排供水、排水、供电、供气、道路、通信、广播电视等基础设施和学校、卫生院、文化站、幼儿园、福利院等公共服务设施的建设，为周边农村提供服务。

乡、村庄的建设和发展，应当因地制宜、节约用地，发挥村民自治组织的作用，引导村民合理进行建设，改善农村生产、生活条件。

第三十条 【城市新区开发和建设实施城乡规划】 城市新区的开发和建设，应当合理确定建设规模和时序，充分利用现有市政基础设施和公共服务设施，严格保护自然资源和生态环境，体现地方特色。

在城市总体规划、镇总体规划确定的建设用地范围以外，不得设立各类开发区和城市新区。

第三十一条 【旧城区改造实施城乡规划】 旧城区的改建，应当保护历史文化遗产和传统风貌，合理确定拆迁和建设规模，有计划地对危房集中、基础设施落后等地段进行改建。

历史文化名城、名镇、名村的保护以及受保护建筑物的维护和使用，应当遵守有关法律、行政法规和国务院的规定。

第三十二条 【城乡建设和发展实施城乡规划】 城乡建设和发展，应当依法保护和合理利用风景名胜资源，统筹安排风景名胜区及周边乡、镇、村庄的建设。

风景名胜区的规划、建设和管理，应当遵守有关法律、行政法规和国务院的规定。

第三十三条 【城市地下空间的开发和利用遵循的原则】 城市地下空间的开发和利用，应当与经济和技术发展水平相适应，遵循统筹安排、综合开发、合理利用的原则，充分考虑防灾减灾、人民防空和通信等需要，并符合城市规划，履行规划审批手续。

第三十四条 【城市、县、镇人民政府制定近期建设规划】 城市、县、镇人民政府应当根据城市总体规划、镇总体规划、土地利用总体规划和年度计划以及国民经济和社会发展规划，制定近期建设规划，报总体规划审批机关备案。

近期建设规划应当以重要基础设施、公共服务设施和中低收入居民住房建设以及生态环境保护为重点内容，明确近期建设的时序、发展方向和空间布局。近期建设规划的规划期限为五年。

第三十五条 【禁止擅自改变城乡规划确定的重要用地用途】 城乡规划确定的铁路、公路、港口、机场、道路、绿地、输配电设施及输电线路走廊、通信设施、广播电视设施、管道设施、河道、水库、水源地、自然保护区、防汛通道、消防通道、核电站、垃圾填埋场及焚烧厂、污水处理厂和公共服务设施的用地以及其他需要依法保护的用地，禁止擅自改变用途。

第三十六条 【申请核发选址意见书】 按照国家规定需要有关部门批准或者核准的建设项目，以划拨方式提供国有土地使用权的，建设单位在报送有关部门批准或者核准前，应当向城乡规划主管部门申请核发选址意见书。

前款规定以外的建设项目不需要申请选址意见书。

第三十七条 【划拨建设用地程序】 在城市、镇规划区内以划拨方式提供国有土地使用权的建设项目，经有关部门批准、核准、备案后，建设单位应当向城市、县人民政府城乡规划主管部门提出建设用地规划许可申请，由城市、县人民政府城乡规划主管部门依据控制性详细规划核定建设用地的位置、面积、允许建设的范围，核发建设用地规划许可证。

建设单位在取得建设用地规划许可证后，方可向县级以上地方人民政府土地主管部门申请用地，经县级以上人民政府审批后，由土地主管部门划拨土地。

第三十八条 【国有土地使用权出让合同】 在城市、镇规划区内以出让方式提供国有土地使用权的，在国有土地使用权出让前，城市、县人民政府城乡规划主管部门应当依据控制性详细规划，提出出让地块的位置、使用性质、开发强度等规划条件，作为国有土地使用权出让合同的组成部分。未确定规划条件的地块，不得出让国有土地使用权。

以出让方式取得国有土地使用权的建设项目，建设单位在取得建设项目的批准、核准、备案文件和签订国有土地使用权出让合同后，向城市、县人民政府城乡规划主管部门领取建设用地规划许可证。

城市、县人民政府城乡规划主管部门不得在建设用地规划许可证中，擅自改变作为国有土地使用权出让合同组成部分的规划条件。

第三十九条 【规划条件未纳入出让合同的法律后果】 规划条件未纳入国有土地使用权出让合同的，该国有土地使用权出让合同无效；对未取得建设用地规划许可证的建设单位批准用地的，由县级以上人民政府撤销有关批准文件；占用土地的，应当及时退回；给当事人造成损失的，应当依法给予赔偿。

第四十条 【建设单位和个人领取建设工程规划许可证】在城市、镇规划区内进行建筑物、构筑物、道路、管线和其他工程建设的，建设单位或者个人应当向城市、县人民政府城乡规划主管部门或者省、自治区、直辖市人民政府确定的镇人民政府申请办理建设工程规划许可证。

申请办理建设工程规划许可证，应当提交使用土地的有关证明文件、建设工程设计方案等材料。需要建设单位编制修建性详细规划的建设项目，还应当提交修建性详细规划。对符合控制性详细规划和规划条件的，由城市、县人民政府城乡规划主管部门或者省、自治区、直辖市人民政府确定的镇人民政府核发建设工程规划许可证。

城市、县人民政府城乡规划主管部门或者省、自治区、直辖市人民政府确定的镇人民政府应当依法将经审定的修建性详细规划、建设工程设计方案的总平面图予以公布。

第四十一条 【乡村建设规划许可证】在乡、村庄规划区内进行乡镇企业、乡村公共设施和公益事业建设的，建设单位或者个人应当向乡、镇人民政府提出申请，由乡、镇人民政府报城市、县人民政府城乡规划主管部门核发乡村建设规划许可证。

在乡、村庄规划区内使用原有宅基地进行农村村民住宅建设的规划管理办法，由省、自治区、直辖市制定。

在乡、村庄规划区内进行乡镇企业、乡村公共设施和公益事业建设以及农村村民住宅建设，不得占用农用地；确需占用农用地的，应当依照《中华人民共和国土地管理法》有关规定办理农用地转用审批手续后，由城市、县人民政府城乡规划主管部门核发乡村建设规划许可证。

建设单位或者个人在取得乡村建设规划许可证后，方可办理用地审批手续。

第四十二条 【不得超出范围作出规划许可】城乡规划主管部门不得在城乡规划确定的建设用地范围以外作出规划许可。

第四十三条 【建设单位按照规划条件建设】建设单位应当按照规划条件进行建设；确需变更的，必须向城市、县人民政府城乡规划主管部门提出申请。变更内容不符合控制性详细规划的，城乡规划主管部门不得批准。城市、县人民政府城乡规划主管部门应当及时依法变更后的规划条件通报同级土地主管部门并公示。

建设单位应当及时将依法变更后的规划条件报有关人民政府土地主管部门备案。

第四十四条 【临时建设】在城市、镇规划区内进行临时建设的，应当经城市、县人民政府城乡规划主管部门批准。临时建设影响近期建设规划或者控制性详细规划的实施以及交通、市容、安全等的，不得批准。

临时建设应当在批准的使用期限内自行拆除。

临时建设和临时用地规划管理的具体办法，由省、自治区、直辖市人民政府制定。

第四十五条 【城乡规划主管部门核实符合规划条件情况】县级以上地方人民政府城乡规划主管部门按照国务院规定对建设工程是否符合规划条件予以核实。未经核实或者经核实不符合规划条件的，建设单位不得组织竣工验收。

建设单位应当在竣工验收后六个月内向城乡规划主管部门报送有关竣工验收资料。

第四章 城乡规划的修改

第四十六条 【规划实施情况评估】省域城镇体系规划、城市总体规划、镇总体规划的组织编制机关，应当组织有关部门和专家定期对规划实施情况进行评估，并采取论证会、听证会或者其他方式征求公众意见。组织编制机关应当向本级人民代表大会常务委员会、镇人民代表大会和原审批机关提出评估报告并附具征求意见的情况。

第四十七条 【规划修改条件和程序】有下列情形之一的，组织编制机关方可按照规定的权限和程序修改省域城镇体系规划、城市总体规划、镇总体规划：

（一）上级人民政府制定的城乡规划发生变更，提出修改规划要求的；

（二）行政区划调整确需修改规划的；

（三）因国务院批准重大建设工程确需修改规划的；

（四）经评估确需修改规划的；

（五）城乡规划的审批机关认为应当修改规划的其他情形。

修改省域城镇体系规划、城市总体规划、镇总体规划前，组织编制机关应当对原规划的实施情况进行总结，并向原审批机关报告；修改涉及城市总体规划、镇总体规划强制性内容的，应当先向原审批机关提出专题报告，经同意后，方可编制修改方案。

修改后的省域城镇体系规划、城市总体规划、镇总体规划，应当依照本法第十三条、第十四条、第十五条和第十六条规定的审批程序报批。

第四十八条 【修改程序性规划以及乡规划、村庄规划】修改控制性详细规划的，组织编制机关应当对修改的必要性进行论证，征求规划地段内利害关系人的意见，并向原审批机关提出专题报告，经原审批机关同意后，方可编制修改方案。修改后的控制性详细规划，应当依照本法第十九条、第二十条规定的审批程序报批。控制性详细规划修改涉及城市总体规划、镇总体规划的强制性内容的，应当先修改总体规划。

修改乡规划、村庄规划的，应当依照本法第二十二条规定的审批程序报批。

第四十九条　【修改近期建设规划报送备案】城市、县、镇人民政府修改近期建设规划的，应当将修改后的近期建设规划报总体规划审批机关备案。

第五十条　【修改规划或总平面图造成损失补偿】在选址意见书、建设用地规划许可证、建设工程规划许可证或者乡村建设规划许可证发放后，因依法修改城乡规划给被许可人合法权益造成损失的，应当依法给予补偿。

经依法审定的修建性详细规划、建设工程设计方案的总平面图不得随意修改；确需修改的，城乡规划主管部门应当采取听证会等形式，听取利害关系人的意见；因修改给利害关系人合法权益造成损失的，应当依法给予补偿。

第五章　监督检查

第五十一条　【政府及城乡规划主管部门加强监督检查】县级以上人民政府及其城乡规划主管部门应当加强对城乡规划编制、审批、实施、修改的监督检查。

第五十二条　【政府向人大报告城乡规划实施情况】地方各级人民政府应当向本级人民代表大会常务委员会或者乡、镇人民代表大会报告城乡规划的实施情况，并接受监督。

第五十三条　【城乡规划主管部门检查职权和行为规范】县级以上人民政府城乡规划主管部门对城乡规划的实施情况进行监督检查，有权采取以下措施：

（一）要求有关单位和人员提供与监督事项有关的文件、资料，并进行复制；

（二）要求有关单位和人员就监督事项涉及的问题作出解释和说明，并根据需要进入现场进行勘测；

（三）责令有关单位和人员停止违反有关城乡规划的法律、法规的行为。

城乡规划主管部门的工作人员履行前款规定的监督检查职责，应当出示执法证件。被监督检查的单位和人员应当予以配合，不得妨碍和阻挠依法进行的监督检查活动。

第五十四条　【公开监督检查情况和处理结果】监督检查情况和处理结果应当依法公开，供公众查阅和监督。

第五十五条　【城乡规划主管部门提出处分建议】城乡规划主管部门在查处违反本法规定的行为时，发现国家机关工作人员依法应当给予行政处分的，应当向其任免机关或者监察机关提出处分建议。

第五十六条　【上级城乡规划主管部门的建议处罚权】依照本法规定应当给予行政处罚，而有关城乡规划主管部门不给予行政处罚的，上级人民政府城乡规划主管部门有权责令其作出行政处罚决定或者建议有关人民政府责令其给予行政处罚。

第五十七条　【上级城乡规划主管部门责令撤销许可、赔偿损失权】城乡规划主管部门违反本法规定作出行政许可的，上级人民政府城乡规划主管部门有权责令其撤销或者直接撤销该行政许可。因撤销行政许可给当事人合法权益造成损失的，应当依法给予赔偿。

第六章　法律责任

第五十八条　【编制、审批、修改城乡规划玩忽职守的法律责任】对依法应当编制城乡规划而未组织编制，或者未按法定程序编制、审批、修改城乡规划的，由上级人民政府责令改正，通报批评；对有关人民政府负责人和其他直接责任人员依法给予处分。

第五十九条　【委托不合格单位编制城乡规划的法律责任】城乡规划组织编制机关委托不具有相应资质等级的单位编制城乡规划的，由上级人民政府责令改正，通报批评；对有关人民政府负责人和其他直接责任人员依法给予处分。

第六十条　【城乡规划主管部门违法行为的法律责任】镇人民政府或者县级以上人民政府城乡规划主管部门有下列行为之一的，由本级人民政府、上级人民政府城乡规划主管部门或者监察机关依据职权责令改正，通报批评；对直接负责的主管人员和其他直接责任人员依法给予处分：

（一）未依法组织编制城市的控制性详细规划、县人民政府所在地镇的控制性详细规划的；

（二）超越职权或者对不符合法定条件的申请人核发选址意见书、建设用地规划许可证、建设工程规划许可证、乡村建设规划许可证的；

（三）对符合法定条件的申请人未在法定期限内核发选址意见书、建设用地规划许可证、建设工程规划许可证、乡村建设规划许可证的；

（四）未依法对经审定的修建性详细规划、建设工程设计方案的总平面图予以公布的；

（五）同意修改修建性详细规划、建设工程设计方案的总平面图前未采取听证会等形式听取利害关系人的意见的；

（六）发现未依法取得规划许可或者违反规划许可的规定在规划区内进行建设的行为，而不予查处或者接到举报后不依法处理的。

第六十一条 【县级以上人民政府有关部门的法律责任】县级以上人民政府有关部门有下列行为之一的，由本级人民政府或者上级人民政府有关部门责令改正，通报批评；对直接负责的主管人员和其他直接责任人员依法给予处分：

（一）对未依法取得选址意见书的建设项目核发建设项目批准文件的；

（二）未依法在国有土地使用权出让合同中确定规划条件或者改变国有土地使用权出让合同中依法确定的规划条件的；

（三）对未依法取得建设用地规划许可证的建设单位划拨国有土地使用权的。

第六十二条 【城乡规划编制单位违法的法律责任】城乡规划编制单位有下列行为之一的，由所在地城市、县人民政府城乡规划主管部门责令限期改正，处合同约定的规划编制费一倍以上二倍以下的罚款；情节严重的，责令停业整顿，由原发证机关降低资质等级或者吊销资质证书；造成损失的，依法承担赔偿责任：

（一）超越资质等级许可的范围承揽城乡规划编制工作的；

（二）违反国家有关标准编制城乡规划的。

未依法取得资质证书承揽城乡规划编制工作的，由县级以上地方人民政府城乡规划主管部门责令停止违法行为，依照前款规定处以罚款；造成损失的，依法承担赔偿责任。

以欺骗手段取得资质证书承揽城乡规划编制工作的，由原发证机关吊销资质证书，依照本条第一款规定处以罚款；造成损失的，依法承担赔偿责任。

第六十三条 【城乡规划编制单位不符合资质的处理】城乡规划编制单位取得资质证书后，不再符合相应的资质条件的，由原发证机关责令限期改正；逾期不改正的，降低资质等级或者吊销资质证书。

第六十四条 【违规建设的法律责任】未取得建设工程规划许可证或者未按照建设工程规划许可证的规定进行建设的，由县级以上地方人民政府城乡规划主管部门责令停止建设；尚可采取改正措施消除对规划实施的影响的，限期改正，处建设工程造价百分之五以上百分之十以下的罚款；无法采取改正措施消除影响的，限期拆除，不能拆除的，没收实物或者违法收入，可以并处建设工程造价百分之十以下的罚款。

第六十五条 【违规进行乡村建设的法律责任】在乡、村庄规划区内未依法取得乡村建设规划许可证或者未按照乡村建设规划许可证的规定进行建设的，由乡、镇人民政府责令停止建设、限期改正；逾期不改正的，可以拆除。

第六十六条 【违规进行临时建设的法律责任】建设单位或者个人有下列行为之一的，由所在地城市、县人民政府城乡规划主管部门责令期拆除，可以并处临时建设工程造价一倍以下的罚款：

（一）未经批准进行临时建设的；

（二）未按照批准内容进行临时建设的；

（三）临时建筑物、构筑物超过批准期限不拆除的。

第六十七条 【建设单位竣工未报送验收材料的法律责任】建设单位未在建设工程竣工验收后六个月内向城乡规划主管部门报送有关竣工验收资料的，由所在地城市、县人民政府城乡规划主管部门责令限期补报；逾期不补报的，处一万元以上五万元以下的罚款。

第六十八条 【查封施工现场、强制拆除措施】城乡规划主管部门作出责令停止建设或者限期拆除的决定后，当事人不停止建设或者逾期不拆除的，建设工程所在地县级以上地方人民政府可以责成有关部门采取查封施工现场、强制拆除等措施。

第六十九条 【刑事责任】违反本法规定，构成犯罪的，依法追究刑事责任。

第七章 附 则

第七十条 【实施日期】本法自 2008 年 1 月 1 日起施行。《中华人民共和国城市规划法》同时废止。

违反土地管理规定行为处分办法

- 2008 年 5 月 9 日监察部、人力资源和社会保障部、国土资源部令第 15 号发布
- 自 2008 年 6 月 1 日起施行

第一条 为了加强土地管理，惩处违反土地管理规定的行为，根据《中华人民共和国土地管理法》《中华人民共和国行政监察法》《中华人民共和国公务员法》、

《行政机关公务员处分条例》及其他有关法律、行政法规,制定本办法。

第二条 有违反土地管理规定行为的单位,其负有责任的领导人员和直接责任人员,以及有违反土地管理规定行为的个人,应当承担纪律责任,属于下列人员的(以下统称有关责任人员),由任免机关或者监察机关按照管理权限依法给予处分:

(一)行政机关公务员;

(二)法律、法规授权的具有公共事务管理职能的事业单位中经批准参照《中华人民共和国公务员法》管理的工作人员;

(三)行政机关依法委托的组织中除工勤人员以外的工作人员;

(四)企业、事业单位中由行政机关任命的人员。

法律、行政法规、国务院决定和国务院监察机关、国务院人力资源和社会保障部门制定的处分规章对违反土地管理规定行为的处分另有规定的,从其规定。

第三条 有下列行为之一的,对县级以上地方人民政府主要领导人员和其他负有责任的领导人员,给予警告或者记过处分;情节较重的,给予记大过或者降级处分;情节严重的,给予撤职处分:

(一)土地管理秩序混乱,致使一年度内本行政区域违法占用耕地面积占新增建设用地占用耕地总面积的比例达到15%以上或者虽然未达到15%,但造成恶劣影响或者其他严重后果的;

(二)发生土地违法案件造成严重后果的;

(三)对违反土地管理规定行为不制止、不组织查处的;

(四)对违反土地管理规定行为隐瞒不报、压案不查的。

第四条 行政机关在土地审批和供应过程中不执行或者违反国家土地调控政策,有下列行为之一的,对有关责任人员,给予记大过处分;情节较重的,给予降级或者撤职处分;情节严重的,给予开除处分:

(一)对国务院明确要求暂停土地审批仍不停止审批的;

(二)对国务院明确禁止供地的项目提供建设用地的。

第五条 行政机关及其公务员违反土地管理规定,滥用职权,非法批准征收、占用土地的,对有关责任人员,给予记过或者记大过处分;情节较重的,给予降级或者撤职处分;情节严重的,给予开除处分。

有前款规定行为,且有徇私舞弊情节的,从重处分。

第六条 行政机关及其公务员有下列行为之一的,对有关责任人员,给予记过或者记大过处分;情节较重的,给予降级或者撤职处分;情节严重的,给予开除处分:

(一)不按照土地利用总体规划确定的用途批准用地的;

(二)通过调整土地利用总体规划,擅自改变基本农田位置,规避建设占用基本农田由国务院审批规定的;

(三)没有土地利用计划指标擅自批准用地的;

(四)没有新增建设占用农用地计划指标擅自批准农用地转用的;

(五)批准以"以租代征"等方式擅自占用农用地进行非农业建设的。

第七条 行政机关及其公务员有下列行为之一的,对有关责任人员,给予警告或者记过处分;情节较重的,给予记大过或者降级处分;情节严重的,给予撤职处分:

(一)违反法定条件,进行土地登记、颁发或者更换土地证书的;

(二)明知建设项目用地涉嫌违反土地管理规定,尚未依法处理,仍为其办理用地审批、颁发土地证书的;

(三)在未按照国家规定的标准足额收缴新增建设用地土地有偿使用费前,下发用地批准文件的;

(四)对符合规定的建设用地申请或者土地登记申请,无正当理由不予受理或者超过规定期限未予办理的;

(五)违反法定程序批准征收、占用土地的。

第八条 行政机关及其公务员违反土地管理规定,滥用职权,非法低价或者无偿出让国有建设用地使用权的,对有关责任人员,给予记过或者记大过处分;情节较重的,给予降级或者撤职处分;情节严重的,给予开除处分。

有前款规定行为,且有徇私舞弊情节的,从重处分。

第九条 行政机关及其公务员在国有建设用地使用权出让中,有下列行为之一的,对有关责任人员,给予警告或者记过处分;情节较重的,给予记大过或者降级处分;情节严重的,给予撤职处分:

(一)应当采取出让方式而采用划拨方式或者应当招标拍卖挂牌出让而协议出让国有建设用地使用权的;

(二)在国有建设用地使用权招标拍卖挂牌出让中,采取与投标人、竞买人恶意串通,故意设置不合理的条件限制或者排斥潜在的投标人、竞买人等方式,操纵中标人、竞得人的确定或者出让结果的;

(三)违反规定减免或者变相减免国有建设用地使

用权出让金的；

（四）国有建设用地使用权出让合同签订后，擅自批准调整土地用途、容积率等土地使用条件的；

（五）其他违反规定出让国有建设用地使用权的行为。

第十条 未经批准或者采取欺骗手段骗取批准，非法占用土地的，对有关责任人员，给予警告、记过或者记大过处分；情节较重的，给予降级或者撤职处分；情节严重的，给予开除处分。

第十一条 买卖或者以其他形式非法转让土地的，对有关责任人员，给予警告、记过或者记大过处分；情节较重的，给予降级或者撤职处分；情节严重的，给予开除处分。

第十二条 行政机关侵占、截留、挪用被征收土地单位的征地补偿费用和其他有关费用的，对有关责任人员，给予记大过处分；情节较重的，给予降级或者撤职处分；情节严重的，给予开除处分。

第十三条 行政机关在征收土地过程中，有下列行为之一的，对有关责任人员，给予警告或者记过处分；情节较重的，给予记大过或者降级处分；情节严重的，给予撤职处分：

（一）批准低于法定标准的征地补偿方案的；

（二）未按规定落实社会保障费用而批准征地的；

（三）未按期足额支付征地补偿费用的。

第十四条 县级以上地方人民政府未按期缴纳新增建设用地土地有偿使用费的，责令限期缴纳；逾期仍不缴纳的，对有关责任人员，给予记大过处分；情节较重的，给予降级或者撤职处分；情节严重的，给予开除处分。

第十五条 行政机关及其公务员在办理农用地转用或者土地征收申报、报批等过程中，有谎报、瞒报用地位置、地类、面积等弄虚作假行为，造成不良后果的，对有关责任人员，给予记过或者记大过处分；情节较重的，给予降级或者撤职处分；情节严重的，给予开除处分。

第十六条 国土资源行政主管部门及其工作人员有下列行为之一的，对有关责任人员，给予记过或者记大过处分；情节较重的，给予降级或者撤职处分；情节严重的，给予开除处分：

（一）对违反土地管理规定行为按规定应报告而不报告的；

（二）对违反土地管理规定行为不制止、不依法查处的；

（三）在土地供应过程中，因严重不负责任，致使国家利益遭受损失的。

第十七条 有下列情形之一的，应当从重处分：

（一）致使土地遭受严重破坏的；

（二）造成财产严重损失的；

（三）影响群众生产、生活，造成恶劣影响或者其他严重后果的。

第十八条 有下列情形之一的，应当从轻处分：

（一）主动交代违反土地管理规定行为的；

（二）保持或者恢复土地原貌的；

（三）主动纠正违反土地管理规定行为，积极落实有关部门整改意见的；

（四）主动退还违法违纪所得或者侵占、挪用的征地补偿安置费等有关费用的；

（五）检举他人重大违反土地管理规定行为，经查证属实的。

主动交代违反土地管理规定行为，并主动采取措施有效避免或者挽回损失的，应当减轻处分。

第十九条 任免机关、监察机关和国土资源行政主管部门建立案件移送制度。

任免机关、监察机关查处的土地违法违纪案件，依法应当由国土资源行政主管部门给予行政处罚的，应当将有关案件材料移送国土资源行政主管部门。国土资源行政主管部门应当依法及时查处，并将处理结果书面告知任免机关、监察机关。

国土资源行政主管部门查处的土地违法案件，依法应当给予处分，且本部门无权处理的，应当在作出行政处罚决定或者其他处理决定后10日内将有关案件材料移送任免机关或者监察机关。任免机关或者监察机关应当依法及时查处，并将处理结果书面告知国土资源行政主管部门。

第二十条 任免机关、监察机关和国土资源行政主管部门移送案件时要做到事实清楚、证据齐全、程序合法、手续完备。

移送的案件材料应当包括以下内容：

（一）本单位有关领导或者主管单位同意移送的意见；

（二）案件的来源及立案材料；

（三）案件调查报告；

（四）有关证据材料；

（五）其他需要移送的材料。

第二十一条 任免机关、监察机关或者国土资源行政主管部门应当移送而不移送案件的，由其上一级机关责令其移送。

第二十二条 有违反土地管理规定行为，应当给予党纪处分的，移送党的纪律检查机关处理；涉嫌犯罪的，移送司法机关依法追究刑事责任。

第二十三条 本办法由监察部、人力资源和社会保障部、国土资源部负责解释。

第二十四条 本办法自2008年6月1日起施行。

住房和城乡建设部关于规范城乡规划行政处罚裁量权的指导意见

· 2012年6月25日
· 建法〔2012〕99号

第一条 为了规范城乡规划行政处罚裁量权，维护城乡规划的严肃性和权威性，促进依法行政，根据《中华人民共和国城乡规划法》、《中华人民共和国行政处罚法》和《中华人民共和国行政强制法》，制定本意见。

第二条 本意见所称城乡规划行政处罚裁量权，是指城乡规划主管部门或者其他依法实施城乡规划行政处罚的部门(以下简称处罚机关)，依据《中华人民共和国城乡规划法》第六十四条规定，对违法建设行为实施行政处罚时享有的自主决定权。

本意见所称违法建设行为，是指未取得建设工程规划许可证或者未按照建设工程规划许可证的规定进行建设的行为。

第三条 对违法建设行为实施行政处罚时，应当区分尚可采取改正措施消除对规划实施影响的情形和无法采取改正措施消除对规划实施影响的情形。

第四条 违法建设行为有下列情形之一的，属于尚可采取改正措施消除对规划实施影响的情形：

(一)取得建设工程规划许可证，但未按建设工程规划许可证的规定进行建设，在限期内采取局部拆除等整改措施，能够使建设工程符合建设工程规划许可证要求的。

(二)未取得建设工程规划许可证即开工建设，但已取得城乡规划主管部门的建设工程设计方案审查文件，且建设内容符合或采取局部拆除等整改措施后能够符合审查文件要求的。

第五条 对尚可采取改正措施消除对规划实施影响的情形，按以下规定处理：

(一)以书面形式责令停止建设；不停止建设的，依法查封施工现场；

(二)以书面形式责令限期改正；对尚未取得建设工程规划许可证即开工建设的，同时责令其及时取得建设工程规划许可证；

(三)对按期改正违法建设部分的，处建设工程造价5%的罚款；对逾期不改正的，依法采取强制拆除等措施，并处建设工程造价10%的罚款。

违法行为轻微并及时自行纠正，没有造成危害后果的，不予行政处罚。

第六条 处罚机关按照第五条规定处以罚款，应当在违法建设行为改正后实施，不得仅处罚款而不监督改正。

第七条 第四条规定以外的违法建设行为，均为无法采取改正措施消除对规划实施影响的情形。

第八条 对无法采取改正措施消除对规划实施影响的情形，按以下规定处理：

(一)以书面形式责令停止建设；不停止建设的，依法查封施工现场；

(二)对存在违反城乡规划事实的建筑物、构筑物单体，依法下发限期拆除决定书；

(三)对按期拆除的，不予罚款；对逾期不拆除的，依法强制拆除，并处建设工程造价10%的罚款；

(四)对不能拆除的，没收实物或者违法收入，可以并处建设工程造价10%以下的罚款。

第九条 第八条所称不能拆除的情形，是指拆除违法建设可能影响相邻建筑安全、损害无过错利害关系人合法权益或者对公共利益造成重大损害的情形。

第十条 第八条所称没收实物，是指没收新建、扩建、改建的存在违反城乡规划事实的建筑物、构筑物单体。

第十一条 第八条所称违法收入，按照新建、扩建、改建的存在违反城乡规划事实的建筑物、构筑物单体出售所得价款计算；出售所得价款明显低于同类房地产市场价格的，处罚机关应当委托有资质的房地产评估机构评估确定。

第十二条 对违法建设行为处以罚款，应当以新建、扩建、改建的存在违反城乡规划事实的建筑物、构筑物单体造价作为罚款基数。

已经完成竣工结算的违法建设，应当以竣工结算价作为罚款基数；尚未完成竣工结算的违法建设，可以根据工程已完工部分的施工合同价确定罚款基数；未依法签订施工合同或者当事人提供的施工合同价明显低于市场价格的，处罚机关应当委托有资质的造价咨询机构评估确定。

第十三条　处罚机关按照第八条规定处以罚款，应当在依法强制拆除或者没收实物或者没收违法收入后实施，不得仅以处罚款而不强制拆除或者没收。

第十四条　对违法建设行为进行行政处罚，应当在违反城乡规划事实存续期间和违法行为得到纠正之日起两年内实施。

第十五条　本意见自 2012 年 9 月 1 日起施行。

住房和城乡建设行政处罚程序规定

- 2022 年 3 月 10 日中华人民共和国住房和城乡建设部令第 55 号公布
- 自 2022 年 5 月 1 日起施行

第一章　总　则

第一条　为保障和监督住房和城乡建设行政执法机关有效实施行政处罚，保护公民、法人或者其他组织的合法权益，促进住房和城乡建设行政执法工作规范化，根据《中华人民共和国行政处罚法》等法律法规，结合住房和城乡建设工作实际，制定本规定。

第二条　住房和城乡建设行政执法机关（以下简称执法机关）对违反相关法律、法规、规章的公民、法人或者其他组织依法实施行政处罚，适用本规定。

第三条　本规定适用的行政处罚种类包括：

（一）警告、通报批评；

（二）罚款、没收违法所得、没收非法财物；

（三）暂扣许可证件、降低资质等级、吊销许可证件；

（四）限制开展生产经营活动、责令停业整顿、责令停止执业、限制从业；

（五）法律、行政法规规定的其他行政处罚。

第四条　执法机关实施行政处罚，应当遵循公正、公开的原则，坚持处罚与教育相结合，做到认定事实清楚、证据合法充分、适用依据准确、程序合法、处罚适当。

第二章　行政处罚的管辖

第五条　行政处罚由违法行为发生地的执法机关管辖。法律、行政法规、部门规章另有规定的，从其规定。

行政处罚由县级以上地方人民政府执法机关管辖。法律、行政法规另有规定的，从其规定。

第六条　执法机关发现案件不属于本机关管辖的，应当将案件移送有管辖权的行政机关。

行政处罚过程中发生的管辖权争议，应当自发生争议之日起七日内协商解决，并制作保存协商记录；协商不成的，报请共同的上一级行政机关指定管辖。上一级执法机关应当自收到报请材料之日起七日内指定案件的管辖机关。

第七条　执法机关发现违法行为涉嫌犯罪的，应当依法将案件移送司法机关。

第三章　行政处罚的决定

第一节　基本规定

第八条　执法机关应当将本机关负责实施的行政处罚事项、立案依据、实施程序和救济渠道等信息予以公示。

第九条　执法机关应当依法以文字、音像等形式，对行政处罚的启动、调查取证、审核、决定、送达、执行等进行全过程记录，归档保存。

住房和城乡建设行政处罚文书示范文本，由国务院住房和城乡建设主管部门制定。省、自治区、直辖市人民政府执法机关可以参照制定适用于本行政区域的行政处罚文书示范文本。

第十条　执法机关作出具有一定社会影响的行政处罚决定，应当自作出决定之日起七日内依法公开。公开的行政处罚决定信息不得泄露国家秘密。涉及商业秘密和个人隐私的，应当依照有关法律法规规定处理。

公开的行政处罚决定被依法变更、撤销、确认违法或者确认无效的，执法机关应当在三日内撤回行政处罚决定信息并公开说明理由；相关行政处罚决定信息已推送至其他行政机关或者有关信用信息平台的，应当依照有关规定及时处理。

第十一条　行政处罚应当由两名以上具有行政执法资格的执法人员实施，法律另有规定的除外。执法人员应当依照有关规定参加执法培训和考核，取得执法证件。

执法人员在案件调查取证、听取陈述申辩、参加听证、送达执法文书等直接面对当事人或者有关人员的活动中，应当主动出示执法证件。配备统一执法制式服装或者执法标志标识的，应当按照规定着装或者佩戴执法标志标识。

第二节　简易程序

第十二条　违法事实确凿并有法定依据，对公民处以二百元以下、对法人或者其他组织处以三千元以下罚款或者警告的行政处罚的，可以当场作出行政处罚决定。法律另有规定的，从其规定。

第十三条　当场作出行政处罚决定的，执法人员应当向当事人出示执法证件，填写预定格式、编有号码的行政处罚决定书,并当场交付当事人。当事人拒绝签收的,应当在行政处罚决定书上注明。

当事人提出陈述、申辩的,执法人员应当听取当事人的意见,并复核事实、理由和证据。

第十四条 当场作出的行政处罚决定书应当载明当事人的违法行为,行政处罚的种类和依据、罚款数额、时间、地点,申请行政复议、提起行政诉讼的途径和期限以及执法机关名称,并由执法人员签名或者盖章。

执法人员当场作出的行政处罚决定,应当在三日内报所属执法机关备案。

第三节 普通程序

第十五条 执法机关对依据监督检查职权或者通过投诉、举报等途径发现的违法行为线索,应当在十五日内予以核查,情况复杂确实无法按期完成的,经本机关负责人批准,可以延长十日。

经核查,符合下列条件的,应当予以立案:

(一)有初步证据证明存在违法行为;

(二)违法行为属于本机关管辖;

(三)违法行为未超过行政处罚时效。

立案应当填写立案审批表,附上相关材料,报本机关负责人批准。

立案前核查或者监督检查过程中依法取得的证据材料,可以作为案件的证据使用。

第十六条 执法人员询问当事人及有关人员,应当个别进行并制作笔录,笔录经被询问人核对、修改差错、补充遗漏后,由被询问人逐页签名或者盖章。

第十七条 执法人员收集、调取的书证、物证应当是原件、原物。调取原件、原物有困难的,可以提取复制件、影印件或者抄录件,也可以拍摄或者制作足以反映原件、原物外形或者内容的照片、录像。复制件、影印件、抄录件和照片、录像应当标明经核对与原件或者原物一致,并由证据提供人、执法人员签名或者盖章。

提取物证应当有当事人在场,对所提取的物证应当开具物品清单,由执法人员和当事人签名或者盖章,各执一份。无法找到当事人,或者当事人在场确有困难、拒绝到场、拒绝签字的,执法人员可以邀请有关基层组织的代表或者无利害关系的其他人到场见证,也可以用录像等方式进行记录,依照有关规定提取物证。

对违法嫌疑物品或者场所进行检查时,应当通知当事人在场,并制作现场笔录,载明时间、地点、事件等内容,由执法人员、当事人签名或者盖章。无法找到当事人,或者当事人在场确有困难、拒绝到场、拒绝签字的,应当用录像等方式记录检查过程并在现场笔录中注明。

第十八条 为了查明案情,需要进行检测、检验、鉴定的,执法机关应当依法委托具备相应条件的机构进行。检测、检验、鉴定结果应当告知当事人。

执法机关因实施行政处罚的需要,可以向有关机关出具协助函,请求有关机关协助进行调查取证等。

第十九条 执法机关查处违法行为过程中,在证据可能灭失或者以后难以取得的情况下,经本机关负责人批准,可以对证据先行登记保存。

先行登记保存证据,应当当场清点,开具清单,标注物品的名称、数量、规格、型号、保存地点等信息,清单由执法人员和当事人签名或者盖章,各执一份。当事人拒绝签字的,执法人员在执法文书中注明,并通过录像等方式保留相应证据。先行登记保存期间,当事人或者有关人员不得销毁或者转移证据。

对于先行登记保存的证据,应当在七日内作出以下处理决定:

(一)根据情况及时采取记录、复制、拍照、录像等证据保全措施;

(二)需要检测、检验、鉴定的,送交检测、检验、鉴定;

(三)依据有关法律、法规规定应当采取查封、扣押等行政强制措施的,决定采取行政强制措施;

(四)违法事实成立,依法应当予以没收的,依照法定程序处理;

(五)违法事实不成立,或者违法事实成立但依法不应当予以查封、扣押或者没收的,决定解除先行登记保存措施。

逾期未作出处理决定的,先行登记保存措施自动解除。

第二十条 案件调查终结,执法人员应当制作书面案件调查终结报告。

案件调查终结报告的内容包括:当事人的基本情况、案件来源及调查经过、调查认定的事实及主要证据、行政处罚意见及依据、裁量基准的运用及理由等。

对涉及生产安全事故的案件,执法人员应当依据经批复的事故调查报告认定有关情况。

第二十一条 行政处罚决定作出前,执法机关应当制作行政处罚意见告知文书,告知当事人拟作出的行政处罚内容及事实、理由、依据以及当事人依法享有的陈述权、申辩权。拟作出的行政处罚属于听证范围的,还应当告知当事人有要求听证的权利。

第二十二条 执法机关必须充分听取当事人的意

见,对当事人提出的事实、理由和证据进行复核,并制作书面复核意见。当事人提出的事实、理由或者证据成立的,执法机关应当予以采纳,不得因当事人陈述、申辩而给予更重的处罚。

当事人自行政处罚意见告知文书送达之日起五日内,未行使陈述权、申辩权,视为放弃此权利。

第二十三条　在作出《中华人民共和国行政处罚法》第五十八条规定情形的行政处罚决定前,执法人员应当将案件调查终结报告连同案件材料,提交执法机关负责法制审核工作的机构,由法制审核人员进行重大执法决定法制审核。未经法制审核或者审核未通过的,不得作出决定。

第二十四条　执法机关负责法制审核工作的机构接到审核材料后,应当登记并审核以下内容:

(一)行政处罚主体是否合法,行政执法人员是否具备执法资格;

(二)行政处罚程序是否合法;

(三)当事人基本情况、案件事实是否清楚,证据是否合法充分;

(四)适用法律、法规、规章是否准确,裁量基准运用是否适当;

(五)是否超越执法机关法定权限;

(六)行政处罚文书是否完备、规范;

(七)违法行为是否涉嫌犯罪、需要移送司法机关;

(八)法律、法规规定应当审核的其他内容。

第二十五条　执法机关负责法制审核工作的机构应当自收到审核材料之日起十日内完成审核,并提出以下书面意见:

(一)对事实清楚、证据合法充分、适用依据准确、处罚适当、程序合法的案件,同意处罚意见;

(二)对事实不清、证据不足的案件,建议补充调查;

(三)对适用依据不准确、处罚不当、程序不合法的案件,建议改正;

(四)对超出法定权限的案件,建议按有关规定移送。

对执法机关负责法制审核工作的机构提出的意见,执法人员应当进行研究,作出相应处理后再次报送法制审核。

第二十六条　执法机关负责人应当对案件调查结果进行审查,根据不同情况,分别作出如下决定:

(一)确有应受行政处罚的违法行为的,根据情节轻重及具体情况,作出行政处罚决定;

(二)违法行为轻微,依法可以不予行政处罚的,不予行政处罚;

(三)违法事实不能成立的,不予行政处罚;

(四)违法行为涉嫌犯罪的,移送司法机关。

对情节复杂或者重大违法行为给予行政处罚,执法机关负责人应当集体讨论决定。

第二十七条　执法机关对当事人作出行政处罚,应当制作行政处罚决定书。行政处罚决定书应当载明下列事项:

(一)当事人的姓名或者名称、地址;

(二)违反法律、法规、规章的事实和证据;

(三)行政处罚的种类和依据;

(四)行政处罚的履行方式和期限;

(五)申请行政复议、提起行政诉讼的途径和期限;

(六)作出行政处罚决定的执法机关名称和作出决定的日期。

行政处罚决定书必须盖有作出行政处罚决定的执法机关的印章。

第二十八条　行政处罚决定生效后,任何人不得擅自变更或者撤销。作出行政处罚决定的执法机关发现确需变更或者撤销的,应当依法办理。

行政处罚决定存在未载明决定作出日期等遗漏,对公民、法人或者其他组织的合法权益没有实际影响等情形的,应当予以补正。

行政处罚决定存在文字表述错误或者计算错误等情形,应当予以更正。

执法机关作出补正或者更正的,应当制作补正或者更正文书。

第二十九条　执法机关应当自立案之日起九十日内作出行政处罚决定。因案情复杂或者其他原因,不能在规定期限内作出行政处罚决定的,经本机关负责人批准,可以延长三十日。案情特别复杂或者有其他特殊情况,经延期仍不能作出行政处罚决定的,应当由本机关负责人集体讨论决定是否再次延期,决定再次延期的,再次延长的期限不得超过六十日。

案件处理过程中,听证、检测、检验、鉴定等时间不计入前款规定的期限。

第三十条　案件处理过程中,有下列情形之一,经执法机关负责人批准,中止案件调查:

(一)行政处罚决定须以相关案件的裁判结果或者其他行政决定为依据,而相关案件尚未审结或者其他行政决定尚未作出的;

（二）涉及法律适用等问题，需要报请有权机关作出解释或者确认的；

（三）因不可抗力致使案件暂时无法调查的；

（四）因当事人下落不明致使案件暂时无法调查的；

（五）其他应当中止调查的情形。

中止调查情形消失，执法机关应当及时恢复调查程序。中止调查的时间不计入案件办理期限。

第三十一条 行政处罚案件有下列情形之一，执法人员应当在十五日内填写结案审批表，经本机关负责人批准后，予以结案：

（一）行政处罚决定执行完毕的；

（二）依法终结执行的；

（三）因不能认定违法事实或者违法行为已过行政处罚时效等情形，案件终止调查的；

（四）依法作出不予行政处罚决定的；

（五）其他应予结案的情形。

第四节　听证程序

第三十二条 执法机关在作出较大数额罚款、没收较大数额违法所得、没收较大价值非法财物、降低资质等级、吊销许可证件、责令停业整顿、责令停止执业、限制从业等较重行政处罚决定之前，应当告知当事人有要求听证的权利。

第三十三条 当事人要求听证的，应当自行政处罚意见告知文书送达之日起五日内以书面或者口头方式向执法机关提出。

第三十四条 执法机关应当在举行听证的七日前，通知当事人及有关人员听证的时间、地点。

听证由执法机关指定的非本案调查人员主持，并按以下程序进行：

（一）听证主持人宣布听证纪律和流程，并告知当事人申请回避的权利；

（二）调查人员提出当事人违法的事实、证据和行政处罚建议，并向当事人出示证据；

（三）当事人进行申辩，并对证据的真实性、合法性和关联性进行质证；

（四）调查人员和当事人分别进行总结陈述。

听证应当制作笔录，全面、准确记录调查人员和当事人陈述内容、出示证据和质证等情况。笔录应当由当事人或者其代理人核对无误后签字或者盖章。当事人或者其代理人拒绝签字或者盖章的，由听证主持人在笔录中注明。执法机关应当根据听证笔录，依法作出决定。

第四章　送达与执行

第三十五条 执法机关应当依照《中华人民共和国行政处罚法》《中华人民共和国民事诉讼法》的有关规定送达行政处罚意见告知文书和行政处罚决定书。

执法机关送达行政处罚意见告知文书或者行政处罚决定书，应当直接送交受送达人，由受送达人在送达回证上签名或者盖章，并注明签收日期。签收日期为送达日期。

受送达人拒绝接收行政处罚意见告知文书或者行政处罚决定书的，送达人可以邀请有关基层组织或者所在单位的代表到场见证，在送达回证上注明拒收事由和日期，由送达人、见证人签名或者盖章，把行政处罚意见告知文书或者行政处罚决定书留在受送达人的住所；也可以将行政处罚意见告知文书或者行政处罚决定书留在受送达人的住所，并采取拍照、录像等方式记录送达过程，即视为送达。

第三十六条 行政处罚意见告知文书或者行政处罚决定书直接送达有困难的，按照下列方式送达：

（一）委托当地执法机关代为送达的，依照本规定第三十五条执行；

（二）邮寄送达的，交由邮政企业邮寄。挂号回执上注明的收件日期或者通过中国邮政网站等查询到的收件日期为送达日期。

受送达人下落不明，或者采用本章其他方式无法送达的，执法机关可以通过本机关或者本级人民政府网站公告送达，也可以根据需要在当地主要新闻媒体公告或者在受送达人住所地、经营场所公告送达。

第三十七条 当事人同意以电子方式送达的，应当签订确认书，准确提供用于接收行政处罚意见告知文书、行政处罚决定书和有关文书的传真号码、电子邮箱地址或者即时通讯账号，并提供特定系统发生故障时的备用联系方式。联系方式发生变更的，当事人应当在五日内书面告知执法机关。

当事人同意并签订确认书的，执法机关可以采取相应电子方式送达，并通过拍照、截屏、录音、录像等方式予以记录，传真、电子邮件、即时通讯信息等到达受送达人特定系统的日期为送达日期。

第三十八条 当事人不履行行政处罚决定，执法机关可以依法强制执行或者申请人民法院强制执行。

第三十九条 当事人不服执法机关作出的行政处罚决定，可以依法申请行政复议，也可以依法直接向人民法院提起行政诉讼。

行政复议和行政诉讼期间,行政处罚不停止执行,法律另有规定的除外。

第五章 监督管理

第四十条 结案后,执法人员应当将案件材料依照档案管理的有关规定立卷归档。案卷归档应当一案一卷、材料齐全、规范有序。

案卷材料按照下列类别归档,每一类别按照归档材料形成的时间先后顺序排列:

(一)案源材料、立案审批表;

(二)案件调查终结报告、行政处罚意见告知文书、行政处罚决定书等行政处罚文书及送达回证;

(三)证据材料;

(四)当事人陈述、申辩材料;

(五)听证笔录;

(六)书面复核意见、法制审核意见、集体讨论记录;

(七)执行情况记录、财物处理单据;

(八)其他有关材料。

执法机关应当依照有关规定对本机关和下级执法机关的行政处罚案卷进行评查。

第四十一条 执法机关及其执法人员应当在法定职权范围内依照法定程序从事行政处罚活动。行政处罚没有依据或者实施主体不具有行政主体资格的,行政处罚无效。违反法定程序构成重大且明显违法的,行政处罚无效。

第四十二条 执法机关从事行政处罚活动,应当自觉接受上级执法机关或者有关机关的监督管理。上级执法机关或者有关机关发现下级执法机关违法违规实施行政处罚的,应当依法责令改正,对直接负责的主管人员和有关执法人员给予处分。

第四十三条 对于阻碍执法人员依法行使职权,打击报复执法人员的单位或者个人,由执法机关或者有关机关视情节轻重,依法追究其责任。

第四十四条 执法机关应当对本行政区域内行政处罚案件进行统计。省、自治区、直辖市人民政府执法机关应当在每年3月底前,向国务院住房和城乡建设主管部门报送上一年度行政处罚案件统计数据。

第六章 附 则

第四十五条 本规定中有关期间以日计算的,期间开始的日不计算在内。期间不包括行政处罚文书送达在途时间。期间届满的最后一日为法定节假日的,以法定节假日后的第一日为期间届满的日期。

本规定中"三日""五日""七日""十日""十五日"的规定,是指工作日,不含法定节假日。

第四十六条 本规定自2022年5月1日起施行。1999年2月3日原建设部公布的《建设行政处罚程序暂行规定》同时废止。

住房城乡建设领域违法违规行为举报管理办法

- 2014年11月19日
- 建稽〔2014〕166号

第一条 为规范住房城乡建设领域违法违规行为举报管理,保障公民、法人和其他组织行使举报的权利,依法查处违法违规行为,依据住房城乡建设有关法律、法规,制定本办法。

第二条 本办法所称住房城乡建设领域违法违规行为是指违反住房保障、城乡规划、标准定额、房地产市场、建筑市场、城市建设、村镇建设、工程质量安全、建筑节能、住房公积金、历史文化名城和风景名胜区等方面法律法规的行为。

第三条 各级住房城乡建设主管部门及法律法规授权的管理机构(包括地方人民政府按照职责分工独立设置的城乡规划、房地产市场、建筑市场、城市建设、园林绿化等主管部门和住房公积金、风景名胜区等法律法规授权的管理机构,以下统称主管部门)应当设立并向社会公布违法违规行为举报信箱、网站、电话、传真等,明确专门机构(以下统称受理机构)负责举报受理工作。

第四条 向住房城乡建设部反映违法违规行为的举报,由部稽查办公室归口管理,有关司予以配合。

第五条 举报受理工作坚持属地管理、分级负责、客观公正、便民高效的原则。

第六条 举报人应提供被举报人姓名或单位名称、项目名称、具体位置、违法违规事实及相关证据等。

鼓励实名举报,以便核查有关情况。

第七条 受理机构应在收到举报后进行登记,并在7个工作日内区分下列情形予以处理:

(一)举报内容详细,线索清晰,属于受理机构法定职责或检举下一级主管部门的,由受理机构直接办理。

(二)举报内容详细,线索清晰,属于下级主管部门法定职责的,转下一级主管部门办理;受理机构可进行督办。

(三)举报内容不清,线索不明的,暂存待查。如举报人继续提供有效线索的,区分情形处理。

（四）举报涉及党员领导干部及其他行政监察对象违法违纪行为的，转送纪检监察部门调查处理。

第八条 对下列情形之一的举报，受理机构不予受理，登记后予以存档：

（一）不属于住房城乡建设主管部门职责范围的；

（二）未提供被举报人信息或无具体违法违规事实的；

（三）同一举报事项已经受理，举报人再次举报，但未提供新的违法违规事实的；

（四）已经或者依法应当通过诉讼、仲裁和行政复议等法定途径解决的；

（五）已信访终结的。

第九条 举报件应自受理之日起 60 个工作日内办结。

上级主管部门转办的举报件，下级主管部门应当按照转办的时限要求办结，并按期上报办理结果；情况复杂的，经上级主管部门批准，可适当延长办理时限，延长时限不得超过 30 个工作日。实施行政处罚的，依据相关法律法规规定执行。

第十条 上级主管部门应对下级主管部门报送的办理结果进行审核。凡有下列情形之一的，应退回重新办理：

（一）转由被举报单位办理的；

（二）对违法违规行为未作处理或处理不当、显失公正的；

（三）违反法定程序的。

第十一条 举报件涉及重大疑难问题的，各级主管部门可根据实际情况组织集体研判，供定性和处理参考。

第十二条 上级主管部门应当加强对下级主管部门受理举报工作的监督检查，必要时可进行约谈或现场督办。

第十三条 对存在违法违规行为的举报，依法作出处理决定后，方可结案。

第十四条 举报人署名或提供联系方式的，承办单位应当采取书面或口头等方式回复处理情况，并做好相关记录。

第十五条 举报件涉及两个以上行政区域，处理有争议的，由共同的上一级主管部门协调处理或直接调查处理。

第十六条 受理机构应建立举报档案管理制度。

第十七条 受理机构应定期统计分析举报办理情况。

第十八条 各级主管部门应建立违法违规行为预警预报制度。对举报受理工作的情况和典型违法违规案件以适当方式予以通报。

第十九条 负责办理举报的工作人员，严禁泄露举报人的姓名、身份、单位、地址和联系方式等情况；严禁将举报情况透露给被举报人及与举报办理无关人员；严禁私自摘抄、复制、扣压、销毁举报材料，不得故意拖延时间；凡与举报事项有利害关系的工作人员应当回避。

对于违反规定者，根据情节及其造成的后果，依法给予行政处分；构成犯罪的，依法追究刑事责任。

第二十条 任何单位和个人不得打击、报复举报人。对于违反规定者，按照有关规定处理；构成犯罪的，依法追究刑事责任。

第二十一条 举报应当实事求是。对于借举报捏造事实，诬陷他人或者以举报为名，制造事端，干扰主管部门正常工作的，应当依照法律、法规规定处理。

第二十二条 各省、自治区、直辖市主管部门可以结合本地区实际，制定实施办法。

第二十三条 本办法自 2015 年 1 月 1 日起施行。2002 年 7 月 11 日建设部发布的《建设领域违法违规行为举报管理办法》（建法〔2002〕185 号）同时废止。

中华人民共和国行政复议法

- 1999 年 4 月 29 日第九届全国人民代表大会常务委员会第九次会议通过
- 根据 2009 年 8 月 27 日第十一届全国人民代表大会常务委员会第十次会议《关于修改部分法律的决定》第一次修正
- 根据 2017 年 9 月 1 日第十二届全国人民代表大会常务委员会第二十九次会议《关于修改〈中华人民共和国法官法〉等八部法律的决定》第二次修正
- 2023 年 9 月 1 日第十四届全国人民代表大会常务委员会第五次会议修订
- 2023 年 9 月 1 日中华人民共和国主席令第 9 号公布
- 自 2024 年 1 月 1 日起施行

第一章 总 则

第一条 为了防止和纠正违法的或者不当的行政行为，保护公民、法人和其他组织的合法权益，监督和保障行政机关依法行使职权，发挥行政复议化解行政争议的主渠道作用，推进法治政府建设，根据宪法，制定本法。

第二条 公民、法人或者其他组织认为行政机关的行政行为侵犯其合法权益，向行政复议机关提出行政复议申请，行政复议机关办理行政复议案件，适用本法。

前款所称行政行为,包括法律、法规、规章授权的组织的行政行为。

第三条 行政复议工作坚持中国共产党的领导。

行政复议机关履行行政复议职责,应当遵循合法、公正、公开、高效、便民、为民的原则,坚持有错必纠,保障法律、法规的正确实施。

第四条 县级以上各级人民政府以及其他依照本法履行行政复议职责的行政机关是行政复议机关。

行政复议机关办理行政复议事项的机构是行政复议机构。行政复议机构同时组织办理行政复议机关的行政应诉事项。

行政复议机关应当加强行政复议工作,支持和保障行政复议机构依法履行职责。上级行政复议机构对下级行政复议机构的行政复议工作进行指导、监督。

国务院行政复议机构可以发布行政复议指导性案例。

第五条 行政复议机关办理行政复议案件,可以进行调解。

调解应当遵循合法、自愿的原则,不得损害国家利益、社会公共利益和他人合法权益,不得违反法律、法规的强制性规定。

第六条 国家建立专业化、职业化行政复议人员队伍。

行政复议机构中初次从事行政复议工作的人员,应当通过国家统一法律职业资格考试取得法律职业资格,并参加统一职前培训。

国务院行政复议机构应当会同有关部门制定行政复议人员工作规范,加强对行政复议人员的业务考核和管理。

第七条 行政复议机关应当确保行政复议机构的人员配备与所承担的工作任务相适应,提高行政复议人员专业素质,根据工作需要保障办案场所、装备等设施。县级以上各级人民政府应当将行政复议工作经费列入本级预算。

第八条 行政复议机关应当加强信息化建设,运用现代信息技术,方便公民、法人或者其他组织申请、参加行政复议,提高工作质量和效率。

第九条 对在行政复议工作中做出显著成绩的单位和个人,按照国家有关规定给予表彰和奖励。

第十条 公民、法人或者其他组织对行政复议决定不服的,可以依照《中华人民共和国行政诉讼法》的规定向人民法院提起行政诉讼,但是法律规定行政复议决定为最终裁决的除外。

第二章 行政复议申请

第一节 行政复议范围

第十一条 有下列情形之一的,公民、法人或者其他组织可以依照本法申请行政复议:

(一)对行政机关作出的行政处罚决定不服;

(二)对行政机关作出的行政强制措施、行政强制执行决定不服;

(三)申请行政许可,行政机关拒绝或者在法定期限内不予答复,或者对行政机关作出的有关行政许可的其他决定不服;

(四)对行政机关作出的确认自然资源的所有权或者使用权的决定不服;

(五)对行政机关作出的征收征用决定及其补偿决定不服;

(六)对行政机关作出的赔偿决定或者不予赔偿决定不服;

(七)对行政机关作出的不予受理工伤认定申请的决定或者工伤认定结论不服;

(八)认为行政机关侵犯其经营自主权或者农村土地承包经营权、农村土地经营权;

(九)认为行政机关滥用行政权力排除或者限制竞争;

(十)认为行政机关违法集资、摊派费用或者违法要求履行其他义务;

(十一)申请行政机关履行保护人身权利、财产权利、受教育权利等合法权益的法定职责,行政机关拒绝履行、未依法履行或者不予答复;

(十二)申请行政机关依法给付抚恤金、社会保险待遇或者最低生活保障等社会保障,行政机关没有依法给付;

(十三)认为行政机关不依法订立、不依法履行、未按照约定履行或者违法变更、解除政府特许经营协议、土地房屋征收补偿协议等行政协议;

(十四)认为行政机关在政府信息公开工作中侵犯其合法权益;

(十五)认为行政机关的其他行政行为侵犯其合法权益。

第十二条 下列事项不属于行政复议范围:

(一)国防、外交等国家行为;

(二)行政法规、规章或者行政机关制定、发布的具有普遍约束力的决定、命令等规范性文件;

（三）行政机关对行政机关工作人员的奖惩、任免等决定；

（四）行政机关对民事纠纷作出的调解。

第十三条 公民、法人或者其他组织认为行政机关的行政行为所依据的下列规范性文件不合法，在对行政行为申请行政复议时，可以一并向行政复议机关提出对该规范性文件的附带审查申请：

（一）国务院部门的规范性文件；

（二）县级以上地方各级人民政府及其工作部门的规范性文件；

（三）乡、镇人民政府的规范性文件；

（四）法律、法规、规章授权的组织的规范性文件。

前款所列规范性文件不含规章。规章的审查依照法律、行政法规办理。

第二节　行政复议参加人

第十四条 依照本法申请行政复议的公民、法人或者其他组织是申请人。

有权申请行政复议的公民死亡的，其近亲属可以申请行政复议。有权申请行政复议的法人或者其他组织终止的，其权利义务承受人可以申请行政复议。

有权申请行政复议的公民为无民事行为能力人或者限制民事行为能力人的，其法定代理人可以代为申请行政复议。

第十五条 同一行政复议案件申请人人数众多的，可以由申请人推选代表人参加行政复议。

代表人参加行政复议的行为对其所代表的申请人发生效力，但是代表人变更行政复议请求、撤回行政复议申请、承认第三人请求的，应当经被代表的申请人同意。

第十六条 申请人以外的同被申请行政复议的行政行为或者行政复议案件处理结果有利害关系的公民、法人或者其他组织，可以作为第三人申请参加行政复议，或者由行政复议机构通知其作为第三人参加行政复议。

第三人不参加行政复议，不影响行政复议案件的审理。

第十七条 申请人、第三人可以委托一至二名律师、基层法律服务工作者或者其他代理人代为参加行政复议。

申请人、第三人委托代理人的，应当向行政复议机构提交授权委托书、委托人及被委托人的身份证明文件。授权委托书应当载明委托事项、权限和期限。申请人、第三人变更或者解除代理人权限的，应当书面告知行政复议机构。

第十八条 符合法律援助条件的行政复议申请人申请法律援助的，法律援助机构应当依法为其提供法律援助。

第十九条 公民、法人或者其他组织对行政行为不服申请行政复议的，作出行政行为的行政机关或者法律、法规、规章授权的组织是被申请人。

两个以上行政机关以共同的名义作出同一行政行为的，共同作出行政行为的行政机关是被申请人。

行政机关委托的组织作出行政行为的，委托的行政机关是被申请人。

作出行政行为的行政机关被撤销或者职权变更的，继续行使其职权的行政机关是被申请人。

第三节　申请的提出

第二十条 公民、法人或者其他组织认为行政行为侵犯其合法权益的，可以自知道或者应当知道该行政行为之日起六十日内提出行政复议申请；但是法律规定的申请期限超过六十日的除外。

因不可抗力或者其他正当理由耽误法定申请期限的，申请期限自障碍消除之日起继续计算。

行政机关作出行政行为时，未告知公民、法人或者其他组织申请行政复议的权利、行政复议机关和申请期限的，申请期限自公民、法人或者其他组织知道或者应当知道申请行政复议的权利、行政复议机关和申请期限之日起计算，但是自知道或者应当知道行政行为内容之日起最长不得超过一年。

第二十一条 因不动产提出的行政复议申请自行政行为作出之日起超过二十年，其他行政复议申请自行政行为作出之日起超过五年的，行政复议机关不予受理。

第二十二条 申请人申请行政复议，可以书面申请；书面申请有困难的，也可以口头申请。

书面申请的，可以通过邮寄或者行政复议机关指定的互联网渠道等方式提交行政复议申请书，也可以当面提交行政复议申请书。行政机关通过互联网渠道送达行政行为决定书的，应当同时提供提交行政复议申请书的互联网渠道。

口头申请的，行政复议机关应当当场记录申请人的基本情况、行政复议请求、申请行政复议的主要事实、理由和时间。

申请人对两个以上行政行为不服的，应当分别申请行政复议。

第二十三条 有下列情形之一的，申请人应当先向行政复议机关申请行政复议，对行政复议决定不服的，可以再依法向人民法院提起行政诉讼：

（一）对当场作出的行政处罚决定不服的；

（二）对行政机关作出的侵犯其已经依法取得的自然资源的所有权或者使用权的决定不服的；

（三）认为行政机关存在本法第十一条规定的未履行法定职责情形的；

（四）申请政府信息公开，行政机关不予公开的；

（五）法律、行政法规规定应当先向行政复议机关申请行政复议的其他情形。

对前款规定的情形，行政机关在作出行政行为时应当告知公民、法人或者其他组织先向行政复议机关申请行政复议。

第四节 行政复议管辖

第二十四条 县级以上地方各级人民政府管辖下列行政复议案件：

（一）对本级人民政府工作部门作出的行政行为不服的；

（二）对下一级人民政府作出的行政行为不服的；

（三）对本级人民政府依法设立的派出机关作出的行政行为不服的；

（四）对本级人民政府或者其工作部门管理的法律、法规、规章授权的组织作出的行政行为不服的。

除前款规定外，省、自治区、直辖市人民政府同时管辖对本机关作出的行政行为不服的行政复议案件。

省、自治区人民政府依法设立的派出机关参照设区的市级人民政府的职责权限，管辖相关行政复议案件。

对县级以上地方各级人民政府工作部门依法设立的派出机构依照法律、法规、规章规定，以派出机构的名义作出的行政行为不服的行政复议案件，由本级人民政府管辖；其中，对直辖市、设区的市人民政府工作部门按照行政区划设立的派出机构作出的行政行为不服的，也可以由其所在地的人民政府管辖。

第二十五条 国务院部门管辖下列行政复议案件：

（一）对本部门作出的行政行为不服的；

（二）对本部门依法设立的派出机构依照法律、行政法规、部门规章规定，以派出机构的名义作出的行政行为不服的；

（三）对本部门管理的法律、行政法规、部门规章授权的组织作出的行政行为不服的。

第二十六条 对省、自治区、直辖市人民政府依照本法第二十四条第二款的规定、国务院部门依照本法第二十五条第一项的规定作出的行政复议决定不服的，可以向人民法院提起行政诉讼；也可以向国务院申请裁决，国务院依照本法的规定作出最终裁决。

第二十七条 对海关、金融、外汇管理等实行垂直领导的行政机关、税务和国家安全机关的行政行为不服的，向上一级主管部门申请行政复议。

第二十八条 对履行行政复议机构职责的地方人民政府司法行政部门的行政行为不服的，可以向本级人民政府申请行政复议，也可以向上一级司法行政部门申请行政复议。

第二十九条 公民、法人或者其他组织申请行政复议，行政复议机关已经依法受理的，在行政复议期间不得向人民法院提起行政诉讼。

公民、法人或者其他组织向人民法院提起行政诉讼，人民法院已经依法受理的，不得申请行政复议。

第三章 行政复议受理

第三十条 行政复议机关收到行政复议申请后，应当在五日内进行审查。对符合下列规定的，行政复议机关应当予以受理：

（一）有明确的申请人和符合本法规定的被申请人；

（二）申请人与被申请行政复议的行政行为有利害关系；

（三）有具体的行政复议请求和理由；

（四）在法定申请期限内提出；

（五）属于本法规定的行政复议范围；

（六）属于本机关的管辖范围；

（七）行政复议机关未受理过该申请人就同一行政行为提出的行政复议申请，并且人民法院未受理过该申请人就同一行政行为提起的行政诉讼。

对不符合前款规定的行政复议申请，行政复议机关应当在审查期限内决定不予受理并说明理由；不属于本机关管辖的，还应当在不予受理决定中告知申请人有管辖权的行政复议机关。

行政复议申请的审查期限届满，行政复议机关未作出不予受理决定的，审查期限届满之日起视为受理。

第三十一条 行政复议申请材料不齐全或者表述不清楚，无法判断行政复议申请是否符合本法第三十条第一款规定的，行政复议机关应当自收到申请之日起五日内书面通知申请人补正。补正通知应当一次性载明需要补正的事项。

申请人应当自收到补正通知之日起十日内提交补正材料。有正当理由不能按期补正的，行政复议机关可以延长合理的补正期限。无正当理由逾期不补正的，视为申请人放弃行政复议申请,并记录在案。

行政复议机关收到补正材料后,依照本法第三十条的规定处理。

第三十二条 对当场作出或者依据电子技术监控设备记录的违法事实作出的行政处罚决定不服申请行政复议的,可以通过作出行政处罚决定的行政机关提交行政复议申请。

行政机关收到行政复议申请后,应当及时处理;认为需要维持行政处罚决定的,应当自收到行政复议申请之日起五日内转送行政复议机关。

第三十三条 行政复议机关受理行政复议申请后,发现该行政复议申请不符合本法第三十条第一款规定的,应当决定驳回申请并说明理由。

第三十四条 法律、行政法规规定应当先向行政复议机关申请行政复议、对行政复议决定不服再向人民法院提起行政诉讼的,行政复议机关决定不予受理、驳回申请或者受理后超过行政复议期限不作答复,公民、法人或者其他组织可以自收到决定书之日起或者行政复议期限届满之日起十五日内,依法向人民法院提起行政诉讼。

第三十五条 公民、法人或者其他组织依法提出行政复议申请,行政复议机关无正当理由不予受理、驳回申请或者受理后超过行政复议期限不作答复的,申请人有权向上级行政机关反映,上级行政机关应当责令其纠正;必要时,上级行政复议机关可以直接受理。

第四章 行政复议审理
第一节 一般规定

第三十六条 行政复议机关受理行政复议申请后,依照本法适用普通程序或者简易程序进行审理。行政复议机构应当指定行政复议人员负责办理行政复议案件。

行政复议人员对办理行政复议案件过程中知悉的国家秘密、商业秘密和个人隐私,应当予以保密。

第三十七条 行政复议机关依照法律、法规、规章审理行政复议案件。

行政复议机关审理民族自治地方的行政复议案件,同时依照该民族自治地方的自治条例和单行条例。

第三十八条 上级行政复议机关根据需要,可以审理下级行政复议机关管辖的行政复议案件。

下级行政复议机关对其管辖的行政复议案件,认为需要由上级行政复议机关审理的,可以报请上级行政复议机关决定。

第三十九条 行政复议期间有下列情形之一的,行政复议中止:

(一)作为申请人的公民死亡,其近亲属尚未确定是否参加行政复议;

(二)作为申请人的公民丧失参加行政复议的行为能力,尚未确定法定代理人参加行政复议;

(三)作为申请人的公民下落不明;

(四)作为申请人的法人或者其他组织终止,尚未确定权利义务承受人;

(五)申请人、被申请人因不可抗力或者其他正当理由,不能参加行政复议;

(六)依照本法规定进行调解、和解,申请人和被申请人同意中止;

(七)行政复议案件涉及的法律适用问题需要有权机关作出解释或者确认;

(八)行政复议案件审理需要以其他案件的审理结果为依据,而其他案件尚未审结;

(九)有本法第五十六条或者第五十七条规定的情形;

(十)需要中止行政复议的其他情形。

行政复议中止的原因消除后,应当及时恢复行政复议案件的审理。

行政复议机关中止、恢复行政复议案件的审理,应当书面告知当事人。

第四十条 行政复议期间,行政复议机关无正当理由中止行政复议的,上级行政机关应当责令其恢复审理。

第四十一条 行政复议期间有下列情形之一的,行政复议机关决定终止行政复议:

(一)申请人撤回行政复议申请,行政复议机构准予撤回;

(二)作为申请人的公民死亡,没有近亲属或者其近亲属放弃行政复议权利;

(三)作为申请人的法人或者其他组织终止,没有权利义务承受人或者其权利义务承受人放弃行政复议权利;

(四)申请人对行政拘留或者限制人身自由的行政强制措施不服申请行政复议后,因同一违法行为涉嫌犯罪,被采取刑事强制措施;

(五)依照本法第三十九条第一款第一项、第二项、第四项的规定中止行政复议满六十日,行政复议中止的原因仍未消除。

第四十二条 行政复议期间行政行为不停止执行;但是有下列情形之一的,应当停止执行:

（一）被申请人认为需要停止执行；
（二）行政复议机关认为需要停止执行；
（三）申请人、第三人申请停止执行，行政复议机关认为其要求合理，决定停止执行；
（四）法律、法规、规章规定停止执行的其他情形。

第二节　行政复议证据

第四十三条　行政复议证据包括：
（一）书证；
（二）物证；
（三）视听资料；
（四）电子数据；
（五）证人证言；
（六）当事人的陈述；
（七）鉴定意见；
（八）勘验笔录、现场笔录。
以上证据经行政复议机构审查属实，才能作为认定行政复议案件事实的根据。

第四十四条　被申请人对其作出的行政行为的合法性、适当性负有举证责任。
有下列情形之一的，申请人应当提供证据：
（一）认为被申请人不履行法定职责的，提供曾经要求被申请人履行法定职责的证据，但是被申请人应当依职权主动履行法定职责或者申请人因正当理由不能提供的除外；
（二）提出行政赔偿请求的，提供受行政行为侵害而造成损害的证据，但是因被申请人原因导致申请人无法举证的，由被申请人承担举证责任；
（三）法律、法规规定需要申请人提供证据的其他情形。

第四十五条　行政复议机关有权向有关单位和个人调查取证，查阅、复制、调取有关文件和资料，向有关人员进行询问。
调查取证时，行政复议人员不得少于两人，并应当出示行政复议工作证件。
被调查取证的单位和个人应当积极配合行政复议人员的工作，不得拒绝或者阻挠。

第四十六条　行政复议期间，被申请人不得自行向申请人和其他有关单位或者个人收集证据；自行收集的证据不作为认定行政行为合法性、适当性的依据。
行政复议期间，申请人或者第三人提出被申请行政复议的行政行为作出时没有提出的理由或者证据的，经行政复议机构同意，被申请人可以补充证据。

第四十七条　行政复议期间，申请人、第三人及其委托代理人可以按照规定查阅、复制被申请人提出的书面答复、作出行政行为的证据、依据和其他有关材料，除涉及国家秘密、商业秘密、个人隐私或者可能危及国家安全、公共安全、社会稳定的情形外，行政复议机构应当同意。

第三节　普通程序

第四十八条　行政复议机构应当自行政复议申请受理之日起七日内，将行政复议申请书副本或者行政复议申请笔录复印件发送被申请人。被申请人应当自收到行政复议申请书副本或者行政复议申请笔录复印件之日起十日内，提出书面答复，并提交作出行政行为的证据、依据和其他有关材料。

第四十九条　适用普通程序审理的行政复议案件，行政复议机构应当当面或者通过互联网、电话等方式听取当事人的意见，并将听取的意见记录在案。因当事人原因不能听取意见的，可以书面审理。

第五十条　审理重大、疑难、复杂的行政复议案件，行政复议机构应当组织听证。
行政复议机构认为有必要听证，或者申请人请求听证的，行政复议机构可以组织听证。
听证由一名行政复议人员任主持人，两名以上行政复议人员任听证员，一名记录员制作听证笔录。

第五十一条　行政复议机构组织听证的，应当于举行听证的五日前将听证的时间、地点和拟听证事项书面通知当事人。
申请人无正当理由拒不参加听证的，视为放弃听证权利。
被申请人的负责人应当参加听证。不能参加的，应当说明理由并委托相应的工作人员参加听证。

第五十二条　县级以上各级人民政府应当建立相关政府部门、专家、学者等参与的行政复议委员会，为办理行政复议案件提供咨询意见，并就行政复议工作中的重大事项和共性问题研究提出意见。行政复议委员会的组成和开展工作的具体办法，由国务院行政复议机构制定。
审理行政复议案件涉及下列情形之一的，行政复议机构应当提请行政复议委员会提出咨询意见：
（一）案情重大、疑难、复杂；
（二）专业性、技术性较强；
（三）本法第二十四条第二款规定的行政复议案件；
（四）行政复议机构认为有必要。
行政复议机构应当记录行政复议委员会的咨询意见。

第四节 简易程序

第五十三条 行政复议机关审理下列行政复议案件,认为事实清楚、权利义务关系明确、争议不大的,可以适用简易程序:

(一)被申请行政复议的行政行为是当场作出;

(二)被申请行政复议的行政行为是警告或者通报批评;

(三)案件涉及款额三千元以下;

(四)属于政府信息公开案件。

除前款规定以外的行政复议案件,当事人各方同意适用简易程序的,可以适用简易程序。

第五十四条 适用简易程序审理的行政复议案件,行政复议机构应当自受理行政复议申请之日起三日内,将行政复议申请书副本或者行政复议申请笔录复印件发送被申请人。被申请人应当自收到行政复议申请书副本或者行政复议申请笔录复印件之日起五日内,提出书面答复,并提交作出行政行为的证据、依据和其他有关材料。

适用简易程序审理的行政复议案件,可以书面审理。

第五十五条 适用简易程序审理的行政复议案件,行政复议机构认为不宜适用简易程序的,经行政复议机构的负责人批准,可以转为普通程序审理。

第五节 行政复议附带审查

第五十六条 申请人依照本法第十三条的规定提出对有关规范性文件的附带审查申请,行政复议机关有权处理的,应当在三十日内依法处理;无权处理的,应当在七日内转送有权处理的行政机关依法处理。

第五十七条 行政复议机关在对被申请人作出的行政行为进行审查时,认为其依据不合法,本机关有权处理的,应当在三十日内依法处理;无权处理的,应当在七日内转送有权处理的国家机关依法处理。

第五十八条 行政复议机关依照本法第五十六条、第五十七条的规定有权处理有关规范性文件或者依据的,行政复议机构应当自行政复议中止之日起三日内,书面通知规范性文件或者依据的制定机关就相关条款的合法性提出书面答复。制定机关应当自收到书面通知之日起十日内提交书面答复及相关材料。

行政复议机构认为必要时,可以要求规范性文件或者依据的制定机关当面说明理由,制定机关应当配合。

第五十九条 行政复议机关依照本法第五十六条、第五十七条的规定有权处理有关规范性文件或者依据,认为相关条款合法的,在行政复议决定书中一并告知;认为相关条款超越权限或者违反上位法的,决定停止该条款的执行,并责令制定机关予以纠正。

第六十条 依照本法第五十六条、第五十七条的规定接受转送的行政机关、国家机关应当自收到转送之日起六十日内,将处理意见回复转送的行政复议机关。

第五章 行政复议决定

第六十一条 行政复议机关依照本法审理行政复议案件,由行政复议机构对行政行为进行审查,提出意见,经行政复议机关的负责人同意或者集体讨论通过后,以行政复议机关的名义作出行政复议决定。

经过听证的行政复议案件,行政复议机关应当根据听证笔录、审查认定的事实和证据,依照本法作出行政复议决定。

提请行政复议委员会提出咨询意见的行政复议案件,行政复议机关应当将咨询意见作为作出行政复议决定的重要参考依据。

第六十二条 适用普通程序审理的行政复议案件,行政复议机关应当自受理申请之日起六十日内作出行政复议决定;但是法律规定的行政复议期限少于六十日的除外。情况复杂,不能在规定期限内作出行政复议决定的,经行政复议机构的负责人批准,可以适当延长,并书面告知当事人;但是延长期限最多不得超过三十日。

适用简易程序审理的行政复议案件,行政复议机关应当自受理申请之日起三十日内作出行政复议决定。

第六十三条 行政行为有下列情形之一的,行政复议机关决定变更该行政行为:

(一)事实清楚,证据确凿,适用依据正确,程序合法,但是内容不适当;

(二)事实清楚,证据确凿,程序合法,但是未正确适用依据;

(三)事实不清、证据不足,经行政复议机关查清事实和证据。

行政复议机关不得作出对申请人更为不利的变更决定,但是第三人提出相反请求的除外。

第六十四条 行政行为有下列情形之一的,行政复议机关决定撤销或者部分撤销该行政行为,并可以责令被申请人在一定期限内重新作出行政行为:

(一)主要事实不清、证据不足;

(二)违反法定程序;

(三)适用的依据不合法;

(四)超越职权或者滥用职权;

行政复议机关责令被申请人重新作出行政行为的,被申请人不得以同一事实和理由作出与被申请行政复议的行政行为相同或者基本相同的行政行为,但是行政复议机关以违反法定程序为由决定撤销或者部分撤销的除外。

第六十五条 行政行为有下列情形之一的,行政复议机关不撤销该行政行为,但是确认该行政行为违法:

(一)依法应予撤销,但是撤销会给国家利益、社会公共利益造成重大损害;

(二)程序轻微违法,但是对申请人权利不产生实际影响。

行政行为有下列情形之一,不需要撤销或者责令履行的,行政复议机关确认该行政行为违法:

(一)行政行为违法,但是不具有可撤销内容;

(二)被申请人改变原违法行政行为,申请人仍要求撤销或者确认该行政行为违法;

(三)被申请人不履行或者拖延履行法定职责,责令履行没有意义。

第六十六条 被申请人不履行法定职责的,行政复议机关决定被申请人在一定期限内履行。

第六十七条 行政行为有实施主体不具有行政主体资格或者没有依据等重大且明显违法情形,申请人申请确认行政行为无效的,行政复议机关确认该行政行为无效。

第六十八条 行政行为认定事实清楚,证据确凿,适用依据正确,程序合法,内容适当的,行政复议机关决定维持该行政行为。

第六十九条 行政复议机关受理申请人认为被申请人不履行法定职责的行政复议申请后,发现被申请人没有相应法定职责或者在受理前已经履行法定职责的,决定驳回申请人的行政复议请求。

第七十条 被申请人不按照本法第四十八条、第五十四条的规定提出书面答复、提交作出行政行为的证据、依据和其他有关材料的,视为该行政行为没有证据、依据,行政复议机关决定撤销、部分撤销该行政行为,确认该行政行为违法、无效或者决定被申请人在一定期限内履行,但是行政行为涉及第三人合法权益,第三人提供证据的除外。

第七十一条 被申请人不依法订立、不依法履行、未按照约定履行或者违法变更、解除行政协议的,行政复议机关决定被申请人承担依法订立、继续履行、采取补救措施或者赔偿损失等责任。

被申请人变更、解除行政协议合法,但是未依法给予补偿或者补偿不合理的,行政复议机关决定被申请人依法给予合理补偿。

第七十二条 申请人在申请行政复议时一并提出行政赔偿请求,行政复议机关对依照《中华人民共和国国家赔偿法》的有关规定应当不予赔偿的,在作出行政复议决定时,应当同时决定驳回行政赔偿请求;对符合《中华人民共和国国家赔偿法》的有关规定应当给予赔偿的,在决定撤销或者部分撤销、变更行政行为或者确认行政行为违法、无效时,应当同时决定被申请人依法给予赔偿;确认行政行为违法的,还可以同时责令被申请人采取补救措施。

申请人在申请行政复议时没有提出行政赔偿请求的,行政复议机关在依法决定撤销或者部分撤销、变更罚款,撤销或者部分撤销违法集资、没收财物、征收征用、摊派费用以及对财产的查封、扣押、冻结等行政行为时,应当同时责令被申请人返还财产,解除对财产的查封、扣押、冻结措施,或者赔偿相应的价款。

第七十三条 当事人经调解达成协议的,行政复议机关应当制作行政复议调解书,经各方当事人签字或者签章,并加盖行政复议机关印章,即具有法律效力。

调解未达成协议或者调解书生效前一方反悔的,行政复议机关应当依法审查或者及时作出行政复议决定。

第七十四条 当事人在行政复议决定作出前可以自愿达成和解,和解内容不得损害国家利益、社会公共利益和他人合法权益,不得违反法律、法规的强制性规定。

当事人达成和解后,由申请人向行政复议机构撤回行政复议申请。行政复议机构准予撤回行政复议申请、行政复议机关决定终止行政复议的,申请人不得再以同一事实和理由提出行政复议申请。但是,申请人能够证明撤回行政复议申请违背其真实意愿的除外。

第七十五条 行政复议机关作出行政复议决定,应当制作行政复议决定书,并加盖行政复议机关印章。

行政复议决定书一经送达,即发生法律效力。

第七十六条 行政复议机关在办理行政复议案件过程中,发现被申请人或者其他下级行政机关的有关行政行为违法或者不当的,可以向其制发行政复议意见书。有关机关应当自收到行政复议意见书之日起六十日内,将纠正相关违法或者不当行政行为的情况报送行政复议机关。

第七十七条 被申请人应当履行行政复议决定书、调解书、意见书。

被申请人不履行或者无正当理由拖延履行行政复议决定书、调解书、意见书的，行政复议机关或者有关上级行政机关应当责令其限期履行，并可以约谈被申请人的有关负责人或者予以通报批评。

第七十八条　申请人、第三人逾期不起诉又不履行行政复议决定书、调解书的，或者不履行最终裁决的行政复议决定的，按照下列规定分别处理：

（一）维持行政行为的行政复议决定书，由作出行政行为的行政机关依法强制执行，或者申请人民法院强制执行；

（二）变更行政行为的行政复议决定书，由行政复议机关依法强制执行，或者申请人民法院强制执行；

（三）行政复议调解书，由行政复议机关依法强制执行，或者申请人民法院强制执行。

第七十九条　行政复议机关根据被申请行政复议的行政行为的公开情况，按照国家有关规定将行政复议决定书向社会公开。

县级以上地方各级人民政府办理以本级人民政府工作部门为被申请人的行政复议案件，应当将发生法律效力的行政复议决定书、意见书同时抄告被申请人的上一级主管部门。

第六章　法律责任

第八十条　行政复议机关不依照本法规定履行行政复议职责，对负有责任的领导人员和直接责任人员依法给予警告、记过、记大过的处分；经有权监督的机关督促仍不改正或者造成严重后果的，依法给予降级、撤职、开除的处分。

第八十一条　行政复议机关工作人员在行政复议活动中，徇私舞弊或者有其他渎职、失职行为的，依法给予警告、记过、记大过的处分；情节严重的，依法给予降级、撤职、开除的处分；构成犯罪的，依法追究刑事责任。

第八十二条　被申请人违反本法规定，不提出书面答复或者不提交作出行政行为的证据、依据和其他有关材料，或者阻挠、变相阻挠公民、法人或者其他组织依法申请行政复议的，对负有责任的领导人员和直接责任人员依法给予警告、记过、记大过的处分；进行报复陷害的，依法给予降级、撤职、开除的处分；构成犯罪的，依法追究刑事责任。

第八十三条　被申请人不履行或者无正当理由拖延履行行政复议决定书、调解书、意见书的，对负有责任的领导人员和直接责任人员依法给予警告、记过、记大过的处分；经责令履行仍拒不履行的，依法给予降级、撤职、开除的处分。

第八十四条　拒绝、阻挠行政复议人员调查取证，故意扰乱行政复议工作秩序的，依法给予处分、治安管理处罚；构成犯罪的，依法追究刑事责任。

第八十五条　行政机关及其工作人员违反本法规定的，行政复议机关可以向监察机关或者公职人员任免机关、单位移送有关人员违法的事实材料，接受移送的监察机关或者公职人员任免机关、单位应当依法处理。

第八十六条　行政复议机关在办理行政复议案件过程中，发现公职人员涉嫌贪污贿赂、失职渎职等职务违法或者职务犯罪的问题线索，应当依照有关规定移送监察机关，由监察机关依法调查处置。

第七章　附　则

第八十七条　行政复议机关受理行政复议申请，不得向申请人收取任何费用。

第八十八条　行政复议期间的计算和行政复议文书的送达，本法没有规定的，依照《中华人民共和国民事诉讼法》关于期间、送达的规定执行。

本法关于行政复议期间有关"三日"、"五日"、"七日"、"十日"的规定是指工作日，不含法定休假日。

第八十九条　外国人、无国籍人、外国组织在中华人民共和国境内申请行政复议，适用本法。

第九十条　本法自 2024 年 1 月 1 日起施行。

住房城乡建设行政复议办法

·2015 年 9 月 7 日住房和城乡建设部令第 25 号公布
·自 2015 年 11 月 1 日起施行

第一章　总　则

第一条　为规范住房城乡建设行政复议工作，防止和纠正违法或者不当的行政行为，保护公民、法人和其他组织的合法权益，根据《中华人民共和国行政复议法》和《中华人民共和国行政复议法实施条例》等相关规定，制定本办法。

第二条　公民、法人和其他组织（以下统称申请人）依法向住房城乡建设行政复议机关申请行政复议，住房城乡建设行政复议机关（以下简称行政复议机关）开展行政复议工作，适用本办法。

第三条　行政复议机关应当认真履行行政复议职责，遵循合法、公正、公开、及时、便民的原则，坚持有错必纠，保障法律、法规和规章的正确实施。

行政复议机关应当依照有关规定配备专职行政复议

人员,为行政复议工作提供必要的物质和经费保障。

第四条 行政复议机关负责法制工作的机构作为行政复议机构,办理行政复议有关事项,履行下列职责:

(一)受理行政复议申请;

(二)向有关组织和人员调查取证,查阅文件和资料,组织行政复议听证;

(三)通知第三人参加行政复议;

(四)主持行政复议调解,审查行政复议和解协议;

(五)审查申请行政复议的行政行为是否合法与适当,提出处理建议,拟订行政复议决定;

(六)法律、法规、规章规定的其他职责。

第五条 行政复议机关可以根据行政复议工作的需要,设立行政复议委员会,其主要职责是:

(一)制定行政复议工作的规则、程序;

(二)对重大、复杂、疑难的行政复议案件提出处理意见;

(三)对行政复议涉及的有权处理的规范性文件的审查提出处理意见;

(四)其他需要决定的重大行政复议事项。

第六条 专职行政复议人员应当具备与履行行政复议职责相适应的品行、专业知识和业务能力,定期参加业务培训。

第七条 国务院住房城乡建设主管部门对全国住房城乡建设行政复议工作进行指导。

县级以上地方人民政府住房城乡建设主管部门对本行政区域内的住房城乡建设行政复议工作进行指导。

第八条 各级行政复议机关应当定期总结行政复议工作,对在行政复议工作中做出显著成绩的单位和个人,依照有关规定给予表彰和奖励。

第二章 行政复议申请

第九条 有下列情形之一的,申请人可以依法向住房城乡建设行政复议机关提出行政复议申请:

(一)不服县级以上人民政府住房城乡建设主管部门作出的警告,罚款,没收违法所得,没收违法建筑物、构筑物和其他设施,责令停业整顿,责令停止执业,降低资质等级,吊销资质证书,吊销执业资格证书和其他许可证、执照等行政处罚的;

(二)不服县级以上人民政府住房城乡建设主管部门作出的限期拆除决定和强制拆除违法建筑物、构筑物、设施以及其他住房城乡建设相关行政强制行为的;

(三)不服县级以上人民政府住房城乡建设主管部门作出的行政许可决定以及行政许可的变更、延续、中止、撤销、撤回和注销决定的;

(四)向县级以上人民政府住房城乡建设主管部门申请履行法律、法规和规章规定的法定职责,但认为县级以上人民政府住房城乡建设主管部门没有依法履行的;

(五)认为县级以上人民政府住房城乡建设主管部门违法要求履行其他义务的;

(六)认为县级以上人民政府住房城乡建设主管部门的其他具体行政行为侵犯其合法权益的。

第十条 有下列情形之一的,申请人提出行政复议申请,行政复议机关不予受理:

(一)不服县级以上人民政府住房城乡建设主管部门作出的行政处分、人事任免有关决定,或者认为住房城乡建设主管部门应当履行但未依法履行有关行政处分、人事任免职责的;

(二)不服县级以上人民政府住房城乡建设主管部门对有权处理的信访事项,根据《信访条例》作出的处理意见、复查意见、复核意见和不再受理决定的;

(三)不服县级以上人民政府住房城乡建设主管部门制定的规范性文件,以及作出的行政调解行为、行政和解行为、行政复议决定的;

(四)以行政复议申请名义,向行政复议机关提出批评、意见、建议、控告、检举、投诉,以及其他信访请求的;

(五)申请人已就同一事项先向其他有权受理的行政复议机关提出行政复议申请的,或者人民法院已就该事项立案登记的;

(六)被复议的行政行为已为其他生效法律文书的效力所羁束的;

(七)法律、法规规定的不应纳入行政复议范围的其他情形。

第十一条 申请人书面申请行政复议的,可以采取当面递交、邮寄等方式,向行政复议机关提交行政复议申请书及有关材料;书面申请确有困难的,可以口头申请,由行政复议机关记入笔录,经由申请人核实后签名或者盖章确认。有条件的行政复议机关,可以提供行政复议网上申请的有关服务。

申请人不服县级以上人民政府住房城乡建设主管部门作出的两个及两个以上行政行为的,应当分别提出行政复议申请。

第十二条 申请人以书面方式申请行政复议的,应当提交行政复议申请书正本副本各一份。复议申请书应当载明下列内容:

(一)申请人姓名或者名称、地址;

(二)被申请人的名称、地址；
(三)行政复议请求；
(四)主要事实和理由(包括知道行政行为的时间)；
(五)提出行政复议申请的日期。

复议申请书应当由申请人或者申请人的法定代表人签字或者盖章，并附有必要的证据。申请人为自然人的，应当提交身份证件复印件；申请人为法人或者其他组织的，应当提交有效营业执照或者其他有效证件的复印件、法定代表人身份证明等。申请人授权委托人代为申请的，应当提交申请人与委托人的合法身份证明和授权委托书。

第十三条　申请人认为行政行为侵犯其合法权益的，可以自知道或者应当知道该行政行为之日起60日内提出行政复议申请；但是法律规定的申请期限超过60日的除外。因不可抗力或者其他正当理由耽误法定申请期限的，申请期限自障碍消除之日起继续计算。

申请人认为行政机关不履行法定职责的，可以在法律、法规、规章规定的履行期限届满后，按照前款规定提出行政复议申请；法律、法规、规章没有规定履行期限的，可以自向行政机关提出申请满60日后，按照前款规定提出行政复议申请。

对涉及不动产的行政行为从作出之日起超过20年、其他行政行为从作出之日起超过5年申请行政复议的，行政复议机关不予受理。

第十四条　有下列情形之一的，申请人应当提供相应的证明材料：
(一)认为被申请人行政不作为的，应当提供曾经要求被申请人履行法定职责而被申请人未履行的证明材料；
(二)行政复议申请超出本办法第十三条规定的行政复议申请期限的，应当提供因不可抗力或者其他正当理由耽误法定申请期限的证明材料；
(三)提出行政赔偿请求的，应当提供受行政行为侵害而造成损害的证明材料；
(四)法律、法规和规章规定需要申请人提供证明材料的其他情形。

第十五条　与行政行为有利害关系的其他公民、法人或者其他组织以书面形式提出申请，经行政复议机关审查同意，可以作为第三人参加行政复议。

行政复议机关认为必要时，也可以通知与行政行为有利害关系的其他公民、法人或者其他组织作为第三人参加行政复议。

第三人不参加行政复议的，不影响行政复议审查。

第十六条　申请人、被申请人、第三人可以委托一至两人作为复议代理人。下列人员可以被委托为复议代理人：
(一)律师、基层法律服务工作者；
(二)申请人、第三人的近亲属或者工作人员；
(三)申请人、第三人所在社区、单位及有关社会团体推荐的公民。

申请人、被申请人、第三人委托代理人参加行政复议的，应当向行政复议机关提交由委托人签字或者盖章的委托书，委托书应当载明委托事项和具体权限；解除或者变更委托的，应当书面通知行政复议机关。

第三章　行政复议受理

第十七条　行政复议机关收到行政复议申请后，应当在5日内进行审查，对不符合本办法第十八条规定的行政复议申请，决定不予受理，并书面告知申请人；对不属于本机关受理的行政复议申请，应当告知申请人向有关行政复议机关提出。

除前款规定外，行政复议申请自行政复议机构收到之日起即为受理。

第十八条　行政复议机关对符合下列条件的行政复议申请，应当予以受理：
(一)有明确的申请人和符合规定的被申请人；
(二)申请人与行政行为有利害关系；
(三)有具体的行政复议请求和理由；
(四)在法定申请期限内提出；
(五)属于本办法规定的行政复议范围；
(六)属于收到行政复议申请的行政复议机构的职责范围；
(七)申请人尚未就同一事项向其他有权受理的行政复议机关提出行政复议申请，人民法院尚未就申请人同一事项立案登记的；
(八)符合法律、法规规定的其他条件。

第十九条　行政复议申请材料不齐全或者表述不清楚的，行政复议机构可以自收到该行政复议申请之日起5日内书面通知申请人补正。补正通知书应当载明下列事项：
(一)行政复议申请书中需要补充、说明、修改的具体内容；
(二)需要补正的材料、证据；
(三)合理的补正期限；
(四)逾期未补正的法律后果。

申请人应当按照补正通知书要求提交补正材料。申请人无正当理由逾期不补正的，视为放弃行政复议申请。

申请人超过补正通知书载明的补正期限补正，或者补正材料不符合补正通知书要求的，行政复议机关可以不予受理其行政复议申请。

补正申请材料所用时间不计入行政复议审理期限。

第二十条 行政复议机关应当自行政复议申请受理之日起7日内，向被申请人发出答复通知书，并将行政复议申请书副本或者行政复议申请笔录复印件发送被申请人。被申请人应当自收到答复通知书之日起10日内，提出书面答复。

第二十一条 被申请人的书面答复应当载明以下内容：

（一）被申请人的基本情况；

（二）作出行政行为的过程和相关情况；

（三）作出行政行为的事实依据和有关证据材料；

（四）对申请人提出的事实和理由进行答辩；

（五）作出行政行为所依据的法律、法规、规章和规范性文件；

（六）作出答复的时间。

第四章 行政复议审查

第二十二条 行政复议案件原则上采取书面审查的办法。行政复议机关认为必要，或者申请人提出听证要求经行政复议机关同意的，可以采取听证的方式审查。听证所需时间不计入行政复议审理期限。

行政复议机关决定举行听证的，应当于举行听证5日前将举行听证的时间、地点、具体要求等事项，通知申请人、被申请人和第三人。申请人超过5人的，应当推选1至5名代表参加听证。申请人无正当理由不参加听证或者未经许可中途退出听证的，视为自动放弃听证权利，听证程序终止；第三人不参加听证的，不影响听证的举行；被申请人必须参加听证。

行政复议机关认为必要的，可以实地调查核实。被调查单位和人员应当予以配合，不得拒绝或者阻挠。

第二十三条 两个及两个以上的复议申请人不服县级以上人民政府住房城乡建设主管部门作出的一个行政行为或者基本相同的多个行政行为，向行政复议机关分别提起多件行政复议申请的，行政复议机关可以合并审理。

第二十四条 在行政复议中，被申请人应当对其作出的行政行为承担举证责任，对其提交的证据材料应当分类编号，对证据材料的来源、证明对象和内容作简要说明。

第二十五条 行政复议机关审查行政复议案件，应当以证据证明的案件事实为依据。定案证据应当具有合法性、真实性和关联性。

第二十六条 行政复议机关应当对被申请人作出的行政行为的下列事项进行审查：

（一）是否具有相应的法定职责；

（二）主要事实是否清楚，证据是否确凿；

（三）适用依据是否正确；

（四）是否符合法定程序；

（五）是否超越或者滥用职权；

（六）是否存在明显不当。

第二十七条 行政复议机关对申请人认为被申请人不履行法定职责的行政复议案件，应当审查下列事项：

（一）申请人是否曾经要求被申请人履行法定职责；

（二）被申请人是否具有法律、法规或者规章明确规定的具体法定职责；

（三）被申请人是否明确表示拒绝履行或者不予答复；

（四）是否超过法定履行期限；

（五）被申请人提出不能在法定期限内履行或者不能及时履行的理由是否正当。

第二十八条 行政复议决定作出前，申请人可以撤回行政复议申请。

申请人撤回行政复议申请的，不得再以同一事实和理由提出行政复议申请。但是，申请人能够证明撤回行政复议申请违背其真实意思表示的除外。

第二十九条 行政复议机关中止、恢复行政复议案件的审理，或者终止行政复议的，应当书面通知申请人、被申请人和第三人。

第五章 行政复议决定

第三十条 行政行为认定事实清楚，证据确凿，适用依据正确，程序合法，内容适当的，行政复议机关应当决定维持。

第三十一条 行政行为有下列情形之一的，行政复议机关应当决定撤销：

（一）主要事实不清，证据不足的；

（二）适用依据错误的；

（三）违反法定程序的；

（四）超越或者滥用职权的；

（五）行政行为明显不当的。

第三十二条 行政行为有下列情形之一的，行政复议机关可以决定变更该行政行为：

（一）认定事实清楚，证据确凿，程序合法，但是明显不当或者适用依据错误的；

（二）认定事实不清，证据不足，经行政复议程序审理查明事实清楚，证据确凿的。

第三十三条 有下列情形之一的，行政复议机关应当决定驳回行政复议申请：

（一）申请人认为被申请人不履行法定职责申请行政复议，行政复议机关受理后发现被申请人没有相应法定职责或者在受理前已经履行法定职责的；

（二）行政复议机关受理行政复议申请后，发现该行政复议申请不属于本办法规定的行政复议受案范围或者不符合受理条件的；

（三）被复议的行政行为，已为人民法院或者行政复议机关作出的生效法律文书的效力所羁束的；

（四）法律、法规和规章规定的其他情形。

第三十四条 有下列情形之一的，行政复议机关应当决定被申请人在一定期限内履行法定职责：

（一）属于被申请人的法定职责，被申请人明确表示拒绝履行或者不予答复的；

（二）属于被申请人的法定职责，并有法定履行期限，被申请人无正当理由逾期未履行或者未予答复的；

（三）属于被申请人的法定职责，没有履行期限规定，被申请人自收到申请满60日起无正当理由未履行或者未予答复的。

前款规定的法定职责，是指县级以上人民政府住房城乡建设主管部门根据法律、法规或者规章的明确规定，在接到申请人的履责申请后应当履行的职责。

第三十五条 行政行为有下列情形之一的，行政复议机关应当确认违法，但不撤销或者变更行政行为：

（一）行政行为依法应当撤销或者变更，但撤销或者变更该行政行为将会给国家利益、社会公共利益造成重大损害的；

（二）行政行为程序轻微违法，但对申请人权利不产生实际影响的；

（三）被申请人不履行法定职责或者拖延履行法定职责，判令履行没有意义的；

（四）行政行为违法，但不具有可撤销、变更内容的；

（五）法律、法规和规章规定的其他情形。

第三十六条 被申请人在复议期间改变原行政行为的，应当书面告知行政复议机关。

被申请人改变原行政行为，申请人撤回行政复议申请的，行政复议机关准予撤回，行政复议终止；申请人不撤回行政复议申请的，行政复议机关经审查认为原行政行为违法的，应当作出确认其违法的行政复议决定；认为原行政行为合法的，应当驳回行政复议申请。

第三十七条 行政复议机关决定撤销行政行为，可以责令被申请人在一定期限内重新作出行政行为。重新作出行政行为的期限自《行政复议决定书》送达之日起最长不超过60日，法律、法规、规章另有规定的除外。

行政复议机关确认行政行为违法的，可以责令被申请人采取相应的补救措施。

申请人对行政机关重新作出的行政行为不服，可以依法申请行政复议或者提起行政诉讼。

第三十八条 行政复议机关在申请人的行政复议请求范围内，不得作出对申请人更为不利的行政复议决定。但利害关系人同为申请人，且行政复议请求相反的除外。

第三十九条 申请人与被申请人在行政复议决定作出前，依法自愿达成和解的，由申请人按照本办法规定向行政复议机关撤回行政复议申请。和解内容不得损害国家利益、社会公共利益和他人合法权益。

第四十条 有下列情形之一的，行政复议机关可以按照自愿、合法的原则进行调解：

（一）申请人对行政机关行使法律、法规规定的自由裁量权作出的行政行为不服申请行政复议的；

（二）当事人之间的行政赔偿或者行政补偿纠纷。

经调解达成协议的，行政复议机关应当制作行政复议调解书。行政复议调解书经双方当事人签字，即具有法律效力。调解未达成协议或者调解书送达前一方反悔的，行政复议机关应当及时作出行政复议决定。

第四十一条 行政复议文书有笔误的，行政复议机关可以对笔误进行更正。

第四十二条 申请人、第三人在行政复议期间以及行政复议决定作出之日起90日内，可以向行政复议机关申请查阅被申请人提出的书面答复、作出行政行为的证据、依据和其他有关材料，除涉及国家秘密、商业秘密或者个人隐私外，行政复议机关不得拒绝。查阅应当依照下列程序办理：

（一）申请人、第三人应当至少提前5日向行政复议机关预约时间；

（二）查阅时，申请人、第三人应当出示身份证件，行政复议机关工作人员应当在场；

（三）申请人、第三人不得涂改、毁损、拆换、取走、增添查阅材料；未经复议机关同意，不得进行复印、翻拍、翻录。

申请人、第三人通过政府信息公开方式，向县级以上人民政府住房城乡建设部门申请公开被申请人提出的书面答复、作出行政行为的证据、依据和其他有关材料的，县级以上人民政府住房城乡建设部门可以告知申请人、第三人按照前款规定申请查阅。

申请人、第三人以外的其他人，或者申请人、第三人超过规定期限申请查阅被申请人提出的书面答复、作出行政行为的证据、依据和其他有关材料的，行政复议机关可以不予提供查阅。

第四十三条 行政复议机关应当推进信息化建设，研究开发行政复议信息系统，逐步实现行政复议办公自动化和行政复议档案电子化。

第四十四条 行政复议案件审查结束后，行政复议机关应当及时将案卷进行整理归档。

第六章 行政复议监督

第四十五条 被申请人应当履行行政复议决定。被申请人不履行或者无正当理由拖延履行行政复议决定的，作出复议决定的行政复议机关可以责令其在规定期限内履行。

第四十六条 被责令重新作出行政行为的，被申请人不得以同一事实和理由作出与原行政行为相同或者基本相同的行政行为，但因违反法定程序被责令重新作出行政行为的除外。

第四十七条 行政复议期间行政复议机关发现被申请人或者其他下级行政机关有下列情形之一的，可以制作行政复议意见书；有关机关应当自收到行政复议意见书之日起60日内将纠正相关行政违法行为或者做好善后工作的情况报告行政复议机关：

（一）具体行政行为有违法或者不当情形，导致被撤销、变更或者确认违法的；

（二）行政机关不依法履行法定职责，存在不作为的；

（三）具体行政行为存在瑕疵或者其他问题的；

（四）具体行政行为依据的规范性文件存在问题的；

（五）行政机关在行政管理中存在问题和制度漏洞的；

（六）行政机关需要做好相关善后工作的；

（七）其他需要制作行政复议意见书的。

行政复议期间，行政复议机构发现法律、法规、规章实施中带有普遍性的问题，可以制作行政复议建议书，向有关机关提出完善制度和改进行政执法的建议。

第四十八条 国务院住房城乡建设主管部门可以对县级以上地方人民政府住房城乡建设主管部门的行政复议工作和制度执行情况进行监督检查。

省、自治区、直辖市人民政府住房城乡建设主管部门可以通过定期检查、抽查等方式，对本行政区域内行政复议工作和制度执行情况进行监督检查。

不履行行政复议决定，或者在收到行政复议意见书之日起60日内未纠正相关行政违法行为的情况报告行政复议机关的，行政复议机关可以通报批评。

第四十九条 行政复议工作、行政复议决定的执行情况纳入县级以上地方人民政府住房城乡建设主管部门依法行政的考核范围。

第五十条 行政复议机关应当建立行政复议案件统计制度，并按规定向上级行政复议主管部门报送本行政区的行政复议情况。

第七章 附 则

第五十一条 本办法所称"涉及不动产的行政行为"，是指直接发生设立、变更、转让和消灭不动产物权效力的行政行为。

第五十二条 行政复议机关可以使用行政复议专用章。行政复议专用章用于办理行政复议事项，与行政复议机关印章具有同等效力。

第五十三条 行政复议文书直接送达的，复议申请人在送达回证上的签收日期为送达日期。行政复议文书邮寄送达的，邮寄地址为复议申请人在行政复议申请书中写明的地址，送达日期为复议申请人收到邮件的日期。因复议申请人自己提供的地址不准确、地址变更未及时告知行政复议机关、复议申请人本人或者其指定的代收人拒绝签收以及逾期签收，导致行政复议文书被国家邮政机构退回的，文书退回之日视为送达之日。

行政复议文书送达第三人的，适用前款规定。

第五十四条 期间开始之日不计算在期间内。期间届满的最后一日是节假日的，以节假日后的第一日为期间届满的日期。

本办法关于行政复议期间有关"5日"、"7日"的规定是指工作日，不含节假日和当日。

第五十五条 外国人、无国籍人、外国组织在中华人民共和国境内向行政复议机关申请行政复议，参照适用本办法。

第五十六条 本办法未规定事项，依照《中华人民共和国行政复议法》和《中华人民共和国行政复议法实施条例》的规定执行。

第五十七条 本办法自2015年11月1日起实施。

中华人民共和国行政诉讼法

- 1989年4月4日第七届全国人民代表大会第二次会议通过
- 根据2014年11月1日第十二届全国人民代表大会常务委员会第十一次会议《关于修改〈中华人民共和国行政诉讼法〉的决定》第一次修正
- 根据2017年6月27日第十二届全国人民代表大会常务委员会第二十八次会议《关于修改〈中华人民共和国民事诉讼法〉和〈中华人民共和国行政诉讼法〉的决定》第二次修正

第一章 总则

第一条 【立法目的】为保证人民法院公正、及时审理行政案件，解决行政争议，保护公民、法人和其他组织的合法权益，监督行政机关依法行使职权，根据宪法，制定本法。

第二条 【诉权】公民、法人或者其他组织认为行政机关和行政机关工作人员的行政行为侵犯其合法权益，有权依照本法向人民法院提起诉讼。

前款所称行政行为，包括法律、法规、规章授权的组织作出的行政行为。

第三条 【行政机关负责人出庭应诉】人民法院应当保障公民、法人和其他组织的起诉权利，对应当受理的行政案件依法受理。

行政机关及其工作人员不得干预、阻碍人民法院受理行政案件。

被诉行政机关负责人应当出庭应诉。不能出庭的，应当委托行政机关相应的工作人员出庭。

第四条 【独立行使审判权】人民法院依法对行政案件独立行使审判权，不受行政机关、社会团体和个人的干涉。

人民法院设行政审判庭，审理行政案件。

第五条 【以事实为根据，以法律为准绳原则】人民法院审理行政案件，以事实为根据，以法律为准绳。

第六条 【合法性审查原则】人民法院审理行政案件，对行政行为是否合法进行审查。

第七条 【合议、回避、公开审判和两审终审原则】人民法院审理行政案件，依法实行合议、回避、公开审判和两审终审制度。

第八条 【法律地位平等原则】当事人在行政诉讼中的法律地位平等。

第九条 【本民族语言文字原则】各民族公民都有用本民族语言、文字进行行政诉讼的权利。

在少数民族聚居或者多民族共同居住的地区，人民法院应当用当地民族通用的语言、文字进行审理和发布法律文书。

人民法院应当对不通晓当地民族通用的语言、文字的诉讼参与人提供翻译。

第十条 【辩论原则】当事人在行政诉讼中有权进行辩论。

第十一条 【法律监督原则】人民检察院有权对行政诉讼实行法律监督。

第二章 受案范围

第十二条 【行政诉讼受案范围】人民法院受理公民、法人或者其他组织提起的下列诉讼：

（一）对行政拘留、暂扣或者吊销许可证和执照、责令停产停业、没收违法所得、没收非法财物、罚款、警告等行政处罚不服的；

（二）对限制人身自由或者对财产的查封、扣押、冻结等行政强制措施和行政强制执行不服的；

（三）申请行政许可，行政机关拒绝或者在法定期限内不予答复，或者对行政机关作出的有关行政许可的其他决定不服的；

（四）对行政机关作出的关于确认土地、矿藏、水流、森林、山岭、草原、荒地、滩涂、海域等自然资源的所有权或者使用权的决定不服的；

（五）对征收、征用决定及其补偿决定不服的；

（六）申请行政机关履行保护人身权、财产权等合法权益的法定职责，行政机关拒绝履行或者不予答复的；

（七）认为行政机关侵犯其经营自主权或者农村土地承包经营权、农村土地经营权的；

（八）认为行政机关滥用行政权力排除或者限制竞争的；

（九）认为行政机关违法集资、摊派费用或者违法要求履行其他义务的；

（十）认为行政机关没有依法支付抚恤金、最低生活保障待遇或者社会保险待遇的；

（十一）认为行政机关不依法履行、未按照约定履行或者违法变更、解除政府特许经营协议、土地房屋征收补偿协议等协议的；

（十二）认为行政机关侵犯其他人身权、财产权等合法权益的。

除前款规定外，人民法院受理法律、法规规定可以提起诉讼的其他行政案件。

第十三条 【受案范围的排除】人民法院不受理公民、法人或者其他组织对下列事项提起的诉讼：

（一）国防、外交等国家行为；

（二）行政法规、规章或者行政机关制定、发布的具有普遍约束力的决定、命令；

（三）行政机关对行政机关工作人员的奖惩、任免等决定；

（四）法律规定由行政机关最终裁决的行政行为。

第三章 管　辖

第十四条　【基层人民法院管辖第一审行政案件】基层人民法院管辖第一审行政案件。

第十五条　【中级人民法院管辖的第一审行政案件】中级人民法院管辖下列第一审行政案件：

（一）对国务院部门或者县级以上地方人民政府所作的行政行为提起诉讼的案件；

（二）海关处理的案件；

（三）本辖区内重大、复杂的案件；

（四）其他法律规定由中级人民法院管辖的案件。

第十六条　【高级人民法院管辖的第一审行政案件】高级人民法院管辖本辖区内重大、复杂的第一审行政案件。

第十七条　【最高人民法院管辖的第一审行政案件】最高人民法院管辖全国范围内重大、复杂的第一审行政案件。

第十八条　【一般地域管辖和法院跨行政区域管辖】行政案件由最初作出行政行为的行政机关所在地人民法院管辖。经复议的案件，也可以由复议机关所在地人民法院管辖。

经最高人民法院批准，高级人民法院可以根据审判工作的实际情况，确定若干人民法院跨行政区域管辖行政案件。

第十九条　【限制人身自由行政案件的管辖】对限制人身自由的行政强制措施不服提起的诉讼，由被告所在地或者原告所在地人民法院管辖。

第二十条　【不动产行政案件的管辖】因不动产提起的行政诉讼，由不动产所在地人民法院管辖。

第二十一条　【选择管辖】两个以上人民法院都有管辖权的案件，原告可以选择其中一个人民法院提起诉讼。原告向两个以上有管辖权的人民法院提起诉讼的，由最先立案的人民法院管辖。

第二十二条　【移送管辖】人民法院发现受理的案件不属于本院管辖的，应当移送有管辖权的人民法院，受移送的人民法院应当受理。受移送的人民法院认为受移送的案件按照规定不属于本院管辖的，应当报请上级人民法院指定管辖，不得再自行移送。

第二十三条　【指定管辖】有管辖权的人民法院由于特殊原因不能行使管辖权的，由上级人民法院指定管辖。

人民法院对管辖权发生争议，由争议双方协商解决。协商不成的，报它们的共同上级人民法院指定管辖。

第二十四条　【管辖权转移】上级人民法院有权审理下级人民法院管辖的第一审行政案件。

下级人民法院对其管辖的第一审行政案件，认为需要由上级人民法院审理或者指定管辖的，可以报请上级人民法院决定。

第四章　诉讼参加人

第二十五条　【原告资格】行政行为的相对人以及其他与行政行为有利害关系的公民、法人或者其他组织，有权提起诉讼。

有权提起诉讼的公民死亡，其近亲属可以提起诉讼。

有权提起诉讼的法人或者其他组织终止，承受其权利的法人或者其他组织可以提起诉讼。

人民检察院在履行职责中发现生态环境和资源保护、食品药品安全、国有财产保护、国有土地使用权出让等领域负有监督管理职责的行政机关违法行使职权或者不作为，致使国家利益或者社会公共利益受到侵害的，应当向行政机关提出检察建议，督促其依法履行职责。行政机关不依法履行职责的，人民检察院依法向人民法院提起诉讼。

第二十六条　【被告资格】公民、法人或者其他组织直接向人民法院提起诉讼的，作出行政行为的行政机关是被告。

经复议的案件，复议机关决定维持原行政行为的，作出原行政行为的行政机关和复议机关是共同被告；复议机关改变原行政行为的，复议机关是被告。

复议机关在法定期限内未作出复议决定，公民、法人或者其他组织起诉原行政行为的，作出原行政行为的行政机关是被告；起诉复议机关不作为的，复议机关是被告。

两个以上行政机关作出同一行政行为的，共同作出行政行为的行政机关是共同被告。

行政机关委托的组织所作的行政行为，委托的行政机关是被告。

行政机关被撤销或者职权变更的，继续行使其职权的行政机关是被告。

第二十七条　【共同诉讼】当事人一方或者双方为二人以上，因同一行政行为发生的行政案件，或者因同类行政行为发生的行政案件，人民法院认为可以合并审理并经当事人同意的，为共同诉讼。

第二十八条　【代表人诉讼】当事人一方人数众多的共同诉讼，可以由当事人推选代表人进行诉讼。代表人的诉讼行为对其所代表的当事人发生效力，但代表人变更、放弃诉讼请求或者承认对方当事人的诉讼请求，应当经被代表的当事人同意。

第二十九条　【诉讼第三人】公民、法人或者其他组织同被诉行政行为有利害关系但没有提起诉讼，或者同案件处理结果有利害关系的，可以作为第三人申请参加诉讼，或者由人民法院通知参加诉讼。

人民法院判决第三人承担义务或者减损第三人权益的，第三人有权依法提起上诉。

第三十条　【法定代理人】没有诉讼行为能力的公民，由其法定代理人代为诉讼。法定代理人互相推诿代理责任的，由人民法院指定其中一人代为诉讼。

第三十一条　【委托代理人】当事人、法定代理人，可以委托一至二人作为诉讼代理人。

下列人员可以被委托为诉讼代理人：

（一）律师、基层法律服务工作者；

（二）当事人的近亲属或者工作人员；

（三）当事人所在社区、单位以及有关社会团体推荐的公民。

第三十二条　【当事人及诉讼代理人权利】代理诉讼的律师，有权按照规定查阅、复制本案有关材料，有权向有关组织和公民调查，收集与本案有关的证据。对涉及国家秘密、商业秘密和个人隐私的材料，应当依照法律规定保密。

当事人和其他诉讼代理人有权按照规定查阅、复制本案庭审材料，但涉及国家秘密、商业秘密和个人隐私的内容除外。

第五章　证　据

第三十三条　【证据种类】证据包括：

（一）书证；

（二）物证；

（三）视听资料；

（四）电子数据；

（五）证人证言；

（六）当事人的陈述；

（七）鉴定意见；

（八）勘验笔录、现场笔录。

以上证据经法庭审查属实，才能作为认定案件事实的根据。

第三十四条　【被告举证责任】被告对作出的行政行为负有举证责任，应当提供作出该行政行为的证据和所依据的规范性文件。

被告不提供或者无正当理由逾期提供证据，视为没有相应证据。但是，被诉行政行为涉及第三人合法权益，第三人提供证据的除外。

第三十五条　【行政机关收集证据的限制】在诉讼过程中，被告及其诉讼代理人不得自行向原告、第三人和证人收集证据。

第三十六条　【被告延期提供证据和补充证据】被告在作出行政行为时已经收集了证据，但因不可抗力等正当事由不能提供的，经人民法院准许，可以延期提供。

原告或者第三人提出了其在行政处理程序中没有提出的理由或者证据的，经人民法院准许，被告可以补充证据。

第三十七条　【原告可以提供证据】原告可以提供证明行政行为违法的证据。原告提供的证据不成立的，不免除被告的举证责任。

第三十八条　【原告举证责任】在起诉被告不履行法定职责的案件中，原告应当提供其向被告提出申请的证据。但有下列情形之一的除外：

（一）被告应当依职权主动履行法定职责的；

（二）原告因正当理由不能提供证据的。

在行政赔偿、补偿的案件中，原告应当对行政行为造成的损害提供证据。因被告的原因导致原告无法举证的，由被告承担举证责任。

第三十九条　【法院要求当事人提供或者补充证据】人民法院有权要求当事人提供或者补充证据。

第四十条　【法院调取证据】人民法院有权向有关行政机关以及其他组织、公民调取证据。但是，不得为证明行政行为的合法性调取被告作出行政行为时未收集的证据。

第四十一条　【申请法院调取证据】与本案有关的下列证据，原告或者第三人不能自行收集的，可以申请人民法院调取：

（一）由国家机关保存而须由人民法院调取的证据；

（二）涉及国家秘密、商业秘密和个人隐私的证据；

（三）确因客观原因不能自行收集的其他证据。

第四十二条　【证据保全】在证据可能灭失或者以后难以取得的情况下，诉讼参加人可以向人民法院申请保全证据，人民法院也可以主动采取保全措施。

第四十三条 【证据适用规则】证据应当在法庭上出示，并由当事人互相质证。对涉及国家秘密、商业秘密和个人隐私的证据，不得在公开开庭时出示。

人民法院应当按照法定程序，全面、客观地审查核实证据。对未采纳的证据应当在裁判文书中说明理由。

以非法手段取得的证据，不得作为认定案件事实的根据。

第六章 起诉和受理

第四十四条 【行政复议与行政诉讼的关系】对属于人民法院受案范围的行政案件，公民、法人或者其他组织可以先向行政机关申请复议，对复议决定不服的，再向人民法院提起诉讼；也可以直接向人民法院提起诉讼。

法律、法规规定应当先向行政机关申请复议，对复议决定不服再向人民法院提起诉讼的，依照法律、法规的规定。

第四十五条 【经行政复议的起诉期限】公民、法人或者其他组织不服复议决定的，可以在收到复议决定书之日起十五日内向人民法院提起诉讼。复议机关逾期不作决定的，申请人可以在复议期满之日起十五日内向人民法院提起诉讼。法律另有规定的除外。

第四十六条 【起诉期限】公民、法人或者其他组织直接向人民法院提起诉讼的，应当自知道或者应当知道作出行政行为之日起六个月内提出。法律另有规定的除外。

因不动产提起诉讼的案件自行政行为作出之日起超过二十年，其他案件自行政行为作出之日起超过五年提起诉讼的，人民法院不予受理。

第四十七条 【行政机关不履行法定职责的起诉期限】公民、法人或者其他组织申请行政机关履行保护其人身权、财产权等合法权益的法定职责，行政机关在接到申请之日起两个月内不履行的，公民、法人或者其他组织可以向人民法院提起诉讼。法律、法规对行政机关履行职责的期限另有规定的，从其规定。

公民、法人或者其他组织在紧急情况下请求行政机关履行保护其人身权、财产权等合法权益的法定职责，行政机关不履行的，提起诉讼不受前款规定期限的限制。

第四十八条 【起诉期限的扣除和延长】公民、法人或者其他组织因不可抗力或者其他不属于其自身的原因耽误起诉期限的，被耽误的时间不计算在起诉期限内。

公民、法人或者其他组织因前款规定以外的其他特殊情况耽误起诉期限的，在障碍消除后十日内，可以申请延长期限，是否准许由人民法院决定。

第四十九条 【起诉条件】提起诉讼应当符合下列条件：

（一）原告是符合本法第二十五条规定的公民、法人或者其他组织；

（二）有明确的被告；

（三）有具体的诉讼请求和事实根据；

（四）属于人民法院受案范围和受诉人民法院管辖。

第五十条 【起诉方式】起诉应当向人民法院递交起诉状，并按照被告人数提出副本。

书写起诉状确有困难的，可以口头起诉，由人民法院记入笔录，出具注明日期的书面凭证，并告知对方当事人。

第五十一条 【登记立案】人民法院在接到起诉状时对符合本法规定的起诉条件的，应当登记立案。

对当场不能判定是否符合本法规定的起诉条件的，应当接收起诉状，出具注明收到日期的书面凭证，并在七日内决定是否立案。不符合起诉条件的，作出不予立案的裁定。裁定书应当载明不予立案的理由。原告对裁定不服的，可以提起上诉。

起诉状内容欠缺或者有其他错误的，应当给予指导和释明，并一次性告知当事人需要补正的内容。不得未经指导和释明即以起诉不符合条件为由不接收起诉状。

对于不接收起诉状、接收起诉状后不出具书面凭证，以及不一次性告知当事人需要补正的起诉状内容的，当事人可以向上级人民法院投诉，上级人民法院应当责令改正，并对直接负责的主管人员和其他直接责任人员依法给予处分。

第五十二条 【法院不立案的救济】人民法院既不立案，又不作出不予立案裁定的，当事人可以向上一级人民法院起诉。上一级人民法院认为符合起诉条件的，应当立案、审理，也可以指定其他下级人民法院立案、审理。

第五十三条 【规范性文件的附带审查】公民、法人或者其他组织认为行政行为所依据的国务院部门和地方人民政府及其部门制定的规范性文件不合法，在对行政行为提起诉讼时，可以一并请求对该规范性文件进行审查。

前款规定的规范性文件不含规章。

第七章 审理和判决

第一节 一般规定

第五十四条 【公开审理原则】人民法院公开审理行政案件，但涉及国家秘密、个人隐私和法律另有规定的除外。

涉及商业秘密的案件,当事人申请不公开审理的,可以不公开审理。

第五十五条　【回避】当事人认为审判人员与本案有利害关系或者有其他关系可能影响公正审判,有权申请审判人员回避。

审判人员认为自己与本案有利害关系或者有其他关系,应当申请回避。

前两款规定,适用于书记员、翻译人员、鉴定人、勘验人。

院长担任审判长时的回避,由审判委员会决定;审判人员的回避,由院长决定;其他人员的回避,由审判长决定。当事人对决定不服的,可以申请复议一次。

第五十六条　【诉讼不停止执行】诉讼期间,不停止行政行为的执行。但有下列情形之一的,裁定停止执行:

(一)被告认为需要停止执行的;

(二)原告或者利害关系人申请停止执行,人民法院认为该行政行为的执行会造成难以弥补的损失,并且停止执行不损害国家利益、社会公共利益的;

(三)人民法院认为该行政行为的执行会给国家利益、社会公共利益造成重大损害的;

(四)法律、法规规定停止执行的。

当事人对停止执行或者不停止执行的裁定不服的,可以申请复议一次。

第五十七条　【先予执行】人民法院对起诉行政机关没有依法支付抚恤金、最低生活保障金和工伤、医疗社会保险金的案件,权利义务关系明确,不先予执行将严重影响原告生活的,可以根据原告的申请,裁定先予执行。

当事人对先予执行裁定不服的,可以申请复议一次。复议期间不停止裁定的执行。

第五十八条　【拒不到庭或中途退庭的法律后果】经人民法院传票传唤,原告无正当理由拒不到庭,或者未经法庭许可中途退庭的,可以按照撤诉处理;被告无正当理由拒不到庭,或者未经法庭许可中途退庭的,可以缺席判决。

第五十九条　【妨害行政诉讼强制措施】诉讼参与人或者其他人有下列行为之一的,人民法院可以根据情节轻重,予以训诫、责令具结悔过或者处一万元以下的罚款、十五日以下的拘留;构成犯罪的,依法追究刑事责任:

(一)有义务协助调查、执行的人,对人民法院的协助调查决定、协助执行通知书,无故推拖、拒绝或者妨碍调查、执行的;

(二)伪造、隐藏、毁灭证据或者提供虚假证明材料,妨碍人民法院审理案件的;

(三)指使、贿买、胁迫他人作伪证或者威胁、阻止证人作证的;

(四)隐藏、转移、变卖、毁损已被查封、扣押、冻结的财产的;

(五)以欺骗、胁迫等非法手段使原告撤诉的;

(六)以暴力、威胁或者其他方法阻碍人民法院工作人员执行职务,或者以哄闹、冲击法庭等方法扰乱人民法院工作秩序的;

(七)对人民法院审判人员或者其他工作人员、诉讼参与人、协助调查和执行的人员恐吓、侮辱、诽谤、诬陷、殴打、围攻或者打击报复的。

人民法院对有前款规定的行为之一的单位,可以对其主要负责人或者直接责任人员依照前款规定予以罚款、拘留;构成犯罪的,依法追究刑事责任。

罚款、拘留须经人民法院院长批准。当事人不服的,可以向上一级人民法院申请复议一次。复议期间不停止执行。

第六十条　【调解】人民法院审理行政案件,不适用调解。但是,行政赔偿、补偿以及行政机关行使法律、法规规定的自由裁量权的案件可以调解。

调解应当遵循自愿、合法原则,不得损害国家利益、社会公共利益和他人合法权益。

第六十一条　【民事争议和行政争议交叉】在涉及行政许可、登记、征收、征用和行政机关对民事争议所作的裁决的行政诉讼中,当事人申请一并解决相关民事争议的,人民法院可以一并审理。

在行政诉讼中,人民法院认为行政案件的审理需以民事诉讼的裁判为依据的,可以裁定中止行政诉讼。

第六十二条　【撤诉】人民法院对行政案件宣告判决或者裁定前,原告申请撤诉的,或者被告改变其所作的行政行为,原告同意并申请撤诉的,是否准许,由人民法院裁定。

第六十三条　【撤诉】人民法院审理行政案件,以法律和行政法规、地方性法规为依据。地方性法规适用于本行政区域内发生的行政案件。

人民法院审理民族自治地方的行政案件,并以该民族自治地方的自治条例和单行条例为依据。

人民法院审理行政案件,参照规章。

第六十四条　【规范性文件审查和处理】人民法院在审理行政案件中,经审查认为本法第五十三条规定的规范性文件不合法的,不作为认定行政行为合法的依据,

第六十五条　【裁判文书公开】人民法院应当公开发生法律效力的判决书、裁定书，供公众查阅，但涉及国家秘密、商业秘密和个人隐私的内容除外。

第六十六条　【有关行政机关工作人员和被告的处理】人民法院在审理行政案件中，认为行政机关的主管人员、直接责任人员违法违纪的，应当将有关材料移送监察机关、该行政机关或者其上一级行政机关；认为有犯罪行为的，应当将有关材料移送公安、检察机关。

人民法院对被告经传票传唤无正当理由拒不到庭，或者未经法庭许可中途退庭的，可以将被告拒不到庭或者中途退庭的情况予以公告，并可以向监察机关或者被告的上一级行政机关提出依法给予其主要负责人或者直接责任人员处分的司法建议。

第二节　第一审普通程序

第六十七条　【发送起诉状和提出答辩状】人民法院应当在立案之日起五日内，将起诉状副本发送被告。被告应当在收到起诉状副本之日起十五日内向人民法院提交作出行政行为的证据和所依据的规范性文件，并提出答辩状。人民法院应当在收到答辩状之日起五日内，将答辩状副本发送原告。

被告不提出答辩状的，不影响人民法院审理。

第六十八条　【审判组织形式】人民法院审理行政案件，由审判员组成合议庭，或者由审判员、陪审员组成合议庭。合议庭的成员，应当是三人以上的单数。

第六十九条　【驳回原告诉讼请求判决】行政行为证据确凿，适用法律、法规正确，符合法定程序的，或者原告申请被告履行法定职责或者给付义务理由不成立的，人民法院判决驳回原告的诉讼请求。

第七十条　【撤销判决和重作判决】行政行为有下列情形之一的，人民法院判决撤销或者部分撤销，并可以判决被告重新作出行政行为：

（一）主要证据不足的；

（二）适用法律、法规错误的；

（三）违反法定程序的；

（四）超越职权的；

（五）滥用职权的；

（六）明显不当的。

第七十一条　【重作判决对被告的限制】人民法院判决被告重新作出行政行为的，被告不得以同一的事实和理由作出与原行政行为基本相同的行政行为。

第七十二条　【履行判决】人民法院经过审理，查明被告不履行法定职责的，判决被告在一定期限内履行。

第七十三条　【给付判决】人民法院经过审理，查明被告依法负有给付义务的，判决被告履行给付义务。

第七十四条　【确认违法判决】行政行为有下列情形之一的，人民法院判决确认违法，但不撤销行政行为：

（一）行政行为依法应当撤销，但撤销会给国家利益、社会公共利益造成重大损害的；

（二）行政行为程序轻微违法，但对原告权利不产生实际影响的。

行政行为有下列情形之一，不需要撤销或者判决履行的，人民法院判决确认违法：

（一）行政行为违法，但不具有可撤销内容的；

（二）被告改变原违法行政行为，原告仍要求确认原行政行为违法的；

（三）被告不履行或者拖延履行法定职责，判决履行没有意义的。

第七十五条　【确认无效判决】行政行为有实施主体不具有行政主体资格或者没有依据等重大且明显违法情形，原告申请确认行政行为无效的，人民法院判决确认无效。

第七十六条　【确认违法和无效判决的补充规定】人民法院判决确认违法或者无效的，可以同时判决责令被告采取补救措施；给原告造成损失的，依法判决被告承担赔偿责任。

第七十七条　【变更判决】行政处罚明显不当，或者其他行政行为涉及对款额的确定、认定确有错误的，人民法院可以判决变更。

人民法院判决变更，不得加重原告的义务或者减损原告的权益。但利害关系人同为原告，且诉讼请求相反的除外。

第七十八条　【行政协议履行及补偿判决】被告不依法履行、未按照约定履行或者违法变更、解除本法第十二条第一款第十一项规定的协议的，人民法院判决被告承担继续履行、采取补救措施或者赔偿损失等责任。

被告变更、解除本法第十二条第一款第十一项规定的协议合法，但未依法给予补偿的，人民法院判决给予补偿。

第七十九条　【复议决定和原行政行为一并裁判】复议机关与作出原行政行为的行政机关为共同被告的案件，人民法院应当对复议决定和原行政行为一并作出裁判。

第八十条　【公开宣判】人民法院对公开审理和不

公开审理的案件,一律公开宣告判决。

当庭宣判的,应当在十日内发送判决书;定期宣判的,宣判后立即发给判决书。

宣告判决时,必须告知当事人上诉权利、上诉期限和上诉的人民法院。

第八十一条　【第一审审限】人民法院应当在立案之日起六个月内作出第一审判决。有特殊情况需要延长的,由高级人民法院批准,高级人民法院审理第一审案件需要延长的,由最高人民法院批准。

第三节　简易程序

第八十二条　【简易程序适用情形】人民法院审理下列第一审行政案件,认为事实清楚、权利义务关系明确、争议不大的,可以适用简易程序:

(一)被诉行政行为是依法当场作出的;

(二)案件涉及款额二千元以下的;

(三)属于政府信息公开案件的。

除前款规定以外的第一审行政案件,当事人各方同意适用简易程序的,可以适用简易程序。

发回重审、按照审判监督程序再审的案件不适用简易程序。

第八十三条　【简易程序的审判组织形式和审限】适用简易程序审理的行政案件,由审判员一人独任审理,并应当在立案之日起四十五日内审结。

第八十四条　【简易程序与普通程序的转换】人民法院在审理过程中,发现案件不宜适用简易程序的,裁定转为普通程序。

第四节　第二审程序

第八十五条　【上诉】当事人不服人民法院第一审判决的,有权在判决书送达之日起十五日内向上一级人民法院提起上诉。当事人不服人民法院第一审裁定的,有权在裁定书送达之日起十日内向上一级人民法院提起上诉。逾期不提起上诉的,人民法院的第一审判决或者裁定发生法律效力。

第八十六条　【二审审理方式】人民法院对上诉案件,应当组成合议庭,开庭审理。经过阅卷、调查和询问当事人,对没有提出新的事实、证据或者理由,合议庭认为不需要开庭审理的,也可以不开庭审理。

第八十七条　【二审审查范围】人民法院审理上诉案件,应当对原审人民法院的判决、裁定和被诉行政行为进行全面审查。

第八十八条　【二审审限】人民法院审理上诉案件,应当在收到上诉状之日起三个月内作出终审判决。有特殊情况需要延长的,由高级人民法院批准,高级人民法院审理上诉案件需要延长的,由最高人民法院批准。

第八十九条　【二审裁判】人民法院审理上诉案件,按照下列情形,分别处理:

(一)原判决、裁定认定事实清楚,适用法律、法规正确的,判决或者裁定驳回上诉,维持原判决、裁定;

(二)原判决、裁定认定事实错误或者适用法律、法规错误的,依法改判、撤销或者变更;

(三)原判决认定基本事实不清、证据不足的,发回原审人民法院重审,或者查清事实后改判;

(四)原判决遗漏当事人或者违法缺席判决等严重违反法定程序的,裁定撤销原判决,发回原审人民法院重审。

原审人民法院对发回重审的案件作出判决后,当事人提起上诉的,第二审人民法院不得再次发回重审。

人民法院审理上诉案件,需要改变原审判决的,应当同时对被诉行政行为作出判决。

第五节　审判监督程序

第九十条　【当事人申请再审】当事人对已经发生法律效力的判决、裁定,认为确有错误的,可以向上一级人民法院申请再审,但判决、裁定不停止执行。

第九十一条　【再审事由】当事人的申请符合下列情形之一的,人民法院应当再审:

(一)不予立案或者驳回起诉确有错误的;

(二)有新的证据,足以推翻原判决、裁定的;

(三)原判决、裁定认定事实的主要证据不足、未经质证或者系伪造的;

(四)原判决、裁定适用法律、法规确有错误的;

(五)违反法律规定的诉讼程序,可能影响公正审判的;

(六)原判决、裁定遗漏诉讼请求的;

(七)据以作出原判决、裁定的法律文书被撤销或者变更的;

(八)审判人员在审理该案件时有贪污受贿、徇私舞弊、枉法裁判行为的。

第九十二条　【人民法院依职权再审】各级人民法院院长对本院已经发生法律效力的判决、裁定,发现有本法第九十一条规定情形之一,或者发现调解违反自愿原则或者调解书内容违法,认为需要再审的,应当提交审判委员会讨论决定。

最高人民法院对地方各级人民法院已经发生法律效

力的判决、裁定，上级人民法院对下级人民法院已经发生法律效力的判决、裁定，发现有本法第九十一条规定情形之一，或者发现调解违反自愿原则或者调解书内容违法的，有权提审或者指令下级人民法院再审。

第九十三条 【抗诉和检察建议】最高人民检察院对各级人民法院已经发生法律效力的判决、裁定，上级人民检察院对下级人民法院已经发生法律效力的判决、裁定，发现有本法第九十一条规定情形之一，或者发现调解书损害国家利益、社会公共利益的，应当提出抗诉。

地方各级人民检察院对同级人民法院已经发生法律效力的判决、裁定，发现有本法第九十一条规定情形之一，或者发现调解书损害国家利益、社会公共利益的，可以向同级人民法院提出检察建议，并报上级人民检察院备案；也可以提请上级人民检察院向同级人民法院提出抗诉。

各级人民检察院对审判监督程序以外的其他审判程序中审判人员的违法行为，有权向同级人民法院提出检察建议。

第八章 执 行

第九十四条 【生效裁判和调解书的执行】当事人必须履行人民法院发生法律效力的判决、裁定、调解书。

第九十五条 【申请强制执行和执行管辖】公民、法人或者其他组织拒绝履行判决、裁定、调解书的，行政机关或者第三人可以向第一审人民法院申请强制执行，或者由行政机关依法强制执行。

第九十六条 【对行政机关拒绝履行的执行措施】行政机关拒绝履行判决、裁定、调解书的，第一审人民法院可以采取下列措施：

（一）对应当归还的罚款或者应当给付的款额，通知银行从该行政机关的账户内划拨；

（二）在规定期限内不履行的，从期满之日起，对该行政机关负责人按日处五十元至一百元的罚款；

（三）将行政机关拒绝履行的情况予以公告；

（四）向监察机关或者该行政机关的上一级行政机关提出司法建议。接受司法建议的机关，根据有关规定进行处理，并将处理情况告知人民法院；

（五）拒不履行判决、裁定、调解书，社会影响恶劣的，可以对该行政机关直接负责的主管人员和其他直接责任人员予以拘留；情节严重，构成犯罪的，依法追究刑事责任。

第九十七条 【非诉执行】公民、法人或者其他组织对行政行为在法定期限内不提起诉讼又不履行的，行政机关可以申请人民法院强制执行，或者依法强制执行。

第九章 涉外行政诉讼

第九十八条 【涉外行政诉讼的法律适用原则】外国人、无国籍人、外国组织在中华人民共和国进行行政诉讼，适用本法。法律另有规定的除外。

第九十九条 【同等与对等原则】外国人、无国籍人、外国组织在中华人民共和国进行行政诉讼，同中华人民共和国公民、组织有同等的诉讼权利和义务。

外国法院对中华人民共和国公民、组织的行政诉讼权利加以限制的，人民法院对该国公民、组织的行政诉讼权利，实行对等原则。

第一百条 【中国律师代理】外国人、无国籍人、外国组织在中华人民共和国进行行政诉讼，委托律师代理诉讼的，应当委托中华人民共和国律师机构的律师。

第十章 附 则

第一百零一条 【适用民事诉讼法规定】人民法院审理行政案件，关于期间、送达、财产保全、开庭审理、调解、中止诉讼、终结诉讼、简易程序、执行等，以及人民检察院对行政案件受理、审理、裁判、执行的监督，本法没有规定的，适用《中华人民共和国民事诉讼法》的相关规定。

第一百零二条 【诉讼费用】人民法院审理行政案件，应当收取诉讼费用。诉讼费用由败诉方承担，双方都有责任的由双方分担。收取诉讼费用的具体办法另行规定。

第一百零三条 【施行日期】本法自 1990 年 10 月 1 日起施行。

二、拆迁征收

1. 综　合

住房城乡建设部城市管理监督局关于推行城市管理执法全过程记录工作的通知

- 2016年11月8日
- 建督综函〔2016〕1号

各省、自治区住房城乡建设厅，直辖市城市管理主管部门及有关部门，新疆生产建设兵团建设局：

为贯彻落实《中共中央 国务院关于深入推进城市执法体制改革改进城市管理工作的指导意见》精神，促进严格规范公正文明执法，决定在县级以上城市管理部门推行城市管理执法全过程记录工作。现就有关事项通知如下：

一、推行执法全过程记录

各地城市管理部门要通过文字、音像等记录方式，对执法活动全过程进行记录，客观、公正、完整地记录执法工作情况和相关证据，实现全过程留痕和可回溯管理。规范执法文书的制作和使用，确保执法文书和案卷完整准确、合法规范。合理配备并使用执法记录仪等现场执法记录设备和视音频资料传输、存储、等设备。对现场执法活动中容易引发争议和纠纷的，应当实行全过程音像记录。

二、推进信息化建设

积极利用大数据、云计算、物联网等信息技术，结合数字化城市管理平台建设和办公自动化系统建设等，探索成本低、效果好、易保存、不能删改的音像记录方式，提高执法记录的信息化水平。做好执法文书和视音频资料的管理和存储，逐步实现与数字化城市管理信息系统关联共享。

三、注重记录工作实效

建立健全执法全过程记录保存、管理、使用等工作制度。定期组织对执法文书和视音频资料进行抽查检查。充分发挥全过程记录信息在案卷评查、数据统计分析、执法监督等工作中的作用。

各地要充分认识推行城市管理执法全过程记录工作的重要意义，切实落实工作要求，配备相关仪器设备，严格规范记录行为，妥善保管使用记录信息，确保执法全过程记录工作有效推行。

住房城乡建设部办公厅、国家发展改革委办公厅、财政部办公厅关于印发《棚户区改造工作激励措施实施办法（试行）》的通知

- 2016年12月19日
- 建办保〔2016〕69号

各省、自治区住房城乡建设厅、发展改革委、财政厅，北京市住房城乡建设委、重大项目办公室、发展改革委、财政局，上海市住房城乡建设委、发展改革委、财政局，天津、重庆市城乡建设委、国土资源房屋管理局、发展改革委、财政局，新疆生产建设兵团建设局、发展改革委、财务局：

根据《国务院办公厅关于对真抓实干成效明显地方加大激励支持力度的通知》（国办发〔2016〕82号）要求，为鼓励各地干事创业、真抓实干，有效推进棚户区改造工作，我们制定了《棚户区改造工作激励措施实施办法（试行）》。现印发给你们，请认真贯彻落实。

棚户区改造工作激励措施实施办法（试行）

第一条　为贯彻落实《国务院办公厅关于对真抓实干成效明显地方加大激励支持力度的通知》（国办发〔2016〕82号）精神，鼓励各地干事创业、真抓实干，有效推进棚户区改造（以下简称棚改）工作，制定本办法。

第二条　本办法的激励支持对象是指年度棚改工作积极主动、成效明显的省（自治区、直辖市，含兵团，下同）。

年度激励支持的省（区、市）数量在8个左右，并适当兼顾东中西部地区的差异。

第三条　每年1月，住房城乡建设部根据上一年度棚改工作情况，会商国家发展改革委、财政部，提出拟予

激励支持的建议名单,并报送国务院。

第四条 拟激励支持地方名单的提出,主要考虑棚改年度任务、工作进度、货币化安置情况、中央预算内投资项目开工和投资完成情况、中央财政补助资金使用情况,同时参考资金筹集、工作成效、日常管理、守法执规等情况,并结合国务院大督查、部门日常督查、相关专项督查、审计等情况综合评定。

在具体评定拟激励支持名单时,可根据上一年度实际情况,进一步听取有关部门和单位意见,或核查有关地方的相关情况。

第五条 对在棚改工作中具有下列情形之一的地方,实行一票否决,不列入拟激励支持名单:

(一)棚改年度任务未完成的;

(二)在国务院大督查中发现问题较多、工作不力的;

(三)对上一年度棚改工作审计发现问题整改不力、进展缓慢的;

(四)存在其他严重问题,有必要取消其激励支持资格的。

第六条 国家发展改革委会同住房城乡建设部在安排保障性安居工程中央预算内投资时,对受表扬激励的地方给予适当倾斜支持。

第七条 财政部会同住房城乡建设部在安排中央财政城镇保障性安居工程专项资金时,对受表扬激励的地方给予适当倾斜支持。

第八条 有条件的省(区、市)住房城乡建设、发展改革、财政部门,可以根据国办发〔2016〕82号文件及本办法,并结合当地实际,制定相应的配套措施,加大激励力度,增强激励效果。

第九条 本办法由住房城乡建设部、国家发展改革委、财政部负责解释。

第十条 本办法自发布之日起施行。

2. 国有土地上房屋征收

国有土地上房屋征收与补偿条例

- 2011年1月19日国务院第141次常务会议通过
- 2011年1月21日中华人民共和国国务院令第590号公布
- 自公布之日起施行

第一章 总则

第一条 【立法目的】为了规范国有土地上房屋征收与补偿活动,维护公共利益,保障被征收房屋所有权人的合法权益,制定本条例。

第二条 【适用范围】为了公共利益的需要,征收国有土地上单位、个人的房屋,应当对被征收房屋所有权人(以下称被征收人)给予公平补偿。

第三条 【基本原则】房屋征收与补偿应当遵循决策民主、程序正当、结果公开的原则。

第四条 【行政管辖】市、县级人民政府负责本行政区域的房屋征收与补偿工作。

市、县级人民政府确定的房屋征收部门(以下称房屋征收部门)组织实施本行政区域的房屋征收与补偿工作。

市、县级人民政府有关部门应当依照本条例的规定和本级人民政府规定的职责分工,互相配合,保障房屋征收与补偿工作的顺利进行。

第五条 【房屋征收实施单位】房屋征收部门可以委托房屋征收实施单位,承担房屋征收与补偿的具体工作。房屋征收实施单位不得以营利为目的。

房屋征收部门对房屋征收实施单位在委托范围内实施的房屋征收与补偿行为负责监督,并对其行为后果承担法律责任。

第六条 【主管部门】上级人民政府应当加强对下级人民政府房屋征收与补偿工作的监督。

国务院住房城乡建设主管部门和省、自治区、直辖市人民政府住房城乡建设主管部门应当会同同级财政、国土资源、发展改革等有关部门,加强对房屋征收与补偿实施工作的指导。

第七条 【举报与监察】任何组织和个人对违反本条例规定的行为,都有权向有关人民政府、房屋征收部门和其他有关部门举报。接到举报的有关人民政府、房屋征收部门和其他有关部门对举报应当及时核实、处理。

监察机关应当加强对参与房屋征收与补偿工作的政府和有关部门或者单位及其工作人员的监察。

第二章 征收决定

第八条 【征收情形】为了保障国家安全、促进国民经济和社会发展等公共利益的需要,有下列情形之一,确需征收房屋的,由市、县级人民政府作出房屋征收决定:

(一)国防和外交的需要;

(二)由政府组织实施的能源、交通、水利等基础设施建设的需要;

(三)由政府组织实施的科技、教育、文化、卫生、体育、环境和资源保护、防灾减灾、文物保护、社会福利、市政公用等公共事业的需要;

（四）由政府组织实施的保障性安居工程建设的需要；

（五）由政府依照城乡规划法有关规定组织实施的对危房集中、基础设施落后等地段进行旧城区改建的需要；

（六）法律、行政法规规定的其他公共利益的需要。

第九条　【征收相关建设的要求】依照本条例第八条规定，确需征收房屋的各项建设活动，应当符合国民经济和社会发展规划、土地利用总体规划、城乡规划和专项规划。保障性安居工程建设、旧城区改建，应当纳入市、县级国民经济和社会发展年度计划。

制定国民经济和社会发展规划、土地利用总体规划、城乡规划和专项规划，应当广泛征求社会公众意见，经过科学论证。

第十条　【征收补偿方案】房屋征收部门拟定征收补偿方案，报市、县级人民政府。

市、县级人民政府应当组织有关部门对征收补偿方案进行论证并予以公布，征求公众意见。征求意见期限不得少于30日。

第十一条　【旧城区改建】市、县级人民政府应当将征求意见情况和根据公众意见修改的情况及时公布。

因旧城区改建需要征收房屋，多数被征收人认为征收补偿方案不符合本条例规定的，市、县级人民政府应当组织由被征收人和公众代表参加的听证会，并根据听证会情况修改方案。

第十二条　【社会稳定风险评估】市、县级人民政府作出房屋征收决定前，应当按照有关规定进行社会稳定风险评估；房屋征收决定涉及被征收人数量较多的，应当经政府常务会议讨论决定。

作出房屋征收决定前，征收补偿费用应当足额到位、专户存储、专款专用。

第十三条　【征收公告】市、县级人民政府作出房屋征收决定后应当及时公告。公告应当载明征收补偿方案和行政复议、行政诉讼权利等事项。

市、县级人民政府及房屋征收部门应当做好房屋征收与补偿的宣传、解释工作。

房屋被依法征收的，国有土地使用权同时收回。

第十四条　【征收复议与诉讼】被征收人对市、县级人民政府作出的房屋征收决定不服的，可以依法申请行政复议，也可以依法提起行政诉讼。

第十五条　【征收调查登记】房屋征收部门应当对房屋征收范围内房屋的权属、区位、用途、建筑面积等情况组织调查登记，被征收人应当予以配合。调查结果应当在房屋征收范围内向被征收人公布。

第十六条　【房屋征收范围确定】房屋征收范围确定后，不得在房屋征收范围内实施新建、扩建、改建房屋和改变房屋用途等不当增加补偿费用的行为；违反规定实施的，不予补偿。

房屋征收部门应当将前款所列事项书面通知有关部门暂停办理相关手续。暂停办理相关手续的书面通知应当载明暂停期限。暂停期限最长不得超过1年。

第三章　补　偿

第十七条　【征收补偿范围】作出房屋征收决定的市、县级人民政府对被征收人给予的补偿包括：

（一）被征收房屋价值的补偿；

（二）因征收房屋造成的搬迁、临时安置的补偿；

（三）因征收房屋造成的停产停业损失的补偿。

市、县级人民政府应当制定补助和奖励办法，对被征收人给予补助和奖励。

第十八条　【涉及住房保障情形的征收】征收个人住宅，被征收人符合住房保障条件的，作出房屋征收决定的市、县级人民政府应当优先给予住房保障。具体办法由省、自治区、直辖市制定。

第十九条　【被征收房屋价值的补偿】对被征收房屋价值的补偿，不得低于房屋征收决定公告之日被征收房屋类似房地产的市场价格。被征收房屋的价值，由具有相应资质的房地产价格评估机构按照房屋征收评估办法评估确定。

对评估确定的被征收房屋价值有异议的，可以向房地产价格评估机构申请复核评估。对复核结果有异议的，可以向房地产价格评估专家委员会申请鉴定。

房屋征收评估办法由国务院住房城乡建设主管部门制定，制定过程中，应当向社会公开征求意见。

第二十条　【房地产价格评估机构】房地产价格评估机构由被征收人协商选定；协商不成的，通过多数决定、随机选定等方式确定，具体办法由省、自治区、直辖市制定。

房地产价格评估机构应当独立、客观、公正地开展房屋征收评估工作，任何单位和个人不得干预。

第二十一条　【产权调换】被征收人可以选择货币补偿，也可以选择房屋产权调换。

被征收人选择房屋产权调换的，市、县级人民政府应当提供用于产权调换的房屋，并与被征收人计算、结清被征收房屋价值与用于产权调换房屋价值的差价。

因旧城区改建征收个人住宅,被征收人选择在改建地段进行房屋产权调换的,作出房屋征收决定的市、县级人民政府应当提供改建地段或者就近地段的房屋。

第二十二条 【搬迁与临时安置】因征收房屋造成搬迁的,房屋征收部门应当向被征收人支付搬迁费;选择房屋产权调换的,产权调换房屋交付前,房屋征收部门应当向被征收人支付临时安置费或者提供周转用房。

第二十三条 【停产停业损失的补偿】对因征收房屋造成停产停业损失的补偿,根据房屋被征收前的效益、停产停业期限等因素确定。具体办法由省、自治区、直辖市制定。

第二十四条 【临时建筑】市、县级人民政府及其有关部门应当依法加强对建设活动的监督管理,对违反城乡规划进行建设的,依法予以处理。

市、县级人民政府作出房屋征收决定前,应当组织有关部门依法对征收范围内未经登记的建筑进行调查、认定和处理。对认定为合法建筑和未超过批准期限的临时建筑的,应当给予补偿;对认定为违法建筑和超过批准期限的临时建筑的,不予补偿。

第二十五条 【补偿协议】房屋征收部门与被征收人依照本条例的规定,就补偿方式、补偿金额和支付期限、用于产权调换房屋的地点和面积、搬迁费、临时安置费或者周转用房、停产停业损失、搬迁期限、过渡方式和过渡期限等事项,订立补偿协议。

补偿协议订立后,一方当事人不履行补偿协议约定的义务的,另一方当事人可以依法提起诉讼。

第二十六条 【补偿决定】房屋征收部门与被征收人在征收补偿方案确定的签约期限内达不成补偿协议,或者被征收房屋所有权人不明确的,由房屋征收部门报请作出房屋征收决定的市、县级人民政府依照本条例的规定,按照征收补偿方案作出补偿决定,并在房屋征收范围内予以公告。

补偿决定应当公平,包括本条例第二十五条第一款规定的有关补偿协议的事项。

被征收人对补偿决定不服的,可以依法申请行政复议,也可以依法提起行政诉讼。

第二十七条 【先补偿后搬迁】实施房屋征收应当先补偿、后搬迁。

作出房屋征收决定的市、县级人民政府对被征收人给予补偿后,被征收人应当在补偿协议约定或者补偿决定确定的搬迁期限内完成搬迁。

任何单位和个人不得采取暴力、威胁或者违反规定中断供水、供热、供气、供电和道路通行等非法方式迫使被征收人搬迁。禁止建设单位参与搬迁活动。

第二十八条 【依法申请法院强制执行】被征收人在法定期限内不申请行政复议或者不提起行政诉讼,在补偿决定规定的期限内又不搬迁的,由作出房屋征收决定的市、县级人民政府依法申请人民法院强制执行。

强制执行申请书应当附具补偿金额和专户存储账号、产权调换房屋和周转用房的地点和面积等材料。

第二十九条 【征收补偿档案与审计监督】房屋征收部门应当依法建立房屋征收补偿档案,并将分户补偿情况在房屋征收范围内向被征收人公布。

审计机关应当加强对征收补偿费用管理和使用情况的监督,并公布审计结果。

第四章 法律责任

第三十条 【玩忽职守等法律责任】市、县级人民政府及房屋征收部门的工作人员在房屋征收与补偿工作中不履行本条例规定的职责,或者滥用职权、玩忽职守、徇私舞弊的,由上级人民政府或者本级人民政府责令改正,通报批评;造成损失的,依法承担赔偿责任;对直接负责的主管人员和其他直接责任人员,依法给予处分;构成犯罪的,依法追究刑事责任。

第三十一条 【暴力等非法搬迁法律责任】采取暴力、威胁或者违反规定中断供水、供热、供气、供电和道路通行等非法方式迫使被征收人搬迁,造成损失的,依法承担赔偿责任;对直接负责的主管人员和其他直接责任人员,构成犯罪的,依法追究刑事责任;尚不构成犯罪的,依法给予处分;构成违反治安管理行为的,依法给予治安管理处罚。

第三十二条 【非法阻碍征收与补偿工作法律责任】采取暴力、威胁等方法阻碍依法进行的房屋征收与补偿工作,构成犯罪的,依法追究刑事责任;构成违反治安管理行为的,依法给予治安管理处罚。

第三十三条 【贪污、挪用等法律责任】贪污、挪用、私分、截留、拖欠征收补偿费用的,责令改正,追回有关款项,限期退还违法所得,对有关责任单位通报批评、给予警告;造成损失的,依法承担赔偿责任;对直接负责的主管人员和其他直接责任人员,构成犯罪的,依法追究刑事责任;尚不构成犯罪的,依法给予处分。

第三十四条 【违法评估法律责任】房地产价格评估机构或者房地产估价师出具虚假或者有重大差错的评估报告的,由发证机关责令限期改正,给予警告,对房地产价格评估机构并处5万元以上20万元以下罚款,对房地产估价师并处1万元以上3万元以下罚款,并记入信用档案;情节严重的,吊销资质证书、注册证书;造成损失的,依法承担赔偿责任;构成犯罪的,依法追究刑事责任。

第五章 附 则

第三十五条 【施行日期】本条例自公布之日起施行。2001年6月13日国务院公布的《城市房屋拆迁管理条例》同时废止。本条例施行前已依法取得房屋拆迁许可证的项目,继续沿用原有的规定办理,但政府不得责成有关部门强制拆迁。

国有土地上房屋征收评估办法

· 2011年6月3日
· 建房〔2011〕77号

第一条 为规范国有土地上房屋征收评估活动,保证房屋征收评估结果客观公平,根据《国有土地上房屋征收与补偿条例》,制定本办法。

第二条 评估国有土地上被征收房屋和用于产权调换房屋的价值,测算被征收房屋类似房地产的市场价格,以及对相关评估结果进行复核评估和鉴定,适用本办法。

第三条 房地产价格评估机构、房地产估价师、房地产价格评估专家委员会(以下称评估专家委员会)成员应当独立、客观、公正地开展房屋征收评估、鉴定工作,并对出具的评估、鉴定意见负责。

任何单位和个人不得干预房屋征收评估、鉴定活动。

与房屋征收当事人有利害关系的,应当回避。

第四条 房地产价格评估机构由被征收人在规定时间内协商选定;在规定时间内协商不成的,由房屋征收部门通过组织被征收人按照少数服从多数的原则投票决定,或者采取摇号、抽签等随机方式确定。具体办法由省、自治区、直辖市制定。

房地产价格评估机构不得采取迎合征收当事人不当要求、虚假宣传、恶意低收费等不正当手段承揽房屋征收评估业务。

第五条 同一征收项目的房屋征收评估工作,原则上由一家房地产价格评估机构承担。房屋征收范围较大的,可以由两家以上房地产价格评估机构共同承担。

两家以上房地产价格评估机构承担的,应当共同协商确定一家房地产价格评估机构为牵头单位;牵头单位应组织相关房地产价格评估机构就评估对象、评估时点、价值内涵、评估依据、评估假设、评估原则、评估技术路线、评估方法、重要参数选取、评估结果确定方式等进行沟通,统一标准。

第六条 房地产价格评估机构选定或者确定后,一般由房屋征收部门作为委托人,向房地产价格评估机构出具房屋征收评估委托书,并与其签订房屋征收评估委托合同。

房屋征收评估委托书应当载明委托人的名称、委托的房地产价格评估机构的名称、评估目的、评估对象范围、评估要求以及委托日期等内容。

房屋征收评估委托合同应当载明下列事项:

(一)委托人和房地产价格评估机构的基本情况;

(二)负责本评估项目的注册房地产估价师;

(三)评估目的、评估对象、评估时点等评估基本事项;

(四)委托人应提供的评估所需资料;

(五)评估过程中双方的权利和义务;

(六)评估费用及收取方式;

(七)评估报告交付时间、方式;

(八)违约责任;

(九)解决争议的方法;

(十)其他需要载明的事项。

第七条 房地产价格评估机构应当指派与房屋征收评估项目工作量相适应的足够数量的注册房地产估价师开展评估工作。

房地产价格评估机构不得转让或者变相转让受托的房屋征收评估业务。

第八条 被征收房屋价值评估目的应当表述为"为房屋征收部门与被征收人确定被征收房屋价值的补偿提供依据,评估被征收房屋的价值"。

用于产权调换房屋价值评估目的应当表述为"为房屋征收部门与被征收人计算被征收房屋价值与用于产权调换房屋价值的差价提供依据,评估用于产权调换房屋的价值"。

第九条 房屋征收评估前,房屋征收部门应当组织有关单位对被征收房屋情况进行调查,明确评估对象。评估对象应当全面、客观,不得遗漏、虚构。

房屋征收部门应当向受托的房地产价格评估机构提供征收范围内房屋情况,包括已经登记的房屋情况和未经登记建筑的认定、处理结果情况。调查结果应当在房屋征收范围内向被征收人公布。

对于已经登记的房屋,其性质、用途和建筑面积,一般以房屋权属证书和房屋登记簿的记载为准;房屋权属证书与房屋登记簿的记载不一致的,除有证据证明房屋登记簿确有错误外,以房屋登记簿为准。对于未经登记的建筑,应当按照市、县级人民政府的认定、处理结果进行评估。

第十条 被征收房屋价值评估时点为房屋征收决定公告之日。

用于产权调换房屋价值评估时点应当与被征收房屋价值评估时点一致。

第十一条 被征收房屋价值是指被征收房屋及其占用范围内的土地使用权在正常交易情况下,由熟悉情况的交易双方以公平交易方式在评估时点自愿进行交易的金额,但不考虑被征收房屋租赁、抵押、查封等因素的影响。

前款所述不考虑租赁因素的影响,是指评估被征收房屋无租约限制的价值;不考虑抵押、查封因素的影响,是指评估价值中不扣除被征收房屋已抵押担保的债权数额、拖欠的建设工程价款和其他法定优先受偿款。

第十二条 房地产价格评估机构应当安排注册房地产估价师对被征收房屋进行实地查勘,调查被征收房屋状况,拍摄反映被征收房屋内外部状况的照片等影像资料,做好实地查勘记录,并妥善保管。

被征收人应当协助注册房地产估价师对被征收房屋进行实地查勘,提供或者协助搜集被征收房屋价值评估所必需的情况和资料。

房屋征收部门、被征收人和注册房地产估价师应当在实地查勘记录上签字或者盖章确认。被征收人拒绝在实地查勘记录上签字或者盖章的,应当由房屋征收部门、注册房地产估价师和无利害关系的第三人见证,有关情况应当在评估报告中说明。

第十三条 注册房地产估价师应当根据评估对象和当地房地产市场状况,对市场法、收益法、成本法、假设开发法等评估方法进行适用性分析后,选用其中一种或者多种方法对被征收房屋价值进行评估。

被征收房屋的类似房地产有交易的,应当选用市场法评估;被征收房屋或者其类似房地产有经济收益的,应当选用收益法评估;被征收房屋是在建工程的,应当选用假设开发法评估。

可以同时选用两种以上评估方法评估的,应当选用两种以上评估方法评估,并对各种评估方法的测算结果进行校核和比较分析后,合理确定评估结果。

第十四条 被征收房屋价值评估应当考虑被征收房屋的区位、用途、建筑结构、新旧程度、建筑面积以及占地面积、土地使用权等影响被征收房屋价值的因素。

被征收房屋室内装饰装修价值,机器设备、物资等搬迁费用,以及停产停业损失等补偿,由征收当事人协商确定;协商不成的,可以委托房地产价格评估机构通过评估确定。

第十五条 房屋征收评估价值应当以人民币为计价的货币单位,精确到元。

第十六条 房地产价格评估机构应当按照房屋征收评估委托书或者委托合同的约定,向房屋征收部门提供分户的初步评估结果。分户的初步评估结果应当包括评估对象的构成及其基本情况和评估价值。房屋征收部门应当将分户的初步评估结果在征收范围内向被征收人公示。

公示期间,房地产价格评估机构应当安排注册房地产估价师对分户的初步评估结果进行现场说明解释。存在错误的,房地产价格评估机构应当修正。

第十七条 分户初步评估结果公示期满后,房地产价格评估机构应当向房屋征收部门提供委托评估范围内被征收房屋的整体评估报告和分户评估报告。房屋征收部门应当向被征收人转交分户评估报告。

整体评估报告和分户评估报告应当由负责房屋征收评估项目的两名以上注册房地产估价师签字,并加盖房地产价格评估机构公章。不得以印章代替签字。

第十八条 房屋征收评估业务完成后,房地产价格评估机构应当将评估报告及相关资料立卷、归档保管。

第十九条 被征收人或者房屋征收部门对评估报告有疑问的,出具评估报告的房地产价格评估机构应当向其作出解释和说明。

第二十条 被征收人或者房屋征收部门对评估结果有异议的,应当自收到评估报告之日起10日内,向房地产价格评估机构申请复核评估。

申请复核评估的,应当向原房地产价格评估机构提出书面复核评估申请,并指出评估报告存在的问题。

第二十一条 原房地产价格评估机构应当自收到书面复核评估申请之日起10日内对评估结果进行复核。复核后,改变原评估结果的,应当重新出具评估报告;评估结果没有改变的,应当书面告知复核评估申请人。

第二十二条 被征收人或者房屋征收部门对原房地产价格评估机构的复核结果有异议的,应当自收到复核结果之日起10日内,向被征收房屋所在地评估专家委员会申请鉴定。被征收人对补偿仍有异议的,按照《国有土地上房屋征收与补偿条例》第二十六条规定处理。

第二十三条 各省、自治区住房城乡建设主管部门和设区城市的房地产管理部门应当组织成立评估专家委员会,对房地产价格评估机构做出的复核结果进行鉴定。

评估专家委员会由房地产估价师以及价格、房地产、土地、城市规划、法律等方面的专家组成。

第二十四条 评估专家委员会应当选派成员组成专家组,对复核结果进行鉴定。专家组成员为3人以上单数,其中房地产估价师不得少于二分之一。

第二十五条 评估专家委员会应当自收到鉴定申请之日起10日内,对申请鉴定评估报告的评估程序、评估依据、评估假设、评估技术路线、评估方法选用、参数选取、评估结果确定方式等评估技术问题进行审核,出具书面鉴定意见。

经评估专家委员会鉴定,评估报告不存在技术问题的,应当维持评估报告;评估报告存在技术问题的,出具评估报告的房地产价格评估机构应当改正错误,重新出具评估报告。

第二十六条 房屋征收评估鉴定过程中,房地产价格评估机构应当按照评估专家委员会要求,就鉴定涉及的评估相关事宜进行说明。需要对被征收房屋进行实地查勘和调查的,有关单位和个人应当协助。

第二十七条 因房屋征收评估、复核评估、鉴定工作需要查询被征收房屋和用于产权调换房屋权属以及相关房地产交易信息的,房地产管理部门及其他相关部门应当提供便利。

第二十八条 在房屋征收评估过程中,房屋征收部门或者被征收人不配合、不提供相关资料的,房地产价格评估机构应当在评估报告中说明有关情况。

第二十九条 除政府对用于产权调换房屋价格有特别规定外,应当以评估方式确定用于产权调换房屋的市场价值。

第三十条 被征收房屋的类似房地产是指与被征收房屋的区位、用途、权利性质、档次、新旧程度、规模、建筑结构等相同或者相似的房地产。

被征收房屋类似房地产的市场价格是指被征收房屋的类似房地产在评估时点的平均交易价格。确定被征收房屋类似房地产的市场价格,应当剔除偶然的和不正常的因素。

第三十一条 房屋征收评估、鉴定费用由委托人承担。但鉴定改变原评估结果的,鉴定费用由原房地产价格评估机构承担。复核评估费用由原房地产价格评估机构承担。房屋征收评估、鉴定费用按照政府价格主管部门规定的收费标准执行。

第三十二条 在房屋征收评估活动中,房地产价格评估机构和房地产估价师的违法违规行为,按照《国有土地上房屋征收与补偿条例》、《房地产估价机构管理办法》、《注册房地产估价师管理办法》等规定处罚。违反规定收费的,由政府价格主管部门依照《中华人民共和国价格法》规定处罚。

第三十三条 本办法自公布之日起施行。2003年12月1日原建设部发布的《城市房屋拆迁估价指导意见》同时废止。但《国有土地上房屋征收与补偿条例》施行前已依法取得房屋拆迁许可证的项目,继续沿用原有规定。

最高人民法院关于办理申请人民法院强制执行国有土地上房屋征收补偿决定案件若干问题的规定

· 2012年3月26日法释〔2012〕4号公布
· 自2012年4月10日起施行

为依法正确办理市、县级人民政府申请人民法院强制执行国有土地上房屋征收补偿决定(以下简称征收补偿决定)案件,维护公共利益,保障被征收房屋所有权人的合法权益,根据《中华人民共和国行政诉讼法》、《中华人民共和国行政强制法》、《国有土地上房屋征收与补偿条例》(以下简称《条例》)等有关法律、行政法规规定,结合审判实际,制定本规定。

第一条 申请人民法院强制执行征收补偿决定案件,由房屋所在地基层人民法院管辖,高级人民法院可以根据本地实际情况决定管辖法院。

第二条 申请机关向人民法院申请强制执行,除提供《条例》第二十八条规定的强制执行申请书及附具材料外,还应当提供下列材料:

(一)征收补偿决定及相关证据和所依据的规范性文件;

(二)征收补偿决定送达凭证、催告情况及房屋被征收人、直接利害关系人的意见;

(三)社会稳定风险评估材料;

(四)申请强制执行的房屋状况;

(五)被执行人的姓名或者名称、住址及与强制执行相关的财产状况等具体情况;

(六)法律、行政法规规定应当提交的其他材料。

强制执行申请书应当由申请机关负责人签名,加盖申请机关印章,并注明日期。

强制执行的申请应当自被执行人的法定起诉期限届满之日起三个月内提出；逾期申请的，除有正当理由外，人民法院不予受理。

第三条 人民法院认为强制执行的申请符合形式要件且材料齐全的，应当在接到申请后五日内立案受理，并通知申请机关；不符合形式要件或者材料不全的应当限期补正，并在最终补正的材料提供后五日内立案受理；不符合形式要件或者逾期无正当理由不补正材料的，裁定不予受理。

申请机关对不予受理的裁定有异议的，可以自收到裁定之日起十五日内向上一级人民法院申请复议，上一级人民法院应当自收到复议申请之日起十五日内作出裁定。

第四条 人民法院应当自立案之日起三十日内作出是否准予执行的裁定；有特殊情况需要延长审查期限的，由高级人民法院批准。

第五条 人民法院在审查期间，可以根据需要调取相关证据、询问当事人、组织听证或者进行现场调查。

第六条 征收补偿决定存在下列情形之一的，人民法院应当裁定不准予执行：

（一）明显缺乏事实根据；

（二）明显缺乏法律、法规依据；

（三）明显不符合公平补偿原则，严重损害被执行人合法权益，或者使被执行人基本生活、生产经营条件没有保障；

（四）明显违反行政目的，严重损害公共利益；

（五）严重违反法定程序或者正当程序；

（六）超越职权；

（七）法律、法规、规章等规定的其他不宜强制执行的情形。

人民法院裁定不准予执行的，应当说明理由，并在五日内将裁定送达申请机关。

第七条 申请机关对不准予执行的裁定有异议的，可以自收到裁定之日起十五日内向上一级人民法院申请复议，上一级人民法院应当自收到复议申请之日起三十日内作出裁定。

第八条 人民法院裁定准予执行的，应当在五日内将裁定送达申请机关和被执行人，并可以根据实际情况建议申请机关依法采取必要措施，保障征收与补偿活动顺利实施。

第九条 人民法院裁定准予执行的，一般由作出征收补偿决定的市、县级人民政府组织实施，也可以由人民法院执行。

第十条 《条例》施行前已依法取得房屋拆迁许可证的项目，人民法院裁定准予执行房屋拆迁裁决的，参照本规定第九条精神办理。

第十一条 最高人民法院以前所作的司法解释与本规定不一致的，按本规定执行。

最高人民法院关于违法的建筑物、构筑物、设施等强制拆除问题的批复

- 2013年3月25日最高人民法院审判委员会第1572次会议通过
- 2013年3月27日最高人民法院公告公布
- 自2013年4月1日起施行
- 法释〔2013〕5号

北京市高级人民法院：

根据行政强制法和城乡规划法有关规定精神，对涉及违反城乡规划法的违法建筑物、构筑物、设施等的强制拆除，法律已经授予行政机关强制执行权，人民法院不受理行政机关提出的非诉行政执行申请。

· 典型案例

1. 马生忠与宁夏回族自治区固原市人民政府行政批复、宁夏回族自治区固原市住房和城乡建设局房屋拆迁行政裁决案①

【裁判摘要】

在一个行政案件中，被诉行政行为一般仅指一个行政机关作出的一个行政行为，或两个及两个以上的行政机关作出的同一个行政行为。在无法律规定的情况下，除非存在关联事实等特殊情况及出于诉讼经济的便宜考虑，一般不得在同一个行政案件中将两个或两个以上的行政行为列为被诉行政行为。

---

① 案例来源：《最高人民法院公报》2019年第12期（总第278期）第24-27页。

最高人民法院行政裁定书

（2019）最高法行终 1 号

上诉人（原审起诉人）：马生忠，男，1954 年 4 月 11 日出生，回族，住宁夏回族自治区银川市兴庆区。

上诉人马生忠因诉宁夏回族自治区固原市人民政府（以下简称固原市政府）行政批复、宁夏回族自治区固原市住房和城乡建设局房屋拆迁行政裁决一案，不服宁夏回族自治区高级人民法院于 2019 年 1 月 15 日作出的（2019）宁行初 1 号行政裁定，向本院提起上诉。本院依法组成合议庭，对本案进行了审理。现已审理终结。

原审法院于 2018 年 10 月 12 日收到马生忠以固原市政府为被告的起诉状。经该院释明后，马生忠于 2019 年 1 月 14 日变更起诉状，增加原固原市建设局（现更名为固原市住房和城乡建设局）为被告。马生忠起诉称，（一）固原市政府于 2003 年 3 月 18 日出示《关于房屋拆迁补偿基准价格及临时安置补助标准的批复》（固政函〔2003〕3 号，以下简称 3 号批复）中关于"房屋拆迁重置价"的行政批复行为，违反国务院《城市房屋拆迁管理条例》第二十四条和《宁夏回族自治区城市房屋拆迁管理办法》第二十七条的规定，在房屋拆迁评估中侵犯被拆迁人合法权益，应当给予认定该行政行为违法。（二）被告属于固原市 2003 年、2006 年房屋征收部门，有权对该市房屋拆迁、安置补偿制定措施，但在本案中以职权确定该市"房屋拆迁重置价"的 3 号批复和《关于规范房屋拆迁补偿的通知》（固政发〔2006〕83 号，以下简称 83 号通知），停止执行该级人民政府常务会议讨论通过以第 5 号政府令公布的《固原市城市房屋拆迁管理暂行办法》规定的该市房屋拆迁补偿方式，侵犯被拆迁人合法权益，其依法请求被告固原市政府予以赔偿涉案被拆迁房屋自身补偿金、临时安置补助费用及因拆迁造成停业损失费的各项主张，有充分的证据证明。故请求：1. 判决确认固原市政府于 2003 年 3 月 18 日批复该市"房屋拆迁重置价"的行政行为违法；2. 判决撤销原固原市建设局固建字〔2006〕第 02 号房屋拆迁裁决书（以下简称 02 号拆迁裁决）的具体行为；3. 判决确认固原市政府于 2006 年 6 月 15 日停止执行该级人民政府第 5 号令部分内容的行政行为违法；4. 一并审查规范性文件，即 83 号通知和固政发〔2007〕87 号通知（以下简称 87 号通知）；5. 一并解决安置被拆迁人（原告）居住生活问题；6. 判决被告予以赔偿两次拆除其国有土地上房屋总建筑面积 422.69 平方米，曾经未按规定补偿的各项损失合计 3082631.25 元；7. 本案诉讼费用由被告全部承担。

原审法院认为，当事人向人民法院提起行政诉讼，应在法定期限内主张权利。本案起诉人马生忠相关房产的拆迁、安置事实及固原市政府、原固原市建设局相关行政行为均发生在 2008 年以前，涉案房产拆迁、安置过程中均有原固原市建设局作出的房屋拆迁裁决书和马生忠与固原市市政公司签订的拆迁（安置）协议，且马生忠已领取了相应拆迁安置补偿款，并不存在马生忠对相关行政行为内容不知晓的情形。《最高人民法院关于执行〈中华人民共和国行政诉讼法〉若干问题的解释》第四十一条规定："行政机关作出具体行政行为时，未告知公民、法人或者其他组织诉权或者起诉期限的，起诉期限从公民、法人或者其他组织知道或者应当知道诉权或者起诉期限之日起计算，但从知道或者应当知道具体行政行为内容之日起最长不得超过 2 年。"起诉人马生忠于 2018 年 10 月 12 日向人民法院提起诉讼，已经超过了法律规定的起诉期限且无正当理由。依照《中华人民共和国行政诉讼法》第五十一条第二款之规定，裁定对马生忠的起诉不予立案。

马生忠上诉称，其起诉符合《中华人民共和国行政诉讼法》第五十二条规定的起诉条件，原审法院不予立案确有错误。1. 本案被诉行为系固原市政府因征收房屋而作出的行政行为，被征收房屋属于不动产，因不动产提起诉讼的案件自行政行为作出之日起超过二十年的，人民法院才不予受理。本案最初行政行为作出之日为 2003 年 3 月 18 日，其次为 2006 年 6 月 15 日，其于 2018 年 10 月 12 日提起诉讼主张权利，并未超过期限。2. 原审法院在宁夏回族自治区人民检察院对本案的起诉受理实行法律监督中，才于 2018 年 10 月 12 日接收行政起诉状，但并未出具书面凭证。至送达裁定书之日前，未出具过行政案件受理通知书，更未告知合议庭组成人员。原审法院的案件处理程序违反《中华人民共和国行政诉讼法》第五十一条的规定。3. 原审法院既不立案，又不开庭审理，依职权主动适用诉讼时效的规定，违反《中华人民共和国民法总则》第一百九十三条之规定。故请求本院撤销原审裁定，指令原审法院依法立案。

本院经核查上诉人马生忠在提起本案诉讼时提交的证据材料，其所提诉讼请求涉及的 3 号批复、02 号拆迁裁决、83 号通知、87 号通知的相关情况为：（一）3 号批复系固原市政府基于原固原市建设局呈报的《关于上报〈固原市房屋拆迁补偿基准价格及临时安置补助标准〉的请示》于 2003 年 3 月 18 日对该局作出。该批复的主要内容为："一、房屋拆迁重置价（基准价）：砖混楼房：500 元／平方米……二、临时安置补助费为：居住用房：3元/月·平方米……三、搬迁补助费为：3元/平方米"。（二）02号拆迁裁决系原固原市建设局于2006年9月1日作出。该拆迁裁决载明的申请人为"固原市市政公司"，被申请人为"马生忠"。该裁决另载明："如当事人对裁决不服的，可在接到裁决书之日起60日内申请行政复议或在接到裁决书之日起3个月内向人民法院起诉……"。（三）83号通知系固原市政府于2006年6月15日对"各县（区）人民政府，市政府各部门，直属机构，各事企业单位"作出。该通知关于修改调整固原市政府第5号令的部分内容为："停止执行固原市人民政府第5号令公布的《固原市城市房屋拆迁管理暂行办法》中的第十八条……的规定，调整为'拆迁补偿安置的方式只实行产权调换（等价值调换）'；停止执行第十九条……的规定，调整为'按重置价由有资质的房屋评估中介机构进行评估'；停止执行第二十一条……的规定。"（四）87号通知的名称为《关于停止执行固原市人民政府〈关于规范房屋拆迁补偿的通知〉的通知》。该通知系固原市政府于2007年7月27日对"各县（区）人民政府，市直各有关单位"作出。该通知的主要内容为："一、停止执行固原市人民政府《关于规范房屋拆迁补偿的通知》（固政发〔2006〕83号）。二、关于固原城市规划区征收集体土地地上附着物的原补偿标准不变，另行公布。三、本通知自发布之日起执行。"

本院认为，对于上诉人马生忠提出的起诉，原审法院以《中华人民共和国行政诉讼法》第五十一条第二款为据裁定不予立案，本案的核心争议为上诉人提出的起诉是否符合法定起诉条件。《中华人民共和国行政诉讼法》第四十九条第三项规定的"有具体的诉讼请求"便是法定起诉条件之一。通常认为，"有具体的诉讼请求"主要是指要有确切具体的被诉行政行为。被诉行政行为构成人民法院进行合法性审查的对象，亦决定了人民法院审理和裁判的范围。在一个行政案件中，被诉行政行为一般仅指一个行政机关作出的一个行政行为，或两个及两个以上的行政机关作出的同一个行政行为。尽管公民、法人或其他组织在起诉时可以提出多项具有内在逻辑牵连的诉讼请求，但作为诉讼请求基础的被诉行政行为却须只有一个。此即通常所谓的"一行为一诉"的行政诉讼立案受理原则。不同行政行为的作出主体不同，所依据的行政实体和程序法律存在差别，所基于的事实有异，人民法院进行合法性审查的范围、内容、强度等亦不完全一致。若在一个行政案件中同时对两个或两个以上的行政行为提出起诉，则不仅不利于行政机关有效应诉，而且势必对人民法院聚焦被诉行政行为，归纳争议焦点，组织举证质证，认定案件事实，安排法庭辩论，准确适用法律，作出清晰明确的裁判等诉讼活动的有序开展产生阻碍，进而影响到行政案件的公正、及时审理及保护公民、法人和其他组织合法权益、监督行政机关依法行使职权的审判职能作用发挥，还无益于有针对性地促进行政争议的实质性化解。该原则实为行政诉讼规律使然。《中华人民共和国行政诉讼法》第二十六条第四款关于共同作出同一行政行为的行政机关为共同被告的规定及第二十七条关于因同一行政行为产生的必要共同诉讼的规定就典型地体现了这一原则。在无法律规定的情况下，除非存在关联事实等特殊情况及出于诉讼经济的便宜考虑，一般不得在一个行政案件中将两个或两个以上的行政行为列为被诉行政行为。《中华人民共和国行政诉讼法》第二十六条第二款关于复议机关维持原行政行为的，原行政行为机关和复议机关为共同被告的规定是一种非常例外的行政诉讼制度设置。即便如此，依照《最高人民法院关于适用〈中华人民共和国行政诉讼法〉的解释》第一百三十五条第一款的规定，原行政行为的合法性仍是审查的重心，复议决定的合法性只是一并予以审查。另需注意的是，《中华人民共和国行政诉讼法》第二十七条关于因同类行政行为产生的普通共同诉讼的规定只是对相互独立的两个及两个以上行政案件的合并审理，而非同一个行政案件。本案中，上诉人提出的前六项诉讼请求系对多个行为提出起诉，明显有违该原则，构成诉讼请求不具体。但依照《最高人民法院关于适用〈中华人民共和国行政诉讼法〉的解释》第六十八条第三款的规定，人民法院应当进行必要的指导和释明，以便协助诉讼能力不足的公民、法人或其他组织在一个行政案件中恰当确定一个被诉行政行为。原审裁定未显示原审法院进行了相关指导和释明，有欠妥当，但从接下来对上诉人所提诉讼请求逐项分析的情况看，此种欠妥并未影响到上诉人诉权的依法合理行使。

第一项和第三项诉讼请求系针对3号批复和83号通知提出起诉。从本院核查的情况看，3号批复和83号通知是固原市政府对相关单位作出的内部批复，并未直接对特定的公民、法人或其他组织的权利义务产生法律效果，不属于可诉的行政行为。第二项诉讼请求涉及原固原市建设局作出的02号拆迁裁决。从本院核查的情况看，原固原市建设局于2006年9月1日作出该拆迁裁决时告知了诉权和起诉期限。上诉人对该拆迁裁决提出起诉已远远超过当时有效的、修改前的《中华人民共和国行政诉讼法》第三十九条关于三个月的起诉期限的规定，且其提交的证据材料未显示存在超过法定起诉期限的正当理由。由于上诉人已知道该拆迁裁决的内容，其提出的适用二十年的最长诉讼保护期限的主张不能成立。诉讼时效是民事实体法的规定,起诉期限则是《中华人民共和国行政诉讼法》的规定。在法定期限内提起诉讼为法定起诉条件之一,人民法院应当依职权主动审查。原审裁定系以上诉人提起本案诉讼超过法定起诉期限且无正当理由为由,而非上诉人主张的适用了诉讼时效的规定,故上诉人所提原审法院违反《中华人民共和国民法总则》第一百九十三条规定的主张亦不成立。第四项诉讼请求涉及《中华人民共和国行政诉讼法》第五十三条第一款关于行政诉讼附带审查规范性文件的规定。但进行该种附带审查的前提条件之一是对行政行为的起诉已符合法定起诉条件。若对行政行为的起诉尚不成立,则对规范性文件的附带审查也就无所依附。上诉人请求审查 83 号通知和 87 号通知即是此种情形。且上诉人对 83 号通知同时提出起诉和请求进行规范性文件审查,显然有违法律规定。关于第五项诉讼请求,上诉人提交的 02 号拆迁裁决、拆迁协议等证据材料显示,其为被拆迁人,对其承担补偿安置义务的是拆迁人固原市市政公司。无论是固原市政府,还是原固原市建设局,均非拆迁人,亦不存在上诉人上诉所称固原市政府因征收房屋而作出行政行为的情况,且对于原审法院所作上诉人已领取相应拆迁安置补偿款的认定,上诉人在向本院上诉中未予否定,故上诉人请求一并解决安置其居住生活问题显然缺乏事实根据。第六项诉讼请求为行政赔偿诉讼请求。依照《中华人民共和国国家赔偿法》第四条的规定,存在违法的行政行为是公民、法人或其他组织就其财产权所受损害获得行政赔偿的基本前提。上诉人诉请赔偿两次拆除其国有土地上房屋对其造成的损失,但并未提交证据证明固原市政府、原固原市建设局作出了拆除其房屋的行为,其提交的证据材料亦难以证明该二机关存在拆除其房屋的可能性或是存在该二机关依法应对其他主体拆除其房屋承担法律责任的可能性,故上诉人所提该项诉讼请求明显不具备基础。因此,就上诉人所提六项诉讼请求单个而论,亦均不符合法定起诉条件。上诉人还称,原审法院存在违反《中华人民共和国行政诉讼法》第五十一条规定的情况。原审法院接到上诉人提交的起诉状后已进行了审查,并作出不予立案裁定,再结合对上诉人所提诉讼请求的上述分析,故即使上诉人所称属实,该有待依法予以完善之处也未对上诉人诉权的依法合理行使产生实质影响,也难以证明其提起本案诉讼符合法定起诉条件。

综上,上诉人马生忠提出的起诉不符合法定起诉条件,本院对其上诉请求不予支持。原审法院笼统地以超过法定起诉期限为由裁定驳回上诉人的起诉,认定事实及适用法律存在瑕疵,但结果正确,应予维持。依照《中华人民共和国行政诉讼法》第八十九条第一款第一项、第一百零一条及《最高人民法院关于适用〈中华人民共和国民事诉讼法〉的解释》第三百三十四条之规定,裁定如下:

驳回上诉,维持原裁定。本裁定为终审裁定。

2. 宋莉莉诉宿迁市建设局房屋拆迁补偿安置裁决案[①]

【争议焦点】

以拆迁人单方委托的评估公司的评估报告为依据作出的行政裁决是否合法有效?

【裁判要旨】

行政机关在对房屋拆迁补偿纠纷作出裁决时,违反法规的规定,以拆迁人单方委托的评估公司的评估报告为依据,被拆迁人提出异议的,应认定行政裁决的主要证据不足。

【案情简介】

原告:宋莉莉。

被告:江苏省宿迁市建设局。

第三人:江苏省宿迁市万兴房地产开发有限公司。

2002 年 4 月 9 日,拆迁人万兴公司的中贸百货商场建设项目由宿迁市发展计划委员会批准立项。2002 年 9 月 28 日,万兴公司取得了建设用地规划许可证,2002 年 10 月 25 日,万兴公司取得了国有土地批准书。2003 年 3 月 24 日,万兴公司取得了房屋拆迁许可证,获得拆迁资格。2003 年 3 月 24 日,宿迁市建设局发布拆迁公告,并在公告中载明了拆迁范围、搬迁期限、拆迁评估机构。原告宋莉莉的房屋建筑面积为 637.07 平方米,位于宿迁市幸福中路,在拆迁范围内。方元房地产评估咨询有限公司(以下简称方元公司)根据万兴公司的委托,对宋莉莉的拆迁房屋进行了估价,由于宋莉莉对被拆房屋补偿价有异议,且要求产权调换,双方未能达成协议。2003 年 5 月 28 日,万兴公司申请宿迁市建设局对拆迁纠纷进行裁决。2003 年 6 月 5 日,宿迁市建设局依据方元公司的评估价格对万兴公司与宋莉莉的拆迁纠纷作出裁决,主要内容是:(一)被

[①] 本案例发生于《国有土地上房屋征收与补偿条例》施行前,仍适用《城市房屋拆迁管理条例》的规定。案例来源:《最高人民法院公报》2004 年第 8 期。

拆迁人宋莉莉应在裁决书生效之日起15日内拆迁完毕；（二）房屋安置补偿费共计685651.88元；（三）万兴公司在中贸百货商城项目完工后提供一处位于该商城项目的房屋，拆迁人调换房屋价格以市场评估价为准。宋莉莉对裁决不服，提起行政诉讼，请求撤销该裁决。

原告诉称：被告以方元公司的估价作为被拆房屋补偿价是错误的，拆迁人委托方元公司评估时违反了公平、公正、公开的原则，被告以此评估报告直接作为裁决的依据，剥夺了被拆迁人选择评估机构的权利，且评估结果未经双方质证，对房屋的估价不准，被告行政裁决中有关被拆迁房屋置换的内容也不明确，缺乏可操作性。此外，被拆迁房屋在拆迁前一直由他人承租，而对承租人的安置至今未达成任何协议。请求依法撤销被诉行政裁决。

被告辩称：方元公司评估原告房产的程序及结果没有不妥之处，我局根据方元公司的评估报告进行裁决是合法的。原告以拆迁人万兴公司未与被拆迁房屋的租赁人签订协议为由，认为有关行政裁决违法，没有法律依据。拆迁人开发的房屋属期房，我局行政裁决时尚无法确定该项目房屋的具体数量、排列序号、房屋朝向等，裁决没有涉及有关内容并无不当，请求维持该裁决。

第三人辩称：我公司作为拆迁人，实施的全部拆迁活动均是依法进行的。宿迁市建设局关于拆迁争议的行政裁决合法，应予维持。

宿迁市宿城区人民法院认为：《城市房屋拆迁管理条例》第十六条规定：拆迁人与被拆迁人或者拆迁人、被拆迁人与房屋承租人达不成拆迁补偿安置协议的，经当事人申请，由房屋拆迁管理部门裁决。第十七条规定：被拆迁人或者房屋承租人在裁决规定的搬迁期限内未搬迁的，由房屋所在地的市、县人民政府责成有关部门强制拆迁，或者由房屋拆迁管理部门依法申请人民法院强制拆迁。《江苏省城市房屋拆迁管理条例》第十九条规定：对被拆迁房屋进行价格评估时，没有征求被拆迁人的意见；拆迁人和被拆迁人不能达成一致的，由房屋拆迁管理部门在符合条件的评估机构中抽签确定，房屋拆迁管理部门应当在抽签前三日在拆迁地点公告抽签的时间和地点的规定。

本案中，被告宿迁市建设局根据第三人万兴公司的申请，有权依照《城市房屋拆迁管理条例》的规定，对原告宋莉莉与万兴公司之间的拆迁纠纷作出行政裁决。尽管《城市房屋拆迁管理条例》和《江苏省城市房屋拆迁管理条例》对行政拆迁程序没有明确的规定，但行政机关在裁决时充分保障当事人的合法权利，允许双方当事人对争议问题进行申辩和陈述。但宿迁市建设局在裁决宋莉莉与万兴公司的拆迁纠纷时，未允许宋莉莉对争议问题予以陈述和申辩，有失公正，仅根据万兴公司的申请及万兴公司单方委托的评估公司的评估结果作为行政裁决的依据，违反了《江苏省城市房屋拆迁管理条例》的规定。

宣判后，宿迁市建设局不服一审判决，向江苏省宿迁市中级人民法院提起上诉。

宿迁市中级人民法院认为：万兴公司的中贸百货商场建设项目经行政主管部门依照法定程序审批，并取得了对被告宋莉莉在幸福中路房产的拆迁许可，万兴公司在与被拆迁方无法达成拆迁协议的情况下，依法申请宿迁市建设局对需拆迁房屋强制拆迁，并无不当，宿迁市建设局根据《城市房屋拆迁管理条例》的规定，在本案的行政裁决中决定限期对宋莉莉的房产予以拆迁，符合有关行政法规的规定，依法应予维持。但宿迁市建设局在裁决被拆迁房屋补偿款时，仅以万兴公司单方委托的方元公司的评估结论为依据，违反了《江苏省城市房屋拆迁管理条例》的规定。本案被拆迁房屋的评估，系万兴公司单方面委托方元公司所为，未经被拆迁人宋莉莉的同意。在万兴公司与宋莉莉无法对房屋拆迁事宜达成一致意见时，宿迁市建设局在行政裁决中以拆迁单位单方面委托的评估公司的评估报告为依据，而不是依照规定在符合条件的评估机构中抽签确定评估单位，对万兴公司与宋莉莉的房屋拆迁纠纷作出裁决不当，应认定为裁决的主要证据不足，程序违法。依照最高人民法院《关于行政诉讼证据若干问题的规定》第六十二条第（二）项规定，对被告在行政程序中采纳的鉴定结论，原告或者第三人提出证据证明鉴定程序严重违法的，人民法院不予采纳。由于宿迁市建设局没有提供证据证实采纳该评估结论的操作程序合法，故依法对宿迁市建设局裁决中的第（二）项予以撤销。基于宋莉莉对宿迁市建设局按照有关规定认定的拆迁搬家、安置补偿标准没有异议，应予以确认。由于宿迁市建设局裁决中的第（三）项的内容不具有实际可操作性，故一审判决予以撤销并无不当。基于宋莉莉的房屋拆迁时已对外出租，在安排宋莉莉房屋拆迁后的过渡用房时，应尊重宋莉莉及承租人的选择权。宿迁市建设局在裁决中虽然对宋莉莉房屋拆迁后安排了过渡用房，但由于宋莉莉实际上并未使用，故一审判决对此内容予以撤销，亦无不当。

综上，宿迁市中级人民法院依照《中华人民共和国行政诉讼法》第六十一条第（一）项之规定，于2003年12月9日判决：驳回上诉，维持原判。

3. 高耀荣诉江苏省溧阳市建设局
城市房屋拆迁行政裁决案①

【争议焦点】

房屋拆迁的行政裁决是否应当考虑对于弱势群体的特殊照顾？

【裁判要旨】

法院进行合法性审查，应充分注意法律的效力位阶层次，按照法律适用的原则综合判断行政行为的合法性。不仅要从与被诉行为所属领域或直接相关的法律来判断其合法性，还要结合被诉行为涉及的其他领域的法律规定进行综合判断。对涉及老年人等特殊群体权益的行政行为进行合法性审查，应充分考虑与特殊群体权益保护相关的法律、法规。

【案情简介】

原告：高耀荣。

被告：溧阳市建设局。

第三人：溧阳市土地收购储备中心。

江苏省溧阳市人民法院一审认定，第三人溧阳市土地收购储备中心于 2006 年 3 月 17 日领取了溧拆许字（2006）第 001 号房屋拆迁许可证。原告高耀荣出生于 1928 年 8 月 3 日，其居住的房屋位于拆迁红线范围内。第三人与原告就房屋拆迁补偿安置问题协商未果，第三人向被告溧阳市建设局申请裁决。被告受理第三人的裁决申请后，进行了权利义务告知和副本送达，审查和核实了相关材料，并组织当事人进行调解，经协调未果，被告于 2008 年 10 月 28 日作出溧建裁字（2008）第 119 号城市房屋拆迁行政裁决书，并于次日向原告和第三人送达。裁决内容为：一、溧阳市土地收购储备中心对高耀荣实行产权调换的方式给予拆迁补偿安置。1、产权调换的房屋位于溧阳市龙阳山庄 16 幢 1 号门 501 室，建筑面积为 121.77 平方米，产权归高耀荣所有；2、溧阳市土地收购储备中心需向高耀荣支付被拆迁房屋补偿款人民币 280858 元；3、高耀荣需向溧阳市土地收购储备中心支付产权调换房屋价款人民币 297365 元；4、高耀荣应按本裁决书第 2、3 项的内容与溧阳市土地收购储备中心结清产权调换差价款合计人民币 16807 元；二、电话移机、有线电视安（移）装、空调机移位、太阳能移机等补助费由溧阳市土地收购储备中心凭高耀荣提供的发票据实足额补偿给高耀荣。三、高耀荣在接到本裁决书之日起十五日内将坐落于溧城镇立新村 71 号房屋腾空并交于溧阳市土地收购储备中心拆除。原告不服该裁决，向人民法院提起行政诉讼。

原告诉称：被告所作的溧建裁字（2008）第 119 号城市房屋拆迁行政裁决书所依据的评估报告和拆迁补偿安置方案书程序、实体均不合法，不具有法律效力。原告已经 82 岁，将原告安置在五楼，极不合理。原告住宅的土地使用权是通过支付土地出让金受让而来的，不能将原告的土地使用权无偿征收。为此，请求撤销被告作出的该裁决书。

被告辩称：裁决所依据的评估报告合法有效，裁决书确定的补偿安置方案正当合理，请求驳回原告的诉讼请求。

第三人述称：同意被告方的答辩意见，请求驳回原告的诉讼请求。

江苏省溧阳市人民法院经审理认为，被告溧阳市建设局作为城市房屋拆迁管理部门，有权对因房屋拆迁补偿安置达不成协议的拆迁纠纷进行裁决。被告受理第三人的裁决申请后，进行了权利义务告知和副本送达，审查和核实了相关材料，并组织当事人进行调解，在当事人协商未果的情况下作出裁决，其裁决的程序符合相关规定。根据《中华人民共和国老年人权益保障法》相关规定，新建或者改造城镇公共设施、居民区和住宅，应当考虑老年人的特殊需要，建设适合老年生活和活动的配套设施。本案中，被告在拆迁裁决过程中，没有考虑到原告年事已高且身患疾病的特殊情况，在裁决安置房时将原告安置在多层住宅楼的第五层，该裁决的结果将给原告的生活带来不便。基于此，被告作出的行政裁决应予撤销。为此，依照《中华人民共和国行政诉讼法》第五十四条第（二）项第 2 目的规定，判决：撤销被告溧阳市建设局作出的溧建裁字（2008）第 119 号城市房屋拆迁行政裁决书。案件受理费 50 元，由被告溧阳市建设局负担。

4. 施桂英诉福建省厦门市思明区
人民政府行政强制措施案②

【争议焦点】

强制搬迁时未严格依照法律规定的程序会有何后果？

【裁判要旨】

实施强制搬迁时，执行人应当通知被执行人到场，否则构成程序违法。

---

① 案例来源：《中国行政审判案例》第 2 卷，中国法制出版社 2011 年版。
② 案例来源：《中国行政审判案例》第 2 卷，中国法制出版社 2011 年版。

【案情简介】

原告：施桂英。

被告：厦门市思明区人民政府。

福建省厦门市中级人民法院一审认定，位于厦门市湖滨东路78号401室房屋系厦门市商冷冷冻有限公司自管公房，厦门市商冷冷冻有限公司对该房拥有58.57%的产权，其余产权归原告的已故亲属林耀玉所有。因"佳祥花园"的建设需要，该房屋被列入建设用地范围内。由于被拆迁人与拆迁人就该房屋的安置补偿未能达成协议，厦门市国土资源与房产管理局根据申请，于2005年12月15日作出厦国土房拆（2005）55号裁决，裁决安置房位于厦门市龙潭花园753号601室三房一厅一套，并要求原告施桂英自裁决书送达之日起十五日内搬迁完毕，将厦门市湖滨东路78号401室交拆迁人拆除。2006年3月15日，厦门市国土资源与房产管理局向厦门市思明区人民政府发函，申请对位于厦门市思明区湖滨东路78号401室房屋进行强制拆迁。厦门市思明区人民政府于2006年4月1日作出厦思政拆字（2006）3号《厦门市思明区人民政府准予行政强制拆迁决定书》，并于2006年4月6日送达原告。2006年4月29日被告组织人员，对厦门市湖滨东路78号401室实行强制拆迁。

原告诉称：2004年2月10日厦门市国土资源与房产管理局颁发了"佳祥花园"建设项目的房屋拆迁许可证。原告的房屋属于拆迁范围内。原告因不能与开发商达成拆迁安置补偿协议，后经厦门市国土资源与房产管理局行政裁决，原告仍不服。2006年4月3日厦门市思明区人民政府印发《厦门市思明区人民政府准予行政强制拆迁决定书》。被告于2006年4月29日组织大队人员，对原告在厦门市湖滨东路78号401室实行强制拆迁。原告认为被告在执行强制拆迁过程中程序违法、侵占原告的私有财产，严重侵害了原告的合法权益。因此，请求判定被告实施强制拆迁程序违法。

被告辩称，原告诉被告的行为属重复诉讼行为，依法应予驳回。被告实施强制拆迁的过程程序合法。综上，原告的诉求应全部予以驳回。

福建省厦门市中级人民法院经审理认为，原告因讼争房拆迁问题与相关行政管理部门发生争议，其中，2008年3月26日，原告以不服被告思明区政府强制拆迁行政决定为由提起诉讼。原告的上述诉讼针对的是被告作出的"强制拆迁行政决定"，而本案中，原告是以被告实施强制拆除房屋过程中的程序问题，即应在《行政强制拆迁通知》的行政文书中告知原告行政措施的具体执行日期和时间而没告知；应在行政文书中告知原告依法享有的权利、司法救济途径等而没告知；实施房屋拆除时应当通知原告到场而没有通知等。可见，本案之诉与之前的诉讼针对的是不同的具体行政行为，不属重复诉讼，被告的相关抗辩主张，本院不予采纳。根据查明的事实，被告曾于2006年4月6日向原告及其家人发出《行政强制拆迁通知》，从《行政强制拆迁通知》内容上看，被告明确了"拆迁决定"这一具体行政行为的合法性及强制性，目的在于告知强制执行的最后期限并要求原告自行搬迁。由于"拆迁决定"已经发生法律效力，无相关规定规范《行政强制拆迁通知》的相关要件，被告《行政强制拆迁通知》已经满足通常要件。参照《厦门市房屋拆迁行政裁决执行暂行办法》的规定，被告在实施强制拆迁行为时，通知了基层单位（街道、居委会）到场，制作了强制拆迁的录像以及被拆迁财产的清单，并经过公证，上述做法符合规定。但是，上述暂行办法第十一条规定："被执行人在强制拆迁时应当到场。被拆迁的财物由执行机关负责运送到安置房、周转房或指定的处所，交给被执行人。如被执行人拒绝领取的，执行机关应当书面通知被执行人在规定的期限内到指定的地点领取被拆迁的财物，被执行人逾期不领取的，执行机关可以向公证处办理提存……"本案中，在被告通知的强制执行的最后期限之后，原告即被执行人并未履行自动搬迁义务，作为执行机关的被告应当在强制执行具体日期决定之后再告知原告。但被告没有提交相关的书面证据证明履行了上述义务，其关于"曾经有一位叫'黄琮'的工作人员拨打原告儿子即原告代理人林晓伟的电话，通知其到场"的主张，也无相关证据证实。且被告将搬迁的财物运送到安置房后，通知社区居委会转交被执行人领取被搬迁财物的书面通知，未实际送达被执行人，对此，被告在程序上亦违反规定。

综上，被告所实施的强制拆迁行为有法律依据，但在对讼争房实施行政强制拆除过程中，违反相关程序性规定，应确认程序违法。依照《最高人民法院关于执行〈中华人民共和国行政诉讼法〉若干问题的解释》第五十七条第二款第（二）项的规定，判决确认厦门市思明区人民政府对厦门市湖滨东路78号401室实施行政强制拆除过程程序违法。

宣判后，原被告均不服，向福建省高级人民法院提起上诉。

福建省高级人民法院认定的案件事实与一审相同。同时，另查明，思明区政府厦思政拆字〔2006〕3号《准予行政强制拆迁决定书》，决定对上诉人施桂英的房屋实行强制拆迁，并责令由思明区城市管理行政执法局执行。2006年4月6日，思明区城市管理行政执法局对上诉人施桂英及其家人发出《行政强制拆迁通知》,限定他们于 4 月 21 日前自行搬迁完毕。《准予强制拆迁决定书》和《行政强制拆迁通知》均由施桂英的儿子林晓伟签收。由于上诉人施桂英没有在限定的期限内搬迁。上诉人思明区政府决定于 4 月 29 日对湖滨东路 78 号 401 室房屋进行强制搬迁,并于 4 月 21 日邀请被拆迁房屋所在地的梧村街道办事处、金祥社区居民委员会 4 月 29 日执行时到场,但没有通知上诉人施桂英等被拆迁人。2006 年 4 月 29 日,上诉人思明区政府组织有关人员对湖滨东路 78 号 401 室房屋进行强制搬迁,将搬迁的财物运送至安置房后,将领取被搬迁财物的书面通知委托金祥社区居民委员会转交被执行人,但金祥社区居民委员会未实际送达被执行人。审理期间,上诉人施桂英的子女林晓伟、林晓玲明确表示放弃本案诉讼。

福建省高级人民法院经审理认为,合法的行政行为应当事实清楚,证据充分,适用法律正确,程序合法。上诉人思明区政府根据厦门市国土资源与房产管理局的申请,经审查决定准予强制拆迁,并于 2006 年 4 月 6 日向上诉人施桂英及其家人发出《行政强制拆迁通知》,由施桂英的儿子林晓伟签收。由于上诉人施桂英及其家人未在限定的拆迁日期前自行搬迁完毕。上诉人思明区政府决定对该房屋实行强制搬迁,并通知梧村街道办事处、金祥社区居民委员会到场。上述做法符合厦门市人民政府制定的《厦门市房屋拆迁行政裁决执行暂行办法》第七条规定:"执行机关应当在收到准予行政强制拆迁决定之日起 3 个工作日内向被执行人送达行政强制拆迁通知书,告知其在 15 日内自行搬迁。被执行人逾期仍拒不搬迁的,执行机关应在自动搬迁期限届满之日起 10 日内依法实施强制拆迁。执行机关在确定行政强制拆迁的具体时间后,应书面通知拆迁房屋所在地街道办事处或镇人民政府、公安机关等单位协助执行。房屋拆迁管理部门应当与被拆迁房屋所在地街道办事处或镇人民政府、社区居民委员会或村民委员会积极配合,做好对被执行人的宣传解释工作,动员其自行搬迁。"因此,上诉人施桂英认为《准予行政拆迁决定书》和《行政强制拆迁通知》没有送达上诉人施桂英及原审法院认定上诉人思明区政府在实施强制拆迁行为时,通知了基层单位(街道、居委会)到场,制作了强制拆迁的录像以及被拆迁财产的清单,并经过公证的做法符合规定的认定是错误的上诉理由不能成立,不予采纳。但是,《厦门市房屋拆迁行政裁决执行暂行办法》第十一条规定:"被执行人在行政强制拆迁时应当到场。被搬迁财物由执行机关负责运送到安置房、周转房或指定的处所,交给被执行人。如被执行人拒绝领取的,执行机关应当书面通知被执行人在规定的期限内到指定的地点领取被搬迁的财物,被执行人逾期不领取的,执行机关可以向公证机关办理提存……"根据该条规定,执行机关应当通知被执行人具体的执行日期,否则,被执行人无法履行到场的义务。因此,思明区政府在强制拆迁时没有通知被拆迁人即上诉人施桂英及其家人强制拆迁日期,且上诉人思明区政府将搬迁的财物运送到安置房后,领取被搬迁财物的书面通知未实际送达被执行人,程序违法。因此,上诉人思明区政府认为其执行程序合法的上诉理由不能成立,不予采纳。原审法院以执行程序违法为由判决确认上诉人思明区政府对厦门市湖滨东路 78 号 401 室实施行政强制拆除过程程序违法,并无不当,应予维持。据此,依照《中华人民共和国行政诉讼法》第六十一条第(一)项之规定,判决驳回上诉,维持原判。

5. 许水云诉金华市婺城区人民政府房屋行政强制及行政赔偿案[①]

【裁判摘要】

一、国有土地上房屋征收过程中,只有市、县级人民政府及其确定的房屋征收部门依法具有组织实施强制拆除被征收人合法房屋的行政职权。市、县级人民政府及房屋征收部门等不能举证证明被征收人合法房屋系其他主体拆除的,可以认定其为强制拆除的责任主体。市、县级人民政府及房屋征收部门等委托建设单位等民事主体实施强制拆除的,市、县级人民政府及房屋征收部门等对强制拆除后果承担法律责任。建设单位等民事主体以自己名义违法强拆,侵害物权的,除应承担民事责任外,违反行政管理规定的应依法承担行政责任,构成犯罪的应依法追究刑事责任。

二、市、县级人民政府在既未作出补偿决定又未通过补偿协议解决补偿问题的情况下,违法强制拆除被征收人房屋的,应当赔偿被征收人房屋价值损失、屋内物品损失、安置补偿等损失。人民法院在确定赔偿数额时,应当坚持全面赔偿原则,合理确定房屋等的评估时点,并综合协调适用《国家赔偿法》规定的赔偿方式、赔偿项目、赔偿标准与《国有土地上房屋征收与补偿条例》规定的补偿方式、补偿项目、补偿标准,确保被征收人得到的赔偿不低于其依

[①] 案例来源:《最高人民法院公报》2018 年第 6 期。

照征收补偿方案可以得到的征收补偿。

【裁判文书】

<h2 style="text-align:center">中华人民共和国最高人民法院
行政判决书</h2>

(2017)最高法行再101号

再审申请人(一审原告、二审上诉人):许水云,男,1954年9月23日出生,汉族,住浙江省金华市婺城区二七路工电巷32号368幢101室。

被申请人(一审被告、二审被上诉人):金华市婺城区人民政府。住所地:浙江省金华市婺城区宾虹西路2666号。

法定代表人:郭慧强,区长。

再审申请人许水云诉被申请人金华市婺城区人民政府(以下简称婺城区政府)房屋行政强制及行政赔偿一案,浙江省金华市中级人民法院于2016年12月27日作出(2015)浙金行初字第19号行政判决,确认婺城区政府强制拆除许水云位于金华市婺城区五一路迎宾巷8号、9号房屋的行政行为违法,责令婺城区政府于判决生效之日起60日内参照《婺城区二七区块旧城改造房屋征收补偿方案》(以下简称《征收补偿方案》)对许水云作出赔偿。许水云不服提起上诉后,浙江省高级人民法院于2017年5月2日作出(2017)浙行终154号行政判决,维持(2015)浙金行初字第19号行政判决第一项,撤销(2015)浙金行初字第19号行政判决第二项,驳回许水云的其他诉讼请求。许水云仍不服,在法定期限内向本院申请再审。本院于2017年12月27日作出(2017)最高法行申8183号行政裁定,提审本案,并依法组成合议庭对本案进行了审理,现已审理终结。

一、二审法院经审理查明,2014年8月31日,婺城区政府在《金华日报》上发布《婺城区人民政府关于二七区块旧城改造房屋征收范围的公告》,并公布了房屋征收范围图,明确对二七区块范围实施改造。2014年9月26日,案涉房屋由婺城区政府组织拆除。2014年10月25日,婺城区政府作出《金华市婺城区人民政府关于迎宾巷区块旧城改造建设项目房屋征收的决定》(以下简称《房屋征收决定》),载明:因旧城改建的需要,决定对迎宾巷区块范围内房屋实行征收;房屋征收部门为金华市婺城区住房和城乡建设局,房屋征收实施单位为金华市婺城区二七区块改造工程指挥部(以下简称改造工程指挥部);签约期限为45天,搬迁期限为30日,具体起止日期在房屋征收评估机构选定后,由房屋征收部门另行公告;附件为《征收补偿方案》。2014年10月26日,《房屋征收决定》《征收补偿方案》在《金华日报》上公布。许水云位于金华市婺城区五一路迎宾巷8号、9号的房屋(以下简称案涉房屋)被纳入本次房屋征收范围。

另查明,包括许水云案涉房屋在内的金华市婺城区迎宾巷区块房屋曾于2001年因金华市后溪街西区地块改造及"两街"整合区块改造被纳入拆迁范围,金华市城建开发有限公司(以下简称金华开发公司)取得了房屋拆迁许可证,其载明的拆迁期限为2001年7月10日至2001年8月9日,后因故未实际完成拆迁。

一审法院认为,案涉房屋虽曾于2001年被纳入拆迁范围,但拆迁人金华开发公司在取得房屋拆迁许可证后,一直未能对案涉房屋实施拆迁。根据当时有效的《浙江省城市房屋拆迁管理条例》第十二条规定,拆迁人自取得房屋拆迁许可证之日起三个月内不实施拆迁的,房屋拆迁许可证自然失效。据此可以确认,案涉房屋已不能再按照2001年对金华市婺城区迎宾巷区块房屋进行拆迁时制定的规定和政策实施拆迁。婺城区政府在2014年10月26日公布的《房屋征收决定》将案涉房屋纳入征收范围后,即应按照《国有土地上房屋征收与补偿条例》(以下简称《征收与补偿条例》)及相关法律法规的规定依法进行征收并实施补偿。《征收与补偿条例》明确规定,实施房屋征收应当先补偿、后搬迁。房屋征收部门与被征收人在征收补偿方案确定的签约期限内达不成补偿协议的,由房屋征收部门报请作出房屋征收决定的市、县级人民政府依照条例的规定,按照征收补偿方案作出补偿决定。被征收人在法定期限内不申请行政复议或者不提起行政诉讼,在补偿决定规定的期限内又不搬迁的,由作出房屋征收决定的市、县级人民政府依法申请人民法院强制执行。许水云未与房屋征收部门达成补偿协议,也未明确同意将案涉房屋腾空并交付拆除。在此情形下,婺城区政府依法应对许水云作出补偿决定后,通过申请人民法院强制执行的方式强制执行,而不能直接将案涉房屋拆除。婺城区政府主张案涉房屋系案外人拆除缺乏充分的证据证明,且与查明的事实不符,对其该项主张不予采纳。婺城区政府将案涉房屋拆除的行为应确认为违法,并应对许水云因此受到的损失承担赔偿责任。鉴于案涉房屋已纳入金华市婺城区迎宾巷区块旧城改造范围内,房屋已无恢复原状的可能性和必要性,从维护许水云合法权益的角度出发,宜由婺城区政府参照《征收补偿方案》对许水云作出赔偿。因此,一审法院依照《中华人民共和国行政诉讼法》(以下简称《行政诉讼法》)第七十四条第二款第一项、第七十六条之规定，判决：一、确认婺城区政府强制拆除许水云位于金华市婺城区五一路迎宾巷8号、9号房屋的行政行为违法；二、责令婺城区政府于判决生效之日起60日内参照《征收补偿方案》对许水云作出赔偿。

二审法院认为，2001年7月，因金华市后溪街西区地块改造及"两街"整合区块改造项目建设需要，原金华市房地产管理局向金华开发公司颁发了拆迁字（2001）第3号房屋拆迁许可证，案涉房屋被纳入上述拆迁许可证的拆迁红线范围，但拆迁人在拆迁许可证规定的期限内一直未实施拆迁。形成于2004年8月20日的金华市旧城改造办公室的会议纪要（金旧城办〔2004〕1号）第九点载明：关于迎宾巷被拆迁户，迎宾巷1-48号⋯⋯至今未拆除旧房等遗留问题，会议同意上述问题纳入"二七"新村拆迁时一并解决补偿问题，拆除工作由原拆除公司负责。2014年10月26日，婺城区政府公布《房屋征收决定》，将案涉房屋纳入征收范围，但该房屋在《房屋征收决定》公布前的2014年9月26日即被拆除，不符合《征收与补偿条例》第二十七条规定的"先补偿、后搬迁"的原则。对案涉房屋实施拆除行为的法律责任，应当由作出《房屋征收决定》的婺城区政府承担。婺城区政府称其"未实施房屋强拆行为，造成案涉房屋被损毁的是案外第三人，属于民事侵权赔偿纠纷，不属于行政争议，亦与其无关"的理由缺乏相应的事实和法律依据。一审法院判决确认婺城区政府强制拆除行为违法并无不当。《中华人民共和国国家赔偿法》（以下简称《国家赔偿法》）第四条规定，行政机关及其工作人员在行使行政职权时，因违法行为造成财产损害的，受害人有取得赔偿的权利。第三十二条第二款规定，能够返还财产或者恢复原状的，予以返还财产或者恢复原状。许水云的房屋已被《房屋征收决定》纳入征收范围，案涉的征收决定虽被生效的（2015）浙行终字第74号行政判决确认违法，但并未被撤销，该征收决定及其附件仍然具有效力。因此，许水云要求恢复原状的理由不能成立。许水云在二审时提出如果不能恢复原状，则要求依据周边房地产市场价格对其进行赔偿。案涉房屋虽被婺城区政府违法拆除，但该房屋因征收所应获得的相关权益，仍可以通过征收补偿程序获得补偿，现许水云主张通过国家赔偿程序解决案涉房屋被违法拆除的损失，缺乏相应的法律依据。同理，一审法院直接责令婺城区政府参照《征收补偿方案》对许水云作出赔偿，也缺乏法律依据，且可能导致许水云对案涉房屋的补偿安置丧失救济权利。另，许水云提出要求赔偿每月2万元停产停业损失（截止到房屋恢复原状之日）的请求，属于房屋征收补偿范围，可通过征收补偿程序解决。至于许水云提出的赔偿财产损失6万元，因其并没有提供相关财产损失的证据，不予支持。因此，二审法院依照《行政诉讼法》第八十九条第一款第一项、第二项之规定，判决：一、维持浙江省金华市中级人民法院（2015）浙金行初字第19号行政判决第一项；二、撤销浙江省金华市中级人民法院（2015）浙金行初字第19号行政判决第二项；三、驳回许水云的其他诉讼请求。

许水云向本院申请再审，请求撤销浙江省高级人民法院作出的（2017）浙行终154号行政判决第二项与第三项，改判婺城区政府将案涉房屋恢复原状，如不能恢复原状，则判令婺城区政府依据周边房地产市场价格赔偿，并判令婺城区政府赔偿停产停业损失每月2万元、房屋内物品等财产损失6万元。其申请再审的主要事实与理由为：1. 二审法院判决未能正确区分行政赔偿与行政补偿之间的基本区别，认为赔偿问题可以通过征收补偿程序解决，主要证据不足，属于认定事实错误。2. 二审法院判决驳回再审申请人的赔偿请求，要求再审申请人另行通过征收补偿程序解决，缺乏法律依据，更不利于保护再审申请人的合法权益。3. 被申请人婺城区政府对违法强拆行为给再审申请人造成的物品损失，应当承担行政赔偿责任。4. 二审法院的判决使被申请人婺城区政府对违法行为免于承担法律责任，将使得再审申请人对由此产生的经济损失无从行使司法救济权利。综上，再审申请人认为被申请人婺城区政府应当对违法拆除案涉房屋的行为承担恢复原状或者参照市场价格进行赔偿的法律责任。

婺城区政府答辩称，尊重法院裁判。1. 案涉房屋系历史上形成的老房，作为拆迁遗留问题，被申请人同意作为合法建筑予以补偿。2. 被申请人没有组织人员对案涉房屋进行强制拆除，由于案涉房屋年代久远且与其他待拆除房屋毗邻，改造工程指挥部委托金华市婺城建筑工程有限公司(以下简称婺城建筑公司)对已达成补偿安置协议的案外人的房屋进行拆除时，由于施工不当导致案涉房屋坍塌，此属于婺城建筑公司民事侵权引发的民事纠纷，被申请人对此不应承担法律责任。3. 案涉房屋不能按照营业用房补偿。4. 被申请人先后多次与再审申请人许水云协商，也愿意合法合理补偿，维护其合法权益，希望再审申请人许水云理解并配合。

本院认为，本案的争议焦点主要包括四个方面：一、关于强制拆除主体的认定问题；二、关于本案拆除行为是否违法的问题；三、关于本案通过行政赔偿还是行政补偿程序进行救济的问题；四、关于赔偿方式、赔偿项目、赔偿标准与赔偿数额的确定问题。

一、关于强制拆除主体的认定问题

《征收与补偿条例》第四条第一款、第二款规定,市、县级人民政府负责本行政区域的房屋征收与补偿工作。市、县级人民政府确定的房屋征收部门组织实施本行政区域的房屋征收与补偿工作。第五条规定,房屋征收部门可以委托房屋征收实施单位,承担房屋征收与补偿的具体工作。房屋征收实施单位不得以营利为目的。房屋征收部门对房屋征收实施单位在委托范围内实施的房屋征收与补偿行为负责监督,并对其行为后果承担法律责任。第二十八条第一款规定,被征收人在法定期限内不申请行政复议或者不提起行政诉讼,在补偿决定规定的期限内又不搬迁的,由作出房屋征收决定的市、县级人民政府依法申请人民法院强制执行。根据上述规定,在国有土地上房屋征收过程中,有且仅有市、县级人民政府及其确定的房屋征收部门才具有依法强制拆除合法建筑的职权,建设单位、施工单位等民事主体并无实施强制拆除他人合法房屋的权力。民事主体自行违法强制拆除他人合法房屋,涉嫌构成故意毁坏财物罪的,权利人可以依法请求公安机关履行相应职责;人民法院经审查认为有犯罪行为的,应当依据《行政诉讼法》第六十六条第一款的规定,将有关材料移送公安、检察机关。因而,除非市、县级人民政府能举证证明房屋确系在其不知情的情况下由相关民事主体违法强拆的,则应推定强制拆除系市、县级人民政府委托实施,人民法院可以认定市、县级人民政府为实施强制拆除的行政主体,并应承担相应的赔偿责任。

本案中,婺城区政府主张2014年9月26日改造工程指挥部委托婺城建筑公司对已达成补偿安置协议的案外人的房屋进行拆除时,因操作不慎导致案涉房屋坍塌;婺城建筑公司于2015年3月6日出具的情况说明也作了类似陈述。婺城区政府据此否认强拆行为系由政府组织实施,认为造成案涉房屋损毁的是案外人婺城建筑公司,并主张本案系民事侵权赔偿纠纷,与婺城区政府无关,不属于行政争议。但案涉房屋被强制拆除系在婺城区政府作为征收主体进行征收过程中发生的。案涉房屋被拆除前的2014年8月31日,婺城区政府即发布旧城改造房屋征收公告,将案涉房屋纳入征收范围。因此,对于房屋征收过程中发生的合法房屋被强制拆除行为,首先应推定系婺城区政府及其确定的房屋征收部门实施的行政强制行为,并由其承担相应责任。本案虽然有婺城建筑公司主动承认"误拆",但改造工程指挥部工作人员给许水云发送的短信记载有"我是金华市婺城区二七新村区块改造工程指挥部工作人员,将对房子进行公证检查,如不配合将破门进行安全检查及公证"等内容,且许水云提供的有行政执法人员在拆除现场的现场照片及当地有关新闻报道等,均能证实2014年9月26日强制拆除系政府主导下进行,故婺城区政府主张强拆系民事侵权的理由不能成立。婺城建筑公司拆除案涉房屋的行为,其法律责任应由委托其拆除的改造工程指挥部承担;改造工程指挥部系由婺城区政府组建并赋予行政管理职能但不具有独立承担法律责任能力的临时机构,婺城区政府应当作为被告,并承担相应的法律责任。

二、关于本案拆除行为是否违法的问题

《中华人民共和国物权法》第四条规定,国家、集体、私人的物权和其他权利人的物权受法律保护,任何单位和个人不得侵犯。第四十二条第一款规定,为了公共利益的需要,依照法律规定的权限和程序可以征收集体所有的土地和单位、个人的房屋及其他不动产;第三款规定,征收单位、个人的房屋及其他不动产,应当依法给予拆迁补偿,维护被征收人的合法权益;征收个人住宅的,还应当保障被征收人的居住条件。

许水云位于金华市婺城区迎宾巷8号、9号的房屋未依法办理相关建设手续,也未取得房屋所有权证,但案涉房屋确系在1990年4月1日《中华人民共和国城市规划法》施行前建造的历史老房。对此类未经登记的房屋,应综合考虑建造历史、使用现状、当地土地利用规划以及有关用地政策等因素,依法进行调查、认定和处理。对认定为合法建筑和未超过批准期限的临时建筑的,应当给予补偿。改造工程指挥部与一审法院根据许水云提供的许宝贤、寿吉明缴纳土地登记费、房产登记费等相关收款收据以及寿吉明私有房屋所有权登记申请书等材料,已经认定案涉房屋为合法建筑,许水云通过继承和购买成为房屋所有权人,其对案涉房屋拥有所有权,任何单位和个人均不得侵犯。国家因公共利益需要确需征收的,应当根据《征收与补偿条例》规定,给予房屋所有权人公平补偿,并按照《征收与补偿条例》第二十七条的规定,先给予补偿,后实施搬迁。房屋所有权人在签订补偿协议或者收到补偿决定确定的补偿内容后,也有主动配合并支持房屋征收的义务和责任。《征收与补偿条例》和《最高人民法院关于办理申请人民法院强制执行国有土地上房屋征收补偿决定案件若干问题的规定》对市、县级人民政府及房屋征收部门如何实施征收、如何进行补偿、如何强制搬迁以及如何保障被征收人获得以市场评估价格为基础的公平补偿的权利进行了系统、严密的规定。同时,为了确保因公共利益需要而进行的房屋征收顺利、高效实施,还专门规定对极少数不履行补偿决定,又不主动搬迁的被征收人可以依法进行强制搬迁。具体到本案中,根据《征收与补偿条例》

的规定,婺城区政府应当先行作出房屋征收决定并公告,然后与许水云就补偿方式、补偿金额和支付期限等事项订立补偿协议;如双方在征收补偿方案确定的签约期限内达不成补偿协议的,市、县级人民政府则应当依法单方作出补偿决定。被征收人对补偿决定不服的,可以依法申请行政复议,也可以依法提起行政诉讼;被征收人在法定期限内不申请行政复议或者不提起行政诉讼,在补偿决定规定的期限内又不搬迁的,由作出房屋征收决定的市、县级人民政府依法申请人民法院强制执行。人民法院裁定准予执行后,一般由作出征收补偿决定的市、县级人民政府组织实施,也可以由人民法院执行。此即为一个合法的征收与补偿应当遵循的法定程序,也系法律对征收与补偿的基本要求。本院注意到,案涉房屋的征收拆迁,最早始于2001年7月金华开发公司取得拆迁许可证,在10多年时间内,如因房屋所有权人提出不合法的补偿请求,导致未能签署补偿安置协议,婺城区政府及其职能部门应当依法行使法律法规赋予的行政职权,及时作出拆迁安置裁决或者补偿决定,给予许水云公平补偿,并及时强制搬迁以保障公共利益的实现和拆迁征收工作的顺利进行。但婺城区政府及相应职能部门既未及时依法履职,又未能保障被征收人合法权益,也未能正确理解《征收与补偿条例》有关强制搬迁制度的立法目的,还未能实现旧城区改造项目顺利实施;而是久拖不决,并以所谓民事"误拆"的方式违法拆除被征收人房屋,最终不得不承担赔偿责任。一、二审法院判决确认婺城区政府强制拆除行为违法,符合法律规定,本院予以支持。

三、关于本案通过行政赔偿还是行政补偿程序进行救济的问题

行政补偿是指行政机关实施合法的行政行为,给行政相对人合法权益造成的损失,由国家依法予以补偿的制度。行政赔偿是指行政机关实施违法的行政行为,侵犯行政相对人合法权益,由国家依法予以赔偿的制度。在国有土地上房屋征收过程中,征收及与征收相关联的行政行为违法造成损失的赔偿问题,较为复杂。其中,既有因违法拆除给权利人物权造成损失的赔偿问题,也有因未依据《征收与补偿条例》第十七条和当地征收补偿政策进行征收补偿而给权利人造成的应补偿利益的损失问题,甚至还包括搬迁、临时安置以及应当给予的补助和奖励的损失问题。尤其是在因强制拆除引发的一并提起的行政赔偿诉讼中,人民法院应当结合违法行为类型与违法情节轻重,综合协调适用《国家赔偿法》规定的赔偿方式、赔偿项目、赔偿标准与《征收与补偿条例》规定的补偿方式、补偿项目、补偿标准,依法、科学地确定赔偿项目和赔偿数额,让被征收人得到的赔偿不低于其依照征收补偿方案可以获得的征收补偿,确保产权人得到公平合理的补偿。同时,人民法院在确定赔偿义务机关和赔偿数额时,要坚持有权必有责、违法须担责、侵权要赔偿、赔偿应全面的法治理念,对行政机关违法强制拆除被征收人房屋,侵犯房屋所有权人产权的,应当依法责令行政机关承担行政赔偿责任,而不能让产权人因侵权所得到的赔偿低于依法征收所应得到的补偿。

通常情况下,强制拆除被征收人房屋应当依据已经生效的补偿决定,而补偿决定应当已经解决了房屋本身的补偿问题。因此,即使强制拆除行为被认定为违法,通常也仅涉及对房屋内物品损失的赔偿问题,而不应涉及房屋本身的补偿或者赔偿问题。但本案在强制拆除前,既无征收决定,也无补偿决定,许水云也未同意先行拆除房屋,且至今双方仍未达成补偿安置协议,许水云至今未得到任何形式补偿,强制拆除已构成重大且明显违法,应当依法赔偿。对许水云房屋损失的赔偿,不应再依据《征收与补偿条例》第十九条所规定的《房屋征收决定》公告之日被征收房屋类似房地产的市场价格,即2014年10月26日的市场价格,为基准确定,而应按照有利于保障许水云房屋产权得到充分赔偿的原则,以婺城区政府在本判决生效后作出赔偿决定时点的案涉房屋类似房地产的市场价格为基准确定。同时,根据《国家赔偿法》第三十六条第八项有关对财产权造成其他损害的,按照直接损失给予赔偿的规定,许水云在正常征收补偿程序中依法和依据当地征收补偿政策应当得到的利益损失,属于其所受到的直接损失,也应由婺城区政府参照补偿方案依法予以赔偿。因此,本案存在行政赔偿项目、标准与行政补偿项目、标准相互融合的情形,一审法院判决第二项责令婺城区政府参照《征收补偿方案》对许水云进行赔偿;二审法院判决认为应当通过后续的征收补偿程序获得救济,并据此驳回许水云的行政赔偿请求,均属对《国家赔偿法》《征收与补偿条例》等相关规定的错误理解,应予纠正。

四、关于赔偿方式、赔偿项目、赔偿标准与赔偿数额的确定问题

具体到本案中,根据许水云的诉讼请求,其主张的损失包括以下三个部分:一是房屋损失;二是停产停业损失;三是房屋内物品的损失。婺城区政府与许水云应就上述三项损失问题平等协商,并可通过签订和解协议的方式解决;如双方无法达成一致,婺城区政府应按照本判决确定的方法,及时作出行政赔偿决定。

(一)房屋损失的赔偿方式与赔偿标准问题

《国家赔偿法》第三十二条规定,国家赔偿以支付赔偿

金为主要方式。能够返还财产或者恢复原状的,予以返还财产或者恢复原状。据此,返还财产、恢复原状是国家赔偿首选的赔偿方式,既符合赔偿请求人的要求也更为方便快捷;但其适用条件是原物未被处分或未发生毁损灭失,若相关财产客观上已无法返还或恢复原状时,则应支付相应的赔偿金或采取其他赔偿方式。本案中,案涉房屋已经被列入旧城区改造的征收范围,且已被婺城区政府拆除,因此,对许水云要求恢复房屋原状的赔偿请求,本院不予支持。案涉房屋系因旧城区改建而被拆除,如系依法进行的征收与拆除,许水云既可以选择按征收决定公告之日的市场评估价进行货币补偿,也有权要求在改建地段或者就近地段选择类似房屋予以产权调换。本案系因违法强制拆除引发的赔偿,《国家赔偿法》第四条第三项规定,行政机关违法征收,侵犯财产权的,受害人有取得赔偿的权利。因此,为体现对违法征收和违法拆除行为的惩诫,并有效维护许水云合法权益,对许水云房屋的赔偿不应低于因依法征收所应得到的补偿,即对许水云房屋的赔偿,不应低于赔偿时改建地段或者就近地段类似房屋的市场价值。结合《国家赔偿法》第三十六条诸项规定以及许水云申请再审的请求,婺城区政府既可以用在改建地段或者就近地段提供类似房屋的方式予以赔偿,也可以根据作出赔偿决定时点有效的房地产市场评估价格为基准计付赔偿款。婺城区政府与许水云可以按照《征收与补偿条例》第二十条规定的方式确定房地产价格评估机构。鉴于案涉房屋已被拆除,房地产评估机构可以参考《国有土地上房屋征收评估办法》第十三条所规定的方法,根据婺城区政府与许水云提供的原始资料,本着疑义利益归于产权人的原则,独立、客观、公正地出具评估报告。

(二)停产停业损失的赔偿标准问题

本案中,许水云主张因为房屋被拆除导致其停业,要求赔偿停产停业至今的损失每月2万元,婺城区政府对许水云存在经营行为的事实予以认可,但提出因为许水云的房屋属于无证建筑,只能按照一般住房进行补偿,不予计算停产停业的损失。本院认为,《征收与补偿条例》第二十三条规定,对因征收房屋造成停产停业损失的补偿,根据房屋被征收前的效益、停产停业期限等因素确定。具体办法由省、自治区、直辖市制定。《浙江省国有土地上房屋征收与补偿条例》第二十九条第一款规定,征收非住宅房屋造成停产停业损失的,应当根据房屋被征收前的效益、停产停业期限等因素给予补偿。补偿的标准不低于被征收房屋价值的百分之五,具体标准由设区的市、县(市)人民政府规定。《金华市区国有土地上房屋征收与补偿实施意见(试行)》第三十四条第一款规定,征收非住宅房屋造成停产停业损失的,按被征收房屋价值的百分之五计算。

《征收与补偿条例》第二十四条第二款规定,市、县级人民政府作出房屋征收决定前,应当组织有关部门依法对征收范围内未经登记的建筑进行调查、认定和处理。对认定为合法建筑和未超过批准期限的临时建筑的,应当给予补偿;对认定为违法建筑和超过批准期限的临时建筑的,不予补偿。既然案涉房屋已被认定为合法建筑,则其与已发放房屋所有权证的房屋在补偿问题上拥有同等法律地位。如果许水云提供的营业执照、纳税证明等证据,能够证明其符合《征收与补偿条例》《浙江省国有土地上房屋征收与补偿条例》《金华市区国有土地上房屋征收与补偿实施意见(试行)》所确定的经营用房(非住宅房屋)条件,则婺城区政府应当依据上述规定,合理确定停产停业损失的金额并予以赔偿。但由于征收过程中的停产停业损失,只是补偿因征收给房屋所有权人经营造成的临时性经营困难,具有过渡费用性质,因而只能计算适当期间或者按照房屋补偿金额的适当比例计付。同时,房屋所有权人在征收或者侵权行为发生后的适当期间,也应当及时寻找合适地址重新经营,不能将因自身原因未开展经营的损失,全部由行政机关来承担。因此许水云主张按每月停产停业损失2万元标准赔偿至房屋恢复原状时的再审请求,没有法律依据,本院不予支持。

(三)屋内物品损失的赔偿金额确定方式问题

《国家赔偿法》第十五条第一款规定,人民法院审理行政赔偿案件,赔偿请求人和赔偿义务机关对自己提出的主张,应当提供证据。《最高人民法院关于执行〈中华人民共和国行政诉讼法〉若干问题的解释》第二十七条第三项进一步规定,在一并提起的行政赔偿诉讼中,原告应当就因受被诉行为侵害而造成损失的事实承担举证责任。《最高人民法院关于行政诉讼证据若干问题的规定》第五条也规定,在行政赔偿诉讼中,原告应当对被诉具体行政行为造成损害的事实提供证据。因此,许水云就其房屋内物品损失事实、损害大小、损害金额承担举证责任,否则将承担不利后果。同时,《行政诉讼法》第三十八条第二款还规定,在行政赔偿案件中,原告应当对行政行为造成的损害提供证据。因被告的原因导致原告无法举证的,由被告承担举证责任。因此,因行政机关违反正当程序,不依法公证或者依法制作证据清单,给原告履行举证责任造成困难的,且被告也无法举证证明实际损失金额的,人民法院可在原告就损失金额所提供证据能够初步证明其主张的情况下,依法作出不利于行政机关的损失金额认定。许水云向一审法院提供的相关照片与清单,可以判断案涉房屋内有鸟笼等物品,与其实际经营花鸟生意的情形相符;在许水云已经初步证明存在损失的情况下,其合情合理的赔偿请求应当得到支持。婺城区政府可以根据市场行情,结合许水云经营的实际情况以及所提供的现场照片、物品损失清单等,按照有利于许水云的原则酌情确定赔偿数额,对房屋内财产损失依法赔偿。

综上,一、二审法院判决认定的基本事实清楚,一、二审法院判决确认婺城区政府强制拆除许水云房屋的行政行为违法的判项正确,本院予以维持。但一审判决责令婺城区政府参照《征收补偿方案》对许水云进行赔偿,未能考虑到作出赔偿决定时点的类似房地产市场价格已经比《征收补偿方案》确定的补偿时点的类似房地产市场价格有了较大上涨,仅参照《征收补偿方案》进行赔偿,无法让许水云有关赔偿房屋的诉讼请求得到支持;二审判决认为应通过征收补偿程序解决本案赔偿问题,未能考虑到案涉房屋并非依法定程序进行的征收和强制搬迁,而是违法实施的强制拆除,婺城区政府应当承担赔偿责任。一审判决第二项与二审判决第二项、第三项均属于适用法律错误,应予纠正。据此,依照《中华人民共和国行政诉讼法》第八十九条第一款第二项和《最高人民法院关于执行〈中华人民共和国行政诉讼法〉若干问题的解释》第七十六条第一款之规定,判决如下:

一、维持浙江省高级人民法院(2017)浙行终154号行政判决第一项与浙江省金华市中级人民法院(2015)浙金行初字第19号行政判决第一项,即确认金华市婺城区人民政府强制拆除许水云位于金华市婺城区五一路迎宾巷8号、9号房屋的行政行为违法。

二、撤销浙江省高级人民法院(2017)浙行终154号行政判决第二项、第三项与浙江省金华市中级人民法院(2015)浙金行初字第19号行政判决第二项。

三、责令金华市婺城区人民政府在本判决生效之日起九十日内按照本判决对许水云依法予以行政赔偿。

一、二审案件受理费共计100元,由被申请人金华市婺城区人民政府负担。

本判决为终审判决。

3. 农村土地征收

农村土地承包合同管理办法

· 2023年2月17日农业农村部令2023年第1号公布
· 自2023年5月1日起施行

第一章 总 则

第一条 为了规范农村土地承包合同的管理,维护承包合同当事人的合法权益,维护农村社会和谐稳定,根据《中华人民共和国农村土地承包法》等法律及有关规定,制定本办法。

第二条 农村土地承包经营应当巩固和完善以家庭承包经营为基础、统分结合的双层经营体制,保持农村土地承包关系稳定并长久不变。农村土地承包经营,不得改变土地的所有权性质。

第三条 农村土地承包经营应当依法签订承包合同。土地承包经营权自承包合同生效时设立。

承包合同订立、变更和终止的,应当开展土地承包经营权调查。

第四条 农村土地承包合同管理应当遵守法律、法规,保护土地资源的合理开发和可持续利用,依法落实耕地利用优先序。发包方和承包方应当依法履行保护农村土地的义务。

第五条 农村土地承包合同管理应当充分维护农民的财产权益,任何组织和个人不得剥夺和非法限制农村集体经济组织成员承包土地的权利。妇女与男子享有平等的承包农村土地的权利。

承包方承包土地后,享有土地承包经营权,可以自己经营,也可以保留土地承包权,流转其承包地的土地经营权,由他人经营。

第六条 农业农村部负责全国农村土地承包合同管理的指导。

县级以上地方人民政府农业农村主管(农村经营管理)部门负责本行政区域内农村土地承包合同管理。

乡(镇)人民政府负责本行政区域内农村土地承包合同管理。

第二章 承 包 方 案

第七条 本集体经济组织成员的村民会议依法选举产生的承包工作小组,应当依照法律、法规的规定拟订承包方案,并在本集体经济组织范围内公示不少于十五日。

承包方案应当依法经本集体经济组织成员的村民会议三分之二以上成员或者三分之二以上村民代表的同意。

承包方案由承包工作小组公开组织实施。

第八条 承包方案应当符合下列要求:

(一)内容合法;
(二)程序规范;
(三)保障农村集体经济组织成员合法权益;
(四)不得违法收回、调整承包地;
(五)法律、法规和规章规定的其他要求。

第九条 县级以上地方人民政府农业农村主管(农村经营管理)部门、乡(镇)人民政府农村土地承包管理部门应当指导制定承包方案,并对承包方案的实施进行监督,发现问题的,应当及时予以纠正。

第三章 承包合同的订立、变更和终止

第十条 承包合同应当符合下列要求:

(一)文本规范;

(二)内容合法;

(三)双方当事人签名、盖章或者按指印;

(四)法律、法规和规章规定的其他要求。

县级以上地方人民政府农业农村主管(农村经营管理)部门、乡(镇)人民政府农村土地承包管理部门应当依法指导发包方和承包方订立、变更或者终止承包合同,并对承包合同实施监督,发现不符合前款要求的,应当及时通知发包方更正。

第十一条 发包方和承包方应当采取书面形式签订承包合同。

承包合同一般包括以下条款:

(一)发包方、承包方的名称,发包方负责人和承包方代表的姓名、住所;

(二)承包土地的名称、坐落、面积、质量等级;

(三)承包方家庭成员信息;

(四)承包期限和起止日期;

(五)承包土地的用途;

(六)发包方和承包方的权利和义务;

(七)违约责任。

承包合同示范文本由农业农村部制定。

第十二条 承包合同自双方当事人签名、盖章或者按指印时成立。

第十三条 承包期内,出现下列情形之一的,承包合同变更:

(一)承包方依法分立或者合并的;

(二)发包方依法调整承包地的;

(三)承包方自愿交回部分承包地的;

(四)土地承包经营权互换的;

(五)土地承包经营权部分转让的;

(六)承包地被部分征收的;

(七)法律、法规和规章规定的其他情形。

承包合同变更的,变更后的承包期限不得超过承包期的剩余期限。

第十四条 承包期内,出现下列情形之一的,承包合同终止:

(一)承包方消亡的;

(二)承包方自愿交回全部承包地的;

(三)土地承包经营权全部转让的;

(四)承包地被全部征收的;

(五)法律、法规和规章规定的其他情形。

第十五条 承包地被征收、发包方依法调整承包地或者承包方消亡的,发包方应当变更或者终止承包合同。

除前款规定的情形外,承包合同变更、终止的,承包方向发包方提出申请,并提交以下材料:

(一)变更、终止承包合同的书面申请;

(二)原承包合同;

(三)承包方分立或者合并的协议,交回承包地的书面通知或者协议,土地承包经营权互换合同、转让合同等其他相关证明材料;

(四)具有土地承包经营权的全部家庭成员同意变更、终止承包合同的书面材料;

(五)法律、法规和规章规定的其他材料。

第十六条 省级人民政府农业农村主管部门可以根据本行政区域实际依法制定承包方分立、合并、消亡而导致承包合同变更、终止的具体规定。

第十七条 承包期内,因自然灾害严重毁损承包地等特殊情形对个别农户之间承包地需要适当调整的,发包方应当制定承包地调整方案,并应当经本集体经济组织成员的村民会议三分之二以上成员或者三分之二以上村民代表的同意。承包合同中约定不得调整的,按照其约定。

调整方案通过之日起二十个工作日内,发包方应当将调整方案报乡(镇)人民政府和县级人民政府农业农村主管(农村经营管理)部门批准。

乡(镇)人民政府应当于二十个工作日内完成调整方案的审批,并报县级人民政府农业农村主管(农村经营管理)部门;县级人民政府农业农村主管(农村经营管理)部门应当于二十个工作日内完成调整方案的审批。乡(镇)人民政府、县级人民政府农业农村主管(农村经营管理)部门对违反法律、法规和规章规定的调整方案,应当及时通知发包方予以更正,并重新申请批准。

调整方案未经乡(镇)人民政府和县级人民政府农业农村主管(农村经营管理)部门批准的,发包方不得调整承包地。

第十八条 承包方自愿将部分或者全部承包地交回发包方的,承包方与发包方在该土地上的承包关系终止,承包期内其土地承包经营权部分或者全部消灭,并不得

再要求承包土地。

承包方自愿交回承包地的,应当提前半年以书面形式通知发包方。承包方对其在承包地上投入而提高土地生产能力的,有权获得相应的补偿。交回承包地的其他补偿,由发包方和承包方协商确定。

第十九条 为了方便耕种或者各自需要,承包方之间可以互换属于同一集体经济组织的不同承包地块的土地承包经营权。

土地承包经营权互换的,应当签订书面合同,并向发包方备案。

承包方提交备案的互换合同,应当符合下列要求:

(一)互换双方是属于同一集体经济组织的农户;

(二)互换后的承包期限不超过承包期的剩余期限;

(三)法律、法规和规章规定的其他事项。

互换合同备案后,互换双方应当与发包方变更承包合同。

第二十条 经承包方申请和发包方同意,承包方可以将部分或者全部土地承包经营权转让给本集体经济组织的其他农户。

承包方转让土地承包经营权的,应当以书面形式向发包方提交申请。发包方同意转让的,承包方与受让方应当签订书面合同;发包方不同意转让的,应当于七日内向承包方书面说明理由。发包方无法定理由的,不得拒绝同意承包方的转让申请。未经发包方同意的,土地承包经营权转让合同无效。

土地承包经营权转让合同,应当符合下列要求:

(一)受让方是本集体经济组织的农户;

(二)转让后的承包期限不超过承包期的剩余期限;

(三)法律、法规和规章规定的其他事项。

土地承包经营权转让后,受让方应当与发包方签订承包合同。原承包方与发包方在该土地上的承包关系终止,承包期内其土地承包经营权部分或者全部消灭,并不得再要求承包土地。

第四章 承包档案和信息管理

第二十一条 承包合同管理工作中形成的,对国家、社会和个人有保存价值的文字、图表、声像、数据等各种形式和载体的材料,应当纳入农村土地承包档案管理。

县级以上地方人民政府农业农村主管(农村经营管理)部门、乡(镇)人民政府农村土地承包管理部门应当制定工作方案、健全档案工作管理制度、落实专项经费、指定工作人员、配备必要设施设备,确保农村土地承包档案完整与安全。

发包方应当将农村土地承包档案纳入村级档案管理。

第二十二条 承包合同管理工作中产生、使用和保管的数据,包括承包地权属数据、地理信息数据和其他相关数据等,应当纳入农村土地承包数据管理。

县级以上地方人民政府农业农村主管(农村经营管理)部门负责本行政区域内农村土地承包数据的管理,组织开展数据采集、使用、更新、保管和保密等工作,并向上级业务主管部门提交数据。

鼓励县级以上地方人民政府农业农村主管(农村经营管理)部门通过数据交换接口、数据抄送等方式与相关部门和机构实现承包合同数据互通共享,并明确使用、保管和保密责任。

第二十三条 县级以上地方人民政府农业农村主管(农村经营管理)部门应当加强农村土地承包合同管理信息化建设,按照统一标准和技术规范建立国家、省、市、县等互联互通的农村土地承包信息应用平台。

第二十四条 县级以上地方人民政府农业农村主管(农村经营管理)部门、乡(镇)人民政府农村土地承包管理部门应当利用农村土地承包信息应用平台,组织开展承包合同网签。

第二十五条 承包方、利害关系人有权依法查询、复制农村土地承包档案和农村土地承包数据的相关资料,发包方、乡(镇)人民政府农村土地承包管理部门、县级以上地方人民政府农业农村主管(农村经营管理)部门应当依法提供。

第五章 土地承包经营权调查

第二十六条 土地承包经营权调查,应当查清发包方、承包方的名称,发包方负责人和承包方代表的姓名、身份证号码、住所,承包家庭成员,承包地块的名称、坐落、面积、质量等级、土地用途等信息。

第二十七条 土地承包经营权调查应当按照农村土地承包经营权调查规程实施,一般包括准备工作、权属调查、地块测量、审核公示、勘误修正、结果确认、信息入库、成果归档等。

农村土地承包经营权调查规程由农业农村部制定。

第二十八条 土地承包经营权调查的成果,应当符合农村土地承包经营权调查规程的质量要求,并纳入农村土地承包信息应用平台统一管理。

第二十九条 县级以上地方人民政府农业农村主管(农村经营管理)部门、乡(镇)人民政府农村土地承包管理部门依法组织开展本行政区域内的土地承包经营权调查。

土地承包经营权调查可以依法聘请具有相应资质的单位开展。

第六章 法律责任

第三十条 国家机关及其工作人员利用职权干涉承包合同的订立、变更、终止，给承包方造成损失的，应当依法承担损害赔偿等责任；情节严重的，由上级机关或者所在单位给予直接责任人员处分；构成犯罪的，依法追究刑事责任。

第三十一条 土地承包经营权调查、农村土地承包档案管理、农村土地承包数据管理和使用过程中发生的违法行为，根据相关法律法规的规定予以处罚；构成犯罪的，依法追究刑事责任。

第七章 附 则

第三十二条 本办法所称农村土地，是指除林地、草地以外的，农民集体所有和国家所有依法由农民集体使用的耕地和其他依法用于农业的土地。

本办法所称承包合同，是指在家庭承包方式中，发包方和承包方依法签订的土地承包经营权合同。

第三十三条 本办法施行以前依法签订的承包合同继续有效。

第三十四条 本办法自2023年5月1日起施行。农业部2003年11月14日发布的《中华人民共和国农村土地承包经营权证管理办法》（农业部令第33号）同时废止。

自然资源部、农业农村部关于农村乱占耕地建房"八不准"的通知

- 2020年7月29日
- 自然资发〔2020〕127号

各省、自治区、直辖市自然资源主管部门、农业农村（农牧）厅（局、委），新疆生产建设兵团自然资源局、农业农村局：

近年来，一些地方农村未经批准违法乱占耕地建房问题突出且呈蔓延势头，尤其是强占多占、非法出售等恶意占地建房（包括住宅类、管理类、工商业类等各种房屋）行为，触碰了耕地保护红线，威胁国家粮食安全。习近平总书记等中央领导同志高度重视，多次作出重要指示批示。为贯彻落实党中央、国务院决策部署，坚决遏制农村乱占耕地建房行为，根据法律法规和有关政策，现就农村建房行为进一步明确"八不准"。通知如下：

一、不准占用永久基本农田建房。
二、不准强占多占耕地建房。
三、不准买卖、流转耕地违法建房。
四、不准在承包耕地上违法建房。
五、不准巧立名目违法占用耕地建房。
六、不准违反"一户一宅"规定占用耕地建房。
七、不准非法出售占用耕地建的房屋。
八、不准违法审批占用耕地建房。

各地要深刻认识耕地保护的极端重要性，向社会广泛公告、宣传"八不准"相关规定。地方各级自然资源、农业农村主管部门要在党委和政府的领导下，完善土地执法监管体制机制，加强与纪检监察、法院、检察院和公安机关的协作配合，采取多种措施合力强化日常监管，务必坚决遏制新增农村乱占耕地建房行为。对通知下发后出现的新增违法违规行为，各地要以"零容忍"的态度依法严肃处理。该拆除的要拆除，该没收的要没收，该复耕的要限期恢复耕种条件，该追究责任的要追究责任，做到"早发现、早制止、严查处"，严肃追究监管不力、失职渎职、不作为、乱作为问题，坚决守住耕地保护红线。

国土资源部、财政部、农业部关于加快推进农村集体土地确权登记发证工作的通知

- 2011年5月6日
- 国土资发〔2011〕60号

各省、自治区、直辖市国土资源厅（国土环境资源厅、国土资源局、国土资源和房屋管理局、规划和国土资源管理局）、财政厅（局）、农业（农牧、农村经济）厅（局、委、办），新疆生产建设兵团国土资源局、财务局、农业局：

为贯彻落实十七届三中全会精神和《中共中央国务院关于加大统筹城乡发展力度进一步夯实农业农村发展基础的若干意见》（中发〔2010〕1号，以下简称中央1号文件）有关要求，切实加快推进农村集体土地确权登记发证工作，现将有关事项通知如下：

一、充分认识加快农村集体土地确权登记发证的重要意义

《土地管理法》实施以来，各地按照国家法律法规和政策积极开展土地登记工作，取得了显著的成绩，对推进土地市场建设，维护土地权利人合法权益，促进经济社会发展发挥了重要作用。但是，受当时条件的限制，农村集体土地确权登记发证工作总体滞后，有的地

区登记发证率还很低,已颁证的农村集体土地所有权大部分只确权登记到行政村农民集体一级,没有确认到每一个具有所有权的农民集体,这与中央的要求和农村经济社会发展的现实需求不相适应。明晰集体土地财产权,加快推进农村集体土地确权登记发证工作任务十分紧迫繁重。

(一)加快推进农村集体土地确权登记发证工作是维护农民权益、促进农村社会和谐稳定的现实需要。通过农村集体土地确权登记发证,有效解决农村集体土地权属纠纷,化解农村社会矛盾,依法确认农民土地权利,强化农民特别是全社会的土地物权意识,有助于在城镇化、工业化和农业现代化推进过程中,切实维护农民权益。

(二)加快推进农村集体土地确权登记发证工作是落实最严格的耕地保护制度和节约用地制度、提高土地管理和利用水平的客观需要。土地确权登记发证的过程,是进一步查清宗地的权属、面积、用途、空间位置,建立土地登记簿的过程,也是摸清土地利用情况的过程,从而改变农村土地管理基础薄弱的状况,夯实管理和改革的基础,确认农民集体、农民与土地长期稳定的产权关系,将农民与土地物权紧密联系起来,可以进一步激发农民保护耕地、节约集约用地的积极性。

(三)加快推进农村集体土地确权登记发证工作是夯实农业农村发展基础、促进城乡统筹发展的迫切需要。加快农村集体土地确权登记发证,依法确认和保障农民的土地物权,进而通过深化改革,还权赋能,最终形成产权明晰、权能明确、权益保障、流转顺畅、分配合理的农村集体土地产权制度,是建设城乡统一的土地市场的前提,是促进农村经济社会发展、实现城乡统筹的动力源泉。

二、切实加快农村集体土地确权登记发证工作,强化成果应用

各地要认真落实中央1号文件精神,加快农村集体土地所有权、宅基地使用权、集体建设用地使用权等确权登记发证工作,力争到2012年底把全国范围内的农村集体土地所有权证确认到每个具有所有权的集体经济组织,做到农村集体土地确权登记发证全覆盖。要按照土地总登记模式,集中人员、时间和地点开展工作,坚持依法依规、便民高效、因地制宜、急需优先和全面覆盖的原则,注重解决难点问题。

(一)完善相关政策。认真总结在农村集体土地确权登记发证工作方面的经验,围绕地籍调查、土地确权、争议调处、登记发证工作中存在的问题,深入研究,创新办法,细化和完善加快农村集体土地确权登记发证的政策。严禁通过土地登记将违法违规用地合法化。

(二)加快地籍调查。地籍调查是土地登记发证的前提,各地要加快地籍调查,严格按照地籍调查有关规程规范的要求,开展农村集体土地所有权、宅基地使用权、集体建设用地使用权调查工作,查清农村每一宗土地的权属、界址、面积和用途等基本情况。有条件的地方要制作农村集体土地所有权地籍图,以大比例尺地籍调查为基础,制作农村集体土地使用权,特别是建设用地使用权、宅基地使用权地籍图。县级以上城镇以及有条件的一般建制镇、村庄,要建立地籍信息系统,将地籍调查成果上图入库,纳入规范化管理,在此基础上,开展土地总登记及初始登记和变更登记。建立地籍成果动态更新机制,以土地登记为切入点,动态更新地籍调查成果资料,保持调查成果的现势性,确保土地登记结果的准确性。

(三)加强争议调处。要及时调处土地权属争议,建立土地权属争议调处信息库,及时掌握集体土地所有权、宅基地使用权和集体建设用地使用权权属争议动态,有效化解争议,为确权创造条件。

(四)规范已有成果。结合全国土地登记规范化和土地权属争议调处检查工作,凡是农村集体土地所有权证没有确认到具有所有权的农民集体经济组织的,应当确认到具有所有权的农民集体经济组织;已经登记发证的宗地缺失档案资料以及不规范的,尽快补正完善;已经登记的宗地测量精度不够的,及时进行修补测;对于发现登记错误的,及时予以更正。

(五)加强信息化建设。把农村集体土地确权登记发证同地籍信息化建设结合起来,在应用现代信息技术加快确权登记发证的同时,一并将地籍档案数字化,实现确权登记发证成果的信息化管理。建设全国土地登记信息动态监管查询系统,逐步实现土地登记资料网上实时更新,动态管理,建立共享机制,全面提高地籍管理水平,大幅度提高地籍工作的社会化服务程度。

(六)强化证书应用。实行凭证管地用地制度。土地权利证书要发放到权利人手中,严禁以统一保管等名义扣留、延缓发放土地权利证书。各地根据当地实际,可以要求凡被征收的农村集体所有土地,在办理征地手续之前,必须完成农村集体土地确权登记发证,在征地拆迁时,要依据农村集体土地所有证和农村集体土地使用证进行补偿;凡是依法进入市场流转的经营性集体建设用地使用权,必须经过确权登记,做到产权明晰、四至清楚、没有纠纷,没有经过确权登记的集体建设用地使用权一律禁止流转;农用地流转需与集体土地所有权确权登记工作做好衔接,确保承包地流转前后的集体所有性质不改变,土地用途不改变,农民土地承包权益不受损害;对新农村建设和农村建设用地整治涉及宅基地调整的,必须以确权登记发证为前提。

充分发挥农村土地确权登记发证工作成果在规划、耕保、利用、执法等国土资源管理各个环节的基础作用。农村集体土地登记发证与集体建设用地流转、城乡建设用地增减挂钩、农用地流转、土地征收等各项重点工作挂钩。凡是到2012年底未按时完成农村集体土地所有权登记发证工作的,农转用、土地征收审批暂停,农村土地整治项目不予立项。

三、加强组织领导,强化督促落实

(一)加强组织领导。国土资源部会同财政部、农业部成立全国加快推进农村集体土地确权登记发证工作领导小组,办公室设在国土资源部地籍管理司,由成员单位有关方面负责人、联络员及工作人员组成,具体负责推进农村集体土地确权登记发证的日常工作。省级人民政府国土资源部门要牵头成立相应的领导小组,负责本地区工作的组织和实施。市(县)政府是农村集体土地登记的法定主体,市(县)成立以政府领导为组长的工作领导小组,国土资源部门承担领导小组的日常工作,负责编制实施方案,分解任务,落实责任,明确进度,定期检查,抓好落实。农村集体土地所有权确权登记发证应当覆盖到本行政区内全部集体土地。

(二)周密部署安排。各省要抓紧摸清本地区集体土地确权登记发证现状,研究制定具体工作方案,明确年度工作目标和任务,加强人员培训,落实责任制,加快农村集体土地所有权、宅基地使用权、集体建设用地使用权等确权登记颁证工作,2012年底基本完成把农村集体土地所有权证确认到每个具有所有权的农民集体经济组织的任务。

建立全国农村集体土地确权登记发证工作进度汇总统计分析和通报制度。请省级领导小组办公室于2011年6月底将本地区农村集体土地确权登记发证工作进展情况报办公室,此后按季度定期上报工作进度情况,并逐步建立网上动态上报机制,办公室将采取多种方式加强督促检查。

(三)切实保障经费。相关地方政府要按照中央1号文件要求,统筹安排,将农村集体土地确权登记发证有关工作经费足额纳入财政预算,保障工作开展。

(四)加强土地登记代理机构队伍建设。借助土地登记代理机构等专业力量,提高确权登记发证的效率和规范化程度。

(五)宣传动员群众。各地要通过报纸、电视、广播、网络等媒体,大力宣传农村集体土地确权登记发证的重要意义、工作目标和法律政策,创造良好的舆论环境和工作氛围。争取广大农民群众和社会各界的理解支持,充分发挥农村基层组织在登记申报、土地确权、纠纷调处等工作中的重要作用,调动广大农民群众参与的积极性。国土资源部将适时召开加快推进农村集体土地确权登记发证工作现场会,总结、推广、宣传典型经验,为全国提供示范典型。

劳动和社会保障部、国土资源部关于切实做好被征地农民社会保障工作有关问题的通知

· 2007年4月28日
· 劳社部发〔2007〕14号

各省、自治区、直辖市劳动和社会保障厅(局)、国土资源厅(国土环境资源厅、国土资源局、国土资源和房屋管理局、房屋土地资源管理局):

党中央、国务院高度重视被征地农民就业培训和社会保障问题,近年来先后下发了一系列重要文件,将做好被征地农民社会保障工作作为改革征地制度、完善社会保障体系的重要内容,摆在了突出位置,提出了明确要求。最近颁布的《物权法》,对安排被征地农民的社会保障费用作出了规定。许多地区开展了被征地农民社会保障工作,对维护被征地农民合法权益、促进社会稳定发挥了积极作用,但部分地区工作进展缓慢,亟待加快进度、完善政策、规范管理。为进一步贯彻落实《国务院关于加强土地调控有关问题的通知》(国发〔2006〕31号,以下简称国发31号文件)关于"社会保障费用不落实的不得批准征地"的精神,切实做好被征地农民社会保障工作,现就有关问题通知如下:

一、进一步明确被征地农民社会保障工作责任

为贯彻国发31号文件和《国务院办公厅转发劳动保障部关于做好被征地农民就业培训和社会保障工作指导意见的通知》(国办发〔2006〕29号,以下简称国办发29号文件)关于"实行一把手负责制,建立责任追究制度"和"严格实行问责制"的精神,地方各级人民政府主要负责人要对被征地农民社会保障工作负总责,劳动保障部门、国土资源部门要按照职能各负其责,制定切实可行的

计划,加强工作调度和督促检查,切实做好本行政区域内被征地农民的社会保障工作。

各地要尽快建立被征地农民社会保障制度。按照国办发29号文件要求,已经出台实施办法的省份,要认真总结经验,完善政策和措施,提高管理水平,加强对市县工作的指导;其他省份要抓紧研究,争取在今年年底前出台实施办法。要严格按国办发29号文件关于保障项目和标准的要求,尽快将被征地农民纳入社会保障体系,确保被征地农民原有生活水平不降低、长远生计有保障,并建立相应的调整机制。

二、确保被征地农民社会保障所需资金

各地在制订被征地农民社会保障实施办法中,要明确和落实社会保障资金渠道。被征地农民社会保障所需资金,原则上由农民个人、农村集体、当地政府共同承担,具体比例、数额结合当地实际确定。根据国办发29号文件和《国务院办公厅关于规范国有土地使用权出让收支管理的通知》(国办发〔2006〕100号,以下简称国办发100号文件)规定,被征地农民社会保障所需资金从当地政府批准提高的安置补助费和用于被征地农户的土地补偿费中统一安排,两项费用尚不足以支付的,由当地政府从国有土地有偿使用收入中解决;地方人民政府可以从土地出让收入中安排一部分资金用于补助被征地农民社会保障支出,逐步建立被征地农民生活保障的长效机制。

各市县征地统一年产值标准和区片综合地价公布实施前,被征地农民社会保障所需资金的个人缴费部分,可以从其所得的土地补偿费、安置补助费中直接缴纳;各市县征地统一年产值标准和区片综合地价公布实施后,要及时确定征地补偿安置费用在农民个人、农村集体之间的分配办法,被征地农民社会保障个人缴费部分在农民个人所得中直接缴纳。

三、严格征地中对农民社会保障落实情况的审查

要严格执行国发31号文件关于"社会保障费用不落实的不得批准征地"的规定,加强对被征地农民社会保障措施落实情况的审查。被征地农民社会保障对象、项目、标准以及费用筹集办法等情况,要纳入征地报批前告知、听证等程序,维护被征地农民知情、参与等民主权利。市县人民政府在呈报征地报批材料时,应就上述情况作出说明。

劳动保障部门、国土资源部门要加强沟通协作,共同把好被征地农民社会保障落实情况审查关。需报省级政府批准征地的,上述说明材料由市(地、州)级劳动保障部门提出审核意见;需报国务院批准征地的,由省级劳动保障部门提出审核意见。有关说明材料和审核意见作为必备要件随建设用地报批资料同时上报。对没有出台被征地农民社会保障实施办法、被征地农民社会保障费用不落实、没有按规定履行征地报批前有关程序的,一律不予报批征地。

四、规范被征地农民社会保障资金管理

根据国办发100号文件规定,国有土地使用权出让收入全部缴入地方国库,支出一律通过地方基金预算从土地出让收入中予以安排。被征地农民社会保障所需费用,应在征地补偿安置方案批准之日起3个月内,按标准足额划入"被征地农民社会保障资金专户",按规定记入个人账户或统筹账户。劳动保障部门负责被征地农民社会保障待遇核定和资金发放管理,具体工作由各级劳动保障部门的社保经办机构办理。

各地要制订被征地农民社会保障资金管理办法,加强对资金收支情况的监管,定期向社会公布,接受社会和被征地农民的监督。各地要按照国办发29号文件规定,确保必要的人员和工作经费。要加强被征地农民统计工作,做好对征地面积、征地涉及农业人口以及被征地农民社会保障参保人数、享受待遇人员、资金收支等情况的统计;要加强对被征地农民社会保障工作的考核。

五、加强被征地农民社会保障工作的监督检查

根据中共中央办公厅、国务院办公厅《关于加强农村基层党风廉政建设的意见》(中办发〔2006〕32号)的要求,地方各级劳动保障部门、国土资源部门要认真贯彻落实有关方针政策,在对农村土地征收征用情况的监督检查中,切实搞好对被征地农民社会保障工作情况的监督检查,纠正征地过程中损害农民权益问题。

被征地农民社会保障资金要专款专用,独立核算,任何部门、单位和个人都不得挤占、截留、挪用、转借或擅自将资金用于任何形式的直接投资。被征地农民社会保障资金未能足额到位、及时发放的,要追究有关人员的责任。国家工作人员在被征地农民社会保障资金管理工作中玩忽职守、滥用职权、徇私舞弊的,要依照有关规定追究行政责任;构成犯罪的,依法追究刑事责任。

最高人民法院关于审理涉及农村集体土地行政案件若干问题的规定

· 2011年8月7日法释〔2011〕20号公布
· 自2011年9月5日起施行

为正确审理涉及农村集体土地的行政案件,根据《中华人民共和国物权法》、《中华人民共和国土地管理法》和《中华人民共和国行政诉讼法》等有关法律规定，结合行政审判实际，制定本规定。

第一条 农村集体土地的权利人或者利害关系人（以下简称土地权利人）认为行政机关作出的涉及农村集体土地的行政行为侵犯其合法权益，提起诉讼的，属于人民法院行政诉讼的受案范围。

第二条 土地登记机构根据人民法院生效裁判文书、协助执行通知书或者仲裁机构的法律文书办理的土地权属登记行为，土地权利人不服提起诉讼的，人民法院不予受理，但土地权利人认为登记内容与有关文书内容不一致的除外。

第三条 村民委员会或者农村集体经济组织对涉及农村集体土地的行政行为不起诉的，过半数的村民可以以集体经济组织名义提起诉讼。

农村集体经济组织成员全部转为城镇居民后，对涉及农村集体土地的行政行为不服的，过半数的原集体经济组织成员可以提起诉讼。

第四条 土地使用权人或者实际使用人对行政机关作出涉及其使用或实际使用的集体土地的行政行为不服的，可以以自己的名义提起诉讼。

第五条 土地权利人认为土地储备机构作出的行为侵犯其依法享有的农村集体土地所有权或使用权的，向人民法院提起诉讼的，应当以土地储备机构所隶属的土地管理部门为被告。

第六条 土地权利人认为乡级以上人民政府作出的土地确权决定侵犯其依法享有的农村集体土地所有权或者使用权，经复议后向人民法院提起诉讼的，人民法院应当依法受理。

法律、法规规定应当先申请行政复议的土地行政案件，复议机关作出不受理复议申请的决定或者以不符合受理条件为由驳回复议申请，复议申请人不服的，应当以复议机关为被告向人民法院提起诉讼。

第七条 土地权利人认为行政机关作出的行政处罚、行政强制措施等行政行为侵犯其依法享有的农村集体土地所有权或者使用权，直接向人民法院提起诉讼的，人民法院应当依法受理。

第八条 土地权属登记（包括土地权属证书）在生效裁判和仲裁裁决中作为定案证据，利害关系人对该登记行为提起诉讼的，人民法院应当依法受理。

第九条 涉及农村集体土地的行政决定以公告方式送达的，起诉期限自公告确定的期限届满之日起计算。

第十条 土地权利人对土地管理部门组织实施过程中确定的土地补偿有异议，直接向人民法院提起诉讼的，人民法院不予受理，但应当告知土地权利人先申请行政机关裁决。

第十一条 土地权利人以土地管理部门超过两年对非法占地行为进行处罚违法，向人民法院起诉的，人民法院应当按照行政处罚法第二十九条第二款的规定处理。

第十二条 征收农村集体土地时涉及被征收土地上的房屋及其他不动产，土地权利人可以请求依照物权法第四十二条第二款的规定给予补偿。

征收农村集体土地时未就被征收土地上的房屋及其他不动产进行安置补偿，补偿安置时房屋所在地已纳入城市规划区，土地权利人请求参照执行国有土地上房屋征收补偿标准的，人民法院一般应予支持，但应当扣除已经取得的土地补偿费。

第十三条 在审理土地行政案件中，人民法院经当事人同意进行协调的期间，不计算在审理期限内。当事人不同意继续协商的，人民法院应当及时审理，并恢复计算审理期限。

第十四条 县级以上人民政府土地管理部门根据土地管理法实施条例第四十五条的规定，申请人民法院执行其作出的责令交出土地决定的，应当符合下列条件：

（一）征收土地方案已经有权机关依法批准；

（二）市、县人民政府和土地管理部门已经依照土地管理法和土地管理法实施条例规定的程序实施征地行为；

（三）被征收土地所有权人、使用人已经依法得到安置补偿或者无正当理由拒绝接受安置补偿，且拒不交出土地，已经影响到征收工作的正常进行；

（四）符合《最高人民法院关于执行〈中华人民共和国行政诉讼法〉若干问题的解释》第八十六条规定的条件。

人民法院对符合条件的申请，应当予以受理，并通知申请人；对不符合条件的申请，应当裁定不予受理。

第十五条 最高人民法院以前所作的司法解释与本规定不一致的，以本规定为准。

最高人民法院关于审理涉及农村土地承包纠纷案件适用法律问题的解释

- 2005年3月29日最高人民法院审判委员会第1346次会议通过
- 根据2020年12月23日最高人民法院审判委员会第1823次会议通过的《最高人民法院关于修改〈最高人民法院关于在民事审判工作中适用〈中华人民共和国工会法〉若干问题的解释〉等二十七件民事类司法解释的决定》修正
- 2020年12月29日最高人民法院公告公布
- 自2021年1月1日起施行
- 法释〔2020〕17号

为正确审理农村土地承包纠纷案件,依法保护当事人的合法权益,根据《中华人民共和国民法典》《中华人民共和国农村土地承包法》《中华人民共和国土地管理法》《中华人民共和国民事诉讼法》等法律的规定,结合民事审判实践,制定本解释。

一、受理与诉讼主体

第一条 下列涉及农村土地承包民事纠纷,人民法院应当依法受理:
(一)承包合同纠纷;
(二)承包经营权侵权纠纷;
(三)土地经营权侵权纠纷;
(四)承包经营权互换、转让纠纷;
(五)土地经营权流转纠纷;
(六)承包地征收补偿费用分配纠纷;
(七)承包经营权继承纠纷;
(八)土地经营权继承纠纷。

农村集体经济组织成员因未实际取得土地承包经营权提起民事诉讼的,人民法院应当告知其向有关行政主管部门申请解决。

农村集体经济组织成员就用于分配的土地补偿费数额提起民事诉讼的,人民法院不予受理。

第二条 当事人自愿达成书面仲裁协议的,受诉人民法院应当参照《最高人民法院关于适用〈中华人民共和国民事诉讼法〉的解释》第二百一十五条、第二百一十六条的规定处理。

当事人未达成书面仲裁协议,一方当事人向农村土地承包仲裁机构申请仲裁,另一方当事人提起诉讼的,人民法院应予受理,并书面通知仲裁机构。但另一方当事人接受仲裁管辖后又起诉的,人民法院不予受理。

当事人对仲裁裁决不服并在收到裁决书之日起三十日内提起诉讼的,人民法院应予受理。

第三条 承包合同纠纷,以发包方和承包方为当事人。

前款所称承包方是指以家庭承包方式承包本集体经济组织农村土地的农户,以及以其他方式承包农村土地的组织或者个人。

第四条 农户成员为多人的,由其代表人进行诉讼。

农户代表人按照下列情形确定:
(一)土地承包经营权证等证书上记载的人;
(二)未依法登记取得土地承包经营权证等证书的,为在承包合同上签名的人;
(三)前两项规定的人死亡、丧失民事行为能力或者因其他原因无法进行诉讼的,为农户成员推选的人。

二、家庭承包纠纷案件的处理

第五条 承包合同中有关收回、调整承包地的约定违反农村土地承包法第二十七条、第二十八条、第三十一条规定的,应当认定该约定无效。

第六条 因发包方违法收回、调整承包地,或者因发包方收回承包方弃耕、撂荒的承包地产生的纠纷,按照下列情形,分别处理:

(一)发包方未将承包地另行发包,承包方请求返还承包地的,应予支持。

(二)发包方已将承包地另行发包给第三人,承包方以发包方和第三人为共同被告,请求确认其所签订的承包合同无效、返还承包地并赔偿损失的,应予支持。但属于承包方弃耕、撂荒情形的,对其赔偿损失的诉讼请求,不予支持。

前款第(二)项所称的第三人,请求受益方补偿其在承包地上的合理投入的,应予支持。

第七条 承包合同约定或者土地承包经营权证等证书记载的承包期限短于农村土地承包法规定的期限,承包方请求延长的,应予支持。

第八条 承包方违反农村土地承包法第十八条规定,未经依法批准将承包地用于非农建设或者对承包地造成永久性损害,发包方请求承包方停止侵害、恢复原状或者赔偿损失的,应予支持。

第九条 发包方根据农村土地承包法第二十七条规定收回承包地前,承包方已经以出租、入股或者其他形式将其土地经营权流转给第三人,且流转期限尚未届满,因流转价款收取产生的纠纷,按照下列情形,分别处理:

(一)承包方已经一次性收取了流转价款,发包方请求承包方返还剩余流转期限的流转价款的,应予支持;

(二)流转价款为分期支付,发包方请求第三人按照流转合同的约定支付流转价款的,应予支持。

第十条 承包方交回承包地不符合农村土地承包法第三十条规定程序的,不得认定其为自愿交回。

第十一条 土地经营权流转中,本集体经济组织成员在流转价款、流转期限等主要内容相同的条件下主张优先权的,应予支持。但下列情形除外:

(一)在书面公示的合理期限内未提出优先权主张的;

(二)未经书面公示,在本集体经济组织以外的人开始使用承包地两个月内未提出优先权主张的。

第十二条 发包方胁迫承包方将土地经营权流转给第三人,承包方请求撤销其与第三人签订的流转合同的,应予支持。

发包方阻碍承包方依法流转土地经营权,承包方请求排除妨碍、赔偿损失的,应予支持。

第十三条 承包方未经发包方同意,转让其土地承包经营权的,转让合同无效。但发包方无法定理由不同意或者拖延表态的除外。

第十四条 承包方依法采取出租、入股或者其他方式流转土地经营权,发包方仅以该土地经营权流转合同未报其备案为由,请求确认合同无效的,不予支持。

第十五条 因承包方不收取流转价款或者向对方支付费用的约定产生纠纷,当事人协商变更无法达成一致,且继续履行又显失公平的,人民法院可以根据发生变更的客观情况,按照公平原则处理。

第十六条 当事人对出租地流转期限没有约定或者约定不明的,参照民法典第七百三十条规定处理。除当事人另有约定或者属于林地承包经营外,承包地交回的时间应当在农作物收获期结束后或者下一耕种期开始前。

对提高土地生产能力的投入,对方当事人请求承包方给予相应补偿的,应予支持。

第十七条 发包方或者其他组织、个人擅自截留、扣缴承包收益或者土地经营权流转收益,承包方请求返还的,应予支持。

发包方或者其他组织、个人主张抵销的,不予支持。

三、其他方式承包纠纷的处理

第十八条 本集体经济组织成员在承包费、承包期限等主要内容相同的条件下主张优先承包的,应予支持。但在发包方将农村土地发包给本集体经济组织以外的组织或者个人,已经法律规定的民主议定程序通过,并由乡(镇)人民政府批准后主张优先承包的,不予支持。

第十九条 发包方就同一土地签订两个以上承包合同,承包方均主张取得土地经营权的,按照下列情形,分别处理:

(一)已经依法登记的承包方,取得土地经营权;

(二)均未依法登记的,生效在先合同的承包方取得土地经营权;

(三)依前两项规定无法确定的,已经根据承包合同合法占有使用承包地的人取得土地经营权,但争议发生后一方强行先占承包地的行为和事实,不得作为确定土地经营权的依据。

四、土地征收补偿费用分配及土地承包经营权继承纠纷的处理

第二十条 承包地被依法征收,承包方请求发包方给付已经收到的地上附着物和青苗的补偿费的,应予支持。

承包方已将土地经营权以出租、入股或者其他方式流转给第三人的,除当事人另有约定外,青苗补偿费归实际投入人所有,地上附着物补偿费归附着物所有人所有。

第二十一条 承包地被依法征收,放弃统一安置的家庭承包方,请求发包方给付已经收到的安置补助费的,应予支持。

第二十二条 农村集体经济组织或者村民委员会、村民小组,可以依照法律规定的民主议定程序,决定在本集体经济组织内部分配已经收到的土地补偿费。征地补偿安置方案确定时已经具有本集体经济组织成员资格的人,请求支付相应份额的,应予支持。但已报全国人大常委会、国务院备案的地方性法规、自治条例和单行条例、地方政府规章对土地补偿费在农村集体经济组织内部的分配办法另有规定的除外。

第二十三条 林地家庭承包中,承包方的继承人请求在承包期内继续承包的,应予支持。

其他方式承包中,承包方的继承人或者权利义务承受者请求在承包期内继续承包的,应予支持。

五、其他规定

第二十四条 人民法院在审理涉及本解释第五条、第六条第一款第(二)项及第二款、第十五条的纠纷案件时,应当着重进行调解。必要时可以委托人民调解组织进行调解。

第二十五条 本解释自2005年9月1日起施行。施行后受理的第一审案件,适用本解释的规定。

施行前已经生效的司法解释与本解释不一致的,以本解释为准。

· 典型案例

1. 陈清棕诉亭洋村一组、亭洋村村委会征地补偿款分配纠纷案①

【争议焦点】

承包土地的农民到小城镇落户后,该土地如果被征用,承包土地的农民是否能够获得征地补偿款?

【裁判要旨】

依照《土地管理法》第十四条和《农村土地承包法》第二十六条的规定,承包土地的农民到小城镇落户后,其土地承包经营权可以保留或者依法流转;该土地如果被征用,承包土地的农民有权获得征地补偿款。

【案情简介】

原告:陈清棕。

被告:福建省厦门市同安区马巷镇亭洋村村民委员会第一村民小组。

被告:福建省厦门市同安区马巷镇亭洋村村民委员会。

1996年1月5日,原告陈清棕代表全家四口人,以被告亭洋村一组村民(户别为农业户口)的身份,与亭洋村一组签订农业承包合同,承包了该组村民所有的旱地1.16亩、水田0.38亩,共计1.54亩。1998年12月31日,厦门市同安区人民政府给陈清棕发放证号No.066277的《土地承包经营权证》,确认了陈清棕一家与亭洋村一组之间的农业承包合同关系。2002年1月21日,陈清棕一家迁往同安区大同镇碧岳村岳口居住,户别也转为非农业户。陈清棕一家迁出后,亭洋村一组就将陈清棕一家原来承包的土地调整给其他村民。2002年7月23日,如意食品公司与被告亭洋村村委签订《土地征用协议》,征用了包括陈清棕一家原来承包的1.16亩土地在内的旱地69.8亩,支付了土地补偿款、安置款及青苗补偿款。亭洋村村委会和亭洋村一组按比例将补偿款分发给被征用土地的各户村民,但未分给陈清棕一家,因此引起纠纷。2002年7月24日,陈清棕将全家户口从大同镇碧岳村岳口迁回亭洋村,户口类别仍为非农业户。2003年3月11日,陈清棕提起本案诉讼。

原告诉称:由如意食品公司在向亭洋村村委会支付土地补偿款、安置款及青苗补偿款后,征用亭洋村的旱地69.8亩,其中包括原告承包的1.16亩土地。亭洋村一组在向承包土地被征用的各户村民发放土地补偿款时,不给原告一家发放。请求判令亭洋村一组和亭洋村村委会给原告支付土地征用补偿款、安置款共计17400元。

被告亭洋村一组辩称:原告一家四口原来虽是本组村民,并在本组承包过土地,但自2002年1月21日,原告一家已将户口迁出本村并转为非农户。其原承包的土地,已由本组按村规民约形成的惯例,重新调整给其他村民承包。本组土地被征用后,土地补偿款、安置款等,均已如数发放给相关农户。由于自2002年1月21日后,原告已不是本集体经济组织的成员,没有承包经营的土地被征用,故无权请求分配征地补偿款。

被告亭洋村村委会辩称:首先,支持亭洋村一组的答辩意见。其次,依照《中华人民共和国村民委员会组织法》第五条的规定,本村委会作为村农民集体所有土地的管理者,只是按照亭洋村一组大多数村民的意愿,履行与如意食品公司签订《土地征用协议》的手续而已。土地被征用后获得的土地补偿款,村委会已经全部交给亭洋村一组,由该组村民按照自主决策的方案全部分配。村委会没有截留这笔款项,谈不上与原告发生土地补偿款分配纠纷。

厦门市同安区人民法院认为:《中华人民共和国民法通则》(以下简称民法通则)第七十一条规定:"财产所有权是指所有人依法对自己的财产享有占有、使用、收益和处分的权利。"第七十四条第二款规定:"集体所有的土地依照法律属于村农民集体所有,由村农业生产合作社等农业集体经济组织或者村民委员会经营、管理。已经属于乡(镇)农民集体经济组织所有的,可以属于乡(镇)农民集体所有。"原告陈清棕一家原来虽是被告亭洋村一组的村民,但因其一家已于2002年1月21日迁往大同镇居住,户别也转为非农户,故已丧失了作为农业人员承包土地的权利。亭洋村一组依法收回陈清棕一家承包的土地,是合理的。陈清棕一家承包该地享有的权利及应尽的义务随之消灭。此后,该承包土地于2002年7月23日被征用。陈清棕一家虽于2002年7月24日回迁亭洋村,但仍保留非农业户性质。故陈清棕请求亭洋村一组及被告亭洋村村委会给其支付征地补偿安置款,理由不能成立,不予支持。

一审宣判后,原告陈清棕不服,向福建省厦门市中级人民法院提出上诉。

---

① 本案例发生于《国有土地上房屋征收与补偿条例》施行前,仍适用《城市房屋拆迁管理条例》的规定。案例来源:《最高人民法院公报》2005年第10期。

厦门市中级人民法院经审理查明：一审判决事实认定部分关于"陈清棕一家迁出后，亭洋村一组就将陈清棕一家原来承包的土地调整给其他村民"的认定，没有相应的证据证实，应不予确认；关于如意食品公司支付土地补偿款、安置款及青苗补偿款的时间，应当是2002年9月1日。除此以外，确认一审认定的其他事实属实。另查明，在土地被征用前，被上诉人曾以《新乡村征地表决书》一份，逐户征求在征地范围内有承包地的村民对征地的意见，上诉人陈清棕在该表决书上签字同意征地。

厦门市中级人民法院认为：民法通则第四条规定："民事活动应当遵循自愿、公平、等价有偿、诚实信用的原则。"《中华人民共和国土地管理法》（以下简称土地管理法）第十四条第一款规定："农民集体所有的土地由本集体经济组织的成员承包经营，从事种植业、林业、畜牧业、渔业生产。土地承包经营期限为三十年。发包方和承包方应当订立承包合同，约定双方的权利和义务。承包经营土地的农民有保护和按照承包合同约定的用途合理利用土地的义务。农民的土地承包经营权受法律保护。"第二款规定："在土地承包经营期限内，对个别承包经营者之间承包的土地进行适当调整的，必须经村民会议三分之二以上成员或者三分之二以上村民代表的同意，并报乡（镇）人民政府和县级人民政府农业行政主管部门批准。"土地承包法第二十六条第一款规定："承包期内，发包方不得收回承包地。"第二款规定："承包期内，承包方全家迁入小城镇落户的，应当按照承包方的意愿，保留其土地承包经营权或者允许其依法进行土地承包经营权流转。"第三款规定："承包期内，承包方全家迁入设区的市，转为非农业户口的，应当将承包的耕地和草地交回发包方。承包方不交回的，发包方可以收回承包的耕地和草地。"

农民到城市落户，是社会发展趋势，然而适合小城镇特点的社会保障制度，还在积极探索和建立中。目前农民进入小城镇后，无论户口类别是否改变，都还不能确保享受到基本生活保障。土地承包法之所以规定"承包方全家迁入小城镇落户的，应当按照承包方的意愿，保留其土地承包经营权或者允许其依法进行土地承包经营权流转"，主要是考虑土地是农民的基本生活保障，在农民进入小城镇后的基本生活保障尚未落实时，如果收回他们的承包地，可能使他们面临生活困难。

2002年1月21日以前，上诉人陈清棕及其家人居住在亭洋村，是被上诉人亭洋村村委会和亭洋村一组的村民。《土地承包经营权证》证明，陈清棕一家在亭洋村一组承包了土地，承包期至2028年12月31日。陈清棕签字同意的《新乡村征地表决书》，不仅可以证明陈清棕承包的部分土地在此次征地范围内，还可以证明在该土地被征用前，亭洋村村委会和亭洋村一组承认陈清棕对这部分土地享有承包经营权。在承包期内，陈清棕一家的土地承包经营权，依法应当受到保护。2002年1月22日至7月24日期间，陈清棕一家的户口虽然迁离亭洋村并转为非农业户，但其不是迁往设区的市，而是小城镇。在此期间，陈清棕一家在亭洋村承包的土地，应当按照其意愿保留土地承包经营权，或者允许其依法进行土地承包经营权的流转。亭洋村村委会和亭洋村一组没有证据证明陈清棕承包的旱地已经在征用前被调整给其他村民，即使能证明此事属实，这种做法也由于不符合土地管理法第十四条第二款和土地承包法第二十六条第一、第二款的规定，不能受到法律保护。因此，陈清棕诉请比照其他村民的标准获得征地补偿款（即每亩1.5万元×1.16亩=17400元），符合法律规定，应当支持。一审判决认定事实不清，适用法律错误，依法应当改判。据此，厦门市中级人民法院依照《中华人民共和国民事诉讼法》第六十四条第一款、第一百五十三条第一款第（三）项的规定，于2003年12月11日判决：

一、撤销一审民事判决；
二、被上诉人亭洋村一组、亭洋村村委会应于本判决生效之日起10日内，支付上诉人陈清棕土地补偿款17400元。

本案一、二审案件受理费各706元，均由被上诉人亭洋村一组、亭洋村村委会负担。

2. 易泽广诉湖南省株洲县人民政府送电线路建设工程征地拆迁补偿安置决定案①

【争议焦点】

对政府制定的征地拆迁补偿文件不服，是否属于可诉的行政行为？

【裁判要旨】

县级人民政府为辖区内特定工程出台的征地拆迁补偿标准文件，关涉人数固定、范围确定的征地拆迁补偿安置相对人的合法权益，是可诉的具体行政行为。

【案情简介】

原告：易泽广。

---

① 案例来源：《中国行政审判案例》第2卷，中国法制出版社2011年版。

被告:湖南省株洲县人民政府。

第三人:湖南省送变电建设公司。

2007年4月13日、28日,湖南省株洲县人民政府重点建设工程管理办公室(乙方)与湖南省送变电建设公司长沙东—衡阳500KV送电线路工程B标段第一、二项目部(甲方)签订《长沙东—衡阳500KV送电线路工程房屋拆迁安置及补偿包干协议书》和《拆迁补偿费用承包协议书》,约定:甲方将所承建线路工程株洲县境内需拆迁房屋委托乙方拆迁,拆迁费用总包干。2007年5月29日,株洲县人民政府制定下发株县政办发〔2007〕9号《长衡500KV送电线路工程株洲县建设工程征地拆迁补偿安置办法》,该文件第二条明确规定:"办法适用长衡500KV送电线路工程株洲县段建设工程征地拆迁补偿安置。"易泽广是长衡500KV线路工程房屋拆迁户。株洲县重点建设工程管理办公室与易泽广签订《房屋拆迁协议》,按〔2007〕9号文件确定的标准向易泽广支付拆迁补偿款项。株洲县政府于2008年12月12日将〔2007〕9号文件公告失效。易泽广认为补偿标准过低,诉至法院,要求确认被告株洲县人民政府按照〔2007〕9号文件标准支付地上房屋(附着物)补偿费的具体行政行为违法,并由被告补足未依法足额支付的补偿费。被告株洲县人民政府辩称,〔2007〕9号文件是抽象行政行为且合情合理合法,应当驳回原告的起诉。

2009年10月20日,湖南省株洲市中级人民法院经审判委员会讨论决定判决:确认株洲县人民政府所作的《长衡500KV送电线路工程株洲县段建设工程征地拆迁安置办法》具体行政行为违法;责令株洲县人民政府适用合法有效的补偿标准,对原告易泽广被拆迁的房屋及房屋附着物进行补偿。

宣判后,原、被告双方均不服,向湖南省高级人民法院提起上诉。

湖南省高级人民法院经审理认为,根据《中华人民共和国土地管理法》第四十七条、《中华人民共和国电力法》第十六条、《湖南省〈中华人民共和国土地管理法〉办法》第二十三条及《湖南省电力建设若干规定》第十条等法律法规的规定,电力建设项目的征地、拆迁,由县级以上人民政府按照设区的市、自治州人民政府制定并经省人民政府批准的征地、拆迁补偿标准组织实施。即只有设区的市、自治州人民政府制定并经省人民政府批准的征地、拆迁补偿标准才是合法有效的。株洲县人民政府是湖南省送变电建设公司长衡500KV送电线路工程株洲县段工程项目征地、拆迁的组织者和实施者,其制定的株县政办发〔2007〕9号《拆迁补偿安置办法》,是针对长衡500KV送电线路工程株洲县段范围内特定的征地对象所制定,具有一定的时限性,也不能反复适用,属于超越法定职权的具体行政行为。株洲县重点工程管理办公室系株洲县人民政府组建,作为实施长衡500KV送电线路工程株洲县段建设工程征地拆迁补偿安置的临时机构,其在本案中作出的拆迁、安置和补偿等具体行政行为所产生的法律后果,应当由株洲县人民政府承担。因株县政办发〔2007〕9号《拆迁补偿安置办法》在2008年12月12日由株洲县人民政府公告失效,不再执行。同时,在本案一审诉讼程序中,湖南省人民政府正在依法对株洲市人民政府株政发〔2006〕20号《株洲征地拆迁补偿安置办法》第四十条第二款进行审查修改中,尚未对株洲县(市)范围内征收土地涉及的拆迁房屋的补偿安置明确补偿标准。补偿安置标准的制定和实施属于人民政府行政权力的范围,人民法院的司法审查权依法不能干预和代替行政职权。原判认为株洲县人民政府征收土地按照株县政办发〔2007〕9号文件标准支付地上房屋(附着物)补偿费的具体行政行为违法的理由正确,确认株洲县人民政府所作的《拆迁安置办法》具体行政行为违法,亦即确认株洲县重点工程管理办公室按照株县政办发〔2007〕9号文件标准支付地上房屋(附着物)补偿费的行为违法,并责令株洲县人民政府采取相应的补救措施适用合法有效的补偿标准符合法律规定。上诉人株洲县人民政府认为株县政办发〔2007〕9号文件是行政规范性文件,是不可诉的抽象行政行为的上诉理由不能成立。第三人湖南省送变电建设公司与株洲县人民政府签订房屋拆迁安置及补偿包干和承包协议的行为不属于同一法律关系及本案的审理范围。故对上诉人株洲县人民政府的上诉请求,不予支持。原审判决认定事实清楚,适用法律正确,依法应予维持。根据《中华人民共和国行政诉讼法》第六十一条第(一)项的规定,判决:驳回上诉,维持原判。

4. 大型工程建设项目征地

长江三峡工程建设移民条例

· 2001年2月21日中华人民共和国国务院令第299号公布
· 根据2011年1月8日《国务院关于废止和修改部分的行政法规的决定》修订

第一章 总 则

第一条 为了做好三峡工程建设移民工作,维护移民合法权益,保障三峡工程建设,促进三峡库区经济和社会发展,制定本条例。

第二条 三峡工程建设移民,适用本条例。

第三条 三峡工程建设,实行开发性移民方针,统筹使用移民资金,合理开发资源,保护生态环境,妥善安置移民,使移民的生产、生活达到或者超过原有水平,为三峡库区经济和社会发展创造条件。

第四条 三峡工程建设移民工作应当与三峡库区建设、沿江地区对外开放、水土保持和环境保护相结合。

第五条 三峡工程建设移民,实行国家扶持、各方支援与自力更生相结合的原则,采取前期补偿、补助与后期生产扶持相结合的方针,兼顾国家、集体和个人的利益。

三峡工程淹没区、移民安置区所在地的人民政府和群众应当顾全大局,服从国家统筹安排,正确处理移民搬迁和经济发展的关系。

第六条 三峡工程建设移民,实行移民任务和移民资金包干的原则。

第七条 国家对三峡工程建设移民依法给予补偿。具体补偿标准由国务院三峡工程建设委员会移民管理机构会同国务院有关部门组织测算、拟订,报国务院批准后执行。

第八条 三峡工程建设移民工作实行统一领导、分省(直辖市)负责、以县为基础的管理体制。

国务院三峡工程建设委员会是三峡工程建设移民工作的领导决策机构。

国务院三峡工程建设委员会移民管理机构负责三峡工程建设移民工作。

湖北省、重庆市人民政府负责本行政区域内三峡工程建设移民工作,并设立三峡工程建设移民管理机构。

三峡工程淹没区和移民安置区所在地的市、县、区人民政府负责本行政区域内三峡工程建设移民工作,并可以根据需要设立三峡工程建设移民管理机构。

第二章 移民安置

第九条 三峡工程建设移民安置,应当编制移民安置规划。移民安置规划应当与土地利用总体规划相衔接。

水利部长江水利委员会会同湖北省、重庆市人民政府,负责编制《长江三峡工程水库淹没处理及移民安置规划大纲》(以下简称《规划大纲》),报国务院三峡工程建设委员会审批。

湖北省、重庆市人民政府应当按照《规划大纲》,负责组织本行政区域内有关市、县、区人民政府编制和批准有关市、县、区的移民安置规划,并分别汇总编制本省、直辖市的移民安置规划,报国务院三峡工程建设委员会备案。

国务院三峡工程建设委员会移民管理机构应当加强对移民安置规划实施情况的监督。

第十条 经批准的移民安置规划应当严格执行,不得随意调整或者修改;确需调整或者修改的,应当按照原审批程序报批。

第十一条 三峡工程建设用地按照批准的规划,一次审批,分期划拨,并依法办理土地权属变更登记手续。

三峡工程建设移民迁建用地应当严格控制规模,并依据土地利用总体规划和土地利用年度计划,分批次逐级上报省级以上人民政府依法办理农用地转用和土地征收手续。移民迁建用地不得转让,不得用于非移民项目。

第十二条 因三峡工程建设和移民迁建,土地被全部征收并安置在第二产业、第三产业或者自谋职业的农村移民,经本人同意,由有关县、区人民政府批准,可以转为非农业户口。

第十三条 移民安置地的有关地方人民政府应当合理调整土地,鼓励移民在安置地发展优质、高效、高产农业和生态农业;有条件的地方,可以通过发展第二产业、第三产业安置移民。

第十四条 三峡工程建设移民安置实行就地安置与异地安置、集中安置与分散安置、政府安置与移民自门路安置相结合。移民首先在本县、区安置;本县、区安置不了的,由湖北省、重庆市人民政府在本行政区域内其他市、县、区安置;湖北省、重庆市安置不了的,在其他省、自治区、直辖市安置。

第十五条 农村移民需要安置到本县、区其他农村集体经济组织的,由该农村集体经济组织与县、区人民政府移民管理机构或者负责移民管理工作的部门签订协议,并按照协议安排移民的生产、生活。

第十六条 移民在本县、区安置不了,需要在湖北省、重庆市行政区域内其他市、县、区安置的,由迁出地和安置地的市、县、区人民政府签订协议,办理有关手续。

移民需要在湖北省、重庆市以外的地区安置的,分别由湖北省、重庆市人民政府与安置地的省、自治区、直辖市人民政府签订协议,办理有关手续。

第十七条 三峡工程受益地区和有条件的省、自治区、直辖市及其市、县、区应当接收政府组织外迁和投亲靠友自主外迁的三峡库区农村移民,并及时办理有关手续,统一安排移民的生产、生活。

投亲靠友自主外迁的三峡库区农村移民,应当持有迁出地的县、区人民政府出具的证明。

第十八条 农村居民点迁建应当按照移民安置规划,依法编制新居民点建设规划。编制新居民点建设规划,应当因地制宜,有利生产,方便生活。

新建居民点的道路、供水、供电等基础设施,由乡(镇)、村统一组织施工。

房屋拆迁补偿资金按照农村房屋补偿标准包干到户,由移民用于住房建设。

移民建造住房,可以分户建造,也可以按照自愿原则统一建造。有关地方人民政府以及村民委员会不得强行规定建房标准。

第十九条 城镇迁建,应当按照移民安置规划,依法编制迁建区详细规划,并确定需要迁建的公共建筑和各项基础设施的具体位置。

城镇公共建筑和各项基础设施迁建补偿资金实行包干管理,其数额按照实际淹没损失和适当发展的原则核定。

城镇迁建中单位和居民搬迁的补偿资金实行包干管理,其数额按照实际淹没损失核定。

第二十条 需要迁建的城镇应当提前建设基础设施。

对自筹资金或者使用非移民资金提前搬迁的单位和居民,有关地方人民政府不得减少其应得的移民资金数额。

第二十一条 有关地方人民政府应当根据国家产业政策,结合技术改造,对需要搬迁的工矿企业进行统筹规划和结构调整。产品质量好、有市场的企业,可以通过对口支援,与名优企业合作、合资,把企业的搬迁与企业的重组结合起来;技术落后、浪费资源、产品质量低劣、污染严重的企业,应当依法实行兼并、破产或者关闭。

有关地方人民政府应当妥善安排破产、关闭企业职工和离退休人员的基本生活,做好再就业和社会养老保险工作。

工矿企业搬迁补偿资金实行包干管理,其数额按照实际淹没损失的重置价格核定。

第二十二条 因三峡工程蓄水被淹没的公路、桥梁、港口、码头、水利工程、电力设施、电信线路、广播电视等基础设施和文物古迹需要复建的,应当根据复建规划,按照经济合理的原则,预先在淹没线以上复建。复建补偿资金实行包干管理,其数额按照原规模、原标准或者为恢复原功能所需投资核定。

第二十三条 城镇迁建单位、工矿企业和居民的搬迁以及基础设施的复建,因扩大规模和提高标准超过包干资金的部分,分别由有关地方人民政府、有关单位、居民自行解决。

第二十四条 移民工程建设应当做好项目前期论证工作。城镇、农村居民点、工矿企业、基础设施的选址和迁建,应当做好水文地质、工程地质勘察、地质灾害防治勘查和地质灾害危险性评估。

第二十五条 移民工程建设应当履行基本建设程序,严格执行国务院2000年1月发布的《建设工程质量管理条例》规定的各项制度,确保建设工程质量。

移民工程建设施工,应当保护生态环境,防止植被破坏和水土流失。

第二十六条 安置移民生产,严禁开垦25度以上的坡地;已经开垦的,应当按照规划退耕还林还草。对已经开垦的25度以下的坡地,应当因地制宜,采取"坡改梯"措施,实行山水林田路综合规划治理。

第二十七条 三峡工程淹没区的林木,在淹没前已经达到采伐利用标准的,经依法批准后,林木所有者可以采伐、销售;不能采伐利用的,淹没后按照《规划大纲》的规定给予补偿。

第二十八条 三峡工程建设,应当按照"保护为主、抢救第一"和"重点保护、重点发掘"的原则,做好文物抢救、保护工作。

第三章 淹没区、安置区的管理

第二十九条 有关地方人民政府应当加强对三峡工程淹没区基本建设的管理。任何单位和个人不得在淹没线以下擅自新建、扩建和改建项目。违反《国务院办公厅关于严格控制三峡工程坝区和库区淹没线以下区域人口增长和基本建设的通知》的规定,在1992年4月4日后建设的项目,按照违章建筑处理。

第三十条 三峡库区有关公安机关应当加强对淹没区的户籍管理,严格控制非淹没区人口迁入淹没区。1992年4月4日后,按照《国务院办公厅关于严格控制三峡工程坝区和库区淹没线以下区域人口增长和基本建设的通知》的规定允许迁入的人口,经县级以上人民政府公安机关批准入户的,由国家负责搬迁安置;因其他原因擅自迁入的人口,国家不负责搬迁安置。

三峡库区各级地方人民政府和有关单位应当加强计划生育管理,控制人口增长,保证库区的人口出生率不超过湖北省、重庆市的规定。

本条第一款所称允许迁入的人口,是指因出生、婚嫁、工作调动、军人转业退伍和高等院校、中等专业技术学校毕业分配以及刑满释放等迁入的人口。

第三十一条 按照移民安置规划必须搬迁的单位和移民,不得拒绝搬迁或者拖延搬迁;已经搬迁并得到补偿和安置的,应当及时办理补偿销号手续,并不得返迁或者要求再次补偿。

按照移民安置规划已经搬迁的单位和移民,其搬迁前使用的土地及其附着物由当地县级人民政府依法处理。

第三十二条 三峡水库消落区的土地属于国家所有,由三峡水利枢纽管理单位负责管理,可以通过当地县级人民政府优先安排给当地农村移民使用;但是,不得影响水库安全、防洪、发电和生态环境保护。因蓄水给使用该土地的移民造成损失的,国家不予补偿。

第三十三条 有关地方人民政府应当对三峡工程移民档案加强管理,确保档案完整、准确和安全。

第四章 移民资金使用的管理和监督

第三十四条 移民资金实行静态控制,动态管理。除价格指数变动、国家政策调整和发生不可抗力外,不再增加移民资金。

第三十五条 移民资金年度计划应当纳入国家年度投资计划。

国务院三峡工程建设委员会移民管理机构根据经批准的三峡工程移民安置规划,组织编制移民资金年度计划,报国务院审批。

县级以上地方人民政府移民管理机构或者负责移民管理工作的部门组织编制本行政区域的移民资金年度项目计划,经本级人民政府审核同意后报上一级人民政府移民管理机构审批。

经批准的移民资金年度项目计划,不得擅自调整;确需调整的,应当报原审批机关批准。

第三十六条 移民资金安排应当突出重点,保证移民安置进度与枢纽工程建设进度相适应。

移民资金由有关地方人民政府按照移民安置规划安排使用。

有移民安置任务的省、自治区、直辖市人民政府应当根据国家移民资金投资包干方案,将移民资金拨付到县级人民政府和有关单位,由县级人民政府和有关单位将移民资金具体落实到各类移民投资项目。

第三十七条 移民资金应当在国务院三峡工程建设委员会移民管理机构或者省、自治区、直辖市人民政府移民管理机构指定的银行专户存储、专账核算。国务院或者省、自治区、直辖市人民政府确定的移民资金管理部门应当按照包干方案、移民资金年度项目计划和进度及时拨付移民资金。

第三十八条 移民资金应当用于下列项目:

(一)农村移民安置补偿;

(二)城镇迁建补偿;

(三)工矿企业迁建补偿;

(四)基础设施项目复建;

(五)环境保护;

(六)国务院三峡工程建设委员会移民管理机构规定的与移民有关的其他项目。

任何部门、单位和个人不得挤占、截留和挪用移民资金。

第三十九条 移民资金存储期间的孳息,应当纳入移民资金,不得挪作他用。

第四十条 有关地方人民政府设立的城镇迁建工程建设指挥部(管委会)不是一级财务核算单位,移民项目资金不得经其转拨。

第四十一条 国家对移民资金的管理、拨付和安排使用实行稽察制度,对管理、拨付和安排使用移民资金的有关地方人民政府及其有关部门、机构的负责人实行任期经济责任审计制度。

第四十二条 县级以上人民政府应当加强对下级人民政府及其有关部门管理、拨付和安排使用移民资金情况的监督。

各级人民政府移民管理机构或者负责移民管理工作的部门应当加强内部审计和监察,定期向本级人民政府、上级主管部门报告移民资金年度项目计划执行情况、移民资金拨付和使用情况。

第四十三条 有移民任务的乡(镇)、村应当建立健全财务管理制度,乡(镇)、村移民资金的使用情况应当张榜公布,接受群众监督。

第四十四条 各级审计机关和监察、财政部门应当加强对移民资金管理、拨付和安排使用的审计和监察、监督,依法履行国家有关法律、法规赋予的职责。

审计机关和监察、财政部门进行审计和监察、监督时,有关单位和个人应当予以配合,及时提供有关资料。

第五章 扶持措施

第四十五条 国家从三峡电站的电价收入中提取一定资金设立三峡库区移民后期扶持基金,分配给湖北省、重庆市和接收外迁移民的省、自治区、直辖市人民政府,用于移民的后期扶持。具体办法由财政部会同国务院有关部门制定,报国务院批准后执行。

第四十六条 三峡电站投产后缴纳的税款依法留给地方的部分,分配给湖北省、重庆市人民政府,用于支持三峡库区建设和生态环境保护。具体办法由财政部会同国务院有关部门制定,报国务院批准后执行。

第四十七条 农村移民建房占用耕地,免征耕地占用税。三峡工程坝区和淹没区建设占用耕地,按照应纳税额的40%征收耕地占用税;城镇、企业事业单位搬迁和基础设施复建占用耕地,按照国家有关规定缴纳耕地占用税。缴纳的耕地占用税全部用于三峡库区农村移民安置。

第四十八条 三峡电站投产后,应当优先安排三峡库区用电。

第四十九条 国家将三峡库区有水电资源条件的受淹县、区列为农村水电初级电气化县,予以扶持。

第五十条 国家将三峡库区具备一定条件的受淹县、区优先列入生态农业试点示范县,予以扶持,并优先安排基本农田及水利专项资金,用于移民安置区农田水利建设。

第五十一条 国务院有关部门和湖北省、重庆市人民政府及其有关部门在安排建设项目、分配资金时,对三峡库区有关县、区应当优先照顾。

第五十二条 国务院有关部门和有关省、自治区、直辖市应当按照优势互补、互惠互利、长期合作、共同发展的原则,采取多种形式鼓励名优企业到三峡库区投资建厂,并从教育、文化、科技、人才、管理、信息、资金、物资等方面对口支援三峡库区移民。

第五十三条 国家在三峡库区和三峡工程受益地区安排的建设项目,应当优先吸收符合条件的移民就业。

第五十四条 国家对专门为安置农村移民开发的土地和新办的企业,依法减免农业税、农业特产农业税、企业所得税。

第六章 罚 则

第五十五条 违反本条例规定,未经批准,擅自调整、修改移民安置规划和移民资金年度项目计划的,由规划、计划的审批机关责令限期改正;逾期不改正的,对直接负责的主管人员和其他直接责任人员,依法给予行政处分。

第五十六条 违反本条例规定,擅自将移民迁建用地的使用权转让或者用于非移民项目的,由县级以上人民政府土地行政主管部门会同同级移民管理机构依据职责,责令限期改正,没收违法所得,并处违法所得1倍以上3倍以下的罚款。没收的违法所得和收缴的罚款,全部纳入移民资金,用于移民迁建。

第五十七条 违反本条例规定,在淹没线以下擅自新建、扩建和改建项目的,由县级以上人民政府移民管理机构依据职责,责令停止违法行为,限期恢复原状,可以处5万元以下的罚款;造成损失的,依法承担赔偿责任。

第五十八条 违反本条例规定,在移民搬迁和安置过程中,有下列行为之一的,由县级以上人民政府移民管理机构会同同级有关部门依据职责,责令限期改正,给予警告;构成违反治安管理行为的,由公安机关依法予以处罚:

(一)拒绝搬迁或者拖延搬迁的;

(二)按照规定标准已获得安置补偿,搬迁后又擅自返迁的;

(三)按照规定标准获得安置补偿后,无理要求再次补偿的。

第五十九条 违反本条例规定,有下列行为之一的,由有关审计机关、财政部门依照审计、财政法律、法规的规定予以处罚;对直接负责的主管人员和其他直接责任人员,依法给予行政处分;构成犯罪的,依法追究刑事责任:

(一)将移民资金用于非移民项目、偿还非移民债务和平衡地方财政预算的;

(二)利用移民资金进行融资、投资和提供担保的;

(三)购买股票、债券和其他有价证券的;

(四)利用其他方式挪用移民资金的。

第六十条 违反本条例规定,在国务院三峡工程建设委员会移民管理机构或者省、自治区、直辖市人民政府移民管理机构指定的银行之外的金融机构存储移民资金的,由县级以上人民政府移民管理机构按照职责分工,责令限期改正,给予警告;对直接负责的主管人员和其他直接责任人员,依法给予行政处分;有违法所得的,没收违法所得,并处违法所得1倍以上3倍以下的罚款。

第六十一条 违反本条例规定,挤占、截留移民资金的,由有关审计机关、财政部门依法予以追缴,可以处挤占、截留移民资金数额1倍以下的罚款;对直接负责的主管人员和其他直接责任人员,依法给予行政处分。

第六十二条 在移民工程建设中,破坏植被和生态环境,造成水土流失的,依照环境保护法和水土保持法的有关规定处罚。

第六十三条 国家机关工作人员在移民工作中玩忽职守、滥用职权、徇私舞弊,构成犯罪的,依法追究刑事责任;尚不构成犯罪的,依法给予行政处分。

第七章 附 则

第六十四条 本条例自2001年3月1日起施行。1993年8月19日国务院公布施行的《长江三峡工程建设移民条例》同时废止。

大中型水利水电工程建设征地补偿和移民安置条例

- 2006年7月7日中华人民共和国国务院令第471号公布
- 根据2013年7月18日《国务院关于废止和修改部分行政法规的决定》第一次修订
- 根据2013年12月7日《国务院关于修改部分行政法规的决定》第二次修订
- 根据2017年4月14日《国务院关于修改〈大中型水利水电工程建设征地补偿和移民安置条例〉的决定》第三次修订

第一章 总 则

第一条 为了做好大中型水利水电工程建设征地补偿和移民安置工作，维护移民合法权益，保障工程建设的顺利进行，根据《中华人民共和国土地管理法》和《中华人民共和国水法》，制定本条例。

第二条 大中型水利水电工程的征地补偿和移民安置，适用本条例。

第三条 国家实行开发性移民方针，采取前期补偿、补助与后期扶持相结合的办法，使移民生活达到或者超过原有水平。

第四条 大中型水利水电工程建设征地补偿和移民安置应当遵循下列原则：

（一）以人为本，保障移民的合法权益，满足移民生存与发展的需求；

（二）顾全大局，服从国家整体安排，兼顾国家、集体、个人利益；

（三）节约利用土地，合理规划工程占地，控制移民规模；

（四）可持续发展，与资源综合开发利用、生态环境保护相协调；

（五）因地制宜，统筹规划。

第五条 移民安置工作实行政府领导、分级负责、县为基础、项目法人参与的管理体制。

国务院水利水电工程移民行政管理机构（以下简称国务院移民管理机构）负责全国大中型水利水电工程移民安置工作的管理和监督。

县级以上地方人民政府负责本行政区域内大中型水利水电工程移民安置工作的组织和领导；省、自治区、直辖市人民政府规定的移民管理机构，负责本行政区域内大中型水利水电工程移民安置工作的管理和监督。

第二章 移民安置规划

第六条 已经成立项目法人的大中型水利水电工程，由项目法人编制移民安置规划大纲，按照审批权限报省、自治区、直辖市人民政府或者国务院移民管理机构审批；省、自治区、直辖市人民政府或者国务院移民管理机构在审批前应当征求移民区和移民安置区县级以上地方人民政府的意见。

没有成立项目法人的大中型水利水电工程，项目主管部门应当会同移民区和移民安置区县级以上地方人民政府编制移民安置规划大纲，按照审批权限报省、自治区、直辖市人民政府或者国务院移民管理机构审批。

第七条 移民安置规划大纲应当根据工程占地和淹没区实物调查结果以及移民区、移民安置区经济社会情况和资源环境承载能力编制。

工程占地和淹没区实物调查，由项目主管部门或者项目法人会同工程占地和淹没区所在地的地方人民政府实施；实物调查应当全面准确，调查结果经调查者和被调查者签字认可并公示后，由有关地方人民政府签署意见。实物调查工作开始前，工程占地和淹没区所在地的省级人民政府应当发布通告，禁止在工程占地和淹没区新增建设项目和迁入人口，并对实物调查工作作出安排。

第八条 移民安置规划大纲应当主要包括移民安置的任务、去向、标准和农村移民生产安置方式以及移民生活水平评价和搬迁后生活水平预测、水库移民后期扶持政策、淹没线以上受影响范围的划定原则、移民安置规划编制原则等内容。

第九条 编制移民安置规划大纲应当广泛听取移民和移民安置区居民的意见；必要时，应当采取听证的方式。

经批准的移民安置规划大纲是编制移民安置规划的基本依据，应当严格执行，不得随意调整或者修改；确需调整或者修改的，应当报原批准机关批准。

第十条 已经成立项目法人的，由项目法人根据经批准的移民安置规划大纲编制移民安置规划；没有成立项目法人的，项目主管部门应当会同移民区和移民安置区县级以上地方人民政府，根据经批准的移民安置规划大纲编制移民安置规划。

大中型水利水电工程的移民安置规划，按照审批权限经省、自治区、直辖市人民政府移民管理机构或者国务院移民管理机构审核后，由项目法人或者项目主管部门报项目审批或者核准部门，与可行性研究报告或者项目申请报告一并审批或者核准。

省、自治区、直辖市人民政府移民管理机构或者国务院移民管理机构审核移民安置规划，应当征求本级人民政府有关部门以及移民区和移民安置区县级以上地方人民政府的意见。

第十一条 编制移民安置规划应当以资源环境承载能力为基础，遵循本地安置与异地安置、集中安置与分散安置、政府安置与移民自找门路安置相结合的原则。

编制移民安置规划应当尊重少数民族的生产、生活方式和风俗习惯。

移民安置规划应当与国民经济和社会发展规划以及土地利用总体规划、城市总体规划、村庄和集镇规划相衔接。

第十二条 移民安置规划应当对农村移民安置、城(集)镇迁建、工矿企业迁建、专项设施迁建或者复建、防护工程建设、水库水域开发利用、水库移民后期扶持措施、征地补偿和移民安置资金概(估)算等作出安排。

对淹没线以上受影响范围内因水库蓄水造成的居民生产、生活困难问题，应当纳入移民安置规划，按照经济合理的原则，妥善处理。

第十三条 对农村移民安置进行规划，应当坚持以农业生产安置为主，遵循因地制宜、有利生产、方便生活、保护生态的原则，合理规划农村移民安置点；有条件的地方，可以结合小城镇建设进行。

农村移民安置后，应当使移民拥有与移民安置区居民基本相当的土地等农业生产资料。

第十四条 对城(集)镇移民安置进行规划，应当以城(集)镇现状为基础，节约用地，合理布局。

工矿企业的迁建，应当符合国家的产业政策，结合技术改造和结构调整进行；对技术落后、浪费资源、产品质量低劣、污染严重、不具备安全生产条件的企业，应当依法关闭。

第十五条 编制移民安置规划应当广泛听取移民和移民安置区居民的意见；必要时，应当采取听证的方式。

经批准的移民安置规划是组织实施移民安置工作的基本依据，应当严格执行，不得随意调整或者修改；确需调整或者修改的，应当依照本条例第十条的规定重新报批。

未编制移民安置规划或者移民安置规划未经审核的大中型水利水电工程建设项目，有关部门不得批准或者核准其建设，不得为其办理用地等有关手续。

第十六条 征地补偿和移民安置资金、依法应当缴纳的耕地占用税和耕地开垦费以及依照国务院有关规定缴纳的森林植被恢复费等应当列入大中型水利水电工程概算。

征地补偿和移民安置资金包括土地补偿费、安置补助费，农村居民点迁建、城(集)镇迁建、工矿企业迁建以及专项设施迁建或者复建补偿费(含有关地上附着物补偿费)，移民个人财产补偿费(含地上附着物和青苗补偿费)和搬迁费，库底清理费，淹没区文物保护费和国家规定的其他费用。

第十七条 农村移民集中安置的农村居民点、城(集)镇、工矿企业以及专项设施等基础设施的迁建或者复建选址，应当依法做好环境影响评价、水文地质与工程地质勘察、地质灾害防治和地质灾害危险性评估。

第十八条 对淹没区内的居民点、耕地等，具备防护条件的，应当在经济合理的前提下，采取修建防护工程等防护措施，减少淹没损失。

防护工程的建设费用由项目法人承担，运行管理费用由大中型水利水电工程管理单位负责。

第十九条 对工程占地和淹没区内的文物，应当查清分布，确认保护价值，坚持保护为主、抢救第一的方针，实行重点保护、重点发掘。

第三章 征地补偿

第二十条 依法批准的流域规划中确定的大中型水利水电工程建设项目的用地，应当纳入项目所在地的土地利用总体规划。

大中型水利水电工程建设项目核准或者可行性研究报告批准后，项目用地应当列入土地利用年度计划。

属于国家重点扶持的水利、能源基础设施的大中型水利水电工程建设项目，其用地可以以划拨方式取得。

第二十一条 大中型水利水电工程建设项目用地，应当依法申请并办理审批手续，实行一次报批、分期征收，按期支付征地补偿费。

对于应急的防洪、治涝等工程，经有批准权的人民政府决定，可以先行使用土地，事后补办用地手续。

第二十二条 大中型水利水电工程建设征收土地的土地补偿费和安置补助费，实行与铁路等基础设施项目用地同等补偿标准，按照被征收土地所在省、自治区、直辖市规定的标准执行。

被征收土地上的零星树木、青苗等补偿标准，按照被征收土地所在省、自治区、直辖市规定的标准执行。

被征收土地上的附着建筑物按照其原规模、原标准或者恢复原功能的原则补偿；对补偿费用不足以修建基本用房的贫困移民，应当给予适当补助。

使用其他单位或者个人依法使用的国有耕地，参照征收耕地的补偿标准给予补偿；使用未确定给单位或者个人使用的国有未利用地，不予补偿。

移民远迁后,在水库周边淹没线以上属于移民个人所有的零星树木、房屋等应当分别依照本条第二款、第三款规定的标准给予补偿。

第二十三条 大中型水利水电工程建设临时用地,由县级以上人民政府土地主管部门批准。

第二十四条 工矿企业和交通、电力、电信、广播电视等专项设施以及中小学的迁建或者复建,应当按照其原规模、原标准或者恢复原功能的原则补偿。

第二十五条 大中型水利水电工程建设占用耕地的,应当执行占补平衡的规定。为安置移民开垦的耕地、因大中型水利水电工程建设而进行土地整理新增的耕地、工程施工新造的耕地可以抵扣或者折抵建设占用耕地的数量。

大中型水利水电工程建设占用25度以上坡耕地的,不计入需要补充耕地的范围。

第四章 移民安置

第二十六条 移民区和移民安置区县级以上地方人民政府负责移民安置规划的组织实施。

第二十七条 大中型水利水电工程开工前,项目法人应当根据经批准的移民安置规划,与移民区和移民安置区所在的省、自治区、直辖市人民政府或者市、县人民政府签订移民安置协议;签订协议的省、自治区、直辖市人民政府或者市人民政府,可以与下一级有移民或者移民安置任务的人民政府签订移民安置协议。

第二十八条 项目法人应当根据大中型水利水电工程建设的要求和移民安置规划,在每年汛期结束后60日内,向与其签订移民安置协议的地方人民政府提出下年度移民安置计划建议;签订移民安置协议的地方人民政府,应当根据移民安置规划和项目法人的年度移民安置计划建议,在与项目法人充分协商的基础上,组织编制并下达本行政区域的下年度移民安置年度计划。

第二十九条 项目法人应当根据移民安置年度计划,按照移民安置实施进度将征地补偿和移民安置资金支付给与其签订移民安置协议的地方人民政府。

第三十条 农村移民在本县通过新开发土地或者调剂土地集中安置的,县级人民政府应当将土地补偿费、安置补助费和集体财产补偿费直接全额兑付给该村集体经济组织或者村民委员会。

农村移民分散安置到本县内其他村集体经济组织或者村民委员会的,应当由移民安置村集体经济组织或村民委员会与县级人民政府签订协议,按照协议安排移民的生产和生活。

第三十一条 农村移民在本省行政区域内其他县安置的,与项目法人签订移民安置协议的地方人民政府,应当及时将相应的征地补偿和移民安置资金交给移民安置区县级人民政府,用于安排移民的生产和生活。

农村移民跨省安置的,项目法人应当及时将相应的征地补偿和移民安置资金交给移民安置区省、自治区、直辖市人民政府,用于安排移民的生产和生活。

第三十二条 搬迁费以及移民个人房屋和附属建筑物、个人所有的零星树木、青苗、农副业设施等个人财产补偿费,由移民区县级人民政府直接全额兑付给移民。

第三十三条 移民自愿投亲靠友的,应当由本人向移民区县级人民政府提出申请,并提交接收地县级人民政府出具的接收证明;移民区县级人民政府确认其具有土地等农业生产资料后,应当与接收地县级人民政府和移民共同签订协议,将土地补偿费、安置补助费交给接收地县级人民政府,统筹安排移民的生产和生活,将个人财产补偿费和搬迁费发给移民个人。

第三十四条 城(集)镇迁建、工矿企业迁建、专项设施迁建或者复建补偿费,由移民区以上地方人民政府交给当地人民政府或者有关单位。因扩大规模、提高标准增加的费用,由有关地方人民政府或者有关单位自行解决。

第三十五条 农村移民集中安置的农村居民点应当按照经批准的移民安置规划确定的规模和标准迁建。

农村移民集中安置的农村居民点的道路、供水、供电等基础设施,由乡(镇)、村统一组织建设。

农村移民住房,应当由移民自主建造。有关地方人民政府或者村民委员会应当统一规划宅基地,但不得强行规定建房标准。

第三十六条 农村移民安置用地应当依照《中华人民共和国土地管理法》和《中华人民共和国农村土地承包法》办理有关手续。

第三十七条 移民安置达到阶段性目标和移民安置工作完毕后,省、自治区、直辖市人民政府或者国务院移民管理机构应当组织有关单位进行验收;移民安置未经验收或者验收不合格的,不得对大中型水利水电工程进行阶段性验收和竣工验收。

第五章 后期扶持

第三十八条 移民安置区县级以上地方人民政府应当编制水库移民后期扶持规划,报上一级人民政府或者其移民管理机构批准后实施。

编制水库移民后期扶持规划应当广泛听取移民的意

见;必要时,应当采取听证的方式。

经批准的水库移民后期扶持规划是水库移民后期扶持工作的基本依据,应当严格执行,不得随意调整或者修改;确需调整或者修改的,应当报原批准机关批准。

未编制水库移民后期扶持规划或者水库移民后期扶持规划未经批准,有关单位不得拨付水库移民后期扶持资金。

第三十九条 水库移民后期扶持规划应当包括后期扶持的范围、期限、具体措施和预期达到的目标等内容。水库移民安置区县级以上地方人民政府应当采取建立责任制等有效措施,做好后期扶持规划的落实工作。

第四十条 水库移民后期扶持资金应当按照水库移民后期扶持规划,主要作为生产生活补助发放给移民个人;必要时可以实行项目扶持,用于解决移民村生产生活中存在的突出问题,或者采取生产生活补助和项目扶持相结合的方式。具体扶持标准、期限和资金的筹集、使用管理依照国务院有关规定执行。

省、自治区、直辖市人民政府根据国家规定的原则,结合本行政区域实际情况,制定水库移民后期扶持具体实施办法,报国务院批准后执行。

第四十一条 各级人民政府应当加强移民安置区的交通、能源、水利、环保、通信、文化、教育、卫生、广播电视等基础设施建设,扶持移民安置区发展。

移民安置区地方人民政府应当将水库移民后期扶持纳入本级人民政府国民经济和社会发展规划。

第四十二条 国家在移民安置区和大中型水利水电工程受益地区兴办的生产建设项目,应当优先吸收符合条件的移民就业。

第四十三条 大中型水利水电工程建成后形成的水面和水库消落区土地属于国家所有,由该工程管理单位负责管理,并可以在服从水库统一调度和保证工程安全、符合水土保持和水质保护要求的前提下,通过当地县级人民政府优先安排给当地农村移民使用。

第四十四条 国家在安排基本农田和水利建设资金时,应当对移民安置区所在县优先予以扶持。

第四十五条 各级人民政府及其有关部门应当加强对移民的科学文化知识和实用技术的培训,加强法制宣传教育,提高移民素质,增强移民就业能力。

第四十六条 大中型水利水电工程受益地区的各级地方人民政府及其有关部门应当按照优势互补、互惠互利、长期合作、共同发展的原则,采取多种形式对移民安置区给予支持。

第六章 监督管理

第四十七条 国家对移民安置和水库移民后期扶持实行全过程监督。省、自治区、直辖市人民政府和国务院移民管理机构应当加强对移民安置和水库移民后期扶持的监督,发现问题应当及时采取措施。

第四十八条 国家对征地补偿和移民安置资金、水库移民后期扶持资金的拨付、使用和管理实行稽察制度,对拨付、使用和管理征地补偿和移民安置资金、水库移民后期扶持资金的有关地方人民政府及其有关部门的负责人依法实行任期经济责任审计。

第四十九条 县级以上人民政府应当加强对下级人民政府及其财政、发展改革、移民等有关部门或者机构拨付、使用和管理征地补偿和移民安置资金、水库移民后期扶持资金的监督。

县级以上地方人民政府或者其移民管理机构应当加强对征地补偿和移民安置资金、水库移民后期扶持资金的管理,定期向上一级人民政府或者其移民管理机构报告并向项目法人通报有关资金拨付、使用和管理情况。

第五十条 各级审计、监察机关应当依法加强对征地补偿和移民安置资金、水库移民后期扶持资金拨付、使用和管理情况的审计和监察。

县级以上人民政府财政部门应当加强对征地补偿和移民安置资金、水库移民后期扶持资金拨付、使用和管理情况的监督。

审计、监察机关和财政部门进行审计、监察和监督时,有关单位和个人应当予以配合,及时提供有关资料。

第五十一条 国家对移民安置实行全过程监督评估。签订移民安置协议的地方人民政府和项目法人应当采取招标的方式,共同委托移民安置监督评估单位对移民搬迁进度、移民安置质量、移民资金的拨付和使用情况以及移民生活水平的恢复情况进行监督评估;被委托方应当将监督评估的情况及时向委托方报告。

第五十二条 征地补偿和移民安置资金应当专户存储、专账核算,存储期间的孳息,应当纳入征地补偿和移民安置资金,不得挪作他用。

第五十三条 移民区和移民安置区县级人民政府,应当以村为单位将大中型水利水电工程征收的土地数量、土地种类和实物调查结果、补偿范围、补偿标准和金额以及安置方案等向群众公布。群众提出异议的,县级人民政府应当及时核查,并对统计调查结果不准确的事项进行改正;经核查无误的,应当及时向群众解释。

有移民安置任务的乡(镇)、村应当建立健全征地补偿和移民安置资金的财务管理制度,并将征地补偿和移民安置资金收支情况张榜公布,接受群众监督;土地补偿费和集体财产补偿费的使用方案应当经村民会议或者村民代表会议讨论通过。

移民安置区乡(镇)人民政府、村(居)民委员会应当采取有效措施帮助移民适应当地的生产、生活,及时调处矛盾纠纷。

第五十四条 县级以上地方人民政府或者其移民管理机构以及项目法人应当建立移民工作档案,并按照国家有关规定进行管理。

第五十五条 国家切实维护移民的合法权益。

在征地补偿和移民安置过程中,移民认为其合法权益受到侵害的,可以依法向县级以上人民政府或者其移民管理机构反映,县级以上人民政府或者其移民管理机构应当对移民反映的问题进行核实并妥善解决。移民也可以依法向人民法院提起诉讼。

移民安置后,移民与移民安置区当地居民享有同等的权利,承担同等的义务。

第五十六条 按照移民安置规划必须搬迁的移民,无正当理由不得拖延搬迁或者拒迁。已经安置的移民不得返迁。

第七章 法律责任

第五十七条 违反本条例规定,有关地方人民政府、移民管理机构、项目审批部门及其他有关部门有下列行为之一的,对直接负责的主管人员和其他直接责任人员依法给予行政处分;造成严重后果,有关责任人员构成犯罪的,依法追究刑事责任:

(一)违反规定批准移民安置规划大纲、移民安置规划或者水库移民后期扶持规划的;

(二)违反规定批准或者核准未编制移民安置规划或者移民安置规划未经审核的大中型水利水电工程建设项目的;

(三)移民安置未经验收或者验收不合格而对大中型水利水电工程进行阶段性验收或者竣工验收的;

(四)未编制水库移民后期扶持规划,有关单位拨付水库移民后期扶持资金的;

(五)移民安置管理、监督和组织实施过程中发现违法行为不予查处的;

(六)在移民安置过程中发现问题不及时处理,造成严重后果以及有其他滥用职权、玩忽职守等违法行为的。

第五十八条 违反本条例规定,项目主管部门或者有关地方人民政府及其有关部门调整或者修改移民安置规划大纲、移民安置规划或者水库移民后期扶持规划的,由批准该规划大纲、规划的有关人民政府或者其有关部门、机构责令改正,对直接负责的主管人员和其他直接责任人员依法给予行政处分;造成重大损失,有关责任人员构成犯罪的,依法追究刑事责任。

违反本条例规定,项目法人调整或者修改移民安置规划大纲、移民安置规划的,由批准该规划大纲、规划的有关人民政府或者其有关部门、机构责令改正,处 10 万元以上 50 万元以下的罚款;对直接负责的主管人员和其他直接责任人员处 1 万元以上 5 万元以下的罚款;造成重大损失,有关责任人员构成犯罪的,依法追究刑事责任。

第五十九条 违反本条例规定,在编制移民安置规划大纲、移民安置规划、水库移民后期扶持规划,或者进行实物调查、移民安置监督评估中弄虚作假的,由批准该规划大纲、规划的有关人民政府或者其有关部门、机构责令改正,对有关单位处 10 万元以上 50 万元以下的罚款;对直接负责的主管人员和其他直接责任人员处 1 万元以上 5 万元以下的罚款;给他人造成损失的,依法承担赔偿责任。

第六十条 违反本条例规定,侵占、截留、挪用征地补偿和移民安置资金、水库移民后期扶持资金的,责令退赔,并处侵占、截留、挪用资金额 3 倍以下的罚款,对直接负责的主管人员和其他责任人员依法给予行政处分;构成犯罪的,依法追究有关责任人员的刑事责任。

第六十一条 违反本条例规定,拖延搬迁或者拒迁的,当地人民政府或者其移民管理机构可以申请人民法院强制执行;违反治安管理法律、法规的,依法给予治安管理处罚;构成犯罪的,依法追究有关责任人员的刑事责任。

第八章 附 则

第六十二条 长江三峡工程的移民工作,依照《长江三峡工程建设移民条例》执行。

南水北调工程的征地补偿和移民安置工作,依照本条例执行。但是,南水北调工程中线、东线一期工程的移民安置规划的编制审批,依照国务院的规定执行。

第六十三条 本条例自 2006 年 9 月 1 日起施行。1991 年 2 月 15 日国务院发布的《大中型水利水电工程建设征地补偿和移民安置条例》同时废止。

国务院关于完善大中型水库移民后期扶持政策的意见

- 2006 年 5 月 17 日
- 国发〔2006〕17 号

新中国成立以来,我国兴建了一大批大中型水库,在防洪、发电、灌溉、供水、生态等方面发挥了巨大效益,有力地促进了国民经济和社会发展,大中型水库移民为此作出了重大贡献。为了帮助移民改善生产生活条件,国家先后设立了库区维护基金、库区建设基金和库区后期扶持基金,努力解决水库移民遗留问题,对保护移民权益、维护库区社会稳定发挥了重要作用。但由于扶持政策不统一、扶持标准偏低、移民直接受益不够等多种原因,目前水库移民的生产生活条件依然普遍较差,有相当多的移民仍生活在贫困之中。当前,我国总体上已进入统筹城乡发展、以工促农、以城带乡的发展阶段,有必要也有能力加大对水库移民的后期扶持。为帮助水库移民脱贫致富,促进库区和移民安置区经济社会发展,保障新时期水利水电事业健康发展,构建社会主义和谐社会,现就完善大中型水库移民后期扶持政策(以下简称后期扶持政策)提出如下意见:

一、完善后期扶持政策的指导思想、目标和原则

(一)指导思想。以邓小平理论和"三个代表"重要思想为指导,坚持以人为本,全面贯彻落实科学发展观,做到工程建设、移民安置与生态保护并重,继续按照开发性移民的方针,完善扶持方式,加大扶持力度,改善移民生产生活条件,逐步建立促进库区经济发展、水库移民增收、生态环境改善、农村社会稳定的长效机制,使水库移民共享改革发展成果,实现库区和移民安置区经济社会可持续发展。

(二)目标。近期目标是,解决水库移民的温饱问题以及库区和移民安置区基础设施薄弱的突出问题;中长期目标是,加强库区和移民安置区基础设施和生态环境建设,改善移民生产生活条件,促进经济发展,增加移民收入,使移民生活水平不断提高,逐步达到当地农村平均水平。

(三)原则。

——坚持统筹兼顾水电和水利移民、新水库和老水库移民、中央水库和地方水库移民。

——坚持前期补偿补助与后期扶持相结合。

——坚持解决温饱问题与解决长远发展问题相结合。

——坚持国家帮扶与移民自力更生相结合。

——坚持中央统一制定政策,省级人民政府负总责。

二、完善政策,提高移民后期扶持标准

(四)扶持范围。后期扶持范围为大中型水库的农村移民。其中,2006 年 6 月 30 日前搬迁的水库移民为现状人口,2006 年 7 月 1 日以后搬迁的水库移民为原迁人口。在扶持期内,中央对各省、自治区、直辖市 2006 年 6 月 30 日前已搬迁的水库移民现状人口一次核定,不再调整;对移民人口的自然变化采取何种具体政策,由各省、自治区、直辖市自行决定,转为非农业户口的农村移民不再纳入后期扶持范围。

(五)扶持标准。对纳入扶持范围的移民每人每年补助 600 元。

(六)扶持期限。对 2006 年 6 月 30 日前搬迁的纳入扶持范围的移民,自 2006 年 7 月 1 日起再扶持 20 年;对 2006 年 7 月 1 日以后搬迁的纳入扶持范围的移民,从其完成搬迁之日起扶持 20 年。

(七)扶持方式。后期扶持资金能够直接发放给移民个人的应尽量发放到移民个人,用于移民生产生活补助;也可以实行项目扶持,用于解决移民村群众生产生活中存在的突出问题;还可以采取两者结合的方式。具体方式由地方各级人民政府在充分尊重移民意愿并听取移民村群众意见的基础上确定,并编制切实可行的水库移民后期扶持规划。采取直接发放给移民个人方式的,要核实到人,建立档案、设立账户,及时足额将后期扶持资金发放到户;采取项目扶持方式的,可以统筹使用资金,但项目的确定要经绝大多数移民同意,资金的使用与管理要公开透明,接受移民监督,严禁截留挪用。

(八)扶持资金筹集。要坚持全国统筹、分省(区、市)核算,企业、社会、中央与地方政府合理负担,工业反哺农业、城市支持农村,东部地区支持中西部地区的原则。

水库移民后期扶持资金由国家统一筹措:(1)提高省级电网公司在本省(区、市)区域内全部销售电量(扣除农业生产用电)的电价,提价收入专项用于水库移民后期扶持。为了减轻中西部地区的负担,移民人数较少的河北、山西、内蒙古、吉林、黑龙江、贵州、云南、西藏、甘肃、青海、宁夏、新疆 12 个省(区)的电价加价标准根据本省(区)的移民人数一次核定,原则上不再调整;如上述 12 个省(区)2006 年 7 月 1 日以后搬迁的纳入扶持范围的水库移民所需后期扶持资金出现缺口,由中央统筹解决;其他 19 个省(区、市)实行统一的电价加价。(2)提高电价形成的增值税增收部分专项用于水库移民后期扶持。(3)继续保留中央财政每年安排用于解决中央直属水库移民遗留问题的资金。(4)经营性大中型水库也应承担移民后期扶持资金,具体办法由发展改革委同财政部、水利部另行制定。

(九)扶持资金管理。后期扶持资金作为政府性基金纳入中央财政预算管理。通过电价加价筹措的后期扶持资金由各省级电网公司随电费征收,全额上缴中央财政;应拨付给各省、自治区、直辖市的后期扶持资金由财政部会同国务院移民管理机构,按照发展改革委、财政部、水利部等部门核定的各省、自治区、直辖市移民人数和规定的标准据实拨付。后期扶持基金征收使用管理办法由财政部会同发展改革委、水利部和国务院移民管理机构等部门另行制定。

(十)现行水库移民扶持基金的处理。现行的库区建设基金并入完善后的水库移民后期扶持资金;现行的库区后期扶持基金并入库区维护基金,并相应调整和完善库区维护基金的征收、使用和管理,具体办法由财政部会同发展改革委、水利部另行制定。自完善后的水库移民后期扶持政策实施之日起,现行关于征收库区建设基金和后期扶持基金的政策即行废止,各地自行批准向水利、水电和电网企业征收的涉及水库移民的各种基金、资金一律停止收取。

三、统筹兼顾,安排好其他移民和征地拆迁人口的生产生活

(十一)做好大中型水库非农业安置移民工作。各省、自治区、直辖市要进一步完善城镇最低生活保障制度,把符合条件的大中型水库非农业安置移民中的困难家庭,纳入地方城镇最低生活保障范围,切实做到应保尽保;同时,要积极通过其他渠道进行帮扶,努力改善他们的生活条件。三峡工程的移民工作,依照《长江三峡工程建设移民条例》办理。

(十二)妥善解决小型水库移民的困难和现有后期扶持项目续建问题。各省、自治区、直辖市人民政府可通过提高本省(区、市)区域内全部销售电量(扣除农业生产用电)的电价筹集资金,统筹解决小型水库移民的困难,并保证对在建后期扶持项目的后续资金投入,确保项目按期建成并发挥作用。提价标准为每千瓦时不超过0.5厘,具体方案报发展改革委、财政部审批后实施。

(十三)切实做好其他征地拆迁人口的工作。完善水库移民后期扶持政策可能对其他征地拆迁人口产生影响,地方各级人民政府要高度重视,密切关注,做好宣传解释工作,并采取多种措施,及时解决他们生产生活中遇到的实际困难,妥善化解矛盾,维护社会稳定。

四、加大投入,促进库区和移民安置区长远发展

(十四)明确扶持重点。在提高后期扶持标准帮助解决水库移民温饱问题的同时,要继续从其他渠道积极筹措资金,加大扶持力度,解决库区和移民安置区长远发展问题,重点加强基本口粮田及配套水利设施建设,加强交通、供电、通信和社会事业等方面的基础设施建设,加强生态建设、环境保护,加强移民劳动力就业技能培训和职业教育,通过贴息贷款、投资补助等方式对移民能够直接受益的生产开发项目给予支持。

(十五)落实扶持资金。一是现有政府性资金,包括预算内投资和国债资金、扶贫资金、农业综合开发资金以及政府部门安排的各类建设基金和专项资金,要向库区和移民安置区倾斜;二是从筹集的后期扶持资金结余中安排,用于对库区和移民安置区的扶持,具体办法由财政部、发展改革委会同水利部等部门另行制定;三是从调整和完善后的库区维护基金中筹集。同时,地方各级人民政府要加大资金投入,鼓励社会捐助和企业对口帮扶,努力拓宽资金渠道。

(十六)做好项目规划。要以水库移民村为基本单元,按照优先解决突出问题的原则,抓紧编制库区和移民安置区基础设施建设和经济发展规划,作为国家安排扶持资金和项目的前提与依据。项目的确定要坚持民主程序,尊重和维护移民群众的知情权、参与权和监督权。

五、加强领导,精心组织实施

(十七)提高认识,增强工作责任感。做好移民工作,妥善解决移民群众关心的问题,使他们的长久生活有保障,关系到党和政府的威信,关系到党群、干群关系,关系到改革发展稳定的大局。完善水库移民后期扶持政策,加大扶持力度,是坚持以人为本、体现执政为民思想的一项重要举措,具有十分重要的意义。各地区、各有关部门要充分认识做好水库移民工作的重要性、紧迫性和艰巨性,进一步统一思想,提高认识,加强领导,明确责任,把移民工作摆上重要的议事日程,周密部署,精心组织,稳步推进,确保移民政策落到实处。

(十八)落实责任,加强协调配合。移民工作实行属地管理,省级人民政府对本地区移民工作和社会稳定负总责,地方各级人民政府主要负责同志是第一责任人,要有一位负责同志分管移民工作,实行一级抓一级,逐级落实责任,做到责任到位、工作到位。国务院有关部门要按照职责分工,各负其责,密切配合,加强对水库移民工作的指导。要抓紧研究组建统一的国务院移民管理机构,在新机构组建之前,由发展改革委牵头,会同有关部门建

立部际联席会议制度,及时协调解决水库移民后期扶持政策实施中出现的问题。省级人民政府也要整合现有移民工作力量,明确负责移民工作的管理机构,明确职能,充实人员,工作经费要纳入同级财政预算。省以下各级人民政府可结合本地实际,因地制宜明确负责移民工作的机构。各级人民政府要建立水库移民后期扶持政策实施情况的监测评估机制。要切实加强移民乡村基层组织建设,充分发挥农村基层组织作用,配合做好移民工作。

(十九)制订方案,抓好干部培训。各省、自治区、直辖市人民政府要根据本意见抓紧制订本地区水库移民后期扶持政策实施方案,报国务院批准后组织实施。要细化实施办法,制定相关配套文件,选择若干不同类型的水库先行试点,取得经验后在全省范围内推开。各地要挑选一批思想素质好、政策水平高、业务能力强、群众工作经验丰富的干部组成移民工作组,深入库区开展工作。对参与移民工作的干部要分期分批进行培训,使移民工作干部深刻领会中央精神,准确把握政策界限,掌握正确的工作方法,提高依法办事能力。

(二十)强化监督,保证资金安全。地方各级人民政府要认真落实政策,严肃工作纪律。要审定移民人数,核实移民身份,并在乡村两级张榜公布,严禁弄虚作假。要认真执行水库移民后期扶持资金征收使用管理办法,严格资金支出管理,防止跑冒滴漏,严禁截留挪用。监察部要会同财政部制定有关责任追究办法。各级监察和审计部门要提前介入,加大工作力度,加强监督检查。对后期扶持资金使用中发现的问题,要限期整改。对违反法律法规和国家有关政策的,要依法依纪严肃处理;涉嫌犯罪的,要移送司法机关依法追究有关责任人员的刑事责任。

(二十一)加强宣传,维护社会稳定。各级宣传部门要坚持正确的舆论导向,为后期扶持政策的顺利实施营造良好的舆论氛围。要大力宣传国家的移民法规,配合移民部门做好后期扶持政策的有关宣传、解释工作,充分体现党和政府对水库移民的关心和照顾。要把握好宣传报道口径,严肃宣传纪律,防止炒作。地方各级人民政府要始终注意做好维护稳定的工作,认真排查各种不稳定因素,及时化解矛盾。要耐心细致地做好移民的思想政治工作,引导移民以合理合法的方式表达利益诉求,坚持依法办事、按政策办事,确保社会稳定。

发展改革委要会同财政部、水利部等有关部门,对各地实施水库移民后期扶持政策的情况进行监督检查,重大情况要及时向国务院报告。

南水北调工程建设征地补偿和移民安置暂行办法

· 2005 年 1 月 27 日
· 国调委发〔2005〕1 号

第一章 总 则

第一条 为了规范南水北调主体工程(以下简称南水北调工程)建设征地补偿和移民安置工作,维护移民合法权益,保障工程建设顺利进行,依据《中华人民共和国土地管理法》等有关法律法规,制定本办法。

第二条 贯彻开发性移民方针,坚持以人为本,按照前期补偿、补助与后期扶持相结合的原则妥善安置移民,确保移民安置后生活水平不降低。

第三条 南水北调工程建设征地补偿和移民安置,应遵循公开、公平和公正的原则,接受社会监督。

第四条 南水北调工程建设征地补偿和移民安置工作,实行国务院南水北调工程建设委员会领导、省级人民政府负责、县为基础、项目法人参与的管理体制。有关地方各级人民政府应确定相应的主管部门(以下简称主管部门)承担本行政区域内南水北调工程建设征地补偿和移民安置工作。

第二章 移民安置规划

第五条 南水北调工程建设征地方案一旦确定,当地人民政府应发布通告,严格控制在工程征地范围内迁入人口、新增建设项目、新建住房、新栽树木等。项目法人应会同省级主管部门对工程占地、淹没影响和各种经济损失情况进行调查,经调查者和被调查者共同签字认可并公示后,由县级人民政府签署确认意见。项目法人还应商有关部门对工程征地范围内的占压矿产、地质灾害和文物等进行调查评估,提出专项报告。

第六条 在工程初步设计阶段,项目法人应会同省级主管部门编制征地补偿和移民安置规划,报国务院有关部门审批。

第七条 受工程占地和淹没影响的村集体经济组织,所余土地不能保证该组织恢复原有生产水平的,由地方人民政府负责协调和规划,就近调剂土地或开垦新的耕地;如就近难以调剂土地或者开垦新的耕地,应规划移民外迁安置。

第八条 受工程占地和淹没影响的城(集)镇、企事业单位和专项设施的迁建,应符合当地社会经济发展及城乡规划,并对新址进行水文地质和工程地质勘察、文物调查评估和保护。

第九条 对工程占地和淹没区的文物,要按照保护为主、抢救第一、合理利用、加强管理的方针,制定保护方案,并纳入移民安置规划。

第三章　征地补偿

第十条　项目法人应在工程可行性研究报告报批之前申请用地预审,在工程开工或库区蓄水前3个月向有关市、县土地主管部门提出用地申请,经省级土地主管部门汇总后由省级人民政府报国务院批准。移民安置用地由主管部门按照移民安置进度,在移民搬迁前6个月向有关市、县土地主管部门提出用地申请,依法报有批准权的人民政府批准。

第十一条　工程建设临时用地,耕地占补平衡等按有关法律法规和政策规定执行。

第十二条　通过新开发土地或调剂土地安置被占地农户或农村移民,有关地方人民政府应将土地补偿费、安置补助费兑付给提供土地的村或者迁入村的集体经济组织,村集体经济组织应将上述费用的收支和分配情况向本组织成员公布,接受监督,确保其用于被占地农户或农村移民的生产和安置。其他经济组织提供安置用地的,根据有关法律法规和政策规定兑付。

第十三条　自愿以投亲靠友方式安置的农村移民,应向迁出地县级人民政府提出申请,并由迁入地县级人民政府出具接收和提供土地的证明,在三方共同签订协议后,迁出地县级人民政府将土地补偿费、安置补助费拨付给迁入地县级人民政府。

第十四条　移民个人财产补偿费和搬迁费,由迁出地县级人民政府兑付给移民。省级人民政府应统一印制分户补偿兑现卡,由县级人民政府填写并发给移民户,供移民户核对。

第十五条　城(集)镇、企事业单位和专项设施的迁建,应按照原规模、原标准或恢复原功能所需投资补偿。城(集)镇迁建补偿费支付给有关地方人民政府。企事业单位和专项设施迁建补偿费,根据签订的迁建协议支付给企业法人或主管单位。因扩大规模、提高标准增加的迁建费用,由有关地方人民政府或有关单位自行解决。

第四章　实施管理

第十六条　国务院南水北调工程建设委员会办公室(以下简称国务院南水北调办)与有关省级人民政府签订征地补偿和移民安置责任书。根据安置责任书和移民安置规划,项目法人与省级主管部门签订征地补偿、移民安置投资和任务包干协议。

第十七条　省级主管部门依据移民安置规划,会同县级人民政府和项目法人编制移民安置实施方案,经省级人民政府批准后实施,同时报国务院南水北调办备案。

第十八条　实施阶段的农村移民安置设计,由省级主管部门采取招标方式确定设计单位。城(集)镇、企事业单位、专项设施迁建、库区防护工程的设计,由组织实施单位负责;文物保护方案的设计,按照有关法律法规确定责任单位。上述设计应严格控制在批准的初步设计范围内。

第十九条　根据国家确定的投资规模和项目法人提出的工程建设和移民任务,省级主管部门商项目法人组织编制征地补偿和移民安置计划,项目法人编制中央和军队所属的工业企业、专项设施迁建的计划,报国务院南水北调办核定。

第二十条　项目法人按照下达的征地补偿和移民安置计划,根据工作进度及时将资金拨付给省级主管部门、中央和军队所属工业企业和专项设施迁建的实施单位。征地补偿和移民安置资金必须专账管理、专款专用。

第二十一条　农村征地补偿和移民安置计划,由县级人民政府负责组织实施。农村移民安置点的道路、供水、供电、文教、卫生等基础设施的建设和宅基地布置,应按照批准的村镇规划,由乡(镇)、村组织实施。农村移民住房可根据规划由移民自主建造,不得强行规定建房标准。要按照移民安置规划将被占地农户和农村移民的生产用地落实到位,并签订土地承包合同。

第二十二条　城(集)镇、企事业单位、专项设施的迁建和库区防护工程的建设应严格履行基本建设管理规定,并根据计划安排及相应行业规程、规范组织实施。城(集)镇迁建由县级人民政府组织实施。地方所属的企事业单位或专项设施的迁建,由省级或省级以下主管部门与企业法人或主管单位签订迁建协议;中央和军队所属的工业企业或专项设施的迁建,由项目法人与企业法人或主管单位签订迁建协议。库区防护工程由项目法人负责实施。

第二十三条　省级主管部门与省级文物主管部门签订工作协议,按照协议组织实施文物保护方案。省级文物主管部门组织编制文物保护计划并纳入征地补偿和移民安置计划。在工程建设过程中新发现的文物,按照有关法律规定处理。

第二十四条　省级以下各级主管部门应及时统计计划执行情况,逐级定期报送给上一级主管部门。省级主管部门负责汇总统计资料并报国务院南水北调办,同时抄送项目法人。

第二十五条 项目法人和各级主管部门应按照国家有关规定建立健全征地补偿和移民安置档案,确保档案资料的完整、准确和安全。县级主管部门按照一户一卡建立移民户卡档案。企业法人或主管单位应将迁建的企事业单位或专项设施的设计、实施、验收等报告及时提交给与其签订迁建协议的项目法人或主管部门存档。省级文物主管部门应组织建立考古发掘和文物迁建档案,并将有关资料整理公布。

第二十六条 县级以上地方人民政府要采取切实措施,使被征地农民生活水平不因征地而降低。农村移民按照规划搬迁安置后,生产生活水平低于搬迁前水平的,应通过后期扶持,使其达到搬迁前水平。

第五章 监督管理

第二十七条 国务院南水北调办负责征地补偿和移民安置的监督和稽察。有关地方各级人民政府应当加强对本行政区域内征地移民工作的管理。各级主管部门应当加强内部管理,定期向本级人民政府和上级主管部门报告工作。审计、监察和财政部门应当依照国家有关规定对征地补偿和移民安置资金的使用情况进行审计、监察和监督。

第二十八条 对征地移民的调查、补偿、安置、资金兑现等情况,应以村或居委会为单位及时张榜公示,接受群众监督。

第二十九条 项目法人会同省级主管部门通过招标方式确定中介机构,对移民安置及生产生活情况实施监理、监测。

第三十条 对征地补偿和移民安置过程中群众反映的问题,有关地方人民政府和单位要按照"谁组织实施,谁负责受理"的原则认真解决。

第三十一条 移民安置达到阶段性目标和移民安置工作完毕后,省级人民政府应当组织验收,国务院南水北调办组织总体验收。移民安置验收未通过的,不得进行主体工程竣工验收。

第三十二条 对征地补偿和移民安置中出现的问题,以及稽察、审计、监察、验收中发现的问题,责任单位必须及时整改。对违反有关法律法规的单位,要依法给予行政处罚;对直接负责的主管人员和其他直接责任人员,依法给予行政处分;构成犯罪的,依法追究刑事责任。

第六章 附 则

第三十三条 《南水北调工程总体规划》范围内的汉江中下游有关工程建设的征地补偿和移民安置办法,由有关省级人民政府参照本办法制定。

第三十四条 本办法自发布之日起施行。

三、住 房

1. 综 合

中华人民共和国城市房地产管理法

- 1994年7月5日第八届全国人民代表大会常务委员会第八次会议通过
- 根据2007年8月30日第十届全国人民代表大会常务委员会第二十九次会议《关于修改〈中华人民共和国城市房地产管理法〉的决定》第一次修正
- 根据2009年8月27日第十一届全国人民代表大会常务委员会第十次会议《关于修改部分法律的决定》第二次修正
- 根据2019年8月26日第十三届全国人民代表大会常务委员会第十二次会议《关于修改〈中华人民共和国土地管理法〉、〈中华人民共和国城市房地产管理法〉的决定》第三次修正

第一章 总 则

第一条 【立法宗旨】为了加强对城市房地产的管理,维护房地产市场秩序,保障房地产权利人的合法权益,促进房地产业的健康发展,制定本法。

第二条 【适用范围】在中华人民共和国城市规划区国有土地(以下简称国有土地)范围内取得房地产开发用地的土地使用权,从事房地产开发、房地产交易,实施房地产管理,应当遵守本法。

本法所称房屋,是指土地上的房屋等建筑物及构筑物。

本法所称房地产开发,是指在依据本法取得国有土地使用权的土地上进行基础设施、房屋建设的行为。

本法所称房地产交易,包括房地产转让、房地产抵押和房屋租赁。

第三条 【国有土地有偿、有限期使用制度】国家依法实行国有土地有偿、有限期使用制度。但是,国家在本法规定的范围内划拨国有土地使用权的除外。

第四条 【国家扶持居民住宅建设】国家根据社会、经济发展水平,扶持发展居民住宅建设,逐步改善居民的居住条件。

第五条 【房地产权利人的义务和权益】房地产权利人应当遵守法律和行政法规,依法纳税。房地产权利人的合法权益受法律保护,任何单位和个人不得侵犯。

第六条 【房屋征收】为了公共利益的需要,国家可以征收国有土地上单位和个人的房屋,并依法给予拆迁补偿,维护被征收人的合法权益;征收个人住宅的,还应当保障被征收人的居住条件。具体办法由国务院规定。

第七条 【房地产管理机构设置】国务院建设行政主管部门、土地管理部门依照国务院规定的职权划分,各司其职,密切配合,管理全国房地产工作。

县级以上地方人民政府房产管理、土地管理部门的机构设置及其职权由省、自治区、直辖市人民政府确定。

第二章 房地产开发用地
第一节 土地使用权出让

第八条 【土地使用权出让的定义】土地使用权出让,是指国家将国有土地使用权(以下简称土地使用权)在一定年限内出让给土地使用者,由土地使用者向国家支付土地使用权出让金的行为。

第九条 【集体所有土地征收与出让】城市规划区内的集体所有的土地,经依法征收转为国有土地后,该幅国有土地的使用权方可有偿出让,但法律另有规定的除外。

第十条 【土地使用权出让宏观管理】土地使用权出让,必须符合土地利用总体规划、城市规划和年度建设用地计划。

第十一条 【年度出让土地使用权总量控制】县级以上地方人民政府出让土地使用权用于房地产开发的,须根据省级以上人民政府下达的控制指标拟订年度出让土地使用权总面积方案,按照国务院规定,报国务院或者省级人民政府批准。

第十二条 【土地使用权出让主体】土地使用权出让,由市、县人民政府有计划、有步骤地进行。出让的每幅地块、用途、年限和其他条件,由市、县人民政府土地管理部门会同城市规划、建设、房产管理部门共同拟定方案,按照国务院规定,报经有批准权的人民政府批准后,由市、县人民政府土地管理部门实施。

直辖市的县人民政府及其有关部门行使前款规定的

权限,由直辖市人民政府规定。

第十三条 【土地使用权出让方式】土地使用权出让,可以采取拍卖、招标或者双方协议的方式。

商业、旅游、娱乐和豪华住宅用地,有条件的,必须采取拍卖、招标方式;没有条件,不能采取拍卖、招标方式的,可以采取双方协议的方式。

采取双方协议方式出让土地使用权的出让金不得低于按国家规定所确定的最低价。

第十四条 【土地使用权出让最高年限】土地使用权出让最高年限由国务院规定。

第十五条 【土地使用权出让合同】土地使用权出让,应当签订书面出让合同。

土地使用权出让合同由市、县人民政府土地管理部门与土地使用者签订。

第十六条 【支付出让金】土地使用者必须按照出让合同约定,支付土地使用权出让金;未按照出让合同约定支付土地使用权出让金的,土地管理部门有权解除合同,并可以请求违约赔偿。

第十七条 【提供出让土地】土地使用者按照出让合同约定支付土地使用权出让金的,市、县人民政府土地管理部门必须按照出让合同约定,提供出让的土地;未按照出让合同约定提供出让的土地的,土地使用者有权解除合同,由土地管理部门返还土地使用权出让金,土地使用者并可以请求违约赔偿。

第十八条 【土地用途的变更】土地使用者需要改变土地使用权出让合同约定的土地用途的,必须取得出让方和市、县人民政府城市规划行政主管部门的同意,签订土地使用权出让合同变更协议或者重新签订土地使用权出让合同,相应调整土地使用权出让金。

第十九条 【土地使用权出让金的管理】土地使用权出让金应当全部上缴财政,列入预算,用于城市基础设施建设和土地开发。土地使用权出让金上缴和使用的具体办法由国务院规定。

第二十条 【出让土地使用权的提前收回】国家对土地使用者依法取得的土地使用权,在出让合同约定的使用年限届满前不收回;在特殊情况下,根据社会公共利益的需要,可以依照法律程序提前收回,并根据土地使用者使用土地的实际年限和开发土地的实际情况给予相应的补偿。

第二十一条 【土地使用权终止】土地使用权因土地灭失而终止。

第二十二条 【土地使用权出让年限届满】土地使用权出让合同约定的使用年限届满,土地使用者需要继续使用土地的,应当至迟于届满前一年申请续期,除根据社会公共利益需要收回该幅土地的,应当予以批准。经批准准予续期的,应当重新签订土地使用权出让合同,依照规定支付土地使用权出让金。

土地使用权出让合同约定的使用年限届满,土地使用者未申请续期或者虽申请续期但依照前款规定未获批准的,土地使用权由国家无偿收回。

第二节 土地使用权划拨

第二十三条 【土地使用权划拨的定义】土地使用权划拨,是指县级以上人民政府依法批准,在土地使用者缴纳补偿、安置等费用后将该幅土地交付其使用,或者将土地使用权无偿交付给土地使用者使用的行为。

依照本法规定以划拨方式取得土地使用权的,除法律、行政法规另有规定外,没有使用期限的限制。

第二十四条 【土地使用权划拨范围】下列建设用地的土地使用权,确属必需的,可以由县级以上人民政府依法批准划拨:

(一)国家机关用地和军事用地;
(二)城市基础设施用地和公益事业用地;
(三)国家重点扶持的能源、交通、水利等项目用地;
(四)法律、行政法规规定的其他用地。

第三章 房地产开发

第二十五条 【房地产开发基本原则】房地产开发必须严格执行城市规划,按照经济效益、社会效益、环境效益相统一的原则,实行全面规划、合理布局、综合开发、配套建设。

第二十六条 【开发土地期限】以出让方式取得土地使用权进行房地产开发的,必须按照土地使用权出让合同约定的土地用途、动工开发期限开发土地。超过出让合同约定的动工开发日期满一年未动工开发的,可以征收相当于土地使用权出让金百分之二十以下的土地闲置费;满二年未动工开发的,可以无偿收回土地使用权;但是,因不可抗力或者政府、政府有关部门的行为或者动工开发必需的前期工作造成动工开发迟延的除外。

第二十七条 【房地产开发项目设计、施工和竣工】房地产开发项目的设计、施工,必须符合国家的有关标准和规范。

房地产开发项目竣工,经验收合格后,方可交付使用。

第二十八条 【土地使用权作价】依法取得的土地使用权,可以依照本法和有关法律、行政法规的规定,作价入股,合资、合作开发经营房地产。

第二十九条 【开发居民住宅的鼓励和扶持】国家采取税收等方面的优惠措施鼓励和扶持房地产开发企业开发建设居民住宅。

第三十条 【房地产开发企业的设立】房地产开发企业是以营利为目的,从事房地产开发和经营的企业。设立房地产开发企业,应当具备下列条件:

(一)有自己的名称和组织机构;
(二)有固定的经营场所;
(三)有符合国务院规定的注册资本;
(四)有足够的专业技术人员;
(五)法律、行政法规规定的其他条件。

设立房地产开发企业,应当向工商行政管理部门申请设立登记。工商行政管理部门对符合本法规定条件的,应当予以登记,发给营业执照;对不符合本法规定条件的,不予登记。

设立有限责任公司、股份有限公司,从事房地产开发经营的,还应当执行公司法的有关规定。

房地产开发企业在领取营业执照后的一个月内,应当到登记机关所在地的县级以上人民政府规定的部门备案。

第三十一条 【房地产开发企业注册资本与投资总额的比例】房地产开发企业的注册资本与投资总额的比例应当符合国家有关规定。

房地产开发企业分期开发房地产的,分期投资额应当与项目规模相适应,并按照土地使用权出让合同的约定,按期投入资金,用于项目建设。

第四章 房地产交易

第一节 一般规定

第三十二条 【房地产权利主体一致原则】房地产转让、抵押时,房屋的所有权和该房屋占用范围内的土地使用权同时转让、抵押。

第三十三条 【房地产价格管理】基准地价、标定地价和各类房屋的重置价格应当定期确定并公布。具体办法由国务院规定。

第三十四条 【房地产价格评估】国家实行房地产价格评估制度。

房地产价格评估,应当遵循公正、公平、公开的原则,按照国家规定的技术标准和评估程序,以基准地价、标定地价和各类房屋的重置价格为基础,参照当地的市场价格进行评估。

第三十五条 【房地产成交价格申报】国家实行房地产成交价格申报制度。

房地产权利人转让房地产,应当向县级以上地方人民政府规定的部门如实申报成交价,不得瞒报或者作不实的申报。

第三十六条 【房地产权属登记】房地产转让、抵押,当事人应当依照本法第五章的规定办理权属登记。

第二节 房地产转让

第三十七条 【房地产转让的定义】房地产转让,是指房地产权利人通过买卖、赠与或者其他合法方式将其房地产转移给他人的行为。

第三十八条 【房地产不得转让的情形】下列房地产,不得转让:

(一)以出让方式取得土地使用权的,不符合本法第三十九条规定的条件的;
(二)司法机关和行政机关依法裁定、决定查封或者以其他形式限制房地产权利的;
(三)依法收回土地使用权的;
(四)共有房地产,未经其他共有人书面同意的;
(五)权属有争议的;
(六)未依法登记领取权属证书的;
(七)法律、行政法规规定禁止转让的其他情形。

第三十九条 【以出让方式取得土地使用权的房地产转让】以出让方式取得土地使用权的,转让房地产时,应当符合下列条件:

(一)按照出让合同约定已经支付全部土地使用权出让金,并取得土地使用权证书;
(二)按照出让合同约定进行投资开发,属于房屋建设工程的,完成开发投资总额的百分之二十五以上,属于成片开发土地的,形成工业用地或者其他建设用地条件。

转让房地产时房屋已经建成的,还应当持有房屋所有权证书。

第四十条 【以划拨方式取得土地使用权的房地产转让】以划拨方式取得土地使用权的,转让房地产时,应当按照国务院规定,报有批准权的人民政府审批。有批准权的人民政府准予转让的,应当由受让方办理土地使用权出让手续,并依照国家有关规定缴纳土地使用权出让金。

以划拨方式取得土地使用权的,转让房地产报批时,有批准权的人民政府按照国务院规定决定可以不办理土地使用权出让手续的,转让方应当按照国务院规定将转让房地产所获收益中的土地收益上缴国家或者作其他处理。

第四十一条 【房地产转让合同】房地产转让,应当签订书面转让合同,合同中应当载明土地使用权取得的方式。

第四十二条 【房地产转让合同与土地使用权出让合同的关系】房地产转让时,土地使用权出让合同载明的权利、义务随之转移。

第四十三条 【房地产转让后土地使用权的使用年限】以出让方式取得土地使用权的,转让房地产后,其土地使用权的使用年限为原土地使用权出让合同约定的使用年限减去原土地使用者已经使用年限后的剩余年限。

第四十四条 【房地产转让后土地用途变更】以出让方式取得土地使用权的,转让房地产后,受让人改变原土地使用权出让合同约定的土地用途的,必须取得原出让方和市、县人民政府城市规划行政主管部门的同意,签订土地使用权出让合同变更协议或者重新签订土地使用权出让合同,相应调整土地使用权出让金。

第四十五条 【商品房预售的条件】商品房预售,应当符合下列条件:

(一)已交付全部土地使用权出让金,取得土地使用权证书;

(二)持有建设工程规划许可证;

(三)按提供预售的商品房计算,投入开发建设的资金达到工程建设总投资的百分之二十五以上,并已经确定施工进度和竣工交付日期;

(四)向县级以上人民政府房产管理部门办理预售登记,取得商品房预售许可证明。

商品房预售人应当按照国家有关规定将预售合同报县级以上人民政府房产管理部门和土地管理部门登记备案。

商品房预售所得款项,必须用于有关的工程建设。

第四十六条 【商品房预售后的再行转让】商品房预售的,商品房预购人将所购买的未竣工的预售商品房再行转让的问题,由国务院规定。

第三节 房地产抵押

第四十七条 【房地产抵押的定义】房地产抵押,是指抵押人以其合法的房地产以不转移占有的方式向抵押权人提供债务履行担保的行为。债务人不履行债务时,抵押权人有权依法以抵押的房地产拍卖所得的价款优先受偿。

第四十八条 【房地产抵押物的范围】依法取得的房屋所有权连同该房屋占用范围内的土地使用权,可以设定抵押权。

以出让方式取得的土地使用权,可以设定抵押权。

第四十九条 【抵押办理凭证】房地产抵押,应当凭土地使用权证书、房屋所有权证书办理。

第五十条 【房地产抵押合同】房地产抵押,抵押人和抵押权人应当签订书面抵押合同。

第五十一条 【以划拨土地使用权设定的房地产抵押权的实现】设定房地产抵押权的土地使用权是以划拨方式取得的,依法拍卖该房地产后,应当从拍卖所得的价款中缴纳相当于应缴纳的土地使用权出让金的款额后,抵押权人方可优先受偿。

第五十二条 【房地产抵押后土地上的新增房屋问题】房地产抵押合同签订后,土地上新增的房屋不属于抵押财产。需要拍卖该抵押的房地产时,可以依法将土地上新增的房屋与抵押财产一同拍卖,但对拍卖新增房屋所得,抵押权人无权优先受偿。

第四节 房屋租赁

第五十三条 【房屋租赁的定义】房屋租赁,是指房屋所有权人作为出租人将其房屋出租给承租人使用,由承租人向出租人支付租金的行为。

第五十四条 【房屋租赁合同的签订】房屋租赁,出租人和承租人应当签订书面租赁合同,约定租赁期限、租赁用途、租赁价格、修缮责任等条款,以及双方的其他权利和义务,并向房产管理部门登记备案。

第五十五条 【住宅用房和非住宅用房的租赁】住宅用房的租赁,应当执行国家和房屋所在城市人民政府规定的租赁政策。租用房屋从事生产、经营活动的,由租赁双方协商议定租金和其他租赁条款。

第五十六条 【以划拨方式取得的国有土地上的房屋出租的特别规定】以营利为目的,房屋所有权人将以划拨方式取得使用权的国有土地上建成的房屋出租的,应当将租金中所含土地收益上缴国家。具体办法由国务院规定。

第五节 中介服务机构

第五十七条 【房地产中介服务机构】房地产中介服务机构包括房地产咨询机构、房地产价格评估机构、房地产经纪机构等。

第五十八条 【房地产中介服务机构的设立】房地产中介服务机构应当具备下列条件:

(一)有自己的名称和组织机构;

(二)有固定的服务场所;

(三)有必要的财产和经费;

（四）有足够数量的专业人员；
（五）法律、行政法规规定的其他条件。
设立房地产中介服务机构，应当向工商行政管理部门申请设立登记，领取营业执照后，方可开业。

第五十九条　【房地产估价人员资格认证】 国家实行房地产价格评估人员资格认证制度。

第五章　房地产权属登记管理

第六十条　【房地产登记发证制度】 国家实行土地使用权和房屋所有权登记发证制度。

第六十一条　【房地产权属登记】 以出让或者划拨方式取得土地使用权，应当向县级以上地方人民政府土地管理部门申请登记，经县级以上地方人民政府土地管理部门核实，由同级人民政府颁发土地使用权证书。

在依法取得的房地产开发用地上建成房屋的，应当凭土地使用权证书向县级以上地方人民政府房产管理部门申请登记，由县级以上地方人民政府房产管理部门核实并颁发房屋所有权证书。

房地产转让或者变更时，应当向县级以上地方人民政府房产管理部门申请房产变更登记，并凭变更后的房屋所有权证书向同级人民政府土地管理部门申请土地使用权变更登记，经同级人民政府土地管理部门核实，由同级人民政府更换或者更改土地使用权证书。

法律另有规定的，依照有关法律的规定办理。

第六十二条　【房地产抵押登记】 房地产抵押时，应当向县级以上地方人民政府规定的部门办理抵押登记。

因处分抵押房地产而取得土地使用权和房屋所有权的，应当依照本章规定办理过户登记。

第六十三条　【房地产权属证书】 经省、自治区、直辖市人民政府确定，县级以上地方人民政府由一个部门统一负责房产管理和土地管理工作的，可以制作、颁发统一的房地产权证书，依照本法第六十一条的规定，将房屋的所有权和该房屋占用范围内的土地使用权的确认和变更，分别载入房地产权证书。

第六章　法律责任

第六十四条　【擅自出让或擅自批准出让土地使用权用于房地产开发的法律责任】 违反本法第十一条、第十二条的规定，擅自批准出让或者擅自出让土地使用权用于房地产开发的，由上级机关或者所在单位给予有关责任人员行政处分。

第六十五条　【擅自从事房地产开发的法律责任】 违反本法第三十条的规定，未取得营业执照擅自从事房地产开发业务的，由县级以上人民政府工商行政管理部门责令停止房地产开发业务活动，没收违法所得，可以并处罚款。

第六十六条　【非法转让土地使用权的法律责任】 违反本法第三十九条第一款的规定转让土地使用权的，由县级以上人民政府土地管理部门没收违法所得，可以并处罚款。

第六十七条　【非法转让划拨土地使用权的房地产的法律责任】 违反本法第四十条第一款的规定转让房地产的，由县级以上人民政府土地管理部门责令缴纳土地使用权出让金，没收违法所得，可以并处罚款。

第六十八条　【非法预售商品房的法律责任】 违反本法第四十五条第一款的规定预售商品房的，由县级以上人民政府房产管理部门责令停止预售活动，没收违法所得，可以并处罚款。

第六十九条　【擅自从事房地产中介服务业务的法律责任】 违反本法第五十八条的规定，未取得营业执照擅自从事房地产中介服务业务的，由县级以上人民政府工商行政管理部门责令停止房地产中介服务业务活动，没收违法所得，可以并处罚款。

第七十条　【向房地产开发企业非法收费的法律责任】 没有法律、法规的依据，向房地产开发企业收费的，上级机关应当责令退回所收取的钱款；情节严重的，由上级机关或者所在单位给予直接责任人员行政处分。

第七十一条　【管理部门工作人员玩忽职守、滥用职权、索贿、受贿的法律责任】 房产管理部门、土地管理部门工作人员玩忽职守、滥用职权，构成犯罪的，依法追究刑事责任；不构成犯罪的，给予行政处分。

房产管理部门、土地管理部门工作人员利用职务上的便利，索取他人财物，或者非法收受他人财物为他人谋取利益，构成犯罪的，依法追究刑事责任；不构成犯罪的，给予行政处分。

第七章　附　则

第七十二条　【参照本法适用的情形】 在城市规划区外的国有土地范围内取得房地产开发用地的土地使用权，从事房地产开发、交易活动以及实施房地产管理，参照本法执行。

第七十三条　【施行时间】 本法自1995年1月1日起施行。

中华人民共和国无障碍环境建设法

- 2023年6月28日第十四届全国人民代表大会常务委员会第三次会议通过
- 2023年6月28日中华人民共和国主席令第6号公布
- 自2023年9月1日起施行

第一章 总 则

第一条 为了加强无障碍环境建设，保障残疾人、老年人平等、充分、便捷地参与和融入社会生活，促进社会全体人员共享经济社会发展成果，弘扬社会主义核心价值观，根据宪法和有关法律，制定本法。

第二条 国家采取措施推进无障碍环境建设，为残疾人、老年人自主安全地通行道路、出入建筑物以及使用其附属设施、搭乘公共交通运输工具，获取、使用和交流信息，获得社会服务等提供便利。

残疾人、老年人之外的其他人有无障碍需求的，可以享受无障碍环境便利。

第三条 无障碍环境建设应当坚持中国共产党的领导，发挥政府主导作用，调动市场主体积极性，引导社会组织和公众广泛参与，推动全社会共建共治共享。

第四条 无障碍环境建设应当与适老化改造相结合，遵循安全便利、实用易行、广泛受益的原则。

第五条 无障碍环境建设应当与经济社会发展水平相适应，统筹城镇和农村发展，逐步缩小城乡无障碍环境建设的差距。

第六条 县级以上人民政府应当将无障碍环境建设纳入国民经济和社会发展规划，将所需经费纳入本级预算，建立稳定的经费保障机制。

第七条 县级以上人民政府应当统筹协调和督促指导有关部门在各自职责范围内做好无障碍环境建设工作。

县级以上人民政府住房和城乡建设、民政、工业和信息化、交通运输、自然资源、文化和旅游、教育、卫生健康等部门应当在各自职责范围内，开展无障碍环境建设工作。

乡镇人民政府、街道办事处应当协助有关部门做好无障碍环境建设工作。

第八条 残疾人联合会、老龄协会等组织依照法律、法规以及各自章程，协助各级人民政府及其有关部门做好无障碍环境建设工作。

第九条 制定或者修改涉及无障碍环境建设的法律、法规、规章、规划和其他规范性文件，应当征求残疾人、老年人代表以及残疾人联合会、老龄协会等组织的意见。

第十条 国家鼓励和支持企业事业单位、社会组织、个人等社会力量，通过捐赠、志愿服务等方式参与无障碍环境建设。

国家支持开展无障碍环境建设工作的国际交流与合作。

第十一条 对在无障碍环境建设工作中做出显著成绩的单位和个人，按照国家有关规定给予表彰和奖励。

第二章 无障碍设施建设

第十二条 新建、改建、扩建的居住建筑、居住区、公共建筑、公共场所、交通运输设施、城乡道路等，应当符合无障碍设施工程建设标准。

无障碍设施应当与主体工程同步规划、同步设计、同步施工、同步验收、同步交付使用，并与周边的无障碍设施有效衔接、实现贯通。

无障碍设施应当设置符合标准的无障碍标识，并纳入周边环境或者建筑物内部的引导标识系统。

第十三条 国家鼓励工程建设、设计、施工等单位采用先进的理念和技术，建设人性化、系统化、智能化并与周边环境相协调的无障碍设施。

第十四条 工程建设单位应当将无障碍设施建设经费纳入工程建设项目概预算。

工程建设单位不得明示或者暗示设计、施工单位违反无障碍设施工程建设标准；不得擅自将未经验收或者验收不合格的无障碍设施交付使用。

第十五条 工程设计单位应当按照无障碍设施工程建设标准进行设计。

依法需要进行施工图设计文件审查的，施工图审查机构应当按照法律、法规和无障碍设施工程建设标准，对无障碍设施设计内容进行审查；不符合有关规定的，不予审查通过。

第十六条 工程施工、监理单位应当按照施工图设计文件以及相关标准进行无障碍设施施工和监理。

住房和城乡建设等主管部门对未按照法律、法规和无障碍设施工程建设标准开展无障碍设施验收或者验收不合格的，不予办理竣工验收备案手续。

第十七条 国家鼓励工程建设单位在新建、改建、扩建建设项目的规划、设计和竣工验收等环节，邀请残疾人、老年人代表以及残疾人联合会、老龄协会等组织，参加意见征询和体验试用等活动。

第十八条 对既有的不符合无障碍设施工程建设标准的居住建筑、居住区、公共建筑、公共场所、交通运输设施、城乡道路等，县级以上人民政府应当根据实际情况，制定有针对性的无障碍设施改造计划并组织实施。

无障碍设施改造由所有权人或者管理人负责。所有权人、管理人和使用人之间约定改造责任的,由约定的责任人负责。

不具备无障碍设施改造条件的,责任人应当采取必要的替代性措施。

第十九条 县级以上人民政府应当支持、指导家庭无障碍设施改造。对符合条件的残疾人、老年人家庭应当给予适当补贴。

居民委员会、村民委员会、居住区管理服务单位以及业主委员会应当支持并配合家庭无障碍设施改造。

第二十条 残疾人集中就业单位应当按照有关标准和要求,建设和改造无障碍设施。

国家鼓励和支持用人单位开展就业场所无障碍设施建设和改造,为残疾人职工提供必要的劳动条件和便利。

第二十一条 新建、改建、扩建公共建筑、公共场所、交通运输设施以及居住区的公共服务设施,应当按照无障碍设施工程建设标准,配套建设无障碍设施;既有的上述建筑、场所和设施不符合无障碍设施工程建设标准的,应当进行必要的改造。

第二十二条 国家支持城镇老旧小区既有多层住宅加装电梯或者其他无障碍设施,为残疾人、老年人提供便利。

县级以上人民政府及其有关部门应当采取措施、创造条件,并发挥社区基层组织作用,推动既有多层住宅加装电梯或者其他无障碍设施。

房屋所有权人应当弘扬中华民族与邻为善、守望相助等传统美德,加强沟通协商,依法配合既有多层住宅加装电梯或者其他无障碍设施。

第二十三条 新建、改建、扩建和具备改造条件的城市主干路、主要商业区和大型居住区的人行天桥和人行地下通道,应当按照无障碍设施工程建设标准,建设或者改造无障碍设施。

城市主干路、主要商业区等无障碍需求比较集中的区域的人行道,应当按照标准设置盲道;城市中心区、残疾人集中就业单位和集中就读学校周边的人行横道的交通信号设施,应当按照标准安装过街音响提示装置。

第二十四条 停车场应当按照无障碍设施工程建设标准,设置无障碍停车位,并设置显著标志标识。

无障碍停车位优先供肢体残疾人驾驶或者乘坐的机动车使用。优先使用无障碍停车位的,应当在显著位置放置残疾人车辆专用标志或者提供残疾人证。

在无障碍停车位充足的情况下,其他行动不便的残疾人、老年人、孕妇、婴幼儿等驾驶或者乘坐的机动车也可以使用。

第二十五条 新投入运营的民用航空器、客运列车、客运船舶、公共汽电车、城市轨道交通车辆等公共交通运输工具,应当确保一定比例符合无障碍标准。

既有公共交通运输工具具备改造条件的,应当进行无障碍改造,逐步符合无障碍标准的要求;不具备改造条件的,公共交通运输工具的运营单位应当采取必要的替代性措施。

县级以上地方人民政府根据当地情况,逐步建立城市无障碍公交导乘系统,规划配置适量的无障碍出租汽车。

第二十六条 无障碍设施所有权人或者管理人应当对无障碍设施履行以下维护和管理责任,保障无障碍设施功能正常和使用安全:

(一)对损坏的无障碍设施和标识进行维修或者替换;

(二)对需改造的无障碍设施进行改造;

(三)纠正占用无障碍设施的行为;

(四)进行其他必要的维护和保养。

所有权人、管理人和使用人之间有约定的,由约定的责任人负责维护和管理。

第二十七条 因特殊情况设置的临时无障碍设施,应当符合无障碍设施工程建设标准。

第二十八条 任何单位和个人不得擅自改变无障碍设施的用途或者非法占用、损坏无障碍设施。

因特殊情况临时占用无障碍设施的,应当公告并设置护栏、警示标志或者信号设施,同时采取必要的替代性措施。临时占用期满,应当及时恢复原状。

第三章 无障碍信息交流

第二十九条 各级人民政府及其有关部门应当为残疾人、老年人获取公共信息提供便利;发布涉及自然灾害、事故灾难、公共卫生事件、社会安全事件等突发事件信息时,条件具备的同步采取语音、大字、盲文、手语等无障碍信息交流方式。

第三十条 利用财政资金设立的电视台应当在播出电视节目时配备同步字幕,条件具备的每天至少播放一次配播手语的新闻节目,并逐步扩大配播手语的节目范围。

国家鼓励公开出版发行的影视类录像制品、网络视频节目加配字幕、手语或者口述音轨。

第三十一条 国家鼓励公开出版发行的图书、报刊配备有声、大字、盲文、电子等无障碍格式版本，方便残疾人、老年人阅读。

国家鼓励教材编写、出版单位根据不同教育阶段实际，编写、出版盲文版、低视力版教学用书，满足盲人和其他有视力障碍的学生的学习需求。

第三十二条 利用财政资金建立的互联网网站、服务平台、移动互联网应用程序，应当逐步符合无障碍网站设计标准和国家信息无障碍标准。

国家鼓励新闻资讯、社交通讯、生活购物、医疗健康、金融服务、学习教育、交通出行等领域的互联网网站、移动互联网应用程序，逐步符合无障碍网站设计标准和国家信息无障碍标准。

国家鼓励地图导航定位产品逐步完善无障碍设施的标识和无障碍出行路线导航功能。

第三十三条 音视频以及多媒体设备、移动智能终端设备、电信终端设备制造者提供的产品，应当逐步具备语音、大字等无障碍功能。

银行、医院、城市轨道交通车站、民用运输机场航站区、客运站、客运码头、大型景区等的自助公共服务终端设备，应当具备语音、大字、盲文等无障碍功能。

第三十四条 电信业务经营者提供基础电信服务时，应当为残疾人、老年人提供必要的语音、大字信息服务或者人工服务。

第三十五条 政务服务便民热线和报警求助、消防应急、交通事故、医疗急救等紧急呼叫系统，应当逐步具备语音、大字、盲文、一键呼叫等无障碍功能。

第三十六条 提供公共文化服务的图书馆、博物馆、文化馆、科技馆等应当考虑残疾人、老年人的特点，积极创造条件，提供适合其需要的文献信息、无障碍设施设备和服务等。

第三十七条 国务院有关部门应当完善药品标签、说明书的管理规范，要求药品生产经营者提供语音、大字、盲文、电子等无障碍格式版本的标签、说明书。

国家鼓励其他商品的生产经营者提供语音、大字、盲文、电子等无障碍格式版本的标签、说明书，方便残疾人、老年人识别和使用。

第三十八条 国家推广和使用国家通用手语、国家通用盲文。

基本公共服务使用手语、盲文以及各类学校开展手语、盲文教育教学时，应当采用国家通用手语、国家通用盲文。

第四章 无障碍社会服务

第三十九条 公共服务场所应当配备必要的无障碍设备和辅助器具，标注指引无障碍设施，为残疾人、老年人提供无障碍服务。

公共服务场所涉及医疗健康、社会保障、金融业务、生活缴费等服务事项的，应当保留现场指导、人工办理等传统服务方式。

第四十条 行政服务机构、社区服务机构以及供水、供电、供气、供热等公共服务机构，应当设置低位服务台或者无障碍服务窗口，配备电子信息显示屏、手写板、语音提示等设备，为残疾人、老年人提供无障碍服务。

第四十一条 司法机关、仲裁机构、法律援助机构应当依法为残疾人、老年人参加诉讼、仲裁活动和获得法律援助提供无障碍服务。

国家鼓励律师事务所、公证机构、司法鉴定机构、基层法律服务所等法律服务机构，结合所提供的服务内容提供无障碍服务。

第四十二条 交通运输设施和公共交通运输工具的运营单位应当根据各类运输方式的服务特点，结合设施设备条件和所提供的服务内容，为残疾人、老年人设置无障碍服务窗口、专用等候区域、绿色通道和优先坐席，提供辅助器具、咨询引导、字幕报站、语音提示、预约定制等无障碍服务。

第四十三条 教育行政部门和教育机构应当加强教育场所的无障碍环境建设，为有残疾的师生、员工提供无障碍服务。

国家举办的教育考试、职业资格考试、技术技能考试、招录招聘考试以及各类学校组织的统一考试，应当为有残疾的考生提供便利服务。

第四十四条 医疗卫生机构应当结合所提供的服务内容，为残疾人、老年人就医提供便利。

与残疾人、老年人相关的服务机构应当配备无障碍设备，在生活照料、康复护理等方面提供无障碍服务。

第四十五条 国家鼓励文化、旅游、体育、金融、邮政、电信、交通、商业、餐饮、住宿、物业管理等服务场所结合所提供的服务内容，为残疾人、老年人提供辅助器具、咨询引导等无障碍服务。

国家鼓励邮政、快递企业为行动不便的残疾人、老年人提供上门收寄服务。

第四十六条 公共场所经营管理单位、交通运输设施和公共交通运输工具的运营单位应当为残疾人携带导盲犬、导听犬、辅助犬等服务犬提供便利。

残疾人携带服务犬出入公共场所、使用交通运输设施和公共交通运输工具的,应当遵守国家有关规定,为服务犬佩戴明显识别装备,并采取必要的防护措施。

第四十七条 应急避难场所的管理人在制定以及实施工作预案时,应当考虑残疾人、老年人的无障碍需求,视情况设置语音、大字、闪光等提示装置,完善无障碍服务功能。

第四十八条 组织选举的部门和单位应当采取措施,为残疾人、老年人选民参加投票提供便利和必要协助。

第四十九条 国家鼓励和支持无障碍信息服务平台建设,为残疾人、老年人提供远程实时无障碍信息服务。

第五章 保障措施

第五十条 国家开展无障碍环境理念的宣传教育,普及无障碍环境知识,传播无障碍环境文化,提升全社会的无障碍环境意识。

新闻媒体应当积极开展无障碍环境建设方面的公益宣传。

第五十一条 国家推广通用设计理念,建立健全国家标准、行业标准、地方标准,鼓励发展具有引领性的团体标准、企业标准,加强标准之间的衔接配合,构建无障碍环境建设标准体系。

地方结合本地实际制定的地方标准不得低于国家标准的相关技术要求。

第五十二条 制定或者修改涉及无障碍环境建设的标准,应当征求残疾人、老年人代表以及残疾人联合会、老龄协会等组织的意见。残疾人联合会、老龄协会等组织可以依法提出制定或者修改无障碍环境建设标准的建议。

第五十三条 国家建立健全无障碍设计、设施、产品、服务的认证和无障碍信息的评测制度,并推动结果采信应用。

第五十四条 国家通过经费支持、政府采购、税收优惠等方式,促进新科技成果在无障碍环境建设中的运用,鼓励无障碍技术、产品和服务的研发、生产、应用和推广,支持无障碍设施、信息和服务的融合发展。

第五十五条 国家建立无障碍环境建设相关领域人才培养机制。

国家鼓励高等学校、中等职业学校等开设无障碍环境建设相关专业和课程,开展无障碍环境建设理论研究、国际交流和实践活动。

建筑、交通运输、计算机科学与技术等相关学科专业应当增加无障碍环境建设的教学和实践内容,相关领域职业资格、继续教育以及其他培训的考试内容应当包括无障碍环境建设知识。

第五十六条 国家鼓励机关、企业事业单位、社会团体以及其他社会组织,对工作人员进行无障碍服务知识与技能培训。

第五十七条 文明城市、文明村镇、文明单位、文明社区、文明校园等创建活动,应当将无障碍环境建设情况作为重要内容。

第六章 监督管理

第五十八条 县级以上人民政府及其有关主管部门依法对无障碍环境建设进行监督检查,根据工作需要开展联合监督检查。

第五十九条 国家实施无障碍环境建设目标责任制和考核评价制度。县级以上地方人民政府根据本地区实际,制定具体考核办法。

第六十条 县级以上地方人民政府有关主管部门定期委托第三方机构开展无障碍环境建设评估,并将评估结果向社会公布,接受社会监督。

第六十一条 县级以上人民政府建立无障碍环境建设信息公示制度,定期发布无障碍环境建设情况。

第六十二条 任何组织和个人有权向政府有关主管部门提出加强和改进无障碍环境建设的意见和建议,对违反本法规定的行为进行投诉、举报。县级以上人民政府有关主管部门接到涉及无障碍环境建设的投诉和举报,应当及时处理并予以答复。

残疾人联合会、老龄协会等组织根据需要,可以聘请残疾人、老年人代表以及具有相关专业知识的人员,对无障碍环境建设情况进行监督。

新闻媒体可以对无障碍环境建设情况开展舆论监督。

第六十三条 对违反本法规定损害社会公共利益的行为,人民检察院可以提出检察建议或者提起公益诉讼。

第七章 法律责任

第六十四条 工程建设、设计、施工、监理单位未按照本法规定进行建设、设计、施工、监理的,由住房和城乡建设、民政、交通运输等相关主管部门责令限期改正;逾期未改正的,依照相关法律法规的规定进行处罚。

第六十五条 违反本法规定,有下列情形之一的,由住房和城乡建设、民政、交通运输等相关主管部门责令限期改正;逾期未改正的,对单位处一万元以上三万元以下罚款，对个人处一百元以上五百元以下罚款：

（一）无障碍设施责任人不履行维护和管理职责，无法保障无障碍设施功能正常和使用安全；

（二）设置临时无障碍设施不符合相关规定；

（三）擅自改变无障碍设施的用途或者非法占用、损坏无障碍设施。

第六十六条 违反本法规定，不依法履行无障碍信息交流义务的，由网信、工业和信息化、电信、广播电视、新闻出版等相关主管部门责令限期改正；逾期未改正的，予以通报批评。

第六十七条 电信业务经营者不依法提供无障碍信息服务的，由电信主管部门责令限期改正；逾期未改正的，处一万元以上十万元以下罚款。

第六十八条 负有公共服务职责的部门和单位未依法提供无障碍社会服务的，由本级人民政府或者上级主管部门责令限期改正；逾期未改正的，对直接负责的主管人员和其他直接责任人员依法给予处分。

第六十九条 考试举办者、组织者未依法向有残疾的考生提供便利服务的，由本级人民政府或者上级主管部门予以批评或责令改正；拒不改正的，对直接负责的主管人员和其他直接责任人员依法给予处分。

第七十条 无障碍环境建设相关主管部门、有关组织的工作人员滥用职权、玩忽职守、徇私舞弊的，依法给予处分。

第七十一条 违反本法规定，造成人身损害、财产损失的，依法承担民事责任；构成犯罪的，依法追究刑事责任。

第八章 附 则

第七十二条 本法自2023年9月1日起施行。

城市危险房屋管理规定

·1989年11月21日建设部令第4号发布
·根据2004年7月20日《建设部关于修改〈城市危险房屋管理规定〉的决定》修订

第一章 总 则

第一条 为加强城市危险房屋管理，保障居住和使用安全，促进房屋有效利用，制定本规定。

第二条 本规定适用于城市（指直辖市、市、建制镇，下同）内各种所有制的房屋。

本规定所称危险房屋，系指结构已严重损坏或承重构件已属危险构件，随时有可能丧失结构稳定和承载能力，不能保证居住和使用安全的房屋。

第三条 房屋所有人、使用人，均应遵守本规定。

第四条 房屋所有人和使用人，应当爱护和正确使用房屋。

第五条 建设部负责全国的城市危险房屋管理工作。

县级以上地方人民政府房地产行政主管部门负责本辖区的城市危险房屋管理工作。

第二章 鉴 定

第六条 市、县人民政府房地产行政主管部门应设立房屋安全鉴定机构（以下简称鉴定机构），负责房屋的安全鉴定，并统一启用"房屋安全鉴定专用章"。

第七条 房屋所有人或使用人向当地鉴定机构提供鉴定申请时，必须持有证明其具备相关民事权利的合法证件。

鉴定机构接到鉴定申请后，应及时进行鉴定。

第八条 鉴定机构进行房屋安全鉴定应按下列程序进行：

（一）受理申请；

（二）初始调查，摸清房屋的历史和现状；

（三）现场查勘、测试、记录各种损坏数据和状况；

（四）检测验算，整理技术资料；

（五）全面分析，论证定性，作出综合判断，提出处理建议；

（六）签发鉴定文书。

第九条 对被鉴定为危险房屋的，一般可分为以下四类进行处理：

（一）观察使用。适用于采取适当安全技术措施后，尚能短期使用，但需继续观察的房屋。

（二）处理使用。适用于采取适当技术措施后，可解除危险的房屋。

（三）停止使用。适用于已无修缮价值，暂时不便拆除，又不危及相邻建筑和影响他人安全的房屋。

（四）整体拆除。适用于整幢危险且无修缮价值，需立即拆除的房屋。

第十条 进行安全鉴定，必须有两名以上鉴定人员参加。对特殊复杂的鉴定项目，鉴定机构可另外聘请专业人员或邀请有关部门派员参与鉴定。

第十一条 房屋安全鉴定应使用统一术语，填写鉴定文书，提出处理意见。

经鉴定属危险房屋的，鉴定机构必须及时发出危险房屋通知书；属于非危险房屋的，应在鉴定文书上注明在正常使用条件下的有效时限，一般不超过一年。

第十二条　房屋经安全鉴定后，鉴定机构可以收取鉴定费。鉴定费的收取标准，可根据当地情况，由鉴定机构提出，经市、县人民政府房地产行政主管部门会同物价部门批准后执行。

房屋所有人和使用人都可提出鉴定申请。经鉴定为危险房屋的，鉴定费由所有人承担；经鉴定为非危险房屋的，鉴定费由申请人承担。

第十三条　受理涉及危险房屋纠纷案件的仲裁或审判机关，可指定纠纷案件的当事人申请房屋安全鉴定；必要时，亦可直接提出房屋安全鉴定的要求。

第十四条　鉴定危险房屋执行部颁《危险房屋鉴定标准》（CJ13—86）。对工业建筑、公共建筑、高层建筑及文物保护建筑等的鉴定，还应参照有关专业技术标准、规范和规程进行。

第三章　治理

第十五条　房屋所有人应定期对其房屋进行安全检查。在暴风、雨雪季节，房屋所有人应做好排险解危的各项准备；市、县人民政府房地产行政主管部门要加强监督检查，并在当地政府统一领导下，做好抢险救灾工作。

第十六条　房屋所有人对危险房屋能解危的，要及时解危；解危暂时有困难的，应采取安全措施。

第十七条　房屋所有人对经鉴定的危险房屋，必须按照鉴定机构的处理建议，及时加固或修缮治理；如房屋所有人拒不按照处理建议修缮治理，或使用人有阻碍行为的，房地产行政主管部门有权指定有关部门代修，或采取其他强制措施。发生的费用由责任人承担。

第十八条　房屋所有人进行抢险解危需要办理各项手续时，各有关部门应给予支持，及时办理，以免延误时间发生事故。

第十九条　治理私有危险房屋，房屋所有人确有经济困难无力治理时，其所在单位可给予借贷；如系出租房屋，可以和承租人合资治理，承租人付出的修缮费用可以折抵租金或由出租人分期偿还。

第二十条　经鉴定机构鉴定为危险房屋，并需要拆除重建时，有关部门应酌情给予政策优惠。

第二十一条　异产毗连危险房屋的各所有人，应按照国家对异产毗连房屋的有关规定，共同履行治理责任。拒不承担责任的，由房屋所在地房地产行政主管部门调处；当事人不服的，可向当地人民法院起诉。

第四章　法律责任

第二十二条　因下列原因造成事故的，房屋所有人应承担民事或行政责任：

（一）有险不查或损坏不修；

（二）经鉴定机构鉴定为危险房屋而未采取有效的解危措施。

第二十三条　因下列原因造成事故的，使用人、行为人应承担民事责任：

（一）使用人擅自改变房屋结构、构件、设备或使用性质；

（二）使用人阻碍房屋所有人对危险房屋采取解危措施；

（三）行为人由于施工、堆物、碰撞等行为危及房屋。

第二十四条　有下列情况的，鉴定机构应承担民事或行政责任：

（一）因故意把非危险房屋鉴定为危险房屋而造成损失；

（二）因过失把危险房屋鉴定为非危险房屋，并在有效时限内发生事故；

（三）因拖延鉴定时间而发生事故。

第二十五条　有本章第二十二、二十三、二十四条所列行为，给他人造成生命财产损失，已构成犯罪的，由司法机关依法追究刑事责任。

第五章　附则

第二十六条　县级以上地方人民政府房地产行政主管部门可依据本规定，结合当地情况，制定实施细则，经同级人民政府批准后，报上一级主管部门备案。

第二十七条　未设镇建制的工矿区可参照本规定执行。

第二十八条　本规定由建设部负责解释。

第二十九条　本规定自一九九〇年一月一日起施行。

房地产估价机构管理办法

·2005年10月12日建设部令第142号发布

·根据2013年10月16日住房和城乡建设部令第14号第一次修正

·根据2015年5月4日《住房和城乡建设部关于修改〈房地产开发企业资质管理规定〉等部门规章的决定》第二次修正

第一章　总则

第一条　为了规范房地产估价机构行为，维护房地产估价市场秩序，保障房地产估价活动当事人合法权益，根据《中华人民共和国城市房地产管理法》、《中华人民共和国行政许可法》和《国务院对确需保留的行政审批项目设定行政许可的决定》等法律、行政法规，制定本办法。

第二条　在中华人民共和国境内申请房地产估价机构资质，从事房地产估价活动，对房地产估价机构实施监督管理，适用本办法。

第三条　本办法所称房地产估价机构，是指依法设立并取得房地产估价机构资质，从事房地产估价活动的中介服务机构。

本办法所称房地产估价活动，包括土地、建筑物、构筑物、在建工程、以房地产为主的企业整体资产、企业整体资产中的房地产等各类房地产评估，以及因转让、抵押、房屋征收、司法鉴定、课税、公司上市、企业改制、企业清算、资产重组、资产处置等需要进行的房地产评估。

第四条　房地产估价机构从事房地产估价活动，应当坚持独立、客观、公正的原则，执行房地产估价规范和标准。

房地产估价机构依法从事房地产估价活动，不受行政区域、行业限制。任何组织或者个人不得非法干预房地产估价活动和估价结果。

第五条　国务院住房城乡建设主管部门负责全国房地产估价机构的监督管理工作。

省、自治区人民政府住房城乡建设主管部门、直辖市人民政府房地产主管部门负责本行政区域内房地产估价机构的监督管理工作。

市、县人民政府房地产主管部门负责本行政区域内房地产估价机构的监督管理工作。

第六条　房地产估价行业组织应当加强房地产估价行业自律管理。

鼓励房地产估价机构加入房地产估价行业组织。

第七条　国家建立全国统一的房地产估价行业管理信息平台，实现房地产估价机构资质核准、人员注册、信用档案管理等信息关联共享。

第二章　估价机构资质核准

第八条　房地产估价机构资质等级分为一、二、三级。

省、自治区人民政府住房城乡建设主管部门、直辖市人民政府房地产主管部门负责房地产估价机构资质许可。

省、自治区人民政府住房城乡建设主管部门、直辖市人民政府房地产主管部门应当执行国家统一的资质许可条件，加强房地产估价机构资质许可管理，营造公平竞争的市场环境。

国务院住房城乡建设主管部门应当加强对省、自治区人民政府住房城乡建设主管部门、直辖市人民政府房地产主管部门资质许可工作的指导和监督检查，及时纠正资质许可中的违法行为。

第九条　房地产估价机构应当由自然人出资，以有限责任公司或者合伙企业形式设立。

第十条　各资质等级房地产估价机构的条件如下：

（一）一级资质

1. 机构名称有房地产估价或者房地产评估字样；

2. 从事房地产估价活动连续6年以上，且取得二级房地产估价机构资质3年以上；

3. 有15名以上专职注册房地产估价师；

4. 在申请核定资质等级之日前3年平均每年完成估价标的物建筑面积50万平方米以上或者土地面积25万平方米以上；

5. 法定代表人或者执行合伙人是注册后从事房地产估价工作3年以上的专职注册房地产估价师；

6. 有限责任公司的股东中有3名以上、合伙企业的合伙人中有2名以上专职注册房地产估价师，股东或者合伙人中有一半以上是注册后从事房地产估价工作3年以上的专职注册房地产估价师；

7. 有限责任公司的股份或者合伙企业的出资额中专职注册房地产估价师的股份或者出资额合计不低于60%；

8. 有固定的经营服务场所；

9. 估价质量管理、估价档案管理、财务管理等各项企业内部管理制度健全；

10. 随机抽查的1份房地产估价报告符合《房地产估价规范》的要求；

11. 在申请核定资质等级之日前3年内无本办法第三十三条禁止的行为。

（二）二级资质

1. 机构名称有房地产估价或者房地产评估字样；

2. 取得三级房地产估价机构资质后从事房地产估价活动连续4年以上；

3. 有8名以上专职注册房地产估价师；

4. 在申请核定资质等级之日前3年平均每年完成估价标的物建筑面积30万平方米以上或者土地面积15万平方米以上；

5. 法定代表人或者执行合伙人是注册后从事房地产估价工作3年以上的专职注册房地产估价师；

6. 有限责任公司的股东中有3名以上、合伙企业的合伙人中有2名以上专职注册房地产估价师，股东或者合伙人中有一半以上是注册后从事房地产估价工作3年以上的专职注册房地产估价师；

7. 有限责任公司的股份或者合伙企业的出资额中专职注册房地产估价师的股份或者出资额合计不低于60%；

8. 有固定的经营服务场所；

9. 估价质量管理、估价档案管理、财务管理等各项企业内部管理制度健全；

10. 随机抽查的1份房地产估价报告符合《房地产估价规范》的要求；

11. 在申请核定资质等级之日前3年内无本办法第三十三条禁止的行为。

（三）三级资质

1. 机构名称有房地产估价或者房地产评估字样；

2. 有3名以上专职注册房地产估价师；

3. 在暂定期内完成估价标的物建筑面积8万平方米以上或者土地面积3万平方米以上；

4. 法定代表人或者执行合伙人是注册后从事房地产估价工作3年以上的专职注册房地产估价师；

5. 有限责任公司的股东中有2名以上、合伙企业的合伙人中有2名以上专职注册房地产估价师，股东或者合伙人中有一半以上是注册后从事房地产估价工作3年以上的专职注册房地产估价师；

6. 有限责任公司的股份或者合伙企业的出资额中专职注册房地产估价师的股份或者出资额合计不低于60%；

7. 有固定的经营服务场所；

8. 估价质量管理、估价档案管理、财务管理等各项企业内部管理制度健全；

9. 随机抽查的1份房地产估价报告符合《房地产估价规范》的要求；

10. 在申请核定资质等级之日前3年内无本办法第三十三条禁止的行为。

第十一条 申请核定房地产估价机构资质等级，应当如实向资质许可机关提交下列材料：

（一）房地产估价机构资质等级申请表（一式二份，加盖申报机构公章）；

（二）房地产估价机构原资质证书正本复印件、副本原件；

（三）营业执照正、副本复印件（加盖申报机构公章）；

（四）法定代表人或者执行合伙人的任职文件复印件（加盖申报机构公章）；

（五）专职注册房地产估价师证明；

（六）固定经营服务场所的证明；

（七）经工商行政管理部门备案的公司章程或者合伙协议复印件（加盖申报机构公章）及有关估价质量管理、估价档案管理、财务管理等企业内部管理制度的文件、申报机构信用档案信息；

（八）随机抽查的在申请核定资质等级之日前3年内申报机构所完成的1份房地产估价报告复印件（一式二份，加盖申报机构公章）。

申请人应当对其提交的申请材料实质内容的真实性负责。

第十二条 新设立的中介服务机构申请房地产估价机构资质的，应当提供第十一条第（一）项、第（三）项至第（八）项材料。

新设立中介服务机构的房地产估价机构资质等级应当核定为三级资质，设1年的暂定期。

第十三条 房地产估价机构资质核准中的房地产估价报告抽查，应当执行全国统一的标准。

第十四条 申请核定房地产估价机构资质的，应当向设区的市人民政府房地产主管部门提出申请，并提交本办法第十一条规定的材料。

设区的市人民政府房地产主管部门应当自受理申请之日起20日内审查完毕，并将初审意见和全部申请材料报省、自治区人民政府住房城乡建设主管部门、直辖市人民政府房地产主管部门。

省、自治区人民政府住房城乡建设主管部门、直辖市人民政府房地产主管部门应当自受理申请材料之日起20日内作出决定。

省、自治区人民政府住房城乡建设主管部门、直辖市人民政府房地产主管部门应当在作出资质许可决定之日起10日内，将准予资质许可的决定报国务院住房城乡建设主管部门备案。

第十五条 房地产估价机构资质证书分为正本和副本，由国务院住房城乡建设主管部门统一印制，正、副本具有同等法律效力。

房地产估价机构遗失资质证书的，应当在公众媒体上声明作废后，申请补办。

第十六条 房地产估价机构资质有效期为3年。

资质有效期届满，房地产估价机构需要继续从事房地产估价活动的，应当在资质有效期届满30日前向资质许可机关提出资质延续申请。资质许可机关应当根据申请作出是否准予延续的决定。准予延续的，有效期延续3年。

在资质有效期内遵守有关房地产估价的法律、法规、规章、技术标准和职业道德的房地产估价机构，经原资质许可机关同意，不再审查，有效期延续3年。

第十七条 房地产估价机构的名称、法定代表人或者执行合伙人、组织形式、住所等事项发生变更的，应当在工商行政管理部门办理变更手续后30日内，到资质许可机关办理资质证书变更手续。

第十八条 房地产估价机构合并的，合并后存续或者新设立的房地产估价机构可以承继合并前各方中较高的资质等级，但应当符合相应的资质等级条件。

房地产估价机构分立的，只能由分立后的一方房地产估价机构承继原房地产估价机构资质，但应当符合原房地产估价机构资质等级条件。承继原房地产估价机构资质的一方由各方协商确定；其他各方按照新设立的中介服务机构申请房地产估价机构资质。

第十九条 房地产估价机构的工商登记注销后，其资质证书失效。

第三章 分支机构的设立

第二十条 一级资质房地产估价机构可以按照本办法第二十一条的规定设立分支机构。二、三级资质房地产估价机构不得设立分支机构。

分支机构应当以设立该分支机构的房地产估价机构的名义出具估价报告，并加盖该房地产估价机构公章。

第二十一条 分支机构应当具备下列条件：

（一）名称采用"房地产估价机构名称+分支机构所在地行政区划名+分公司（分所）"的形式；

（二）分支机构负责人应当是注册后从事房地产估价工作3年以上并无不良执业记录的专职注册房地产估价师；

（三）在分支机构所在地有3名以上专职注册房地产估价师；

（四）有固定的经营服务场所；

（五）估价质量管理、估价档案管理、财务管理等各项内部管理制度健全。

注册于分支机构的专职注册房地产估价师，不计入设立分支机构的房地产估价机构的专职注册房地产估价师人数。

第二十二条 新设立的分支机构，应当自领取分支机构营业执照之日起30日内，到分支机构工商注册所在地的省、自治区人民政府住房城乡建设主管部门、直辖市人民政府房地产主管部门备案。

省、自治区人民政府住房城乡建设主管部门、直辖市人民政府房地产主管部门应当在接受备案后10日内，告知分支机构工商注册所在地的市、县人民政府房地产主管部门，并报国务院住房城乡建设主管部门备案。

第二十三条 分支机构备案，应当提交下列材料：

（一）分支机构的营业执照复印件；

（二）房地产估价机构资质证书正本复印件；

（三）分支机构及设立该分支机构的房地产估价机构负责人的身份证明；

（四）拟在分支机构执业的专职注册房地产估价师注册证书复印件。

第二十四条 分支机构变更名称、负责人、住所等事项或房地产估价机构撤销分支机构，应当在工商行政管理部门办理变更或者注销登记手续后30日内，报原备案机关备案。

第四章 估价管理

第二十五条 从事房地产估价活动的机构，应当依法取得房地产估价机构资质，并在其资质等级许可范围内从事估价业务。

一级资质房地产估价机构可以从事各类房地产估价业务。

二级资质房地产估价机构可以从事除公司上市、企业清算以外的房地产估价业务。

三级资质房地产估价机构可以从事除公司上市、企业清算、司法鉴定以外的房地产估价业务。

暂定期内的三级资质房地产估价机构可以从事除公司上市、企业清算、司法鉴定、房屋征收、在建工程抵押以外的房地产估价业务。

第二十六条 房地产估价业务应当由房地产估价机构统一接受委托，统一收取费用。

房地产估价师不得以个人名义承揽估价业务，分支机构应当以设立该分支机构的房地产估价机构名义承揽估价业务。

第二十七条 房地产估价机构及执行房地产估价业务的估价人员与委托人或者估价业务相对人有利害关系的，应当回避。

第二十八条 房地产估价机构承揽房地产估价业务，应当与委托人签订书面估价委托合同。

估价委托合同应当包括下列内容：

（一）委托人的名称或者姓名和住所；

（二）估价机构的名称和住所；

（三）估价对象；

（四）估价目的；

（五）价值时点；
（六）委托人的协助义务；
（七）估价服务费及其支付方式；
（八）估价报告交付的日期和方式；
（九）违约责任；
（十）解决争议的方法。

第二十九条 房地产估价机构未经委托人书面同意，不得转让受托的估价业务。

经委托人书面同意，房地产估价机构可以与其他房地产估价机构合作完成估价业务，以合作双方的名义共同出具估价报告。

第三十条 委托人及相关当事人应当协助房地产估价机构进行实地查勘，如实向房地产估价机构提供估价所必需的资料，并对其所提供资料的真实性负责。

第三十一条 房地产估价机构和注册房地产估价师因估价需要向房地产主管部门查询房地产交易、登记信息时，房地产主管部门应当提供查询服务，但涉及国家秘密、商业秘密和个人隐私的内容除外。

第三十二条 房地产估价报告应当由房地产估价机构出具，加盖房地产估价机构公章，并有至少2名专职注册房地产估价师签字。

第三十三条 房地产估价机构不得有下列行为：
（一）涂改、倒卖、出租、出借或者以其他形式非法转让资质证书；
（二）超越资质等级业务范围承接房地产估价业务；
（三）以迎合高估或者低估要求、给予回扣、恶意压低收费等方式进行不正当竞争；
（四）违反房地产估价规范和标准；
（五）出具有虚假记载、误导性陈述或者重大遗漏的估价报告；
（六）擅自设立分支机构；
（七）未经委托人书面同意，擅自转让受托的估价业务；
（八）法律、法规禁止的其他行为。

第三十四条 房地产估价机构应当妥善保管房地产估价报告及相关资料。

房地产估价报告及相关资料的保管期限自估价报告出具之日起不得少于10年。保管期限届满而估价服务的行为尚未结束的，应当保管到估价服务的行为结束为止。

第三十五条 除法律、法规另有规定外，未经委托人书面同意，房地产估价机构不得对外提供估价过程中获知的当事人的商业秘密和业务资料。

第三十六条 房地产估价机构应当加强对执业人员的职业道德教育和业务培训，为本机构的房地产估价师参加继续教育提供必要的条件。

第三十七条 县级以上人民政府房地产主管部门应当依照有关法律、法规和本办法的规定，对房地产估价机构和分支机构的设立、估价业务及执行房地产估价规范和标准的情况实施监督检查。

第三十八条 县级以上人民政府房地产主管部门履行监督检查职责时，有权采取下列措施：
（一）要求被检查单位提供房地产估价机构资质证书、房地产估价师注册证书，有关房地产估价业务的文档，有关估价质量管理、估价档案管理、财务管理等企业内部管理制度的文件；
（二）进入被检查单位进行检查，查阅房地产估价报告以及估价委托合同、实地查勘记录等估价相关资料；
（三）纠正违反有关法律、法规和本办法及房地产估价规范和标准的行为。

县级以上人民政府房地产主管部门应当将监督检查的处理结果向社会公布。

第三十九条 县级以上人民政府房地产主管部门进行监督检查时，应当有两名以上监督检查人员参加，并出示执法证件，不得妨碍被检查单位的正常经营活动，不得索取或者收受财物，谋求其他利益。

有关单位和个人对依法进行的监督检查应当协助与配合，不得拒绝或者阻挠。

第四十条 房地产估价机构违法从事房地产估价活动的，违法行为发生地的县级以上地方人民政府房地产主管部门应当依法查处，并将违法事实、处理结果及处理建议及时报告该估价机构资质的许可机关。

第四十一条 有下列情形之一的，资质许可机关或者其上级机关，根据利害关系人的请求或者依据职权，可以撤销房地产估价机构资质：
（一）资质许可机关工作人员滥用职权、玩忽职守作出准予房地产估价机构资质许可的；
（二）超越法定职权作出准予房地产估价机构资质许可的；
（三）违反法定程序作出准予房地产估价机构资质许可的；
（四）对不符合许可条件的申请人作出准予房地产估价机构资质许可的；
（五）依法可以撤销房地产估价机构资质的其他情形。

房地产估价机构以欺骗、贿赂等不正当手段取得房地产估价机构资质的，应当予以撤销。

第四十二条　房地产估价机构取得房地产估价机构资质后，不再符合相应资质条件的，资质许可机关根据利害关系人的请求或者依据职权，可以责令其限期改正；逾期不改的，可以撤回其资质。

第四十三条　有下列情形之一的，资质许可机关应当依法注销房地产估价机构资质：

（一）房地产估价机构资质有效期届满未延续的；

（二）房地产估价机构依法终止的；

（三）房地产估价机构资质被撤销、撤回，或者房地产估价资质证书依法被吊销的；

（四）法律、法规规定的应当注销房地产估价机构资质的其他情形。

第四十四条　资质许可机关或者房地产估价行业组织应当建立房地产估价机构信用档案。

房地产估价机构应当按照要求提供真实、准确、完整的房地产估价信用档案信息。

房地产估价机构信用档案应当包括房地产估价机构的基本情况、业绩、良好行为、不良行为等内容。违法行为、被投诉举报处理、行政处罚等情况应当作为房地产估价机构的不良记录记入其信用档案。

房地产估价机构的不良行为应当作为该机构法定代表人或者执行合伙人的不良行为记入其信用档案。

任何单位和个人有权查阅信用档案。

第五章　法律责任

第四十五条　申请人隐瞒有关情况或者提供虚假材料申请房地产估价机构资质的，资质许可机关不予受理或者不予行政许可，并给予警告，申请人在1年内不得再次申请房地产估价机构资质。

第四十六条　以欺骗、贿赂等不正当手段取得房地产估价机构资质的，由资质许可机关给予警告，并处1万元以上3万元以下的罚款，申请人3年内不得再次申请房地产估价机构资质。

第四十七条　未取得房地产估价机构资质从事房地产估价活动或者超越资质等级承揽估价业务的，出具的估价报告无效，由县级以上地方人民政府房地产主管部门给予警告，责令限期改正，并处1万元以上3万元以下的罚款；造成当事人损失的，依法承担赔偿责任。

第四十八条　违反本办法第十七条规定，房地产估价机构不及时办理资质证书变更手续的，由资质许可机关责令限期办理；逾期不办理的，可处1万元以下的罚款。

第四十九条　有下列行为之一的，由县级以上地方人民政府房地产主管部门给予警告，责令限期改正，并可处1万元以上2万元以下的罚款：

（一）违反本办法第二十条第一款规定设立分支机构的；

（二）违反本办法第二十一条规定设立分支机构的；

（三）违反本办法第二十二条第一款规定，新设立的分支机构不备案的。

第五十条　有下列行为之一的，由县级以上地方人民政府房地产主管部门给予警告，责令限期改正；逾期未改正的，可处5千元以上2万元以下的罚款；给当事人造成损失的，依法承担赔偿责任：

（一）违反本办法第二十六条规定承揽业务的；

（二）违反本办法第二十九条第一款规定，擅自转让受托的估价业务的；

（三）违反本办法第二十条第二款、第二十九条第二款、第三十二条规定出具估价报告的。

第五十一条　违反本办法第二十七条规定，房地产估价机构及其估价人员应当回避未回避的，由县级以上地方人民政府房地产主管部门给予警告，责令限期改正，并可处1万元以下的罚款；给当事人造成损失的，依法承担赔偿责任。

第五十二条　违反本办法第三十一条规定，房地产主管部门拒绝提供房地产交易、登记信息查询服务的，由其上级房地产主管部门责令改正。

第五十三条　房地产估价机构有本办法第三十三条行为之一的，由县级以上地方人民政府房地产主管部门给予警告，责令限期改正，并处1万元以上3万元以下的罚款；给当事人造成损失的，依法承担赔偿责任；构成犯罪的，依法追究刑事责任。

第五十四条　违反本办法第三十五条规定，房地产估价机构擅自对外提供估价过程中获知的当事人的商业秘密和业务资料，给当事人造成损失的，依法承担赔偿责任；构成犯罪的，依法追究刑事责任。

第五十五条　资质许可机关有下列情形之一的，由其上级主管部门或者监察机关责令改正，对直接负责的主管人员和其他直接责任人员依法给予处分；构成犯罪的，依法追究刑事责任：

（一）对不符合法定条件的申请人准予房地产估价机构资质许可或者超越职权作出准予房地产估价机构资质许可决定的；

（二）对符合法定条件的申请人不予房地产估价机

构资质许可或者不在法定期限内作出准予房地产估价机构资质许可决定的；

（三）利用职务上的便利，收受他人财物或者其他利益的；

（四）不履行监督管理职责，或者发现违法行为不予查处的。

第六章 附 则

第五十六条 本办法自2005年12月1日起施行。1997年1月9日建设部颁布的《关于房地产价格评估机构资格等级管理的若干规定》（建房〔1997〕12号）同时废止。

本办法施行前建设部发布的规章的规定与本办法的规定不一致的，以本办法为准。

注册房地产估价师管理办法

· 2006年12月25日建设部令第151号公布
· 根据2016年9月13日《住房城乡建设部关于修改〈勘察设计注册工程师管理规定〉等11个部门规章的决定》修订

第一章 总 则

第一条 为了加强对注册房地产估价师的管理，完善房地产价格评估制度和房地产价格评估人员资格认证制度，规范注册房地产估价师行为，维护公共利益和房地产估价市场秩序，根据《中华人民共和国城市房地产管理法》《中华人民共和国行政许可法》等有关法律、行政法规，制定本办法。

第二条 中华人民共和国境内注册房地产估价师的注册、执业、继续教育和监督管理，适用本办法。

第三条 本办法所称注册房地产估价师，是指通过全国房地产估价师执业资格考试或者资格认定、资格互认，取得中华人民共和国房地产估价师执业资格（以下简称执业资格），并按照本办法注册，取得中华人民共和国房地产估价师注册证书（以下简称注册证书），从事房地产估价活动的人员。

第四条 注册房地产估价师实行注册执业管理制度。

取得执业资格的人员，经过注册方能以注册房地产估价师的名义执业。

第五条 国务院住房城乡建设主管部门对全国注册房地产估价师注册、执业活动实施统一监督管理。

省、自治区、直辖市人民政府住房城乡建设（房地产）主管部门对本行政区域内注册房地产估价师的执业活动实施监督管理。

市、县、市辖区人民政府建设（房地产）主管部门对本行政区域内注册房地产估价师的执业活动实施监督管理。

第六条 房地产估价行业组织应当加强注册房地产估价师自律管理。

鼓励注册房地产估价师加入房地产估价行业组织。

第二章 注 册

第七条 注册房地产估价师的注册条件为：

（一）取得执业资格；

（二）达到继续教育合格标准；

（三）受聘于具有资质的房地产估价机构；

（四）无本办法第十四条规定不予注册的情形。

第八条 申请注册的，应当向国务院住房城乡建设主管部门提出注册申请。

对申请初始注册、变更注册、延续注册和注销注册的，国务院住房城乡建设主管部门应当自受理之日起15日内作出决定。

注册房地产估价师的初始注册、变更注册、延续注册和注销注册，逐步实行网上申报、受理和审批。

第九条 注册证书是注册房地产估价师的执业凭证。注册有效期为3年。

第十条 申请初始注册，应当提交下列材料：

（一）初始注册申请表；

（二）执业资格证件和身份证件复印件；

（三）与聘用单位签订的劳动合同复印件；

（四）取得执业资格超过3年申请初始注册的，应当提供达到继续教育合格标准的证明材料；

（五）聘用单位委托人才服务中心托管人事档案的证明和社会保险缴纳凭证复印件；或者劳动、人事部门颁发的离退休证复印件；或者外国人就业证书、台港澳人员就业证书复印件。

第十一条 注册有效期满需继续执业的，应当在注册有效期满30日前，按本办法第八条规定的程序申请延续注册；延续注册的，注册有效期为3年。

延续注册需要提交下列材料：

（一）延续注册申请表；

（二）与聘用单位签订的劳动合同复印件；

（三）申请人注册有效期内达到继续教育合格标准的证明材料。

第十二条 注册房地产估价师变更执业单位，应当与原聘用单位解除劳动合同，并按本办法第八条规定的程序办理变更注册手续,变更注册后延续原注册有效期。

变更注册需要提交下列材料:

(一)变更注册申请表;

(二)与新聘用单位签订的劳动合同复印件;

(三)与原聘用单位解除劳动合同的证明文件;

(四)聘用单位委托人才服务中心托管人事档案的证明和社会保险缴纳凭证复印件;或者劳动、人事部门颁发的离退休证复印件;或者外国人就业证书、台港澳人员就业证书复印件。

第十三条 取得执业资格的人员,申请在新设立房地产估价机构、分支机构执业的,应当在申报房地产估价机构资质或者分支机构备案的同时,办理注册手续。

第十四条 申请人有下列情形之一的,不予注册:

(一)不具有完全民事行为能力的;

(二)刑事处罚尚未执行完毕的;

(三)因房地产估价及相关业务活动受刑事处罚,自刑事处罚执行完毕之日起至申请注册之日止不满5年的;

(四)因前项规定以外原因受刑事处罚,自刑事处罚执行完毕之日起至申请注册之日止不满3年的;

(五)被吊销注册证书,自被处罚之日起至申请注册之日止不满3年的;

(六)以欺骗、贿赂等不正当手段获准的房地产估价师注册被撤销,自被撤销注册之日起至申请注册之日止不满3年的;

(七)申请在2个或者2个以上房地产估价机构执业的;

(八)为现职公务员的;

(九)年龄超过65周岁的;

(十)法律、行政法规规定不予注册的其他情形。

第十五条 注册房地产估价师有下列情形之一的,其注册证书失效:

(一)聘用单位破产的;

(二)聘用单位被吊销营业执照的;

(三)聘用单位被吊销或者撤回房地产估价机构资质证书的;

(四)已与聘用单位解除劳动合同且未被其他房地产估价机构聘用的;

(五)注册有效期满且未延续注册的;

(六)年龄超过65周岁的;

(七)死亡或者不具有完全民事行为能力的;

(八)其他导致注册失效的情形。

第十六条 有下列情形之一的,注册房地产估价师应当及时向国务院住房城乡建设主管部门提出注销注册的申请,交回注册证书,国务院住房城乡建设主管部门应当办理注销手续,公告其注册证书作废:

(一)有本办法第十五条所列情形发生的;

(二)依法被撤销注册的;

(三)依法被吊销注册证书的;

(四)受到刑事处罚的;

(五)法律、法规规定应当注销注册的其他情形。

注册房地产估价师有前款所列情形之一的,有关单位和个人有权向国务院住房城乡建设主管部门举报;县级以上地方人民政府建设(房地产)主管部门应当及时报告国务院住房城乡建设主管部门。

第十七条 被注销注册者或者不予注册者,在具备注册条件后,可以按照本办法第八条第一款、第二款规定的程序申请注册。

第十八条 注册房地产估价师遗失注册证书的,应当在公众媒体上声明后,按照本办法第八条第一款、第三款规定的程序申请补发。

第三章 执 业

第十九条 取得执业资格的人员,应当受聘于一个具有房地产估价机构资质的单位,经注册后方可从事房地产估价执业活动。

第二十条 注册房地产估价师可以在全国范围内开展与其聘用单位业务范围相符的房地产估价活动。

第二十一条 注册房地产估价师从事执业活动,由聘用单位接受委托并统一收费。

第二十二条 在房地产估价过程中给当事人造成经济损失,聘用单位依法应当承担赔偿责任的,可依法向负有过错的注册房地产估价师追偿。

第二十三条 注册房地产估价师在每一注册有效期内应当达到国务院住房城乡建设主管部门规定的继续教育要求。

注册房地产估价师继续教育分为必修课和选修课,每一注册有效期各为60学时。经继续教育达到合格标准的,颁发继续教育合格证书。

注册房地产估价师继续教育,由中国房地产估价师与房地产经纪人学会负责组织。

第二十四条 注册房地产估价师享有下列权利:

(一)使用注册房地产估价师名称;

(二)在规定范围内执行房地产估价及相关业务;

(三)签署房地产估价报告;

(四)发起设立房地产估价机构;

（五）保管和使用本人的注册证书；
（六）对本人执业活动进行解释和辩护；
（七）参加继续教育；
（八）获得相应的劳动报酬；
（九）对侵犯本人权利的行为进行申诉。

第二十五条 注册房地产估价师应当履行下列义务：
（一）遵守法律、法规、行业管理规定和职业道德规范；
（二）执行房地产估价技术规范和标准；
（三）保证估价结果的客观公正，并承担相应责任；
（四）保守在执业中知悉的国家秘密和他人的商业、技术秘密；
（五）与当事人有利害关系的，应当主动回避；
（六）接受继续教育，努力提高执业水准；
（七）协助注册管理机构完成相关工作。

第二十六条 注册房地产估价师不得有下列行为：
（一）不履行注册房地产估价师义务；
（二）在执业过程中，索贿、受贿或者谋取合同约定费用外的其他利益；
（三）在执业过程中实施商业贿赂；
（四）签署有虚假记载、误导性陈述或者重大遗漏的估价报告；
（五）在估价报告中隐瞒或者歪曲事实；
（六）允许他人以自己的名义从事房地产估价业务；
（七）同时在2个或者2个以上房地产估价机构执业；
（八）以个人名义承揽房地产估价业务；
（九）涂改、出租、出借或者以其他形式非法转让注册证书；
（十）超出聘用单位业务范围从事房地产估价活动；
（十一）严重损害他人利益、名誉的行为；
（十二）法律、法规禁止的其他行为。

第四章 监督管理

第二十七条 县级以上人民政府建设（房地产）主管部门，应当依照有关法律、法规和本办法的规定，对注册房地产估价师的执业和继续教育情况实施监督检查。

第二十八条 国务院住房城乡建设主管部门应当将注册房地产估价师注册信息告知省、自治区、直辖市建设（房地产）主管部门。

省、自治区人民政府建设（房地产）主管部门应当将注册房地产估价师注册信息告知本行政区域内市、县人民政府建设（房地产）主管部门。直辖市人民政府建设（房地产）主管部门应当将注册房地产估价师注册信息告知本行政区域内市、县、市辖区人民政府建设（房地产）主管部门。

第二十九条 县级以上人民政府建设（房地产）主管部门履行监督检查职责时，有权采取下列措施：
（一）要求被检查人员出示注册证书；
（二）要求被检查人员所在聘用单位提供有关人员签署的估价报告及相关业务文档；
（三）就有关问题询问签署估价报告的人员；
（四）纠正违反有关法律、法规和本办法及房地产估价规范和标准的行为。

第三十条 注册房地产估价师违法从事房地产估价活动的，违法行为发生地直辖市、市、县、市辖区人民政府建设（房地产）主管部门应当依法查处，并将违法事实、处理结果告知注册房地产估价师注册所在地的省、自治区、直辖市建设（房地产）主管部门；依法需撤销注册的，应当将违法事实、处理建议及有关材料报国务院住房城乡建设主管部门。

第三十一条 有下列情形之一的，国务院住房城乡建设主管部门依据职权或者根据利害关系人的请求，可以撤销房地产估价师注册：
（一）注册机关工作人员滥用职权、玩忽职守作出准予房地产估价师注册行政许可的；
（二）超越法定职权作出准予房地产估价师注册许可的；
（三）违反法定程序作出准予房地产估价师注册许可的；
（四）对不符合法定条件的申请人作出准予房地产估价师注册许可的；
（五）依法可以撤销房地产估价师注册的其他情形。

申请人以欺骗、贿赂等不正当手段获准房地产估价师注册许可的，应当予以撤销。

第三十二条 注册房地产估价师及其聘用单位应当按照要求，向注册机关提供真实、准确、完整的注册房地产估价师信用档案信息。

注册房地产估价师信用档案应当包括注册房地产估价师的基本情况、业绩、良好行为、不良行为等内容。违法违规行为、被投诉举报处理、行政处罚等情况应当作为注册房地产估价师的不良行为记入其信用档案。

注册房地产估价师信用档案信息按照有关规定向社会公示。

第五章 法律责任

第三十三条 隐瞒有关情况或者提供虚假材料申请房地产估价师注册的，建设（房地产）主管部门不予受理或者不予行政许可，并给予警告，在 1 年内不得再次申请房地产估价师注册。

第三十四条 聘用单位为申请人提供虚假注册材料的，由省、自治区、直辖市人民政府建设（房地产）主管部门给予警告，并可处以 1 万元以上 3 万元以下的罚款。

第三十五条 以欺骗、贿赂等不正当手段取得注册证书的，由国务院住房城乡建设主管部门撤销其注册，3 年内不得再次申请注册，并由县级以上地方人民政府建设（房地产）主管部门处以罚款，其中没有违法所得的，处以 1 万元以下罚款，有违法所得的，处以违法所得 3 倍以下且不超过 3 万元的罚款；构成犯罪的，依法追究刑事责任。

第三十六条 违反本办法规定，未经注册，擅自以注册房地产估价师名义从事房地产估价活动的，所签署的估价报告无效，由县级以上地方人民政府建设（房地产）主管部门给予警告，责令停止违法活动，并可处以 1 万元以上 3 万元以下的罚款；造成损失的，依法承担赔偿责任。

第三十七条 违反本办法规定，未办理变更注册仍执业的，由县级以上地方人民政府建设（房地产）主管部门责令限期改正；逾期不改正的，可处以 5000 元以下的罚款。

第三十八条 注册房地产估价师有本办法第二十六条行为之一的，由县级以上地方人民政府建设（房地产）主管部门给予警告，责令其改正，没有违法所得的，处以 1 万元以下罚款，有违法所得的，处以违法所得 3 倍以下且不超过 3 万元的罚款；造成损失的，依法承担赔偿责任；构成犯罪的，依法追究刑事责任。

第三十九条 违反本办法规定，注册房地产估价师或者其聘用单位未按照要求提供房地产估价师信用档案信息的，由县级以上地方人民政府建设（房地产）主管部门责令限期改正；逾期未改正的，可处以 1000 元以上 1 万元以下的罚款。

第四十条 县级以上地方人民政府建设（房地产）主管部门依法给予注册房地产估价师或其聘用单位行政处罚的，应当将行政处罚决定以及给予行政处罚的事实、理由和依据，报国务院住房城乡建设主管部门备案。

第四十一条 县级以上人民政府建设（房地产）主管部门，在房地产估价师注册管理工作中，有下列情形之一的，由其上级行政机关或者监察机关责令改正，对直接负责的主管人员和其他直接责任人员依法给予处分；构成犯罪的，依法追究刑事责任：

（一）对不符合本办法规定条件的申请人准予房地产估价师注册的；

（二）对符合本办法规定条件的申请人不予房地产估价师注册或者不在法定期限内作出准予注册决定的；

（三）对符合法定条件的申请不予受理或者未在法定期限内初审完毕的；

（四）利用职务上的便利，收受他人财物或者其他好处的；

（五）不依法履行监督管理职责或者监督不力，造成严重后果的。

第六章 附则

第四十二条 大专院校、科研院所从事房地产教学、研究的人员取得执业资格的，经所在单位同意，可以参照本办法注册，但不得担任房地产估价机构法定代表人或者执行合伙人。

第四十三条 本办法自 2007 年 3 月 1 日起施行。1998 年 8 月 20 日发布的《房地产估价师注册管理办法》（建设部令第 64 号）、2001 年 8 月 15 日发布的《建设部关于修改〈房地产估价师注册管理办法〉的决定》（建设部令第 100 号）同时废止。

城市居民住宅安全防范设施建设管理规定

·1996 年 1 月 5 日建设部、公安部令第 49 号发布
·自 1996 年 2 月 1 日起施行

第一条 为加强城市居民住宅安全防范设施的建设和管理，提高居民住宅安全防范功能，保护居民人身财产安全，制定本规定。

第二条 在中华人民共和国境内从事城市居民住宅安全防范设施的建设和管理，应当遵守本规定。

第三条 本规定所称城市，是指国家按行政建制设立的直辖市、市、镇。

本规定所称居民住宅安全防范设施，是指附属于住宅建筑主体并具有安全防范功能的防盗门、防盗锁、防踹板、防护墙、监控和报警装置，以及居民住宅或住宅区内附设的治安值班室。

第四条 城市居民住宅安全防范设施，必须具备防撬、防踹、防攀缘、防跨越、防爬人等安全防范功能。

第五条 城市居民住宅安全防范设施的建设，应当

遵循下列原则：

（一）适用、安全、经济、美观；

（二）符合消防法规、技术规范、标准的要求和城市容貌规定；

（三）符合当地居民习俗；

（四）因地制宜。

第六条　城市居民住宅安全防范设施的建设，应当纳入住宅建设的规划，并同时设计、同时施工、同时投入使用。

第七条　设计单位应当依据与住宅安全防范设施建设有关的规范、标准、规定进行设计。

第八条　建设行政主管部门组织审批的有关住宅建筑设计文件应当包括城市居民住宅安全防范设施部分。对不符合安全防范设施规范、标准、规定的设计文件，应责成原设计单位修改。

第九条　施工单位应当严格按照安全防范设计要求进行施工，不得擅自改动。必须修改的，应当由原设计单位出具变更设计通知书及相应的图纸，并报设计审批部门重新审批后方可进行。

第十条　城市居民住宅安全防范设施所用产品、设备和材料，必须是符合有关标准规定并经鉴定合格的产品。未经鉴定和不合格的产品不得采用。

第十一条　城市居民住宅竣工后，工程质量监督部门和住宅管理单位必须按规定对安全防范设施进行验收，不合格的不得交付使用。

第十二条　城市居民住宅安全防范设施建设所需费用，由产权人或使用人承担。

第十三条　城市居民住宅安全防范设施的管理，由具体管理住宅的单位实施。

公安机关负责城市居民住宅安全防范设施管理的监督检查。

第十四条　居民住宅区的防护墙、治安值班室等公共安全防范设施应由产权人和使用人妥善使用与保护，不得破坏或挪作他用。

第十五条　公民和单位有责任保护居民住宅安全防范设施，对破坏居民住宅安全防范设施的行为有权向公安机关举报。

第十六条　违反本规定，有下列行为之一的，由城市人民政府建设行政主管部门责令增补、修改、停工、返工、恢复原状，或采取其他补救措施，并可处以罚款：

（一）未按有关规范、标准、规定进行设计的；

（二）擅自改动设计文件中安全防范设施内容的；

（三）使用未经鉴定和鉴定不合格的产品、材料、设备的；

（四）安全防范设施未经验收或验收不合格而交付使用的。

有（三）、（四）行为之一，造成经济损失的，由责任者负责赔偿损失。

第十七条　违反本规定，破坏居民住宅安全防范设施，由公安机关责令其改正、恢复原状，并可依据《治安管理处罚条例》的规定予以处罚；构成犯罪的，依法追究刑事责任。

第十八条　本规定由建设部、公安部负责解释。

第十九条　省、自治区、直辖市人民政府建设行政主管部门、公安行政主管部门，可根据本规定制定实施细则。

第二十条　本规定自1996年2月1日起施行。

建设部关于落实新建住房结构比例要求的若干意见

· 2006年7月6日
· 建住房〔2006〕165号

各省、自治区建设厅，直辖市建委、房地局、规划局（委）：

为贯彻《国务院办公厅转发建设部等部门关于调整住房供应结构稳定住房价格意见的通知》（国办发〔2006〕37号），切实调整住房供应结构，现就落实新建住房结构比例要求提出如下意见，各地要认真贯彻执行。

一、明确新建住房结构比例

各地要根据总量与项目相结合的原则，充分考虑城镇中低收入居民家庭生活对交通等设施条件的需求，合理安排普通商品住房的区位布局，统筹落实新建住房结构比例要求。自2006年6月1日起，各城市（包括县城，下同）年度（从6月1日起计算，下同）新审批、新开工的商品住房总面积中，套型建筑面积90平方米以下住房（含经济适用住房）面积所占比重，必须达到70%以上。各地应根据当地住房调查的实际状况以及土地、能源、水资源和环境等综合承载能力，分析住房需求，制定住房建设规划，合理确定当地新建商品住房总面积的套型结构比例。城市规划主管部门要会同建设、房地产主管部门将住房建设规划纳入当地国民经济和社会发展中长期规划和近期建设规划，按资源节约型和环境友好型城镇建设的总体要求，合理安排套型建筑面积90平方米以下住房为主的普通商品住房和经济适用住房布局，方便居民工作和生活，并将住房套型结构比例分解到具体区域。

城市规划主管部门要依法组织完善控制性详细规划编制工作,首先应当对拟新建或改造住房建设项目的居住用地明确提出住宅建筑套密度(每公顷住宅用地上拥有的住宅套数)、住宅面积净密度(每公顷住宅用地上拥有的住宅建筑面积)两项强制性指标,指标的确定必须符合住房建设规划关于住房套型结构比例的规定;依据控制性详细规划,出具套型结构比例和容积率、建筑高度、绿地率等规划设计条件,并作为土地出让前置条件,落实到新开工商品住房项目。

套型建筑面积是指单套住房的建筑面积,由套内建筑面积和分摊的共有建筑面积组成。经济适用住房建设要严格执行《经济适用住房管理办法》,有计划有步骤地解决低收入家庭的住房困难。

住房建设规划、近期建设规划和控制性详细规划,以及套型结构比例等,按法定程序审定、备案,并按照国务院要求的时限及时向社会公布。

年度土地供应计划中已明确用于中低价位、中小套型普通商品住房用地和依法收回土地使用权的居住用地,应当主要用于安排90平方米以下的住房建设。

各地要严格按照上述要求,落实新建商品住房项目的规划设计条件,确定套型结构比例要求,且不得擅自突破。对擅自突破的,城市规划主管部门不得核发建设工程规划许可证;对不符合规划许可内容的,施工图设计文件审查机构不得出具审查合格书,建设主管部门不得核发施工许可证,房地产主管部门不得核发预售许可证。直辖市、计划单列市、省会城市在已完成住房状况调查的基础上,经深入分析当地居民合理住房需求和供应能力,确需调整新建住房结构比例的,必须报建设部批准,并附住房状况分析和市场预测报告。

二、妥善处理已审批但未取得施工许可证的商品住房项目

对于2006年6月1日前已审批但未取得施工许可证的商品住房项目,由城市人民政府根据当地年度新建商品住房结构比例要求,区别规划用地性质、项目布局,因地制宜地确定需要调整套型结构的具体项目。建设主管部门要会同城市规划、房地产主管部门对6月1日前已审批但未取得施工许可证的项目集中进行一次清理。清理结果要报同级发展改革主管部门备案。经城市人民政府明确需要调整套型结构比例的项目,其规划设计方案和施工图须按要求进行调整,送相关部门重新审查合格并办理相关调整手续后,建设主管部门方可发放施工许可证。

需要调整的项目,要明确具体的套型结构比例要求,并纳入规划设计条件,重新审查规划设计方案。要首先调整过去违反规定批建的各类住房项目特别是别墅类项目,按照国办发〔2005〕26号文件要求在土地出让合同中约定了销售价位、套型面积等控制性要求但企业未执行的普通商品住房项目,以及以协议出让方式取得土地使用权的项目。其他需要调整的项目,地方人民政府也要依法妥善处理。

要积极引导和鼓励项目建设单位主动按要求调整套型结构,并在调整后向原审批机关申请变更规划等许可内容,有关审批机关应当依照文件规定及时办理变更手续。对城市人民政府已明确为需要调整套型结构比例的项目,建设单位拒不调整的,原审批机关应依据《行政许可法》第八条的有关规定,作出变更规划等许可的决定。

三、严肃查处违法违规行为

各地建设、规划、房地产主管部门要根据有关法律法规的规定,加强市场监管,严肃查处违反或规避套型结构要求的违法违规行为。对情节恶劣、性质严重的违法违规行为,要公开曝光、从严处罚。对违规建设的住房,依法该没收的,要坚决予以没收,所没收的住房主要用于解决低收入家庭居住困难。

当前应重点查处下列行为:开发建设单位不按照批准的规划设计条件委托设计;明示或暗示设计单位违反设计规范中住宅层高、套内基本空间的规定,规避套型结构要求;在建设过程中擅自变更设计,违反套型结构要求等行为。设计单位接受开发建设单位明示或暗示,不严格按照国家法律法规、技术标准进行设计,或采用不正当技术手段规避有关规划控制性要求,或向建设单位提供与审查合格的施工图设计文件不符的图纸,擅自改变套型建筑面积的行为。施工单位不按审查合格的施工图设计文件进行施工,擅自更改设计、预留空间,改变套型建筑面积的行为。监理单位接受开发建设单位明示或暗示,不严格按照技术标准和规划要求进行监理,致使套型结构要求没有得到落实的行为。

四、加强监督检查,落实责任追究制度

国办发〔2006〕37号文件明确要求,"各地区、特别是城市人民政府要切实负起责任,把调整住房供应结构、控制住房价格过快上涨纳入经济社会发展工作的目标责任制,促进房地产业健康发展。"城市规划、建设、房地产等有关主管部门要在当地政府领导下,认真履行职责,建立健全协调配合工作机制,严格程序,密切合作,各司其职,对没有按要求严格审查、违规发放规划、施工、商品房预售许可证和施工图设计文件审查合格书的单位和个人，要及时予以严肃查处；属于失职、渎职的，要提请有关机关依法追究有关人员的责任。

省、自治区建设主管部门要会同有关部门，加强对市、县落实新建住房结构比例工作的指导、监督。对不及时公布住房建设规划并按规定上报备案、套型结构比例没有按要求公布或公布后未予落实的，要予以通报批评。

各地建设（规划）主管部门要会同监察机关按照《建设部监察部关于开展城乡规划效能监察的通知》（建规〔2005〕161号），把落实近期建设规划、调整住房供应结构情况作为规划效能监察工作重点，加强监督监察。对措施不落实、工作不到位的，要责成整改，并依法追究有关单位和人员的责任。建设部将会同监察部对有关工作情况进行监督检查。

建设部、商务部、国家发展和改革委员会、中国人民银行、国家工商行政管理总局、国家外汇管理局关于规范房地产市场外资准入和管理的意见

·2006年7月11日
·建住房〔2006〕171号

各省、自治区、直辖市人民政府，国务院各部委、各直属机构：

今年以来，我国房地产领域外商投资增长较快，境外机构和个人在境内购买房地产也比较活跃。为促进房地产市场健康发展，经国务院同意，现就规范房地产市场外资准入和管理提出以下意见：

一、规范外商投资房地产市场准入

（一）境外机构和个人在境内投资购买非自用房地产，应当遵循商业存在的原则，按照外商投资房地产的有关规定，申请设立外商投资企业；经有关部门批准并办理有关登记后，方可按照核准的经营范围从事相关业务。

（二）外商投资设立房地产企业，投资总额超过1000万美元（含1000万美元）的，注册资本金不得低于投资总额的50%。投资总额低于1000万美元的，注册资本金仍按现行规定执行。

（三）设立外商投资房地产企业，由商务主管部门和工商行政管理机关依法批准设立和办理注册登记手续，颁发一年期《外商投资企业批准证书》和《营业执照》。企业付清土地使用权出让金后，凭上述证照到土地管理部门申办《国有土地使用证》，根据《国有土地使用证》到商务主管部门换发正式的《外商投资企业批准证书》，再到工商行政管理机关换发与《外商投资企业批准证书》经营期限一致的《营业执照》，到税务机关办理税务登记。

（四）外商投资房地产企业的股权和项目转让，以及境外投资者并购境内房地产企业，由商务主管等部门严格按照有关法律法规和政策规定进行审批。投资者应提交履行《国有土地使用权出让合同》、《建设用地规划许可证》、《建设工程规划许可证》等的保证函，《国有土地使用证》，建设（房地产）主管部门的变更备案证明，以及税务机关出具的相关纳税证明材料。

（五）境外投资者通过股权转让及其他方式并购境内房地产企业，或收购合资企业中方股权的，须妥善安置职工、处理银行债务，并以自有资金一次性支付全部转让金。对有不良记录的境外投资者，不允许其在境内进行上述活动。

二、加强外商投资企业房地产开发经营管理

（六）对投资房地产未取得《外商投资企业批准证书》和《营业执照》的境外投资者，不得进行房地产开发和经营活动。

（七）外商投资房地产企业注册资本金未全部缴付的，未取得《国有土地使用证》的，或开发项目资本金未达到项目投资总额35%的，不得办理境内、境外贷款，外汇管理部门不予批准该企业的外汇借款结汇。

（八）外商投资房地产企业的中外投资各方，不得以任何形式在合同、章程、股权转让协议以及其他文件中，订立保证任何一方固定回报或变相固定回报的条款。

（九）外商投资房地产企业应当遵守房地产有关法律法规和政策规定，严格执行土地出让合同约定及规划许可批准的期限和条件。有关部门要加强对外商投资房地产企业开发、销售等经营活动的监管，发现囤积土地和房源、哄抬房价等违法违规行为的，要根据国办发〔2006〕37号文件及其他有关规定严肃查处。

三、严格境外机构和个人购房管理

（十）境外机构在境内设立的分支、代表机构（经批准从事经营房地产业的企业除外）和在境内工作、学习时间超过一年的境外个人可以购买符合实际需要的自用、自住商品房，不得购买非自用、非自住商品房。在境内没有设立分支、代表机构的境外机构和在境内工作、学习时间一年以下的境外个人，不得购买商品房。港澳台地区居民和华侨因生活需要，可在境内限购一定面积的自住商品房。

（十一）符合规定的境外机构和个人购买自用、自住

商品房必须采取实名制,并持有效证明(境外机构应持我政府有关部门批准设立驻境内机构的证明,境外个人应持其来境内工作、学习,经我方批准的证明,下同)到土地和房地产主管部门办理相应的土地使用权及房屋产权登记手续。房地产权登记部门必须严格按照自用、自住原则办理境外机构和个人的产权登记,对不符合条件的不予登记。

(十二)外汇管理部门要严格按照有关规定和本意见的要求审核外商投资企业、境外机构和个人购房的资金汇入和结汇,符合条件的允许汇入并结汇;相关房产转让所得人民币资金经合规性审核并确认按规定办理纳税等手续后,方允许购汇汇出。

四、进一步强化和落实监管责任

(十三)各地区、特别是城市人民政府要切实负起责任,高度重视当前外资进入房地产市场可能引发的问题,进一步加强领导,落实监管责任。各地不得擅自出台对外商投资房地产企业的优惠政策,已经出台的要清理整顿并予以纠正。建设部、商务部、发展改革委、国土资源部、人民银行、税务总局、工商总局、银监会、外汇局等有关部门要及时制定有关操作细则,加强对各地落实规范房地产市场外资准入和管理政策的指导和监督检查,对擅自降低企业注册资本金和项目资本金比例,以及管理不到位出现其他违法违规行为的,要依法查处。同时,要进一步加大对房地产违规跨境交易和汇兑违法违规行为的查处力度。

(十四)完善市场监测分析工作机制。建设部、商务部、统计局、国土资源部、人民银行、税务总局、工商总局、外汇局等有关部门要建立健全外资进入房地产市场信息监测系统,完善外资房地产信息网络。有关部门要加强协调配合,强化对跨境资本流动的监测,尽快实现外资房地产统计数据的信息共享。

国家发展改革委、住房城乡建设部关于加强城镇老旧小区改造配套设施建设的通知

- 2021年9月2日
- 发改投资〔2021〕1275号

各省、自治区、直辖市及计划单列市、新疆生产建设兵团发展改革委、住房城乡建设厅(住房城乡建设委、建设和交通委、建设局):

加强城镇老旧小区改造配套设施建设,关乎人民群众生命财产安全,关乎满足人民群众美好生活需要,是"我为群众办实事"的一项生动实践。为贯彻落实党中央、国务院决策部署,加强城镇老旧小区改造配套设施建设与排查处理安全隐患相结合工作,现将有关要求通知如下:

一、加强项目储备

(一)进一步摸排城镇老旧小区改造配套设施短板和安全隐患。结合住房和城乡建设领域安全隐患排查整治工作,认真摸排2000年底前建成的需改造城镇老旧小区存在的配套设施短板,组织相关专业经营单位,联合排查燃气、电力、排水、供热等配套基础设施以及公共空间等可能存在的安全隐患;重点针对养老、托育、停车、便民、充电桩等设施,摸排民生设施缺口情况。

(二)科学编制年度改造计划。将安全隐患多、配套设施严重缺失、群众改造意愿强烈的城镇老旧小区,优先纳入年度改造计划,做到符合改造对象范围的老旧小区应入尽入。编制老旧小区改造方案时,把存在安全隐患的燃气、电力、排水、供热等设施,养老、托育、停车、便民、充电桩等民生设施,作为重点内容优先改造。

(三)规范履行审批程序。依法合规办理审批、核准、备案以及建设许可等手续。市县人民政府组织有关部门联合审查城镇老旧小区改造方案的,各相关部门应加强统筹、责任共担,避免顾此失彼;涉及燃气、电力、排水、供热等安全隐患改造内容,应确保安全审查不漏项。

二、强化资金保障

(四)政府投资重点保障。中央预算内投资全部用于城镇老旧小区改造配套设施建设项目。各地应统筹地方财力,重点安排消除城镇老旧小区各类安全隐患、提高排水防涝能力、完善养老托育设施、建设停车场和便民设施等城镇老旧小区配套设施改造内容。城镇老旧小区改造资金,积极支持消除安全隐患。

(五)落实专业经营单位责任。督促引导供水、排水、燃气、电力、供热等专业经营单位履行社会责任,将需改造的水电气热信等配套设施优先纳入年度更新改造计划,并主动与城镇老旧小区年度改造计划做好衔接;落实出资责任,优先安排老旧小区配套设施改造资金;落实安全责任,加强施工和运营维护力量保障,消除安全隐患。

(六)推动多渠道筹措资金。推动发挥开发性、政策性金融支持城镇老旧小区改造的重要作用,积极争取利用长期低成本资金,支持小区整体改造项目和水电气热等专项改造项目。鼓励金融机构参与投资地方政府设立的老旧小区改造等城市更新基金。对养老托育、停车、便

民市场、充电桩等有一定盈利的改造内容，鼓励社会资本专业承包单项或多项。按照谁受益、谁出资原则，积极引导居民出资参与改造，可通过直接出资、使用（补建、续筹）住宅专项维修资金、让渡小区公共收益等方式落实。

三、加强事中事后监管

（七）加强项目实施工程质量安全监管。切实加强城镇老旧小区改造项目监管，项目行业主管部门严格落实日常监管责任，监管责任人应做到开工到现场、建设到现场、竣工到现场，发现问题督促及时解决。建设单位严格落实首要责任，严格按批复的建设内容和工期组织建设，保障工程项目质量安全；勘察设计单位应认真踏勘小区及周边设施情况，排查安全隐患，在改造方案中统筹治理；施工单位应严格按标准规范施工，确保施工质量和安全；监理单位应认真履行监理职责，特别是加强对相关设施安全改造的监督检查。

（八）强化项目建设统筹协调。将城镇老旧小区改造与城市更新以及排水、污水处理、燃气、电力等市政管网设施建设，养老、托育、停车等公共服务设施建设，体育彩票、福利彩票等各类专项资金支持建设的体育健身、无障碍等设施建设有机结合，统筹安排城镇老旧小区改造、防洪排涝、治污、雨水资源化利用、市政建设等工程，优化空间布局和建设时序，避免反复开挖。

（九）严格组织项目竣工验收。项目建成后，各级发展改革、住房和城乡建设部门应督促各有关方面，按照国家有关规定组织竣工验收，将安全质量作为竣工验收的重要内容。鼓励相关各方进行联合验收。安全质量达到规定要求的，方可通过竣工验收；安全质量未达到要求、仍存在隐患的要及时整改达标，否则不得通过竣工验收。

四、完善长效管理机制

（十）压实地方责任。各级城市（县）应切实履行安全管理主体责任，抓紧建立完善燃气、电力、排水、供热等市政设施管理制度。落实相关部门责任，按照职责开展安全监督检查。压实专业经营单位责任，按照有关规定开展安全巡查和设施管养。

（十一）充分发挥党建引领作用。推动建立党组织领导下的社区居委会、业主委员会、物业服务公司等广泛参与、共商事务、协调互动的社区管理新机制，推进社区基层治理体系和治理能力现代化，共同维护改造成果。

（十二）推行物业专业化管理。城镇老旧小区完成改造后，有条件的小区通过市场化方式选择专业化物业服务公司接管；引导将相关配套设施产权依照法定程序移交给专业经营单位，由其负责后续维护管理。建立健全住宅专项维修资金归集、使用及补建续筹制度。拓宽资金来源渠道，统筹公共设施经营收益等业主共有收入，保障城镇老旧小区后续管养资金需求。

五、其他事项

自2021年起，保障性安居工程中央预算内投资专项严格按照有关专项管理办法规定，支持小区内和小区周边直接相关的配套设施建设，不支持单独的城镇污水处理设施及配套管网建设。各地方要严格按要求将中央预算内投资分解落实到具体项目。2021年已分解落实的具体项目中，不符合要求的应及时调整并报国家发展改革委备案。

各级发展改革、住房和城乡建设部门要高度重视城镇老旧小区改造，加强城镇老旧小区改造配套设施建设与排查处理安全隐患相结合工作，强化项目全过程管理，强化事中事后监管，节约集约规范用好中央预算内投资，加快推进城镇老旧小区改造配套设施建设，切实提高人民群众安全感、获得感、幸福感。

特此通知。

住房和城乡建设部办公厅、国家发展改革委办公厅、财政部办公厅关于进一步明确城镇老旧小区改造工作要求的通知

- 2021年12月14日
- 建办城〔2021〕50号

各省、自治区住房和城乡建设厅、发展改革委、财政厅，直辖市住房和城乡建设（管）委、发展改革委、财政局，新疆生产建设兵团住房和城乡建设局、发展改革委、财政局：

城镇老旧小区改造是党中央、国务院高度重视的重大民生工程和发展工程。《国务院办公厅关于全面推进城镇老旧小区改造工作的指导意见》（国办发〔2020〕23号）印发以来，各地加快推进城镇老旧小区改造，帮助一大批老旧小区居民改善了居住条件和生活环境，解决了不少群众"急难愁盼"问题，但不少地方工作中仍存在改造重"面子"轻"里子"、政府干群众看、改造资金主要靠中央补助、施工组织粗放、改造实施单元偏小、社会力量进入困难、可持续机制建立难等问题，城镇老旧小区改造既是民生工程、也是发展工程的作用还没有充分激发。为扎实推进城镇老旧小区改造，既满足人民群众美好生活需要、惠民生扩内需，又推动城市更新和开发建设方式转型，现就有关要求通知如下：

一、把牢底线要求，坚决把民生工程做成群众满意工程

（一）市、县应建立政府统筹、条块协作、各部门齐抓共管的专门工作机制，明确工作规则、责任清单和议事规程，形成工作合力，避免把城镇老旧小区改造简单作为建设工程推进。

（二）各地确定年度改造计划应从当地实际出发，尽力而为、量力而行，不层层下指标，不搞"一刀切"。严禁将不符合当地城镇老旧小区改造对象范围条件的小区纳入改造计划。严禁以城镇老旧小区改造为名，随意拆除老建筑、搬迁居民、砍伐老树。

（三）各地确定改造计划不应超过当地资金筹措能力、组织实施能力，坚决防止财政资金大包大揽，坚决防止盲目举债铺摊子、增加政府隐性债务。各地应加快财政资金使用进度，摸清本地区待改造城镇老旧小区底数，建立改造项目储备库，提前谋划改造项目，统筹安排改造时序，变"钱等项目"为"项目等钱"。城镇老旧小区改造中央补助资金应严格按有关规定使用，严禁截留、挪用。

（四）各地应督促引导电力、通信、供水、排水、供气、供热等专业经营单位履行社会责任，将老旧小区需改造的水电气热信等配套设施优先纳入本单位专营设施年度更新改造计划，并主动与城镇老旧小区改造年度计划做好衔接。项目开工改造前，市、县应就改造水电气热信等设施，形成统筹施工方案，避免反复施工、造成扰民。

（五）市、县制定城镇老旧小区改造方案之前，应对小区配套设施短板及安全隐患进行摸底排查，并按照应改尽改原则，将存在安全隐患的排水、燃气等老旧管线，群众意愿强烈的配套设施和公共服务设施，北方采暖地区建筑节能改造等作为重点内容优先列为改造内容。

（六）市、县应明确街道、社区在推动城镇老旧小区改造中的职责分工，并与加强基层党组织建设、居民自治机制建设、社区服务体系建设相结合，加快健全动员居民参与改造机制，发动居民参与改造方案制定、配合施工、参与过程监督和后续管理、评价与反馈小区改造效果等。

（七）居民对小区实施改造形成共识的，即参与率、同意率达到当地规定比例的，方可纳入改造计划；改造方案应经法定比例以上居民书面（线上）表决同意后，方可开工改造。

（八）居民就结合改造工作同步完善小区长效管理机制形成共识的，方可纳入改造计划。居民对改造后的物业管理模式、缴纳必要的物业服务费用等，集体协商形成共识并书面（线上）确认的，方可开工改造。

（九）各地应完善城镇老旧小区改造事中事后质量安全监管机制。应完善施工安全防范措施，建立工程质量安全抽检巡检制度，明确改造工程验收移交规定，确保施工安全和工程质量；应建立健全改造工程质量回访、保修制度以及质量问题投诉、纠纷协调处理机制，健全改造工程质量安全信用管理及失信惩戒机制，压实各参建单位质量安全责任。

（十）有关市、县应及时核查整改审计、国务院大督查发现的问题。未按规定及时整改到位的，视情况取消申报下一年度改造计划资格。

二、聚焦难题攻坚，发挥城镇老旧小区改造发展工程作用

（一）市、县应当结合改造完善党建引领城市基层治理机制。鼓励结合城镇老旧小区改造成立小区党组织、业主委员会，搭建居民沟通议事平台，利用"互联网+共建共治共享"等线上手段，提高居民协商议事效率。鼓励下沉公共服务和社会管理资源，按照有关规定探索适宜改造项目的招投标、奖励等机制。

（二）市、县应当推进相邻小区及周边地区联动改造。结合城市更新行动、完整居住社区建设等，积极推进相邻小区及周边地区联动改造、整个片区统筹改造，加强服务设施、公共空间共建共享，推动建设安全健康、设施完善、管理有序的完整居住社区。鼓励各地结合城镇老旧小区改造，同步开展绿色社区创建，促进居住社区品质提升。

（三）鼓励市、县以改造为抓手加快构建社区生活圈。在确定城镇老旧小区改造计划之前，应以居住社区为单元开展普查，摸清各类设施和公共活动空间建设短板，以及待改造小区及周边地区可盘活利用的闲置房屋资源、空闲用地等存量资源，并区分轻重缓急，在改造中有针对性地配建居民最需要的养老、托育、助餐、停车、体育健身等各类设施，加强适老及适儿化改造、无障碍设施建设，解决"一老一小"方面难题。

（四）市、县应当多渠道筹措城镇老旧小区改造资金。积极通过落实专业经营单位责任、将符合条件的城镇老旧小区改造项目纳入地方政府专项债券支持范围、吸引社会力量出资参与、争取信贷支持、合理落实居民出资责任等渠道，落实资金共担机制，切实提高财政资金使用效益。

（五）鼓励市、县吸引培育城镇老旧小区改造规模化实施运营主体。鼓励通过政府采购、新增设施有偿使用、

落实资产权益等方式,在不新增地方政府隐性债务的前提下,吸引培育各类专业机构等社会力量,全链条参与改造项目策划、设计、融资、建设、运营、管理。支持规范规模化实施运营主体以市场化运作方式,充分挖掘运营社区服务等改造项目收益点,通过项目后续长期运营收入平衡改造投入,实现可持续。

（六）市、县应当推动提升金融服务力度和质效。鼓励与各类金融机构加强协作,加快产品和服务创新,共同探索适合改造需要的融资模式,为符合条件的城镇老旧小区整体改造项目,以及水电气热信等专项改造项目,提供金融支持。鼓励金融机构为专业机构以市场化方式投资运营的加装电梯、建设停车设施项目,以及以"平台+创业单元"方式发展养老、托育、家政等社区服务新业态项目提供信贷支持。在不增加地方政府隐性债务的前提下,鼓励金融机构依法依规参与投资地方政府设立的城镇老旧小区改造等城市更新基金。

（七）各地应当加快构建适应存量改造的配套政策制度。积极构建适应改造需要的审批制度,明确审批事项、主体和办事程序等。鼓励因地制宜完善适应改造需要的标准体系。加快建立健全既有土地集约混合利用和存量房屋设施兼容转换的政策机制,为吸引社会力量参与、引入金融支持创造条件,促进城镇老旧小区改造可持续发展。

（八）鼓励市、县将改造后专营设施设备的产权依照法定程序移交给专业经营单位,由其负责后续维护管理,切实维护水电气热信等市政配套基础设施改造成果,守牢市政公用设施运行安全底线。

（九）市、县应当结合改造建立健全城镇老旧小区住宅专项维修资金归集、使用、续筹机制,促进小区改造后维护更新进入良性轨道。

（十）鼓励市、县积极引导小区居民结合改造同步对户内管线等进行改造,引导有条件的居民实施房屋整体装修改造,带动家装建材消费。

三、完善督促指导工作机制

（一）科学评价工作质量和效果。各地要对照底线要求,逐项排查改进工作中存在的问题;以推动高质量发展为目标,聚焦需攻坚的难题,借鉴先行地区经验做法,完善工作机制及政策体系,不断提升工作质量和效果。各地要以人民群众满意度和受益程度、改造质量和财政资金使用效率为衡量标准,科学评价本地区改造工作成效,形成激励先进、督促后进、以先进促后进的浓厚氛围;各地可参照城镇老旧小区改造工作衡量标准（见附件）,统筹谋划各环节工作,扎实系统推进。

（二）建立巡回调研指导机制。住房和城乡建设部将组织相关部门、地区及行业专家,组成巡回调研指导工作组,聚焦破解发动居民参与共建、吸引社会力量参与、多渠道筹措资金、合理拓展改造实施单元、健全适应改造需要的制度体系等难题,加强对各地的调研指导,对部分工作成效显著的省份,重点总结其可复制可推广经验做法、政策机制;对部分工作进展有差距的省份,重点开展帮扶指导,帮助其健全机制、完善政策、明确措施。各省（区、市）可结合本地区实际,建立相应的巡回调研指导机制,加强对市、县的指导。

（三）健全激励先进、督促落后机制。城镇老旧小区改造工作成效评价结果作为安排下达中央财政补助资金的重要参考。对中央预算内投资执行较好的地方,给予适当奖励。将城镇老旧小区改造工作纳入国务院督查激励事项,以工作成效评价作为确定激励名单的重要依据。各省（区、市）住房和城乡建设、发展改革、财政等部门要加大督促指导力度,畅通投诉举报渠道,对发现市、县工作成效突出的,要及时总结上报好的经验做法,对督导检查、审计、信访、媒体等发现市、县存在违反底线要求的,要及时督促整改,问题严重的依法依规严肃处理。

（四）加强宣传引导。各地要加大城镇老旧小区改造工作宣传力度,注重典型引路、正面引导,全面客观报道城镇老旧小区改造作为民生工程、发展工程的工作进展及其成效,提高社会各界对城镇老旧小区改造的认识。要准确解读城镇老旧小区改造政策措施,加大对优秀项目、典型案例的宣传力度,营造良好舆论氛围。主动接受舆论监督,及时解决群众反映的问题、改进工作中的不足,积极回应社会关切,形成良性互动。

附件:城镇老旧小区改造工作衡量标准（略）

2. 权属登记

不动产登记暂行条例

· 2014 年 11 月 24 日中华人民共和国国务院令第 656 号公布
· 根据 2019 年 3 月 24 日《国务院关于修改部分行政法规的决定》第一次修订
· 根据 2024 年 3 月 10 日《国务院关于修改和废止部分行政法规的决定》第二次修订

第一章　总　则

第一条　为整合不动产登记职责,规范登记行为,方便群众申请登记,保护权利人合法权益,根据《中华人民共和国民法典》等法律,制定本条例。

第二条 本条例所称不动产登记,是指不动产登记机构依法将不动产权利归属和其他法定事项记载于不动产登记簿的行为。

本条例所称不动产,是指土地、海域以及房屋、林木等定着物。

第三条 不动产首次登记、变更登记、转移登记、注销登记、更正登记、异议登记、预告登记、查封登记等,适用本条例。

第四条 国家实行不动产统一登记制度。

不动产登记遵循严格管理、稳定连续、方便群众的原则。

不动产权利人已经依法享有的不动产权利,不因登记机构和登记程序的改变而受到影响。

第五条 下列不动产权利,依照本条例的规定办理登记:

(一)集体土地所有权;
(二)房屋等建筑物、构筑物所有权;
(三)森林、林木所有权;
(四)耕地、林地、草地等土地承包经营权;
(五)建设用地使用权;
(六)宅基地使用权;
(七)海域使用权;
(八)地役权;
(九)抵押权;
(十)法律规定需要登记的其他不动产权利。

第六条 国务院自然资源主管部门负责指导、监督全国不动产登记工作。

县级以上地方人民政府应当确定一个部门为本行政区域的不动产登记机构,负责不动产登记工作,并接受上级人民政府不动产登记主管部门的指导、监督。

第七条 不动产登记由不动产所在地的县级人民政府不动产登记机构办理;直辖市、设区的市人民政府可以确定本级不动产登记机构统一办理所属各区的不动产登记。

跨县级行政区域的不动产登记,由所跨县级行政区域的不动产登记机构分别办理。不能分别办理的,由所跨县级行政区域的不动产登记机构协商办理;协商不成的,由共同的上一级人民政府不动产登记主管部门指定办理。

国务院确定的重点国有林区的森林、林木和林地,国务院批准项目用海、用岛,中央国家机关使用的国有土地等不动产登记,由国务院自然资源主管部门会同有关部门规定。

第二章 不动产登记簿

第八条 不动产以不动产单元为基本单位进行登记。不动产单元具有唯一编码。

不动产登记机构应当按照国务院自然资源主管部门的规定设立统一的不动产登记簿。

不动产登记簿应当记载以下事项:

(一)不动产的坐落、界址、空间界限、面积、用途等自然状况;
(二)不动产权利的主体、类型、内容、来源、期限、权利变化等权属状况;
(三)涉及不动产权利限制、提示的事项;
(四)其他相关事项。

第九条 不动产登记簿应当采用电子介质,暂不具备条件的,可以采用纸质介质。不动产登记机构应当明确不动产登记簿唯一、合法的介质形式。

不动产登记簿采用电子介质的,应当定期进行异地备份,并具有唯一、确定的纸质转化形式。

第十条 不动产登记机构应当依法将各类登记事项准确、完整、清晰地记载于不动产登记簿。任何人不得损毁不动产登记簿,除依法予以更正外不得修改登记事项。

第十一条 不动产登记工作人员应当具备与不动产登记工作相适应的专业知识和业务能力。

不动产登记机构应当加强对不动产登记工作人员的管理和专业技术培训。

第十二条 不动产登记机构应当指定专人负责不动产登记簿的保管,并建立健全相应的安全责任制度。

采用纸质介质不动产登记簿的,应当配备必要的防盗、防火、防渍、防有害生物等安全保护设施。

采用电子介质不动产登记簿的,应当配备专门的存储设施,并采取信息网络安全防护措施。

第十三条 不动产登记簿由不动产登记机构永久保存。不动产登记簿损毁、灭失的,不动产登记机构应当依据原有登记资料予以重建。

行政区域变更或者不动产登记机构职能调整的,应当及时将不动产登记簿移交相应的不动产登记机构。

第三章 登记程序

第十四条 因买卖、设定抵押权等申请不动产登记的,应当由当事人双方共同申请。

属于下列情形之一的,可以由当事人单方申请:

（一）尚未登记的不动产首次申请登记的；

（二）继承、接受遗赠取得不动产权利的；

（三）人民法院、仲裁委员会生效的法律文书或者人民政府生效的决定等设立、变更、转让、消灭不动产权利的；

（四）权利人姓名、名称或者自然状况发生变化，申请变更登记的；

（五）不动产灭失或者权利人放弃不动产权利，申请注销登记的；

（六）申请更正登记或者异议登记的；

（七）法律、行政法规规定可以由当事人单方申请的其他情形。

第十五条 当事人或者其代理人应当向不动产登记机构申请不动产登记。

不动产登记机构将申请登记事项记载于不动产登记簿前，申请人可以撤回登记申请。

第十六条 申请人应当提交下列材料，并对申请材料的真实性负责：

（一）登记申请书；

（二）申请人、代理人身份证明材料、授权委托书；

（三）相关的不动产权属来源证明材料、登记原因证明文件、不动产权属证书；

（四）不动产界址、空间界限、面积等材料；

（五）与他人利害关系的说明材料；

（六）法律、行政法规以及本条例实施细则规定的其他材料。

不动产登记机构应当在办公场所和门户网站公开申请登记所需材料目录和示范文本等信息。

第十七条 不动产登记机构收到不动产登记申请材料，应当分别按照下列情况办理：

（一）属于登记职责范围，申请材料齐全、符合法定形式，或者申请人按照要求提交全部补正申请材料的，应当受理并书面告知申请人；

（二）申请材料存在可以当场更正的错误的，应当告知申请人当场更正，申请人当场更正后，应当受理并书面告知申请人；

（三）申请材料不齐全或者不符合法定形式的，应当当场书面告知申请人不予受理并一次性告知需要补正的全部内容；

（四）申请登记的不动产不属于本机构登记范围的，应当当场书面告知申请人不予受理并告知申请人向有登记权的机构申请。

不动产登记机构未当场书面告知申请人不予受理的，视为受理。

第十八条 不动产登记机构受理不动产登记申请的，应当按照下列要求进行查验：

（一）不动产界址、空间界限、面积等材料与申请登记的不动产状况是否一致；

（二）有关证明材料、文件与申请登记的内容是否一致；

（三）登记申请是否违反法律、行政法规规定。

第十九条 属于下列情形之一的，不动产登记机构可以对申请登记的不动产进行实地查看：

（一）房屋等建筑物、构筑物所有权首次登记；

（二）在建建筑物抵押权登记；

（三）因不动产灭失导致的注销登记；

（四）不动产登记机构认为需要实地查看的其他情形。

对可能存在权属争议，或者可能涉及他人利害关系的登记申请，不动产登记机构可以向申请人、利害关系人或者有关单位进行调查。

不动产登记机构进行实地查看或者调查时，申请人、被调查人应当予以配合。

第二十条 不动产登记机构应当自受理登记申请之日起30个工作日内办结不动产登记手续，法律另有规定的除外。

第二十一条 登记事项自记载于不动产登记簿时完成登记。

不动产登记机构完成登记，应当依法向申请人核发不动产权属证书或者登记证明。

第二十二条 登记申请有下列情形之一的，不动产登记机构应当不予登记，并书面告知申请人：

（一）违反法律、行政法规规定的；

（二）存在尚未解决的权属争议的；

（三）申请登记的不动产权利超过规定期限的；

（四）法律、行政法规规定不予登记的其他情形。

第四章 登记信息共享与保护

第二十三条 国务院自然资源主管部门应当会同有关部门建立统一的不动产登记信息管理基础平台。

各级不动产登记机构登记的信息应当纳入统一的不动产登记信息管理基础平台，确保国家、省、市、县四级登记信息的实时共享。

第二十四条 不动产登记有关信息与住房城乡建设、农业农村、林业草原等部门审批信息、交易信息等应当实时互通共享。

不动产登记机构能够通过实时互通共享取得的信息，不得要求不动产登记申请人重复提交。

第二十五条 自然资源、公安、民政、财政、税务、市场监管、金融、审计、统计等部门应当加强不动产登记有关信息互通共享。

第二十六条 不动产登记机构、不动产登记信息共享单位及其工作人员应当对不动产登记信息保密；涉及国家秘密的不动产登记信息，应当依法采取必要的安全保密措施。

第二十七条 权利人、利害关系人可以依法查询、复制不动产登记资料，不动产登记机构应当提供。

有关国家机关可以依照法律、行政法规的规定查询、复制与调查处理事项有关的不动产登记资料。

第二十八条 查询不动产登记资料的单位、个人应当向不动产登记机构说明查询目的，不得将查询获得的不动产登记资料用于其他目的；未经权利人同意，不得泄露查询获得的不动产登记资料。

第五章　法律责任

第二十九条 不动产登记机构登记错误给他人造成损害，或者当事人提供虚假材料申请登记给他人造成损害的，依照《中华人民共和国民法典》的规定承担赔偿责任。

第三十条 不动产登记机构工作人员进行虚假登记，损毁、伪造不动产登记簿，擅自修改登记事项，或者有其他滥用职权、玩忽职守行为的，依法给予处分；给他人造成损害的，依法承担赔偿责任；构成犯罪的，依法追究刑事责任。

第三十一条 伪造、变造不动产权属证书、不动产登记证明，或者买卖、使用伪造、变造的不动产权属证书、不动产登记证明的，由不动产登记机构或者公安机关依法予以收缴；有违法所得的，没收违法所得；给他人造成损害的，依法承担赔偿责任；构成违反治安管理行为的，依法给予治安管理处罚；构成犯罪的，依法追究刑事责任。

第三十二条 不动产登记机构、不动产登记信息共享单位及其工作人员，查询不动产登记资料的单位或者个人违反国家规定，泄露不动产登记资料、登记信息，或者利用不动产登记资料、登记信息进行不正当活动，给他人造成损害的，依法承担赔偿责任；对有关责任人员依法给予处分；有关责任人员构成犯罪的，依法追究刑事责任。

第六章　附　则

第三十三条 本条例施行前依法颁发的各类不动产权属证书和制作的不动产登记簿继续有效。

不动产统一登记过渡期内，农村土地承包经营权的登记按照国家有关规定执行。

第三十四条 本条例实施细则由国务院自然资源主管部门会同有关部门制定。

第三十五条 本条例自2015年3月1日起施行。本条例施行前公布的行政法规有关不动产登记的规定与本条例规定不一致的，以本条例规定为准。

不动产登记暂行条例实施细则

- 2016年1月1日国土资源部令第63号公布
- 根据2019年7月16日自然资源部第2次部务会《自然资源部关于废止和修改的第一批部门规章的决定》修正
- 2019年7月24日自然资源部令第5号公布
- 自公布之日起施行

第一章　总　则

第一条 为规范不动产登记行为，细化不动产统一登记制度，方便人民群众办理不动产登记，保护权利人合法权益，根据《不动产登记暂行条例》（以下简称《条例》），制定本实施细则。

第二条 不动产登记应当依照当事人的申请进行，但法律、行政法规以及本实施细则另有规定的除外。

房屋等建筑物、构筑物和森林、林木等定着物应当与其所依附的土地、海域一并登记，保持权利主体一致。

第三条 不动产登记机构依照《条例》第七条第二款的规定，协商办理或者接受指定办理跨县级行政区域不动产登记的，应当在登记完毕后将不动产登记簿记载的不动产权利人以及不动产坐落、界址、面积、用途、权利类型等登记结果告知不动产所跨区域的其他不动产登记机构。

第四条 国务院确定的重点国有林区的森林、林木和林地，由自然资源部受理并会同有关部门办理，依法向权利人核发不动产权属证书。

国务院批准的项目用海、用岛的登记，由自然资源部受理，依法向权利人核发不动产权属证书。

第二章　不动产登记簿

第五条 《条例》第八条规定的不动产单元，是指权属界线封闭且具有独立使用价值的空间。

没有房屋等建筑物、构筑物以及森林、林木定着物的，以土地、海域权属界线封闭的空间为不动产单元。

有房屋等建筑物、构筑物以及森林、林木定着物的，以该房屋等建筑物、构筑物以及森林、林木定着物与土地、海域权属界线封闭的空间为不动产单元。

前款所称房屋，包括独立成幢、权属界线封闭的空间，以及区分套、层、间等可以独立使用、权属界线封闭的空间。

第六条 不动产登记簿以宗地或者宗海为单位编成，一宗地或者一宗海范围内的全部不动产单元编入一个不动产登记簿。

第七条 不动产登记机构应当配备专门的不动产登记电子存储设施，采取信息网络安全防护措施，保证电子数据安全。

任何单位和个人不得擅自复制或者篡改不动产登记簿信息。

第八条 承担不动产登记审核、登簿的不动产登记工作人员应当熟悉相关法律法规，具备与其岗位相适应的不动产登记等方面的专业知识。

自然资源部会同有关部门组织开展对承担不动产登记审核、登簿的不动产登记工作人员的考核培训。

第三章 登记程序

第九条 申请不动产登记的，申请人应当填写登记申请书，并提交身份证明以及相关申请材料。

申请材料应当提供原件。因特殊情况不能提供原件的，可以提供复印件，复印件应当与原件保持一致。

第十条 处分共有不动产申请登记的，应当经占份额三分之二以上的按份共有人或者全体共同共有人共同申请，但共有人另有约定的除外。

按份共有人转让其享有的不动产份额，应当与受让人共同申请转移登记。

建筑区划内依法属于全体业主共有的不动产申请登记，依照本实施细则第三十六条的规定办理。

第十一条 无民事行为能力人、限制民事行为能力人申请不动产登记的，应当由其监护人代为申请。

监护人代为申请登记的，应当提供监护人与被监护人的身份证或者户口簿、有关监护关系等材料；因处分不动产而申请登记的，还应当提供为被监护人利益的书面保证。

父母之外的监护人处分未成年人不动产的，有关监护关系材料可以是人民法院指定监护的法律文书、经过公证的对被监护人享有监护权的材料或者其他材料。

第十二条 当事人可以委托他人代为申请不动产登记。

代理申请不动产登记的，代理人应当向不动产登记机构提供被代理人签字或者盖章的授权委托书。

自然人处分不动产，委托代理人申请登记的，应当与代理人共同到不动产登记机构现场签订授权委托书，但授权委托书经公证的除外。

境外申请人委托他人办理处分不动产登记的，其授权委托书应当按照国家有关规定办理认证或者公证。

第十三条 申请登记的事项记载于不动产登记簿前，全体申请人提出撤回登记申请的，登记机构应当将登记申请书以及相关材料退还申请人。

第十四条 因继承、受遗赠取得不动产，当事人申请登记的，应当提交死亡证明材料、遗嘱或者全部法定继承人关于不动产分配的协议以及与被继承人的亲属关系材料等，也可以提交经公证的材料或者生效的法律文书。

第十五条 不动产登记机构受理不动产登记申请后，还应当对下列内容进行查验：

（一）申请人、委托代理人身份证明材料以及授权委托书与申请主体是否一致；

（二）权属来源材料或者登记原因文件与申请登记的内容是否一致；

（三）不动产界址、空间界限、面积等权籍调查成果是否完备，权属是否清楚、界址是否清晰、面积是否准确；

（四）法律、行政法规规定的完税或者缴费凭证是否齐全。

第十六条 不动产登记机构进行实地查看，重点查看下列情况：

（一）房屋等建筑物、构筑物所有权首次登记，查看房屋坐落及其建造完成等情况；

（二）在建建筑物抵押权登记，查看抵押的在建建筑物坐落及其建造等情况；

（三）因不动产灭失导致的注销登记，查看不动产灭失等情况。

第十七条 有下列情形之一的，不动产登记机构应当在登记事项记载于登记簿前进行公告，但涉及国家秘密的除外：

（一）政府组织的集体土地所有权登记；

（二）宅基地使用权及房屋所有权，集体建设用地使用权及建筑物、构筑物所有权，土地承包经营权等不动产权利的首次登记；

（三）依职权更正登记；

（四）依职权注销登记；

（五）法律、行政法规规定的其他情形。

公告应当在不动产登记机构门户网站以及不动产所

在地等指定场所进行,公告期不少于15个工作日。公告所需时间不计算在登记办理期限内。公告期满无异议或者异议不成立的,应当及时记载于不动产登记簿。

第十八条　不动产登记公告的主要内容包括:

(一)拟予登记的不动产权利人的姓名或者名称;

(二)拟予登记的不动产坐落、面积、用途、权利类型等;

(三)提出异议的期限、方式和受理机构;

(四)需要公告的其他事项。

第十九条　当事人可以持人民法院、仲裁委员会的生效法律文书或者人民政府的生效决定单方申请不动产登记。

有下列情形之一的,不动产登记机构直接办理不动产登记:

(一)人民法院持生效法律文书和协助执行通知书要求不动产登记机构办理登记的;

(二)人民检察院、公安机关依据法律规定持协助查封通知书要求办理查封登记的;

(三)人民政府依法做出征收或者收回不动产权利决定生效后,要求不动产登记机构办理注销登记的;

(四)法律、行政法规规定的其他情形。

不动产登记机构认为登记事项存在异议的,应当依法向有关机关提出审查建议。

第二十条　不动产登记机构应当根据不动产登记簿,填写并核发不动产权属证书或者不动产登记证明。

除办理抵押权登记、地役权登记和预告登记、异议登记,向申请人核发不动产登记证明外,不动产登记机构应当依法向权利人核发不动产权属证书。

不动产权属证书和不动产登记证明,应当加盖不动产登记机构登记专用章。

不动产权属证书和不动产登记证明样式,由自然资源部统一规定。

第二十一条　申请共有不动产登记的,不动产登记机构向全体共有人合并发放一本不动产权属证书;共有人申请分别持证的,可以为共有人分别发放不动产权属证书。

共有不动产权属证书应当注明共有情况,并列明全体共有人。

第二十二条　不动产权属证书或者不动产登记证明污损、破损的,当事人可以向不动产登记机构申请换发。符合换发条件的,不动产登记机构应当予以换发,并收回原不动产权属证书或者不动产登记证明。

不动产权属证书或者不动产登记证明遗失、灭失,不动产权利人申请补发的,由不动产登记机构在其门户网站上刊发不动产权利人的遗失、灭失声明15个工作日后,予以补发。

不动产登记机构补发不动产权属证书或者不动产登记证明的,应当将补发不动产权属证书或者不动产登记证明的事项记载于不动产登记簿,并在不动产权属证书或者不动产登记证明上注明"补发"字样。

第二十三条　因不动产权利灭失等情形,不动产登记机构需要收回不动产权属证书或者不动产登记证明的,应当在不动产登记簿上将收回不动产权属证书或者不动产登记证明的事项予以注明;确实无法收回的,应当在不动产登记机构门户网站或者当地公开发行的报刊上公告作废。

第四章　不动产权利登记

第一节　一般规定

第二十四条　不动产首次登记,是指不动产权利第一次登记。

未办理不动产首次登记的,不得办理不动产其他类型登记,但法律、行政法规另有规定的除外。

第二十五条　市、县人民政府可以根据情况对本行政区域内未登记的不动产,组织开展集体土地所有权、宅基地使用权、集体建设用地使用权、土地承包经营权的首次登记。

依照前款规定办理首次登记所需的权属来源、调查等登记材料,由人民政府有关部门组织获取。

第二十六条　下列情形之一的,不动产权利人可以向不动产登记机构申请变更登记:

(一)权利人的姓名、名称、身份证明类型或者身份证明号码发生变更的;

(二)不动产的坐落、界址、用途、面积等状况变更的;

(三)不动产权利期限、来源等状况发生变化的;

(四)同一权利人分割或者合并不动产的;

(五)抵押担保的范围、主债权数额、债务履行期限、抵押权顺位发生变化的;

(六)最高额抵押担保的债权范围、最高债权额、债权确定期间等发生变化的;

(七)地役权的利用目的、方法等发生变化的;

(八)共有性质发生变更的;

(九)法律、行政法规规定的其他不涉及不动产权利转移的变更情形。

第二十七条 因下列情形导致不动产权利转移的，当事人可以向不动产登记机构申请转移登记：
（一）买卖、互换、赠与不动产的；
（二）以不动产作价出资（入股）的；
（三）法人或者其他组织因合并、分立等原因致使不动产权利发生转移的；
（四）不动产分割、合并导致权利发生转移的；
（五）继承、受遗赠导致权利发生转移的；
（六）共有人增加或者减少以及共有不动产份额变化的；
（七）因人民法院、仲裁委员会的生效法律文书导致不动产权利发生转移的；
（八）因主债权转移引起不动产抵押权转移的；
（九）因需役地不动产权利转移引起地役权转移的；
（十）法律、行政法规规定的其他不动产权利转移情形。

第二十八条 有下列情形之一的，当事人可以申请办理注销登记：
（一）不动产灭失的；
（二）权利人放弃不动产权利的；
（三）不动产被依法没收、征收或者收回的；
（四）人民法院、仲裁委员会的生效法律文书导致不动产权利消灭的；
（五）法律、行政法规规定的其他情形。

不动产上已经设立抵押权、地役权或者已经办理预告登记，所有权人、使用权人因放弃权利申请注销登记的，申请人应当提供抵押权人、地役权人、预告登记权利人同意的书面材料。

第二节 集体土地所有权登记

第二十九条 集体土地所有权登记，依照下列规定提出申请：
（一）土地属于村农民集体所有的，由村集体经济组织代为申请，没有集体经济组织的，由村民委员会代为申请；
（二）土地分别属于村内两个以上农民集体所有的，由村内各集体经济组织代为申请，没有集体经济组织的，由村民小组代为申请；
（三）土地属于乡（镇）农民集体所有的，由乡（镇）集体经济组织代为申请。

第三十条 申请集体土地所有权首次登记的，应当提交下列材料：

（一）土地权属来源材料；
（二）权籍调查表、宗地图以及宗地界址点坐标；
（三）其他必要材料。

第三十一条 农民集体因互换、土地调整等原因导致集体土地所有权转移，申请集体土地所有权转移登记的，应当提交下列材料：
（一）不动产权属证书；
（二）互换、调整协议等集体土地所有权转移的材料；
（三）本集体经济组织三分之二以上成员或者三分之二以上村民代表同意的材料；
（四）其他必要材料。

第三十二条 申请集体土地所有权变更、注销登记的，应当提交下列材料：
（一）不动产权属证书；
（二）集体土地所有权变更、消灭的材料；
（三）其他必要材料。

第三节 国有建设用地使用权及房屋所有权登记

第三十三条 依法取得国有建设用地使用权，可以单独申请国有建设用地使用权登记。

依法利用国有建设用地建造房屋的，可以申请国有建设用地使用权及房屋所有权登记。

第三十四条 申请国有建设用地使用权首次登记，应当提交下列材料：
（一）土地权属来源材料；
（二）权籍调查表、宗地图以及宗地界址点坐标；
（三）土地出让价款、土地租金、相关税费等缴纳凭证；
（四）其他必要材料。

前款规定的土地权属来源材料，根据权利取得方式的不同，包括国有建设用地划拨决定书、国有建设用地使用权出让合同、国有建设用地使用权租赁合同以及国有建设用地使用权作价出资（入股）、授权经营批准文件。

申请在地上或者地下单独设立国有建设用地使用权登记的，按照本条规定办理。

第三十五条 申请国有建设用地使用权及房屋所有权首次登记的，应当提交下列材料：
（一）不动产权属证书或者土地权属来源材料；
（二）建设工程符合规划的材料；
（三）房屋已经竣工的材料；
（四）房地产调查或者测绘报告；
（五）相关税费缴纳凭证；

（六）其他必要材料。

第三十六条 办理房屋所有权首次登记时，申请人应当将建筑区划内依法属于业主共有的道路、绿地、其他公共场所、公用设施和物业服务用房及其占用范围内的建设用地使用权一并申请登记为业主共有。业主转让房屋所有权的，其对共有部分享有的权利依法一并转让。

第三十七条 申请国有建设用地使用权及房屋所有权变更登记的，应当根据不同情况，提交下列材料：

（一）不动产权属证书；
（二）发生变更的材料；
（三）有批准权的人民政府或者主管部门的批准文件；
（四）国有建设用地使用权出让合同或者补充协议；
（五）国有建设用地使用权出让价款、税费等缴纳凭证；
（六）其他必要材料。

第三十八条 申请国有建设用地使用权及房屋所有权转移登记的，应当根据不同情况，提交下列材料：

（一）不动产权属证书；
（二）买卖、互换、赠与合同；
（三）继承或者受遗赠的材料；
（四）分割、合并协议；
（五）人民法院或者仲裁委员会生效的法律文书；
（六）有批准权的人民政府或者主管部门的批准文件；
（七）相关税费缴纳凭证；
（八）其他必要材料。

不动产买卖合同依法应当备案的，申请人申请登记时须提交经备案的买卖合同。

第三十九条 具有独立利用价值的特定空间以及码头、油库等其他建筑物、构筑物所有权的登记，按照本实施细则中房屋所有权登记有关规定办理。

第四节 宅基地使用权及房屋所有权登记

第四十条 依法取得宅基地使用权的，可以单独申请宅基地使用权登记。

依法利用宅基地建造住房及其附属设施的，可以申请宅基地使用权及房屋所有权登记。

第四十一条 申请宅基地使用权及房屋所有权首次登记的，应当根据不同情况，提交下列材料：

（一）申请人身份证和户口簿；
（二）不动产权属证书或者有批准权的人民政府批准用地的文件等权属来源材料；
（三）房屋符合规划或者建设的相关材料；
（四）权籍调查表、宗地图、房屋平面图以及宗地界址点坐标等有关不动产界址、面积等材料；
（五）其他必要材料。

第四十二条 因依法继承、分家析产、集体经济组织内部互换房屋等导致宅基地使用权及房屋所有权发生转移申请登记的，申请人应根据不同情况，提交下列材料：

（一）不动产权属证书或者其他权属来源材料；
（二）依法继承的材料；
（三）分家析产的协议或者材料；
（四）集体经济组织内部互换房屋的协议；
（五）其他必要材料。

第四十三条 申请宅基地等集体土地上的建筑物区分所有权登记的，参照国有建设用地使用权及建筑物区分所有权的规定办理登记。

第五节 集体建设用地使用权及建筑物、构筑物所有权登记

第四十四条 依法取得集体建设用地使用权，可以单独申请集体建设用地使用权登记。

依法利用集体建设用地兴办企业，建设公共设施，从事公益事业等的，可以申请集体建设用地使用权及地上建筑物、构筑物所有权登记。

第四十五条 申请集体建设用地使用权及建筑物、构筑物所有权首次登记的，申请人应当根据不同情况，提交下列材料：

（一）有批准权的人民政府批准用地的文件等土地权属来源材料；
（二）建设工程符合规划的材料；
（三）权籍调查表、宗地图、房屋平面图以及宗地界址点坐标等有关不动产界址、面积等材料；
（四）建设工程已竣工的材料；
（五）其他必要材料。

集体建设用地使用权首次登记完成后，申请人申请建筑物、构筑物所有权首次登记的，应当提交享有集体建设用地使用权的不动产权属证书。

第四十六条 申请集体建设用地使用权及建筑物、构筑物所有权变更登记、转移登记、注销登记的，申请人应当根据不同情况，提交下列材料：

（一）不动产权属证书；
（二）集体建设用地使用权及建筑物、构筑物所有权变更、转移、消灭的材料；

(三)其他必要材料。

因企业兼并、破产等原因致使集体建设用地使用权及建筑物、构筑物所有权发生转移的,申请人应当持相关协议及有关部门的批准文件等相关材料,申请不动产转移登记。

第六节 土地承包经营权登记

第四十七条 承包农民集体所有的耕地、林地、草地、水域、滩涂以及荒山、荒沟、荒丘、荒滩等农用地,或者国家所有依法由农民集体使用的农用地从事种植业、林业、畜牧业、渔业等农业生产的,可以申请土地承包经营权登记;地上有森林、林木的,应当在申请土地承包经营权登记时一并申请登记。

第四十八条 依法以承包方式在土地上从事种植业或者养殖业生产活动的,可以申请土地承包经营权的首次登记。

以家庭承包方式取得的土地承包经营权的首次登记,由发包方持土地承包经营合同等材料申请。

以招标、拍卖、公开协商等方式承包农村土地的,由承包方持土地承包经营合同申请土地承包经营权首次登记。

第四十九条 已经登记的土地承包经营权有下列情形之一的,承包方应当持原不动产权属证书以及其他证实发生变更事实的材料,申请土地承包经营权变更登记:

(一)权利人的姓名或者名称等事项发生变化的;
(二)承包土地的坐落、名称、面积发生变化的;
(三)承包期限依法变更的;
(四)承包期限届满,土地承包经营权人按照国家有关规定继续承包的;
(五)退耕还林、退耕还湖、退耕还草导致土地用途改变的;
(六)森林、林木的种类等发生变化的;
(七)法律、行政法规规定的其他情形。

第五十条 已经登记的土地承包经营权发生下列情形之一的,当事人双方应当持互换协议、转让合同等材料,申请土地承包经营权的转移登记:

(一)互换;
(二)转让;
(三)因家庭关系、婚姻关系变化等原因导致土地承包经营权分割或者合并的;
(四)依法导致土地承包经营权转移的其他情形。

以家庭承包方式取得的土地承包经营权,采取转让方式流转的,还应当提供发包方同意的材料。

第五十一条 已经登记的土地承包经营权发生下列情形之一的,承包方应当持不动产权属证书、证实灭失的材料等,申请注销登记:

(一)承包经营的土地灭失的;
(二)承包经营的土地被依法转为建设用地的;
(三)承包经营权人丧失承包经营资格或者放弃承包经营权的;
(四)法律、行政法规规定的其他情形。

第五十二条 以承包经营以外的合法方式使用国有农用地的国有农场、草场,以及使用国家所有的水域、滩涂等农用地进行农业生产,申请国有农用地的使用权登记的,参照本实施细则有关规定办理。

国有农场、草场申请国有未利用地登记的,依照前款规定办理。

第五十三条 国有林地使用权登记,应当提交有批准权的人民政府或者主管部门的批准文件,地上森林、林木一并登记。

第七节 海域使用权登记

第五十四条 依法取得海域使用权,可以单独申请海域使用权登记。

依法使用海域,在海域上建造建筑物、构筑物的,应当申请海域使用权及建筑物、构筑物所有权登记。

申请无居民海岛登记的,参照海域使用权登记有关规定办理。

第五十五条 申请海域使用权首次登记的,应当提交下列材料:

(一)项目用海批准文件或者海域使用权出让合同;
(二)宗海图以及界址点坐标;
(三)海域使用金缴纳或者减免凭证;
(四)其他必要材料。

第五十六条 有下列情形之一的,申请人应当持不动产权属证书、海域使用权变更的文件等材料,申请海域使用权变更登记:

(一)海域使用权人姓名或者名称改变的;
(二)海域坐落、名称发生变化的;
(三)改变海域使用位置、面积或者期限的;
(四)海域使用权续期的;
(五)共有性质变更的;
(六)法律、行政法规规定的其他情形。

第五十七条 有下列情形之一的,申请人可以申请海域使用权转移登记:

(一)因企业合并、分立或者与他人合资、合作经营、作价入股导致海域使用权转移的；

（二）依法转让、赠与、继承、受遗赠海域使用权的；

（三）因人民法院、仲裁委员会生效法律文书导致海域使用权转移的；

（四）法律、行政法规规定的其他情形。

第五十八条 申请海域使用权转移登记的，申请人应当提交下列材料：

（一）不动产权属证书；

（二）海域使用权转让合同、继承材料、生效法律文书等材料；

（三）转让批准取得的海域使用权，应当提交原批准用海的海洋行政主管部门批准转让的文件；

（四）依法需要补交海域使用金的，应当提交海域使用金缴纳的凭证；

（五）其他必要材料。

第五十九条 申请海域使用权注销登记的，申请人应当提交下列材料：

（一）原不动产权属证书；

（二）海域使用权消灭的材料；

（三）其他必要材料。

因围填海造地等导致海域灭失的，申请人应当在围填海造地等工程竣工后，依照本实施细则规定申请国有土地使用权登记，并办理海域使用权注销登记。

第八节 地役权登记

第六十条 按照约定设定地役权，当事人可以持需役地和供役地的不动产权属证书、地役权合同以及其他必要文件，申请地役权首次登记。

第六十一条 经依法登记的地役权发生下列情形之一的，当事人应当持地役权合同、不动产登记证明和证实变更的材料等必要材料，申请地役权变更登记：

（一）地役权当事人的姓名或者名称等发生变化；

（二）共有性质变更的；

（三）需役地或者供役地自然状况发生变化；

（四）地役权内容变更的；

（五）法律、行政法规规定的其他情形。

供役地分割转让办理登记，转让部分涉及地役权的，应当由受让人与地役权人一并申请地役权变更登记。

第六十二条 已经登记的地役权因土地承包经营权、建设用地使用权转让发生转移的，当事人应当持不动产登记证明、地役权转移合同等必要材料，申请地役权转移登记。

申请需役地转移登记的，或者需役地分割转让、转让部分涉及已登记的地役权的，当事人应当一并申请地役权转移登记，但当事人另有约定的除外。当事人拒绝一并申请地役权转移登记的，应当出具书面材料。不动产登记机构办理转移登记时，应当同时办理地役权注销登记。

第六十三条 已经登记的地役权，有下列情形之一的，当事人可以持不动产登记证明、证实地役权发生消灭的材料等必要材料，申请地役权注销登记：

（一）地役权期限届满；

（二）供役地、需役地归于同一人；

（三）供役地或者需役地灭失；

（四）人民法院、仲裁委员会的生效法律文书导致地役权消灭；

（五）依法解除地役权合同；

（六）其他导致地役权消灭的事由。

第六十四条 地役权登记，不动产登记机构应当将登记事项分别记载于需役地和供役地登记簿。

供役地、需役地分属不同不动产登记机构管辖的，当事人应当向供役地所在地的不动产登记机构申请地役权登记。供役地所在地不动产登记机构完成登记后，应当将相关事项通知需役地所在地不动产登记机构，并由其记载于需役地登记簿。

地役权设立后，办理首次登记前发生变更、转移的，当事人应当提交相关材料，就已经变更或者转移的地役权，直接申请首次登记。

第九节 抵押权登记

第六十五条 对下列财产进行抵押的，可以申请办理不动产抵押登记：

（一）建设用地使用权；

（二）建筑物和其他土地附着物；

（三）海域使用权；

（四）以招标、拍卖、公开协商等方式取得的荒地等土地承包经营权；

（五）正在建造的建筑物；

（六）法律、行政法规未禁止抵押的其他不动产。

以建设用地使用权、海域使用权抵押的，该土地、海域上的建筑物、构筑物一并抵押；以建筑物、构筑物抵押的，该建筑物、构筑物占用范围内的建设用地使用权、海域使用权一并抵押。

第六十六条 自然人、法人或者其他组织为保障其债权的实现，依法以不动产设定抵押的，可以由当事人持不动产权属证书、抵押合同与主债权合同等必要材料，共同申请办理抵押登记。

抵押合同可以是单独订立的书面合同，也可以是主债权合同中的抵押条款。

第六十七条 同一不动产上设立多个抵押权的，不动产登记机构应当按照受理时间的先后顺序依次办理登记，并记载于不动产登记簿。当事人对抵押权顺位另有约定的，从其规定办理登记。

第六十八条 有下列情形之一的，当事人应当持不动产权属证书、不动产登记证明、抵押权变更等必要材料，申请抵押权变更登记：

（一）抵押人、抵押权人的姓名或者名称变更的；
（二）被担保的主债权数额变更的；
（三）债务履行期限变更的；
（四）抵押权顺位变更的；
（五）法律、行政法规规定的其他情形。

因被担保债权主债权的种类及数额、担保范围、债务履行期限、抵押权顺位发生变更申请抵押变更登记时，如果该抵押权的变更将对其他抵押权人产生不利影响的，还应当提交其他抵押权人书面同意的材料与身份证或者户口簿等材料。

第六十九条 因主债权转让导致抵押权转让的，当事人可以持不动产权属证书、不动产登记证明、被担保主债权的转让协议、债权人已经通知债务人的材料等相关材料，申请抵押权的转移登记。

第七十条 有下列情形之一的，当事人可以持不动产登记证明、抵押权消灭的材料等必要材料，申请抵押权注销登记：

（一）主债权消灭的；
（二）抵押权已经实现的；
（三）抵押权人放弃抵押权的；
（四）法律、行政法规规定抵押权消灭的其他情形。

第七十一条 设立最高额抵押权的，当事人应当持不动产权属证书、最高额抵押合同与一定期间内将要连续发生的债权的合同或者其他登记原因材料等必要材料，申请最高额抵押权首次登记。

当事人申请最高额抵押权首次登记时，同意将最高额抵押权设立前已经存在的债权转入最高额抵押担保的债权范围的，还应当提交已存在债权的合同以及当事人同意将该债权纳入最高额抵押担保范围的书面材料。

第七十二条 有下列情形之一的，当事人应当持不动产登记证明、最高额抵押权发生变更的材料等必要材料，申请最高额抵押权变更登记：

（一）抵押人、抵押权人的姓名或者名称变更的；
（二）债权范围变更的；
（三）最高债权额变更的；
（四）债权确定的期间变更的；
（五）抵押权顺位变更的；
（六）法律、行政法规规定的其他情形。

因最高债权额、债权范围、债务履行期限、债权确定的期间发生变更申请最高额抵押权变更登记时，如果该变更将对其他抵押权人产生不利影响的，当事人还应当提交其他抵押权人的书面同意文件与身份证或者户口簿等。

第七十三条 当发生导致最高额抵押权担保的债权被确定的事由，从而使最高额抵押权转变为一般抵押权时，当事人应当持不动产登记证明、最高额抵押权担保的债权已确定的材料等必要材料，申请办理确定最高额抵押权的登记。

第七十四条 最高额抵押权发生转移的，应当持不动产登记证明、部分债权转移的材料、当事人约定最高额抵押权随同部分债权的转让而转移的材料等必要材料，申请办理最高额抵押权转移登记。

债权人转让部分债权，当事人约定最高额抵押权随同部分债权的转让而转移的，应当分别申请下列登记：

（一）当事人约定原抵押权人与受让人共同享有最高额抵押的，应当申请最高额抵押权的转移登记；
（二）当事人约定受让人享有一般抵押权、原抵押权人就扣减已转移的债权数额后继续享有最高额抵押权的，应当申请一般抵押权的首次登记以及最高额抵押权的变更登记；
（三）当事人约定原抵押权人不再享有最高额抵押权的，应当一并申请最高额抵押权确定登记以及一般抵押权转移登记。

最高额抵押权担保的债权确定前，债权人转让部分债权的，除当事人另有约定外，不动产登记机构不得办理最高额抵押权转移登记。

第七十五条 以建设用地使用权以及全部或者部分在建建筑物设定抵押的，应当一并申请建设用地使用权以及在建建筑物抵押权的首次登记。

当事人申请在建建筑物抵押权首次登记时，抵押财产不包括已经办理预告登记的预购商品房和已经办理预售备案的商品房。

前款规定的在建建筑物，是指正在建造、尚未办理所有权首次登记的房屋等建筑物。

第七十六条 申请在建建筑物抵押权首次登记的,当事人应当提交下列材料:

(一)抵押合同与主债权合同;
(二)享有建设用地使用权的不动产权属证书;
(三)建设工程规划许可证;
(四)其他必要材料。

第七十七条 在建建筑物抵押权变更、转移或者消灭的,当事人应当提交下列材料,申请变更登记、转移登记、注销登记:

(一)不动产登记证明;
(二)在建建筑物抵押权发生变更、转移或者消灭的材料;
(三)其他必要材料。

在建建筑物竣工,办理建筑物所有权首次登记时,当事人应当申请将在建建筑物抵押权登记转为建筑物抵押权登记。

第七十八条 申请预购商品房抵押登记,应当提交下列材料:

(一)抵押合同与主债权合同;
(二)预购商品房预告登记材料;
(三)其他必要材料。

预购商品房办理房屋所有权登记后,当事人应当申请将预购商品房抵押预告登记转为商品房抵押权首次登记。

第五章 其他登记

第一节 更正登记

第七十九条 权利人、利害关系人认为不动产登记簿记载的事项有错误,可以申请更正登记。

权利人申请更正登记的,应当提交下列材料:

(一)不动产权属证书;
(二)证实登记确有错误的材料;
(三)其他必要材料。

利害关系人申请更正登记的,应当提交利害关系材料、证实不动产登记簿记载错误的材料以及其他必要材料。

第八十条 不动产权利人或者利害关系人申请更正登记,不动产登记机构认为不动产登记簿记载确有错误的,应当予以更正;但在错误登记之后已经办理了涉及不动产权利处分的登记、预告登记和查封登记的除外。

不动产权属证书或者不动产登记证明填制错误以及不动产登记机构在办理更正登记中,需要更正不动产权属证书或者不动产登记证明内容的,应当书面通知权利人换发,并把换发不动产权属证书或者不动产登记证明的事项记载于登簿。

不动产登记簿记载无误的,不动产登记机构不予更正,并书面通知申请人。

第八十一条 不动产登记机构发现不动产登记簿记载的事项错误,应当通知当事人在30个工作日内办理更正登记。当事人逾期不办理的,不动产登记机构应当在公告15个工作日后,依法予以更正;但在错误登记之后已经办理了涉及不动产权利处分的登记、预告登记和查封登记的除外。

第二节 异议登记

第八十二条 利害关系人认为不动产登记簿记载的事项错误,权利人不同意更正的,利害关系人可以申请异议登记。

利害关系人申请异议登记的,应当提交下列材料:

(一)证实对登记的不动产权利有利害关系的材料;
(二)证实不动产登记簿记载的事项错误的材料;
(三)其他必要材料。

第八十三条 不动产登记机构受理异议登记申请的,应当将异议事项记载于不动产登记簿,并向申请人出具异议登记证明。

异议登记申请人应当在异议登记之日起15日内,提交人民法院受理通知书、仲裁委员会受理通知书等提起诉讼、申请仲裁的材料;逾期不提交的,异议登记失效。

异议登记失效后,申请人就同一事项以同一理由再次申请异议登记的,不动产登记机构不予受理。

第八十四条 异议登记期间,不动产登记簿上记载的权利人以及第三人因处分权利申请登记的,不动产登记机构应当书面告知申请人该权利已经存在异议登记的有关事项。申请人申请继续办理的,应当予以办理,但申请人应当提供知悉异议登记存在并自担风险的书面承诺。

第三节 预告登记

第八十五条 有下列情形之一的,当事人可以按照约定申请不动产预告登记:

(一)商品房等不动产预售的;
(二)不动产买卖、抵押的;
(三)以预购商品房设定抵押权的;
(四)法律、行政法规规定的其他情形。

预告登记生效期间,未经预告登记的权利人书面同意,处分该不动产权利申请登记的,不动产登记机构应当不予办理。

预告登记后,债权未消灭且自能够进行相应的不动产登记之日起3个月内,当事人申请不动产登记的,不动产登记机构应当按照预告登记事项办理相应的登记。

第八十六条 申请预购商品房的预告登记,应当提交下列材料:

(一)已备案的商品房预售合同;
(二)当事人关于预告登记的约定;
(三)其他必要材料。

预售人和预购人订立商品房买卖合同后,预售人未按照约定与预购人申请预告登记,预购人可以单方申请预告登记。

预购人单方申请预购商品房预告登记,预售人与预购人在商品房预售合同中对预告登记附有条件和期限的,预购人应当提交相应材料。

申请预告登记的商品房已经办理在建建筑物抵押权首次登记的,当事人应当一并申请在建建筑物抵押权注销登记,并提交不动产权属转移材料、不动产登记证明。不动产登记机构应当先办理在建建筑物抵押权注销登记,再办理预告登记。

第八十七条 申请不动产转移预告登记的,当事人应当提交下列材料:

(一)不动产转让合同;
(二)转让方的不动产权属证书;
(三)当事人关于预告登记的约定;
(四)其他必要材料。

第八十八条 抵押不动产,申请预告登记的,当事人应当提交下列材料:

(一)抵押合同与主债权合同;
(二)不动产权属证书;
(三)当事人关于预告登记的约定;
(四)其他必要材料。

第八十九条 预告登记未到期,有下列情形之一的,当事人可以持不动产登记证明、债权消灭或者权利人放弃预告登记的材料,以及法律、行政法规规定的其他必要材料申请注销预告登记:

(一)预告登记的权利人放弃预告登记的;
(二)债权消灭的;
(三)法律、行政法规规定的其他情形。

第四节 查封登记

第九十条 人民法院要求不动产登记机构办理查封登记的,应当提交下列材料:

(一)人民法院工作人员的工作证;
(二)协助执行通知书;
(三)其他必要材料。

第九十一条 两个以上人民法院查封同一不动产的,不动产登记机构应当为先送达协助执行通知书的人民法院办理查封登记,对后送达协助执行通知书的人民法院办理轮候查封登记。

轮候查封登记的顺序按人民法院协助执行通知书送达不动产登记机构的时间先后进行排列。

第九十二条 查封期间,人民法院解除查封的,不动产登记机构应当及时根据人民法院协助执行通知书注销查封登记。

不动产查封期限届满,人民法院未续封的,查封登记失效。

第九十三条 人民检察院等其他国家有权机关依法要求不动产登记机构办理查封登记的,参照本节规定办理。

第六章 不动产登记资料的查询、保护和利用

第九十四条 不动产登记资料包括:

(一)不动产登记簿等不动产登记结果;
(二)不动产登记原始资料,包括不动产登记申请书、申请人身份材料、不动产权属来源、登记原因、不动产权籍调查成果等材料以及不动产登记机构审核材料。

不动产登记资料由不动产登记机构管理。不动产登记机构应当建立不动产登记资料管理制度以及信息安全保密制度,建设符合不动产登记资料安全保护标准的不动产登记资料存放场所。

不动产登记资料中属于归档范围的,按照相关法律、行政法规的规定进行归档管理,具体办法由自然资源部会同国家档案主管部门另行制定。

第九十五条 不动产登记机构应当加强不动产登记信息化建设,按照统一的不动产登记信息管理基础平台建设要求和技术标准,做好数据整合、系统建设和信息服务等工作,加强不动产登记信息产品开发和技术创新,提高不动产登记的社会综合效益。

各级不动产登记机构应当采取措施保障不动产登记信息安全。任何单位和个人不得泄露不动产登记信息。

第九十六条 不动产登记机构、不动产交易机构建立不动产登记信息与交易信息互联共享机制,确保不动产登记与交易有序衔接。

不动产交易机构应当将不动产交易信息及时提供给不动产登记机构。不动产登记机构完成登记后,应当将登记信息及时提供给不动产交易机构。

第九十七条 国家实行不动产登记资料依法查询制度。

权利人、利害关系人按照《条例》第二十七条规定依法查询、复制不动产登记资料的，应当到具体办理不动产登记的不动产登记机构申请。

权利人可以查询、复制其不动产登记资料。

因不动产交易、继承、诉讼等涉及的利害关系人可以查询、复制不动产自然状况、权利人及其不动产查封、抵押、预告登记、异议登记等状况。

人民法院、人民检察院、国家安全机关、监察机关等可以依法查询、复制与调查和处理事项有关的不动产登记资料。

其他有关国家机关执行公务依法查询、复制不动产登记资料的，依照本条规定办理。

涉及国家秘密的不动产登记资料的查询，按照保守国家秘密法的有关规定执行。

第九十八条 权利人、利害关系人申请查询、复制不动产登记资料应当提交下列材料：

（一）查询申请书；

（二）查询目的的说明；

（三）申请人的身份材料；

（四）利害关系人查询的，提交证实存在利害关系的材料。

权利人、利害关系人委托他人代为查询的，还应当提交代理人的身份证明材料、授权委托书。权利人查询其不动产登记资料无需提供查询目的的说明。

有关国家机关查询的，应当提供本单位出具的协助查询材料、工作人员的工作证。

第九十九条 有下列情形之一的，不动产登记机构不予查询，并书面告知理由：

（一）申请查询的不动产不属于不动产登记机构管辖范围的；

（二）查询人提交的申请材料不符合规定的；

（三）申请查询的主体或者查询事项不符合规定的；

（四）申请查询的目的不合法的；

（五）法律、行政法规规定的其他情形。

第一百条 对符合本实施细则规定的查询申请，不动产登记机构应当当场提供查询；因情况特殊，不能当场提供查询的，应当在5个工作日内提供查询。

第一百零一条 查询人查询不动产登记资料，应当在不动产登记机构设定的场所进行。

不动产登记原始资料不得带离设定的场所。

查询人在查询时应当保持不动产登记资料的完好，严禁遗失、拆散、调换、抽取、污损登记资料，也不得损坏查询设备。

第一百零二条 查询人可以查阅、抄录不动产登记资料。查询人要求复制不动产登记资料的，不动产登记机构应当提供复制。

查询人要求出具查询结果证明的，不动产登记机构应当出具查询结果证明。查询结果证明应注明查询目的及日期，并加盖不动产登记机构查询专用章。

第七章　法律责任

第一百零三条 不动产登记机构工作人员违反本实施细则规定，有下列行为之一，依法给予处分；构成犯罪的，依法追究刑事责任：

（一）对符合登记条件的登记申请不予登记，对不符合登记条件的登记申请予以登记；

（二）擅自复制、篡改、毁损、伪造不动产登记簿；

（三）泄露不动产登记资料、登记信息；

（四）无正当理由拒绝申请人查询、复制登记资料；

（五）强制要求权利人更换新的权属证书。

第一百零四条 当事人违反本实施细则规定，有下列行为之一，构成违反治安管理行为的，依法给予治安管理处罚；给他人造成损失的，依法承担赔偿责任；构成犯罪的，依法追究刑事责任：

（一）采用提供虚假材料等欺骗手段申请登记；

（二）采用欺骗手段申请查询、复制登记资料；

（三）违反国家规定，泄露不动产登记资料、登记信息；

（四）查询人遗失、拆散、调换、抽取、污损登记资料的；

（五）擅自将不动产登记资料带离查询场所、损坏查询设备的。

第八章　附　则

第一百零五条 本实施细则施行前，依法核发的各类不动产权属证书继续有效。不动产权利未发生变更、转移的，不动产登记机构不得强制要求不动产权利人更换不动产权属证书。

不动产登记过渡期内，农业部会同自然资源部等部门负责指导农村土地承包经营权的统一登记工作，按照农业部有关规定办理耕地的土地承包经营权登记。不动产登记过渡期后，由自然资源部负责指导农村土地承包经营权登记工作。

第一百零六条 不动产信托依法需要登记的,由自然资源部会同有关部门另行规定。

第一百零七条 军队不动产登记,其申请材料经军队不动产主管部门审核后,按照本实施细则规定办理。

第一百零八条 自然资源部委托北京市规划和自然资源委员会直接办理在京中央国家机关的不动产登记。

在京中央国家机关申请不动产登记时,应当提交《不动产登记暂行条例》及本实施细则规定的材料和有关机关事务管理局出具的不动产登记审核意见。不动产权属资料不齐全的,还应当提交由有关机关事务管理局确认盖章的不动产权属来源说明函。不动产权籍调查由有关机关事务管理局会同北京市规划和自然资源委员会组织进行的,还应当提交申请登记不动产单元的不动产权籍调查资料。

北京市规划和自然资源委员会办理在京中央国家机关不动产登记时,应当使用自然资源部制发的"自然资源部不动产登记专用章"。

第一百零九条 本实施细则自公布之日起施行。

不动产登记操作规范(试行)

- 2021年6月7日
- 自然资函〔2021〕242号

总　则

1　一般规定

1.1　总体要求

1.1.1　为规范不动产登记行为,保护不动产权利人合法权益,根据《不动产登记暂行条例》(简称《条例》)《不动产登记暂行条例实施细则》(简称《实施细则》),制定本规范。

1.1.2　不动产登记机构应严格贯彻落实《民法典》《条例》以及《实施细则》的规定,依法确定申请人申请登记所需材料的种类和范围,并将所需材料目录在不动产登记机构办公场所和门户网站公布。不动产登记机构不得随意扩大登记申请材料的种类和范围,法律、行政法规以及《实施细则》没有规定的材料,不得作为登记申请材料。

1.1.3　申请人的申请材料应当依法提供原件,不动产登记机构可以依据实时互通共享取得的信息,对申请材料进行核对。能够通过部门间实时共享取得相关材料.原件的,不得要求申请人重复提交。

1.1.4　不动产登记机构应严格按照法律、行政法规要求,规范不动产登记申请、受理、审核、登簿、发证等环节,严禁随意拆分登记职责,确保不动产登记流程和登记职责的完整性。

没有法律、行政法规以及《实施细则》依据而设置的前置条件,不动产登记机构不得将其纳入不动产登记的业务流程。

1.1.5　土地承包经营权登记、国有农用地的使用权登记和森林、林木所有权登记,按照《条例》《实施细则》的有关规定办理。

1.2　登记原则

1.2.1　依申请登记原则

不动产登记应当依照当事人的申请进行,但下列情形除外:

1　不动产登记机构依人民法院、人民检察院等国家有权机关依法作出的嘱托文件直接办理登记的;

2　不动产登记机构依据法律、行政法规或者《实施细则》的规定依职权直接登记的。

1.2.2　一体登记原则

房屋等建筑物、构筑物所有权和森林、林木等定着物所有权登记应当与其所附着的土地、海域一并登记,保持权利主体一致。

土地使用权、海域使用权首次登记、转移登记、抵押登记、查封登记的,该土地、海域范围内符合登记条件的房屋等建筑物、构筑物所有权和森林、林木等定着物所有权应当一并登记。

房屋等建筑物、构筑物所有权和森林、林木等定着物所有权首次登记、转移登记、抵押登记、查封登记的,该房屋等建筑物、构筑物和森林、林木等定着物占用范围内的土地使用权、海域使用权应当一并登记。

1.2.3　连续登记原则

未办理不动产首次登记的,不得办理不动产其他类型登记,但下列情形除外:

1　预购商品房预告登记、预购商品房抵押预告登记的;

2　在建建筑物抵押权登记的;

3　预查封登记的;

4　法律、行政法规规定的其他情形。

1.2.4　属地登记原则

1　不动产登记由不动产所在地的县级人民政府不动产登记机构办理,直辖市、设区的市人民政府可以确定本级不动产登记机构统一办理所属各区的不动产登记。

跨行政区域的不动产登记,由所跨行政区域的不动产登记机构分别办理。

不动产单元跨行政区域且无法分别办理的,由所跨行政区域的不动产登记机构协商办理;协商不成的,由先受理登记申请的不动产登记机构向共同的上一级人民政府不动产登记主管部门提出指定办理申请。

不动产登记机构经协商确定或者依指定办理跨行政区域不动产登记的,应当在登记完毕后将不动产登记簿记载的不动产权利人以及不动产坐落、界址、总面积、跨区域面积、用途、权利类型等登记结果书面告知不动产所跨区域的其他不动产登记机构;

2 国务院确定的重点国有林区的森林、林木和林地的登记,由自然资源部受理并会同有关部门办理,依法向权利人核发不动产权属证书。

3 国务院批准的项目用海、用岛的登记,由自然资源部受理,依法向权利人核发不动产权属证书。

4 在京中央国家机关使用的国有土地等不动产登记,依照自然资源部《在京中央和国家机关不动产登记办法》等规定办理。

1.3 不动产单元

1.3.1 不动产单元

不动产登记应当以不动产单元为基本单位进行登记。不动产单元是指权属界线封闭且具有独立使用价值的空间。独立使用价值的空间应当足以实现相应的用途,并可以独立利用。

1 没有房屋等建筑物、构筑物以及森林、林木定着物的,以土地、海域权属界线封闭的空间为不动产单元。

2 有房屋等建筑物以及森林、林木定着物的,以该房屋等建筑物以及森林、林木定着物与土地、海域权属界线封闭的空间为不动产单元。

3 有地下车库、商铺等具有独立使用价值的特定空间或者码头、油库、隧道、桥梁等构筑物的,以该特定空间或者构筑物与土地、海域权属界线封闭的空间为不动产单元。

1.3.2 不动产单元编码

不动产单元应当按照《不动产单元设定与代码编制规则》(试行)的规定进行设定与编码。不动产登记机构(自然资源主管部门)负责本辖区范围内的不动产单元代码编制、变更与管理工作,确保不动产单元编码的唯一性。

1.4 不动产权籍调查

1.4.1 不动产登记申请前,需要进行不动产权籍调查的,应当依据不动产权籍调查相关技术规定开展不动产权籍调查。不动产权籍调查包括不动产权属调查和不动产测量。

1 申请人申请不动产首次登记前,应当以宗地、宗海为基础,以不动产单元为基本单位,开展不动产权籍调查。其中,政府组织开展的集体土地所有权、宅基地使用权、集体建设用地使用权、土地承包经营权的首次登记所需的不动产权籍调查成果,由人民政府有关部门组织获取。

2 申请人申请不动产变更、转移等登记,不动产界址未发生变化的,可以沿用原不动产权籍调查成果;不动产界址发生变化,或界址无变化但未进行过权籍调查或无法提供不动产权籍调查成果的,应当补充或重新开展不动产权籍调查。

3 前期行业管理中已经产生或部分产生,并经行业主管部门或其授权机构确认的,符合不动产登记要求的不动产权籍调查成果,可继续沿用。

1.4.2 不动产登记机构(自然资源主管部门)应当加强不动产权籍调查成果确认工作,结合日常登记实时更新权籍调查数据库,确保不动产权籍调查数据的现势、有效和安全。

1.5 不动产登记簿

1.5.1 不动产登记簿介质

不动产登记簿应当采取电子介质,并具有唯一、确定的纸质转化形式。暂不具备条件的,可以采用纸质介质。

不动产登记机构应当配备专门的不动产登记电子存储设施,采取信息网络安全防护措施,保证电子数据安全,并定期进行异地备份。

1.5.2 建立不动产登记簿

不动产登记簿由不动产登记机构建立。不动产登记簿应当以宗地、宗海为单位编制,一宗地或者一宗海范围内的全部不动产编入一个不动产登记簿。宗地或宗海权属界线发生变化的,应当重新建簿,并实现与原不动产登记簿关联。

1 一个不动产单元有两个以上不动产权利或事项的,在不动产登记簿中分别按照一个权利类型或事项设置一个登记簿页;

2 一个登记簿页按登簿时间的先后依次记载该权利或事项的相关内容。

1.5.3 更正不动产登记簿

不动产登记机构应当依法对不动产登记簿进行记载、保存和重建,不得随意更改。有证据证实不动产登记簿记载的事项确实存在错误的,应当依法进行更正登记。

1.5.4 管理和保存不动产登记簿

不动产登记簿由不动产登记机构负责管理,并永久保存。

1.6 不动产权证书和不动产登记证明

1.6.1 不动产权证书和不动产登记证明的格式

不动产权证书和不动产登记证明由自然资源部统一制定样式、统一监制、统一编号规则。不动产权证书和不动产登记证明的印制、发行、管理和质量监督工作由省级自然资源主管部门负责。

不动产权证书和不动产登记证明应当一证一号,更换证书和证明应当更换号码。

有条件的地区,不动产登记机构可以采用印制二维码等防伪手段。

1.6.2 不动产权证书的版式

不动产权证书分单一版和集成版两个版式。不动产登记原则上按一个不动产单元核发一本不动产权证书,采用单一版版本。农村集体经济组织拥有多个建设用地使用权或一户拥有多个土地承包经营权的,可以将其集中记载在一本集成版的不动产权证书,一本证书可以记载一个权利人在同一登记辖区内享有的多个不动产单元上的不动产权利。

1.6.3 不动产权证书和不动产登记证明的换发、补发、注销

不动产权证书和不动产登记证明换发、补发、注销的,原证号废止。换发、补发的新不动产权证书或不动产登记证明应当更换号码,并在不动产权证书或者不动产登记证明上注明"换发""补发"字样。

不动产权证书或者不动产登记证明破损、污损、填制错误的,当事人可以向不动产登记机构申请换发。符合换发条件的,不动产登记机构应当收回并注销原不动产权证书或者不动产登记证明,并将有关事项记载于不动产登记簿后,向申请人换发新的不动产权证书或者不动产登记证明,并注明"换发"字样。

不动产权证书或者不动产登记证明遗失、灭失,不动产权利人申请补发的,由不动产登记机构在其门户网站上刊发不动产权利人的遗失、灭失声明,15个工作日后,打印一份遗失、灭失声明页面存档,并将有关事项记载于不动产登记簿,向申请人补发新的不动产权证书或者不动产登记证明,并注明"补发"字样。

不动产被查封、抵押或存在异议登记、预告登记的,不影响不动产权证书和不动产登记证明的换发或补发。

1.6.4 不动产权证书和不动产登记证明的生效

不动产权证书和不动产登记证明应当按照不动产登记簿缮写,在加盖不动产登记机构不动产登记专用章后生效。

1.6.5 不动产权证书和不动产登记证明的管理

不动产登记机构应当加强对不动产权证书和不动产登记证明的管理,建立不动产权证书和不动产登记证明管理台账,采取有效措施防止空白、作废的不动产权证书和不动产登记证明外流、遗失。

1.7 登记的一般程序

1.7.1 依申请登记程序

依申请的不动产登记应当按下列程序进行:
(一)申请;
(二)受理;
(三)审核;
(四)登簿。

不动产登记机构完成登记后,应当依据法律、行政法规规定向申请人发放不动产权证书或者不动产登记证明。

1.7.2 依嘱托登记程序

依据人民法院、人民检察院等国家有权机关出具的相关嘱托文件办理不动产登记的,按下列程序进行:
(一)嘱托;
(二)接受嘱托;
(三)审核;
(四)登簿。

1.7.3 依职权登记程序

不动产登记机构依职权办理不动产登记事项的,按下列程序进行:
(一)启动;
(二)审核;
(三)登簿。

1.8 登记申请材料的一般要求

1.8.1 申请材料应当齐全,符合要求,申请人应当对申请材料的真实性负责,并做出书面承诺。

1.8.2 申请材料格式

1.8.2.1 申请材料应当提供原件。因特殊情况不能提供原件的,可以提交该材料的出具机构或职权继受机构确认与原件一致的复印件。

不动产登记机构留存复印件的,应经不动产登记机构工作人员比对后,由不动产登记机构工作人员签字并加盖原件相符章。

1.8.2.2 申请材料形式应当为纸质介质,申请书纸张和尺寸宜符合下列规定:
1 采用韧性大、耐久性强、可长期保存的纸质介质;
2 幅面尺寸为国际标准 297mm×210mm(A4纸)。

1.8.2.3 填写申请材料应使用黑色钢笔或签字笔,不得使用圆珠笔、铅笔。因申请人填写错误确需涂改的,需由申请人在涂改处签字(或盖章)确认。

1.8.2.4 申请材料所使用文字应符合下列规定:

1 申请材料应使用汉字文本。少数民族自治区域内,可选用本民族或本自治区域内通用文字;

2 少数民族文字文本的申请材料在非少数民族聚居或者多民族共同居住地区使用,应同时附汉字文本;

3 外文文本的申请材料应当翻译成汉字译本,当事人应签字确认,并对汉字译本的真实性负责。

1.8.2.5 申请材料中的申请人(代理人)姓名或名称应符合下列规定:

1 申请人(代理人)应使用身份证明材料上的汉字姓名或名称。

2 当使用汉字译名时,应在申请材料中附记其身份证明记载的姓名或名称。

1.8.2.6 申请材料中涉及数量、日期、编号的,宜使用阿拉伯数字。涉及数量有计量单位的,应当填写与计量单位口径一致的数值。

1.8.2.7 当申请材料超过一页时,应按1、2、3……顺序排序,并宜在每页标注页码。

1.8.2.8 申请材料传递过程中,可将其合于左上角封牢。补充申请材料应按同种方式另行排序封卷,不得拆此前已封卷的资料直接添加。

1.8.3 不动产登记申请书

1.8.3.1 申请人申请不动产登记,应当如实、准确填写不动产登记机构制定的不动产登记申请书。申请人为自然人的,申请人应当在不动产登记申请书上签字;申请人为法人或非法人组织的,申请人应当在不动产登记申请书上盖章。自然人委托他人申请不动产登记的,代理人应在不动产登记申请书上签字;法人或非法人组织委托他人申请不动产登记的,代理人应在不动产登记申请书上签字,并加盖法人或非法人组织的公章。

1.8.3.2 共有的不动产,申请人应当在不动产登记申请书中注明共有性质。按份共有不动产的,应明确相应具体份额,共有份额宜采取分数或百分数表示。

1.8.3.3 申请不动产登记的,申请人或者其代理人应当向不动产登记机构提供有效的联系方式。申请人或者其代理人的联系方式发生变动的,应当书面告知不动产登记机构。

1.8.4 身份证明材料

1.8.4.1 申请人申请不动产登记,提交下列相应的身份证明材料:

1 境内自然人:提交居民身份证或军官证、士官证;身份证遗失的,应提交临时身份证。未成年人可以提交居民身份证或户口簿;

2 香港、澳门特别行政区自然人:提交香港、澳门特别行政区居民身份证、护照,或者来往内地通行证;

3 台湾地区自然人:提交台湾居民来往大陆通行证;

4 华侨:提交中华人民共和国护照和国外长期居留身份证件;

5 外籍自然人:中国政府主管机关签发的居留证件,或者其所在国护照;

6 境内法人或非法人组织:营业执照,或者组织机构代码证,或者其他身份登记证明;

7 香港特别行政区、澳门特别行政区、台湾地区的法人或非法人组织:提交其在境内设立分支机构或代表机构的批准文件和注册证明;

8 境外法人或非法人组织:提交其在境内设立分支机构或代表机构的批准文件和注册证明。

1.8.4.2 已经登记的不动产,因其权利人的名称、身份证明类型或者身份证明号码等内容发生变更的,申请人申请办理该不动产的登记事项时,应当提供能够证实其身份变更的材料。

1.8.5 法律文书

申请人提交的人民法院裁判文书、仲裁委员会裁决书应当为已生效的法律文书。提交一审人民法院裁判文书的,应当同时提交人民法院出具的裁判文书已经生效的证明文件等相关材料,即时生效的裁定书、经双方当事人签字的调解书除外。

香港特别行政区、澳门特别行政区、台湾地区形成的司法文书,应经境内不动产所在地中级人民法院裁定予以承认或执行。香港特别行政区形成的具有债权款项支付的民商事案件除外。

外国司法文书应经境内不动产所在地中级人民法院按国际司法协助的方式裁定予以承认或执行。

需要协助执行的生效法律文书应当由该法律文书作出机关的工作人员送达,送达时应当提供工作证件和执行公务的证明文件。人民法院直接送达法律文书有困难的,可以委托其他法院代为送达。

香港特别行政区、澳门特别行政区、台湾地区的公证文书以及与我国有外交关系的国家出具的公证文书按照司法部等国家有关规定进行认证与转递。

1.8.6 继承、受遗赠的不动产登记

因继承、受遗赠取得不动产申请登记的，申请人提交经公证的材料或者生效的法律文书的，按《条例》《实施细则》的相关规定办理登记。申请人不提交经公证的材料或者生效的法律文书，可以按照下列程序办理：

1.8.6.1 申请人提交的申请材料包括：

1 所有继承人或受遗赠人的身份证、户口簿或其他身份证明；

2 被继承人或遗赠人的死亡证明，包括医疗机构出具的死亡证明；公安机关出具的死亡证明或者注明了死亡日期的注销户口证明；人民法院宣告死亡的判决书；其他能够证明被继承人或受遗赠人死亡的材料等；

3 所有继承人或受遗赠人与被继承人或遗赠人之间的亲属关系证明，包括户口簿、婚姻证明、收养证明、出生医学证明，公安机关以及村委会、居委会、被继承人或继承人单位出具的证明材料，其他能够证明相关亲属关系的材料等；

4 放弃继承的，应当在不动产登记机构办公场所，在不动产登记机构人员的见证下，签署放弃继承权的声明；

5 继承人已死亡的，代位继承人或转继承人可参照上述材料提供；

6 被继承人或遗赠人享有不动产权利的材料；

7 被继承人或遗赠人生前有遗嘱或者遗赠扶养协议的，提交其全部遗嘱或者遗赠扶养协议；

8 被继承人或遗赠人生前与配偶有夫妻财产约定的，提交书面约定协议。

受理登记前应由全部法定继承人或受遗赠人共同到不动产所在地的不动产登记机构进行继承材料查验。不动产登记机构应重点查验当事人的身份是否属实、当事人与被继承人或遗赠人的亲属关系是否属实、被继承人或遗赠人有无其他继承人、被继承人或遗赠人和已经死亡的继承人或受遗赠人的死亡事实是否属实、被继承人或遗赠人生前有无遗嘱或者遗赠扶养协议、申请继承的遗产是否属于被继承人或遗赠人个人所有等，并要求申请人签署继承（受遗赠）不动产登记具结书。不动产登记机构可以就继承人或受遗赠人是否齐全、是否愿意接受或放弃继承、就不动产继承协议或遗嘱内容及真实性是否有异议、所提交的资料是否真实等内容进行询问，并做好记录，由全部相关人员签字确认。

经查验或询问，符合本规范3.5.1规定的受理条件的，不动产登记机构应当予以受理。

受理后，不动产登记机构应按照本规范第4章的审核规则进行审核。认为需要进一步核实情况的，可以发函给出具证明材料的单位、被继承人或遗赠人原所在单位或居住地的村委会、居委会核实相关情况。

对拟登记的不动产登记事项在不动产登记机构门户网站进行公示，公示期不少于15个工作日。公示期满无异议的，将申请登记事项记载于不动产登记簿。

1.9 代理

1.9.1 受托人代为申请

申请人委托代理人申请不动产登记的，代理人应当向不动产登记机构提交申请人身份证明、授权委托书及代理人的身份证明。授权委托书中应当载明代理人的姓名或者名称、代理事项、权限和期间，并由委托人签名或者盖章。

1 自然人处分不动产的，可以提交经公证的授权委托书；授权委托书未经公证的，申请人应当在申请登记时，与代理人共同到不动产登记机构现场签订授权委托书；

2 境外申请人处分不动产的，其授权委托书应当经公证或者认证；

3 代理人为两人或者两人以上，代为处分不动产的，全部代理人应当共同代为申请，但另有授权的除外。

1.9.2 监护人代为申请

无民事行为能力人、限制民事行为能力人申请不动产登记的，应当由其监护人代为申请。监护人应当向不动产登记机构提交申请人身份证明、监护关系证明及监护人的身份证明，以及被监护人为无民事行为能力人、限制民事行为能力人的证明材料。处分被监护人不动产申请登记的，还应当出具为被监护人利益而处分不动产的书面保证。

监护关系证明材料可以是户口簿、监护关系公证书、出生医学证明，或者民政部门、居民委员会、村民委员会或人民法院指定监护人的证明材料，或者遗嘱指定监护、协议确定监护、意定监护的材料。父母之外的监护人处分未成年人不动产的，有关监护关系材料可以是人民法院指定监护的法律文书、监护人对被监护人享有监护权的公证材料或者其他材料。

1.10 其他

1.10.1 一并申请

符合以下情形之一的，申请人可以一并申请。申请人一并申请的，不动产登记机构应当一并受理，就不同的登记事项依次分别记载于不动产登记簿的相应簿页。

1 预购商品房预告登记与预购商品房抵押预告登记；

2 预购商品房预告登记转房屋所有权登记与预购

商品房抵押预告登记转抵押权登记；

3　建筑物所有权首次登记与在建建筑物抵押权登记转建筑物抵押权登记；

4　不动产变更登记导致抵押权变更的，不动产变更登记与抵押权变更登记；

5　不动产变更、转移登记致使地役权变更、转移的，不动产变更登记、转移登记与地役权变更、转移登记；

6　不动产坐落位置等自然状况发生变化的，可以与前述情形发生后申请办理的登记一并办理；

7　本规范规定以及不动产登记机构认为可以合并办理的其他情形。

已办理首次登记的不动产，申请人因继承、受遗赠，或者人民法院、仲裁委员会的生效法律文书取得该不动产但尚未办理转移登记，又因继承、受遗赠，或者人民法院、仲裁委员会的生效法律文书导致不动产权利转移的，不动产登记机构办理后续登记时，应当将之前转移登记的事实在不动产登记簿的附记栏中记载。

1.10.2　撤回申请

申请登记事项在记载于不动产登记簿之前，全体登记申请人可共同申请撤回登记申请；部分登记申请人申请撤回登记申请的，不动产登记机构不予受理。

1.10.2.1　申请人申请撤回登记申请，应当向不动产登记机构提交下列材料：

1　不动产登记申请书；

2　申请人身份证明；

3　原登记申请受理凭证。

不动产登记机构应当在收到撤回申请时查阅不动产登记簿，当事人申请撤回的登记事项已经在不动产登记簿记载的，不予撤销；未在不动产登记簿上记载的，应当准予撤回，原登记申请材料在作出准予撤回的3个工作日内通知当事人取回申请材料。

1.10.3　申请材料退回

1　不动产登记机构准予撤回登记申请的，申请人应及时取回原登记申请材料，取回材料的清单应当由申请人签字确认。撤回登记申请的材料、取回材料的清单应一并归档保留。

2　不动产登记机构决定不予登记的，不动产登记机构应当制作不予登记告知书、退回登记申请材料清单，由申请人签字确认后，将登记申请材料退还申请人。不动产登记机构应当留存申请材料复印件、退回登记申请材料清单、相关告知书的签收文件。

申请人应当自接到不予登记书面告知之日起30个工作日内取回申请材料。取回申请材料自申请人收到上述书面告知之日起，最长不得超过6个月。在取回申请材料期限内，不动产登记机构应当妥善保管该申请材料；逾期不取回的，不动产登记机构不负保管义务。

1.10.4　不动产登记机构内部管理机制

不动产登记机构应当建立与不动产登记风险相适宜的内部管理机制。

1.10.4.1　不动产登记机构应当依据登记程序和管理需要合理设置登记岗位。

1　不动产登记的审核、登簿应当由与其岗位相适应的不动产登记工作人员负责。

2　不动产登记机构宜建立不动产登记风险管理制度，设置登记质量管理岗位负责登记质量检查、监督和登记风险评估、控制工作。

不动产登记机构可以建立不动产登记会审制度，会审管辖范围内的不动产登记重大疑难事项。

不动产登记机构宜根据相关业务规则，通过信息化手段对相互冲突的业务进行限制或者提醒，以降低登记风险。

不动产登记机构宜通过以下方式对登记业务中发现的已失效的查封登记和异议登记进行有效管理：采用电子登记簿的，查封登记或者异议登记失效后，宜在信息系统中及时解除相应的控制或者提醒，注明相应的法律依据；采用纸质登记簿的，查封登记或者异议登记失效后，宜在不动产登记簿附记中注明相应的法律依据。

2　**申请**

2.1.1　申请是指申请人根据不同的申请登记事项，向不动产登记机构提交登记申请材料办理不动产登记的行为。

2.1.2　单方申请

属于下列情形之一的，可以由当事人单方申请：

1　尚未登记的不动产申请首次登记的；

2　继承、受遗赠取得不动产权利的；

3　人民法院、仲裁委员会生效的法律文书或者人民政府生效的决定等设立、变更、转让、消灭不动产权利的；

4　下列不涉及不动产权利归属的变更登记：

（1）不动产权利人姓名、名称、身份证明类型或者身份证明号码发生变更的；

（2）不动产坐落、界址、用途、面积等状况发生变化的；

（3）同一权利人分割或者合并不动产的；

（4）土地、海域使用权期限变更的。

5　不动产灭失、不动产权利消灭或者权利人放弃不

动产权利,权利人申请注销登记的;

　　6　异议登记;

　　7　更正登记;

　　8　预售人未按约定与预购人申请预购商品房预告登记,预购人申请预告登记的;

　　9　法律、行政法规规定的其他情形。

2.1.3　共同申请

　　共有不动产的登记,应当由全体共有人共同申请。

　　按份共有人转让、抵押其享有的不动产份额,应当与受让人或者抵押权人共同申请。受让人是共有人以外的人的,还应当提交其他共有人同意的书面材料。

　　属于下列情形之一的,可以由部分共有人申请:

　　1　处分按份共有的不动产,可以由占份额三分之二以上的按份共有人共同申请,但不动产登记簿记载共有人另有约定的除外;

　　2　共有的不动产因共有人姓名、名称发生变化申请变更登记的,可以由姓名、名称发生变化的权利人申请;

　　3　不动产的坐落、界址、用途、面积等自然状况发生变化的,可以由共有人中的一人或多人申请。

2.1.4　业主共有的不动产

　　建筑区划内依法属于业主共有的道路、绿地、其他公共场所、公用设施和物业服务用房及其占用范围内的建设用地使用权,在办理国有建设用地使用权及房屋所有权首次登记时由登记申请人一并申请登记为业主共有。

2.1.5　到场申请

　　申请不动产登记,申请人本人或者其代理人应当到不动产登记机构办公场所提交申请材料并接受不动产登记机构工作人员的询问。

　　具备技术条件的不动产登记机构,应当留存当事人到场申请的照片;具备条件的,也可以按照当事人申请留存当事人指纹或设定密码。

3　受理

　　受理是指不动产登记机构依法查验申请主体、申请材料,询问登记事项、录入相关信息、出具受理结果等工作的过程。

3.1　查验登记范围

　　不动产登记机构应查验申请登记的不动产是否属于本不动产登记机构的管辖范围;不动产权利是否属于《条例》《实施细则》规定的不动产权利;申请登记的类型是否属于《条例》《实施细则》规定的登记类型。

3.2　查验申请主体

3.2.1　不动产登记机构应当查验申请事项应当由双方共同申请还是可以单方申请,应当由全体共有人申请还是可以由部分共有人申请。

3.2.2　查验身份证明

　　申请人与其提交的身份证明指向的主体是否一致:

　　1　通过身份证识别器查验身份证是否真实;

　　2　护照、港澳通行证、台湾居民来往大陆通行证等其他身份证明类型是否符合要求;

　　3　非自然人申请材料上的名称、印章是否与身份证明材料上的名称、印章一致。

3.2.3　查验申请材料形式

3.2.3.1　不动产登记机构应当查验申请人的身份证明材料规格是否符合本规范第1.7节的要求;

3.2.3.2　自然人处分不动产,委托代理人代为申请登记,其授权委托书未经公证的,不动产登记机构工作人员应当按下列要求进行见证:

　　1　授权委托书的内容是否明确,本登记事项是否在其委托范围内;

　　2　按本规范3.2.2的要求核验当事人双方的身份证明;

　　3　由委托人在授权委托书上签字;

　　4　不动产登记机构工作人员在授权委托书上签字见证。

　　具备技术条件的不动产登记机构应当留存见证过程的照片。

3.3　查验书面申请材料

3.3.1　查验申请材料是否齐全

　　不动产登记机构应当查验当事人提交的申请材料是否齐全,相互之间是否一致;不齐全或不一致的,应当要求申请人进一步提交材料。

3.3.2　查验申请材料是否符合法定形式

　　不动产登记机构应当查验申请人的其他申请材料规格是否符合本规范第1.8节的要求;有关材料是否由有权部门出具,是否在规定的有效期限内,签字和盖章是否符合规定。

　　不动产登记机构应当查验不动产权证书或者不动产登记证明是否真实、有效。对提交伪造、变造、无效的不动产权证书或不动产登记证明的,不动产登记机构应依法予以收缴。属于伪造、变造的,不动产登记机构还应及时通知公安部门。

3.3.3　申请材料确认

　　申请人应当采取下列方式对不动产登记申请书、询问记录及有关申请材料进行确认:

1　自然人签名或摁留指纹。无民事行为能力人或者限制民事行为能力人由监护人签名或摁留指纹；没有听写能力的，摁留指纹确认。

2　法人或者非法人组织加盖法人或者非法人组织的印章。

3.4　询问

3.4.1　询问内容

不动产登记机构工作人员应根据不同的申请登记事项询问申请人以下内容，并制作询问记录，以进一步了解有关情况：

1　申请登记的事项是否是申请人的真实意思表示；

2　申请登记的不动产是否存在共有人；

3　存在异议登记的，申请人是否知悉存在异议登记的情况；

4　不动产登记机构需要了解的其他与登记有关的内容。

3.4.2　询问记录

询问记录应当由询问人、被询问人签名确认。

1　因处分不动产申请登记且存在异议登记的，受让方应当签署已知悉存在异议登记并自行承担风险的书面承诺；

2　不动产登记机构应当核对询问记录与申请人提交的申请登记材料、申请登记事项之间是否一致。

3.5　受理结果

3.5.1　受理条件

经查验或询问，符合下列条件的，不动产登记机构应当予以受理：

1　申请登记事项在本不动产登记机构的登记职责范围内；

2　申请材料形式符合要求；

3　申请人与依法应当提交的申请材料记载的主体一致；

4　申请登记的不动产权利与登记原因文件记载的不动产权利一致；

5　申请内容与询问记录不冲突；

6　法律、行政法规等规定的其他条件。

不动产登记机构对不符合受理条件的，应当当场书面告知不予受理的理由，并将申请材料退回申请人。

3.5.2　受理凭证

不动产登记机构予以受理的，应当即时制作受理凭证，并交予申请人作为领取不动产权证书或不动产登记证明的凭据。受理凭证上记载的日期为登记申请受理日。

不符合受理条件的，不动产登记机构应当当场向申请人出具不予受理告知书。告知书一式二份，一份交申请人，一份由不动产登记机构留存。

3.5.3　材料补正

申请人提交的申请材料不齐全或者不符合法定形式的，不动产登记机构应当当场书面告知申请人不予受理并一次性告知需要补正的全部内容。告知书一式二份，经申请人签字确认后一份交当事人，一份由不动产登记机构留存。

4　审核

4.1　适用

审核是指不动产登记机构受理申请人的申请后，根据申请登记事项，按照有关法律、行政法规对申请事项及申请材料做进一步审查，并决定是否予以登记的过程。

不动产登记机构应进一步审核上述受理环节是否按照本规范的要求对相关事项进行了查验、询问等。对于在登记审核中发现需要进一步补充材料的，不动产登记机构应当要求申请人补全材料，补全材料所需时间不计算在登记办理期限内。

4.2　书面材料审核

4.2.1　进一步审核申请材料，必要时应当要求申请人进一步提交佐证材料或向有关部门核查有关情况。

1　申请人提交的人民法院、仲裁委员会的法律文书，具备条件的，不动产登记机构可以通过相关技术手段查验法律文书编号、人民法院以及仲裁委员会的名称等是否一致，查询结果需打印、签字及存档；不一致或无法核查的，可进一步向出具法律文书的人民法院或者仲裁委员会进行核实或要求申请人提交其他具有法定证明力的文件。

2　对已实现信息共享的其他申请材料，不动产登记机构可根据共享信息对申请材料进行核验；尚未实现信息共享的，应当审核其内容和形式是否符合要求。必要时，可进一步向相关机关或机构进行核实，或要求申请人提交其他具有法定证明力的文件。

4.2.2　法律、行政法规规定的完税或者缴费凭证是否齐全。对已实现信息共享的，不动产登记机构应当通过相关方式对完税或者缴费凭证进行核验。必要时，可进一步向税务机关或者出具缴费凭证的相关机关进行核实，或者要求申请人提交其他具有法定证明力的文件。

4.2.3　不动产登记机构应当查验不动产界址、空间界限、面积等不动产权籍调查成果是否完备，权属是否清楚、界址是否清晰、面积是否准确。

4.2.4 不动产存在异议登记或者设有抵押权、地役权或被查封的，因权利人姓名或名称、身份证明类型及号码、不动产坐落发生变化而申请的变更登记，可以办理。因通过协议改变不动产的面积、用途、权利期限等内容申请变更登记，对抵押权人、地役权人产生不利影响的，应当出具抵押权人、地役权人同意变更的书面材料。

4.3 查阅不动产登记簿

除尚未登记的不动产首次申请登记的，不动产登记机构应当通过查阅不动产登记簿的记载信息，审核申请登记事项与不动产登记簿记载的内容是否一致。

1 申请人与不动产登记簿记载的权利人是否一致；

2 申请人提交的登记原因文件与登记事项是否一致；

3 申请人申请登记的不动产与不动产登记簿的记载是否一致；

4 申请登记事项与不动产登记簿记载的内容是否一致；

5 不动产是否存在抵押、异议登记、预告登记、预查封、查封等情形。

不动产登记簿采用电子介质的，查阅不动产登记簿时以已经形成的电子登记簿为依据。

4.4 查阅登记原始资料

经查阅不动产登记簿，不动产登记机构认为仍然需要查阅原始资料确认申请登记事项的，应当查阅不动产登记原始资料，并决定是否予以继续办理。

4.5 实地查看

4.5.1 适用情形和查看内容

属于下列情形之一的，不动产登记机构可以对申请登记的不动产进行实地查看：

1 房屋等建筑物、构筑物所有权首次登记，查看房屋坐落及其建造完成等情况；

2 在建建筑物抵押权登记，查看抵押的在建建筑物坐落及其建造等情况；

3 因不动产灭失申请的注销登记，查看不动产灭失等情况；

4 不动产登记机构认为需要实地查看的其他情形。

4.5.2 查看要求

实地查看应由不动产登记机构工作人员参加，查看人员应对查看对象拍照，填写实地查看记录。现场照片及查看记录应归档。

4.6 调查

对可能存在权属争议，或者可能涉及他人利害关系的登记申请，不动产登记机构可以向申请人、利害关系人或者有关单位进行调查。不动产登记机构进行调查时，申请人、被调查人应当予以配合。

4.7 公告

4.7.1 不动产首次登记公告

除涉及国家秘密外，政府组织的集体土地所有权登记，以及宅基地使用权及房屋所有权、集体建设用地使用权及建筑物、构筑物所有权，土地承包经营权等不动产权利的首次登记，不动产登记机构应当在记载于不动产登记簿前进行公告。公告主要内容包括：申请人的姓名或者名称；不动产坐落、面积、用途、权利类型等；提出异议的期限、方式和受理机构；需要公告的其他事项。

不动产首次登记公告由不动产登记机构在其门户网站以及不动产所在地等指定场所进行，公告期不少于15个工作日。

公告期满无异议的，不动产登记机构应当将登记事项及时记载于不动产登记簿。公告期间，当事人对公告有异议的，应当在提出异议的期限内以书面方式到不动产登记机构的办公场所提出异议，并提供相关材料，不动产登记机构应当按下列程序处理：

（一）根据现有材料异议不成立的，不动产登记机构应当将登记事项及时记载于不动产登记簿。

（二）异议人有明确的权利主张，提供了相应的证据材料，不动产登记机构应当不予登记，并告知当事人通过诉讼、仲裁等解决权属争议。

4.7.2 依职权登记公告

不动产登记机构依职权办理登记的，不动产登记机构应当在记载于不动产登记簿前在其门户网站以及不动产所在地等指定场所进行公告，公告期不少于15个工作日。公告期满无异议或者异议不成立的，不动产登记机构应当将登记事项及时记载于不动产登记簿。

4.7.3 不动产权证书或者不动产登记证明作废公告

因不动产权利灭失等情形，无法收回不动产权证书或者不动产登记证明的，在登记完成后，不动产登记机构应当在其门户网站或者当地公开发行的报刊上公告作废。

4.8 审核结果

4.8.1 审核后，审核人员应当做出予以登记或不予登记的明确意见。

4.8.2 经审核，符合登记条件的，不动产登记机构应当予以登记。有下列情形之一的，不动产登记机构不予登记并书面通知申请人：

1　申请人未按照不动产登记机构要求进一步补充材料的；

　　2　申请人、委托代理人身份证明材料以及授权委托书与申请人不一致的；

　　3　申请登记的不动产不符合不动产单元设定条件的；

　　4　申请登记的事项与权属来源材料或者登记原因文件不一致的；

　　5　申请登记的事项与不动产登记簿的记载相冲突的；

　　6　不动产存在权属争议的，但申请异议登记除外；

　　7　未依法缴纳土地出让价款、土地租金、海域使用金或者相关税费的；

　　8　申请登记的不动产权利超过规定期限的；

　　9　不动产被依法查封期间，权利人处分该不动产申请登记的；

　　10　未经预告登记权利人书面同意，当事人处分该不动产申请登记的；

　　11　法律、行政法规规定的其他情形。

5　登簿

5.1.1　经审核符合登记条件的，应当将申请登记事项记载于不动产登记簿。

　　1　记载于不动产登记簿的时点应当按下列方式确定：使用电子登记簿的，以登簿人员将登记事项在不动产登记簿上记载完成之时为准；使用纸质登记簿的，应当以登簿人员将登记事项在不动产登记簿上记载完毕并签名（章）之时为准；

　　2　不动产登记簿已建册的，登簿完成后应当归册。

5.1.2　不动产登记机构合并受理的，应将合并受理的登记事项依次分别记载于不动产登记簿的相应簿页。

6　核发不动产权证书或者不动产登记证明

6.1.1　登记事项记载于不动产登记簿后，不动产登记机构应当根据不动产登记簿，如实、准确填写并核发不动产权证书或者不动产登记证明，属本规范第6.1.2条规定情形的除外。

　　1　集体土地所有权，房屋等建筑物、构筑物所有权，森林、林木所有权，土地承包经营权，建设用地使用权，宅基地使用权，海域使用权等不动产权利登记，核发不动产权证书；

　　2　抵押权登记、地役权登记和预告登记、异议登记，核发不动产登记证明。

已经发放的不动产权证书或者不动产登记证明记载事项与不动产登记簿不一致的，除有证据证实不动产登记簿确有错误外，以不动产登记簿为准。

6.1.2　属以下情形的，登记事项只记载于不动产登记簿，不核发不动产权证书或者不动产登记证明：

　　1　建筑区划内依法属于业主共有的道路、绿地、其他公共场所、公用设施和物业服务用房等及其占用范围内的建设用地使用权；

　　2　查封登记、预查封登记。

6.1.3　共有的不动产，不动产登记机构向全体共有人合并发放一本不动产权证书；共有人申请分别持证的，可以为共有人分别发放不动产权证书。共有不动产权证书应当注明共有情况，并列明全体共有人。

6.1.4　发放不动产权证书或不动产登记证明时，不动产登记机构应当核对申请人（代理人）的身份证明，收回受理凭证。

6.1.5　发放不动产权证书或不动产登记证明后，不动产登记机构应当按规范将登记资料归档。

分　则

7　集体土地所有权登记

7.1　首次登记

7.1.1　适用

尚未登记的集体土地所有权，权利人可以申请集体土地所有权首次登记。

7.1.2　申请主体

集体土地所有权首次登记，依照下列规定提出申请：

　　1　土地属于村农民集体所有的，由村集体经济组织代为申请，没有集体经济组织的，由村民委员会代为申请；

　　2　土地分别属于村内两个以上农民集体所有的，由村内各集体经济组织代为申请，没有集体经济组织的，由村民小组代为申请；

　　3　土地属于乡（镇）农民集体所有的，由乡（镇）集体经济组织代为申请。

7.1.3　申请材料

申请集体土地所有权首次登记，提交的材料包括：

　　1　不动产登记申请书；

　　2　申请人身份证明；

　　3　土地权属来源材料；

　　4　不动产权籍调查表、宗地图以及宗地界址点坐标；

　　5　法律、行政法规以及《实施细则》规定的其他材料。

7.1.4 审查要点
不动产登记机构在审核过程中应注意以下要点：
1 申请集体土地所有权首次登记的土地权属来源材料是否齐全、规范；
2 不动产登记申请书、权属来源材料等记载的主体是否一致；
3 不动产权籍调查成果资料是否齐全、规范，权籍调查表记载的权利人、权利类型及其性质等是否准确，宗地图、界址坐标、面积等是否符合要求；
4 权属来源材料与申请登记的内容是否一致；
5 公告是否无异议；
6 本规范第4章要求的其他审查事项。

不存在本规范第4.8.2条不予登记情形的，不动产登记机构在记载不动产登记簿后，向申请人核发不动产权属证书。

7.2 变更登记
7.2.1 适用
已经登记的集体土地所有权，因下列情形发生变更的，当事人可以申请变更登记：
1 农民集体名称发生变化的；
2 土地坐落、界址、面积等状况发生变化的；
3 法律、行政法规规定的其他情形。

7.2.2 申请主体
按本规范第7.1.2条的规定，由相关集体经济组织、村民委员会或村民小组代为申请。

7.2.3 申请材料
申请集体土地所有权变更登记，提交的材料包括：
1 不动产登记申请书；
2 申请人身份证明；
3 不动产权属证书；
4 集体土地所有权变更的材料；
5 法律、行政法规以及《实施细则》规定的其他材料。

7.2.4 审查要点
不动产登记机构在审核过程中应注意以下要点：
1 申请材料上的权利主体是否与不动产登记簿记载的农民集体一致；
2 集体土地所有权变更的材料是否齐全、有效；
3 申请变更事项与变更登记材料记载的变更事实是否一致；
4 土地面积、界址范围变更的，不动产权籍调查表、宗地图、宗地界址点坐标等是否齐全、规范，申请材料与不动产权籍调查成果是否一致；

5 申请登记事项是否与不动产登记簿的记载冲突；
6 本规范第4章要求的其他审查事项。

不存在本规范第4.8.2条不予登记情形的，将登记事项记载于不动产登记簿。

7.3 转移登记
7.3.1 适用
已经登记的集体土地所有权，因下列情形导致权属发生转移的，当事人可以申请转移登记：
1 农民集体之间互换土地的；
2 土地调整的；
3 法律、行政法规规定的其他情形。

7.3.2 申请主体
按本规范第7.1.2条的规定，由转让方和受让方所在的集体经济组织、村民委员会或村民小组代为申请。

7.3.3 申请材料
申请集体土地所有权转移登记，提交的材料包括：
1 不动产登记申请书；
2 申请人身份证明；
3 不动产权属证书；
4 集体土地所有权转移的材料，除应提交本集体经济组织三分之二以上成员或者三分之二以上村民代表同意的材料外，还应提交：
(1)农民集体互换土地的，提交互换土地的协议；
(2)集体土地调整的，提交土地调整文件；
(3)依法需要批准的，提交有关批准文件；
5 法律、行政法规以及《实施细则》规定的其他材料。

7.3.4 审查要点
不动产登记机构在审核过程中应注意以下要点：
1 转让方是否与不动产登记簿记载的农民集体一致；受让方是否为农民集体；
2 申请事项是否属于因农民集体互换、土地调整等原因导致权属转移；
3 集体土地所有权转移的登记原因文件是否齐全、有效；
4 申请登记事项是否与不动产登记簿的记载冲突；
5 有异议登记的，受让方是否已签署知悉存在异议登记并自担风险的书面承诺；
6 本规范第4章要求的其他审查事项。

不存在本规范第4.8.2条不予登记情形的，将登记事项记载于不动产登记簿，并向权利人核发不动产权属证书。

7.4 注销登记
7.4.1 适用
已经登记的集体土地所有权,有下列情形之一的,当事人可以申请办理注销登记:
1 集体土地灭失的;
2 集体土地被依法征收的;
3 法律、行政法规规定的其他情形。
7.4.2 申请主体
按本规范第7.1.2条的规定,由相关集体经济组织、村民委员会或村民小组代为申请。
7.4.3 申请材料
申请集体土地所有权注销登记,提交的材料包括:
1 不动产登记申请书;
2 申请人身份证明;
3 不动产权属证书;
4 集体土地所有权消灭的材料,包括:
(1)集体土地灭失的,提交证实土地灭失的材料;
(2)依法征收集体土地的,提交有批准权的人民政府征收决定书;
5 法律、行政法规以及《实施细则》规定的其他材料。
7.4.4 审查要点
不动产登记机构在审核过程中应注意以下要点:
1 申请材料上的权利主体是否与不动产登记簿记载的农民集体相一致;
2 集体土地所有权消灭的材料是否齐全、有效;
3 土地灭失的,是否已按规定进行实地查看;
4 申请登记事项是否与不动产登记簿的记载冲突;
5 本规范第4章要求的其他审查事项。
不存在本规范第4.8.2条不予登记情形的,将登记事项以及不动产权属证明或者不动产登记证明收回、作废等内容记载于不动产登记簿。

8 国有建设用地使用权登记
8.1 首次登记
8.1.1 适用
依法取得国有建设用地使用权,可以单独申请国有建设用地使用权首次登记。
8.1.2 申请主体
国有建设用地使用权首次登记的申请主体应当为土地权属来源材料上记载的国有建设用地使用权人。
8.1.3 申请材料
申请国有建设用地使用权首次登记,提交的材料包括:
1 不动产登记申请书;
2 申请人身份证明;
3 土地权属来源材料,包括:
(1)以出让方式取得的,应当提交出让合同和缴清土地出让价款凭证等相关材料;
(2)以划拨方式取得的,应当提交县级以上人民政府的批准用地文件和国有建设用地使用权划拨决定书等相关材料;
(3)以租赁方式取得的,应当提交土地租赁合同和土地租金缴纳凭证等相关材料;
(4)以作价出资或者入股方式取得的,应当提交作价出资或者入股批准文件和其他相关材料;
(5)以授权经营方式取得的,应当提交土地资产授权经营批准文件和其他相关材料。
4 不动产权籍调查表、宗地图、宗地界址点坐标等不动产权籍调查成果;
5 依法应当纳税的,应提交完税凭证;
6 法律、行政法规以及《实施细则》规定的其他材料。
8.1.4 审查要点
不动产登记机构在审核过程中应注意以下要点:
1 不动产登记申请书、权属来源材料等记载的主体是否一致;
2 不动产权籍调查成果资料是否齐全、规范,权籍调查表记载的权利人、权利类型及其性质等是否准确,宗地图、界址坐标、面积等是否符合要求;
3 以出让方式取得的,是否已签订出让合同,是否已提交缴清土地出让价款凭证;以划拨、作价入股、出租、授权经营等方式取得的,是否已经有权部门批准或者授权;
4 权属来源材料与申请登记的内容是否一致;
5 国有建设用地使用权被预查封,权利人与被执行人一致的,不影响办理国有建设用地使用权首次登记;
6 依法应当缴纳土地价款的,是否已缴清土地价款;依法应当纳税的,是否已完税;
7 本规范第4章要求的其他审查事项。
不存在本规范第4.8.2条不予登记情形的,记载不动产登记簿后向申请人核发不动产权属证书。

8.2 变更登记
8.2.1 适用
已经登记的国有建设用地使用权,因下列情形发生变更的,当事人可以申请变更登记:
1 权利人姓名或者名称、身份证明类型或者身份证明号码发生变化的;

    2 土地坐落、界址、用途、面积等状况发生变化的;
    3 国有建设用地使用权的权利期限发生变化的;
    4 同一权利人分割或者合并国有建设用地的;
    5 共有性质变更的;
    6 法律、行政法规规定的其他情形。
  8.2.2 申请主体
  国有建设用地使用权变更登记的申请主体应当为不动产登记簿记载的权利人。共有的国有建设用地使用权,因共有人的姓名、名称发生变化的,可以由发生变化的权利人申请;因土地面积、用途等自然状况发生变化的,可以由共有人一人或多人申请。
  8.2.3 申请材料
  申请国有建设用地使用权变更登记,提交的材料包括:
    1 不动产登记申请书;
    2 申请人身份证明;
    3 不动产权属证书;
    4 国有建设用地使用权变更材料,包括:
  (1)权利人姓名或者名称、身份证明类型或者身份证明号码发生变化的,提交能够证实其身份变更的材料;
  (2)土地面积、界址范围变更的,除应提交变更后的不动产权籍调查表、宗地图、宗地界址点坐标等不动产权籍调查成果外,还应提交:①以出让方式取得的,提交出让补充合同;②因自然灾害导致部分土地灭失的,提交证实土地灭失的材料;
  (3)土地用途变更的,提交自然资源主管部门出具的批准文件和土地出让合同补充协议。依法需要补交土地出让价款的,还应当提交缴清土地出让价款的凭证;
  (4)国有建设用地使用权的权利期限发生变化的,提交自然资源主管部门出具的批准文件、出让合同补充协议。依法需要补交土地出让价款的,还应当提交缴清土地出让价款的凭证;
  (5)同一权利人分割或者合并国有建设用地的,提交自然资源主管部门同意分割或合并的批准文件以及变更后的不动产权籍调查表、宗地图以及宗地界址点坐标等不动产权籍调查成果;
  (6)共有人共有性质变更的,提交共有性质变更合同书或生效法律文书。夫妻共有财产共有性质变更的,还应提交婚姻关系证明;
    5 依法应当纳税的,应提交完税凭证;
    6 法律、行政法规以及《实施细则》规定的其他材料。

  8.2.4 审查要点
  不动产登记机构在审核过程中应注意以下要点:
    1 申请变更登记的国有建设用地使用权是否已经登记;
    2 申请人是否为不动产登记簿记载的权利人;
    3 国有建设用地使用权变更的材料是否齐全、有效;
    4 申请变更事项与变更材料记载的变更事实是否一致。土地面积、界址范围变更的,不动产权籍调查表、宗地图、宗地界址点坐标等是否齐全、规范,申请材料与不动产权籍调查成果是否一致;
    5 申请登记事项与不动产登记簿的记载是否冲突;
    6 依法应当缴纳土地价款、纳税的,是否已缴清土地价款、已完税;
    7 本规范第4章要求的其他审查事项。
  不存在本规范第4.8.2条不予登记情形的,将登记事项记载于不动产登记簿。
  8.3 转移登记
  8.3.1 适用
  已经登记的国有建设用地使用权,因下列情形导致权属发生转移的,当事人可以申请转移登记:
    1 转让、互换或赠与的;
    2 继承或受遗赠的;
    3 作价出资(入股)的;
    4 法人或非法人组织合并、分立导致权属发生转移的;
    5 共有人增加或者减少导致共有份额变化的;
    6 分割、合并导致权属发生转移的;
    7 因人民法院、仲裁委员会的生效法律文书等导致权属发生变化的;
    8 法律、行政法规规定的其他情形。
  8.3.2 申请主体
  国有建设用地使用权转移登记应当由双方共同申请,转让方应当为不动产登记簿记载的权利人。属本规范第8.3.1条第2、7项情形的,可以由单方申请。
  8.3.3 申请材料
  国有建设用地使用权转移登记,提交的材料包括:
    1 不动产登记申请书;
    2 申请人身份证明;
    3 不动产权属证书;
    4 国有建设用地使用权转移的材料,包括:
  (1)买卖的,提交买卖合同;互换的,提交互换合同;

赠与的,提交赠与合同;

(2)因继承、受遗赠取得的,按照本规范1.8.6条的规定提交材料;

(3)作价出资(入股)的,提交作价出资(入股)协议;

(4)法人或非法人组织合并、分立导致权属发生转移的,提交法人或非法人组织合并、分立的材料以及不动产权属转移的材料;

(5)共有人增加或者减少的,提交共有人增加或者减少的协议;共有份额变化的,提交份额转移协议;

(6)分割、合并导致权属发生转移的,提交分割或合并协议书,或者记载有关分割或合并内容的生效法律文书。实体分割或合并的,还应提交自然资源主管部门同意实体分割或合并的批准文件以及分割或合并后的不动产权籍调查表、宗地图、宗地界址点坐标等不动产权籍调查成果;

(7)因人民法院、仲裁委员会的生效法律文书等导致权属发生变化的,提交人民法院、仲裁委员会的生效法律文书等材料。

5 申请划拨取得国有建设用地使用权转移登记的,应当提交有批准权的人民政府的批准文件;

6 依法需要补交土地出让价款、缴纳税费,应当提交缴清土地出让价款凭证、税费缴纳凭证;

7 法律、行政法规以及《实施细则》规定的其他材料。

8.3.4 审查要点

不动产登记机构在审核过程中应注意以下要点:

1 国有建设用地使用权转移的登记原因文件是否齐全;

2 申请转移的国有建设用地使用权与登记原因文件记载的是否一致;

3 国有建设用地使用权被查封的,不予办理转移登记;

4 有异议登记的,受让方是否已签署知悉存在异议登记并自担风险的书面承诺;

5 申请登记事项与不动产登记簿的记载是否冲突;

6 申请登记事项是否与土地出让合同相关条款冲突;

7 依法应当缴纳土地价款、纳税的,是否已缴清土地价款、已完税;

8 本规范第4章要求的其他审查事项。

不存在本规范第4.8.2条不予登记情形的,将登记事项记载于不动产登记簿,并向权利人核发不动产权属证书。

8.4 注销登记
8.4.1 适用

已经登记的国有建设用地使用权,有下列情形之一的,当事人可以申请办理注销登记:

1 土地灭失的;

2 权利人放弃国有建设用地使用权的;

3 依法没收、收回国有建设用地使用权的;

4 因人民法院、仲裁委员会的生效法律文书致使国有建设用地使用权消灭的;

5 法律、行政法规规定的其他情形。

8.4.2 申请主体

国有建设用地使用权注销登记的申请主体应当是不动产登记簿记载的权利人。

8.4.3 申请材料

申请国有建设用地使用权注销登记,提交的材料包括:

1 不动产登记申请书;

2 申请人身份证明;

3 不动产权属证书;

4 国有建设用地使用权消灭的材料,包括:

(1)国有建设用地灭失的,提交其灭失的材料;

(2)权利人放弃国有建设用地使用权的,提交权利人放弃国有建设用地使用权的书面文件。被放弃的国有建设用地上设有抵押权、地役权或已经办理预告登记、查封登记的,需提交抵押权人、地役权人、预告登记权利人或查封机关同意注销的书面文件;

(3)依法没收、收回国有建设用地使用权的,提交人民政府的生效决定书;

(4)因人民法院或者仲裁委员会生效法律文书导致权利消灭的,提交人民法院或者仲裁委员会生效法律文书。

5 法律、行政法规以及《实施细则》规定的其他材料。

8.4.4 审查要点

不动产登记机构在审核过程中应注意以下要点:

1 申请注销的国有建设用地使用权是否已经登记;

2 国有建设用地使用权注销的材料是否齐全、有效;

3 国有建设用地已设立抵押权、地役权或者已经办理预告登记、查封登记的,使用权人放弃权利申请注销登记的,是否经已提供抵押权人、地役权人、预告登记权利人、查封机关书面同意;

4 土地灭失的,是否已按规定进行实地查看;

5 申请登记事项与不动产登记簿的记载是否冲突

6 本规范第4章要求的其他审查事项。

不存在本规范第4.8.2条不予登记情形的,将登记事项以及不动产权证书或者不动产登记证明收回、作废等内容记载于不动产登记簿。

9 国有建设用地使用权及房屋所有权登记

9.1 首次登记

9.1.1 适用

依法利用国有建设用地建造房屋的,可以申请国有建设用地使用权及房屋所有权首次登记。

9.1.2 申请主体

国有建设用地使用权及房屋所有权首次登记的申请主体应当为不动产登记簿或土地权属来源材料记载的国有建设用地使用权人。

9.1.3 申请材料

申请国有建设用地使用权及房屋所有权首次登记,提交的材料包括:

1 不动产登记申请书;
2 申请人身份证明;
3 不动产权属证书或者土地权属来源材料;
4 建设工程符合规划的材料;
5 房屋已经竣工的材料;
6 房地产调查或者测绘报告;
7 建筑物区分所有的,确认建筑区划内属于业主共有的道路、绿地、其他公共场所、公用设施和物业服务用房等材料;
8 相关税费缴纳凭证;
9 法律、行政法规以及《实施细则》规定的其他材料。

9.1.4 审查要点

不动产登记机构在审核过程中应注意以下要点:

1 国有建设用地使用权是否已登记。已登记的,建设工程符合规划、房屋竣工验收等材料记载的主体是否与不动产登记簿记载的权利主体一致;未登记的,建设工程符合规划、房屋竣工验收等材料记载的主体是否与土地权属来源材料记载的主体一致;

2 不动产权籍调查成果资料是否齐全、规范,权籍调查表记载的权利人、权利类型及其性质等是否准确,宗地图和房屋平面图、界址坐标、面积等是否符合要求;

3 建筑物区分所有的,申请材料是否已明确建筑区划内属于业主共有的道路、绿地、其他公共场所、公用设施和物业服务用房等的权利归属;

4 存在查封或者预查封登记的:

(1)国有建设用地使用权被查封或者预查封的,申请人与查封被执行人一致的,不影响办理国有建设用地使用权及房屋所有权首次登记;

(2)商品房被预查封的,不影响办理国有建设用地使用权及房屋所有权首次登记以及预购商品房预告登记转国有建设用地使用权及房屋所有权转移登记。

5 是否已按规定进行实地查看;

6 本规范第4章要求的其他审查事项。

不存在本规范第4.8.2条不予登记情形的,记载不动产登记簿后向权利人核发不动产权属证书。

9.2 变更登记

9.2.1 适用

已经登记的国有建设用地使用权及房屋所有权,因下列情形发生变更的,当事人可以申请变更登记:

1 权利人姓名或者名称、身份证明类型或者身份证明号码发生变化的;
2 不动产坐落、界址、用途、面积等状况发生变化的;
3 国有建设用地使用权的权利期限发生变化的;
4 同一权利人名下的不动产分割或者合并的;
5 法律、行政法规规定的其他情形。

9.2.2 申请主体

国有建设用地使用权及房屋所有权变更登记的申请主体应当为不动产登记簿记载的权利人。因共有人的姓名、名称发生变化的,可以由发生变更的权利人申请;面积、用途等自然状况发生变化的,可以由共有人一人或多人申请。

9.2.3 申请材料

申请房屋所有权变更登记,提交的材料包括:

1 不动产登记申请书;
2 申请人身份证明;
3 不动产权属证书;
4 国有建设用地使用权及房屋所有权变更的材料,包括:

(1)权利人姓名或者名称、身份证明类型或者身份证明号码发生变化的,提交能够证实其身份变更的材料;

(2)房屋面积、界址范围发生变化的,除应提交变更后的不动产权籍调查表、宗地图、宗地界址点坐标等不动产权籍调查成果外,还需提交:①属部分土地收回引起房屋面积、界址变更的,提交人民政府收回决定书;②改建、扩建引起房屋面积、界址变更的,提交规划验收文件和房屋竣工验收文件;③因自然灾害导致部分房屋灭失的,提交部分房屋灭失的材料;④其他面积、界址变更情形的,

提交有权机关出具的批准文件。依法需要补交土地出让价款的,还应当提交土地出让合同补充协议和土地价款缴纳凭证;

(3)用途发生变化的,提交城市规划部门出具的批准文件、与自然资源主管部门签订的土地出让合同补充协议。依法需要补交土地出让价款的,还应当提交土地价款以及相关税费缴纳凭证;

(4)国有建设用地使用权的权利期限发生变化的,提交自然资源主管部门出具的批准文件和出让合同补充协议。依法需要补交土地出让价款的,还应当提交土地价款缴纳凭证;

(5)同一权利人分割或者合并不动产的,应当按有关规定提交相关部门同意分割或合并的批准文件;

(6)共有性质变更的,提交共有性质变更协议书或生效法律文书。

5 法律、行政法规以及《实施细则》规定的其他材料。

9.2.4 审查要点

不动产登记机构在审核过程中应注意以下要点:

1 国有建设用地使用权及房屋所有权的变更材料是否齐全、有效;

2 申请变更事项与变更材料记载的变更内容是否一致;

3 不动产权籍调查成果资料是否齐全、规范,权籍调查表记载的权利人、权利类型及其性质等是否准确,宗地图和房屋平面图、界址坐标、面积等是否符合要求;

4 存在预告登记的,不影响不动产登记簿记载的权利人申请补发换发不动产权属证书以及其他不涉及权属的变更登记;

5 申请登记事项与不动产登记簿的记载是否冲突;

6 依法应当补交土地价款的,是否已提交补交土地价款凭证;

7 本规范第4章要求的其他审查事项。

不存在本规范第4.8.2条不予登记情形的,将登记事项记载于不动产登记簿。

9.3 转移登记

9.3.1 适用

已经登记的国有建设用地使用权及房屋所有权,因下列情形导致权属发生转移的,当事人可以申请转移登记。国有建设用地使用权转移的,其范围内的房屋所有权一并转移;房屋所有权转移,其范围内的国有建设用地使用权一并转移。

1 买卖、互换、赠与的;

2 继承或受遗赠的;

3 作价出资(入股)的;

4 法人或非法人组织合并、分立等导致权属发生转移的;

5 共有人增加或者减少以及共有份额变化的;

6 分割、合并导致权属发生转移的;

7 因人民法院、仲裁委员会的生效法律文书等导致国有建设用地使用权及房屋所有权发生转移的;

8 法律、行政法规规定的其他情形。

9.3.2 申请主体

国有建设用地使用权及房屋所有权转移登记应当由当事人双方共同申请。属本规范第9.3.1条第2、7项情形的,可以由单方申请。

9.3.3 申请材料

国有建设用地使用权及房屋所有权转移登记,提交的材料包括:

1 不动产登记申请书;

2 申请人身份证明;

3 不动产权属证书;

4 国有建设用地使用权及房屋所有权转移的材料,包括:

(1)买卖的,提交买卖合同;互换的,提交互换协议;赠与的,提交赠与合同;

(2)因继承、受遗赠取得的,按照本规范1.8.6的规定提交材料;

(3)作价出资(入股)的,提交作价出资(入股)协议;

(4)法人或非法人组织合并、分立导致权属发生转移的,提交法人或非法人组织合并、分立的材料以及不动产权属转移的材料;

(5)共有人增加或者减少的,提交共有人增加或者减少的协议;共有份额变化的,提交份额转移协议;

(6)不动产分割、合并导致权属发生转移的,提交分割或合并协议书,或者记载有关分割或合并内容的生效法律文书。实体分割或合并的,还应提交有权部门同意实体分割或合并的批准文件以及分割或合并后的不动产权籍调查表、宗地图、宗地界址点坐标等不动产权籍调查成果;

(7)因人民法院、仲裁委员会的生效法律文书等导致权属发生变化的,提交人民法院、仲裁委员会的生效法律文书等材料;

5 已经办理预告登记的,提交不动产登记证明;

6 划拨国有建设用地使用权及房屋所有权转移的,

还应当提交有批准权的人民政府的批准文件；

7　依法需要补交土地出让价款、缴纳税费的，应当提交土地出让价款缴纳凭证、税费缴纳凭证；

8　法律、行政法规以及《实施细则》规定的其他材料。

9.3.4　审查要点

不动产登记机构在审核过程中应注意以下要点：

1　国有建设用地使用权与房屋所有权转移的登记原因文件是否齐全、有效；

2　申请转移的国有建设用地使用权与房屋所有权与登记原因文件记载是否一致；

3　国有建设用地使用权与房屋所有权被查封的，不予办理转移登记；

4　涉及买卖房屋等不动产，已经办理预告登记的，受让人与预告登记权利人是否一致；

5　设有抵押权的，是否记载"是否存在禁止或者限制抵押不动产转让的约定"；

6　有异议登记的，受让方是否已签署知悉存在异议登记并自担风险的书面承诺；

7　依法应当缴纳土地价款、纳税的，是否已提交土地价款和税费缴纳凭证；

8　申请登记事项与不动产登记簿的记载是否冲突；

9　本规范第4章要求的其他审查事项。

不存在本规范第4.8.2条不予登记情形的，将登记事项记载于不动产登记簿，并向权利人核发不动产权属证书。

9.4　注销登记

9.4.1　适用

已经登记的国有建设用地使用权及房屋所有权，有下列情形之一的，当事人可以申请办理注销登记：

1　不动产灭失的；

2　权利人放弃权利的；

3　因依法被没收、征收、收回导致不动产权利消灭的；

4　因人民法院、仲裁委员会的生效法律文书致使国有建设用地使用权及房屋所有权消灭的；

5　法律、行政法规规定的其他情形。

9.4.2　申请主体

申请国有建设用地使用权及房屋所有权注销登记的主体应当是不动产登记簿记载的权利人或者其他依法享有不动产权利的权利人。

9.4.3　申请材料

申请国有建设用地使用权及房屋所有权注销登记，提交的材料包括：

1　不动产登记申请书；

2　申请人身份证明；

3　不动产权属证书；

4　国有建设用地使用权及房屋所有权消灭的材料，包括：

（1）不动产灭失的，提交其灭失的材料；

（2）权利人放弃国有建设用地使用权及房屋所有权的，提交权利人放弃权利的书面文件。设有抵押权、地役权或已经办理预告登记、查封登记的，需提交抵押权人、地役权人、预告登记权利人、查封机关同意注销的书面材料；

（3）依法没收、征收、收回不动产的，提交人民政府生效决定书；

（4）因人民法院或者仲裁委员会生效法律文书导致国有建设用地使用权及房屋所有权消灭的，提交人民法院或者仲裁委员会生效法律文书。

5　法律、行政法规以及《实施细则》规定的其他材料。

9.4.4　审查要点

不动产登记机构在审核过程中应注意以下要点：

1　国有建设用地使用权及房屋所有权的注销材料是否齐全、有效；

2　不动产灭失的，是否已按规定进行实地查看；

3　国有建设用地及房屋已设立抵押权、地役权或者已经办理预告登记、查封登记的，权利人放弃权利申请注销登记的，是否经提供抵押权人、地役权人、预告登记权利人、查封机关书面同意；

4　申请登记事项与不动产登记簿的记载是否冲突；

5　本规范第4章要求的其他审查事项。

不存在本规范第4.8.2条不予登记情形的，将登记事项以及不动产权属证明或者不动产登记证明收回、作废等内容记载于不动产登记簿。

10　宅基地使用权及房屋所有权登记

10.1　首次登记

10.1.1　适用

依法取得宅基地使用权，可以单独申请宅基地使用权登记。

依法利用宅基地建造住房及其附属设施的，可以申请宅基地使用权及房屋所有权登记。

10.1.2　申请主体

申请宅基地使用权登记的主体为用地批准文件记载的宅基地使用权人。

申请宅基地使用权及房屋所有权登记的主体为用地批准文件记载的宅基地使用权人。

10.1.3　申请材料

申请宅基地使用权首次登记,提交的材料包括:

1　不动产登记申请书;

2　申请人身份证明;

3　有批准权的人民政府批准用地的文件等权属来源材料;

4　不动产权籍调查表、宗地图、宗地界址点坐标等有关不动产界址、面积等材料;

5　法律、行政法规以及《实施细则》规定的其他材料。

申请宅基地使用权及房屋所有权首次登记,提交的材料包括:

1　不动产登记申请书;

2　申请人身份证明;

3　不动产权属证书或者土地权属来源材料;

4　房屋符合规划或建设的相关材料;

5　不动产权籍调查表、宗地图、房屋平面图以及宗地界址点坐标等有关不动产界址、面积等材料;

6　法律、行政法规以及《实施细则》规定的其他材料。

10.1.4　审查要点

不动产登记机构在审核过程中应注意以下要点:

申请宅基地使用权首次登记的:

1　是否有合法权属来源材料;

2　不动产登记申请书、权属来源材料等记载的主体是否一致;

3　不动产权籍调查成果资料是否齐全、规范,权籍调查表记载的权利人、权利类型及其性质等是否准确,宗地图、界址坐标、面积等是否符合要求;

4　是否已在不动产登记机构门户网站以及宅基地所在地进行公告;

5　本规范第4章要求的其他审查事项。

申请宅基地使用权及房屋所有权首次登记的:

1　宅基地使用权是否已登记。已登记的,审核不动产登记簿记载的权利主体与房屋符合规划或者建设的相关材料等记载的权利主体是否一致;未登记的,房屋符合规划或者建设的相关材料等记载的主体是否与土地权属来源材料记载的主体一致;

2　房屋等建筑物、构筑物是否符合规划或建设的相关要求;

3　不动产权籍调查成果资料是否齐全、规范,权籍调查表记载的权利人、权利类型及其性质等是否准确,宗地图和房屋平面图、界址坐标、面积等是否符合要求;

4　是否已按规定进行实地查看;

5　是否已按规定进行公告;

6　本规范第4章要求的其他审查事项。

不存在本规范第4.8.2条不予登记情形的,记载不动产登记簿后向权利人核发不动产权属证书。

10.2　变更登记

10.2.1　适用

已经登记的宅基地使用权及房屋所有权,有下列情形之一的,当事人可以申请变更登记:

1　权利人姓名或者名称、身份证明类型或者身份证明号码发生变化的;

2　不动产坐落、界址、用途、面积等状况发生变化的;

3　法律、行政法规规定的其他情形。

10.2.2　申请主体

宅基地使用权及房屋所有权变更登记的申请主体应当为不动产登记簿记载的权利人。

10.2.3　申请材料

申请宅基地使用权及房屋所有权变更登记,提交的材料包括:

1　不动产登记申请书;

2　申请人身份证明;

3　不动产权属证书;

4　宅基地使用权及房屋所有权变更的材料,包括:

(1)权利人姓名或者名称、身份证明类型或者身份证明号码发生变化的,提交能够证实其身份变更的材料;

(2)宅基地或房屋面积、界址范围变更的,提交有批准权的人民政府或其主管部门的批准文件以及变更后的不动产权籍调查表、宗地图、宗地界址点坐标等有关界址、面积等材料。

5　法律、行政法规以及《实施细则》规定的其他材料。

10.2.4　审查要点

不动产登记机构在审核过程中应注意以下要点:

1　宅基地使用权及房屋所有权的变更材料是否齐全;

2　申请变更事项与变更登记文件记载的变更事实是否一致;

3　申请登记事项与不动产登记簿的记载是否冲突;

4　本规范第4章要求的其他审查事项。

不存在本规范第4.8.2条不予登记情形的，将登记事项记载于不动产登记簿。

10.3 转移登记
10.3.1 适用
已经登记的宅基地使用权及房屋所有权，有下列情形之一的，当事人可以申请转移登记：

1 依法继承；
2 分家析产；
3 集体经济组织内部互换房屋；
4 因人民法院、仲裁委员会的生效法律文书等导致权属发生变化的；
5 法律、行政法规规定的其他情形。

10.3.2 申请主体
宅基地使用权及房屋所有权转移登记应当由双方共同申请。因继承房屋以及人民法院、仲裁委员会生效法律文书等取得宅基地使用权及房屋所有权的，可由权利人单方申请。

10.3.3 申请材料
申请宅基地使用权及房屋所有权转移登记，提交的材料包括：

1 不动产登记申请书；
2 申请人身份证明；
3 不动产权属证书；
4 宅基地使用权及房屋所有权转移的材料，包括：
（1）依法继承的，按照本规范1.8.6的规定提交材料；
（2）分家析产的协议或者材料；
（3）集体经济组织内部互换房屋的，提交互换协议书。同时，还应提交互换双方为本集体经济组织成员的材料；
（4）因人民法院或者仲裁委员会生效法律文书导致权属发生转移的，提交人民法院或者仲裁委员会生效法律文书；
5 法律、行政法规以及《实施细则》规定的其他材料。

10.3.4 审查要点
不动产登记机构在审核过程中应注意以下要点：

1 受让方为本集体经济组织的成员且符合宅基地申请条件，但因继承房屋以及人民法院、仲裁委员会的生效法律文书等导致宅基地使用权及房屋所有权发生转移的除外；
2 宅基地使用权及房屋所有权转移材料是否齐全、有效；
3 申请转移的宅基地使用权及房屋所有权与登记原因文件记载是否一致；
4 有异议登记的，受让方是否已签署知悉存在异议登记并自担风险的书面承诺；
5 申请登记事项与不动产登记簿的记载是否冲突；
6 本规范第4章要求的其他审查事项。

不存在本规范第4.8.2条不予登记情形的，将登记事项记载于不动产登记簿，并向权利人核发不动产权属证书。

10.3.5
已拥有一处宅基地的本集体经济组织成员、非集体经济组织成员的农村或城镇居民，因继承取得宅基地使用权及房屋所有权的，在不动产权属证书附记栏记载该权利人为本农民集体原成员住宅的合法继承人。

10.4 注销登记
10.4.1 适用
已经登记的宅基地使用权及房屋所有权，有下列情形之一的，当事人可以申请办理注销登记：

1 不动产灭失的；
2 权利人放弃宅基地使用权及房屋所有权的；
3 依法没收、征收、收回宅基地使用权及房屋所有权的；
4 因人民法院、仲裁委员会的生效法律文书导致宅基地使用权及房屋所有权消灭的；
5 法律、行政法规规定的其他情形。

10.4.2 申请主体
宅基地使用权及房屋所有权注销登记的申请主体应当为不动产登记簿记载的权利人。

10.4.3 申请材料
申请宅基地使用权及房屋所有权注销登记，提交的材料包括：

1 不动产登记申请书；
2 申请人身份证明；
3 不动产权属证书；
4 宅基地使用权及房屋所有权消灭的材料，包括：
（1）宅基地、房屋灭失的，提交其灭失的材料；
（2）权利人放弃宅基地使用权及房屋所有权的，提交权利人放弃权利的书面文件。被放弃的宅基地、房屋设有地役权的，需提交地役权人同意注销的书面材料；
（3）依法没收、征收、收回宅基地使用权或者房屋所有权的，提交人民政府做出的生效决定书；
（4）因人民法院或者仲裁委员会生效法律文书导致

权利消灭的,提交人民法院或者仲裁委员会生效法律文书;

5 法律、行政法规以及《实施细则》规定的其他材料。

10.4.4 审查要点

不动产登记机构在审核过程中应注意以下要点:

1 宅基地使用权及房屋所有权的注销材料是否齐全、有效;

2 宅基地、房屋灭失的,是否已按规定进行实地查看;

3 放弃的宅基地使用权及房屋所有权是否设有地役权;设有地役权的,应经地役权人同意;

4 本规范第4章要求的其他审查事项。

不存在本规范第4.8.2条不予登记情形的,将登记事项以及不动产权属证明或者不动产登记证明收回、作废等内容记载于不动产登记簿。

11 集体建设用地使用权及建筑物、构筑物所有权登记

11.1 首次登记

11.1.1 适用

依法取得集体建设用地使用权,可以单独申请集体建设用地使用权登记。

依法使用集体建设用地兴办企业,建设公共设施,从事公益事业等的,应当申请集体建设用地使用权及建筑物、构筑物所有权登记。

11.1.2 申请主体

申请集体建设用地使用权登记的主体为用地批准文件记载的集体建设用地使用权人。

申请集体建设用地使用权及建筑物、构筑物所有权登记的主体为用地批准文件记载的集体建设用地使用权人。

11.1.3 申请材料

申请集体建设用地使用权首次登记,提交的材料包括:

1 不动产登记申请书;

2 申请人身份证明;

3 有批准权的人民政府批准用地的文件等权属来源材料;

4 不动产权籍调查表、宗地图以及宗地界址点坐标等有关不动产界址、面积等材料;

5 法律、行政法规以及《实施细则》规定的其他材料。

申请集体建设用地使用权及建筑物、构筑物所有权首次登记,提交的材料包括:

1 不动产登记申请书;

2 申请人身份证明;

3 不动产权属证书;

4 建设工程符合规划的材料;

5 不动产权籍调查表、宗地图、房屋平面图以及宗地界址点坐标等有关不动产界址、面积等材料;

6 建设工程已竣工的材料;

7 法律、行政法规以及《实施细则》规定的其他材料。

11.1.4 审查要点

不动产登记机构在审核过程中应注意以下要点:

申请集体建设用地使用权首次登记的:

1 是否已依法取得集体建设用地使用权;

2 不动产登记申请书、权属来源材料等记载的主体是否一致;

3 不动产权籍调查成果资料是否齐全、规范,权籍调查表记载的权利人、权利类型及其性质等是否准确,宗地图、界址坐标、面积等是否符合要求;

4 是否已按规定进行公告;

5 本规范第4章要求的其他审查事项。

申请集体建设用地使用权及建筑物、构筑物所有权首次登记的:

1 集体建设用地使用权是否已登记。已登记的,不动产登记簿记载的权利主体与建设工程符合规划的材料、建设工程竣工材料等记载的权利主体是否一致;未登记的,建设工程符合规划的材料、建设工程竣工材料等记载的主体是否与土地权属来源材料记载的主体一致;

2 房屋等建筑物、构筑物是否提交了符合规划、已竣工的材料;

3 不动产权籍调查成果资料是否齐全、规范,权籍调查表记载的权利人、权利类型及其性质等是否准确,宗地图和房屋平面图、界址坐标、面积等是否符合要求;

4 集体建设用地使用权被查封,申请人与被执行人一致的,不影响集体建设用地使用权及建筑物、构筑物所有权首次登记;

5 是否已按规定进行实地查看;

6 是否已按规定进行公告;

7 本规范第4章要求的其他审查事项。

不存在本规范第4.8.2条不予登记情形的,记载不动产登记簿后向申请人核发不动产权属证书。

11.2 变更登记

11.2.1 适用

已经登记的集体建设用地使用权及建筑物、构筑物所有权，有下列情形之一的，当事人可以申请变更登记：

1 权利人姓名或者名称、身份证明类型或者身份证明号码发生变化的；

2 不动产坐落、界址、用途、面积等状况发生变化的；

3 同一权利人名下的集体建设用地或者建筑物、构筑物分割或者合并的；

4 法律、行政法规规定的其他情形。

11.2.2 申请主体

集体建设用地使用权及建筑物、构筑物所有权变更登记的申请主体应当为不动产登记簿记载的权利人。因共有人的姓名、名称发生变化的，可以由姓名、名称发生变化的权利人申请；因土地或建筑物、构筑物自然状况变化的，可以由共有人一人或多人申请；夫妻共有财产变更的，应当由夫妻双方凭婚姻关系证明共同申请。

11.2.3 申请材料

申请集体建设用地使用权及建筑物、构筑物所有权变更登记，提交的材料包括：

1 不动产登记申请书；

2 申请人身份证明；

3 不动产权属证书；

4 集体建设用地使用权及建筑物、构筑物所有权变更的材料，包括：

（1）权利人姓名或者名称、身份证明类型或者身份证明号码发生变化的，提交能够证实其身份变更的材料；

（2）土地或建筑物、构筑物面积、界址范围变更的，提交有批准权的人民政府或其主管部门的批准文件以及变更后的不动产权籍调查表、宗地图、房屋平面图以及宗地界址点坐标等有关不动产界址、面积等材料；

（3）土地或建筑物、构筑物用途变更的，提交有批准权的人民政府或者主管部门的批准文件；

（4）同一权利人分割或者合并建筑物、构筑物的，提交有批准权限部门同意分割或者合并的批准文件以及分割或者合并后的不动产权籍调查表、宗地图、房屋平面图以及宗地界址点坐标等有关不动产界址、面积等材料；

5 法律、行政法规以及《实施细则》规定的其他材料。

11.2.4 审查要点

不动产登记机构在审核过程中应注意以下要点：

1 集体建设用地使用权及建筑物、构筑物所有权变更材料是否齐全、有效；

2 申请变更事项与变更材料记载的变更事实是否一致；

3 申请登记事项与不动产登记簿的记载是否冲突；

4 本规范第4章要求的其他审查事项。

不存在本规范第4.8.2条不予登记情形的，将登记事项记载于不动产登记簿。

11.3 转移登记

11.3.1 适用

已经登记的集体建设用地使用权及建筑物、构筑物所有权，因下列情形之一导致权属发生转移的，当事人可以申请转移登记：

1 作价出资（入股）的；

2 因企业合并、分立、破产、兼并等情形，导致建筑物、构筑物所有权发生转移的；

3 因人民法院、仲裁委员会的生效法律文书等导致权属转移的；

4 法律、行政法规规定的其他情形。

11.3.2 申请主体

集体建设用地使用权及建筑物、构筑物所有权转移登记应当由双方共同申请。因人民法院、仲裁委员会的生效法律文书等导致权属转移的，可由单方申请。

11.3.3 申请材料

集体建设用地使用权及建筑物、构筑物所有权转移登记，提交的材料包括：

1 不动产登记申请书；

2 申请人身份证明；

3 不动产权属证书；

4 集体建设用地使用权及建筑物、构筑物所有权转移的材料，包括：

（1）作价出资（入股）的，提交作价出资（入股）协议；

（2）因企业合并、分立、兼并、破产等情形导致权属发生转移的，提交企业合并、分立、兼并、破产的材料、集体建设用地使用权及建筑物、构筑物所有权权属转移材料、有权部门的批准文件；

（3）因人民法院、仲裁委员会的生效法律文书导致权属转移的，提交人民法院、仲裁委员会的生效法律文书。

5 依法需要缴纳税费的，应当提交税费缴纳凭证；

6 本集体经济组织三分之二以上成员或者三分之二以上村民代表同意的材料；

7 法律、行政法规以及《实施细则》规定的其他材料。

11.3.4 审查要点
不动产登记机构在审核过程中应注意以下要点：
1 集体建设用地使用权及建筑物、构筑物所有权转移的登记原因文件是否齐全、有效；
2 申请转移的集体建设用地使用权及建筑物、构筑物所有权与登记原因文件记载是否一致；
3 集体建设用地使用权及建筑物、构筑物所有权被查封的，不予办理转移登记；
4 有异议登记的，受让方是否已签署知悉存在异议登记并自担风险的书面承诺；
5 申请登记事项与不动产登记簿的记载是否冲突；
6 本规范第4章要求的其他审查事项。
不存在本规范第4.8.2条不予登记情形的，将登记事项记载于不动产登记簿，并向权利人核发不动产权属证书。

11.4 注销登记
11.4.1 适用
已经登记的集体建设用地使用权及建筑物、构筑物所有权，有下列情形之一的，当事人可以申请办理注销登记：
1 不动产灭失的；
2 权利人放弃集体建设用地使用权及建筑物、构筑物所有权的；
3 依法没收、征收、收回集体建设用地使用权及建筑物、构筑物所有权的；
4 因人民法院、仲裁委员会的生效法律文书等致使集体建设用地使用权及建筑物、构筑物所有权消灭的；
5 法律、行政法规规定的其他情形。

11.4.2 申请主体
集体建设用地使用权及建筑物、构筑物所有权注销登记的申请主体应当是不动产登记簿记载的权利人。

11.4.3 申请材料
申请集体建设用地使用权及建筑物、构筑物所有权注销登记，提交的材料包括：
1 不动产登记申请书；
2 申请人身份证明；
3 不动产权属证书；
4 集体建设用地使用权及建筑物、构筑物所有权消灭的材料，包括：
（1）土地或建筑物、构筑物灭失的，提交灭失的材料；
（2）权利人放弃集体建设用地使用权及建筑物、构筑物所有权的，提交权利人放弃权利的书面文件。设有抵押权、地役权或被查封的，需提交抵押权人、地役权人或查封机关同意注销的书面材料；
（3）依法没收、征收、收回集体建设用地使用权及建筑物、构筑物所有权的，提交人民政府的生效决定书；
（4）因人民法院或者仲裁委员会生效法律文书等导致集体建设用地使用权及建筑物、构筑物所有权消灭的，提交人民法院或者仲裁委员会生效法律文书等材料。
5 法律、行政法规以及《实施细则》规定的其他材料。

11.4.4 审查要点
不动产登记机构在审核过程中应注意以下要点：
1 集体建设用地使用权及建筑物、构筑物所有权的注销材料是否齐全、有效；
2 土地或建筑物、构筑物灭失的，是否已按规定进行实地查看；
3 集体建设用地及建筑物、构筑物已设立抵押权、地役权或者已经办理查封登记的，权利人放弃权利申请注销登记的，是否已经提供抵押权人、地役权人、查封机关书面同意的材料；
4 申请登记事项与不动产登记簿的记载是否冲突；
5 本规范第4章要求的其他审查事项。
不存在本规范第4.8.2条不予登记情形的，将登记事项以及不动产权属证明或者不动产登记证明收回、作废等内容记载于不动产登记簿。

12 海域使用权及建筑物、构筑物所有权登记
12.1 首次登记
12.1.1 适用
依法取得海域使用权，可以单独申请海域使用权登记。
依法使用海域，在海域上建造建筑物、构筑物的，应当申请海域使用权及建筑物、构筑物所有权登记。

12.1.2 申请主体
海域使用权及建筑物、构筑物所有权首次登记的申请主体应当为海域权属来源材料记载的海域使用权人。

12.1.3 申请材料
申请海域使用权首次登记，提交的材料包括：
1 不动产登记申请书；
2 申请人身份证明；
3 项目用海批准文件或者海域使用权出让合同；
4 宗海图（宗海位置图、界址图）以及界址点坐标；
5 海域使用金缴纳或者减免凭证；
6 法律、行政法规以及《实施细则》规定的其他材料。

申请海域使用权及建筑物、构筑物所有权首次登记，提交的材料包括：
1 不动产登记申请书；
2 申请人身份证明；
3 不动产权属证书或不动产权属来源材料；
4 宗海图(宗海位置图、界址图)以及界址点坐标；
5 建筑物、构筑物符合规划的材料；
6 建筑物、构筑物已经竣工的材料；
7 海域使用金缴纳或者减免凭证；
8 法律、行政法规以及《实施细则》规定的其他材料。

12.1.4 审查要点
不动产登记机构在审核过程中应注意以下要点：
申请海域使用权首次登记的：
1 是否已依法取得海域使用权；
2 不动产登记申请书、权属来源材料等记载的主体是否一致；
3 申请材料中已有相应的调查成果，则审核调查成果资料是否齐全、规范，申请登记的项目名称、用海面积、类型、方式、期限等与批准文件或出让合同是否一致，宗海图(宗海位置图、界址图)以及界址坐标、面积等是否符合要求；
4 海域使用金是否按规定缴纳；
5 本规范第4章要求的其他审查事项。
申请海域使用权及建筑物、构筑物所有权登记的：
1 海域使用权是否已登记。已登记的，不动产登记簿记载的权利主体与建筑物、构筑物符合规划材料和建筑物、构筑物竣工材料等记载的权利主体是否一致；未登记的，建筑物、构筑物符合规划和建筑物、构筑物竣工材料等记载的主体是否与不动产权属来源材料记载的主体一致；
2 不动产权籍调查成果资料是否齐全、规范，权利人、权利类型及其性质等是否准确，宗海图(宗海位置图、界址图)及界址坐标、面积等是否符合要求；
3 是否已按规定进行实地查看；
4 本规范第4章要求的其他审查事项。
不存在本规范第4.8.2条不予登记情形的，记载不动产登记簿后向申请人核发不动产权属证书。

12.2 变更登记
12.2.1 适用
已经登记的海域使用权以及建筑物、构筑物所有权，因下列情形之一发生变更的，当事人可以申请变更登记：

1 权利人姓名或者名称、身份证明类型或者身份证明号码发生变化的；
2 海域坐落、名称发生变化的；
3 改变海域使用位置、面积或者期限的；
4 海域使用权续期的；
5 共有性质变更的；
6 法律、行政法规规定的其他情形。

12.2.2 申请主体
海域使用权以及建筑物、构筑物所有权变更登记的申请主体应当为不动产登记簿记载的权利人。因共有人的姓名、名称发生变化的，可以由发生变化的权利人申请；海域使用面积、用途等自然状况发生变化的，可以由共有人一人或多人申请。

12.2.3 申请材料
申请海域使用权以及建筑物、构筑物所有权变更登记，提交的材料包括：
1 不动产登记申请书；
2 申请人身份证明；
3 不动产权属证书；
4 海域使用权以及建筑物、构筑物所有权变更的材料，包括：
(1)权利人姓名或者名称、身份证明类型或者身份证明号码发生变化的，提交能够证实其身份变更的材料；
(2)海域或建筑物、构筑物面积、界址范围发生变化的，提交有批准权的人民政府或者主管部门的批准文件、海域使用权出让合同补充协议以及变更后的宗海图(宗海位置图、界址图)以及界址点坐标等成果。依法需要补交海域使用金的，还应当提交相关的缴纳凭证；
(3)海域或建筑物、构筑物用途发生变化的，提交有批准权的人民政府或其主管部门的批准文件、海域使用权出让合同补充协议。依法需要补交海域使用金的，还应当提交相关的缴纳凭证；
(4)海域使用期限发生变化或续期的，提交有批准权的人民政府或其主管部门的批准文件或者海域使用权出让合同补充协议。依法需要补交海域使用金的，还应当提交相关的缴纳凭证；
(5)共有性质变更的，应提交共有性质变更协议书或生效法律文书.
5 法律、行政法规以及《实施细则》规定的其他材料。

12.2.4 审查要点
不动产登记机构在审核过程中应注意以下要点：

1　申请变更登记的海域使用权以及建筑物、构筑物所有权是否已经登记；

2　海域使用权以及建筑物、构筑物所有权的变更材料是否齐全、有效；

3　申请变更事项与变更登记文件记载的变更事实是否一致；

4　依法应当缴纳海域使用金的，是否已按规定缴纳相应价款；

5　申请登记事项与不动产登记簿的记载是否冲突；

6　本规范第4章要求的其他审查事项。

不存在本规范第4.8.2条不予登记情形的，将登记事项记载于不动产登记簿。

12.3　转移登记

12.3.1　适用

已经登记的海域使用权以及建筑物、构筑物所有权，因下列情形之一导致权属发生转移的，当事人可以申请转移登记：

1　企业合并、分立或者与他人合资、合作经营、作价入股的；

2　依法转让、赠与的；

3　继承、受遗赠取得的；

4　人民法院、仲裁委员会生效法律文书导致权属转移的；

5　法律、行政法规规定的其他情形。

12.3.2　申请主体

海域使用权以及建筑物、构筑物所有权转移登记应当由双方共同申请。属本规范第12.3.1条第3、4项情形的，可由单方申请。

12.3.3　申请材料

海域使用权以及建筑物、构筑物所有权转移登记，提交的材料包括：

1　不动产登记申请书；

2　申请人身份证明；

3　不动产权属证书；

4　海域使用权以及建筑物、构筑物所有权转移的材料，包括：

（1）法人或非法人组织合并、分立或者与他人合资、合作经营，导致权属发生转移的，提交法人或非法人组织合并、分立的材料以及不动产权属转移的材料；

（2）作价出资（入股）的，提交作价出资（入股）协议；

（3）买卖的，提交买卖合同；赠与的，提交赠与合同；

（4）因继承、受遗赠取得的，按照本规范1.8.6的规定提交材料；

（5）因人民法院、仲裁委员会的生效法律文书等导致权属发生变化的，提交人民法院、仲裁委员会的生效法律文书等材料；

（6）转让批准取得的海域使用权，提交原批准用海的海洋行政主管部门批准转让的文件。

5　依法需要补交海域使用金、缴纳税费的，应当提交缴纳海域使用金缴款凭证、税费缴纳凭证；

6　法律、行政法规以及《实施细则》规定的其他材料。

12.3.4　审查要点

不动产登记机构在审核过程中应注意以下要点：

1　海域使用权以及建筑物、构筑物所有权转移的登记原因文件是否齐全、有效；

2　申请转移的海域使用权以及建筑物、构筑物所有权与登记原因文件记载是否一致；

3　海域使用权以及建筑物、构筑物所有权被查封的，不予办理转移登记；

4　有异议登记的，受让方是否已签署知悉存在异议登记并自担风险的书面承诺；

5　申请登记事项与不动产登记簿的记载是否冲突；

6　依法应当缴纳海域使用金、纳税的，是否已缴纳海域使用金和有关税费；

7　本规范第4章要求的其他审查事项。

不存在本规范第4.8.2条不予登记情形的，将登记事项记载于不动产登记簿，并向权利人核发不动产权属证书。

12.4　注销登记

12.4.1　适用

已经登记的海域使用权以及建筑物、构筑物所有权，有下列情形之一的，当事人可以申请办理注销登记：

1　不动产灭失的；

2　权利人放弃海域使用权以及建筑物、构筑物所有权的；

3　因人民法院、仲裁委员会的生效法律文书等导致海域使用权以及建筑物、构筑物所有权消灭的；

4　法律、行政法规规定的其他情形。

12.4.2　申请主体

海域使用权以及建筑物、构筑物所有权注销登记的申请主体应当为不动产登记簿记载的权利人。

12.4.3　申请材料

申请海域使用权以及建筑物、构筑物所有权注销登记，提交的材料包括：

1　不动产登记申请书；

2　申请人身份证明；

3　不动产权属证书；

4　海域使用权以及建筑物、构筑物所有权消灭的材料，包括：

（1）不动产灭失的，提交证实灭失的材料；

（2）权利人放弃海域使用权以及建筑物、构筑物所有权的，提交权利人放弃权利的书面文件。设立抵押权、地役权或者已经办理预告登记、查封登记的，需提交抵押权人、地役权人、预告登记权利人、查封机关同意注销的书面材料；

（3）因人民法院或者仲裁委员会生效法律文书等导致海域使用权以及建筑物、构筑物所有权消灭的，提交人民法院或者仲裁委员会生效法律文书等材料；

5　法律、行政法规以及《实施细则》规定的其他材料。

12.4.4　审查要点

不动产登记机构在审核过程中应注意以下要点：

1　申请注销的海域使用权以及建筑物、构筑物所有权是否已经登记；

2　海域使用权以及建筑物、构筑物所有权的注销材料是否齐全、有效；

3　不动产灭失的，是否已实地查看；

4　海域使用权以及建筑物、构筑物所有权已设立抵押权、地役权或者已经办理预告登记、查封登记的，权利人放弃权利申请注销登记的，是否提供抵押权人、地役权人、预告登记权利人、查封机关书面同意；

5　申请登记事项与不动产登记簿的记载是否冲突；

6　本规范第4章要求的其他审查事项。

不存在本规范第4.8.2条不予登记情形的，将登记事项以及不动产权证书或者不动产登记证明收回、作废等内容记载于不动产登记簿。

申请无居民海岛登记的，参照海域使用权及建筑物、构筑物所有权登记的有关规定办理。

13　地役权登记

13.1　首次登记

13.1.1　适用

按照约定设定地役权利用他人不动产，有下列情形之一的，当事人可以申请地役权首次登记。地役权设立后，办理首次登记前发生变更、转移的，当事人应当就已经变更或转移的地役权，申请首次登记。

1　因用水、排水、通行利用他人不动产的；

2　因铺设电线、电缆、水管、输油管线、暖气和燃气管线等利用他人不动产的；

3　因架设铁塔、基站、广告牌等利用他人不动产的；

4　因采光、通风、保持视野等限制他人不动产利用的；

5　其他为提高自己不动产效益，按照约定利用他人不动产的情形。

13.1.2　申请主体

地役权首次登记应当由地役权合同中载明的需役地权利人和供役地权利人共同申请。

13.1.3　申请材料

申请地役权首次登记，提交的材料包括：

1　不动产登记申请书；

2　申请人身份证明；

3　需役地和供役地的不动产权属证书；

4　地役权合同；

5　地役权设立后，办理首次登记前发生变更、转移的，还应提交相关材料；

6　法律、行政法规以及《实施细则》规定的其他材料。

13.1.4　审查要点

不动产登记机构在审核过程中应注意以下要点：

1　供役地、需役地是否已经登记；

2　不动产登记申请书、不动产权属证书、地役权合同等材料记载的主体是否一致；

3　是否为利用他人不动产而设定地役权；

4　当事人约定的利用方法是否属于其他物权的内容；

5　地役权内容是否违反法律、行政法规的强制性规定；

6　供役地被抵押的，是否已经抵押权人书面同意；

7　本规范第4章要求的其他审查事项。

不存在本规范第4.8.2条不予登记情形的，记载不动产登记簿后向权利人核发不动产登记证明。地役权首次登记，不动产登记机构应当将登记事项分别记载于需役地和供役地不动产登记簿。

13.2　变更登记

13.2.1　适用

已经登记的地役权，因下列变更情形之一的，当事人应当申请变更登记：

1　需役地或者供役地权利人姓名或者名称、身份证明类型或者身份证明号码发生变化的；

2　共有性质变更的；

3　需役地或者供役地自然状况发生变化的；

4　地役权内容变更的；
　　5　法律、行政法规规定的其他情形。
13.2.2　申请主体
　　地役权变更登记的申请主体应当为需役地权利人和供役地权利人。因共有人的姓名、名称发生变化的，可以由姓名、名称发生变化的权利人申请；因不动产自然状况变化申请变更登记的，可以由共有人一人或多人申请。
13.2.3　申请材料
　　申请地役权变更登记，提交的材料包括：
　　1　不动产登记申请书；
　　2　申请人身份证明；
　　3　不动产登记证明；
　　4　地役权变更的材料，包括：
　　（1）权利人姓名或者名称、身份证明类型或者身份证明号码发生变化的，提交能够证实其身份变更的材料；
　　（2）需役地或者供役地的面积发生变化的，提交有批准权的人民政府或其主管部门的批准文件以及变更后的权籍调查表、宗地图和宗地界址坐标等不动产权籍调查成果；
　　（3）共有性质变更的，提交共有性质变更协议；
　　（4）地役权内容发生变化的，提交地役权内容变更的协议。
　　5　法律、行政法规以及《实施细则》规定的其他材料。
13.2.4　审查要点
　　不动产登记机构在审核过程中应注意以下要点：
　　1　申请变更登记的地役权是否已经登记；
　　2　地役权的变更材料是否齐全、有效；
　　3　申请变更事项与变更登记文件记载的变更事实是否一致；
　　4　本规范第4章要求的其他审查事项。
　　不存在本规范第4.8.2条不予登记情形的，将登记事项记载于不动产登记簿。地役权变更登记，不动产登记机构应当将登记事项分别记载于需役地和供役地的不动产登记簿。

13.3　转移登记
13.3.1　适用
　　已经登记的地役权不得单独转让、抵押。因土地承包经营权、建设用地使用权等转让发生转移的，当事人应当一并申请地役权转移登记。申请需役地转移登记，需役地权利人拒绝一并申请地役权转移登记的，还应当提供相关的书面材料。

13.3.2　申请主体
　　地役权转移登记应当由双方共同申请。
13.3.3　申请材料
　　地役权转移登记与不动产转移登记合并办理，提交的材料包括：
　　1　不动产登记申请书；
　　2　申请人身份证明；
　　3　不动产登记证明；
　　4　地役权转移合同；
　　5　法律、行政法规以及《实施细则》规定的其他材料。
13.3.4　审查要点
　　不动产登记机构在审核过程中应注意以下要点：
　　1　申请转移登记的地役权是否已经登记；
　　2　地役权转移的登记原因文件是否齐全、有效；
　　3　地役权是否为单独转让；
　　4　按本规范第4章的要求的其他审查事项。
　　不存在本规范第4.8.2条不予登记情形的，将登记事项记载于不动产登记簿，并向权利人核发不动产登记证明。单独申请地役权转移登记的，不予办理。地役权转移登记，不动产登记机构应当将登记事项分别记载于需役地和供役地不动产登记簿。

13.4　注销登记
13.4.1　适用
　　已经登记的地役权，有下列情形之一的，当事人可以申请地役权注销登记：
　　1　地役权期限届满的；
　　2　供役地、需役地归于同一人的；
　　3　供役地或者需役地灭失的；
　　4　人民法院、仲裁委员会的生效法律文书等导致地役权消灭的；
　　5　依法解除地役权合同的；
　　6　其他导致地役权消灭的事由。
13.4.2　申请主体
　　当事人依法解除地役权合同的，应当由供役地、需役地双方共同申请，其他情形可由当事人单方申请。
13.4.3　申请材料
　　申请地役权注销登记，提交的材料包括：
　　1　不动产登记申请书；
　　2　申请人身份证明；
　　3　不动产登记证明；
　　4　地役权消灭的材料，包括：
　　（1）地役权期限届满的，提交地役权期限届满的材料；

（2）供役地、需役地归于同一人的，提交供役地、需役地归于同一人的材料；

（3）供役地或者需役地灭失的，提交供役地或者需役地灭失的材料；

（4）人民法院、仲裁委员会生效法律文书等导致地役权消灭的，提交人民法院、仲裁委员会的生效法律文书等材料；

（5）依法解除地役权合同的，提交当事人解除地役权合同的协议。

5 法律、行政法规以及《实施细则》规定的其他材料。

13.4.4 审查要点

不动产登记机构在审核过程中应注意以下要点：

1 注销的地役权是否已经登记；

2 地役权消灭的材料是否齐全、有效；

3 供役地或者需役地灭失的，是否已按规定进行实地查看；

4 本规范第4章要求的其他审查事项。

不存在本规范第4.8.2条不予登记情形的，将登记事项以及不动产登记证明收回、作废等内容记载于不动产登记簿。地役权注销登记，不动产登记机构应当将登记事项分别记载于需役地和供役地不动产登记簿。

14 抵押权登记

14.1 首次登记

14.1.1 适用

在借贷、买卖等民事活动中，自然人、法人或非法人组织为保障其债权实现，依法设立不动产抵押权的，可以由抵押人和抵押权人共同申请办理不动产抵押登记。以建设用地使用权、海域使用权抵押的，该土地、海域上的建筑物、构筑物一并抵押；以建筑物、构筑物抵押的，该建筑物、构筑物占用范围内的建设用地使用权、海域使用权一并抵押。

1 为担保债务的履行，债务人或者第三人不转移不动产的占有，将该不动产抵押给债权人的，当事人可以申请一般抵押权首次登记；

2 为担保债务的履行，债务人或者第三人对一定期间内将要连续发生的债权提供担保不动产的，当事人可以申请最高额抵押权首次登记；

3 以正在建造的建筑物设定抵押的，当事人可以申请建设用地使用权及在建建筑物抵押权首次登记。

14.1.2 抵押财产范围

以下列财产进行抵押的，可以申请办理不动产抵押登记：

1 建设用地使用权；

2 建筑物和其他土地附着物；

3 海域使用权；

4 土地经营权；

5 正在建造的建筑物；

6 法律、行政法规未禁止抵押的其他不动产。

14.1.3 不得办理抵押登记的财产范围

对于法律禁止抵押的下列财产，不动产登记机构不得办理不动产抵押登记：

1 土地所有权、海域所有权；

2 宅基地、自留地、自留山等集体所有的土地使用权，但是法律规定可以抵押的除外；

3 学校、幼儿园、医疗机构、养老机构等为公益目的成立的非营利法人的教育设施、医疗卫生设施、养老设施和其他社会公益设施；

4 所有权、使用权不明或者有争议的不动产；

5 依法被查封的不动产；

6 法律、行政法规规定不得抵押的其他不动产。

14.1.4 申请主体

抵押权首次登记应当由抵押人和抵押权人共同申请。

14.1.5 申请材料

申请抵押权首次登记，提交的材料包括：

1 不动产登记申请书；

2 申请人身份证明；

3 不动产权属证书。

4 主债权合同。最高额抵押的，应当提交一定期间内将要连续发生债权的合同或者其他登记原因文件等必要材料；

5 抵押合同。主债权合同中包含抵押条款的，可以不提交单独的抵押合同书。最高额抵押的，应当提交最高额抵押合同。

6 下列情形还应当提交以下材料：

（1）同意将最高额抵押权设立前已经存在的债权转入最高额抵押担保的债权范围的，应当提交已存在债权的合同以及当事人同意将该债权纳入最高额抵押权担保范围的书面材料；

（2）在建建筑物抵押的，应当提交建设工程规划许可证；

7 法律、行政法规以及《实施细则》规定的其他材料。

14.1.6 审查要点

不动产登记机构在审核过程中应注意以下要点：

1 抵押财产是否已经办理不动产登记；

2　抵押财产是否属于法律、行政法规禁止抵押的不动产；

3　抵押合同上记载的抵押人、抵押权人、被担保主债权的数额或种类、担保范围、债务履行期限、抵押不动产是否明确；最高额抵押权登记的，最高债权额限度、债权确定的期间是否明确；

4　申请人与不动产权证书或不动产登记证明、主债权合同、抵押合同、最高额抵押合同等记载的主体是否一致；

5　在建建筑物抵押的，抵押财产不包括已经办理预告登记的预购商品房和已办理预售合同登记备案的商品房；

6　在建建筑物抵押，应当实地查看的，是否已实地查看；

7　有查封登记的，不予办理抵押登记，但在商品房抵押预告登记后办理的预查封登记，不影响商品房抵押预告登记转抵押权首次登记；

8　办理抵押预告登记转抵押权首次登记，抵押权人与抵押预告登记权利人是否一致；

9　同一不动产上设有多个抵押权的，应当按照受理时间的先后顺序依次办理登记；

10　登记申请是否违反法律、行政法规的规定；

11　本规范第4章要求的其他审查事项。

不存在本规范第4.8.2条不予登记情形的，记载不动产登记簿后向抵押权人核发不动产登记证明。

14.2　变更登记

14.2.1　适用

已经登记的抵押权，因下列情形发生变更的，当事人可以申请抵押权变更登记：

1　权利人姓名或者名称、身份证明类型或者身份证明号码发生变化的；

2　担保范围发生变化的；

3　抵押权顺位发生变更的；

4　被担保的主债权种类或者数额发生变化的；

5　债务履行期限发生变化的；

6　最高债权额发生变化的；

7　最高额抵押权债权确定的期间发生变化的；

8　法律、行政法规规定的其他情形。

14.2.2　申请主体

申请抵押权变更登记，应当由抵押人和抵押权人共同申请。因抵押人或抵押权人姓名、名称发生变化的，可由发生变化的当事人单方申请；不动产坐落、名称发生变化的，可由抵押人单方申请。

14.2.3　申请材料

申请抵押权变更登记，提交的材料包括：

1　不动产登记申请书；

2　申请人身份证明；

3　不动产权证书和不动产登记证明；

4　抵押权变更的材料，包括：

（1）抵押权人或者抵押人姓名、名称变更的，提交能够证实其身份变更的材料；

（2）担保范围、抵押权顺位、被担保债权种类或者数额、债务履行期限、最高债权额、债权确定期间等发生变更的，提交抵押人与抵押权人约定相关变更内容的协议；

5　因抵押权顺位、被担保债权数额、最高债权额、担保范围、债务履行期限发生变更等，对其他抵押权人产生不利影响的，还应当提交其他抵押权人的书面同意文件和身份证明文件；

6　法律、行政法规以及《实施细则》规定的其他材料。

14.2.4　审查要点

不动产登记机构在审核过程中应注意以下要点：

1　申请变更登记的抵押权是否已经登记；

2　抵押权变更的材料是否齐全、有效；

3　申请变更的事项与变更登记文件记载的变更事实是否一致；

4　抵押权变更影响其他抵押权人利益的，是否已经其他抵押权人书面同意；

5　本规范第4章要求的其他审查事项。

不存在本规范第4.8.2条不予登记情形的，将登记事项记载于不动产登记簿。

14.3　转移登记

14.3.1　适用

因主债权转让导致抵押权转让的，当事人可以申请抵押权转移登记。

最高额抵押权担保的债权确定前，债权人转让部分债权的，除当事人另有约定外，不得办理最高额抵押权转移登记。债权人转让部分债权，当事人约定最高额抵押权随同部分债权的转让而转移的，应当分别申请下列登记：

1　当事人约定原抵押权人与受让人共同享有最高额抵押权的，应当申请最高额抵押权转移登记和最高额抵押权变更登记；

2　当事人约定受让人享有一般抵押权、原抵押权人就扣减已转移的债权数额后继续享有最高额抵押权的，

应当一并申请一般抵押权转移登记和最高额抵押权变更登记;

3 当事人约定原抵押权人不再享有最高额抵押权的,应当一并申请最高额抵押权确定登记和一般抵押权转移登记。

14.3.2 申请主体

抵押权转移登记应当由不动产登记簿记载的抵押权人和债权受让人共同申请。

14.3.3 申请材料

申请抵押权转移登记,提交的材料包括:

1 不动产登记申请书;

2 申请人身份证明;

3 不动产权证书和不动产登记证明;

4 抵押权转移的材料,包括:

(1)申请一般抵押权转移登记的,还应当提交被担保主债权的转让协议;

(2)申请最高额抵押权转移登记的,还应当提交部分债权转移的材料、当事人约定最高额抵押权随同部分债权的转让而转移的材料;

(3)债权人已经通知债务人的材料。

5 法律、行政法规以及《实施细则》规定的其他材料。

14.3.4 审查要点

不动产登记机构在审核过程中应注意以下要点:

1 申请转移登记的抵押权是否已经登记;

2 申请转移登记的材料是否齐全、有效;

3 申请转移的抵押权与抵押权转移登记申请材料的记载是否一致;

4 本规范第4章要求的其他审查事项。

不存在本规范第4.8.2不予登记情形的,将登记事项记载于不动产登记簿,并向权利人核发不动产登记证明。

14.4 注销登记

14.4.1 适用

已经登记的抵押权,发生下列情形之一的,当事人可以申请抵押权注销登记:

1 主债权消灭的;

2 抵押权已经实现的;

3 抵押权人放弃抵押权的;

4 因人民法院、仲裁委员会的生效法律文书致使抵押权消灭的;

5 法律、行政法规规定抵押权消灭的其他情形。

14.4.2 申请主体

不动产登记簿记载的抵押权人与抵押人可以共同申请抵押权的注销登记。

债权消灭或抵押权人放弃抵押权的,抵押权人可以单方申请抵押权的注销登记。

人民法院、仲裁委员会生效法律文书确认抵押权消灭的,抵押人等当事人可以单方申请抵押权的注销登记。

14.4.3 申请材料

申请抵押权注销登记,提交的材料包括:

1 不动产登记申请书;

2 申请人身份证明;

3 抵押权消灭的材料;

4 抵押权人与抵押人共同申请注销登记的,提交不动产权证书和不动产登记证明;抵押权人单方申请注销登记的,提交不动产登记证明;抵押人等当事人单方申请注销登记的,提交证实抵押权已消灭的人民法院、仲裁委员会作出的生效法律文书;

5 法律、行政法规以及《实施细则》规定的其他材料。

14.4.4 审查要点

不动产登记机构在审核过程中应注意以下要点:

1 申请注销的抵押权是否已经登记;

2 申请抵押权注销登记的材料是否齐全、有效;

3 申请注销的抵押权与抵押权注销登记申请材料的记载是否一致;

4 本规范第4章要求的其他审查事项。

不存在本规范第4.8.2条不予登记情形的,将登记事项以及不动产登记证明收回、作废等内容记载于不动产登记簿。

15 预告登记

15.1 预告登记的设立

15.1.1 适用

有下列情形之一的,当事人可以按照约定申请不动产预告登记:

1 商品房等不动产预售的;

2 不动产买卖、抵押的;

3 以预购商品房设定抵押权的;

4 法律、行政法规规定的其他情形。

15.1.2 申请主体

预告登记的申请主体应当为买卖房屋或者其他不动产物权的协议的双方当事人。预购商品房的预售人和预购人订立商品房买卖合同后,预售人未按照约定与预购人申请预告登记时,预购人可以单方申请预告登记。

15.1.3 申请材料

申请预告登记,申请人提交的材料包括:

1 不动产登记申请书;

2 申请人身份证明;

3 当事人关于预告登记的约定;

4 属于下列情形的,还应当提交下列材料:

(1)预购商品房的,提交已备案的商品房预售合同。依法应当备案的商品房预售合同,经县级以上人民政府房产管理部门或土地管理部门备案,作为登记的申请材料。

(2)以预购商品房等不动产设定抵押权的,提交不动产登记证明以及不动产抵押合同、主债权合同;

(3)不动产转移的,提交不动产权属证书、不动产转让合同;

(4)不动产抵押的,提交不动产权属证书、不动产抵押合同和主债权合同。

5 预售人与预购人在商品房预售合同中对预告登记附有条件和期限的,预购人应当提交相应材料。

6 法律、行政法规以及《实施细则》规定的其他材料。

买卖房屋或者其他不动产物权的协议中包括预告登记的约定或对预告登记附有条件和期限的约定,可以不单独提交相应材料。

15.1.4 审查要点

不动产登记机构在审核过程中应注意以下要点:

1 申请预购商品房预告登记的,其预售合同是否已经备案;申请预购商品房抵押预告登记的,是否已经办理预购商品房预告登记;申请其他预告登记的,不动产物权是否已经登记;

2 申请人与申请材料记载的主体是否一致;

3 申请登记的内容与登记原因文件或者权属来源材料是否一致;

4 不动产买卖、抵押,预告登记内容是否与不动产登记簿记载的有关内容冲突;

5 不动产被查封的,不予办理;

6 本规范第4章要求的其他审查事项。

不存在本规范第4.8.2条不予登记情形的,记载不动产登记簿后向申请人核发不动产登记证明。

15.2 预告登记的变更

15.2.1 适用

因当事人的姓名、名称、身份证明类型或者身份证明号码等发生变更的,当事人可申请预告登记的变更。

15.2.2 申请主体

预告登记变更可以由不动产登记簿记载的当事人单方申请。

15.2.3 申请材料

申请预告登记的变更,申请人提交的材料包括:

1 不动产登记申请书;

2 申请人身份证明;

3 预告登记内容发生变更的材料;

4 法律、行政法规以及《实施细则》规定的其他材料。

15.2.4 审查要点

不动产登记机构在审核过程中应注意以下要点:

1 申请变更登记的材料是否齐全、有效;

2 申请人与申请材料记载的主体是否一致;

3 变更登记的事项与申请变更登记的材料记载的内容是否一致;

4 申请登记事项与不动产登记簿的记载是否冲突;

5 本规范第4章要求的其他审查事项。

不存在本规范第4.8.2条不予登记情形的,将登记事项记载于不动产登记簿。

15.3 预告登记的转移

15.3.1 适用

有下列情形之一的,当事人可申请预告登记的转移:

1 因继承、受遗赠导致不动产预告登记转移的;

2 因人民法院、仲裁委员会生效法律文书导致不动产预告登记转移的;

3 因主债权转移导致预购商品房抵押预告登记转移的;

4 因主债权转移导致不动产抵押预告登记转移的;

5 法律、行政法规规定的其他情形。

15.3.2 申请主体

预告登记转移的申请人由不动产登记簿记载的预告登记权利人和该预告登记转移的受让人共同申请。因继承、受遗赠、人民法院、仲裁委员会生效法律文书导致不动产预告登记转移的可以单方申请。

15.3.3 申请材料

申请预告登记的转移,申请人提交的材料包括:

1 不动产登记申请书;

2 申请人身份证明;

3 按照不同情形,提交下列材料:

(1)继承、受遗赠的,按照本规范1.8.6的规定提交材料;

(2)人民法院、仲裁委员会生效法律文书

(3) 主债权转让的合同和已经通知债务人的材料；

4 法律、行政法规以及《实施细则》规定的其他材料。

15.3.4 审查要点

不动产登记机构在审核过程中应注意以下要点：

1 预告登记转移的登记原因文件是否齐全、有效；

2 申请转移的预告登记与登记申请材料的记载是否一致；

3 申请登记事项与不动产登记簿记载的事项是否冲突；

4 本规范第4章要求的其他审查事项。

不存在本规范第4.8.2条不予登记情形的，将登记事项记载于不动产登记簿，并向权利人核发不动产登记证明。

15.4 预告登记的注销

15.4.1 适用

有下列情形之一的，当事人可申请注销预告登记：

1 买卖不动产物权的协议被认定无效、被撤销、被解除等导致债权消灭的；

2 预告登记的权利人放弃预告登记的；

3 法律、行政法规规定的其他情形。

15.4.2 申请主体

申请人为不动产登记簿记载的预告登记权利人或生效法律文书记载的当事人。预告当事人协议注销预告登记的，申请人应当为买卖房屋或者其他不动产物权的协议的双方当事人。

15.4.3 申请材料

申请注销预告登记，申请人提交的材料包括：

1 不动产登记申请书；

2 申请人身份证明；

3 不动产登记证明；

4 债权消灭或者权利人放弃预告登记的材料；

5 法律、行政法规以及《实施细则》规定的其他材料。

15.4.4 审查要点

不动产登记机构在审核过程中应注意以下要点：

1 预告登记的注销材料是否齐全、有效；

2 不动产作为预告登记权利人的财产被预查封的，不予办理；

3 本规范第4章要求的其他审查事项。

不存在本规范第4.8.2条不予登记情形的，将登记事项以及不动产登记证明收回、作废等内容记载于不动产登记簿。

16 更正登记

16.1 依申请更正登记

16.1.1 适用

权利人、利害关系人认为不动产登记簿记载的事项有错误，或者人民法院、仲裁委员会生效法律文书等确定的不动产权利归属、内容与不动产登记簿记载的权利状况不一致的，当事人可以申请更正登记。

16.1.2 申请主体

依申请更正登记的申请人应当是不动产的权利人或利害关系人。利害关系人应当与申请更正的不动产登记簿记载的事项存在利害关系。

16.1.3 申请材料

申请更正登记提交的材料包括：

1 不动产登记申请书；

2 申请人身份证明；

3 证实不动产登记簿记载事项错误的材料，但不动产登记机构书面通知相关权利人申请更正登记的除外；

4 申请人为不动产权利人的，提交不动产权属证书；申请人为利害关系人的，证实与不动产登记簿记载的不动产权利存在利害关系的材料；

5 法律、行政法规以及《实施细则》规定的其他材料。

16.1.4 审查要点

不动产登记机构在审核过程中应注意以下要点：

1 申请人是否是不动产的权利人或利害关系人；利害关系人申请更正的，利害关系材料是否能够证实申请人与被更正的不动产有利害关系；

2 申请更正的登记事项是否已在不动产登记簿记载；错误登记之后是否已经办理了该不动产转移登记，或者办理了抵押权或地役权首次登记、预告登记和查封登记且未注销的；

3 权利人同意更正的，在权利人出具的书面材料中，是否已明确同意更正的意思表示，并且申请人是否提交了证明不动产登记簿确有错误的证明材料；更正事项由人民法院、仲裁委员会法律文书等确认的，法律文书等材料是否已明确不动产权利归属，是否已经发生法律效力；

4 本规范第4章要求的其他审查事项。

不存在本规范第4.8.2条不予登记情形的，将更正事项记载不动产登记簿，涉及不动产权证书或者不动产登记证明记载内容的，向权利人换发不动产权证书或者不动产登记证明。

16.2 依职权更正登记

16.2.1 适用

不动产登记机构发现不动产登记簿记载的事项有错误,不动产登记机构应书面通知当事人在30个工作日内申请办理更正登记,当事人逾期不办的,不动产登记机构应当在公告15个工作日后,依法予以更正;但在错误登记之后已经办理了涉及不动产权利处分的登记、预告登记和查封登记的除外。

16.2.2 登记材料

不动产登记机构依职权更正登记应当具备下列材料:

1 证实不动产登记簿记载事项错误的材料;

2 通知权利人在规定期限内办理更正登记的材料和送达凭证;

3 法律、行政法规以及《实施细则》规定的其他材料。

16.2.3 审查要点

不动产登记机构启动更正登记程序后,还应该按照以下要点进行审核:

1 不动产登记机构是否已书面通知相关权利人在规定期限内申请办理更正登记,而当事人无正当理由逾期不申请办理;

2 查阅不动产登记资料,审查登记材料或者有效的法律文件是否能证实不动产登记簿记载错误;

3 在错误登记之后是否已经办理了涉及不动产权利处分的登记、预告登记和查封登记;

4 书面通知的送达对象、期限及时间是否符合规定;

5 更正登记事项是否已按规定进行公告;

6 本规范第4章要求的其他审查事项。

17 异议登记

17.1 异议登记

17.1.1 适用

利害关系人认为不动产登记簿记载的事项有错误,权利人不同意更正的,利害关系人可以申请异议登记。

17.1.2 申请主体

异议登记申请人应当是利害关系人。

17.1.3 申请材料

申请异议登记需提交下列材料:

1 不动产登记申请书;

2 申请人身份证明;

3 证实对登记的不动产权利有利害关系的材料;

4 证实不动产登记簿记载的事项错误的材料;

5 法律、行政法规以及《实施细则》规定的其他材料。

17.1.4 审查要点

不动产登记机构在审核过程中应注意以下要点:

1 利害关系材料是否能够证实申请人与被异议的不动产权利有利害关系;

2 异议登记事项的内容是否已经记载于不动产登记簿;

3 同一申请人是否就同一异议事项提出过异议登记申请;

4 不动产被查封、抵押或设有地役权的,不影响该不动产的异议登记;

5 本规范第4章要求的其他审查事项。

不存在本规范第4.8.2条不予登记情形的,不动产登记机构应即时办理。在记载不动产登记簿后,向申请人核发不动产登记证明。

17.2 注销异议登记

17.2.1 适用

1 异议登记期间,异议登记申请人可以申请注销异议登记;

2 异议登记申请人自异议登记之日起15日内,未提交人民法院受理通知书、仲裁委员会受理通知书等提起诉讼、申请仲裁的,异议登记失效。

17.2.2 申请主体

注销异议登记申请人是异议登记申请人。

17.2.3 申请材料

申请注销异议登记提交的材料包括:

1 不动产登记申请书;

2 申请人身份证明;

3 异议登记申请人申请注销登记的,提交不动产证明;或者异议登记申请人的起诉被人民法院裁定不予受理或者予以驳回诉讼请求的材料;

4 法律、行政法规以及《实施细则》规定的其他材料。

17.2.4 审查要点

不动产登记机构在审核过程中应注意以下要点:

1 申请注销异议登记的材料是否齐全、有效;

2 本规范第4章要求的其他审查事项。

不存在本规范第4.8.2条不予登记情形的,不动产登记机构应即时办理,将登记事项内容记载于不动产登记簿。

18 查封登记

18.1 查封登记

18.1.1 适用

不动产登记机构依据国家有权机关的嘱托文件依法办理查封登记的,适用查封登记。

18.2 嘱托查封主体

嘱托查封的主体应当为人民法院、人民检察院或公安机关等国家有权机关。

18.2.1 嘱托材料

办理查封登记需提交下列材料:

1 人民法院、人民检察院或公安机关等国家有权机关送达人的工作证和执行公务的证明文件。委托其他法院送达的,应当提交委托送达函;

2 人民法院查封的,应提交查封或者预查封的协助执行通知书;人民检察院查封的,应提交查封函;公安等国家有权机关查封的,应提交协助查封的有关文件。

18.2.2 审查要点

不动产登记机构接收嘱托文件后,应当要求送达人签名,并审查以下内容:

1 查看嘱托机关送达人的工作证和执行公务的证明文件,并与嘱托查封单位进行核实。委托送达的,委托送达函是否已加盖委托机关公章,是否注明委托事项、受委托机关等;

2 嘱托文件是否齐全、是否符合规定;

3 嘱托文件所述查封事项是否清晰,是否已注明被查封的不动产的坐落名称、权利人及有效的不动产权属证书号。被查封不动产的内容与不动产登记簿的记载是否一致;

4 本规范第4章要求的其他审查事项。

不动产登记机构不对查封机关送达的嘱托文件进行实体审查。不动产登记机构认为登记事项存在异议的,不动产登记机构应当办理查封登记,并向嘱托机关提出审查建议。不动产登记机构审查后符合登记条件的,应即时将查封登记事项记载于不动产登记簿。

18.2.3 因两个或以上嘱托事项查封同一不动产的,不动产登记机构应当为先送达查封通知书的嘱托机关办理查封登记,对后送达的嘱托机关办理轮候查封登记。轮候查封登记的顺序按照嘱托机关嘱托文书依法送达不动产登记机构的时间先后进行排列。

不动产在预查封期间登记在被执行人名下的,预查封登记自动转为查封登记,预查封转为正式查封后,查封期限从预查封之日起计算。

18.3 注销查封登记

18.3.1 适用

1 查封期间,查封机关解除查封的,不动产登记机构应当根据其嘱托文件办理注销查封登记。

2 不动产查封、预查封期限届满,查封机关未嘱托解除查封、解除预查封或续封的,查封登记失效。

18.3.2 登记材料

办理注销查封登记需提交下列材料:

1 人民法院、人民检察院或公安机关等国家有权机关送达人的工作证和执行公务的证明文件。委托其他法院送达的,应提交委托送达函;

2 人民法院解除查封的,提交解除查封或解除预查封的协助执行通知书;公安机关等人民政府有权机关解除查封的,提交协助解除查封通知书;人民检察院解除查封的,提交解除查封函。

3 法律、行政法规以及《实施细则》规定的其他材料。

18.3.3 审查要点

不动产登记机构接收嘱托文件时,应当要求送达人签名,并审查以下内容:

1 查看嘱托机关送达人的工作证和执行公务的证明文件。委托其他法院送达的,委托送达函是否已加盖委托机关公章,是否注明委托事项、受委托机关等;

2 嘱托文件是否齐全、是否符合规定;

3 嘱托文件所述解除查封事项是否清晰,包括是否注明了解封不动产的名称、权利人及有效的不动产权属证书号。解除查封不动产的内容与不动产登记簿的记载是否一致;

4 本规范第4章要求的其他审查事项。

不动产登记机构审查后符合登记条件的,应将解除查封登记事项记载于不动产登记簿。

19 登记资料管理

19.1 一般规定

19.1.1 登记资料的范围

不动产登记资料包括:

1 不动产登记簿等不动产登记结果;

2 不动产登记原始资料,包括不动产登记申请书、申请人身份证明、不动产权属来源材料、登记原因文件、不动产权籍调查表等申请材料;不动产登记机构查验、询问、实地查看或调查、公告等形成的审核材料;其他有关机关出具的复函、意见以及不动产登记过程中产生的其他依法应当保存的材料等。

不动产登记资料应当由不动产登记机构管理。不动产登记资料中属于归档范围的,应当按照法律、行政法规的规定进行归档管理。

19.1.2 登记资料管理

不动产登记资料由不动产登记机构管理。不动产登记机构应按照以下要求确保不动产登记信息的绝对安全:

1 不动产登记簿等不动产登记结果及权籍图应当永久保存;不动产权籍图包括宗地图、宗海图(宗海位置图、界址图)和房屋平面图等;

2 不动产登记原始资料应当按照规定整理后归档保存和管理;

3 不动产登记资料应当逐步电子化,不动产登记电子登记资料应当通过统一的不动产登记信息管理基础平台进行管理、开发和利用;

4 任何单位和个人不得随意损毁登记资料、不得泄露登记信息;

5 不动产登记机构应当建立符合防火、防盗、防渍、防有害生物等安全保护要求的专门场所,存放不动产登记簿和权籍图等;

6 除法律、行政法规另有规定或者因紧急情况为避免不动产登记簿毁损、灭失外,任何单位或个人不得将不动产登记簿携出不动产登记机构。

19.2 纸质资料管理

19.2.1 保管

不动产登记机构应妥善保管登记资料,防止登记资料污损、遗失,确保登记资料齐全、完整。

19.2.2 移交

登记事项登簿后,不动产登记人员应整理登记资料,填写统一式的移交清单,将不动产登记原始资料和具有保存价值的其他材料收集、整理,并及时、完整地移交至资料管理部门。

19.2.3 接收

资料管理部门应比对移交清单对移交材料进行检查验收,对符合要求的,资料管理部门应予接收。

19.2.4 立卷

资料立卷宜采用1件1卷的原则,即每办理1件登记所形成的材料立1个卷。资料的立卷应包括:卷内材料的排列与编号、卷内目录和备考表的编制、卷皮和资料盒或资料袋的编写工作,并应符合下列规定:

1 卷内材料应按下列顺序排列:

(1)目录;

(2)结论性审核材料;

(3)过程性审核材料;

(4)当事人提供的登记申请材料;

(5)图纸;

(6)其他;

(7)备考表。

2 卷内材料应每1页材料编写1个页号。单面书写的材料应在右上角编写页号;双面书写的材料,应在正面右上角、背面左上角编写页号。图表、照片可编在与此相应位置的空白处或其背面;卷内目录、备考表可不编页号。编写页号应使用阿拉伯数字,起始号码从"1"开始。

3 卷内目录编制应符合下列规定:

(1)顺序号应按卷内材料的排列顺序,每份材料应编1个顺序号,不得重复、遗漏;

(2)材料题名应为材料自身的标题,不得随意更改和省略。如材料没有标题,应根据材料内容拟写一个标题;

(3)页次应填写该材料所在的起始页,最后页应填起止页号;

(4)备注应填写需注明的内容。

4 备考表的编制应符合下列规定:

(1)立卷人应为负责归档材料立卷装订的人员;

(2)检查人应为负责检查归档材料立卷装订质量的人员;

(3)日期应为归档材料立卷装订完毕的日期。

5 卷皮与资料盒或资料袋项目的填写可采用计算机打印或手工填写。手工填写时应使用黑色墨水或墨汁填写,字体工整,不得涂改。

19.2.5 编号

资料编号可采用归档流水号统一制定编号规则。

19.2.6 装订

资料装订应符合下列规定:

1 材料上的金属物应全部剔除干净,操作时不得损坏材料,不得对材料进行剪裁;

2 破损的或幅面过小的材料应采用A4白衬纸托裱,1页白衬纸应托裱1张材料,不得托裱2张及以上材料;字迹扩散的应复制并与原件一起存档,原件在前,复制件在后;

3 幅面大于A4的材料,应按A4大小折叠整齐,并预留出装订边际;

4 卷内目录题名与卷内材料题名、卷皮姓名或名称与卷内材料姓名或名称应保持一致。姓名或名称不得用同音字或随意简化字代替;

5 卷内材料应向左下角对齐,装订孔中心线距材料左边际应为12.5mm；

6 应在材料左侧采用线绳装订；

7 材料折叠后过厚的，应在装订线位置加入垫片保持其平整；

8 卷内材料与卷皮装订在一起的，应整齐美观，不得压字、掉页，不得妨碍翻阅。

19.2.7 入库

纸质资料整理装订完毕，宜消毒除尘后入库。

19.2.8 上架

纸质资料入库后，宜及时上架，以备查验和利用。

19.2.9 保管

不动产登记资料保管，应符合下列规定：

1 资料库房应安装温湿度记录仪、配备空调及去湿、增湿设备，并应定期进行检修、保养；库房的温度应控制在14℃~24℃，相对湿度应控制在45%~60%；

2 资料库房应配备消防器材，并应按要求定期进行检查和更换；应安全使用电器设备，并应定期检查电器线路；库房内严禁明火装置和使用电炉及存放易燃易爆物品；库房内应安装防火及防盗自动报警装置，并应定期检查；

3 资料库房人工照明光源宜选用白炽灯，照度不宜超过100Lx；当采用荧光灯时，应对紫外线进行过滤；不宜采用自然光源，当有外窗时应采取遮阳措施，资料在任何情况下均应避免阳光直射；

4 资料密集架应与地面保持80mm以上距离，其排列应便于通风降湿；

5 应检查虫霉、鼠害。当发现虫霉、鼠害时，应及时投放药剂，灭菌杀虫；

6 应配备吸尘器，加装密封门。有条件的可设置空气过滤装置。

19.3 电子资料管理

19.3.1 一般规定

电子资料的范围应包括电子资料目录、电子登记簿和纸质资料的数字化加工处理成果。

1 电子资料应以1次登记为1件，按件建立电子资料目录；

2 电子登记簿应按宗地(宗海)为单位建立并应与电子资料目录形成关联；

3 不动产登记纸质资料宜进行数字化处理。

19.3.2 纸质资料数字化处理

数字化处理基本流程应包括案卷整理、资料扫描、图像处理、图像存储、数据挂接、数据关联、数据验收、数据备份与异地保存。

数字化扫描处理应符合下列规定：

1 扫描应根据资料幅面的大小选择相应规格的扫描设备，大幅面资料可采用大幅面扫描仪，也可采用小幅面扫描后的图像拼接方式处理；

2 对页面为黑白二色且字迹清晰、不带插图的资料，可采用黑白二值模式进行扫描；对页面为黑白二色，但字迹清晰度差或带有插图的资料，以及页面为多色文字的资料，可采用灰度模式扫描；对页面中有红头、印章或插有黑白照片、彩色照片、彩色插图的资料，可采用彩色模式进行扫描；

3 当采用黑白二值、灰度、彩色等模式对资料进行扫描时，其分辨率宜选择大于或等于100dpi；在文字偏小、密集、清晰度较差等特殊情况下，可适当提高分辨率；

4 对粘贴折页，可采用大幅面扫描仪扫描，或先分部扫描后拼接；对部分字体很小、字迹密集的情况，可适当提高扫描分辨率，选择灰度扫描或彩色扫描，采用局部深化技术解决；对字迹与表格颜色深度不同的，采用局部淡化技术解决；对页面中有黑白或彩色照片的材料，可采用JPEG、TIF等格式储存，应确保照片清晰度。

数字化图像处理应符合下列规定：

1 对出现偏斜的图像应进行纠偏处理；对方向不正确的图像应进行旋转还原；

2 对图像页面中出现的影响图像质量的杂质，应进行去污处理。处理过程中应遵循在不影响可懂度的前提下展现资料原貌的原则；

3 对大幅面资料进行分区扫描形成的多幅图像，应进行拼接处理，合并为一个完整的图像；

4 彩色模式扫描的图像应进行裁边处理，去除多余的白边。

数字化图像存储应符合下列规定：

1 采用黑白二值模式扫描的图像材料，宜采用TIF格式存储；采用灰度模式和彩色模式扫描的材料，宜采用JPEG格式存储。存储时的压缩率的选择，应以保证扫描的图像清晰可读为前提。提供网络查询的扫描图像，也可存储为CEB、PDF或其他格式；

2 图像材料的命名应确保其唯一性，并应与电子资料目录形成对应。

数字化成果汇总应当符合下列规定：

资料数字化转换过程中形成的电子资料目录与数字化图像，应通过网络及时加载到数据服务器端汇总、验收,并应实现目录数据对相关联的数字图像的自动搜索,数字图像的排列顺序与纸质资料相符。

19.3.3 电子资料数据验收

电子资料数据验收应符合下列规定:

1 对录入的目录数据和不动产登记簿数据应进行抽查,抽查率不得低于10%,错误率不得高于3%;

2 对纸质材料扫描后形成的图像材料应进行清晰度、污渍、黑边、偏斜等图像质量问题的控制;

3 对图像和目录数据挂接应进行抽查,抽查率不得低于10%,错误率不得高于3%。

19.3.4 电子资料备份和异地保存

电子资料备份和异地保存应符合下列规定:

1 电子资料目录、电子登记簿以及纸质资料的数字化加工处理成果均应进行备份;

2 可选择在线增量备份、定时完全备份以及异地容灾备份的备份方式;

3 应至少每天1次做好增量数据和材料备份;

4 应至少每周1次定时做好完全备份,并应根据自身条件,应至少每年1次离线存放。存放地点应符合防火、防盗、防高温、防尘、防光、防潮、防有害气体和防有害生物的要求,还应采用专用的防磁柜存放;

5 应建立异地容灾体系,应对可能的灾害事故。异地容灾的数据存放地点与源数据存放地点距离不得小于20km,在地震灾害频发地区,间隔距离不宜小于800km;

6 备份数据应定期进行检验。备份数据检验的主要内容宜包括备份数据正常打开、数据信息完整、材料数量准确等;

7 数据与灾备机房的设计应符合现行国家标准《电子信息系统机房设计规范》GB50174的规定。

20 登记资料查询

20.1 查询主体

下列情形可以依法查询不动产登记资料:

1 权利人可以查询、复制其全部的不动产登记资料;

2 因不动产交易、继承、诉讼等涉及的利害关系人可以查询、复制不动产自然状况、权利人及其不动产查封、抵押、预告登记、异议登记等状况;

3 人民法院、人民检察院、国家安全机关、监察机关以及其他因执行公务需要的国家机关可以依法查询、复制与调查和处理事项有关的不动产登记资料;

4 法律、行政法规规定的其他情形。

查询不动产登记资料的单位和个人应当向不动产登记机构说明查询目的,不得将查询获得的不动产登记资料用于其他目的;未经权利人同意,不得泄露查询获得的不动产登记信息。

20.2 申请材料

申请人申请查询不动产登记资料,应当填写不动产登记机构制定的不动产登记资料查询申请书,并应向不动产登记机构提出申请。查询不动产登记资料提交的材料包括:

1 查询申请书;

2 申请人身份证明材料。委托查询的,应当提交授权委托书和代理人的身份证明材料,境外委托人的授权委托书还要经公证或者认证;

3 利害关系人查询的,提交存在利害关系的材料;

4 人民法院、人民检察院、国家安全机关、监察机关以及其他因执行公务需要的国家机关查询的,应当提供本单位出具的协助查询材料和工作人员的工作证和执行公务的证明文件;

5 法律、行政法规规定的其他材料。

不动产登记簿上记载的权利人通过设置在具体办理不动产登记的不动产登记机构的终端自动系统查询登记结果的,可以不提交上述材料。

20.3 查询条件

符合下列条件的,不动产登记机构应当予以查询或复制不动产登记资料:

1 查询主体到不动产登记机构来查询的;

2 查询的不动产属于本不动产登记机构的管辖范围;

3 查询申请材料齐全,且符合形式要求;

4 查询主体及其内容符合本规范第20.1条的规定;

5 查询目的明确且不违反法律、行政法规规定;

6 法律、行政法规规定的其他条件。

20.4 出具查询结果

查询人要求出具查询结果证明的,不动产登记机构应当审查申请人的查询目的是否明确,审查是否符合本规范第20.3条规定的查询条件。经审查符合查询条件的,按下列程序办理:

1 申请人签字确认申请材料,并承诺查询结果的使用目的和使用范围;

2 向申请人出具查询结果,并在查询结果或者登记资料复印材料上加盖登记资料查询专用章。

20.5 办理时限
符合查询条件的,不动产登记机构应当当场向申请人提供查询结果。因情况特殊,不能当场提供的,应当在5个工作日内向申请人提供查询结果。

附录 A

A.1 不动产登记申请书

不动产登记申请书

收件	编号		收件人		单位:□平方米　□公顷(□亩)、万元
	日期				

申请登记事由	□土地所有权　□国有建设用地使用权　□宅基地使用权　□集体建设用地使用权　□土地承包经营权　□林地使用权　□海域使用权　□无居民海岛使用权　□房屋所有权　□构筑物所有权　□森林、林木所有权　□森林、林木使用权　□抵押权　□地役权　□其他_____
	□首次登记　□转移登记　□变更登记　□注销登记　□更正登记　□异议登记　□预告登记　□查封登记　□其他_____

	登 记 申 请 人			
申请人情况	权利人姓名(名称)			
	身份证件种类		证件号	
	通讯地址		邮　编	
	法定代表人或负责人		联系电话	
	代理人姓名		联系电话	
	代理机构名称			

	登 记 申 请 人			
申请人情况	义务人姓名(名称)			
	身份证件种类		证件号	
	通讯地址		邮　编	
	法定代表人或负责人		联系电话	
	代理人姓名		联系电话	
	代理机构名称			

	坐　落			
不动产情况	不动产单元号		不动产类型	
	面　积		用　途	
	原不动产权属证书号		用海类型	
	构筑物类型		林　种	

续 表

抵押情况	被担保债权数额（最高债权数额）		债务履行期限（债权确定期间）		
	在建建筑物抵押范围				
地役权情况	需役地坐落				
	需役地不动产单元号				
登记原因及证明	登记原因				
	登记原因证明文件	1.			
		2.			
		3.			
		4.			
		5.			
		6.			
申请证书版式		□单一版　□集成版		申请分别持证	□是　□否

备注	

本申请人对填写的上述内容及提交的申请材料的真实性负责。如有不实，申请人愿承担法律责任。

申请人（签章）：　　　　　　　　　　　申请人（签章）：
代理人（签章）：　　　　　　　　　　　代理人（签章）：
　　年　月　日　　　　　　　　　　　　　年　月　日

不动产登记申请书使用和填写说明

一、使用说明

不动产登记申请书主要内容包括登记收件情况、申请登记事由、申请人情况、不动产情况、抵押情况、地役权情况、登记原因及其证明情况、申请的证书版式及持证情况、不动产登记情况。

不动产登记申请书为示范表格，各地可参照使用，也可以根据实际情况，从便民利民和方便管理出发，进行适当调整。

二、填写说明

【收件编号、时间】填写登记收件的编号和时间。

【收件人】填写登记收件人的姓名。

【登记申请事由】用勾选的方式，选择申请登记的权利或事项及登记的类型。

【权利人、义务人姓名（名称）】填写权利人和义务人身份证件上的姓名或名称。

【身份证件种类、证件号】填写申请人身份证件的种类及编号。境内自然人一般为《居民身份证》，无《居民身份证》的，可以为《户口簿》《军官证》《士官证》；法人或非法人组织一般为《营业执照》《组织机构代码证》《事业单位法人证书》《社会团体法人登记证书》。港澳同胞的为《居民身份证》《港澳居民来往内地通行证》或《港澳同胞回乡证》；台湾同胞的为《台湾居民来往大陆通行证》或其他有效证件。外籍人的身份证件为《护照》和中国政府主管机关签发的居留证件。

【通讯地址、邮编】填写规范的通讯地址、邮政编码。

【法定代表人或负责人】申请人为法人单位的，填写法定代表人姓名；为非法人单位的，填写负责人姓名。

【代理人姓名】填写代权利人申请登记的代理人姓名。

【代理机构名称】代理人为专业登记代理机构的，填写其所属的代理机构名称，否则不填。

【联系电话】填写登记申请人或者登记代理人的联系电话。

【坐落】填写宗地、宗海所在地的地理位置名称。涉及地上房屋的，填写有关部门依法确定的房屋坐落，一般包括街道名称、门牌号、幢号、楼层号、房号等。

【不动产单元号】填写不动产单元的编号。

【不动产类型】填写土地、海域、无居民海岛、房屋、建筑物、构筑物或者森林、林木等。

【面积】填写不动产单元的面积。涉及宗地、宗海及房屋、构筑物的，分别填写宗地、宗海及房屋、构筑物的面积。

【用途】填写不动产单元的用途。涉及宗地、宗海及房屋、构筑物的，分别填写宗地、宗海及房屋、构筑物的用途。

【原不动产权属证书号】填写原来的不动产权证书或者登记证明的编号。

【用海类型】填写《海域使用分类体系》用海类型的二级分类。

【构筑物类型】填写构筑物的类型，包括隧道、桥梁、水塔等地上构筑物类型，透水构筑物、非透水构筑物、跨海桥梁、海底隧道等海上构筑物类型。

【林种】填写森林种类，包括防护林、用材林、经济林、薪炭林、特种用途林等。

【被担保债权数额（最高债权数额）】填写被担保的主债权金额。

【债务履行期限（债权确定期间）】填写主债权合同中约定的债务人履行债务的期限。

【在建建筑物抵押范围】填写抵押合同约定的在建建筑物抵押范围。

【需役地坐落、不动产单元号】填写需役地所在的坐落及其不动产单元号。

【登记原因】填写不动产权利首次登记、转移登记、变更登记、注销登记、更正登记等的具体原因。

【登记原因证明文件】填写申请登记提交的登记原因证明文件。

【申请证书版式】用勾选的方式选择单一版或者集成版。

【申请分别持证】用勾选的方式选择是或者否。

【备注】可以填写登记申请人在申请中认为需要说明的其他事项。

A.2 通知书、告知书
A.2.1 不动产登记受理凭证

不动产登记受理凭证

编号：

_____：
　　____年___月___日,收到你(单位)_____(不动产坐落及登记类型)_____以下申请登记材料,经核查,现予受理。
　　本申请登记事项办理时限为:自受理之日起至_____年___月___日止。请凭本凭证、身份证明领取办理结果。

已提交的申请材料	份　　数	材料形式
		□原件　□复印件
		□原件　□复印件
		□原件　□复印件
		□原件　□复印件
		□原件　□复印件
		□原件　□复印件
		□原件　□复印件

登记机构:(印　章)
年　　月　　日

以下内容在领取登记结果时填写
登记结果:
领　取　人:
领取日期:

A.2.2 不动产登记不予受理告知书

不动产登记不予受理告知书

编号：

_____：
　　____年___月___日,你(单位)申请的_____(不动产坐落及登记类型)_____,提交材料清单如下:
　　1._____
　　2._____
　　3._____
　　4._____
　　5._____

6. _____
7. _____
8. _____
9. _____

经核查,上述申请因□申请登记材料不齐全;□申请登记材料不符合法定形式;□申请登记的不动产不属于本机构登记管辖范围;□不符合法律法规规定的其他情形,按照《不动产登记暂行条例》第十七条的规定,决定不予受理。具体情况如下:_____

_____。

若对不予受理的决定不服,可自收到本告知书之日起60日内向行政复议机关申请行政复议,或者在收到本告知书之日起6个月内向人民法院提起行政诉讼。

登记机构:(印　章)
年　月　日

收件人签字:_____
申请人签字:_____

A.2.3　不动产登记补充材料通知书

不动产登记补充材料通知书

编号:_____

_____:
_____年___月___日,收到你(单位)_____(不动产坐落及登记类型)_____
___申请,受理编号为_____。经核查,因所提交的申请材料尚不足以证明申请登记相关事项,按照《不动产登记暂行条例》第十七条的规定,请补充以下申请材料:

需补充的申请材料	份　数	材料形式
		□原件　□复印件
		□原件　□复印件
		□原件　□复印件
		□原件　□复印件
		□原件　□复印件
		□原件　□复印件
		□原件　□复印件

请按照上述要求补正材料并送达不动产登记机构,补正材料时间不计入登记办理时限。

登记机构:(印　章)
年　月　日

收件人签字:_____
申请人签字:_____

A.2.4　不动产登记补充材料接收凭证

不动产登记补充材料接收凭证

编号：

_____：

　　____年____月____日，收到你（单位）受理编号为_____的补正材料，具体如下：

已补正的文件资料	份　　数	材料形式
		□原件　□复印件
		□原件　□复印件
		□原件　□复印件
		□原件　□复印件
		□原件　□复印件
		□原件　□复印件
		□原件　□复印件
		□原件　□复印件
		□原件　□复印件

登记机构：（印　章）

年　　月　　日

收件人签字：_____

申请人签字：_____

注：登记办理时限自补充申请材料之日起重新计算。

A.2.5　不予登记告知书

不予登记告知书

编号：

_____：

　　____年____月____日，收到你（单位）_____（不动产坐落及登记类型）申请，受理编号为：_____。经审查，因　□违反法律、行政法规规定　□存在尚未解决的权属争议　□申请登记的不动产权利超过规定期限　□法律、行政法规规定不予登记的其他情形，根据《不动产登记暂行条例》第二十二条的规定，决定不予登记。具体情况如下：_____。

　　若对本决定内容不服，可自收到本告知书之日起60日内向行政复议机关申请行政复议，或者在收到本告知书之日起6个月内向人民法院提起行政诉讼。

登记机构：（印　章）

年　　月　　日

收件人签字:_____
申请人签字:　　年　　月　　日
注:申请材料已留复印件存档。

A.2.6　不动产登记申请材料退回通知书

不动产登记申请材料退回通知书

编号:_____

_____:
　　由于_____,根据《不动产登记暂行条例实施细则》第十三条的规定,本登记机构将你(单位)_____(不动产坐落及登记类型)_____的申请材料退回。

退回的申请材料	份　数	材料形式
		□原件　□复印件
		□原件　□复印件
		□原件　□复印件
		□原件　□复印件
		□原件　□复印件
		□原件　□复印件
		□原件　□复印件
		□原件　□复印件

登记人员签字:_____
申请人签字:_____
签收日期:_____
注:申请材料已留复印件存档。

A.2.7　不动产更正登记通知书

不动产更正登记通知书

编号:_____

_____:
　　因不动产登记簿记载事项错误,请你自接到本通知之日起的30个工作日内持本人身份证明材料和不动产权属证书等申请办理更正登记。逾期未申请办理的,我机构将根据《不动产登记暂行条例实施细则》第八十一条的规定,对不动产登记簿记载的错误事项进行更正登记。
　　更正内容如下:_____(应当说明原错误的具体内容和更正后的内容)
_____。

登记机构:(印　章)
年　　月　　日

A.3 公告文书
A.3.1 不动产首次登记公告

不动产首次登记公告

编号：

经初步审定，我机构拟对下列不动产权利予以首次登记，根据《不动产登记暂行条例实施细则》第十七条的规定，现予公告。如有异议，请自本公告之日起十五个工作日内(＿＿＿年＿＿月＿＿日之前)将异议书面材料送达我机构。逾期无人提出异议或者异议不成立的，我机构将予以登记。

异议书面材料送达地址：＿＿＿＿＿＿＿＿＿＿＿＿＿＿＿＿＿＿＿＿＿＿＿＿

联系方式：＿＿＿＿＿＿＿＿＿＿＿＿＿＿＿＿＿＿＿＿＿＿＿＿＿＿＿＿＿＿＿

序号	权利人	不动产权利类型	不动产坐落	不动产单元号	不动产面积	用途	备注
1							
2							
3							

公告单位：
年　月　日

A.3.2 不动产更正登记公告

不动产更正登记公告

编号：

根据《不动产登记暂行条例实施细则》第八十一条的规定，拟对下列不动产登记簿的部分内容予以更正，现予公告。如有异议，请自本公告之日起十五个工作日内(＿＿＿年＿＿月＿＿日之前)将异议书面材料送达我机构。逾期无人提出异议或者异议不成立的，我机构将予以更正登记。

异议书面材料送达地址：＿＿＿＿＿＿＿＿＿＿＿＿＿＿＿＿＿＿＿＿＿＿＿＿

联系方式：＿＿＿＿＿＿＿＿＿＿＿＿＿＿＿＿＿＿＿＿＿＿＿＿＿＿＿＿＿＿＿

序号	不动产坐落	更正内容	备注
1			
2			
3			

公告单位：
年　月　日

A.3.3 不动产权证书/登记证明作废公告

不动产权证书/登记证明作废公告

编号：

因我机构无法收回下列不动产权证书或不动产登记证明，根据《不动产登记暂行条例实施细则》第二十三条的规定，现公告作废。

序号	不动产权证书或不动产登记证明号	权利人	不动产权利类型	不动产单元号	不动产坐落	备注
1						
2						
3						

公告单位：
年　月　日

A.3.4 不动产权证书/登记证明遗失(灭失)声明

不动产权证书/登记证明遗失(灭失)声明

_____因保管不善，将_____号不动产权证书或不动产登记证明遗失(灭失)，根据《不动产登记暂行条例实施细则》第二十二条的规定申请补发，现声明该不动产权证书或不动产登记证明作废。
特此声明。

声明人：
年　月　日

A.4 不动产实地查看记录表

不动产实地查看记录表

不动产权利类型		申请人申请登记事项		业务编号	
不动产坐落(名称)					
查看内容	□ 查看拟登记的房屋等建筑物、构筑物坐落及其建造完成等情况 □ 查看拟抵押的在建建筑物坐落及其建造等情况 □ 查看不动产灭失等情况 □ 因_____， 　查看_____。				

续表

查看结果及其说明	
查看人员签字	年　　月　　日
备注	1. 现场照片应当能清晰显示被查看不动产的坐落(如永久性的标志物),应能体现查看结果; 2. 现场查看证据材料可粘贴附页; 3. 查看人员需两人,用黑色钢笔或签字笔签字。

A.5　询问记录

询问记录

受理编号:_____　　询问人:_____

1. 申请登记事项是否为申请人的真实意思表示?
回答:(请填写是或否)

2. 申请登记的不动产是共有,还是单独所有?
回答:(请填写共有或单独所有)

3. 申请登记的不动产是按份共有,还是共同共有?
回答:(共有情况下,请填写是按份共有或共同共有)

4. 申请登记的不动产共有份额情况?
回答:(按份共有情况下,请填写具体份额。共同共有人不填写本栏)

5. 申请异议登记时,权利人是否同意办理更正登记?
回答:(申请异议登记时填写,申请其他登记不填写本栏)

6. 申请异议登记时,是否已知悉异议不当应承担的责任?
回答:(申请异议登记时填写,申请其他登记不填写本栏)

7. 申请本次转移登记时,其他按份共有人是否同意。
回答:(受让人为其他按份共有人以外的第三人时填写)

8.其他需要询问的有关事项：

经被询问人确认，以上询问事项均回答真实、无误。

被询问人签名(签章)：
年　　月　　日

A.6 不动产登记资料查询文书
A.6.1 不动产登记资料查询申请书

不动产登记资料查询申请书

编号：

查询申请人	姓名(名称)		证件类型及号码	
			联系电话	
	代理人		证件类别及号码	
			联系电话	
	类别	□不动产权利人 □人民法院、人民检察院、国家安全机关、公安机关、监察机关等国家机关 □利害关系人			
提交的申请材料	□查询人身份证明　□工作证或执行公务的证明文件(仅适用国家机关) □授权委托书及代理人身份证明(委托查询的需提交) □存在利害关系的证明材料(查询人为利害关系人的需提交) □协助查询文件(仅适用国家机关) □其他＿＿＿＿＿＿＿＿＿＿＿＿＿＿＿＿			
查询目的或用途				
需查询的不动产及查询内容	不动产坐落： 不动产权证书或不动产登记证明号： □不动产自然状况　□不动产权利人　□不动产权利内容 □不动产查封登记　□不动产抵押登记　□不动产预告登记　□不动产异议登记 □其他＿＿＿＿＿＿＿＿＿＿＿＿＿＿			
查询结果要求	□查阅　□抄录　□复制　□出具查询结果证明			
承诺：本表填写内容以及提交的申请材料真实、合法、有效，并严格按照有关要求查阅、利用不动产登记资料，严格按照查询目的使用查询结果。如有虚假或违反，由本人(单位)承担相关法律责任。 <div style="text-align: right;">查询申请人： ＿＿＿年＿＿月＿＿日</div>				

A.6.2 不动产登记资料查询受理凭证

不动产登记资料查询受理凭证

编号：

_____：

　　_____年___月___日，收到你(单位)提交的不动产登记查询申请材料。经核查，申请登记材料齐全且符合法定形式，现予以受理。

已提交的文件资料	件　数	材料介质
		□原件　□复印件
		□原件　□复印件
		□原件　□复印件
		□原件　□复印件
		□原件　□复印件
		□原件　□复印件
		□原件　□复印件
		□原件　□复印件
		□原件　□复印件

办理时限为：自受理之日起5个工作日。请你(单位)凭本受理通知书、身份证明领取查询结果。

登记机构：(印　章)
年　　月　　日

收件人签字：_____
查询人签字：_____

A.6.3 不动产登记资料查询不予受理告知书

不动产登记资料查询不予受理告知书

编号：

_____：

　　_____年___月___日，收到你(单位)提交的不动产登记查询材料，申请查询_____，查询目的为_____。提交的清单如下：

1. _____
2. _____
3. _____
4. _____
5. _____

经核查，上述□不动产不属于本机构管辖范围；□申请材料不符合规定；□申请查询的主体或查询事项不符合规定；□申请查询的目的不合法；□违反法律、行政法规有关规定，决定不予受理。具体情况如下：_____

若对本决定内容不服,可自接到本告知书之日起 60 日内向行政复议机关申请行政复议,或者在收到本告知书之日起 6 个月内向人民法院提起行政诉讼。

登记机构:(印　章)

年　　月　　日

收件人签字:_____
查询人签字:_____

A.6.4　不动产登记资料查询结果证明

不动产登记资料查询结果证明

编号:_____

_____:
_____年___月___日,你(单位)提出不动产登记资料查询申请,受理编号为_____。
经查询,结果如下:_____
_____。

登记机构:(印　章)

年　　月　　日

领取人:_____
领取日期:_____

A.7　授权委托书

授权委托书

委托人:_____	法定代表人:_____
身份证明类型:_____	证件号码:_____
联系地址:_____	邮政编码:_____
电话:_____	
受托人:_____	法定代表人:_____
身份证明类型:_____	证件号码:_____
联系地址:_____	邮政编码:_____
电话:_____	

委托期限:_____年___月___日至_____年___月___日。

现委托人委托_____为合法代理人,代表委托人办理坐落于_____之不动产的以下事项:
1._____
2._____
3._____
4._____

5._____
受托人在其权限范围内依法所作的一切行为,接受问询的行为及签署的一切文件,委托人均予以承认。

委托人签名(或盖章):　　　　　　　　　　　　受托人签名(或盖章):
　　年　　月　　日　　　　　　　　　　　　　　　年　　月　　日

A.8　承诺书

承诺书

监护人:_____　　　法定代表人:_____
身份证明类型:_____　　　证件号码:_____
联系地址:_____　　　邮政编码:_____
电话:_____
被监护人:_____　　　法定代表人:_____
身份证明类型:_____　　　证件号码:_____
联系地址:_____　　　邮政编码:_____
电话:_____

监护人现承诺,对被监护人不动产权(不动产坐落:_____)所进行的处分(处分的类型:_____)是为被监护人的利益且自愿承担由此产生的一切法律责任。

签名(盖章):
　年　月　日

A.9　继承(受遗赠)不动产登记具结书

继承(受遗赠)不动产登记具结书

申请人:_____身份证明号码_____
被继承人(遗赠人):_____身份证明号码_____

申请人_____因继承(受遗赠)被继承人(遗赠人)的不动产权,于_____年___月___日向_____(不动产登记机构)_____申请办理不动产登记,并提供了_____等申请材料,并保证以下事项的真实性:
一、被继承人(遗赠人)_____于_____年___月___日_____死亡。
二、被继承人(遗赠人)的不动产坐落于_____。
三、被继承人(遗赠人)的不动产权由_____继承(受遗赠)。
四、除第三项列举的继承人(受遗赠人)外,其他继承人放弃继承权或者无其他继承人(受遗赠人)。
以上情况如有不实,本人愿承担一切法律责任,特此具结。

具结人签名(盖章):
　年　月　日

不动产登记资料查询暂行办法

- 2018年3月2日国土资源部令第80号公布
- 根据2019年7月24日《自然资源部关于第一批废止和修改的部门规章的决定》修订

第一章 总 则

第一条 为了规范不动产登记资料查询活动,加强不动产登记资料管理、保护和利用,维护不动产交易安全,保护不动产权利人的合法权益,根据《中华人民共和国物权法》《不动产登记暂行条例》等法律法规,制定本办法。

第二条 本办法所称不动产登记资料,包括:
（一）不动产登记簿等不动产登记结果;
（二）不动产登记原始资料,包括不动产登记申请书、申请人身份材料、不动产权属来源、登记原因、不动产权籍调查成果等材料以及不动产登记机构审核材料。

不动产登记资料由不动产登记机构负责保存和管理。

第三条 县级以上人民政府不动产登记机构负责不动产登记资料查询管理工作。

第四条 不动产权利人、利害关系人可以依照本办法的规定,查询、复制不动产登记资料。

不动产权利人、利害关系人可以委托律师或者其他代理人查询、复制不动产登记资料。

第五条 不动产登记资料查询,遵循依法、便民、高效的原则。

第六条 不动产登记机构应当加强不动产登记信息化建设,以不动产登记信息管理基础平台为基础,通过运用互联网技术、设置自助查询终端、在相关场所设置登记信息查询端口等方式,为查询人提供便利。

第二章 一般规定

第七条 查询不动产登记资料,应当在不动产所在地的市、县人民政府不动产登记机构进行,但法律法规另有规定的除外。

查询人到非不动产所在地的不动产登记机构申请查询的,该机构应当告知其到相应的机构查询。

不动产登记机构应当提供必要的查询场地,并安排专门人员负责不动产登记资料的查询、复制和出具查询结果证明等工作。

申请查询不动产登记原始资料,应当优先调取数字化成果,确有需求和必要,可以调取纸质不动产登记原始资料。

第八条 不动产权利人、利害关系人申请查询不动产登记资料,应当提交查询申请书以及不动产权利人、利害关系人的身份证明材料。

查询申请书应当包括下列内容:
（一）查询主体;
（二）查询目的;
（三）查询内容;
（四）查询结果要求;
（五）提交的申请材料清单。

第九条 不动产权利人、利害关系人委托代理人代为申请查询不动产登记资料的,被委托人应当提交双方身份证明原件和授权委托书。

授权委托书中应当注明双方姓名或者名称、公民身份号码或者统一社会信用代码、委托事项、委托时限、法律义务、委托日期等内容,双方签字或者盖章。

代理人受委托查询、复制不动产登记资料的,其查询、复制范围由授权委托书确定。

第十条 符合查询条件,查询人需要出具不动产登记资料查询结果证明或者复制不动产登记资料的,不动产登记机构应当当场提供。因特殊原因不能当场提供的,应当在5个工作日内向查询人提供。

查询结果证明应当注明出具的时间,并加盖不动产登记机构查询专用章。

第十一条 有下列情形之一的,不动产登记机构不予查询,并出具不予查询告知书:
（一）查询人提交的申请材料不符合本办法规定的;
（二）申请查询的主体或者查询事项不符合本办法规定的;
（三）申请查询的目的不符合法律法规规定的;
（四）法律、行政法规规定的其他情形。

查询人对不动产登记机构出具的不予查询告知书不服,可以依法申请行政复议或者提起行政诉讼。

第十二条 申请查询的不动产登记资料涉及国家秘密的,不动产登记机构应当按照保守国家秘密法等有关规定执行。

第十三条 不动产登记机构应当建立查询记录簿,做好查询记录工作,记录查询人、查询目的或者用途、查询时间以及复制不动产登记资料的种类、出具的查询结果证明情况等。

第三章 权利人查询

第十四条 不动产登记簿上记载的权利人可以查询本不动产登记结果和本不动产登记原始资料。

第十五条　不动产权利人可以申请以下列索引信息查询不动产登记资料,但法律法规另有规定的除外:

(一)权利人的姓名或者名称、公民身份号码或者统一社会信用代码等特定主体身份信息;

(二)不动产具体坐落位置信息;

(三)不动产权属证书号;

(四)不动产单元号。

第十六条　不动产登记机构可以设置自助查询终端,为不动产权利人提供不动产登记结果查询服务。

自助查询终端应当具备验证相关身份证明以及出具查询结果证明的功能。

第十七条　继承人、受遗赠人因继承和受遗赠取得不动产权利的,适用本章关于不动产权利人查询的规定。

前款规定的继承人、受遗赠人查询不动产登记资料的,除提交本办法第八条规定的材料外,还应当提交被继承人或者遗赠人死亡证明、遗嘱或者遗赠抚养协议等可以证明继承或者遗赠行为发生的材料。

第十八条　清算组、破产管理人、财产代管人、监护人等依法有权管理和处分不动产权利的主体,参照本章规定查询相关不动产权利人的不动产登记资料。

依照本条规定查询不动产登记资料的,除提交本办法第八条规定的材料,还应当提交依法有权处分该不动产的材料。

第四章　利害关系人查询

第十九条　符合下列条件的利害关系人可以申请查询有利害关系的不动产登记结果:

(一)因买卖、互换、赠与、租赁、抵押不动产构成利害关系的;

(二)因不动产存在民事纠纷且已经提起诉讼、仲裁而构成利害关系的;

(三)法律法规规定的其他情形。

第二十条　不动产的利害关系人申请查询不动产登记结果的,除提交本办法第八条规定的材料外,还应当提交下列利害关系证明材料:

(一)因买卖、互换、赠与、租赁、抵押不动产构成利害关系的,提交买卖合同、互换合同、赠与合同、租赁合同、抵押合同;

(二)因不动产存在相关民事纠纷且已经提起诉讼或者仲裁而构成利害关系的,提交受理案件通知书、仲裁受理通知书。

第二十一条　有买卖、租赁、抵押不动产意向,或者拟就不动产提起诉讼或者仲裁等,但不能提供本办法第二十条规定的利害关系证明材料的,可以提交本办法第八条规定材料,查询相关不动产登记簿记载的下列信息:

(一)不动产的自然状况;

(二)不动产是否存在共有情形;

(三)不动产是否存在抵押权登记、预告登记或者异议登记情形;

(四)不动产是否存在查封登记或者其他限制处分的情形。

第二十二条　受本办法第二十一条规定的当事人委托的律师,还可以申请查询相关不动产登记簿记载的下列信息:

(一)申请验证所提供的被查询不动产权利主体名称与登记簿的记载是否一致;

(二)不动产的共有形式;

(三)要求办理查封登记或者限制处分机关的名称。

第二十三条　律师受当事人委托申请查询不动产登记资料的,除提交本办法第八条、第九条规定的材料外,还应当提交律师证和律师事务所出具的证明材料。

律师持人民法院的调查令申请查询不动产登记资料的,除提交本办法第八条规定的材料外,还应当提交律师证、律师事务所出具的证明材料以及人民法院的调查令。

第二十四条　不动产的利害关系人可以申请以下列索引信息查询不动产登记资料:

(一)不动产具体坐落位置;

(二)不动产权属证书号;

(三)不动产单元号。

每份申请书只能申请查询一个不动产登记单元。

第二十五条　不动产利害关系人及其委托代理人,按照本办法申请查询的,应当承诺不将查询获得的不动产登记资料、登记信息用于其他目的,不泄露查询获得的不动产登记资料、登记信息,并承担由此产生的法律后果。

第五章　登记资料保护

第二十六条　查询人查询、复制不动产登记资料的,不得将不动产登记资料带离指定场所,不得拆散、调换、抽取、撕毁、污损不动产登记资料,也不得损坏查询设备。

查询人有前款行为的,不动产登记机构有权禁止该查询人继续查询不动产登记资料,并可以拒绝为其出具查询结果证明。

第二十七条　已有电子介质,且符合下列情形之一的纸质不动产登记原始资料可以销毁:

(一)抵押权登记、地役权登记已经注销且自注销之日起满五年的；

（二）查封登记、预告登记、异议登记已经注销且自注销之日起满五年的。

第二十八条 符合本办法第二十七条规定销毁条件的不动产登记资料应当在不动产登记机构指定的场所销毁。

不动产登记机构应当建立纸质不动产登记资料销毁清册，详细记录被销毁的纸质不动产登记资料的名称、数量、时间、地点，负责销毁以及监督销毁的人员应当在清册上签名。

第六章 罚 则

第二十九条 不动产登记机构及其工作人员违反本办法规定，有下列行为之一，对有关责任人员依法给予处分；涉嫌构成犯罪的，移送有关机关依法追究刑事责任：

（一）对符合查询、复制不动产登记资料条件的申请不予查询、复制，对不符合查询、复制不动产登记资料条件的申请予以查询、复制的；

（二）擅自查询、复制不动产登记资料或者出具查询结果证明的；

（三）泄露不动产登记资料、登记信息的；

（四）利用不动产登记资料进行不正当活动的；

（五）未履行对不动产登记资料的安全保护义务，导致不动产登记资料、登记信息毁损、灭失或者被他人篡改，造成严重后果的。

第三十条 查询人违反本办法规定，有下列行为之一，构成违反治安管理行为的，移送公安机关依法给予治安管理处罚；涉嫌构成犯罪的，移送有关机关依法追究刑事责任：

（一）采用提供虚假材料等欺骗手段申请查询、复制不动产登记资料的；

（二）泄露不动产登记资料、登记信息的；

（三）遗失、拆散、调换、抽取、污损、撕毁不动产登记资料的；

（四）擅自将不动产登记资料带离查询场所、损坏查询设备的；

（五）因扰乱查询、复制秩序导致不动产登记机构受损失的；

（六）滥用查询结果证明的。

第七章 附 则

第三十一条 有关国家机关查询复制不动产登记资料以及国家机关之间共享不动产登记信息的具体办法另行规定。

第三十二条 《不动产登记暂行条例》实施前已经形成的土地、房屋、森林、林木、海域等登记资料，属于不动产登记资料。不动产登记机构应当依照本办法的规定提供查询。

第三十三条 公民、法人或者其他组织依据《中华人民共和国政府信息公开条例》，以申请政府信息公开的方式申请查询不动产登记资料的，有关自然资源主管部门应当告知其按照本办法的规定申请不动产登记资料查询。

第三十四条 本办法自公布之日起施行。2002年12月4日国土资源部公布的《土地登记资料公开查询办法》（国土资源部令第14号）同时废止。

城市房地产权属档案管理办法

· 2001年8月29日建设部令第101号公布
· 自2001年12月1日起施行

第一章 总 则

第一条 为了加强城市房地产权属档案管理，保障房地产权利人的合法权益，有效保护和利用城市房地产权属档案，根据《中华人民共和国城市房地产管理法》、《中华人民共和国档案法》、《中华人民共和国档案法实施办法》等法律法规，制定本办法。

第二条 本办法适用于城市规划区国有土地范围内房地产权属档案的管理。

第三条 房地产权属档案是城市房地产行政主管部门在房地产权属登记、调查、测绘、权属转移、变更等房地产权属管理工作中直接形成的有保存价值的文字、图表、声像等不同形式的历史记录，是城市房地产权属登记管理工作的真实记录和重要依据，是城市建设档案的组成部分。

第四条 国务院建设行政主管部门负责全国城市房地产权属档案管理工作。

省、自治区人民政府建设行政主管部门负责本行政区域内的房地产权属档案的管理工作。

直辖市、市、县人民政府房地产行政主管部门负责本行政区域内的房地产权属档案的管理工作。

房地产权属档案管理业务上受同级城市建设档案管理部门的监督和指导。

第五条 市（县）人民政府房地产行政主管部门应当根据房地产权属档案管理工作的需要，建立房地产权属档案管理机构,配备专职档案管理人员,健全工作制度,配备必要的安全保护设施,确保房地产权属档案的完整、准确、安全和有效利用。

第六条 从事房地产权属档案管理的工作人员经过业务培训后,方可上岗。

第二章 房地产权属档案的收集、整理和归档

第七条 房地产权属登记管理部门应当建立健全房地产权属文件材料的收集、整理、归档制度。

第八条 下列文件材料属于房地产权属档案的归档范围:

一、房地产权利人、房地产权属登记确权、房地产权属转移及变更、设定他项权利等有关的证明和文件。

(一)房地产权利人(自然人或法人)的身份(资格)证明、法人代理人的身份证明、授权委托书等;

(二)建设工程规划许可证、建设用地规划许可证、土地使用权证书或者土地来源证明、房屋拆迁批件及补偿安置协议书、联建或者统建合同、翻改扩建及固定资产投资批准文件,房屋竣工验收有关材料等;

(三)房地产买卖合同书、房产继承书、房产赠与书、房产析产协议书、房产交换协议书、房地产调拨凭证、有关房产转移的上级批件、有关房产的判决、裁决、仲裁文书及公证文书等;

(四)设定房地产他项权利的有关合同、文件等。

二、房屋及其所占用的土地使用权权属界定位置图;房地产分幅平面图、分丘平面图、分层分户平面图等。

三、房地产产权登记工作中形成的各种文件材料,包括房产登记申请书、收件收据存根、权属变更登记表、房地产状况登记表、房地产勘测调查表、墙界表、房屋面积计算表、房地产登记审批表、房屋灭籍申请表、房地产税费收据存根等。

四、反映和记载房地产权属状况的信息资料,包括统计报表、摄影片、照片、录音带、录像带、缩微胶片、计算机软盘、光盘等。

五、其他有关房地产权属的文件材料,包括房地产权属冻结文件、房屋权属代管文件、历史形成的各种房地产权证、契证、账、册、表、卡等。

第九条 每件(宗)房地产权属登记工作完成后,权属登记人员应当及时将整理好的权属文件材料,经权属登记负责人审查后,送交房地产权属档案管理机构立卷归档。任何单位和个人都不得将房地产权属文件材料据为己有或者拒不归档。国家规定不得归档的材料,禁止归档。

第十条 归档的有关房地产权属的资料,应当是原件;原件已存城市建设档案馆或者经房地产管理部门批准认定的,可以是复印、复制件。复印、复制件应当由经办人与原件校对、签章,并注明校对日期及原件的存放处。

第十一条 归档的房地产权属材料,应当做到书写材料合乎标准、字迹工整、内容规范、图形清晰、数据准确、符合档案保护的要求。

第十二条 房地产权属档案管理机构应当按照档案管理的规定对归档的各种房地产权属档案材料进行验收,不符合要求的,不予归档。

第三章 房地产权属档案的管理

第十三条 房地产权属档案管理机构对归档的房地产权属文件材料应当及时进行登记、整理、分类编目、划分密级、编制检索工具。

第十四条 房地产权属档案应当以丘为单元建档。丘号的编定按照国家《房产测量规范》标准执行。

第十五条 房地产权属档案应当以房地产权利人(即权属单元)为宗立卷。卷内文件排列,应当按照房地产权属变化、产权文件形成时间及权属文件主次关系为序。

第十六条 房地产权属档案管理机构应当掌握房地产权属变化情况,及时补充有关权属档案材料,保持房地产权属档案与房地产权属现状的一致。

第十七条 房地产权属档案管理人员应当严格执行权属档案管理的有关规定,不得擅自修改房地产权属档案。确需变更和修改的,应当经房地产权属登记机关批准,按照规定程序进行。

第十八条 房地产权属档案应当妥善保存,定期检查和鉴定。对破损或者变质的档案,应当及时修复;档案毁损或者丢失,应当采取补救措施。未经批准,任何人不得以任何借口擅自销毁房地产权属档案。

第十九条 保管房地产权属档案应当配备符合设计规范的专用库房,并按照国家《档案库房技术管理暂行规定》实施管理。

第二十条 房地产权属档案管理应当逐步采用新技术、新设备,实现管理现代化。

第二十一条 房地产权属档案管理机构应当与城市建设档案管理机构密切联系,加强信息沟通,逐步实现档案信息共享。

第二十二条 房地产权属档案管理机构的隶属关系及档案管理人员发生变动,应当及时办理房地产权属档

案的交接手续。

第二十三条 房屋自然灭失或者依法被拆除后，房地产权属档案管理机构应当自档案整理归档完毕之日起15日内书面通知城市建设档案馆。

第四章 房地产权属档案的利用

第二十四条 房地产权属档案管理机构应当充分利用现有的房地产权属档案，及时为房地产权属登记、房地产交易、房地产纠纷仲裁、物业管理、房屋拆迁、住房制度改革、城市规划、城市建设等各项工作提供服务。

第二十五条 房地产权属档案管理机构应当严格执行国家档案管理的保密规定，防止房地产权属档案的散失、泄密；定期对房地产权属档案的密级进行审查，根据有关规定，及时调整密级。

第二十六条 查阅、抄录和复制房地产权属档案材料应当履行审批手续，并登记备案。

涉及军事机密和其他保密的房地产权属档案，以及向境外团体和个人提供的房地产权属档案应当按照国家安全、保密等有关规定保管和利用。

第二十七条 向社会提供利用房地产权属档案，可以按照国家有关规定，实行有偿服务。

第五章 法律责任

第二十八条 有下列行为之一的，由县级以上人民政府房地产行政主管部门对直接负责的主管人员或者其他直接责任人员依法给予行政处分；构成犯罪的，依法追究刑事责任：

（一）损毁、丢失房地产权属档案的；

（二）擅自提供、抄录、公布、销毁房地产权属档案的；

（三）涂改、伪造房地产权属档案的；

（四）擅自出卖或者转让房地产权属档案的；

（五）违反本办法第九条规定，不按照规定归档的；

（六）档案管理工作人员玩忽职守，造成房地产权属档案损失的。

第二十九条 违反《中华人民共和国档案法》、《中华人民共和国档案法实施办法》以及本办法的规定，造成房地产权属档案损失的，由县级以上人民政府房地产行政主管部门根据损失档案的价值，责令赔偿损失。

第三十条 有下列行为之一的，按照有关法律法规的规定处罚：

（一）在利用房地产权属档案的过程中，损毁、丢失、涂改、伪造房地产权属档案或者擅自提供、抄录、公布、销毁房地产权属档案的；

（二）企事业组织或者个人擅自出卖或者转让房地产权属档案的。

第六章 附则

第三十一条 房地产权属档案管理机构的设置、编制、经费，房地产权属档案管理工作人员的职称、奖惩办法等参照国家档案管理的有关规定执行。

第三十二条 城市规划区集体土地范围内和城市规划区外土地上的房地产权属档案管理可以参照本办法执行。

第三十三条 各省、自治区人民政府建设行政主管部门、直辖市房地产行政主管部门可以根据本办法制定实施细则。

第三十四条 本办法由国务院建设行政主管部门负责解释。

第三十五条 本办法自2001年12月1日起施行。

国土资源部、住房城乡建设部关于房屋交易与不动产登记衔接有关问题的通知

· 2017年9月11日
· 国土资发〔2017〕108号

各省、自治区、直辖市国土资源主管部门、住房城乡建设厅（建委、房地局）：

为全面落实国务院领导批示精神，加强部门衔接，解决不动产登记"中梗阻"问题，切实做到便民利民，根据《不动产登记暂行条例》及其实施细则、《中央编办关于整合不动产登记职责的通知》（中央编办发〔2013〕134号）、《国土资源部 住房城乡建设部关于做好不动产统一登记与房屋交易管理衔接的指导意见》（国土资发〔2015〕90号）等法规规章政策，现就房屋交易与不动产登记衔接有关问题通知如下。

一、关于资料移交共享

（一）不动产统一登记制度实施前已经形成的房屋登记纸质资料要移交至不动产登记机构，确实难以拆分移交的，应复制移交，复制移交的资料应与原件一致，并于年底前全面复制移交到位。

（二）为避免重复建设，保证房屋交易与不动产登记使用电子数据的一致性，房屋登记的电子数据应完整地拷贝给不动产登记机构，并于9月底前全面完成。

二、关于交易登记业务衔接

对于房屋交易与不动产登记机构分设的地方，要按

照"进一个门、跑一次路"的原则,实现房屋交易与不动产登记的有效衔接,切实做到便民利民。

(一)一个窗口受理。两部门进驻同一个服务大厅,设置同一个受理窗口,将房屋交易和不动产登记所需的法定材料编制形成统一的申请材料目录向社会公布。

(二)部门并行办理。收件后,相关资料分送两部门并行业务办理,不动产登记机构依法办理不动产登记业务。涉及交易需办理事项,一般交易业务要在3个工作日内办结,较为复杂的应当在5个工作日内办结,交易的结果通过内部网络向不动产登记机构反馈。

(三)方便群众办事。凡是能够通过网上办理的房屋交易和不动产登记事项,不得要求当事人到现场办理。

三、关于历史遗留问题

(一)针对目前各地不动产统一登记后出现的历史遗留问题,不动产登记机构和房屋交易管理部门要加强配合,共同协商推动地方政府依法合规分类妥善处理,及时解决问题。

(二)防止小产权房通过不动产登记合法化。

四、切实做好房地产市场调控和监测分析工作

不动产登记机构和房屋交易管理部门要充分认识做好房地产市场监测工作的重要性,将二手房与新建商品房纳入统一的房地产市场管理,加强监测、监管和调控。不动产统一登记制度实施后,房屋交易和不动产登记信息要通过网络实时共享。

国家发展改革委、财政部关于不动产登记收费标准等有关问题的通知

- 2016年12月6日
- 发改价格规〔2016〕2559号

国土资源部,各省、自治区、直辖市发展改革委、物价局、财政厅(局),新疆生产建设兵团发展改革委、财务局:

为保护不动产权利人合法权益,规范不动产登记收费行为,现就不动产登记收费标准及有关问题通知如下:

一、不动产登记收费标准。县级以上不动产登记机构依法办理不动产权利登记时,根据不同情形,收取不动产登记费。

(一)住宅类不动产登记收费标准。落实不动产统一登记制度,实行房屋所有权及其建设用地使用权一体登记。原有住房及其建设用地分别办理各类登记时收取的登记费,统一整合调整为不动产登记费,即住宅所有权及其建设用地使用权一并登记,收取一次登记费。规划用途为住宅的房屋(以下简称住宅)及其建设用地使用权申请办理下列不动产登记事项,提供具体服务内容,据实收取不动产登记费,收费标准为每件80元。

1. 房地产开发企业等法人、其他组织、自然人合法建设的住宅,申请办理房屋所有权及其建设用地使用权首次登记;

2. 居民等自然人、法人、其他组织购买住宅,以及互换、赠与、继承、受遗赠等情形,住宅所有权及其建设用地使用权发生转移,申请办理不动产转移登记;

3. 住宅及其建设用地用途、面积、权利期限、来源等状况发生变化,以及共有性质发生变更等,申请办理不动产变更登记;

4. 当事人以住宅及其建设用地设定抵押,办理抵押权登记(包括抵押权首次登记、变更登记、转移登记);

5. 当事人按照约定在住宅及其建设用地上设定地役权,申请办理地役权登记(包括地役权首次登记、变更登记、转移登记)。

为推进保障性安居工程建设,减轻登记申请人负担,廉租住房、公共租赁住房、经济适用住房和棚户区改造安置住房所有权及其建设用地使用权办理不动产登记,登记收费标准为零。

(二)非住宅类不动产登记收费标准。办理下列非住宅类不动产权利的首次登记、转移登记、变更登记,收取不动产登记费,收费标准为每件550元。

1. 住宅以外的房屋等建筑物、构筑物所有权及其建设用地使用权或者海域使用权;

2. 无建筑物、构筑物的建设用地使用权;

3. 森林、林木所有权及其占用林地的承包经营权或者使用权;

4. 耕地、草地、水域、滩涂等土地承包经营权;

5. 地役权;

6. 抵押权。

不动产登记机构依法办理不动产查封登记、注销登记、预告登记和因不动产登记机构错误导致的更正登记,不得收取不动产登记费。

二、证书工本费标准。不动产登记机构按本通知第一条规定收取不动产登记费,核发一本不动产权属证书的不收取证书工本费。向一个以上不动产权利人核发权属证书的,每增加一本证书加收证书工本费10元。

不动产登记机构依法核发不动产登记证明,不得收取登记证明工本费。

三、收费优惠减免。对下列情形,执行优惠收费标准。

（一）按照本通知第一条规定的收费标准减半收取登记费,同时不收取第一本不动产权属证书的工本费:

1. 申请不动产更正登记、异议登记的;
2. 不动产权利人姓名、名称、身份证明类型或者身份证明号码发生变更申请变更登记的;
3. 同一权利人因分割、合并不动产申请变更登记的;
4. 国家法律、法规规定予以减半收取的。

（二）免收不动产登记费(含第一本不动产权属证书的工本费):

1. 申请与房屋配套的车库、车位、储藏室等登记,不单独核发不动产权属证书的(申请单独发放权属证书的,按本通知第一条规定的收费标准收取登记费);
2. 因行政区划调整导致不动产坐落的街道、门牌号或房屋名称变更而申请变更登记的;
3. 小微企业(含个体工商户)申请不动产登记的;
4. 农村集体经济组织成员以家庭承包或其他方式承包取得农用地的土地承包经营权申请登记的;
5. 农村集体经济组织成员以家庭承包或其他方式承包取得森林、林木所有权及其占用的林地承包经营权申请登记的;
6. 依法由农民集体使用的国有农用地从事种植业、林业、畜牧业、渔业等农业生产,申请土地承包经营权登记或国有农用地使用权登记的;
7. 因农村集体产权制度改革导致土地、房屋等确权变更而申请变更登记的;
8. 国家法律、法规规定予以免收的。

（三）只收取不动产权属证书工本费,每本证书10元:

1. 单独申请宅基地使用权登记的;
2. 申请宅基地使用权及地上房屋所有权登记的;
3. 夫妻间不动产权利人变更,申请登记的;
4. 因不动产权属证书丢失、损坏等原因申请补发、换发证书的。

四、不动产登记计费单位。不动产登记费按件收取,不得按照不动产的面积、体积或者价款的比例收取。申请人以一个不动产单元提出一项不动产权利的登记申请,并完成一个登记类型登记的为一件。申请人以同一宗土地上多个抵押物办理一笔贷款,申请办理抵押权登记的,按一件收费;非同宗土地上多个抵押物办理一笔贷款,申请办理抵押权登记的,按多件收费。

不动产单元,是指权属界线封闭且具有独立使用价值的空间。有房屋等建筑物、构筑物以及森林、林木定着物的,以该房屋等建筑物、构筑物以及森林、林木定着物与土地权属界线封闭的空间为不动产单元。房屋包括独立成幢、权属界线封闭的空间,以及区分套、层、间等可以独立使用、权属界线封闭的空间。没有房屋等建筑物、构筑物以及森林、林木定着物的,以土地权属界线封闭的空间为不动产单元。

五、登记费缴纳。不动产登记费由登记申请人缴纳。按规定需由当事各方共同申请不动产登记的,不动产登记费由登记为不动产权利人的一方缴纳;不动产抵押权登记,登记费由登记为抵押权人的一方缴纳;不动产为多个权利人共有(用)的,不动产登记费由共有(用)人共同缴纳,具体分摊份额由共有(用)人自行协商。

房地产开发企业不得把新建商品房办理首次登记的登记费,以及因提供测绘资料所产生的测绘费等其他费用转嫁给购房人承担;向购房人提供抵押贷款的商业银行,不得把办理抵押权登记的费用转嫁给购房人承担。

六、做好政策衔接。已实行不动产统一登记制度的地方,不动产登记机构按上述规定收费标准收取不动产登记费,原分部门制定的有关土地登记、房屋登记收费标准,土地承包经营权证、林权证工本费标准,以及各地制定的其他有关土地、房屋登记资料查询、复制、证明的收费标准一律废止。

尚未实行不动产统一登记制度的地区,土地登记费、房屋登记费、土地承包经营权证工本费、林权证工本费收费标准仍按原有相关规定执行,实行不动产统一登记制度后,即按本通知规定的收费标准执行。

七、规范不动产登记收费行为。除不动产权利首次登记,不动产界址、空间界限、面积等自然状况发生变化,以及不动产登记申请人要求重新测量外,不动产登记机构已有不动产测绘成果资料的,不得要求不动产登记申请人重复提供并收费。

不动产登记机构应认真执行收费公示制度,严格按本通知规定收费,不得擅自增加收费项目、扩大收费范围、提高收费标准或加收其他任何费用,并自觉接受价格、财政部门的监督检查。

本通知自印发之日起执行。其他与本通知不符的规定同时废止。

最高人民法院关于审理房屋登记案件若干问题的规定

- 2010年8月2日最高人民法院审判委员会第1491次会议通过
- 2010年11月5日最高人民法院公告公布
- 自2010年11月18日起施行
- 法释〔2010〕15号

为正确审理房屋登记案件,根据《中华人民共和国物权法》《中华人民共和国城市房地产管理法》《中华人民共和国行政诉讼法》等有关法律规定,结合行政审判实际,制定本规定。

第一条 公民、法人或者其他组织对房屋登记机构的房屋登记行为以及与查询、复制登记资料等事项相关的行政行为或者相应的不作为不服,提起行政诉讼的,人民法院应当依法受理。

第二条 房屋登记机构根据人民法院、仲裁委员会的法律文书或者有权机关的协助执行通知书以及人民政府的征收决定办理的房屋登记行为,公民、法人或者其他组织不服提起行政诉讼的,人民法院不予受理,但公民、法人或者其他组织认为登记与有关文书内容不一致的除外。

房屋登记机构作出未改变登记内容的换发、补发权属证书、登记证明或者更新登记簿的行为,公民、法人或者其他组织不服提起行政诉讼的,人民法院不予受理。

房屋登记机构在行政诉讼法施行前作出的房屋登记行为,公民、法人或者其他组织不服提起行政诉讼的,人民法院不予受理。

第三条 公民、法人或者其他组织对房屋登记行为不服提起行政诉讼的,不受下列情形的影响:

(一)房屋灭失;
(二)房屋登记行为已被登记机构改变;
(三)生效法律文书将房屋权属证书、房屋登记簿或者房屋登记证明作为定案证据采用。

第四条 房屋登记机构为债务人办理房屋转移登记,债权人不服提起诉讼,符合下列情形之一的,人民法院应当依法受理:

(一)以房屋为标的物的债权已办理预告登记的;
(二)债权人为抵押权人且房屋转让未经其同意的;
(三)人民法院依债权人申请对房屋采取强制执行措施并已通知房屋登记机构的;
(四)房屋登记机构工作人员与债务人恶意串通的。

第五条 同一房屋多次转移登记,原房屋权利人、原利害关系人对首次转移登记行为提起行政诉讼的,人民法院应当依法受理。

原房屋权利人、原利害关系人对首次转移登记行为及后续转移登记行为一并提起行政诉讼的,人民法院应当依法受理;人民法院判决驳回原告就在先转移登记行为提出的诉讼请求,或者因保护善意第三人确认在先房屋登记行为违法的,应当裁定驳回原告对后续转移登记行为的起诉。

原房屋权利人、原利害关系人未就首次转移登记行为提起行政诉讼,对后续转移登记行为提起行政诉讼的,人民法院不予受理。

第六条 人民法院受理房屋登记行政案件后,应当通知没有起诉的下列利害关系人作为第三人参加行政诉讼:

(一)房屋登记簿上载明的权利人;
(二)被诉异议登记、更正登记、预告登记的权利人;
(三)人民法院能够确认的其他利害关系人。

第七条 房屋登记行政案件由房屋所在地人民法院管辖,但有下列情形之一的也可由被告所在地人民法院管辖:

(一)请求房屋登记机构履行房屋转移登记、查询、复制登记资料等职责的;
(二)对房屋登记机构收缴房产证行为提起行政诉讼的;
(三)对行政复议改变房屋登记行为提起行政诉讼的。

第八条 当事人以作为房屋登记行为基础的买卖、共有、赠与、抵押、婚姻、继承等民事法律关系无效或者应当撤销为由,对房屋登记行为提起行政诉讼的,人民法院应当告知当事人先行解决民事争议,民事争议处理期间不计算在行政诉讼起诉期限内;已经受理的,裁定中止诉讼。

第九条 被告对被诉房屋登记行为的合法性负举证责任。被告保管证据原件的,应当在法庭上出示。被告不保管原件的,应当提交与原件核对一致的复印件、复制件并作出说明。当事人对被告提交的上述证据提出异议的,应当提供相应的证据。

第十条 被诉房屋登记行为合法的,人民法院应当判决驳回原告的诉讼请求。

第十一条 被诉房屋登记行为涉及多个权利主体或者房屋可分,其中部分主体或者房屋的登记违法应予撤销的,可以判决部分撤销。

被诉房屋登记行为违法,但该行为已被登记机构改变的,判决确认被诉行为违法。

被诉房屋登记行为违法,但判决撤销将给公共利益造成重大损失或者房屋已为第三人善意取得的,判决确认被诉行为违法,不撤销登记行为。

第十二条 申请人提供虚假材料办理房屋登记,给原告造成损害,房屋登记机构未尽合理审慎职责的,应当根据其过错程度及其在损害发生中所起作用承担相应的赔偿责任。

第十三条 房屋登记机构工作人员与第三人恶意串通违法登记,侵犯原告合法权益的,房屋登记机构与第三人承担连带赔偿责任。

第十四条 最高人民法院以前所作的相关的司法解释,凡与本规定不一致的,以本规定为准。

农村集体土地上的房屋登记行政案件参照本规定。

最高人民法院关于审理建筑物区分所有权纠纷案件适用法律若干问题的解释

- 2009年3月23日最高人民法院审判委员会第1464次会议通过
- 根据2020年12月23日最高人民法院审判委员会第1823次会议通过的《最高人民法院关于修改〈最高人民法院关于在民事审判工作中适用《中华人民共和国工会法》若干问题的解释〉等二十七件民事类司法解释的决定》修正
- 2020年12月29日最高人民法院公告公布
- 自2021年1月1日起施行
- 法释〔2020〕17号

为正确审理建筑物区分所有权纠纷案件,依法保护当事人的合法权益,根据《中华人民共和国民法典》等法律的规定,结合民事审判实践,制定本解释。

第一条 依法登记取得或者依据民法典第二百二十九条至第二百三十一条规定取得建筑物专有部分所有权的人,应当认定为民法典第二编第六章所称的业主。

基于与建设单位之间的商品房买卖民事法律行为,已经合法占有建筑物专有部分,但尚未依法办理所有权登记的人,可以认定为民法典第二编第六章所称的业主。

第二条 建筑区划内符合下列条件的房屋,以及车位、摊位等特定空间,应当认定为民法典第二编第六章所称的专有部分:

(一)具有构造上的独立性,能够明确区分;

(二)具有利用上的独立性,可以排他使用;

(三)能够登记成为特定业主所有权的客体。

规划上专属于特定房屋,且建设单位销售时已经根据规划列入该特定房屋买卖合同中的露台等,应当认定为前款所称的专有部分的组成部分。

本条第一款所称房屋,包括整栋建筑物。

第三条 除法律、行政法规规定的共有部分外,建筑区划内的以下部分,也应当认定为民法典第二编第六章所称的共有部分:

(一)建筑物的基础、承重结构、外墙、屋顶等基本结构部分,通道、楼梯、大堂等公共通行部分,消防、公共照明等附属设施、设备,避难层、设备层或者设备间等结构部分;

(二)其他不属于业主专有部分,也不属于市政公用部分或者其他权利人所有的场所及设施等。

建筑区划内的土地,依法由业主共同享有建设用地使用权,但属于业主专有的整栋建筑物的规划占地或者城镇公共道路、绿地占地除外。

第四条 业主基于对住宅、经营性用房等专有部分特定使用功能的合理需要,无偿利用屋顶以及与其专有部分相对应的外墙面等共有部分的,不应认定为侵权。但违反法律、法规、管理规约,损害他人合法权益的除外。

第五条 建设单位按照配置比例将车位、车库,以出售、附赠或者出租等方式处分给业主的,应当认定其行为符合民法典第二百七十六条有关"应当首先满足业主的需要"的规定。

前款所称配置比例是指规划确定的建筑区划内规划用于停放汽车的车位、车库与房屋套数的比例。

第六条 建筑区划内在规划用于停放汽车的车位之外,占用业主共有道路或者其他场地增设的车位,应当认定为民法典第二百七十五条第二款所称的车位。

第七条 处分共有部分,以及业主大会依法决定或者管理规约依法确定应由业主共同决定的事项,应当认定为民法典第二百七十八条第一款第(九)项规定的有关共有和共同管理权利的"其他重大事项"。

第八条 民法典第二百七十八条第二款和第二百八十三条规定的专有部分面积可以按照不动产登记簿记载的面积计算;尚未进行物权登记的,暂按测绘机构的实测面积计算;尚未进行实测的,暂按房屋买卖合同记载的面积计算。

第九条 民法典第二百七十八条第二款规定的业主人数可以按照专有部分的数量计算,一个专有部分按一人计算。但建设单位尚未出售和虽已出售但尚未交付的部分，以及同一买受人拥有一个以上专有部分的，按一人计算。

第十条 业主将住宅改变为经营性用房，未依据民法典第二百七十九条的规定经有利害关系的业主一致同意，有利害关系的业主请求排除妨害、消除危险、恢复原状或者赔偿损失的，人民法院应予支持。

将住宅改变为经营性用房的业主以多数有利害关系的业主同意其行为进行抗辩的，人民法院不予支持。

第十一条 业主将住宅改变为经营性用房，本栋建筑物内的其他业主，应当认定为民法典第二百七十九条所称"有利害关系的业主"。建筑区划内，本栋建筑物之外的业主，主张与自己有利害关系的，应证明其房屋价值、生活质量受到或者可能受到不利影响。

第十二条 业主以业主大会或者业委员会作出的决定侵害其合法权益或者违反了法律规定的程序为由，依据民法典第二百八十条第二款的规定请求人民法院撤销该决定的，应当在知道或者应当知道业主大会或者业主委员会作出决定之日起一年内行使。

第十三条 业主请求公布、查阅下列应当向业主公开的情况和资料的，人民法院应予支持：

（一）建筑物及其附属设施的维修资金的筹集、使用情况；

（二）管理规约、业主大会会议事规则，以及业主大会或者业主委员会的决定及会议记录；

（三）物业服务合同、共有部分的使用和收益情况；

（四）建筑区划内规划用于停放汽车的车位、车库的处分情况；

（五）其他应当向业主公开的情况和资料。

第十四条 建设单位、物业服务企业或者其他管理人等擅自占用、处分业主共有部分、改变其使用功能或者进行经营性活动，权利人请求排除妨害、恢复原状、确认处分行为无效或者赔偿损失的，人民法院应予支持。

属于前款所称擅自进行经营性活动的情形，权利人请求建设单位、物业服务企业或者其他管理人等将扣除合理成本之后的收益用于补充专项维修资金或者业主共同决定的其他用途的，人民法院应予支持。行为人对成本的支出及其合理性承担举证责任。

第十五条 业主或者其他行为人违反法律、法规、国家相关强制性标准、管理规约，或者违反业主大会、业主委员会依法作出的决定，实施下列行为的，可以认定为民法典第二百八十六条第二款所称的其他"损害他人合法权益的行为"：

（一）损害房屋承重结构，损害或者违章使用电力、燃气、消防设施，在建筑物内放置危险、放射性物品等危及建筑物安全或者妨碍建筑物正常使用；

（二）违反规定破坏、改变建筑物外墙面的形状、颜色等损害建筑物外观；

（三）违反规定进行房屋装饰装修；

（四）违章加建、改建，侵占、挖掘公共通道、道路、场地或者其他共有部分。

第十六条 建筑物区分所有权纠纷涉及专有部分的承租人、借用人等物业使用人的，参照本解释处理。

专有部分的承租人、借用人等物业使用人，根据法律、法规、管理规约、业主大会或者业主委员会依法作出的决定，以及其与业主的约定，享有相应权利，承担相应义务。

第十七条 本解释所称建设单位，包括包销期满，按照包销合同约定的包销价格购买尚未销售的物业后，以自己名义对外销售的包销人。

第十八条 人民法院审理建筑物区分所有权案件中，涉及有关物权归属争议的，应当以法律、行政法规为依据。

第十九条 本解释自 2009 年 10 月 1 日起施行。

因物权法施行后实施的行为引起的建筑物区分所有权纠纷案件，适用本解释。

本解释施行前已经终审，本解释施行后当事人申请再审或者按照审判监督程序决定再审的案件，不适用本解释。

建设部关于房屋建筑面积计算与房屋权属登记有关问题的通知

·2002 年 3 月 27 日
·建住房〔2002〕74 号

各省、自治区建设厅，直辖市建委及有关部门：

为了切实做好房屋面积计算和房屋权属登记工作，保护当事人合法权益，现就有关问题通知如下：

一、在房屋权属证书附图中应注明测绘的房产测绘单位名称、房屋套内建筑面积（在图上标注尺寸）和房屋分摊的共有建筑面积。

二、根据《房产测绘管理办法》的有关规定，由房产测绘单位对其完成的房产测绘成果的质量负责。

三、房屋权属登记涉及的有关房屋建筑面积计算问

题,《房产测量规范》未作规定或规定不明确的,暂按下列规定执行:

（一）房屋层高

计算建筑面积的房屋,层高（高度）均在2.20米以上（含2.20米,以下同）。

（二）外墙墙体

同一楼层外墙,既有主墙,又有玻璃幕墙的,以主墙为准计算建筑面积,墙厚按主墙体厚度计算。

各楼层墙体厚度不同时,分层分别计算。

金属幕墙及其他材料幕墙,参照玻璃幕墙的有关规定处理。

（三）斜面结构屋顶

房屋屋顶为斜面结构（坡屋顶）的,层高（高度）2.20米以上的部位计算建筑面积。

（四）不规则围护物

阳台、挑廊、架空通廊的外围水平投影超过其底板外沿的,以底板水平投影计算建筑面积。

（五）变形缝

与室内任意一边相通,具备房屋的一般条件,并能正常利用的伸缩缝、沉降缝应计算建筑面积。

（六）非垂直墙体

对倾斜、弧状等非垂直墙体的房屋,层高（高度）2.20米以上的部位计算建筑面积。

房屋墙体向外倾斜,超出底板外沿的,以底板投影计算建筑面积。

（七）楼梯下方空间

楼梯已计算建筑面积的,其下方空间不论是否利用均不再计算建筑面积。

（八）公共通道

临街楼房、挑廊下的底层作为公共道路街巷通行的,不论其是否有柱,是否有维护结构,均不计算建筑面积。

（九）二层及二层以上的房屋建筑面积均按《房产测量规范》中多层房屋建筑面积计算的有关规定执行。

（十）与室内不相通的类似于阳台、挑廊、檐廊的建筑,不计算建筑面积。

（十一）室外楼梯的建筑面积,按其在各楼层水平投影面积之和计算。

四、房屋套内具有使用功能但层高（高度）低于2.20米的部分,在房屋权属登记中应明确其相应权利的归属。

五、本通知自2002年5月1日起执行。

商品房销售面积计算及公用建筑面积分摊规则（试行）

·1995年9月8日
·建房〔1995〕517号

第一条 根据国家有关技术标准,制定《商品房销售面积计算及公用建筑面积分摊规则》(试行)。

第二条 本规则适用于商品房的销售和产权登记。

第三条 商品房销售以建筑面积为面积计算单位。建筑面积应按国家现行《建筑面积计算规则》进行计算。

第四条 商品房整栋销售,商品房的销售面积即为整栋商品房的建筑面积(地下室作为人防工程的,应从整栋商品房的建筑面积中扣除)。

第五条 商品房按"套"或"单元"出售,商品房的销售面积即为购买者所购买的套内或单元内建筑面积(以下简称套内建筑面积)与应分摊的公用建筑面积之和。

商品房销售面积＝套内建筑面积＋分摊的公用建筑面积

第六条 套内建筑面积由以下三部分组成:

1. 套(单元)内的使用面积;
2. 套内墙体面积;
3. 阳台建筑面积。

第七条 套内建筑面积各部分的计算原则如下:

1. 套(单元)内的使用面积

住宅按《住宅建筑设计规范》(GBJ96—86)规定的方法计算。其他建筑,按照专用建筑设计规范规定的方法或参照《住宅建筑设计规范》计算。

2. 套内墙体面积

商品房各套(单元)内使用空间周围的维护或承重墙体,有共用墙及非共用墙两种。

商品房各套(单元)之间的分隔墙、套(单元)与公用建筑空间之间的分隔墙以及外墙(包括山墙)均为共用墙,共用墙墙体水平投影面积的一半计入套内墙体面积。

非共用墙墙体水平投影面积全部计入套内墙体面积。

3. 阳台建筑面积

按国家现行《建筑面积计算规则》进行计算。

4. 套内建筑面积的计算

套内建筑面积＝套内使用面积＋套内墙体面积＋阳台建筑面积

第八条 公用建筑面积由以下两部分组成:

1. 电梯井、楼梯间、垃圾道、变电室、设备间、公共门厅和过道、地下室、值班警卫室以及其他功能上为整栋建筑服务的公共用房和管理用房建筑面积；

2. 套(单元)与公用建筑空间之间的分隔墙以及外墙(包括山墙)墙体水平投影面积的一半。

第九条 公用建筑面积计算原则

凡已作为独立使用空间销售或出租的地下室、车棚等，不应计入公用建筑面积部分。作为人防工程的地下室也不计入公用建筑面积。

公用建筑面积按以下方法计算：

整栋建筑物的建筑面积扣除整栋建筑物各套(单元)套内建筑面积之和，并扣除已作为独立使用空间销售或出租的地下室、车棚及人防工程等建筑面积，即为整栋建筑物的公用建筑面积。

第十条 公用建筑面积分摊系数计算

将整栋建筑物的公用建筑面积除以整栋建筑物的各套套内建筑面积之和，得到建筑物的公用建筑面积分摊系数。

公用建筑面积分摊系数=公用建筑面积/套内建筑面积之和

第十一条 公用建筑面积分摊计算

各套(单元)的套内建筑面积乘以公用建筑面积分摊系数，得到购房者应合理分摊的公用建筑面积。

分摊的公用建筑面积=公用建筑面积分摊系数*套内建筑面积

第十二条 其他房屋的买卖和房地产权属登记，可参照本规则执行。

第十三条 本规则由建设部解释。

第十四条 本规则自1995年12月1日起施行。

· 典型案例

1. 张成银诉徐州市人民政府房屋登记行政复议决定案[①]

【裁判要旨】

一、本案所涉及的鼓房字第1741号房屋所有权证虽然是徐州市人民政府1988年9月颁发的，但依据此后相关法律和规章的规定，徐州市人民政府不再具有颁发房屋所有权证的职权。曹春芳申请复议时，徐州市颁发房屋所有权证的职权已由徐州市房产管理局行使，故徐州市人民政府以前颁发房屋权证行为的法律后果应由现在的颁证机关徐州市房产管理局承担。

二、行政复议法虽然没有明确规定行政复议机关必须通知第三人参加复议，但根据正当程序的要求，行政机关在可能作出对他人不利的行政决定时，应当专门听取利害关系人的意见。本案中，复议机关审查的对象是颁发鼓房字第1741号房屋所有权证行为，复议的决定结果与现持证人张成银有着直接的利害关系，故复议机关在行政复议时应正式通知张成银参加复议。

【案情】

原告：张成银。

被告：江苏省徐州市人民政府。

第三人：曹春芳，系原告丈夫之妹。

第三人：曹春义，系原告丈夫。

被告江苏省徐州市人民政府2003年10月28日受理了第三人曹春芳的行政复议申请，于2004年4月29日作出徐政行决[2004]24号行政复议决定，以徐州市民安巷31号房屋使用者曹陈氏1986年死亡时，张成银不是该房产的合法继承人，原徐州市房地产管理局(以下简称房管局)认定张成银对民安巷31号房屋产权属原始取得与事实不符，为张成银颁发鼓房字第1741号房屋所有权证违反了《城镇房屋所有权登记暂行办法》第八条的规定，将民安巷31号房屋产权和国有土地使用权确权给张成银不当等为由，依据《中华人民共和国行政复议法》第二十八条第一款第(三)项第1目、第5目之规定，确认徐州市房地产管理局将民安巷31号房屋产权及国有土地使用权确权给张成银的具体行政行为违法。张成银不服该复议决定，向江苏省徐州市中级人民法院提起行政诉讼。

原告诉称：原徐州市房地产管理局向其颁发《房屋所有权证》是1988年，曹春芳申请行政复议的时间是2004年，已超过法定的申请行政复议的期限，复议机关受理无据；徐州市人民政府作为行政复议机关，认定曹陈氏死亡时，曹春芳和曹春义依法有权继承诉争房产，其本人不是该房屋的合法继承人，超出了职权范围；复议决定对于曹陈氏死亡时遗留多少房产未有认定，事实不清。请求撤销

[①] 案例来源:《最高人民法院公报》2005年第3期。

徐州市人民政府作出的徐政行决〔2004〕24号行政复议决定。

原告提供的证据有：

1. 徐州市人民政府2004年4月29日作出的徐政行决〔2004〕24号行政复议决定书，用以证明被诉具体行政行为存在。

2. 证人朱德荣、李瑞堂的证词，用以证明诉争的房屋是张成银自建，属原始取得。

3. 1988年9月28日徐州市房管部门颁发给张成银鼓房字第1741号房屋所有权证的档案材料，用以证明该颁证行为合法。

4. 徐州市房管部门1991年9月5日颁发给张成银第104027号房屋所有权证的档案材料、1994年6月1日颁发给张成银第112014号房产证的档案材料、1997年2月19日颁发给张成银市房字第97300783号房屋所有权证的档案材料和1998年12月8日颁发给张成银98301991号房屋所有权证，用以证明民安巷31号房地产及权属登记的演变情况，被告复议审查对象错误，曹春芳应当早已知道民安巷31号房地产权属已登记在张成银名下，申请复议超过了法定期限等。

被告辩称：市政府曾多次电话通知张成银参加复议，但均遭拒绝，故应认定其放弃权利；曹春芳过去一直不知道张成银在1988年办理了民安巷31号房屋的《房屋所有权证》，故未超过申请复议期限；徐州市民安巷31号房屋使用者曹陈氏1986年死亡时，曹春芳、曹春义依法有权继承该处房产，张成银不是该房产的合法继承人，不应成为该房产的所有权人，原徐州市房地产管理局却认定张成银对民安巷31号房屋产权属原始取得，错误地将上述房产登记到张成银名下，违反了《城镇房屋所有权登记暂行办法》第八条规定，属确权不当；徐政行决〔2004〕24号行政复议决定认定事实清楚，适用依据正确。

被告提交的证据有：

1. 曹春芳2003年10月28日书写的行政复议申请书及补充说明，徐州市房管局行政复议答复书及2004年2月26日通知张成银参加行政复议通知书，用以证明作出被诉的行政复议决定程序合法。

2. 徐州市房管局提供的1988年9月28日颁发给张成银鼓房字第1741号房产证的档案材料、徐州市人民政府向徐州市公安局和平派出所调取的民安巷31号户籍证明和曹陈氏的死亡证明，用以证明原徐州市房地产管理局于1988年认定张成银对民安巷31号房地产权属原始取得，而颁发的鼓房字第1741号房屋所有权证，证据不足。

第三人曹春芳提交的证据有：

证人朱振祥、邱玉兰、司学兰、季昌兰的证言，用以证明原徐州市房地产管理局于1988年为张成银颁发的鼓房字第1741号房屋所有权证所登记的房屋属曹陈氏遗产。

第三人曹春义未提交证据。

徐州市中级人民法院经审理查明：

曹春义、曹春芳系兄妹关系。二人之父早逝，一直随其母曹陈氏居住在徐州市民安巷31号，该住处原为3间东草房和1间南草房。1954年，张成银与曹春义结婚后迁入民安巷31号居住。1961年左右，曹春芳出嫁，搬出民安巷31号。1986年1月30日，曹陈氏去世。在曹陈氏与儿媳张成银及其家庭成员共同居住生活期间，民安巷31号的原住处经翻建和新建，先后形成了砖木结构、砖混结构的房屋计7间。其中砖混结构的3间东屋，是1981年12月以张成银的名字办理了第2268号建筑工程施工执照，在原3间东草房的基础上翻建而成。1988年5月31日，张成银向徐州市房产管理机关提出为其办理民安巷31号的上述7间房屋产权和土地使用权登记的书面申请。徐州市鼓楼区房地产登记发证办公室根据张成银提交的申请材料，经调查后于1988年9月28日为张成银填发了鼓房字第1741号房屋所有权证，并加盖徐州市人民政府的印章，将199.78平方米的国有土地使用权登记为张成银使用。

此后，民安巷31号的房屋又历经1991年的新建、1994年的扩建、1997年的赠与和1998年的新建，徐州市房管理机关经公告征询无产权异议后，相应为张成银办理了产权登记，颁发了房屋所有权证。徐州市土地管理局亦于1996年12月3日向张成银颁发了国有土地使用证。2002年，张成银位于民安巷31号的房屋被依法拆迁。2003年10月28日，曹春芳向徐州市人民政府申请行政复议，请求撤销1988年将民安巷31号房屋产权和土地使用权确权登记给张成银的具体行政行为。徐州市人民政府于2004年4月29日作出了徐政行决〔2004〕24号行政复议决定：确认徐州市房地产管理局（被申请人徐州市房产管理局前身）将民安巷31号房屋产权及国有土地使用权确权给张成银的具体行政行为违法。

【审判】

江苏省徐州市中级人民法院认为，1988年9月，徐州市人民政府根据原城乡建设环境保护部1987年4月21日颁布的《城镇房屋所有权登记暂行办法》，向原告张成银颁发了鼓房字第1741号房屋所有权证，而根据此后的行政规章和法律规定，徐州市颁发房屋所有权证的职权由现徐州市房产管理局行使，徐州市人民政府颁发给张成银的鼓房字第1741号房屋所有权证的行政法律后果,应由现徐州市房产管理局承担责任,故徐州市人民政府对曹春芳的复议申请,有复议管辖权。

本案中,曹春芳之母曹陈氏于1986年1月30日去世后,徐州市民安巷31号的房产一直由张成银及家人居住使用;张成银及家人于90年代在此处又新建了房屋,并对原有房屋进行扩建,原徐州市房地产管理局于1994年为张成银颁发该处房屋所有权证前也进行公告,征询有关当事人有无产权异议,曹春芳应当知道徐州市房地产管理机关已将民安巷31号的房地产确权登记给张成银。故徐州市人民政府受理曹春芳2003年10月28日提出的复议申请并作出复议决定超过了法定期限;曹春芳述称其于2003年10月才得知原徐州市房地产管理机关将民安巷31号房地产登记确权归张成银的主张,依法不予以支持。行政机关在进行行政复议时虽可以采取书面审查的办法,但张成银作为原徐州市房地产管理机关1988年颁发的鼓房字第1741号房屋所有权证的持证人,与徐州市人民政府对该证的复议审查结果有着直接的利害关系,徐州市人民政府应当通知张成银参加行政复议,由于徐州市人民政府无法证明已采取适当的方式通知张成银参加行政复议,应属严重违反行政程序,且作出的徐政行决〔2004〕24号行政复议决定的结论中也有复议审查对象不具体的瑕疵。

综上,徐州市人民政府受理曹春芳的复议申请而作出的徐政行决〔2004〕24号行政复议决定,严重违反法定程序,依法应予撤销。依据《中华人民共和国行政复议法》第九条第一款、第十条第三款及《中华人民共和国行政诉讼法》第五十四条第(二)项第3目的规定,徐州市人民法院于2004年9月30日判决:

撤销徐州市人民政府于2004年4月29日作出的徐政行决〔2004〕24号行政复议决定。

宣判后,曹春芳不服,向江苏省高级人民法院提起上诉。

曹春芳的主要上诉理由是:一审法院认定其在1994年就应当知道民安巷31号房屋已确权给张成银与事实不符,认定其于2003年10月28日申请行政复议超过法定期限有误。一审法院认定徐州市人民政府复议违反法定程序错误。徐州市人民政府复议期间多次通知张成银参加,但遭其拒绝,故徐州市人民政府在张成银故意不参加复议的情形下作出的复议决定不属于违反法定程序。请求撤销一审判决,维持徐州市人民政府的复议决定。

张成银辩称:曹春芳早在1994年就已知道民安巷31号房屋登记在张成银名下,一审法院认定其申请行政复议超过法定期限是正确的。徐州市人民政府没有通过法定的方式通知其参加复议违反法定程序。徐州市民安巷31号现在的房屋均为其自己所盖,与上诉人曹春芳无关。请求驳回上诉,维持原判。

曹春义没有提交书面答辩意见,庭审中表示同意张成银的答辩意见。

徐州市人民政府陈述称:行政复议法关于第三人的规定,属于弹性条款,第三人是否参加行政复议由复议机关视情况决定,本案张成银没有参加复议,不能以此认定复议机关违反法定程序,徐州市人民政府作出的徐政行决〔2004〕24号行政复议决定不违反行政复议法规定的程序。本案所涉及的行政复议受理没有超出法定的期限。请求撤销一审判决,维持徐州市人民政府作出的徐政行决〔2004〕24号行政复议决定。

江苏省高级人民法院经审理查明:

原审法院根据征询产权异议的公告存根,即认定徐州市房产管理局为张成银颁发房屋所有权证前进行过产权公告,并以此推定上诉人曹春芳1994年应当知道徐州市房产管理机关已将民安巷31号房屋确权给张成银的事实。该认定理由不充分,故不予确认。对其他各方当事人无异议的事实,依法予以确认。

本案的主要争议焦点为:行政机关在依照行政复议法复议行政决定时,如果可能直接影响到他人的利益,是否必须以适当的方式通知其参加复议并听取意见?

江苏省高级人民法院认为:

一、本案所涉及的鼓房字第1741号房屋所有权证虽然是徐州市人民政府1988年9月颁发的,但依据此后相关法律和规章的规定,徐州市人民政府不再具有颁发房屋所有权证的职权。曹春芳申请复议时,徐州市颁发房屋所有权证的职权已由徐州市房产管理局行使,故徐州市人民政府以前颁发房屋权证行为的法律后果应由现在的颁证机关徐州市房产管理局承担。曹春芳不服颁发鼓房字第1741号房屋所有权证行为,提出的申请复议,徐州市房产管理局应作为被申请人,一审判决认定徐州市人民政府对曹春芳的复议申请有复议管辖权是正确的。

二、行政复议法虽然没有明确规定行政复议机关必须通知第三人参加复议,但根据正当程序的要求,行政机关在可能作出对他人不利的行政决定时,应当专门听取利害关系人的意见。本案中,复议机关审查的对象是颁发鼓房字第1741号房屋所有权证行为,复议的决定结果与现持证人张成银有着直接的利害关系,故复议机关在行政复议时应正式通知张成银参加复议。本案中,徐州市人民政府虽声明曾采取了电话的方式口头通知张成银参加行政复议，但却无法予以证明，而利害关系人持有异议的，应认定其没有采取了适当的方式正式通知当事人参加行政复议，故徐州市人民政府认定张成银自动放弃参加行政复议的理由欠妥。在此情形下，徐州市人民政府未听取利害关系人的意见即作出于其不利的行政复议决定，构成严重违反法定程序。

三、根据行政复议法和民事诉讼法的有关规定，复议机关在行使行政复议职权时，应针对申请行政复议的具体行政行为的合法性与适当性进行审查，有关民事权益的纠纷应通过民事诉讼程序解决。本案中，徐州市人民政府所作的复议决定中，直接对有关当事人争议的民事权利予以确认的行为，超越了复议机关的职权范围，缺乏法律依据，应予以撤销。

综上，原审判决撤销徐州市人民政府徐政行决〔2004〕24号行政复议决定正确，应予维持，上诉人曹春芳的上诉理由不能成立。

江苏省高级人民法院依照《中华人民共和国行政诉讼法》第六十一条第（一）项之规定，于2004年12月10日判决：

驳回上诉，维持原判。

2. 张一诉郑中伟、中国联合网络通信有限公司武汉市分公司建筑物区分所有权纠纷案①

【裁判摘要】

在审理建筑物区分所有权案件时，即使业主对房屋的使用没有给其他区分所有权人造成噪音、污水、异味等影响，只要房屋的用途发生改变，由专供个人、家庭日常生活居住使用改变为用于商业、工业、旅游、办公等经营性活动，即可认定该行为影响了业主的安宁生活，属于将住宅改变为经营性用房，应依照《物权法》第七十七条关于业主改变住宅用途的规定处理。

房屋使用人将住宅改变为经营性用房的，应承担与业主相同的法定义务，除遵守法律、法规和管理规约外，还应当经有利害关系的业主同意。

【案情】

原告：张一，男，31岁，汉族，住武汉市武昌区中北路。

被告：郑中伟，男，37岁，汉族，住武汉市武昌区中北路。

被告：中国联合网络通信有限公司武汉市分公司，住所地：武汉市东西湖区金银湖马池路。

原告张一因与被告郑中伟、中国联合网络通信有限公司武汉市分公司（以下简称联通武汉分公司）发生建筑物区分所有权纠纷，向湖北省武汉市武昌区人民法院提起诉讼。

原告张一诉称：被告郑中伟系武汉市武昌区中北路白玫瑰花苑X栋X单元A室的业主。2011年12月，被告郑中伟与被告联通武汉分公司未经小区内相关业主的同意，擅自将光纤传输机柜、电源柜、蓄电池等设备安置在A室，将A室建成通信机房，该机房24小时运转，无人值班，存在安全隐患，相关业主及白玫瑰花苑物业管理处曾多次对两被告进行劝阻，但两被告均未予理会。现原告诉至法院要求判令两被告拆除位于武汉市武昌区中北路白玫瑰花苑X栋X单元A室的光纤传输设备，恢复房屋住宅用途，并承担本案诉讼费用。

原告张一提交了如下证据：

1. 产权登记信息查询单1份，证明位于武昌区中北路白玫瑰花苑X栋X单元A室房屋所有权人为被告郑中伟，该房屋的设计用途是住房。

2. 武房权证洪字第2007010794号房屋所有权证1份，证明原告张一的住房在被告郑中伟房屋的楼下，是与本案有利害关系的业主。

3. 照片五张、关于武汉联通在中北路白玫瑰花苑小区放置光纤传输设备的说明1份、违约窃电停（限）电通知书1份，证明中北路白玫瑰花苑X栋X单元A室里放置着光纤传输设备，联通公司将其改建为通信机房，被告郑中伟在A室使用380伏非家用电源。

4. 证人叶ının军、证人马占军的证言。证明证人都是与白玫瑰花苑X栋X单元A室房屋有利害关系的业主，证人不同意将白玫瑰花苑X栋X单元A室房屋改为经营性用房，要求拆除相关光纤传输设备。

5. 依原告张一申请法院到武汉武昌供电公司武昌供电营业厅取得的违约窃电停（限）电通知书1份。

被告郑中伟辩称：郑中伟是武昌区中北路白玫瑰花苑X栋X单元A室的业主，依据相关法律规定对此房屋享有使用、处分的权利，将房屋出租给联通武汉分公司的行为是合法合理的，并没有给其他业主造成危害，也没有任何的安全隐患；白玫瑰花苑物业管理处确实下了整改通知，但我们认为是无效的，白玫瑰花苑小区另有各种公共服务公司的设备安放在业主共有的公共区域内，而联通公司的设备只放置在本人房屋内，并没有占用任何公摊面积；请求依法驳回原告的诉讼请求，本案诉讼费用由原告承担。

---

① 案例来源：《最高人民法院公报》2014年第11期。

被告联通武汉分公司辩称:依据电信条例和物权法,联通武汉分公司与被告郑中伟签订租赁合同后有权放置电信设备;联通武汉分公司放置电信设备的房间不属于经营性用房,没有对小区居民生活造成任何影响;请求依法驳回原告张一的诉讼请求。

湖北省武汉市武昌区人民法院一审查明:

被告郑中伟于 2003 年 4 月 28 日取得位于武汉市武昌区中北路白玫瑰花苑 X 栋 X 单元 A 室、设计用途住宅的房屋(以下简称 A 室房屋)的房屋所有权证,张一于 2007 年取得位于武汉市武昌区中北路白玫瑰花苑 X 栋 X 单元 B 室、设计用途住宅的房屋的房屋所有权证。郑中伟与张一系同一单元上下楼层邻居关系。

被告联通武汉分公司于 2010 年 5 月 13 日与武汉市公安局等签订武汉市城市视频监控系统项目建设、运维服务和租赁合同。

刘保姣(被告郑中伟之嫂)于 2011 年 10 月 8 日与被告联通武汉分公司签订白玫瑰花苑通信机房租赁合同,约定联通武汉分公司利用 A 室房屋建设通信机房,租期自 2011 年 10 月 8 日起至 2015 年 10 月 7 日止,年租金为 29800 元;刘保姣负责周边群众的协调工作,保证联通武汉分公司正常施工及日常维护;联通武汉分公司保证改造、装修房屋不影响房屋的建筑结构安全,设备在工作中或因老化等不影响周边群众的生活、休息。

被告联通武汉分公司于 2011 年 12 月入驻使用 A 室房屋至今。与此同时,郑中伟之兄郑中良仍居住使用 A 室房屋。

白玫瑰花苑物业管理处、白玫瑰花苑业主自 2012 年 3 月 19 日起,多次要求 A 室房屋业主"停止生产经营、恢复原住房性质、消除安全隐患"。

被告联通武汉分公司于 2012 年 4 月 8 日领取武汉市重大项目认定证书,载明项目名称为无线城市综合项目——"中国联通无线城市",有效期至 2014 年 4 月 8 日。

武汉武昌供电公司于 2012 年 7 月 17 日认为 A 室房屋业主存在高价低接用电行为,发出违约窃电停(限)电通知。

被告联通武汉分公司在 A 室房屋内放置光纤传输机柜作为数据传输汇聚节点,用以建设有线光纤传输宽带网络,解决"平安城市"视频监控录像传输、无线城市综合项目 WLAN(无线宽带局域网)、周边居民小区宽带、固定电话等接入业务的汇聚、交换需求。

原告张一于 2013 年 1 月 16 日起诉被告郑中伟、联通武汉分公司至法院,请求判令郑中伟、联通武汉分公司拆除位于武汉市武昌区中北路白玫瑰花苑 X 栋 X 单元 A 室房屋内的光纤传输设备,恢复房屋住宅用途。

湖北省武汉市武昌区人民法院一审认为:

本案案由应确定为建筑物区分所有权纠纷。《中华人民共和国物权法》第七十七条的立法目的,实际上主要针对的是利用住宅从事经营生产企业,规模较大的餐饮及娱乐、洗浴或者作为公司办公用房等动辄给其他区分所有权人带来噪音、污水、异味、过多外来人员出入等影响其安宁生活的营业行为,即并非所有将住宅改变的行为都是《中华人民共和国物权法》第七十七条规制的行为。被告郑中伟、武汉联通公司并未改变涉案房屋的住宅性质,即或改变亦是用于公益事业,且原告张一未提供其房屋价值、生活质量受到或者可能受到不利影响的证据。故对原告的诉请,不予支持。

据此,武汉市武昌区人民法院依照《中华人民共和国民事诉讼法》第六十四条的规定,于 2013 年 9 月 26 日判决:

驳回原告张一的诉讼请求。

张一不服一审判决,向湖北省武汉市中级人民法院提起上诉称:一、一审判决遗漏重大事实,且认定事实错误。被上诉人联通武汉分公司在一审提交的证据四即 2012 年 5 月 13 日武汉市城市视频监控系统项目建设、运维服务和租赁合同书中,合同金额高达数亿元,一审判决遗漏此重大事实,导致错误认定被上诉人郑中伟、被上诉人联通武汉分公司没有改变讼争房屋的住宅性质,即或改变也是用于公益事业。被上诉人郑中伟在一审提交的证据二即 2013 年 3 月 25 日照片两张,照片的内容只是一些生活用品,一审以此证据认定郑中伟的哥哥郑中良一直居住使用 302 室房屋,属于认定事实错误。二、一审判决擅自进行司法解释明显违法。一审判决错误地将《中华人民共和国物权法》第七十七条的立法目的解释为主要针对的是利用住宅从事经营生产企业,规模较大的餐饮及娱乐、洗浴或者公司办公用房等动辄给其他区分所有权人带来噪音、污水、异味、过多外来人员出入等影响其安宁生活的营业行为,而《中华人民共和国立法法》规定,法律解释权属于全国人民代表大会常务委员会,一审的解释行为违背了《中华人民共和国立法法》的规定。三、两被上诉人的行为已经严重侵犯有利害关系业主的权利,人民法院应责令其立即拆除以消除隐患。综上,请求:一、依法撤销一审判决,发回重审,或者查清事实后予以改判;二、判令两被上诉人拆除位于武汉市武昌区中北路白玫瑰花苑 X 栋 X 单元 A 室房屋的光纤传输设备,恢复房屋住宅用途。

上诉人张一在二审中提交了一份证据,即民事上诉状一份,证明全体业主反对被上诉人联通武汉分公司的行为。

被上诉人郑中伟答辩称：一、郑中伟将自有产权房屋租赁给被上诉人联通武汉分公司合理合法。《中华人民共和国物权法》赋予所有权人对自身动产或不动产享有占有、使用、收益权。二、一审判决合情合理。一审法院对《中华人民共和国物权法》第七十七条所作的解释正确。现行法律没有规定答辩人将房屋租赁给联通武汉分公司安装光纤设备的行为违法。三、答辩人不仅在一审中提交照片证明房屋可以正常居住，而且一审法院审判人员也实地查看过讼争房屋，房屋内有人居住生活。四、上诉人张一声称联通武汉分公司侵犯其权利，但没有举出证据证明到底侵犯其何种权利。联通武汉分公司曾请专业人员对辐射进行检测，没有检测出辐射，但上诉人不相信该意见。五、小区公共场所内还有其他通信设备，如果要拆除答辩人家中的通信设备，小区公共场所内的其他通信设备也应当拆除。综上，请求二审法院驳回上诉，维持原判。

被上诉人郑中伟在二审中提交一份证据，即近1年的水、电、燃气的发票一套，证明讼争房屋内一直有人居住生活。

被上诉人联通武汉分公司答辩称：上诉人张一片面理解了公益事业的概念。联通武汉分公司的情况与电力公司、自来水公司相似，虽然对用户收取费用，但仍然是公益事业。请求二审法院驳回上诉，维持原判。

被上诉人联通武汉分公司在二审中提交一份证据，即《武汉市人民政府办公厅关于进一步加强无线城市建设工作的通知》一份，证明武汉市人民政府要求全社会支持基础设施建设，支持无线城市建设，严格落实《住宅区和住宅建筑内光纤到户通信设施工程设计规范》和《住宅区和住宅建筑内光纤到户通信设施工程施工及验收规范》两项国家标准要求。

湖北省武汉市中级人民法院经二审，确认了一审查明的事实。

另查明，被上诉人郑中伟对刘保姣于2011年10月8日与被上诉人联通武汉分公司签订的白玫瑰花苑通信机房租赁合同予以认可。联通武汉分公司于2010年5月13日与武汉市公安局签订的武汉市城市视频监控系统项目建设、运维服务和租赁合同约定，合同基准价即招标采购过程中联通武汉分公司和金鹏电子信息机器有限公司的中标价格为1.86亿元。

本案二审的争议焦点是：一、被上诉人联通武汉分公司在讼争房屋内放置光纤传输机柜作为数据传输汇聚节点的行为是否属于将住宅改变为经营性用房；二、如果联通武汉分公司的上述行为属于将住宅改变为经营性用房，是否应当经过上诉人张一的同意。

湖北省武汉市中级人民法院二审认为：

一、关于第一个争议焦点。

被上诉人联通武汉分公司在讼争房屋内放置光纤传输机柜作为数据传输汇聚节点的行为，属于将住宅改变为经营性用房。理由如下：住宅是指专供个人、家庭日常生活居住使用的房屋。经营性用房是指用于商业、工业、旅游、办公等经营性活动的房屋。两者因用途不同而有本质区别。住宅的用途主要是生活居住，经营性用房的用途主要是经营性活动。本案中，联通武汉分公司租赁讼争房屋用于放置光纤传输机柜作为数据传输汇聚节点，以建设有线光纤传输宽带网络，解决"平安城市"视频监控录像传输、无线城市综合项目WLAN（无线宽带局域网）、周边居民小区宽带、固定电话等接入业务的汇聚、交换需求。从其用途可以看出，其租赁讼争房屋并不是为了生活居住，而是为了从事经营性活动，因此联通武汉分公司的上述行为属于将住宅改变为经营性用房。

二、关于第二个争议焦点。

被上诉人联通武汉分公司在讼争房屋内放置光纤传输机柜作为数据传输汇聚节点的行为，应当经过上诉人张一的同意。理由如下：首先，联通武汉分公司将住宅改变为经营性用房的行为应当经过有利害关系的业主同意。依照《中华人民共和国物权法》第七十七条"业主不得违反法律、法规以及管理规约，将住宅改变为经营性用房。业主将住宅改变为经营性用房的，除遵守法律、法规以及管理规约外，应当经有利害关系的业主同意"的规定，业主将住宅改变为经营性用房，其行为的合法性需要同时满足两个条件：1. 遵守法律、法规以及管理规约；2. 应当经有利害关系的业主同意。即使没有违反法律、法规以及管理规约，只要没有经过有利害关系的业主同意，将住宅改变为经营性用房的行为的合法性仍不具备。《中华人民共和国物权法》第七十七条的条款语义清楚、内涵明确，一审对该条款中的"业主将住宅改变为经营性用房"作限缩性解释不当，予以纠正。依照最高人民法院《关于审理建筑物区分所有权纠纷案件具体应用法律若干问题的解释》第十条第一款"业主将住宅改变为经营性用房，未按照物权法第七十七条的规定经有利害关系的业主同意，有利害关系的业主请求排除妨害、消除危险、恢复原状或者赔偿损失的，人民法院应予支持"和第十六条第一款"建筑物区分所有权纠纷涉及专有部分的承租人、借用人等物业使用人的，参照本解释处理"的规定，联通武汉分公司作为讼争房屋的承租人将住宅改变为经营性用房，应承担与业主相同的法定义务，故也应当经过有利害关系的业主同意。

其次，上诉人张一应认定为有利害关系的业主。依照最高人民法院《关于审理建筑物区分所有权纠纷案件具体应用法律若干问题的解释》第十一条"业主将住宅改变为经营性用房，本栋建筑物内的其他业主，应当认定为物权法第七十七条所称'有利害关系的业主'。建筑区划内，本栋建筑物之外的业主，主张与自己有利害关系的，应证明其房屋价值、生活质量受到或者可能受到不利影响"的规定，上诉人张一作为本栋建筑物内的业主，无须举证证明其房屋价值、生活质量受到或者可能受到不利影响，即可认定为有利害关系的业主。

综上，被上诉人联通武汉分公司租赁被上诉人郑中伟的房屋用于放置光纤传输机柜作为数据传输汇聚节点的行为属于将住宅改变为经营性用房，该行为未经有利害关系的业主上诉人张一的同意，依照前述最高人民法院《关于审理建筑物区分所有权纠纷案件具体应用法律若干问题的解释》第十条第一款和第十六条第一款的规定，联通武汉分公司应承担相应责任。被上诉人郑中伟明知其嫂子刘保姣将讼争房屋出租给被上诉人联通武汉分公司用于建设通信机房，仍对该房屋租赁合同予以认可，其应与联通武汉分公司共同承担责任。故对于张一关于郑中伟、联通武汉分公司拆除位于武汉市武昌区中北路白玫瑰花苑X栋X单元A室房屋的光纤传输设备、恢复房屋住宅用途的上诉请求，予以支持。一审判决认定事实清楚，但适用法律不当，据此，武汉市中级人民法院依照《中华人民共和国民事诉讼法》第一百七十条第一款第（二）项的规定，于2014年1月20日判决：

一、撤销武汉市武昌区人民法院（2013）鄂武昌民初字第00444号民事判决；

二、郑中伟、中国联合网络通信有限公司武汉市分公司于本判决生效后六十日内拆除位于武汉市武昌区中北路白玫瑰花苑X栋X单元A室房屋的光纤传输设备、恢复房屋住宅用途。

本判决为终审判决。

3. 房屋交易

商品房销售管理办法

· 2001年4月4日建设部令第88号公布
· 自2001年6月1日起施行

第一章 总 则

第一条 【立法宗旨】 为了规范商品房销售行为，保障商品房交易双方当事人的合法权益，根据《中华人民共和国城市房地产管理法》、《城市房地产开发经营管理条例》，制定本办法。

第二条 【适用范围】 商品房销售及商品房销售管理应当遵守本办法。

第三条 【商品房销售定义】 商品房销售包括商品房现售和商品房预售。

本办法所称商品房现售，是指房地产开发企业将竣工验收合格的商品房出售给买受人，并由买受人支付房价款的行为。

本办法所称商品房预售，是指房地产开发企业将正在建设中的商品房预先出售给买受人，并由买受人支付定金或者房价款的行为。

第四条 【开发企业销售方式】 房地产开发企业可以自行销售商品房，也可以委托房地产中介服务机构销售商品房。

第五条 【商品房销售的主管部门】 国务院建设行政主管部门负责全国商品房的销售管理工作。

省、自治区人民政府建设行政主管部门负责本行政区域内商品房的销售管理工作。

直辖市、市、县人民政府建设行政主管部门、房地产行政主管部门（以下统称房地产开发主管部门）按照职责分工，负责本行政区域内商品房的销售管理工作。

第二章 销售条件

第六条 【预售许可制】 商品房预售实行预售许可制度。

商品房预售条件及商品房预售许可证明的办理程序，按照《城市房地产开发经营管理条例》和《城市商品房预售管理办法》的有关规定执行。

第七条 【商品房现售条件】 商品房现售，应当符合以下条件：

（一）现售商品房的房地产开发企业应当具有企业法人营业执照和房地产开发企业资质证书；

（二）取得土地使用权证书或者使用土地的批准文件；

（三）持有建设工程规划许可证和施工许可证；

（四）已通过竣工验收；

（五）拆迁安置已经落实；

（六）供水、供电、供热、燃气、通讯等配套基础设施具备交付使用条件，其他配套基础设施和公共设施具备交付使用条件或者已确定施工进度和交付日期；

（七）物业管理方案已经落实。

第八条 【房地产开发企业备案的资料】 房地产开

发企业应当在商品房现售前将房地产开发项目手册及符合商品房现售条件的有关证明文件报送房地产开发主管部门备案。

第九条　【销售设有抵押权的商品房】房地产开发企业销售设有抵押权的商品房，其抵押权的处理按照《中华人民共和国担保法》、《城市房地产抵押管理办法》的有关规定执行。

第十条　【商品房不得另售的情形】房地产开发企业不得在未解除商品房买卖合同前，将作为合同标的物的商品房再行销售给他人。

第十一条　【销售时不得采取的方式】房地产开发企业不得采取返本销售或者变相返本销售的方式销售商品房。

房地产开发企业不得采取售后包租或者变相售后包租的方式销售未竣工商品房。

第十二条　【按套销售】商品住宅按套销售，不得分割拆零销售。

第十三条　【签订物业管理协议】商品房销售时，房地产开发企业选聘了物业管理企业的，买受人应当在订立商品房买卖合同时与房地产开发企业选聘的物业管理企业订立有关物业管理的协议。

第三章　广告与合同

第十四条　【发布广告的要求】房地产开发企业、房地产中介服务机构发布商品房销售宣传广告，应当执行《中华人民共和国广告法》、《房地产广告发布暂行规定》等有关规定，广告内容必须真实、合法、科学、准确。

第十五条　【发布的广告所明示的事项，当事人应在合同中约定】房地产开发企业、房地产中介服务机构发布的商品房销售广告和宣传资料所明示的事项，当事人应当在商品房买卖合同中约定。

第十六条　【书面商品房买卖合同】商品房销售时，房地产开发企业和买受人应当订立书面商品房买卖合同。

商品房买卖合同应当明确以下主要内容：

（一）当事人名称或者姓名和住所；

（二）商品房基本状况；

（三）商品房的销售方式；

（四）商品房价款的确定方式及总价款、付款方式、付款时间；

（五）交付使用条件及日期；

（六）装饰、设备标准承诺；

（七）供水、供电、供热、燃气、通讯、道路、绿化等配套基础设施和公共设施的交付承诺和有关权益、责任；

（八）公共配套建筑的产权归属；

（九）面积差异的处理方式；

（十）办理产权登记有关事宜；

（十一）解决争议的方法；

（十二）违约责任；

（十三）双方约定的其他事项。

第十七条　【销售价格】商品房销售价格由当事人协商议定，国家另有规定的除外。

第十八条　【销售计价单位】商品房销售可以按套（单元）计价，也可以按套内建筑面积或者建筑面积计价。

商品房建筑面积由套内建筑面积和分摊的共有建筑面积组成，套内建筑面积部分为独立产权，分摊的共有建筑面积部分为共有产权，买受人按照法律、法规的规定对其享有权利，承担责任。

按套（单元）计价或者按套内建筑面积计价的，商品房买卖合同中应当注明建筑面积和分摊的共有建筑面积。

第十九条　【按套计价】按套（单元）计价的现售房屋，当事人对现售房屋实地勘察后可以在合同中直接约定总价款。

按套（单元）计价的预售房屋，房地产开发企业应当在合同中附所售房屋的平面图。平面图应当标明详细尺寸，并约定误差范围。房屋交付时，套型与设计图纸一致，相关尺寸也在约定的误差范围内，维持总价款不变；套型与设计图纸不一致或者相关尺寸超出约定的误差范围，合同中未约定处理方式的，买受人可以退房或者与房地产开发企业重新约定总价款。买受人退房的，由房地产开发企业承担违约责任。

第二十条　【按面积计价的误差处理方式】按套内建筑面积或者建筑面积计价的，当事人应当在合同中载明合同约定面积与产权登记面积发生误差的处理方式。

合同未作约定的，按以下原则处理：

（一）面积误差比绝对值在3%以内（含3%）的，据实结算房价款；

（二）面积误差比绝对值超出3%时，买受人有权退房。买受人退房的，房地产开发企业应当在买受人提出退房之日起30日内将买受人已付房价款退还给买受人，同时支付已付房价款利息。买受人不退房的，产权登记面积大于合同约定面积时，面积误差比在3%以内（含

3%)部分的房价款由买受人补足；超出3%部分的房价款由房地产开发企业承担，产权归买受人。产权登记面积小于合同约定面积时，面积误差比绝对值在3%以内（含3%）部分的房价款由房地产开发企业返还买受人；绝对值超出3%部分的房价款由房地产开发企业双倍返还买受人。

$$面积误差比 = \frac{产权登记面积 - 合同约定面积}{合同约定面积} \times 100\%$$

因本办法第二十四条规定的规划设计变更造成面积差异，当事人不解除合同的，应当签署补充协议。

第二十一条 【按面积计价的合同约定事项】按建筑面积计价的，当事人应当在合同中约定套内建筑面积和分摊的共有建筑面积，并约定建筑面积不变而套内建筑面积发生误差以及建筑面积与套内建筑面积均发生误差时的处理方式。

第二十二条 【收受预订款】不符合商品房销售条件的，房地产开发企业不得销售商品房，不得向买受人收取任何预订款性质费用。

符合商品房销售条件的，房地产开发企业在订立商品房买卖合同之前向买受人收取预订款性质费用的，订立商品房买卖合同时，所收费用应当抵作房价款；当事人未能订立商品房买卖合同的，房地产开发企业应当向买受人返还所收费用；当事人之间另有约定的，从其约定。

第二十三条 【房地产开发企业须明示的文件】房地产开发企业应当在订立商品房买卖合同之前向买受人明示《商品房销售管理办法》和《商品房买卖合同示范文本》；预售商品房的，还必须明示《城市商品房预售管理办法》。

第二十四条 【房地产开发企业的义务】房地产开发企业应当按照批准的规划、设计建设商品房。商品房销售后，房地产开发企业不得擅自变更规划、设计。

经规划部门批准的规划变更、设计单位同意的设计变更导致商品房的结构型式、户型、空间尺寸、朝向变化，以及出现合同当事人约定的其他影响商品房质量或者使用功能情形的，房地产开发企业应当在变更确立之日起10日内，书面通知买受人。

买受人有权在通知到达之日起15日内做出是否退房的书面答复。买受人在通知到达之日起15日内未作书面答复的，视同接受规划、设计变更以及由此引起的房价款的变更。房地产开发企业未在规定时限内通知买受人的，买受人有权退房；买受人退房的，由房地产开发企业承担违约责任。

第四章 销售代理

第二十五条 【委托中介销售】房地产开发企业委托中介服务机构销售商品房的，受托机构应当是依法设立并取得工商营业执照的房地产中介服务机构。

房地产开发企业应当与受托房地产中介服务机构订立书面委托合同，委托合同应当载明委托期限、委托权限以及委托人和被委托人的权利、义务。

第二十六条 【受托中介出示证书的义务】受托房地产中介服务机构销售商品房时，应当向买受人出示商品房的有关证明文件和商品房销售委托书。

第二十七条 【受托中介如实说明情况的义务】受托房地产中介服务机构销售商品房时，应当如实向买受人介绍所代理销售商品房的有关情况。

受托房地产中介服务机构不得代理销售不符合销售条件的商品房。

第二十八条 【受托中介收费的限制】受托房地产中介服务机构在代理销售商品房时不得收取佣金以外的其他费用。

第二十九条 【销售人员的培训】商品房销售人员应当经过专业培训，方可从事商品房销售业务。

第五章 交 付

第三十条 【房地产开发企业交付房产日期】房地产开发企业应当按照合同约定，将符合交付使用条件的商品房按期交付给买受人。未能按期交付的，房地产开发企业应当承担违约责任。

因不可抗力或者当事人在合同中约定的其他原因，需延期交付的，房地产开发企业应当及时告知买受人。

第三十一条 【设置样板房的销售房的义务】房地产开发企业销售商品房时设置样板房的，应当说明实际交付的商品房质量、设备及装修与样板房是否一致，未说明的，实际交付的商品房应当与样板房一致。

第三十二条 【销售开发企业应提供的资料】销售商品住宅时，房地产开发企业应当根据《商品住宅实行质量保证书和住宅使用说明书制度的规定》（以下简称《规定》），向买受人提供《住宅质量保证书》、《住宅使用说明书》。

第三十三条 【质量保修责任】房地产开发企业应当对所售商品房承担质量保修责任。当事人应当在合同中就保修范围、保修期限、保修责任等内容做出约定。保修期从交付之日起计算。

商品住宅的保修期限不得低于建设工程承包单位向

建设单位出具的质量保修书约定保修期的存续期；存续期少于《规定》中确定的最低保修期限的，保修期不得低于《规定》中确定的最低保修期限。

非住宅商品房的保修期限不得低于建设工程承包单位向建设单位出具的质量保修书约定保修期的存续期。

在保修期限内发生的属于保修范围的质量问题，房地产开发企业应当履行保修义务，并对造成的损失承担赔偿责任。因不可抗力或者使用不当造成的损坏，房地产开发企业不承担责任。

第三十四条　【房屋权属登记】房地产开发企业应当在商品房交付使用前按项目委托具有房产测绘资格的单位实施测绘，测绘成果报房地产行政主管部门审核后用于房屋权属登记。

房地产开发企业应当在商品房交付使用之日起60日内，将需要由其提供的办理房屋权属登记的资料报送房屋所在地房地产行政主管部门。

房地产开发企业应当协助商品房买受人办理土地使用权变更和房屋所有权登记手续。

第三十五条　【质量检测】商品房交付使用后，买受人认为主体结构质量不合格的，可以依照有关规定委托工程质量检测机构重新核验。经核验，确属主体结构质量不合格的，买受人有权退房；给买受人造成损失的，房地产开发企业应当依法承担赔偿责任。

第六章　法律责任

第三十六条　【未取得营业执照，擅自销售商品房的责任】未取得营业执照，擅自销售商品房的，由县级以上人民政府工商行政管理部门依照《城市房地产开发经营管理条例》的规定处罚。

第三十七条　【未取得房地产开发企业资质证书，擅自销售商品房的责任】未取得房地产开发企业资质证书，擅自销售商品房的，责令停止销售活动，处5万元以上10万元以下的罚款。

第三十八条　【违反规定，擅自预售商品房的责任】违反法律、法规规定，擅自预售商品房的，责令停止违法行为，没收违法所得；收取预付款的，可以并处已收取的预付款1%以下的罚款。

第三十九条　【未解除原买卖合同，将商品房再行销售给他人的责任】在未解除商品房买卖合同前，将作为合同标的物的商品房再行销售给他人的，处以警告，责令限期改正，并处2万元以上3万元以下罚款；构成犯罪的，依法追究刑事责任。

第四十条　【开发企业将验收不合格的商品房擅自交付使用的责任】房地产开发企业将未组织竣工验收、验收不合格或者对不合格按合格验收的商品房擅自交付使用的，按照《建设工程质量管理条例》的规定处罚。

第四十一条　【未报送房地产行政部门资料的责任】房地产开发企业未按规定将测绘成果或者需要由其提供的办理房屋权属登记的资料报送房地产行政主管部门的，处以警告，责令限期改正，并可处2万元以上3万元以下罚款。

第四十二条　【较重处罚的情形】房地产开发企业在销售商品房中有下列行为之一的，处以警告，责令限期改正，并可处以1万元以上3万元以下罚款。

（一）未按照规定的现售条件现售商品房的；

（二）未按照规定在商品房现售前将房地产开发项目手册及符合商品房现售条件的有关证明文件报送房地产开发主管部门备案的；

（三）返本销售或者变相返本销售商品房的；

（四）采取售后包租或者变相售后包租方式销售未竣工商品房的；

（五）分割拆零销售商品住宅的；

（六）不符合商品房销售条件，向买受人收取预订款性质费用的；

（七）未按照规定向买受人明示《商品房销售管理办法》、《商品房买卖合同示范文本》、《城市商品房预售管理办法》的；

（八）委托没有资格的机构代理销售商品房的。

第四十三条　【中介销售不符条件的商品房的责任】房地产中介服务机构代理销售不符合销售条件的商品房的，处以警告，责令停止销售，并可处2万元以上3万元以下罚款。

第四十四条　【国家机关工作人员的责任】国家机关工作人员在商品房销售管理工作中玩忽职守、滥用职权、徇私舞弊，依法给予行政处分；构成犯罪的，依法追究刑事责任。

第七章　附　则

第四十五条　【返本销售、售后包租、分割拆零销售、产权登记面积】本办法所称返本销售，是指房地产开发企业以定期向买受人返还购房款的方式销售商品房的行为。

本办法所称售后包租，是指房地产开发企业以在一定期限内承租或者代为出租买受人所购该企业商品房的方式销售商品房的行为。

本办法所称分割拆零销售,是指房地产开发企业以将成套的商品住宅分割为数部分分别出售给买受人的方式销售商品住宅的行为。

本办法所称产权登记面积,是指房地产行政主管部门确认登记的房屋面积。

第四十六条 【地方建设行政部门实施细则】省、自治区、直辖市人民政府建设行政主管部门可以根据本办法制定实施细则。

第四十七条 【解释部门】本办法由国务院建设行政主管部门负责解释。

第四十八条 【施行日期】本办法自 2001 年 6 月 1 日起施行。

城市房地产转让管理规定

· 1995 年 8 月 7 日建设部令第 45 号发布
· 根据 2001 年 8 月 15 日《建设部关于修改〈城市房地产转让管理规定〉的决定》修订

第一条 为了加强对城市房地产转让的管理,维护房地产市场秩序,保障房地产转让当事人的合法权益,根据《中华人民共和国城市房地产管理法》,制定本规定。

第二条 凡在城市规划区国有土地范围内从事房地产转让,实施房地产转让管理,均应遵守本规定。

第三条 本规定所称房地产转让,是指房地产权利人通过买卖、赠与或者其他合法方式将其房地产转移给他人的行为。

前款所称其他合法方式,主要包括下列行为:

(一)以房地产作价入股、与他人成立企业法人,房地产权属发生变更的;

(二)一方提供土地使用权,另一方或者多方提供资金,合资、合作开发经营房地产,而使房地产权属发生变更的;

(三)因企业被收购、兼并或合并,房地产权属随之转移的;

(四)以房地产抵债的;

(五)法律、法规规定的其他情形。

第四条 国务院建设行政主管部门归口管理全国城市房地产转让工作。

省、自治区人民政府建设行政主管部门归口管理本行政区域内的城市房地产转让工作。

直辖市、市、县人民政府房地产行政主管部门(以下简称房地产管理部门)负责本行政区域内的城市房地产转让管理工作。

第五条 房地产转让时,房屋所有权和该房屋占用范围内的土地使用权同时转让。

第六条 下列房地产不得转让:

(一)以出让方式取得土地使用权但不符合本规定第十条规定的条件的;

(二)司法机关和行政机关依法裁定、决定查封或者以其他形式限制房地产权利的;

(三)依法收回土地使用权的;

(四)共有房地产,未经其他共有人书面同意的;

(五)权属有争议的;

(六)未依法登记领取权属证书的;

(七)法律、行政法规规定禁止转让的其他情形。

第七条 房地产转让,应当按照下列程序办理:

(一)房地产转让当事人签订书面转让合同;

(二)房地产转让当事人在房地产转让合同签订后 90 日内持房地产权属证书、当事人的合法证明、转让合同等有关文件向房地产所在地的房地产管理部门提出申请,并申报成交价格;

(三)房地产管理部门对提供的有关文件进行审查,并在 7 日内作出是否受理申请的书面答复,7 日内未作书面答复的,视为同意受理;

(四)房地产管理部门核实申报的成交价格,并根据需要对转让的房地产进行现场查勘和评估;

(五)房地产转让当事人按照规定缴纳有关税费;

(六)房地产管理部门办理房屋权属登记手续,核发房地产权属证书。

第八条 房地产转让合同应当载明下列主要内容:

(一)双方当事人的姓名或者名称、住所;

(二)房地产权属证书名称和编号;

(三)房地产坐落位置、面积、四至界限;

(四)土地宗地号、土地使用权取得的方式及年限;

(五)房地产的用途或使用性质;

(六)成交价格及支付方式;

(七)房地产交付使用的时间;

(八)违约责任;

(九)双方约定的其他事项。

第九条 以出让方式取得土地使用权的,房地产转让时,土地使用权出让合同载明的权利、义务随之转移。

第十条 以出让方式取得土地使用权的,转让房地产时,应当符合下列条件:

(一)按照出让合同约定已经支付全部土地使用权

出让金,并取得土地使用权证书;

(二)按照出让合同约定进行投资开发,属于房屋建设工程的,应完成开发投资总额的25%以上;属于成片开发土地的,依照规划对土地进行开发建设,完成供排水、供电、供热、道路交通、通信等市政基础设施、公用设施的建设,达到场地平整,形成工业用地或者其他建设用地条件。

转让房地产时房屋已经建成的,还应当持有房屋所有权证书。

第十一条 以划拨方式取得土地使用权的,转让房地产时,按照国务院的规定,报有批准权的人民政府审批。有批准权的人民政府准予转让的,除符合本规定第十二条所列的可以不办理土地使用权出让手续的情形外,应当由受让方办理土地使用权出让手续,并依照国家有关规定缴纳土地使用权出让金。

第十二条 以划拨方式取得土地使用权的,转让房地产时,属于下列情形之一的,经有批准权的人民政府批准,可以不办理土地使用权出让手续,但应当将转让房地产所获收益中的土地收益上缴国家或者作其他处理。土地收益的缴纳和处理的办法按照国务院规定办理。

(一)经城市规划行政主管部门批准,转让的土地用于建设《中华人民共和国城市房地产管理法》第二十三条规定的项目的;

(二)私有住宅转让后仍用于居住的;

(三)按照国务院住房制度改革有关规定出售公有住宅的;

(四)同一宗土地上部分房屋转让而土地使用权不可分割转让的;

(五)转让的房地产暂时难以确定土地使用权出让用途、年限和其他条件的;

(六)根据城市规划土地使用权不宜出让的;

(七)县级以上人民政府规定暂时无法或不需要采取土地使用权出让方式的其他情形。依照前款规定缴纳土地收益或作其他处理的,应当在房地产转让合同中注明。

第十三条 依照本规定第十二条规定转让的房地产再转让,需要办理出让手续、补交土地使用权出让金的,应当扣除已经缴纳的土地收益。

第十四条 国家实行房地产成交价格申报制度。

房地产权利人转让房地产,应当如实申报成交价格,不得瞒报或作不实的申报。

房地产转让应当以申报的房地产成交价格作为缴纳税费的依据。成交价格明显低于正常市场价格的,以评估价格作为缴纳税费的依据。

第十五条 商品房预售按照建设部《城市商品房预售管理办法》执行。

第十六条 房地产管理部门在办理房地产转让时,其收费的项目和标准,必须经有批准权的物价部门和建设行政主管部门批准,不得擅自增加收费项目和提高收费标准。

第十七条 违反本规定第十条第一款和第十一条,未办理土地使用权出让手续,交纳土地使用权出让金的,按照《中华人民共和国城市房地产管理法》的规定进行处罚。

第十八条 房地产管理部门工作人员玩忽职守、滥用职权、徇私舞弊、索贿受贿的,依法给予行政处分;构成犯罪的,依法追究刑事责任。

第十九条 在城市规划区外的国有土地范围内进行房地产转让的,参照本规定执行。

第二十条 省、自治区人民政府建设行政主管部门、直辖市房地产行政主管部门可以根据本规定制定实施细则。

第二十一条 本规定由国务院建设行政主管部门负责解释。

第二十二条 本规定自1995年9月1日起施行。

城市房地产开发经营管理条例

- 1998年7月20日中华人民共和国国务院令第248号发布
- 根据2011年1月8日《国务院关于废止和修改部分行政法规的决定》第一次修订
- 根据2018年3月19日《国务院关于修改和废止部分行政法规的决定》第二次修订
- 根据2019年3月24日《国务院关于修改部分行政法规的决定》第三次修订
- 根据2020年3月27日《国务院关于修改和废止部分行政法规的决定》第四次修订
- 根据2020年11月29日《国务院关于修改和废止部分行政法规的决定》第五次修订

第一章 总 则

第一条 为了规范房地产开发经营行为,加强对城市房地产开发经营活动的监督管理,促进和保障房地产业的健康发展,根据《中华人民共和国城市房地产管理法》的有关规定,制定本条例。

第二条 本条例所称房地产开发经营,是指房地开发企业在城市规划区内国有土地上进行基础设施建设、房屋建设，并转让房地产开发项目或者销售、出租商品房的行为。

第三条 房地产开发经营应当按照经济效益、社会效益、环境效益相统一的原则，实行全面规划、合理布局、综合开发、配套建设。

第四条 国务院建设行政主管部门负责全国房地产开发经营活动的监督管理工作。

县级以上地方人民政府房地产开发主管部门负责本行政区域内房地产开发经营活动的监督管理工作。

县级以上人民政府负责土地管理工作的部门依照有关法律、行政法规的规定，负责与房地产开发经营有关的土地管理工作。

第二章 房地产开发企业

第五条 设立房地产开发企业，除应当符合有关法律、行政法规规定的企业设立条件外，还应当具备下列条件：

（一）有100万元以上的注册资本；

（二）有4名以上持有资格证书的房地产专业、建筑工程专业的专职技术人员，2名以上持有资格证书的专职会计人员。

省、自治区、直辖市人民政府可以根据本地方的实际情况，对设立房地产开发企业的注册资本和专业技术人员的条件作出高于前款的规定。

第六条 外商投资设立房地产开发企业的，除应符合本条例第五条的规定外，还应当符合外商投资法律、行政法规的规定。

第七条 设立房地产开发企业，应当向县级以上人民政府工商行政管理部门申请登记。工商行政管理部门对符合本条例第五条规定条件的，应当自收到申请之日起30日内予以登记；对不符合条件不予登记的，应当说明理由。

工商行政管理部门在对设立房地产开发企业申请登记进行审查时，应当听取同级房地产开发主管部门的意见。

第八条 房地产开发企业应当自领取营业执照之日起30日内，提交下列纸质或者电子材料，向登记机关所在地的房地产开发主管部门备案：

（一）营业执照复印件；

（二）企业章程；

（三）专业技术人员的资格证书和聘用合同。

第九条 房地产开发主管部门应当根据房地产开发企业的资产、专业技术人员和开发经营业绩等，对备案的房地产开发企业核定资质等级。房地产开发企业应当按照核定的资质等级，承担相应的房地产开发项目。具体办法由国务院建设行政主管部门制定。

第三章 房地产开发建设

第十条 确定房地产开发项目，应当符合土地利用总体规划、年度建设用地计划和城市规划、房地产开发年度计划的要求；按照国家有关规定需要经计划主管部门批准的，还应当报计划主管部门批准，并纳入年度固定资产投资计划。

第十一条 确定房地产开发项目，应当坚持旧区改建和新区建设相结合的原则，注重开发基础设施薄弱、交通拥挤、环境污染严重以及危旧房屋集中的区域，保护和改善城市生态环境，保护历史文化遗产。

第十二条 房地产开发用地应当以出让方式取得；但是，法律和国务院规定可以采用划拨方式的除外。

土地使用权出让或者划拨前，县级以上地方人民政府城市规划行政主管部门和房地产开发主管部门应当对下列事项提出书面意见，作为土地使用权出让或者划拨的依据之一：

（一）房地产开发项目的性质、规模和开发期限；

（二）城市规划设计条件；

（三）基础设施和公共设施的建设要求；

（四）基础设施建成后的产权界定；

（五）项目拆迁补偿、安置要求。

第十三条 房地产开发项目应当建立资本金制度，资本金占项目总投资的比例不得低于20%。

第十四条 房地产开发项目的开发建设应当统筹安排配套基础设施，并根据先地下、后地上的原则实施。

第十五条 房地产开发企业应当按照土地使用权出让合同约定的土地用途、动工开发期限进行项目开发建设。出让合同约定的动工开发期限满1年未动工开发的，可以征收相当于土地使用权出让金20%以下的土地闲置费；满2年未动工开发的，可以无偿收回土地使用权。但是，因不可抗力或者政府、政府有关部门的行为或者动工开发必需的前期工作造成动工迟延的除外。

第十六条 房地产开发企业开发建设的房地产项目，应当符合有关法律、法规的规定和建筑工程质量、安全标准、建筑工程勘察、设计、施工的技术规范以及合同的约定。

房地产开发企业应当对其开发建设的房地产开发项目的质量承担责任。

勘察、设计、施工、监理等单位应当依照有关法律、法规的规定或者合同的约定，承担相应的责任。

第十七条　房地产开发项目竣工，依照《建设工程质量管理条例》的规定验收合格后，方可交付使用。

第十八条　房地产开发企业应当将房地产开发项目建设过程中的主要事项记录在房地产开发项目手册中，并定期送房地产开发主管部门备案。

第四章　房地产经营

第十九条　转让房地产开发项目，应当符合《中华人民共和国城市房地产管理法》第三十九条、第四十条规定的条件。

第二十条　转让房地产开发项目，转让人和受让人应当自土地使用权变更登记手续办理完毕之日起30日内，持房地产开发项目转让合同到房地产开发主管部门备案。

第二十一条　房地产开发企业转让房地产开发项目时，尚未完成拆迁补偿安置的，原拆迁补偿安置合同中有关的权利、义务随之转移给受让人。项目转让人应当书面通知被拆迁人。

第二十二条　房地产开发企业预售商品房，应当符合下列条件：

（一）已交付全部土地使用权出让金，取得土地使用权证书；

（二）持有建设工程规划许可证和施工许可证；

（三）按提供的预售商品房计算，投入开发建设的资金达到工程建设总投资的25%以上，并已确定施工进度和竣工交付日期；

（四）已办理预售登记，取得商品房预售许可证明。

第二十三条　房地产开发企业申请办理商品房预售登记，应当提交下列文件：

（一）本条例第二十二条第（一）项至第（三）项规定的证明材料；

（二）营业执照和资质等级证书；

（三）工程施工合同；

（四）预售商品房分层平面图；

（五）商品房预售方案。

第二十四条　房地产开发主管部门应当自收到商品房预售申请之日起10日内，作出同意预售或者不同意预售的答复。同意预售的，应当核发商品房预售许可证明；不同意预售的，应当说明理由。

第二十五条　房地产开发企业不得进行虚假广告宣传，商品房预售广告中应当载明商品房预售许可证明的文号。

第二十六条　房地产开发企业预售商品房时，应当向预购人出示商品房预售许可证明。

房地产开发企业应当自商品房预售合同签订之日起30日内，到商品房所在地的县级以上人民政府房地产开发主管部门和负责土地管理工作的部门备案。

第二十七条　商品房销售，当事人双方应当签订书面合同。合同应当载明商品房的建筑面积和使用面积、价格、交付日期、质量要求、物业管理方式以及双方的违约责任。

第二十八条　房地产开发企业委托中介机构代理销售商品房的，应当向中介机构出具委托书。中介机构销售商品房时，应当向商品房购买人出示商品房的有关证明文件和商品房销售委托书。

第二十九条　房地产开发项目转让和商品房销售价格，由当事人协商议定；但是，享受国家优惠政策的居民住宅价格，应当实行政府指导价或者政府定价。

第三十条　房地产开发企业应当在商品房交付使用时，向购买人提供住宅质量保证书和住宅使用说明书。

住宅质量保证书应当列明工程质量监督单位核验的质量等级、保修范围、保修期和保修单位等内容。房地产开发企业应当按照住宅质量保证书的约定，承担商品房保修责任。

保修期内，因房地产开发企业对商品房进行维修，致使房屋原使用功能受到影响，给购买人造成损失的，应当依法承担赔偿责任。

第三十一条　商品房交付使用后，购买人认为主体结构质量不合格的，可以向工程质量监督单位申请重新核验。经核验，确属主体结构质量不合格的，购买人有权退房；给购买人造成损失的，房地产开发企业应当依法承担赔偿责任。

第三十二条　预售商品房的购买人应当自商品房交付使用之日起90日内，办理土地使用权变更和房屋所有权登记手续；现售商品房的购买人应当自销售合同签订之日起90日内，办理土地使用权变更和房屋所有权登记手续。房地产开发企业应当协助商品房购买人办理土地使用权变更和房屋所有权登记手续，并提供必要的证明文件。

第五章　法律责任

第三十三条　违反本条例规定，未取得营业执照，擅自从事房地产开发经营的，由县级以上人民政府工商行政管理部门责令停止房地产开发经营活动，没收违法所得，可以并处违法所得5倍以下的罚款。

第三十四条 违反本条例规定，未取得资质等级证书或者超越资质等级从事房地产开发经营的，由县级以上人民政府房地产开发主管部门责令限期改正，处5万元以上10万元以下的罚款；逾期不改正的，由工商行政管理部门吊销营业执照。

第三十五条 违反本条例规定，擅自转让房地产开发项目的，由县级以上人民政府负责土地管理工作的部门责令停止违法行为，没收违法所得，可以并处违法所得5倍以下的罚款。

第三十六条 违反本条例规定，擅自预售商品房的，由县级以上人民政府房地产开发主管部门责令停止违法行为，没收违法所得，可以并处已收取的预付款1%以下的罚款。

第三十七条 国家机关工作人员在房地产开发经营监督管理工作中玩忽职守、徇私舞弊、滥用职权，构成犯罪的，依法追究刑事责任；尚不构成犯罪的，依法给予行政处分。

第六章 附 则

第三十八条 在城市规划区外国有土地上从事房地产开发经营，实施房地产开发经营监督管理，参照本条例执行。

第三十九条 城市规划区内集体所有的土地，经依法征收转为国有土地后，方可用于房地产开发经营。

第四十条 本条例自发布之日起施行。

房地产开发企业资质管理规定

· 2000年3月29日建设部令第77号公布
· 根据2015年5月4日《住房和城乡建设部关于修改〈房地产开发企业资质管理规定〉等部门规章的决定》第一次修正
· 根据2018年12月22日《住房和城乡建设部关于修改〈建筑业企业资质管理规定〉等部门规章的决定》第二次修正
· 根据2022年3月2日《住房和城乡建设部关于修改〈房地产开发企业资质管理规定〉的决定》第三次修正

第一条 为了加强房地产开发企业资质管理，规范房地产开发企业经营行为，根据《中华人民共和国城市房地产管理法》《城市房地产开发经营管理条例》，制定本规定。

第二条 本规定所称房地产开发企业是指依法设立、具有企业法人资格的经济实体。

第三条 房地产开发企业应当按本规定申请核定企业资质等级。

未取得房地产开发资质等级证书（以下简称资质证书）的企业，不得从事房地产开发经营业务。

第四条 国务院住房和城乡建设主管部门负责全国房地产开发企业的资质管理工作；县级以上地方人民政府房地产开发主管部门负责本行政区域内房地产开发企业的资质管理工作。

第五条 房地产开发企业按照企业条件分为一、二两个资质等级。

各资质等级企业的条件如下：

（一）一级资质：

1. 从事房地产开发经营5年以上；

2. 近3年房屋建筑面积累计竣工30万平方米以上，或者累计完成与此相当的房地产开发投资额；

3. 连续5年建筑工程质量合格率达100%；

4. 上一年房屋建筑施工面积15万平方米以上，或者完成与此相当的房地产开发投资额；

5. 有职称的建筑、结构、财务、房地产及有关经济类的专业管理人员不少于40人，其中具有中级以上职称的管理人员不少于20人，专职会计人员不少于4人；

6. 工程技术、财务、统计等业务负责人具有相应专业中级以上职称；

7. 具有完善的质量保证体系，商品住宅销售中实行了《住宅质量保证书》和《住宅使用说明书》制度；

8. 未发生过重大工程质量事故。

（二）二级资质：

1. 有职称的建筑、结构、财务、房地产及有关经济类的专业管理人员不少于5人，其中专职会计人员不少于2人；

2. 工程技术负责人具有相应专业中级以上职称，财务负责人具有相应专业初级以上职称，配有统计人员；

3. 具有完善的质量保证体系。

第六条 临时聘用或者兼职的管理、技术人员不得计入企业管理、技术人员总数。

第七条 申请核定资质等级的房地产开发企业，应当提交下列材料：

（一）一级资质：

1. 企业资质等级申报表；

2. 专业管理、技术人员的职称证件；

3. 已开发经营项目的有关材料；

4.《住宅质量保证书》《住宅使用说明书》执行情况报告、建立质量管理制度、具有质量管理部门及相应质量管理人员等质量保证体系情况说明。

（二）二级资质：

1. 企业资质等级申报表；

2. 专业管理、技术人员的职称证件；

3. 建立质量管理制度、具有质量管理部门及相应质量管理人员等质量保证体系情况说明。

第八条 房地产开发企业资质等级实行分级审批。

一级资质由省、自治区、直辖市人民政府住房和城乡建设主管部门初审，报国务院住房和城乡建设主管部门审批。

二级资质由省、自治区、直辖市人民政府住房和城乡建设主管部门或者其确定的设区的市级人民政府房地产开发主管部门审批。

经资质审查合格的企业，由资质审批部门发给相应等级的资质证书。资质证书有效期为3年。

申请核定资质的房地产开发企业，应当通过相应的政务服务平台提出申请。

第九条 资质证书由国务院住房和城乡建设主管部门统一制作。资质证书分为正本和副本，资质审批部门可以根据需要核发资质证书副本若干份。

第十条 任何单位和个人不得涂改、出租、出借、转让、出卖资质证书。

企业遗失资质证书，必须在新闻媒体上声明作废后，方可补领。

第十一条 企业发生分立、合并的，应当在向市场监督管理部门办理变更手续后的30日内，到原资质审批部门申请办理资质证书注销手续，并重新申请资质等级。

第十二条 企业变更名称、法定代表人和主要管理、技术负责人，应当在变更30日内，向原资质审批部门办理变更手续。

第十三条 企业破产、歇业或者因其他原因终止业务时，应当在向市场监督管理部门办理注销营业执照后的15日内，到原资质审批部门注销资质证书。

第十四条 县级以上人民政府房地产开发主管部门应当开展"双随机、一公开"监管，依法查处房地产开发企业的违法违规行为。

县级以上人民政府房地产开发主管部门应当加强对房地产开发企业信用监管，不断提升信用监管水平。

第十五条 一级资质的房地产开发企业承担房地产项目的建筑规模不受限制。

二级资质的房地产开发企业可以承担建筑面积25万平方米以下的开发建设项目。

各资质等级企业应当在规定的业务范围内从事房地产开发经营业务，不得越级承担任务。

第十六条 企业未取得资质证书从事房地产开发经营的，由县级以上地方人民政府房地产开发主管部门责令限期改正，处5万元以上10万元以下的罚款；逾期不改正的，由房地产开发主管部门提请市场监督管理部门吊销营业执照。

第十七条 企业超越资质等级从事房地产开发经营的，由县级以上地方人民政府房地产开发主管部门责令限期改正，处5万元以上10万元以下的罚款；逾期不改正的，由原资质审批部门提请市场监督管理部门吊销营业执照，并依法注销资质证书。

第十八条 企业有下列行为之一的，由原资质审批部门按照《中华人民共和国行政许可法》等法律法规规定予以处理，并可处以1万元以上3万元以下的罚款：

（一）隐瞒真实情况、弄虚作假骗取资质证书的；

（二）涂改、出租、出借、转让、出卖资质证书的。

第十九条 企业开发经营活动中有违法行为的，按照《中华人民共和国行政处罚法》、《中华人民共和国城市房地产管理法》、《城市房地产开发经营管理条例》、《建设工程质量管理条例》、《建设工程安全生产管理条例》、《民用建筑节能条例》等有关法律法规规定予以处罚。

第二十条 各级住房和城乡建设主管部门工作人员在资质审批和管理中玩忽职守、滥用职权、徇私舞弊的，由其所在单位或者上级主管部门给予行政处分；构成犯罪的，由司法机关依法追究刑事责任。

第二十一条 省、自治区、直辖市人民政府住房和城乡建设主管部门可以根据本规定制定实施细则。

第二十二条 本规定由国务院住房和城乡建设主管部门负责解释。

第二十三条 本规定自发布之日起施行。1993年11月16日建设部发布的《房地产开发企业资质管理规定》（建设部令第28号）同时废止。

房地产广告发布规定

·2015年12月24日国家工商行政管理总局令第80号公布

·根据2021年4月2日《国家市场监督管理总局关于废止和修改部分规章的决定》修正

第一条 发布房地产广告，应当遵守《中华人民共和国广告法》（以下简称《广告法》）、《中华人民共和国城市房地产管理法》、《中华人民共和国土地管理法》及国家有关规定。

第二条 本规定所称房地产广告，指房地产开发企业、房地产权利人、房地产中介服务机构发布的房地产项目预售、预租、出售、出租、项目转让以及其他房地产项目介绍的广告。

居民私人及非经营性售房、租房、换房广告，不适用本规定。

第三条 房地产广告必须真实、合法、科学、准确，不得欺骗、误导消费者。

第四条 房地产广告，房源信息应当真实，面积应当表明为建筑面积或者套内建筑面积，并不得含有下列内容：

（一）升值或者投资回报的承诺；

（二）以项目到达某一具体参照物的所需时间表示项目位置；

（三）违反国家有关价格管理的规定；

（四）对规划或者建设中的交通、商业、文化教育设施以及其他市政条件作误导宣传。

第五条 凡下列情况的房地产，不得发布广告：

（一）在未经依法取得国有土地使用权的土地上开发建设的；

（二）在未经国家征用的集体所有的土地上建设的；

（三）司法机关和行政机关依法裁定、决定查封或者以其他形式限制房地产权利的；

（四）预售房地产，但未取得该项目预售许可证的；

（五）权属有争议的；

（六）违反国家有关规定建设的；

（七）不符合工程质量标准，经验收不合格的；

（八）法律、行政法规规定禁止的其他情形。

第六条 发布房地产广告，应当具有或者提供下列相应真实、合法、有效的证明文件：

（一）房地产开发企业、房地产权利人、房地产中介服务机构的营业执照或者其他主体资格证明；

（二）房地产主管部门颁发的房地产开发企业资质证书；

（三）自然资源主管部门颁发的项目土地使用权证明；

（四）工程竣工验收合格证明；

（五）发布房地产项目预售、出售广告，应当具有地方政府建设主管部门颁发的预售、销售许可证证明；出租、项目转让广告，应当具有相应的产权证明；

（六）中介机构发布所代理的房地产项目广告，应当提供业主委托证明；

（七）确认广告内容真实性的其他证明文件。

第七条 房地产预售、销售广告，必须载明以下事项：

（一）开发企业名称；

（二）中介服务机构代理销售的，载明该机构名称；

（三）预售或者销售许可证书号。

广告中仅介绍房地产项目名称的，可以不必载明上述事项。

第八条 房地产广告不得含有风水、占卜等封建迷信内容，对项目情况进行的说明、渲染，不得有悖社会良好风尚。

第九条 房地产广告中涉及所有权或者使用权的，所有或者使用的基本单位应当是有实际意义的完整的生产、生活空间。

第十条 房地产广告中对价格有表示的，应当清楚表示为实际的销售价格，明示价格的有效期限。

第十一条 房地产广告中的项目位置示意图，应当准确、清楚，比例恰当。

第十二条 房地产广告中涉及的交通、商业、文化教育设施及其他市政条件等，如在规划或者建设中，应当在广告中注明。

第十三条 房地产广告涉及内部结构、装修装饰的，应当真实、准确。

第十四条 房地产广告中不得利用其他项目的形象、环境作为本项目的效果。

第十五条 房地产广告中使用建筑设计效果图或者模型照片的，应当在广告中注明。

第十六条 房地产广告中不得出现融资或者变相融资的内容。

第十七条 房地产广告中涉及贷款服务的，应当载明提供贷款的银行名称及贷款额度、年期。

第十八条 房地产广告中不得含有广告主能够为入住者办理户口、就业、升学等事项的承诺。

第十九条 房地产广告中涉及物业管理内容的，应当符合国家有关规定；涉及尚未实现的物业管理内容，应当在广告中注明。

第二十条 房地产广告中涉及房地产价格评估的，应当表明评估单位、估价师和评估时间；使用其他数据、统计资料、文摘、引用语的，应当真实、准确，表明出处。

第二十一条 违反本规定发布广告,《广告法》及其他法律法规有规定的,依照有关法律法规规定予以处罚。法律法规没有规定的,对负有责任的广告主、广告经营者、广告发布者,处以违法所得三倍以下但不超过三万元的罚款;没有违法所得的,处以一万元以下的罚款。

第二十二条 本规定自 2016 年 2 月 1 日起施行。1998 年 12 月 3 日国家工商行政管理局令第 86 号公布的《房地产广告发布暂行规定》同时废止。

国家发展改革委、最高人民法院、国土资源部关于对失信被执行人实施限制不动产交易惩戒措施的通知

· 2018 年 3 月 1 日
· 发改财金〔2018〕370 号

各省、自治区、直辖市、新疆生产建设兵团社会信用体系建设牵头单位、高级人民法院、国土资源厅(局):

为深入学习贯彻习近平新时代中国特色社会主义思想和党的十九大精神,进一步落实《中共中央办公厅 国务院办公厅关于加快推进失信被执行人信用监督、警示和惩戒机制建设的意见》(中办发〔2016〕64 号)、《国务院关于建立完善守信联合激励和失信联合惩戒制度加快推进社会诚信建设的指导意见》(国发〔2016〕33 号)和《最高人民法院关于限制被执行人高消费的若干规定》(法释〔2010〕8 号)等有关要求,加大对失信被执行人的惩戒力度,建立健全联合奖惩机制,国家发展改革委、最高人民法院、国土资源部共同对失信被执行人及失信被执行人的法定代表人、主要负责人、实际控制人、影响债务履行的直接责任人员,采取限制不动产交易的惩戒措施。现将有关事项通知如下。

一、各级人民法院限制失信被执行人及失信被执行人的法定代表人、主要负责人、实际控制人、影响债务履行的直接责任人员参与房屋司法拍卖。

二、市、县国土资源部门限制失信被执行人及失信被执行人的法定代表人、主要负责人、实际控制人、影响债务履行的直接责任人员取得政府供应土地。

三、各地国土资源部门与人民法院要积极推进建立同级不动产登记信息和失信被执行人名单信息互通共享机制,有条件的地区,国土资源部门在为失信被执行人及失信被执行人的法定代表人、主要负责人、实际控制人、影响债务履行的直接责任人员办理转移、抵押、变更等涉及不动产产权变化的不动产登记时,应将相关信息通报给人民法院,便于人民法院依法采取执行措施。

四、建立健全全国信用信息共享平台与国家不动产登记信息平台信息互通共享机制。全国信用信息共享平台将最高人民法院提供的失信被执行人名单信息及时推送至国家不动产登记信息平台;国家不动产登记信息平台将失信被执行人名下的不动产登记信息及时反馈至全国信用信息共享平台。

住房和城乡建设部关于进一步加强房地产市场监管完善商品住房预售制度有关问题的通知

· 2010 年 4 月 13 日
· 建房〔2010〕53 号

各省、自治区住房和城乡建设厅,直辖市建委(房地局),新疆生产建设兵团建设局:

为贯彻落实《国务院办公厅关于促进房地产市场平稳健康发展的通知》(国办发〔2010〕4 号)要求,进一步加强房地产市场监管,完善商品住房预售制度,整顿和规范房地产市场秩序,维护住房消费者合法权益,现就有关问题通知如下:

一、进一步加强房地产市场监管

(一)加强商品住房预售行为监管。未取得预售许可的商品住房项目,房地产开发企业不得进行预售,不得以认购、预订、排号、发放 VIP 卡等方式向买受人收取或变相收取定金、预定款等性质的费用,不得参加任何展销活动。取得预售许可的商品住房项目,房地产开发企业要在 10 日内一次性公开全部准售房源及每套房屋价格,并严格按照申报价格,明码标价对外销售。房地产开发企业不得将企业自留房屋在房屋所有权初始登记前对外销售,不得采取返本销售、售后包租的方式预售商品住房,不得进行虚假交易。

(二)严肃查处捂盘惜售等违法违规行为。各地要加大对捂盘惜售、哄抬房价等违法违规行为的查处力度。对已经取得预售许可,但未在规定时间内对外公开销售或未将全部准售房源对外公开销售,以及故意采取畸高价格销售或通过签订虚假商品住房买卖合同等方式人为制造房源紧张的行为,要严肃查处。

(三)加强房地产销售代理和房地产经纪监管。实行代理销售商品住房的,应当委托在房地产主管部门备案的房地产经纪机构代理。房地产经纪机构应当将经纪服务项目、服务内容和收费标准在显著位置公示;额外提供的延伸服务项目,需事先向当事人说明,并在委托合同中明约约定,不得分解收费项目和强制收取代书费、银行

按揭服务费等费用。房地产经纪机构和执业人员不得炒卖房号，不得在代理过程中赚取差价，不得通过签订"阴阳合同"违规交易，不得发布虚假信息和未经核实的信息，不得采取内部认购、雇人排队等手段制造销售旺盛的虚假氛围。

（四）加强商品住房买卖合同管理。各地要完善商品住房买卖合同示范文本，积极推行商品住房买卖合同网上签订和备案制度。商品住房买卖合同示范文本应对商品住房质量性能、物业会所、车位等设施归属，交付使用条件及其违约责任做出明确约定，并将《住宅质量保证书》《住宅使用说明书》作为合同附件。房地产开发企业应当将商品住房买卖合同在合同订立前向购房人明示。

（五）健全房地产信息公开机制。各地要加强和完善房地产市场信息系统建设，及时准确地向社会公布市场信息。市、县房地产主管部门要及时将批准的预售信息、可售楼盘及房源信息、违法违规行为查处情况等向社会公开。房地产开发企业应将预售许可情况、商品住房预售方案、开发建设单位资质、代理销售的房地产经纪机构备案情况等信息，在销售现场清晰明示。

（六）鼓励推行商品住房现售试点。各地可结合当地实际，制定商品住房现售管理办法，鼓励和引导房地产开发企业现售商品住房。实行现售的商品住房，应符合《商品房销售管理办法》规定的现售条件；在商品住房现售前，房地产开发企业应当将符合现售条件的有关证明文件和房地产开发项目手册报送房地产开发主管部门备案。

二、完善商品住房预售制度

（七）严格商品住房预售许可管理。各地要结合当地实际，合理确定商品住房项目预售许可的最低规模和工程形象进度要求，预售许可的最低规模不得小于栋，不得分层、分单元办理预售许可。住房供应不足的地区，要建立商品住房预售许可绿色通道，提高行政办事效率，支持具备预售条件的商品住房项目尽快办理预售许可。

（八）强化商品住房预售方案管理。房地产开发企业应当按照商品住房预售方案销售商品住房。预售方案应当包括项目基本情况、建设进度安排、预售房屋套数、面积预测及分摊情况、公共部位和公共设施的具体范围、预售价格及变动幅度、预售资金监管落实情况、住房质量责任承担主体和承担方式、住房能源消耗指标和节能措施等。预售方案中主要内容发生变更的，应报主管部门备案并公示。

（九）完善预售资金监管机制。各地要加快完善商品住房预售资金监管制度。尚未建立监管制度的地方，要加快制定本地区商品住房预售资金监管办法。商品住房预售资金要全部纳入监管账户，由监管机构负责监管，确保预售资金用于商品住房项目工程建设；预售资金可按建设进度进行核拨，但必须留有足够的资金保证建设工程竣工交付。

（十）严格预售商品住房退房管理。商品住房严格实行购房实名制，认购后不得擅自更改购房者姓名。各地要规范商品住房预订行为，对可售房源预订次数做出限制规定。购房人预订商品住房后，未在规定时间内签订预售合同的，预订应予以解除，解除的房源应当公开销售。已签订商品住房买卖合同并网上备案，经双方协商一致需解除合同的，双方应递交申请并说明理由，所退房源应当公开销售。

三、加强预售商品住房交付和质量管理

（十一）明确商品住房交付使用条件。各地要依据法律法规及有关建设标准，制定本地商品住房交付使用条件。商品住房交付使用条件应包括工程经竣工验收合格并在当地主管部门备案、配套基础设施和公共设施已建成并满足使用要求、北方地区住宅分户热计量装置安装符合设计要求、住宅质量保证书和住宅使用说明书制度已落实、商品住房质量责任承担主体已明确、前期物业管理已落实。房地产开发企业在商品住房交付使用时，应当向购房人出示上述相关证明资料。

（十二）完善商品住房交付使用制度。各地要建立健全商品住房交付使用管理制度，确保商品住房项目单体工程质量、节能环保性能、配套基础设施和公共设施符合交付使用的基本要求。有条件的地方可借鉴上海、山东等地经验，通过地方立法，完善新建商品住房交付使用制度。各地要加强商品住房竣工验收管理，积极推行商品住房工程质量分户验收制度。北方地区要加强商品住房分户热计量装置安装的验收管理。

（十三）落实预售商品住房质量责任。房地产开发企业应当对其开发建设的商品住房质量承担首要责任，勘察、设计、施工、监理等单位应当依据有关法律、法规的规定或者合同的约定承担相应责任。房地产开发企业、勘察、设计、施工、监理等单位的法定代表人、工程项目负责人、工程技术负责人、注册执业人员按各自职责承担相应责任。预售商品住房存在质量问题的，购房人有权依照法律、法规及合同约定要求房地产开发企业承担责任并赔偿相应损失。房地产开发企业承担责任后，有权向造成质量问题的相关单位和个人追责。

（十四）强化预售商品住房质量保证机制。暂定资质的房地产开发企业在申请商品住房预售许可时提交的预售方案，应当明确企业破产、解散等清算情况发生后的商品住房质量责任承担主体，由质量责任承担主体提供担保函。质量责任承担主体必须具备独立的法人资格和相应的赔偿能力。各地要将房地产开发企业是否建立商品住房质量保证制度作为企业资质管理的重要内容。各地要鼓励推行预售商品住房质量保证金制度，研究建立专业化维修制度。

四、健全房地产市场监督管理机制

（十五）全面开展预售商品住房项目清理。各地近期要对所有在建的商品住房项目进行一次清理和整治。对已取得预售许可的商品住房项目逐一排查，准确掌握已预售的商品住房数量、正在预售的商品住房数量和尚未开盘的商品住房数量等情况，并将清理情况向社会公开；对尚未开盘的商品住房项目，要责成房地产开发企业限期公开销售。直辖市、省会城市（自治区首府城市）、计划单列市要将清理结果于今年6月底前报住房城乡建设部。

（十六）加大对违法违规行为的查处力度。各地要通过房地产信息网络公开、设立举报投诉电话、现场巡查等措施，加强房地产市场行为监管，加大对违法违规行为的查处力度。对退房率高、价格异常以及消费者投诉集中的项目，要重点核查。对存在违法违规行为的，要责令限期整改，记入房地产信用档案，并可暂停商品住房网上签约；对拒不整改的，要依法从严查处，直至取消其开发企业资质，并将有关信息通报土地、税收、金融、工商等相关部门，限制其参加土地购置、金融信贷等活动。

（十七）加强房地产信用管理。各地要积极拓展房地产信用档案功能和覆盖面，发挥信用档案作用，将销售行为、住房质量、交付使用、信息公开等方面内容纳入房地产信用体系，信用档案应当作为考核企业资质的依据。对违法违规销售、存在较为严重的质量问题、将不符合交付条件的住房交付使用、信息公开不及时不准确等行为，应记入房地产开发企业信用档案，公开予以曝光。

（十八）严格相关人员责任追究制度。各地要加强对违法违规企业相关责任人的责任追究。对造成重大工程质量事故的房地产开发企业法定代表人、负责人，无论其在何职何岗，身居何处，都要依法追究相应责任。对在预售商品住房管理中工作不力、失职渎职的有关工作人员，要依法追究行政责任；对以权谋私、玩忽职守的，依法依规追究有关责任人的行政和法律责任。

（十九）落实监督检查责任制度。各地要强化房地产主管部门管理职能，加强房地产市场执法队伍建设。省级住房和城乡建设主管部门要加强对市、县（区）房地产市场监管工作的指导和检查。市、县（区）房地产主管部门要建立商品住房市场动态监管制度，加强销售现场巡查；建设、规划等部门要按照各自职责加强监管。各部门要加强协作、沟通和配合，建立健全信息共享、情况通报以及违法违规行为的联合查处机制。各地要畅通举报投诉渠道，重视和支持舆论监督，积极妥善处理矛盾纠纷，并及时公布处理结果。

其他商品房的市场监管参照本通知执行。

已购公有住房和经济适用住房上市出售管理暂行办法[①]

· 1999年4月22日建设部令第69号发布
· 自1999年5月1日起施行

第一条 为规范已购公有住房和经济适用住房的上市出售活动，促进房地产市场的发展和存量住房的流通，满足居民改善居住条件的需要，根据《国务院关于进一步深化城镇住房制度改革加快住房建设的通知》及有关规定，制定本办法。

第二条 本办法适用于已购公有住房和经济适用住房首次进入市场出售的管理。

第三条 本办法所称已购公有住房和经济适用住房，是指城镇职工根据国家和县级以上地方人民政府有关城镇住房制度改革政策规定，按照成本价（或者标准价）购买的公有住房，或者按照地方人民政府指导价购买的经济适用住房。

本办法所称经济适用住房包括安居工程住房和集资合作建设的住房。

第四条 经省、自治区、直辖市人民政府批准，具备下列条件的市、县可以开放已购公有住房和经济适用住房上市出售的交易市场：

（一）已按照个人申报、单位审核、登记立档的方式对城镇职工家庭住房状况进行了普查，并对申报人在住房制度改革中有违法、违纪行为的进行了处理；

[①] 《国务院关于取消第一批行政审批项目决定》取消行政审批。

（二）已制定了已购公有住房和经济适用住房上市出售收益分配管理办法；

（三）已制定了已购公有住房和经济适用住房上市出售的具体实施办法；

（四）法律、法规规定的其他条件。

第五条 已取得合法产权证书的已购公有住房和经济适用住房可以上市出售，但有下列情形之一的已购公有住房和经济适用住房不得上市出售：

（一）以低于房改政策规定的价格购买且没有按照规定补足房价款的；

（二）住房面积超过省、自治区、直辖市人民政府规定的控制标准，或者违反规定利用公款超标准装修，且超标部分未按照规定退回或者补足房价款及装修费用的；

（三）处于户籍冻结地区并已列入拆迁公告范围内的；

（四）产权共有的房屋，其他共有人不同意出售的；

（五）已抵押且未经抵押权人书面同意转让的；

（六）上市出售后形成新的住房困难的；

（七）擅自改变房屋使用性质的；

（八）法律、法规以及县级以上人民政府规定其他不宜出售的。

第六条 已购公有住房和经济适用住房所有权人要求将已购公有住房和经济适用住房上市出售的，应当向房屋所在地的县级以上人民政府房地产行政主管部门提出申请，并提交下列材料：

（一）职工已购公有住房和经济适用住房上市出售申请表；

（二）房屋所有权证书、土地使用权证书或者房地产权证书；

（三）身份证及户籍证明或者其他有效身份证件；

（四）同住成年人同意上市出售的书面意见；

（五）个人拥有部分产权的住房，还应当提供原产权单位在同等条件下保留或者放弃优先购买权的书面意见。

第七条 房地产行政主管部门对已购公有住房和经济适用住房所有权人提出的上市出售申请进行审核，并自收到申请之日起15日内作出是否准予其上市出售的书面意见。

第八条 经房地产行政主管部门审核，准予出售的房屋，由买卖当事人向房屋所在地房地产交易管理部门申请办理交易过户手续，如实申报成交价格。并按照规定到有关部门缴纳有关税费和土地收益。

成交价格按照政府宏观指导下的市场原则，由买卖双方协商议定。房地产交易管理部门对所申报的成交价格进行核实，对需要评估的房屋进行现场查勘和评估。

第九条 买卖当事人在办理完毕交易过户手续之日起30日内，应当向房地产行政主管部门申请办理房屋所有权转移登记手续，并凭变更后的房屋所有权证书向同级人民政府土地行政主管部门申请土地使用权变更登记手续。

在本办法实施前，尚未领取土地使用权证书的已购公有住房和经济适用住房在2000年底以前需要上市出售的，房屋产权人可以凭房屋所有权证书先行办理交易过户手续，办理完毕房屋所有权转移登记手续之日起30日内由受让人持变更后的房屋所有权证书到房屋所在地的市、县人民政府土地行政主管部门办理土地使用权变更登记手续。

第十条 城镇职工以成本价购买、产权归个人所有的已购公有住房和经济适用住房上市出售的，其收入在按照规定交纳有关税费和土地收益后归职工个人所有。

以标准价购买、职工拥有部分产权的已购公有住房和经济适用住房上市出售的，可以先按照成本价补足房价款及利息，原购住房全部产权归个人所有后，该已购公有住房和经济适用住房上市出售收入按照本条前款的规定处理；也可以直接上市出售，其收入在按照规定交纳有关税费和土地收益后，由职工与原产权单位按照产权比例分成。原产权单位撤销的，其应当所得部分由房地产交易管理部门代收后，纳入地方住房基金专户管理。

第十一条 鼓励城镇职工家庭为改善居住条件，将已购公有住房和经济适用住房上市出售换购住房。已购公有住房和经济适用住房上市出售后1年内该户家庭按照市场价购买住房，或者已购公有住房和经济适用住房上市出售前一年内该户家庭已按照市场价购买住房的，可以视同房屋产权交换。

第十二条 已购公有住房和经济适用住房上市出售后，房屋维修仍按照上市出售前公有住房售后维修管理的有关规定执行。个人缴交的住房共用部位、共用设施设备维修基金的结余部分不予退还，随房屋产权同时过户。

第十三条 已购公有住房和经济适用住房上市出售后，该户家庭不得再按成本价或者标准价购买公有住房，也不得再购买经济适用住房等政府提供优惠政策建设的住房。

第十四条 违反本办法第五条的规定，将不准上市出售的已购公有住房和经济适用住房上市出售的，处以

1万元以上3万元以下罚款。

第十五条 违反本办法第十三条的规定,将已购公有住房和经济适用住房上市出售后,该户家庭又以非法手段按照成本价(或者标准价)购买公有住房或者政府提供优惠政策建设的住房的,由房地产行政主管部门责令退回所购房屋,不予办理产权登记手续,并处以1万元以上3万元以下罚款;或者按照商品房市场价格补齐房价款,并处以1万元以上3万元以下罚款。

第十六条 房地产行政主管部门工作人员玩忽职守、滥用职权、徇私舞弊、贪污受贿的,由其所在单位或者上级主管部门给予行政处分;情节严重、构成犯罪的,依法追究刑事责任。

第十七条 省、自治区、直辖市人民政府可以根据本办法的规定和当地实际情况,选择部分条件比较成熟的市、县先行试点。

第十八条 已购公有住房和经济适用住房上市出售补交土地收益的具体办法另行规定。

第十九条 本办法由国务院建设行政主管部门负责解释。

第二十条 本办法自1999年5月1日起施行。

建设部关于已购公有住房和经济适用住房上市出售若干问题的说明

·1999年7月27日

最近,针对目前的经济形势,中央对扩大住房消费进一步作出了部署,特别要求加快开放住房二级市场。目前国务院有关部门及各地方人民政府正积极研究制定有关具体措施。建设部就已购公有住房和经济适用住房上市出售若干问题向大家作一介绍。

一、关于开放已购公有住房和经济适用住房交易市场的现实意义

加快开放已购公房和经济适用住房的交易市场,既是深化城镇住房制度改革的需要,也是完善我国社会主义市场经济体系,培育新的经济增长点的需要。从部分省、市试点的情况看,开放已购公房和经济适用住房的交易市场有着十分积极的现实意义。

第一,有利于搞活市场,扩大住房有效需求,推动住房消费。职工按房改政策购买公有住房时,一般是根据单位分房情况,先住后买,没有多少可选择的余地。随着居民家庭收入和生活水平的不断提高,相当一部分已购公房居民急于进一步改善居住条件,希望通过以小换大、以旧换新,实现住房的升级换代。但这部分居民单靠家庭积蓄来购买商品房往往又是不现实的。开放住房二级市场后,将这部分存量房屋资产转化为货币资金,加上家庭的存款及政策性和商业性的贷款支持,就可以大大增强这部分居民的住房购买力,从而使这部分原来游离于市场之外的住房消费群体进入市场,更广泛地调动起群众住房消费的积极性,进而促进增量住房的消化和住宅建设的发展。因此,在停止住房实物分配后,开放已购公房和经济适用住房的交易市场将成为拉动住房消费的一个重要方面。

第二,有利于保持房改政策的连续性,推动住房制度改革的深入发展。向城镇职工出售公有住房和向中低收入居民出售经济适用住房是住房制度改革的一项重要内容。经过十多年的房改实践,越来越多的职工家庭住房已成为私有财产。而房改的目的是实现住房的商品化、社会化,已购公有住房和经济适用住房只有经过市场这一环节,才能最终实现住房的商品属性。同时,随着人们产权意识、市场意识的增强,职工在购买住房时,除了考虑其经济承受能力外,也会更多地考虑其所能获得的权益。如果长期不能解决再交易的问题,必然会使职工对购买住房特别是经济适用住房产生后顾之忧。因此,当前稳步开放已购公房和经济适用住房的交易市场,是住房制度改革发展到一定阶段的必然要求。

第三,有利于促进存量住房资源的合理使用,满足不同层次居民的住房需求。由于城镇居民家庭收入水平、住房消费能力等差异较大,开放住房二级市场后,就等于把住房市场中最大的一块资产盘活了。由于住房二级市场量大面广,在价格、区位、户型等方面选择余地大,有利于满足不同层次居民的住房即期消费需求。如,刚步入社会的青年家庭需要的是小户型住房;住房困难家庭需要的就是面积大一些的住房;而有些家庭住房虽然不困难,但因位置不合适,希望调整住房;等等。开放住房二级市场后,通过市场机制的作用,将在相当程度上促进存住房的有效配置,满足不同层次的住房需求。

第四,有利于相关产业的延伸和发展。将加快房地产中介服务、装饰装修、物业管理、房屋租赁等的发展,增加更多的就业岗位。如上海市开放住房二级市场后,住房置换、住房置业担保等新兴业务应运而生,房地产经纪活动也非常活跃。仅房屋置换公司就吸纳了800名下岗纺织女工担当"房嫂",为买卖双方牵线搭桥,带来了良好的社会效果。

从部分省市的试点情况看,广大居民对开放已购公房和经济适用住房交易市场是积极支持的,这一举措对促进市场流通、刺激住房消费的作用也是十分明显的。如,上海市共有20069户(其中仅今年上半年就达8963户)职工家庭将已购公有住房上市出售,其中约90%家庭又重新购房,平均每个家庭通过换购增加住房建筑面积43平方米,增加投入15.91万元,仅此一项就增加住房消费量近83万平方米,新增个人直接住房投资22.54亿元。江苏省南通、常熟、江阴三个城市自去年4季度开展已购公房上市试点以来,已有4360户居民出售已购公有住房,其中3850户(占总数的88%)以旧换新、以小换大,平均每户增加住房面积40多平方米,新增的购房支出总计6亿元,带动的装修、家具等间接消费总计5.67亿元。青岛市自今年3月开放二级市场以来,房地产交易中心受理的已购公房上市出售登记已达1.3万户,96万平方米。(注:上述数据统计截止时间均为今年6月底)

二、关于最近出台的有关政策文件

为了贯彻落实《国务院关于进一步深化城镇住房制度改革,促进住宅建设发展的通知》(国发[1998]23号文件)关于"培育和规范住房交易市场"、"稳步开放已购公有住房和经济适用住房的交易市场"的精神,在总结部分省市试点经验的基础上,建设部经会签国土资源部,于今年四月发布了《已购公有住房和经济适用住房上市出售管理暂行办法》(建设部第69号令),该办法主要规定了开放二级市场的基本条件和上市交易程序,明确了上市准入制度。最近,经国务院原则同意,财政部、国土资源部、建设部又联合下发了《已购公有住房和经济适用住房上市出售土地出让金和收益分配管理的若干规定》(财综字[1999]113号),进一步明确了已购公有住房和经济适用住房上市出售中所涉及的土地出让金缴纳和收益分配的有关政策。这两个文件的发布,是促进和规范住房二级市场开放的指导性文件。鉴于北京市的特殊地位,国务院有关部门还参与制定了北京市的相关政策(即将由北京市人民政府公布),这是三部文件在北京市的具体化。

三、关于已购公有住房和经济适用住房的产权问题

产权明晰是已购公有住房和经济适用住房上市出售的基本条件,也是群众最关心的问题。三部文件及我部69号令明确规定:职工个人购买的经济适用住房和按成本价购买的公有住房,房屋产权归职工个人所有;已取得合法产权证书,即房屋所有权证、土地使用权证或房地产权证,可依法进入二级市场交易。同时规定,对《已购公有住房和经济适用住房上市出售管理暂行办法》实施前,个人已领取房屋所有权,但尚未领取土地使用权证书,在2000年底以前需要上市出售的,产权人可以凭房屋所有权证书上市出售;土地使用权证书的办理两步合并为一步,即在该住房出售后,由购买人凭变更登记后的房屋所有权证直接办理土地使用权变更登记手续。

对因各种原因,尚未取得房屋产权证书的,当事人可向房屋所在地房屋权属登记发证机关申请办理。公有住房出售单位应当及时履行有关房改审批等手续,并提供相关资料,积极协助买房个人办理房产权登记工作。房屋权属登记发证机关应按照规定的产权登记发证时限要求抓紧办理。任何单位和个人都不得以任何理由阻止或妨碍个人住房产权登记发证工作,也不得扣压个人住房产权证书。对此,建设部曾专门下发《关于进一步转变工作作风,切实加强和改善房屋权属登记发证工作的通知》(建住房[1999]119号),进行了部署。

四、关于不得上市的几种情况

为了保护二级市场权益人的利益,防止在实物分配体制下形成的住房分配不公现象通过二级市场合法化,《已购公有住房和经济适用住房上市出售管理暂行办法》规定了八种不得上市的情形。即:1.以低于房改政策规定的价格购买且没有按照规定补足房价款的;2.住房面积超过各省、自治区、直辖市人民政府规定的控制标准,或者违反规定利用公款高标准装修,且超标部分未按照规定退回或者补足房价款及装修费用的;3.处于户籍冻结地区并已列入拆迁公告范围的;4.产权共有的房屋,其他共有人不同意出售的;5.已抵押且未经抵押权人书面同意转让的;6.上市出售后形成新的住房困难的;7.擅自改变房屋使用性质的;8.其他按照法律、法规及县以上人民政府规定不宜出售的。

五、关于已购公有住房和经济适用住房上市出售需要履行的必要手续

1.由产权人向房屋所在地县级以上人民政府房地产行政主管部门提出申请,并提交相关材料。房地产行政主管部门按照有关规定对其申请进行审核后,十五日内作出是否准予其上市出售的书面意见。

2.经审核,符合上市出售条件,准予上市出售的,由买卖当事人向房屋所在地房地产交易管理部门申请办理交易过户手续,缴纳有关税费。

3.买卖当事人在办理完成交易过户手续之日起三十日内,向房地产行政主管部门申请房屋所有权转移登记手续,并凭变更后的房屋所有权证书向同级土地管理部门申请土地使用权变更登记手续。

已购公有住房和经济适用住房上市出售，原则上应当尽可能简化程序，降低收费，以方便群众，减轻负担。建设部在《关于进一步转变工作作风，切实加强和改善房屋权属登记发证工作的通知》对有关问题已提出了相应要求。

六、关于上市出售价格确定及其管理问题

已购公有住房和经济适用住房上市出售成交价格，按照政府宏观指导下的市场原则，由交易双方协商议定。(根据三部文件规定，土地出让金或相当于土地出让金的价款需由购买人交纳。)按照《城市房地产管理法》的规定，应向房地产交易管理部门如实申报成交价格。房地产交易管理部门要对所申报的成交价格进行核实，对需要评估的房屋进行现场查勘和评估，并以核实的价格作为计征有关税费和收费分配的依据。

七、关于土地出让金或相当于土地出让金的价款的缴纳问题

由于房改成本价及经济适用住房价格中均不含土地使用权价款，因此根据现行法律制度，三部文件明确：已购公有住房和经济适用住房上市出售时，均需由购买人缴纳土地出让金或相当于土地出让金的价款。

对于经济适用住房，由于其土地使用权是以划拨方式取得的，个人购买时价格中不含土地出让金，因此已购经济适用住房上市出售时，应当按照《城市房地产管理法》的规定，由购买人向国家补交土地出让金。

对于已购公有住房，则有两种情况。一种是其原土地使用权以划拨方式取得的，应当按规定由购买人向国家补交土地出让金。另一种是原土地使用权以出让方式取得的，如原单位购买了商品住房（价格中包含了开发商已向国家缴纳的土地出让金）再根据房改政策按房改成本价出售给职工，按现行的法律规定，其上市出售时，不需要再向国家补交土地出让金。但因为应由新的购买人缴纳相当于土地出让金的价款，所不同的是这部分价款应当根据原投资渠道分别上交财政或返还原产权单位。

土地出让金和相当于土地出让金的价款在缴纳标准上是一致的，即均为不低于该住房坐落位置的标定地价的10%，具体比例由各地确定。考虑到目前多数地方尚没有标定地价资料，而二级市场的开放又是当务之急，实际操作中各地可根据具体情况确定征收方式。如北京市经研究论证，并经国务院房改五人小组原则同意，拟按房屋成交价的3%（相当于标定地价的10%）作为应缴纳土地出让金或相当于土地出让金的价款，以便操作执行。

购买人缴纳土地出让金或相当于土地出让金的价款后，按出让土地使用权的商品住宅办理产权登记。

八、关于已购经济适用住房上市出售收益分配

经济适用住房出售价格是按保本微利原则确定的政府指导价，因此，三部文件明确：居民购买的经济适用住房上市出售时，除按规定交纳有关税费外，出售收益全部归出售人所有。这一点与已购公有住房上市出售收益分配在政策上是有所区别的。

九、关于已购公有住房上市出售收益分配

由于职工按房改成本价购买公有住房时享受了各种不同程度政策，已购公有住房上市出售带来的经济利益关系较为复杂。这些住房客观上存在着地段、标准等方面的差异，在个人按房改政策购买时，价格上基本上没有考虑或很少考虑这些因素。但再按市场价上市出售时，这些因素必然会变化。因此，为了解决已购公有住房上市出售时，因成交价格差异过大来的收入不公平问题，三部文件对已购公有住房上市出售收益分配作了相应规定。按照这一规定，职工个人上市出售已购公有住房取得的价款中，除按规定交纳有关税费外，出售人实际应得收益主要包括两部分：一部分是出售人应得的基本收益，另一部分则是净收益分成。

1. 基本收益。是相当于其住房面积标准部分的经济适用住房价款，即该家庭中职务较高一方应享受的住房面积标准与上市出售时当地经济适用住房基准价格之乘积。这一基本思路的确定，主要是考虑保持新、老房改方案之间的衔接和新、老职工利益的平衡。经济适用住房基准价格是住房货币化方案中老职工计发一次性补贴的基础，也是新参加工作职工按月计发住房补贴的依据。因此，已购公有住房上市出售时，把住房面积标准以内的经济适用住房价款确定为出售人应得收益基数，相对而言比较合理的。

2. 净收益分成。若因上市出售价格高于经济适用住房基准价格等原因，出售收入高于出售人应得基本收益的，三部文件规定：净收益部分应按超额累进比例或一定比例缴纳所得收益，剩余部分归出售人。所得收益由房地产交易管理部门代收后，按规定上交财政或返还原产权单位。净收益分成的两种处理办法具体采用哪一种，由地方确定，但原则上房屋成交价格差异较大的应当采用超额累进方式，房屋成交价格差异相对较小的一般适用于按一定比例缴纳。北京市采取了按超额累进比例缴纳的方式，即：成交价在4000-5000元/平方米的部分，20%缴纳所得收益，80%归出售人；成交价在5000元/平方米以上的部分,50%缴纳所得收益,50%归出售人。

净收益实际上相当于原产权单位购建该住房时实际支付的配套费等土地收益,理论上应当全部返还原产权单位或财政(原由中央财政或地方财政投资的行政机关、事业单位住房)。但考虑到已购公有住房上市出售后,该户家庭按规定不得再按照成本价或标准价购买公有住房,也不得再购买经济适用住房,而只能按市场价购买商品房,因此,为了保证其必要的购房能力,调动其购房积极性,将部分净收益留给出售人是必要的,总的精神是这部分收益越高,单位分成的比例也越高。

十、关地超标住房的处理

超过面积标准的住房须于上市出售前按规定进行相应处理后,方可上市出售。上市出售时,除个人已支付的房价款归出售人外,超标部分的净收益全额缴纳所得收益,出售人不得参与分成。

十一、关于物业管理

已购公有住房和经济适用住房上市出售后,房屋维修仍按照上市出售前公有住房售后维修管理的有关规定执行。个人缴交的住房共用部位、共用设施设备维修基金的结余部分,经双方结算后随房屋产权同时过户。

十二、关于税收政策问题

为了进一步搞活住房交易市场,鼓励和支持住房建设、消费和流通,国家将于近期出台相应的税收优惠政策,具体办法由财政部、国家税务总局另行规定。

十三、关于违规行为的处罚

根据《已购公有住房和经济适用住房上市出售管理暂行办法》,违反规定将不准上市出售的已购公有住房和经济适用住房上市出售的,没收违法所得,并处以10000元以上30000元以下罚款。违反规定,将已购公有住房和经济适用住房上市出售后,又以非法手段按成本价购买公有住房或政府提供优惠政策建设的住房的,由房地产行政主管部门责令退回所购房屋,不予办理产权登记手续,并处以10000元以上30000元以下罚款;或者按照商品房市场价格补齐房价款,并处以10000元以上30000元以下罚款。

商品房销售明码标价规定

· 2011年3月16日
· 发改价检〔2011〕548号

第一条 为了规范商品房销售价格行为,建立和维护公开、公正、透明的市场价格秩序,保护消费者和经营者合法权益,根据《中华人民共和国价格法》、原国家发展计划委员会《关于商品和服务实行明码标价的规定》,制定本规定。

第二条 中华人民共和国境内的房地产开发企业和中介服务机构(以下统称商品房经营者)销售新建商品房,应当按照本规定实行明码标价。

中介服务机构销售二手房的明码标价参照本规定执行。

第三条 本规定所称明码标价,是指商品房经营者在销售商品房时按照本规定的要求公开标示商品房价格、相关收费以及影响商品房价格的其他因素。

第四条 各级政府价格主管部门是商品房明码标价的管理机关,依法对商品房经营者执行明码标价和收费公示规定的情况进行监督检查。

第五条 已取得预售许可和销售现房的房地产经营者,要在公开房源时,按照本规定实行明码标价。

第六条 商品房经营者应当在商品房交易场所的醒目位置放置标价牌、价目表或者价格手册,有条件的可同时采取电子信息屏、多媒体终端或电脑查询等方式。采取上述多种方式明码标价的,标价内容应当保持一致。

第七条 商品房销售明码标价应当做到项目齐全,标价内容真实明确、字迹清晰、标示醒目,并标示价格主管部门投诉举报电话。

第八条 商品房销售明码标价实行一套一标。商品房经营者应当对每套商品房进行明码标价。按照建筑面积或者套内建筑面积计价的,还应当标示建筑面积单价或者套内建筑面积单价。

第九条 对取得预售许可或者办理现房销售备案的房地产开发项目,商品房经营者要在规定时间内一次性公开全部销售房源,并严格按照申报价格明码标价对外销售。

第十条 商品房经营者应当明确标示以下与商品房价格密切相关的因素:

(一)开发企业名称、预售许可证、土地性质、土地使用起止年限、楼盘名称、坐落位置、容积率、绿化率、车位配比率。

(二)楼盘的建筑结构、装修状况以及水、电、燃气、供暖、通讯等基础设施配套情况。

(三)当期销售的房源情况以及每套商品房的销售状态、房号、楼层、户型、层高、建筑面积、套内建筑面积和分摊的共有建筑面积。

（四）优惠折扣及享受优惠折扣的条件。

（五）商品房所在地省级价格主管部门规定的其他内容。

第十一条 商品房销售应当公示以下收费：

（一）商品房交易及产权转移等代收代办的收费项目、收费标准。代收代办收费应当标明由消费者自愿选择。

（二）商品房销售时选聘了物业管理企业的，商品房经营者应当同时公示前期物业服务内容、服务标准及收费依据、收费标准。

（三）商品房所在地省级价格主管部门规定的其他内容。

第十二条 对已销售的房源，商品房经营者应当予以明确标示。如果同时标示价格的，应当标示所有已销售房源的实际成交价格。

第十三条 商品房经营者不得在标价之外加价销售商品房，不得收取任何未予标明的费用。

第十四条 商品房经营者在广告宣传中涉及的价格信息，必须真实、准确、严谨。

第十五条 商品房经营者不得使用虚假或者不规范的价格标示误导购房者，不得利用虚假或者使人误解的标价方式进行价格欺诈。

第十六条 商品房经营者不按照本规定明码标价和公示收费，或者利用标价形式和价格手段进行价格欺诈的，由县级以上各级人民政府价格主管部门依据《中华人民共和国价格法》、《价格违法行为行政处罚规定》、《关于商品和服务实行明码标价的规定》、《禁止价格欺诈行为的规定》等法律、法规和规章实施行政处罚。

第十七条 价格主管部门发现商品房经营者明码标价的内容不符合国家相关政策，要及时移送相关部门处理。

第十八条 省、自治区、直辖市价格主管部门可根据本规定制定商品房销售明码标价实施细则。

第十九条 本规定自2011年5月1日起施行。

国家发展改革委办公厅、住房城乡建设部办公厅关于开展商品房销售明码标价专项检查的通知

- 2016年11月4日
- 发改办价监〔2016〕2329号

各省、自治区、直辖市及计划单列市、副省级省会城市发展改革委、物价局，住房城乡建设厅、建委、房地局，深圳市市场监督管理局：

近年来，各级价格、住房城乡建设部门加强房地产市场监管，净化房地产市场环境，营造公开、透明的房地产市场价格秩序。但在一些地方，未按规定实行"一套一标"、未一次性公开全部销售房源等损害消费者利益、扰乱市场秩序的行为依然存在，群众对此反映强烈。为落实国务院关于促进房地产市场平稳健康发展的要求，进一步规范商品房明码标价行为，维护消费者合法权益，经研究，决定开展商品房销售明码标价专项检查。现将有关事项通知如下：

一、检查时间和对象

专项检查的时间为11月10日至12月10日。检查对象为房地产开发企业和房地产中介机构，对房地产开发企业在售楼盘和房地产中介机构门店明码标价情况进行检查。

二、检查的组织实施

专项检查由国家发展改革委、住房城乡建设部统一部署，各省级价格主管部门具体组织实施，地方各级住房城乡建设部门予以配合。各省级价格主管部门按照"双随机"的要求，直接抽查50家在售楼盘、50家房地产中介机构门店，组织市级价格主管部门全面检查其他在售楼盘、各自抽查50家房地产中介机构门店，并及时向社会公布抽查情况及查处结果。

三、检查的重点内容

此次专项检查重点查处下列行为：

（一）销售商品房不明码标价、未在交易场所醒目位置明码标价；

（二）未按规定实行"一套一标"；

（三）未一次性公开全部销售房源；

（四）商品房交易及产权转移等代收代办的收费未标明由消费者自愿选择；

（五）标示信息不全，没有按照规定内容明码标价、公示相关收费以及影响商品房价格的其他因素；

（六）采取多种方式明码标价，标价内容不一致；

（七）在标价和公示的收费之外加价、另行收取未予标明的费用；

（八）其他违反明码标价规定销售商品房的行为。

四、检查工作要求

此次专项检查时间紧、任务重，各级价格主管部门、住房城乡建设部门要高度重视，密切配合，扎实推进，确保检查工作取得实效。

（一）组织提醒告诫。各级价格主管部门、住房城乡建设部门要组织本辖区内所有房地产开发企业和房地产

中介机构进行提醒告诫，要求各企业严格按照《商品房销售明码标价规定》（发改价检〔2011〕548号）进行明码标价，严格执行"一套一标"，不得使用虚假或不规范的价格标示误导购房者等。

（二）充分发挥12358价格监管平台作用。各级价格主管部门、住房城乡建设部门要加大对专项检查的宣传力度，广泛告知购房者对明码标价不规范行为可以通过12358价格监管平台举报，价格主管部门将及时查处。对于群众反映的问题，要高度重视、及时反馈，并作为违法线索对相关楼盘重点进行检查。

（三）严厉查处价格违法行为。各级价格主管部门要集中骨干力量，加紧进行培训，迅速铺开检查，重点采取下查一级、交叉检查等方式，明查与暗访相结合。要主动与媒体加强协调配合，约请新闻媒体直接参与检查工作全程跟踪报道，及时曝光典型案例，形成强大舆论震慑。

（四）及时上报信息。各省级价格主管部门、住房城乡建设部门要在11月25日、12月10日将阶段性检查情况（每次上报3件典型案例，共6件）分别报送国家发展改革委价监局、住房城乡建设部房地产市场监管司，12月20日前报送专项检查总结。

商品住宅实行住宅质量保证书和住宅使用说明书制度的规定

· 1998年5月12日
· 建房〔1998〕102号

第一条　为加强商品住宅质量管理，确保商品住宅售后服务质量和水平，维护商品住宅消费者的合法权益，制定本规定。

第二条　本规定适用于房地产开发企业出售的商品住宅。

第三条　房地产开发企业在向用户交付销售的新建商品住宅时，必须提供《住宅质量保证书》和《住宅使用说明书》。《住宅质量保证书》可以作为商品房购销合同的补充约定。

第四条　《住宅质量保证书》是房地产开发企业对销售的商品住宅承担质量责任的法律文件，房地产开发企业应当按《住宅质量保证书》的约定，承担保修责任。

商品住宅售出后，委托物业管理公司等单位维修的，应在《住宅质量保证书》中明示所委托的单位。

第五条　《住宅质量保证书》应当包括以下内容：

1. 工程质量监督部门核验的质量等级；

2. 地基基础和主体结构在合理使用寿命年限内承担保修；

3. 正常使用情况下各部位、部件保修内容与保修期：屋面防水3年；墙面、厨房和卫生间地面、地下室、管道渗漏1年；墙面、顶棚抹灰层脱落1年；地面空鼓开裂、大面积起砂1年；门窗翘裂、五金件损坏1年；管道堵塞2个月；供热、供冷系统和设备1个采暖期或供冷期；卫生洁具1年；灯具、电器开关6个月；其他部位、部件的保修期限，由房地产开发企业与用户自行约定。

4. 用户报修的单位，答复和处理的时限。

第六条　住宅保修期从开发企业将竣工验收的住宅交付用户使用之日起计算，保修期限不应低于本规定第五条规定的期限。房地产开发企业可以延长保修期。

国家对住宅工程质量保修期另有规定的，保修期限按照国家规定执行。

第七条　房地产开发企业向用户交付商品住宅时，应当有交付验收手续，并由用户对住宅设备、设施的正常运行签字认可。用户验收后自行添置、改动的设施、设备，由用户自行承担维修责任。

第八条　《住宅使用说明书》应当对住宅的结构、性能和各部位（部件）的类型、性能、标准等作出说明，并提出使用注意事项，一般应当包含以下内容：

1. 开发单位、设计单位、施工单位，委托监理的应注明监理单位；

2. 结构类型；

3. 装修、装饰注意事项；

4. 上水、下水、电、燃气、热力、通讯、消防等设施配置的说明；

5. 有关设备、设施安装预留位置的说明和安装注意事项；

6. 门、窗类型，使用注意事项；

7. 配电负荷；

8. 承重墙、保温墙、防水层、阳台等部位注意事项的说明；

9. 其他需说明的问题。

第九条　住宅中配置的设备、设施，生产厂家另有使用说明书的，应附于《住宅使用说明书》中。

第十条　《住宅质量保证书》和《住宅使用说明书》应在住宅交付用户的同时提供给用户。

第十一条　《住宅质量保证书》和《住宅使用说明书》以购买者购买的套（幢）发放。每套（幢）住宅均应附有各自的《住宅质量保证书》和《住宅使用说明书》。

第十二条 房地产开发企业在《住宅使用说明书》中对住户合理使用住宅应有提示。因用户使用不当或擅自改动结构、设备位置和不当装修等造成的质量问题，开发企业不承担保修责任；因住户使用不当或擅自改动结构，造成房屋质量受损或其他用户损失，由责任人承担相应责任。

第十三条 其他住宅和非住宅的商品房屋，可参照本规定执行。

第十四条 本规定由建设部负责解释。

第十五条 本规定从1998年9月1日起实施。

住房和城乡建设部、中国人民银行、中国银行业监督管理委员会关于规范商业性个人住房贷款中第二套住房认定标准的通知

· 2010年5月26日
· 建房〔2010〕83号

各省、自治区、直辖市、计划单列市和省会（首府）城市住房城乡建设厅（建委、房地局），人民银行上海总部，各分行、营业管理部、省会（首府）城市中心支行、副省级城市中心支行，各银监局，各国有商业银行、股份制商业银行，中国邮政储蓄银行：

为贯彻落实《国务院关于坚决遏制部分城市房价过快上涨的通知》（国发〔2010〕10号），规范商业性个人住房贷款中贷款申请人（以下简称借款人）第二套住房认定标准，现就有关事项通知如下：

一、商业性个人住房贷款中居民家庭住房套数，应依据拟购房家庭（包括借款人、配偶及未成年子女，下同）成员名下实际拥有的成套住房数量进行认定。

二、应借款人的申请或授权，直辖市、计划单列市、省会（首府）城市及其他具备查询条件的城市房地产主管部门应通过房屋登记信息系统进行借款人家庭住房登记记录查询，并出具书面查询结果。

如因当地暂不具备查询条件而不能提供家庭住房登记查询结果的，借款人应向贷款人提交家庭住房实有套数书面诚信保证。贷款人查实诚信保证不实的，应将其记作不良记录。

三、有下列情形之一的，贷款人应对借款人执行第二套（及以上）差别化住房信贷政策：

（一）借款人首次申请利用贷款购买住房，如在拟购房所在地房屋登记信息系统（含预售合同登记备案系统，下同）中其家庭已登记有一套（及以上）成套住房的；

（二）借款人已利用贷款购买过一套（及以上）住房，又申请贷款购买住房的；

（三）贷款人通过查询征信记录、面测、面谈（必要时居访）等形式的尽责调查，确信借款人家庭已有一套（及以上）住房的。

四、对能提供1年以上当地纳税证明或社会保险缴纳证明的非本地居民申请住房贷款的，贷款人按本通知第三条执行差别化住房信贷政策。

对不能提供1年以上当地纳税证明或社会保险缴纳证明的非本地居民申请住房贷款的，贷款人按第二套（及以上）的差别化住房信贷政策执行；商品住房价格过高、上涨过快、供应紧张的地区，商业银行可根据风险状况和地方政府有关政策规定，对其暂停发放住房贷款。

五、各地要把城市房屋登记信息系统建设作为落实国发〔2010〕10号文件的一项重要工作抓紧抓好。数据不完备的城市，要进一步完善系统；尚未建立房屋登记系统的城市，要加快建设。2010年年底前各设区城市要基本建立房屋登记信息系统。

要加强住房信息查询管理工作。房地产主管部门应严格按照《房屋权属登记信息查询暂行办法》（建住房〔2006〕244号）及《房屋登记簿管理试行办法》（建住房〔2008〕84号）进行查询，并出具书面查询结果。对提供虚假查询信息的，按有关规定严肃处理。

住房城乡建设部、中国人民银行、金融监管总局关于优化个人住房贷款中住房套数认定标准的通知

· 2023年8月18日
· 自2023年5月1日起施行

各省、自治区、直辖市住房城乡建设厅（委、管委），新疆生产建设兵团住房城乡建设局，中国人民银行上海总部、各省、自治区、直辖市、计划单列市分行，各金融监管局，各国有商业银行、中国邮政储蓄银行、各股份制商业银行：

为贯彻落实党中央、国务院决策部署，坚持房子是用来住的、不是用来炒的定位，因城施策用好政策工具箱，优化个人住房贷款中住房套数认定标准，更好满足居民刚性和改善性住房需求，现就有关事项通知如下：

一、居民家庭（包括借款人、配偶及未成年子女，下同）申请贷款购买商品住房时，家庭成员在当地名下无成套住房的，不论是否已利用贷款购买过住房，银行业金融机构均按首套住房执行住房信贷政策。

二、家庭住房套数由城市政府指定的住房套数查询

或认定责任部门,根据居民家庭申请或授权,提供查询服务并出具查询结果或认定证明。

三、此项政策作为政策工具,纳入"一城一策"工具箱。

《住房城乡建设部 中国人民银行 中国银行业监督管理委员会关于规范商业性个人住房贷款中第二套住房认定标准的通知》(建房〔2010〕83号)、《中国人民银行 中国银行业监督管理委员会关于进一步做好住房金融服务工作的通知》(银发〔2014〕287号)与本通知不一致的,以本通知为准。

城市房地产抵押管理办法

- 1997年5月9日建设部令第56号发布
- 根据2001年8月15日《建设部关于修改〈城市房地产抵押管理办法〉的决定》第一次修正
- 据2021年3月30日《住房和城乡建设部关于修改〈建筑工程施工许可管理办法〉等三部规章的决定》第二次修正

第一章 总 则

第一条 为了加强房地产抵押管理,维护房地产市场秩序,保障房地产抵押当事人的合法权益,根据《中华人民共和国城市房地产管理法》、《中华人民共和国担保法》,制定本办法。

第二条 凡在城市规划区国有土地范围内从事房地产抵押活动的,应当遵守本办法。

地上无房屋(包括建筑物、构筑物及在建工程)的国有土地使用权设定抵押的,不适用本办法。

第三条 本办法所称房地产抵押,是指抵押人以其合法的房地产以不转移占有的方式向抵押权人提供债务履行担保的行为。债务人不履行债务时,债权人有权依法以抵押的房地产拍卖所得的价款优先受偿。

本办法所称抵押人,是指将依法取得的房地产提供给抵押权人,作为本人或者第三人履行债务担保的公民、法人或者其他组织。

本办法所称抵押权人,是指接受房地产抵押作为债务人履行债务担保的公民、法人或者其他组织。

本办法所称预购商品房贷款抵押,是指购房人在支付首期规定的房价款后,由贷款银行代其支付其余的购房款,将所购商品房抵押给贷款银行作为偿还贷款履行担保的行为。

本办法所称在建工程抵押,是指抵押人为取得在建工程继续建造资金的贷款,以其合法方式取得的土地使用权连同在建工程的投入资产,以不转移占有的方式抵押给贷款银行作为偿还贷款履行担保的行为。

第四条 以依法取得的房屋所有权抵押的,该房屋占用范围内的土地使用权必须同时抵押。

第五条 房地产抵押,应当遵循自愿、互利、公平和诚实信用的原则。

依法设定的房地产抵押,受国家法律保护。

第六条 国家实行房地产抵押登记制度。

第七条 国务院建设行政主管部门归口管理全国城市房地产抵押管理工作。

省、自治区建设行政主管部门归口管理本行政区域内的城市房地产抵押管理工作。

直辖市、市、县人民政府房地产行政主管部门(以下简称房地产管理部门)负责管理本行政区域内的房地产抵押管理工作。

第二章 房地产抵押权的设定

第八条 下列房地产不得设定抵押:

(一)权属有争议的房地产;

(二)用于教育、医疗、市政等公共福利事业的房地产;

(三)列入文物保护的建筑物和有重要纪念意义的其他建筑物;

(四)已依法公告列入拆迁范围的房地产;

(五)被依法查封、扣押、监管或者以其他形式限制的房地产;

(六)依法不得抵押的其他房地产。

第九条 同一房地产设定两个以上抵押权的,抵押人应当将已经设定过的抵押情况告知抵押权人。

抵押人所担保的债权不得超出其抵押物的价值。

房地产抵押后,该抵押房地产的价值大于所担保债权的余额部分,可以再次抵押,但不得超出余额部分。

第十条 以两宗以上房地产设定同一抵押权的,视为同一抵押房地产。但抵押当事人另有约定的除外。

第十一条 以在建工程已完工部分抵押的,其土地使用权随之抵押。

第十二条 以享受国家优惠政策购买的房地产抵押的,其抵押额以房地产权利人可以处分和收益的份额比例为限。

第十三条 国有企业、事业单位法人以国家授予其经营管理的房地产抵押的,应当符合国有资产管理的有关规定。

第十四条 以集体所有制企业的房地产抵押的,必须经集体所有制企业职工(代表)大会通过,并报其上级主管机关备案。

第十五条　以外商投资企业的房地产抵押的,必须经董事会通过,但企业章程另有规定的除外。

第十六条　以有限责任公司、股份有限公司的房地产抵押的,必须经董事会或者股东大会通过,但企业章程另有规定的除外。

第十七条　有经营期限的企业以其所有的房地产设定抵押的,所担保债务的履行期限不应当超过该企业的经营期限。

第十八条　以具有土地使用年限的房地产设定抵押的,所担保债务的履行期限不得超过土地使用权出让合同规定的使用年限减去已经使用年限后的剩余年限。

第十九条　以共有的房地产抵押的,抵押人应当事先征得其他共有人的书面同意。

第二十条　预购商品房贷款抵押的,商品房开发项目必须符合房地产转让条件并取得商品房预售许可证。

第二十一条　以已出租的房地产抵押的,抵押人应当将租赁情况告知抵押权人,并将抵押情况告知承租人。原租赁合同继续有效。

第二十二条　设定房地产抵押时,抵押房地产的价值可以由抵押当事人协商议定,也可以由房地产价格评估机构评估确定。

法律、法规另有规定的除外。

第二十三条　抵押当事人约定对抵押房地产保险的,由抵押人为抵押的房地产投保,保险费由抵押人负担。抵押房地产投保的,抵押人应当将保险单移送抵押权人保管。在抵押期间,抵押权人为保险赔偿的第一受益人。

第二十四条　企业、事业单位法人分立或者合并后,原抵押合同继续有效,其权利和义务由变更后的法人享有和承担。

抵押人死亡、依法被宣告死亡或者被宣告失踪时,其房地产合法继承人或者代管人应当继续履行原抵押合同。

第三章　房地产抵押合同的订立

第二十五条　房地产抵押,抵押当事人应当签订书面抵押合同。

第二十六条　房地产抵押合同应当载明下列主要内容:

(一)抵押人、抵押权人的名称或者个人姓名、住所;

(二)主债权的种类、数额;

(三)抵押房地产的处所、名称、状况、建筑面积、用地面积以及四至等;

(四)抵押房地产的价值;

(五)抵押房地产的占用管理人、占用管理方式、占用管理责任以及意外损毁、灭失的责任;

(六)债务人履行债务的期限;

(七)抵押权灭失的条件;

(八)违约责任;

(九)争议解决方式;

(十)抵押合同订立的时间与地点;

(十一)双方约定的其他事项。

第二十七条　以预购商品房贷款抵押的,须提交生效的预购房屋合同。

第二十八条　以在建工程抵押的,抵押合同还应当载明以下内容:

(一)《国有土地使用权证》、《建设用地规划许可证》和《建设工程规划许可证》编号;

(二)已交纳的土地使用权出让金或需交纳的相当于土地使用权出让金的款额;

(三)已投入在建工程的工程款;

(四)施工进度及工程竣工日期;

(五)已完成的工作量和工程量。

第二十九条　抵押权人要求抵押房地产保险的,以及要求在房地产抵押后限制抵押人出租、转让抵押房地产或者改变抵押房地产用途的,抵押当事人应当在抵押合同中载明。

第四章　房地产抵押登记

第三十条　房地产抵押合同自签订之日起30日内,抵押当事人应当到房地产所在地的房地产管理部门办理房地产抵押登记。

第三十一条　房地产抵押合同自抵押登记之日起生效。

第三十二条　办理房地产抵押登记,应当向登记机关交验下列文件:

(一)抵押当事人的身份证明或法人资格证明;

(二)抵押登记申请书;

(三)抵押合同;

(四)《国有土地使用权证》、《房屋所有权证》或《房地产权证》,共有的房屋还必须提交《房屋共有权证》和其他共有人同意抵押的证明;

(五)可以证明抵押人有权设定抵押权的文件与证明材料;

(六)可以证明抵押房地产价值的资料;

(七)登记机关认为必要的其他文件。

第三十三条　登记机关应当对申请人的申请进行审核。凡权属清楚、证明材料齐全的,应当在受理登记之日起7日内决定是否予以登记,对不予登记的,应当书面通知申请人。

第三十四条 以依法取得的房屋所有权证书的房地产抵押的,登记机关应当在原《房屋所有权证》上作他项权利记载后,由抵押人收执。并向抵押权人颁发《房屋他项权证》。

以预售商品房或者在建工程抵押的,登记机关应当在抵押合同上作记载。抵押的房地产在抵押期间竣工的,当事人应当在抵押人领取房地产权属证书后,重新办理房地产抵押登记。

第三十五条 抵押合同发生变更或者抵押关系终止时,抵押当事人应当在变更或者终止之日起15日内,到原登记机关办理变更或者注销抵押登记。

因依法处分抵押房地产而取得土地使用权和土地建筑物、其他附着物所有权的,抵押当事人应当自处分行为生效之日起30日内,到县级以上地方人民政府房地产管理部门申请房屋所有权转移登记,并凭变更后的房屋所有权证书向同级人民政府土地管理部门申请土地使用权变更登记。

第五章 抵押房地产的占用与管理

第三十六条 已作抵押的房地产,由抵押人占用与管理。

抵押人在抵押房地产占用与管理期间应当维护抵押房地产的安全与完好。抵押权人有权按照抵押合同的规定监督、检查抵押房地产的管理情况。

第三十七条 抵押权可以随债权转让。抵押权转让时,应当签订抵押权转让合同,并办理抵押权变更登记。抵押权转让后,原抵押权人应当告知抵押人。

经抵押权人同意,抵押房地产可以转让或者出租。

抵押房地产转让或者出租所得价款,应当向抵押权人提前清偿所担保的债权。超过债权数额的部分,归抵押人所有,不足部分由债务人清偿。

第三十八条 因国家建设需要,将已设定抵押权的房地产列入拆迁范围的,抵押人应当及时书面通知抵押权人;抵押双方可以重新设定抵押房地产,也可以依法清理债权债务,解除抵押合同。

第三十九条 抵押人占用与管理的房地产发生损毁、灭失的,抵押人应当及时将情况告知抵押权人,并应当采取措施防止损失的扩大。抵押的房地产因抵押人的行为造成损失使抵押房地产价值不足以作为履行债务的担保时,抵押权人有权要求抵押人重新提供或者增加担保以弥补不足。

抵押人对抵押房地产价值减少无过错的,抵押权人只能在抵押人因损害而得到的赔偿的范围内要求提供担保。抵押房地产价值未减少的部分,仍作为债务的担保。

第六章 抵押房地产的处分

第四十条 有下列情况之一的,抵押权人有权要求处分抵押的房地产:

(一)债务履行期满,抵押权人未受清偿的,债务人又未能与抵押权人达成延期履行协议的;

(二)抵押人死亡,或者被宣告死亡而无人代为履行到期债务的;或者抵押人的合法继承人、受遗赠人拒绝履行到期债务的;

(三)抵押人被依法宣告解散或者破产的;

(四)抵押人违反本办法的有关规定,擅自处分抵押房地产的;

(五)抵押合同约定的其他情况。

第四十一条 有本办法第四十条规定情况之一的,经抵押当事人协商可以通过拍卖等合法方式处分抵押房地产。协议不成的,抵押权人可以向人民法院提起诉讼。

第四十二条 抵押权人处分抵押房地产时,应当事先书面通知抵押人;抵押房地产为共有或者出租的,还应当同时书面通知共有人或承租人;在同等条件下,共有人或承租人依法享有优先购买权。

第四十三条 同一房地产设定两个以上抵押权时,以抵押登记的先后顺序受偿。

第四十四条 处分抵押房地产时,可以依法将土地上新增的房屋与抵押财产一同处分,但对处分新增房屋所得,抵押权人无权优先受偿。

第四十五条 以划拨方式取得的土地使用权连同地上建筑物设定的房地产抵押进行处分时,应当从处分所得的价款中缴纳相当于应当缴纳的土地使用权出让金的款额后,抵押权人方可优先受偿。

法律、法规另有规定的依照其规定。

第四十六条 抵押权人对抵押房地产的处分,因下列情况而中止:

(一)抵押权人请求中止的;

(二)抵押人申请愿意并证明能够及时履行债务,并经抵押权人同意的;

(三)发现被拍卖抵押物有权属争议的;

(四)诉讼或仲裁中的抵押房地产;

(五)其他应当中止的情况。

第四十七条 处分抵押房地产所得金额,依下列顺序分配:

（一）支付处分抵押房地产的费用；
（二）扣除抵押房地产应缴纳的税款；
（三）偿还抵押人债权本息及支付违约金；
（四）赔偿由债务人违反合同而对抵押权人造成的损害；
（五）剩余金额交还抵押人。

处分抵押房地产所得金额不足以支付债务和违约金、赔偿金时，抵押权人有权向债务人追索不足部分。

第七章　法律责任

第四十八条 抵押人隐瞒抵押的房地产存在共有、产权争议或者被查封、扣押等情况的，抵押人应当承担由此产生的法律责任。

第四十九条 抵押人擅自以出售、出租、交换、赠与或者以其他方式处分抵押房地产的，其行为无效；造成第三人损失的，由抵押人予以赔偿。

第五十条 抵押当事人因履行抵押合同或者处分抵押房地产发生争议的，可以协商解决；协商不成的，抵押当事人可以根据双方达成的仲裁协议向仲裁机构申请仲裁；没有仲裁协议的，也可以直接向人民法院提起诉讼。

第五十一条 因国家建设需要，将已设定抵押权的房地产列入拆迁范围时，抵押人违反前述第三十八条的规定，不依法清理债务，也不重新设定抵押房地产的，抵押权人可以向人民法院提起诉讼。

第五十二条 登记机关工作人员玩忽职守、滥用职权，或者利用职务上的便利，索取他人财物，或者非法收受他人财物为他人谋取利益的，依法给予行政处分；构成犯罪的，依法追究刑事责任。

第八章　附　则

第五十三条 在城市规划区外国有土地上进行房地产抵押活动的，参照本办法执行。

第五十四条 本办法由国务院建设行政主管部门负责解释。

第五十五条 本办法自1997年6月1日起施行。

建设部关于个人住房抵押贷款证券化涉及的抵押权变更登记有关问题的试行通知

- 2005年5月16日
- 建住房〔2005〕77号

各省、自治区建设厅，直辖市房地局（建委），新疆生产建设兵团建设局：

国务院已经批准个人住房抵押贷款证券化试点方案。为配合做好个人住房抵押贷款证券化试点工作，根据《中华人民共和国担保法》、《中华人民共和国城市房地产管理法》和《城市房地产抵押管理办法》（建设部令第98号）的有关规定，现就个人住房抵押贷款证券化涉及的抵押权变更登记的条件、程序和时限等问题，通知如下：

一、金融机构发放或持有个人住房贷款，借款人以住房抵押给金融机构作为偿还借款担保，并依法到房地产管理部门办理了抵押登记的住房抵押权，随主债权一同转让的，可以申请办理住房抵押权变更登记。

二、有下列情形之一的，可以按照本通知的规定，批量办理个人住房抵押权变更登记：

（一）金融机构与依法设立的信托投资公司或中国银监会批准的其他机构按照有关规定，以个人住房贷款证券化为目的设立信托时，需要将金融机构发放或持有的个人住房抵押贷款债权及相应的住房抵押权批量转让给受托机构的；

（二）前述特定目的信托存续期间，金融机构根据合同的约定进行债权回购，或受托机构发生更换的。

三、批量办理个人住房抵押权变更登记的，由个人住房抵押权转让人和受让人共同申请。

四、申请批量办理个人住房抵押权变更登记的，应当提供以下资料：

（一）抵押权变更登记申请表；
（二）规定了个人住房贷款抵押权转让事项的合同或相关协议；
（三）经批准的个人住房抵押贷款证券化方案（复印件）；
（四）拟转让的个人住房抵押权清单和相应的《房屋他项权证》；
（五）个人住房抵押权转让人和受让人的营业执照（复印件）。

拟转让的个人住房抵押权清单应载明抵押房产坐落、抵押人、借款期限、房屋所有权证号、他项权证号等项目，并加盖抵押权转让双方当事人的印章。

五、申请个人住房抵押权变更登记，资料齐全的，房地产管理部门应当在3日内决定受理，并出具受理通知书；资料不齐全的，房地产管理部门应当及时通知申请人补齐，以申请人补齐资料之日作为受理日。

六、房地产管理部门应当对申请人提交的资料进行审核。

凡资料齐全、与权属登记信息一致、抵押物不存在权利限制或权利负担的，予以登记，即将个人住房抵押权变更的情况逐一记载在房屋权属登记管理信息系统和纸介质的权属登记信息的相应记录中。抵押权以权属登记信息为准，原则上不再颁发新的《房屋他项权证》。

抵押物存在权利限制或权利负担的，暂不登记，并告知申请人。申请人仍书面要求办理的，可以办理；申请人要求替换的，应当允许。

个人住房抵押权清单中项目不齐或与权属登记信息不一致的，不予登记，并在规定时限内书面说明理由。

七、个人住房抵押贷款证券化是一项金融创新业务，其住房抵押权转让具有特殊性。房地产管理部门办理批量个人住房抵押权变更登记时，只对抵押权人做变更处理，其他登记事项不作变更。

八、批量办理个人住房抵押权变更登记，以一份他项权证或一笔抵押登记为一起业务计算，一次受理200起以下的，5个工作日内完成；200起以上的，可适当增加工作日，但最长不得超过15日。

九、房地产管理部门要加快房屋权属登记信息化建设，向社会公众提供高效、便捷的登记信息查询服务。

各地在执行中有什么具体问题，请及时向我部住宅与房地产业司反映。

建设部、中国人民银行、中国银行业监督管理委员会关于规范与银行信贷业务相关的房地产抵押估价管理有关问题的通知

- 2006年1月13日
- 建住房〔2006〕8号

各省、自治区建设厅，直辖市房地局（建委），中国人民银行各分行、营业管理部、各省会（自治区首府）城市中心支行，副省级城市中心支行，各银监局，各国有商业银行、股份制商业银行：

为了加强房地产抵押估价管理，防范房地产信贷风险，维护房地产抵押当事人的合法权益，根据有关法律法规，现就有关问题通知如下：

一、房地产管理部门要建立和完善房地产估价机构、注册房地产估价师信用档案，完善商品房预售合同登记备案、房屋权属登记等信息系统，为公众提供便捷的查询服务。

房屋权属档案和有关原始凭证的查阅，按照《城市房地产权属档案管理办法》的有关规定办理。

二、商业银行在发放房地产抵押贷款前，应当确定房地产抵押价值。房地产抵押价值由抵押当事人协商议定，或者由房地产估价机构进行评估。

房地产抵押价值由抵押当事人协商议定的，应当向房地产管理部门提供确定房地产抵押价值的书面协议；由房地产估价机构评估的，应当向房地产管理部门提供房地产抵押估价报告。

房地产管理部门不得要求抵押当事人委托评估房地产抵押价值，不得指定房地产估价机构评估房地产抵押价值。

三、房地产抵押估价原则上由商业银行委托，但商业银行与借款人另有约定的，从其约定。估价费用由委托人承担。

四、房地产估价机构的选用，由商业银行内信贷决策以外的部门，按照公正、公开、透明的原则，择优决定。

商业银行内部对房地产抵押价值进行审核的人员，应当具备房地产估价专业知识和技能，不得参与信贷决策。

房地产估价机构的选用办法由商业银行制定。

五、商业银行及其工作人员不得以任何形式向房地产估价机构收取中间业务费、业务协作费、回扣以及具有类似性质的不合理或非法费用。

六、任何单位和个人不得非法干预房地产抵押估价活动和估价结果。

七、房地产估价机构应当坚持独立、客观、公正的原则，严格执行房地产估价规范和标准，不得以迎合高估或者低估要求、给予"回扣"、恶意压低收费等不正当方式承揽房地产抵押估价业务。

八、商业银行应当加强对已抵押房地产市场价格变化的监测，及时掌握抵押价值变化情况。可以委托房地产估价机构定期或者在市场价格变化较快时，评估房地产抵押价值。

处置抵押房地产前，应当委托房地产估价机构进行评估，了解房地产的市场价值。

九、房地产管理部门要定期对房地产估价报告进行抽检，对有高估或低估等禁止行为的房地产估价机构和注册房地产估价师，要依法严肃查处，并记入其信用档案，向社会公示。

十、房地产抵押价值评估应当按照《房地产抵押估价指导意见》的要求进行。

十一、违反本通知规定的，由相关部门按照有关规定进行查处，并依法追究有关责任人的责任。

附：《房地产抵押估价指导意见》

房地产抵押估价指导意见

第一条 为了规范房地产抵押估价行为，保证房地产抵押估价质量，维护房地产抵押当事人的合法权益，防范房地产信贷风险，根据《中华人民共和国城市房地产管理法》、《中华人民共和国担保法》以及《房地产估价规范》、《商业银行房地产贷款风险管理指引》，制定本意见。

第二条 本意见适用于各类房地产抵押估价活动。

第三条 本意见所称房地产抵押估价，是指为确定房地产抵押贷款额度提供价值参考依据，对房地产抵押价值进行分析、估算和判定的活动。

第四条 房地产抵押价值为抵押房地产在估价时点的市场价值，等于假定未设立法定优先受偿权利下的市场价值减去房地产估价师知悉的法定优先受偿款。

本意见所称抵押房地产，包括拟抵押房地产和已抵押房地产。

法定优先受偿款是指假定在估价时点实现抵押权时，法律规定优先于本次抵押贷款受偿的款额，包括发包人拖欠承包人的建筑工程价款、已抵押担保的债权数额，以及其他法定优先受偿款。

第五条 房地产抵押估价应当遵守独立、客观、公正、合法、谨慎的原则。

第六条 房地产估价机构、房地产估价人员与房地产抵押当事人有利害关系或者是房地产抵押当事人的，应当回避。

第七条 从事房地产抵押估价的房地产估价师，应当具备相关金融专业知识和相应的房地产市场分析能力。

第八条 委托人应当向房地产估价机构如实提供房地产抵押估价所必需的情况和资料，并对所提供情况和资料的真实性、合法性和完整性负责。

房地产估价师应当勤勉尽责，了解抵押房地产的法定优先受偿权利等情况；必要时，应当对委托人提供的有关情况和资料进行核查。

第九条 房地产抵押估价目的，应当表述为"为确定房地产抵押贷款额度提供参考依据而评估房地产抵押价值"。

第十条 房地产抵押估价时点，原则上为完成估价对象实地查勘之日，但估价委托合同另有约定的除外。

估价时点不是完成实地查勘之日的，应当在"估价的假设和限制条件"中假定估价对象在估价时点的状况与在完成实地查勘之日的状况一致，并在估价报告中提醒估价报告使用者注意。

第十一条 法律、法规规定不得抵押的房地产，不应作为抵押估价对象。

第十二条 房地产抵押估价报告应当全面、详细地界定估价对象的范围和在估价时点的法定用途、实际用途以及区位、实物、权益状况。

第十三条 房地产估价师了解估价对象在估价时点是否存在法定优先受偿权利等情况的，房地产抵押相关当事人应当协助。

法定优先受偿权利等情况的书面查询资料和调查记录，应当作为估价报告的附件。

第十四条 房地产估价师应当对估价对象进行实地查勘，将估价对象现状与相关权属证明材料上记载的内容逐一进行对照，全面、细致地了解估价对象，做好实地查勘记录，拍摄能够反映估价对象外观、内部状况和周围环境、景观的照片。

内外部状况照片应当作为估价报告的附件。由于各种原因不能拍摄内外部状况照片的，应当在估价报告中予以披露。

实地查勘记录应当作为估价档案资料妥善保管。

第十五条 在存在不确定因素的情况下，房地产估价师作出估价相关判断时，应当保持必要的谨慎，充分估计抵押房地产在处置时可能受到的限制、未来可能发生的风险和损失，不高估市场价值，不低估知悉的法定优先受偿款，并在估价报告中作出必要的风险提示。

在运用市场比较法估价时，不应选取成交价格明显高于市场价格的交易实例作为可比实例，并应当对可比实例进行必要的实地查勘。

在运用成本法估价时，不应高估土地取得成本、开发成本、有关费税和利润，不应低估折旧。

在运用收益法估价时，不应高估收入或者低估运营费用，选取的报酬率或者资本化率不应偏低。

在运用假设开发法估价时，不应高估未来开发完成后的价值，不应低估开发成本、有关费税和利润。

房地产估价行业组织已公布报酬率、资本化率、利润率等估价参数值的，应当优先选用；不选用的，应当在估价报告中说明理由。

第十六条 估价对象的土地使用权是以划拨方式取得的，应当选择下列方式之一评估其抵押价值：

（一）直接评估在划拨土地使用权下的市场价值；

（二）评估假设在出让土地使用权下的市场价值，然后扣除划拨土地使用权应缴纳的土地使用权出让金或者相当于土地使用权出让金的价款。

选择上述方式评估抵押价值，均应当在估价报告中注明划拨土地使用权应缴纳的土地使用权出让金或者相当于土地使用权出让金价款的数额。该数额按照当地政府规定的标准测算；当地政府没有规定的，参照类似房地产已缴纳的标准估算。

第十七条 评估在建工程的抵押价值时，在建工程发包人与承包人应当出具在估价时点是否存在拖欠建筑工程价款的书面说明；存在拖欠建筑工程价款的，应当以书面形式提供拖欠的数额。

第十八条 房地产估价师知悉估价对象已设定抵押权的，应当在估价报告中披露已抵押及其担保的债权情况。

第十九条 房地产估价师不得滥用假设和限制条件，应当针对房地产抵押估价业务的具体情况，在估价报告中合理且有依据地明确相关假设和限制条件。

已作为假设和限制条件，对估价结果有重大影响的因素，应当在估价报告中予以披露，并说明其对估价结果可能产生的影响。

第二十条 房地产抵押估价报告应当包含估价的依据、原则、方法、相关数据来源与确定、相关参数选取与运用、主要计算过程等必要信息，使委托人和估价报告使用者了解估价对象的范围，合理理解估价结果。

第二十一条 房地产抵押估价报告应当确定估价对象的抵押价值，并分别说明假定未设立法定优先受偿权利下的市场价值，以及房地产估价师知悉的各项法定优先受偿款。

第二十二条 房地产抵押估价报告应当向估价报告使用者作如下提示：

（一）估价对象状况和房地产市场状况因时间变化对房地产抵押价值可能产生的影响；

（二）在抵押期间可能产生的房地产信贷风险关注点；

（三）合理使用评估价值；

（四）定期或者在房地产市场价格变化较快时对房地产抵押价值进行再评估。

第二十三条 房地产抵押估价应当关注房地产抵押价值未来下跌的风险，对预期可能导致房地产抵押价值下跌的因素予以分析和说明。

在评估续贷房地产的抵押价值时，应当对房地产市场已经发生的变化予以充分考虑和说明。

第二十四条 房地产抵押估价报告应当包括估价对象的变现能力分析。

变现能力是指假定在估价时点实现抵押权时，在没有过多损失的条件下，将抵押房地产转换为现金的可能性。

变现能力分析应当包括抵押房地产的通用性、独立使用性或者可分割转让性，假定在估价时点拍卖或者变卖时最可能实现的价格与评估的市场价值的差异程度，变现的时间长短以及费用、税金的种类、数额和清偿顺序。

第二十五条 在处置房地产时，应当评估房地产的公开市场价值，同时给出快速变现价值意见及其理由。

第二十六条 估价报告应用有效期从估价报告出具之日起计，不得超过一年；房地产估价师预计估价对象的市场价格将有较大变化的，应当缩短估价报告应用有效期。

超过估价报告应用有效期使用估价报告的，相关责任由使用者承担。在估价报告应用有效期内使用估价报告的，相关责任由出具估价报告的估价机构承担，但使用者不当使用的除外。

第二十七条 房地产抵押估价报告的名称，应当为"房地产抵押估价报告"，由房地产估价机构出具，加盖房地产估价机构公章，并有至少二名专职注册房地产估价师签字。

第二十八条 在房地产抵押估价活动中，本意见未作规定的事宜，应当按照《房地产估价规范》执行。

第二十九条 本意见由中国房地产估价师与房地产经纪人学会负责解释。

第三十条 本意见自2006年3月1日起施行。

最高人民法院关于审理商品房买卖合同纠纷案件适用法律若干问题的解释

- 2003年3月24日最高人民法院审判委员会第1267次会议通过
- 根据2020年12月23日最高人民法院审判委员会第1823次会议通过的《最高人民法院关于修改〈最高人民法院关于在民事审判工作中适用《中华人民共和国工会法》若干问题的解释〉等二十七件民事类司法解释的决定》修正
- 2020年12月29日最高人民法院公告公布
- 自2021年1月1日起施行
- 法释〔2020〕17号

为正确、及时审理商品房买卖合同纠纷案件，根据《中华人民共和国民法典》《中华人民共和国城市房地产管理法》等相关法律，结合民事审判实践，制定本解释。

第一条 本解释所称的商品房买卖合同，是指房地产开发企业（以下统称为出卖人）将尚未建成或者已竣工的房屋向社会销售并转移房屋所有权于买受人，买受人支付价款的合同。

第二条 出卖人未取得商品房预售许可证明，与买受人订立的商品房预售合同，应当认定无效，但是在起诉前取得商品房预售许可证明的，可以认定有效。

第三条 商品房的销售广告和宣传资料为要约邀请，但是出卖人就商品房开发规划范围内的房屋及相关设施所作的说明和允诺具体确定，并对商品房买卖合同的订立以及房屋价格的确定有重大影响的，构成要约。该说明和允诺即使未载入商品房买卖合同，亦应当为合同内容，当事人违反的，应当承担违约责任。

第四条 出卖人通过认购、订购、预订等方式向买受人收受定金作为订立商品房买卖合同担保的，如果因当事人一方原因未能订立商品房买卖合同，应当按照法律关于定金的规定处理；因不可归责于当事人双方的事由，导致商品房买卖合同未能订立的，出卖人应当将定金返还买受人。

第五条 商品房的认购、订购、预订等协议具备《商品房销售管理办法》第十六条规定的商品房买卖合同的主要内容，并且出卖人已经按照约定收受购房款的，该协议应当认定为商品房买卖合同。

第六条 当事人以商品房预售合同未按照法律、行政法规规定办理登记备案手续为由，请求确认合同无效的，不予支持。

当事人约定以办理登记备案手续为商品房预售合同生效条件的，从其约定，但当事人一方已经履行主要义务，对方接受的除外。

第七条 买受人以出卖人与第三人恶意串通，另行订立商品房买卖合同并将房屋交付使用，导致其无法取得房屋为由，请求确认出卖人与第三人订立的商品房买卖合同无效的，应予支持。

第八条 对房屋的转移占有，视为房屋的交付使用，但当事人另有约定的除外。

房屋毁损、灭失的风险，在交付使用前由出卖人承担，交付使用后由买受人承担；买受人接到出卖人的书面交房通知，无正当理由拒绝接收的，房屋毁损、灭失的风险自书面交房通知确定的交付使用之日起由买受人承担，但法律另有规定或者当事人另有约定的除外。

第九条 因房屋主体结构质量不合格不能交付使用，或者房屋交付使用后，房屋主体结构质量经核验确属不合格，买受人请求解除合同和赔偿损失的，应予支持。

第十条 因房屋质量问题严重影响正常居住使用，买受人请求解除合同和赔偿损失的，应予支持。

交付使用的房屋存在质量问题，在保修期内，出卖人应当承担修复责任；出卖人拒绝修复或者在合理期限内拖延修复的，买受人可以自行或者委托他人修复。修复费用及修复期间造成的其他损失由出卖人承担。

第十一条 根据民法典第五百六十三条的规定，出卖人迟延交付房屋或者买受人迟延支付购房款，经催告后在三个月的合理期限内仍未履行，解除权人请求解除合同的，应予支持，但当事人另有约定的除外。

法律没有规定或者当事人没有约定，经对方当事人催告后，解除权行使的合理期限为三个月。对方当事人没有催告的，解除权人自知道或者应当知道解除事由之日起一年内行使。逾期不行使的，解除权消灭。

第十二条 当事人以约定的违约金过高为由请求减少的，应当以违约金超过造成的损失30%为标准适当减少；当事人以约定的违约金低于造成的损失为由请求增加的，应当以违约造成的损失确定违约金数额。

第十三条 商品房买卖合同没有约定违约金数额或者损失赔偿额计算方法，违约金数额或者损失赔偿额可以参照以下标准确定：

逾期付款的，按照未付购房款总额，参照中国人民银行规定的金融机构计收逾期贷款利息的标准计算。

逾期交付使用房屋的，按照逾期交付使用房屋期间有关主管部门公布或者有资格的房地产评估机构评定的同地段同类房屋租金标准确定。

第十四条 由于出卖人的原因，买受人在下列期限届满未能取得不动产权属证书的，除当事人有特殊约定外，出卖人应当承担违约责任：

（一）商品房买卖合同约定的办理不动产登记的期限；

（二）商品房买卖合同的标的物为尚未建成房屋的，自房屋交付使用之日起90日；

（三）商品房买卖合同的标的物为已竣工房屋的，自合同订立之日起90日。

合同没有约定违约金或者损失数额难以确定的，可以按照已付购房款总额，参照中国人民银行规定的金融机构计收逾期贷款利息的标准计算。

第十五条 商品房买卖合同约定或者城市房地产开发经营管理条例第三十二条规定的办理不动产登记的期限届满后超过一年，由于出卖人的原因，导致买受人无法办理不动产登记，买受人请求解除合同和赔偿损失的，应予支持。

第十六条 出卖人与包销人订立商品房包销合同，约定出卖人将其开发建设的房屋交由包销人以出卖人的名义销售的，包销期满未销售的房屋，由包销人按照合同约定的包销价格购买，但当事人另有约定的除外。

第十七条 出卖人自行销售已经约定由包销人包销的房屋，包销人请求出卖人赔偿损失的，应予支持，但当事人另有约定的除外。

第十八条 对于买受人因商品房买卖合同与出卖人发生的纠纷，人民法院应当通知包销人参加诉讼；出卖人、包销人和买受人对各自的权利义务有明确约定的，按照约定的内容确定各方的诉讼地位。

第十九条 商品房买卖合同约定，买受人以担保贷款方式付款，因当事人一方原因未能订立商品房担保贷款合同并导致商品房买卖合同不能继续履行的，对方当事人可以请求解除合同和赔偿损失。因不可归责于当事人双方的事由未能订立商品房担保贷款合同并导致商品房买卖合同不能继续履行的，当事人可以请求解除合同，出卖人应当将收受的购房款本金及其利息或者定金返还买受人。

第二十条 因商品房买卖合同被确认无效或者被撤销、解除，致使商品房担保贷款合同的目的无法实现，当事人请求解除商品房担保贷款合同的，应予支持。

第二十一条 以担保贷款为付款方式的商品房买卖合同的当事人一方请求确认商品房买卖合同无效或者撤销、解除合同的，如果担保权人作为有独立请求权第三人提出诉讼请求，应当与商品房担保贷款合同纠纷合并审理；未提出诉讼请求的，仅处理商品房买卖合同纠纷。担保权人就商品房担保贷款合同纠纷另行起诉的，可以与商品房买卖合同纠纷合并审理。

商品房买卖合同被确认无效或者被撤销、解除后，商品房担保贷款合同也被解除的，出卖人应当将收受的购房贷款和购房款的本金及利息分别返还担保权人和买受人。

第二十二条 买受人未按照商品房担保贷款合同的约定偿还贷款，亦未与担保权人办理不动产抵押登记手续，担保权人起诉买受人，请求处分商品房买卖合同项下买受人合同权利的，应当通知出卖人参加诉讼；担保权人同时起诉出卖人时，如果出卖人为商品房担保贷款合同提供保证的，应当列为共同被告。

第二十三条 买受人未按照商品房担保贷款合同的约定偿还贷款，但是已经取得不动产权属证书并与担保权人办理了不动产抵押登记手续，抵押权人请求买受人偿还贷款或者就抵押的房屋优先受偿的，不应当追加出卖人为当事人，但出卖人提供保证的除外。

第二十四条 本解释自2003年6月1日起施行。

城市房地产管理法施行后订立的商品房买卖合同发生的纠纷案件，本解释公布施行后尚在一审、二审阶段的，适用本解释。

城市房地产管理法施行后订立的商品房买卖合同发生的纠纷案件，在本解释公布施行前已经终审，当事人申请再审或者按照审判监督程序决定再审的，不适用本解释。

城市房地产管理法施行前发生的商品房买卖行为，适用当时的法律、法规和《最高人民法院〈关于审理房地产管理法施行前房地产开发经营案件若干问题的解答〉》。

最高人民法院关于商品房消费者权利保护问题的批复

- 2023年2月14日由最高人民法院审判委员会第1879次会议通过
- 2023年4月20日中华人民共和国最高人民法院公告公布
- 自2023年4月20日起施行
- 法释〔2023〕1号

河南省高级人民法院：

你院《关于明确房企风险化解中权利顺位问题的请示》（豫高法〔2023〕36号）收悉。就人民法院在审理房地产开发企业因商品房已售逾期难交付引发的相关纠纷案件中涉及的商品房消费者权利保护问题，经研究，批复如下：

一、建设工程价款优先受偿权、抵押权以及其他债权之间的权利顺位关系，按照《最高人民法院关于审理建设工程施工合同纠纷案件适用法律问题的解释（一）》第三十六条的规定处理。

二、商品房消费者以居住为目的购买房屋并已支付全部价款，主张其房屋交付请求权优先于建设工程价款优先受偿权、抵押权以及其他债权的，人民法院应当予以支持。

只支付了部分价款的商品房消费者，在一审法庭辩论终结前已实际支付剩余价款的，可以适用前款规定。

三、在房屋不能交付且无实际交付可能的情况下，商品房消费者主张价款返还请求权优先于建设工程价款优先受偿权、抵押权以及其他债权的，人民法院应当予以支持。

4. 住房公积金

住房公积金管理条例

- 1999年4月3日中华人民共和国国务院令第262号发布
- 根据2002年3月24日《国务院关于修改〈住房公积金管理条例〉的决定》第一次修订
- 根据2019年3月24日《国务院关于修改部分行政法规的决定》第二次修订

第一章 总 则

第一条 为了加强对住房公积金的管理，维护住房公积金所有者的合法权益，促进城镇住房建设，提高城镇居民的居住水平，制定本条例。

第二条 本条例适用于中华人民共和国境内住房公积金的缴存、提取、使用、管理和监督。

本条例所称住房公积金，是指国家机关、国有企业、城镇集体企业、外商投资企业、城镇私营企业及其他城镇企业、事业单位、民办非企业单位、社会团体（以下统称单位）及其在职职工缴存的长期住房储金。

第三条 职工个人缴存的住房公积金和职工所在单位为职工缴存的住房公积金，属于职工个人所有。

第四条 住房公积金的管理实行住房公积金管理委员会决策、住房公积金管理中心运作、银行专户存储、财政监督的原则。

第五条 住房公积金应当用于职工购买、建造、翻建、大修自住住房，任何单位和个人不得挪作他用。

第六条 住房公积金的存、贷利率由中国人民银行提出，经征求国务院建设行政主管部门的意见后，报国务院批准。

第七条 国务院建设行政主管部门会同国务院财政部门、中国人民银行拟定住房公积金政策，并监督执行。

省、自治区人民政府建设行政主管部门会同同级财政部门以及中国人民银行分支机构，负责本行政区域内住房公积金管理法规、政策执行情况的监督。

第二章 机构及其职责

第八条 直辖市和省、自治区人民政府所在地的市以及其他设区的市（地、州、盟），应当设立住房公积金管理委员会，作为住房公积金管理的决策机构。住房公积金管理委员会的成员中，人民政府负责人和建设、财政、人民银行等有关部门负责人以及有关专家占1/3，工会代表和职工代表占1/3，单位代表占1/3。

住房公积金管理委员会主任应当由具有社会公信力的人士担任。

第九条 住房公积金管理委员会在住房公积金管理方面履行下列职责：

（一）依据有关法律、法规和政策，制定和调整住房公积金的具体管理措施，并监督实施；

（二）根据本条例第十八条的规定，拟订住房公积金的具体缴存比例；

（三）确定住房公积金的最高贷款额度；

（四）审批住房公积金归集、使用计划；

（五）审议住房公积金增值收益分配方案；

（六）审批住房公积金归集、使用计划执行情况的报告。

第十条 直辖市和省、自治区人民政府所在地的市以及其他设区的市（地、州、盟）应当按照精简、效能的原则，设立一个住房公积金管理中心，负责住房公积金的管理运作。县（市）不设立住房公积金管理中心。

前款规定的住房公积金管理中心可以在有条件的县（市）设立分支机构。住房公积金管理中心与其分支机构应当实行统一的规章制度，进行统一核算。

住房公积金管理中心是直属城市人民政府的不以营利为目的的独立的事业单位。

第十一条 住房公积金管理中心履行下列职责：

（一）编制、执行住房公积金的归集、使用计划；

（二）负责记载职工住房公积金的缴存、提取、使用等情况；

（三）负责住房公积金的核算；

（四）审批住房公积金的提取、使用；

（五）负责住房公积金的保值和归还；

（六）编制住房公积金归集、使用计划执行情况的报告；

（七）承办住房公积金管理委员会决定的其他事项。

第十二条 住房公积金管理委员会应当按照中国人民银行的有关规定，指定受委托办理住房公积金金融业务的商业银行（以下简称受委托银行）；住房公积金管理中心应当委托受委托银行办理住房公积金贷款、结算等金融业务和住房公积金账户的设立、缴存、归还等手续。

住房公积金管理中心应当与受委托银行签订委托合同。

第三章 缴 存

第十三条 住房公积金管理中心应当在受委托银行设立住房公积金专户。

单位应当向住房公积金管理中心办理住房公积金缴

存登记,并为本单位职工办理住房公积金账户设立手续。每个职工只能有一个住房公积金账户。

住房公积金管理中心应当建立职工住房公积金明细账,记载职工个人住房公积金的缴存、提取等情况。

第十四条 新设立的单位应当自设立之日起 30 日内向住房公积金管理中心办理住房公积金缴存登记,并自登记之日起 20 日内,为本单位职工办理住房公积金账户设立手续。

单位合并、分立、撤销、解散或者破产的,应当自发生上述情况之日起 30 日内由原单位或者清算组织向住房公积金管理中心办理变更登记或者注销登记,并自办妥变更登记或者注销登记之日起 20 日内,为本单位职工办理住房公积金账户转移或者封存手续。

第十五条 单位录用职工的,应当自录用之日起 30 日内向住房公积金管理中心办理缴存登记,并办理职工住房公积金账户的设立或者转移手续。

单位与职工终止劳动关系的,单位应当自劳动关系终止之日起 30 日内向住房公积金管理中心办理变更登记,并办理职工住房公积金账户转移或者封存手续。

第十六条 职工住房公积金的月缴存额为职工本人上一年度月平均工资乘以职工住房公积金缴存比例。

单位为职工缴存的住房公积金的月缴存额为职工本人上一年度月平均工资乘以单位住房公积金缴存比例。

第十七条 新参加工作的职工从参加工作的第二个月开始缴存住房公积金,月缴存额为职工本人当月工资乘以职工住房公积金缴存比例。

单位新调入的职工从调入单位发放工资之日起缴存住房公积金,月缴存额为职工本人当月工资乘以职工住房公积金缴存比例。

第十八条 职工和单位住房公积金的缴存比例均不得低于职工上一年度月平均工资的 5%;有条件的城市,可以适当提高缴存比例。具体缴存比例由住房公积金管理委员会拟订,经本级人民政府审核后,报省、自治区、直辖市人民政府批准。

第十九条 职工个人缴存的住房公积金,由所在单位每月从其工资中代扣代缴。

单位应当于每月发放职工工资之日起 5 日内将单位缴存的和为职工代缴的住房公积金汇缴到住房公积金专户内,由受委托银行计入职工住房公积金账户。

第二十条 单位应当按时、足额缴存住房公积金,不得逾期缴存或者少缴。

对缴存住房公积金确有困难的单位,经本单位职工代表大会或者工会讨论通过,并经住房公积金管理中心审核,报住房公积金管理委员会批准后,可以降低缴存比例或者缓缴;待单位经济效益好转后,再提高缴存比例或者补缴缓缴。

第二十一条 住房公积金自存入职工住房公积金账户之日起按照国家规定的利率计息。

第二十二条 住房公积金管理中心应当为缴存住房公积金的职工发放缴存住房公积金的有效凭证。

第二十三条 单位为职工缴存的住房公积金,按照下列规定列支:

(一)机关在预算中列支;

(二)事业单位由财政部门核定收支后,在预算或者费用中列支;

(三)企业在成本中列支。

第四章 提取和使用

第二十四条 职工有下列情形之一的,可以提取职工住房公积金账户内的存储余额:

(一)购买、建造、翻建、大修自住住房的;

(二)离休、退休的;

(三)完全丧失劳动能力,并与单位终止劳动关系的;

(四)出境定居的;

(五)偿还购房贷款本息的;

(六)房租超出家庭工资收入的规定比例的。

依照前款第(二)、(三)、(四)项规定,提取职工住房公积金的,应当同时注销职工住房公积金账户。

职工死亡或者被宣告死亡的,职工的继承人、受遗赠人可以提取职工住房公积金账户内的存储余额;无继承人也无受遗赠人的,职工住房公积金账户内的存储余额纳入住房公积金的增值收益。

第二十五条 职工提取住房公积金账户内的存储余额的,所在单位应当予以核实,并出具提取证明。

职工应当持提取证明向住房公积金管理中心申请提取住房公积金。住房公积金管理中心应当自受理申请之日起 3 日内作出准予提取或者不准提取的决定,并通知申请人;准予提取的,由受委托银行办理支付手续。

第二十六条 缴存住房公积金的职工,在购买、建造、翻建、大修自住住房时,可以向住房公积金管理中心申请住房公积金贷款。

住房公积金管理中心应当自受理申请之日起 15 日内作出准予贷款或者不准贷款的决定,并通知申请人;准予贷款的,由受委托银行办理贷款手续。

住房公积金贷款的风险,由住房公积金管理中心承担。

第二十七条 申请人申请住房公积金贷款的,应当提供担保。

第二十八条 住房公积金管理中心在保证住房公积金提取和贷款的前提下,经住房公积金管理委员会批准,可以将住房公积金用于购买国债。

住房公积金管理中心不得向他人提供担保。

第二十九条 住房公积金的增值收益应当存入住房公积金管理中心在受委托银行开立的住房公积金增值收益专户,用于建立住房公积金贷款风险准备金、住房公积金管理中心的管理费用和建设城市廉租住房的补充资金。

第三十条 住房公积金管理中心的管理费用,由住房公积金管理中心按照规定的标准编制全年预算支出总额,报本级人民政府财政部门批准后,从住房公积金增值收益中上交本级财政,由本级财政拨付。

住房公积金管理中心的管理费用标准,由省、自治区、直辖市人民政府建设行政主管部门会同同级财政部门按照略高于国家规定的事业单位费用标准制定。

第五章 监 督

第三十一条 地方有关人民政府财政部门应当加强对本行政区域内住房公积金归集、提取和使用情况的监督,并向本级人民政府的住房公积金管理委员会通报。

住房公积金管理中心在编制住房公积金归集、使用计划时,应当征求财政部门的意见。

住房公积金管理委员会在审批住房公积金归集、使用计划和计划执行情况的报告时,必须有财政部门参加。

第三十二条 住房公积金管理中心编制的住房公积金年度预算、决算,应当经财政部门审核后,提交住房公积金管理委员会审议。

住房公积金管理中心应当每年定期向财政部门和住房公积金管理委员会报送财务报告,并将财务报告向社会公布。

第三十三条 住房公积金管理中心应当依法接受审计部门的审计监督。

第三十四条 住房公积金管理中心和职工有权督促单位按时履行下列义务:

(一)住房公积金的缴存登记或者变更、注销登记;

(二)住房公积金账户的设立、转移或者封存;

(三)足额缴存住房公积金。

第三十五条 住房公积金管理中心应当督促受委托银行及时办理委托合同约定的业务。

受委托银行应当按照委托合同的约定,定期向住房公积金管理中心提供有关的业务资料。

第三十六条 职工、单位有权查询本人、本单位住房公积金的缴存、提取情况,住房公积金管理中心、受委托银行不得拒绝。

职工、单位对住房公积金账户内的存储余额有异议的,可以申请受委托银行复核;对复核结果有异议的,可以申请住房公积金管理中心重新复核。受委托银行、住房公积金管理中心应当自收到申请之日起5日内给予书面答复。

职工有权揭发、检举、控告挪用住房公积金的行为。

第六章 罚 则

第三十七条 违反本条例的规定,单位不办理住房公积金缴存登记或者不为本单位职工办理住房公积金账户设立手续的,由住房公积金管理中心责令限期办理;逾期不办理的,处1万元以上5万元以下的罚款。

第三十八条 违反本条例的规定,单位逾期不缴或者少缴住房公积金的,由住房公积金管理中心责令限期缴存;逾期仍不缴存的,可以申请人民法院强制执行。

第三十九条 住房公积金管理委员会违反本条例规定审批住房公积金使用计划的,由国务院建设行政主管部门会同国务院财政部门或者由省、自治区人民政府建设行政主管部门会同同级财政部门,依据管理职权责令限期改正。

第四十条 住房公积金管理中心违反本条例规定,有下列行为之一的,由国务院建设行政主管部门或者省、自治区人民政府建设行政主管部门依据管理职权,责令限期改正;对负有责任的主管人员和其他直接责任人员,依法给予行政处分:

(一)未按照规定设立住房公积金专户的;

(二)未按照规定审批职工提取、使用住房公积金的;

(三)未按照规定使用住房公积金增值收益的;

(四)委托住房公积金管理委员会指定的银行以外的机构办理住房公积金金融业务的;

(五)未建立职工住房公积金明细账的;

(六)未为缴存住房公积金的职工发放缴存住房公积金的有效凭证的;

(七)未按照规定用住房公积金购买国债的。

第四十一条 违反本条例规定,挪用住房公积金的,由国务院建设行政主管部门或者省、自治区人民政府建设行政主管部门依据管理职权,追回挪用的住房公积金,没收违法所得;对挪用或者批准挪用住房公积金的人民政府负责人和政府有关部门负责人以及住房公积金管理中心负有责任的主管人员和其他直接责任人员,依照刑法关于挪用公款罪或者其他罪的规定,依法追究刑事责任;尚不够刑事处罚的,给予降级或者撤职的行政处分。

第四十二条 住房公积金管理中心违反财政法规的,由财政部门依法给予行政处罚。

第四十三条 违反本条例规定,住房公积金管理中心向他人提供担保的,对直接负责的主管人员和其他直接责任人员依法给予行政处分。

第四十四条 国家机关工作人员在住房公积金监督管理工作中滥用职权、玩忽职守、徇私舞弊,构成犯罪的,依法追究刑事责任;尚不构成犯罪的,给予行政处分。

第七章 附 则

第四十五条 住房公积金财务管理和会计核算的办法,由国务院财政部门商国务院建设行政主管部门制定。

第四十六条 本条例施行前尚未办理住房公积金缴存登记和职工住房公积金账户设立手续的单位,应当自本条例施行之日起60日内到住房公积金管理中心办理缴存登记,并到受委托银行办理职工住房公积金账户设立手续。

第四十七条 本条例自发布之日起施行。

中央国家机关住房资金管理中心关于简化住房公积金提取业务申请材料的公告

· 2019年10月23日

为贯彻落实党中央、国务院关于减证便民、优化服务的部署要求,即日起,职工办理住房公积金提取业务时,不再提交纸质提取申请书。职工应当按照中央国家机关住房公积金提取告知承诺制有关规定,承诺申报的信息准确、完整、有效,对提取适用事项真实性负责。

建设部、财政部、中国人民银行关于住房公积金管理若干具体问题的指导意见

· 2005年1月10日
· 建金管〔2005〕5号

为进一步完善住房公积金管理,规范归集使用业务,健全风险防范机制,维护缴存人的合法权益,发挥住房公积金制度的作用,现就住房公积金管理若干具体问题提出如下意见:

一、国家机关、国有企业、城镇集体企业、外商投资企业、城镇私营企业及其他城镇企业、事业单位、民办非企业单位、社会团体(以下统称单位)及其在职职工,应当按《住房公积金管理条例》(国务院令第350号,以下简称《条例》)的规定缴存住房公积金。有条件的地方,城镇单位聘用进城务工人员,单位和职工可缴存住房公积金;城镇个体工商户、自由职业人员可申请缴存住房公积金,月缴存额的工资基数按照缴存人上一年度月平均纳税收入计算。

二、设区城市(含地、州、盟,下同)应当结合当地经济、社会发展情况,统筹兼顾各方面承受能力,严格按照《条例》规定程序,合理确定住房公积金缴存比例。单位和职工缴存比例不应低于5%,原则上不高于12%。采取提高单位住房公积金缴存比例方式发放职工住房补贴的,应当在个人账户中予以注明。未按照规定程序报省、自治区、直辖市人民政府批准的住房公积金缴存比例,应予以纠正。

三、缴存住房公积金的月工资基数,原则上不应超过职工工作地所在设区城市统计部门公布的上一年度职工月平均工资的2倍或3倍。具体标准由各地根据实际情况确定。职工月平均工资应按国家统计局规定列入工资总额统计的项目计算。

四、各地要按照《条例》规定,建立健全单位降低缴存比例或者缓缴住房公积金的审批制度,明确具体条件、需要提供的文件和办理程序。未经本单位职工代表大会或者工会讨论通过的,住房公积金管理委员会和住房公积金管理中心(以下简称管理中心)不得同意降低缴存比例或者缓缴。

五、单位发生合并、分立、撤销、破产、解散或者改制等情形的,应当为职工补缴以前欠缴(包括未缴和少缴)的住房公积金。单位合并、分立和改制时无力补缴住房公积金的,应当明确住房公积金缴存责任主体,才能办理合并、分立和改制等有关事项。新设立的单位,应当按照规定及时办理住房公积金缴存手续。

六、单位补缴住房公积金(包括单位自行补缴和人民法院强制补缴)的数额,可根据实际采取不同方式确定:单位从未缴存住房公积金的,原则上应当补缴自《条例》(国务院令第262号)发布之月起欠缴职工的住房公积金。单位未按照规定的职工范围和标准缴存住房公积金

的，应当为职工补缴。单位不提供职工工资情况或者职工对提供的工资情况有异议的，管理中心可依据当地劳动部门、司法部门核定的工资，或所在设区城市统计部门公布的上年职工平均工资计算。

七、职工符合规定情形，申请提取本人住房公积金账户内存储余额的，所在单位核实后，应出具提取证明。单位不为职工出具住房公积金提取证明的，职工可以凭规定的有效证明材料，直接到管理中心或者受委托银行申请提取住房公积金。

八、职工购买、建造、翻建、大修自住住房，未申请个人住房公积金贷款的，原则上职工本人及其配偶在购建和大修住房一年内，可以凭有效证明材料，一次或者分次提取住房公积金账户内的存储余额。夫妻双方累计提取总额不能超过实际发生的住房支出。

九、进城务工人员、城镇个体工商户、自由职业人员购买自住住房或者在户口所在地购建自住住房的，可以凭购房合同、用地证明及其他有效证明材料，提取本人及其配偶住房公积金账户内的存储余额。

十、职工享受城镇最低生活保障；与单位终止劳动关系未再就业、部分或者全部丧失劳动能力以及遇到其他突发事件，造成家庭生活严重困难的，提供有效证明材料，经管理中心审核，可以提取本人住房公积金账户内的存储余额。

十一、职工调动工作，原工作单位不按规定为职工办理住房公积金变更登记和账户转移手续的，职工可以向管理中心投诉，或者凭有效证明材料，直接向管理中心申请办理账户转移手续。

十二、职工调动工作到另一设区城市的，调入单位为职工办理住房公积金账户设立手续后，新工作地的管理中心应当向原工作地管理中心出具新账户证明及个人要求转账的申请。原工作地管理中心向调出单位核实后，办理变更登记和账户转移手续；原账户已经封存的，可直接办理转移手续。账户转移原则上采取转账方式，不能转账的，也可以电汇或者信汇到新工作地的管理中心。调入单位未建立住房公积金制度的，原工作地管理中心可将职工账户暂时封存。

十三、职工购买、建造、翻建和大修自住住房需申请个人住房贷款的，受委托银行应当首先提供住房公积金贷款。管理中心或者受委托银行要一次性告知职工需要提交的文件和资料，职工按要求提交文件资料后，应当在15个工作日内办完贷款手续。15日内未办完手续的，经管理中心负责人批准，可以延长5个工作日，并应当将延长期限的理由告知申请人。职工没有还清贷款前，不得再次申请住房公积金贷款。

十四、进城务工人员、城镇个体工商户和自由职业人员购买自住住房时，可按规定申请住房公积金贷款。

十五、管理中心和受委托银行应按照委托贷款协议的规定，严格审核借款人身份、还款能力和个人信用，以及购建住房的合法性和真实性，加强对抵押物和保证人担保能力审查。要逐笔审批贷款，逐笔委托银行办理贷款手续。

十六、贷款资金应当划入售房单位（售房人）或者建房、修房承担方在银行开设的账户内，不得直接划入借款人账户或者支付现金给借款人。

十七、借款人委托他人或者中介机构代办手续的，应当签订书面委托书。管理中心要建立借款人面谈制度，核实有关情况，指导借款人在借款合同、担保合同等有关文件上当面签字。

十八、各地要根据当地经济适用住房或者普通商品住房平均价格和居民家庭平均住房水平，拟订住房公积金贷款最高额度。职工个人贷款具体额度的确定，要综合考虑购建住房价格、借款人还款能力及其住房公积金账户存储余额等因素。

十九、职工使用个人住房贷款（包括商业性贷款和住房公积金贷款）的，职工本人及其配偶可按规定提取住房公积金账户内的余额，用于偿还贷款本息。每次提取额不得超过当期应还款付息额，提前还款的提取额不得超过住房公积金贷款余额。

二十、职工在缴存住房公积金所在地以外的设区城市购买自住住房的，可以向住房所在地管理中心申请住房公积金贷款，缴存住房公积金所在地管理中心要积极协助提供职工缴存住房公积金证明，协助调查还款能力和个人信用等情况。

本意见自发布之日起实施。各地可以结合实际制订具体办法。

住房和城乡建设部、财政部、中国人民银行、中国银行业监督管理委员会关于规范住房公积金个人住房贷款政策有关问题的通知

· 2010年11月2日
· 建金〔2010〕179号

各省、自治区、直辖市人民政府，国务院各有关部门，新疆生产建设兵团：

为规范住房公积金个人住房贷款政策，根据《住房公积金管理条例》和《国务院关于坚决遏制部分城市房价过快上涨的通知》（国发〔2010〕10号）的有关规定，经国务院同意，现就有关问题通知如下：

一、住房公积金个人住房贷款只能用于缴存职工购买、建造、翻建、大修普通自住房，以支持基本住房需求。严禁使用住房公积金个人住房贷款进行投机性购房。

二、保持缴存职工家庭（包括借款人、配偶及未成年子女，下同）使用住房公积金个人住房贷款购买首套普通自住房政策的连续性和稳定性。使用住房公积金个人住房贷款购买首套普通自住房，套型建筑面积在90平方米（含）以下的，贷款首付款比例不得低于20%；套型建筑面积在90平方米以上的，贷款首付款比例不得低于30%。

三、第二套住房公积金个人住房贷款的发放对象，仅限于现有人均住房建筑面积低于当地平均水平的缴存职工家庭，且贷款用途仅限于购买改善居住条件的普通自住房。第二套住房公积金个人住房贷款首付款比例不得低于50%，贷款利率不得低于同期首套住房公积金个人住房贷款利率的1.1倍。

四、停止向购买第三套及以上住房的缴存职工家庭发放住房公积金个人住房贷款。

五、城市住房公积金管理委员会要根据当地住房价格、人均住房建筑面积和住房公积金业务发展状况，以支持缴存职工购买普通自住房的贷款需求为原则，合理确定住房公积金个人住房贷款最高额度，并报省级住房城乡建设、财政、人民银行、银监部门备案。直辖市、新疆生产建设兵团住房公积金个人住房贷款最高额度报住房城乡建设部、财政部、人民银行和银监会备案。

六、城市住房公积金管理中心和受委托银行要采取有效措施，加强住房公积金个人住房贷款的调查、审核、抵押、发放、回收等工作，切实加强贷款风险管理，保障资金安全。住房公积金管理中心要会同有关主管部门，抓紧建立信息共享机制，防范骗取住房公积金个人住房贷款等行为。同时，要简化办理手续，提高服务水平。

城市人民政府要结合当地实际，抓紧制定落实本通知精神的具体措施，积极做好政策解释工作。各省、自治区、直辖市人民政府和新疆生产建设兵团有关部门要加强工作指导，加大监督检查力度。政策执行中有关问题，及时报住房城乡建设部、财政部、人民银行和银监会。

中央国家机关住房资金管理中心关于调整中央国家机关住房公积金存款利率的通知

· 2015年10月24日

中央国家机关各部门、各单位住房公积金管理机构：

根据《中国人民银行关于下调金融机构人民币贷款和存款基准利率并进一步推进利率市场化改革的通知》（银发〔2015〕325号）和北京住房公积金管理中心《关于调整住房公积金存款利率的通知》（京房公积金发〔2015〕44号）规定，自2015年10月24日起，调整中央国家机关住房公积金存款利率。现就有关事项通知如下：

一、个人住房公积金存款利率调整如下表：

单位：年利率%

项　　目	调整前利率	调整后利率
当年缴存	0.35	0.35
上年结转	1.35	1.10

二、个人住房公积金贷款利率保持不变。

中央国家机关住房资金管理中心关于执行住房公积金个人贷款差别化政策有关问题的通知

· 2013年4月8日
· 国机房资〔2013〕117号

中央国家机关各部门、各单位住房公积金管理机构：

为贯彻落实国务院关于继续做好房地产市场调控工作的通知要求，充分发挥住房公积金制度保障和改善民生的政策作用，进一步保障职工的基本住房需求，现将北京住房公积金管理中心《关于实行住房公积金个人贷款差别化政策的通知》（京房公积金发〔2013〕10号）转发给你们，并结合中央国家机关实际，对加强中央国家机关住房公积金个人贷款（以下简称贷款）管理有关问题通知如下。

一、明确贷款申请条件

同时具备以下条件的住房公积金缴存职工（含在职期间缴存住房公积金的离退休职工），可以申请贷款：

（一）借款申请人原则上申请贷款前12个月应足额连续缴存，且申请贷款时处于缴存状态。购买政策性住房的借款申请人，原则上应建立住房公积金账户满12个月，申请贷款前6个月应足额连续缴存，且申请贷款时处于缴存状态。

（二）借款申请人及配偶均无尚未还清的住房公积金个人贷款（含贴息贷款）。

（三）符合中央国家机关住房资金管理中心（以下简称资金中心）规定的其他条件。

二、合理确定月还款额

（一）借款申请人及配偶的收入每月偿还贷款后，保留的人均生活费不得低于北京市的基本生活费标准。购买经济适用住房的低收入借款申请人，其贷款额度可不受月收入限制。

住房公积金月缴存额达到上限的职工和缴存单位的离退休职工采用收入证明确定月收入，其他职工的收入情况根据住房公积金缴存额反推确定。

（二）住房公积金应优先偿还贷款，借款申请人的月还款额不低于本人及配偶住房公积金的月缴存额，且不低于按等额本息法计算的自由还款方式下约定的月最低还款额。

（三）借款申请人及配偶人均月收入超过北京市职工月平均工资3倍（含）以上的，月还款额不低于本人及配偶月收入的50%。

三、严格执行差别化贷款政策

（一）严格住房套数认定标准。首套自住住房的认定实行查住房、查贷款、查购房提取的政策，即通过北京市住房和城乡建设委员会房屋交易权属信息查询系统、中国人民银行征信系统和住房公积金管理信息系统及其他尽责调查，查询借款申请人及配偶无住房记录、无个人住房贷款记录、无住房公积金购房提取记录的，认定为首套自住住房。

严格执行《关于规范商业性个人住房贷款中第二套住房认定标准的通知》（建房〔2010〕83号）的规定。

（二）严格执行差别化贷款首付款比例。购买首套自住住房，套型建筑面积在90平方米（含）以下的，贷款首付款比例不得低于20%；套型建筑面积在90平方米以上的，贷款首付款比例不得低于30%。购买第二套自住住房，贷款首付款比例不得低于70%；对于在北京市住房和城乡建设委员会房屋交易权属信息查询系统中显示无房，但通过中国人民银行征信系统、住房公积金管理信息系统查询，有1笔个人住房贷款记录或1条购房提取记录，符合第二套住房贷款条件的借款申请人，仍执行贷款首付款比例不得低于60%的政策。

（三）购买政策性住房或小户型首套住房的上浮贷款额度。购买政策性住房或套型建筑面积在90平方米（含）以下的首套自住住房，个人信用等级为A级，贷款最高额度上浮30%；个人信用等级为B级，贷款最高额度上浮15%。购买第二套住房或套型建筑面积在90平方米以上的非政策性住房，贷款最高额度不再上浮。

四、优化贷款办理程序

（一）贷款申请与受理

借款申请人到资金中心委托的银行提交贷款申请材料（见附件2，购买存量商品房的，房屋买卖双方均须到场），符合受理条件的，受委托银行予以受理。

（二）贷款审批

借款申请经审核审批后，受委托银行在规定时间内将审批结果通知借款申请人。

（三）担保及签约

准予贷款的，借款申请人、配偶及共有产权人到担保机构驻受委托银行柜台办理贷款担保，并到面签柜台签订借款合同。

购买存量商品房的，借款申请人须先办理过户，再办理担保及签约手续。

（四）放款

受委托银行于借款合同签订后4个工作日内完成放款，借款人于放款3个工作日后领取借款合同。

五、加大违规违约行为惩处力度

（一）缴存职工有违规提取等违反住房公积金政策的行为，不享受贷款额度上浮等差别化优惠政策，资金中心有权视违规情节轻重下调其贷款最高额度或拒绝受理其贷款申请。

（二）申请贷款前2年内，个人征信系统和住房公积金管理信息系统显示借款申请人及配偶贷款（不含助学贷款）逾期连续达到6期的，不予贷款；存在其他逾期情况的，视情节轻重不享受贷款额度上浮，或下调其最高额度。

（三）借款申请人或其配偶采取伪造材料、隐瞒婚姻状况等弄虚作假方式骗取贷款的，拒绝受理其贷款申请，并自发现之日起3年内取消贷款申请资格，同时记入个人征信系统。已发放贷款的，资金中心有权提前收回剩余贷款全部本息。给资金中心造成损失的，应予赔偿，资金中心有权追究其法律责任。

（四）借款人在贷款后无故不正常缴存住房公积金的，或贷款存续期间发生违约，经多次催收仍处于违约状态且无正当理由的，资金中心有权提前收回剩余贷款全部本息，并将不良行为记入相关信用记录。

自2013年4月8日起，借款申请人及配偶所购住房通过北京市住房和城乡建设委员会房地产交易系统完成网上签约的，其贷款业务按照本通知规定执行，以前文件有不一致之处，以本通知为准。请及时转发所属在京单位，并做好宣传工作。

附件：1. 关于实行住房公积金个人贷款差别化政策的通知（略）

2. 中央国家机关住房公积金个人贷款申请材料清单（略）

住房城乡建设部关于住房公积金异地个人住房贷款有关操作问题的通知

- 2015年9月15日
- 建金〔2015〕135号

各省、自治区住房城乡建设厅，直辖市、新疆生产建设兵团住房公积金管理委员会、住房公积金管理中心：

为落实《关于发展住房公积金个人住房贷款业务的通知》（建金〔2014〕148号）要求，推进住房公积金异地贷款业务，支持缴存职工异地购房需求，保障缴存职工权益，现就有关问题通知如下：

一、职责分工

（一）缴存城市公积金中心（含分中心，下同）负责审核职工缴存和已贷款情况，向贷款城市公积金中心出具书面证明，并配合贷款城市公积金中心核实相关信息。

（二）贷款城市公积金中心及受委托银行负责异地贷款的业务咨询、受理、审核、发放、回收、变更及贷后管理工作，并承担贷款风险。

（三）贷款城市公积金中心与缴存城市公积金中心要定期对异地贷款情况进行核对，掌握提取、还款、变更和逾期情况。

二、办理流程

（一）贷款城市公积金中心接受职工的异地贷款业务咨询，并一次性告知贷款所需审核材料。

（二）职工本人或其委托人向缴存城市公积金中心提出申请，缴存城市公积金中心根据职工申请，核实职工缴存贷款情况，对未使用过住房公积金个人住房贷款或首次住房公积金个人住房贷款已经结清的缴存职工，出具《异地贷款职工住房公积金缴存使用证明》。

（三）贷款城市公积金中心受理职工异地贷款申请后，向缴存城市公积金中心核实《异地贷款职工住房公积金缴存使用证明》信息真实性和完整性。核实无误的，应按规定时限履行贷款审核审批手续，并将结果反馈缴存城市公积金中心。缴存城市公积金中心对职工异地贷款情况进行标识，并建立职工异地贷款情况明细台账。

（四）缴存职工在异地贷款还款期间，如住房公积金个人账户转移，原缴存城市公积金中心应及时告知贷款城市公积金中心和转入城市公积金中心。转入城市公积金中心应在接收职工住房公积金账户后，及时对异地贷款情况重新标识和记录。

（五）异地贷款出现逾期时，缴存城市公积金中心应配合贷款城市公积金中心开展贷款催收等工作，根据贷款合同可扣划贷款职工公积金账户余额用于归还贷款。

三、相关要求

（一）各省、自治区住房城乡建设厅要加强对公积金异地贷款业务的指导监督。各城市和新疆生产建设兵团住房公积金管理委员会要抓紧出台异地贷款业务细则，确保异地贷款业务有序开展。

（二）异地贷款业务缴存信息核实联系人要尽职尽责。缴存城市公积金中心和贷款城市公积金中心要相互配合，认真核实相关信息。如信息核实联系人、联系方式有变动，请以书面形式，及时报我部住房公积金监管司予以更新。

（三）我部将建设全国住房公积金异地贷款业务信息交换系统。各城市和新疆生产建设兵团公积金中心要按照异地贷款政策要求，抓紧开展信息系统升级改造，优化个人住房贷款业务流程，适应全国异地贷款业务信息化要求。

中央国家机关住房资金管理中心关于接入全国住房公积金异地转移接续平台办理住房公积金异地转移接续业务的通知

- 2017年6月5日
- 国机房资〔2017〕2号

中央国家机关各部门、各单位住房公积金管理机构：

为进一步加强住房公积金管理，保障缴存职工合法权益，按照《住房城乡建设部办公厅关于做好全国住房公积金异地转移接续平台建设使用准备工作的通知》（建办金〔2016〕49号）要求，现就中央国家机关住房公积金异地转移接续业务办理有关事项通知如下：

一、改进住房公积金异地转移接续工作

住房公积金异地转移接续是指职工因跨省市工作调动等原因，将个人住房公积金账户资金及相关信息从原工作地转出，接续至现工作地的业务。中央国家机关住房资金管理中心（以下简称资金中心）已接入住房和城乡建设部开发的全国住房公积金异地转移接续平台(以下简称平台),将按以下规程为职工办理住房公积金异地转移接续业务。

(一)住房公积金由异地转入至资金中心。

1. 职工由异地调入北京,已在资金中心设立住房公积金个人账户并缴存的,可向资金中心申请将职工在异地住房公积金管理中心(以下简称异地中心)累积的住房公积金余额及相关信息转移接续到资金中心,不需返回异地办理。

2. 职工到资金中心合作银行经办网点提出住房公积金异地转移接续业务申请,并提供以下材料:

(1)申请人有效身份证件原件;

(2)《住房公积金异地转移接续申请表》(一式两份)。

同一单位多名职工办理住房公积金异地转移接续的,可一并委托单位经办人集中代为申请,并提供以下材料:

(1)《集中办理住房公积金异地转移接续申请委托书》;

(2)《住房公积金异地转移接续申请表》(一式两份);

(3)职工有效身份证件复印件;

(4)单位经办人有效身份证件原件。

3. 合作银行经办网点当场审核职工信息,信息相符的,予以受理,在《住房公积金异地转移接续申请表》上加盖业务专用章,其中一份交职工或单位经办人,同时生成《住房公积金异地转移接续联系函》,上传平台传递至异地中心;信息不符的,不予受理并告知原因。

4. 异地中心收到《住房公积金异地转移接续联系函》后,核对职工身份信息并依据当地政策审核是否符合转出条件。

审核通过的,生成《住房公积金异地转移接续账户信息表》,上传平台传递至资金中心,同时将职工住房公积金个人账户资金划转至资金中心;审核未通过的,通过平台将原因反馈至资金中心,由合作银行经办网点告知职工。

5. 资金中心合作银行主办行负责接收转入资金,并与平台收到的《住房公积金异地转移接续账户信息表》进行核对。

核对一致的,将转入资金计入职工住房公积金个人账户,通知职工入账情况,并将《住房公积金异地转移接续账户信息表》记账保存;核对不一致或职工对转入资金有疑义的,合作银行主办行向异地中心通报情况,异地中心负责对职工疑义进行解答。

(二)住房公积金由资金中心转出至异地。

1. 在资金中心缴存住房公积金的职工与原单位解除劳动关系离开北京的,应将住房公积金个人账户转移至资金中心集中封存户封存。

2. 未存在住房公积金违法失信记录的职工,在异地重新就业且在异地中心设立住房公积金个人账户并缴存的,可申请将在资金中心累积的住房公积金余额及相关信息转移接续到异地中心。

3. 职工向异地中心提出住房公积金异地转移接续申请,由异地中心通过平台发起住房公积金异地转移接续业务,不需到资金中心办理。

4. 职工务必向异地中心准确提交个人相关信息。合作银行主办行将根据异地中心通过平台传递的《住房公积金异地转移接续联系函》,核对职工身份信息,并审核是否符合转出条件。

审核通过的,生成《住房公积金异地转移接续账户信息表》,上传平台传递至异地中心,同时将职工住房公积金个人账户资金划转至异地中心;审核未通过的,通过平台将原因反馈至异地中心,由异地中心告知职工。

5. 异地中心收到《住房公积金异地转移接续账户信息表》及转入资金后,将两者进行核对。

核对一致的,将转入资金计入职工住房公积金个人账户,通知职工入账情况;核对不一致或职工对转入资金有疑义的,向资金中心通报情况,合作银行主办行负责对职工疑义进行解答。

二、其他事项

(一)资金中心住房公积金内部转移业务和住房公积金其他外部转移业务办理规程不变。

(二)异地中心因特殊情况未正常接入使用平台的,住房公积金异地转移接续业务按照现行外部转移业务规程办理。

(三)资金中心将拓展网络智能化服务,加强信息互联机制,推进住房公积金内部转移业务网上办理,简化业务流程。

本通知自2017年6月12日起施行。

附件 1

住房公积金异地转移接续申请表

申请职工姓名		身份证件	类型	
			号码	
手机号码		现个人住房公积金账号		
现单位名称				
转出地中心名称		原个人住房公积金账号		
职工声明： 1. 授权_____住房公积金管理中心（转入地中心）将本人以上信息及《住房公积金异地转移接续联系函》传递到住房公积金账户转出地住房公积金管理中心，并将转入资金计入本人住房公积金个人账户。 2. 授权_____住房公积金管理中心（转出地中心）于接收到《住房公积金异地转移接续联系函》后为本人办理住房公积金账户转出手续。 3. 住房公积金转移实际金额以转出地办理账户转出时的账户本金余额及计结利息合计为准。 本人已知晓并同意以上事宜，承诺上述信息真实有效，现提出异地转移接续申请。 　　　　　　　　　　　　　　　　　　申请人签字： 　　　　　　　　　　　　　　　　　　　年　月　日 　　　　　　　　　　　　　　　　　　（业务专用章）				

备注：我中心将按您预留的手机号通知资金入账情况。

附件 2

集中办理住房公积金异地转移接续申请委托书

单位名称（签章）：
本单位承诺，提供的所有材料及信息真实、准确、有效，并承担因材料虚假、信息错误引发的相关责任。
受托人姓名：
受托人身份证号：
受托人联系电话：
委托人人数：

委托人明细表			
序号	姓名	身份证件号码 （非身份证的请注明证件类型）	签字
1			
2			
3			
4			
5			
6			
7			
8			

附件3

住房公积金异地转移接续联系函

No：

_____住房公积金管理中心：

今有职工_____,身份证件类型_____,号码_____,已在我中心建立并缴存住房公积金，现申请将其在贵中心缴存的住房公积金账户资金转入我中心。

原工作单位：_____

原住房公积金个人账号：_____

我中心联系方式：

联系电话/传真：_____

资金接收账户信息：

收款户名：_____

收款账号：_____

收款银行：_____

（业务专用章）

年　月　日

注：联系函编号规则为"机构编号+6位日期+4位序列号"且不重复。机构编号由住房城乡建设部统一发布。

附件 4

住房公积金异地转移接续账户信息表

年　月　日

职工姓名		身份证件	类型	
			号码	
《住房公积金异地转移接续联系函》编号		转移金额		
本金		利息		
开户日期		缴至年月		
缴至月份之前 6 个月是否连续缴存			□是　□否	
在转出地使用住房公积金贷款次数			____次	
是否有未结清的公积金贷款			□是　□否	

注：开户日期因历史或系统原因难以确定的，以能够查询到的最早日期填写。

（业务专用章）
年　月　日

业务办理联系电话：_____

住房城乡建设部、财政部、人民银行关于改进住房公积金缴存机制进一步降低企业成本的通知

- 2018 年 4 月 28 日
- 建金〔2018〕45 号

各省、自治区住房城乡建设厅、财政厅，直辖市、新疆生产建设兵团财务局，中国人民银行上海总部、各分行、营业管理部、省会（首府）城市中心支行、副省级城市中心支行，直辖市、新疆生产建设兵团住房公积金管理委员会、住房公积金管理中心：

为贯彻落实党中央、国务院决策部署，降低实体经济成本，减轻企业非税负担，现就改进住房公积金缴存机制，进一步降低企业成本有关事项通知如下：

一、延长阶段性适当降低企业住房公积金缴存比例政策的期限

各地区 2016 年出台的阶段性适当降低企业住房公积金缴存比例政策到期后，继续延长执行期至 2020 年 4 月 30 日。各地区要对政策实施效果进行评估，并可结合当地实际进一步降低企业住房公积金缴存比例。

二、切实规范住房公积金缴存基数上限

缴存住房公积金的月工资基数，不得高于职工工作地所在设区城市统计部门公布的上一年度职工月平均工资的 3 倍。凡超过 3 倍的，一律予以规范调整。

三、扩大住房公积金缴存比例浮动区间

住房公积金缴存比例下限为 5%，上限由各地区按照《住房公积金管理条例》规定的程序确定，最高不得超过 12%。缴存单位可在 5% 至当地规定的上限区间内，自主确定住房公积金缴存比例。

四、提高降低住房公积金缴存比例和缓缴的审批效率

生产经营困难的企业，经职工代表大会或工会讨论通过，可申请降低住房公积金缴存比例或者缓缴。住房公积金管理委员会应授权住房公积金管理中心审批，审批时限不得超过 10 个工作日。

改进住房公积金缴存机制，进一步降低企业成本工作涉及面广，政策性强。各部门各单位要将思想和行动统一到党中央、国务院决策部署上来，按照职责分工，周密组织实施，加强政策解读，切实抓好落实。各省、自治

区住房城乡建设厅和直辖市、新疆生产建设兵团住房公积金管理委员会要于2018年6月底前，将本通知落实情况报住房城乡建设部。

中央国家机关住房资金管理中心关于简化住房公积金业务部分申请材料的公告

·2018年5月14日

为深化住房公积金"放管服"改革，进一步方便职工办事，自2018年5月15日起，职工办理住房公积金归集业务（包括开户、提取、转移、封存、销户等）时，不再需要提供身份证明材料复印件。在办理住房公积金个人贷款（含住房公积金贷款、组合贷款中的住房公积金贷款部分、住房公积金政策性贴息贷款）申请和贷后业务时，不再需要提供身份证明、婚姻证明、离退休证明和购房首付款证明的复印件。

关于优化住房公积金提取政策进一步规范提取行为的通知

·2023年8月16日
·国机房资〔2023〕6号

国务院各部委、各直属机构，全国人大常委会办公厅，政协全国委员会办公厅，最高人民法院，最高人民检察院，各民主党派中央，各人民团体，各中央企业人事劳资部门、房管部门：

为深入开展学习贯彻习近平新时代中国特色社会主义思想主题教育，发挥住房公积金互助保障功能，支持"租购并举"的住房制度建设，助力新市民、青年人解决基本住房问题，中央国家机关住房资金管理中心（以下简称资金中心）进一步优化住房公积金提取政策、规范提取行为，现就有关事项通知如下：

一、充分保障疏解单位职工提取需求

（一）因北京非首都功能疏解而迁往雄安新区的中央国家机关（含中央企业，下同）职工，可"零材料"办理提取住房公积金。在雄安新区购买自住住房的，可按季提取住房公积金，提取金额以购房支出为限；在雄安新区无自有住房且租赁住房的，可按月提取住房公积金，提取金额以房租实际支出为限。

疏解到其他地区的中央国家机关职工，可参照上述政策提取住房公积金。

二、加大北京市行政区域内租房消费支持力度

（二）优化租房提取频次。职工提取住房公积金用于支付房租的，可按月提取住房公积金。

（三）提高租房提取额度。职工家庭在北京市行政区域内无自有住房且租赁住房的，可按每人每月2000元限额提取住房公积金。

（四）提高多子女家庭租房支付能力。符合国家人口生育政策、在北京市行政区域内无自有住房且租赁住房的多子女职工家庭，可自幼子（女）出生之日起3年内，提取住房公积金账户余额用于支付房租。

（五）拓宽租房提取方式。职工家庭因配租集体租赁住房或政策性租赁住房需足额交房租的，可由单位集中向资金中心提出申请，经审核同意后，可以提取住房公积金支付房租。

（六）拓展房租"支付通"业务。租赁住房运营管理机构可向资金中心提出合作申请，经审核同意后，按职工委托授权，定期扣划住房公积金直接支付房租。

三、促进合理购房提取

（七）职工在北京市外的工作地、户籍地或户籍地所在省份的省会（首府）城市购买自住住房的，可申请提取住房公积金。职工可向资金中心申请办理提取，也可通过购房地住房公积金管理中心"跨省通办"窗口提出申请。

（八）同一套住房在12个月内发生2次（含）以上交易，距末次交易满12个月的，职工可凭购买此套住房的证明材料申请提取住房公积金。

（九）非家庭成员关系的多名职工购买同一套住房的，其中1名职工可申请提取住房公积金。

四、防范和惩戒违规提取行为

（十）加大疑似骗提套取行为审核力度。资金中心深入实施提取业务告知承诺制，职工应认真阅读并遵守提取承诺内容。职工提取住房公积金用于购（租）房支出须为真实自住。发现虚构购（租）房行为、同一住房频繁交易、租房提取金额超出房屋所在区域租赁市场正常水平等可疑情形的，需由职工补充实际居住证明、交易资金转账流水等相关材料。补充材料时间及相应核实时间不计入提取业务审核时限。

资金中心建立提取协查工作机制，通过与住建部门、房屋运营管理机构数据共享，核验购（租）房信息；函请职工购房地住房公积金管理中心，协助查询异地购房信息；联合房屋所在社区管理部门、物业管理单位，实地核查购（租）房行为真实性；协同北京地区其他住房公积金管理机构核查疑似违规提取行为;联合市场监管部门、城管部门,治理违法骗提套取广告信息。

(十一)从严惩戒违规提取行为。违规提取行为严重影响职工本人及其所在单位的住房公积金信用评价结果。资金中心一旦发现存在骗提套取行为,将按规定采取以下措施:

1.终止提取行为,要求职工在规定时间内退回所提金额;

2.将职工违规提取行为通报其所在单位;

3.将职工违规提取信息纳入信用评价体系,在一定期限内限制其办理住房公积金提取及贷款业务,待其信用修复后予以恢复;

4.依法依规向人民银行等相关管理部门报送失信信息,实施联合惩戒;

5.同一单位出现多人次骗提套取住房公积金行为的,向其主管部门通报,中止单位线上业务办理资格,待其信用修复后予以恢复;

6.房屋中介机构教唆或协助职工骗提套取住房公积金的,限制其代理住房公积金相关业务,并通报有关管理部门;

7.涉嫌违法犯罪的,移交司法机关依法处理。

请各部门及时向所属单位和职工传达上述内容,加强诚信教育,引导职工依法依规提取住房公积金,切实维护职工权益。如遇问题,请及时向资金中心反馈。

住房城乡建设部、财政部、人民银行、公安部关于开展治理违规提取住房公积金工作的通知

- 2018年5月2日
- 建金〔2018〕46号

各省、自治区、直辖市住房城乡建设厅(建委)、财政厅(局)、公安厅(局),新疆生产建设兵团建设局、财务局、公安局,中国人民银行上海总部、各分行、营业管理部、省会(首府)城市中心支行、副省级城市中心支行,直辖市、新疆生产建设兵团住房公积金管理委员会、住房公积金管理中心:

党的十八大以来,全国住房公积金系统深入贯彻落实党中央、国务院决策部署和监管部门工作要求,在防范资金风险、提高使用效率、改进服务质量等方面取得显著成效。但一些机构和个人通过伪造证明材料、虚构住房消费行为等手段违规提取住房公积金,有的甚至形成骗提套取住房公积金"黑色产业链",扰乱了住房公积金管理秩序,削弱了住房公积金制度的互助性和保障性。为保证住房公积金制度稳健运行,依法维护缴存职工权益,决定开展治理违规提取住房公积金工作,现就有关事项通知如下:

一、规范改进提取政策

各地要按照"房子是用来住的,不是用来炒的"定位及建立租购并举住房制度的精神,规范改进住房公积金提取政策。优先支持提取住房公积金支付房租,提取额度要根据当地租金水平合理确定并及时调整。重点支持提取住房公积金在缴存地或户籍地购买首套普通住房和第二套改善型住房,防止提取住房公积金用于炒房投机。缴存职工与单位解除或终止劳动关系的,先办理个人账户封存。账户封存期间,在异地开立住房公积金账户并稳定缴存半年以上的,办理异地转移接续手续。未在异地继续缴存的,封存满半年后可提取。各地要按照上述要求,于2018年6月底前完成当地政策的规范调整工作。

二、优化提取审核流程

对缴存职工在缴存地租赁或购买自住住房、偿还自住住房贷款本息、离休退休等申请提取住房公积金的,要进一步简化审核流程,积极开展提取住房公积金业务网上咨询,大力推行网上审核和业务办理,缩短审核时限。缴存职工提取申请材料齐全的,审核无误后应即时办理。需对申请材料进一步核查的,应在受理提取申请之日起3个工作日内办结。对同一人多次变更婚姻关系购房、多人频繁买卖同一套住房、异地购房尤其是非户籍地缴存地购房、非配偶或非直系亲属共同购房等申请提取住房公积金的,要严格审核住房消费行为和证明材料的真实性。

三、实施失信联合惩戒

对违规提取住房公积金的缴存职工,住房公积金管理中心要记载其失信记录,并随个人账户一并转移;对已提取资金的,要责令限期全额退回,在一定期限内限制其住房公积金提取和贷款。对逾期仍不退回的,列为严重失信行为,并依法依规向相关管理部门报送失信信息,实施联合惩戒。机关、事业单位及国有企业缴存职工违规提取住房公积金情节严重的,要向其所在单位通报。

四、加强内部风险管理

住房公积金管理中心要合理设置住房公积金提取受理、审核岗位,明确岗位职责,加强岗位制约,实行定期轮岗。完善内审稽核机制,形成前台受理审核、后台重点复核、内审部门稽核"三道防线"。委托商业银行受理审核的,要将防控违规提取住房公积金纳入业务考核,与受托

资格和手续费挂钩。健全廉政风险防控制度，开展专题业务培训，提升廉政意识和鉴别能力。对相关管理人员玩忽职守、失职渎职的，给予党纪政纪处分；对为违规提取住房公积金提供便利，涉及职务犯罪的，移交司法机关处理。

五、推进部门信息共享

各地要全面落实国务院"放管服"改革要求，建立住房公积金管理中心与公安、住房城乡建设、人力资源社会保障、民政、不动产登记等部门及人民银行分支机构的信息共享机制，联网核查住房公积金提取申请人的个人身份、户籍、房产交易、就业、社保、婚姻登记、不动产登记等信息，确保提取住房公积金的行为和要件真实准确。有条件的省（区）要积极研究建立省级跨部门信息共享机制。住房公积金管理中心要积极主动提出信息共享需求，相关信息管理部门要予以支持。同时要做好信息安全和保密工作。

六、建立跨地协查机制

住房公积金管理中心要加强协同，密切配合，尽快建立防范违规提取住房公积金跨地协查机制。住房公积金管理中心进行提取业务审核，需核查申请人异地房产交易、不动产登记、户籍等相关信息的，可商请信息产生地住房公积金管理中心向相关信息管理部门代为核查。信息产生地住房公积金管理中心要予以支持，及时核查信息并反馈结果。人员跨地区流动频繁的京津冀、长三角、珠三角等城市群，要率先建立更加紧密的信息协查机制，共同防控违规提取住房公积金行为。

七、集中开展治理工作

住房公积金管理中心要主动协调当地公安、通信、城管、网信等部门，集中开展治理违规提取住房公积金工作。要全面清理违规提取住房公积金的有关信息，依法关停发布违规提取住房公积金信息的网站和涉嫌违法电话，净化美化社会环境。对违规提取住房公积金的中介机构和其他组织，依法予以查处。对涉嫌伪造及使用购房合同、发票、不动产权证书、结婚证等虚假证明材料的组织和个人，要及时向公安等部门移交问题线索，严肃依法惩治。

八、广泛开展宣传引导

各地要通过报纸、电视、网络等多种形式，向社会公开住房公积金提取业务办理要件、流程及时限，向缴存职工告知违规提取住房公积金的法律风险和责任。要深入单位、社区广泛宣传住房公积金政策，发挥缴存单位住房公积金经办人员的宣传员作用。公开曝光违规提取住房公积金案例，引导缴存职工依法合规提取住房公积金。

住房和城乡建设部关于印发《住房公积金统计管理办法》的通知

· 2021年9月2日
· 建金〔2021〕64号

各省、自治区住房和城乡建设厅，直辖市、新疆生产建设兵团住房公积金管理委员会、住房公积金管理中心：

为进一步规范住房公积金统计管理，提升统计工作质量，我部对2015年9月17日印发的《住房公积金统计管理办法》进行了修订，现印发给你们，请遵照执行。

住房公积金统计管理办法

第一章 总 则

第一条 为加强住房公积金统计管理，规范统计行为，提高统计质量，有效组织实施住房公积金统计工作，发挥统计在住房公积金管理工作中的重要作用，根据《中华人民共和国统计法》《中华人民共和国统计法实施条例》《住房公积金管理条例》等有关法律、法规，制定本办法。

第二条 住房公积金统计是指对住房公积金管理和业务运行的基本情况进行统计调查、统计分析，提供统计信息，实行信息交流与共享，进行统计管理和监督活动的总称。

第三条 本办法适用于住房和城乡建设部、省（自治区）住房和城乡建设厅和设区城市住房公积金管理中心组织实施的住房公积金统计工作。

第四条 住房公积金统计工作实行统一管理、分级负责。住房和城乡建设部负责全国住房公积金统计工作。省（自治区）住房和城乡建设厅负责本行政区域住房公积金统计工作。设区城市住房公积金管理中心负责组织实施本行政区域住房公积金统计工作。

第五条 住房公积金统计工作遵循真实、准确、完整、及时的原则。

第二章 机构职责和统计人员

第六条 住房和城乡建设部、省（自治区）住房和城乡建设厅、设区城市住房公积金管理中心应当明确承担住房公积金统计工作职责的部门，设置统计岗位，指定统计工作负责人，保障统计工作经费。

第七条 住房和城乡建设部履行以下住房公积金统计职责：

（一）建立住房公积金统计工作制度，组织、协调、管理和监督全国住房公积金统计工作。

（二）建立全国住房公积金统计指标体系和统计报表制度。

（三）提出住房公积金统计数据质量控制要求。

（四）采集、审核、汇总、管理全国住房公积金统计资料，开展统计分析和预测，提供统计信息和咨询。

（五）编制、公布全国住房公积金年度报告等统计资料。

（六）推进现代化信息技术在住房公积金统计工作中的应用，建立并管理全国住房公积金统计信息系统。

（七）组织全国住房公积金统计业务培训。

第八条 省（自治区）住房和城乡建设厅履行以下住房公积金统计职责：

（一）执行全国住房公积金统计工作制度，落实住房公积金统计数据质量控制要求，组织、协调、管理和监督本行政区域住房公积金统计工作。

（二）采集、审核、汇总、报送、管理本行政区域住房公积金统计资料，开展统计分析和预测，提供统计信息和咨询。

（三）编制、公布本行政区域住房公积金年度报告等统计资料。

（四）组织开展本行政区域住房公积金统计业务培训。

第九条 设区城市住房公积金管理中心履行以下住房公积金统计职责：

（一）执行全国住房公积金统计工作制度，组织实施住房公积金统计工作。

（二）采集、汇总、报送住房公积金决策和管理机构设置、人员状况、政策规定、业务运行等统计资料。

（三）编制、公布本行政区域住房公积金年度报告等统计资料。

第十条 设区城市住房公积金管理中心应当加强统计基础工作，为履行法定的统计资料报送提供人员和工作保障。

第十一条 设区城市住房公积金管理中心主要负责人是住房公积金统计工作第一责任人，按照住房公积金统计数据质量控制要求，对统计资料的真实性、准确性、完整性和及时性负责。住房和城乡建设部、省（自治区）住房和城乡建设厅住房公积金监管部门对统计工作负有审查、监督责任。

第十二条 住房公积金统计人员应当优先从具备相关专业的人员中选调，上岗前必须参加岗前培训。统计人员发生变化时，应做好工作交接。

第十三条 住房公积金统计人员应当坚持实事求是，恪守职业道德，对其负责采集、审核、汇总、录入的统计资料和报送的统计资料的一致性负责。

第十四条 住房公积金统计人员进行统计调查时，有权就与统计有关的问题询问有关人员，要求如实提供有关情况和资料。

第三章 统计调查内容

第十五条 住房公积金统计内容包括住房公积金政策规定、业务运行、机构设置和人员状况、住房公积金管理中心资产和费用支出等。

第十六条 住房公积金政策规定统计调查包括国家、省（自治区）、设区城市有关住房公积金缴存、提取、贷款、核算、受托银行等政策规定和实际执行情况。

第十七条 住房公积金业务运行统计包括住房公积金缴存、提取、贷款、服务、增值收益分配、风险资产、结余资金存款结构和存款银行。

第十八条 机构设置和人员状况统计包括住房公积金管理委员会人员组成、住房公积金管理中心机构及人员编制、住房公积金监管机构及人员编制等情况。

第十九条 住房公积金管理中心资产和费用支出统计是指经同级财政部门批准的住房公积金管理中心资产和费用支出。

第四章 统计信息报送和管理

第二十条 住房公积金统计信息通过住房公积金统计信息系统逐级报送，按照分级负责原则进行审核管理。住房公积金统计信息系统迁移至全国住房公积金监管服务平台后，统计人员通过该平台统计报表模块报送。

第二十一条 省（自治区）住房和城乡建设厅审核确认本行政区域内住房公积金统计信息系统用户，对用户进行备案管理，协助住房和城乡建设部分配系统权限和系统密钥。

第二十二条 设区城市住房公积金管理中心应当将经本单位主要负责人审定后的统计资料按时报送省（自治区）住房和城乡建设厅。

第二十三条 省（自治区）住房和城乡建设厅应当对本行政区域住房公积金管理中心报送的统计资料进行审查，确认无误后，按时报送住房和城乡建设部。

第二十四条 省（自治区）住房和城乡建设厅和设区城市住房公积金管理中心应做好对统计结果的分析与运用工作。

第二十五条 住房公积金统计报表分为月报、季报、年报等,应按规定时限报送,如遇法定节假日可顺延。

设区城市住房公积金管理中心应在每月 10 日前将上月月报报省(自治区)住房和城乡建设厅。省(自治区)住房和城乡建设厅审核汇总后,应在每月 15 日前报住房和城乡建设部。

设区城市住房公积金管理中心应在每季度首月 10 日前将上季度季报报省(自治区)住房和城乡建设厅。省(自治区)住房和城乡建设厅审核汇总后,应在每季度首月 15 日前报住房和城乡建设部。

设区城市住房公积金管理中心应在每年 3 月 15 日前将上年年报报省(自治区)住房和城乡建设厅。省(自治区)住房和城乡建设厅审核汇总后,应在每年 3 月 20 日前报住房和城乡建设部。

直辖市、新疆生产建设兵团住房公积金管理中心按照省(自治区)住房和城乡建设厅上报时限,直接报送住房和城乡建设部。

第二十六条 设区城市住房公积金管理中心对统计资料逐年分类整理,依法立卷存档。对电子资料进行备份。

第二十七条 涉及国家秘密和缴存职工个人信息的统计资料应当保密。

第二十八条 有虚假填报、迟报住房公积金统计资料等情形的,依法依纪追究责任。

第五章 附 则

第二十九条 本办法由住房和城乡建设部负责解释。

第三十条 本办法自 2021 年 9 月 6 日起施行。2015 年 9 月 17 日印发的《住房公积金统计管理办法》同时废止。

·典型案例

1. 黄颖诉美晟房产公司商品房预售合同纠纷案[①]

【裁判要旨】

对所购房屋显而易见的瑕疵,业主主张已经在开发商收执的《业主入住验收单》上明确提出书面异议。开发商拒不提交有业主签字的《业主入住验收单》,却以业主已经入住为由,主张业主对房屋现状认可。根据最高人民法院《关于民事诉讼证据的若干规定》,可以推定业主关于已提出异议的主张成立。

根据合同法第一百零七条规定,交付房屋不符合商品房预售合同中的约定,应由开发商向业主承担违约责任。交付房屋改变的建筑事项,无论是否经过行政机关审批或者是否符合建筑规范,均属另一法律关系,不能成为开发商不违约或者免除违约责任的理由。

【案情】

原告:黄颖。

被告:北京美晟房地产开发有限公司。

原告黄颖因与被告北京美晟房地产开发有限公司(以下简称美晟房产公司)发生商品房预售合同纠纷,向北京市大兴区人民法院提起诉讼。

原告诉称:原告通过签订合同,购买了被告预售的一套房屋。在办理入住手续时原告发现,该房屋客厅窗外有一根用于装饰的钢梁。这个钢梁不仅遮挡窗户,给原告造成视觉和心理障碍,还威胁原告的人身、财产安全和隐私权。在原告与被告签订合同过程中,被告没有以售楼处的沙盘图、展示的样板间或者其他任何宣传资料,向原告明示窗外有这个钢梁,更没有在购房合同中约定窗外有钢梁。原告多次以书面方式要求被告解决这个问题,但被告均以各种借口拒绝。请求判令被告拆除原告窗外的装饰钢梁,并负担本案诉讼费用。

被告辩称:原告所诉窗外有钢梁情况属实。这个钢梁是从整个小区的美观与协调考虑,按照经政府相关部门批准的小区建设设计图纸安装的,且符合建筑规范。现在整个小区已经竣工,并经验收合格。原告应该考虑整个小区的利益,况且现在原告已入住,表明其对房屋的现状也认可。不同意原告的诉讼请求。

北京市大兴区人民法院经审理查明:

2003 年 8 月 17 日,原告黄颖与被告美晟房产公司签订一份《商品房买卖合同》,约定:黄颖(买受人)购买美晟房产公司(出卖人)预售的美然·北美态度(又名"美利新世界")E-7 幢 2 单元 502 号商品房一套,建筑面积 143.4 平方米,总金额 567 864 元。2004 年 8 月 16 日,美晟房产公司给黄颖发出《入住通知书》,现在黄颖已办理入住手续,并已交纳所购房屋价款。同月,黄颖给美晟房产公司发函反映窗外钢梁一事。

另查明,2003 年 6 月 30 日,北京市建筑设计研究院审

---

① 案例来源:《最高人民法院公报》2006 年第 2 期。

查批准的被告美晟房产公司施工图中，诉争房屋外设计有装饰钢梁。在美晟房产公司为预售房屋而展示的沙盘图上，诉争房屋外无装饰钢梁。双方当事人签订的《商品房买卖合同》中，对客厅外存在钢梁一事未约定。现诉争房屋经验收合格，竣工图也经政府有关部门审核批准。

上述事实，有双方当事人陈述、《商品房买卖合同》、沙盘图照片、北京市建筑工程施工图、设计文件审查报告、竣工图等证据证实。

【审判】

北京市大兴区人民法院认为：

原告黄颖与被告美晟房产公司签订的《商品房买卖合同》，是双方当事人的真实意思表示，内容不违反法律法规，应当确认合法有效。美晟房产公司为预售房屋展示的沙盘图，只能反映整个小区外部的总体概况，不能反映建筑设施的各个细节。因此，预售房屋外墙及室内装修的标准，应以经政府有关部门审核批准的施工图、竣工图以及《商品房买卖合同》中的约定为准。经政府有关部门审核批准的竣工图表明，诉争房屋的设计不违反法律法规的强制性规定，且建造符合相应建筑规范。在交接房屋时，黄颖未提出异议，并实际办理了入住手续，现以窗外钢梁侵犯其人身、财产安全和隐私权，造成视觉和心理障碍为由，诉请美晟房产公司拆除该钢梁，因无合同依据及损害后果，不予支持。

据此，北京市大兴区人民法院于2005年3月20日判决：

驳回原告黄颖的诉讼请求。

诉讼费50元，由原告黄颖负担。

黄颖不服一审判决，向北京市第一中级人民法院提起上诉称：1.本案是合同纠纷，双方都应当按合同约定行事，法院也应当按合同约定解决纠纷。一审既然承认双方在合同中对有无横梁并未约定，就不能对这个合同未约定的问题添附"政府有关部门审核批准"等条款；2.上诉人购买的是期房而非现房，故只能依照宣传册、沙盘的展示来签订购买房屋合同，这是合同中未提及钢梁一事的根本原因。而在签订合同前，被上诉人对有无钢梁是清楚的，却故意隐瞒了这一情节，已经违约在先。以无合同依据驳回上诉人的诉讼请求，是颠倒黑白；3.在入住前，被上诉人并未将该房屋外有横梁一事告知上诉人。入住时，上诉人是在没有任何选择余地的情况下，才在《业主入住验收单》上签字，但同时在此单上对窗外有装饰钢梁一事提出明确的书面异议。一审认定上诉人在房屋交接时未提出异议，不是事实。请求：1.撤销一审判决；2.判令被上诉人将装饰横梁上移55厘米。

美晟房产公司同意一审判决。

北京市第一中级人民法院经审理查明：

上诉人黄颖所购房屋之楼号，已经由《商品房买卖合同》中表述的E-7幢2单元502号，变更为10号楼2单元502号。对此处房屋窗外的钢梁，黄颖在一审中一再陈述，其已通过《业主入住验收单》明确提出书面异议，该《业主入住验收单》由被上诉人美晟房产公司保存。二审中，经法院要求，美晟房产公司拒不交出有黄颖签名的《业主入住验收单》。

经实地观察，诉争房屋窗外的钢梁，纯属该幢楼房外立面的装饰造型，对楼房主体结构没有影响。装饰造型底部的横梁位于5楼与6楼之间，对5楼部分房屋的窗户造成一定程度且永久性遮挡，从而影响窗内人的视觉感受。

除此以外，二审确认一审查明的其他事实。

二审中，上诉人黄颖提交由有资质证书的北京首都工程建筑设计有限公司出具的一份报告。报告主要内容为：为不影响黄颖、王永旗、吴卫兵、韩峻巍、莫莉、刘羽、赵远昭等5楼住户的采光，美利新世界D户型5层房屋外装饰钢梁的底部横梁以从现位置上移55厘米重新焊接为宜。经质证，对北京首都工程建筑设计有限公司的上述报告，双方当事人均无异议。

本案争议焦点为：1.对诉争房屋窗外的钢梁，黄颖入住时是否认可？2.钢梁的存在是否构成美晟房产公司违约？美晟房产公司对此应否承担违约责任？

北京市第一中级人民法院认为：

房屋是价值昂贵的不动产，日常生活经验法则说明，对所购房屋显而易见的瑕疵，业主收房时一般不会轻易忽视。上诉人黄颖在一审中一再陈述，收房时对窗外有装饰钢梁一事，其已在《业主入住验收单》上明确提出书面异议。《业主入住验收单》是被上诉人美晟房产公司单方保存的证据，经法院要求，美晟房产公司拒不提交。最高人民法院《关于民事诉讼证据的若干规定》第七十五条规定："有证据证明一方当事人持有证据无正当理由拒不提供，如果对方当事人主张该证据的内容不利于证据持有人，可以推定该主张成立。"据此，可以推定黄颖关于收房时已对窗外有钢梁一事提出书面异议的主张成立。一审认定黄颖在交接房屋时未提出异议，不符合事实，应当纠正。

本案是商品房预售合同纠纷，双方当事人签订的《商品房买卖合同》合法有效。《中华人民共和国合同法》第一百零七条规定："当事人一方不履行合同义务或者履行合同义务不符合约定的，应当承担继续履行、采取补救措施或者赔偿损失等违约责任。"因装饰钢梁影响窗内人的视觉感受，上诉人黄颖诉请判令被上诉人美晟房产公司承担将装饰横梁上移 55 厘米的责任；美晟房产公司坚称，是从整个小区的美观与协调考虑，且在经过政府有关部门批准与符合建筑规范的情况下才安装这个钢梁，黄颖应顾及整个小区的利益。在美晟房产公司与黄颖签订的合同中，没有约定预售的房屋外有装饰钢梁；在美晟房产公司给黄颖展示的沙盘上，房屋模型外也没有装饰钢梁；而美晟房产公司交付给黄颖的房屋，窗外却有装饰钢梁遮挡。美晟房产公司履行合同义务不符合约定，依法应承担违约责任。至于安装钢梁是否经过行政审批与是否符合建筑规范，属另一法律关系，不能成为美晟房产公司不构成违约或者免除违约责任的理由。业主花费巨额资金购买房屋，注重的不是房屋外墙立面美观，而是房屋内各项设施是否有利于居住使用。只有在这一前提下，黄颖才可能与美晟房产公司签订《商品房买卖合同》。衡法酌理，不能为保全钢梁的装饰功能，而牺牲业主签订《商品房买卖合同》要达到的合同目的。黄颖主张将装饰横梁上移 55 厘米，既有北京首都工程建筑设计有限公司证明在技术上可行，又可以用较低的成本补救装饰钢梁带来的不当影响，此意见应予采纳。

综上所述，一审判决认定事实不清，导致判决结果失当，应当纠正。据此，北京市第一中级人民法院依照《中华人民共和国民事诉讼法》第一百五十三条第一款第（三）项规定，于 2005 年 7 月 8 日判决：

一、撤销一审民事判决；

二、本判决生效后 10 日内，被上诉人美晟房产公司将上诉人黄颖所购房屋窗外的装饰钢梁横梁上移 55 厘米并重新焊接。

一、二审案件受理费各 50 元，由被上诉人美晟房产公司负担。

2. 戴雪飞诉华新公司商品房订购协议定金纠纷案①

【裁判要旨】

购房者对开发商的样板房表示满意，与开发商签订订购协议并向其交付了定金，约定双方于某日订立商品房预售合同。后由于开发商提供的商品房预售格式合同中有样板房仅供参考等不利于购房者的条款，购房者对该格式条款提出异议要求删除，开发商不能立即给予答复，以致商品房预售合同没有在订购协议约定的日期订立的，属于最高人民法院《关于审理商品房买卖合同纠纷案件适用法律若干问题的解释》第四条规定的"不可归责于当事人双方的事由"，开发商应当将收取的定金返还给购房者。

---

① 案例来源：《最高人民法院公报》2006 年第 8 期。

【案情】

原告：戴雪飞。

被告：江苏省苏州工业园区华新国际城市发展有限公司。

原告戴雪飞因与被告江苏省苏州工业园区华新国际城市发展有限公司（以下简称华新公司）发生商品房订购协议定金纠纷，向江苏省苏州工业园区人民法院提起诉讼。

原告戴雪飞诉称：2004 年 4 月 18 日，原告与被告华新公司签订一份协议，约定由原告支付定金 5 万元，订购被告开发的房屋一套；如果原告在被告通知的时间不与被告签订正式的商品房预售合同，5 万元定金不返还；如果被告在此之前卖出房屋，应当双倍返还定金。收到被告的签订合同通知后，原告于 4 月 25 日至被告处，与被告商定，待原告的丈夫 5 月 7 日从香港回来后再签合同。5 月 7 日原告至被告处签合同时，由于被告出具的格式合同中有样板房仅供参考的条款，原告对此持有异议，与被告协商未果，特以书面表达了由于被告"不能给予明确答复，需要另择日签约"的意见，希望与被告继续协商，被告的工作人员表示同意。不料被告竟于 5 月 9 日通知原告，要没收原告的定金，并要将房屋售与他人。请求判令被告双倍返还定金，并负担本案诉讼费。

被告华新公司辩称：4 月 18 日签订的协议，是双方当事人的真实意思表示。签订该协议的目的，是要约束双方当事人签订正式商品房预售合同的行为。双方当事人应当在 4 月 25 日签订正式商品房预售合同。但到了该日，原告戴雪飞并未就签约事宜与被告进行磋商。由于原告违约在先，被告已决定拒绝与其签约，故对原告 5 月 7 日所写的"客户意见"，被告工作人员仅作"已收到"处理。原告所称 5 月 7 日双方就合同上的样板房装修条款未能达成一致意见，不是签约不成的理由，其诉讼请求应当驳回。

苏州工业园区人民法院经审理查明：

2004 年 4 月 18 日，原告戴雪飞以戴雪飞及其夫丘荣的名义作为乙方，与作为甲方的被告华新公司签订《都市花园·天域住宅订购协议（红表）》（以下简称订购协议）一份，约定：乙方向甲方交付定金 5 万元，订购甲方的苏州工业园区星汉街 189 号都市花园·天域 2 幢 203 室住宅一套，面积约为 248.26 平方米，销售单价 7720 元/平方米；乙方若在甲方通知的签约日前选择放弃已取得的物业购买权，或者到期不签约，5 万元定金不退还；甲方若在签约日前将该房屋转售他人,应当向乙方双倍返还定金。当日华新公司开具收据,言明收到戴雪飞、丘荣定金5万元,并通知戴雪飞于4月25日至华新公司处签订正式商品房预售合同。5月7日,戴雪飞向华新公司提交一份书面意见,内容是:"本人于2004年5月7日与华新公司签约时,要求所购房屋的装修标准与样板房一致,删除合同附件二中'样板房仅供参考,华新公司保留最终解释权'字样,华新公司不能给予明确答复,需另择日签约。"华新公司销售部副经理廖庆在该书面意见上注明:"该客户意见已收到。"5月9日,华新公司通知戴雪飞,因其未按约于4月25日到华新公司签订商品房预售合同,已违反订购协议之约定,特将原协议项下的定金没收。双方为此发生纠纷后协商未果,戴雪飞提起诉讼。

【审判】

苏州工业园区人民法院认为:《中华人民共和国担保法》第八十九条规定:"当事人可以约定一方向对方给付定金作为债权的担保。债务人履行债务后,定金应当抵作价款或者收回。给付定金的一方不履行约定的债务的,无权要求返还定金;收受定金的一方不履行约定的债务的,应当双倍返还定金。"订购协议是双方当事人的真实意思表示,合法有效,对双方当事人产生拘束力。按照订购协议约定,双方当事人承诺在将来签订商品房预售合同,5万元定金是履行这一承诺的担保。原告戴雪飞应当在被告华新公司通知的2004年4月25日到华新公司处协商签订商品房预售合同。在华新公司否认戴雪飞当日有订约行为,指陈戴雪飞违约的情况下,戴雪飞不能证明其已于当日实践了签订合同的承诺。戴雪飞以证人胡永明的证言主张其已与华新公司商定将订约日期推迟至5月7日。胡永明是戴雪飞的姻亲,其证言缺乏强有力的证明力。戴雪飞不能以其他证据印证胡永明证言的真实性,该证言不能采信,故戴雪飞关于订约日期推迟的主张不能成立。根据订购协议的约定,戴雪飞既然在4月25日未能与华新公司协商订约,应当承担违约的民事责任,即无权要求返还其交付的定金,当然更不得要求双倍返还定金。据此,苏州工业园区人民法院于2004年9月10日判决:

驳回原告戴雪飞的诉讼请求。

案件受理费3510元,由原告戴雪飞负担。

一审宣判后,戴雪飞不服,向江苏省苏州市中级人民法院提出上诉。理由是:2004年4月25日,上诉人戴雪飞到过被上诉人华新公司处。对这一事实,被上诉人并不否认,只是认为上诉人当日没有与其磋商签约。购置商品房是家庭中的一件大事,上诉人表示要等丈夫丘荣5月7日从香港回来后再签合同,被上诉人的工作人员表示理解上诉人的这一要求,因此4月25日被上诉人的工作人员并未给上诉人看商品房预售合同文本。这个合同文本是5月7日上诉人再到被上诉人处时才看到的,故双方当事人磋商签订商品房预售合同的时间应该是5月7日。一审忽略了本案中的这一重要事实,以上诉人不能证明自己在4月25日实践了签订合同的承诺,错误地认定上诉人违约,与事实不符。5月7日,在双方洽谈签订商品房预售合同时,由于被上诉人在其提供的商品房预售格式合同中,以附件二的形式添加了"样板房供参考,华新公司保留最终解释权"的格式条款,上诉人对此有不同意见,认为这个格式条款违背了平等协商的原则,要求删除,在被上诉人的工作人员表示不能立即给予明确答复的情况下,上诉人将自己的意见写成书面材料,并强调希望与被上诉人继续协商。而被上诉人置上诉人的合理合法要求于不顾,5月9日就通知没收上诉人交付的定金,还要将房屋另售他人,简直是霸道行径。请求撤销一审判决,改判被上诉人给上诉人双倍返还定金,并由被上诉人负担本案的一、二审诉讼费用。

被上诉人华新公司辩称:2004年4月25日,上诉人戴雪飞虽然到达上诉人处,但只是试图压低约定的房价,遭到被上诉人的拒绝。根据订购协议约定,此日是双方当事人签订正式商品房预售合同的日期。上诉人此日前来无论是谈价格还是要求延期,其行为均是对订购协议约定内容进行变更,显然违反了订购协议的约定。在此情况下被上诉人没收上诉人的定金,合理合法。一审认定上诉人违反订购协议,理应适用定金罚则承担违约责任,事实清楚,适用法律正确。二审应当驳回上诉,维持原判。

苏州市中级人民法院经审理查明:

2004年4月25日,上诉人戴雪飞曾前往被上诉人华新公司的售楼处,如约与华新公司洽谈。对此次洽谈的内容,双方当事人的陈述不一致。戴雪飞主张,其要求待丈夫从香港回来后再签订合同,但在该延期请求是否得到华新公司同意一事上,前后陈述不一致;华新公司主张,戴雪飞此日前来是要求降低房价,因遭到拒绝故未订约。对各自的主张,双方当事人均不能以证据证实。除此以外,二审确认一审查明的其他事实。

二审应解决的争议焦点是:4月25日双方当事人洽谈后未能签订《商品房预售合同》的原因何在?双方当事人是否存在违反订购协议约定的行为?

苏州市中级人民法院认为:

《中华人民共和国合同法》(以下简称合同法)第三条规定:"合同当事人的法律地位平等,一方不得将自己的意志强加给另一方。"第五条规定:"当事人应当遵循公平原则确定各方的权利和义务。"第六条规定:"当事人行使权利、履行义务应当遵循诚实信用原则。"最高人民法院《关于审理商品房买卖合同纠纷案件适用法律若干问题的解释》第四条规定："出卖人通过认购、订购、预订等方式向买受人收受定金作为订立商品房买卖合同担保的,如果因当事人一方原因未能订立商品房买卖合同,应当按照法律关于定金的规定处理;因不可归责于当事人双方的事由,导致商品房买卖合同未能订立的,出卖人应当将定金返还买受人。"相对商品房预售合同来说,订购协议是本约订立之前先行订立的预约合同。订立预约合同的目的,是在本约订立前先行约明部分条款,将双方一致的意思表示以合同条款的形式固定下来,并约定后续谈判其他条款,直至本约订立。预约合同的意义,是为在公平、诚信原则下继续进行磋商,最终订立正式的、条款完备的本约创造条件。因此在继续进行的磋商中,如果一方违背公平、诚信原则,或者否认预约合同中的已决条款,或者提出令对方无法接受的不合理条件,或者拒绝继续进行磋商以订立本约,都构成对预约合同的违约,应当承担预约合同中约定的违约责任。反之,如果双方在公平、诚信原则下继续进行了磋商,只是基于各自利益考虑,无法就其他条款达成一致的意思表示,致使本约不能订立,则属于不可归责于双方的原因,不在预约合同所指的违约情形内。这种情况下,预约合同应当解除,已付定金应当返还。

本案是因被上诉人华新公司没收了上诉人戴雪飞交付的定金而引发纠纷。华新公司没收定金的理由,是认为戴雪飞没有在4月25日与华新公司签订商品房预售合同,违反了订购协议的约定。订购协议此条约定的全文是:"乙方(戴雪飞)若在甲方(华新公司)通知的签约日前选择放弃已取得的物业购买权,或者到期不签约,5万元定金不退还。"从此可以看出,华新公司不退还定金的情形有两种,第一种即是戴雪飞在签约日前放弃房屋购买权。本案事实证明,直至5月7日,戴雪飞仍在书面意见中表达着"需另择日签约"的愿望,自始没有放弃房屋购买权的意思表示,因此不存在此种情形。戴雪飞到期不签订商品房预售合同是华新公司可以不退还定金的第二种情形。4月25日是商品房预售合同的签订到期日。此日戴雪飞曾到达华新公司处,双方进行过洽谈,对这些事实双方当事人认识一致。确定是否存在不退还定金的第二种情形,涉及双方当事人此日的洽谈内容,而对此双方当事人有不同的陈述,进而也在是否发生违约事实上存在认识分歧。戴雪飞说,由于其要待丈夫回来后再签订合同,故请求延期签约,华新公司亦表示同意,未向其出示商品房预售合同文本,当日的签约活动被取消,因此不存在违约。华新公司主张,戴雪飞此日前来是要求降低房价,因遭到拒绝故未订约,进而认为订购协议约定的内容是"乙方到期不签约,5万元定金不退还",此日戴雪飞前来无论是谈价格还是要求延期,都是对订购协议约定内容进行变更,均属于到期不签约,显然违反订购协议的约定。能否将订购协议中"到期不签约"一语理解为无论存在何种理由,只要不签约就是违约,双方当事人显然有不同解释。

合同法第四十一条规定:"对格式条款的理解发生争议的,应当按照通常理解予以解释。对格式条款有两种以上解释的,应当作出不利于提供格式条款一方的解释。格式条款和非格式条款不一致的,应当采用非格式条款。"第一百二十五条第一款规定:"当事人对合同条款的理解有争议的,应当按照合同所使用的词句、合同的有关条款、合同的目的、交易习惯以及诚实信用原则,确定该条款的真实意思。"无论是订购协议还是双方当事人拟订立的商品房预售合同,都是被上诉人华新公司提供的格式合同。当对格式条款有两种以上解释时,应当作出不利于华新公司的解释。预约合同的作用,只是为在公平、诚信原则下订立本约创造条件。从这一认识出发来理解订购协议中的"到期不签约"一语,显然不包括由于不可归责于双方的原因而到期不签约的情形。在买受方只见过出售方提供的样板房,尚未见过商品房预售合同文本的情形下,若将此语理解为无论出于何种原因,只要买受方到期不签本约均是违约,势必将买受方置于要么损失定金,要么被迫无条件全部接受出售方提供的商品房预售格式合同的不利境地,出售方则可以籍此获利。双方在订立本约时的地位极不平等,显然违背公平、诚信原则。

就本案说,首先,尽管对4月25日的洽谈内容双方当事人有不同陈述,但在此日,上诉人戴雪飞到被上诉人华新公司处,与华新公司进行过商谈,是可以认定的事实。这一情节证明,戴雪飞有守约如期前往磋商的表现,有别于到期不去签约。其次,从5月7日戴雪飞仍在与华新公司进行磋商的情节看,其没有拒签商品房预售合同的明确表现。第三,对4月25日的洽谈内容双方虽有不同陈述,但都不能举证证明自己的陈述属实,应合理推定为磋商未成。第四,按照戴雪飞的陈述,其是要待丈夫丘荣回来而未在4月25日签约。购买商品房乃一个家庭中的重大事件,理当由家庭成员共同协商确定。鉴于仅见过样板房、还不知商品房预售合同内容,戴雪飞提出等丈夫回来后签约,这个要求合情合理,不违反订立预约合同是为本约创造公平磋商条件的本意。华新公司既然收受了以戴雪飞、丘荣二人名义交付的定金,就应当对戴雪飞关于等丘荣回来订约的要求表示理解。第五,按照华新公司的陈述,戴雪飞4月25日来是要求减让房价。房价属订购协议中的已决条款,戴雪飞如果在本约磋商中提出减价,华新公司当然有权拒绝减价,但在戴雪飞愿意继续磋商本约的情形下,华新公司不能以此为由拒绝与戴雪飞继续磋商本约,更不得以此为由将4月25日没有订立本约的责任强加给戴雪飞承担。第六,5月7日戴雪飞看过商品房预售合同后写下一纸书面意见,华新公司工作人员在这纸书面意见上签署了"该客户意见已收到"。华新公司的这一签署,当然不能证明华新公司同意并接受了戴雪飞的意见,但可以证明戴雪飞在此日与华新公司进行了订立本约的磋商,见到了商品房预售格式合同的原文,并有与华新公司继续进行磋商的愿望。华新公司在以样板房获取购房者满意并与之订立预约合同后,却在商品房预售合同中以附件形式列入样板房仅供参考和合同解释权归华新公司的格式条款,这对购房者来说显失公平。戴雪飞对这样显失公平的格式条款提出异议,是合理的。戴雪飞提出异议的行为,间接证明直至5月7日,双方当事人仍在对本约进行协商,但未协商一致,华新公司关于此前已决定拒绝与戴雪飞签约的主张不能成立,同时也反证出4月25日戴雪飞即使不要求等丈夫回来后签合同,也不可能同意并签署这个含有显失公平的格式条款的商品房预售合同。因此,在双方当事人均不能以证据证明自己陈述真实的情形下,应当认定4月25日未能订立商品房预售合同的原因是双方当事人磋商不成,并非哪一方当事人对订购协议无故反悔。

综上,由于磋商未成是导致双方当事人未能在4月25日订立商品房预售合同的真正原因,上诉人戴雪飞按订购协议交付给被上诉人华新公司的5万元定金,依法应当由华新公司返还,故戴雪飞关于华新公司返还5万元定金的上诉请求予以支持,但对华新公司恶意违约应当双倍返还定金的上诉请求不予支持。华新公司关于戴雪飞压价使本约不能订立已构成违约的抗辩主张,因无证据,不予支持。一审对本案的定性处理失当,应当纠正。据此,苏州市中级人民法院依照《中华人民共和国民事诉讼法》第一百五十三条第一款第(二)项规定,于2005年5月18日判决:

一、撤销一审民事判决;

二、被上诉人华新公司于本判决生效后3日内,给上诉人戴雪飞返还定金5万元。

一、二审案件受理费各3510元,由双方当事人各半负担。

本判决为终审判决。

3. 邓虎诉孔春能房屋买卖合同纠纷案①

【裁判要旨】

1. 国家实行房产新政,当事人已预见到购房存在巨大商业风险,并在合同中对国家房贷政策变化导致按揭不能作出了自己的承诺。这种情形不属于情事变更,不能解除房屋买卖合同。

2. 当事人在房屋买卖合同中既约定了违约金又同时约定了定金罚则,根据《合同法》第116条的规定,违约金条款和定金罚则不能同时适用,一方违约时,另一方可以选择违约金条款或者定金条款。

【案情】

原告(反诉被告,二审上诉人):邓虎

被告(反诉原告,二审被上诉人):孔春能

宁波市鄞州区人民法院经审理查明:2010年4月6日,邓虎(乙方)、孔春能(甲方)与中介方宁波诚发房地产信息有限公司(丙方)签订存量房屋买卖中介合同一份,合同约定:孔春能将其所有的位于宁波市中河街道金地国际公馆6号1幢3单元1902室房屋转让给邓虎;价款为人民币185万元,签约日付定金10万元,2010年5月15日付50万元并过户,余款125万元办理按揭贷款,于银行正式放贷和甲方交房后当天支付给甲方;如因银行放贷政策或乙方个人资信,影响按揭额度或不能批下,不足部分或全额按揭款由乙方在接到丙方通知、法定放贷时间三日内现金补足;除甲方、丙方原因外,乙方违约不能履行合同的,承担以下违约责任:(1)乙方不得退回已支付的定金;(2)乙方延期付款10天内,需支付甲方每天500元,超过10天以上则按第一条作违约处理,并另外支付甲方违约金10万元。双方签订合同后,邓虎向孔春能支付了10万元定金。2010年4月下旬,邓虎通知孔春能因房贷新政限制无法履行合同,要求解除双方合同,退回已付定金。

邓虎起诉请求判令解除双方房屋转让协议,由孔春能返还邓虎购房定金10万元。

孔春能反诉称:双方合同约定,允许购房一方更名,则邓虎贷款是否受房产新政限制并不影响合同履行。事实上,房产新政出台后,邓虎也曾联系买家接手,但因买家亦采取观望态度拒绝接手,导致邓虎没有能力履行合同。邓虎属于炒房行为,正是国家政策调控的对象,应当风险自理。邓虎违约不履行合同义务,按合同约定,除定金不得退还外,并需另外支付孔春能违约金10万元。现其也同意合

---

① 案例来源:《人民法院案例选》,2011年第2辑。

同解除请求法院判令驳回邓虎退还定金的本诉请求，判令邓虎支付孔春能违约金10万元。

【审判】

宁波市鄞州区人民法院经审理认为：邓虎和孔春能订立的房屋买卖合同成立有效，双方均须按约履行。双方合同虽约定部分价款由邓虎申请银行按揭贷款支付，但亦明确约定因银行放贷政策或邓虎个人资信，无法申请按揭贷款时，邓虎应以现金支付。故房产新政对邓虎是否造成申请按揭贷款的限制，不成为邓虎拒绝履行合同的合理理由。邓虎请求解除合同，现因孔春能亦同意解除合同，原审法院准许双方解除合同。邓虎在双方约定的期限未按约支付价款，逾宽限期仍未履行付款义务，构成根本违约，根据双方合同约定，除不能退还定金外，还应另行支付10万元违约金，该条款相当于约定在一方构成根本违约时，须支付包括定金在内的违约金20万元。故邓虎请求退还定金，原审法院不予支持；孔春能请求另行支付10万元违约金，原审法院予以支持。据此，判决：一、解除邓虎与孔春能于2010年4月6日签订的存量房屋买卖中介合同；二、邓虎支付孔春能违约金10万元，限在本判决生效后十日内付清；三、驳回邓虎的其他诉讼请求。

上诉人邓虎上诉称：原判认定事实不清，适用法律不当。（1）本案应适用情事变更原则。原审法院把《国务院关于坚决遏制部分城市房价过快上涨的通知》（以下简称新国十条）的出台导致银行按揭政策的变化直接等同于银行房贷政策的原因，属错误理解合同条款。引起按揭不能办理的原因系国家政策的变化，故从情事变更的角度看，邓虎自发现不能办理按揭之日起及时通知孔春能要求解除合同的行为是法律所允许的，并不构成违约。由于新国十条的出台，导致银行按揭不能办理，所以非邓虎原因不能履行合同。故邓虎未支付第二期房款的行为也不构成违约，更不构成根本性违约。（2）即使邓虎构成违约，也不应当支付20万元的违约金。根据《合同法》第116条之规定，当事人既约定违约金，又约定定金的，一方违约时，只能选择一种违约方式。原审法院既适用定金罚则，又要邓虎支付违约金，系适用法律不当。请求二审法院维持原判第一项；撤销原判第二项，驳回孔春能一审中提出的全部反诉请求；撤销原判第三项，支持邓虎在一审中提出的全部诉讼请求。

被上诉人孔春能辩称：银行作为国家重要的金融机构，其政策与国家的政策时刻联系在一起，邓虎把银行政策和国家政策加以割裂是错误的。邓虎以政策为由未履行合同，违反合同约定，况且邓虎也有更改户主的权利，并不简单受政策限制，违约是其个人问题，并属根本性违约，造成孔春能巨大损失，邓虎应承担相应的违约责任。请求二审法院维持原判。

宁波市中级人民法院经审理认为：邓虎与孔春能之间签订的房屋买卖合同，系双方真实意思表示，又不违反法律、行政法规的强制性规定，依法确认有效，双方均应按约履行。该合同第3条第4项约定，如银行房贷政策或乙方（邓虎）个人资信，影响按揭额度或不能批下的，不足部分或全额按揭款由乙方在接到丙方（房产中介公司）通知、法定放贷时间三日内现金补足。故根据双方合同约定，国家政策的改变，导致银行房贷政策的变化，并非邓虎贷款不成拒绝履行合同的法定事由。邓虎未按约履行付款义务，应承担违约责任。现双方一致同意解除合同，予以准许。《合同法》第115条规定："当事人可以依照《中华人民共和国担保法》约定一方向对方给付定金作为债权的担保。债务人履行债务后，定金应当抵作价款或者收回。给付定金的一方不履行约定的债务的，无权要求返还定金；收受定金的一方不履行约定的债务的，应当双倍返还定金。"《合同法》第116条规定："当事人既约定违约金，又约定定金的，一方违约时，对方可以选择适用违约金或者定金条款。"本案双方当事人在合同违约责任中既约定不得退回已支付定金，又约定支付违约金10万元，该约定违反法律规定。故原审法院判决驳回邓虎请求返还10万元定金诉讼请求的同时又判决邓虎支付孔春能违约金10万元，属适用法律错误。邓虎不履行合同约定的债务，无权要求返还定金，对孔春能反诉请求另行支付10万元违约金，不予支持。据此判决：

一、维持原审判决第一、三项；
二、撤销原审判决第二项；
三、驳回孔春能的其他诉讼请求。

4. 中天建设集团有限公司诉河南恒和置业有限公司建设工程施工合同纠纷案[①]

【关键词】

民事/建设工程施工合同/优先受偿权/除斥期间

【裁判要点】

执行法院依其他债权人的申请，对发包人的建设工程强制执行，承包人向执行法院主张其享有建设工程价款优先受偿权且未超过除斥期间的，视为承包人依法行使了建

[①] 案例来源：中华人民共和国最高人民法院指导案例171号。

设工程价款优先受偿权。发包人以承包人起诉时行使建设工程价款优先受偿权超过除斥期间为由进行抗辩的，人民法院不予支持。

【相关法条】

《中华人民共和国合同法》第 286 条（注：现行有效的法律为《中华人民共和国民法典》第 807 条）

【基本案情】

2012 年 9 月 17 日，河南恒和置业有限公司与中天建设集团有限公司签订一份《恒和国际商务会展中心工程建设工程施工合同》约定，由中天建设集团有限公司对案涉工程进行施工。2013 年 6 月 25 日，河南恒和置业有限公司向中天建设集团有限公司发出《中标通知书》，通知中天建设集团有限公司中标位于洛阳市洛龙区开元大道的恒和国际商务会展中心工程。2013 年 6 月 26 日，河南恒和置业有限公司和中天建设集团有限公司签订《建设工程施工合同》，合同中双方对工期、工程价款、违约责任等有关工程事项进行了约定。合同签订后，中天建设集团有限公司进场施工。施工期间，因河南恒和置业有限公司拖欠工程款，2013 年 11 月 12 日、11 月 26 日、2014 年 12 月 23 日中天建设集团有限公司多次向河南恒和置业有限公司送达联系函，请求河南恒和置业有限公司立即支付拖欠的工程款，按合同约定支付违约金并承担相应损失。2014 年 4 月、5 月，河南恒和置业有限公司与德汇工程管理（北京）有限公司签订《建设工程造价咨询合同》，委托德汇工程管理（北京）有限公司对案涉工程进行结算审核。2014 年 11 月 3 日，德汇工程管理（北京）有限公司出具《恒和国际商务会展中心结算审核报告》。河南恒和置业有限公司、中天建设集团有限公司和德汇工程管理（北京）有限公司分别在审核报告中的审核汇总表上加盖公章并签字确认。2014 年 11 月 24 日，中天建设集团有限公司收到通知，河南省焦作市中级人民法院依据河南恒和置业有限公司其他债权人的申请将对案涉工程进行拍卖。2014 年 12 月 1 日，中天建设集团有限公司第九建设公司向河南省焦作市中级人民法院提交《关于恒和国际商务会展中心在建工程拍卖联系函》中载明，中天建设集团有限公司系恒和国际商务会展中心在建工程承包方，自项目开工，中天建设集团有限公司已完成产值 2.87 亿元工程，中天建设集团有限公司请求依法确认优先受偿权并参与整个拍卖过程。中天建设集团有限公司和河南恒和置业有限公司均认可案涉工程于 2015 年 2 月 5 日停工。

2018 年 1 月 31 日，河南省高级人民法院立案受理中天建设集团有限公司对河南恒和置业有限公司的起诉。中天建设集团有限公司请求解除双方签订的《建设工程施工合同》并请求确认河南恒和置业有限公司欠付中天建设集团有限公司工程价款及优先受偿权。

【裁判结果】

河南省高级人民法院于 2018 年 10 月 30 日作出（2018）豫民初 3 号民事判决：一、河南恒和置业有限公司与中天建设集团有限公司于 2012 年 9 月 17 日、2013 年 6 月 26 日签订的两份《建设工程施工合同》无效；二、确认河南恒和置业有限公司欠付中天建设集团有限公司工程款 288428047.89 元及相应利息（以 288428047.89 元为基数，自 2015 年 3 月 1 日起至 2018 年 4 月 10 日止，按照中国人民银行公布的同期贷款利率计付）；三、中天建设集团有限公司在工程价款 288428047.89 元范围内，对其施工的恒和国际商务会展中心工程折价或者拍卖的价款享有行使优先受偿权的权利；四、驳回中天建设集团有限公司的其他诉讼请求。宣判后，河南恒和置业有限公司提起上诉，最高人民法院于 2019 年 6 月 21 日作出（2019）最高法民终 255 号民事判决：驳回上诉，维持原判。

【裁判理由】

最高人民法院认为：《最高人民法院关于审理建设工程施工合同纠纷案件适用法律问题的解释（二）》第二十二条规定："承包人行使建设工程价款优先受偿权的期限为六个月，自发包人应当给付建设工程价款之日起算。"根据《最高人民法院关于建设工程价款优先受偿权问题的批复》第一条规定，建设工程价款优先受偿权的效力优先于设立在建设工程上的抵押权和发包人其他债权人所享有的普通债权。人民法院依据发包人的其他债权人或抵押权人申请对建设工程采取强制执行行为，会对承包人的建设工程价款优先受偿权产生影响。此时，如承包人向执行法院主张其对建设工程享有建设工程价款优先受偿权的，属于行使建设工程价款优先受偿权的合法方式。河南恒和置业有限公司和中天建设集团有限公司共同委托的造价机构德汇工程管理（北京）有限公司于 2014 年 11 月 3 日对案涉工程价款出具《审核报告》。2014 年 11 月 24 日，中天建设集团有限公司收到通知，河南省焦作市中级人民法院依据河南恒和置业有限公司其他债权人的申请将对案涉工程进行拍卖。2014 年 12 月 1 日，中天建设集团有限公司第九建设公司向河南省焦作市中级人民法院提交《关于恒和国际商务会展中心在建工程拍卖联系函》，请求依法确认对案涉建设工程的优先受偿权。2015 年 2 月 5 日，中天建设集团有限公司对案涉工程停止施工。2015 年 8 月 4 日，中天建设集团有限公司向河南恒和置业有限公司发送《关于主张恒和国际商务会展中心工程价款优先受偿权的工作联系单》，要求对案涉工程价款享有优先受偿权。2016 年 5 月 5 日，中天建设集团有限公司第九建设公司又向河南省洛市中级人民法院提交《优先受偿权参与分配申请书》，依法确认并保障其对案涉建设工程价款享有的优先受偿权。因此，河南恒和置业有限公司关于中天建设集团有限公司未在6个月除斥期间内以诉讼方式主张优先受偿权，其优先受偿权主张不应得到支持的上诉理由不能成立。

5. 郑某安与某物业发展公司商品房买卖合同纠纷再审检察建议案①

【关键词】

一房二卖　可得利益损失　自由裁量权　再审检察建议

【要旨】

"一房二卖"民事纠纷中，房屋差价损失是当事人在订立合同时应当预见的内容，属可得利益损失，应当由违约方予以赔偿。对于法院行使自由裁量权明显失当的，检察机关应当合理选择监督方式，依法进行监督，促进案件公正审理。

【基本案情】

2004年3月13日，郑某安与某物业发展公司订立《商品房买卖合同》，约定购买商业用房，面积251.77平方米，单价2万元/平方米，总价503.54万元。合同还约定了交房日期、双方违约责任等条款。郑某安付清首付款201.44万元，余款302.1万元以银行按揭贷款的方式支付。2005年6月，某物业发展公司将案涉商铺交付郑某安使用，后郑某安将房屋出租。郑某安称因某物业发展公司未提供相关资料，导致案涉商铺至今未办理过户手续。2012年1月16日，某物业发展公司与某百货公司订立《商品房买卖合同》，将包括郑某安已购商铺在内的一层46-67号商铺2089.09平方米，以单价0.9万元/平方米，总价1880.181万元，出售给某百货公司。2012年1月20日，双方办理房屋产权过户手续。某物业发展公司向某百货公司依约交接一层46-67号商铺期间，某物业发展公司与郑某安就商铺回购问题协商未果。

2013年2月28日，郑某安将某物业发展公司诉至青海省高级人民法院，请求判令：解除双方签订的《商品房买卖合同》，返还已付购房款503.54万元，并承担已付购房款一倍的赔偿及房屋涨价损失。一审法院委托评估，郑某安已购商铺以2012年1月20日作为基准日的市场价格为：单价6.5731万元/平方米，总价1654.91万元。一审法院认定，某物业发展公司于2012年1月20日向某百货公司办理案涉商铺过户手续，导致郑某安与某物业发展公司签订的《商品房买卖合同》无法继续履行，构成违约。因违约给郑某安造成的损失，应以合同正常履行后可获得的利益为限，某物业发展公司应按此时的案涉商铺市场价与购买价之间的差价1151.37万元，向郑某安赔偿。郑某安主张的按揭贷款利息为合同正常履行后为获得利益所支出的必要成本，其应获得的利益在差价部分已得到补偿。某物业发展公司在向某百货公司交付商铺产权时，曾就案涉商铺问题与郑某安协商过，并且某物业公司以同样方式回购了其他商铺，因此某物业发展公司实施的行为有别于"一房二卖"中出卖人存在欺诈或恶意的情形，郑某安请求某物业发展公司承担已付购房款一倍503.54万元的赔偿责任，不予支持。据此，一审法院判令：解除《商品房买卖合同》；某物业发展公司向郑某安返还已付购房款503.54万元、赔偿商铺差价损失1151.37万元。

郑某安、某物业发展公司均不服一审判决，向最高人民法院提出上诉。二审法院认定，某物业发展公司与郑某安订立《商品房买卖合同》时，《最高人民法院关于审理商品房买卖合同纠纷案件适用法律若干问题的解释》已经实施。因此，某物业发展公司应当预见到如其违反合同约定，根据该司法解释第八条规定，可能承担的违约责任，除对方当事人所遭受之直接损失外，还可能包括已付购房款一倍的赔偿。综合本案郑某安实际占有案涉商铺并出租获益6年多，以及某物业发展公司将案涉商铺转售他人的背景、原因、交易价格等因素，一审判决以合同无法继续履行时点的市场价与郑某安购买价之间的差额作为可得利益损失，判令某物业发展公司赔偿郑某安1151.37万元，导致双方当事人之间利益失衡，超出当事人对违反合同可能造成损失的预期。根据《中华人民共和国合同法》第一百十三条第一款规定精神，为了更好平衡双方当事人利益，酌定某物业发展公司赔偿郑某安可得利益损失503.54万元。据此，二审判决判令：解除《商品房买卖合同》，某物业发展公司向郑某安返还已付购房款503.54万元、赔偿商铺差价损失503.54万元。

郑某安不服二审判决，向最高人民法院申请再审，该院裁定驳回郑某安提出的再审申请。

【检察机关履职过程】

受理及审查情况　郑某安不服二审判决，向最高人民检察院申请监督。最高人民检察院通过调阅卷宗并询问当事人，重点对以下问题进行审查：一是审查郑某安主张的房屋差价损失1151.37万元是否属于可得利益损失及应否赔偿。本案中，郑某安依约支付购房款，其主要合同义务履行

---

① 案例来源：中华人民共和国最高人民检察院第三十八批指导性案例检例第156号。

完毕，某物业发展公司亦已将案涉商铺交付郑某安。因不可归责于郑某安原因，案涉商铺未办理产权过户手续。其后，某物业发展公司再次出售案涉商铺给某百货公司并办理过户，构成违约，应当承担违约责任。依照《中华人民共和国合同法》规定，违约损失赔偿额相当于因违约所造成的损失，包括合同履行后可以获得的利益，但不得超过违反合同一方订立合同时预见到或者应当预见到的因违反合同可能造成的损失。某物业发展公司作为从事房地产开发的专业企业，订立合同时应预见到，若违反合同约定，将承担包括差价损失赔偿在内的违约责任。某物业发展公司再次出售案涉商铺时，对案涉商铺市价应当知悉，对因此给郑某安造成的房屋差价损失也是明知的。因此，案涉房屋差价损失1151.37万元属于可得利益损失，某物业发展公司应予赔偿。二是审查生效判决的定某物业发展公司赔偿郑某安可得利益损失503.54万元，是否属于适用法律确有错误。某物业发展公司擅自再次出售案涉商铺，主观恶意明显，具有过错，应受到法律否定性评价。郑某安出租商铺收取租金，是其作为房屋合法占有人所享有的权利，不应作为减轻某物业发展公司民事赔偿责任的事实依据。案涉商铺第二次出售价格虽仅为0.9万元/平方米，但郑某安所购商铺的评估价格为6.5731万元/平方米，某物业发展公司作为某百货公司发起人，将案涉商铺以较低价格出售给关联企业某百货公司，双方存在利害关系，故案涉商铺的第二次出售价格不应作为减轻某物业发展公司民事赔偿责任的事实依据。

监督意见 最高人民检察院在对郑某安主张的可得利益损失是否应予赔偿以及酌定调整可得利益损失数额是否属行使裁量权失当等情况进行全面、客观审查后，认为生效判决适用法律确有错误，且有失公平，遂于2019年1月21日依法向最高人民法院发出再审检察建议。

监督结果 最高人民法院于2020年3月31日作出民事裁定，再审本案。再审中，在法庭主持下，郑某安与某物业发展公司达成调解协议，主要内容为：(一)解除双方订立的《商品房买卖合同》；(二)某物业发展公司向郑某安返还已付购房款503.54万元，赔偿可得利益损失503.54万元；(三)某物业发展公司另行支付郑某安商铺差价损失450万元，于2020年12月31日支付200万元，于2021年5月31日前付清其余250万元；某物业发展公司如未能如期足额向郑某安付清上述款项，则再赔偿郑某安差价损失701.37万元。最高人民法院出具民事调解书对调解协议依法予以确认。

【指导意义】

(一)检察机关在办理"一房二卖"民事纠纷监督案件中，应当加强对可得利益损失法律适用相关问题的监督。根据《中华人民共和国合同法》第一百一十三条规定，当事人一方不履行合同义务或者履行合同义务不符合约定，给对方造成损失的，损失数额应当相当于因违约所造成的损失，包括合同履行后可以获得的利益。"一房二卖"纠纷中，出卖人先后与不同买受人订立房屋买卖合同，后买受人办理房屋产权过户登记手续的，前买受人基于房价上涨产生的房屋差价损失，属于可得利益损失，可以依法主张赔偿。同时，在计算和认定可得利益损失时，应当综合考虑可预见规则、减损规则、损益相抵规则等因素，合理确定可得利益损失数额。本案系通过再审检察建议的方式开展监督，法院采纳监督意见进行再审后，依法促成双方当事人达成调解协议，实现案结事了人和。在监督实务中，检察机关应当根据案件实际情况，合理选择抗诉或再审检察建议的方式开展监督，实现双赢多赢共赢。

(二)检察机关应当加强对行使自由裁量权明显失当行为的监督，促进案件公正审理。司法机关行使自由裁量权，应当根据法律规定和立法精神，坚持合法、合理、公正、审慎的原则，对案件事实认定、法律适用等关键问题进行综合分析判断，并作出公平公正的裁判。司法实践中，有的案件办理未能充分体现法律精神，裁量时违反市场交易一般规则，导致裁量失当、裁判不公。"一房二卖"纠纷中，涉案房屋交付使用后，签约在先的买受人出租房屋所获取的租金收益，系其履行房屋买卖合同主要义务后，基于合法占有而享有的权益，而非买受人基于出卖人违约所获得的利益，不能作为法院的减违约赔偿金的考量因素。对行使自由裁量权失当问题，检察机关应当依法加强监督，在实现个案公正的基础上，促进统一裁判标准，不断提升司法公信，维护司法权威。

【相关规定】

《中华人民共和国民法典》第五百八十三条、第五百八十四条(本案适用的是《中华人民共和国合同法》第一百一十二条、第一百一十三条第一款)

《中华人民共和国民事诉讼法》(2017年修正)第二百零八条、第二百零九条(现为2021年修正后的第二百一十五条、第二百一十六条)

《人民检察院民事诉讼监督规则(试行)》(2013年施行)第三条、第四十七条(现为2021年施行的《人民检察院民事诉讼监督规则》第三条、第四十三条)

·文书范本

商品房买卖合同(预售)[1]

说 明

1. 本合同文本为示范文本,由中华人民共和国住房和城乡建设部、中华人民共和国国家工商行政管理总局共同制定。各地可在有关法律法规、规定的范围内,结合实际情况调整合同相应内容。

2. 签订本合同前,出卖人应当向买受人出示《商品房预售许可证》及其他有关证书和证明文件。

3. 出卖人应当就合同重大事项对买受人尽到提示义务。买受人应当审慎签订合同,在签订本合同前,要仔细阅读合同条款,特别是审阅其中具有选择性、补充性、修改性的内容,注意防范潜在的市场风险和交易风险。

4. 本合同文本【 】中选择内容、空格部位填写内容及其他需要删除或添加的内容,双方当事人应当协商确定。【 】中选择内容,以划√方式选定;对于实际情况未发生或双方当事人不作约定时,应当在空格部位打×,以示删除。

5. 出卖人与买受人可以针对本合同文本中没有约定或者约定不明确的内容,根据所售项目的具体情况在相关条款后的空白行中进行补充约定,也可以另行签订补充协议。

6. 双方当事人可以根据实际情况决定本合同原件的份数,并在签订合同时认真核对,以确保各份合同内容一致;在任何情况下,出卖人和买受人都应当至少持有一份合同原件。

专业术语解释

1. 商品房预售:是指房地产开发企业将正在建设中的取得《商品房预售许可证》的商品房预先出售给买受人,并由买受人支付定金或房价款的行为。

2. 法定代理人:是指依照法律规定直接取得代理权的人。

3. 套内建筑面积:是指成套房屋的套内建筑面积,由套内使用面积、套内墙体面积、套内阳台建筑面积三部分组成。

4. 房屋的建筑面积:是指房屋外墙(柱)勒脚以上各层的外围水平投影面积,包括阳台、挑廊、地下室、室外楼梯等,且具备有上盖,结构牢固,层高2.20M以上(含2.20M)的永久性建筑。

5. 不可抗力:是指不能预见、不能避免并不能克服的客观情况。

6. 民用建筑节能:是指在保证民用建筑使用功能和室内热环境质量的前提下,降低其使用过程中能源消耗的活动。民用建筑是指居住建筑、国家机关办公建筑和商业、服务业、教育、卫生等其他公共建筑。

7. 房屋登记:是指房屋登记机构依法将房屋权利和其他应当记载的事项在房屋登记簿上予以记载的行为。

8. 所有权转移登记:是指商品房所有权从出卖人转移至买受人所办理的登记类型。

9. 房屋登记机构:是指直辖市、市、县人民政府建设(房地产)主管部门或者其设置的负责房屋登记工作的机构。

10. 分割拆零销售:是指房地产开发企业将成套的商品住宅分割为数部分分别出售给买受人的销售方式。

11. 返本销售:是指房地产开发企业以定期向买受人返还购房款的方式销售商品房的行为。

12. 售后包租:是指房地产开发企业以在一定期限内承租或者代为出租买受人所购该企业商品房的方式销售商品房的行为。

商品房买卖合同(预售)

2014年4月
住房城乡建设部

出卖人向买受人出售其开发建设的房屋,双方当事人应当在自愿、平等、公平及诚实信用的基础上,根据《中华人民

---

[1] 住房和城乡建设部、工商总局关于印发《商品房买卖合同(示范文本)》的通知发布(2014年4月9日),原《商品房买卖合同示范文本》(GF-2000-0171)同时废止。

共和国合同法》、《中华人民共和国物权法》、《中华人民共和国城市房地产管理法》等法律、法规的规定,就商品房买卖相关内容协商达成一致意见,签订本商品房买卖合同。①

第一章 合同当事人

出卖人:＿＿＿＿＿＿＿＿＿＿＿＿＿＿＿＿＿＿＿＿＿＿＿＿＿＿＿＿＿＿＿＿＿＿＿＿
通讯地址:＿＿＿＿＿＿＿＿＿＿＿＿＿＿＿＿＿＿＿＿＿＿＿＿＿＿＿＿＿＿＿＿＿＿
邮政编码:＿＿＿＿＿＿＿＿＿＿＿＿＿＿＿＿＿＿＿＿＿＿＿＿＿＿＿＿＿＿＿＿＿＿
营业执照注册号:＿＿＿＿＿＿＿＿＿＿＿＿＿＿＿＿＿＿＿＿＿＿＿＿＿＿＿＿＿＿
企业资质证书号:＿＿＿＿＿＿＿＿＿＿＿＿＿＿＿＿＿＿＿＿＿＿＿＿＿＿＿＿＿＿
法定代表人:＿＿＿＿＿＿＿＿＿＿＿ 联系电话:＿＿＿＿＿＿＿＿＿＿＿＿＿＿
委托代理人:＿＿＿＿＿＿＿＿＿＿＿ 联系电话:＿＿＿＿＿＿＿＿＿＿＿＿＿＿
委托销售经纪机构:＿＿＿＿＿＿＿＿＿＿＿＿＿＿＿＿＿＿＿＿＿＿＿＿＿＿＿＿
通讯地址:＿＿＿＿＿＿＿＿＿＿＿＿＿＿＿＿＿＿＿＿＿＿＿＿＿＿＿＿＿＿＿＿＿＿
邮政编码:＿＿＿＿＿＿＿＿＿＿＿＿＿＿＿＿＿＿＿＿＿＿＿＿＿＿＿＿＿＿＿＿＿＿
营业执照注册号:＿＿＿＿＿＿＿＿＿＿＿＿＿＿＿＿＿＿＿＿＿＿＿＿＿＿＿＿＿＿
经纪机构备案证明号:＿＿＿＿＿＿＿＿＿＿＿＿＿＿＿＿＿＿＿＿＿＿＿＿＿＿＿＿
法定代表人:＿＿＿＿＿＿＿＿＿＿＿ 联系电话:＿＿＿＿＿＿＿＿＿＿＿＿＿＿
买受人:＿＿＿＿＿＿＿＿＿＿＿＿＿＿＿＿＿＿＿＿＿＿＿＿＿＿＿＿＿＿＿＿＿＿＿
【法定代表人】【负责人】:＿＿＿＿＿＿＿＿＿
【国籍】【户籍所在地】:＿＿＿＿＿＿＿＿＿＿＿＿＿＿＿＿＿＿＿＿＿＿＿＿＿＿
证件类型:【居民身份证】【护照】【营业执照】【＿＿＿＿】,证号:＿＿＿＿＿＿＿＿
出生日期:＿＿＿＿年＿＿月＿＿日,性别:＿＿＿＿＿＿
通讯地址:＿＿＿＿＿＿＿＿＿＿＿＿＿＿＿＿＿＿＿＿＿＿＿＿＿＿＿＿＿＿＿＿＿＿
邮政编码:＿＿＿＿＿＿＿＿＿＿＿＿＿＿＿＿ 联系电话:＿＿＿＿＿＿＿＿＿＿＿＿
【委托代理人】【法定代理人】:＿＿＿＿＿＿＿＿＿＿＿＿＿＿＿＿＿＿＿＿＿＿＿
【国籍】【户籍所在地】:＿＿＿＿＿＿＿＿＿＿＿＿＿＿＿＿＿＿＿＿＿＿＿＿＿＿
证件类型:【居民身份证】【护照】【营业执照】【＿＿＿＿】,证号:＿＿＿＿＿＿＿＿
出生日期:＿＿＿＿年＿＿月＿＿日,性别:＿＿＿＿＿＿
通讯地址:＿＿＿＿＿＿＿＿＿＿＿＿＿＿＿＿＿＿＿＿＿＿＿＿＿＿＿＿＿＿＿＿＿＿
邮政编码:＿＿＿＿＿＿＿＿＿＿＿＿＿＿＿＿ 联系电话:＿＿＿＿＿＿＿＿＿＿＿＿
(买受人为多人时,可相应增加)

第二章 商品房基本状况

第一条 项目建设依据

1. 出卖人以【出让】【划拨】【＿＿＿＿＿】方式取得坐落于＿＿＿＿＿＿＿地块的建设用地使用权。该地块【国有土地使用证号】【＿＿＿＿＿＿＿】为＿＿＿＿＿＿,土地使用权面积为＿＿＿＿平方米。买受人购买的商品房(以下简称该商品房)所占用的土地用途为＿＿＿＿＿＿,土地使用权终止日期为＿＿＿＿年＿＿月＿＿日。

2. 出卖人经批准,在上述地块上建设的商品房项目核准名称为＿＿＿＿＿＿＿,建设工程规划许可证号为＿＿＿＿＿＿,建筑工程施工许可证号为＿＿＿＿＿＿。

第二条 预售依据

该商品房已由＿＿＿＿＿＿＿批准预售,
预售许可证号为＿＿＿＿＿＿。

第三条 商品房基本情况

---

① 法律依据中的《合同法》《物权法》需要调整为《民法典》。

1. 该商品房的规划用途为【住宅】【办公】【商业】【_____】。
2. 该商品房所在建筑物的主体结构为_____,建筑总层数为____层,其中地上____层,地下____层。
3. 该商品房为第一条规定项目中的____【幢】【座】【_____】单元____层____号。房屋竣工后,如房号发生改变,不影响该商品房的特定位置。该商品房的平面图见附件一。
4. 该商品房的房产测绘机构为_____,其预测建筑面积共____平方米,其中套内建筑面积____平方米,分摊共有建筑面积____平方米。该商品房共用部位见附件二。
该商品房层高为____米,有____个阳台,其中____个阳台为封闭式,____个阳台为非封闭式。阳台是否封闭以规划设计文件为准。

第四条 抵押情况

与该商品房有关的抵押情况为【抵押】【未抵押】。
抵押类型:_____,抵押人:_____,
抵押权人:_____,抵押登记机构:_____,
抵押登记日期:_____,债务履行期限:_____。
抵押类型:_____,抵押人:_____,
抵押权人:_____,抵押登记机构:_____,
抵押登记日期:_____,债务履行期限:_____。
抵押权人同意该商品房转让的证明及关于抵押的相关约定见附件三。

第五条 房屋权利状况承诺

1. 出卖人对该商品房享有合法权利;
2. 该商品房没有出售给除本合同买受人以外的其他人;
3. 该商品房没有司法查封或其他限制转让的情况;
4. _____;
5. _____。

如该商品房权利状况与上述情况不符,导致不能完成本合同登记备案或房屋所有权转移登记的,买受人有权解除合同。买受人解除合同的,应当书面通知出卖人。出卖人应当自解除合同通知送达之日起 15 日内退还买受人已付全部房款(含已付贷款部分),并自买受人付款之日起,按照____%(不低于中国人民银行公布的同期贷款基准利率)计算给付利息。给买受人造成损失的,由出卖人支付【已付房价款一倍】【买受人全部损失】的赔偿金。

第三章 商品房价款

第六条 计价方式与价款

出卖人与买受人按照下列第____种方式计算该商品房价款:
1. 按照套内建筑面积计算,该商品房单价为每平方米____(币种)____元,总价款为____(币种)____元(大写_____元整)。
2. 按照建筑面积计算,该商品房单价为每平方米____(币种)____元,总价款为____(币种)____元(大写_____元整)。
3. 按照套计算,该商品房总价款为____(币种)____元(大写_____元整)。
4. 按照_____计算,该商品房总价款为____(币种)____元(大写_____元整)。

第七条 付款方式及期限

(一)签订本合同前,买受人已向出卖人支付定金____(币种)____元(大写),该定金于【本合同签订】【交付首付款】【_____】时【抵作】【____】商品房价款。
(二)买受人采取下列第____种方式付款:
1. 一次性付款。买受人应当在____年____月____日前支付该商品房全部价款。
2. 分期付款。买受人应当在____年____月____日前分____期支付该商品房全部价款,首期房价款____(币种)____元(大写:_____元整),应当于____年____月____日前支付。

3. 贷款方式付款:【公积金贷款】【商业贷款】【_____】。买受人应当于_____年___月___日前支付首期房价款____(币种)_____元(大写_____元整),占全部房价款的_____%。
余款_____(币种)_____元(大写_____元整)向_____(贷款机构)申请贷款支付。
4. 其他方式:
_____。
(三)出售该商品房的全部房价款应当存入预售资金监管账户,用于本工程建设。该商品房的预售资金监管机构为_____,预售资金监管账户名称为_____,账号为_____。该商品房价款的计价方式、总价款、付款方式及期限的具体约定见附件四。

第八条　逾期付款责任除不可抗力外,买受人未按照约定时间付款的,双方同意按照下列第____种方式处理:
1. 按照逾期时间,分别处理((1)和(2)不作累加)。
(1)逾期在____日之内,买受人按日计算向出卖人支付逾期应付款万分之____的违约金。
(2)逾期超过____日(该期限应当与本条第(1)项中的期限相同)后,出卖人有权解除合同。出卖人解除合同的,应当书面通知买受人。买受人应当自解除合同通知送达之日起____日内按照累计应付款的_____%向出卖人支付违约金,同时,出卖人退还买受人已付全部房款(含已付贷款部分)。
出卖人不解除合同的,买受人按日计算向出卖人支付逾期应付款万分之____(该比率不低于第(1)项中的比率)的违约金。
本条所称逾期应付款是指依照第七条及附件四约定的到期应付款与该期实际已付款的差额;采取分期付款的,按照相应的分期应付款与该期的实际已付款的差额确定。
2. _____。

第四章　商品房交付条件与交付手续
第九条　商品房交付条件
该商品房交付时应当符合下列第1、2、_____、_____项所列条件:
1. 该商品房已取得建设工程竣工验收备案证明文件;
2. 该商品房已取得房屋测绘报告;
3. _____;
4. _____。
该商品房为住宅的,出卖人还需提供《住宅使用说明书》和《住宅质量保证书》。
第十条　商品房相关设施设备交付条件
(一)基础设施设备
1. 供水、排水:交付时供水、排水配套设施齐全,并与城市公共供水、排水管网连接。使用自建设施供水的,供水的水质符合国家规定的饮用水卫生标准,_____
_____;
2. 供电:交付时纳入城市供电网络并正式供电,_____;
3. 供暖:交付时供热系统符合供热配建标准,使用城市集中供热的,纳入城市集中供热管网,_____;
4. 燃气:交付时完成室内燃气管道的敷设,并与城市燃气管网连接,保证燃气供应,_____;
5. 电话通信:交付时线路敷设到户;
6. 有线电视:交付时线路敷设到户;
7. 宽带网络:交付时线路敷设到户。
以上第1、2、3项由出卖人负责办理开通手续并承担相关费用;第4、5、6、7项需要买受人自行办理开通手续。
如果在约定期限内基础设施设备未达到交付使用条件,双方同意按照下列第____种方式处理:
(1)以上设施中第1、2、3、4项在约定交付日未达到交付条件的,出卖人按照本合同第十二条的约定承担逾期交付责任。
第5项未按时达到交付使用条件的,出卖人按日向买受人支付_____元的违约金;第6项未按时达到交付使用条件的,出卖人按日向买受人支付_____元的违约金;第7项未按时达到交付使用条件的,出卖人按日向买受人支付_____元的违约金。出卖人采取措施保证相关设施于约定交付日后____日之内达到交付使用条件。
(2)_____。
(二)公共服务及其他配套设施(以建设工程规划许可为准)
1. 小区内绿地率:_____年___月___日达到_____;
2. 小区内非市政道路:_____年___月___日达到_____;
3. 规划的车位、车库:_____年___月___日达到_____;
4. 物业服务用房:_____年___月___日达到_____;
5. 医疗卫生机构:_____年___月___日达到_____;
6. 幼儿园:_____年___月___日达到_____;
7. 学校:_____年___月___日达到_____;
8. _____;
9. _____。
以上设施未达到上述条件的,双方同意按照以下方式处理:
1. 小区内绿地率未达到上述约定条件的,_____。
2. 小区内非市政道路未达到上述约定条件的,_____。
3. 规划的车位、车库未达到上述约定条件的,_____。
4. 物业服务用房未达到上述约定条件的,_____。
5. 其他设施未达到上述约定条件的,_____。关于本项目内相关设施设备的具体约定见附件五。

第十一条 交付时间和手续

(一)出卖人应当在____年___月___日前向买受人交付该商品房。

(二)该商品房达到第九条、第十条约定的交付条件后,出卖人应当在交付日期届满前____日(不少于10日)将查验房屋的时间、办理交付手续的时间地点以及应当携带的证件材料的通知书面送达买受人。买受人未收到交付通知书的,以本合同约定的交付日期届满之日为办理交付手续的时间,以该商品房所在地为办理交付手续的地点。_____。

交付该商品房时,出卖人应当出示满足第九条约定的证明文件。出卖人不出示证明文件或者出示的证明文件不齐全,不能满足第九条约定条件的,买受人有权拒绝接收,由此产生的逾期交付责任由出卖人承担,并按照第十二条处理。

(三)查验房屋

1. 办理交付手续前,买受人有权对该商品房进行查验,出卖人不得以缴纳相关税费或者签署物业管理文件作为买受人查验和办理交付手续的前提条件。

2. 买受人查验的该商品房存在下列除地基基础和主体结构外的其他质量问题,由出卖人按照有关工程和产品质量规范、标准自查验次日起____日内负责修复,并承担修复费用,修复后再行交付。

(1)屋面、墙面、地面渗漏或开裂等;
(2)管道堵塞;
(3)门窗翘裂、五金件损坏;
(4)灯具、电器等电气设备不能正常使用;
(5)_____;
(6)_____。

3. 查验该商品房后,双方应当签署商品房交接单。由于买受人原因导致该商品房未能按期交付的,双方同意按照以下方式处理:
(1)_____;
(2)_____。

第十二条 逾期交付责任除不可抗力外,出卖人未按照第十一条约定的时间将该商品房交付买受人的,双方同意按照下列第____种方式处理:

1. 按照逾期时间,分别处理((1)和(2)不作累加)。

(1)逾期在____日之内(该期限应当不多于第八条第1(1)项中的期限),自第十一条约定的交付期限届满之次日起至实际交付之日止,出卖人按日计算向买受人支付全部房价款万分之_____的违约金(该违约金比率应当不低于第八条第1(1)项中的比率)。

(2)逾期超过____日(该期限应当与本条第(1)项中的期限相同)后,买受人有权解除合同。买受人解除合同的,应当书面通知出卖人。出卖人应当自解除合同通知送达之日起15日内退还买受人已付全部房款(含已付贷款部分),并自买受人付款之日起,按照____%(不低于中国人民银行公布的同期贷款基准利率)计算给付利息;同时,出卖人按照全部房价款的____%向买受人支付违约金。

买受人要求继续履行合同的,合同继续履行,出卖人按日计算向买受人支付全部房价款万分之_____(该比率应当不低于本条第1(1)项中的比率)的违约金。

2. _____。

第五章　面积差异处理方式

第十三条　面积差异处理该商品房交付时,出卖人应当向买受人出示房屋测绘报告,并向买受人提供该商品房的面积实测数据(以下简称实测面积)。实测面积与第三条载明的预测面积发生误差的,双方同意按照第____种方式处理。

1. 根据第六条按照套内建筑面积计价的约定,双方同意按照下列原则处理:

(1)套内建筑面积误差比绝对值在3%以内(含3%)的,据实结算房价款;

(2)套内建筑面积误差比绝对值超出3%时,买受人有权解除合同。买受人解除合同的,应当书面通知出卖人。出卖人应当自解除合同通知送达之日起15日内退还买受人已付全部房款(含已付贷款部分),并自买受人付款之日起,按照____%(不低于中国人民银行公布的同期贷款基准利率)计算给付利息。

买受人选择不解除合同的,实测套内建筑面积大于预测套内建筑面积时,套内建筑面积误差比在3%以内(含3%)部分的房价款由买受人补足;超出3%部分的房价款由出卖人承担,产权归买受人所有。实测套内建筑面积小于预测套内建筑面积时,套内建筑面积误差比绝对值在3%以内(含3%)部分的房价款由出卖人返还买受人;绝对值超出3%部分的房价款由出卖人双倍返还买受人。

$$套内建筑面积误差比 = \frac{实测套内建筑面积 - 预测套内建筑面积}{预测套内建筑面积} \times 100\%$$

2. 根据第六条按照建筑面积计价的约定,双方同意按照下列原则处理:

(1)建筑面积、套内建筑面积误差比绝对值均在3%以内(含3%)的,根据实测建筑面积结算房价款;

(2)建筑面积、套内建筑面积误差比绝对值其中有一项超出3%时,买受人有权解除合同。

买受人解除合同的,应当书面通知出卖人。出卖人应当自解除合同通知送达之日起15日内退还买受人已付全部房款(含已付贷款部分),并自买受人付款之日起,按照_____%(不低于中国人民银行公布的同期贷款基准利率)计算给付利息。

买受人选择不解除合同的,实测建筑面积大于预测建筑面积时,建筑面积误差比在3%以内(含3%)部分的房价款由买受人补足,超出3%部分的房价款由出卖人承担,产权归买受人所有。实测建筑面积小于预测建筑面积时,建筑面积误差比绝对值在3%以内(含3%)部分的房价款由出卖人返还买受人;绝对值超出3%部分的房价款由出卖人双倍返还买受人。

$$建筑面积误差比 = \frac{实测建筑面积 - 预测建筑面积}{预测建筑面积} \times 100\%$$

(3)因设计变更造成面积差异,双方不解除合同的,应当签署补充协议。

3. 根据第六条按照套计价的,出卖人承诺在房屋平面图中标明详细尺寸,并约定误差范围。该商品房交付时,套型与设计图纸不一致或者相关尺寸超出约定的误差范围,双方约定如下:
_____。

4. 双方自行约定:
_____。

第六章　规划设计变更
第十四条　规划变更

(一)出卖人应当按照城乡规划主管部门核发的建设工程规划许可证规定的条件建设商品房,不得擅自变更。

双方签订合同后,涉及该商品房规划用途、面积、容积率、绿地率、基础设施、公共服务及其他配套设施等规划许可内容经城乡规划主管部门批准变更的,出卖人应当在变更确立之日起 10 日内将书面通知送达买受人。出卖人未在规定期限内通知买受人的,买受人有权解除合同。

(二)买受人应当在通知送达之日起 15 日内做出是否解除合同的书面答复。买受人逾期未予以书面答复的,视同接受变更。

(三)买受人解除合同的,应当书面通知出卖人。出卖人应当自解除合同通知送达之日起 15 日内退还买受人已付全部房款(含已付贷款部分),并自买受人付款之日起,按照_____%(不低于中国人民银行公布的同期贷款基准利率)计算给付利息;同时,出卖人按照全部房价款的_____%向买受人支付违约金。

买受人不解除合同的,有权要求出卖人赔偿由此造成的损失,双方约定如下:

_____。

第十五条　设计变更

(一)双方签订合同后,出卖人按照法定程序变更建筑工程施工图设计文件,涉及下列可能影响买受人所购商品房质量或使用功能情形的,出卖人应当在变更确立之日起 10 日内将书面通知送达买受人。出卖人未在规定期限内通知买受人的,买受人有权解除合同。

1. 该商品房结构形式、户型、空间尺寸、朝向;
2. 供热、采暖方式;
3. _____;
4. _____;
5. _____。

(二)买受人应当在通知送达之日起 15 日内做出是否解除合同的书面答复。买受人逾期未予以书面答复的,视同接受变更。

(三)买受人解除合同的,应当书面通知出卖人。出卖人应当自解除合同通知送达之日起 15 日内退还买受人已付全部房款(含已付贷款部分),并自买受人付款之日起,按照_____%(不低于中国人民银行公布的同期贷款基准利率)计算给付利息;同时,出卖人按照全部房价款的_____%向买受人支付违约金。

买受人不解除合同的,有权要求出卖人赔偿由此造成的损失,双方约定如下:

_____。

第七章　商品房质量及保修责任
第十六条　商品房质量

(一)地基基础和主体结构出卖人承诺该商品房地基基础和主体结构合格,并符合国家及行业标准。经检测不合格的,买受人有权解除合同。买受人解除合同的,应当书面通知出卖人。出卖人应当自解除合同通知送达之日起 15 日内退还买受人已付全部房款(含已付贷款部分),并自买受人付款之日起,按照_____%(不低于中国人民银行公布的同期贷款基准利率)计算给付利息。给买受人造成损失的,由出卖人支付【已付房价款一倍】【买受人全部损失】的赔偿金。因此而发生的检测费用由出卖人承担。

买受人不解除合同的,_____。

(二)其他质量问题该商品房质量应当符合有关工程质量规范、标准和施工图设计文件的要求。发现除地基基础和主体结构外质量问题的,双方按照以下方式处理:

(1)及时更换、修理;如给买受人造成损失的,还应当承担相应赔偿责任。

_____。

(2)经过更换、修理,仍然严重影响正常使用的,买受人有权解除合同。买受人解除合同的,应当书面通知出卖人。出卖人应当自解除合同通知送达之日起 15 日内退还买受人已付全部房款(含已付贷款部分),并自买受人付款之日起,按照_____%(不低于中国人民银行公布的同期贷款基准利率)计算给付利息。给买受人造成损失的,由出卖人承担相应赔偿责任。因此而发生的检测费用由出卖人承担。

买受人不解除合同的,_____。

(三)装饰装修及设备标准

该商品房应当使用合格的建筑材料、构配件和设备,装置、装修、装饰所用材料的产品质量必须符合国家的强制性标准及双方约定的标准。

不符合上述标准的,买受人有权要求出卖人按照下列第(1)、_____、_____方式处理(可多选):

(1)及时更换、修理;

(2)出卖人赔偿双倍的装饰、设备差价;

(3)_____;

(4)_____。

具体装饰装修及相关设备标准的约定见附件六。

(四)室内空气质量、建筑隔声和民用建筑节能措施

1. 该商品房室内空气质量符合【国家】【地方】标准,标准名称:_____,标准文号:_____。该商品房为住宅的,建筑隔声情况符合【国家】【地方】标准,标准名称:_____,标准文号:_____。该商品房室内空气质量或建筑隔声情况经检测不符合标准,由出卖人负责整改,整改后仍不符合标准的,买受人有权解除合同。买受人解除合同的,应当书面通知出卖人。出卖人应当自解除合同通知送达之日起15日内退还买受人已付全部房款(含已付贷款部分),并自买受人付款之日起,按照_____%(不低于中国人民银行公布的同期贷款基准利率)计算给付利息。给买受人造成损失的,由出卖人承担相应赔偿责任。经检测不符合标准的,检测费用由出卖人承担,整改后再次检测发生的费用仍由出卖人承担。因整改导致该商品房逾期交付的,出卖人应当承担逾期交付责任。

2. 该商品房应当符合国家有关民用建筑节能强制性标准的要求。未达到标准的,出卖人应当按照相应标准要求补做节能措施,并承担全部费用;给买受人造成损失的,出卖人应当承担相应赔偿责任。

_____。

第十七条 保修责任

(一)商品房实行保修制度。该商品房为住宅的,出卖人自该商品房交付之日起,按照《住宅质量保证书》承诺的内容承担相应的保修责任。该商品房为非住宅的,双方应当签订补充协议详细约定保修范围、保修期限和保修责任等内容。具体内容见附件七。

(二)下列情形,出卖人不承担保修责任:

1. 因不可抗力造成的房屋及其附属设施的损害;

2. 因买受人不当使用造成的房屋及其附属设施的损害;

3. _____。

(三)在保修期内,买受人要求维修的书面通知送达出卖人____日内,出卖人既不履行保修义务也不提出书面异议的,买受人可以自行或委托他人进行维修,维修费用及维修期间造成的其他损失由出卖人承担。

第十八条 质量担保

出卖人不按照第十六条、第十七条约定承担相关责任的,由_____承担连带责任。

关于质量担保的证明见附件八。

第八章 合同备案与房屋登记

第十九条 预售合同登记备案

(一)出卖人应当自本合同签订之日起【30日内】【____日内】(不超过30日)办理商品房预售合同登记备案手续,并将本合同登记备案情况告知买受人。

(二)有关预售合同登记备案的其他约定如下:

_____;

_____。

第二十条　房屋登记

（一）双方同意共同向房屋登记机构申请办理该商品房的房屋所有权转移登记。

（二）因出卖人的原因，买受人未能在该商品房交付之日起＿＿＿日内取得该商品房的房屋所有权证书的，双方同意按照下列第＿＿＿种方式处理：

1. 买受人有权解除合同。买受人解除合同的，应当书面通知出卖人。出卖人应当自解除合同通知送达之日起15日内退还买受人已付全部房款（含已付贷款部分），并自买受人付款之日起，按照＿＿＿＿＿％（不低于中国人民银行公布的同期贷款基准利率）计算给付利息。买受人不解除合同的，自买受人应当完成房屋所有权登记的期限届满之次日起至实际完成房屋所有权登记之日止，出卖人按日计算向买受人支付全部房价款万分之＿＿＿＿＿的违约金。

2. ＿＿。

（三）因买受人的原因未能在约定期限内完成该商品房的房屋所有权转移登记的，出卖人不承担责任。

第九章　前期物业管理

第二十一条　前期物业管理

（一）出卖人依法选聘的前期物业服务企业为＿＿＿＿＿＿＿＿＿。

（二）物业服务时间从＿＿＿＿＿年＿＿＿月＿＿＿日到＿＿＿＿＿年＿＿＿月＿＿＿日。

（三）物业服务期间，物业收费计费方式为【包干制】【酬金制】【＿＿＿＿】。物业服务费为＿＿＿元／月·平方米（建筑面积）。

（四）买受人同意由出卖人选聘的前期物业服务企业代为查验并承接物业共用部位、共用设施设备，出卖人应当将物业共用部位、共用设施设备承接查验的备案情况书面告知买受人。

（五）买受人已详细阅读前期物业服务合同和临时管理规约，同意由出卖人依法选聘的物业服务企业实施前期物业管理，遵守临时管理规约。业主委员会成立后，由业主大会决定选聘或续聘物业服务企业。

该商品房前期物业服务合同、临时管理规约见附件九。

第十章　其他事项

第二十二条　建筑物区分所有权

（一）买受人对其建筑物专有部分享有占有、使用、收益和处分的权利。

（二）以下部位归业主共有：

1. 建筑物的基础、承重结构、外墙、屋顶等基本结构部分，通道、楼梯、大堂等公共通行部分，消防、公共照明等附属设施、设备，避难层、设备层或者设备间等结构部分；

2. 该商品房所在建筑区划内的道路（属于城镇公共道路的除外）、绿地（属于城镇公共绿地或者明示属于个人的除外）、占用业主共有的道路或者其他场地用于停放汽车的车位、物业服务用房；

3. ＿＿。

（三）双方对其他配套设施约定如下：

1. 规划的车位、车库：＿＿＿＿＿＿＿＿＿＿＿＿＿＿＿＿＿＿＿＿＿＿＿＿＿＿＿＿＿＿＿＿＿＿＿；

2. 会所：＿＿＿；

3. ＿＿。

第二十三条　税费双方应当按照国家的有关规定，向相应部门缴纳因该商品房买卖发生的税费。因预测面积与实测面积差异，导致买受人不能享受税收优惠政策而增加的税收负担，由＿＿＿＿＿＿＿承担。

第二十四条　销售和使用承诺

1. 出卖人承诺不采取分割拆零销售、返本销售或者变相返本销售的方式销售商品房；不采取售后包租或者变相售后包租的方式销售未竣工商品房。

2. 出卖人承诺按照规划用途进行建设和出售，不擅自改变该商品房使用性质，并按照规划用途办理房屋登记。出卖人不得擅自改变与该商品房有关的共用部位和设施的使用性质。

3. 出卖人承诺对商品房的销售，不涉及依法或者依规划属于买受人共有的共用部位和设施的处分。

4. 出卖人承诺已将遮挡或妨碍房屋正常使用的情况告知买受人。具体内容见附件十。

5. 买受人使用该商品房期间,不得擅自改变该商品房的用途、建筑主体结构和承重结构。
6. _____。
7. _____。

第二十五条　送达出卖人和买受人保证在本合同中记载的通讯地址、联系电话均真实有效。任何根据本合同发出的文件,均应采用书面形式,以【邮政快递】【邮寄挂号信】【_____】方式送达对方。任何一方变更通讯地址、联系电话的,应在变更之日起____日内书面通知对方。变更的一方未履行通知义务导致送达不能的,应承担相应的法律责任。

第二十六条　买受人信息保护出卖人对买受人信息负有保密义务。非因法律、法规规定或国家安全机关、公安机关、检察机关、审判机关、纪检监察部门执行公务的需要,未经买受人书面同意,出卖人及其销售人员和相关工作人员不得对外披露买受人信息,或将买受人信息用于履行本合同之外的其他用途。

第二十七条　争议解决方式本合同在履行过程中发生的争议,由双方当事人协商解决,也可通过消费者协会等相关机构调解;或按照下列第____种方式解决:
1. 依法向房屋所在地人民法院起诉。
2. 提交_____仲裁委员会仲裁。

第二十八条　补充协议对本合同中未约定或约定不明的内容,双方可根据具体情况签订书面补充协议(补充协议见附件十一)。

补充协议中含有不合理的减轻或免除本合同中约定应当由出卖人承担的责任,或不合理的加重买受人责任、排除买受人主要权利内容的,仍以本合同为准。

第二十九条　合同生效
本合同自双方签字或盖章之日起生效。本合同的解除应当采用书面形式。
本合同及附件共____页,一式____份,其中出卖人____份,买受人____份,【_____】____份,【_____】____份。合同附件与本合同具有同等法律效力。

出卖人(签字或盖章):　　　　　买受人(签字或盖章):
【法定代表人】(签字或盖章):　　【法定代表人】(签字或盖章):
【委托代理人】(签字或盖章):　　【委托代理人】(签字或盖章):
　　　　　　　　　　　　　　　【法定代理人】(签字或盖章):
签订时间:_____年___月___日　　签订时间:_____年___月___日
签订地点:_____　　　　　　签订地点:_____

附件一　房屋平面图(应当标明方位)
1. 房屋分层分户图(应当标明详细尺寸,并约定误差范围)
2. 建设工程规划方案总平面图

附件二　关于该商品房共用部位的具体说明(可附图说明)
1. 纳入该商品房分摊的共用部位的名称、面积和所在位置
2. 未纳入该商品房分摊的共用部位的名称、所在位置

附件三　抵押权人同意该商品房转让的证明及关于抵押的相关约定
1. 抵押权人同意该商品房转让的证明
2. 解除抵押的条件和时间
3. 关于抵押的其他约定

附件四　关于该商品房价款的计价方式、总价款、付款方式及期限的具体约定

附件五　关于本项目内相关设施、设备的具体约定
1. 相关设施的位置及用途
2. 其他约定

附件六 关于装饰装修及相关设备标准的约定

交付的商品房达不到本附件约定装修标准的,按照本合同第十六条第(三)款约定处理。出卖人未经双方约定增加的装置、装修、装饰,视为无条件赠送给买受人。

双方就装饰装修主要材料和设备的品牌、产地、规格、数量等内容约定如下:

1. 外墙:【瓷砖】【涂料】【玻璃幕墙】【_____】;
   _____。

2. 起居室:
   (1)内墙:【涂料】【壁纸】【_____】;
   _____。
   (2)顶棚:【石膏板吊顶】【涂料】【_____】;
   _____。
   (3)室内地面:【大理石】【花岗岩】【水泥抹面】【实木地板】【_____】;
   _____。

3. 厨房:
   (1)地面:【水泥抹面】【瓷砖】【_____】;
   _____。
   (2)墙面:【耐水腻子】【瓷砖】【_____】;
   _____。
   (3)顶棚:【水泥抹面】【石膏吊顶】【_____】;
   _____。
   (4)厨具:_____

4. 卫生间:
   (1)地面:【水泥抹面】【瓷砖】【_____】;
   _____。
   (2)墙面:【耐水腻子】【瓷砖】【_____】;
   _____。
   (3)顶棚:【水泥抹面】【石膏吊顶】【_____】;
   _____。
   (4)卫生器具_____

5. 阳台:【塑钢封闭】【铝合金封闭】【断桥铝合金封闭】【不封闭】【_____】;
   _____。

6. 电梯:
   (1)品牌:_____;
   (2)型号:

7. 管道:
   _____。

8. 窗户:
   _____。

9. _____。
10. _____。

附件七 关于保修范围、保修期限和保修责任的约定

该商品房为住宅的,出卖人应当提供《住宅质量保证书》;该商品房为非住宅的,双方可参照《住宅质量保证书》中的内容对保修范围、保修期限和保修责任等进行约定。

该商品房的保修期自房屋交付之日起计算,关于保修期限的约定不应低于《建设工程质量管理条例》第四十条规定的最低保修期限。

(一)保修项目、期限及责任的约定

1. 地基基础和主体结构:

保修期限为:_____(不得低于设计文件规定的该工程的合理使用年限);
_____。

2. 屋面防水工程、有防水要求的卫生间、房间和外墙面的防渗漏:保修期限为:_____(不得低于5年);
_____。

3. 供热、供冷系统和设备:

保修期限为:_____(不得低于2个采暖期、供冷期);
_____。

4. 电气管线、给排水管道、设备安装:

保修期限为:_____(不得低于2年);
_____。

5. 装修工程:

保修期限为:_____(不得低于2年);
_____。

6. _____;
7. _____;
8. _____。

(二)其他约定

_____。

附件八 关于质量担保的证明附件

附件九 关于前期物业管理的约定

1. 前期物业服务合同
2. 临时管理规约

附件十 出卖人关于遮挡或妨碍房屋正常使用情况的说明

(如:该商品房公共管道检修口、柱子、变电箱等有遮挡或妨碍房屋正常使用的情况)

附件十一 补充协议

5. 房地产经纪

房地产经纪管理办法

- 2011年1月20日住房和城乡建设部、国家发展和改革委员会、人力资源和社会保障部令第8号公布
- 根据2016年4月1日《住房城乡建设部、国家发展改革委、人力资源社会保障部关于修改〈房地产经纪管理办法〉的决定》修订

第一章 总 则

第一条 为了规范房地产经纪活动,保护房地产交易及经纪活动当事人的合法权益,促进房地产市场健康发展,根据《中华人民共和国城市房地产管理法》、《中华人民共和国合同法》等法律法规,制定本办法。

第二条 在中华人民共和国境内从事房地产经纪活动,应当遵守本办法。

第三条 本办法所称房地产经纪,是指房地产经纪机构和房地产经纪人员为促成房地产交易,向委托人提供房地产居间、代理等服务并收取佣金的行为。

第四条 从事房地产经纪活动应当遵循自愿、平等、公平和诚实信用的原则,遵守职业规范,恪守职业道德。

第五条 县级以上人民政府建设(房地产)主管部门、价格主管部门、人力资源和社会保障主管部门应当

按照职责分工，分别负责房地产经纪活动的监督和管理。

第六条 房地产经纪行业组织应当按照章程实行自律管理，向有关部门反映行业发展的意见和建议，促进房地产经纪行业发展和人员素质提高。

第二章 房地产经纪机构和人员

第七条 本办法所称房地产经纪机构，是指依法设立，从事房地产经纪活动的中介服务机构。

房地产经纪机构可以设立分支机构。

第八条 设立房地产经纪机构和分支机构，应当具有足够数量的房地产经纪人员。

本办法所称房地产经纪人员，是指从事房地产经纪活动的房地产经纪人和房地产经纪人协理。

房地产经纪机构和分支机构与其招用的房地产经纪人员，应当按照《中华人民共和国劳动合同法》的规定签订劳动合同。

第九条 国家对房地产经纪人员实行职业资格制度，纳入全国专业技术人员职业资格制度统一规划和管理。

第十条 房地产经纪人协理和房地产经纪人职业资格实行全国统一大纲、统一命题、统一组织的考试制度，由房地产经纪行业组织负责管理和实施考试工作，原则上每年举行一次考试。国务院住房城乡建设主管部门、人力资源社会保障部门负责对房地产经纪人协理和房地产经纪人职业资格考试进行指导、监督和检查。

第十一条 房地产经纪机构及其分支机构应当自领取营业执照之日起30日内，到所在直辖市、市、县人民政府建设（房地产）主管部门备案。

第十二条 直辖市、市、县人民政府建设（房地产）主管部门应当将房地产经纪机构及其分支机构的名称、住所、法定代表人（执行合伙人）或者负责人、注册资本、房地产经纪人员等备案信息向社会公示。

第十三条 房地产经纪机构及其分支机构变更或者终止的，应当自变更或者终止之日起30日内，办理备案变更或者注销手续。

第三章 房地产经纪活动

第十四条 房地产经纪业务应当由房地产经纪机构统一承接，服务报酬由房地产经纪机构统一收取。分支机构应当以设立该分支机构的房地产经纪机构名义承揽业务。

房地产经纪人员不得以个人名义承接房地产经纪业务和收取费用。

第十五条 房地产经纪机构及其分支机构应当在其经营场所醒目位置公示下列内容：

（一）营业执照和备案证明文件；

（二）服务项目、内容、标准；

（三）业务流程；

（四）收费项目、依据、标准；

（五）交易资金监管方式；

（六）信用档案查询方式、投诉电话及12358价格举报电话；

（七）政府主管部门或者行业组织制定的房地产经纪服务合同、房屋买卖合同、房屋租赁合同示范文本；

（八）法律、法规、规章规定的其他事项。

分支机构还应当公示设立该分支机构的房地产经纪机构的经营地址及联系方式。

房地产经纪机构代理销售商品房项目的，还应当在销售现场明显位置明示商品房销售委托书和批准销售商品房的有关证明文件。

第十六条 房地产经纪机构接受委托提供房地产信息、实地看房、代拟合同等房地产经纪服务的，应当与委托人签订书面房地产经纪服务合同。

房地产经纪服务合同应当包含下列内容：

（一）房地产经纪服务双方当事人的姓名（名称）、住所等情况和从事业务的房地产经纪人员情况；

（二）房地产经纪服务的项目、内容、要求以及完成的标准；

（三）服务费用及其支付方式；

（四）合同当事人的权利和义务；

（五）违约责任和纠纷解决方式。

建设（房地产）主管部门或者房地产经纪行业组织可以制定房地产经纪服务合同示范文本，供当事人选用。

第十七条 房地产经纪机构提供代办贷款、代办房地产登记等其他服务的，应当向委托人说明服务内容、收费标准等情况，经委托人同意后，另行签订合同。

第十八条 房地产经纪服务实行明码标价制度。房地产经纪机构应当遵守价格法律、法规和规章规定，在经营场所醒目位置标明房地产经纪服务项目、服务内容、收费标准以及相关房地产价格和信息。

房地产经纪机构不得收取任何未予标明的费用；不得利用虚假或者使人误解的标价内容和标价方式进行价格欺诈；一项服务可以分解为多个项目和标准的，应当明确标示每一个项目和标准,不得混合标价、捆绑标价。

第十九条 房地产经纪机构未完成房地产经纪服务合同约定事项,或者服务未达到房地产经纪服务合同约定标准的,不得收取佣金。

两家或者两家以上房地产经纪机构合作开展同一宗房地产经纪业务的,只能按照一宗业务收取佣金,不得向委托人增加收费。

第二十条 房地产经纪机构签订的房地产经纪服务合同,应当加盖房地产经纪机构印章,并由从事该业务的一名房地产经纪人或者两名房地产经纪人协理签名。

第二十一条 房地产经纪机构签订房地产经纪服务合同前,应当向委托人说明房地产经纪服务合同和房屋买卖合同或者房屋租赁合同的相关内容,并书面告知下列事项:

(一)是否与委托房屋有利害关系;
(二)应当由委托人协助的事宜、提供的资料;
(三)委托房屋的市场参考价格;
(四)房屋交易的一般程序及可能存在的风险;
(五)房屋交易涉及的税费;
(六)经纪服务的内容及完成标准;
(七)经纪服务收费标准和支付时间;
(八)其他需要告知的事项。

房地产经纪机构根据交易当事人需要提供房地产经纪服务以外的其他服务的,应当事先经当事人书面同意并告知服务内容及收费标准。书面告知材料应当经委托人签名(盖章)确认。

第二十二条 房地产经纪机构与委托人签订房屋出售、出租经纪服务合同,应当查看委托出售、出租的房屋及房屋权属证书,委托人的身份证明等有关资料,并应当编制房屋状况说明书。经委托人书面同意后,方可以对外发布相应的房源信息。

房地产经纪机构与委托人签订房屋承购、承租经纪服务合同,应当查看委托人身份证明等有关资料。

第二十三条 委托人与房地产经纪机构签订房地产经纪服务合同,应当向房地产经纪机构提供真实有效的身份证明。委托出售、出租房屋的,还应当向房地产经纪机构提供真实有效的房屋权属证书。委托人未提供规定资料或者提供资料与实际不符的,房地产经纪机构应当拒绝接受委托。

第二十四条 房地产交易当事人约定由房地产经纪机构代收代付交易资金的,应当通过房地产经纪机构在银行开设的客户交易结算资金专用存款账户划转交易资金。

交易资金的划转应当经过房地产交易资金支付方和房地产经纪机构的签字和盖章。

第二十五条 房地产经纪机构和房地产经纪人员不得有下列行为:

(一)捏造散布涨价信息,或者与房地产开发经营单位串通捂盘惜售、炒卖房号,操纵市场价格;
(二)对交易当事人隐瞒真实的房屋交易信息,低价收进高价卖(租)出房屋赚取差价;
(三)以隐瞒、欺诈、胁迫、贿赂等不正当手段招揽业务,诱骗消费者交易或者强制交易;
(四)泄露或者不当使用委托人的个人信息或者商业秘密,谋取不正当利益;
(五)为交易当事人规避房屋交易税费等非法目的,就同一房屋签订不同交易价款的合同提供便利;
(六)改变房屋内部结构分割出租;
(七)侵占、挪用房地产交易资金;
(八)承购、承租自己提供经纪服务的房屋;
(九)为不符合交易条件的保障性住房和禁止交易的房屋提供经纪服务;
(十)法律、法规禁止的其他行为。

第二十六条 房地产经纪机构应当建立业务记录制度,如实记录业务情况。

房地产经纪机构应当保存房地产经纪服务合同,保存期不少于5年。

第二十七条 房地产经纪行业组织应当制定房地产经纪从业规程,逐步建立并完善资信评价体系和房地产经纪房源、客源信息共享系统。

第四章 监督管理

第二十八条 建设(房地产)主管部门、价格主管部门应当通过现场巡查、合同抽查、投诉受理等方式,采取约谈、记入信用档案、媒体曝光等措施,对房地产经纪机构和房地产经纪人员进行监督。

房地产经纪机构违反人力资源和社会保障法律法规的行为,由人力资源和社会保障主管部门依法予以查处。

被检查的房地产经纪机构和房地产经纪人员应当予以配合,并根据要求提供检查所需的资料。

第二十九条 建设(房地产)主管部门、价格主管部门、人力资源和社会保障主管部门应当建立房地产经纪机构和房地产经纪人员信息共享制度。建设(房地产)主管部门应当定期将备案的房地产经纪机构情况通报同级价格主管部门、人力资源和社会保障主管部门。

第三十条 直辖市、市、县人民政府建设(房地产)主管部门应当构建统一的房地产经纪网上管理和服务平台,为备案的房地产经纪机构提供下列服务:

(一)房地产经纪机构备案信息公示;

(二)房地产交易与登记信息查询;

(三)房地产交易合同网上签订;

(四)房地产经纪信用档案公示;

(五)法律、法规和规章规定的其他事项。

经备案的房地产经纪机构可以取得网上签约资格。

第三十一条 县级以上人民政府建设(房地产)主管部门应当建立房地产经纪信用档案,并向社会公示。

县级以上人民政府建设(房地产)主管部门应当将在日常监督检查中发现的房地产经纪机构和房地产经纪人员的违法违规行为、经查证属实的被投诉举报记录等情况,作为不良信用记录记入其信用档案。

第三十二条 房地产经纪机构和房地产经纪人员应当按照规定提供真实、完整的信用档案信息。

第五章 法律责任

第三十三条 违反本办法,有下列行为之一的,由县级以上地方人民政府建设(房地产)主管部门责令限期改正,记入信用档案;对房地产经纪人员处以1万元罚款;对房地产经纪机构处以1万元以上3万元以下罚款:

(一)房地产经纪人员以个人名义承接房地产经纪业务和收取费用的;

(二)房地产经纪机构提供代办贷款、代办房地产登记等其他服务,未向委托人说明服务内容、收费标准等情况,并未经委托人同意的;

(三)房地产经纪服务合同未由从事该业务的一名房地产经纪人或者两名房地产经纪人协理签名的;

(四)房地产经纪机构签订房地产经纪服务合同前,不向交易当事人说明和书面告知规定事项的;

(五)房地产经纪机构未按照规定如实记录业务情况或者保存房地产经纪服务合同的。

第三十四条 违反本办法第十八条、第十九条、第二十五条第(一)项、第(二)项,构成价格违法行为的,由县级以上人民政府价格主管部门按照价格法律、法规和规章的规定,责令改正、没收违法所得,依法处以罚款;情节严重的,依法给予停业整顿等行政处罚。

第三十五条 违反本办法第二十二条,房地产经纪机构擅自对外发布房源信息的,由县级以上地方人民政府建设(房地产)主管部门责令限期改正,记入信用档案,取消网上签约资格,并处以1万元以上3万元以下罚款。

第三十六条 违反本办法第二十四条,房地产经纪机构擅自划转客户交易结算资金的,由县级以上地方人民政府建设(房地产)主管部门责令限期改正,取消网上签约资格,处以3万元罚款。

第三十七条 违反本办法第二十五条第(三)项、第(四)项、第(五)项、第(六)项、第(七)项、第(八)项、第(九)项、第(十)项的,由县级以上地方人民政府建设(房地产)主管部门责令限期改正,记入信用档案;对房地产经纪人员处以1万元罚款;对房地产经纪机构,取消网上签约资格,处以3万元罚款。

第三十八条 县级以上人民政府建设(房地产)主管部门、价格主管部门、人力资源和社会保障主管部门的工作人员在房地产经纪监督管理工作中,玩忽职守、徇私舞弊、滥用职权的,依法给予处分;构成犯罪的,依法追究刑事责任。

第六章 附 则

第三十九条 各地可以依据本办法制定实施细则。

第四十条 本办法自2011年4月1日起施行。

国家发展改革委、住房城乡建设部关于放开房地产咨询收费和下放房地产经纪收费管理的通知

·2014年6月13日
·发改价格〔2014〕1289号

各省、自治区、直辖市发展改革委、物价局、住房城乡建设厅(建委、房地局)、新疆生产建设兵团发展改革委、建设局:

为深入贯彻落实十八届三中全会精神,充分发挥市场在资源配置中的决定性作用,完善房地产中介服务价格形成机制,促进行业健康发展,决定放开目前实行政府指导价管理的房地产咨询服务收费标准,下放房地产经纪服务收费管理权限。现就有关事项通知如下:

一、放开房地产咨询服务收费。房地产中介服务机构接受委托,提供有关房地产政策法规、技术及相关信息等咨询的服务收费,实行市场调节价。

二、下放房地产经纪服务收费定价权限,由省级人民政府价格、住房城乡建设行政主管部门管理,各地可根据当地市场发育实际情况,决定实行政府指导价管理或市场调节价。实行政府指导价管理的,要制定合理的收费标准并明确收费所对应的服务内容等;实行市场调节价

的,房地产经纪服务收费标准由委托和受托双方,依据服务内容、服务成本、服务质量和市场供求状况协商确定。

三、各房地产中介服务机构应按照《价格法》、《房地产经纪管理办法》等法律法规要求,公平竞争、合法经营、诚实守信,为委托人提供价格合理、优质高效服务;严格执行明码标价制度,在其经营场所的醒目位置公示价目表,价目表应包括服务项目、服务内容及完成标准、收费标准、收费对象及支付方式等基本标价要素;一项服务包含多个项目和标准的,应当明确标示每一个项目名称和收费标准,不得混合标价、捆绑标价;代收代付的税、费也应予以标明。房地产中介服务机构不得收取任何未标明的费用。

四、各级价格主管部门要依法加强对房地产中介服务收费行为的监督管理,重点查处收费后不按约定义务履行服务职责,以及串通涨价、利用虚假或者使人误解的标价内容和标价方式进行价格欺诈等乱收费行为,规范房地产中介服务市场价格秩序。

五、上述规定自 2014 年 7 月 1 日起执行。《国家计委、建设部关于房地产中介服务收费的通知》(计价格〔1995〕971 号)中有关房地产咨询和经纪服务收费的规定同时废止。

住房和城乡建设部、市场监管总局关于规范房地产经纪服务的意见

- 2023 年 4 月 27 日
- 建房规〔2023〕2 号

各省、自治区、直辖市及新疆生产建设兵团住房和城乡建设厅(委、管委、局)、市场监督管理局(厅、委):

房地产经纪对促进房屋交易、提高交易效率、保障交易安全具有重要作用。近年来,部分房地产经纪机构存在利用房源客源优势收取过高费用、未明码标价、捆绑收费、滥用客户个人信息等问题,加重交易当事人负担、侵害其合法权益。为规范房地产经纪服务,加强房地产经纪行业管理,促进房地产市场健康发展,现提出以下意见。

一、加强从业主体管理。严格落实房地产经纪机构备案制度。为新建商品房销售和存量房买卖、租赁提供代理、居间等经纪服务的机构,应当按照《房地产经纪管理办法》规定向所在地住房和城乡建设部门备案。市、县住房和城乡建设部门要全面推行经纪从业人员实名登记,加强经纪从业人员管理。经纪从业人员提供服务时,应当佩戴经实名登记的工作牌、信息卡等,公示从业信息,接受社会监督。

二、明确经纪服务内容。房地产经纪机构提供的经纪服务由基本服务和延伸服务组成。基本服务是房地产经纪机构为促成房屋交易提供的一揽子必要服务,包括提供房源客源信息、带客户看房、签订房屋交易合同、协助办理不动产登记等。延伸服务是房地产经纪机构接受交易当事人委托提供的代办贷款等额外服务,每项服务可以单独提供。

三、合理确定经纪服务收费。房地产经纪服务收费由交易各方根据服务内容、服务质量,结合市场供求关系等因素协商确定。房地产经纪机构要合理降低住房买卖和租赁经纪服务费用。鼓励按照成交价格越高、服务费率越低的原则实行分档定价。引导由交易双方共同承担经纪服务费用。

四、严格实行明码标价。房地产经纪机构应当在经营门店、网站、客户端等场所或渠道,公示服务项目、服务内容和收费标准,不得混合标价和捆绑收费。房地产经纪机构提供的基本服务和延伸服务,应当分别明确服务项目和收费标准。房地产经纪机构收费前应当向交易当事人出具收费清单,列明收费标准、收费金额,由当事人签字确认。

五、严禁操纵经纪服务收费。具有市场支配地位的房地产经纪机构,不得滥用市场支配地位以不公平高价收取经纪服务费用。房地产互联网平台不得强制要求加入平台的房地产经纪机构实行统一的经纪服务收费标准,不得干预房地产经纪机构自主决定收费标准。房地产经纪机构、房地产互联网平台、相关行业组织涉嫌实施垄断行为的,市场监管部门依法开展反垄断调查。

六、规范签订交易合同。各地住房和城乡建设部门要制定房屋买卖合同、租赁合同、经纪服务合同示范文本。房地产经纪机构应当在经营场所醒目位置公示合同示范文本,方便交易当事人使用。房地产经纪机构促成房屋交易,应当通过房屋网签备案系统办理房屋买卖、租赁合同网签备案。

七、加强个人信息保护。贯彻落实《中华人民共和国个人信息保护法》,房地产经纪机构及从业人员不得非法收集、使用、加工、传输他人个人信息,不得非法买卖、提供或者公开他人个人信息。房地产经纪机构要建立健全客户个人信息保护的内部管理制度,严格依法收集、使用、处理客户个人信息,采取有效措施防范泄露或非法使用客户个人信息。未经当事人同意,房地产经纪机构及

从业人员不得收集个人信息和房屋状况信息，不得发送商业性短信息或拨打商业性电话。

八、提升管理服务水平。市、县住房和城乡建设部门要建立健全房屋交易管理服务平台，加强对交易房源、房地产经纪机构及从业人员的管理。房地产经纪机构发布的房源信息，应当通过平台进行核验。鼓励通过房屋交易管理服务平台向交易当事人提供房源核验、房源发布、合同网签备案等便民服务。加强存量房交易资金监管，除交易当事人提出明确要求外，购房款应纳入资金监管账户。鼓励房地产经纪机构将经纪服务费用纳入交易资金监管范围。

九、加大违法违规行为整治力度。各地住房和城乡建设部门要将规范房地产经纪服务纳入房地产市场秩序整治的重要内容，会同有关部门依法查处"黑中介"、侵犯个人信息合法权益等违法违规行为，曝光典型案例。对收费明显高于市场平均水平的房地产经纪机构，住房和城乡建设部门会同市场监管等部门采取约谈等综合措施进行重点监管。市场监管部门会同有关部门依法查处不按规定明码标价、操纵经纪服务收费等违反价格和反垄断法律法规的行为。对房地产经纪机构相关违法违规信息，市场监管部门要依法依规纳入国家企业信用信息公示系统。

十、加强行业自律管理。房地产经纪行业组织要健全行规行约，完善房地产经纪服务标准和执业规则，引导房地产经纪机构及从业人员依法合规经营。对房地产经纪机构及从业人员存在收费不规范、侵犯客户个人信息合法权益等情形的，房地产经纪行业组织依据行规行约给予自律处分。

6. 房屋租赁

商品房屋租赁管理办法

- 2010年12月1日住房和城乡建设部令第6号公布
- 自2011年2月1日起施行

第一条 为加强商品房屋租赁管理，规范商品房屋租赁行为，维护商品房屋租赁双方当事人的合法权益，根据《中华人民共和国城市房地产管理法》等有关法律、法规，制定本办法。

第二条 城市规划区内国有土地上的商品房屋租赁（以下简称房屋租赁）及其监督管理，适用本办法。

第三条 房屋租赁应当遵循平等、自愿、合法和诚实信用原则。

第四条 国务院住房和城乡建设主管部门负责全国房屋租赁的指导和监督工作。

县级以上地方人民政府建设（房地产）主管部门负责本行政区域内房屋租赁的监督管理。

第五条 直辖市、市、县人民政府建设（房地产）主管部门应当加强房屋租赁管理规定和房屋使用安全知识的宣传，定期分区域公布不同类型房屋的市场租金水平等信息。

第六条 有下列情形之一的房屋不得出租：
（一）属于违法建筑的；
（二）不符合安全、防灾等工程建设强制性标准的；
（三）违反规定改变房屋使用性质的；
（四）法律、法规规定禁止出租的其他情形。

第七条 房屋租赁当事人应当依法订立租赁合同。房屋租赁合同的内容由当事人双方约定，一般应当包括以下内容：
（一）房屋租赁当事人的姓名（名称）和住所；
（二）房屋的坐落、面积、结构、附属设施，家具和家电等室内设施状况；
（三）租金和押金数额、支付方式；
（四）租赁用途和房屋使用要求；
（五）房屋和室内设施的安全性能；
（六）租赁期限；
（七）房屋维修责任；
（八）物业服务、水、电、燃气等相关费用的缴纳；
（九）争议解决办法和违约责任；
（十）其他约定。

房屋租赁当事人应当在房屋租赁合同中约定房屋被征收或者拆迁时的处理办法。

建设（房地产）管理部门可以会同工商行政管理部门制定房屋租赁合同示范文本，供当事人选用。

第八条 出租住房的，应当以原设计的房间为最小出租单位，人均租住建筑面积不得低于当地人民政府规定的最低标准。

厨房、卫生间、阳台和地下储藏室不得出租供人员居住。

第九条 出租人应当按照合同约定履行房屋的维修义务并确保房屋和室内设施安全。未及时修复损坏的房屋，影响承租人正常使用的，应当按照约定承担赔偿责任或者减少租金。

房屋租赁合同期内，出租人不得单方面随意提高租金水平。

第十条 承租人应当按照合同约定的租赁用途和使用要求合理使用房屋,不得擅自改动房屋承重结构和拆改室内设施,不得损害其他业主和使用人的合法权益。

承租人因使用不当等原因造成承租房屋和设施损坏的,承租人应当负责修复或者承担赔偿责任。

第十一条 承租人转租房屋的,应当经出租人书面同意。

承租人未经出租人书面同意转租的,出租人可以解除租赁合同,收回房屋并要求承租人赔偿损失。

第十二条 房屋租赁期间内,因赠与、析产、继承或者买卖转让房屋的,原房屋租赁合同继续有效。

承租人在房屋租赁期间死亡,与其生前共同居住的人可以按照原租赁合同租赁该房屋。

第十三条 房屋租赁期间出租人出售租赁房屋的,应当在出售前合理期限内通知承租人,承租人在同等条件下有优先购买权。

第十四条 房屋租赁合同订立后三十日内,房屋租赁当事人应当到租赁房屋所在地直辖市、市、县人民政府建设(房地产)主管部门办理房屋租赁登记备案。

房屋租赁当事人可以书面委托他人办理房屋租赁登记备案。

第十五条 办理房屋租赁登记备案,房屋租赁当事人应当提交下列材料:

(一)房屋租赁合同;

(二)房屋租赁当事人身份证明;

(三)房屋所有权证书或者其他合法权属证明;

(四)直辖市、市、县人民政府建设(房地产)主管部门规定的其他材料。

房屋租赁当事人提交的材料应当真实、合法、有效,不得隐瞒真实情况或者提供虚假材料。

第十六条 对符合下列要求的,直辖市、市、县人民政府建设(房地产)主管部门应当在三个工作日内办理房屋租赁登记备案,向租赁当事人开具房屋租赁登记备案证明:

(一)申请人提交的申请材料齐全并且符合法定形式;

(二)出租人与房屋所有权证书或者其他合法权属证明记载的主体一致;

(三)不属于本办法第六条规定不得出租的房屋。

申请人提交的申请材料不齐全或者不符合法定形式的,直辖市、市、县人民政府建设(房地产)主管部门应当告知房屋租赁当事人需要补正的内容。

第十七条 房屋租赁登记备案证明应当载明出租人的姓名或者名称,承租人的姓名或者名称、有效身份证件种类和号码,出租房屋的坐落、租赁用途、租金数额、租赁期限等。

第十八条 房屋租赁登记备案证明遗失的,应当向原登记备案的部门补领。

第十九条 房屋租赁登记备案内容发生变化、续租或者租赁终止的,当事人应当在三十日内,到原租赁登记备案的部门办理房屋租赁登记备案的变更、延续或者注销手续。

第二十条 直辖市、市、县建设(房地产)主管部门应当建立房屋租赁登记备案信息系统,逐步实行房屋租赁合同网上登记备案,并纳入房地产市场信息系统。

房屋租赁登记备案记载的信息应当包含以下内容:

(一)出租人的姓名(名称)、住所;

(二)承租人的姓名(名称)、身份证件种类和号码;

(三)出租房屋的坐落、租赁用途、租金数额、租赁期限;

(四)其他需要记载的内容。

第二十一条 违反本办法第六条规定的,由直辖市、市、县人民政府建设(房地产)主管部门责令限期改正,对没有违法所得的,可处以五千元以下罚款;对有违法所得的,可以处以违法所得一倍以上三倍以下,但不超过三万元的罚款。

第二十二条 违反本办法第八条规定的,由直辖市、市、县人民政府建设(房地产)主管部门责令限期改正,逾期不改正的,可处以五千元以上三万元以下罚款。

第二十三条 违反本办法第十四条第一款、第十九条规定的,由直辖市、市、县人民政府建设(房地产)主管部门责令限期改正;个人逾期不改正的,处以一千元以下罚款;单位逾期不改正的,处以一千元以上一万元以下罚款。

第二十四条 直辖市、市、县人民政府建设(房地产)主管部门对符合本办法规定的房屋租赁登记备案申请不予办理、对不符合本办法规定的房屋租赁登记备案申请予以办理,或者对房屋租赁登记备案信息管理不当,给租赁当事人造成损失的,对直接负责的主管人员和其他直接责任人员依法给予处分;构成犯罪的,依法追究刑事责任。

第二十五条 保障性住房租赁按照国家有关规定执行。

第二十六条 城市规划区外国有土地上的房屋租赁

和监督管理,参照本办法执行。

第二十七条 省、自治区、直辖市人民政府住房和城乡建设主管部门可以依据本办法制定实施细则。

第二十八条 本办法自2011年2月1日起施行,建设部1995年5月9日发布的《城市房屋租赁管理办法》(建设部令第42号)同时废止。

住房和城乡建设部、国家发展改革委、公安部等关于整顿规范住房租赁市场秩序的意见

· 2019年12月13日
· 建房规[2019]10号

各省、自治区、直辖市及新疆生产建设兵团住房和城乡建设厅(住房和城乡建设委、住房和城乡建设管委、住房和城乡建设局)、发展改革委、公安厅(局)、市场监管局(厅、委)、银保监局、网信办:

租赁住房是解决进城务工人员、新就业大学生等新市民住房问题的重要途径。近年来,我国住房租赁市场快速发展,为解决新市民住房问题发挥了重要作用。但住房租赁市场秩序混乱,房地产经纪机构、住房租赁企业和网络信息平台发布虚假房源信息、恶意克扣押金租金、违规使用住房租金贷款、强制驱逐承租人等违法违规问题突出,侵害租房群众合法权益,影响社会和谐稳定。按照党中央对"不忘初心、牢记使命"主题教育的总体要求、中央纪委国家监委关于专项整治漠视侵害群众利益问题的统一部署,2019年6月以来,在全国范围内开展整治住房租赁中介机构乱象工作,并取得了初步成效。为巩固专项整治成果,将整治工作制度化、常态化,现提出以下意见。

一、严格登记备案管理

从事住房租赁活动的房地产经纪机构、住房租赁企业和网络信息平台,以及转租住房10套(间)以上的单位或个人,应当依法办理市场主体登记。从事住房租赁经纪服务的机构经营范围应当注明"房地产经纪",从事住房租赁经营的企业经营范围应当注明"住房租赁"。住房和城乡建设、市场监管部门要加强协作,及时通过相关政务信息共享交换平台共享登记注册信息。房地产经纪机构开展业务前,应向所在直辖市、市、县住房和城乡建设部门备案。住房租赁企业开展业务前,通过住房租赁管理服务平台向所在城市住房和城乡建设部门推送开业信息。直辖市、市、县住房和城乡建设部门应当通过门户网站等渠道公开已备案或者开业报告的房地产经纪机构、住房租赁企业及其从业人员名单并实时更新。

二、真实发布房源信息

已备案的房地产经纪机构和已开业报告的住房租赁企业及从业人员对外发布房源信息的,应当对房源信息真实性、有效性负责。所发布的房源信息应当实名并注明所在机构及门店信息,并应当包含房源位置、用途、面积、图片、价格等内容,满足真实委托、真实状况、真实价格的要求。同一机构的同一房源在同一网络信息平台仅可发布一次,在不同渠道发布的房源信息应当一致,已成交或撤销委托的房源信息应在5个工作日内从各种渠道上撤销。

三、落实网络平台责任

网络信息平台应当核验房源信息发布主体资格和房源必要信息。对机构及从业人员发布房源信息的,应当对机构身份和人员真实从业信息进行核验,不得允许不具备发布主体资格、被列入经营异常名录或严重违法失信名单等机构及从业人员发布房源信息。对房屋权利人自行发布房源信息的,应对发布者身份和房源真实性进行核验。对发布10套(间)以上转租房源信息的单位或个人,应当核实发布主体经营资格。网络信息平台要加快实现对同一房源信息合并展示,及时撤销超过30个工作日未维护的房源信息。住房和城乡建设、市场监管等部门要求网络信息平台提供有关住房租赁数据的,网络信息平台应当配合。

四、动态监管房源发布

对违规发布房源信息的机构及从业人员,住房和城乡建设、网信等部门应当要求发布主体和网络信息平台删除相关房源信息,网络信息平台应当限制或取消其发布权限。网络信息平台未履行核验发布主体和房源信息责任的,网信部门可根据住房和城乡建设等部门的意见,对其依法采取暂停相关业务、停业整顿等措施。网络信息平台发现违规发布房源信息的,应当立即处置并保存相关记录。住房和城乡建设部门应当建立机构及从业人员数据库,有条件的可建立房源核验基础数据库,通过提供数据接口、房源核验码等方式,向房地产经纪机构、住房租赁企业、网络信息平台提供核验服务。

五、规范住房租赁合同

经由房地产经纪机构、住房租赁企业成交的住房租赁合同,应当即时办理网签备案。网签备案应当使用住房和城乡建设、市场监管部门制定的住房租赁合同示范文本。尚未出台合同示范文本的城市,应当加快制定住房租赁合同示范文本。合同示范文本应当遵循公平原则确定双方权利义务。住房和城乡建设部门应当提供住房租赁管理服务平台数据接口,推进与相关企业业务系统

联网,实现住房租赁合同即时网签备案。

六、规范租赁服务收费

房地产经纪机构、住房租赁企业应当实行明码标价。收费前应当出具收费清单,列明全部服务项目、收费标准、收费金额等内容,并由当事人签字确认。房地产经纪机构不得赚取住房出租差价,住房租赁合同期满承租人和出租人续约的,不得再次收取佣金。住房租赁合同期限届满时,除冲抵合同约定的费用外,剩余租金、押金等应当及时退还承租人。

七、保障租赁房屋安全

住房和城乡建设部门应当制定闲置商业办公用房、工业厂房等非住宅依法依规改造为租赁住房的政策。改造房屋用于租赁住房的,应当符合建筑、消防等方面的要求。住房租赁企业应当编制房屋使用说明书,告知承租人房屋及配套设施的使用方式,提示消防、用电、燃气等使用事项。住房租赁企业对出租房屋进行改造或者装修的,应当取得产权人书面同意,使用的材料和设备符合国家和地方标准,装修后空气质量应当符合国家有关标准,不得危及承租人安全和健康。

八、管控租赁金融业务

住房租赁企业可依据相关法律法规以应收帐款为质押申请银行贷款。金融监管部门应当加强住房租赁金融业务的监管。开展住房租金贷款业务,应当以经网签备案的住房租赁合同为依据,按照住房租赁合同期限、租金冠交期限与住房租金贷款期限相匹配的原则,贷款期限不得超过住房租赁合同期限,发放贷款的频率应与借款人支付租金的频率匹配。做好贷前调查,认真评估借款人的还款能力,确定融资额度。加强贷后管理,严格审查贷款用途,防止住房租赁企业形成资金池、加杠杆。住房租赁企业不得以隐瞒、欺骗、强迫等方式要求承租人使用住房租金消费贷款,不得以租金分期、租金优惠等名义诱导承租人使用住房租金消费贷款。住房和城乡建设部门应当通过提供数据接口等方式,向金融机构提供住房租赁合同网签备案信息查询服务。加强住房和城乡建设部门与金融监管部门有关住房租赁合同网签备案、住房租金贷款的信息共享。

九、加强租赁企业监管

住房和城乡建设等部门加强对采取"高进低出"(支付房屋权利人的租金高于收取承租人的租金)、"长收短付"(收取承租人租金周期长于给付房屋权利人租金周期)经营模式的住房租赁企业的监管,指导住房租赁企业在银行设立租赁资金监管账户,将租金、押金等纳入监管账户。住房租赁企业租金收入中,住房租金贷款金额占比不得超过30%,超过比例的应当于2022年底前调整到位。对不具备持续经营能力、扩张规模过快的住房租赁企业,可采取约谈告诫、暂停网签备案、发布风险提示、依法规查处等方式,防范化解风险。涉及违规建立资金池等影响金融秩序的,各相关监管部门按照职责,加强日常监测和违法违规行为查处;涉及无照经营、实施价格违法行为、实施垄断协议和滥用市场支配地位行为的,由市场监管部门依法查处;涉及违反治安管理和犯罪的,由公安机关依法查处。

十、建设租赁服务平台

直辖市、省会城市、计划单列市以及其他租赁需求旺盛的城市应当于2020年底前建设完成住房租赁管理服务平台。平台应当具备机构备案和开业报告、房源核验、信息发布、网签备案等功能。建立房地产经纪机构、住房租赁企业及从业人员和租赁房源数据库,加强市场监测。逐步实现住房租赁管理服务平台与综合治理等系统对接。

十一、建立纠纷调处机制

房地产经纪机构、住房租赁企业、网络信息平台要建立投诉处理机制,对租赁纠纷承担首要调处职责。相关行业组织要积极受理住房租赁投诉,引导当事人妥善化解纠纷。住房和城乡建设等部门应当畅通投诉举报渠道,通过门户网站开设专栏,并加强与12345市长热线协同,及时调查处理投诉举报。各地要将住房租赁管理纳入社会综合治理的范围,实行住房租赁网格化管理,发挥街道、社区等基层组织作用,化解租赁矛盾纠纷。

十二、加强部门协同联动

城市政府对整顿规范住房租赁市场秩序负主体责任。住房和城乡建设、发展改革、公安、市场监管、金融监管、网信等部门要建立协同联动机制,定期分析研判租赁市场发展态势,推动部门信息共享,形成监管合力。按照职责分工,加大整治规范租赁市场工作力度。建立部、省、市联动机制,按年定期报送整顿规范住房租赁市场工作进展情况。

十三、强化行业自律管理

各地住房和城乡建设部门要充分发挥住房租赁、房地产经纪行业协会(学会)作用,支持行业协会(学会)制定执业规范、职业道德准则和争议处理规则,定期开展职业培训和继续教育,加强风险提示。房地产经纪机构、住房租赁企业及从业人员要自觉接受行业自律管理。

十四、发挥舆论引导作用

各地要充分运用网络、电视、报刊、新媒体等渠道,加强宣传报道,营造遵纪守法、诚信经营的市场环境。发挥正反典型的导向作用,及时总结推广经验,定期曝光典型案例,发布风险提示,营造住房租赁市场良好舆论环境。

公安部、中央社会治安综合治理委员会办公室、民政部等关于进一步加强和改进出租房屋管理工作有关问题的通知

- 2004年11月12日
- 公通字〔2004〕83号

各省、自治区、直辖市公安厅(局)、综治办、民政厅(局)、建设厅(建委、房地局)、国家税务局、地方税务局、工商行政管理局,新疆生产建设兵团公安局、综治办、民政局、建设局、财务局、工商行政管理局:

近年来,随着我国城乡经济的迅速发展,流动人口日益增多,房屋租赁业发展迅速。由于一些地方管理措施未能有效落实,不法分子利用出租房屋从事违法犯罪活动问题日益突出。随着行政审批制度改革工作的不断深入,原有的出租房屋管理方法、方式和机制受到冲击,出租房屋管理工作面临更大的压力和挑战。为进一步加强和改进出租房屋管理工作,维护社会治安秩序,促进房屋租赁业的健康发展,现就有关问题通知如下:

一、充分认识做好出租房屋管理工作的重要意义,切实加强组织领导。出租房屋管理是社会管理和治安管理的一项重要基础性工作。加强出租房屋管理,及时全面掌握出租房屋的底数和有关情况,严密防范和依法严厉打击不法分子利用出租房屋进行的各类违法犯罪活动,对于保护公民的合法权益,维护社会治安秩序,促进房屋租赁业的健康发展,具有十分重要的意义。各级公安、综合治理、民政、房地产管理、税务、工商行政管理等部门要从实践"三个代表"重要思想和服务经济社会发展的高度,在党委、政府的统一领导下,切实加强组织领导,认真做好出租房屋的管理工作。

二、各司其职,密切配合,齐抓共管。各地公安、综治治理、民政、房地产管理、税务、工商行政管理等部门要充分发挥职能作用,切实履行好各自职责。

公安部门负责登记暂住户口,办理和查验暂住证,了解掌握房屋承租人变动情况。督促出租房主与公安部门签订治安责任保证书。开展经常性的出租房屋治安检查,消除治安隐患,及时查处和依法打击出租房屋中的违法犯罪活动。指导居(村)民委员会、社会治安辅助力量协助开展出租房屋和暂住人口治安管理工作。

综合治理部门负责指导各地推进社会治安防控体系建设,全面落实社会治安综合治理各项措施。加强乡镇、街道综治办和群防群治力量建设,整合各种治安防范力量。组织、协调、督促各有关部门共同做好出租房屋管理工作,定期召集有关部门研究分析管理中存在的问题,及时提出解决措施。对各部门开展出租房屋管理工作情况进行考核。

民政部门负责指导加强基层政权建设,推进社区建设。协助公安、司法部门抓好居(村)民委员会的治保组织、人民调解组织等群众自治组织建设,协助公安部门完善社区治安网络建设。

房地产管理部门负责房屋租赁登记备案工作,掌握出租房屋的底数和基本情况。加强对房屋租赁中介机构的管理,规范房屋租赁中介机构行为,保护租赁当事人的合法权益。

税务部门负责出租房屋税收征管工作,必要时可以根据有关税收法律法规的规定委托具备条件的暂住人口管理机构或房地产管理部门代征。

工商行政管理部门负责查处利用出租房屋从事的违法经营活动,查处、取缔非法房屋中介机构。

各部门要加强协调配合,建立信息交流制度。房地产管理部门为出租房屋办理租赁登记备案证明后,应定期将有关情况通报给公安、工商、税务等部门;工商部门在办理工商营业执照、公安部门在办理暂住户口登记及暂住证时,对于生产、经营、居住场所为出租房屋的,应查验房地产管理部门出具的房屋租赁登记备案证明。对发现没有办理房屋租赁登记备案的,应将有关情况定期通报给房地产管理部门。

三、依法加强对出租房屋的管理。各部门要加大工作力度,规范房屋租赁活动。对房主违反出租房屋管理规定的行为,按照下列规定严肃查处:

(一)符合出租条件但未办理租赁登记备案手续的,由房地产管理部门责令补办手续。

(二)不符合出租条件而出租的,由房地产管理部门依法给予处罚。

(三)办理房屋租赁登记备案后未到房屋所在地公安派出所签订治安责任保证书,经通知拒不改正的,由公安部门依照《租赁房屋治安管理规定》第九条第(一)项的规定予以处罚。

(四)将房屋出租给无合法有效证件人员的,由公安部门依照《租赁房屋治安管理规定》第九条第(二)项的规定予以处罚。

（五）明知承租人违反爆炸、剧毒、易燃、放射性等危险物品管理规定，利用出租房屋生产、销售、储存、使用危险物品，不及时制止、报告，尚未造成严重后果的，由公安部门依照《租赁房屋治安管理规定》第九条第（三）项的规定予以处罚；构成犯罪的，依照《中华人民共和国刑法》第一百三十六条的规定追究刑事责任。

（六）明知是赃物而窝藏的，由公安部门依照《中华人民共和国治安管理处罚条例》第二十四条第（一）项的规定予以处罚；构成犯罪的，依照《中华人民共和国刑法》第三百一十二条的规定追究刑事责任。

（七）违反消防安全规定，占用防火间距的，由公安消防机构依照《中华人民共和国消防法》第四十八条第（二）项的规定予以处罚。

（八）出租房屋有重大火灾隐患，经公安部门通知不加改正的，由公安部门依照《中华人民共和国治安管理处罚条例》第二十六条第（八）项的规定予以处罚。

（九）不按照规定为暂住人员申报暂住户口登记的，由公安部门依照《中华人民共和国治安管理处罚条例》第二十九条第（五）项的规定予以处罚。

（十）介绍或者容留卖淫的，由公安部门依照《中华人民共和国治安管理处罚条例》第三十条的规定予以处罚；构成犯罪的，依照《中华人民共和国刑法》第三百五十九条的规定追究刑事责任。

（十一）为他人进行赌博活动提供出租房屋的，由公安部门依照《中华人民共和国治安管理处罚条例》第三十二条第（一）项的规定予以处罚；构成犯罪的，依照《中华人民共和国刑法》第三百零三条的规定追究刑事责任。

（十二）为他人制作、贩卖淫秽图书、光盘或者其他淫秽物品提供出租房屋的，由公安部门依照《中华人民共和国治安管理处罚条例》第三十二条第（二）项的规定予以处罚；构成犯罪的，依照《中华人民共和国刑法》第三百六十三条的规定追究刑事责任。

（十三）明知是有犯罪行为的人而为其提供出租房屋，帮助其逃避或者为其作假证明的，由公安部门依照《中华人民共和国刑法》第三百一十条的规定追究刑事责任。

（十四）有税收违法行为的，由税务部门依法给予处罚。

四、依法严厉打击利用出租房屋进行的各类违法犯罪活动。各地公安部门要会同综合治理、房地产管理、工商行政管理等部门，根据本地治安实际，适时组织开展出租房屋的清理整顿专项行动，依法取缔非法出租房屋，整治藏污纳垢场所，严厉打击利用出租房屋进行的各类违法犯罪活动，及时查获犯罪嫌疑人和各类逃犯。要强化侦查手段，在出租房主中建立信息员，拓宽情报信息来源，及时获取深层次、内幕性的情报信息。要认真梳理、研究不法分子利用出租房屋进行违法犯罪活动的特点和规律，提高打击违法犯罪活动的针对性和时效性。

五、积极推行出租房屋社会化管理。各地要紧紧抓住加强基层政权和推进城市社区建设的有利时机，将出租房屋管理工作落实到乡（镇、街道）和社区。要依托乡（镇、街道）等基层组织，广泛发动群众、依靠群众，充分发挥城乡治保组织、单位保卫组织、治安联防队、社区群众治安防范组织等作用，落实好出租房屋管理的各项工作措施。要充分利用现有的暂住人口协管员队伍，协助做好出租房屋管理工作。

国家税务总局关于加强出租房屋税收征管的通知

· 2005 年 8 月 3 日国税发〔2005〕159 号公布
· 根据 2018 年 6 月 15 日《国家税务总局关于修改部分税收规范性文件的公告》修订

各省、自治区、直辖市和计划单列市地方税务局，扬州税务进修学院：

根据现行税收法律法规，对出租房屋的行为，根据不同情况应分别征收营业税及城市维护建设税与教育费附加、房产税或城市房地产税、个人所得税或企业所得税、印花税。近年来，各级地方税务机关针对房屋租赁市场的实际情况，不断探索切实可行的税收征管方法，在强化管理、组织收入方面做了大量工作，取得了一定成效。但是，出租房屋特别是私房出租点多面广、隐蔽性强，征管难度大，税务机关又缺乏有效的信息来源渠道和控管手段，出租房屋的税收征管基础工作比较薄弱，漏征漏管情况比较普遍。针对这些问题，为进一步贯彻落实《国家税务总局关于进一步加强房地产税收管理的通知》（国税发〔2005〕82 号），切实加强出租房屋税收征收管理，现就有关工作通知如下：

一、规范出租房屋的税收征管。各地要高度重视出租房屋税收的征管工作，结合本地实际情况，找准出租房屋税收征收管理的薄弱环节，制定和完善具体征管办法，明确加强出租房屋税收管理的征管措施。对委托有关部门代征出租房屋税收的，要制定委托代征管理办法，明确代征单位和代征人员的职责及工作要求、代征税款缴库和票证管理制度等，规范管理。要针对房屋出租的形式和特点,进行科学分类,明确重点管理对象、重点管理范围和管理的责任人并落实责任制,把出租房屋税收征管工作抓深、抓细,夯实出租房屋税收的征管基础。

二、动态监控出租房屋的税源。要通过对租赁双方的典型调查、专项检查和日常动态监控等方式,加强对出租房屋的税源管理。要建立健全出租房屋税收的税源登记档案,有条件的地区要建立税源数据库,并根据变化情况及时更新。各地要按照总局关于实施房地产税收"一体化"管理的要求,建立和完善税源信息的传递机制,充分利用房地产转让及保有环节有关税种的征管信息,跟踪掌握出租房屋的税源情况,重点查找漏征漏管户并核实其出租房屋的面积和租金情况。要加强与公安、街道办事处、居(家)委会、房屋土地管理部门以及房屋中介机构和住宅小区物业管理部门的沟通,增加税源信息获取渠道,建立税源信息传递制度。特别是要通过外来人口管理部门掌握外地人员承租房屋的情况,进而掌握居民住房的出租情况;通过对写字楼、商住楼开展全面的摸底调查,掌握办公用房的出租情况;通过对企业经营场所情况进行登记,掌握工商业用房的出租情况。要将从各种渠道获得的信息与税务机关掌握的信息进行比对、分析、查找管理的薄弱环节,切实加强税源的监控。

三、构建出租房屋税收征管的部门协作机制。各级税务机关要积极争取当地政府的支持,加强与外来人口管理、乡镇政府、街道办事处、居(家)委会、房地产管理等部门的协作配合,充分利用这些部门熟悉情况、联系广泛的特点,通过联合办公、委托代征等形式,构建出租房屋税收征管的部门协作机制,形成各方面齐抓共管、社会综合治税的局面。

四、进一步优化纳税服务。各级税务机关要采取多种方式,方便纳税人缴纳出租房屋的各项税收。利用各种渠道广泛深入地开展税法宣传,提高纳税人依法纳税的意识和主动申报纳税的自觉性;要耐心解答纳税人提出的问题,做好税收政策的解释工作;要根据本地区的实际情况,通过设立便利纳税人的缴税网点或采取上门征收等方法,为纳税人提供方便快捷的缴税方式,简化纳税人的缴税手续。

五、合理确定出租房屋的应纳税额。对纳税人不申报或者不如实申报租金收入的,应按照《中华人民共和国税收征收管理法》及其实施细则的有关规定实行核定征收。为合理确定出租房屋的应纳税额,各地可采取典型调查等方式,并参考房地产管理部门的有关资料,分区域确定房屋出租的计税租金标准并适时予以调整。对房屋出租人不申报租金收入或申报的租金收入低于计税租金标准又无正当理由的,可按计税租金标准计算征税。

最高人民法院关于审理城镇房屋租赁合同纠纷案件具体应用法律若干问题的解释

·2009年6月22日最高人民法院审判委员会第1469次会议通过
·根据2020年12月23日最高人民法院审判委员会第1823次会议通过的《最高人民法院关于修改〈最高人民法院关于在民事审判工作中适用《中华人民共和国工会法》若干问题的解释〉等二十七件民事类司法解释的决定》修正
·2020年12月29日最高人民法院公告公布
·自2021年1月1日起施行
·法释〔2020〕17号

为正确审理城镇房屋租赁合同纠纷案件,依法保护当事人的合法权益,根据《中华人民共和国民法典》等法律规定,结合民事审判实践,制定本解释。

第一条 本解释所称城镇房屋,是指城市、镇规划区内的房屋。

乡、村庄规划区内的房屋租赁合同纠纷案件,可以参照本解释处理。但法律另有规定的,适用其规定。

当事人依照国家福利政策租赁公有住房、廉租住房、经济适用住房产生的纠纷案件,不适用本解释。

第二条 出租人就未取得建设工程规划许可证或者未按照建设工程规划许可证的规定建设的房屋,与承租人订立的租赁合同无效。但在一审法庭辩论终结前取得建设工程规划许可证或者经主管部门批准建设的,人民法院应当认定有效。

第三条 出租人就未经批准或者未按照批准内容建设的临时建筑,与承租人订立的租赁合同无效。但在一审法庭辩论终结前经主管部门批准建设的,人民法院应当认定有效。

租赁期限超过临时建筑的使用期限,超过部分无效。但在一审法庭辩论终结前经主管部门批准延长使用期限的,人民法院应当认定延长使用期限内的租赁期间有效。

第四条 房屋租赁合同无效,当事人请求参照合同约定的租金标准支付房屋占有使用费的,人民法院一般应予支持。

当事人请求赔偿因合同无效受到的损失,人民法院依照民法典第一百五十七条和本解释第七条、第十一条、第十二条的规定处理。

第五条 出租人就同一房屋订立数份租赁合同,在合同均有效的情况下,承租人均主张履行合同的,人民法院按照下列顺序确定履行合同的承租人:

(一)已经合法占有租赁房屋的;

(二)已经办理登记备案手续的;

(三)合同成立在先的。

不能取得租赁房屋的承租人请求解除合同、赔偿损失的,依照民法典的有关规定处理。

第六条 承租人擅自变动房屋建筑主体和承重结构或者扩建,在出租人要求的合理期限内仍不予恢复原状,出租人请求解除合同并要求赔偿损失的,人民法院依照民法典第七百一十一条的规定处理。

第七条 承租人经出租人同意装饰装修,租赁合同无效时,未形成附合的装饰装修物,出租人同意利用的,可折价归出租人所有;不同意利用的,可由承租人拆除。因拆除造成房屋毁损的,承租人应当恢复原状。

已形成附合的装饰装修物,出租人同意利用的,可折价归出租人所有;不同意利用的,由双方各自按照导致合同无效的过错分担现值损失。

第八条 承租人经出租人同意装饰装修,租赁期间届满或者合同解除时,除当事人另有约定外,未形成附合的装饰装修物,可由承租人拆除。因拆除造成房屋毁损的,承租人应当恢复原状。

第九条 承租人经出租人同意装饰装修,合同解除时,双方对已形成附合的装饰装修物的处理没有约定的,人民法院按照下列情形分别处理:

(一)因出租人违约导致合同解除,承租人请求出租人赔偿剩余租赁期内装饰装修残值损失的,应予支持;

(二)因承租人违约导致合同解除,承租人请求出租人赔偿剩余租赁期内装饰装修残值损失的,不予支持。但出租人同意利用的,应在利用价值范围内予以适当补偿;

(三)因双方违约导致合同解除,剩余租赁期内的装饰装修残值损失,由双方根据各自的过错承担相应的责任;

(四)因不可归责于双方的事由导致合同解除,剩余租赁期内的装饰装修残值损失,由双方按照公平原则分担。法律另有规定的,适用其规定。

第十条 承租人经出租人同意装饰装修,租赁期间届满时,承租人请求出租人补偿附合装饰装修费用的,不予支持。但当事人另有约定的除外。

第十一条 承租人未经出租人同意装饰装修或者扩建发生的费用,由承租人负担。出租人请求承租人恢复原状或者赔偿损失的,人民法院应予支持。

第十二条 承租人经出租人同意扩建,但双方对扩建费用的处理没有约定的,人民法院按照下列情形分别处理:

(一)办理合法建设手续的,扩建造价费用由出租人负担;

(二)未办理合法建设手续的,扩建造价费用由双方按照过错分担。

第十三条 房屋租赁合同无效、履行期限届满或者解除,出租人请求负有腾房义务的次承租人支付逾期腾房占有使用费的,人民法院应予支持。

第十四条 租赁房屋在承租人按照租赁合同占有期限内发生所有权变动,承租人请求房屋受让人继续履行原租赁合同的,人民法院应予支持。但租赁房屋具有下列情形或者当事人另有约定的除外:

(一)房屋在出租前已设立抵押权,因抵押权人实现抵押权发生所有权变动的;

(二)房屋在出租前已被人民法院依法查封的。

第十五条 出租人与抵押权人协议折价、变卖租赁房屋偿还债务,应当在合理期限内通知承租人。承租人请求以同等条件优先购买房屋的,人民法院应予支持。

第十六条 本解释施行前已经终审,本解释施行后当事人申请再审或者按照审判监督程序决定再审的案件,不适用本解释。

财政部、税务总局、住房城乡建设部关于完善住房租赁有关税收政策的公告

· 2021 年 7 月 15 日
· 财政部、税务总局、住房城乡建设部公告 2021 年第 24 号

为进一步支持住房租赁市场发展,现将有关税收政策公告如下:

一、住房租赁企业中的增值税一般纳税人向个人出租住房取得的全部出租收入,可以选择适用简易计税方法,按照5%的征收率减按1.5%计算缴纳增值税,或适用一般计税方法计算缴纳增值税。住房租赁企业中的增值税小规模纳税人向个人出租住房,按照5%的征收率减按1.5%计算缴纳增值税。

住房租赁企业向个人出租住房适用上述简易计税方法并进行预缴的,减按1.5%预征率预缴增值税。

二、对企事业单位、社会团体以及其他组织向个人、专业化规模化住房租赁企业出租住房的,减按4%的税率

征收房产税。

三、对利用非居住存量土地和非居住存量房屋(含商业办公用房、工业厂房改造后出租用于居住的房屋)建设的保障性租赁住房,取得保障性租赁住房项目认定书后,比照适用第一条、第二条规定的税收政策,具体为:住房租赁企业向个人出租上述保障性租赁住房,比照适用第一条规定的增值税政策;企事业单位、社会团体以及其他组织向个人、专业化规模化住房租赁企业出租上述保障性租赁住房,比照适用第二条规定的房产税政策。

保障性租赁住房项目认定书由市、县人民政府组织有关部门联合审查建设方案后出具。

四、本公告所称住房租赁企业,是指按规定向住房城乡建设部门进行开业报告或者备案的从事住房租赁经营业务的企业。

本公告所称专业化规模化住房租赁企业的标准为:企业在开业报告或者备案城市内持有或者经营租赁住房1000套(间)及以上或者建筑面积3万平方米及以上。各省、自治区、直辖市住房城乡建设部门会同同级财政、税务部门,可根据租赁市场发展情况,对本地区全部或者部分城市在50%的幅度内下调标准。

五、各地住房城乡建设、税务部门应加强信息共享。市、县住房城乡建设部门应将本地区住房租赁企业、专业化规模化住房租赁企业名单以及保障性租赁住房项目认定书传递给同级税务部门,并将住房租赁企业、专业化规模化住房租赁企业名单予以公布并动态更新,共享信息具体内容和共享实现方式由各省、自治区、直辖市住房城乡建设部门会同税务部门共同研究确定。

六、纳税人享受本公告规定的优惠政策,应按规定进行减免税申报,并将不动产权属、房屋租赁合同、保障性租赁住房项目认定书等相关资料留存备查。

七、本公告自2021年10月1日起执行。《财政部 国家税务总局关于廉租住房经济适用住房和住房租赁有关税收政策的通知》(财税〔2008〕24号)第二条第(四)项规定同时废止。

住房和城乡建设部等部门关于加强轻资产住房租赁企业监管的意见

· 2021年4月15日
· 建房规〔2021〕2号

各省、自治区、直辖市人民政府,新疆生产建设兵团:

近年来,我国住房租赁市场快速发展,市场运行总体平稳,租金水平稳中有降,为解决居民住房问题发挥了重要作用。同时,部分从事转租经营的轻资产住房租赁企业(以下简称住房租赁企业),利用租金支付期限错配建立资金池,控制房源、哄抬租金,有的甚至利用承租人信用套取信贷资金,变相开展金融业务。近期,少数住房租赁企业资金链断裂,严重影响住房租赁当事人合法权益。为贯彻落实党中央、国务院决策部署,加强住房租赁企业监管,引导住房租赁企业回归住房租赁服务本源,防范化解金融风险,促进住房租赁市场健康发展,经国务院同意,现提出以下意见。

一、加强从业管理

从事住房租赁经营的企业,以及转租住房10套(间)以上的自然人,应当依法办理市场主体登记,取得营业执照,其名称和经营范围均应当包含"住房租赁"相关字样。住房租赁企业跨区域经营的,应当在开展经营活动的城市设立独立核算法人实体。住房租赁企业应当具有专门经营场所,开展经营前,通过住房租赁管理服务平台向所在城市住房和城乡建设主管部门推送开业信息,由所在城市住房和城乡建设主管部门通过住房租赁管理服务平台向社会公示。

二、规范住房租赁经营行为

住房租赁企业开展经营活动的信息系统应当落实互联网管理各项政策要求,接入所在城市住房租赁管理服务平台。住房租赁企业应当将经营的房源信息纳入住房租赁管理服务平台管理,并实时报送租赁合同期限、租金押金及其支付方式、承租人基本情况等租赁合同信息。住房租赁企业单次收取租金的周期原则上不超过3个月;除市场变动导致的正常经营行为外,支付房屋权利人的租金原则上不高于收取承租人的租金。提供住房租赁服务的网络信息平台应当核验房源信息发布者的真实身份信息及主体资格,不得为信息不实或者未提交开业报告、被列入经营异常名录的住房租赁企业及其从业人员发布房源信息。

三、开展住房租赁资金监管

住房租赁企业应当在商业银行设立1个住房租赁资金监管账户,向所在城市住房和城乡建设部门备案,并通过住房租赁管理服务平台向社会公示。住房租赁企业发布房源信息时,应当同时发布住房租赁资金监管账户信息。住房租赁企业单次收取租金超过3个月的,或单次收取押金超过1个月的,应当将收取的租金、押金纳入监管账户,并通过监管账户向房屋权利人支付租金、向承租人退还押金。商业银行应当通过系统对接方式,向所在城市住房和城乡建设部门实时推送监管账户资金信息。纳入监管账户的资金,在确保足额按期支付房屋权利人租金和退还承租人押金的前提下,可以支付装修改造相应房屋等必要费用。城市住房和城乡建设部门要会同当地金融监管部门建立住房租赁资金监管制度,强化日常监督管理,督促住房租赁企业和商业银行落实责任,确保资金监管到位。

四、禁止套取使用住房租赁消费贷款

住房租赁企业不得变相开展金融业务,不得将住房租赁消费贷款相关内容嵌入住房租赁合同,不得利用承租人信用套取住房租赁消费贷款,不得以租金分期、租金优惠等名义诱导承租人使用住房租赁消费贷款。金融机构应当严格管理住房租赁消费贷款,加强授信审查和用途管理,发放贷款前必须采取有效手段核查借款人身份信息,评估还款能力,核实借款意愿,并做好记录。发放贷款时应明确向借款人告知相关业务的贷款性质、贷款金额、年化利率以及有关违约责任,切实保护借款人的知情权、选择权和公平交易权。金融机构发放住房租赁消费贷款,应当以备案的住房租赁合同为依据,贷款额度不得高于住房租赁合同金额,贷款期限不得超过住房租赁合同期限,发放贷款的频率应与借款人支付租金的频率匹配,贷款资金只能划入借款人账户,同时强化贷款资金用途管理,避免资金挪用风险。对于已实际发放给住房租赁企业的存量住房租赁消费贷款,金融机构应制定妥善处置方案,稳妥化解存量。住房和城乡建设部门要与金融机构共享有"高进低出"、"长收短付"等高风险经营行为的住房租赁企业名单,金融机构要对企业进行风险评估,加强名单式管理,对列入上述名单的企业不得发放贷款。

五、合理调控住房租金水平

住房租赁市场需求旺盛的大城市住房和城乡建设部门应当建立住房租金监测制度,定期公布不同区域、不同类型租赁住房的市场租金水平信息。积极引导住房租赁双方合理确定租金,稳定市场预期。发挥住房租赁企业,尤其是大中型住房租赁企业在稳定市场租金水平方面的示范作用。加强住房租赁市场租金监测,密切关注区域租金异常上涨情况,对于租金上涨过快的,可以采取必要措施稳定租金水平。

六、妥善化解住房租赁矛盾纠纷

各有关方面应当加强协同联动,积极化解住房租赁引发的矛盾纠纷,妥善处置相关风险。相关部门对有高风险经营行为的住房租赁企业经营情况依法开展调查,企业应当积极配合。街道办事处、社区充分发挥基层网格管理人员作用,督促住房租赁合同备案,协助排查有高风险经营行为的住房租赁企业情况。发挥住房租赁相关行业协会作用,完善住房租赁行业执业规则,配合相关部门处理住房租赁矛盾纠纷,净化住房租赁市场环境。综合运用人民调解、行政调解、行业性专业性调解、司法调解等多元调解机制,维护住房租赁当事人合法权益。

七、落实城市政府主体责任

城市政府对规范发展住房租赁市场承担主体责任,要建立住房和城乡建设、发展改革、公安、市场监管、金融监管、网信等多部门协同的住房租赁联合监管机制,并将相关部门的监管工作纳入政府绩效考核体系。住房和城乡建设部门要加快完善住房租赁合同示范文本,建立健全住房租赁管理服务平台,通过平台实施穿透式监管,会同金融监管部门对住房租赁企业变相从事金融业务等违法违规行为加大查处力度。住房和城乡建设、发展改革部门要建立住房租赁企业及其从业人员信用评价体系,对住房租赁企业进行分级分类,采取差异化监管措施。市场监管部门要加大监管力度,依法查处虚假广告、哄抬租金等违法违规行为,严厉打击垄断行为。金融监管部门要指导金融机构加强住房租赁消费贷款管理。公安部门要对涉嫌合同诈骗等犯罪行为依法查处,必要时对企业法定代表人、实际控制人等相关人员依法采取相应措施。网信部门要对违法发布虚假信息的网络信息平台依法采取处置措施。各地要继续深入开展住房租赁市场秩序整治,推动部门信息共享,形成监管合力,净化市场环境。

住房和城乡建设部办公厅关于集中式租赁住房建设适用标准的通知

· 2021 年 5 月 27 日
· 建办标〔2021〕19 号

各省、自治区住房和城乡建设厅,直辖市住房和城乡建设(管)委、新疆生产建设兵团住房和城乡建设局:

集中式租赁住房是指具备一定规模、实行整体运营并集中管理、用于出租的居住性用房。为支持各地发展集中式租赁住房,现就适用标准等有关事项通知如下:

一、集中式租赁住房类型和适用标准

按照使用对象和使用功能,集中式租赁住房可分为宿舍型和住宅型2类。

新建宿舍型租赁住房应执行《宿舍建筑设计规范》及相关标准;改建宿舍型租赁住房应执行《宿舍建筑设计规范》或《旅馆建筑设计规范》及相关标准。

新建或改建住宅型租赁住房应执行《住宅建筑规范》及相关标准。

二、合理增加服务功能

集中式租赁住房可根据市场需求和建筑周边商业服务网点配置等实际情况，增加相应服务功能。

（一）宿舍型租赁住房建筑内公共区域可增加公用厨房、文体活动、商务、网络宽带、日用品零售、快递收取等服务空间。房间内应加大储物空间，增加用餐、会客、晾衣空间，应设置信息网络接入点；可设置卫生间、洗浴间和起居室。

新建宿舍型租赁住房应设置机动车停车位，并预留电动汽车、电动自行车充电设施空间。

按《旅馆建筑设计规范》及相关标准进行改建的宿舍型租赁住房，采光、通风应满足《宿舍建筑设计规范》的相关要求。

（二）住宅型租赁住房按《城市居住区规划设计标准》和《完整居住社区建设标准（试行）》建设配套设施。当项目规模未达到标准规定应配建配套设施的最小规模时，宜与相邻居住区共享教育、社区卫生服务站等公共服务设施。

三、做好适用标准的实施指导

严格把握非居住类建筑改建为集中式租赁住房的条件。非居住类建筑改建前应对房屋安全性能进行鉴定，保证满足安全使用的要求；土地性质为三类工业用地和三类物流仓储用地的非居住建筑，不得改建为集中式租赁住房。

加强运营安全管理。集中式租赁住房的运营主体应确保租赁住房符合运营维护管理相关要求，建立完善各项突发事件应急预警及处置制度；落实消防安全责任制，配备符合规定的消防设施、器材，保持疏散通道、安全出口、消防车通道畅通，定期开展消防安全检查。

省级住房和城乡建设部门应加强对本地区集中式租赁住房建设适用标准实施指导。指导本地区有关城市结合实际，制定实施细则或租赁住房建设指南等，及时总结集中式租赁住房建设标准适用相关经验和问题，并报住房和城乡建设部住房保障司、标准定额司。

国务院办公厅关于加快发展保障性租赁住房的意见

·2021 年 6 月 24 日
·国办发〔2021〕22 号

各省、自治区、直辖市人民政府，国务院各部委、各直属机构：

近年来，各地区、各有关部门认真贯彻落实党中央、国务院决策部署，扎实推进住房保障工作，有效改善了城镇户籍困难群众住房条件，但新市民、青年人等群体住房困难问题仍然比较突出，需加快完善以公租房、保障性租赁住房和共有产权住房为主体的住房保障体系。经国务院同意，现就加快发展保障性租赁住房，促进解决好大城市住房突出问题，提出以下意见。

一、指导思想

以习近平新时代中国特色社会主义思想为指导，全面贯彻党的十九大和十九届二中、三中、四中、五中全会精神，立足新发展阶段，贯彻新发展理念，构建新发展格局，坚持以人民为中心，坚持房子是用来住的、不是用来炒的定位，突出住房的民生属性，扩大保障性租赁住房供给，缓解住房租赁市场结构性供给不足，推动建立多主体供给、多渠道保障、租购并举的住房制度，推进以人为核心的新型城镇化，促进实现全体人民住有所居。

二、基础制度

（一）明确对象标准。保障性租赁住房主要解决符合条件的新市民、青年人等群体的住房困难问题，以建筑面积不超过 70 平方米的小户型为主，租金低于同地段同品质市场租赁住房租金，准入和退出的具体条件、小户型的具体面积由城市人民政府按照保基本的原则合理确定。

（二）引导多方参与。保障性租赁住房由政府给予土地、财税、金融等政策支持，充分发挥市场机制作用，引导多主体投资、多渠道供给，坚持"谁投资、谁所有"，主要利用集体经营性建设用地、企事业单位自有闲置土地、产业园区配套用地和存量闲置房屋建设，适当利用新供应国有建设用地建设，并合理配套商业服务设施。支持专业化规模化住房租赁企业建设和运营管理保障性租赁住房。

（三）坚持供需匹配。城市人民政府要摸清保障性租赁住房需求和存量土地、房屋资源情况，结合现有租赁住房供求和品质状况，从实际出发，因城施策，采取新建、改建、改造、租赁补贴和将政府的闲置住房用作保障性租赁住房等多种方式，切实增加供给，科学确定"十四五"保障性租赁住房建设目标和政策措施，制定年度建设计划，并向社会公布。

（四）严格监督管理。城市人民政府要建立健全住房租赁管理服务平台，加强对保障性租赁住房建设、出租和运营管理的全过程监督，强化工程质量安全监管。保障性租赁住房不得上市销售或变相销售，严禁以保障性租赁住房为名违规经营或骗取优惠政策。

（五）落实地方责任。城市人民政府对本地区发展保障性租赁住房，促进解决新市民、青年人等群体住房困难问题负主体责任。省级人民政府对本地区发展保障性租赁住房工作负总责，要加强组织领导和监督检查，对城市发展保障性租赁住房情况实施监测评价。

三、支持政策

（一）进一步完善土地支持政策。

1. 人口净流入的大城市和省级人民政府确定的城市，在尊重农民集体意愿的基础上，经城市人民政府同意，可探索利用集体经营性建设用地建设保障性租赁住房；应支持利用城区、靠近产业园区或交通便利区域的集体经营性建设用地建设保障性租赁住房；农村集体经济组织可通过自建或联营、入股等方式建设运营保障性租赁住房；建设保障性租赁住房的集体经营性建设用地使用权可以办理抵押贷款。

2. 人口净流入的大城市和省级人民政府确定的城市，对企事业单位依法取得使用权的土地，经城市人民政府同意，在符合规划、权属不变、满足安全要求、尊重群众意愿的前提下，允许用于建设保障性租赁住房，并变更土地用途，不补缴土地价款，原划拨的土地可继续保留划拨方式；允许土地使用权人自建或与其他市场主体合作建设运营保障性租赁住房。

3. 人口净流入的大城市和省级人民政府确定的城市，经城市人民政府同意，在确保安全的前提下，可将产业园区中工业项目配套建设行政办公及生活服务设施的用地面积占项目总用地面积的比例上限由7%提高到15%，建筑面积占比上限相应提高，提高部分主要用于建设宿舍型保障性租赁住房，严禁建设成套商品住宅；鼓励将产业园区中各工业项目的配套比例对应的用地面积或建筑面积集中起来，统一建设宿舍型保障性租赁住房。

4. 对闲置和低效利用的商业办公、旅馆、厂房、仓储、科研教育等非居住存量房屋，经城市人民政府同意，在符合规划原则、权属不变、满足安全要求、尊重群众意愿的前提下，允许改建为保障性租赁住房；用作保障性租赁住房期间，不变更土地使用性质，不补缴土地价款。

5. 人口净流入的大城市和省级人民政府确定的城市，应按照职住平衡原则，提高住宅用地中保障性租赁住房用地供应比例，在编制年度住宅用地供应计划时，单列租赁住房用地计划、优先安排、应保尽保，主要安排在产业园区及周边、轨道交通站点附近和城市建设重点片区等区域，引导产城人融合、人地房联动；保障性租赁住房用地可采取出让、租赁或划拨等方式供应，其中以出让或租赁方式供应的，可将保障性租赁住房租赁价格及调整方式作为出让或租赁的前置条件，允许出让价款分期收取。新建普通商品住房项目，可配建一定比例的保障性租赁住房，具体配建比例和管理方式由市县人民政府确定。鼓励在地铁上盖物业中建设一定比例的保障性租赁住房。

（二）简化审批流程。各地要精简保障性租赁住房项目审批事项和环节，构建快速审批流程，提高项目审批效率。利用非居住存量土地和非居住存量房屋建设保障性租赁住房，可由市县人民政府组织有关部门联合审查建设方案，出具保障性租赁住房项目认定书后，由相关部门办理立项、用地、规划、施工、消防等手续。不涉及土地权属变化的项目，可用已有用地手续等材料作为土地证明文件，不再办理用地手续。探索将工程建设许可和施工许可合并为一个阶段。实行相关各方联合验收。

（三）给予中央补助资金支持。中央通过现有经费渠道，对符合规定的保障性租赁住房建设任务予以补助。

（四）降低税费负担。综合利用税费手段，加大对发展保障性租赁住房的支持力度。利用非居住存量土地和非居住存量房屋建设保障性租赁住房，取得保障性租赁住房项目认定书后，比照适用住房租赁增值税、房产税等税收优惠政策。对保障性租赁住房项目免收城市基础设施配套费。

（五）执行民用水电气价格。利用非居住存量土地和非居住存量房屋建设保障性租赁住房，取得保障性租赁住房项目认定书后，用水、用电、用气价格按照居民标准执行。

（六）进一步加强金融支持。

1. 加大对保障性租赁住房建设运营的信贷支持力度，支持银行业金融机构以市场化方式向保障性租赁住房自主主体提供长期贷款；按照依法合规、风险可控、商业可持续原则，向改建、改造存量房屋形成非自有产权保障性租赁住房的住房租赁企业提供贷款。完善与保障性租赁住房相适应的贷款统计，在实施房地产信贷管理时予以差别化对待。

2. 支持银行业金融机构发行金融债券，募集资金用于保障性租赁住房贷款投放。支持企业发行企业债券、公司债券、非金融企业债务融资工具等公司信用类债券，用于保障性租赁住房建设运营。企业持有运营的保障性租赁住房具有持续稳定现金流的，可将物业抵押作为信用增进，发行住房租赁担保债券。支持商业保险资金按照市场化原则参与保障性租赁住房建设。

四、组织实施

（一）做好政策衔接。各地要把解决新市民、青年人等群体住房困难问题摆上重要议事日程，高度重视保障性租赁住房建设。要对现有各类政策支持租赁住房进行梳理,包括通过利用集体建设用地建设租赁住房试点、中央财政支持住房租赁市场发展试点、非房地产企业利用自有土地建设租赁住房试点、发展政策性租赁住房试点建设的租赁住房等,符合规定的均纳入保障性租赁住房规范管理,不纳入的不得享受利用非居住存量土地和非居住存量房屋建设保障性租赁住房不补缴土地价款等国家对保障性租赁住房的专门支持政策。

(二)强化部门协作。住房城乡建设部要加强对发展保障性租赁住房工作的组织协调和督促指导,会同有关部门组织做好发展保障性租赁住房情况监测评价,及时总结宣传经验做法。国家发展改革委、财政部、自然资源部、人民银行、税务总局、银保监会、证监会等部门和单位要加强政策协调、工作衔接,强化业务指导、调研督促。各有关部门和单位要按职责分工,加强协作、形成合力,确保各项政策落实到位。

· 典型案例

1. 上海中原物业顾问有限公司诉陶德华居间合同纠纷案①

【关键词】

民事　居间合同　二手房买卖　违约

【裁判要点】

房屋买卖居间合同中关于禁止买方利用中介公司提供的房源信息却绕开该中介公司与卖方签订房屋买卖合同的约定合法有效。但是,当卖方将同一房屋通过多个中介公司挂牌出售时,买方通过其他公众可以获知的正当途径获得相同房源信息,买方有权选择报价低、服务好的中介公司促成房屋买卖合同成立,其行为并没有利用先前与之签约中介公司的房源信息,故不构成违约。

【基本案情】

原告上海中原物业顾问有限公司(简称中原公司)诉称:被告陶德华利用中原公司提供的上海市虹口区株洲路某号房屋销售信息,故意跳过中介,私自与卖方直接签订购房合同,违反了《房地产求购确认书》的约定,属于恶意"跳单"行为,请求法院判令陶德华按约支付中原公司违约金1.65万元。

被告陶德华辩称:涉案房屋原产权人李某某委托多家中介公司出售房屋,中原公司并非独家掌握该房源信息,也非独家代理销售。陶德华并没有利用中原公司提供的信息,不存在"跳单"违约行为。

法院经审理查明:2008年下半年,原产权人李某某到多家房屋中介公司挂牌销售涉案房屋。2008年10月22日,上海某房地产经纪有限公司带陶德华看了该房屋;11月23日,上海某房地产顾问有限公司(简称某房地产顾问公司)带陶德华之妻曹某某看了该房屋;11月27日,中原公司带陶德华看了该房屋,并于同日与陶德华签订了《房地产求购确认书》。该《确认书》第2.4条约定,陶德华在验看过该房地产后六个月内,陶德华或其委托人、代理人、代表人、承办人等与陶德华有关联的人,利用中原公司提供的信息、机会等条件但未通过中原公司而与第三方达成买卖交易的,陶德华应按照与出卖方就该房地产买卖达成的实际成交价的1%,向中原公司支付违约金。当时中原公司对该房屋报价165万元,而某房地产顾问公司报价145万元,并积极与卖方协商价格。11月30日,在某房地产顾问公司居间下,陶德华与卖方签订了房屋买卖合同,成交价138万元。后买卖双方办理了过户手续,陶德华向某房地产顾问公司支付佣金1.38万元。

【裁判结果】

上海市虹口区人民法院于2009年6月23日作出(2009)虹民三(民)初字第912号民事判决:被告陶德华应于判决生效之日起十日内向原告中原公司支付违约金1.38万元。宣判后,陶德华提出上诉。上海市第二中级人民法院于2009年9月4日作出(2009)沪二中民二(民)终字第1508号民事判决:一、撤销上海市虹口区人民法院(2009)虹民三(民)初字第912号民事判决;二、中原公司要求陶德华支付违约金1.65万元的诉讼请求,不予支持。

【裁判理由】

法院生效裁判认为:中原公司与陶德华签订的《房地产求购确认书》属于居间合同性质,其中第2.4条的约定,属于房屋买卖居间合同中常有的禁止"跳单"格式条款,其本意是为防止买方利用中介公司提供的房源信息却"跳"过中介公司购买房屋,从而使中介公司无法得到应得的佣金,该约定并不存在免除一方责任、加重对方责任、排除对

① 案例来源:《最高人民法院公报》2012年第2期。

方主要权利的情形,应认定有效。根据该条约定,衡量买方是否"跳单"违约的关键,是看买方是否利用了该中介公司提供的房源信息、机会等条件。如果买方并未利用该中介公司提供的信息、机会等条件,而是通过其他公众可以获知的正当途径获得同一房源信息,则买方有权选择报价低、服务好的中介公司促成房屋买卖合同成立,而不构成"跳单"违约。本案中,原产权人通过多家中介公司挂牌出售同一房屋,陶德华及其家人分别通过不同的中介公司了解到同一房源信息,并通过其他中介公司促成了房屋买卖合同成立。因此,陶德华并没有利用中原公司的信息、机会,故不构成违约,对中原公司的诉讼请求不予支持。

2. 饶国礼诉某物资供应站等房屋租赁合同纠纷案[①]

【关键词】

民事/房屋租赁合同/合同效力/行政规章/公序良俗/危房

【裁判要点】

违反行政规章一般不影响合同效力,但违反行政规章签订租赁合同,约定将经鉴定机构鉴定存在严重结构隐患,或将造成重大安全事故的应当尽快拆除的危房出租用于经营酒店,危及不特定公众人身及财产安全,属于损害社会公共利益、违背公序良俗的行为,应当依法认定租赁合同无效,按照合同双方的过错大小确定各自应当承担的法律责任。

【相关法条】

《中华人民共和国民法总则》第153条、《中华人民共和国合同法》第52条、第58条(注:现行有效的法律为《中华人民共和国民法典》第153条、第157条)

【基本案情】

南昌市青山湖区晶品假日酒店(以下简称晶品酒店)组织形式为个人经营,经营者系饶国礼,经营范围及方式为宾馆服务。2011年7月27日,晶品酒店通过公开招标的方式中标获得租赁某物资供应站所有的南昌市青山南路1号办公大楼的权利,并向物资供应站出具《承诺书》,承诺中标以后严格按照加固设计单位和江西省建设工程安全质量监督管理局等权威部门出具的加固改造方案,对青山南路1号办公大楼进行科学、安全的加固,并在取得具有法律效力的书面文件后,再使用该大楼。同年8月29日,晶品酒店与物资供应站签订《租赁合同》,约定:物资供应站将南昌市青山南路1号(包含房产证记载的南昌市东湖区青山南路1号和东湖区青山南路3号)办公楼4120平方米建筑出租给晶品酒店,用于经营商务宾馆。租赁期限为十五年,自2011年9月1日起至2026年8月31日止。除约定租金和其他费用标准、支付方式、违约赔偿责任外,还在第五条特别约定:1.租赁物经有关部门鉴定为危楼,需加固后方能使用。晶品酒店对租赁物的前述问题及瑕疵已充分了解。晶品酒店承诺对租赁物进行加固,确保租赁物达到商业房产使用标准,晶品酒店承担全部费用。2.加固工程方案的报批、建设、验收(验收部门为江西省建设工程安全质量监督管理局或同等资质的部门)均由晶品酒店负责,物资供应站根据需要提供协助。3.晶品酒店如未经加固合格即擅自使用租赁物,应承担全部责任。合同签订后,物资供应站依照约定交付了租赁房屋。晶品酒店向物资供应站给付20万元履约保证金,1000万元投标保证金。中标后物质供应站退还了800万元投标保证金。

2011年10月26日,晶品酒店与上海永祥加固技术工程有限公司签订加固改造工程《协议书》,晶品酒店将租赁的房屋以包工包料一次包干(图纸内的全部土建部分)的方式发包给上海永祥加固技术工程有限公司加固改造,改造范围为主要承重柱、墙、梁板结构加固新增墙体全部内粉刷,图纸内的全部内容,图纸、电梯、热泵。开工时间2011年10月26日,竣工时间2012年1月26日。2012年1月3日,在加固施工过程中,案涉建筑物大部分垮塌。

江西省建设业安全生产监督管理站于2007年6月18日出具《房屋安全鉴定意见》,鉴定结果和建议是:1.该大楼主要结构受力构件设计与施工均不能满足现行国家设计和施工规范的要求,其强度不能满足上部结构承载力的要求,存在较严重的结构隐患。2.该大楼未进行抗震设计,没有抗震构造措施,不符合《建筑抗震设计规范》(GB50011-2001)的要求。遇有地震或其他意外情况发生,将造成重大安全事故。3.根据《危险房屋鉴定标准》(GB50292-1999),该大楼按房屋危险性等级划分,属D级危房,应予以拆除。4.建议:(1)应立即对大楼进行减载,减少结构上的荷载。(2)对有问题的结构构件进行加固处理。(3)目前,应对大楼加强观察,并应采取措施,确保大楼安全过渡至拆除。如发现有异常现象,应立即撤出大楼的全部人员,并向有关部门报告。(4)建议尽快拆除全部结构。

饶国礼向一审法院提出诉请:一、解除其与物资供应站

[①] 案例来源:最高人民法院指导案例170号。

于2011年8月29日签订的《租赁合同》；二、物资供应站返还其保证金220万元；三、物资供应站赔偿其各项经济损失共计281万元；四、本案诉讼费用由物资供应站承担。

物资供应站向一审法院提出反诉诉请：一、判令饶国礼承担侵权责任，赔偿其2463.5万元；二、判令饶国礼承担全部诉讼费用。

再审中，饶国礼将其上述第一项诉讼请求变更为：确认案涉《租赁合同》无效。物资供应站亦将其诉讼请求变更为：饶国礼赔偿物资供应站损失418.7万元。

【裁判结果】

江西省南昌市中级人民法院于2017年9月1日作出(2013)洪民一初字第2号民事判决：一、解除饶国礼经营的晶品酒店与物资供应站2011年8月29日签订的《租赁合同》；二、物质供应站应返还饶国礼投标保证金200万元；三、饶国礼赔偿物资供应站804.3万元，抵扣本判决第二项物资供应站返还饶国礼的200万元保证金后，饶国礼还应于本判决生效后十五日内给付物资供应站604.3万元；四、驳回饶国礼其他诉讼请求；五、驳回物资供应站其他诉讼请求。一审判决后，饶国礼提出上诉。江西省高级人民法院于2018年4月24日作出(2018)赣民终173号民事判决：一、维持江西省南昌市中级人民法院(2013)洪民一初字第2号民事判决第一项、第二项；二、撤销江西省南昌市中级人民法院(2013)洪民一初字第2号民事判决第三项、第四项、第五项；三、物资供应站返还饶国礼履约保证金20万元；四、饶国礼赔偿物资供应站经济损失182.4万元；五、本判决第一项、第三项、第四项确定的金额相互抵扣后，物资供应站应返还饶国礼375.7万元，该款项限物资供应站于本判决生效后10日内支付；六、驳回饶国礼的其他诉讼请求；七、驳回物资供应站的其他诉讼请求。饶国礼、物资供应站均不服二审判决，向最高人民法院申请再审。最高人民法院于2018年9月27日作出(2018)最高法民申4268号民事裁定，裁定提审本案。2019年12月19日，最高人民法院作出(2019)最高法民再97号民事判决：一、撤销江西省高级人民法院(2018)赣民终173号民事判决、江西省南昌市中级人民法院(2013)洪民一初字第2号民事判决；二、确认饶国礼经营的晶品酒店与物资供应站签订的《租赁合同》无效；三、物资供应站自本判决发生法律效力之日起10日内向饶国礼返还保证金220万元；四、驳回饶国礼的其他诉讼请求；五、驳回物资供应站的诉讼请求。

【裁判理由】

最高人民法院认为：根据江西省建设业安全生产监督管理站于2007年6月18日出具的《房屋安全鉴定意见》，案涉《租赁合同》签订前，该合同项下的房屋存在以下安全隐患：一是主要结构受力构件设计与施工均不能满足现行国家设计和施工规范的要求，其强度不能满足上部结构承载力的要求，存在较严重的结构隐患；二是该房屋未进行抗震设计，没有抗震构造措施，不符合《建筑抗震设计规范》国家标准，遇有地震或其他意外情况发生，将造成重大安全事故。《房屋安全鉴定意见》同时就此前当地发生的地震对案涉房屋的结构造成了一定破坏、应引起业主及其上级部门足够重视等提出了警示。在上述认定基础上，江西省建设业安全生产监督管理站对案涉房屋的鉴定结果和建议是，案涉租赁房屋属于应尽快拆除全部结构的D级危房。据此，经有权鉴定机构鉴定，案涉房屋已被确定属于存在严重结构隐患、或将造成重大安全事故的应当尽快拆除的D级危房。根据中华人民共和国住房和城乡建设部《危险房屋鉴定标准》(2016年12月1日实施)第6.1条规定，房屋危险性鉴定属D级危房的，系指承重结构已不能满足安全使用要求，房屋整体处于危险状态，构成整幢危房。尽管《危险房屋鉴定标准》第7.0.5条规定，对评定为局部危房或整幢危房的房屋可按下列方式进行处理：1.观察使用；2.处理使用；3.停止使用；4.整体拆除；5.按相关规定处理。但本案中，有权鉴定机构已经明确案涉房屋应予拆除，并建议尽快拆除该危房的全部结构。因此，案涉危房并不具有可在加固后继续使用的情形。《商品房屋租赁管理办法》第六条规定，不符合安全、防灾等工程建设强制性标准的房屋不得出租。《商品房屋租赁管理办法》虽在效力等级上属部门规章，但是，该办法第六条规定体现的是对社会公共安全的保护以及对公序良俗的维护。结合本案事实，在案涉房屋已被确定属于存在严重结构隐患、或将造成重大安全事故、应当尽快拆除的D级危房的情形下，双方当事人仍签订《租赁合同》，约定将该房屋出租用于经营可能危及不特定公众人身及财产安全的商务酒店，明显损害了社会公共利益、违背了公序良俗。从维护公共安全及确立正确的社会价值导向的角度出发，对本案情形下合同效力的认定应从严把握，司法不应支持、鼓励这种为追求经济利益而忽视公共安全的有违社会公共利益和公序良俗的行为。故依照《中华人民共和国民法总则》第一百五十三条第二款关于违背公序良俗的民事法律行为无效的规定，以及《中华人民共和国合同法》第五十二条第四项关于损害社会公共利益的合同无效的规定，确认《租赁合同》无效。关于案涉房屋倒塌后物资供应站支付给他人的补偿费用问题，因物资供应站应对《租赁合同》的无效承担主要责任，根据《中华人民共和国合同法》第五十八条"合同无效后，双方都有过错的，应当各自承担相应的责任"的规定，上述费用应由物资供应站自行承担。因饶国礼对于《租赁合同》无效亦有过错，故对饶国礼的损失依照《中华人民共和国合同法》第五十八条的规定，亦应由其自行承担。饶国礼向物资供应站支付的220万元保证金，因《租赁合同》系无效合同，物资供应站基于该合同取得的该款项依法应当退还给饶国礼。

（生效裁判审判人员：张爱珍、何君、张颖）

7. 物业管理

物业管理条例

- 2003年6月8日中华人民共和国国务院令第379号公布
- 根据2007年8月26日《国务院关于修改〈物业管理条例〉的决定》第一次修订
- 根据2016年2月6日《国务院关于修改部分行政法规的决定》第二次修订
- 根据2018年3月19日《国务院关于修改和废止部分行政法规的决定》第三次修订

第一章 总 则

第一条 【立法宗旨】为了规范物业管理活动，维护业主和物业服务企业的合法权益，改善人民群众的生活和工作环境，制定本条例。

第二条 【物业管理定义】本条例所称物业管理，是指业主通过选聘物业服务企业，由业主和物业服务企业按照物业服务合同约定，对房屋及配套的设施设备和相关场地进行维修、养护、管理，维护物业管理区域内的环境卫生和相关秩序的活动。

第三条 【选择物业服务企业的方式】国家提倡业主通过公开、公平、公正的市场竞争机制选择物业服务企业。

第四条 【物业管理发展的途径】国家鼓励采用新技术、新方法，依靠科技进步提高物业管理和服务水平。

第五条 【物业管理的监管机关】国务院建设行政主管部门负责全国物业管理活动的监督管理工作。

县级以上地方人民政府房地产行政主管部门负责本行政区域内物业管理活动的监督管理工作。

第二章 业主及业主大会

第六条 【业主定义及权利】房屋的所有权人为业主。

业主在物业管理活动中，享有下列权利：

（一）按照物业服务合同的约定，接受物业服务企业提供的服务；

（二）提议召开业主大会会议，并就物业管理的有关事项提出建议；

（三）提出制定和修改管理规约、业主大会议事规则的建议；

（四）参加业主大会会议，行使投票权；

（五）选举业主委员会成员，并享有被选举权；

（六）监督业主委员会的工作；

（七）监督物业服务企业履行物业服务合同；

（八）对物业共用部位、共用设施设备和相关场地使用情况享有知情权和监督权；

（九）监督物业共用部位、共用设施设备专项维修资金（以下简称专项维修资金）的管理和使用；

（十）法律、法规规定的其他权利。

第七条 【业主的义务】业主在物业管理活动中，履行下列义务：

（一）遵守管理规约、业主大会议事规则；

（二）遵守物业管理区域内物业共用部位和共用设施设备的使用、公共秩序和环境卫生的维护等方面的规章制度；

（三）执行业主大会的决定和业主大会授权业主委员会作出的决定；

（四）按照国家有关规定交纳专项维修资金；

（五）按时交纳物业服务费用；

（六）法律、法规规定的其他义务。

第八条 【业主大会代表业主合法权益】物业管理区域内全体业主组成业主大会。

业主大会应当代表和维护物业管理区域内全体业主在物业管理活动中的合法权益。

第九条 【物业管理区域的划分】一个物业管理区域成立一个业主大会。

物业管理区域的划分应当考虑物业的共用设施设备、建筑物规模、社区建设等因素。具体办法由省、自治区、直辖市制定。

第十条 【业主大会成立方式】同一个物业管理区域内的业主，应当在物业所在地的区、县人民政府房地产行政主管部门或者街道办事处、乡镇人民政府的指导下成立业主大会，并选举产生业主委员会。但是，只有一个业主的，或者业主人数少且经全体业主一致同意，决定不成立业主大会的，由业主共同履行业主大会、业主委员会职责。

第十一条 【业主共同决定事项】下列事项由业主共同决定：

（一）制定和修改业主大会议事规则；
（二）制定和修改管理规约；
（三）选举业主委员会或者更换业主委员会成员；
（四）选聘和解聘物业服务企业；
（五）筹集和使用专项维修资金；
（六）改建、重建建筑物及其附属设施；
（七）有关共有和共同管理权利的其他重大事项。

第十二条 【业主大会会议的召开方式及决定】业主大会会议可以采用集体讨论的形式，也可以采用书面征求意见的形式；但是，应当有物业管理区域内专有部分占建筑物总面积过半数的业主且占总人数过半数的业主参加。

业主可以委托代理人参加业主大会会议。

业主大会决定本条例第十一条第（五）项和第（六）项规定的事项，应当经专有部分占建筑物总面积 2/3 以上的业主且占总人数 2/3 以上的业主同意；决定本条例第十一条规定的其他事项，应当经专有部分占建筑物总面积过半数的业主且占总人数过半数的业主同意。

业主大会或者业主委员会的决定，对业主具有约束力。

业主大会或者业主委员会作出的决定侵害业主合法权益的，受侵害的业主可以请求人民法院予以撤销。

第十三条 【业主大会的会议类型及其启动方式】业主大会会议分为定期会议和临时会议。

业主大会定期会议应当按照业主大会议事规则的规定召开。经 20% 以上的业主提议，业主委员会应当组织召开业主大会临时会议。

第十四条 【业主大会会议的通知及记录】召开业主大会会议，应当于会议召开 15 日以前通知全体业主。

住宅小区的业主大会会议，应当同时告知相关的居民委员会。

业主委员会应当做好业主大会会议记录。

第十五条 【业主委员会的性质和职责】业主委员会执行业主大会的决定事项，履行下列职责：
（一）召集业主大会会议，报告物业管理的实施情况；
（二）代表业主与业主大会选聘的物业服务企业签订物业服务合同；
（三）及时了解业主、物业使用人的意见和建议，监督和协助物业服务企业履行物业服务合同；
（四）监督管理规约的实施；
（五）业主大会赋予的其他职责。

第十六条 【业主委员会的登记备案制度及其成员资格】业主委员会应当自选举产生之日起 30 日内，向物业所在地的区、县人民政府房地产行政主管部门和街道办事处、乡镇人民政府备案。

业主委员会委员应当由热心公益事业、责任心强、具有一定组织能力的业主担任。

业主委员会主任、副主任在业主委员会成员中推选产生。

第十七条 【管理规约】管理规约应当对有关物业的使用、维护、管理，业主的共同利益，业主应当履行的义务，违反管理规约应当承担的责任等事项依法作出约定。

管理规约应当尊重社会公德，不得违反法律、法规或者损害社会公共利益。

管理规约对全体业主具有约束力。

第十八条 【业主大会议事规则】业主大会议事规则应当就业主大会的议事方式、表决程序、业主委员会的组成和成员任期等事项作出约定。

第十九条 【业主大会、业主委员会的职责限制】业主大会、业主委员会应当依法履行职责，不得作出与物业管理无关的决定，不得从事与物业管理无关的活动。

业主大会、业主委员会作出的决定违反法律、法规的，物业所在地的区、县人民政府房地产行政主管部门或者街道办事处、乡镇人民政府，应当责令限期改正或者撤销其决定，并通告全体业主。

第二十条 【业主大会、业主委员会与相关单位的关系】业主大会、业主委员会应当配合公安机关，与居民委员会相互协作，共同做好维护物业管理区域内的社会治安等相关工作。

在物业管理区域内，业主大会、业主委员会应当积极配合相关居民委员会依法履行自治管理职责，支持居民委员会开展工作，并接受其指导和监督。

住宅小区的业主大会、业主委员会作出的决定，应当告知相关的居民委员会，并认真听取居民委员会的建议。

第三章　前期物业管理

第二十一条 【前期物业服务合同】在业主、业主大会选聘物业服务企业之前，建设单位选聘物业服务企业的，应当签订书面的前期物业服务合同。

第二十二条 【临时管理规约】建设单位应当在销售物业之前，制定临时管理规约，对有关物业的使用、维护、管理，业主的共同利益，业主应当履行的义务，违反临时管理规约应当承担的责任等事项依法作出约定。

建设单位制定的临时管理规约，不得侵害物业买受人的合法权益。

第二十三条 【关于对临时管理规约的说明义务以及承诺遵守的义务】建设单位应当在物业销售前将临时管理规约向物业买受人明示,并予以说明。

物业买受人在与建设单位签订物业买卖合同时,应当对遵守临时管理规约予以书面承诺。

第二十四条 【前期物业管理招投标】国家提倡建设单位按照房地产开发与物业管理相分离的原则,通过招投标的方式选聘物业服务企业。

住宅物业的建设单位,应当通过招投标的方式选聘物业服务企业;投标人少于3个或者住宅规模较小的,经物业所在地的区、县人民政府房地产行政主管部门批准,可以采用协议方式选聘物业服务企业。

第二十五条 【买卖合同内容包含前期物业服务合同内容】建设单位与物业买受人签订的买卖合同应当包含前期物业服务合同约定的内容。

第二十六条 【前期物业服务合同期限】前期物业服务合同可以约定期限;但是,期限未满、业主委员会与物业服务企业签订的物业服务合同生效的,前期物业服务合同终止。

第二十七条 【建设单位不得擅自处分业主共有或者共用的物业】业主依法享有的物业共用部位、共用设施设备的所有权或者使用权,建设单位不得擅自处分。

第二十八条 【共用物业的承接验收】物业服务企业承接物业时,应当对物业共用部位、共用设施设备进行查验。

第二十九条 【物业承接验收时应移交的资料】在办理物业承接验收手续时,建设单位应当向物业服务企业移交下列资料:

（一）竣工总平面图,单体建筑、结构、设备竣工图,配套设施、地下管网工程竣工图等竣工验收资料;

（二）设施设备的安装、使用和维护保养等技术资料;

（三）物业质量保修文件和物业使用说明文件;

（四）物业管理所必需的其他资料。

物业服务企业应当在前期物业服务合同终止时将上述资料移交给业主委员会。

第三十条 【物业管理用房】建设单位应当按照规定在物业管理区域内配置必要的物业管理用房。

第三十一条 【建设单位的物业保修责任】建设单位应当按照国家规定的保修期限和保修范围,承担物业的保修责任。

第四章 物业管理服务

第三十二条 【物业服务企业】从事物业管理活动的企业应当具有独立的法人资格。

国务院建设行政主管部门应当会同有关部门建立守信联合激励和失信联合惩戒机制,加强行业诚信管理。

第三十三条 【物业管理区域统一管理】一个物业管理区域由一个物业服务企业实施物业管理。

第三十四条 【物业服务合同】业主委员会应当与业主大会选聘的物业服务企业订立书面的物业服务合同。

物业服务合同应当对物业管理事项、服务质量、服务费用、双方的权利义务、专项维修资金的管理与使用、物业管理用房、合同期限、违约责任等内容进行约定。

第三十五条 【物业服务企业的义务和责任】物业服务企业应当按照物业服务合同的约定,提供相应的服务。

物业服务企业未能履行物业服务合同的约定,导致业主人身、财产安全受到损害的,应当依法承担相应的法律责任。

第三十六条 【物业验收和资料移交】物业服务企业承接物业时,应当与业主委员会办理物业验收手续。

业主委员会应当向物业服务企业移交本条例第二十九条第一款规定的资料。

第三十七条 【物业管理用房所有权属和用途】物业管理用房的所有权依法属于业主。未经业主大会同意,物业服务企业不得改变物业管理用房的用途。

第三十八条 【合同终止时物业服务企业的义务】物业服务合同终止时,物业服务企业应当将物业管理用房和本条例第二十九条第一款规定的资料交还给业主委员会。

物业服务合同终止时,业主大会选聘了新的物业服务企业的,物业服务企业之间应当做好交接工作。

第三十九条 【专项服务业务的转委托】物业服务企业可以将物业管理区域内的专项服务业务委托给专业性服务企业,但不得将该区域内的全部物业管理一并委托给他人。

第四十条 【物业服务收费】物业服务收费应当遵循合理、公开以及费用与服务水平相适应的原则,区别不同物业的性质和特点,由业主和物业服务企业按国务院价格主管部门会同国务院建设行政主管部门制定的物业服务收费办法,在物业服务合同中约定。

第四十一条 【物业服务费交纳】业主应当根据物业服务合同的约定交纳物业服务费用。业主与物业使用人约定由物业使用人交纳物业服务费用的,从其约定,业主负连带交纳责任。

已竣工但尚未出售或者尚未交给物业买受人的物业,物业服务费用由建设单位交纳。

第四十二条　【物业服务收费监督】县级以上人民政府价格主管部门会同同级房地产行政主管部门,应当加强对物业服务收费的监督。

第四十三条　【业主特约服务】物业服务企业可以根据业主的委托提供物业服务合同约定以外的服务项目,服务报酬由双方约定。

第四十四条　【公用事业单位收费】物业管理区域内,供水、供电、供气、供热、通信、有线电视等单位应当向最终用户收取有关费用。

物业服务企业接受委托代收前款费用的,不得向业主收取手续费等额外费用。

第四十五条　【对违法行为的制止、报告】对物业管理区域内违反有关治安、环保、物业装饰装修和使用等方面法律、法规规定的行为,物业服务企业应当制止,并及时向有关行政管理部门报告。

有关行政管理部门在接到物业服务企业的报告后,应当依法对违法行为予以制止或者依法处理。

第四十六条　【物业服务企业的安全防范义务及保安人员的职责】物业服务企业应当协助做好物业管理区域内的安全防范工作。发生安全事故时,物业服务企业在采取应急措施的同时,应当及时向有关行政管理部门报告,协助做好救助工作。

物业服务企业雇请保安人员的,应当遵守国家有关规定。保安人员在维护物业管理区域内的公共秩序时,应当履行职责,不得侵害公民的合法权益。

第四十七条　【物业使用人的权利义务】物业使用人在物业管理活动中的权利义务由业主和物业使用人约定,但不得违反法律、法规和管理规约的有关规定。

物业使用人违反本条例和管理规约的规定,有关业主应当承担连带责任。

第四十八条　【关于物业管理的投诉】县级以上地方人民政府房地产行政主管部门应当及时处理业主、业主委员会、物业使用人和物业服务企业在物业管理活动中的投诉。

第五章　物业的使用与维护

第四十九条　【改变公共建筑及共用设施用途的程序】物业管理区域内按照规划建设的公共建筑和共用设施,不得改变用途。

业主依法确需改变公共建筑和共用设施用途的,应当在依法办理有关手续后告知物业服务企业;物业服务企业确需改变公共建筑和共用设施用途的,应当提请业主大会讨论决定同意后,由业主依法办理有关手续。

第五十条　【公共道路、场地的占用、挖掘】业主、物业服务企业不得擅自占用、挖掘物业管理区域内的道路、场地,损害业主的共同利益。

因维修物业或者公共利益,业主确需临时占用、挖掘道路、场地的,应当征得业委员会和物业服务企业的同意;物业服务企业确需临时占用、挖掘道路、场地的,应当征得业委员会的同意。

业主、物业服务企业应当将临时占用、挖掘的道路、场地,在约定期限内恢复原状。

第五十一条　【公用事业设施维护责任】供水、供电、供气、供热、通信、有线电视等单位,应当依法承担物业管理区域内相关管线和设施设备维修、养护的责任。

前款规定的单位因维修、养护等需要,临时占用、挖掘道路、场地的,应当及时恢复原状。

第五十二条　【关于房屋装饰、装修的告知义务】业主需要装饰装修房屋的,应当事先告知物业服务企业。

物业服务企业应当将房屋装饰装修中的禁止行为和注意事项告知业主。

第五十三条　【专项维修资金】住宅物业、住宅小区内的非住宅物业或者与单幢住宅楼结构相连的非住宅物业的业主,应当按照国家有关规定交纳专项维修资金。

专项维修资金属于业主所有,专项用于物业保修期满后物业共用部位、共用设施设备的维修和更新、改造,不得挪作他用。

专项维修资金收取、使用、管理的办法由国务院建设行政主管部门会同国务院财政部门制定。

第五十四条　【对共用部位、共用设备设施经营的收益】利用物业共用部位、共用设施设备进行经营的,应当在征得相关业主、业主大会、物业服务企业的同意后,按照规定办理有关手续。业主所得收益应当主要用于补充专项维修资金,也可以按照业主大会的决定使用。

第五十五条　【责任人的维修养护义务】物业存在安全隐患,危及公共利益及他人合法权益时,责任人应当及时维修养护,有关业主应当给予配合。

责任人不履行维修养护义务的,经业主大会同意,可以由物业服务企业维修养护,费用由责任人承担。

第六章　法律责任

第五十六条　【建设单位违法选聘物业服务企业的

责任】违反本条例的规定，住宅物业的建设单位未通过招投标的方式选聘物业服务企业或者未经批准，擅自采用协议方式选聘物业服务企业的，由县级以上地方人民政府房地产行政主管部门责令限期改正，给予警告，可以并处 10 万元以下的罚款。

第五十七条 【建设单位擅自处分共用部位的责任】违反本条例的规定，建设单位擅自处分属于业主的物业共用部位、共用设施设备的所有权或者使用权的，由县级以上地方人民政府房地产行政主管部门处 5 万元以上 20 万元以下的罚款；给业主造成损失的，依法承担赔偿责任。

第五十八条 【拒不移交资料的行政责任】违反本条例的规定，不移交有关资料的，由县级以上地方人民政府房地产行政主管部门责令限期改正；逾期仍不移交有关资料的，对建设单位、物业服务企业予以通报，处 1 万元以上 10 万元以下的罚款。

第五十九条 【违反委托管理限制的责任】违反本条例的规定，物业服务企业将一个物业管理区域内的全部物业管理一并委托给他人的，由县级以上地方人民政府房地产行政主管部门责令限期改正，处委托合同价款 30% 以上 50% 以下的罚款。委托所得收益，用于物业管理区域内物业共用部位、共用设施设备的维修、养护，剩余部分按照业主大会的决定使用；给业主造成损失的，依法承担赔偿责任。

第六十条 【挪用专项维修资金的责任】违反本条例的规定，挪用专项维修资金的，由县级以上地方人民政府房地产行政主管部门追回挪用的专项维修资金，给予警告，没收违法所得，可以并处挪用数额 2 倍以下的罚款；构成犯罪的，依法追究直接负责的主管人员和其他直接责任人员的刑事责任。

第六十一条 【建设单位不配置物业管理用房的责任】违反本条例的规定，建设单位在物业管理区域内不按照规定配置必要的物业管理用房的，由县级以上地方人民政府房地产行政主管部门责令限期改正，给予警告，没收违法所得，并处 10 万元以上 50 万元以下的罚款。

第六十二条 【擅自改变物业管理用房的用途的责任】违反本条例的规定，未经业主大会同意，物业服务企业擅自改变物业管理用房的用途的，由县级以上地方人民政府房地产行政主管部门责令限期改正，给予警告，并处 1 万元以上 10 万元以下的罚款；有收益的，所得收益用于物业管理区域内物业共用部位、共用设施设备的维修、养护，剩余部分按照业主大会的决定使用。

第六十三条 【擅自行为的责任】违反本条例的规定，有下列行为之一的，由县级以上地方人民政府房地产行政主管部门责令限期改正，给予警告，并按照本条第二款的规定处以罚款；所得收益，用于物业管理区域内物业共用部位、共用设施设备的维修、养护，剩余部分按照业主大会的决定使用：

（一）擅自改变物业管理区域内按照规划建设的公共建筑和共用设施用途的；

（二）擅自占用、挖掘物业管理区域内道路、场地，损害业主共同利益的；

（三）擅自利用物业共用部位、共用设施设备进行经营的。

个人有前款规定行为之一的，处 1000 元以上 1 万元以下的罚款；单位有前款规定行为之一的，处 5 万元以上 20 万元以下的罚款。

第六十四条 【逾期不交纳物业服务费的责任】违反物业服务合同约定，业主逾期不交纳物业服务费用的，业主委员会应当督促其限期交纳；逾期仍不交纳的，物业服务企业可以向人民法院起诉。

第六十五条 【业主以业主大会或者业主委员会的名义从事违法活动的责任】业主以业主大会或者业主委员会的名义，从事违反法律、法规的活动，构成犯罪的，依法追究刑事责任；尚不构成犯罪的，依法给予治安管理处罚。

第六十六条 【公务人员违法行为的责任】违反本条例的规定，国务院建设行政主管部门、县级以上地方人民政府房地产行政主管部门或者其他有关行政管理部门的工作人员利用职务上的便利，收受他人财物或者其他好处，不依法履行监督管理职责，或者发现违法行为不予查处，构成犯罪的，依法追究刑事责任；尚不构成犯罪的，依法给予行政处分。

第七章 附 则

第六十七条 【施行时间】本条例自 2003 年 9 月 1 日起施行。

物业服务收费管理办法

· 2003 年 11 月 13 日
· 发改价格〔2003〕1864 号

第一条 为规范物业服务收费行为，保障业主和物业管理企业的合法权益，根据《中华人民共和国价格法》

和《物业管理条例》，制定本办法。

第二条 本办法所称物业服务收费，是指物业管理企业按照物业服务合同的约定，对房屋及配套的设施设备和相关场地进行维修、养护、管理，维护相关区域内的环境卫生和秩序，向业主所收取的费用。

第三条 国家提倡业主通过公开、公平、公正的市场竞争机制选择物业管理企业；鼓励物业管理企业开展正当的价格竞争，禁止价格欺诈，促进物业服务收费通过市场竞争形成。

第四条 国务院价格主管部门会同国务院建设行政主管部门负责全国物业服务收费的监督管理工作。

县级以上地方人民政府价格主管部门会同同级房地产行政主管部门负责本行政区域内物业服务收费的监督管理工作。

第五条 物业服务收费应当遵循合理、公开以及费用与服务水平相适应的原则。

第六条 物业服务收费应当区分不同物业的性质和特点分别实行政府指导价和市场调节价。具体定价形式由省、自治区、直辖市人民政府价格主管部门会同房地产行政主管部门确定。

第七条 物业服务收费实行政府指导价的，有定价权限的人民政府价格主管部门应当会同房地产行政主管部门根据物业管理服务等级标准等因素，制定相应的基准价及其浮动幅度，并定期公布。具体收费标准由业主与物业管理企业根据规定的基准价和浮动幅度在物业服务合同中约定。

实行市场调节价的物业服务收费，由业主与物业管理企业在物业服务合同中约定。

第八条 物业管理企业应当按照政府价格主管部门的规定实行明码标价，在物业管理区域内的显著位置，将服务内容、服务标准以及收费项目、收费标准等有关情况进行公示。

第九条 业主与物业管理企业可以采取包干制或者酬金制等形式约定物业服务费用。

包干制是指由业主向物业管理企业支付固定物业服务费用，盈余或者亏损均由物业管理企业享有或者承担的物业服务计费方式。

酬金制是指在预收的物业服务资金中按约定比例或者约定数额提取酬金支付给物业管理企业，其余全部用于物业服务合同约定的支出，结余或者不足均由业主享有或者承担的物业服务计费方式。

第十条 建设单位与物业买受人签订的买卖合同，应当约定物业管理服务内容、服务标准、收费标准、计费方式及计费起始时间等内容，涉及物业买受人共同利益的约定应当一致。

第十一条 实行物业服务费用包干制的，物业服务费用的构成包括物业服务成本、法定税费和物业管理企业的利润。

实行物业服务费用酬金制的，预收的物业服务资金包括物业服务支出和物业管理企业的酬金。

物业服务成本或者物业服务支出构成一般包括以下部分：

1. 管理服务人员的工资、社会保险和按规定提取的福利费等；
2. 物业共用部位、共用设施设备的日常运行、维护费用；
3. 物业管理区域清洁卫生费用；
4. 物业管理区域绿化养护费用；
5. 物业管理区域秩序维护费用；
6. 办公费用；
7. 物业管理企业固定资产折旧；
8. 物业共用部位、共用设施设备及公众责任保险费用；
9. 经业主同意的其他费用。

物业共用部位、共用设施设备的大修、中修和更新、改造费用，应当通过专项维修资金予以列支，不得计入物业服务支出或者物业服务成本。

第十二条 实行物业服务费用酬金制的，预收的物业服务支出属于代管性质，为所交纳的业主所有，物业管理企业不得将其用于物业服务合同约定以外的支出。

物业管理企业应当向业主大会或者全体业主公布物业服务资金年度预决算并每年不少于一次公布物业服务资金的收支情况。

业主或者业主大会对公布的物业服务资金年度预决算和物业服务资金的收支情况提出质询时，物业管理企业应当及时答复。

第十三条 物业服务收费采取酬金制方式，物业管理企业或者业主大会可以按照物业服务合同约定聘请专业机构对物业服务资金年度预决算和物业服务资金的收支情况进行审计。

第十四条 物业管理企业在物业服务中应当遵守国家的价格法律法规，严格履行物业服务合同，为业主提供质价相符的服务。

第十五条 业主应当按照物业服务合同的约定按时

足额交纳物业服务费用或者物业服务资金。业主违反物业服务合同约定逾期不交纳服务费用或者物业服务资金的，业主委员会应当督促其限期交纳；逾期仍不交纳的，物业管理企业可以依法追缴。

业主与物业使用人约定由物业使用人交纳物业服务费用或者物业服务资金的，从其约定，业主负连带交纳责任。

物业发生产权转移时，业主或者物业使用人应当结清物业服务费用或者物业服务资金。

第十六条 纳入物业管理范围的已竣工但尚未出售，或者因开发建设单位原因未按时交给物业买受人的物业，物业服务费用或者物业服务资金由开发建设单位全额交纳。

第十七条 物业管理区域内，供水、供电、供气、供热、通讯、有线电视等单位应当向最终用户收取有关费用。物业管理企业接受委托代收上述费用的，可向委托单位收取手续费，不得向业主收取手续费等额外费用。

第十八条 利用物业共用部位、共用设施设备进行经营的，应当在征得相关业主、业主大会、物业管理企业的同意后，按照规定办理有关手续。业主所得收益应当主要用于补充专项维修资金，也可以按照业主大会的决定使用。

第十九条 物业管理企业已接受委托实施物业服务并相应收取服务费用的，其他部门和单位不得重复收取性质和内容相同的费用。

第二十条 物业管理企业根据业主的委托提供物业服务合同约定以外的服务，服务收费由双方约定。

第二十一条 政府价格主管部门会同房地产行政主管部门，应当加强对物业管理企业的服务内容、标准和收费项目、标准的监督。物业管理企业违反价格法律、法规和规定，由政府价格主管部门依据《中华人民共和国价格法》和《价格违法行为行政处罚规定》予以处罚。

第二十二条 各省、自治区、直辖市人民政府价格主管部门、房地产行政主管部门可以依据本办法制定具体实施办法，并报国家发展和改革委员会、建设部备案。

第二十三条 本办法由国家发展和改革委员会会同建设部负责解释。

第二十四条 本办法自2004年1月1日起执行，原国家计委、建设部印发的《城市住宅小区物业管理服务收费暂行办法》(［计价费〔1996〕266号］)同时废止。

物业服务收费明码标价规定

· 2004年7月19日
· 发改价检〔2004〕1428号

第一条 为进一步规范物业服务收费行为，提高物业服务收费透明度，维护业主和物业管理企业的合法权益，促进物业管理行业的健康发展，根据《中华人民共和国价格法》、《物业管理条例》和《关于商品和服务实行明码标价的规定》，制定本规定。

第二条 物业管理企业向业主提供服务(包括按照物业服务合同约定提供物业服务以及根据业主委托提供物业服务合同约定以外的服务)，应当按照本规定实行明码标价，标明服务项目、收费标准等有关情况。

第三条 物业管理企业实行明码标价，应当遵循公开、公平和诚实信用的原则，遵守国家价格法律、法规、规章和政策。

第四条 政府价格主管部门应当会同同级房地产主管部门对物业服务收费明码标价进行管理。政府价格主管部门对物业管理企业执行明码标价规定的情况实施监督检查。

第五条 物业管理企业实行明码标价应当做到价目齐全，内容真实，标示醒目，字迹清晰。

第六条 物业服务收费明码标价的内容包括：物业管理企业名称、收费对象、服务内容、服务标准、计费方式、计费起始时间、收费项目、收费标准、价格管理形式、收费依据、价格举报电话12358等。

实行政府指导价的物业服务收费应当同时标明基准收费标准、浮动幅度，以及实际收费标准。

第七条 物业管理企业在其服务区域内的显著位置或收费地点，可采取公示栏、公示牌、收费表、收费清单、收费手册、多媒体终端查询等方式实行明码标价。

第八条 物业管理企业接受委托代收供水、供电、供气、供热、通讯、有线电视等有关费用的，也应当依照本规定第六条、第七条的有关内容和方式实行明码标价。

第九条 物业管理企业根据业主委托提供的物业服务合同约定以外的服务项目，其收费标准在双方约定后应当以适当的方式向业主进行明示。

第十条 实行明码标价的物业服务收费的标准等发生变化时，物业管理企业应当在执行新标准前一个月，将所标示的相关内容进行调整，并应标示新标准开始执行的日期。

第十一条 物业管理企业不得利用虚假的或者使人

误解的标价内容、标价方式进行价格欺诈。不得在标价之外，收取任何未予标明的费用。

第十二条 对物业管理企业不按规定明码标价或者利用标价进行价格欺诈的行为，由政府价格主管部门依照《中华人民共和国价格法》、《价格违法行为行政处罚规定》、《关于商品和服务实行明码标价的规定》、《禁止价格欺诈行为的规定》进行处罚。

第十三条 本规定自2004年10月1日起施行。

物业服务定价成本监审办法（试行）

- 2007年9月10日
- 发改价格〔2007〕2285号

第一条 为提高政府制定物业服务收费的科学性、合理性，根据《政府制定价格成本监审办法》、《物业服务收费管理办法》等有关规定，制定本办法。

第二条 本办法适用于政府价格主管部门制定或者调整实行政府指导价的物业服务收费标准，对相关物业服务企业实施定价成本监审的行为。

本办法所称物业服务，是指物业服务企业按照物业服务合同的约定，对房屋及配套的设施设备和相关场地进行维修、养护、管理，维护物业管理区域内的环境卫生和秩序的活动。

本办法所称物业服务定价成本，是指价格主管部门核定的物业服务社会平均成本。

第三条 物业服务定价成本监审工作由政府价格主管部门负责组织实施，房地产主管部门应当配合价格主管部门开展工作。

第四条 在本行政区域内物业服务企业数量众多的，可以选取一定数量、有代表性的物业服务企业进行成本监审。

第五条 物业服务定价成本监审应当遵循以下原则：

（一）合法性原则。计入定价成本的费用应当符合有关法律、行政法规和国家统一的会计制度的规定；

（二）相关性原则。计入定价成本的费用应当为与物业服务直接相关或者间接相关的费用。

（三）对应性原则。计入定价成本的费用应当与物业服务内容及服务标准相对应。

（四）合理性原则。影响物业服务定价成本各项费用的主要技术、经济指标应当符合行业标准或者社会公允水平。

第六条 核定物业服务定价成本，应当以经会计师事务所审计的年度财务会计报告、原始凭证与账册或者物业服务企业提供的真实、完整、有效的成本资料为基础。

第七条 物业服务定价成本由人员费用、物业共用部位共用设施设备日常运行和维护费用、绿化养护费用、清洁卫生费用、秩序维护费用、物业共用部位共用设施设备及公众责任保险费用、办公费用、管理费分摊、固定资产折旧以及经业主同意的其他费用组成。

第八条 人员费用是指管理服务人员工资、按规定提取的工会经费、职工教育经费，以及根据政府有关规定应当由物业服务企业缴纳的住房公积金和养老、医疗、失业、工伤、生育保险等社会保险费用。

第九条 物业共用部位共用设施设备日常运行和维护费用是指为保障物业管理区域内共用部位共用设施设备的正常使用和运行，维护保养所需的费用。不包括保修期内应由建设单位履行保修责任而支出的维修费、应由住宅专项维修资金支出的维修和更新、改造费用。

第十条 绿化养护费是指管理、养护绿化所需的绿化工具购置费、绿化用水费、补苗费、农药化肥费等。不包括应由建设单位支付的种苗种植费和前期维护费。

第十一条 清洁卫生费是指保持物业管理区域内环境卫生所需的购置工具费、消杀防疫费、化粪池清理费、管道疏通费、清洁用料费、环卫所需费用等。

第十二条 秩序维护费是指维护物业管理区域秩序所需的器材装备费、安全防范人员的人身保险费及由物业服务企业支付的服装费等。其中器材装备不包括共用设备中已包括的监控设备。

第十三条 物业共用部位共用设施设备及公众责任保险费用是指物业管理企业购买物业共用部位共用设施设备及公众责任保险所支付的保险费用，以物业服务企业与保险公司签订的保险单和所交纳的保险费为准。

第十四条 办公费是指物业服务企业为维护管理区域正常的物业管理活动所需的办公用品费、交通费、房租、水电费、取暖费、通讯费、书报费及其他费用。

第十五条 管理费分摊是指物业服务企业在管理多个物业项目情况下，为保证相关的物业服务正常运转而由各物业服务小区承担的管理费用。

第十六条 固定资产折旧是指按规定折旧方法计提的物业服务固定资产的折旧金额。物业服务固定资产指在物业服务小区内由物业服务企业拥有的、与物业服务直接相关的、使用年限在一年以上的资产。

第十七条 经业主同意的其他费用是指业主或者业主大会按规定同意由物业服务费开支的费用。

第十八条 物业服务定价成本相关项目按本办法第十九条至第二十二条规定的方法和标准审核。

第十九条 工会经费、职工教育经费、住房公积金以及医疗保险费、养老保险费、失业保险费、工伤保险费、生育保险费等社会保险费的计提基数按照核定的相应工资水平确定;工会经费、职工教育经费的计提比例按国家统一规定的比例确定,住房公积金和社会保险费的计提比例按当地政府规定比例确定,超过规定计提比例的不得计入定价成本。医疗保险费用应在社会保险费中列支,不得在其他项目中重复列支;其他应在工会经费和职工教育经费中列支的费用,也不得在相关费用项目中重复列支。

第二十条 固定资产折旧采用年限平均法,折旧年限根据固定资产的性质和使用情况合理确定。企业确定的固定资产折旧年限明显低于实际可使用年限的,成本监审时应当按照实际可使用年限调整折旧年限。固定资产残值率按3%—5%计算;个别固定资产残值较低或者较高的,按照实际情况合理确定残值率。

第二十一条 物业服务企业将专业性较强的服务内容外包给有关专业公司的,该项服务的成本按照外包合同所确定的金额核定。

第二十二条 物业服务企业只从事物业服务的,其所发生费用按其所管辖的物业项目的物业服务计费面积或者应收物业服务费加权分摊;物业服务企业兼营其他业务的,应先按实现收入的比重在其他业务和物业服务之间分摊,然后按上述方法在所管辖的各物业项目之间分摊。

第二十三条 本办法未具体规定审核标准的其他费用项目按照有关财务制度和政策规定审核,原则上据实核定,但应符合一定范围内社会公允的平均水平。

第二十四条 各省、自治区、直辖市价格主管部门可根据本办法,结合本地实际制定具体实施细则。

第二十五条 本办法由国家发展和改革委员会解释。

第二十六条 本办法自2007年10月1日起施行。

附:物业服务定价成本监审表(略)

业主大会和业主委员会指导规则

· 2009年12月1日
· 建房〔2009〕274号

第一章 总 则

第一条 为了规范业主大会和业主委员会的活动,维护业主的合法权益,根据《中华人民共和国物权法》、《物业管理条例》等法律法规的规定,制定本规则。

第二条 业主大会由物业管理区域内的全体业主组成,代表和维护物业管理区域内全体业主在物业管理活动中的合法权利,履行相应的义务。

第三条 业主委员会由业主大会依法选举产生,履行业主大会赋予的职责,执行业主大会决定的事项,接受业主的监督。

第四条 业主大会或者业主委员会的决定,对业主具有约束力。

业主大会和业主委员会应当依法履行职责,不得作出与物业管理无关的决定,不得从事与物业管理无关的活动。

第五条 业主大会和业主委员会,对业主损害他人合法权益和业主共同利益的行为,有权依照法律、法规以及管理规约,要求停止侵害、消除危险、排除妨害、赔偿损失。

第六条 物业所在地的区、县房地产行政主管部门和街道办事处、乡镇人民政府负责对设立业主大会和选举业主委员会给予指导和协助,负责对业主大会和业主委员会的日常活动进行指导和监督。

第二章 业主大会

第七条 业主大会根据物业管理区域的划分成立,一个物业管理区域成立一个业主大会。

只有一个业主的,或者业主人数较少且经全体业主同意,不成立业主大会的,由业主共同履行业主大会、业主委员会职责。

第八条 物业管理区域内,已交付的专有部分面积超过建筑物总面积50%时,建设单位应当按照物业所在地的区、县房地产行政主管部门或者街道办事处、乡镇人民政府的要求,及时报送下列筹备首次业主大会会议所需的文件资料:

(一)物业管理区域证明;
(二)房屋及建筑物面积清册;
(三)业主名册;
(四)建筑规划总平面图;
(五)交付使用共用设施设备的证明;
(六)物业服务用房配置证明;
(七)其他有关的文件资料。

第九条 符合成立业主大会条件的,区、县房地产行政主管部门或者街道办事处、乡镇人民政府应当在收到业主提出筹备业主大会书面申请后60日内,负责组织、指导成立首次业主大会会议筹备组。

第十条 首次业主大会会议筹备组由业主代表、建设单位代表、街道办事处、乡镇人民政府代表和居民委员会代表组成。筹备组成员人数应为单数，其中业主代表人数不低于筹备组总人数的一半，筹备组组长由街道办事处、乡镇人民政府代表担任。

第十一条 筹备组中业主代表的产生，由街道办事处、乡镇人民政府或者居民委员会组织业主推荐。

筹备组应当将成员名单以书面形式在物业管理区域内公告。业主对筹备组成员有异议的，由街道办事处、乡镇人民政府协调解决。

建设单位和物业服务企业应当配合协助筹备组开展工作。

第十二条 筹备组应当做好以下筹备工作：

（一）确认并公示业主身份、业主人数以及所拥有的专有部分面积；

（二）确定首次业主大会会议召开的时间、地点、形式和内容；

（三）草拟管理规约、业主大会议事规则；

（四）依法确定首次业主大会会议表决规则；

（五）制定业主委员会委员候选人产生办法，确定业主委员会委员候选人名单；

（六）制定业主委员会选举办法；

（七）完成召开首次业主大会会议的其他准备工作。

前款内容应当在首次业主大会会议召开15日前以书面形式在物业管理区域内公告。业主对公告内容有异议的，筹备组应当记录并作出答复。

第十三条 依法登记取得或者根据物权法第二章第三节规定取得建筑物专有部分所有权的人，应当认定为业主。

基于房屋买卖等民事法律行为，已经合法占有建筑物专有部分，但尚未依法办理所有权登记的人，可以认定为业主。

业主的投票权数由专有部分面积和业主人数确定。

第十四条 业主委员会委员候选人由业主推荐或者自荐。筹备组应当核查参选人的资格，根据物业规模、物权份额、委员的代表性和广泛性等因素，确定业主委员会委员候选人名单。

第十五条 筹备组应当自组成之日起90日内完成筹备工作，组织召开首次业主大会会议。

业主大会自首次业主大会会议表决通过管理规约、业主大会议事规则，并选举产生业主委员会之日起成立。

第十六条 划分为一个物业管理区域的分期开发的建设项目，先期开发部分符合条件的，可以成立业主大会，选举产生业主委员会。首次业主大会会议应当根据分期开发的物业面积和进度等因素，在业主大会议事规则中明确增补业主委员会委员的办法。

第十七条 业主大会决定以下事项：

（一）制定和修改业主大会议事规则；

（二）制定和修改管理规约；

（三）选举业主委员会或者更换业主委员会委员；

（四）制定物业服务内容、标准以及物业服务收费方案；

（五）选聘和解聘物业服务企业；

（六）筹集和使用专项维修资金；

（七）改建、重建建筑物及其附属设施；

（八）改变共有部分的用途；

（九）利用共有部分进行经营以及所得收益的分配与使用；

（十）法律法规或者管理规约确定应由业主共同决定的事项。

第十八条 管理规约应当对下列主要事项作出规定：

（一）物业的使用、维护、管理；

（二）专项维修资金的筹集、管理和使用；

（三）物业共用部分的经营与收益分配；

（四）业主共同利益的维护；

（五）业主共同管理权的行使；

（六）业主应尽的义务；

（七）违反管理规约应当承担的责任。

第十九条 业主大会议事规则应当对下列主要事项作出规定：

（一）业主大会名称及相应的物业管理区域；

（二）业主委员会的职责；

（三）业主委员会议事规则；

（四）业主大会会议召开的形式、时间和议事方式；

（五）业主投票权数的确定方法；

（六）业主代表的产生方式；

（七）业主大会会议的表决程序；

（八）业主委员会委员的资格、人数和任期等；

（九）业主委员会换届程序、补选办法等；

（十）业主大会、业主委员会工作经费的筹集、使用和管理；

（十一）业主大会、业主委员会印章的使用和管理。

第二十条 业主拒付物业服务费，不缴存专项维修资金以及实施其他损害业主共同权益行为的，业主大会可以在管理规约和业主大会议事规则中对其共同管理权的行使予以限制。

第二十一条 业主大会会议分为定期会议和临时会议。

业主大会定期会议应当按照业主大会议事规则的规定由业主委员会组织召开。

有下列情况之一的，业主委员会应当及时组织召开业主大会临时会议：

（一）经专有部分占建筑物总面积20%以上且占总人数20%以上业主提议的；

（二）发生重大事故或者紧急事件需要及时处理的；

（三）业主大会议事规则或者管理规约规定的其他情况。

第二十二条 业主大会会议可以采用集体讨论的形式，也可以采用书面征求意见的形式；但应当有物业管理区域内专有部分占建筑物总面积过半数的业主且总人数过半数的业主参加。

采用书面征求意见形式的，应当将征求意见书送交每一位业主；无法送达的，应当在物业管理区域内公告。凡需投票表决的，表决意见应由业主本人签名。

第二十三条 业主大会确定业主投票权数，可以按照下列方法认定专有部分面积和建筑物总面积：

（一）专有部分面积按照不动产登记簿记载的面积计算；尚未进行登记的，暂按测绘机构的实测面积计算；尚未进行实测的，暂按房屋买卖合同记载的面积计算；

（二）建筑物总面积，按照前项的统计总和计算。

第二十四条 业主大会确定业主投票权数，可以按照下列方法认定业主人数和总人数：

（一）业主人数，按照专有部分的数量计算，一个专有部分按一人计算。但建设单位尚未出售和虽已出售但尚未交付的部分，以及同一买受人拥有一个以上专有部分的，按一人计算；

（二）总人数，按照前项的统计总和计算。

第二十五条 业主大会应当在业主大会议事规则中约定车位、摊位等特定空间是否计入用于确定业主投票权数的专有部分面积。

一个专有部分有两个以上所有权人的，应当推选一人行使表决权，但共有人所代表的业主人数为一人。

业主为无民事行为能力人或者限制民事行为能力人的，由其法定监护人行使投票权。

第二十六条 业主因故不能参加业主大会会议的，可以书面委托代理人参加业主大会会议。

未参与表决的业主，其投票权数是否可以计入已表决的多数票，由管理规约或者业主大会议事规则规定。

第二十七条 物业管理区域内业主人数较多的，可以幢、单元、楼层为单位，推选一名业主代表参加业主大会会议，推选及表决办法应当在业主大会议事规则中规定。

第二十八条 业主可以书面委托的形式，约定由其推选的业主代表在一定期限内代其行使共同管理权，具体委托内容、期限、权限和程序由业主大会议事规则规定。

第二十九条 业主大会会议决定筹集和使用专项维修资金以及改造、重建建筑物及其附属设施的，应当经专有部分占建筑物总面积三分之二以上的业主且占总人数三分之二以上的业主同意；决定本规则第十七条规定的其他共有和共同管理权利事项的，应当经专有部分占建筑物总面积过半数且占总人数过半数的业主同意。

第三十条 业主大会会议应当由业主委员会作出书面记录并存档。

业主大会的决定应当以书面形式在物业管理区域内及时公告。

第三章 业主委员会

第三十一条 业主委员会由业主大会会议选举产生，由5至11人单数组成。业主委员会委员应当是物业管理区域内的业主，并符合下列条件：

（一）具有完全民事行为能力；

（二）遵守国家有关法律、法规；

（三）遵守业主大会议事规则、管理规约，模范履行业主义务；

（四）热心公益事业，责任心强，公正廉洁；

（五）具有一定的组织能力；

（六）具备必要的工作时间。

第三十二条 业主委员会委员实行任期制，每届任期不超过5年，可连选连任，业主委员会委员具有同等表决权。

业主委员会应当自选举之日起7日内召开首次会议，推选业主委员会主任和副主任。

第三十三条 业主委员会应当自选举产生之日起30日内，持下列文件向物业所在地的区、县房地产行政主管部门和街道办事处、乡镇人民政府办理备案手续：

（一）业主大会成立和业委员会选举的情况；

（二）管理规约；

（三）业主大会议事规则；

（四）业主大会决定的其他重大事项。

第三十四条 业主委员会办理备案手续后，可持备案证明向公安机关申请刻制业主大会印章和业主委员会印章。

业主委员会任期内，备案内容发生变更的，业主委员会应当自变更之日起 30 日内将变更内容书面报告备案部门。

第三十五条 业主委员会履行以下职责：

（一）执行业主大会的决定和决议；

（二）召集业主大会会议，报告物业管理实施情况；

（三）与业主大会选聘的物业服务企业签订物业服务合同；

（四）及时了解业主、物业使用人的意见和建议，监督和协助物业服务企业履行物业服务合同；

（五）监督管理规约的实施；

（六）督促业主交纳物业服务费及其他相关费用；

（七）组织和监督专项维修资金的筹集和使用；

（八）调解业主之间因物业使用、维护和管理产生的纠纷；

（九）业主大会赋予的其他职责。

第三十六条 业主委员会应当向业主公布下列情况和资料：

（一）管理规约、业主大会议事规则；

（二）业主大会和业主委员会的决定；

（三）物业服务合同；

（四）专项维修资金的筹集、使用情况；

（五）物业共有部分的使用和收益情况；

（六）占用业主共有的道路或者其他场地用于停放汽车车位的处分情况；

（七）业主大会和业主委员会工作经费的收支情况；

（八）其他应当向业主公开的情况和资料。

第三十七条 业主委员会应当按照业主大会议事规则的规定及业主大会的决定召开会议。经三分之一以上业主委员会委员的提议，应当在 7 日内召开业主委员会会议。

第三十八条 业主委员会会议由主任召集和主持，主任因故不能履行职责，可以委托副主任召集。

业主委员会会议应有过半数的委员出席，作出的决定必须经全体委员半数以上同意。

业主委员会委员不能委托代理人参加会议。

第三十九条 业主委员会应当于会议召开 7 日前，在物业管理区域内公告业主委员会会议的内容和议程，听取业主的意见和建议。

业主委员会会议应当制作书面记录并存档，业主委员会会议作出的决定，应当有参会委员的签字确认，并自作出决定之日起 3 日内在物业管理区域内公告。

第四十条 业主委员会应当建立工作档案，工作档案包括以下主要内容：

（一）业主大会、业主委员会的会议记录；

（二）业主大会、业主委员会的决定；

（三）业主大会议事规则、管理规约和物业服务合同；

（四）业主委员会选举及备案资料；

（五）专项维修资金筹集及使用账目；

（六）业主及业主代表的名册；

（七）业主的意见和建议。

第四十一条 业主委员会应当建立印章管理规定，并指定专人保管印章。

使用业主大会印章，应当根据业主大会议事规则的规定或者业主大会会议的决定；使用业主委员会印章，应当根据业主委员会会议的决定。

第四十二条 业主大会、业主委员会工作经费由全体业主承担。工作经费可以由业主分摊，也可以从物业共有部分经营所得收益中列支。工作经费的收支情况，应当定期在物业管理区域内公告，接受业主监督。

工作经费筹集、管理和使用的具体办法由业主大会决定。

第四十三条 有下列情况之一的，业主委员会委员资格自行终止：

（一）因物业转让、灭失等原因不再是业主的；

（二）丧失民事行为能力的；

（三）依法被限制人身自由的；

（四）法律、法规以及管理规约规定的其他情形。

第四十四条 业主委员会委员有下列情况之一的，由业主委员会三分之一以上委员或者持有 20% 以上投票权数的业主提议，业主大会或者业主委员会根据业主大会的授权，可以决定是否终止其委员资格：

（一）以书面方式提出辞职请求的；

（二）不履行委员职责的；

（三）利用委员资格谋取私利的；

（四）拒不履行业主义务的；

（五）侵害他人合法权益的；

（六）因其他原因不宜担任业主委员会委员的。

第四十五条 业主委员会委员资格终止的，应当自终止之日起 3 日内将其保管的档案资料、印章及其他属于全体业主所有的财物移交业主委员会。

第四十六条　业主委员会任期内,委员出现空缺时,应当及时补足。业主委员会委员候补办法由业主大会决定或者在业主大会议事规则中规定。业主委员会委员人数不足总数的二分之一时,应当召开业主大会临时会议,重新选举业主委员会。

第四十七条　业主委员会任期届满前3个月,应当组织召开业主大会会议,进行换届选举,并报告物业所在地的区、县房地产行政主管部门和街道办事处、乡镇人民政府。

第四十八条　业主委员会应当自任期届满之日起10日内,将其保管的档案资料、印章及其他属于业主大会所有的财物移交新一届业主委员会。

第四章　指导和监督

第四十九条　物业所在地的区、县房地产行政主管部门和街道办事处、乡镇人民政府应当积极开展物业管理政策法规的宣传和教育活动,及时处理业主、业主委员会在物业管理活动中的投诉。

第五十条　已交付使用的专有部分面积超过建筑物总面积50%,建设单位未按要求报送筹备首次业主大会会议相关文件资料的,物业所在地的区、县房地产行政主管部门或者街道办事处、乡镇人民政府有权责令建设单位限期改正。

第五十一条　业主委员会未按业主大会议事规则的规定组织召开业主大会定期会议,或者发生应当召开业主大会临时会议的情况,业主委员会不履行组织召开会议职责的,物业所在地的区、县房地产行政主管部门或者街道办事处、乡镇人民政府可以责令业主委员会限期召开;逾期仍不召开的,可以由物业所在地的居民委员会在街道办事处、乡镇人民政府的指导和监督下组织召开。

第五十二条　按照业主大会议事规则的规定或者三分之一以上委员提议,应当召开业主委员会会议的,业主委员会主任、副主任无正当理由不召集业主委员会会议的,物业所在地的区、县房地产行政主管部门或者街道办事处、乡镇人民政府可以指定业主委员会其他委员召集业主委员会会议。

第五十三条　召开业主大会会议,物业所在地的区、县房地产行政主管部门和街道办事处、乡镇人民政府应当给予指导和协助。

第五十四条　召开业主委员会会议,应当告知相关的居民委员会,并听取居民委员会的建议。

在物业管理区域内,业主大会、业主委员会应当积极配合相关居民委员会依法履行自治管理职责,支持居民委员会开展工作,并接受其指导和监督。

第五十五条　违反业主大会议事规则或者未经业主大会会议和业主委员会会议的决定,擅自使用业主大会印章、业主委员会印章的,物业所在地的街道办事处、乡镇人民政府应当责令限期改正,并通告全体业主;造成经济损失或者不良影响的,应当依法追究责任人的法律责任。

第五十六条　业主委员会委员资格终止,拒不移交所保管的档案资料、印章及其他属于全体业主所有的财物的,其他业主委员会委员可以请求物业所在地的公安机关协助移交。

业主委员会任期届满后,拒不移交所保管的档案资料、印章及其他属于全体业主所有的财物的,新一届业主委员会可以请求物业所在地的公安机关协助移交。

第五十七条　业主委员会在规定时间内不组织换届选举的,物业所在地的区、县房地产行政主管部门或者街道办事处、乡镇人民政府应当责令其限期组织换届选举;逾期仍不组织的,可以由物业所在地的居民委员会在街道办事处、乡镇人民政府的指导和监督下,组织换届选举工作。

第五十八条　因客观原因未能选举产生业主委员会或者业主委员会委员人数不足总数的二分之一的,新一届业主委员会产生之前,可以由物业所在地的居民委员会在街道办事处、乡镇人民政府的指导和监督下,代行业主委员会的职责。

第五十九条　业主大会、业主委员会作出的决定违反法律法规的,物业所在地的区、县房地产行政主管部门和街道办事处、乡镇人民政府应当责令限期改正或者撤销其决定,并通告全体业主。

第六十条　业主不得擅自以业主大会或者业主委员会的名义从事活动。业主以业主大会或者业主委员会的名义,从事违反法律、法规的活动,构成犯罪的,依法追究刑事责任;尚不构成犯罪的,依法给予治安管理处罚。

第六十一条　物业管理区域内,可以召开物业管理联席会议。物业管理联席会议由街道办事处、乡镇人民政府负责召集,由区、县房地产行政主管部门、公安派出所、居民委员会、业主委员会和物业服务企业等方面的代表参加,共同协调解决物业管理中遇到的问题。

第五章　附　则

第六十二条　业主自行管理或者委托其他管理人管理物业,成立业主大会,选举业主委员会的,可参照执行本规则。

第六十三条　物业所在地的区、县房地产行政主管部门与街道办事处、乡镇人民政府在指导、监督业主大会和业主委员会工作中的具体职责分工，按各省、自治区、直辖市人民政府有关规定执行。

第六十四条 本规则自 2010 年 1 月 1 日起施行。《业主大会规程》（建住房〔2003〕131 号）同时废止。

前期物业管理招标投标管理暂行办法

- 2003 年 6 月 26 日
- 建住房〔2003〕130 号

第一章 总 则

第一条 为了规范前期物业管理招标投标活动，保护招标投标当事人的合法权益，促进物业管理市场的公平竞争，制定本办法。

第二条 前期物业管理，是指在业主、业主大会选聘物业管理企业之前，由建设单位选聘物业管理企业实施的物业管理。

建设单位通过招投标的方式选聘具有相应资质的物业管理企业和行政主管部门对物业管理招投标活动实施监督管理，适用本办法。

第三条 住宅及同一物业管理区域内非住宅的建设单位，应当通过招投标的方式选聘具有相应资质的物业管理企业；投标人少于 3 个或者住宅规模较小的，经物业所在地的区、县人民政府房地产行政主管部门批准，可以采用协议方式选聘具有相应资质的物业管理企业。

国家提倡其他物业的建设单位通过招投标的方式，选聘具有相应资质的物业管理企业。

第四条 前期物业管理招标投标应当遵循公开、公平、公正和诚实信用的原则。

第五条 国务院建设行政主管部门负责全国物业管理招标投标活动的监督管理。

省、自治区人民政府建设行政主管部门负责本行政区域内物业管理招标投标活动的监督管理。

直辖市、市、县人民政府房地产行政主管部门负责本行政区域内物业管理招标投标活动的监督管理。

第六条 任何单位和个人不得违反法律、行政法规规定，限制或者排斥具备投标资格的物业管理企业参加投标，不得以任何方式非法干涉物业管理招标投标活动。

第二章 招 标

第七条 本办法所称招标人是指依法进行前期物业管理招标的物业建设单位。

前期物业管理招标由招标人依法组织实施。招标人不得以不合理条件限制或者排斥潜在投标人，不得对潜在投标人实行歧视待遇，不得对潜在投标人提出与招标物业管理项目实际要求不符的过高的资格等要求。

第八条 前期物业管理招标分为公开招标和邀请招标。

招标人采取公开招标方式的，应当在公共媒介上发布招标公告，并同时在中国住宅与房地产信息网和中国物业管理协会网上发布免费招标公告。

招标公告应当载明招标人的名称和地址，招标项目的基本情况以及获取招标文件的办法等事项。

招标人采取邀请招标方式的，应当向 3 个以上物业管理企业发出投标邀请书，投标邀请书应当包含前款规定的事项。

第九条 招标人可以委托招标代理机构办理招标事宜；有能力组织和实施招标活动的，也可以自行组织实施招标活动。

物业管理招标代理机构应当在招标人委托的范围内办理招标事宜，并遵守本办法对招标人的有关规定。

第十条 招标人应当根据物业管理项目的特点和需要，在招标前完成招标文件的编制。

招标文件应包括以下内容：

（一）招标人及招标项目简介，包括招标人名称、地址、联系方式、项目基本情况、物业管理用房的配备情况等；

（二）物业管理服务内容及要求，包括服务内容、服务标准等；

（三）对投标人及投标书的要求，包括投标人的资格、投标书的格式、主要内容等；

（四）评标标准和评标方法；

（五）招标活动方案，包括招标组织机构、开标时间及地点等；

（六）物业服务合同的签订说明；

（七）其他事项的说明及法律法规规定的其他内容。

第十一条 招标人应当在发布招标公告或者发出投标邀请书的 10 日前，提交以下材料报物业项目所在地的县级以上地方人民政府房地产行政主管部门备案：

（一）与物业管理有关的物业项目开发建设的政府批件；

（二）招标公告或者招标邀请书；

（三）招标文件；

（四）法律、法规规定的其他材料。

房地产行政主管部门发现招标有违反法律、法规规定的，应当及时责令招标人改正。

第十二条　公开招标的招标人可以根据招标文件的规定,对投标申请人进行资格预审。

实行投标资格预审的物业管理项目,招标人应当在招标公告或者投标邀请书中载明资格预审的条件和获取资格预审文件的办法。

资格预审文件一般应当包括资格预审申请书格式、申请人须知,以及需要投标申请人提供的企业资格文件、业绩、技术装备、财务状况和拟派出的项目负责人与主要管理人员的简历、业绩等证明材料。

第十三条　经资格预审后,公开招标的招标人应当向资格预审合格的投标申请人发出资格预审合格通知书,告知获取招标文件的时间、地点和方法,并同时向资格不合格的投标申请人告知资格预审结果。

在资格预审合格的投标申请人过多时,可以由招标人从中选择不少于5家资格预审合格的投标申请人。

第十四条　招标人应当确定投标人编制投标文件所需要的合理时间。公开招标的物业管理项目,自招标文件发出之日起至投标人提交投标文件截止之日止,最短不得少于20日。

第十五条　招标人对已发出的招标文件进行必要的澄清或者修改的,应当在招标文件要求提交投标文件截止时间至少15日前,以书面形式通知所有的招标文件收受人。该澄清或者修改的内容为招标文件的组成部分。

第十六条　招标人根据物业管理项目的具体情况,可以组织潜在的投标申请人踏勘物业项目现场,并提供隐蔽工程图纸等详细资料。对投标申请人提出的疑问应当予以澄清并以书面形式发送给所有的招标文件收受人。

第十七条　招标人不得向他人透露已获取招标文件的潜在投标人的名称、数量以及可能影响公平竞争的有关招标投标的其他情况。

招标人设有标底的,标底必须保密。

第十八条　在确定中标人前,招标人不得与投标人就投标价格、投标方案等实质内容进行谈判。

第十九条　通过招标投标方式选择物业管理企业的,招标人应当按照以下规定时限完成物业管理招标投标工作:

(一)新建现售商品房项目应当在现售前30日完成;

(二)预售商品房项目应当在取得《商品房预售许可证》之前完成;

(三)非出售的新建物业项目应当在交付使用前90日完成。

第三章　投　标

第二十条　本办法所称投标人是指响应前期物业管理招标、参与投标竞争的物业管理企业。

投标人应当具有相应的物业管理企业资质和招标文件要求的其他条件。

第二十一条　投标人对招标文件有疑问需要澄清的,应当以书面形式向招标人提出。

第二十二条　投标人应当按照招标文件的内容和要求编制投标文件,投标文件应当对招标文件提出的实质性要求和条件作出响应。

投标文件应当包括以下内容:

(一)投标函;

(二)投标报价;

(三)物业管理方案;

(四)招标文件要求提供的其他材料。

第二十三条　投标人应当在招标文件要求提交投标文件的截止时间前,将投标文件密封送达投标地点。招标人收到投标文件后,应当向投标人出具标明签收人和签收时间的凭证,并妥善保存投标文件。在开标前,任何单位和个人均不得开启投标文件。在招标文件要求提交投标文件的截止时间后送达的投标文件,为无效的投标文件,招标人应当拒收。

第二十四条　投标人在招标文件要求提交投标文件的截止时间前,可以补充、修改或者撤回已提交的投标文件,并书面通知招标人。补充、修改的内容为投标文件的组成部分,并应当按照本办法第二十三条的规定送达、签收和保管。在招标文件要求提交投标文件的截止时间后送达的补充或者修改的内容无效。

第二十五条　投标人不得以他人名义投标或者以其他方式弄虚作假,骗取中标。

投标人不得相互串通投标,不得排挤其他投标人的公平竞争,不得损害招标人或者其他投标人的合法权益。

投标人不得与招标人串通投标,损害国家利益、社会公共利益或者他人的合法权益。

禁止投标人以向招标人或者评标委员会成员行贿等不正当手段谋取中标。

第四章　开标、评标和中标

第二十六条　开标应当在招标文件确定的提交投标文件截止时间的同一时间公开进行;开标地点应当为招标文件中预先确定的地点。

第二十七条　开标由招标人主持,邀请所有投标人参加。开标应当按照下列规定进行：

由投标人或者其推选的代表检查投标文件的密封情况，也可以由招标人委托的公证机构进行检查并公证。经确认无误后，由工作人员当众拆封，宣读投标人名称、投标价格和投标文件的其他主要内容。

招标人在招标文件要求提交投标文件的截止时间前收到的所有投标文件，开标时都应当当众予以拆封。

开标过程应当记录，并由招标人存档备查。

第二十八条 评标由招标人依法组建的评标委员会负责。

评标委员会由招标人代表和物业管理方面的专家组成，成员为5人以上单数，其中招标人代表以外的物业管理方面的专家不得少于成员总数的三分之二。

评标委员会的专家成员，应当由招标人从房地产行政主管部门建立的专家名册中采取随机抽取的方式确定。

与投标人有利害关系的人不得进入相关项目的评标委员会。

第二十九条 房地产行政主管部门应当建立评标的专家名册。省、自治区、直辖市人民政府房地产行政主管部门可以将专家数量少的城市的专家名册予以合并或者实行专家名册计算机联网。

房地产行政主管部门应当对进入专家名册的专家进行有关法律和业务培训，对其评标能力、廉洁公正等进行综合考评，及时取消不称职或者违法违规人员的评标专家资格。被取消评标专家资格的人员，不得再参加任何评标活动。

第三十条 评标委员会成员应当认真、公正、诚实、廉洁地履行职责。

评标委员会成员不得与任何投标人或者与招标结果有利害关系的人进行私下接触，不得收受投标人、中介人、其他利害关系人的财物或者其他好处。

评标委员会成员和与评标活动有关的工作人员不得透露对投标文件的评审和比较、中标候选人的推荐情况以及与评标有关的其他情况。

前款所称与评标活动有关的工作人员，是指评标委员会成员以外的因参与评标监督工作或者事务性工作而知悉有关评标情况的所有人员。

第三十一条 评标委员会可以用书面形式要求投标人对投标文件中含义不明确的内容作必要的澄清或者说明。投标人应当采用书面形式进行澄清或者说明，其澄清或者说明不得超出投标文件的范围或者改变投标文件的实质性内容。

第三十二条 在评标过程中召开现场答辩会的，应当事先在招标文件中说明，并注明所占的评分比重。

评标委员会应当按照招标文件的评标要求，根据标书评分、现场答辩等情况进行综合评标。

除了现场答辩部分外，评标应当在保密的情况下进行。

第三十三条 评标委员会应当按照招标文件确定的评标标准和方法，对投标文件进行评审和比较，并对评标结果签字确认。

第三十四条 评标委员会经评审，认为所有投标文件都不符合招标文件要求的，可以否决所有投标。

依法必须进行招标的物业管理项目的所有投标被否决的，招标人应当重新招标。

第三十五条 评标委员会完成评标后，应当向招标人提出书面评标报告，阐明评标委员会对各投标文件的评审和比较意见，并按照招标文件规定的评标标准和评标方法，推荐不超过3名有排序的合格的中标候选人。

招标人应当按照中标候选人的排序确定中标人。当确定中标的中标候选人放弃中标或者因不可抗力提出不能履行合同的，招标人可以依序确定其他中标候选人为中标人。

第三十六条 招标人应当在投标有效期截止时限30日前确定中标人。投标有效期应当在招标文件中载明。

第三十七条 招标人应当向中标人发出中标通知书，同时将中标结果通知所有未中标的投标人，并应当返还其投标书。

招标人应当自确定中标人之日起15日内，向物业项目所在地的县级以上地方人民政府房地产行政主管部门备案。备案资料应当包括开标评标过程、确定中标人的方式及理由、评标委员会的评标报告、中标人的投标文件等资料。委托代理招标的，还应当附招标代理委托合同。

第三十八条 招标人和中标人应当自中标通知书发出之日起30日内，按照招标文件和中标人的投标文件订立书面合同；招标人和中标人不得再行订立背离合同实质性内容的其他协议。

第三十九条 招标人无正当理由不与中标人签订合同，给中标人造成损失的，招标人应当给予赔偿。

第五章 附 则

第四十条 投标人和其他利害关系人认为招标投标活动不符合本办法有关规定的，有权向招标人提出异议，或者依法向有关部门投诉。

第四十一条 招标文件或者投标文件使用两种以上语言文字的,必须有一种是中文;如对不同文本的解释发生异议的,以中文文本为准。用文字表示的数额与数字表示的金额不一致的,以文字表示的金额为准。

第四十二条 本办法第三条规定住宅规模较小的,经物业所在地的区、县人民政府房地产行政主管部门批准,可以采用协议方式选聘物业管理企业的,其规模标准由省、自治区、直辖市人民政府房地产行政主管部门确定。

第四十三条 业主和业主大会通过招投标的方式选聘具有相应资质的物业管理企业的,参照本办法执行。

第四十四条 本办法自 2003 年 9 月 1 日起施行。

最高人民法院关于审理物业服务纠纷案件适用法律若干问题的解释

- 2009 年 4 月 20 日最高人民法院审判委员会第 1466 次会议通过
- 根据 2020 年 12 月 23 日最高人民法院审判委员会第 1823 次会议通过的《最高人民法院关于修改〈最高人民法院关于在民事审判工作中适用《中华人民共和国工会法》若干问题的解释〉等二十七件民事类司法解释的决定》修正
- 2020 年 12 月 29 日最高人民法院公告公布
- 自 2021 年 1 月 1 日起施行
- 法释〔2020〕17 号

为正确审理物业服务纠纷案件,依法保护当事人的合法权益,根据《中华人民共和国民法典》等法律规定,结合民事审判实践,制定本解释。

第一条 业主违反物业服务合同或者法律、法规、管理规约,实施妨碍物业服务与管理的行为,物业服务人请求业主承担停止侵害、排除妨碍、恢复原状等相应民事责任的,人民法院应予支持。

第二条 物业服务人违反物业服务合同约定或者法律、法规、部门规章规定,擅自扩大收费范围、提高收费标准或者重复收费,业主以违规收费为由提出抗辩的,人民法院应予支持。

业主请求物业服务人退还其已经收取的违规费用的,人民法院应予支持。

第三条 物业服务合同的权利义务终止后,业主请求物业服务人退还已经预收,但尚未提供物业服务期间的物业费的,人民法院应予支持。

第四条 因物业的承租人、借用人或者其他物业使用人实施违反物业服务合同,以及法律、法规或者管理规约的行为引起的物业服务纠纷,人民法院可以参照关于业主的规定处理。

第五条 本解释自 2009 年 10 月 1 日起施行。

本解释施行前已经终审,本解释施行后当事人申请再审或者按照审判监督程序决定再审的案件,不适用本解释。

· 典型案例

1. 陈书豪与南京武宁房地产开发有限公司、南京青和物业管理有限公司财产损害赔偿纠纷案[①]

【裁判摘要】

物业服务企业对小区共有部分负有保养、维护义务,对于可能对业主财产造成损害的小区共用部分的安全隐患,应当及时消除,否则致业主财产损害后,物业服务企业应承担违约责任,对业主的损失进行赔偿。即便该安全隐患是第三人造成,也不能免除物业服务企业的违约责任,因第三人侵权致小区共用部分对业主财产造成损害的,物业服务企业可以负责的情形是物业服务企业已履行了保养维护义务,而第三人侵权是不可预见、不可避免的。

价值较大的财物在受损后,虽经修复,但与原物相比,不仅在客观价值上可能降低,而且在人们心理上价值降低,这就是价值贬损,按照违约责任理论,承担违约责任的方式首先是恢复原状,而恢复原状肯定要求赔偿财物的价值贬损。

房地产开发企业作为商品房的出卖人,在出售房屋、转移房屋所有权,并且商品房小区已经封园后,在所售房屋及共用部分没有质量瑕疵的情形下,对于小区业主的义务已经履行完毕,不需要承担责任。

【案例】

原告:陈书豪,男,30 岁,汉族,住南京市鼓楼区广州路。

[①] 案例来源:《最高人民法院公报》2013 年第 5 期。

被告:南京武宁房地产开发有限公司,住所地:南京市江宁区科学园天元中路。

法定代表人:赵崇希,该公司董事长。

被告:南京青和物业管理有限公司,住所地:溧水县永阳镇大东门商业步行街。

法定代表人:符丽娟,该公司董事长。

原告陈书豪与被告南京武宁房地产开发有限公司(以下简称武宁公司)、南京青和物业管理有限公司(以下简称青和公司)发生财产损害赔偿纠纷,向南京市江宁区人民法院提起诉讼。

原告陈书豪诉称:2011年6月25日早晨,被告武宁公司开发的南京市江宁区武夷绿洲小区观竹苑的围墙倒塌,其停在由被告青和公司负责管理的小区正规车位上的车辆(苏A856S3)遭受严重损害。原告车辆所投保的保险公司经过实地查看后表示,围墙倒塌是由于围墙外的土堆长期受雨水浸泡挤压所致,属于人为因素,车主无责,在事故责任方明确并且可以被找到的情况下,根据相关保险条款拒绝赔偿。后经查,此围墙属武宁公司负责管理,倒塌的原因系管理不善造成。在了解情况后,武宁公司给出书面承诺,同意承担原告的修车费用和物价定损费用,但是对于原告车辆的折损费拒不赔偿。在这起事故中,青和公司没有尽到对车辆的管理责任,故也应承担责任。现依据其和武宁公司、青和公司的合同关系要求:1. 两被告支付原告车辆修理费22 309元;2. 两被告支付原告物价定损费720元;3. 两被告支付原告车辆折损费20 000元;4. 两被告支付这起事故给原告造成的误工费、交通费1000元;5. 两被告承担本案的诉讼费;6. 两被告承担连带责任。

被告武宁公司辩称:原告陈书豪与武宁公司之间存在商品房买卖合同关系,武宁公司已经按照商品房买卖合同的约定向原告交付了经竣工验收合格的房屋及相关附属设施,不存在违约行为。围墙倒塌属于围墙之外他人土地上堆放的土堆因遭遇大暴雨倒塌而冲毁围墙,并非该围墙本身质量原因而倒塌,即武宁公司不存在任何违约行为,不承担责任。

被告青和公司辩称:其和原告陈书豪之间仅有一份停车服务协议,按该协议约定,其公司仅为陈书豪提供车辆管理服务所产生的秩序维护、卫生、环境保洁、停车服务,小区的楼盘、公共设施的产权均不属于其公司所有,故要其公司赔偿没有法律依据。

南京市江宁区人民法院一审查明:

原告陈书豪购买了被告武宁公司开发的位于南京市江宁区天元中路武夷绿洲小区观竹苑24幢906室房屋,并于2009年7月取得房屋的所有权证,现观竹苑已封园。武宁公司于2009年7月27日和被告青和公司签订了一份武夷绿洲前期物业服务合同,约定青和公司对武夷绿洲小区提供前期物业管理服务。双方还约定,青和公司对武夷绿洲小区物业共用部位进行维修养护。2010年12月,青和公司与陈书豪签订了一份停车服务协议,约定将小区地面105号车位交由陈书豪停车。2011年6月24日、25日本区大雨,同年6月25日上午,陈书豪停车位旁围墙外堆放的泥土坍塌,致围墙倒塌,压坏了陈书豪的苏A856S3车辆。陈书豪的车辆被压坏后,产生维修费用20 654元、定损费720元。2011年11月,陈书豪诉至法院。法院在审理过程中,经陈书豪申请,法院委托南京市鼓楼区物价局价格认证中心对车辆苏A856S3的折损情况进行鉴定评估,经鉴定,该车在2011年6月25日的贬值损失鉴证价格为9770元。

本案在审理过程中,原告陈书豪向两被告主张了误工费、交通费1000元、汽车配件费559.83元、汽车美容费1000元。就误工费其仅提供了工资表,但工资表中无法反映其因误工产生的损失;就交通费其仅提供了四张打车费的发票,但未证明打车的用途;就汽车配件费、美容费其仅提供了发票,未提供证据证明该费用的产生系2011年6月25日车辆损坏所致。

南京市江宁区人民法院一审认为:

被告青和公司在因第三人侵权致原告陈书豪车辆受损,陈书豪选择合同之诉,要求其赔偿损失时,应承担违约责任。其理由如下:

一、致原告陈书豪车辆受损的原因,是被告青和公司对按约应由其管理的小区共用部分(围墙)管理不善所致。按照一般情况及本案中青和公司与武宁公司的前期物业服务合同,青和公司对小区的共用部分,如围墙、道路、公共管道等负有保养维护的义务。小区内的物业通常分为共用部分和专用部分,专用部分的保养维修因物业服务企业无法进入和控制,一般由业主自行负责(有特别约定的储藏室、业主有产权的地下车库等特殊部分例外),而共用部分的维修、养护通常由物业服务企业负责,这是由业主、物业服务企业的能力、社会分工及合同约定所决定的,而小区的共用部分致业主财物受损,对共有部分有维护、保养义务的物业服务企业应当承担违约责任。如该损失系第三人侵权所致,物业服务企业在承担违约责任后可向第三人追偿。

二、被告青和公司对小区的共同部分——围墙的管理不善,体现在对围墙没有进行日常的保养和维护。从本案的案情来看,围墙倒塌系墙外堆土过多、雨天倒塌所致。而按案件实际情况,并不是土刚刚堆好,就遇雨倒塌,也就是说,只要青和公司按照合同的约定,对围墙进行日常保养维护,是能够发现并消除安全隐患的,也就能够避免陈书豪的车辆受损。

三、被告青和公司辩称其只对停车位的秩序进行管理,对停车位的安全只有一般人的注意义务,故不同意承担违约责任,法院认为,物业服务企业在第三人对小区共用部分侵权致业主财产受损的免责事由只能是在按合同履行了物业服务的义务后,对第三人实施的侵权行为不可预知也不可控制。可预知的或可控制的第三人侵权是小区共用部分的安全隐患,物业服务企业有义务消除该隐患,由此产生的费用可由第三人负担。

对于原告陈书豪的车辆受损后的价值贬损,法院经审理认为被告青和公司应当赔偿。所谓价值贬损,既指价值较大的财物在受损后,虽经修复,与原物相比,不仅客观价值有所降低,在人们心理上价值的降低,后一种价值的降低,虽系人们主观心理上的降低,但在财物所有权人实现该财物的价值时(比如出售),是客观存在的,根据违约责任的理论,合同一方当事人在违约时,首先考虑应当承担的责任是恢复原状,而对于财物来说,恢复原状显然不是仅指恢复财物的原来物理上的形状,肯定包括恢复财物原来的价值,故青和公司应当赔偿陈书豪车辆价值贬损的损失。

此外,法院还认为,被告武宁公司作为商品房的出卖人,在出售商品房并转移房屋所有权商品房小区已经封园后,在房屋质量没有瑕疵的情形下,对房屋的买受人原告陈书豪的义务已履行完毕。综上,对陈书豪要求武宁公司赔偿其损失的诉讼请求,法院不予支持。对陈书豪要求被告青和公司赔偿其损失的诉讼请求,予以支持。陈书豪主张的车辆维修费20 654元、定损费720元,有车辆损失鉴定清单、定损费票据等证据印证,法院予以采信。其主张的车辆配件费、汽车美容费、误工费、交通费,因无充分证据证明系车辆受损所致,法院不予支持。对其主张的车辆折损费20 000元,因车辆贬值损失价格鉴证价格为9770元,故部分予以支持。

据此,南京市江宁区人民法院于2012年3月22日判决:

一、被告青和公司于本判决发生法律效力之日起10日内赔偿原告陈书豪车辆维修费20 654元、定损费720元、车辆折损费9770元,合计31 144元。

二、驳回原告陈书豪的其他诉讼请求。

青和公司不服一审判决,向南京市中级人民法院上诉称:1. 陈书豪与青和公司之间建立的仅为物业服务合同法律关系,根据《物业管理条例》第四十七条的规定,这一注意义务为"物业管理企业应当协助做好物业管理区域内的安全防范工作",青和公司承担的只是一般人的注意义务,即物业公司对小区及停车场只需尽到基本的安全义务;2. 围墙倒塌造成车辆损失的原因并未查清,一审判决认定小区围墙外堆有泥土,2011年6月25日大雨致围墙倒塌并无事实依据,即便是上述原因,青和公司也只是管理不到位,只应承担很小的责任,而不应承担全部责任。故应当依法撤销一审判决,依法改判青和公司不承担赔偿责任,诉讼费用由陈书豪承担。

被上诉人陈书豪辩称:一审法院判决有事实和法律依据,上诉人青和公司提出的《物业管理条例》中的规定与青和公司负有养护义务并不矛盾。综上,一审法院认定事实清楚,适用法律正确,请求维持原判。

被上诉人武宁公司辩称:1. 武宁公司已经完全履行了其与被上诉人陈书豪约定的商品房买卖合同中的义务,不存在任何违约行为,不应承担任何违约责任,一审法院判决驳回陈书豪要求武宁公司赔偿其损失的诉讼请求正确;2. 武宁公司已经将涉案小区委托给上诉人青和公司提供物业管理和服务,对小区提供物业管理和服务的责任主体为青和公司,武宁公司不应承担因小区物业服务问题而产生的责任;3. 一审判决驳回陈书豪要求武宁公司向其承担赔偿责任的诉讼请求,陈书豪并未就此提出上诉。综上,请法院维持一审判决驳回陈书豪要求武宁公司向其承担赔偿责任诉讼请求的判项。

南京市中级人民法院经二审,确认了一审查明的事实。

南京市中级人民法院二审认为:

建设单位依法与物业服务企业签订的前期物业服务合同,对业主有约束力。本案一审中,被上诉人陈书豪选择合同之诉,故本案应为物业服务合同纠纷。被上诉人武宁公司与上诉人青和公司签订的前期物业服务合同合法有效,当事人应当履行合同中约定的权利义务。根据该合同的约定,青和公司负责物业共用部分的维修养护。陈书豪的车辆停放在青和公司提供的车位上,被倒塌的围墙致损,青和公司未尽到维修养护义务,应当承担赔偿责任。综上,青和公司的上诉请求与理由均不能成立,不予支持。

据此,南京市中级人民法院依照《中华人民共和国民事诉讼法》第一百五十三条第一款第(一)项之规定,于2012年6月19日作出判决:

驳回上诉,维持原判。

本判决为终审判决。

2. 无锡市春江花园业主委员会诉上海陆家嘴物业管理有限公司等物业管理纠纷案①

【裁判摘要】

根据《中华人民共和国物权法》第七十二条的规定,业主对建筑物专有部分以外的共有部分,享有权利,承担义务。共有部分在物业服务企业物业管理(包括前期物业管理)期间所产生的收益,在没有特别约定的情况下,应归全体业主所有,并主要用于补充小区的专项维修资金。物业服务企业对共有部分进行经营管理的,可以享有一定比例的收益。

【案情】

原告:江苏省无锡市春江花园业主委员会,住所地:江苏省无锡市学前东路延伸段。

代表人:常本靖,该业主委员会主任。

被告:上海陆家嘴物业管理有限公司无锡分公司,住所地:江苏省无锡市锡山区锡山经济开发区春江花园B区。

代表人:袁国栋,该公司经理。

被告:上海陆家嘴物业管理有限公司,住所地:上海市浦东新区锦安东路。

法定代表人:徐再进,该公司董事长。

原告江苏省无锡市春江花园业主委员会(以下简称业委会)因与被告上海陆家嘴物业管理有限公司无锡分公司(以下简称无锡分公司)、被告上海陆家嘴物业管理有限公司(以下简称物业公司)发生物业管理纠纷,向江苏省无锡市锡山区人民法院提起诉讼。

原告业委会诉称:2002年11月25日,被告物业公司与无锡市春江花园住宅小区的开发商无锡聚江房地产开发有限责任公司(以下简称聚江公司)签订前期物业管理委托合同一份,约定聚江公司委托物业公司对春江花园进行物业管理,管理期限为2002年11月25日起至春江花园小区业委会成立时止。合同成立后,物业公司安排被告无锡分公司具体对春江花园实施物业管理。2007年12月22日,原告业委会依法成立。2008年6月21日,业委会根据春江花园业主大会作出的业主自治决议,致函物业公司,明确不再与其签订物业管理合同,并要求物业公司及时办理移交。2008年7月17日,物业公司即派员与业委会正式办理移交,并签订了移交清单一份,明确物业公司应向业委会移交的物业管理费等费用总额为2 327 931.87元,其中小区共有部分收益结算的期间为2008年1月至6月。业委会经审查物业公司移交的资料发现,无锡分公司在2004年至2007年间,收取了小区共有部分收入5 967 370.31元未列入移交。为维护全体业主的利益,遂诉至法院,要求物业公司和无锡分公司立即返还移交清单确认的2 327 931.87元中的2 273 872.32元(差额部分54 059.55元为双方协议订立后业委会认可应返还给物业公司部分),及2004年至2007年共有部分收益的70%即4 177 159.22元,两项合计6 451 031.54元。

原告业委会提交了以下证据:

1. 原告业委会备案证明及无锡市物业管理区域内业主委员会备案回执各一份,用以证明业委会依法成立的事实。

2. 2008年1月11日原告业委会和被告无锡分公司的会议纪要一份,用以证明业委会与无锡分公司开会要求进行资料移交。

3. 2008年6月23日被告物业公司与原告业委会的会议纪要一份,用以证明双方协议商谈春江花园业主自治后双方的交接事宜。

4. 通知一份,用以证明原告业委会向被告物业公司发出通知,告知其春江花园业主大会决议实施业主自治,要求物业公司移交相关资料和结算相关工人工资和日常费用的事实。

5. 2008年6月29日的物资移交协议、2008年6月29日的资料移交协议、2008年6月30日无锡春江花园对外合同修正协议,用以证明原告业委会和被告物业公司协议商定进行相关物资和材料的移交。

6. 2008年6月29日,原告业委会和被告物业公司签订的无锡春江花园退盘人事关系处理协议,用以证明双方对相关人员进行安置的事实。

7. 2008年7月17日"关于无锡春江花园退盘移交协议"一份,用以证明被告物业公司同意于2008年6月23日退出对春江花园的物业管理,进行有关资料的移交。

8. 2008年7月17日"物业公司春江花园一、二期结算款项移交清单"一份。证明双方就2008年间被告物业公司应移交给原告业委会的财物达成协议的事实。

9. 2008年7月21日原告业委会致被告物业公司的书函。证明业委会要求物业公司确认其经办人于2008年6月23日至2008年7月17日期间,与业委会签订的一系列协议的事实。

10. 2008年7月29日被告物业公司对原告业委会的

---

① 案例来源:《最高人民法院公报》2010年第5期。

回函，用以证明物业公司对双方签订的人事关系处理、资料移交、对外合同签订、物资移交四个方面的协议无异议，并要求在费用结算上双方应继续协商的事实。佐证2008年7月17日的移交清单并不是双方对所有事项的全部了结。

11. 2005年至2007年被告无锡分公司制作的当年的收支情况表，以及2004年部分收退费日报表等，用以证明被告物业公司2004年至2007年的共有部分收入共计5 967 370.31元应当移交。

被告物业公司、无锡分公司辩称：2002年11月25日，物业公司与聚江公司协商签订前期物业管理合同，并由无锡分公司具体实施对春江花园的物业管理属实。在原告业委会成立后，双方已陆续办理了资料等的移交，并通过结算，于2008年7月17日订立移交清单，该清单明确截止到2008年6月30日，物业公司应结算给业委会的款项总额为2 327 931.87元。这是双方对实施前期物业管理期间的总结算，是对应当移交给业委会所有资料和财产的一揽子处理方案。移交清单第十条也明确："双方约定，在各自管理期限内的应由各自承担的收入、支出由各自承担。"依据该约定可以看出，双方之间已经全部解决了所有争议，故现业委会的诉讼请求，超出了双方协议的范围，其超出部分的诉讼主张，不应得到法院的支持。根据协议，物业公司、无锡分公司应当移交给业委会的款项总额为2 327 931.87元，扣除业委会诉讼请求中已认可给物业公司的54 059.55元，现已实际支付了1 857 995.72元，故尚需移交业委会415 876.6元。对该部分款项，同意及时移交。

退一步讲，即使移交清单未包括2004年至2007年的共有部分收益，原告业委会的诉讼请求也无事实和法律依据，应予驳回。主要理由是：根据相关法规和地方性规章，该共有部分的收入应首先去除成本计算出收益，对该收益应当首先弥补物业公司的管理成本，超出部分还应当保证物业公司8%的利润，在此之后如还有余额的，才能按照一定的比例由物业管理企业和业主共享。就本案而言，物业公司和无锡分公司对春江花园的管理，本来就是微利，根本达不到8%的利润额，故对2004至2007年春江花园业主共有部分管理所得，在按照上述方法计算后，已经不存在可分配利润。此外，因小区部分业主尚结欠2008年6月30日之前的物业管理费131万元，而业委会系全体业主的代表，故要求对该部分欠款行使抵销权，从物业公司应向业委会移交的款项中扣除。

被告物业公司、无锡分公司提交了以下证据：

1. 2002年11月25日，被告物业公司与聚江公司签订的春江花园前期物业管理委托合同一份，用以证明物业公司取得对春江花园实施前期物业管理资格。

2. 建设银行电子转账凭证一份，用以证明双方在2008年7月17日签订"物业公司春江花园一期、二期结算款项移交清单"后，被告物业公司已经履行557 995.72元付款义务的事实。

3. 2006年7月至2008年6月"春江花园管理处经营情况表"，用以证明被告物业公司在春江花园的物业管理经营为微利经营，仅取得63 539.46元的利润，原告业委会的主张没有根据。

无锡市锡山区人民法院一审查明：

2002年11月25日，被告物业公司与开发商聚江公司协商签订春江花园前期物业管理合同一份，约定由物业公司对聚江公司开发的春江花园住宅小区实施前期物业管理，管理范围为春江花园一、二、三期，占地面积为32.3万平方米，建筑面积为60万平方米；约定管理期间，物业公司按照物价局批准的标准，按建筑面积向业主和物业使用人收取物业管理服务费；对物业范围内的商铺、地下停车库、会所的物业成本不计入向业主所收取的物业费用中，须单列。合同约定的管理期限为2002年11月25日（即合同签订日）起至业委会成立时止。合同还约定有其他相关事项。合同成立后，物业公司指派其下属分支机构被告无锡分公司具体实施春江花园的前期物业管理。

2007年12月22日，原告春江花园业委会成立。业委会成立后，于2008年1月2日在无锡市锡山区东亭街道办理了登记备案手续。2008年6月21日，业委会根据业主大会作出的实施业主自治的决议，致函被告物业公司明确与其终止物业管理服务合同，同时要求物业公司在接函后15天内，向业委会移交相关资料和财产，并交接完毕。物业公司接函后即派其副总经理朱继丰，于2008年7月17日与业委会主任常本靖协商，并达成了移交协议性质的"移交清单"一份。该协议确认：物业公司截止2008年6月30日，应当返还业委会预收的2008年7月1日后的物业管理费、保管的业主各类押金、2008年1月至6月的小区共有部分收益等合计2 327 931.87元。其中1 890 931.87元于2008年7月31日前全部付清，另437 000元于2009年4月30日前付清。协议第十条还约定，"双方约定，在各自管理期限内的应由各自承担的收入、支出由各自承担"。该协议附有双方确认的"结算项目表"和"支付协议"各一份。其中"结算项目表"记载2008年收取的春江花园小区共有部分停车费为629 035元，2007年预收2008年共有部分停车费160 180元。该部分停车费的70%归业委会管理,由物业公司将此款移交给业委会。

本案在审理中,被告物业公司于2008年8月26日主动履行了557 995.72元的付款义务。后经原告业委会申请,法院裁定先予执行了物业公司的银行存款130万元,合计物业公司实际支付了1 857 995.32元。

另查明:根据被告无锡分公司进行前期物业管理期间的财务报表显示:无锡分公司对春江花园业主共有部分物业实施管理的收入包括场地租赁费、停车管理费、会所收入三项,具体为:2005年度1 415 112.82元,2006年度1 808 004.50元,2007年度2 144 933元,共有部分物业管理的支出为2005年度298 155.95元,2006年度497 204.12元,2007年度430 131.07元,收入和支出的差额为4 142 559.18元。上述支出项目中,包括物业服务支出、停车管理费用、会所支出(包括泳池支出、维修支出、其他支出)、其他业务税金(包括营业税、城建税、教育费附加、物价调解基金、粮食风险基金、防洪保安基金)等。双方对财务报表确认的上述事实均无异议。

上述事实,有原告业委会和被告物业公司、无锡分公司所供证据材料,以及本案开庭笔录等在卷佐证,足以认定。

本案一审的争议焦点是:一、2008年7月17日双方移交协议是否已包含了所有结算事项,特别是是否包含2004年至2007年业主共有部分的共有部分收益;二、2004年至2007年业主共有部分收益的界定和分配问题;三、被告物业公司能否对部分业主结欠的物业管理费行使抵销权。

无锡市锡山区人民法院一审认为:

关于争议焦点一,移交协议所体现的内容。法院认为,2008年7月17日的移交协议系双方真实意思的表示,该协议对被告物业公司2008年度实施管理期间应当返还给原告业委会的款项以及在整个前期物业管理期间代管的业主押金等事项和交付时间均作出了详细的规定。根据该协议记载,物业公司应当返还业委会的款项为2 327 931.87元。但值得注意的是,该协议对2004年至2007年间,物业公司、被告无锡分公司实施业主共有部分物业管理的收益没有具体记载,而该部分收益依据无锡分公司的财务报表数目相当巨大。物业公司、无锡分公司在本案审理中将该协议第十条"双方约定,在各自管理期限内的应由各自承担的收入、支出由各自承担"解释为:通过签订该条款,双方就移交内容作出了一揽子解决,已经不存有其他纠葛,即使还有纠纷,双方也应各自承受,而不应向对方主张。而业委会则认为,该条款仅表明此清单列明的移交内容不再存在纠葛,并不表明其已经放弃了共有部分收益的分配请求权。法院认为,双方的移交协议,明确移交的是2008年1-6月的共有部分收益,而协议第十条内容,也无法理解为业委会对2008年前春江花园业主共有部分收益作出放弃的意思表示。故该协议应为一个不完全的移交协议,其没有将2004年至2007年共有部分收益纳入其中。且依据无锡分公司的报表记载,2004年至2007年共有部分收益数目巨大,业委会作为代表全体业主行使权利的组织,其权限来自于业主大会的授权,在无全体业主授权的情形下,其不能以自己的意志对业主的重大权利作出放弃,即使作出放弃的意思表示,该行为也为无效民事行为。据此,法院认为,2004年至2007年共有部分物业的收益,在上述移交协议中没有得到体现,该部分收益应当在物管企业和全体业主之间依法分配。

关于争议焦点二,2004年至2007年业主共有部分收益的界定和分配问题。法院认为,本案中所谓共有部分的物业管理收益应为共有部分收入与成本支出的差额,双方在本案审理中已经达成一致,即2004年至2007年春江花园小区业主共有部分的收入和支出以被告无锡分公司的报表为准。该双方的民事行为不违反法律法规的禁止性规定,法院予以确认。经法院审查该部分报表,2005年至2007年小区业主共有部分的总收入为5 368 050.32元,期间的总支出为1 225 491.14元,故总收益为4 142 559.18元。原告业委会主张的2004年的收益,因其提供的报表对该收益无法判断,双方对该年度共有部分的收益也无法统一,业委会作为主张权利方对此负有举证义务,应当对其举证不能承担不利后果。故因证据不足,法院对业委会主张的2004年度收益分配的诉讼请求不予支持。

关于收益的分配,法院认为,本案中争讼收益之产生,一方面得益于被告物业公司、无锡分公司的管理行为,另一方面也应注意到物管企业管理的物业属于全体业主共有。共有人对共有物享有收益权,这是一项法定权利。对该部分的收益分配,全体业主和物管企业可以通过合同约定进行分配,在没有约定的情况下,应当依法分配。本案中双方对该部分收益的分配没有合同根据,故应当按照法律规定进行分配。由于我国法律对此没有具体规定,故法院认为应当在不违反法律原则的前提下,公平合理分配共有部分物业的管理收益。物业管理有其特殊性,物管企业在实施物业管理期间其服务的对象为小区业主,而其对共有部分进行管理时业主并不给予报酬。如物管企业付出管理成本后不能获得经济回报,这对物管企业是不公平的。同时,小区共有部分作为小区全体业主的共有物,全体业主才是该物的所有权人,如果在收益分配上排除业主的权利,显而易见,这有悖法律原则。据此,在存有小区共有部分管理收益的情形下,该收益应主要归属于全体业主享有,同时物管企业付出了管理成本,也应享有合理的回报。综上,根据公平原则的要求,并参照《江苏省物业管理条例》第三十三条"经批准设置的经营性设施的收益,在扣除物业管理企业代办费用后,应当将收益的30%用于补贴物业管理公共服务费,收益的70%纳入维修基金,但合同另有约定的除外"的精神。同时考虑到原被告双方自行协商确定的2008年上半年共有部分收益的分配方案,即业主得七成,物管企业得三成。法院认为本案对共有部分收益分配的比例,确定为原告业委会得70%、物业公司得30%较为合理。据此,业委会代表春江花园全体业主对4 142 559.18元的收益享有其中的2 899 791.43元。值得注意的是,该部分款项,业委会不具有自行处置的权利,依据相关法律法规,该款应用作小区的维修基金,业委会作为执行机构,使用该款应按照业主的意志和法律的规定行使。关于物业公司提出的对上述收益应当首先弥补物管企业管理费用开支,多余部分还应满足物管企业8%的利润,余额再行分配的意见,因缺乏法律依据和双方合意,法院不予采纳。

关于争议焦点三,被告物业公司能否对部分业主结欠的物业管理费行使抵销权的问题。物业公司提出有部分业主尚结欠2008年6月30日以前的物业管理费131万元,并未提交充分证据予以证明,更重要的是,《中华人民共和国合同法》第九十九条规定:"当事人互负到期债务,该债务的标的物种类、品质相同的,任何一方可以将自己的债务与对方的债务抵销,但依照法律规定或者按照合同性质不得抵销的除外。"根据该规定,要进行债务抵销,当事人之间应当互负债务,互享债权。本案中诉讼的双方当事人为原告业委会和物业公司、被告无锡分公司,而结欠物业管理费的为部分业主,为单个的主体。业委会系代表小区全体业主提起诉讼,虽然包括了该部分欠费业主,但两者有本质的区别。因此,双方债权债务主体不同,不符合法定抵销的规定,因此,对物业公司行使抵销权的主张不予支持。

综上所述,被告物业公司应当将移交清单确认的款项(扣除54 059.55元)和2005年至2007年间小区共有部分收益的70%返还给原告业委会,即双方确认的2 273 872.32元,以及应当返还给业主的共有部分收益2 899 791.43元,合计5 173 663.75元。鉴于物业公司已经履行了1 857 995.72元,其仍应返还给业委会3 315 668.03元。因被告无锡分公司系物业公司下属不具有法人资格的分支机构,其合法成立并有一定的组织机构和财产,也具体实施了物业管理行为,故其应与物业公司共同承担上述返还之责。据此,无锡市锡山区人民法院依照《中华人民共和国物权法》第七十条、第七十三条、第七十四条第三款、第七十九条,国务院《物业管理条例》第五十四条第二款、第五十五条,参照适用《江苏省物业管理条例》第三十三条的规定,于2009年6月12日判决如下:

一、被告物业公司、无锡分公司共同于本判决生效后三日内返还原告业委会3 315 668.03元。

二、驳回原告业委会的其他诉讼请求。

一审宣判后,双方当事人在法定期限内均未提出上诉,判决已经发生法律效力。

8. 住房保障

经济适用住房管理办法

· 2007年11月19日
· 建住房〔2007〕258号

第一章 总 则

第一条 为改进和规范经济适用住房制度,保护当事人合法权益,制定本办法。

第二条 本办法所称经济适用住房,是指政府提供政策优惠,限定套型面积和销售价格,按照合理标准建设,面向城市低收入住房困难家庭供应,具有保障性质的政策性住房。

本办法所称城市低收入住房困难家庭,是指城市和县人民政府所在地镇的范围内,家庭收入、住房状况等符合市、县人民政府规定条件的家庭。

第三条 经济适用住房制度是解决城市低收入家庭住房困难政策体系的组成部分。经济适用住房供应对象要与廉租住房保障对象相衔接。经济适用住房的建设、供应、使用及监督管理,应当遵守本办法。

第四条 发展经济适用住房应当在国家统一政策指导下,各地区因地制宜,政府主导、社会参与。市、县人民政府要根据当地经济社会发展水平、居民住房状况和收入水平等因素,合理确定经济适用住房的政策目标、建设标准、供应范围和供应对象等,并组织实施。省、自治区、直辖市人民政府对本行政区域经济适用住房工作负总责,对所辖市、县人民政府实行目标责任制管理。

第五条 国务院建设行政主管部门负责对全国经济适用住房工作的指导和实施监督。县级以上地方人民政府建设或房地产行政主管部门(以下简称"经济适用住房主管部门")负责本行政区域内经济适用住房管理工作。

县级以上人民政府发展改革(价格)、监察、财政、国土资源、税务及金融管理等部门根据职责分工,负责经济适用住房有关工作。

第六条　市、县人民政府应当在解决城市低收入家庭住房困难发展规划和年度计划中,明确经济适用住房建设规模、项目布局和用地安排等内容,并纳入本级国民经济与社会发展规划和住房建设规划,及时向社会公布。

第二章　优惠和支持政策

第七条　经济适用住房建设用地以划拨方式供应。经济适用住房建设用地应纳入当地年度土地供应计划,在申报年度用地指标时单独列出,确保优先供应。

第八条　经济适用住房建设项目免收城市基础设施配套费等各种行政事业性收费和政府性基金。经济适用住房项目外基础设施建设费用,由政府负担。经济适用住房建设单位可以以在建项目作抵押向商业银行申请住房开发贷款。

第九条　购买经济适用住房的个人向商业银行申请贷款,除符合《个人住房贷款管理办法》规定外,还应当出具市、县人民政府经济适用住房主管部门准予购房的核准通知。

购买经济适用住房可提取个人住房公积金和优先办理住房公积金贷款。

第十条　经济适用住房的贷款利率按有关规定执行。

第十一条　经济适用住房的建设和供应要严格执行国家规定的各项税费优惠政策。

第十二条　严禁以经济适用住房名义取得划拨土地后,以补交土地出让金等方式,变相进行商品房开发。

第三章　建设管理

第十三条　经济适用住房要统筹规划、合理布局、配套建设,充分考虑城市低收入住房困难家庭对交通等基础设施条件的要求,合理安排区位布局。

第十四条　在商品住房小区中配套建设经济适用住房的,应当在项目出让条件中,明确配套建设的经济适用住房的建设总面积、单套建筑面积、套数、套型比例、建设标准以及建成后移交或者回购等事项,并以合同方式约定。

第十五条　经济适用住房单套的建筑面积控制在60平方米左右。市、县人民政府应当根据当地经济发展水平、群众生活水平、住房状况、家庭结构和人口等因素,合理确定经济适用住房建设规模和各种套型的比例,并进行严格管理。

第十六条　经济适用住房建设按照政府组织协调、市场运作的原则,可以采取项目法人招标的方式,选择具有相应资质和良好社会责任的房地产开发企业实施;也可以由市、县人民政府确定的经济适用住房管理实施机构直接组织建设。在经济适用住房建设中,应注重发挥国有大型骨干建筑企业的积极作用。

第十七条　经济适用住房的规划设计和建设必须按照发展节能省地环保型住宅的要求,严格执行《住宅建筑规范》等国家有关住房建设的强制性标准,采取竞标方式优选规划设计方案,做到在较小的套型内实现基本的使用功能。积极推广应用先进、成熟、适用、安全的新技术、新工艺、新材料、新设备。

第十八条　经济适用住房建设单位对其建设的经济适用住房工程质量负最终责任,向买受人出具《住宅质量保证书》和《住宅使用说明书》,并承担保修责任,确保工程质量和使用安全。有关住房质量和性能等方面的要求,应在建设合同中予以明确。

经济适用住房的施工和监理,应当采取招标方式,选择具有资质和良好社会责任的建筑企业和监理公司实施。

第十九条　经济适用住房项目可采取招标方式选择物业服务企业实施前期物业服务,也可以在社区居委会等机构的指导下,由居民自我管理,提供符合居住区居民基本生活需要的物业服务。

第四章　价格管理

第二十条　确定经济适用住房的价格应当以保本微利为原则。其销售基准价格及浮动幅度,由有定价权的价格主管部门会同经济适用住房主管部门,依据经济适用住房价格管理的有关规定,在综合考虑建设、管理成本和利润的基础上确定并向社会公布。房地产开发企业实施的经济适用住房项目利润率按不高于3%核定;市、县人民政府直接组织建设的经济适用住房只能按成本价销售,不得有利润。

第二十一条　经济适用住房销售应当实行明码标价,销售价格不得高于基准价格及上浮幅度,不得在标价之外收取任何未予标明的费用。经济适用住房价格确定后应当向社会公布。价格主管部门应依法进行监督管理。

第二十二条　经济适用住房实行收费卡制度,各有关部门收取费用时,必须填写价格主管部门核发的交费登记卡。任何单位不得以押金、保证金等名义,变相向经济适用住房建设单位收取费用。

第二十三条 价格主管部门要加强成本监审,全面掌握经济适用住房成本及利润变动情况,确保经济适用住房做到质价相符。

第五章 准入和退出管理

第二十四条 经济适用住房管理应建立严格的准入和退出机制。经济适用住房由市、县人民政府按限定的价格,统一组织向符合购房条件的低收入家庭出售。经济适用住房供应实行申请、审核、公示和轮候制度。市、县人民政府应当制定经济适用住房申请、审核、公示和轮候的具体办法,并向社会公布。

第二十五条 城市低收入家庭申请购买经济适用住房应同时符合下列条件:

(一)具有当地城镇户口;

(二)家庭收入符合市、县人民政府划定的低收入家庭收入标准;

(三)无房或现住房面积低于市、县人民政府规定的住房困难标准。

经济适用住房供应对象的家庭收入标准和住房困难标准,由市、县人民政府根据当地商品住房价格、居民家庭可支配收入、居住水平和家庭人口结构等因素确定,实行动态管理,每年向社会公布一次。

第二十六条 经济适用住房资格申请采取街道办事处(镇人民政府)、市(区)、县人民政府逐级审核并公示的方式认定。审核单位应当通过入户调查、邻里访问以及信函索证等方式对申请人的家庭收入和住房状况等情况进行核实。申请人及有关单位、组织或者个人应当予以配合,如实提供有关情况。

第二十七条 经审核公示通过的家庭,由市、县人民政府经济适用住房主管部门发放准予购买经济适用住房的核准通知,注明可以购买的面积标准。然后按照收入水平、住房困难程度和申请顺序等因素进行轮候。

第二十八条 符合条件的家庭,可以持核准通知购买一套与核准面积相对应的经济适用住房。购买面积原则上不得超过核准面积。购买面积在核准面积以内的,按核准的价格购买;超过核准面积的部分,不得享受政府优惠,由购房人按照同地段同类普通商品住房的价格补交差价。

第二十九条 居民个人购买经济适用住房后,应当按照规定办理权属登记。房屋、土地登记部门在办理权属登记时,应当分别注明经济适用住房、划拨土地。

第三十条 经济适用住房购房人拥有有限产权。

购买经济适用住房不满 5 年,不得直接上市交易,购房人因特殊原因需转让经济适用住房的,由政府按照原价格并考虑折旧和物价水平等因素进行回购。

购买经济适用住房满 5 年,购房人上市转让经济适用住房的,应按照届时同地段普通商品住房与经济适用住房差价的一定比例向政府交纳土地收益等相关价款,具体交纳比例由市、县人民政府确定,政府可优先回购;购房人也可以按照政府所定的标准向政府交纳土地收益等相关价款后,取得完全产权。

上述规定应在经济适用住房购买合同中予以载明,并明确相关违约责任。

第三十一条 已经购买经济适用住房的家庭又购买其他住房的,原经济适用住房由政府按规定及合同约定回购。政府回购的经济适用住房,仍应用于解决低收入家庭的住房困难。

第三十二条 已参加福利分房的家庭在退回所分房屋前不得购买经济适用住房,已购买经济适用住房的家庭不得再购买经济适用住房。

第三十三条 个人购买的经济适用住房在取得完全产权以前不得用于出租经营。

第六章 单位集资合作建房

第三十四条 距离城区较远的独立工矿企业和住房困难户较多的企业,在符合土地利用总体规划、城市规划、住房建设规划的前提下,经市、县人民政府批准,可以利用单位自用土地进行集资合作建房。参加单位集资合作建房的对象,必须限定在本单位符合市、县人民政府规定的低收入住房困难家庭。

第三十五条 单位集资合作建房是经济适用住房的组成部分,其建设标准、优惠政策、供应对象、产权关系等均按照经济适用住房的有关规定严格执行。单位集资合作建房应当纳入当地经济适用住房建设计划和用地计划管理。

第三十六条 任何单位不得利用新征用或新购买土地组织集资合作建房;各级国家机关一律不得搞单位集资合作建房。单位集资合作建房不得向不符合经济适用住房供应条件的家庭出售。

第三十七条 单位集资合作建房在满足本单位低收入住房困难家庭购买后,房源仍有少量剩余的,由市、县人民政府统一组织向符合经济适用住房购房条件的家庭出售,或由市、县人民政府以成本价收购后用作廉租住房。

第三十八条 向职工收取的单位集资合作建房款项实行专款管理、专项使用，并接受当地财政和经济适用住房主管部门的监督。

第三十九条 已参加福利分房、购买经济适用住房或参加单位集资合作建房的人员，不得再次参加单位集资合作建房。严禁任何单位借集资合作建房名义，变相实施住房实物分配或商品房开发。

第四十条 单位集资合作建房原则上不收取管理费用，不得有利润。

第七章 监督管理

第四十一条 市、县人民政府要加强对已购经济适用住房的后续管理，经济适用住房主管部门要切实履行职责，对已购经济适用住房家庭的居住人员、房屋的使用等情况进行定期检查，发现违规行为及时纠正。

第四十二条 市、县人民政府及其有关部门应当加强对经济适用住房建设、交易中违纪违法行为的查处。

（一）擅自改变经济适用住房或集资合作建房用地性质的，由国土资源主管部门按有关规定处罚。

（二）擅自提高经济适用住房或集资合作建房销售价格等价格违法行为的，由价格主管部门依法进行处罚。

（三）未取得资格的家庭购买经济适用住房或参加集资合作建房的，其所购买或集资建设的住房由经济适用住房主管部门限期按原价格并考虑折旧等因素作价收购；不能收购的，由经济适用住房主管部门责成其补缴经济适用住房或单位集资合作建房与同地段同类普通商品住房价格差，并对相关责任单位和责任人依法予以处罚。

第四十三条 对弄虚作假、隐瞒家庭收入和住房条件，骗购经济适用住房或单位集资合作建房的个人，由市、县人民政府经济适用住房主管部门限期按原价格并考虑折旧等因素作价收回所购住房，并依法和有关规定追究责任。对出具虚假证明的，依法追究相关责任人的责任。

第四十四条 国家机关工作人员在经济适用住房建设、管理过程中滥用职权、玩忽职守、徇私舞弊的，依法依纪追究责任；涉嫌犯罪的，移送司法机关处理。

第四十五条 任何单位和个人有权对违反本办法规定的行为进行检举和控告。

第八章 附则

第四十六条 省、自治区、直辖市人民政府经济适用住房主管部门会同发展改革（价格）、监察、财政、国土资源、金融管理、税务主管部门根据本办法，可以制定具体实施办法。

第四十七条 本办法由建设部会同发展改革委、监察部、财政部、国土资源部、人民银行、税务总局负责解释。

第四十八条 本办法下发后尚未销售的经济适用住房，执行本办法有关准入和退出管理、价格管理、监督管理等规定；已销售的经济适用住房仍按原有规定执行。此前已审批但尚未开工的经济适用住房项目，凡不符合本办法规定内容的事项，应按本办法做相应调整。

第四十九条 建设部、发展改革委、国土资源部、人民银行《关于印发〈经济适用住房管理办法〉的通知》（建住房〔2004〕77号）同时废止。

经济适用住房开发贷款管理办法

·2008年1月18日
·银发〔2008〕13号发布

第一条 为支持经济适用住房建设，维护借贷双方的合法权益，根据《中华人民共和国中国人民银行法》、《中华人民共和国银行业监督管理法》、《中华人民共和国商业银行法》、《中华人民共和国物权法》、《中华人民共和国担保法》、《经济适用住房管理办法》等国家有关法律和政策规定制定本办法。

第二条 本办法所称经济适用住房开发贷款是指贷款人向借款人发放的专项用于经济适用住房项目开发建设的贷款。

第三条 本办法所称贷款人是指中华人民共和国境内依法设立的商业银行和其他银行业金融机构。

本办法所称借款人是指具有法人资格，并取得房地产开发资质的房地产开发企业。

各政策性银行未经批准，不得从事经济适用住房开发贷款业务。

第四条 经济适用住房开发贷款条件：

（一）借款人已取得贷款证（卡）并在贷款银行开立基本存款账户或一般存款账户。

（二）借款人产权清晰，法人治理结构健全，经营管理规范，财务状况良好，核心管理人员素质较高。

（三）借款人实收资本不低于人民币1000万元，信用良好，具有按期偿还贷款本息的能力。

（四）建设项目已列入当地经济适用住房年度建设投资计划和土地供应计划，能够进行实质性开发建设。

（五）借款人已取得建设项目所需的《国有土地使用证》《建设用地规划许可证》《建设工程规划许可证》和《建设工程开工许可证》。

（六）建设项目资本金（所有者权益）不低于项目总投资的30%，并在贷款使用前已投入项目建设。

（七）建设项目规划设计符合国家相关规定。

（八）贷款人规定的其他条件。

第五条 经济适用住房开发贷款必须专项用于经济适用住房项目建设，不得挪作他用。

严禁以流动资金贷款形式发放经济适用住房开发贷款。

第六条 经济适用住房开发贷款期限一般为3年，最长不超过5年。

第七条 经济适用住房开发贷款利率按中国人民银行利率政策执行，可适当下浮，但下浮比例不得超过10%。

第八条 经济适用住房开发贷款应以项目销售收入及借款人其他经营收入作为还款来源。

第九条 贷款人应当依法开展经济适用住房开发贷款业务。

贷款人应对借款人和建设项目进行调查、评估，加强贷款审查。借款人应按要求向贷款人提供有关资料。

任何单位和个人不得强令贷款人发放经济适用住房开发贷款。

第十条 借款人申请经济适用住房贷款应提供贷款人认可的有效担保。

第十一条 贷款人应与借款人签订书面合同，办妥担保手续。采用抵（质）押担保方式的，贷款人应及时办理抵（质）押登记。

第十二条 经济适用住房开发贷款实行封闭管理。借贷双方应签订资金监管协议，设定资金监管账户。贷款人应通过资金监管账户对资金的流出和流入等情况进行有效监控管理。

第十三条 贷款人应对经济适用住房开发贷款使用情况进行有效监督和检查，借款人应定期向贷款人提供项目建设进度、贷款使用、项目销售等方面的信息以及财务会计报表等有关资料。

第十四条 中国银行业监督管理委员会及其派出机构依法对相关借贷经营活动实施监管。中国人民银行及其分支机构可以建议中国银行业监督管理委员会及其派出机构对相关借贷经营活动进行监督检查。

第十五条 经济适用住房开发贷款列入房地产贷款科目核算。

第十六条 经有关管理部门批准，符合相关政策规定的单位集资合作建房项目的贷款业务参照本办法执行。

第十七条 本办法由中国人民银行、中国银行业监督管理委员会负责解释。

第十八条 本办法自发布之日起30日后实施。《经济适用住房开发贷款管理暂行规定》（银发〔1999〕129号文印发）同时废止。

廉租住房保障办法

· 2007年11月8日建设部、国家发展和改革委员会、监察部、民政部、财政部、国土资源部、中国人民银行、国家税务总局、国家统计局令第162号公布

· 自2007年12月1日起施行

第一章 总 则

第一条 为促进廉租住房制度建设，逐步解决城市低收入家庭的住房困难，制定本办法。

第二条 城市低收入住房困难家庭的廉租住房保障及其监督管理，适用本办法。

本办法所称城市低收入住房困难家庭，是指城市和县人民政府所在地的镇范围内，家庭收入、住房状况等符合市、县人民政府规定条件的家庭。

第三条 市、县人民政府应当在解决城市低收入家庭住房困难的发展规划及年度计划中，明确廉租住房保障工作目标、措施，并纳入本级国民经济与社会发展规划和住房建设规划。

第四条 国务院建设主管部门指导和监督全国廉租住房保障工作。县级以上地方人民政府建设（住房保障）主管部门负责本行政区域内廉租住房保障管理工作。廉租住房保障的具体工作可以由市、县人民政府确定的实施机构承担。

县级以上人民政府发展改革（价格）、监察、民政、财政、国土资源、金融管理、税务、统计等部门按照职责分工，负责廉租住房保障的相关工作。

第二章 保障方式

第五条 廉租住房保障方式实行货币补贴和实物配租相结合。货币补贴是指县级以上地方人民政府向申请廉租住房保障的城市低收入住房困难家庭发放租赁住房补贴，由其自行承租住房。实物配租是指县级以上地方人民政府向申请廉租住房保障的城市低收入住房困难家庭提供住房，并按照规定标准收取租金。

实施廉租住房保障，主要通过发放租赁补贴，增强城市低收入住房困难家庭承租住房的能力。廉租住房紧缺的城市，应当通过新建和收购等方式，增加廉租住房实物配租的房源。

第六条 市、县人民政府应当根据当地家庭平均住房水平、财政承受能力以及城市低收入住房困难家庭的人口数量、结构等因素，以户为单位确定廉租住房保障面积标准。

第七条 采取货币补贴方式的，补贴额度按照城市低收入住房困难家庭现住房面积与保障面积标准的差额、每平方米租赁住房补贴标准确定。

每平方米租赁住房补贴标准由市、县人民政府根据当地经济发展水平、市场平均租金、城市低收入住房困难家庭的经济承受能力等因素确定。其中对城市居民最低生活保障家庭，可以按照当地市场平均租金确定租赁住房补贴标准；对其他城市低收入住房困难家庭，可以根据收入情况等分类确定租赁住房补贴标准。

第八条 采取实物配租方式的，配租面积为城市低收入住房困难家庭现住房面积与保障面积标准的差额。

实物配租的住房租金标准实行政府定价。实物配租住房的租金，按照配租面积和市、县人民政府规定的租金标准确定。有条件的地区，对城市居民最低生活保障家庭，可以免收实物配租住房中住房保障面积标准内的租金。

第三章　保障资金及房屋来源

第九条 廉租住房保障资金采取多种渠道筹措。

廉租住房保障资金来源包括：
（一）年度财政预算安排的廉租住房保障资金；
（二）提取贷款风险准备金和管理费用后的住房公积金增值收益余额；
（三）土地出让净收益中安排的廉租住房保障资金；
（四）政府的廉租住房租金收入；
（五）社会捐赠及其他方式筹集的资金。

第十条 提取贷款风险准备金和管理费用后的住房公积金增值收益余额，应当全部用于廉租住房建设。

土地出让净收益用于廉租住房保障资金的比例，不得低于10%。

政府的廉租住房租金收入应当按照国家财政预算支出和财务制度的有关规定，实行收支两条线管理，专项用于廉租住房的维护和管理。

第十一条 对中西部财政困难地区，按照中央预算内投资补助和中央财政廉租住房保障专项补助资金的有关规定给予支持。

第十二条 实物配租的廉租住房来源主要包括：
（一）政府新建、收购的住房；
（二）腾退的公有住房；
（三）社会捐赠的住房；
（四）其他渠道筹集的住房。

第十三条 廉租住房建设用地，应当在土地供应计划中优先安排，并在申报年度用地指标时单独列出，采取划拨方式，保证供应。

廉租住房建设用地的规划布局，应当考虑城市低收入住房困难家庭居住和就业的便利。

廉租住房建设应当坚持经济、适用原则，提高规划设计水平，满足基本使用功能，应当按照发展节能省地环保型住宅的要求，推广新材料、新技术、新工艺。廉租住房应当符合国家质量安全标准。

第十四条 新建廉租住房，应当采取配套建设与相对集中建设相结合的方式，主要在经济适用住房、普通商品住房项目中配套建设。

新建廉租住房，应当将单套的建筑面积控制在50平方米以内，并根据城市低收入住房困难家庭的居住需要，合理确定套型结构。

配套建设廉租住房的经济适用住房或者普通商品住房项目，应当在用地规划、国有土地划拨决定书或者国有土地使用权出让合同中，明确配套建设的廉租住房总建筑面积、套数、布局、套型以及建成后的移交或回购等事项。

第十五条 廉租住房建设免征行政事业性收费和政府性基金。

鼓励社会捐赠住房作为廉租住房房源或捐赠用于廉租住房的资金。

政府或经政府认定的单位新建、购买、改建住房作为廉租住房，社会捐赠廉租住房房源、资金，按照国家规定的有关税收政策执行。

第四章　申请与核准

第十六条 申请廉租住房保障，应当提供下列材料：
（一）家庭收入情况的证明材料；
（二）家庭住房状况的证明材料；
（三）家庭成员身份证和户口簿；
（四）市、县人民政府规定的其他证明材料。

第十七条 申请廉租住房保障，按照下列程序办理：
（一）申请廉租住房保障的家庭，应当由户主向户口所在地街道办事处或者镇人民政府提出书面申请；
（二）街道办事处或者镇人民政府应当自受理申请

之日起30日内,就申请人的家庭收入、家庭住房状况是否符合规定条件进行审核,提出初审意见并张榜公布,将初审意见和申请材料一并报送市(区)、县人民政府建设(住房保障)主管部门;

(三)建设(住房保障)主管部门应当自收到申请材料之日起15日内,就申请人的家庭住房状况是否符合规定条件提出审核意见,并将符合条件的申请人的申请材料转同级民政部门;

(四)民政部门应当自收到申请材料之日起15日内,就申请人的家庭收入是否符合规定条件提出审核意见,并反馈同级建设(住房保障)主管部门;

(五)经审核,家庭收入、家庭住房状况符合规定条件的,由建设(住房保障)主管部门予以公示,公示期限为15日;对经公示无异议或者异议不成立的,作为廉租住房保障对象予以登记,书面通知申请人,并向社会公开登记结果。

经审核,不符合规定条件的,建设(住房保障)主管部门应当书面通知申请人,说明理由。申请人对审核结果有异议的,可以向建设(住房保障)主管部门申诉。

第十八条 建设(住房保障)主管部门、民政等有关部门以及街道办事处、镇人民政府,可以通过入户调查、邻里访问以及信函索证等方式对申请人的家庭收入和住房状况等进行核实。申请人及有关单位和个人应当予以配合,如实提供有关情况。

第十九条 建设(住房保障)主管部门应当综合考虑登记的城市低收入住房困难家庭的收入水平、住房困难程度和申请顺序以及个人申请的保障方式等,确定相应的保障方式及轮候顺序,并向社会公开。

对已经登记为廉租住房保障对象的城市居民最低生活保障家庭,凡申请租赁住房货币补贴的,要优先安排发放补贴,基本做到应保尽保。

实物配租应当优先面向已经登记为廉租住房保障对象的孤、老、病、残等特殊困难家庭,城市居民最低生活保障家庭以及其他急需救助的家庭。

第二十条 对轮候到位的城市低收入住房困难家庭,建设(住房保障)主管部门或者具体实施机构应当按照已确定的保障方式,与其签订租赁住房补贴协议或者廉租住房租赁合同,予以发放租赁住房补贴或者配租廉租住房。

发放租赁住房补贴和配租廉租住房的结果,应当予以公布。

第二十一条 租赁住房补贴协议应当明确租赁住房补贴额度、停止发放租赁住房补贴的情形等内容。

廉租住房租赁合同应当明确下列内容:

(一)房屋的位置、朝向、面积、结构、附属设施和设备状况;

(二)租金及其支付方式;

(三)房屋用途和使用要求;

(四)租赁期限;

(五)房屋维修责任;

(六)停止实物配租的情形,包括承租人已不符合规定条件的,将所承租的廉租住房转借、转租或者改变用途,无正当理由连续6个月以上未在所承租的廉租住房居住或者未交纳廉租住房租金等;

(七)违约责任及争议解决办法,包括退回廉租住房、调整租金、依照有关法律法规规定处理等;

(八)其他约定。

第五章 监督管理

第二十二条 国务院建设主管部门、省级建设(住房保障)主管部门应当会同有关部门,加强对廉租住房保障工作的监督检查,并公布监督检查结果。

市、县人民政府应当定期向社会公布城市低收入住房困难家庭廉租住房保障情况。

第二十三条 市(区)、县人民政府建设(住房保障)主管部门应当按户建立廉租住房档案,并采取定期走访、抽查等方式,及时掌握城市低收入住房困难家庭的人口、收入及住房变动等有关情况。

第二十四条 已领取租赁住房补贴或者配租廉租住房的城市低收入住房困难家庭,应当按年度向所在地街道办事处或者镇人民政府如实申报家庭人口、收入及住房等变动情况。

街道办事处或者镇人民政府可以对申报情况进行核实、张榜公布,并将申报情况及核实结果报建设(住房保障)主管部门。

建设(住房保障)主管部门应当根据城市低收入住房困难家庭人口、收入、住房等变化情况,调整租赁住房补贴额度或实物配租面积、租金等;对不再符合规定条件的,应当停止发放租赁住房补贴,或者由承租人按照合同约定退回廉租住房。

第二十五条 城市低收入住房困难家庭不得将所承租的廉租住房转借、转租或者改变用途。

城市低收入住房困难家庭违反前款规定或者有下列行为之一的,应当按照合同约定退回廉租住房:

(一)无正当理由连续6个月以上未在所承租的廉租

住房居住的；

（二）无正当理由累计6个月以上未交纳廉租住房租金的。

第二十六条 城市低收入住房困难家庭未按照合同约定退回廉租住房的，建设（住房保障）主管部门应当责令其限期退回；逾期未退回的，可以按照合同约定，采取调整租金等方式处理。

城市低收入住房困难家庭拒绝接受前款规定的处理方式的，由建设（住房保障）主管部门或者具体实施机构依照有关法律法规规定处理。

第二十七条 城市低收入住房困难家庭的收入标准、住房困难标准等以及住房保障面积标准，实行动态管理，由市、县人民政府每年向社会公布一次。

第二十八条 任何单位和个人有权对违反本办法规定的行为进行检举和控告。

第六章 法律责任

第二十九条 城市低收入住房困难家庭隐瞒有关情况或者提供虚假材料申请廉租住房保障的，建设（住房保障）主管部门不予受理，并给予警告。

第三十条 对以欺骗等不正当手段，取得审核同意或者获得廉租住房保障的，由建设（住房保障）主管部门给予警告；对已经登记但尚未获得廉租住房保障的，取消其登记；对已经获得廉租住房保障的，责令其退还已领取的租赁住房补贴，或者退出实物配租的住房并按市场价格补交以前房租。

第三十一条 廉租住房保障实施机构违反本办法规定，不执行政府规定的廉租住房租金标准的，由价格主管部门依法查处。

第三十二条 违反本办法规定，建设（住房保障）主管部门及有关部门的工作人员或者市、县人民政府确定的实施机构的工作人员，在廉租住房保障工作中滥用职权、玩忽职守、徇私舞弊的，依法给予处分；构成犯罪的，依法追究刑事责任。

第七章 附 则

第三十三条 对承租直管公房的城市低收入家庭，可以参照本办法有关规定，对住房保障面积标准范围内的租金予以适当减免。

第三十四条 本办法自2007年12月1日起施行。2003年12月31日发布的《城镇最低收入家庭廉租住房管理办法》（建设部、财政部、民政部、国土资源部、国家税务总局令第120号）同时废止。

城镇最低收入家庭廉租住房申请、审核及退出管理办法

· 2005年7月7日
· 建住房〔2005〕122号

第一条 为规范城镇最低收入家庭廉租住房管理，完善廉租住房工作机制，根据《城镇最低收入家庭廉租住房管理办法》（建设部令第120号），制定本办法。

第二条 城镇最低收入家庭廉租住房的申请、审核及退出管理，适用本办法。

第三条 市、县人民政府房地产行政主管部门负责城镇最低收入家庭廉租住房的申请、审核及退出管理工作。

第四条 申请廉租住房的家庭（以下简称申请家庭）应当同时具备下列条件：

（一）申请家庭人均收入符合当地廉租住房政策确定的收入标准；

（二）申请家庭人均现住房面积符合当地廉租住房政策确定的面积标准；

（三）申请家庭成员中至少有1人为当地非农业常住户口；

（四）申请家庭成员之间有法定的赡养、扶养或者抚养关系；

（五）符合当地廉租住房政策规定的其他标准。

第五条 申请廉租住房，应当由申请家庭的户主作为申请人；户主不具有完全民事行为能力的，申请家庭推举具有完全民事行为能力的家庭成员作为申请人。

申请人应当向户口所在地街道办事处或乡镇人民政府（以下简称受理机关）提出书面申请，并提供下列申请材料：

（一）民政部门出具的最低生活保障、救助证明或政府认定有关部门或单位出具的收入证明；

（二）申请家庭成员所在单位或居住地街道办事处出具的现住房证明；

（三）申请家庭成员身份证和户口簿；

（四）地方政府或房地产行政主管部门规定需要提交的其他证明材料。

申请人为非户主的，还应当出具其他具有完全行为能力的家庭成员共同签名的书面委托书。

第六条 受理机关收到廉租住房申请材料后，应当及时作出是否受理的决定，并向申请人出具书面凭证。申请资料不齐全或者不符合法定形式的，应当在5日内

书面告知申请人需要补正的全部内容,受理时间从申请人补齐资料的次日起计算;逾期不告知的,自收到申请材料之日起即为受理。

材料齐备后,受理机关应当及时签署意见并将全部申请资料移交房地产行政主管部门。

第七条 接到受理机关移交的申请资料后,房地产行政主管部门应当会同民政等部门组成审核小组予以审核。并可以通过查档取证、入户调查、邻里访问以及信函索证等方式对申请家庭收入、家庭人口和住房状况进行调查。申请家庭及有关单位、组织或者个人应当如实提供有关情况。房地产行政主管部门应当自收到申请材料之日起15日内向申请人出具审核决定。

经审核不符合条件的,房地产行政主管部门应当书面通知申请人,说明理由。经审核符合条件的,房地产行政主管部门应当在申请人的户口所在地、居住地或工作单位将审核决定予以公示,公示期限为15日。

第八条 经公示无异议或者异议不成立的,由房地产行政主管部门予以登记,并书面通知申请人。

经公示有异议的,房地产行政主管部门应在10日内完成核实。经核实异议成立的,不予登记。对不予登记的,应当书面通知申请人,说明不予登记的理由。

第九条 对于已登记的、申请租赁住房补贴或者实物配租的家庭,由房地产行政主管部门按照规定条件排队轮候。经民政等部门认定的由于无劳动能力、无生活来源、无法定赡养人、扶养人或抚养人、优抚对象、重度残疾等原因造成困难的家庭可优先予以解决。

轮候期间,申请家庭收入、人口、住房等情况发生变化,申请人应当及时告知房地产行政主管部门,经审核后,房地产行政主管部门应对变更情况进行变更登记,不再符合廉租住房条件的,由房地产行政主管部门取消资格。

第十条 已准予租赁住房补贴的家庭,应当与房地产行政主管部门签订《廉租住房租赁补贴协议》。协议应当明确租赁住房补贴标准、停止廉租住房补贴的规定及违约责任。租赁补贴家庭根据协议约定,可以根据居住需要,选择适当的住房,在与出租人达成租赁意向后,报房地产行政主管部门审查。经审查同意后,方可与出租人签订房屋租赁合同,并报房地产行政主管部门备案。房地产行政主管部门按规定标准向该家庭发放租赁补贴,用于冲减房屋租金。

第十一条 已准予实物配租的家庭,应当与廉租住房产权人签订廉租住房租赁合同。合同应当明确廉租住房情况、租金标准、腾退住房方式及违约责任等内容。承租人应当按照合同约定的标准缴纳租金,并按约定的期限腾退原有住房。

确定实物配租的最低收入家庭不接受配租方案的,原则上不再享有实物配租资格,房地产行政主管部门可视情况采取发放租赁住房补贴或其他保障方式对其实施住房保障。

第十二条 已准予租金核减的家庭,由房地产行政主管部门出具租金核减认定证明,到房屋产权单位办理租金核减手续。

第十三条 房地产行政主管部门应当在发放租赁住房补贴、配租廉租住房或租金核减后一个月内将结果在一定范围内予以公布。

第十四条 享受廉租住房保障的最低收入家庭应当按年度向房地产行政主管部门如实申报家庭收入、人口及住房变动情况。

房地产行政主管部门应当每年会同民政等相关部门对享受廉租住房保障家庭的收入、人口及住房等状况进行复核,并根据复核结果对享受廉租住房保障的资格、方式、额度等进行及时调整并书面告知当事人。

第十五条 享受廉租住房保障的家庭有下列情况之一的,由房地产行政主管部门作出取消保障资格的决定,收回承租的廉租住房,或者停止发放租赁补贴,或者停止租金核减:

(一)未如实申报家庭收入、家庭人口及住房状况的;

(二)家庭人均收入连续一年以上超出当地廉租住房政策确定的收入标准的;

(三)因家庭人数减少或住房面积增加,人均住房面积超出当地廉租住房政策确定的住房标准的;

(四)擅自改变房屋用途的;

(五)将承租的廉租住房转借、转租的;

(六)连续六个月以上未在廉租住房居住的。

第十六条 房地产行政主管部门作出取消保障资格的决定后,应当在5日内书面通知当事人,说明理由。享受实物配租的家庭应当将承租的廉租住房在规定的期限内退回。逾期不退回的,房地产行政主管部门可以依法申请人民法院强制执行。

第十七条 房地产行政主管部门或者其他有关行政管理部门工作人员,违反本办法规定,在廉租住房管理工作中利用职务上的便利,收受他人财物或者其他好处的,对已批准的廉租住房不依法履行监督管理职责的,或者发现违法行为不予查处的,依法给予行政处分;构成犯罪的,依法追究刑事责任。

第十八条 各地可根据当地的实际情况制定具体细则。

第十九条 纳入廉租住房管理的其他家庭的申请、审核及退出管理办法,由各地结合当地实际情况,比照本办法自行制定。

第二十条 本办法自2005年10月1日之日起施行。

公共租赁住房管理办法

· 2012年5月28日住房和城乡建设部令第11号公布
· 自2012年7月15日起施行

第一章 总 则

第一条 为了加强对公共租赁住房的管理,保障公平分配,规范运营与使用,健全退出机制,制定本办法。

第二条 公共租赁住房的分配、运营、使用、退出和管理,适用本办法。

第三条 本办法所称公共租赁住房,是指限定建设标准和租金水平,面向符合规定条件的城镇中等偏下收入住房困难家庭、新就业无房职工和在城镇稳定就业的外来务工人员出租的保障性住房。

公共租赁住房通过新建、改建、收购、长期租赁等多种方式筹集,可以由政府投资,也可以由政府提供政策支持、社会力量投资。

公共租赁住房可以是成套住房,也可以是宿舍型住房。

第四条 国务院住房和城乡建设主管部门负责全国公共租赁住房的指导和监督工作。

县级以上地方人民政府住房城乡建设(住房保障)主管部门负责本行政区域内的公共租赁住房管理工作。

第五条 直辖市和市、县级人民政府住房保障主管部门应当加强公共租赁住房管理信息系统建设,建立和完善公共租赁住房管理档案。

第六条 任何组织和个人对违反本办法的行为都有权进行举报、投诉。

住房城乡建设(住房保障)主管部门接到举报、投诉,应当依法及时核实、处理。

第二章 申请与审核

第七条 申请公共租赁住房,应当符合以下条件:
(一)在本地无住房或者住房面积低于规定标准;
(二)收入、财产低于规定标准;
(三)申请人为外来务工人员的,在本地稳定就业达到规定年限。

具体条件由直辖市和市、县级人民政府住房保障主管部门根据本地区实际情况确定,报本级人民政府批准后实施并向社会公布。

第八条 申请人应当根据市、县级人民政府住房保障主管部门的规定,提交申请材料,并对申请材料的真实性负责。申请人应当书面同意市、县级人民政府住房保障主管部门核实其申报信息。

申请人提交的申请材料齐全的,市、县级人民政府住房保障主管部门应当受理,并向申请人出具书面凭证;申请材料不齐全的,应当一次性书面告知申请人需要补正的材料。

对在开发区和园区集中建设面向用工单位或者园区就业人员配租的公共租赁住房,用人单位可以代表本单位职工申请。

第九条 市、县级人民政府住房保障主管部门应当会同有关部门,对申请人提交的申请材料进行审核。

经审核,对符合申请条件的申请人,应当予以公示,经公示无异议或者异议不成立的,登记为公共租赁住房轮候对象,并向社会公开;对不符合申请条件的申请人,应当书面通知并说明理由。

申请人对审核结果有异议,可以向市、县级人民政府住房保障主管部门申请复核。市、县级人民政府住房保障主管部门应当会同有关部门进行复核,并在15个工作日内将复核结果书面告知申请人。

第三章 轮候与配租

第十条 对登记为轮候对象的申请人,应当在轮候期内安排公共租赁住房。

直辖市和市、县级人民政府住房保障主管部门应当根据本地区经济发展水平和公共租赁住房需求,合理确定公共租赁住房轮候期,报本级人民政府批准后实施并向社会公布。轮候期一般不超过5年。

第十一条 公共租赁住房房源确定后,市、县级人民政府住房保障主管部门应当制定配租方案并向社会公布。

配租方案应当包括房源的位置、数量、户型、面积、租金标准,供应对象范围,意向登记时限等内容。

企事业单位投资的公共租赁住房的供应对象范围,可以规定为本单位职工。

第十二条 配租方案公布后,轮候对象可以按照配租方案,到市、县级人民政府住房保障主管部门进行意向登记。

市、县级人民政府住房保障主管部门应当会同有关部门,在 15 个工作日内对意向登记的轮候对象进行复审。对不符合条件的,应当书面通知并说明理由。

第十三条 对复审通过的轮候对象,市、县级人民政府住房保障主管部门可以采取综合评分、随机摇号等方式,确定配租对象与配租排序。

综合评分办法、摇号方式及评分、摇号的过程和结果应当向社会公开。

第十四条 配租对象与配租排序确定后应当予以公示。公示无异议或者异议不成立的,配租对象按照配租排序选择公共租赁住房。

配租结果应当向社会公开。

第十五条 复审通过的轮候对象中享受国家定期抚恤补助的优抚对象、孤老病残人员等,可以优先安排公共租赁住房。优先对象的范围和优先安排的办法由直辖市和市、县级人民政府住房保障主管部门根据本地区实际情况确定,报本级人民政府批准后实施并向社会公布。

社会力量投资和用人单位代表本单位职工申请的公共租赁住房,只能向经审核登记为轮候对象的申请人配租。

第十六条 配租对象选择公共租赁住房后,公共租赁住房所有权人或者其委托的运营单位与配租对象应当签订书面租赁合同。

租赁合同签订前,所有权人或者其委托的运营单位应当将租赁合同中涉及承租人责任的条款内容和应当退回公共租赁住房的情形向承租人明确说明。

第十七条 公共租赁住房租赁合同一般应当包括以下内容:

(一)合同当事人的名称或姓名;
(二)房屋的位置、用途、面积、结构、室内设施和设备,以及使用要求;
(三)租赁期限、租金数额和支付方式;
(四)房屋维修责任;
(五)物业服务、水、电、燃气、供热等相关费用的缴纳责任;
(六)退回公共租赁住房的情形;
(七)违约责任及争议解决办法;
(八)其他应当约定的事项。

省、自治区、直辖市人民政府住房城乡建设(住房保障)主管部门应当制定公共租赁住房租赁合同示范文本。

合同签订后,公共租赁住房所有权人或者其委托的运营单位应当在 30 日内将合同报市、县级人民政府住房保障主管部门备案。

第十八条 公共租赁住房租赁期限一般不超过 5 年。

第十九条 市、县级人民政府住房保障主管部门应当会同有关部门,按照略低于同地段住房市场租金水平的原则,确定本地区的公共租赁住房租金标准,报本级人民政府批准后实施。

公共租赁住房租金标准应当向社会公布,并定期调整。

第二十条 公共租赁住房租赁合同约定的租金数额,应当根据市、县级人民政府批准的公共租赁住房租金标准确定。

第二十一条 承租人应当根据合同约定,按时支付租金。

承租人收入低于当地规定标准的,可以依照有关规定申请租赁补贴或者减免。

第二十二条 政府投资的公共租赁住房的租金收入按照政府非税收入管理的有关规定缴入同级国库,实行收支两条线管理,专项用于偿还公共租赁住房贷款本息及公共租赁住房的维护、管理等。

第二十三条 因就业、子女就学等原因需要调换公共租赁住房的,经公共租赁住房所有权人或者其委托的运营单位同意,承租人之间可以互换所承租的公共租赁住房。

第四章 使用与退出

第二十四条 公共租赁住房的所有权人及其委托的运营单位应当负责公共租赁住房及其配套设施的维修养护,确保公共租赁住房的正常使用。

政府投资的公共租赁住房维修养护费用主要通过公共租赁住房租金收入以及配套商业服务设施租金收入解决,不足部分由财政预算安排解决;社会力量投资建设的公共租赁住房维修养护费用由所有权人及其委托的运营单位承担。

第二十五条 公共租赁住房的所有权人及其委托的运营单位不得改变公共租赁住房的保障性住房性质、用途及其配套设施的规划用途。

第二十六条 承租人不得擅自装修所承租公共租赁住房。确需装修的,应当取得公共租赁住房的所有权人或其委托的运营单位同意。

第二十七条 承租人有下列行为之一的,应当退回公共租赁住房:

(一)转借、转租或者擅自调换所承租公共租赁住房的;

（二）改变所承租公共租赁住房用途的；

（三）破坏或者擅自装修所承租公共租赁住房，拒不恢复原状的；

（四）在公共租赁住房内从事违法活动的；

（五）无正当理由连续6个月以上闲置公共租赁住房的。

承租人拒不退回公共租赁住房的，市、县级人民政府住房保障主管部门应当责令其限期退回；逾期不退回的，市、县级人民政府住房保障主管部门可以依法申请人民法院强制执行。

第二十八条　市、县级人民政府住房保障主管部门应当加强对公共租赁住房使用的监督检查。

公共租赁住房的所有权人及其委托的运营单位应当对承租人使用公共租赁住房的情况进行巡查，发现有违反本办法规定行为的，应当及时依法处理或者向有关部门报告。

第二十九条　承租人累计6个月以上拖欠租金的，应当腾退所承租的公共租赁住房；拒不腾退的，公共租赁住房的所有权人或者其委托的运营单位可以向人民法院提起诉讼，要求承租人腾退公共租赁住房。

第三十条　租赁期届满需要续租的，承租人应当在租赁期满3个月前向市、县级人民政府住房保障主管部门提出申请。

市、县级人民政府住房保障主管部门应当会同有关部门对申请人是否符合条件进行审核。经审核符合条件的，准予续租，并签订续租合同。

未按规定提出续租申请的承租人，租赁期满应当腾退公共租赁住房；拒不腾退的，公共租赁住房的所有权人或者其委托的运营单位可以向人民法院提起诉讼，要求承租人腾退公共租赁住房。

第三十一条　承租人有下列情形之一的，应当腾退公共租赁住房：

（一）提出续租申请但经审核不符合续租条件的；

（二）租赁期内，通过购买、受赠、继承等方式获得其他住房并不再符合公共租赁住房配租条件的；

（三）租赁期内，承租或者承购其他保障性住房的。

承租人有前款规定情形之一的，公共租赁住房的所有权人或者其委托的运营单位应当为其安排合理的搬迁期，搬迁期内租金按照合同约定的租金数额缴纳。

搬迁期满不腾退公共租赁住房，承租人确无其他住房的，应当按照市场价格缴纳租金；承租人有其他住房的，公共租赁住房的所有权人或者其委托的运营单位可以向人民法院提起诉讼，要求承租人腾退公共租赁住房。

第三十二条　房地产经纪机构及其经纪人员不得提供公共租赁住房出租、转租、出售等经纪业务。

第五章　法律责任

第三十三条　住房城乡建设（住房保障）主管部门及其工作人员在公共租赁住房管理工作中不履行本办法规定的职责，或者滥用职权、玩忽职守、徇私舞弊的，对直接负责的主管人员和其他直接责任人员依法给予处分；构成犯罪的，依法追究刑事责任。

第三十四条　公共租赁住房的所有权人及其委托的运营单位违反本办法，有下列行为之一的，由市、县级人民政府住房保障主管部门责令限期改正，并处以3万元以下罚款：

（一）向不符合条件的对象出租公共租赁住房的；

（二）未履行公共租赁住房及其配套设施维修养护义务的；

（三）改变公共租赁住房的保障性住房性质、用途，以及配套设施的规划用途的。

公共租赁住房的所有权人为行政机关的，按照本办法第三十三条处理。

第三十五条　申请人隐瞒有关情况或者提供虚假材料申请公共租赁住房的，市、县级人民政府住房保障主管部门不予受理，给予警告，并记入公共租赁住房管理档案。

以欺骗等不正当手段，登记为轮候对象或者承租公共租赁住房的，由市、县级人民政府住房保障主管部门处以1000元以下罚款，记入公共租赁住房管理档案；登记为轮候对象的，取消其登记；已承租公共租赁住房的，责令限期退回所承租公共租赁住房，并按市场价格补缴租金，逾期不退回的，可以依法申请人民法院强制执行，承租人自退回公共租赁住房之日起五年内不得再次申请公共租赁住房。

第三十六条　承租人有下列行为之一的，由市、县级人民政府住房保障主管部门按市场价格补缴从违法行为发生之日起的租金，记入公共租赁住房管理档案，处以1000元以下罚款；有违法所得的，处以违法所得3倍以下但不超过3万元的罚款：

（一）转借、转租或者擅自调换所承租公共租赁住房的；

（二）改变所承租公共租赁住房用途的；

（三）破坏或者擅自装修所承租公共租赁住房，拒不恢复原状的；

（四）在公共租赁住房内从事违法活动的；

（五）无正当理由连续6个月以上闲置公共租赁住房的。

有前款所列行为，承租人自退回公共租赁住房之日起五年内不得再申请公共租赁住房；造成损失的，依法承担赔偿责任。

第三十七条 违反本办法第三十二条的，依照《房地产经纪管理办法》第三十七条，由县级以上地方人民政府住房城乡建设（房地产）主管部门责令限期改正，记入房地产经纪信用档案；对房地产经纪人员，处以1万元以下罚款；对房地产经纪机构，取消网上签约资格，处以3万元以下罚款。

第六章 附 则

第三十八条 省、自治区、直辖市住房城乡建设（住房保障）主管部门可以根据本办法制定实施细则。

第三十九条 本办法自2012年7月15日起施行。

中央财政农村危房改造补助资金管理办法

· 2023年6月29日
· 财社〔2023〕64号

第一条 为规范和加强中央财政农村危房改造补助资金（以下简称补助资金）管理，提高资金使用效益，支持地方做好农村低收入群体等重点对象基本住房安全保障工作，根据《中华人民共和国预算法》《中共中央 国务院关于全面实施预算绩效管理的意见》等有关规定和农村危房改造（含农房抗震改造，下同）的相关政策，制定本办法。

第二条 本办法所称补助资金，是指在农村危房改造政策实施期内，中央财政设立用于支持地方开展农村危房改造的转移支付资金。

补助资金实施期限至2025年12月31日。期满前财政部会同住房城乡建设部根据法律、行政法规和国务院有关规定及工作需要，组织开展绩效评估，根据评估结果确定是否延续补助政策及延续期限。

第三条 补助资金分配使用遵循以下原则：

（一）科学合理，公正客观。科学合理分配补助资金，确保公平、公正、公开，充分发挥财政资金使用效益。

（二）突出重点，精准帮扶。按照巩固拓展脱贫攻坚成果同乡村振兴有效衔接要求，用于解决农村低收入群体等重点对象的基本住房安全问题。

（三）注重绩效，规范管理。对补助资金实施全过程绩效管理，适时开展绩效评价，健全资金监督管理机制，强化补助对象审核认定等基础管理工作。

第四条 补助资金由财政部会同住房城乡建设部管理。

财政部负责会同住房城乡建设部确定资金分配方案，下达补助资金预算，同步下达中央对地方转移支付区域绩效目标；对资金测算使用到的由本部门提供的基础数据负责；指导地方加强资金管理等。

住房城乡建设部负责牵头制定农村危房改造政策及相关技术标准；牵头制定农村危房改造年度综合绩效评价方案并组织开展年度综合绩效评价；对资金测算使用到的由本部门提供的基础数据负责；指导地方做好危房改造组织实施工作；管理全国农村危房改造信息系统并与相关部门共享基础数据等。

第五条 补助资金用于农村低收入群体等重点对象农村危房改造、7度及以上抗震设防地区农房抗震改造以及其他符合政策规定的农村困难群众基本住房安全保障支出。农村低收入群体等重点对象包括农村易返贫致贫户、农村低保户、农村分散供养特困人员、因病因灾因意外事故等刚性支出较大或收入大幅缩减导致基本生活出现严重困难家庭、农村低保边缘家庭、未享受过农村住房保障政策支持且依靠自身力量无法解决住房安全问题的其他脱贫户。

补助资金不得用于以下方面支出：不以保障基本住房安全为目的支出，包括单纯提升住房品质、改善居住环境方面的支出等；低收入群体等重点对象以外农户的住房安全保障支出；已纳入因灾倒损农房恢复重建补助范围等已有其他渠道资金支持的住房安全保障支出；农村危房改造管理工作经费；其他不符合规定的支出。

第六条 补助资金采用因素法分配。主要考虑需求因素、财力因素和绩效因素等，其中需求因素主要考虑各地保障对象数量，重点向保障任务重、财政困难、工作绩效好的地区倾斜。测算公式为：

某地应拨付资金＝资金总额×

其中：某地分配系数＝该地需求系数×该地财力系数×该地绩效系数。

在每年分配资金时，财政部会同住房城乡建设部根据党中央、国务院的有关决策部署及管理改革要求，可据情对具体分配因素及其分配权重、变化幅度等进行适当调整。

住房城乡建设部、财政部会同有关部门对各地农村低收入群体等重点对象住房安全保障情况进行综合绩效评价,可委托第三方机构进行抽查或组织地方开展交叉检查,绩效评价结果与资金分配挂钩。

第七条 财政部会同住房城乡建设部按规定时间提前下达下一年度补助资金预算;在全国人民代表大会批准预算后规定时间内下达补助资金,并同步下达区域绩效目标。下达的资金文件及绩效目标一并抄送财政部当地监管局。

第八条 农村危房改造补助资金按照直达资金管理。省级财政部门和住房城乡建设部门共同制定本地农村危房改造资金分配方案。

省级财政部门应于规定时限内将资金分配方案报财政部备案后正式分解下达,并将资金分配结果抄送财政部当地监管局。经备案后的分配方案,在执行过程中有调整的,需按程序重新备案。

第九条 地方住房城乡建设部门根据职能参与本地区补助资金分配,加强同民政、乡村振兴部门工作对接和信息共享,做好农村低收入群体等重点对象年度住房安全动态监测,负责农村危房改造工作组织实施和综合绩效评价。县级住房城乡建设部门做好质量安全和农户档案等管理工作。

地方财政部门负责本地区补助资金的预算分解下达、组织预算执行、资金使用管理和监督以及组织指导预算绩效管理等工作。

地方各级住房城乡建设部门、财政部门应当对系统数据和信息的真实性、准确性、及时性负责。工作过程中如发现数据有误,应当立即向上级部门报告,并对有关数据更正后重新上报。

第十条 县级财政部门负责本地区农村危房改造补助资金管理。农村危房改造补助资金的支付,按照国库集中支付制度有关规定执行。属于政府采购管理范围的,应按照政府采购法律制度规定执行。

对于支付给农户的资金,应根据实际情况分阶段按比例或竣工验收后一次性足额支付到农户"一卡通"账户,全部资金支付时间不应晚于竣工验收后 30 日。

第十一条 地方各级财政、住房城乡建设部门应切实采取措施,加快补助资金预算执行进度。有关结转结余资金管理按照《国务院办公厅关于进一步做好盘活财政存量资金工作的通知》(国办发〔2014〕70号)、《财政部关于推进地方盘活财政存量资金有关事项的通知》(财预〔2015〕15号)等规定执行。

第十二条 地方各级住房城乡建设部门应会同财政部门建立健全农村危房改造工作监管机制。对农村危房改造补助对象的申请、评议、审核、审批和实际补助水平等情况,要实行公示公告制度。

第十三条 各级住房城乡建设部门、财政部门应当按照全面实施预算绩效管理的要求,建立健全预算绩效管理机制,加强绩效目标管理,依职责组织做好区域绩效目标分解下达、绩效监控及绩效评价工作,强化评价结果应用,提高资金配置效率和使用效益。年度预算执行终了时,财政部、住房城乡建设部组织开展绩效自评和综合绩效评价;根据工作需要,适时组织开展重点绩效评价。综合绩效评价和重点绩效评价结果作为安排预算、完善政策、改进管理的重要依据。

第十四条 地方各级财政、住房城乡建设部门应建立健全资金监管机制,定期或不定期地对补助资金的使用管理情况进行检查,及时发现和纠正有关问题。

财政部各地监管局按照财政部统一部署和固有职责对补助资金实施监管。

第十五条 各级财政部门、住房城乡建设部门要建立内部控制制度,强化流程控制、依法合规分配和使用资金,实行不相容岗位(职责)分离控制。

第十六条 各级财政、住房城乡建设部门应严格按规定使用补助资金,不得擅自扩大支出范围,不得以任何形式挤占、挪用、截留和滞留,不得向补助对象收取任何管理费用。

各级财政、住房城乡建设部门及其工作人员在补助资金的分配审核、使用管理等工作中,存在违反本办法规定的行为,以及其他滥用职权、玩忽职守、徇私舞弊等违法违规行为的,依法追究相应责任。涉嫌犯罪的,依法移送有关机关处理。

第十七条 分配到脱贫县及国家乡村振兴重点帮扶县的补助资金,按照财政部等 11 部门《关于继续支持脱贫县统筹整合使用财政涉农资金工作的通知》(财农〔2021〕22号)等有关文件规定使用管理。

第十八条 各省级财政、住房城乡建设部门可以根据本办法,结合当地实际,制定具体实施办法。

第十九条 本办法由财政部会同住房城乡建设部负责解释。

第二十条 本办法自印发之日起施行,《财政部 住房城乡建设部关于印发〈中央财政农村危房改造补助资金管理暂行办法〉的通知》(财社〔2022〕42号)同时废止。

住房城乡建设部关于支持北京市、上海市开展共有产权住房试点的意见

· 2017 年 9 月 14 日
· 建保〔2017〕210 号

北京市住房城乡建设委、上海市住房城乡建设管理委：

习近平总书记指出，加快推进住房保障和供应体系建设，是满足群众基本住房需求、实现全体人民住有所居目标的重要任务，是促进社会公平正义、保证人民群众共享改革发展成果的必然要求。发展共有产权住房，是加快推进住房保障和供应体系建设的重要内容。目前，北京市、上海市积极发展共有产权住房，取得了阶段性成效。北京市制定《共有产权住房管理暂行办法》，明确了未来五年供应 25 万套共有产权住房的目标，着力满足城镇户籍无房家庭及符合条件新市民的基本住房需求。上海市截至 2016 年底已供应共有产权保障住房 8.9 万套，并明确了下一步发展目标，着力改善城镇中低收入住房困难家庭居住条件。经研究，决定在北京市、上海市开展共有产权住房试点。为支持两市开展共有产权住房试点工作，现提出以下意见：

一、总体要求。认真贯彻落实党中央、国务院决策部署，坚持"房子是用来住的、不是用来炒的"的定位，以满足新市民住房需求为主要出发点，以建立购租并举的住房制度为主要方向，以市场为主满足多层次需求，以政府为主提供基本保障，通过推进住房供给侧结构性改革，加快解决住房困难家庭的基本住房问题。

二、基本原则。坚持政府引导、政策支持，充分发挥市场机制的推动作用；坚持因地制宜、分类施策，满足基本住房需求。

三、供应对象。面向符合规定条件的住房困难群体供应，优先供应无房家庭，具体供应对象范围由两市人民政府确定。

四、管理制度。要制定共有产权住房具体管理办法，核心是建立完善的共有产权住房管理机制，包括配售定价、产权划分、使用管理、产权转让等规则，确保共有产权住房是用来住的，不是用来炒的。同时，要明确相关主体在共有产权住房使用、维护等方面的权利和义务。

五、运营管理主体。要明确由国有机构代表政府持有共有产权住房政府份额，并承担与承购人签订配售合同、日常使用管理、回购及再上市交易等事项。

六、政策支持。要确保共有产权住房用地供应，并落实好现有的财政、金融、税费等优惠政策。

七、规划建设。共有产权住房应以中小套型为主，要优化规划布局、设施配套和户型设计，抓好工程质量。

八、组织实施。要高度重视开展共有产权住房试点工作，在市委、市政府的统一部署和领导下，按照已经确定的工作目标和重点任务，扎实有序推进发展共有产权住房工作。同时，要以制度创新为核心，在建设模式、产权划分、使用管理、产权转让等方面进行大胆探索，力争形成可复制、可推广的试点经验。对共有产权住房试点工作中遇到的问题，请及时总结并报我部。

住房和城乡建设部办公厅关于加强保障性住房质量常见问题防治的通知

· 2022 年 2 月 8 日
· 建办保〔2022〕6 号

各省、自治区住房和城乡建设厅，直辖市住房和城乡建设（管）委，新疆生产建设兵团住房和城乡建设局：

为贯彻落实好党中央、国务院关于扎实推进保障性住房建设决策部署，进一步提升工程质量，保障人民群众切身利益，现就加强保障性住房质量常见问题防治工作通知如下：

一、提高对保障性住房工程质量重要性的认识

推进保障性住房建设是住房供给侧结构性改革的重要举措，对实现全体人民住有所居、促进社会和谐稳定意义重大。工程质量是保障性住房建设管理的核心，关系到住房保障政策有效落实，是新发展阶段实现居住条件从"有没有"转向"好不好"的重要体现。各级住房和城乡建设主管部门要坚持以人民为中心的发展思想，站在讲政治的高度，深刻认识提升保障性住房工程质量的重要意义，切实解决质量常见问题，让住房困难群众"住得进""住得好"。

二、制定便于监督检查工程质量的技术要点

各地要结合实际和群众反映的突出问题，在执行工程建设标准规范基础上，参照以下内容明确本地保障性住房工程质量常见问题防治的底线要求，制定便于监督检查的技术要点。

（一）室外迎水面防水。伸出屋面管井管道、雨水管以及女儿墙等泛水处应设置防水附加层或进行多重防水处理。女儿墙压顶向内排水坡度不应小于 5%，压顶内侧下端应作滴水处理。外门窗应满足气密性、水密性要求，与墙体间连接处应有效密封，门窗洞口上沿应设置滴水线，下沿应设置排水构造，排水坡度不应小于 5%。地下室迎

水面主体结构应为防水混凝土且抗渗等级满足要求,厚度不应小于250mm。

（二）室内房间不渗漏。卫生间楼地面和墙面应设置防水层,淋浴区墙面防水层翻起高度不应小于2m,且不低于淋浴喷淋口高度,洗面器处墙面防水层翻起高度不应小于1.2m,其他墙面防水层翻起高度不应小于0.3m。管道连接严密、维修更换便捷,连接部位不渗不漏。安装在楼板内的套管,其顶部应高出装饰地面20mm;安装在卫生间及厨房楼板内的套管,其顶部应高出装饰地面50mm。卫生洁具、厨房水槽与台面、墙面、地面等接触部位应密封防水。

（三）室内隔声防噪。楼板、墙体上各种孔洞均应采取可靠的密封隔声措施,门窗和隔墙隔声性能优良,产生噪声和振动的设备应具有减振、隔振措施。电梯井道、机房不应贴邻卧室,或设置有满足隔声和减振要求的措施。外部噪声源传播至卧室的噪声限值昼间不大于40dB、夜间不大于30dB,内部建筑设备传播至卧室的噪声限值不大于33dB。楼板厚度不小于100mm且隔声构造符合要求,现场测量的计权标准化撞击声压级不应大于65dB。

（四）室内空气健康。建筑材料和装饰装修材料应绿色环保,优先选用获得认证标识的绿色建材产品。室内空气污染物浓度甲醛不大于0.07mg/m3、总挥发性有机化合物（TVOC）不大于0.45mg/m3。卫生间存水弯水封及地漏构造水封深度均不应小于50mm。厨房排烟道应有防止支管回流和竖井泄漏的措施。

（五）室内建筑面层平整无开裂。顶棚、墙面、地面应选用不易变形的材料,平整度2m内偏差不大于3mm。饰面砖无裂痕、无缺损、无空鼓,接缝应平直、光滑。地砖面层与墙面交接处宜采用踢脚线或墙压地方式。墙面壁纸、墙布应粘贴牢固,不得有漏贴、脱层、空鼓和翘边。吊顶的吊杆、龙骨和面板应安装牢固,面板不得有翘曲、裂缝及缺损,压条应平直、宽窄一致。

（六）固定家具安装牢固美观。橱柜等应紧贴墙面或地面牢固安装,柜门和抽屉开关灵活、回位准确,饰面平整无翘曲。集成厨房、集成卫生间预留空间尺寸合理,表面平整、光洁,无变形、毛刺、划痕和锐角。橱柜、台面、抽油烟机、洁具、灯具等与墙面、顶棚、地面交接部位应严密,交接线顺直、清晰、美观。

（七）设备管线设置合理。设备与管线应满足正常使用需求,安装整体效果美观,便于检修和维修改造。附属机电设备的基座或支架,以及相关连接件和锚固件应

具有足够的刚度和强度。生活给水的材料和设备满足卫生安全要求,饮用水池（箱）应采取保证储水不变质、不冻结的措施。电源插座均为安全型插座,厨房、卫生间、洗衣机等电源插座应设有防止水溅的措施。

（八）围护系统防坠落。墙体保温板材与基层之间及各构造层之间连接牢固,连接方式、拉伸粘结强度和粘结面积比应符合标准要求。建筑外保温系统与主体结构连接可靠,满足安全、耐久要求,不得空鼓、开裂和脱落。建筑的立面装饰构件与主体结构的连接应进行抗震设防。填充墙、女儿墙等非承重墙体应与主体结构连接可靠。

三、强化责任落实和监督管理

（一）合理确定工程造价。深化工程造价改革,推行工程量清单计价。规范招投标行为,严禁恶意压价、低水平建设。全面实行施工过程价款结算,加强合同履约管理。

（二）加强设计施工质量控制。设计单位应精心设计,施工图设计文件要明确质量常见问题防治设计措施。施工单位在编制施工方案时应明确防治的具体做法,切实提高工程质量。

（三）健全市场和社会监督。推行工程质量保险,在保障性住房建设中积极探索工程质量潜在缺陷保险。推动保障性住房工程质量信息公示,发挥社会监督约束作用。

（四）创新组织管理方式。保障性住房建设应积极采用工程总承包模式,大力推广装配式等绿色建造方式。积极推行建筑师负责制和全过程工程咨询等新型组织管理模式,促进建筑、结构、机电设备、装修等各专业协同。

（五）落实主体责任。明确建设单位工程质量首要责任和参建各方主体责任,强化施工过程留痕。结合技术要点加强对保障性住房质量的监督检查,对产生重大质量问题的,依法依规追究相关主体责任。

9. 房产税费

全国人民代表大会常务委员会关于授权国务院在部分地区开展房地产税改革试点工作的决定

· 2021年10月23日第十三届全国人民代表大会常务委员会第三十一次会议通过

为积极稳妥推进房地产税立法与改革,引导住房合

理消费和土地资源节约集约利用,促进房地产市场平稳健康发展,第十三届全国人民代表大会常务委员会第三十一次会议决定:授权国务院在部分地区开展房地产税改革试点工作。

一、试点地区的房地产税征税对象为居住用和非居住用等各类房地产,不包括依法拥有的农村宅基地及其上住宅。土地使用权人、房屋所有权人为房地产税的纳税人。非居住用房地产继续按照《中华人民共和国房产税暂行条例》《中华人民共和国城镇土地使用税暂行条例》执行。

二、国务院制定房地产税试点具体办法,试点地区人民政府制定具体实施细则。国务院及其有关部门、试点地区人民政府应当构建科学可行的征收管理模式和程序。

三、国务院按照积极稳妥的原则,统筹考虑深化试点与统一立法、促进房地产市场平稳健康发展等情况确定试点地区,报全国人民代表大会常务委员会备案。

本决定授权的试点期限为五年,自国务院试点办法印发之日起算。试点过程中,国务院应当及时总结试点经验,在授权期限届满的六个月以前,向全国人民代表大会常务委员会报告试点情况,需要继续授权的,可以提出相关意见,由全国人民代表大会常务委员会决定。条件成熟时,及时制定法律。

本决定自公布之日起施行,试点实施启动时间由国务院确定。

中华人民共和国房产税暂行条例

· 1986 年 9 月 15 日国务院发布
· 根据 2011 年 1 月 8 日《国务院关于废止和修改部分行政法规的决定》修订

第一条 房产税在城市、县城、建制镇和工矿区征收。

第二条 房产税由产权所有人缴纳。产权属于全民所有的,由经营管理的单位缴纳。产权出典的,由承典人缴纳。产权所有人、承典人不在房产所在地的,或者产权未确定及租典纠纷未解决的,由房产代管人或者使用人缴纳。

前款列举的产权所有人、经营管理单位、承典人、房产代管人或者使用人,统称为纳税义务人(以下简称纳税人)。

第三条 房产税依照房产原值一次减除 10% 至 30% 后的余值计算缴纳。具体减除幅度,由省、自治区、直辖市人民政府规定。

没有房产原值作为依据的,由房产所在地税务机关参考同类房产核定。

房产出租的,以房产租金收入为房产税的计税依据。

第四条 房产税的税率,依照房产余值计算缴纳的,税率为 1.2%;依照房产租金收入计算缴纳的,税率为 12%。

第五条 下列房产免纳房产税:
一、国家机关、人民团体、军队自用的房产;
二、由国家财政部门拨付事业经费的单位自用的房产;
三、宗教寺庙、公园、名胜古迹自用的房产;
四、个人所有非营业用的房产;
五、经财政部批准免税的其他房产。

第六条 除本条例第五条规定者外,纳税人纳税确有困难的,可由省、自治区、直辖市人民政府确定,定期减征或者免征房产税。

第七条 房产税按年征收、分期缴纳。纳税期限由省、自治区、直辖市人民政府规定。

第八条 房产税的征收管理,依照《中华人民共和国税收征收管理法》的规定办理。

第九条 房产税由房产所在地的税务机关征收。

第十条 本条例由财政部负责解释;施行细则由省、自治区、直辖市人民政府制定,抄送财政部备案。

第十一条 本条例自 1986 年 10 月 1 日起施行。

中华人民共和国契税法

· 2020 年 8 月 11 日第十三届全国人民代表大会常务委员会第二十一次会议通过
· 2020 年 8 月 11 日中华人民共和国主席令第 52 号公布
· 自 2021 年 9 月 1 日起施行

第一条 在中华人民共和国境内转移土地、房屋权属,承受的单位和个人为契税的纳税人,应当依照本法规定缴纳契税。

第二条 本法所称转移土地、房屋权属,是指下列行为:
(一)土地使用权出让;
(二)土地使用权转让,包括出售、赠与、互换;
(三)房屋买卖、赠与、互换。

前款第二项土地使用权转让,不包括土地承包经营权和土地经营权的转移。

以作价投资(入股)、偿还债务、划转、奖励等方式转移土地、房屋权属的,应当依照本法规定征收契税。

第三条 契税税率为百分之三至百分之五。

契税的具体适用税率,由省、自治区、直辖市人民政府在前款规定的税率幅度内提出,报同级人民代表大会常务委员会决定,并报全国人民代表大会常务委员会和国务院备案。

省、自治区、直辖市可以依照前款规定的程序对不同主体、不同地区、不同类型的住房的权属转移确定差别税率。

第四条 契税的计税依据:

(一)土地使用权出让、出售,房屋买卖,为土地、房屋权属转移合同确定的成交价格,包括应交付的货币以及实物、其他经济利益对应的价款;

(二)土地使用权互换、房屋互换,为所互换的土地使用权、房屋价格的差额;

(三)土地使用权赠与、房屋赠与以及其他没有价格的转移土地、房屋权属行为,为税务机关参照土地使用权出售、房屋买卖的市场价格依法核定的价格。

纳税人申报的成交价格、互换价格差额明显偏低且无正当理由的,由税务机关依照《中华人民共和国税收征收管理法》的规定核定。

第五条 契税的应纳税额按照计税依据乘以具体适用税率计算。

第六条 有下列情形之一的,免征契税:

(一)国家机关、事业单位、社会团体、军事单位承受土地、房屋权属用于办公、教学、医疗、科研、军事设施;

(二)非营利性的学校、医疗机构、社会福利机构承受土地、房屋权属用于办公、教学、医疗、科研、养老、救助;

(三)承受荒山、荒地、荒滩土地使用权用于农、林、牧、渔业生产;

(四)婚姻关系存续期间夫妻之间变更土地、房屋权属;

(五)法定继承人通过继承承受土地、房屋权属;

(六)依照法律规定应当予以免税的外国驻华使馆、领事馆和国际组织驻华代表机构承受土地、房屋权属。

根据国民经济和社会发展的需要,国务院对居民住房需求保障、企业改制重组、灾后重建等情形可以规定免征或者减征契税,报全国人民代表大会常务委员会备案。

第七条 省、自治区、直辖市可以决定对下列情形免征或者减征契税:

(一)因土地、房屋被县级以上人民政府征收、征用,重新承受土地、房屋权属;

(二)因不可抗力灭失住房,重新承受住房权属。

前款规定的免征或者减征契税的具体办法,由省、自治区、直辖市人民政府提出,报同级人民代表大会常务委员会决定,并报全国人民代表大会常务委员会和国务院备案。

第八条 纳税人改变有关土地、房屋的用途,或者有其他不再属于本法第六条规定的免征、减征契税情形的,应当缴纳已经免征、减征的税款。

第九条 契税的纳税义务发生时间,为纳税人签订土地、房屋权属转移合同的当日,或者纳税人取得其他具有土地、房屋权属转移合同性质凭证的当日。

第十条 纳税人应当在依法办理土地、房屋权属登记手续前申报缴纳契税。

第十一条 纳税人办理纳税事宜后,税务机关应当开具契税完税凭证。纳税人办理土地、房屋权属登记,不动产登记机构应当查验契税完税、减免税凭证或者有关信息。未按照规定缴纳契税的,不动产登记机构不予办理土地、房屋权属登记。

第十二条 在依法办理土地、房屋权属登记前,权属转移合同、权属转移合同性质凭证不生效、无效、被撤销或者被解除的,纳税人可以向税务机关申请退还已缴纳的税款,税务机关应当依法办理。

第十三条 税务机关应当与相关部门建立契税涉税信息共享和工作配合机制。自然资源、住房城乡建设、民政、公安等相关部门应当及时向税务机关提供与转移土地、房屋权属有关的信息,协助税务机关加强契税征收管理。

税务机关及其工作人员对税收征收管理过程中知悉的纳税人的个人信息,应当依法予以保密,不得泄露或者非法向他人提供。

第十四条 契税由土地、房屋所在地的税务机关依照本法和《中华人民共和国税收征收管理法》的规定征收管理。

第十五条 纳税人、税务机关及其工作人员违反本法规定的,依照《中华人民共和国税收征收管理法》和有关法律法规的规定追究法律责任。

第十六条 本法自2021年9月1日起施行。1997年7月7日国务院发布的《中华人民共和国契税暂行条例》同时废止。

中华人民共和国城市维护建设税法

- 2020年8月11日第十三届全国人民代表大会常务委员会第二十一次会议通过
- 2020年8月11日中华人民共和国主席令第51号公布
- 自2021年9月1日起施行

第一条 在中华人民共和国境内缴纳增值税、消费税的单位和个人，为城市维护建设税的纳税人，应当依照本法规定缴纳城市维护建设税。

第二条 城市维护建设税以纳税人依法实际缴纳的增值税、消费税税额为计税依据。

城市维护建设税的计税依据应当按照规定扣除期末留抵退税退还的增值税税额。

城市维护建设税计税依据的具体确定办法，由国务院依据本法和有关税收法律、行政法规规定，报全国人民代表大会常务委员会备案。

第三条 对进口货物或者境外单位和个人向境内销售劳务、服务、无形资产缴纳的增值税、消费税税额，不征收城市维护建设税。

第四条 城市维护建设税税率如下：

（一）纳税人所在地在市区的，税率为百分之七；

（二）纳税人所在地在县城、镇的，税率为百分之五；

（三）纳税人所在地不在市区、县城或者镇的，税率为百分之一。

前款所称纳税人所在地，是指纳税人住所地或者与纳税人生产经营活动相关的其他地点，具体地点由省、自治区、直辖市确定。

第五条 城市维护建设税的应纳税额按照计税依据乘以具体适用税率计算。

第六条 根据国民经济和社会发展的需要，国务院对重大公共基础设施建设、特殊产业和群体以及重大突发事件应对等情形可以规定减征或者免征城市维护建设税，报全国人民代表大会常务委员会备案。

第七条 城市维护建设税的纳税义务发生时间与增值税、消费税的纳税义务发生时间一致，分别与增值税、消费税同时缴纳。

第八条 城市维护建设税的扣缴义务人为负有增值税、消费税扣缴义务的单位和个人，在扣缴增值税、消费税的同时扣缴城市维护建设税。

第九条 城市维护建设税由税务机关依照本法和《中华人民共和国税收征收管理法》的规定征收管理。

第十条 纳税人、税务机关及其工作人员违反本法规定的，依照《中华人民共和国税收征收管理法》和有关法律法规的规定追究法律责任。

第十一条 本法自2021年9月1日起施行。1985年2月8日国务院发布的《中华人民共和国城市维护建设税暂行条例》同时废止。

中华人民共和国印花税法

- 2021年6月10日第十三届全国人民代表大会常务委员会第二十九次会议通过
- 2021年6月10日中华人民共和国主席令第89号公布
- 自2022年7月1日起施行

第一条 在中华人民共和国境内书立应税凭证、进行证券交易的单位和个人，为印花税的纳税人，应当依照本法规定缴纳印花税。

在中华人民共和国境外书立在境内使用的应税凭证的单位和个人，应当依照本法规定缴纳印花税。

第二条 本法所称应税凭证，是指本法所附《印花税税目税率表》列明的合同、产权转移书据和营业账簿。

第三条 本法所称证券交易，是指转让在依法设立的证券交易所、国务院批准的其他全国性证券交易场所交易的股票和以股票为基础的存托凭证。

证券交易印花税对证券交易的出让方征收，不对受让方征收。

第四条 印花税的税目、税率，依照本法所附《印花税税目税率表》执行。

第五条 印花税的计税依据如下：

（一）应税合同的计税依据，为合同所列的金额，不包括列明的增值税税款；

（二）应税产权转移书据的计税依据，为产权转移书据所列的金额，不包括列明的增值税税款；

（三）应税营业账簿的计税依据，为账簿记载的实收资本（股本）、资本公积合计金额；

（四）证券交易的计税依据，为成交金额。

第六条 应税合同、产权转移书据未列明金额的，印花税的计税依据按照实际结算的金额确定。

计税依据按照前款规定仍不能确定的，按照书立合同、产权转移书据时的市场价格确定；依法应当执行政府定价或者政府指导价的，按照国家有关规定确定。

第七条 证券交易无转让价格的，按照办理过户登记手续时该证券前一个交易日收盘价计算确定计税依据；无收盘价的，按照证券面值计算确定计税依据。

第八条 印花税的应纳税额按照计税依据乘以适用税率计算。

第九条 同一应税凭证载有两个以上税目事项并分别列明金额的，按照各自适用的税目税率分别计算应纳税额；未分别列明金额的，从高适用税率。

第十条 同一应税凭证由两方以上当事人书立的，按照各自涉及的金额分别计算应纳税额。

第十一条 已缴纳印花税的营业账簿，以后年度记载的实收资本（股本）、资本公积合计金额比已缴纳印花税的实收资本（股本）、资本公积合计金额增加的，按照增加部分计算应纳税额。

第十二条 下列凭证免征印花税：

（一）应税凭证的副本或者抄本；

（二）依照法律规定应当予以免税的外国驻华使馆、领事馆和国际组织驻华代表机构为获得馆舍书立的应税凭证；

（三）中国人民解放军、中国人民武装警察部队书立的应税凭证；

（四）农民、家庭农场、农民专业合作社、农村集体经济组织、村民委员会购买农业生产资料或者销售农产品书立的买卖合同和农业保险合同；

（五）无息或者贴息借款合同、国际金融组织向中国提供优惠贷款书立的借款合同；

（六）财产所有权人将财产赠与政府、学校、社会福利机构、慈善组织书立的产权转移书据；

（七）非营利性医疗卫生机构采购药品或者卫生材料书立的买卖合同；

（八）个人与电子商务经营者订立的电子订单。

根据国民经济和社会发展的需要，国务院对居民住房需求保障、企业改制重组、破产、支持小型微型企业发展等情形可以规定减征或者免征印花税，报全国人民代表大会常务委员会备案。

第十三条 纳税人为单位的，应当向其机构所在地的主管税务机关申报缴纳印花税；纳税人为个人的，应当向应税凭证书立地或者纳税人居住地的主管税务机关申报缴纳印花税。

不动产产权发生转移的，纳税人应当向不动产所在地的主管税务机关申报缴纳印花税。

第十四条 纳税人为境外单位或者个人，在境内有代理人的，以其境内代理人为扣缴义务人；在境内没有代理人的，由纳税人自行申报缴纳印花税，具体办法由国务院税务主管部门规定。

证券登记结算机构为证券交易印花税的扣缴义务人，应当向其机构所在地的主管税务机关申报解缴税款以及银行结算的利息。

第十五条 印花税的纳税义务发生时间为纳税人书立应税凭证或者完成证券交易的当日。

证券交易印花税扣缴义务发生时间为证券交易完成的当日。

第十六条 印花税按季、按年或者按次计征。实行按季、按年计征的，纳税人应当自季度、年度终了之日起十五日内申报缴纳税款；实行按次计征的，纳税人应当自纳税义务发生之日起十五日内申报缴纳税款。

证券交易印花税按周解缴。证券交易印花税扣缴义务人应当自每周终了之日起五日内申报解缴税款以及银行结算的利息。

第十七条 印花税可以采用粘贴印花税票或者由税务机关依法开具其他完税凭证的方式缴纳。

印花税票粘贴在应税凭证上的，由纳税人在每枚税票的骑缝处盖戳注销或者画销。

印花税票由国务院税务主管部门监制。

第十八条 印花税由税务机关依照本法和《中华人民共和国税收征收管理法》的规定征收管理。

第十九条 纳税人、扣缴义务人和税务机关及其工作人员违反本法规定的，依照《中华人民共和国税收征收管理法》和有关法律、行政法规的规定追究法律责任。

第二十条 本法自2022年7月1日起施行。1988年8月6日国务院发布的《中华人民共和国印花税暂行条例》同时废止。

附

印花税税目税率表

税　目		税　率	备　注
合同 (指书面合同)	借款合同	借款金额的万分之零点五	指银行业金融机构、经国务院银行业监督管理机构批准设立的其他金融机构与借款人(不包括同业拆借)的借款合同
	融资租赁合同	租金的万分之零点五	
	买卖合同	价款的万分之三	指动产买卖合同(不包括个人书立的动产买卖合同)
	承揽合同	报酬的万分之三	
	建设工程合同	价款的万分之三	
	运输合同	运输费用的万分之三	指货运合同和多式联运合同(不包括管道运输合同)
	技术合同	价款、报酬或者使用费的万分之三	不包括专利权、专有技术使用权转让书据
	租赁合同	租金的千分之一	
	保管合同	保管费的千分之一	
	仓储合同	仓储费的千分之一	
	财产保险合同	保险费的千分之一	不包括再保险合同
产权转移书据	土地使用权出让书据	价款的万分之五	转让包括买卖(出售)、继承、赠与、互换、分割
	土地使用权、房屋等建筑物和构筑物所有权转让书据(不包括土地承包经营权和土地经营权转移)	价款的万分之五	
	股权转让书据(不包括应缴纳证券交易印花税的)	价款的万分之五	
	商标专用权、著作权、专利权、专有技术使用权转让书据	价款的万分之三	
营业账簿		实收资本(股本)、资本公积合计金额的万分之二点五	
证券交易		成交金额的千分之一	

中华人民共和国土地增值税暂行条例

- 1993年12月13日中华人民共和国国务院令第138号发布
- 根据2011年1月8日《国务院关于废止和修改部分行政法规的决定》修订

第一条 为了规范土地、房地产市场交易秩序,合理调节土地增值收益,维护国家权益,制定本条例。

第二条 转让国有土地使用权、地上的建筑物及其附着物(以下简称转让房地产)并取得收入的单位和个人,为土地增值税的纳税义务人(以下简称纳税人),应当依照本条例缴纳土地增值税。

第三条 土地增值税按照纳税人转让房地产所取得的增值额和本条例第七条规定的税率计算征收。

第四条 纳税人转让房地产所取得的收入减除本条例第六条规定扣除项目金额后的余额,为增值额。

第五条 纳税人转让房地产所取得的收入,包括货币收入、实物收入和其他收入。

第六条 计算增值额的扣除项目:
(一)取得土地使用权所支付的金额;
(二)开发土地的成本、费用;
(三)新建房及配套设施的成本、费用,或者旧房及建筑物的评估价格;
(四)与转让房地产有关的税金;
(五)财政部规定的其他扣除项目。

第七条 土地增值税实行四级超率累进税率:
增值额未超过扣除项目金额百分之五十的部分,税率为百分之三十。
增值额超过扣除项目金额百分之五十、未超过扣除项目金额百分之一百的部分,税率为百分之四十。
增值额超过扣除项目金额100%、未超过扣除项目金额200%的部分,税率为50%。
增值额超过扣除项目金额200%的部分,税率为60%。

第八条 有下列情形之一的,免征土地增值税:
(一)纳税人建造普通标准住宅出售,增值额未超过扣除项目金额20%的;
(二)因国家建设需要依法征收、收回的房地产。

第九条 纳税人有下列情形之一的,按照房地产评估价格计算征收:
(一)隐瞒、虚报房地产成交价格的;
(二)提供扣除项目金额不实的;
(三)转让房地产的成交价格低于房地产评估价格,又无正当理由的。

第十条 纳税人应当自转让房地产合同签订之日起7日内向房地产所在地主管税务机关办理纳税申报,并在税务机关核定的期限内缴纳土地增值税。

第十一条 土地增值税由税务机关征收。土地管理部门、房产管理部门应当向税务机关提供有关资料,并协助税务机关依法征收土地增值税。

第十二条 纳税人未按照本条例缴纳土地增值税的,土地管理部门、房产管理部门不得办理有关的权属变更手续。

第十三条 土地增值税的征收管理,依据《中华人民共和国税收征收管理法》及本条例有关规定执行。

第十四条 本条例由财政部负责解释,实施细则由财政部制定。

第十五条 本条例自1994年1月1日起施行。各地区的土地增值费征收办法,与本条例相抵触的,同时停止执行。

中华人民共和国土地增值税暂行条例实施细则

- 1995年1月27日
- 财法字〔1995〕6号

第一条 根据《中华人民共和国土地增值税暂行条例》(以下简称条例)第十四条规定,制定本细则。

第二条 条例第二条所称的转让国有土地使用权、地上的建筑物及其附着物并取得收入,是指以出售或者其他方式有偿转让房地产的行为。不包括以继承、赠与方式无偿转让房地产的行为。

第三条 条例第二条所称的国有土地,是指按国家法律规定属于国家所有的土地。

第四条 条例第二条所称的地上的建筑物,是指建于土地上的一切建筑物,包括地上地下的各种附属设施。
条例第二条所称的附着物,是指附着于土地上的不能移动,一经移动即遭损坏的物品。

第五条 条例第二条所称的收入,包括转让房地产的全部价款及有关的经济收益。

第六条 条例第二条所称的单位,是指各类企业单位、事业单位、国家机关和社会团体及其他组织。
条例第二条所称个人,包括个体经营者。

第七条 条例第六条所列的计算增值额的扣除项目,具体为:
(一)取得土地使用权所支付的金额,是指纳税人为取得土地使用权所支付的地价款和按国家统一规定交纳的有关费用。

（二）开发土地和新建房及配套设施（以下简称房地产开发）的成本，是指纳税人房地产开发项目实际发生的成本（以下简称房地产开发成本），包括土地征用及拆迁补偿费、前期工程费、建筑安装工程费、基础设施费、公共配套设施费、开发间接费用。

土地征用及拆迁补偿费，包括土地征用费、耕地占用税、劳动力安置费及有关土地上、地下附着物拆迁补偿的净支出、安置动迁用房支出等。

前期工程费，包括规划、设计、项目可行性研究和水文、地质、勘察、测绘、"三通一平"等支出。

建筑安装工程费，是指以出包方式支付给承包单位的建筑安装工程费，以自营方式发生的建筑安装工程费。

基础设施费，包括开发小区内道路、供水、供电、供气、排污、排洪、通讯、照明、环卫、绿化等工程发生的支出。

公共配套设施费，包括不能有偿转让的开发小区内公共配套设施发生的支出。

开发间接费用，是指直接组织、管理开发项目发生的费用，包括工资、职工福利费、折旧费、修理费、办公费、水电费、劳动保护费、周转房摊销等。

（三）开发土地和新建房及配套设施的费用（以下简称房地产开发费用），是指与房地产开发项目有关的销售费用、管理费用、财务费用。

财务费用中的利息支出，凡能够按转让房地产项目计算分摊并提供金融机构证明的，允许据实扣除，但最高不能超过按商业银行同类同期贷款利率计算的金额。其他房地产开发费用，按本条（一）、（二）项规定计算的金额之和的5%以内计算扣除。

凡不能按转让房地产项目计算分摊利息支出或不能提供金融机构证明的，房地产开发费用按本条（一）、（二）项规定计算的金额之和的10%以内计算扣除。

上述计算扣除的具体比例，由各省、自治区、直辖市人民政府规定。

（四）旧房及建筑物的评估价格，是指在转让已使用的房屋及建筑物时，由政府批准设立的房地产评估机构评定的重置成本价乘以成新度折扣率后的价格。评估价格须经当地税务机关确认。

（五）与转让房地产有关的税金，是指在转让房地产时缴纳的营业税、城市维护建设税、印花税。因转让房地产交纳的教育费附加，也可视同税金予以扣除。

（六）根据条例第六条（五）项规定，对从事房地产开发的纳税人可按本条（一）、（二）项规定计算的金额之和，加计20%的扣除。

第八条 土地增值税以纳税人房地产成本核算的最基本的核算项目或核算对象为单位计算。

第九条 纳税人成片受让土地使用权后，分期分批开发、转让房地产的，其扣除项目金额的确定，可按转让土地使用权的面积占总面积的比例计算分摊，或按建筑面积计算分摊，也可按税务机关确认的其他方式计算分摊。

第十条 条例第七条所列四级超率累进税率，每级"增值额未超过扣除项目金额"的比例，均包括本比例数。

计算土地增值税税额，可按增值额乘以适用的税率减去扣除项目金额乘以速算扣除系数的简便方法计算，具体公式如下：

（一）增值额未超过扣除项目金额50%

土地增值税税额 = 增值额 × 30%

（二）增值额超过扣除项目金额50%，未超过100%的

土地增值税税额 = 增值额 × 40% - 扣除项目金额 × 5%

（三）增值额超过扣除项目金额100%，未超过200%

土地增值税税额 = 增值额 × 50% - 扣除项目金额 × 15%

（四）增值额超过扣除项目金额200%

土地增值税税额 = 增值额 × 60% - 扣除项目金额 × 35%

公式中的5%、15%、35%为速算扣除系数。

第十一条 条例第八条（一）项所称的普通标准住宅，是指按所在地一般民用住宅标准建造的居住用住宅。高级公寓、别墅、度假村等不属于普通标准住宅。普通标准住宅与其他住宅的具体划分界限由各省、自治区、直辖市人民政府规定。

纳税人建造普通标准住宅出售，增值额未超过本细则第七条（一）、（二）、（三）、（五）、（六）项扣除项目金额之和20%的，免征土地增值税；增值额超过扣除项目金额之和20%的，应就其全部增值额按规定计税。

条例第八条（二）项所称的因国家建设需要依法征用、收回的房地产，是指因城市实施规划、国家建设的需要而被政府批准征用的房产或收回的土地使用权。

因城市实施规划、国家建设的需要而搬迁，由纳税人自行转让原房地产的，比照本规定免征土地增值税。

符合上述免税规定的单位和个人，须向房地产所在地税务机关提出免税申请，经税务机关审核后，免予征收土地增值税。

第十二条　个人因工作调动或改善居住条件而转让原自用住房,经向税务机关申报核准,凡居住满5年或5年以上的,免予征收土地增值税;居住满3年未满5年的,减半征收土地增值税。居住未满3年的,按规定计征土地增值税。

第十三条　条例第九条所称的房地产评估价格,是指政府批准设立的房地产评估机构根据相同地段、同类房地产进行综合评定的价格。评估价格须经当地税务机关确认。

第十四条　条例第九条(一)项所称的隐瞒、虚报房地产成交价格,是指纳税人不报或有意低报转让土地使用权、地上建筑物及其附着物价款的行为。

条例第九条(二)项所称的提供扣除项目金额不实的,是指纳税人在纳税申报时不据实提供扣除项目金额的行为。

条例第九条(三)项所称的转让房地产的成交价格低于房地产评估价格,又无正当理由的,是指纳税人申报的转让房地产的实际成交价低于房地产评估机构评定的交易价,纳税人又不能提供凭据或无正当理由的行为。

隐瞒、虚报房地产成交价格,应由评估机构参照同类房地产的市场交易价格进行评估。税务机关根据评估价格确定转让房地产的收入。

提供扣除项目金额不实的,应由评估机构按照房屋重置成本价乘以成新度折扣率计算的房屋成本价和取得土地使用权时的基准地价进行评估。税务机关根据评估价格确定扣除项目金额。

转让房地产的成交价格低于房地产评估价格,又无正当理由的,由税务机关参照房地产评估价格确定转让房地产的收入。

第十五条　根据条例第十条的规定,纳税人应按照下列程序办理纳税手续:

(一)纳税人应在转让房地产合同签订后的7日内,到房地产所在地主管税务机关办理纳税申报,并向税务机关提交房屋及建筑物产权、土地使用权证书,土地转让、房产买卖合同,房地产评估报告及其他与转让房地产有关的资料。

纳税人因经常发生房地产转让而难以在每次转让后申报的,经税务机关审核同意后,可以定期进行纳税申报,具体期限由税务机关根据情况确定。

(二)纳税人按照税务机关核定的税额及规定的期限缴纳土地增值税。

第十六条　纳税人在项目全部竣工结算前转让房地产取得的收入,由于涉及成本确定或其他原因,而无法据以计算土地增值税的,可以预征土地增值税,待该项目全部竣工、办理结算后再进行清算,多退少补。具体办法由各省、自治区、直辖市地方税务局根据当地情况制定。

第十七条　条例第十条所称的房地产所在地,是指房地产的座落地。纳税人转让房地产座落在两个或两个以上地区的,应按房地产所在地分别申报纳税。

第十八条　条例第十一条所称的土地管理部门、房产管理部门应当向税务机关提供有关资料,是指向房地产所在地主管税务机关提供有关房屋及建筑物产权、土地使用权、土地出让金数额、土地基准地价、房地产市场交易价格及权属变更等方面的资料。

第十九条　纳税人未按规定提供房屋及建筑物产权、土地使用权证书,土地转让、房产买卖合同,房地产评估报告及其他与转让房地产有关资料的,按照《中华人民共和国税收征收管理法》(以下简称《征管法》)第三十九条的规定进行处理。

纳税人不如实申报房地产交易额及规定扣除项目金额造成少缴或未缴税款的,按照《征管法》第四十条的规定进行处理。

第二十条　土地增值税以人民币为计算单位。转让房地产所取得的收入为外国货币的,以取得收入当天或当月1日国家公布的市场汇价折合成人民币,据以计算应纳土地增值税税额。

第二十一条　条例第十五条所称的各地区的土地增值费征收办法是指与本条例规定的计征对象相同的土地增值费、土地收益金等征收办法。

第二十二条　本细则由财政部解释,或者由国家税务总局解释。

第二十三条　本细则自发布之日起施行。

第二十四条　1994年1月1日至本细则发布之日期间的土地增值税参照本细则的规定计算征收。

房地产开发企业销售自行开发的房地产项目增值税征收管理暂行办法

· 2016年3月31日国家税务总局公告2016年第18号公布
· 根据2018年6月15日《国家税务总局关于修改部分税收规范性文件的公告》修订

第一章　适用范围

第一条　根据《财政部 国家税务总局关于全面推开营业税改征增值税试点的通知》(财税〔2016〕36号)及现

行增值税有关规定，制定本办法。

第二条 房地产开发企业销售自行开发的房地产项目，适用本办法。

自行开发，是指在依法取得土地使用权的土地上进行基础设施和房屋建设。

第三条 房地产开发企业以接盘等形式购入未完工的房地产项目继续开发后，以自己的名义立项销售的，属于本办法规定的销售自行开发的房地产项目。

第二章 一般纳税人征收管理

第一节 销售额

第四条 房地产开发企业中的一般纳税人（以下简称一般纳税人）销售自行开发的房地产项目，适用一般计税方法计税，按照取得的全部价款和价外费用，扣除当期销售房地产项目对应的土地价款后的余额计算销售额。销售额的计算公式如下：

销售额＝（全部价款和价外费用－当期允许扣除的土地价款）÷（1＋11%）

第五条 当期允许扣除的土地价款按以下公式计算：

当期允许扣除的土地价款＝（当期销售房地产项目建筑面积÷房地产项目可供销售建筑面积）×支付的土地价款

当期销售房地产项目建筑面积，是指当期进行纳税申报的增值税销售额对应的建筑面积。

房地产项目可供销售建筑面积，是指房地产项目可以出售的总建筑面积，不包括销售房地产项目时未单独作价结算的配套公共设施的建筑面积。

支付的土地价款，是指向政府、土地管理部门或受政府委托收取土地价款的单位直接支付的土地价款。

第六条 在计算销售额时从全部价款和价外费用中扣除土地价款，应当取得省级以上（含省级）财政部门监（印）制的财政票据。

第七条 一般纳税人应建立台账登记土地价款的扣除情况，扣除的土地价款不得超过纳税人实际支付的土地价款。

第八条 一般纳税人销售自行开发的房地产老项目，可以选择适用简易计税方法按照5%的征收率计税。一经选择简易计税方法计税的，36个月内不得变更为一般计税方法计税。

房地产老项目，是指：

（一）《建筑工程施工许可证》注明的合同开工日期在2016年4月30日前的房地产项目；

（二）《建筑工程施工许可证》未注明合同开工日期或者未取得《建筑工程施工许可证》但建筑工程承包合同注明的开工日期在2016年4月30日前的建筑工程项目。

第九条 一般纳税人销售自行开发的房地产老项目适用简易计税方法计税的，以取得的全部价款和价外费用为销售额，不得扣除对应的土地价款。

第二节 预缴税款

第十条 一般纳税人采取预收款方式销售自行开发的房地产项目，应在收到预收款时按照3%的预征率预缴增值税。

第十一条 应预缴税款按照以下公式计算：

应预缴税款＝预收款÷（1＋适用税率或征收率）×3%

适用一般计税方法计税的，按照11%的适用税率计算；适用简易计税方法计税的，按照5%的征收率计算。

第十二条 一般纳税人应在取得预收款的次月纳税申报期向主管税务机关预缴税款。

第三节 进项税额

第十三条 一般纳税人销售自行开发的房地产项目，兼有一般计税方法计税、简易计税方法计税、免征增值税的房地产项目而无法划分不得抵扣的进项税额的，应以《建筑工程施工许可证》注明的"建设规模"为依据进行划分。

不得抵扣的进项税额＝当期无法划分的全部进项税额×（简易计税、免税房地产项目建设规模÷房地产项目总建设规模）

第四节 纳税申报

第十四条 一般纳税人销售自行开发的房地产项目适用一般计税方法计税的，应按照《营业税改征增值税试点实施办法》（财税〔2016〕36号文件印发，以下简称《试点实施办法》）第四十五条规定的纳税义务发生时间，以当期销售额和11%的适用税率计算当期应纳税额，抵减已预缴税款后，向主管税务机关申报纳税。未抵减完的预缴税款可以结转下期继续抵减。

第十五条 一般纳税人销售自行开发的房地产项目适用简易计税方法计税的，应按照《试点实施办法》第四十五条规定的纳税义务发生时间，以当期销售额和5%的征收率计算当期应纳税额，抵减已预缴税款后，向主管税务机关申报纳税。未抵减完的预缴税款可以结转下期继续抵减。

第五节 发票开具

第十六条 一般纳税人销售自行开发的房地产项目，自行开具增值税发票。

第十七条 一般纳税人销售自行开发的房地产项目，其2016年4月30日前收取并已向主管地税机关申报缴纳营业税的预收款，未开具营业税发票的，可以开具增值税普通发票，不得开具增值税专用发票。

第十八条 一般纳税人向其他个人销售自行开发的房地产项目，不得开具增值税专用发票。

第三章 小规模纳税人征收管理

第一节 预缴税款

第十九条 房地产开发企业中的小规模纳税人（以下简称小规模纳税人）采取预收款方式销售自行开发的房地产项目，应在收到预收款时按照3%的预征率预缴增值税。

第二十条 应预缴税款按照以下公式计算：

应预缴税款＝预收款÷（1＋5%）×3%

第二十一条 小规模纳税人应在取得预收款的次月纳税申报期或主管税务机关核定的纳税期限向主管税务机关预缴税款。

第二节 纳税申报

第二十二条 小规模纳税人销售自行开发的房地产项目，应按照《试点实施办法》第四十五条规定的纳税义务发生时间，以当期销售额和5%的征收率计算当期应纳税额，抵减已预缴税款后，向主管税务机关申报纳税。未抵减完的预缴税款可以结转下期继续抵减。

第三节 发票开具

第二十三条 小规模纳税人销售自行开发的房地产项目，自行开具增值税普通发票。购买方需要增值税专用发票的，小规模纳税人向主管税务机关申请代开。

第二十四条 小规模纳税人销售自行开发的房地产项目，其2016年4月30日前收取并已向主管地税机关申报缴纳营业税的预收款，未开具营业税发票的，可以开具增值税普通发票，不得申请代开增值税专用发票。

第二十五条 小规模纳税人向其他个人销售自行开发的房地产项目，不得申请代开增值税专用发票。

第四章 其他事项

第二十六条 房地产开发企业销售自行开发的房地产项目，按照本办法规定预缴税款时，应填报《增值税预缴税款表》。

第二十七条 房地产开发企业以预缴税款抵减应纳税额，应以完税凭证作为合法有效凭证。

第二十八条 房地产开发企业销售自行开发的房地产项目，未按本办法规定预缴或缴纳税款的，由主管税务机关按照《中华人民共和国税收征收管理法》及相关规定进行处理。

国家税务总局关于土地增值税清算有关问题的通知

· 2010年5月19日
· 国税函〔2010〕220号

各省、自治区、直辖市地方税务局，宁夏、西藏、青海省（自治区）国家税务局：

为了进一步做好土地增值税清算工作，根据《中华人民共和国土地增值税暂行条例》及实施细则的规定，现将土地增值税清算工作中有关问题通知如下：

一、关于土地增值税清算时收入确认的问题

土地增值税清算时，已全额开具商品房销售发票的，按照发票所载金额确认收入；未开具发票或未全额开具发票的，以交易双方签订的销售合同所载的售房金额及其他收益确认收入。销售合同所载商品房面积与有关部门实际测量面积不一致，在清算前已发生补、退房款的，应在计算土地增值税时予以调整。

二、房地产开发企业未支付的质量保证金，其扣除项目金额的确定问题

房地产开发企业在工程竣工验收后，根据合同约定，扣留建筑安装施工企业一定比例的工程款，作为开发项目的质量保证金，在计算土地增值税时，建筑安装施工企业就质量保证金对房地产开发企业开具发票的，按发票所载金额予以扣除；未开具发票的，扣留的质保金不得计算扣除。

三、房地产开发费用的扣除问题

（一）财务费用中的利息支出，凡能够按转让房地产项目计算分摊并提供金融机构证明的，允许据实扣除，但最高不能超过按商业银行同类同期贷款利率计算的金额。其他房地产开发费用，在按照"取得土地使用权所支付的金额"与"房地产开发成本"金额之和的5%以内计算扣除。

（二）凡不能按转让房地产项目计算分摊利息支出或不能提供金融机构证明的，房地产开发费用在按"取得土地使用权所支付的金额"与"房地产开发成本"金额之和的10%以内计算扣除。

全部使用自有资金,没有利息支出的,按照以上方法扣除。

上述具体适用的比例按省级人民政府此前规定的比例执行。

(三)房地产开发企业既向金融机构借款,又有其他借款的,其房地产开发费用计算扣除时不能同时适用本条(一)、(二)项所述两种办法。

(四)土地增值税清算时,已经计入房地产开发成本的利息支出,应调整至财务费用中计算扣除。

四、房地产企业逾期开发缴纳的土地闲置费的扣除问题

房地产开发企业逾期开发缴纳的土地闲置费不得扣除。

五、房地产开发企业取得土地使用权时支付的契税的扣除问题

房地产开发企业为取得土地使用权所支付的契税,应视同"按国家统一规定交纳的有关费用",计入"取得土地使用权所支付的金额"中扣除。

六、关于拆迁安置土地增值税计算问题

(一)房地产企业用建造的本项目房地产安置回迁户的,安置用房视同销售处理,按《国家税务总局关于房地产开发企业土地增值税清算管理有关问题的通知》(国税发〔2006〕187号)第三条第(一)款规定确认收入,同时将此确认为房地产开发项目的拆迁补偿费。房地产开发企业支付给回迁户的补差价款,计入拆迁补偿费;回迁户支付给房地产开发企业的补差价款,应抵减本项目拆迁补偿费。

(二)开发企业采取异地安置,异地安置的房屋属于自行开发建造的,房屋价值按国税发〔2006〕187号第三条第(一)款的规定计算,计入本项目的拆迁补偿费;异地安置的房屋属于购入的,以实际支付的购房支出计入拆迁补偿费。

(三)货币安置拆迁的,房地产开发企业凭合法有效凭据计入拆迁补偿费。

七、关于转让旧房准予扣除项目的加计问题

《财政部 国家税务总局关于土地增值税若干问题的通知》(财税〔2006〕21号)第二条第一款规定"纳税人转让旧房及建筑物,凡不能取得评估价格,但能提供购房发票的,经当地税务部门确认,《条例》第六条第(一)、(三)项规定的扣除项目的金额,可按发票所载金额并从购买年度起至转让年度止每年加计5%计算"。计算扣除项目时"每年"按购房发票所载日期起至售房发票开具之日止,每满12个月计一年;超过一年,未满12个月但超过6个月的,可以视同为一年。

八、土地增值税清算后应补缴的土地增值税加收滞纳金问题

纳税人按规定预缴土地增值税后,清算补缴的土地增值税,在主管税务机关规定的期限内补缴的,不加收滞纳金。

中华人民共和国城镇土地使用税暂行条例

· 1988年9月27日中华人民共和国国务院令第17号发布
· 根据2006年12月31日《国务院关于修改〈中华人民共和国城镇土地使用税暂行条例〉的决定》第一次修订
· 根据2011年1月8日《国务院关于废止和修改部分行政法规的决定》第二次修订
· 根据2013年12月7日《国务院关于修改部分行政法规的决定》第三次修订
· 根据2019年3月2日《国务院关于修改部分行政法规的决定》第四次修订

第一条 为了合理利用城镇土地,调节土地级差收入,提高土地使用效益,加强土地管理,制定本条例。

第二条 在城市、县城、建制镇、工矿区范围内使用土地的单位和个人,为城镇土地使用税(以下简称土地使用税)的纳税人,应当依照本条例的规定缴纳土地使用税。

前款所称单位,包括国有企业、集体企业、私营企业、股份制企业、外商投资企业、外国企业以及其他企业和事业单位、社会团体、国家机关、军队以及其他单位;所称个人,包括个体工商户以及其他个人。

第三条 土地使用税以纳税人实际占用的土地面积为计税依据,依照规定税额计算征收。

前款土地占用面积的组织测量工作,由省、自治区、直辖市人民政府根据实际情况确定。

第四条 土地使用税每平方米年税额如下:

(一)大城市1.5元至30元;
(二)中等城市1.2元至24元;
(三)小城市0.9元至18元;
(四)县城、建制镇、工矿区0.6元至12元。

第五条 省、自治区、直辖市人民政府,应当在本条例第四条规定的税额幅度内,根据市政建设状况、经济繁荣程度等条件,确定所辖地区的适用税额幅度。

市、县人民政府应当根据实际情况,将本地区土地划分为若干等级,在省、自治区、直辖市人民政府确定的税额幅度内,制定相应的适用税额标准,报省、自治区、直辖市人民政府批准执行。

经省、自治区、直辖市人民政府批准,经济落后地区土地使用税的适用税额标准可以适当降低,但降低额不得超过本条例第四条规定最低税额的30%。经济发达地区土地使用税的适用税额标准可以适当提高,但须报经财政部批准。

第六条 下列土地免缴土地使用税:

(一)国家机关、人民团体、军队自用的土地;

(二)由国家财政部门拨付事业经费的单位自用的土地;

(三)宗教寺庙、公园、名胜古迹自用的土地;

(四)市政街道、广场、绿化地带等公共用地;

(五)直接用于农、林、牧、渔业的生产用地;

(六)经批准开山填海整治的土地和改造的废弃土地,从使用的月份起免缴土地使用税5年至10年;

(七)由财政部另行规定免税的能源、交通、水利设施用地和其他用地。

第七条 除本条例第六条规定外,纳税人缴纳土地使用税确有困难需要定期减免的,由县以上税务机关批准。

第八条 土地使用税按年计算、分期缴纳。缴纳期限由省、自治区、直辖市人民政府确定。

第九条 新征收的土地,依照下列规定缴纳土地使用税:

(一)征收的耕地,自批准征收之日起满1年时开始缴纳土地使用税;

(二)征收的非耕地,自批准征收次月起缴纳土地使用税。

第十条 土地使用税由土地所在地的税务机关征收。土地管理机关应当向土地所在地的税务机关提供土地使用权属资料。

第十一条 土地使用税的征收管理,依照《中华人民共和国税收征收管理法》及本条例的规定执行。

第十二条 土地使用税收入纳入财政预算管理。

第十三条 本条例的实施办法由省、自治区、直辖市人民政府制定。

第十四条 本条例自1988年11月1日起施行,各地制定的土地使用费办法同时停止执行。

财政部、国家税务总局关于房产税 城镇土地使用税有关问题的通知

· 2009年11月22日
· 财税〔2009〕128号

各省、自治区、直辖市、计划单列市财政厅(局)、地方税务局,西藏、宁夏、青海省(自治区)国家税务局,新疆生产建设兵团财务局:

为完善房产税、城镇土地使用税政策,堵塞税收征管漏洞,现将房产税、城镇土地使用税有关问题明确如下:

一、关于无租使用其他单位房产的房产税问题

无租使用其他单位房产的应税单位和个人,依照房产余值代缴纳房产税。

二、关于出典房产的房产税问题

产权出典的房产,由承典人依照房产余值缴纳房产税。

三、关于融资租赁房产的房产税问题

融资租赁的房产,由承租人自融资租赁合同约定开始日的次月起依照房产余值缴纳房产税。合同未约定开始日的,由承租人自合同签订的次月起依照房产余值缴纳房产税。

四、关于地下建筑用地的城镇土地使用税问题

对在城镇土地使用税征收范围内单独建造的地下建筑用地,按规定征收城镇土地使用税。其中,已取得地下土地使用权证的,按土地使用权证确认的土地面积计算应征税款;未取得地下土地使用权证或地下土地使用权证上未标明土地面积的,按地下建筑垂直投影面积计算应征税款。

对上述地下建筑用地暂按应征税款的50%征收城镇土地使用税。

五、本通知自2009年12月1日起执行。《财政部税务总局关于房产税若干具体问题的解释和暂行规定》((86)财税地字第008号)第七条、《国家税务总局关于安徽省若干房产税业务问题的批复》(国税函发〔1993〕368号)第二条同时废止。

财政部、国家税务总局关于房产税、 城镇土地使用税有关政策的通知

· 2006年12月25日
· 财税〔2006〕186号

各省、自治区、直辖市、计划单列市财政厅(局)、地方税务局,新疆生产建设兵团财务局:

经研究，现对房产税、城镇土地使用税有关政策明确如下：

一、关于居民住宅区内业主共有的经营性房产缴纳房产税问题

对居民住宅区内业主共有的经营性房产，由实际经营（包括自营和出租）的代管人或使用人缴纳房产税。其中自营的，依照房产原值减除10%至30%后的余值计征，没有房产原值或不能将业主共有房产与其他房产的原值准确划分开的，由房产所在地方税务机关参照同类房产核定房产原值；出租的，依照租金收入计征。

二、关于有偿取得土地使用权城镇土地使用税纳税义务发生时间问题

以出让或转让方式有偿取得土地使用权的，应由受让方从合同约定交付土地时间的次月起缴纳城镇土地使用税；合同未约定交付土地时间的，由受让方从合同签订的次月起缴纳城镇土地使用税。

国家税务总局《关于房产税 城镇土地使用税有关政策规定的通知》（国税发〔2003〕89号）第二条第四款中有关房地产开发企业城镇土地使用税纳税义务发生时间的规定同时废止。

三、关于经营采摘、观光农业的单位和个人征免城镇土地使用税问题

在城镇土地使用税征收范围内经营采摘、观光农业的单位和个人，其直接用于采摘、观光的种植、养殖、饲养的土地，根据《中华人民共和国城镇土地使用税暂行条例》第六条中"直接用于农、林、牧、渔业的生产用地"的规定，免征城镇土地使用税。

四、关于林场中度假村等休闲娱乐场所征免城镇土地使用税问题

在城镇土地使用税征收范围内，利用林场土地兴建度假村等休闲娱乐场所，其经营、办公和生活用地，应按规定征收城镇土地使用税。

五、本通知自2007年1月1日起执行。

国家税务总局、财政部、建设部关于加强房地产税收管理的通知

·2005年5月27日国税发〔2005〕89号公布
·根据2018年6月15日《国家税务总局关于修改部分税收规范性文件的公告》修订

各省、自治区、直辖市财政厅（局）、地方税务局、建设厅（建委、房地局），计划单列市财政局、地方税务局、建委（建设局、房地局），扬州税务进修学院，新疆生产建设兵团建设局：

为贯彻落实《国务院办公厅转发建设部等部门关于做好稳定住房价格工作意见的通知》（国办发〔2005〕26号），进一步加强房地产税收征管，促进房地产市场的健康发展，现将有关事项及要求通知如下：

一、各级地方税务、财政部门和房地产管理部门，要认真贯彻执行房地产税收有关法律、法规和政策规定，建立和完善信息共享、情况通报制度，加强部门间的协作配合。各级地方税务、财政部门要切实加强房地产税收征管，并主动与当地的房地产管理部门取得联系；房地产管理部门要积极配合。

二、2005年5月31日以前，各地要根据国办发〔2005〕26号文件规定，公布本地区享受优惠政策的普通住房标准（以下简称普通住房）。其中，住房平均交易价格，是指报告期内同级别土地上住房交易的平均价格，经加权平均后形成的住房综合平均价格。由市、县房地产管理部门会同有关部门测算，报当地人民政府确定，每半年公布一次。各级别土地上住房平均交易价格的测算，依据房地产市场信息系统生成数据；没有建立房地产市场信息系统的，依据房地产交易登记管理系统生成数据。

对单位或个人将购买住房对外销售的，市、县房地产管理部门应在办理房屋权属登记的当月，向同级地方税务、财政部门提供权属登记房屋的坐落、产权人、房屋面积、成交价格等信息。

市、县规划管理部门要将已批准的容积率在1.0以下的住宅项目清单，一次性提供给同级地方税务、财政部门。新批住宅项目中容积率在1.0以下的，按月提供。

地方税务、财政部门要将当月房地产税收征管的有关信息向市、县房地产管理部门提供。

各级地方税务、财政部门从房地产管理部门获得的房地产交易登记资料，只能用于征税之目的，并有责任予以保密。违反规定的，要追究责任。

三、各级税务、财政部门要严格执行调整后的个人住房营业税税收政策。

（一）2005年6月1日后，个人将购买不足2年的住房对外销售的，应全额征收营业税。

（二）2005年6月1日后，个人将购买超过2年（含2年）的符合当地公布的普通住房标准的住房对外销售，应持该住房的坐落、容积率、房屋面积、成交价格等证明材料及地方税务部门要求的其他材料，向地方税务部门申请办理免征营业税手续。地方税务部门应根据当地公布

的普通住房标准,利用房地产管理部门和规划管理部门提供的相关信息,对纳税人申请免税的有关材料进行审核,凡符合规定条件的,给予免征营业税。

(三)2005年6月1日后,个人将购买超过2年(含2年)的住房对外销售不能提供属于普通住房的证明材料或经审核不符合规定条件的,一律按非普通住房的有关营业税政策征收营业税。

(四)个人购买住房以取得的房屋产权证或契税完税证明上注明的时间作为其购买房屋的时间。

(五)个人对外销售住房,应持依法取得的房屋权属证书,并到税务部门申请开具发票。

(六)对个人购买的非普通住房超过2年(含2年)对外销售的,在向税务部门申请按其售房收入减去购买房屋价款后的差额缴纳营业税时,需提供购买房屋时取得的税务部门监制的发票作为差额征税的扣除凭证。

(七)各级税务、财政部门要严格执行税收政策,对不符合规定条件的个人对外销售住房,不得减免营业税,确保调整后的营业税政策落实到位;对个人承受不享受优惠政策的住房,不得减免契税。对擅自变通政策、违反规定,不符合规定条件的个人住房给予税收优惠,影响调整后的税收政策落实的,要追究当事人的责任。对政策执行中出现的问题和有关情况,应及时上报国家税务总局。

四、各级地方税务、财政部门要充分利用房地产交易与权属登记信息,加强房地产税收管理。要建立、健全房地产税收税源登记档案和税源数据库,并根据变化情况及时更新税源登记档案和税源数据库的信息;要定期将从房地产管理部门取得的权属登记资料等信息,与房地产税收征管信息进行比对,查找漏征税款,建立催缴制度,及时查补税款。

各级地方税务、财政部门在房地产税收征管工作中,如发现纳税人未进行权属登记的,应及时将有关信息告知当地房地产管理部门,以便房地产管理部门加强房地产权属管理。

五、各级地方税务、财政部门和房地产管理部门要积极协商,创造条件,在房地产交易和权属登记等场所,设立房地产税收征收窗口,方便纳税人。

六、市、县房地产管理部门在办理房地产权属登记时,应严格按照《中华人民共和国契税暂行条例》《中华人民共和国土地增值税暂行条例》的规定,要求出具完税(或减免)凭证;对于未出具完税(或减免)凭证的,房地产管理部门不得办理权属登记。

七、各级地方税务、财政部门应努力改进征缴税款的办法,减少现金收取,逐步实现税银联网、划卡缴税。由于种种原因,仍需收取现金税款的,应规范解缴程序,加强安全管理。

八、对于房地产管理部门配合税收管理增加的支出,地方财税部门应给予必要的经费支持。

九、各省级地方税务部门要积极参与本地区房地产市场分析监测工作,密切关注营业税税收政策调整后的政策执行效果,及时做出营业税政策调整对本地区的房地产市场产生影响的评估报告,并将分析评估报告按季上报国家税务总局。

十、各地地方税务、财政部门和房地产管理部门,可结合本地情况,共同协商研究制定贯彻落实本通知的具体办法。

国家税务总局关于个人转让房屋有关税收征管问题的通知

·2007年3月21日
·国税发〔2007〕33号

各省、自治区、直辖市和计划单列市地方税务局,宁夏、西藏自治区国家税务局,河北、黑龙江、江苏、浙江、山东、安徽、福建、江西、河南、湖南、广东、广西、重庆、贵州、青海、宁夏、新疆、甘肃省(自治区、直辖市)财政厅(局),青岛、宁波、厦门市财政局:

近年来,各地认真落实"房地产税收管理一体化"工作要求,积极采取有效措施,加强房地产税收征管,进一步堵塞了管理漏洞,但一些地区反映,个人房屋交易环节税收征管仍有一些问题不够明确。为了更好地落实房地产税收管理一体化工作要求,规范管理工作,根据个人所得税法和税收征收管理法等有关规定,现就有关问题通知如下:

一、建立房屋交易最低计税价格管理制度。针对一些地区买卖双方通过订立虚假合同低报房屋交易价格,不如实申报缴纳有关税收的问题,各地要根据税收征收管理法的有关规定,建立房屋交易最低计税价格管理制度,加强房屋交易计税价格管理。

(一)确定合理的房屋交易最低计税价格办法。工作基础较好,具备直接制定最低计税价格条件的,可直接制定房屋交易最低计税价格,但定价时要考虑房屋的座落地点、建筑结构、建筑年限、历史交易价格或建造价格、同类房屋先期交易价格等因素。不具备直接制定最低计税价格条件的,可参照下列一种方法确定最低计税价格。

1. 当地政府公布的拆迁补偿标准、房屋交易指导价、基准地价。政府公布的上述信息未及时调整的，确定最低计税价格时应考虑房地产市场价格上涨因素。

2. 房地产交易资金托管金额或者房地产交易网上报价。

3. 信誉良好的房地产价格评估机构的评估价格。

（二）各地区要加强与房地产管理部门的联系，及时获得有关信息，按照规定的管理制度，确定有关交易房屋的最低计税价格，避免在办税窗口纳税人申报纳税时即时确定计税价格。

（三）纳税人申报的房屋销售价格高于各地区确定的最低计税价格的，应按纳税人申报的销售价格计算征税；纳税人申报的房屋销售价格低于各地区确定的最低计税价格的，应按最低计税价格计算征税。

（四）对于财政部门负责契税征管的地区，由省级财税部门制定房屋交易最低价格管理办法；地市级及以下财税部门制定本地区房屋交易最低计税价格。对于税务部门负责契税征管的地区，由省级税务部门制定房屋交易最低价格管理办法；地市级及以下税务部门制定本地区房屋交易最低计税价格。

二、个人出售商业用房取得的所得，应按规定缴纳个人所得税，不得享受1年内换购住房退还保证金和自用5年以上的家庭唯一生活用房免税的政策。

三、根据《财政部、国家税务总局、建设部关于个人住房所得征收个人所得税有关问题的通知》（财税字〔1999〕278号）的规定，个人转让自用5年以上，并且是家庭唯一生活用房，取得的所得免征个人所得税。

（一）上述文件所称"自用5年以上"，是指个人购房至转让房屋的时间达5年以上。

1. 个人购房日期的确定。个人按照国家房改政策购买的公有住房，以其购房合同的生效时间、房款收据开具日期或房屋产权证上注明的时间，依照孰先原则确定；个人购买的其他住房，以其房屋产权证注明日期或契税完税凭证注明日期，按照孰先原则确定。

2. 个人转让房屋的日期，以销售发票上注明的时间为准。

（二）"家庭唯一生活用房"是指在同一省、自治区、直辖市范围内纳税人（有配偶的为夫妻双方）仅拥有一套住房。

四、《国家税务总局关于个人住房转让所得征收个人所得税的有关问题的通知》（国税发〔2006〕108号）第三条所称"未提供完整、准确的房屋原值凭证"，是指纳税人不能提供房屋购买合同、发票或建造成本、费用支出的有效凭证，或契税征管档案中没有上次交易价格或建造成本、费用支出金额等记录。凡纳税人能提供房屋购买合同、发票或建造成本、费用支出的有效凭证，或契税征管档案中有上次交易价格或建造成本、费用支出金额等记录的，均应按核实征收方式计征个人所得税。

五、税务机关应加强住房装修费用扣除的管理

（一）凡有下列情况之一的，在计算缴纳转让住房所得个人所得税时不得扣除装修费用：

1. 纳税人提供的装修费用凭证不是有效发票的；

2. 发票上注明的付款人姓名与房屋产权人或产权共有人的姓名不一致的；

3. 发票由建材市场、批发市场管理机构开具，且未附所购商品清单的。

（二）纳税人申报扣除装修费用，应当填写《房屋装修费用发票汇总表》（式样附后），在《房屋装修费用发票汇总表》上如实、完整地填写每份发票的开具人、受领人、发票字号、建材产品或服务项目、发票金额等信息。同时将有关装修发票原件提交征收人员审核。

（三）征收人员受理申报时，应认真审核装修费用发票真伪，《房屋装修费用发票汇总表》与有关装修发票信息是否一致，对不符合要求的发票不准扣除装修费用。审核完毕后，有关装修发票退还纳税人。

主管税务机关应定期对《房屋装修费用发票汇总表》所记载有关发票信息进行分析，视情况选取一些发票到开票单位比对核实，对疑点较大的发票移交稽查部门实施稽查。同时，要加强对建材市场和装修单位的税收管理。

六、各级税务机关要做好纳税服务工作，保障纳税人的知情权。要在房地产税收征收场所公示房地产税收法律、法规及相关规定，公开办税流程及所需资料，以及虚假申报、偷税行为应承担的法律责任。

附件：《房屋装修费用发票汇总表》（略）

国家税务总局关于个人转租房屋取得收入征收个人所得税问题的通知

·2009年11月18日
·国税函〔2009〕639号

各省、自治区、直辖市和计划单列市地方税务局，西藏、宁夏、青海省（自治区）国家税务局：

为规范和加强个人所得税管理，根据《中华人民共和国个人所得税法》及其实施条例的规定，现对个人取得转

租房屋收入有关个人所得税问题通知如下：

一、个人将承租房屋转租取得的租金收入，属于个人所得税应税所得，应按"财产租赁所得"项目计算缴纳个人所得税。

二、取得转租收入的个人向房屋出租方支付的租金，凭房屋租赁合同和合法支付凭据允许在计算个人所得税时，从该项转租收入中扣除。

三、《国家税务总局关于个人所得税若干业务问题的批复》（国税函〔2002〕146号）有关财产租赁所得个人所得税前扣除税费的扣除次序调整为：

（一）财产租赁过程中缴纳的税费；

（二）向出租方支付的租金；

（三）由纳税人负担的租赁财产实际开支的修缮费用；

（四）税法规定的费用扣除标准。

财政部、国家税务总局关于调整个人住房转让营业税政策的通知

- 2015年3月30日
- 财税〔2015〕39号

各省、自治区、直辖市、计划单列市财政厅（局）、地方税务局，西藏、宁夏、青海省（自治区）国家税务局，新疆生产建设兵团财务局：

为促进房地产市场健康发展，经国务院批准，现将个人住房转让营业税政策通知如下：

一、个人将购买不足2年的住房对外销售的，全额征收营业税；个人将购买2年以上（含2年）的非普通住房对外销售的，按照其销售收入减去购买房屋的价款后的差额征收营业税；个人将购买2年以上（含2年）的普通住房对外销售的，免征营业税。

二、上述普通住房和非普通住房的标准、办理免税的具体程序、购买房屋的时间、开具发票、差额征税扣除凭证、非购买形式取得住房行为及其他相关税收管理规定，按照《国务院办公厅转发建设部等部门关于做好稳定住房价格工作意见的通知》（国办发〔2005〕26号）、《国家税务总局 财政部 建设部关于加强房地产税收管理的通知》（国税发〔2005〕89号）和《国家税务总局关于房地产税收政策执行中几个具体问题的通知》（国税发〔2005〕172号）的有关规定执行。

三、本通知自2015年3月31日起执行，《财政部 国家税务总局关于调整个人住房转让营业税政策的通知》（财税〔2011〕12号）同时废止。

国家税务总局关于个人住房转让所得征收个人所得税有关问题的通知

- 2006年7月18日国税发〔2006〕108号公布
- 根据2018年6月15日《国家税务总局关于修改部分税收规范性文件的公告》修订

各省、自治区、直辖市和计划单列市地方税务局，河北、黑龙江、江苏、浙江、山东、安徽、福建、江西、河南、湖南、广东、广西、重庆、贵州、青海、宁夏、新疆、甘肃省（自治区、直辖市）财政厅（局），青岛、宁波、厦门市财政局：

《中华人民共和国个人所得税法》及其实施条例规定，个人转让住房，以其转让收入额减除财产原值和合理费用后的余额为应纳税所得额，按照"财产转让所得"项目缴纳个人所得税。之后，根据我国经济形势发展需要，《财政部 国家税务总局 建设部关于个人出售住房所得征收个人所得税有关问题的通知》（财税字〔1999〕278号）对个人转让住房的个人所得税应纳税所得额计算和换购住房的个人所得税有关问题做了具体规定。目前，在征收个人转让住房的个人所得税中，各地又反映出一些需要进一步明确的问题。为完善制度，加强征管，根据个人所得税法和税收征收管理法的有关规定精神，现就有关问题通知如下：

一、对住房转让所得征收个人所得税时，以实际成交价格为转让收入。纳税人申报的住房成交价格明显低于市场价格且无正当理由的，征收机关依法有权根据有关信息核定其转让收入，但必须保证各税种计税价格一致。

二、对转让住房收入计算个人所得税应纳税所得额时，纳税人可凭原购房合同、发票等有效凭证，经税务机关审核后，允许从其转让收入中减除房屋原值、转让住房过程中缴纳的税金及有关合理费用。

（一）房屋原值具体为：

1. 商品房：购置该房屋时实际支付的房价款及交纳的相关税费。

2. 自建住房：实际发生的建造费用及建造和取得产权时实际交纳的相关税费。

3. 经济适用房（含集资合作建房、安居工程住房）：原购房人实际支付的房价款及相关税费，以及按规定交纳的土地出让金。

4. 已购公有住房：原购公有住房标准面积按当地经济适用房价格计算的房款，加上原购公有住房超标准面积实际支付的房价款以及按规定向财政部门（或原产

权单位)交纳的所得收益及相关税费。

已购公有住房是指城镇职工根据国家和县级(含县级)以上人民政府有关城镇住房制度改革政策规定,按照成本价(或标准价)购买的公有住房。

经济适用房价格按县级(含县级)以上地方人民政府规定的标准确定。

5. 城镇拆迁安置住房:根据《城市房屋拆迁管理条例》(国务院令第305号)和《建设部关于印发〈城市房屋拆迁估价指导意见〉的通知》(建住房〔2003〕234号)等有关规定,其原值分别为:

(1)房屋拆迁取得货币补偿后购置房屋的,为购置该房屋实际支付的房价款及交纳的相关税费;

(2)房屋拆迁采取产权调换方式的,所调换房屋原值为《房屋拆迁补偿安置协议》注明的价款及交纳的相关税费;

(3)房屋拆迁采取产权调换方式,被拆迁人除取得所调换房屋,又取得部分货币补偿的,所调换房屋原值为《房屋拆迁补偿安置协议》注明的价款和交纳的相关税费,减去货币补偿后的余额;

(4)房屋拆迁采取产权调换方式,被拆迁人取得所调换房屋,又支付部分货币的,所调换房屋原值为《房屋拆迁补偿安置协议》注明的价款,加上所支付的货币及交纳的相关税费。

(二)转让住房过程中缴纳的税金是指:纳税人在转让住房时实际缴纳的营业税、城市维护建设税、教育费附加、土地增值税、印花税等税金。

(三)合理费用是指:纳税人按照规定实际支付的住房装修费用、住房贷款利息、手续费、公证费等费用。

1. 支付的住房装修费用。纳税人能提供实际支付装修费用的税务统一发票,并且发票上所列付款人姓名与转让房屋产权人一致的,经税务机关审核,其转让的住房在转让前实际发生的装修费用,可在以下规定比例内扣除:

(1)已购公有住房、经济适用房:最高扣除限额为房屋原值的15%;

(2)商品房及其他住房:最高扣除限额为房屋原值的10%。

纳税人原购房为装修房,即合同注明房价款中含有装修费(铺装了地板,装配了洁具、厨具等)的,不得再重复扣除装修费用。

2. 支付的住房贷款利息。纳税人出售以按揭贷款方式购置的住房的,其向贷款银行实际支付的住房贷款利息,凭贷款银行出具的有效证明据实扣除。

3. 纳税人按照有关规定实际支付的手续费、公证费等,凭有关部门出具的有效证明据实扣除。

本条规定自2006年8月1日起执行。

三、纳税人未提供完整、准确的房屋原值凭证,不能正确计算房屋原值和应纳税额的,税务机关可根据《中华人民共和国税收征收管理法》第三十五条的规定,对其实行核定征税,即按纳税人住房转让收入的一定比例核定应纳个人所得税额。具体比例由省级地方税务局或者省级地方税务局授权的地市级地方税务局根据纳税人出售住房的所处区域、地理位置、建造时间、房屋类型、住房平均价格水平等因素,在住房转让收入1%-3%的幅度内确定。

四、各级税务机关要严格执行《国家税务总局关于进一步加强房地产税收管理的通知》(国税发〔2005〕82号)和《国家税务总局关于实施房地产税收一体化管理若干具体问题的通知》(国税发〔2005〕156号)的规定。为方便出售住房的个人依法履行纳税义务,加强税收征管,主管税务机关要在房地产交易场所设置税收征收窗口,个人转让住房应缴纳的个人所得税,应与转让环节应缴纳的营业税、契税、土地增值税等税收一并办理;税务机关暂没有条件在房地产交易场所设置税收征收窗口的,应委托契税征收部门一并征收个人所得税等税收。

五、各级税务机关要认真落实有关住房转让个人所得税优惠政策。按照《财政部 国家税务总局 建设部关于个人出售住房所得征收个人所得税有关问题的通知》(财税字〔1999〕278号)的规定,对出售自有住房并拟在现住房出售1年内按市场价重新购房的纳税人,其出售现住房所缴纳的个人所得税,先以纳税保证金形式缴纳,再视其重新购房的金额与原住房销售额的关系,全部或部分退还纳税保证金;对个人转让自用5年以上,并且是家庭唯一生活用房取得的所得,免征个人所得税。要不折不扣地执行上述优惠政策,确保维护纳税人的合法权益。

六、各级税务机关要做好住房转让的个人所得税纳税保证金收取、退还和有关管理工作。要按照《财政部 国家税务总局 建设部关于个人出售住房所得征收个人所得税有关问题的通知》(财税字〔1999〕278号)和《国家税务总局 财政部 中国人民银行关于印发〈税务代保管资金账户管理办法〉的通知》(国税发〔2005〕181号)要求,按规定建立个人所得税纳税保证金专户,为缴纳纳税保证金的纳税人建立档案,加强对纳税保证金信息的采集、比对、审核;向纳税人宣传解释纳税保证金的征收、退还政策及程序;认真做好纳税保证金退还事宜,符合条件的确保及时办理。

七、各级税务机关要认真宣传和落实有关税收政策，维护纳税人的各项合法权益。一是要持续、广泛地宣传个人所得税法及有关税收政策，加强对纳税人和征收人员如何缴纳住房交易所得个人所得税的纳税辅导；二是要加强与房地产管理部门、中介机构的协调、沟通，充分发挥中介机构协税护税作用，促使其协助纳税人准确计算税款；三是严格执行住房交易所得的减免税条件和审批程序，明确纳税人应报送的有关资料，做好涉税资料审查鉴定工作；四是对于符合减免税政策的个人住房交易所得，要及时办理减免税审批手续。

关于保障性住房有关税费政策的公告

- 2023年9月28日
- 财政部、税务总局、住房城乡建设部公告2023年第70号

为推进保障性住房建设，现将有关税费政策公告如下：

一、对保障性住房项目建设用地免征城镇土地使用税。对保障性住房经营管理单位与保障性住房相关的印花税，以及保障性住房购买人涉及的印花税予以免征。

在商品住房等开发项目中配套建造保障性住房的，依据政府部门出具的相关材料，可按保障性住房建筑面积占总建筑面积的比例免征城镇土地使用税、印花税。

二、企事业单位、社会团体以及其他组织转让旧房作为保障性住房房源且增值额未超过扣除项目金额20%的，免征土地增值税。

三、对保障性住房经营管理单位回购保障性住房继续作为保障性住房房源的，免征契税。

四、对个人购买保障性住房，减按1%的税率征收契税。

五、保障性住房项目免收各项行政事业性收费和政府性基金，包括防空地下室易地建设费、城市基础设施配套费、教育费附加和地方教育附加等。

六、享受税费优惠政策的保障性住房项目，按照城市人民政府认定的范围确定。城市人民政府住房城乡建设部门将本地区保障性住房项目、保障性住房经营管理单位等信息及时提供给同级财政、税务部门。

七、纳税人享受本公告规定的税费优惠政策，应按相关规定申报办理。

八、本公告自2023年10月1日起执行。

特此公告。

国家税务总局关于个人与房地产开发企业签订有条件优惠价格协议购买商店征收个人所得税问题的批复

- 2008年6月15日
- 国税函〔2008〕576号

福建省地方税务局：

你局《关于个人与房地产开发企业签订有条件价格优惠协议购买商店征收个人所得税问题的请示》（闽地税发〔2008〕67号）收悉。经研究，批复如下：

房地产开发企业与商店购买者个人签订协议规定，房地产开发企业按优惠价格出售其开发的商店给购买者个人，但购买者个人在一定期限内必须将购买的商店无偿提供给房地产开发企业对外出租使用。其实质是购买者个人以所购商店交由房地产开发企业出租而取得的房屋租赁收入支付了部分购房价款。

根据个人所得税法的有关规定精神，对上述情形的购买者个人少支出的购房价款，应视同个人财产租赁所得，按照"财产租赁所得"项目征收个人所得税。每次财产租赁所得的收入额，按照少支出的购房价款和协议规定的租赁月份数平均计算确定。

国家税务总局关于房地产开发企业开发产品完工条件确认问题的通知

- 2010年5月12日
- 国税函〔2010〕201号

各省、自治区、直辖市和计划单列市国家税务局、地方税务局：

现就房地产开发企业开发产品完工条件确认有关问题，通知如下：

根据《国家税务总局关于房地产开发经营业务征收企业所得税问题的通知》（国税发〔2006〕31号）规定精神和《国家税务总局关于印发〈房地产开发经营业务企业所得税处理办法〉的通知》（国税发〔2009〕31号）第三条规定，房地产开发企业建造、开发的开发产品，无论工程质量是否通过验收合格，或是否办理完工（竣工）备案手续以及会计决算手续，当企业开始办理开发产品交付手续（包括入住手续）、或已开始实际投入使用时，为开发产品开始投入使用，应视为开发产品已经完工。房地产开发企业应按规定及时结算开发产品计税成本，并计算企业当年度应纳税所得额。

四、建设用地

1. 综　合

中华人民共和国土地管理法

- 1986年6月25日第六届全国人民代表大会常务委员会第十六次会议通过
- 根据1988年12月29日第七届全国人民代表大会常务委员会第五次会议《关于修改〈中华人民共和国土地管理法〉的决定》第一次修正
- 1998年8月29日第九届全国人民代表大会常务委员会第四次会议修订
- 根据2004年8月28日第十届全国人民代表大会常务委员会第十一次会议《关于修改〈中华人民共和国土地管理法〉的决定》第二次修正
- 根据2019年8月26日第十三届全国人民代表大会常务委员会第十二次会议《关于修改〈中华人民共和国土地管理法〉、〈中华人民共和国城市房地产管理法〉的决定》第三次修正

第一章　总　则

第一条　为了加强土地管理，维护土地的社会主义公有制，保护、开发土地资源，合理利用土地，切实保护耕地，促进社会经济的可持续发展，根据宪法，制定本法。

第二条　中华人民共和国实行土地的社会主义公有制，即全民所有制和劳动群众集体所有制。

全民所有，即国家所有土地的所有权由国务院代表国家行使。

任何单位和个人不得侵占、买卖或者以其他形式非法转让土地。土地使用权可以依法转让。

国家为了公共利益的需要，可以依法对土地实行征收或者征用并给予补偿。

国家依法实行国有土地有偿使用制度。但是，国家在法律规定的范围内划拨国有土地使用权的除外。

第三条　十分珍惜、合理利用土地和切实保护耕地是我国的基本国策。各级人民政府应当采取措施，全面规划，严格管理，保护、开发土地资源，制止非法占用土地的行为。

第四条　国家实行土地用途管制制度。

国家编制土地利用总体规划，规定土地用途，将土地分为农用地、建设用地和未利用地。严格限制农用地转为建设用地，控制建设用地总量，对耕地实行特殊保护。

前款所称农用地是指直接用于农业生产的土地，包括耕地、林地、草地、农田水利用地、养殖水面等；建设用地是指建造建筑物、构筑物的土地，包括城乡住宅和公共设施用地、工矿用地、交通水利设施用地、旅游用地、军事设施用地等；未利用地是指农用地和建设用地以外的土地。

使用土地的单位和个人必须严格按照土地利用总体规划确定的用途使用土地。

第五条　国务院自然资源主管部门统一负责全国土地的管理和监督工作。

县级以上地方人民政府自然资源主管部门的设置及其职责，由省、自治区、直辖市人民政府根据国务院有关规定确定。

第六条　国务院授权的机构对省、自治区、直辖市人民政府以及国务院确定的城市人民政府土地利用和土地管理情况进行督察。

第七条　任何单位和个人都有遵守土地管理法律、法规的义务，并有权对违反土地管理法律、法规的行为提出检举和控告。

第八条　在保护和开发土地资源、合理利用土地以及进行有关的科学研究等方面成绩显著的单位和个人，由人民政府给予奖励。

第二章　土地的所有权和使用权

第九条　城市市区的土地属于国家所有。

农村和城市郊区的土地，除由法律规定属于国家所有的以外，属于农民集体所有；宅基地和自留地、自留山，属于农民集体所有。

第十条　国有土地和农民集体所有的土地，可以依法确定给单位或者个人使用。使用土地的单位和个人，有保护、管理和合理利用土地的义务。

第十一条　农民集体所有的土地依法属于村农民集体所有的，由村集体经济组织或者村民委员会经营、管

理;已经分别属于村内两个以上农村集体经济组织的农民集体所有的,由村内各该农村集体经济组织或者村民小组经营、管理;已经属于乡(镇)农民集体所有的,由乡(镇)农村集体经济组织经营、管理。

第十二条 土地的所有权和使用权的登记,依照有关不动产登记的法律、行政法规执行。

依法登记的土地的所有权和使用权受法律保护,任何单位和个人不得侵犯。

第十三条 农民集体所有和国家所有依法由农民集体使用的耕地、林地、草地,以及其他依法用于农业的土地,采取农村集体经济组织内部的家庭承包方式承包,不宜采取家庭承包方式的荒山、荒沟、荒丘、荒滩等,可以采取招标、拍卖、公开协商等方式承包,从事种植业、林业、畜牧业、渔业生产。家庭承包的耕地的承包期为三十年,草地的承包期为三十年至五十年,林地的承包期为三十年至七十年;耕地承包期届满后再延长三十年,草地、林地承包期届满后依法相应延长。

国家所有依法用于农业的土地可以由单位或者个人承包经营,从事种植业、林业、畜牧业、渔业生产。

发包方和承包方应当依法订立承包合同,约定双方的权利和义务。承包经营土地的单位和个人,有保护和按照承包合同约定的用途合理利用土地的义务。

第十四条 土地所有权和使用权争议,由当事人协商解决;协商不成的,由人民政府处理。

单位之间的争议,由县级以上人民政府处理;个人之间、个人与单位之间的争议,由乡级人民政府或者县级以上人民政府处理。

当事人对有关人民政府的处理决定不服的,可以自接到处理决定通知之日起三十日内,向人民法院起诉。

在土地所有权和使用权争议解决前,任何一方不得改变土地利用现状。

第三章 土地利用总体规划

第十五条 各级人民政府应当依据国民经济和社会发展规划、国土整治和资源环境保护的要求、土地供给能力以及各项建设对土地的需求,组织编制土地利用总体规划。

土地利用总体规划的规划期限由国务院规定。

第十六条 下级土地利用总体规划应当依据上一级土地利用总体规划编制。

地方各级人民政府编制的土地利用总体规划中的建设用地总量不得超过上一级土地利用总体规划确定的控制指标,耕地保有量不得低于上一级土地利用总体规划确定的控制指标。

省、自治区、直辖市人民政府编制的土地利用总体规划,应当确保本行政区域内耕地总量不减少。

第十七条 土地利用总体规划按照下列原则编制:

(一)落实国土空间开发保护要求,严格土地用途管制;

(二)严格保护永久基本农田,严格控制非农业建设占用农用地;

(三)提高土地节约集约利用水平;

(四)统筹安排城乡生产、生活、生态用地,满足乡村产业和基础设施用地合理需求,促进城乡融合发展;

(五)保护和改善生态环境,保障土地的可持续利用;

(六)占用耕地与开发复垦耕地数量平衡、质量相当。

第十八条 国家建立国土空间规划体系。编制国土空间规划应当坚持生态优先,绿色、可持续发展,科学有序统筹安排生态、农业、城镇等功能空间,优化国土空间结构和布局,提升国土空间开发、保护的质量和效率。

经依法批准的国土空间规划是各类开发、保护、建设活动的基本依据。已经编制国土空间规划的,不再编制土地利用总体规划和城乡规划。

第十九条 县级土地利用总体规划应当划分土地利用区,明确土地用途。

乡(镇)土地利用总体规划应当划分土地利用区,根据土地使用条件,确定每一块土地的用途,并予以公告。

第二十条 土地利用总体规划实行分级审批。

省、自治区、直辖市的土地利用总体规划,报国务院批准。

省、自治区人民政府所在地的市、人口在一百万以上的城市以及国务院指定的城市的土地利用总体规划,经省、自治区人民政府审查同意后,报国务院批准。

本条第二款、第三款规定以外的土地利用总体规划,逐级上报省、自治区、直辖市人民政府批准;其中,乡(镇)土地利用总体规划可以由省级人民政府授权的设区的市、自治州人民政府批准。

土地利用总体规划一经批准,必须严格执行。

第二十一条 城市建设用地规模应当符合国家规定的标准,充分利用现有建设用地,不占或者尽量少占农用地。

城市总体规划、村庄和集镇规划,应当与土地利用总体规划相衔接,城市总体规划、村庄和集镇规划中建设用地规模不得超过土地利用总体规划确定的城市和村庄、集镇建设用地规模。

在城市规划区内、村庄和集镇规划区内，城市和村庄、集镇建设用地应当符合城市规划、村庄和集镇规划。

第二十二条 江河、湖泊综合治理和开发利用规划，应当与土地利用总体规划相衔接。在江河、湖泊、水库的管理和保护范围以及蓄洪滞洪区内，土地利用应当符合江河、湖泊综合治理和开发利用规划，符合河道、湖泊行洪、蓄洪和输水的要求。

第二十三条 各级人民政府应当加强土地利用计划管理，实行建设用地总量控制。

土地利用年度计划，根据国民经济和社会发展计划、国家产业政策、土地利用总体规划以及建设用地和土地利用的实际状况编制。土地利用年度计划应当对本法第六十三条规定的集体经营性建设用地作出合理安排。土地利用年度计划的编制审批程序与土地利用总体规划的编制审批程序相同，一经审批下达，必须严格执行。

第二十四条 省、自治区、直辖市人民政府应当将土地利用年度计划的执行情况列为国民经济和社会发展计划执行情况的内容，向同级人民代表大会报告。

第二十五条 经批准的土地利用总体规划的修改，须经原批准机关批准；未经批准，不得改变土地利用总体规划确定的土地用途。

经国务院批准的大型能源、交通、水利等基础设施建设用地，需要改变土地利用总体规划的，根据国务院的批准文件修改土地利用总体规划。

经省、自治区、直辖市人民政府批准的能源、交通、水利等基础设施建设用地，需要改变土地利用总体规划的，属于省级人民政府土地利用总体规划批准权限内的，根据省级人民政府的批准文件修改土地利用总体规划。

第二十六条 国家建立土地调查制度。

县级以上人民政府自然资源主管部门会同同级有关部门进行土地调查。土地所有者或者使用者应当配合调查，并提供有关资料。

第二十七条 县级以上人民政府自然资源主管部门会同同级有关部门根据土地调查成果、规划土地用途和国家制定的统一标准，评定土地等级。

第二十八条 国家建立土地统计制度。

县级以上人民政府统计机构和自然资源主管部门依法进行土地统计调查，定期发布土地统计资料。土地所有者或者使用者应当提供有关资料，不得拒报、迟报，不得提供不真实、不完整的资料。

统计机构和自然资源主管部门共同发布的土地面积统计资料是各级人民政府编制土地利用总体规划的依据。

第二十九条 国家建立全国土地管理信息系统，对土地利用状况进行动态监测。

第四章 耕地保护

第三十条 国家保护耕地，严格控制耕地转为非耕地。

国家实行占用耕地补偿制度。非农业建设经批准占用耕地的，按照"占多少，垦多少"的原则，由占用耕地的单位负责开垦与所占用耕地的数量和质量相当的耕地；没有条件开垦或者开垦的耕地不符合要求的，应当按照省、自治区、直辖市的规定缴纳耕地开垦费，专款用于开垦新的耕地。

省、自治区、直辖市人民政府应当制定开垦耕地计划，监督占用耕地的单位按照计划开垦耕地或者按照计划组织开垦耕地，并进行验收。

第三十一条 县级以上地方人民政府可以要求占用耕地的单位将所占用耕地耕作层的土壤用于新开垦耕地、劣质地或者其他耕地的土壤改良。

第三十二条 省、自治区、直辖市人民政府应当严格执行土地利用总体规划和土地利用年度计划，采取措施，确保本行政区域内耕地总量不减少、质量不降低。耕地总量减少的，由国务院责令在规定期限内组织开垦与所减少耕地的数量与质量相当的耕地；耕地质量降低的，由国务院责令在规定期限内组织整治。新开垦和整治的耕地由国务院自然资源主管部门会同农业农村主管部门验收。

个别省、直辖市确因土地后备资源匮乏，新增建设用地后，新开垦耕地的数量不足以补偿所占用耕地的数量的，必须报经国务院批准减免本行政区域内开垦耕地的数量，易地开垦数量和质量相当的耕地。

第三十三条 国家实行永久基本农田保护制度。下列耕地应当根据土地利用总体规划划为永久基本农田，实行严格保护：

（一）经国务院农业农村主管部门或者县级以上地方人民政府批准确定的粮、棉、油、糖等重要农产品生产基地内的耕地；

（二）有良好的水利与水土保持设施的耕地，正在实施改造计划以及可以改造的中、低产田和已建成的高标准农田；

（三）蔬菜生产基地；
（四）农业科研、教学试验田；
（五）国务院规定应当划为永久基本农田的其他耕地。

各省、自治区、直辖市划定的永久基本农田一般应当占本行政区域内耕地的百分之八十以上，具体比例由国务院根据各省、自治区、直辖市耕地实际情况规定。

第三十四条 永久基本农田划定以乡(镇)为单位进行，由县级人民政府自然资源主管部门会同同级农业农村主管部门组织实施。永久基本农田应当落实到地块，纳入国家永久基本农田数据库严格管理。

乡(镇)人民政府应当将永久基本农田的位置、范围向社会公告，并设立保护标志。

第三十五条 永久基本农田经依法划定后，任何单位和个人不得擅自占用或者改变其用途。国家能源、交通、水利、军事设施等重点建设项目选址确实难以避让永久基本农田，涉及农用地转用或者土地征收的，必须经国务院批准。

禁止通过擅自调整县级土地利用总体规划、乡(镇)土地利用总体规划等方式规避永久基本农田农用地转用或者土地征收的审批。

第三十六条 各级人民政府应当采取措施，引导因地制宜轮作休耕，改良土壤，提高地力，维护排灌工程设施，防止土地荒漠化、盐渍化、水土流失和土壤污染。

第三十七条 非农业建设必须节约使用土地，可以利用荒地的，不得占用耕地；可以利用劣地的，不得占用好地。

禁止占用耕地建窑、建坟或者擅自在耕地上建房、挖砂、采石、采矿、取土等。

禁止占用永久基本农田发展林果业和挖塘养鱼。

第三十八条 禁止任何单位和个人闲置、荒芜耕地。已经办理审批手续的非农业建设占用耕地，一年内不用而又可以耕种并收获的，应当由原耕种该幅耕地的集体或者个人恢复耕种，也可以由用地单位组织耕种；一年以上未动工建设的，应当按照省、自治区、直辖市的规定缴纳闲置费；连续二年未使用的，经原批准机关批准，由县级以上人民政府无偿收回用地单位的土地使用权；该幅土地原为农民集体所有的，应当交由原农村集体经济组织恢复耕种。

在城市规划区范围内，以出让方式取得土地使用权进行房地产开发的闲置土地，依照《中华人民共和国城市房地产管理法》的有关规定办理。

第三十九条 国家鼓励单位和个人按照土地利用总体规划，在保护和改善生态环境、防止水土流失和土地荒漠化的前提下，开发未利用的土地；适宜开发为农用地的，应当优先开发成农用地。

国家依法保护开发者的合法权益。

第四十条 开垦未利用的土地，必须经过科学论证和评估，在土地利用总体规划划定的可开垦的区域内，经依法批准后进行。禁止毁坏森林、草原开垦耕地，禁止围湖造田和侵占江河滩地。

根据土地利用总体规划，对破坏生态环境开垦、围垦的土地，有计划有步骤地退耕还林、还牧、还湖。

第四十一条 开发未确定使用权的国有荒山、荒地、荒滩从事种植业、林业、畜牧业、渔业生产的，经县级以上人民政府依法批准，可以确定给开发单位或者个人长期使用。

第四十二条 国家鼓励土地整理。县、乡(镇)人民政府应当组织农村集体经济组织，按照土地利用总体规划，对田、水、路、林、村综合整治，提高耕地质量，增加有效耕地面积，改善农业生产条件和生态环境。

地方各级人民政府应当采取措施，改造中、低产田，整治闲散地和废弃地。

第四十三条 因挖损、塌陷、压占等造成土地破坏，用地单位和个人应当按照国家有关规定负责复垦；没有条件复垦或者复垦不符合要求的，应当缴纳土地复垦费，专项用于土地复垦。复垦的土地应当优先用于农业。

第五章 建设用地

第四十四条 建设占用土地，涉及农用地转为建设用地的，应当办理农用地转用审批手续。

永久基本农田转为建设用地的，由国务院批准。

在土地利用总体规划确定的城市和村庄、集镇建设用地规模范围内，为实施该规划而将永久基本农田以外的农用地转为建设用地的，按土地利用年度计划分批次按照国务院规定由原批准土地利用总体规划的机关或者其授权的机关批准。在已批准的农用地转用范围内，具体建设项目用地可以由市、县人民政府批准。

在土地利用总体规划确定的城市和村庄、集镇建设用地规模范围外，将永久基本农田以外的农用地转为建设用地的，由国务院或者国务院授权的省、自治区、直辖市人民政府批准。

第四十五条 为了公共利益的需要，有下列情形之一，确需征收农民集体所有的土地的，可以依法实施征收：

(一)军事和外交需要用地的;
(二)由政府组织实施的能源、交通、水利、通信、邮政等基础设施建设需要用地的;
(三)由政府组织实施的科技、教育、文化、卫生、体育、生态环境和资源保护、防灾减灾、文物保护、社区综合服务、社会福利、市政公用、优抚安置、英烈保护等公共事业需要用地的;
(四)由政府组织实施的扶贫搬迁、保障性安居工程建设需要用地的;
(五)在土地利用总体规划确定的城镇建设用地范围内,经省级以上人民政府批准由县级以上地方人民政府组织实施的成片开发建设需要用地的;
(六)法律规定为公共利益需要可以征收农民集体所有的土地的其他情形。

前款规定的建设活动,应当符合国民经济和社会发展规划、土地利用总体规划、城乡规划和专项规划;第(四)项、第(五)项规定的建设活动,还应当纳入国民经济和社会发展年度计划;第(五)项规定的成片开发并应当符合国务院自然资源主管部门规定的标准。

第四十六条 征收下列土地的,由国务院批准:
(一)永久基本农田;
(二)永久基本农田以外的耕地超过三十五公顷的;
(三)其他土地超过七十公顷的。

征收前款规定以外的土地的,由省、自治区、直辖市人民政府批准。

征收农用地的,应当依照本法第四十四条的规定先行办理农用地转用审批。其中,经国务院批准农用地转用的,同时办理征地审批手续,不再另行办理征地审批;经省、自治区、直辖市人民政府在征地批准权限内批准农用地转用的,同时办理征地审批手续,不再另行办理征地审批,超过征地批准权限的,应当依照本条第一款的规定另行办理征地审批。

第四十七条 国家征收土地的,依照法定程序批准后,由县级以上地方人民政府予以公告并组织实施。

县级以上地方人民政府拟申请征收土地的,应当开展拟征收土地现状调查和社会稳定风险评估,并将征收范围、土地现状、征收目的、补偿标准、安置方式和社会保障等在拟征收土地所在的乡(镇)和村、村民小组范围内公告至少三十日,听取被征地的农村集体经济组织及其成员、村民委员会和其他利害关系人的意见。

多数被征地的农村集体经济组织成员认为征地补偿安置方案不符合法律、法规规定的,县级以上地方人民政府应当组织召开听证会,并根据法律、法规的规定和听证会情况修改方案。

拟征收土地的所有权人、使用权人应当在公告规定期限内,持不动产权属证明材料办理补偿登记。县级以上地方人民政府应当组织有关部门测算并落实有关费用,保证足额到位,与拟征收土地的所有权人、使用权人就补偿、安置等签订协议;个别确实难以达成协议的,应当在申请征收土地时如实说明。

相关前期工作完成后,县级以上地方人民政府方可申请征收土地。

第四十八条 征收土地应当给予公平、合理的补偿,保障被征地农民原有生活水平不降低、长远生计有保障。

征收土地应当依法及时足额支付土地补偿费、安置补助费以及农村村民住宅、其他地上附着物和青苗等的补偿费用,并安排被征地农民的社会保障费用。

征收农用地的土地补偿费、安置补助费标准由省、自治区、直辖市通过制定公布区片综合地价确定。制定区片综合地价应当综合考虑土地原用途、土地资源条件、土地产值、土地区位、土地供求关系、人口以及经济社会发展水平等因素,并至少每三年调整或者重新公布一次。

征收农用地以外的其他土地、地上附着物和青苗等的补偿标准,由省、自治区、直辖市制定。对其中的农村村民住宅,应当按照先补偿后搬迁、居住条件有改善的原则,尊重农村村民意愿,采取重新安排宅基地建房、提供安置房或者货币补偿等方式给予公平、合理的补偿,并对因征收造成的搬迁、临时安置等费用予以补偿,保障农村村民居住的权利和合法的住房财产权益。

县级以上地方人民政府应当将被征地农民纳入相应的养老等社会保障体系。被征地农民的社会保障费用主要用于符合条件的被征地农民的养老保险等社会保险缴费补贴。被征地农民社会保障费用的筹集、管理和使用办法,由省、自治区、直辖市制定。

第四十九条 被征地的农村集体经济组织应当将征收土地的补偿费用的收支状况向本集体经济组织的成员公布,接受监督。

禁止侵占、挪用被征收土地单位的征地补偿费用和其他有关费用。

第五十条 地方各级人民政府应当支持被征地的农村集体经济组织和农民从事开发经营,兴办企业。

第五十一条 大中型水利、水电工程建设征收土地的补偿费标准和移民安置办法,由国务院另行规定。

第五十二条 建设项目可行性研究论证时,自然资源主管部门可以根据土地利用总体规划、土地利用年度计划和建设用地标准,对建设用地有关事项进行审查,并提出意见。

第五十三条 经批准的建设项目需要使用国有建设用地的,建设单位应当持法律、行政法规规定的有关文件,向有批准权的县级以上人民政府自然资源主管部门提出建设用地申请,经自然资源主管部门审查,报本级人民政府批准。

第五十四条 建设单位使用国有土地,应当以出让等有偿使用方式取得;但是,下列建设用地,经县级以上人民政府依法批准,可以划拨方式取得:

(一)国家机关用地和军事用地;

(二)城市基础设施用地和公益事业用地;

(三)国家重点扶持的能源、交通、水利等基础设施用地;

(四)法律、行政法规规定的其他用地。

第五十五条 以出让等有偿使用方式取得国有土地使用权的建设单位,按照国务院规定的标准和办法,缴纳土地使用权出让金等土地有偿使用费和其他费用后,方可使用土地。

自本法施行之日起,新增建设用地的土地有偿使用费,百分之三十上缴中央财政,百分之七十留给有关地方人民政府。具体使用管理办法由国务院财政部门会同有关部门制定,并报国务院批准。

第五十六条 建设单位使用国有土地的,应当按照土地使用权出让等有偿使用合同的约定或者土地使用权划拨批准文件的规定使用土地;确需改变该幅土地建设用途的,应当经有关人民政府自然资源主管部门同意,报原批准用地的人民政府批准。其中,在城市规划区内改变土地用途的,在报批前,应当先经有关城市规划行政主管部门同意。

第五十七条 建设项目施工和地质勘查需要临时使用国有土地或者农民集体所有的土地的,由县级以上人民政府自然资源主管部门批准。其中,在城市规划区内的临时用地,在报批前,应当先经有关城市规划行政主管部门同意。土地使用者应当根据土地权属,与有关自然资源主管部门或者农村集体经济组织、村民委员会签订临时使用土地合同,并按照合同的约定支付临时使用土地补偿费。

临时使用土地的使用者应当按照临时使用土地合同约定的用途使用土地,并不得修建永久性建筑物。

临时使用土地期限一般不超过二年。

第五十八条 有下列情形之一的,由有关人民政府自然资源主管部门报经原批准用地的人民政府或者有批准权的人民政府批准,可以收回国有土地使用权:

(一)为实施城市规划进行旧城区改建以及其他公共利益需要,确需使用土地的;

(二)土地出让等有偿使用合同约定的使用期限届满,土地使用者未申请续期或者申请续期未获批准的;

(三)因单位撤销、迁移等原因,停止使用原划拨的国有土地的;

(四)公路、铁路、机场、矿场等经核准报废的。

依照前款第(一)项的规定收回国有土地使用权的,对土地使用权人应当给予适当补偿。

第五十九条 乡镇企业、乡(镇)村公共设施、公益事业、农村村民住宅等乡(镇)村建设,应当按照村庄和集镇规划,合理布局,综合开发,配套建设;建设用地,应当符合乡(镇)土地利用总体规划和土地利用年度计划,并依照本法第四十四条、第六十条、第六十一条、第六十二条的规定办理审批手续。

第六十条 农村集体经济组织使用乡(镇)土地利用总体规划确定的建设用地兴办企业或者与其他单位、个人以土地使用权入股、联营等形式共同举办企业的,应当持有关批准文件,向县级以上地方人民政府自然资源主管部门提出申请,按照省、自治区、直辖市规定的批准权限,由县级以上地方人民政府批准;其中,涉及占用农用地的,依照本法第四十四条的规定办理审批手续。

按照前款规定兴办企业的建设用地,必须严格控制。省、自治区、直辖市可以按照乡镇企业的不同行业和经营规模,分别规定用地标准。

第六十一条 乡(镇)村公共设施、公益事业建设,需要使用土地的,经乡(镇)人民政府审核,向县级以上地方人民政府自然资源主管部门提出申请,按照省、自治区、直辖市规定的批准权限,由县级以上地方人民政府批准;其中,涉及占用农用地的,依照本法第四十四条的规定办理审批手续。

第六十二条 农村村民一户只能拥有一处宅基地,其宅基地的面积不得超过省、自治区、直辖市规定的标准。

人均土地少、不能保障一户拥有一处宅基地的地区,县级人民政府在充分尊重农村村民意愿的基础上,可以采取措施,按照省、自治区、直辖市规定的标准保障农村村民实现户有所居。

农村村民建住宅,应当符合乡(镇)土地利用总体规划、村庄规划,不得占用永久基本农田,并尽量使用原有的宅基地和村内空闲地。编制乡(镇)土地利用总体规划、村庄规划应当统筹并合理安排宅基地用地,改善农村村民居住环境和条件。

农村村民住宅用地,由乡(镇)人民政府审核批准;其中,涉及占用农用地的,依照本法第四十四条的规定办理审批手续。

农村村民出卖、出租、赠与住宅后,再申请宅基地的,不予批准。

国家允许进城落户的农村村民依法自愿有偿退出宅基地,鼓励农村集体经济组织及其成员盘活利用闲置宅基地和闲置住宅。

国务院农业农村主管部门负责全国农村宅基地改革和管理有关工作。

第六十三条 土地利用总体规划、城乡规划确定为工业、商业等经营性用途,并经依法登记的集体经营性建设用地,土地所有权人可以通过出让、出租等方式交由单位或者个人使用,并应当签订书面合同,载明土地界址、面积、动工期限、使用期限、土地用途、规划条件和双方其他权利义务。

前款规定的集体经营性建设用地出让、出租等,应当经本集体经济组织成员的村民会议三分之二以上成员或者三分之二以上村民代表的同意。

通过出让等方式取得的集体经营性建设用地使用权可以转让、互换、出资、赠与或者抵押,但法律、行政法规另有规定或者土地所有权人、土地使用权人签订的书面合同另有约定的除外。

集体经营性建设用地的出租,集体建设用地使用权的出让及其最高年限、转让、互换、出资、赠与、抵押等,参照同类用途的国有建设用地执行。具体办法由国务院制定。

第六十四条 集体建设用地的使用者应当严格按照土地利用总体规划、城乡规划确定的用途使用土地。

第六十五条 在土地利用总体规划制定前已建的不符合土地利用总体规划确定的用途的建筑物、构筑物,不得重建、扩建。

第六十六条 有下列情形之一的,农村集体经济组织报经原批准用地的人民政府批准,可以收回土地使用权:

(一)为乡(镇)村公共设施和公益事业建设,需要使用土地的;

(二)不按照批准的用途使用土地的;

(三)因撤销、迁移等原因而停止使用土地的。

依照前款第(一)项规定收回农民集体所有的土地的,对土地使用权人应当给予适当补偿。

收回集体经营性建设用地使用权,依照双方签订的书面合同办理,法律、行政法规另有规定的除外。

第六章 监督检查

第六十七条 县级以上人民政府自然资源主管部门对违反土地管理法律、法规的行为进行监督检查。

县级以上人民政府农业农村主管部门对违反农村宅基地管理法律、法规的行为进行监督检查的,适用本法关于自然资源主管部门监督检查的规定。

土地管理监督检查人员应当熟悉土地管理法律、法规,忠于职守、秉公执法。

第六十八条 县级以上人民政府自然资源主管部门履行监督检查职责时,有权采取下列措施:

(一)要求被检查的单位或者个人提供有关土地权利的文件和资料,进行查阅或者予以复制;

(二)要求被检查的单位或者个人就有关土地权利的问题作出说明;

(三)进入被检查单位或者个人非法占用的土地现场进行勘测;

(四)责令非法占用土地的单位或者个人停止违反土地管理法律、法规的行为。

第六十九条 土地管理监督检查人员履行职责,需要进入现场进行勘测、要求有关单位或者个人提供文件、资料和作出说明的,应当出示土地管理监督检查证件。

第七十条 有关单位和个人对县级以上人民政府自然资源主管部门就土地违法行为进行的监督检查应当支持与配合,并提供工作方便,不得拒绝与阻碍土地管理监督检查人员依法执行职务。

第七十一条 县级以上人民政府自然资源主管部门在监督检查工作中发现国家工作人员的违法行为,依法应当给予处分的,应当依法予以处理;自己无权处理的,应当依法移送监察机关或者有关机关处理。

第七十二条 县级以上人民政府自然资源主管部门在监督检查工作中发现土地违法行为构成犯罪的,应当将案件移送有关机关,依法追究刑事责任;尚不构成犯罪的,应当依法给予行政处罚。

第七十三条 依照本法规定应当给予行政处罚,而有关自然资源主管部门不给予行政处罚的，上级人民政府自然资源主管部门有权责令有关自然资源主管部门作出行政处罚决定或者直接给予行政处罚，并给予有关自然资源主管部门的负责人处分。

第七章　法律责任

第七十四条　买卖或者以其他形式非法转让土地的，由县级以上人民政府自然资源主管部门没收违法所得；对违反土地利用总体规划擅自将农用地改为建设用地的，限期拆除在非法转让的土地上新建的建筑物和其他设施，恢复土地原状，对符合土地利用总体规划的，没收在非法转让的土地上新建的建筑物和其他设施；可以并处罚款；对直接负责的主管人员和其他直接责任人员，依法给予处分；构成犯罪的，依法追究刑事责任。

第七十五条　违反本法规定，占用耕地建窑、建坟或者擅自在耕地上建房、挖砂、采石、采矿、取土等，破坏种植条件的，或者因开发土地造成土地荒漠化、盐渍化的，由县级以上人民政府自然资源主管部门、农业农村主管部门等按照职责责令限期改正或者治理，可以并处罚款；构成犯罪的，依法追究刑事责任。

第七十六条　违反本法规定，拒不履行土地复垦义务的，由县级以上人民政府自然资源主管部门责令限期改正；逾期不改正的，责令缴纳复垦费，专项用于土地复垦，可以处以罚款。

第七十七条　未经批准或者采取欺骗手段骗取批准，非法占用土地的，由县级以上人民政府自然资源主管部门责令退还非法占用的土地，对违反土地利用总体规划擅自将农用地改为建设用地的，限期拆除在非法占用的土地上新建的建筑物和其他设施，恢复土地原状，对符合土地利用总体规划的，没收在非法占用的土地上新建的建筑物和其他设施，可以并处罚款；对非法占用土地单位的直接负责的主管人员和其他直接责任人员，依法给予处分；构成犯罪的，依法追究刑事责任。

超过批准的数量占用土地，多占的土地以非法占用土地论处。

第七十八条　农村村民未经批准或者采取欺骗手段骗取批准，非法占用土地建住宅的，由县级以上人民政府农业农村主管部门责令退还非法占用的土地，限期拆除在非法占用的土地上新建的房屋。

超过省、自治区、直辖市规定的标准，多占的土地以非法占用土地论处。

第七十九条　无权批准征收、使用土地的单位或者个人非法批准占用土地的，超越批准权限非法批准占用土地的，不按照土地利用总体规划确定的用途批准用地的，或者违反法律规定的程序批准占用、征收土地的，其批准文件无效，对非法批准征收、使用土地的直接负责的主管人员和其他直接责任人员，依法给予处分；构成犯罪的，依法追究刑事责任。非法批准、使用的土地应当收回，有关当事人拒不归还的，以非法占用土地论处。

非法批准征收、使用土地，对当事人造成损失的，依法应当承担赔偿责任。

第八十条　侵占、挪用被征收土地单位的征地补偿费用和其他有关费用，构成犯罪的，依法追究刑事责任；尚不构成犯罪的，依法给予处分。

第八十一条　依法收回国有土地使用权当事人拒不交出土地的，临时使用土地期满拒不归还的，或者不按照批准的用途使用国有土地的，由县级以上人民政府自然资源主管部门责令交还土地，处以罚款。

第八十二条　擅自将农民集体所有的土地通过出让、转让使用权或者出租等方式用于非农业建设，或者违反本法规定，将集体经营性建设用地通过出让、出租等方式交由单位或者个人使用的，由县级以上人民政府自然资源主管部门责令限期改正，没收违法所得，并处罚款。

第八十三条　依照本法规定，责令限期拆除在非法占用的土地上新建的建筑物和其他设施的，建设单位或者个人必须立即停止施工，自行拆除；对继续施工的，作出处罚决定的机关有权制止。建设单位或者个人对责令限期拆除的行政处罚决定不服的，可以在接到责令限期拆除决定之日起十五日内，向人民法院起诉；期满不起诉又不自行拆除的，由作出处罚决定的机关依法申请人民法院强制执行，费用由违法者承担。

第八十四条　自然资源主管部门、农业农村主管部门的工作人员玩忽职守、滥用职权、徇私舞弊，构成犯罪的，依法追究刑事责任；尚不构成犯罪的，依法给予处分。

第八章　附则

第八十五条　外商投资企业使用土地的，适用本法；法律另有规定的，从其规定。

第八十六条　在根据本法第十八条的规定编制国土空间规划前，经依法批准的土地利用总体规划和城乡规划继续执行。

第八十七条　本法自1999年1月1日起施行。

中华人民共和国土地管理法实施条例

- 1998年12月27日中华人民共和国国务院令第256号发布
- 根据2011年1月8日《国务院关于废止和修改部分行政法规的决定》第一次修订
- 根据2014年7月29日《国务院关于修改部分行政法规的决定》第二次修订
- 2021年7月2日中华人民共和国国务院令第743号第三次修订

第一章 总 则

第一条 根据《中华人民共和国土地管理法》(以下简称《土地管理法》),制定本条例。

第二章 国土空间规划

第二条 国家建立国土空间规划体系。

土地开发、保护、建设活动应当坚持规划先行。经依法批准的国土空间规划是各类开发、保护、建设活动的基本依据。

已经编制国土空间规划的,不再编制土地利用总体规划和城乡规划。在编制国土空间规划前,经依法批准的土地利用总体规划和城乡规划继续执行。

第三条 国土空间规划应当细化落实国家发展规划提出的国土空间开发保护要求,统筹布局农业、生态、城镇等功能空间,划定落实永久基本农田、生态保护红线和城镇开发边界。

国土空间规划应当包括国土空间开发保护格局和规划用地布局、结构、用途管制要求等内容,明确耕地保有量、建设用地规模、禁止开垦的范围等要求,统筹基础设施和公共设施用地布局,综合利用地上地下空间,合理确定并严格控制新增建设用地规模,提高土地节约集约利用水平,保障土地的可持续利用。

第四条 土地调查应当包括下列内容:

(一)土地权属以及变化情况;

(二)土地利用现状以及变化情况;

(三)土地条件。

全国土地调查成果,报国务院批准后向社会公布。地方土地调查成果,经本级人民政府审核,报上一级人民政府批准后向社会公布。全国土地调查成果公布后,县级以上地方人民政府方可自上而下逐级依次公布本行政区域的土地调查成果。

土地调查成果是编制国土空间规划以及自然资源管理、保护和利用的重要依据。

土地调查技术规程由国务院自然资源主管部门会同有关部门制定。

第五条 国务院自然资源主管部门会同有关部门制定土地等级评定标准。

县级以上人民政府自然资源主管部门应当会同有关部门根据土地等级评定标准,对土地等级进行评定。地方土地等级评定结果经本级人民政府审核,报上一级人民政府自然资源主管部门批准后向社会公布。

根据国民经济和社会发展状况,土地等级每五年重新评定一次。

第六条 县级以上人民政府自然资源主管部门应当加强信息化建设,建立统一的国土空间基础信息平台,实行土地管理全流程信息化管理,对土地利用状况进行动态监测,与发展改革、住房和城乡建设等有关部门建立土地管理信息共享机制,依法公开土地管理信息。

第七条 县级以上人民政府自然资源主管部门应当加强地籍管理,建立健全地籍数据库。

第三章 耕地保护

第八条 国家实行占用耕地补偿制度。在国土空间规划确定的城市和村庄、集镇建设用地范围内经依法批准占用耕地,以及在国土空间规划确定的城市和村庄、集镇建设用地范围外的能源、交通、水利、矿山、军事设施等建设项目经依法批准占用耕地的,分别由县级人民政府、农村集体经济组织和建设单位负责开垦与所占用耕地的数量和质量相当的耕地;没有条件开垦或者开垦的耕地不符合要求的,应当按照省、自治区、直辖市的规定缴纳耕地开垦费,专款用于开垦新的耕地。

省、自治区、直辖市人民政府应当组织自然资源主管部门、农业农村主管部门对开垦的耕地进行验收,确保开垦的耕地落实到地块。划入永久基本农田的还应当纳入国家永久基本农田数据库严格管理。占用耕地补充情况应当按照国家有关规定向社会公布。

个别省、直辖市需要易地开垦耕地的,依照《土地管理法》第三十二条的规定执行。

第九条 禁止任何单位和个人在国土空间规划确定的禁止开垦的范围内从事土地开发活动。

按照国土空间规划,开发未确定土地使用权的国有荒山、荒地、荒滩从事种植业、林业、畜牧业、渔业生产的,应当向土地所在地的县级以上地方人民政府自然资源主管部门提出申请,按照省、自治区、直辖市规定的权限,由县级以上地方人民政府批准。

第十条 县级人民政府应当按照国土空间规划关于统筹布局农业、生态、城镇等功能空间的要求,制定土整理方案,促进耕地保护和土地节约集约利用。

县、乡(镇)人民政府应当组织农村集体经济组织,实施土地整理方案,对闲散地和废弃地有计划地整治、改造。土地整理新增耕地,可以用作建设所占用耕地的补充。

鼓励社会主体依法参与土地整理。

第十一条 县级以上地方人民政府应当采取措施,预防和治理耕地土壤流失、污染,有计划地改造中低产田,建设高标准农田,提高耕地质量,保护黑土地等优质耕地,并依法对建设所占用耕地耕作层的土壤利用作出合理安排。

非农业建设依法占用永久基本农田的,建设单位应当按照省、自治区、直辖市的规定,将所占用耕地耕作层的土壤用于新开垦耕地、劣质地或者其他耕地的土壤改良。

县级以上地方人民政府应当加强对农业结构调整的引导和管理,防止破坏耕地耕作层;设施农业用地不再使用的,应当及时组织恢复种植条件。

第十二条 国家对耕地实行特殊保护,严守耕地保护红线,严格控制耕地转为林地、草地、园地等其他农用地,并建立耕地保护补偿制度,具体办法和耕地保护补偿实施步骤由国务院自然资源主管部门会同有关部门规定。

非农业建设必须节约使用土地,可以利用荒地的,不得占用耕地;可以利用劣地的,不得占用好地。禁止占用耕地建窑、建坟或者擅自在耕地上建房、挖砂、采石、采矿、取土等。禁止占用永久基本农田发展林果业和挖塘养鱼。

耕地应当优先用于粮食和棉、油、糖、蔬菜等农产品生产。按照国家有关规定需要将耕地转为林地、草地、园地等其他农用地的,应当优先使用难以长期稳定利用的耕地。

第十三条 省、自治区、直辖市人民政府对本行政区域耕地保护负总责,其主要负责人是本行政区域耕地保护的第一责任人。

省、自治区、直辖市人民政府应当将国务院确定的耕地保有量和永久基本农田保护任务分解下达,落实到具体地块。

国务院对省、自治区、直辖市人民政府耕地保护责任目标落实情况进行考核。

第四章 建设用地

第一节 一般规定

第十四条 建设项目需要使用土地的,应当符合国土空间规划、土地利用年度计划和用途管制以及节约资源、保护生态环境的要求,并严格执行建设用地标准,优先使用存量建设用地,提高建设用地使用效率。

从事土地开发利用活动,应当采取有效措施,防止、减少土壤污染,并确保建设用地符合土壤环境质量要求。

第十五条 各级人民政府应当依据国民经济和社会发展规划及年度计划、国土空间规划、国家产业政策以及城乡建设、土地利用的实际状况等,加强土地利用计划管理,实行建设用地总量控制,推动城乡存量建设用地开发利用,引导城镇低效用地再开发,落实建设用地标准控制制度,开展节约集约用地评价,推广应用节地技术和节地模式。

第十六条 县级以上地方人民政府自然资源主管部门应当将本级人民政府确定的年度建设用地供应总量、结构、时序、地块、用途等在政府网站上向社会公布,供社会公众查阅。

第十七条 建设单位使用国有土地,应当以有偿使用方式取得;但是,法律、行政法规规定可以以划拨方式取得的除外。

国有土地有偿使用的方式包括:

(一)国有土地使用权出让;

(二)国有土地租赁;

(三)国有土地使用权作价出资或者入股。

第十八条 国有土地使用权出让、国有土地租赁等应当依照国家有关规定通过公开的交易平台进行交易,并纳入统一的公共资源交易平台体系。除依法可以采取协议方式外,应当采取招标、拍卖、挂牌等竞争性方式确定土地使用者。

第十九条 《土地管理法》第五十五条规定的新增建设用地的土地有偿使用费,是指国家在新增建设用地中应取得的平均土地纯收益。

第二十条 建设项目施工、地质勘查需要临时使用土地的,应当尽量不占或者少占耕地。

临时用地由县级以上人民政府自然资源主管部门批准,期限一般不超过二年;建设周期较长的能源、交通、水利等基础设施建设使用的临时用地,期限不超过四年;法律、行政法规另有规定的除外。

土地使用者应当自临时用地期满之日起一年内完成土地复垦,使其达到可供利用状态,其中占用耕地的,应当恢复种植条件。

第二十一条 抢险救灾、疫情防控等急需使用土地的,可以先行使用土地。其中,属于临时用地的,用后应当恢复原状并交还原土地使用者使用,不再办理用地审批手续;属于永久性建设用地的,建设单位应当在不晚于应急处置工作结束六个月内申请补办建设用地审批手续。

第二十二条 具有重要生态功能的未利用地应当依法划入生态保护红线,实施严格保护。

建设项目占用国土空间规划确定的未利用地的,按照省、自治区、直辖市的规定办理。

第二节 农用地转用

第二十三条 在国土空间规划确定的城市和村庄、集镇建设用地范围内,为实施该规划而将农用地转为建设用地的,由市、县人民政府组织自然资源等部门拟订农用地转用方案,分批次报有批准权的人民政府批准。

农用地转用方案应当重点对建设项目安排、是否符合国土空间规划和土地利用年度计划以及补充耕地情况作出说明。

农用地转用方案经批准后,由市、县人民政府组织实施。

第二十四条 建设项目确需占用国土空间规划确定的城市和村庄、集镇建设用地范围外的农用地,涉及占用永久基本农田的,由国务院批准;不涉及占用永久基本农田的,由国务院或者国务院授权的省、自治区、直辖市人民政府批准。具体按照下列规定办理:

(一)建设项目批准、核准前或者备案前后,由自然资源主管部门对建设项目用地事项进行审查,提出建设项目用地预审意见。建设项目需要申请核发选址意见书的,应当合并办理建设项目用地预审与选址意见书,核发建设项目用地预审与选址意见书。

(二)建设单位持建设项目的批准、核准或者备案文件,向市、县人民政府提出建设用地申请。市、县人民政府组织自然资源等部门拟订农用地转用方案,报有批准权的人民政府批准;依法应当由国务院批准的,由省、自治区、直辖市人民政府审核后上报。农用地转用方案应当重点对是否符合国土空间规划和土地利用年度计划以及补充耕地情况作出说明,涉及占用永久基本农田的,还应当对占用永久基本农田的必要性、合理性和补划可行性作出说明。

(三)农用地转用方案经批准后,由市、县人民政府组织实施。

第二十五条 建设项目需要使用土地的,建设单位原则上应当一次申请,办理建设用地审批手续,确需分期建设的项目,可以根据可行性研究报告确定的方案,分期申请建设用地,分期办理建设用地审批手续。建设过程中用地范围确需调整的,应当依法办理建设用地审批手续。

农用地转用涉及征收土地的,还应当依法办理征收土地手续。

第三节 土地征收

第二十六条 需要征收土地,县级以上地方人民政府认为符合《土地管理法》第四十五条规定的,应当发布征收土地预公告,并开展拟征收土地现状调查和社会稳定风险评估。

征收土地预公告应当包括征收范围、征收目的、开展土地现状调查的安排等内容。征收土地预公告应当采用有利于社会公众知晓的方式,在拟征收土地所在的乡(镇)和村、村民小组范围内发布,预公告时间不少于十个工作日。自征收土地预公告发布之日起,任何单位和个人不得在拟征收范围内抢栽抢建;违反规定抢栽抢建的,对抢栽抢建部分不予补偿。

土地现状调查应当查明土地的位置、权属、地类、面积,以及农村村民住宅、其他地上附着物和青苗等的权属、种类、数量等情况。

社会稳定风险评估应当对征收土地的社会稳定风险状况进行综合研判,确定风险点,提出风险防范措施和处置预案。社会稳定风险评估应当有被征地的农村集体经济组织及其成员、村民委员会和其他利害关系人参加,评估结果是申请征收土地的重要依据。

第二十七条 县级以上地方人民政府应当依据社会稳定风险评估结果,结合土地现状调查情况,组织自然资源、财政、农业农村、人力资源和社会保障等有关部门拟定征地补偿安置方案。

征地补偿安置方案应当包括征收范围、土地现状、征收目的、补偿方式和标准、安置对象、安置方式、社会保障等内容。

第二十八条 征地补偿安置方案拟定后,县级以上地方人民政府应当在拟征收土地所在的乡(镇)和村、村民小组范围内公告,公告时间不少于三十日。

征地补偿安置公告应当同时载明办理补偿登记的方式和期限、异议反馈渠道等内容。

多数被征地的农村集体经济组织成员认为拟定的征地补偿安置方案不符合法律、法规规定的,县级以上地方人民政府应当组织听证。

第二十九条 县级以上地方人民政府根据法律、法规规定和听证会等情况确定征地补偿安置方案后,应当组织有关部门与拟征收土地的所有权人、使用权人签订征地补偿安置协议。征地补偿安置协议示范文本由省、自治区、直辖市人民政府制定。

对个别确实难以达成征地补偿安置协议的，县级以上地方人民政府应当在申请征收土地时如实说明。

第三十条 县级以上地方人民政府完成本条例规定的征地前期工作后，方可提出征收土地申请，依照《土地管理法》第四十六条的规定报有批准权的人民政府批准。

有批准权的人民政府应当对征收土地的必要性、合理性、是否符合《土地管理法》第四十五条规定的为了公共利益确需征收土地的情形以及是否符合法定程序进行审查。

第三十一条 征收土地申请经依法批准后，县级以上地方人民政府应当自收到批准文件之日起十五个工作日内在拟征收土地所在的乡（镇）和村、村民小组范围内发布征收土地公告，公布征收范围、征收时间等具体工作安排，对个别未达成征地补偿安置协议的应当作出征地补偿安置决定，并依法组织实施。

第三十二条 省、自治区、直辖市应当制定公布区片综合地价，确定征收农用地的土地补偿费、安置补助费标准，并制定土地补偿费、安置补助费分配办法。

地上附着物和青苗等的补偿费用，归其所有权人所有。

社会保障费用主要用于符合条件的被征地农民的养老保险等社会保险缴费补贴，按照省、自治区、直辖市的规定单独列支。

申请征收土地的县级以上地方人民政府应当及时落实土地补偿费、安置补助费、农村村民住宅以及其他地上附着物和青苗等的补偿费用、社会保障费用等，并保证足额到位，专款专用。有关费用未足额到位的，不得批准征收土地。

第四节 宅基地管理

第三十三条 农村居民点布局和建设用地规模应当遵循节约集约、因地制宜的原则合理规划。县级以上地方人民政府应当按照国家规定安排建设用地指标，合理保障本行政区域农村村民宅基地需求。

乡（镇）、县、市国土空间规划和村庄规划应当统筹考虑农村村民生产、生活需求，突出节约集约用地导向，科学划定宅基地范围。

第三十四条 农村村民申请宅基地的，应当以户为单位向农村集体经济组织提出申请；没有设立农村集体经济组织的，应当向所在的村民小组或者村民委员会提出申请。宅基地申请依法经农村村民集体讨论通过并在本集体范围内公示后，报乡（镇）人民政府审核批准。

涉及占用农用地的，应当依法办理农用地转用审批手续。

第三十五条 国家允许进城落户的农村村民依法自愿有偿退出宅基地。乡（镇）人民政府和农村集体经济组织、村民委员会等应当将退出的宅基地优先用于保障该农村集体经济组织成员的宅基地需求。

第三十六条 依法取得的宅基地和宅基地上的农村村民住宅及其附属设施受法律保护。

禁止违背农村村民意愿强制流转宅基地，禁止违法收回农村村民依法取得的宅基地，禁止以退出宅基地作为农村村民进城落户的条件，禁止强迫农村村民搬迁退出宅基地。

第五节 集体经营性建设用地管理

第三十七条 国土空间规划应当统筹并合理安排集体经营性建设用地布局和用途，依法控制集体经营性建设用地规模，促进集体经营性建设用地的节约集约利用。

鼓励乡村重点产业和项目使用集体经营性建设用地。

第三十八条 国土空间规划确定为工业、商业等经营性用途，且已依法办理土地所有权登记的集体经营性建设用地，土地所有权人可以通过出让、出租等方式交由单位或者个人在一定年限内有偿使用。

第三十九条 土地所有权人拟出让、出租集体经营性建设用地的，市、县人民政府自然资源主管部门应当依据国土空间规划提出拟出让、出租的集体经营性建设用地的规划条件，明确土地界址、面积、用途和开发建设强度等。

市、县人民政府自然资源主管部门应当会同有关部门提出产业准入和生态环境保护要求。

第四十条 土地所有权人应当依据规划条件、产业准入和生态环境保护要求等，编制集体经营性建设用地出让、出租等方案，并依照《土地管理法》第六十三条的规定，由本集体经济组织形成书面意见，在出让、出租前不少于十个工作日报市、县人民政府。市、县人民政府认为该方案不符合规划条件或者产业准入和生态环境保护要求等的，应当在收到方案后五个工作日内提出修改意见。土地所有权人应当按照市、县人民政府的意见进行修改。

集体经营性建设用地出让、出租等方案应当载明宗地的土地界址、面积、用途、规划条件、产业准入和生态环境保护要求、使用期限、交易方式、入市价格、集体收益分配安排等内容。

第四十一条 土地所有权人应当依据集体经营性建设用地出让、出租等方案,以招标、拍卖、挂牌或者协议等方式确定土地使用者,双方应当签订书面合同,载明土地界址、面积、用途、规划条件、使用期限、交易价款支付、交地时间和开工竣工期限、产业准入和生态环境保护要求、约定提前收回的条件、补偿方式、土地使用权届满续期和地上建筑物、构筑物等附着物处理方式,以及违约责任和解决争议的方法等,并报市、县人民政府自然资源主管部门备案。未依法将规划条件、产业准入和生态环境保护要求纳入合同的,合同无效;造成损失的,依法承担民事责任。合同示范文本由国务院自然资源主管部门制定。

第四十二条 集体经营性建设用地使用者应当按照约定及时支付集体经营性建设用地价款,并依法缴纳相关税费,对集体经营性建设用地使用权以及依法利用集体经营性建设用地建造的建筑物、构筑物及其附属设施的所有权,依法申请办理不动产登记。

第四十三条 通过出让等方式取得的集体经营性建设用地使用权依法转让、互换、出资、赠与或者抵押的,双方应当签订书面合同,并书面通知土地所有权人。

集体经营性建设用地的出租,集体建设用地使用权的出让及其最高年限、转让、互换、出资、赠与、抵押等,参照同类用途的国有建设用地执行,法律、行政法规另有规定的除外。

第五章　监督检查

第四十四条 国家自然资源督察机构根据授权对省、自治区、直辖市人民政府以及国务院确定的城市人民政府下列土地利用和土地管理情况进行督察:

(一)耕地保护情况;

(二)土地节约集约利用情况;

(三)国土空间规划编制和实施情况;

(四)国家有关土地管理重大决策落实情况;

(五)土地管理法律、行政法规执行情况;

(六)其他土地利用和土地管理情况。

第四十五条 国家自然资源督察机构进行督察时,有权向有关单位和个人了解督察事项有关情况,有关单位和个人应当支持、协助督察机构工作,如实反映情况,并提供有关材料。

第四十六条 被督察的地方人民政府违反土地管理法律、行政法规,或者落实国家有关土地管理重大决策不力的,国家自然资源督察机构可以向被督察的地方人民政府下达督察意见书,地方人民政府应当认真组织整改,并及时报告整改情况;国家自然资源督察机构可以约谈被督察的地方人民政府有关负责人,并可以依法向监察机关、任免机关等有关机关提出追究相关责任人责任的建议。

第四十七条 土地管理监督检查人员应当经过培训,经考核合格,取得行政执法证件后,方可从事土地管理监督检查工作。

第四十八条 自然资源主管部门、农业农村主管部门按照职责分工进行监督检查时,可以采取下列措施:

(一)询问违法案件涉及的单位或者个人;

(二)进入被检查单位或者个人涉嫌土地违法的现场进行拍照、摄像;

(三)责令当事人停止正在进行的土地违法行为;

(四)对涉嫌土地违法的单位或者个人,在调查期间暂停办理与该违法案件相关的土地审批、登记等手续;

(五)对可能被转移、销毁、隐匿或者篡改的文件、资料予以封存,责令涉嫌土地违法的单位或者个人在调查期间不得变卖、转移与案件有关的财物;

(六)《土地管理法》第六十八条规定的其他监督检查措施。

第四十九条 依照《土地管理法》第七十三条的规定给予处分的,应当按照管理权限由责令作出行政处罚决定或者直接给予行政处罚的上级人民政府自然资源主管部门或者其他任免机关、单位作出。

第五十条 县级以上人民政府自然资源主管部门应当会同有关部门建立信用监管、动态巡查等机制,加强对建设用地供应交易和供后开发利用的监管,对建设用地市场重大失信行为依法实施惩戒,并依法公开相关信息。

第六章　法律责任

第五十一条 违反《土地管理法》第三十七条的规定,非法占用永久基本农田发展林果业或者挖塘养鱼的,由县级以上人民政府自然资源主管部门责令限期改正;逾期不改正的,按占用面积处耕地开垦费2倍以上5倍以下的罚款;破坏种植条件的,依照《土地管理法》第七十五条的规定处罚。

第五十二条 违反《土地管理法》第五十七条的规定,在临时使用的土地上修建永久性建筑物的,由县级以上人民政府自然资源主管部门责令限期拆除,按占用面积处土地复垦费5倍以上10倍以下的罚款;逾期不拆除的,由作出行政决定的机关依法申请人民法院强制执行。

第五十三条 违反《土地管理法》第六十五条的规

定,对建筑物、构筑物进行重建、扩建的,由县级以上人民政府自然资源主管部门责令限期拆除;逾期不拆除的,由作出行政决定的机关依法申请人民法院强制执行。

第五十四条 依照《土地管理法》第七十四条的规定处以罚款的,罚款额为违法所得的10%以上50%以下。

第五十五条 依照《土地管理法》第七十五条的规定处以罚款的,罚款额为耕地开垦费的5倍以上10倍以下;破坏黑土地等优质耕地的,从重处罚。

第五十六条 依照《土地管理法》第七十六条的规定处以罚款的,罚款额为土地复垦费的2倍以上5倍以下。

违反本条例规定,临时用地期满之日起一年内未完成复垦或者未恢复种植条件的,由县级以上人民政府自然资源主管部门责令限期改正,依照《土地管理法》第七十六条的规定处罚,并由县级以上人民政府自然资源主管部门会同农业农村主管部门代为完成复垦或者恢复种植条件。

第五十七条 依照《土地管理法》第七十七条的规定处以罚款的,罚款额为非法占用土地每平方米100元以上1000元以下。

违反本条例规定,在国土空间规划确定的禁止开垦的范围内从事土地开发活动的,由县级以上人民政府自然资源主管部门责令限期改正,并依照《土地管理法》第七十七条的规定处罚。

第五十八条 依照《土地管理法》第七十四条、第七十七条的规定,县级以上人民政府自然资源主管部门没收在非法转让或者非法占用的土地上新建的建筑物和其他设施的,应当于九十日内交由本级人民政府或者其指定的部门依法管理和处置。

第五十九条 依照《土地管理法》第八十一条的规定处以罚款的,罚款额为非法占用土地每平方米100元以上500元以下。

第六十条 依照《土地管理法》第八十二条的规定处以罚款的,罚款额为违法所得的10%以上30%以下。

第六十一条 阻碍自然资源主管部门、农业农村主管部门的工作人员依法执行职务,构成违反治安管理行为的,依法给予治安管理处罚。

第六十二条 违反土地管理法律、法规规定,阻挠国家建设征收土地的,由县级以上地方人民政府责令交出土地;拒不交出土地的,依法申请人民法院强制执行。

第六十三条 违反本条例规定,侵犯农村村民依法取得的宅基地权益的,责令限期改正,对有关责任单位通报批评、给予警告;造成损失的,依法承担赔偿责任;对直接负责的主管人员和其他直接责任人员,依法给予处分。

第六十四条 贪污、侵占、挪用、私分、截留、拖欠征地补偿安置费用和其他有关费用的,责令改正,追回有关款项,限期退还违法所得,对有关责任单位通报批评、给予警告;造成损失的,依法承担赔偿责任;对直接负责的主管人员和其他直接责任人员,依法给予处分。

第六十五条 各级人民政府及自然资源主管部门、农业农村主管部门工作人员玩忽职守、滥用职权、徇私舞弊的,依法给予处分。

第六十六条 违反本条例规定,构成犯罪的,依法追究刑事责任。

第七章 附 则

第六十七条 本条例自2021年9月1日起施行。

机关团体建设楼堂馆所管理条例

· 2017年8月18日国务院第182次常务会议通过
· 2017年10月5日中华人民共和国国务院令第688号公布
· 自2017年12月1日起施行

第一章 总 则

第一条 为了严格控制机关、团体建设楼堂馆所,厉行节约、反对浪费,制定本条例。

第二条 机关、团体建设楼堂馆所,适用本条例。

本条例所称建设,是指新建、扩建、改建、购置;所称楼堂馆所,是指办公用房以及培训中心等各类具有住宿、会议、餐饮等接待功能的场所和设施。

第三条 建设办公用房应当严格履行审批程序,严格执行建设标准。未经批准,不得建设办公用房。

禁止以技术业务用房等名义建设办公用房或者违反规定在技术业务用房中设置办公用房。

第四条 建设办公用房应当遵循朴素、实用、安全、节能的原则。

国务院发展改革部门会同国务院住房城乡建设部门、财政部门制定办公用房建设标准,并向社会公布。

第五条 机关、团体不得建设培训中心等各类具有住宿、会议、餐饮等接待功能的场所和设施。

第二章 项目审批

第六条 建设办公用房的,应当向负责项目审批的机关(以下简称审批机关)报送项目建议书、可行性研究报告、初步设计;购置办公用房的,不报送初步设计。

根据办公用房项目的具体情况，经审批机关同意，项目建议书、可行性研究报告、初步设计可以合并编制报送。

第七条　办公用房项目的审批机关及其审批权限，按照国家有关规定执行。

第八条　审批机关应当严格审核办公用房项目，按照建设标准核定建设内容、建设规模和投资概算。

第九条　办公用房项目有下列情形之一的，审批机关不得批准：

（一）属于禁止建设办公用房的情形；

（二）建设的必要性不充分；

（三）建设资金来源不符合规定；

（四）建设内容、建设规模等不符合建设标准；

（五）其他不得批准的情形。

第十条　对未经批准的办公用房项目，不得办理规划、用地、施工等相关手续，不得安排预算、拨付资金。

第十一条　办公用房项目应当按照审批机关核定的建设内容、建设规模和投资概算进行设计、施工。因国家政策调整、价格上涨、地质条件发生重大变化等原因确需增加投资概算的，应当经原审批机关批准。

第十二条　审批机关应当完善审批工作流程，建立健全审批工作责任制和内部监督机制。

第三章　建设资金

第十三条　办公用房项目的建设资金由预算资金安排。

办公用房项目的建设资金来源不得有下列情形：

（一）挪用各类专项资金；

（二）向单位、个人摊派；

（三）向银行等金融机构借款；

（四）接受赞助或者捐赠；

（五）其他违反规定的情形。

第十四条　办公用房项目的建设资金按照国库集中支付制度的有关规定支付。

第十五条　办公用房项目竣工后，建设单位应当按照规定及时组织编报竣工财务决算，并及时办理固定资产入账手续。

第四章　监督检查

第十六条　审批机关、财政部门、审计机关、监察机关（以下统称监督检查机关）应当按照各自的职责，加强对建设楼堂馆所活动的监督检查和绩效评价。

监督检查机关应当密切配合，建立信息共享机制，并根据实际需要开展联合监督检查、专项监督检查。

第十七条　监督检查机关对建设楼堂馆所活动实施监督检查，有权要求建设单位以及其他相关单位提供有关文件和资料，向有关人员了解情况，进行现场核查。建设单位以及其他相关单位对监督检查应当予以配合，不得拒绝、阻碍。

第十八条　建设单位应当按照有关规定加强办公用房项目档案管理，将项目审批和实施过程中的有关文件、资料存档备查。

第十九条　除依法应当保密的情形外，下列信息应当通过政府网站等便于公众知晓的方式公开：

（一）办公用房项目审批情况，包括建设单位名称、批准的理由以及建设内容、建设规模、投资概算等；增加投资概算的，还应当公开增加投资概算的情况和理由。

（二）监督检查情况，包括发现的违法建设楼堂馆所的单位名称、基本事实以及处理结果等。

第二十条　对违反本条例规定的行为，任何单位和个人有权向监督检查机关举报。

监督检查机关应当通过公开举报电话和邮箱、在政府网站设置举报专栏等方式，接受单位和个人的举报，并及时依法处理。

第五章　法律责任

第二十一条　机关、团体有下列情形之一的，根据具体情况责令停止相关建设活动或者改正，对所涉楼堂馆所予以收缴、拍卖或者责令限期腾退，对负有责任的领导人员和直接责任人员依法给予处分：

（一）建设培训中心等各类具有住宿、会议、餐饮等接待功能的场所和设施；

（二）未经批准建设办公用房；

（三）以技术业务用房等名义建设办公用房，或者违反规定在技术业务用房中设置办公用房；

（四）擅自改变建设内容、扩大建设规模，或者擅自增加投资概算；

（五）办公用房项目建设资金来源不符合规定。

第二十二条　有下列情形之一的，责令改正，对负有责任的领导人员和直接责任人员依法给予处分：

（一）超越审批权限审批办公用房项目；

（二）对不符合规定的办公用房项目予以批准；

（三）对未经批准的办公用房项目办理规划、用地、施工等相关手续，或者安排预算、拨付资金；

（四）其他滥用职权、玩忽职守、徇私舞弊的情形。

第二十三条　建设单位未按照规定将办公用房项目审批和实施过程中的有关文件、资料存档备查，或者转移、隐匿、篡改、毁弃有关文件、资料的，责令改正，对负有责任的领导人员和直接责任人员依法给予处分。

第二十四条 本条例第二十一条至第二十三条规定的处分，由监察机关或者其他有关机关按照管理权限实施，其他处理措施由审批机关实施。

第二十五条 违反本条例规定，构成犯罪的，依法追究刑事责任。

第六章 附 则

第二十六条 本条例所称团体，是指工会、共青团、妇联等人民团体。

第二十七条 财政给予经费保障的事业单位和人民团体以外的其他团体建设楼堂馆所，参照适用本条例。

第二十八条 机关、人民团体、财政给予经费保障的事业单位和其他团体维修办公用房，应当严格履行审批程序，执行维修标准。禁止进行超标准装修或者配置超标准的设施。

违反前款规定的，根据具体情况责令停止维修活动或者改正，对负有责任的领导人员和直接责任人员依法给予处分。

第二十九条 财政给予经费补助的事业单位和人民团体以外的其他团体建设、维修楼堂馆所的管理办法，由国务院发展改革部门会同国务院财政部门、住房城乡建设部门等有关部门以及有关机关事务管理部门按照确有必要、严格控制的原则制定。

国有企业建设、维修楼堂馆所的管理办法，由国务院发展改革部门会同国务院国有资产监督管理机构、财政部门、住房城乡建设部门等有关部门，按照前款规定的原则制定。

第三十条 军队单位建设、维修楼堂馆所，按照军队的有关规定执行。

第三十一条 本条例自2017年12月1日起施行。国务院1988年9月22日发布施行的《楼堂馆所建设管理暂行条例》同时废止。

国务院关于加强土地调控有关问题的通知

· 2006年8月31日
· 国发〔2006〕31号

党中央、国务院高度重视土地管理和调控。2004年印发的《国务院关于深化改革严格土地管理的决定》（国发〔2004〕28号），在严格土地执法、加强规划管理、保障农民权益、促进集约用地、健全责任制度等方面，作出了全面系统的规定。各地区、各部门采取措施，积极落实，取得了初步成效。但是，当前土地管理特别是土地调控中出现了一些新动向、新问题，建设用地总量增长过快，低成本工业用地过度扩张，违法违规用地、滥占耕地现象屡禁不止，严把土地"闸门"任务仍然十分艰巨。为进一步贯彻落实科学发展观，保证经济社会可持续发展，必须采取更严格的管理措施，切实加强土地调控。现就有关问题通知如下：

一、进一步明确土地管理和耕地保护的责任

地方各级人民政府主要负责人应对本行政区域内耕地保有量和基本农田保护面积、土地利用总体规划和年度计划执行情况负总责。将新增建设用地控制指标（包括占用农用地和未利用地）纳入土地利用年度计划，以实际耕地保有量和新增建设用地面积，作为土地利用年度计划考核、土地管理和耕地保护责任目标考核的依据；实际用地超过计划的，扣减下一年度相应的计划指标。国土资源部要加强对各地实际建设用地和土地征收情况的核查。

按照权责一致的原则，调整城市建设用地审批方式。在土地利用总体规划确定的城市建设用地范围内，依法由国务院分批次审批的农用地转用和土地征收，调整为每年由省级人民政府汇总后一次申报，经国土资源部审核，报国务院批准后由省级人民政府具体组织实施，实施方案报国土资源部备案。

严格实行问责制。对本行政区域内发生土地违法违规案件造成严重后果的，对土地违法违规行为不制止、不组织查处的，对土地违法违规问题隐瞒不报、压案不查的，应当追究有关地方人民政府负责人的领导责任。监察部、国土资源部要抓紧完善土地违法违规领导责任追究办法。

二、切实保障被征地农民的长远生计

征地补偿安置必须以确保被征地农民原有生活水平不降低、长远生计有保障为原则。各地要认真落实国办发〔2006〕29号文件的规定，做好被征地农民就业培训和社会保障工作。被征地农民的社会保障费用，按有关规定纳入征地补偿安置费用，不足部分由当地政府从国有土地有偿使用收入中解决。社会保障费用不落实的不得批准征地。

三、规范土地出让收支管理

国有土地使用权出让总价款全额纳入地方预算，缴入地方国库，实行"收支两条线"管理。土地出让总价款必须首先按规定足额安排支付土地补偿费、安置补助费、地上附着物和青苗补偿费、拆迁补偿费以及补助被征地农民社会保障所需资金的不足,其余资金应逐步提高用于农业土地开发和农村基础设施建设的比重,以及用于廉租住房建设和完善国有土地使用功能的配套设施建设。

四、调整建设用地有关税费政策

提高新增建设用地土地有偿使用费缴纳标准。新增建设用地土地有偿使用费缴纳范围,以当地实际新增建设用地面积为准。新增建设用地土地有偿使用费专项用于基本农田建设和保护、土地整理、耕地开发。对违规减免和欠缴的新增建设用地土地有偿使用费,要进行清理,限期追缴。其中,国发〔2004〕28号文件下发后减免和欠缴的,要在今年年底前全额清缴;逾期未缴的,暂不办理用地审批。财政部会同国土资源部要抓紧制订新增建设用地土地有偿使用费缴纳标准和适时调整的具体办法,并进一步改进和完善新增建设用地土地有偿使用费的分配使用管理。

提高城镇土地使用税和耕地占用税征收标准,财政部、税务总局会同国土资源部、法制办要抓紧制订具体办法。财税部门要加强税收征管,严格控制减免税。

五、建立工业用地出让最低价标准统一公布制度

国家根据土地等级、区域土地利用政策等,统一制订并公布各地工业用地出让最低价标准。工业用地出让最低价标准不得低于土地取得成本、土地前期开发成本和按规定收取的相关费用之和。工业用地必须采用招标拍卖挂牌方式出让,其出让价格不得低于公布的最低价标准。低于最低价标准出让土地,或以各种形式给予补贴或返还的,属非法低价出让国有土地使用权的行为,要依法追究有关人员的法律责任。

六、禁止擅自将农用地转为建设用地

农用地转为建设用地,必须符合土地利用总体规划、城市总体规划、村庄和集镇规划,纳入年度土地利用计划,并依法办理农用地转用审批手续。禁止通过"以租代征"等方式使用农民集体所有农用地进行非农业建设,擅自扩大建设用地规模。农民集体所有建设用地使用权流转,必须符合规划并严格限定在依法取得的建设用地范围内。未依法办理农用地转用审批,国家机关工作人员批准通过"以租代征"等方式占地建设的,属非法批地行为;单位和个人擅自通过"以租代征"等方式占地建设的,属非法占地行为,要依法追究有关人员的法律责任。

七、强化对土地管理行为的监督检查

国家土地督察机构要认真履行国务院赋予的职责,加强对地方人民政府土地管理行为的监督检查。对监督检查中发现的违法违规问题,要及时提出纠正或整改意见。对纠正整改不力的,依照有关规定责令限期纠正整改。纠正整改期间,暂停该地区农用地转用和土地征收。

国土资源管理部门及其工作人员要严格执行国家土地管理的法律法规和方针政策,依法行政,对土地利用情况的真实性和合法性负责。凡玩忽职守、滥用职权、徇私舞弊、不执行和不遵守土地管理法律法规的,依照有关法律法规追究有关领导和人员的责任。

八、严肃惩处土地违法违规行为

国家机关工作人员非法批准征收、占用土地,或者非法低价出让国有土地使用权,触犯刑律的,依法追究刑事责任。对不执行国家土地调控政策、超计划批地用地、未按期缴纳新增建设用地土地有偿使用费及其他规定税费、未按期足额支付征地补偿安置费而征占土地,以及通过调整土地利用总体规划擅自改变基本农田位置,以规避建设占用基本农田应依法上报国务院审批的,要追究有关人员的行政责任。

完善土地违法案件的查处协调机制,加大对土地违法违规行为的查处力度。监察部要会同国土资源部等有关部门,在近期集中开展一次以查处非法批地、未批先用、批少用多、非法低价出让国有土地使用权等行为为重点的专项行动。对重大土地违法违规案件要公开处理,涉嫌犯罪的,要移送司法机关依法追究刑事责任。

各地区、各部门要以邓小平理论和"三个代表"重要思想为指导,全面落实科学发展观,充分认识实行最严格土地管理制度的重要性,认真贯彻、坚决执行中央关于加强土地调控的各项措施。各地区要结合执行本通知,对国发〔2004〕28号文件实施以来的土地管理和利用情况进行全面自查,对清查出的土地违法违规行为必须严肃处理。发展改革委、监察部、财政部、劳动保障部、国土资源部、建设部、农业部、人民银行、税务总局、统计局、法制办等部门要各司其职,密切配合,尽快制定本通知实施的配套文件,共同做好加强土地调控的各项工作。国土资源部要会同监察部等有关部门做好对本通知贯彻执行情况的监督检查。各地区、各部门要在2006年年底前将贯彻执行本通知的情况向国务院报告。

国土资源部关于加强房地产用地供应和监管有关问题的通知

- 2010 年 3 月 8 日
- 国土资发〔2010〕34 号

各省、自治区、直辖市国土资源厅(国土环境资源厅、国土资源局、国土资源和房屋管理局、规划和国土资源管理局)，副省级城市国土资源行政主管部门，新疆生产建设兵团国土资源局，各派驻地方的国家土地督察局：

为贯彻落实《国务院办公厅关于促进房地产市场平稳健康发展的通知》(国办发〔2010〕4 号)要求，依法加强监管，切实落实房地产土地管理的各项规定，增强土地政策参与房地产市场宏观调控的针对性和灵活性，增加保障性为重点的住房建设用地有效供应，提高土地供应和开发利用效率，促进地产市场健康平稳有序运行，现将有关问题通知如下：

一、加快住房建设用地供应计划编制

(一)科学编制住房特别是保障性住房用地供应计划。市、县国土资源管理部门要依据土地利用总体规划和年度计划、住房建设规划和计划及棚户区改造规划，结合本地区已供土地开发利用情况和闲置土地处置情况，科学编制住房特别是保障性住房用地供应计划，合理确定住房用地供应总量和结构。确保保障性住房、棚户改造和自住性中小套型商品房建房用地，确保上述用地不低于住房建设用地供应总量的 70%。要严格控制大套型住房建设用地，严禁向别墅供地。省级国土资源管理部门应及时对市、县房地产用地年度计划作出预安排，并于 3 月底前，将本年度住房和保障性住房用地供应计划汇总报部，并抄送各派驻地方的国家土地督察局。

(二)协调推进住房用地供应计划实施。市、县国土资源管理部门应按照经政府批准的供地计划，结合政府收购储备地块开发和房地产市场土地供需的情况，确定年度计划中拟供应的地块，合理安排供地时序。应主动与有关部门联系协调，依据投资到位情况和方便群众工作生活要求，优先确定保障性住房用地地块，确保保障性住房用地计划落实。城市和国有工矿棚户区改造原则上应实行原址改造，盘活存量土地，优化用地结构，完善服务功能，节约集约用地。落实住房和保障性住房用地供应计划涉及占用农用地的，要优先安排农转用计划指标，按部审批改革要求，及时组织申报，加快审批征收。

二、促进住房建设用地有效供应

(三)确保保障性住房用地供应。各地对列入年度供地计划的保障性住房用地，要应保尽保、及时供地。保障性住房以及城市和国有工矿棚户区改造中符合保障性住房条件的安置用地，应以划拨方式供应。保障性住房建设项目中配建的商服等经营性项目用地，应按市场价有偿使用。商品房建设项目中配建保障性住房的，必须在土地出让合同中明确保障性住房的建筑总面积、分摊的土地面积、套数、套型建筑面积、建成后由政府收回或收购的条件、保障性住房与商品住房同步建设等约束性条件。

(四)严格规范商品房用地出让行为。严格土地出让条件。市、县国土资源管理部门应依据城市规划部门出具的宗地规划设计条件，拟定出让方案，确定为中低价位普通商品房用地的，方案中要增加房地产主管部门提出的住房销售价位、套数、套型面积等控制性要求，并写入出让合同，约定违约处罚条款。土地使用权人违约的，要追究相应违约责任。各地要按照《限制用地项目目录(2006 年增补本)》要求，严格控制商品房用地单宗出让面积。条件具备的地方，可以探索房地产用地出让预申请制度。

严格规范土地出让底价。各地应按规定及时更新基准地价并向社会公布。招标、拍卖、挂牌和协议出让底价应当依据土地估价结果、供地政策和土地市场行情等，集体决策，综合确定。土地出让最低价不得低于出让地块所在地级别基准地价的 70%，竞买保证金不得低于出让最低价的 20%。

严格土地竞买人资格审查。对用地者欠缴土地出让价款、闲置土地、囤地炒地、土地开发规模超过实际开发能力以及不履行土地使用合同的，市、县国土资源管理部门要禁止其在一定期限内参加土地竞买。对存在的违法违规用地行为，要严肃查处。

严格土地出让合同管理。土地出让成交后，必须在 10 个工作日内签订出让合同，合同签订后 1 个月内必须缴纳出让价款 50% 的首付款，余款要按合同约定及时缴纳，最迟付款时间不得超过一年。出让合同必须明确约定土地面积、用途、容积率、建筑密度、套型面积及比例、定金、交地时间及方式、价款缴纳时间及方式、开竣工时间及具体认定标准、违约责任处理。上述条款约定不完备的，不得签订合同，违规签订合同的，必须追究出让人责任。受让人逾期不签订合同的，终止供地、不得退还定金。已签合同不缴纳出让价款的，必须收回土地。

(五)坚持和完善土地招拍挂制度。各地要按照公开、公平、公正的原则和统一、规范的市场建设要求，坚持和完善招拍挂出让制度。房价过高、上涨过快的城市，市、县国土资源管理部门可选择部分地块，按照政府确定的限价房项目采用竞地价办法招拍挂出让土地，发挥抑制房价上涨过快的调节作用。要按照提高土地开发利用效率的原则，探索综合评标的具体方法。在确定土地出让最低价的基础上，将土地价款交付、开发建设周期、中小套型建设要求、土地节约集约程度等影响土地开发利用的因素作为评标条件，科学量化标准，合理确定各因素权重，完善评标专家库，细化评标规则，规范运作，依法依纪严格监督。

三、切实加强房地产用地监管

（六）实施住房用地开发利用申报制度。从2010年4月1日起，市、县国土资源管理部门要建立房地产用地开竣工申报制度。用地者应当在项目开工、竣工时，向国土资源管理部门书面申报，各地应对合同约定内容进行核验。在合同约定期限内未开工、竣工的，用地者要在到期前15日内，申报延迟原由，市、县国土资源管理部门应按合同约定认真处理后，可通过增加出让合同和划拨决定书条款或签订补充协议等方式，对申报内容进行约定监管。对不执行申报制度的，要向社会公示，并限制其至少在一年内不得参加土地购置活动。

（七）加强土地开发利用动态监测。市、县国土资源管理部门必须将每一宗土地的出让合同或划拨决定书，通过网络在线上报，经统一配号后方可作为正式文本签订，并将出让合同或划拨决定书的电子监管号作为土地登记的要件。各地要对已供土地的开竣工、开发建设进度等情况进行实地巡查，及时更新开发利用信息，加强统计分析，并入网上传部门户网站（中国土地市场网页）。

（八）强化保障性住房用地供后监管。保障性住房用地不得从事商业性房地产开发，因城市规划调整需要改变的，应由政府收回，另选地块供应。对没有按约定配建保障性住房的，要按照出让合同或划拨决定书约定处理。对违法违规的企业，要依法查处。查处不落实的，依据《违反土地管理规定行为处分办法》（监察部 人力资源和社会保障部 国土资源部令第15号），追究相关人员责任。

（九）严格依法处置闲置房地产用地。各省（区、市）国土资源管理部门要全面掌握本地区闲置房地产用地查处情况，对未查处的闲置土地，实行挂牌督办，依法依规处置。对政府及政府有关部门原因造成闲置土地且未查处的，各派驻地方的国家土地督察局要及时向当地人民政府提出督察整改意见，限期依法查处。市、县国土资源管理部门要利用监测网络系统，加强对每个房地产项目开工到期申报情况的监测核查，防止产生新的闲置土地。省级国土资源管理部门要将企业闲置土地的情况，及时通报同级金融监管部门。

（十）加强房地产用地开发利用诚信管理。市、县国土资源管理部门要建立房地产企业土地开发利用诚信档案，对招拍挂竞得土地后不及时签订成交确认书或出让合同、未按合同约定缴纳土地价款、未按合同约定开竣工的，要依法依规处理，向社会公示，计入诚信档案，作为土地竞买人资格审查的依据，并入网上传部房地产用地开发利用诚信体系，部将及时向有关部门通报。

四、建立健全信息公开制度

（十一）公开住房供地计划。各地应及时将住房特别是保障性住房用地供应计划在部门户网站（中国土地市场网页）及当地土地有形市场公开，接受社会监督。部将于4月上旬在部门户网站（中国土地市场网页）公开通报各地供地计划情况。省级国土资源管理部门应分别于每年7月5日和次年1月5日前，将住房和保障性住房用地供应计划落实情况汇总报部并抄送各派驻地方的国家土地督察局，部每半年在部门户网站（中国土地市场网页）向社会公布。

（十二）公开土地出让公告。市、县国土资源管理部门必须在部门户网站（中国土地市场网页）发布土地出让公告，按照部规定的规范格式，公告拟出让宗地的位置、面积、用途、套型要求、容积率、出让年限、投标（竞买）保证金、提交申请时间、出让时间等内容。公告不规范的，部将予以通报批评，限期纠正。

（十三）公开土地出让和划拨结果。市、县国土资源管理部门要及时将出让成交和已划拨土地的位置、面积、用途、土地价款、容积率、开竣工时间等，在入网上传部的同时，在当地土地有形市场及媒体公开。没有公开出让和划拨供地结果的，省级国土资源管理部门要通报批评，限期纠正。部将从土地市场动态监测监管系统中，生成供地结果信息，并向社会发布。

（十四）公开土地开发利用信息。自今年起，部将每季度向社会公布未按出让合同和划拨决定书约定时间开竣工的宗地信息。对社会关注的典型地块信息，在部门户网站"出让信息"专栏及时公开。地方各级国土资源管理部门要通过各自门户网站，或召开新闻发布会等形式，定期或不定期向社会公开土地供应和开发利用情况及闲置土地查处信息。

（十五）公开违法违规用地查处结果。各地要将挂牌督办和社会关注的案件处理结果及时向社会公开。省级国土资源管理部门要加强对重点案件处理结果落实情况的监督检查，及时公开查处结果，接受社会监督。部将不定期对重大违法案件挂牌督办，公开查处结果。

五、开展房地产用地突出问题专项检查

（十六）明确房地产用地专项检查的重点内容。部决定，今年3月至7月，在全国组织开展对房地产用地突出问题的专项检查。检查重点是：房地产用地特别是保障性住房用地未经批准擅自改变用途、违规供应土地建设别墅、违反法律法规闲置土地、囤地炒地等。各省级国土资源管理部门要按照专项检查工作要求，及时向政府汇报，统一部署，认真实施。

（十七）结合出让合同清理制定专项检查方案。各地要根据《国有建设用地使用权出让合同专项清理工作方案》（国土资厅发〔2009〕86号）要求，抓紧开展出让合同和划拨决定书专项清理，全面掌握本地房地产用地供应及开发利用情况，加快信息进网上传，于3月31日前完成数据填报。在合同清理基础上，省级国土资源管理部门要指导各地制定专项检查方案，细化工作措施，切实抓好落实，加强检查督办。各地必须在7月中旬前完成专项检查和处理工作，由省级国土资源管理部门汇总情况，形成书面报告，连同出让合同清理报告于7月底前一并报部。

（十八）严肃查处房地产用地中的违法违规行为。各地要按照本通知要求，严格履行职责，认真开展专项检查，对房地产用地供应和开发利用中的不规范行为，要认真整改；对违法违规用地行为，要依法依纪坚决查处。对瞒案不报、压案不查的，要严肃追究责任。4月份，中央工程建设领域突出问题专项治理领导小组将组织监察部、国土资源部等部门，对中央扩大内需促进经济增长政策落实和工程建设领域突出问题专项治理情况开展联合检查，同时，一并检查房地产开发中突出问题的清查情况。

（十九）切实加强对专项检查工作的组织领导和政策指导。各省（区、市）国土资源管理部门要高度重视，认真组织实施，严格落实共同责任，切实加强对房地产用地突出问题专项检查的组织领导和政策指导，督促市、县国土资源管理部门严格执行房地产用地的法规和政策，健全完善制度，规范供地用地行为，确保专项检查取得实效。

国土资源部、住房和城乡建设部关于进一步加强房地产用地和建设管理调控的通知

· 2010年9月21日
· 国土资发〔2010〕151号

各省、自治区、直辖市国土资源厅（国土环境资源厅、国土资源局、国土资源和房屋管理局、规划和国土资源管理局）、住房城乡建设厅（建委、房地局、规划局），副省级城市国土资源行政主管部门、住房城乡建设（房地产、规划）行政主管部门，新疆生产建设兵团国土资源局、建设局，各派驻地方的国家土地督察局：

为贯彻落实《国务院关于坚决遏制部分城市房价过快上涨的通知》（国发〔2010〕10号，以下简称"国发10号文件"）确定的工作任务，进一步加强房地产用地和建设的管理调控，积极促进房地产市场继续向好发展，现就有关工作通知如下：

一、统一思想，加强部门协调配合

地方各级国土资源、住房城乡建设（房地产、规划、住房保障）主管部门要深入学习领会国发10号文件的指导思想、任务要求和政策规定，充分认识进一步加强房地产用地和建设的管理调控，是坚决贯彻落实国发10号文件政策、继续抑制房价上涨、促进房价地价合理调整的重要任务，是增加群众住房有效供给、维护群众切身利益的迫切需要，是促进城市建设节约用地、科学发展的重要举措。各级国土资源、住房城乡建设（房地产、规划、住房保障）主管部门要统一思想认识，明确工作职责和任务，在政府统一领导下，加强协作、形成合力，从当地房地产市场实际出发，在严格执行法规政策、加强管理监督、认真查处违法违规行为等各项工作中主动协调配合，落实各部门责任，努力开展工作，促进房地产市场持续向好发展。

二、强化住房用地和住房建设的年度计划管理

地方各级住房城乡建设（房地产、规划、住房保障）、国土资源主管部门要按照住房建设规划和编制计划的要求，共同商定城市住房供地和建设的年度计划，并根据年度计划实行宗地供应预安排，共同商定将确定的保障性住房、棚户区改造住房、公共租赁住房和中小套型普通商品住房年度建设任务落实到地块。省级市和市县国土资源主管部门应及时向社会公布供地计划、供地时序、宗地情况和供地条件，接受社会公众监督，正确引导市场预期。要根据住房建设计划落实情况，及时合理调整供地计划。要在确保保障性住房、棚户区改造住房和中小套型普通商品住房用地不低于住房用地供应总量70%的基

础上，结合各地实际，选择地块，探索以划拨和出让方式加大公共租赁住房供地建房，逐步与廉租住房并轨，简化并实施租赁住房分类保障的途径。在房价高的地区，应增加中小套型限价住房建设供地数量。要在盘活利用存量土地的同时，对依法收回的闲置土地和具备"净地"供应的储备土地以及农转用计划指标，应优先确保以保障性住房为主的上述各类住房用地的供应。没有完成上述住房供地计划的地方，不得向大户型高档住房建设供地。

三、加快推进住房用地供应和建设项目的审批

（一）加强保障性住房用地监管。省级住房城乡建设主管部门要监督市、县按确定的保障性住房、政策性住房的建设任务，尽快编制建设项目、落实资金。省级国土资源主管部门要督促市、县依据项目确定和资金落实情况，及时办理供地手续。对已供应的保障性住房建设用地，市、县住房城乡建设（房地产、规划、住房保障）等部门要督促建设单位抓紧做好开工前期工作，促其按期开工建设。要加强对保障性住房项目建筑设计方案的审查，严格落实国家关于保障性住房的建筑面积控制标准，严格按照规划要求同步建设公共配套设施。

对已供应的各类保障性住房用地，不得改变土地性质和土地用途，不得提高建设标准、增加套型面积。对改变上述内容的保障性住房建设项目，有关主管部门不得办理相关手续，已作为商品住房销售的，要依法没收违法所得并处以罚款。

（二）加快住房建设项目的行政审批。市、县国土资源、住房城乡建设（房地产、规划）主管部门要共同建立保障性住房、棚户区改造住房、公共租赁住房、中小套型普通商品住房建设项目行政审批快速通道，规划主管部门要在受理后10天内核发建设用地规划许可证，国土资源主管部门要在受理后10天内核发国有土地使用证，规划主管部门要在受理后60天内核发建设工程规划许可证，建设主管部门应当要求限时进行施工图审查和核发施工许可证，房地产主管部门要严格按规定及时核发商品房预售许可证。各部门要及时互通办理结果，主动衔接，提高行政办事效率，加快住房项目的供地、建设和上市，尽快形成住房的有效供应。

四、严格住房建设用地出让管理

（一）规范编制拟供地块出让方案。市、县国土资源主管部门要会同住房城乡建设（房地产、规划、住房保障）主管部门，依据土地利用规划和城镇控制性详细规划协调拟定住房用地出让方案。对具备供地条件的地块，规划、房地产主管部门要在接到国土资源主管部门书面函件后30日内分别提出规划和建设条件。拟出让宗地规划条件出具的时间逾期一年的，国土资源主管部门应当重新征求相关部门意见，并完善出让方案。

土地出让必须以宗地为单位提供规划条件、建设条件和土地使用标准，严格执行商品住房用地单宗出让面积规定，不得将两宗以上地块捆绑出让，不得"毛地"出让。拟出让地块要依法进行土地调查和确权登记，确保地类清楚、面积准确、权属合法，没有纠纷。

（二）严格制定土地出让的规划和建设条件。市、县规划主管部门应当会同国土资源主管部门，严格依据经批准的控制性详细规划和节约集约用地要求，确定拟出让地块的位置、使用性质、开发强度、住宅建筑套数、套型建筑面积等套型结构比例条件，作为土地出让的规划条件，列入出让合同。对于中小套型普通商品住房建设项目，要明确提出平均套型建筑面积的控制标准，并制定相应的套型结构比例条件。要严格限制低密度大户型住宅项目的开发建设，住宅用地的容积率指标必须大于1。

市、县住房城乡建设（房地产、住房保障）主管部门要提出限价商品住房的控制性销售价位，商品住房建设项目中保障性住房的配建比例、配建套数、套型面积、设施条件和项目开竣工时间及建设周期等建设条件，作为土地出让的依据，并纳入出让合同。

土地出让后，任何单位和个人无权擅自更改规划和建设条件。因非企业原因确需调整的，必须依据《城乡规划法》规定的公开程序进行。由开发建设单位提出申请调整规划建设条件而不按期开工的，必须收回土地使用权，重新按招标拍卖挂牌方式出让土地。

（三）严格土地竞买人资格审查。国土资源主管部门对竞买人参加招拍挂出让土地时，除应要求提供有效身份证明文件、缴纳竞买（投标）保证金外，还应提交竞买（投标）保证金不属于银行贷款、股东借款、转贷和募集资金的承诺书及商业金融机构的资信证明。

根据国发10号文件规定，对发现并核实竞买人存在下列违法违规违约行为的，在结案和问题查处整改到位前，国土资源主管部门必须禁止竞买人及其控股股东参加土地竞买活动：

1. 存在伪造公文骗取用地和非法倒卖土地等犯罪行为的；

2. 存在非法转让土地使用权等违法行为的；

3. 因企业原因造成土地闲置一年以上的；

4. 开发建设企业违背出让合同约定条件开发利用土地的。

各级国土资源主管部门必须严格执行国发10号文件有关规定和上述规定,要及时将发现并核实有违法违规违约企业的名单、问题和查处结果入网上传到国土资源部门户网站的中国土地市场网页,不执行或弄虚作假的,按有关法规律规定严肃追究有关人员责任。

(四)严格划拨决定书和出让合同管理。各类住房建设项目应当在划拨决定书和出让合同中约定土地交付之日起一年内开工建设,自开工之日起三年内竣工。综合用地的,必须在合同中分别载明商业、住房等规划、建设及各相关条件。市、县国土资源主管部门要会同住房城乡建设(房地产、规划、住房保障)主管部门,研究制定违反土地划拨决定书和出让合同应约定的条件、规定和要求的违约责任及处罚条款,连同土地受让人对上述内容的承诺一并写入土地划拨决定书和出让合同,确保以保障性为重点的各类住房用地、建设和销售等按照国家政策落实到位。

五、加强对住房用地供地和建设的监管

(一)加强房地产用地供应监管。各省(区、市)国土资源主管部门要加强对住房用地出让公告和合同约定内容的适时监管,对市、县发布的公告中存在捆绑出让、超用地规模、"毛地"出让、超三年开发周期出让土地的,要责令立即撤销公告,调整出让方案重新出让。土地出让成交后,要协商规范合同约定内容,统一电子配号后方可签订合同。市、县国土资源主管部门要严格执行房地产用地开竣工申报制度,依托土地市场动态监测和监管系统,及时清理开工、竣工的房地产项目,定期对已供房地产用地的开竣工、开发建设条件执行等情况进行实地巡查,发现有违法违规问题的,必须依法依纪追究责任。

(二)加强住房建设项目开发过程的动态监管。市、县国土资源、住房城乡建设(房地产、规划、住房保障)主管部门要加强对房地产开发企业在土地开发利用、住房建设和销售的全程动态监管。应按照各自职责,认真审核审批,发现有违法违规违约行为的,必须终止企业相关行为、停办相关手续,及时通告并由业务主管部门负责,共同依法依规查处。房地产开发项目竣工验收时,住房城乡建设主管部门要会同国土资源主管部门对开发企业及建设项目履行用地合同约定的各类条件及承诺情况进行核查。

市、县住房城乡建设主管部门要全面加强对住宅工程、特别是保障性安居工程的质量监管,重点对勘察、设计、施工、监理等参建单位执行工程建设强制性标准的情况进行监督检查,强化住宅工程质量责任落实。在工程质量监管中发现的问题,要及时查处,并告知国土资源主管部门。

六、加大违法违规行为清理查处力度

(一)严格查处囤地炒地闲置土地行为。省级国土资源主管部门要采取得力措施,督促市、县国土资源主管部门加快查清处理闲置土地。对企业自身原因造成土地闲置的,必须依法坚决查处。对政府及部门原因造成土地闲置的,住房城乡建设部门要积极配合国土资源主管部门,联合限期查办。对未达到法律法规规定的土地转让条件转让房地产用地等囤地炒地的行为,要及时依法依规严肃查处,应当依法没收违法所得,并处罚款。对违规违法办理相关用地手续的部门和人员,省级国土资源主管部门要按有关规定追究责任人责任。

(二)严格查处擅自调整容积率行为。市、县规划主管部门应会同国土资源主管部门,严格按照已确定的容积率指标对开发宗地进行规划许可和建设项目竣工核验。对已供土地分期开发的建设项目,应统一规划设计,各期建设工程规划许可确定的建筑面积的总和,必须符合容积率指标要求。坚决制止擅自调整容积率等问题,严肃查处国家机关工作人员在建设用地规划变更、容积率调整中玩忽职守、权钱交易等违纪违法行为。

(三)严格查处商品住房建设和销售的违法违规行为。市、县住房城乡建设(房地产、规划、住房保障)主管部门要依据法律法规,对房地产开发企业擅自突破住房套型结构比例、不按要求配建保障性住房、无故拖延开竣工时间、违反预销售时限和方式要求等行为进行处罚,并及时向国土资源、价格、金融等主管部门通报违法违约企业名单。房地产主管部门要会同有关部门建立市场动态监管制度,开展商品住房销售现场的日常巡查和实地检查,在商品住房预售环节及时发现并严肃查处捂盘惜售、囤积房源、虚假宣传、哄抬房价等违法违约行为。

市、县国土资源主管部门要联合住房城乡建设主管等部门,及时查处违反规定向别墅项目供地和未经批准改变项目规划建设条件建设别墅的行为。

(四)加大违法违规房地产用地信息公开。省(区、市)国土资源主管部门要按季度将发现和查处违法违规房地产用地的情况,在当地媒体和国土资源部门户网站的中国土地市场网页上向社会公布,接受公众监督,同时将有违法违规行为的房地产企业名单,及时抄送住房城乡建设、国有资产、工商、金融及监管、证券等部门,配合相关部门认真落实国发10号文件有关规定。每季度末,各省(区、市)国土资源主管部门要将有关情况报国土资

源部，由国土资源部统一向社会通报。

国土资源部、住房和城乡建设部将按照国发 10 号文件的要求，对本通知贯彻落实情况进行指导监督和检查。

国土资源部、住房城乡建设部关于进一步严格房地产用地管理巩固房地产市场调控成果的紧急通知

· 2012 年 7 月 19 日
· 国土资电发〔2012〕87 号

各省、自治区、直辖市国土资源主管部门，住房城乡建设（房地产、城乡规划）主管部门：

去年以来，各级国土资源主管部门、住房城乡建设（房地产、城乡规划）主管部门按照中央要求，认真贯彻落实国务院有关房地产调控政策，做了大量工作，发挥了应有的作用，促进了房地产和土地市场平稳运行。但今年 5 月份以来，部分城市商品房销售量明显回升，新建住宅价格出现环比上涨，土地市场也随之出现了一些波动，部分城市再现高价地，引发社会热议。为更好地落实中央要求，巩固已有调控成果，切实维护好房地产和土地市场的稳定，现就有关工作通知如下：

一、进一步提高认识，坚持房地产市场调控不放松

近期房地产和土地市场出现的一些波动，虽并未改变市场整体格局，但市场运行的复杂性和不稳定性在增加，房地产市场调控仍然处在关键时期，任务还很艰巨。对此，各级国土资源主管部门、住房城乡建设（房地产、城乡规划）主管部门要有清醒认识，要坚持调控不放松，密切配合做好各项工作，不断巩固调控成果，坚决防止房价反弹。

二、加大住房用地供应力度，提高计划完成率

各地要把落实住房用地供应计划作为下半年的重点工作切实抓好，应保尽保保障性安居工程用地，并以提高计划完成率、增加有效供应为首要目标，进一步加大普通商品住房用地的供应力度。省级国土资源主管部门接到本通知后，要根据市县保障性安居工程用地和普通商品住房用地计划的落实情况，分别制订督促措施，按月跟进。从 7 月开始，国土资源部将对保障性安居工程用地和普通商品住房用地供应实行月度指导，对落实情况较差的将予以公开通报，年底对各省（区、市）进行目标责任考核。

三、继续探索完善土地交易方式，严防高价地扰乱市场预期

地价是衡量房地产状况的重要指标，过高过快的地价变化影响市场预期。下半年，各地要密切跟踪市场形势，切实把握好土地出让节奏、时序和价格，防止出现商服和住宅高价地，扰乱市场预期，破坏市场稳定。市县国土资源主管部门要进一步完善地价专业评估和集体决策程序，合理确定起始价、底价，在土地出让前还应全面分析、研判市场形势，对可能出现高价地的要及时调整竞价方式，制定出让方案和现场预案。对预判成交价创历史总价最高，或单价最高，或溢价率超过 50% 的房地产用地，包括商服、住宅或商住综合，要及时调整出让方案，采用"限房价、竞地价"或配建保障房、公共设施等办法出让土地。省级国土资源主管部门要密切关注市县出让公告，及时掌握拟出让宗地的具体情况，督促市县严格执行异常交易宗地备案制度。市县应在成交确认书签订（中标通知书发出）后 2 个工作日内，在土地市场动态监测监管系统在线填写《房地产用地交易异常情况一览表》，分别上报国土资源部和省级国土资源主管部门。对不及时上报、错报、漏报或瞒报的，国土资源部将予以通报或约谈。

四、严格执行现有政策，加强监管增加住房有效供给

各地要严格执行房地产市场调控政策，不得擅自调整放松要求。已放松的，要立即纠正。房地产用地出让不能超过面积上限，不得捆绑出让、"毛地"出让。住宅用地容积率不得小于 1。各类住房建设项目要在划拨决定书和出让合同中约定土地交付之日一年内开工建设，自开工之日起三年内竣工。严格实施购买人资格审查，落实不得使用银行贷款缴交土地出让价款的规定。土地出让竞买保证金不得低于出让最低价的 20%。土地出让成交后，必须在 10 个工作日内签订出让合同，合同签订后 1 个月内必须缴纳出让价款 50% 的首付款，余款要按合同约定及时缴纳，最迟付款时间不得超过一年。土地出让后，任何单位和个人无权擅自更改规划和建设条件。

各级住房城乡建设（房地产、城乡规划）主管部门要建立保障性住房和普通商品住房建设项目审批快速通道，提高行政办事效率，加快此类项目的建设和上市，尽快形成保障性住房和普通商品住房的有效供应。城乡规划主管部门要优先办理建设用地规划许可、建设工程规划许可手续，建设主管部门应当要求施工图审查机构优先进行施工图审查，优先办理施工许可手续，房地产主管部门要优先办理商品房预售许可手续。要鼓励和引导开发企业将在建的大套型、高档住房依法依规转化为中小套型普通商品住房。

各地要严格落实《闲置土地处置办法》（国土资源部第 53 号令），及时处理土地市场动态监测监管系统显示

的闲置土地预警信息，做到早发现、早制止，促进已供土地及时形成有效供给。接到本通知后，市、县国土资源主管部门要逐宗清理超期1年未开工构成闲置的土地，按照53号令的要求及时调查认定，并在监测监管系统中确认并据实填写闲置原因，进一步加大处置力度，同时在国土资源部门户网站的中国土地市场网上公开。对用地者欠缴土地出让价款、闲置土地、囤地炒地、土地开发规模超过实际开发能力以及不履行土地使用合同的，市、县国土资源管理部门要禁止其在一定期限内参加土地竞买。

五、强化监测分析和新闻宣传，积极引导市场

各级国土资源主管部门、住房城乡建设（房地产、城乡规划）主管部门要密切关注市场变化，加强部门联动，发挥政策合力。要加强对增量存量土地供应、用地结构、开发利用和价格变化等指标的分析研判，进一步提高敏锐性，密切关注市场动向，及时采取措施应对新情况新问题。要加大主动宣传力度，及时回应人民群众关心关注的热点难点问题，全面客观地向社会公布各类监测信息，努力引导和稳定市场预期。

2. 审查报批

建设项目用地预审管理办法

- 2001年7月25日国土资源部令第7号公布
- 2004年11月1日国土资源部令第27号修订
- 2008年11月29日国土资源部令第42号第一次修正
- 2016年11月29日国土资源部令第68号第二次修正

第一条 为保证土地利用总体规划的实施，充分发挥土地供应的宏观调控作用，控制建设用地总量，根据《中华人民共和国土地管理法》、《中华人民共和国土地管理法实施条例》和《国务院关于深化改革严格土地管理的决定》，制定本办法。

第二条 本办法所称建设项目用地预审，是指国土资源主管部门在建设项目审批、核准、备案阶段，依法对建设项目涉及的土地利用事项进行的审查。

第三条 预审应当遵循下列原则：
（一）符合土地利用总体规划；
（二）保护耕地，特别是基本农田；
（三）合理和集约节约利用土地；
（四）符合国家供地政策。

第四条 建设项目用地实行分级预审。

需人民政府或有批准权的人民政府发展和改革等部门审批的建设项目，由该人民政府的国土资源主管部门预审。

需核准和备案的建设项目，由与核准、备案机关同级的国土资源主管部门预审。

第五条 需审批的建设项目在可行性研究阶段，由建设用地单位提出预审申请。

需核准的建设项目在项目申请报告核准前，由建设单位提出用地预审申请。

需备案的建设项目在办理备案手续后，由建设单位提出用地预审申请。

第六条 依照本办法第四条规定应当由国土资源部预审的建设项目，国土资源部委托项目所在地的省级国土资源主管部门受理，但建设项目占用规划确定的城市建设用地范围内土地的，委托市级国土资源主管部门受理。受理后，提出初审意见，转报国土资源部。

涉密军事项目和国务院批准的特殊建设项目用地，建设用地单位可直接向国土资源部提出预审申请。

应当由国土资源部负责预审的输电线塔基、钻探井位、通讯基站等小面积零星分散建设项目用地，由省级国土资源主管部门预审，并报国土资源部备案。

第七条 申请用地预审的项目建设单位，应当提交下列材料：

（一）建设项目用地预审申请表；

（二）建设项目用地预审申请报告，内容包括拟建项目的基本情况、拟选址占地情况、拟用地是否符合土地利用总体规划、拟用地面积是否符合土地使用标准、拟用地是否符合供地政策等；

（三）审批项目建议书的建设项目提供项目建议书批复文件，直接审批可行性研究报告或者需核准的建设项目提供建设项目列入相关规划或者产业政策的文件。

前款规定的用地预审申请表样式由国土资源部制定。

第八条 建设单位应当对单独选址建设项目是否位于地质灾害易发区、是否压覆重要矿产资源进行查询核实；位于地质灾害易发区或者压覆重要矿产资源的，应当依据相关法律法规的规定，在办理用地预审手续后，完成地质灾害危险性评估、压覆矿产资源登记等。

第九条 负责初审的国土资源主管部门在转报用地预审申请时，应当提供下列材料：

（一）依据本办法第十一条有关规定，对申报材料作出的初步审查意见；

（二）标注项目用地范围的土地利用总体规划图、土地利用现状图及其他相关图件；

（三）属于《土地管理法》第二十六条规定情形，建设项目用地需修改土地利用总体规划的，应当出具规划修改方案。

第十条 符合本办法第七条规定的预审申请和第九条规定的初审转报件，国土资源主管部门应当受理和接收。不符合的，应当场或在五日内书面通知申请人和转报人，逾期不通知的，视为受理和接收。

受国土资源部委托负责初审的国土资源主管部门应当自受理之日起二十日内完成初审工作，并转报国土资源部。

第十一条 预审应当审查以下内容：

（一）建设项目用地是否符合国家供地政策和土地管理法律、法规规定的条件；

（二）建设项目选址是否符合土地利用总体规划，属《土地管理法》第二十六条规定情形，建设项目用地需修改土地利用总体规划的，规划修改方案是否符合法律、法规的规定；

（三）建设项目用地规模是否符合有关土地使用标准的规定；对国家和地方尚未颁布土地使用标准和建设标准的建设项目，以及确需突破土地使用标准确定的规模和功能分区的建设项目，是否已组织建设项目节地评价并出具评审论证意见。

占用基本农田或者其他耕地规模较大的建设项目，还应当审查是否已经组织踏勘论证。

第十二条 国土资源主管部门应当自受理预审申请或者收到转报材料之日起二十日内，完成审查工作，并出具预审意见。二十日内不能出具预审意见的，经负责预审的国土资源主管部门负责人批准，可以延长十日。

第十三条 预审意见应当包括对本办法第十一条规定内容的结论性意见和对建设用地单位的具体要求。

第十四条 预审意见是有关部门审批项目可行性研究报告、核准项目申请报告的必备文件。

第十五条 建设项目用地预审文件有效期为三年，自批准之日起计算。已经预审的项目，如需对土地用途、建设项目选址等进行重大调整的，应当重新申请预审。

未经预审或者预审未通过的，不得批复可行性研究报告、核准项目申请报告；不得批准农用地转用、土地征收，不得办理供地手续。预审审查的相关内容在建设用地报批时，未发生重大变化的，不再重复审查。

第十六条 本办法自 2009 年 1 月 1 日起施行。

建设用地审查报批管理办法

· 1999 年 3 月 2 日国土资源部令第 3 号发布
· 2010 年 11 月 30 日国土资源部令第 49 号第一次修正
· 根据 2016 年 11 月 29 日国土资源部令第 69 号《国土资源部关于修改〈建设用地审查报批管理办法〉的决定》第二次修正

第一条 为加强土地管理，规范建设用地审查报批工作，根据《中华人民共和国土地管理法》（以下简称《土地管理法》）、《中华人民共和国土地管理法实施条例》（以下简称《土地管理法实施条例》），制定本办法。

第二条 依法应当报国务院和省、自治区、直辖市人民政府批准的建设用地的申请、审查、报批和实施，适用本办法。

第三条 县级以上国土资源主管部门负责建设用地的申请受理、审查、报批工作。

第四条 在建设项目审批、核准、备案阶段，建设单位应当向建设项目批准机关的同级国土资源主管部门提出建设项目用地预审申请。

受理预审申请的国土资源主管部门应当依据土地利用总体规划、土地使用标准和国家土地供应政策，对建设项目的有关事项进行预审，出具建设项目用地预审意见。

第五条 在土地利用总体规划确定的城市建设用地范围外单独选址的建设项目使用土地的，建设单位应当向土地所在地的市、县国土资源主管部门提出用地申请。

建设单位提出用地申请时，应当填写《建设用地申请表》，并附具下列材料：

（一）建设项目用地预审意见；

（二）建设项目批准、核准或者备案文件；

（三）建设项目初步设计批准或者审核文件。

建设项目拟占用耕地的，还应当提出补充耕地方案；建设项目位于地质灾害易发区的，还应当提供地质灾害危险性评估报告。

第六条 国家重点建设项目中的控制工期的单体工程和因工期紧或者受季节影响急需动工建设的其他工程，可以由省、自治区、直辖市国土资源主管部门向国土资源部申请先行用地。

申请先行用地，应当提交下列材料：

（一）省、自治区、直辖市国土资源主管部门先行用地申请；

（二）建设项目用地预审意见；

（三）建设项目批准、核准或者备案文件；

（四）建设项目初步设计批准文件、审核文件或者有关部门确认工程建设的文件；

（五）国土资源部规定的其他材料。

经批准先行用地的，应当在规定期限内完成用地报批手续。

第七条 市、县国土资源主管部门对材料齐全、符合条件的建设用地申请，应当受理，并在收到申请之日起30日内拟订农用地转用方案、补充耕地方案、征收土地方案和供地方案，编制建设项目用地呈报说明书，经同级人民政府审核同意后，报上一级国土资源主管部门审查。

第八条 在土地利用总体规划确定的城市建设用地范围内，为实施城市规划占用土地的，由市、县国土资源主管部门拟订农用地转用方案、补充耕地方案和征收土地方案，编制建设项目用地呈报说明书，经同级人民政府审核同意后，报上一级国土资源主管部门审查。

在土地利用总体规划确定的村庄和集镇建设用地范围内，为实施村庄和集镇规划占用土地的，由市、县国土资源主管部门拟订农用地转用方案、补充耕地方案，编制建设项目用地呈报说明书，经同级人民政府审核同意后，报上一级国土资源主管部门审查。

报国务院批准的城市建设用地，农用地转用方案、补充耕地方案和征收土地方案可以合并编制，一年申报一次；国务院批准城市建设用地后，由省、自治区、直辖市人民政府对设区的市人民政府分期分批申报的农用地转用和征收土地实施方案进行审核并回复。

第九条 建设只占用国有农用地的，市、县国土资源主管部门只需拟订农用地转用方案、补充耕地方案和供地方案。

建设只占用农民集体所有建设用地的，市、县国土资源主管部门只需拟订征收土地方案和供地方案。

建设只占用国有未利用地，按照《土地管理法实施条例》第二十四条规定应由国务院批准的，市、县国土资源主管部门只需拟订供地方案；其他建设项目使用国有未利用地的，按照省、自治区、直辖市的规定办理。

第十条 建设项目用地呈报说明书应当包括用地安排情况、拟使用土地情况等，并应附具下列材料：

（一）经批准的市、县土地利用总体规划图和分幅土地利用现状图，占用基本农田的，同时提供乡级土地利用总体规划图；

（二）有资格的单位出具的勘测定界图及勘测定界技术报告书；

（三）地籍资料或者其他土地权属证明材料；

（四）为实施城市规划和村庄、集镇规划占用土地的，提供城市规划图和村庄、集镇规划图。

第十一条 农用地转用方案，应当包括占用农用地的种类、面积、质量等，以及符合规划计划、基本农田占用补划等情况。

补充耕地方案，应当包括补充耕地的位置、面积、质量，补充的期限，资金落实情况等，以及补充耕地项目备案信息。

征收土地方案，应当包括征收土地的范围、种类、面积、权属，土地补偿费和安置补助费标准，需要安置人员的安置途径等。

供地方案，应当包括供地方式、面积、用途等。

第十二条 有关国土资源主管部门收到上报的建设项目用地呈报说明书和有关方案后，对材料齐全、符合条件的，应当在5日内报经同级人民政府审核。同级人民政府审核同意后，逐级上报有批准权的人民政府，并将审查所需的材料及时送该级国土资源主管部门审查。

对依法应由国务院批准的建设项目用地呈报说明书和有关方案，省、自治区、直辖市人民政府必须提出明确的审查意见，并对报送材料的真实性、合法性负责。

省、自治区、直辖市人民政府批准农用地转用、国务院批准征收土地的，省、自治区、直辖市人民政府批准农用地转用方案后，应当将批准文件和下级国土资源主管部门上报的材料一并上报。

第十三条 有批准权的国土资源主管部门应当自收到上报的农用地转用方案、补充耕地方案、征收土地方案和供地方案并按规定征求有关方面意见后30日内审查完毕。

建设用地审查应当实行国土资源主管部门内部会审制度。

第十四条 农用地转用方案和补充耕地方案符合下列条件的，国土资源主管部门方可报人民政府批准：

（一）符合土地利用总体规划；

（二）确属必需占用农用地且符合土地利用年度计划确定的控制指标；

（三）占用耕地的，补充耕地方案符合土地整理开发专项规划且面积、质量符合规定要求；

（四）单独办理农用地转用的，必须符合单独选址条件。

第十五条 征收土地方案符合下列条件的，国土资源主管部门方可报人民政府批准：

（一）被征收土地界址、地类、面积清楚，权属无争议的；

（二）被征收土地的补偿标准符合法律、法规规定的；

（三）被征收土地上需要安置人员的安置途径切实可行。

建设项目施工和地质勘查需要临时使用农民集体所有的土地的，依法签订临时使用土地合同并支付临时使用土地补偿费，不得办理土地征收。

第十六条　供地方案符合下列条件的，国土资源主管部门方可报人民政府批准：

（一）符合国家的土地供应政策；

（二）申请用地面积符合建设用地标准和集约用地的要求；

（三）只占用国有未利用地的，符合规划、界址清楚、面积准确。

第十七条　农用地转用方案、补充耕地方案、征收土地方案和供地方案经有批准权的人民政府批准后，同级国土资源主管部门应当在收到批件后5日内将批复发出。

未按规定缴纳新增建设用地土地有偿使用费的，不予批复建设用地。其中，报国务院批准的城市建设用地，省、自治区、直辖市人民政府在设区的市人民政府按照有关规定缴纳新增建设用地土地有偿使用费后办理回复文件。

第十八条　经批准的农用地转用方案、补充耕地方案、征收土地方案和供地方案，由土地所在地的市、县人民政府组织实施。

第十九条　建设项目补充耕地方案经批准下达后，在土地利用总体规划确定的城市建设用地范围外单独选址的建设项目，由市、县国土资源主管部门负责监督落实；在土地利用总体规划确定的城市和村庄、集镇建设用地范围内，为实施城市规划和村庄、集镇规划占用土地的，由省、自治区、直辖市国土资源主管部门负责监督落实。

第二十条　征收土地公告和征地补偿、安置方案公告，按照《征收土地公告办法》的有关规定执行。

征地补偿、安置方案确定后，市、县国土资源主管部门应当依照征地补偿、安置方案向被征收土地的农村集体经济组织和农民支付土地补偿费、地上附着物和青苗补偿费，并落实需要安置农业人口的安置途径。

第二十一条　在土地利用总体规划确定的城市建设用地范围内，为实施城市规划占用土地的，经依法批准后，市、县国土资源主管部门应当公布规划要求，设定使用条件，确定使用方式，并组织实施。

第二十二条　以有偿使用方式提供国有土地使用权的，由市、县国土资源主管部门与土地使用者签订土地有偿使用合同，并向建设单位颁发《建设用地批准书》。土地使用者缴纳土地有偿使用费后，依照规定办理土地登记。

以划拨方式提供国有土地使用权的，由市、县国土资源主管部门向建设单位颁发《国有土地划拨决定书》和《建设用地批准书》，依照规定办理土地登记。《国有土地划拨决定书》应当包括划拨土地面积、土地用途、土地使用条件等内容。

建设项目施工期间，建设单位应当将《建设用地批准书》公示于施工现场。

市、县国土资源主管部门应当将提供国有土地的情况定期予以公布。

第二十三条　各级国土资源主管部门应当对建设用地进行跟踪检查。

对违反本办法批准建设用地或者未经批准非法占用土地的，应当依法予以处罚。

第二十四条　本办法自发布之日起施行。

建设部机关实施行政许可工作规程

·2004年6月30日
·建法〔2004〕111号

第一条　为规范建设部机关实施行政许可的工作程序，依据《中华人民共和国行政许可法》，结合部机关工作实际，制定本规程。

第二条　本规程适用于部机关直接实施的行政许可事项的办理。

第三条　部机关主管有关行政许可事项的各业务司局（以下简称主管司局），应当在办公场所、建设部网站公示以下内容：

（一）行政许可事项的依据、条件、数量、程序、期限；

（二）申请行政许可需要提交的全部资料目录；

（三）申请书示范文本；

（四）法律、法规、规章规定的其他内容。

申请人要求对公示内容予以说明、解释的，主管司局应当说明、解释，提供准确、可靠的信息。

第四条　主管司局应当创造条件，方便申请人通过信函、电报、电传、传真、电子数据交换和电子邮件等方式提出行政许可申请。

主管司局应当在建设部网站提供申请书格式文本免费下载服务。

第五条 主管司局收到行政许可申请后，应当根据下列情况分别作出处理：

（一）对依法不需要取得行政许可或者不属于本机关职权范围的行政许可申请，申请人隐瞒有关情况或者提供虚假材料申请行政许可的，即时制作《建设行政许可不予受理通知书》，发送申请人。

（二）对申请材料存在可以当场更正的错误的，应当允许申请人当场更正。

（三）对属于本机关受理的行政许可申请，即时制作《建设行政许可申请材料接收凭证》，发送申请人。

（四）对材料不齐全或者不符合法定形式的行政许可申请，应当当场或者在五日内制作《建设行政许可补正材料通知书》，发送申请人。逾期不告知的，自收到申请材料之日起即为受理。

（五）对属于本机关职权范围，材料（或补正材料）齐全、符合法定形式的行政许可申请，在五日内制作《建设行政许可受理通知书》，发送申请人。

申请人对其申请材料实质内容的真实性负责。主管司局不得要求申请人提交与其申请的行政许可事项无关的技术资料和其他材料。

第六条 依法应当先经省、自治区建设厅和直辖市建委及有关部门（以下简称省级主管部门）初审的行政许可，省级主管部门应当自受理申请之日起二十日内审查完毕，并在审查完毕后7日内将初审意见和全部申请材料直接报送建设部。

第七条 主管司局收到省级主管部门初审意见和全部申请材料，应即时制作《建设行政许可申请材料接收凭证》，发送初审机关经办人。

主管司局审查经初审后的申请材料，对材料齐全、符合法定形式的行政许可申请，自收到省级主管部门初审意见和全部申请材料之日起即为受理。主管司局不得要求申请人重复提供申请材料。如果经初审的申请材料仍不齐全或者不符合法定形式，主管司局应当在五日内制作《建设行政许可补正材料通知书》，直接发送申请人。

第八条 依法需要对申请材料的实质内容进行核实的，主管司局应当指派两名以上工作人员进行核查，并制作核查笔录。笔录应当场交当事人核对，并签名盖章。

第九条 实施行政许可需要听证的，按照《建设行政许可听证工作规定》的程序办理。

第十条 主管司局审查建设行政许可申请，对依法需要听证、检验、检测、鉴定、咨询评估、评审的，应当制作《建设行政许可特别程序通知书》，告知申请人所需时间，所需时间不计算在许可期限内。

第十一条 主管司局应当自受理行政许可申请之日起二十日内作出行政许可决定。情况复杂，不能在规定期限内作出决定的，经分管部长批准，可以延长十日，并制作《建设行政许可延期通知书》，发送申请人，说明延期理由。但是，法律、行政法规另有规定的，依照其规定。

第十二条 主管司局对行政许可申请进行审查后提出处理意见，报分管部长同意后，依法作出行政许可决定：

（一）对符合法定条件、标准的行政许可申请，制作《准予建设行政许可决定书》，发送申请人。

（二）对不符合法定条件、标准的或申请人隐瞒有关情况或者提供虚假材料申请行政许可的，制作《不予建设行政许可决定书》，说明理由，并告知申请人享有依法申请行政复议或者提起行政诉讼的权利。

第十三条 建设部作出准予行政许可决定，需要颁发行政许可证件的，主管司局应当自作出决定之日起十日内向申请人颁发、送达行政许可证件。行政许可证件应加盖本行政机关印章。

第十四条 建设部作出的准予行政许可决定，主管司局应当在建设部网站等媒体予以公告，公众有权查阅。

第十五条 被许可人提出变更行政许可事项申请的，主管司局应当在二十日内依法办理变更手续。对不符合变更条件的，应当制作《不予变更建设行政许可决定书》，发送当事人。

第十六条 被许可人在行政许可有效期届满三十日前提出延续申请的，主管司局应当在该行政许可有效期届满前提出是否准予延续的意见，报分管部长同意后，制作《准予延续建设行政许可决定书》或《不予延续建设行政许可决定书》，发送当事人。逾期未作决定的，视为准予延续。

第十七条 建设部应当加强对省级主管部门实施行政许可的监督检查，及时纠正行政许可实施中的违法行为。

第十八条 主管司局应当按照《建设部机关对被许可人监督检查的规定》，加强对被许可人从事行政许可事项活动情况的监督检查。

第十九条 主管司局根据利害关系人的请求或者依据职权，可以依法撤销、注销行政许可，制作《撤销建设行政许可决定书》、《注销建设行政许可决定书》，发送当事人。

撤销建设行政许可涉及应当由建设部行政赔偿的，赔偿费用按照国家有关规定办理。

第二十条 发生下列情形之一的，主管司局可以依法变更或者撤回已经生效的行政许可,制作《变更、撤回建设行政许可决定书》,发送被许可人。

(一)建设行政许可所依据的法律、法规、规章修改或者废止。

(二)准予行政许可所依据的客观情况发生重大变化的。

变更、撤回建设行政许可给被许可人造成财产损失的,应当依法给予补偿。

第二十一条 部机关工作人员违法实施行政许可,依照《建设部机关行政许可责任追究办法》予以处理。

第二十二条 主管司局应当听取公民、法人或者其他组织就建设行政许可的设定和实施提出的意见和建议,适时组织专家对建设行政许可的实施情况及存在的必要性进行评价。

第二十三条 建设行政许可各类文书中,《建设行政许可申请材料接收凭证》、《建设行政许可不予受理通知书》、《建设行政许可补正材料通知书》、《建设行政许可受理通知书》、《建设行政许可特别程序告知书》、《建设行政许可听证公告》、《建设行政许可听证告知书》、《建设行政许可听证通知书》由主管司局司长签发,其他由分管部长签发。

第二十四条 主管司局实施行政许可和对被许可人进行监督检查,不得收取任何费用。但法律、行政法规另有规定的,依照其规定。

第二十五条 主管司局制作建设行政许可各类文书,应当执行《建设行政许可文书示范文本》(见附件),由主管司局统一编号,并加盖建设部行政许可专用印章。

第二十六条 本规程自2004年7月1日起实施。

附件:建设行政许可文书示范文本(略)

一、建设行政许可申请材料接收凭证

二、建设行政许可不予受理通知书(许可法第三十二条)

三、建设行政许可补正材料通知书(许可法第三十二条)

四、建设行政许可受理通知书(许可法第三十二条)

五、建设行政许可延期通知书(许可法第四十二条)

六、建设行政许可特别程序告知书(许可法第四十五条)

七、建设行政许可听证公告(许可法第四十六条)

八、建设行政许可听证告知书(许可法第四十七条)

九、建设行政许可听证通知书(许可法第四十八条)

十、准予建设行政许可决定书(许可法第三十八条)

十一、不予建设行政许可决定书(许可法第三十八条)

十二、不予变更建设行政许可决定书(许可法第四十九条)

十三、准予延续建设行政许可决定书(许可法第五十条)

十四、不予延续建设行政许可决定书(许可法第五十条)

十五、撤销建设行政许可决定书(许可法第六十九条)

十六、注销建设行政许可决定书(许可法第七十条)

十七、变更、撤回建设行政许可决定书(许可法第八条)

建设部机关行政许可责任追究办法

· 2004年6月30日
· 建法〔2004〕109号

第一条 为加强对建设部机关实施行政许可的管理和监督,保证部机关及其工作人员公正、廉洁、高效地实施行政许可,依据《中华人民共和国行政许可法》和有关法律法规,结合部机关的工作实际,制定本办法。

第二条 本办法适用于部机关国家公务员和法律、行政法规授权实施建设行政许可组织的工作人员。

第三条 部机关党委、人事司受理对部机关国家公务员和部机关任命的其他人员实施行政许可的违法违纪行为的举报和投诉。

举报和投诉的受理电话、电子信箱应当公开。

第四条 部机关党委、人事司负责对有关举报、投诉的调查,根据对举报、投诉的查实结果,依照本办法提出对直接负责的主管人员和其他直接责任人的责任追究意见,会同有关部门按照干部管理权限和行政处分审批权限的规定,实施责任追究。

第五条 行政许可责任追究方式分为:

(一)责令作出书面检查;

(二)通报批评;

(三)当年考评为基本称职或不称职;

(四)调离工作岗位;

(五)给予行政处分。

以上追究方式可以单处或并处。

第六条 实施行政许可过程中有下列情形之一的,责令改正;对直接负责的主管人员和其他直接责任人追究责任：

（一）对符合法定条件的行政许可申请不予受理的；

（二）不在办公场所公示依法应当公示的材料的；

（三）在受理、审查、决定行政许可过程中，未向申请人、利害关系人履行法定告知义务的；

（四）申请人提交的申请材料不齐全、不符合法定形式，不一次告知申请人必须补正的全部内容的；

（五）未依法说明不受理行政许可申请或者不予行政许可的理由的；

（六）依法应当举行听证而不举行听证的。

第七条 本办法第六条所列情形中，工作人员主动发现并及时纠正错误、未给部机关和行政管理相对人造成损失或不良影响的，经批评教育，可免予追究责任。

第八条 本办法第六条所列情形中，情节较轻，经责令改正后，给机关和行政管理相对人造成损害和影响较小的，对直接负责的主管人员和其他直接责任人，责令作出书面检查，给予通报批评，当年考评为基本称职。

第九条 本办法第六条所列情形中，情节严重，虽经责令改正，仍给部机关和行政管理相对人造成损害和不良影响的，对直接负责的主管人员和其他直接责任人，当年考评为不称职，调离工作岗位，给予行政警告处分。

第十条 实施行政许可过程中有下列情形之一的，责令改正，对直接负责的主管人员和其他直接责任人，当年考评为不称职，调离工作岗位，给予行政警告至记大过处分；情节严重的，给予行政降级至开除处分；构成犯罪的，依法追究刑事责任：

（一）对不符合法定条件的申请人准予行政许可或者超越法定职权作出准予行政许可决定的；

（二）对符合法定条件的申请人不予行政许可或者不在法定期限内作出准予行政许可决定的；

（三）依法应当根据招标、拍卖结果或者考试成绩择优作出准予行政许可决定，未经招标、拍卖或者考试，或者不根据招标、拍卖结果或者考试成绩择优作出准予行政许可决定的。

第十一条 机关工作人员办理行政许可、实施监督检查，索取或者收受他人财物或者谋取其他利益，构成犯罪的，依法追究刑事责任；尚不构成犯罪的，对直接负责的主管人员和其他直接责任人，给予行政撤职至开除处分。

第十二条 实施行政许可，擅自收费或者不按照法定项目和标准收费的，责令退还非法收取的费用；对直接负责的主管人员和其他直接责任人，调离工作岗位，给予行政记过至记大过处分；

截留、挪用、私分或者变相私分实施行政许可依法收取的费用的，依法予以追缴；对直接负责的主管人员和其他直接责任人，给予行政降级至开除处分；构成犯罪的，依法追究刑事责任。

第十三条 主管司局不依法履行监督职责或者监督不力，造成严重后果的，责令改正，对直接负责的主管人员和其他直接责任人，给予行政降级至撤职处分；构成犯罪的，依法追究刑事责任。

第十四条 领导干部利用职权或者职务上的影响，授意、指示、强令实施行政许可的机关、单位及其工作人员违反规定许可，或者违反规定插手干预行政许可事项，情节较轻的，给予行政警告至记大过处分；情节较重的，给予行政降级至撤职处分；情节严重的，给予行政开除处分。

第十五条 有下列情形之一的，工作人员不承担行政许可责任：

（一）行政管理相对人弄虚作假，致使工作人员无法作出正确判断的；

（二）法律、法规、规章和内部行政管理制度未作规定或规定不具体，致使行政机关工作人员理解错误的；

（三）因不可抗力导致行政许可过错发生的；

（四）其他不承担行政许可责任的情形。

第十六条 行政许可责任人，干扰、阻碍、不配合对其实施行政许可行为进行调查的，或者对投诉人、检举人、控告人打击、报复、陷害的，依照有关法律法规的规定处理。

第十七条 行政许可责任人，有陈述权和申辩权。行政许可责任人对行政处分决定不服的，依照《中华人民共和国行政监察法》和《国家公务员暂行条例》的有关规定办理。

第十八条 本办法自 2004 年 7 月 1 日起施行。

建设行政许可听证工作规定

· 2004 年 6 月 30 日
· 建法〔2004〕108 号

第一条 为规范建设行政管理行为，促进科学决策和民主决策，保护公民、法人和其他组织的合法权益，依据《中华人民共和国行政许可法》和有关法律法规，制定本规定。

第二条 县级以上人民政府建设主管部门及有关部门或法律法规授权的组织（以下简称主管机关），实施行政许可组织听证的，适用本规定。

第三条 法律、法规、规章规定实施行政许可应当听证的事项，或者主管机关认为需要听证的其他涉及公共利益的重大行政许可事项，主管机关应当向社会公告，并举行听证。

第四条 主管机关在作出行政许可决定前，应当审查该许可事项是否直接涉及申请人与他人之间重大利益关系；直接涉及的，应当告知申请人、利害关系人享有要求听证的权利，必要时可发布公告。

申请人、利害关系人在被告知听证权利或公告发布之日起五日内，提出听证申请的，主管机关应当在二十日内组织听证。

第五条 主管机关对第三条规定的事项举行听证的，应当在举行听证会三十日前，向社会公告听证会的时间、地点、内容、听证会代表产生办法、申请参加听证会须知。

符合主管机关规定条件的公民、法人和其他组织，均可申请或推选代表申请参加听证会。

主管机关按照听证公告规定的代表产生办法，根据拟听证事项及公民、法人和其他组织的申请情况，确定听证会代表；确定的听证会代表应当具有广泛性、代表性。

第六条 主管机关对第四条规定的事项组织听证的，应当公布确定利害关系人的原则。拟听证的许可事项涉及利害关系人较多的，可由利害关系人推举或通过抽签等方式确定参加听证的代表。

第七条 听证由主管机关内经办行政许可事项的机构或法制工作机构具体组织。

第八条 组织听证，应当遵循公开、公平、公正和便民的原则，充分听取公民、法人和其他组织的意见，保证其陈述意见、质证和申辩的权利。

第九条 行政许可听证，除涉及国家秘密、商业秘密或者个人隐私外，应公开举行。

第十条 听证工作人员包括听证主持人、记录员，必要时可设一至三名听证员。

第十一条 听证主持人、记录员以及必要的听证员由主管机关指定。主管机关应当指定直接审查该行政许可申请的工作人员以外的人员为听证主持人。

听证主持人与听证事项有直接利害关系的，应当主动申请回避。申请人、利害关系人认为听证主持人与听证事项有直接利害关系的，有权申请回避。申请人、利害关系人申请听证主持人回避，听证主持人与听证事项确有直接利害关系的，听证主持人应当回避。

第十二条 主管机关应制作《听证通知书》，并在举行听证七日前将《听证通知书》送听证会代表或许可申请人、利害关系人。

《听证通知书》应当载明下列事项：

（一）听证的事由与依据；

（二）听证的时间、地点；

（三）听证主持人、记录员、听证员的姓名、职务；

（四）听证会代表或许可申请人和利害关系人的权利与义务；

（五）注意事项。

第十三条 听证所需时间不计算在行政许可办理期限内。主管机关应当将所需时间书面告知许可申请人。

第十四条 听证会按下列程序进行：

（一）听证主持人核实听证参加人的身份和到场情况；

（二）听证主持人介绍记录员、听证员的姓名、工作单位及职务，告知听证参加人的权利和义务，宣布听证开始；

（三）听证主持人宣读听证纪律和听证会场有关注意事项；

（四）审查该行政许可事项的工作人员提出审查意见并陈述理由，提供有关依据、证据等材料。

（五）许可申请人、利害关系人提出维护其合法权益的事实、理由和依据，或者听证会代表对听证事项发表意见；

（六）有关各方进行申辩和质证；

（七）最后陈述；

（八）听证笔录交听证参加人确认无误或者补正后签字或者盖章。无正当理由又拒绝签字或者盖章的，记录员应记明情况；

（九）听证主持人宣布听证结束。

第十五条 听证笔录应当载明下列内容：

（一）听证事项名称；

（二）听证主持人、记录员、听证员的姓名、职务；

（三）听证参加人的姓名或名称、地址以及职业、职务等基本情况；

（四）听证会举行的时间、地点、方式；

（五）经办机构工作人员提出的审查意见及陈述的理由；

（六）许可申请人、利害关系人提出的事实、理由和依据，或者听证会代表发表的意见；

（七）有关各方进行申辩和质证的内容；

（八）听证参加人的签字或者盖章，或者听证参加人拒绝签字或者盖章的情况说明；

（九）听证主持人对听证活动中有关事项的处理情况；

（十）听证主持人认为需载明的其他事项。

第十六条　主管机关应当根据听证笔录作出行政许可决定,听证参加人有权查阅听证笔录。

第十七条　有下列情形之一的,可以延期举行听证:

(一)因不可抗力导致听证无法按期举行的;

(二)当事人申请延期,有正当理由的;

(三)可以延期的其他情形。

延期听证的,主管机关应当书面通知听证参加人,说明理由。

延期听证的情形消失后,主管机关应当在五日内举行听证,并书面通知听证参加人。

第十八条　有下列情形之一的,中止听证:

(一)听证主持人认为听证过程中提出新的事实、理由和依据或者提出的事实有待调查核实的;

(二)因不可抗力导致听证参加人无法继续参加听证的;

(三)应当中止听证的其他情形。

中止听证的,主管部门应当书面通知听证参加人,说明理由。

中止听证的情形消失后,主管机关应当在五日内恢复听证,并书面通知听证参加人。

第十九条　有下列情形之一的,终止听证:

(一)申请人撤回听证申请或在听证过程中声明退出的;

(二)申请人无正当理由不到场的,或者未经听证主持人允许中途退场的;

(三)有权申请听证的公民死亡,没有继承人,或者继承人放弃听证权利的;

(四)有权申请听证的法人或者其他组织终止,承受其权利的法人或者组织放弃听证权利的;

(五)需要终止听证的其他情形。

终止听证的,主管机关应当书面通知听证参加人。

终止听证后,由主管机关依法作出行政许可决定。

第二十条　组织听证所需经费由主管机关承担,列入主管部门预算;组织听证必需的场地、设备、工作条件,由主管机关给予保障。听证事项的申请人、利害关系人不承担主管机关组织听证的费用;主管机关不得向听证参加人收取或者变相收取任何费用。

第二十一条　对违反行政许可法和本规定,不履行法定告知听证义务、不举行依法或依申请应当举行的听证,以及组织听证中的违法违规行为,依照法律法规和行政许可责任追究的有关规定,追究有关人员的责任。

第二十二条　本规定自2004年7月1日起施行。

3. 出让转让

中华人民共和国城镇国有土地
使用权出让和转让暂行条例

·1990年5月19日国务院令第55号发布

·根据2020年11月29日《国务院关于修改和废止部分行政法规的决定》修订

第一章　总　则

第一条　为了改革城镇国有土地使用制度,合理开发、利用、经营土地,加强土地管理,促进城市建设和经济发展,制定本条例。

第二条　国家按照所有权与使用权分离的原则,实行城镇国有土地使用权出让、转让制度,但地下资源、埋藏物和市政公用设施除外。

前款所称城镇国有土地是指市、县、建制镇、工矿区范围内属于全民所有的土地(以下简称土地)。

第三条　中华人民共和国境内外的公司、企业、其他组织和个人,除法律另有规定者外,均可依照本条例的规定取得土地使用权,进行土地开发、利用、经营。

第四条　依照本条例的规定取得土地使用权的土地使用者,其使用权在使用年限内可以转让、出租、抵押或者用于其他经济活动。合法权益受国家法律保护。

第五条　土地使用者开发、利用、经营土地的活动,应当遵守国家法律、法规的规定,并不得损害社会公共利益。

第六条　县级以上人民政府土地管理部门依法对土地使用权的出让、转让、出租、抵押、终止进行监督检查。

第七条　土地使用权出让、转让、出租、抵押、终止及有关的地上建筑物、其他附着物的登记,由政府土地管理部门、房产管理部门依照法律和国务院的有关规定办理。

登记文件可以公开查阅。

第二章　土地使用权出让

第八条　土地使用权出让是指国家以土地所有者的身份将土地使用权在一定年限内出让与土地使用者,并由土地使用者向国家支付土地使用权出让金的行为。

土地使用权出让应当签订出让合同。

第九条　土地使用权的出让,由市、县人民政府负责,有计划、有步骤地进行。

第十条　土地使用权出让的地块、用途、年限和其他条件,由市、县人民政府土地管理部门会同城市规划和建设管理部门、房产管理部门共同拟定方案,按照国务院规定的批准权限报经批准后,由土地管理部门实施。

第十一条 土地使用权出让合同应当按照平等、自愿、有偿的原则,由市、县人民政府土地管理部门(以下简称出让方)与土地使用者签订。

第十二条 土地使用权出让最高年限按下列用途确定:

(一)居住用地 70 年;

(二)工业用地 50 年;

(三)教育、科技、文化、卫生、体育用地 50 年;

(四)商业、旅游、娱乐用地 40 年;

(五)综合或者其他用地 50 年。

第十三条 土地使用权出让可以采取下列方式:

(一)协议;

(二)招标;

(三)拍卖。

依照前款规定方式出让土地使用权的具体程序和步骤,由省、自治区、直辖市人民政府规定。

第十四条 土地使用者应当在签订土地使用权出让合同后 60 日内,支付全部土地使用权出让金。逾期未全部支付的,出让方有权解除合同,并可请求违约赔偿。

第十五条 出让方应当按照合同规定,提供出让的土地使用权。未按合同规定提供土地使用权的,土地使用者有权解除合同,并可请求违约赔偿。

第十六条 土地使用者在支付全部土地使用权出让金后,应当依照规定办理登记,领取土地使用证,取得土地使用权。

第十七条 土地使用者应当按照土地使用权出让合同的规定和城市规划的要求,开发、利用、经营土地。

未按合同规定的期限和条件开发、利用土地的,市、县人民政府土地管理部门应当予以纠正,并根据情节可以给予警告、罚款直至无偿收回土地使用权的处罚。

第十八条 土地使用者需要改变土地使用权出让合同规定的土地用途的,应当征得出让方同意并经土地管理部门和城市规划部门批准,依照本章的有关规定重新签订土地使用权出让合同,调整土地使用权出让金,并办理登记。

第三章 土地使用权转让

第十九条 土地使用权转让是指土地使用者将土地使用权再转移的行为,包括出售、交换和赠与。

未按土地使用权出让合同规定的期限和条件投资开发、利用土地的,土地使用权不得转让。

第二十条 土地使用权转让应当签订转让合同。

第二十一条 土地使用权转让时,土地使用权出让合同和登记文件中所载明的权利、义务随之转移。

第二十二条 土地使用者通过转让方式取得的土地使用权,其使用年限为土地使用权出让合同规定的使用年限减去原土地使用者已使用年限后的剩余年限。

第二十三条 土地使用权转让时,其地上建筑物、其他附着物所有权随之转让。

第二十四条 地上建筑物、其他附着物的所有人或者共有人,享有该建筑物、附着物使用范围内的土地使用权。

土地使用者转让地上建筑物、其他附着物所有权时,其使用范围内的土地使用权随之转让,但地上建筑物、其他附着物作为动产转让的除外。

第二十五条 土地使用权和地上建筑物、其他附着物所有权转让,应当依照规定办理过户登记。

土地使用权和地上建筑物、其他附着物所有权分割转让的,应当经市、县人民政府土地管理部门和房产管理部门批准,并依照规定办理过户登记。

第二十六条 土地使用权转让价格明显低于市场价格的,市、县人民政府有优先购买权。

土地使用权转让的市场价格不合理上涨时,市、县人民政府可以采取必要的措施。

第二十七条 土地使用权转让后,需要改变土地使用权出让合同规定的土地用途的,依照本条例第十八条的规定办理。

第四章 土地使用权出租

第二十八条 土地使用权出租是指土地使用者作为出租人将土地使用权随同地上建筑物、其他附着物租赁给承租人使用,由承租人向出租人支付租金的行为。

未按土地使用权出让合同规定的期限和条件投资开发、利用土地的,土地使用权不得出租。

第二十九条 土地使用权出租,出租人与承租人应当签订租赁合同。

租赁合同不得违背国家法律、法规和土地使用权出让合同的规定。

第三十条 土地使用权出租后,出租人必须继续履行土地使用权出让合同。

第三十一条 土地使用权和地上建筑物、其他附着物出租,出租人应当依照规定办理登记。

第五章 土地使用权抵押

第三十二条 土地使用权可以抵押。

第三十三条　土地使用权抵押时,其地上建筑物、其他附着物随之抵押。

地上建筑物、其他附着物抵押时,其使用范围内的土地使用权随之抵押。

第三十四条　土地使用权抵押,抵押人与抵押权人应当签订抵押合同。

抵押合同不得违背国家法律、法规和土地使用权出让合同的规定。

第三十五条　土地使用权和地上建筑物、其他附着物抵押,应当依照规定办理抵押登记。

第三十六条　抵押人到期未能履行债务或者在抵押合同期间宣告解散、破产的,抵押权人有权依照国家法律、法规和抵押合同的规定处分抵押财产。

因处分抵押财产而取得土地使用权和地上建筑物、其他附着物所有权的,应当依照规定办理过户登记。

第三十七条　处分抵押财产所得,抵押权人有优先受偿权。

第三十八条　抵押权因债务清偿或者其他原因而消灭的,应当依照规定办理注销抵押登记。

第六章　土地使用权终止

第三十九条　土地使用权因土地使用权出让合同规定的使用年限届满、提前收回及土地灭失等原因而终止。

第四十条　土地使用权期满,土地使用权及其地上建筑物、其他附着物所有权由国家无偿取得。土地使用者应当交还土地使用证,并依照规定办理注销登记。

第四十一条　土地使用权期满,土地使用者可以申请续期。需要续期的,应当依照本条例第二章的规定重新签订合同,支付土地使用权出让金,并办理登记。

第四十二条　国家对土地使用者依法取得的土地使用权不提前收回。在特殊情况下,根据社会公共利益的需要,国家可以依照法律程序提前收回,并根据土地使用者已使用的年限和开发、利用土地的实际情况给予相应的补偿。

第七章　划拨土地使用权

第四十三条　划拨土地使用权是指土地使用者通过各种方式依法无偿取得的土地使用权。

前款土地使用者应当依照《中华人民共和国城镇土地使用税暂行条例》的规定缴纳土地使用税。

第四十四条　划拨土地使用权,除本条例第四十五条规定的情况外,不得转让、出租、抵押。

第四十五条　符合下列条件的,经市、县人民政府土地管理部门和房产管理部门批准,其划拨土地使用权和地上建筑物,其他附着物所有权可以转让、出租、抵押:

(一)土地使用者为公司、企业、其他经济组织和个人;

(二)领有国有土地使用证;

(三)具有地上建筑物、其他附着物合法的产权证明;

(四)依照本条例第二章的规定签订土地使用权出让合同,向当地市、县人民政府补交土地使用权出让金或者以转让、出租、抵押所获收益抵交土地使用权出让金。

转让、出租、抵押前款划拨土地使用权的,分别依照本条例第三章、第四章和第五章的规定办理。

第四十六条　对未经批准擅自转让、出租、抵押划拨土地使用权的单位和个人,市、县人民政府土地管理部门应当没收其非法收入,并根据情节处以罚款。

第四十七条　无偿取得划拨土地使用权的土地使用者,因迁移、解散、撤销、破产或者其他原因而停止使用土地的,市、县人民政府应当无偿收回其划拨土地使用权,并可依照本条例的规定予以出让。

对划拨土地使用权,市、县人民政府根据城市建设发展需要和城市规划的要求,可以无偿收回,并可依照本条例的规定予以出让。

无偿收回划拨土地使用权时,对其地上建筑物、其他附着物,市、县人民政府应当根据实际情况给予适当补偿。

第八章　附　则

第四十八条　依照本条例的规定取得土地使用权的个人,其土地使用权可以继承。

第四十九条　土地使用者应当依照国家税收法规的规定纳税。

第五十条　依照本条例收取的土地使用权出让金列入财政预算,作为专项基金管理,主要用于城市建设和土地开发。具体使用管理办法,由财政部另行制定。

第五十一条　各省、自治区、直辖市人民政府应当根据本条例的规定和当地的实际情况选择部分条件比较成熟的城镇先行试点。

第五十二条　本条例由国家土地管理局负责解释;实施办法由省、自治区、直辖市人民政府制定。

第五十三条　本条例自发布之日起施行。

城市国有土地使用权出让转让规划管理办法

- 1992年12月4日建设部令第22号发布
- 根据2011年1月26日《住房和城乡建设部关于废止和修改规章的决定》修订

第一条 为了加强城市国有土地使用权出让、转让的规划管理,保证城市规划实施,科学、合理利用城市土地,根据《中华人民共和国城乡规划法》、《中华人民共和国土地管理法》、《中华人民共和国城镇国有土地使用权出让和转让暂行条例》和《外商投资开发经营成片土地暂行管理办法》等制定本办法。

第二条 在城市规划区内城市国有土地使用权出让、转让必须符合城市规划,有利于城市经济社会的发展,并遵守本办法。

第三条 国务院城市规划行政主管部门负责全国城市国有土地使用权出让、转让规划管理的指导工作。

省、自治区、直辖市人民政府城市规划行政主管部门负责本省、自治区、直辖市行政区域内城市国有土地使用权出让、转让规划管理的指导工作。

直辖市、市和县人民政府城市规划行政主管部门负责城市规划区内城市国有土地使用权出让、转让的规划管理工作。

第四条 城市国有土地使用权出让的投放量应当与城市土地资源、经济社会发展和市场需求相适应。土地使用权出让、转让应当与建设项目相结合。城市规划行政主管部门和有关部门要根据城市规划实施的步骤和要求,编制城市国有土地使用权出让规划和计划,包括地块数量、用地面积、地块位置、出让步骤等,保证城市国有土地使用权的出让有规划、有步骤、有计划地进行。

第五条 出让城市国有土地使用权,出让前应当制定控制性详细规划。

出让的地块,必须具有城市规划行政主管部门提出的规划设计条件及附图。

第六条 规划设计条件应当包括:地块面积,土地使用性质,容积率,建筑密度,建筑高度,停车泊位,主要出入口,绿地比例,须配置的公共设施、工程设施,建筑界线,开发期限以及其他要求。

附图应当包括:地块区位和现状,地块坐标、标高,道路红线坐标、标高,出入口位置,建筑界线以及地块周围地区环境与基础设施条件。

第七条 城市国有土地使用权出让、转让合同必须附具规划设计条件及附图。

规划设计条件及附图,出让方和受让方不得擅自变更。在出让转让过程中确需变更的,必须经城市规划行政主管部门批准。

第八条 城市用地分等定级应当根据城市各地段的现状和规划要求等因素确定。土地出让金的测算应当把出让地块的规划设计条件作为重要依据之一。在城市政府的统一组织下,城市规划行政主管部门应当和有关部门进行城市用地分等定级和土地出让金的测算。

第九条 已取得土地出让合同的,受让方应当持出让合同依法向城市规划行政主管部门申请建设用地规划许可证。在取得建设用地规划许可证后,方可办理土地使用权属证明。

第十条 通过出让获得的土地使用权再转让时,受让方应当遵守原出让合同附具的规划设计条件,并由受让方向城市规划行政主管部门办理登记手续。

受让方如需改变原规划设计条件,应当先经城市规划行政主管部门批准。

第十一条 受让方在符合规划设计条件外为公众提供公共使用空间或设施的,经城市规划行政主管部门批准后,可给予适当提高容积率的补偿。

受让方经城市规划行政主管部门批准变更规划设计条件而获得的收益,应当按规定比例上交城市政府。

第十二条 城市规划行政主管部门有权对城市国有土地使用权出让、转让过程是否符合城市规划进行监督检查。

第十三条 凡持未附具城市规划行政主管部门提供的规划设计条件及附图的出让、转让合同,或擅自变更的,城市规划行政主管部门不予办理建设用地规划许可证。

凡未取得或擅自变更建设用地规划许可证而办理土地使用权属证明的,土地权属证明无效。

第十四条 各级人民政府城市规划行政主管部门,应当对本行政区域内的城市国有土地使用权出让、转让规划管理情况逐项登记,定期汇总。

第十五条 城市规划行政主管部门应当深化城市土地利用规划,加强规划管理工作。城市规划行政主管部门必须提高办事效率,对申领规划设计条件及附图、建设用地规划许可证的应当在规定的期限内完成。

第十六条 各省、自治区、直辖市城市规划行政主管部门可以根据本办法制定实施细则,报当地人民政府批准后执行。

第十七条 本办法由建设部负责解释。

第十八条 本办法自1993年1月1日起施行。

最高人民法院关于审理涉及国有土地使用权合同纠纷案件适用法律问题的解释

- 2004年11月23日最高人民法院审判委员会第1334次会议通过
- 根据2020年12月23日最高人民法院审判委员会第1823次会议通过的《最高人民法院关于修改〈最高人民法院关于在民事审判工作中适用《中华人民共和国工会法》若干问题的解释〉等二十七件民事类司法解释的决定》修正
- 2020年12月29日最高人民法院公告公布
- 自2021年1月1日起施行
- 法释〔2020〕17号

为正确审理国有土地使用权合同纠纷案件，依法保护当事人的合法权益，根据《中华人民共和国民法典》《中华人民共和国土地管理法》《中华人民共和国城市房地产管理法》等法律规定，结合民事审判实践，制定本解释。

一、土地使用权出让合同纠纷

第一条 本解释所称的土地使用权出让合同，是指市、县人民政府自然资源主管部门作为出让方将国有土地使用权在一定年限内让与受让方，受让方支付土地使用权出让金的合同。

第二条 开发区管理委员会作为出让方与受让方订立的土地使用权出让合同，应当认定无效。

本解释实施前，开发区管理委员会作为出让方与受让方订立的土地使用权出让合同，起诉前经市、县人民政府自然资源主管部门追认的，可以认定合同有效。

第三条 经市、县人民政府批准同意以协议方式出让的土地使用权，土地使用权出让金低于订立合同时当地政府按照国家规定确定的最低价的，应当认定土地使用权出让合同约定的价格条款无效。

当事人请求按照订立合同时的市场评估价格交纳土地使用权出让金的，应予支持；受让方不同意按照市场评估价格补足，请求解除合同的，应予支持。因此造成的损失，由当事人按照过错承担责任。

第四条 土地使用权出让合同的出让方因未办理土地使用权出让批准手续而不能交付土地，受让方请求解除合同的，应予支持。

第五条 受让方经出让方和市、县人民政府城市规划行政主管部门同意，改变土地使用权出让合同约定的土地用途，当事人请求按照起诉时同种用途的土地出让金标准调整土地出让金的，应予支持。

第六条 受让方擅自改变土地使用权出让合同约定的土地用途，出让方请求解除合同的，应予支持。

二、土地使用权转让合同纠纷

第七条 本解释所称的土地使用权转让合同，是指土地使用权人作为转让方将出让土地使用权转让于受让方，受让方支付价款的合同。

第八条 土地使用权人作为转让方与受让方订立土地使用权转让合同后，当事人一方以双方之间未办理土地使用权变更登记手续为由，请求确认合同无效的，不予支持。

第九条 土地使用权人作为转让方就同一出让土地使用权订立数个转让合同，在转让合同有效的情况下，受让方均要求履行合同的，按照以下情形分别处理：

（一）已经办理土地使用权变更登记手续的受让方，请求转让方履行交付土地等合同义务的，应予支持；

（二）均未办理土地使用权变更登记手续，已先行合法占有投资开发土地的受让方请求转让方履行土地使用权变更登记等合同义务的，应予支持；

（三）均未办理土地使用权变更登记手续，又未合法占有投资开发土地，先行支付土地转让款的受让方请求转让方履行交付土地和办理土地使用权变更登记等合同义务的，应予支持；

（四）合同均未履行，依法成立在先的合同受让方请求履行合同的，应予支持。

未能取得土地使用权的受让方请求解除合同、赔偿损失的，依照民法典的有关规定处理。

第十条 土地使用权人与受让方订立合同转让划拨土地使用权，起诉前经有批准权的人民政府同意转让，并由受让方办理土地使用权出让手续的，土地使用权人与受让方订立的合同可以按照补偿性质的合同处理。

第十一条 土地使用权人与受让方订立合同转让划拨土地使用权，起诉前经有批准权的人民政府决定不办理土地使用权出让手续，并将该划拨土地使用权直接划拨给受让方使用的，土地使用权人与受让方订立的合同可以按照补偿性质的合同处理。

三、合作开发房地产合同纠纷

第十二条 本解释所称的合作开发房地产合同，是指当事人订立的以提供出让土地使用权、资金等作为共同投资，共享利润、共担风险合作开发房地产为基本内容的合同。

第十三条 合作开发房地产合同的当事人一方具备

房地产开发经营资质的,应当认定合同有效。

当事人双方均不具备房地产开发经营资质的,应当认定合同无效。但起诉前当事人一方已经取得房地产开发经营资质或者已依法合作成立具有房地产开发经营资质的房地产开发企业的,应当认定合同有效。

第十四条 投资数额超出合作开发房地产合同的约定,对增加的投资数额的承担比例,当事人协商不成的,按照当事人的违约情况确定;因不可归责于当事人的事由或者当事人的违约情况无法确定的,按照约定的投资比例确定;没有约定投资比例的,按照约定的利润分配比例确定。

第十五条 房屋实际建筑面积少于合作开发房地产合同的约定,对房屋实际建筑面积的分配比例,当事人协商不成的,按照当事人的违约情况确定;因不可归责于当事人的事由或者当事人违约情况无法确定的,按照约定的利润分配比例确定。

第十六条 在下列情形下,合作开发房地产合同的当事人请求分配房地产项目利益的,不予受理;已经受理的,驳回起诉:

(一)依法需经批准的房地产建设项目未经有批准权的人民政府主管部门批准;

(二)房地产建设项目未取得建设工程规划许可证;

(三)擅自变更建设工程规划。

因当事人隐瞒建设工程规划变更的事实所造成的损失,由当事人按照过错承担。

第十七条 房屋实际建筑面积超出规划建筑面积,经有批准权的人民政府主管部门批准后,当事人对超出部分的房屋分配比例协商不成的,按照约定的利润分配比例确定。对增加的投资数额的承担比例,当事人协商不成的,按照约定的投资比例确定;没有约定投资比例的,按照约定的利润分配比例确定。

第十八条 当事人违反规划开发建设的房屋,被有批准权的人民政府主管部门认定为违法建筑责令拆除,当事人对损失承担协商不成的,按照当事人过错确定责任;过错无法确定的,按照约定的投资比例确定责任;没有约定投资比例的,按照约定的利润分配比例确定责任。

第十九条 合作开发房地产合同约定仅以投资数额确定利润分配比例,当事人未足额交纳出资的,按照当事人的实际投资比例分配利润。

第二十条 合作开发房地产合同的当事人要求将房屋预售款充抵投资参与利润分配的,不予支持。

第二十一条 合作开发房地产合同约定提供土地使用权的当事人不承担经营风险,只收取固定利益的,应当认定为土地使用权转让合同。

第二十二条 合作开发房地产合同约定提供资金的当事人不承担经营风险,只分配固定数量房屋的,应当认定为房屋买卖合同。

第二十三条 合作开发房地产合同约定提供资金的当事人不承担经营风险,只收取固定数额货币的,应当认定为借款合同。

第二十四条 合作开发房地产合同约定提供资金的当事人不承担经营风险,只以租赁或者其他形式使用房屋的,应当认定为房屋租赁合同。

四、其 它

第二十五条 本解释自 2005 年 8 月 1 日起施行;施行后受理的第一审案件适用本解释。

本解释施行前最高人民法院发布的司法解释与本解释不一致的,以本解释为准。

招标拍卖挂牌出让国有建设用地使用权规定

·2007 年 9 月 28 日国土资源部令第 39 号公布
·自 2007 年 11 月 1 日起施行

第一条 为规范国有建设用地使用权出让行为,优化土地资源配置,建立公开、公平、公正的土地使用制度,根据《中华人民共和国物权法》、《中华人民共和国土地管理法》、《中华人民共和国城市房地产管理法》和《中华人民共和国土地管理法实施条例》,制定本规定。

第二条 在中华人民共和国境内以招标、拍卖或者挂牌出让方式在土地的地表、地上或者地下设立国有建设用地使用权的,适用本规定。

本规定所称招标出让国有建设用地使用权,是指市、县人民政府国土资源行政主管部门(以下简称出让人)发布招标公告,邀请特定或者不特定的自然人、法人和其他组织参加国有建设用地使用权投标,根据投标结果确定国有建设用地使用权人的行为。

本规定所称拍卖出让国有建设用地使用权,是指出让人发布拍卖公告,由竞买人在指定时间、地点进行公开竞价,根据出价结果确定国有建设用地使用权人的行为。

本规定所称挂牌出让国有建设用地使用权,是指出让人发布挂牌公告,按公告规定的期限将拟出让宗地的交易条件在指定的土地交易场所挂牌公布,接受竞买人的报价申请并更新挂牌价格,根据挂牌期限截止时的出价结果或者现场竞价结果确定国有建设用地使用权人的行为。

第三条 招标、拍卖或者挂牌出让国有建设用地使用权，应当遵循公开、公平、公正和诚信的原则。

第四条 工业、商业、旅游、娱乐和商品住宅等经营性用地以及同一宗地有两个以上意向用地者的，应当以招标、拍卖或者挂牌方式出让。

前款规定的工业用地包括仓储用地，但不包括采矿用地。

第五条 国有建设用地使用权招标、拍卖或者挂牌出让活动，应当有计划地进行。

市、县人民政府国土资源行政主管部门根据经济社会发展计划、产业政策、土地利用总体规划、土地利用年度计划、城市规划和土地市场状况，编制国有建设用地使用权出让年度计划，报经同级人民政府批准后，及时向社会公开发布。

第六条 市、县人民政府国土资源行政主管部门应当按照出让年度计划，会同城市规划等有关部门共同拟订拟招标拍卖挂牌出让地块的出让方案，报经市、县人民政府批准后，由市、县人民政府国土资源行政主管部门组织实施。

前款规定的出让方案应当包括出让地块的空间范围、用途、年限、出让方式、时间和其他条件等。

第七条 出让人应当根据招标拍卖挂牌出让地块的情况，编制招标拍卖挂牌出让文件。

招标拍卖挂牌出让文件应当包括出让公告、投标或者竞买须知、土地使用条件、标书或者竞买申请书、报价单、中标通知书或者成交确认书、国有建设用地使用权出让合同文本。

第八条 出让人应当至少在投标、拍卖或者挂牌开始日前20日，在土地有形市场或者指定的场所、媒介发布招标、拍卖或者挂牌公告，公布招标拍卖挂牌出让宗地的基本情况和招标拍卖挂牌的时间、地点。

第九条 招标拍卖挂牌公告应当包括下列内容：

（一）出让人的名称和地址；

（二）出让宗地的面积、界址、空间范围、现状、使用年期、用途、规划指标要求；

（三）投标人、竞买人的资格要求以及申请取得投标、竞买资格的办法；

（四）索取招标拍卖挂牌出让文件的时间、地点和方式；

（五）招标拍卖挂牌时间、地点、投标挂牌期限、投标和竞价方式等；

（六）确定中标人、竞得人的标准和方法；

（七）投标、竞买保证金；

（八）其他需要公告的事项。

第十条 市、县人民政府国土资源行政主管部门应当根据土地估价结果和政府产业政策综合确定标底或者底价。标底或者底价不得低于国家规定的最低价标准。

确定招标标底，拍卖和挂牌的起叫价、起始价、底价，投标、竞买保证金，应当实行集体决策。

招标标底和拍卖挂牌的底价，在招标开标前和拍卖挂牌出让活动结束之前应当保密。

第十一条 中华人民共和国境内外的自然人、法人和其他组织，除法律、法规另有规定外，均可申请参加国有建设用地使用权招标拍卖挂牌出让活动。

出让人在招标拍卖挂牌出让公告中不得设定影响公平、公正竞争的限制条件。挂牌出让的，出让公告中规定的申请截止时间，应当为挂牌出让结束日前2天。对符合招标拍卖挂牌公告规定条件的申请人，出让人应当通知其参加招标拍卖挂牌活动。

第十二条 市、县人民政府国土资源行政主管部门应当为投标人、竞买人查询拟出让土地的有关情况提供便利。

第十三条 投标、开标依照下列程序进行：

（一）投标人在投标截止时间前将标书投入标箱。招标公告允许邮寄标书的，投标人可以邮寄，但出让人在投标截止时间前收到的方为有效。

标书投入标箱后，不可撤回。投标人应当对标书和有关书面承诺承担责任。

（二）出让人按照招标公告规定的时间、地点开标，邀请所有投标人参加。由投标人或者其推选的代表检查标箱的密封情况，当众开启标箱，点算标书。投标人少于三人的，出让人应当终止招标活动。投标人不少于三人的，应当逐一宣布投标人名称、投标价格和投标文件的主要内容。

（三）评标小组进行评标。评标小组由出让人代表、有关专家组成，成员人数为五人以上的单数。

评标小组可以要求投标人对投标文件作出必要的澄清或者说明，但是澄清或者说明不得超出投标文件的范围或者改变投标文件的实质性内容。

评标小组应当按照招标文件确定的评标标准和方法，对投标文件进行评审。

（四）招标人根据评标结果，确定中标人。

按照价高者得的原则确定中标人的,可以不成立评标小组,由招标主持人根据开标结果,确定中标人。

第十四条 对能够最大限度地满足招标文件中规定的各项综合评价标准,或者能够满足招标文件的实质性要求且价格最高的投标人,应当确定为中标人。

第十五条 拍卖会依照下列程序进行:

(一)主持人点算竞买人;

(二)主持人介绍拍卖宗地的面积、界址、空间范围、现状、用途、使用年期、规划指标要求、开工和竣工时间以及其他有关事项;

(三)主持人宣布起叫价和增价规则及增价幅度。没有底价的,应当明确提示;

(四)主持人报出起叫价;

(五)竞买人举牌应价或者报价;

(六)主持人确认该应价或者报价后继续竞价;

(七)主持人连续三次宣布同一应价或者报价而没有再应价或者报价的,主持人落槌表示拍卖成交;

(八)主持人宣布最高应价或者报价者为竞得人。

第十六条 竞买人的最高应价或者报价未达到底价时,主持人应当终止拍卖。

拍卖主持人在拍卖中可以根据竞买人竞价情况调整拍卖增价幅度。

第十七条 挂牌依照以下程序进行:

(一)在挂牌公告规定的挂牌起始日,出让人将挂牌宗地的面积、界址、空间范围、现状、用途、使用年期、规划指标要求、开工时间和竣工时间、起始价、增价规则及增价幅度等,在挂牌公告规定的土地交易场所挂牌公布;

(二)符合条件的竞买人填写报价单报价;

(三)挂牌主持人确认该报价后,更新显示挂牌价格;

(四)挂牌主持人在挂牌公告规定的挂牌截止时间确定竞得人。

第十八条 挂牌时间不得少于10日。挂牌期间可根据竞买人竞价情况调整增价幅度。

第十九条 挂牌截止应当由挂牌主持人主持确定。挂牌期限届满,挂牌主持人现场宣布最高报价及其报价者,并询问竞买人是否愿意继续竞价。有竞买人表示愿意继续竞价的,挂牌出让转入现场竞价,通过现场竞价确定竞得人。挂牌主持人连续三次报出最高挂牌价格,没有竞买人表示愿意继续竞价的,按照下列规定确定是否成交:

(一)在挂牌期限内只有一个竞买人报价,且报价不低于底价,并符合其他条件的,挂牌成交;

(二)在挂牌期限内有两个或者两个以上的竞买人报价的,出价最高者为竞得人;报价相同的,先提交报价单者为竞得人,但报价低于底价者除外;

(三)在挂牌期限内无应价者或者竞买人的报价均低于底价或者均不符合其他条件的,挂牌不成交。

第二十条 以招标、拍卖或者挂牌方式确定中标人、竞得人后,中标人、竞得人支付的投标、竞买保证金,转作受让地块的定金。出让人应当向中标人发出中标通知书或者与竞得人签订成交确认书。

中标通知书或者成交确认书应当包括出让人和中标人或者竞得人的名称,出让标的,成交时间、地点、价款以及签订国有建设用地使用权出让合同的时间、地点等内容。

中标通知书或者成交确认书对出让人和中标人或者竞得人具有法律效力。出让人改变竞得结果,或者中标人、竞得人放弃中标宗地、竞得宗地的,应当依法承担责任。

第二十一条 中标人、竞得人应当按照中标通知书或者成交确认书约定的时间,与出让人签订国有建设用地使用权出让合同。中标人、竞得人支付的投标、竞买保证金抵作土地出让价款;其他投标人、竞买人支付的投标、竞买保证金,出让人必须在招标拍卖挂牌活动结束后5个工作日内予以退还,不计利息。

第二十二条 招标拍卖挂牌活动结束后,出让人应在10个工作日内将招标拍卖挂牌出让结果在土地有形市场或者指定的场所、媒介公布。

出让人公布出让结果,不得向受让人收取费用。

第二十三条 受让人依照国有建设用地使用权出让合同的约定付清全部土地出让价款后,方可申请办理土地登记,领取国有建设用地使用权证书。

未按出让合同约定缴清全部土地出让价款的,不得发放国有建设用地使用权证书,也不得按出让价款缴纳比例分割发放国有建设用地使用权证书。

第二十四条 应当以招标拍卖挂牌方式出让国有建设用地使用权而擅自采用协议方式出让的,对直接负责的主管人员和其他直接责任人员依法给予处分;构成犯罪罪,依法追究刑事责任。

第二十五条 中标人、竞得人有下列行为之一的,中标、竞得结果无效;造成损失的,应当依法承担赔偿责任:

(一)提供虚假文件隐瞒事实的;

(二)采取行贿、恶意串通等非法手段中标或者竞得的;

第二十六条 国土资源行政主管部门的工作人员在招标拍卖挂牌出让活动中玩忽职守、滥用职权、徇私舞弊的,依法给予处分;构成犯罪的,依法追究刑事责任。

第二十七条 以招标拍卖挂牌方式租赁国有建设用地使用权的,参照本规定执行。

第二十八条 本规定自 2007 年 11 月 1 日起施行。

协议出让国有土地使用权规定

·2003 年 6 月 11 日国土资源部令第 21 号公布
·自 2003 年 8 月 1 日起施行

第一条 为加强国有土地资产管理,优化土地资源配置,规范协议出让国有土地使用权行为,根据《中华人民共和国城市房地产管理法》、《中华人民共和国土地管理法》和《中华人民共和国土地管理法实施条例》,制定本规定。

第二条 在中华人民共和国境内以协议方式出让国有土地使用权的,适用本规定。

本规定所称协议出让国有土地使用权,是指国家以协议方式将国有土地使用权在一定年限内出让给土地使用者,由土地使用者向国家支付土地使用权出让金的行为。

第三条 出让国有土地使用权,除依照法律、法规和规章的规定应当采用招标、拍卖或者挂牌方式外,方可采取协议方式。

第四条 协议出让国有土地使用权,应当遵循公开、公平、公正和诚实信用的原则。

以协议方式出让国有土地使用权的出让金不得低于按国家规定所确定的最低价。

第五条 协议出让最低价不得低于新增建设用地的土地有偿使用费、征地(拆迁)补偿费用以及按照国家规定应当缴纳的有关税费之和有基准地价的地区,协议出让最低价不得低于出让地块所在级别基准地价的 70%。

低于最低价时国有土地使用权不得出让。

第六条 省、自治区、直辖市人民政府国土资源行政主管部门应当依据本规定第五条的规定拟定协议出让最低价,报同级人民政府批准后公布,由市、县人民政府国土资源行政主管部门实施。

第七条 市、县人民政府国土资源行政主管部门应当根据经济社会发展计划、国家产业政策、土地利用总体规划、土地利用年度计划、城市规划和土地市场状况,编制国有土地使用权出让计划,报同级人民政府批准后组织实施。

国有土地使用权出让计划经批准后,市、县人民政府国土资源行政主管部门应当在土地有形市场等指定场所,或者通过报纸、互联网等媒介向社会公布。

因特殊原因,需要对国有土地使用权出让计划进行调整的,应当报原批准机关批准,并按照前款规定及时向社会公布。

国有土地使用权出让计划应当包括年度土地供应总量、不同用途土地供应面积、地段以及供地时间等内容。

第八条 国有土地使用权出让计划公布后,需要使用土地的单位和个人可以根据国有土地使用权出让计划,在市、县人民政府国土资源行政主管部门公布的时限内,向市、县人民政府国土资源行政主管部门提出意向用地申请。

市、县人民政府国土资源行政主管部门公布计划接受申请的时间不得少于 30 日。

第九条 在公布的地段上,同一地块只有一个意向用地者的,市、县人民政府国土资源行政主管部门方可按照本规定采取协议方式出让;但商业、旅游、娱乐和商品住宅等经营性用地除外。

同一地块有两个或者两个以上意向用地者的,市、县人民政府国土资源行政主管部门应当按照《招标拍卖挂牌出让国有土地使用权规定》,采取招标、拍卖或者挂牌方式出让。

第十条 对符合协议出让条件的,市、县人民政府国土资源行政主管部门会同城市规划等有关部门,依据国有土地使用权出让计划、城市规划和意向用地者申请的用地项目类型、规模等,制定协议出让土地方案。

协议出让土地方案应当包括拟出让地块的具体位置、界址、用途、面积、年限、土地使用条件、规划设计条件、供地时间等。

第十一条 市、县人民政府国土资源行政主管部门应当根据国家产业政策和拟出让地块的情况,按照《城镇土地估价规程》的规定,对拟出让地块的土地价格进行评估,经市、县人民政府国土资源行政主管部门集体决策合理确定协议出让底价。

协议出让底价不得低于协议出让最低价。

协议出让底价确定后应当保密,任何单位和个人不得泄露。

第十二条 协议出让土地方案和底价经有批准权的人民政府批准后,市、县人民政府国土资源行政主管部门应当与意向用地者就土地出让价格等进行充分协商,协商一致且议定的出让价格不低于出让底价的,方可达成协议。

第十三条 市、县人民政府国土资源行政主管部门应当根据协议结果,与意向用地者签订《国有土地使用权出让合同》。

第十四条 《国有土地使用权出让合同》签订后7日内,市、县人民政府国土资源行政主管部门应当将协议出让结果在土地有形市场等指定场所,或者通过报纸、互联网等媒介向社会公布,接受社会监督。

公布协议出让结果的时间不得少于15日。

第十五条 土地使用者按照《国有土地使用权出让合同》的约定,付清土地使用权出让金、依法办理土地登记手续后,取得国有土地使用权。

第十六条 以协议出让方式取得国有土地使用权的土地使用者,需要将土地使用权出让合同约定的土地用途改变为商业、旅游、娱乐和商品住宅等经营性用途的,应当取得出让方和市、县人民政府城市规划部门的同意,签订土地使用权出让合同变更协议或者重新签订土地使用权出让合同,按变更后的土地用途,以变更时的土地市场价格补交相应的土地使用权出让金,并依法办理土地使用权变更登记手续。

第十七条 违反本规定,有下列行为之一的,对直接负责的主管人员和其他直接责任人员依法给予行政处分:

(一)不按照规定公布国有土地使用权出让计划或者协议出让结果的;

(二)确定出让底价时未经集体决策的;

(三)泄露出让底价的;

(四)低于协议出让最低价出让国有土地使用权的;

(五)减免国有土地使用权出让金的。

违反前款有关规定,情节严重构成犯罪的,依法追究刑事责任。

第十八条 国土资源行政主管部门工作人员在协议出让国有土地使用权活动中玩忽职守、滥用职权、徇私舞弊的,依法给予行政处分;构成犯罪的,依法追究刑事责任。

第十九条 采用协议方式租赁国有土地使用权的,参照本规定执行。

第二十条 本规定自2003年8月1日起施行。原国家土地管理局1995年6月28日发布的《协议出让国有土地使用权最低价确定办法》同时废止。

规范国有土地租赁若干意见

· 1999年7月27日
· 国土资发〔1999〕222号

一、严格依照《中华人民共和国城市房地产管理法》、《中华人民共和国土地管理法》的有关规定,确定国有土地租赁的适用范围。

国有土地租赁是指国家将国有土地出租给使用者使用,由使用者与县级以上人民政府土地行政主管部门签订一定年期的土地租赁合同,并支付租金的行为。国有土地租赁是国有土地有偿使用的一种形式,是出让方式的补充。当前应以完善国有土地出让为主,稳妥地推行国有土地租赁。

对原有建设用地,法律规定可以划拨使用的仍维持划拨,不实行有偿使用,也不实行租赁;对因发生土地转让、场地出租、企业改制和改变土地用途后依法应当有偿使用的,可以实行租赁。对于新增建设用地,重点仍应是推行和完善国有土地出让,租赁只作为出让方式的补充。对于经营性房地产开发用地,无论是利用原有建设用地,还是利用新增建设用地,都必须实行出让,不实行租赁。

二、国有土地租赁,可以采用招标、拍卖或者双方协议的方式,有条件的,必须采取招标、拍卖方式。采用双方协议方式出租国有土地的租金,不得低于出租底价和按国家规定的最低地价折算的最低租金标准,协议出租结果要报上级土地行政主管部门备案,并向社会公开披露,接受上级土地行政主管部门和社会监督。

三、国有土地租赁的租金标准应与地价标准相均衡。承租人取得土地使用权时未支付其他土地费用的,租金标准应按全额地价折算;承租人取得土地使用权时支付了征地、拆迁等土地费用的,租金标准应按扣除有关费用后的地价余额折算。

采用短期租赁的,一般按年度或季度支付租金;采用长期租赁的,应在国有土地租赁合同中明确约定土地租金支付时间、租金调整的时间间隔和调整方式。

四、国有土地租赁可以根据具体情况实行短期租赁和长期租赁。对短期使用或用于修建临时建筑物的土地,应实行短期租赁,短期租赁年限一般不超过5年;对需要进行地上建筑物、构筑物建设后长期使用的土地,应实行长期租赁,具体租赁期限由租赁合同约定,但最长租赁期限不得超过法律规定的同类用途土地出让最高年期。

五、租赁期限6个月以上的国有土地租赁,应当由市、县土地行政主管部门与土地使用者签订租赁合同。租赁合同内容应当包括出租方、承租方、出租宗地的位置、范围、面积、用途、租赁期限、土地使用条件、土地租金标准、支付时间和支付方式、土地租金标准调整的时间和调整幅度、出租方和承租方的权利义务等。

六、国有土地租赁，承租人取得承租土地使用权。承租人在按规定支付土地租金并完成开发建设后，经土地行政主管部门同意或根据租赁合同约定，可将承租土地使用权转租、转让或抵押。承租土地使用权转租、转让或抵押，必须依法登记。

承租人将承租土地转租或分租给第三人的，承租土地使用权仍由原承租人持有，承租人与第三人建立了附加租赁关系，第三人取得土地的他项权利。

承租人转让土地租赁合同的，租赁合同约定的权利义务随之转给第三人，承租土地使用权由第三人取得，租赁合同经更名后继续有效。

地上房屋等建筑物、构筑物依法抵押的，承租土地使用权可随之抵押，但承租土地使用权只能按合同租金与市场租金的差值及租期估价，抵押权实现时土地租赁合同同时转让。

在使用年限内，承租人有优先受让权，租赁土地在办理出让手续后，终止租赁关系。

七、国家对土地使用者依法取得的承租土地使用权，在租赁合同约定的使用年限届满前不收回；因社会公共利益的需要，依照法律程序提前收回的，应对承租人给予合理补偿。

承租土地使用权期满，承租人可申请续期，除根据社会公共利益需要收回该幅土地的，应予以批准。未申请续期或者虽申请续期但未获批准的，承租土地使用权由国家依法无偿收回，并可要求承租人拆除地上建筑物、构筑物，恢复土地原状。

承租人未按合同约定开发建设、未经土地行政主管部门同意转让、转租或不按合同约定按时交纳土地租金的，土地行政主管部门可以解除合同，依法收回承租土地使用权。

八、各级土地行政主管部门要切实加强国有土地租金的征收工作，协助财政部门作好土地租金的使用管理。收取的土地租金应当参照国有土地出让金的管理办法进行管理，按规定纳入当地国有土地有偿使用收入，专项用于城市基础设施建设和土地开发。

九、各省、市在本《意见》下发前对国有土地租赁适用范围已有规定或各地已签订《国有土地租赁合同》的，暂按已有规定及《国有土地租赁合同》的约定执行，并在今后工作中逐步规范；本《意见》下发后实施国有土地租赁的，一律按本《意见》要求规范办理。

闲置土地处置办法

· 2012年6月1日国土资源部令第53号公布
· 自2012年7月1日起施行

第一章 总 则

第一条 为有效处置和充分利用闲置土地，规范土地市场行为，促进节约集约用地，根据《中华人民共和国土地管理法》、《中华人民共和国城市房地产管理法》及有关法律、行政法规，制定本办法。

第二条 本办法所称闲置土地，是指国有建设用地使用权人超过国有建设用地使用权有偿使用合同或者划拨决定书约定、规定的动工开发日期满一年未动工开发的国有建设用地。

已动工开发但开发建设用地面积占应动工开发建设用地总面积不足三分之一或者已投资额占总投资额不足百分之二十五，中止开发建设满一年的国有建设用地，也可以认定为闲置土地。

第三条 闲置土地处置应当符合土地利用总体规划和城乡规划，遵循依法依规、促进利用、保障权益、信息公开的原则。

第四条 市、县国土资源主管部门负责本行政区域内闲置土地的调查认定和处置工作的组织实施。

上级国土资源主管部门对下级国土资源主管部门调查认定和处置闲置土地工作进行监督管理。

第二章 调查和认定

第五条 市、县国土资源主管部门发现有涉嫌构成本办法第二条规定的闲置土地的，应当在三十日内开展调查核实，向国有建设用地使用权人发出《闲置土地调查通知书》。

国有建设用地使用权人应当在接到《闲置土地调查通知书》之日起三十日内，按照要求提供土地开发利用情况、闲置原因以及相关说明等材料。

第六条 《闲置土地调查通知书》应当包括下列内容：

（一）国有建设用地使用权人的姓名或者名称、地址；

（二）涉嫌闲置土地的基本情况；

（三）涉嫌闲置土地的事实和依据；

（四）调查的主要内容及提交材料的期限；

（五）国有建设用地使用权人的权利和义务；

（六）其他需要调查的事项。

第七条 市、县国土资源主管部门履行闲置土地调查职责，可以采取下列措施：

（一）询问当事人及其他证人；

（二）现场勘测、拍照、摄像；

（三）查阅、复制与被调查人有关的土地资料；

（四）要求被调查人就有关土地权利及使用问题作出说明。

第八条 有下列情形之一，属于政府、政府有关部门的行为造成动工开发延迟的，国有建设用地使用权人应当向市、县国土资源主管部门提供土地闲置原因说明材料，经审核属实的，依照本办法第十二条和第十三条规定处置：

（一）因未按照国有建设用地使用权有偿使用合同或者划拨决定书约定、规定的期限、条件将土地交付给国有建设用地使用权人，致使项目不具备动工开发条件的；

（二）因土地利用总体规划、城乡规划依法修改，造成国有建设用地使用权人不能按照国有建设用地使用权有偿使用合同或者划拨决定书约定、规定的用途、规划和建设条件开发的；

（三）因国家出台相关政策，需要对约定、规定的规划和建设条件进行修改的；

（四）因处置土地上相关群众信访事项等无法动工开发的；

（五）因军事管制、文物保护等无法动工开发的；

（六）政府、政府有关部门的其他行为。

因自然灾害等不可抗力导致土地闲置的，依照前款规定办理。

第九条 经调查核实，符合本办法第二条规定条件，构成闲置土地的，市、县国土资源主管部门应当向国有建设用地使用权人下达《闲置土地认定书》。

第十条 《闲置土地认定书》应当载明下列事项：

（一）国有建设用地使用权人的姓名或者名称、地址；

（二）闲置土地的基本情况；

（三）认定土地闲置的事实、依据；

（四）闲置原因及认定结论；

（五）其他需要说明的事项。

第十一条 《闲置土地认定书》下达后，市、县国土资源主管部门应当通过门户网站等形式向社会公开闲置土地的位置、国有建设用地使用权人名称、闲置时间等信息；属于政府或者政府有关部门的行为导致土地闲置的，应当同时公开闲置原因，并书面告知有关政府或者政府部门。

上级国土资源主管部门应当及时汇总下级国土资源主管部门上报的闲置土地信息，并在门户网站上公开。

闲置土地在没有处置完毕前，相关信息应当长期公开。闲置土地处置完毕后，应当及时撤销相关信息。

第三章 处置和利用

第十二条 因本办法第八条规定情形造成土地闲置的，市、县国土资源主管部门应当与国有建设用地使用权人协商，选择下列方式处置：

（一）延长动工开发期限。签订补充协议，重新约定动工开发、竣工期限和违约责任。从补充协议约定的动工开发日期起，延长动工开发期限最长不得超过一年；

（二）调整土地用途、规划条件。按照新用途或者新规划条件重新办理相关用地手续，并按照新用途或者新规划条件核算、收缴或者退还土地价款。改变用途后的土地利用必须符合土地利用总体规划和城乡规划；

（三）由政府安排临时使用。待原项目具备开发建设条件，国有建设用地使用权人重新开发建设。从安排临时使用之日起，临时使用期限最长不得超过两年；

（四）协议有偿收回国有建设用地使用权；

（五）置换土地。对已缴清土地价款、落实项目资金，且因规划依法修改造成闲置的，可以为国有建设用地使用权人置换其他价值相当、用途相同的国有建设用地进行开发建设。涉及出让土地的，应当重新签订土地出让合同，并在合同中注明为置换土地；

（六）市、县国土资源主管部门还可以根据实际情况规定其他处置方式。

除前款第四项规定外，动工开发时间按照新约定、规定的时间重新起算。

符合本办法第二条第二款规定情形的闲置土地，依照本条规定的方式处置。

第十三条 市、县国土资源主管部门与国有建设用地使用权人协商一致后，应当拟订闲置土地处置方案，报本级人民政府批准后实施。

闲置土地设有抵押权的，市、县国土资源主管部门在拟订闲置土地处置方案时，应当书面通知相关抵押权人。

第十四条 除本办法第八条规定情形外，闲置土地按照下列方式处理：

（一）未动工开发满一年的，由市、县国土资源主管部门报经本级人民政府批准后,向国有建设用地使用权人下达《征缴土地闲置费决定书》,按照土地出让或者划拨价款的百分之二十征缴土地闲置费。土地闲置费不得列入生产成本;

(二)未动工开发满两年的,由市、县国土资源主管部门按照《中华人民共和国土地管理法》第三十七条和《中华人民共和国城市房地产管理法》第二十六条的规定,报经有批准权的人民政府批准后,向国有建设用地使用权人下达《收回国有建设用地使用权决定书》,无偿收回国有建设用地使用权。闲置土地设有抵押权的,同时抄送相关土地抵押权人。

第十五条 市、县国土资源主管部门在依照本办法第十四条规定作出征缴土地闲置费、收回国有建设用地使用权决定前,应当书面告知国有建设用地使用权人有申请听证的权利。国有建设用地使用权人要求举行听证的,市、县国土资源主管部门应当依照《国土资源听证规定》依法组织听证。

第十六条 《征缴土地闲置费决定书》和《收回国有建设用地使用权决定书》应当包括下列内容:

(一)国有建设用地使用权人的姓名或者名称、地址;

(二)违反法律、法规或者规章的事实和证据;

(三)决定的种类和依据;

(四)决定的履行方式和期限;

(五)申请行政复议或者提起行政诉讼的途径和期限;

(六)作出决定的行政机关名称和作出决定的日期;

(七)其他需要说明的事项。

第十七条 国有建设用地使用权人应当自《征缴土地闲置费决定书》送达之日起三十日内,按照规定缴纳土地闲置费;自《收回国有建设用地使用权决定书》送达之日起三十日内,到市、县国土资源主管部门办理国有建设用地使用权注销登记,交回土地权利证书。

国有建设用地使用权人对《征缴土地闲置费决定书》和《收回国有建设用地使用权决定书》不服的,可以依法申请行政复议或者提起行政诉讼。

第十八条 国有建设用地使用权人逾期不申请行政复议、不提起行政诉讼,也不履行相关义务的,市、县国土资源主管部门可以采取下列措施:

(一)逾期不办理国有建设用地使用权注销登记,不交回土地权利证书的,直接公告注销国有建设用地使用权登记和土地权利证书;

(二)申请人民法院强制执行。

第十九条 对依法收回的闲置土地,市、县国土资源主管部门可以采取下列方式利用:

(一)依据国家土地供应政策,确定新的国有建设用地使用权人开发利用;

(二)纳入政府土地储备;

(三)对耕作条件未被破坏且近期无法安排建设项目的,由市、县国土资源主管部门委托有关农村集体经济组织、单位或者个人组织恢复耕种。

第二十条 闲置土地依法处置后土地权属和土地用途发生变化的,应当依据实地现状在当年土地变更调查中进行变更,并依照有关规定办理土地变更登记。

第四章 预防和监管

第二十一条 市、县国土资源主管部门供应土地应当符合下列要求,防止因政府、政府有关部门的行为造成土地闲置:

(一)土地权利清晰;

(二)安置补偿落实到位;

(三)没有法律经济纠纷;

(四)地块位置、使用性质、容积率等规划条件明确;

(五)具备动工开发所必需的其他基本条件。

第二十二条 国有建设用地使用权有偿使用合同或者划拨决定书应当就项目动工开发、竣工时间和违约责任等作出明确约定、规定。约定、规定动工开发时间应当综合考虑办理动工开发所需相关手续的时限规定和实际情况,为动工开发预留合理时间。

因特殊情况,未约定、规定动工开发日期,或者约定、规定不明确的,以实际交付土地之日起一年为动工开发日期。实际交付土地日期以交地确认书确定的时间为准。

第二十三条 国有建设用地使用权人应当在项目开发建设期间,及时向市、县国土资源主管部门报告项目动工开发、开发进度、竣工等情况。

国有建设用地使用权人应当在施工现场设立建设项目公示牌,公布建设用地使用权人、建设单位、项目动工开发、竣工时间和土地开发利用标准等。

第二十四条 国有建设用地使用权人违反法律法规规定和合同约定、划拨决定书规定恶意囤地、炒地的,依照本办法规定处理完毕前,市、县国土资源主管部门不得受理该国有建设用地使用权人新的用地申请,不得办理被认定为闲置土地的转让、出租、抵押和变更登记。

第二十五条 市、县国土资源主管部门应当将本行政区域内的闲置土地信息按宗录入土地市场动态监测与监管系统备案。闲置土地按照规定处置完毕后,市、县国土资源主管部门应当及时更新该宗土地相关信息。

闲置土地未按照规定备案的,不得采取本办法第十二条规定的方式处置。

第二十六条　市、县国土资源主管部门应当将国有建设用地使用权人闲置土地的信息抄送金融监管等部门。

第二十七条　省级以上国土资源主管部门可以根据情况,对闲置土地情况严重的地区,在土地利用总体规划、土地利用年度计划、建设用地审批、土地供应等方面采取限制新增加建设用地、促进闲置土地开发利用的措施。

第五章　法律责任

第二十八条　市、县国土资源主管部门未按照国有建设用地使用权有偿使用合同或者划拨决定书约定、规定的期限、条件将土地交付给国有建设用地使用权人,致使项目不具备动工开发条件的,应当依法承担违约责任。

第二十九条　县级以上国土资源主管部门及其工作人员违反本办法规定,有下列情形之一的,依法给予处分;构成犯罪的,依法追究刑事责任:

（一）违反本办法第二十一条的规定供应土地的;
（二）违反本办法第二十四条的规定受理用地申请和办理土地登记的;
（三）违反本办法第二十五条的规定处置闲置土地的;
（四）不依法履行闲置土地监督检查职责,在闲置土地调查、认定和处置工作中徇私舞弊、滥用职权、玩忽职守的。

第六章　附　则

第三十条　本办法中下列用语的含义:

动工开发:依法取得施工许可证后,需挖深基坑的项目,基坑开挖完毕;使用桩基的项目,打入所有基础桩;其他项目,地基施工完成三分之一。

已投资额、总投资额:均不含国有建设用地使用权出让价款、划拨价款和向国家缴纳的相关税费。

第三十一条　集体所有建设用地闲置的调查、认定和处置,参照本办法有关规定执行。

第三十二条　本办法自2012年7月1日起施行。

·典型案例

1. 梁昌运与霍邱县人民政府国土资源局建设用地使用权出让合同纠纷案[①]

（一）基本案情

2014年,梁昌运通过招投标竞得霍国土出[2011]82号国有建设用地使用权,与霍邱县人民政府国土资源局签订的《国有建设用地使用权挂牌成交确认书》《国有建设用地使用权出让合同》约定:霍邱县人民政府国土资源局在2014年9月17日前将出让宗地交付给梁昌运,用地使用权出让金为5953350元,定金为400万元,定金抵作土地出让价款,自合同签订之日起60日内一次性付清。合同约定出让人未按时提供出让土地超过60日,经催交后仍不能交付土地的,受让人有权解除合同,出让人应当双倍返还定金,并退还已经支付国有建设用地使用权出让价款的其余部分,受让人并可请求出让人赔偿损失。合同签订后,梁昌运交纳定金400万元,并交清余下1953350元,但霍邱县人民政府国土资源局未依约交付土地。梁昌运提起诉讼,请求人民法院判决霍邱县人民政府国土资源局双倍返还定金800万元、退还已支付土地出让金1953350元,赔偿损失100万元。

（二）裁判结果

安徽省六安市中级人民法院一审认为,本案《建设用地使用权出让合同》合法有效。梁昌运依照合同约定的期限交清了全部土地出让金,霍邱县人民政府国土资源局未在合同约定的期限内交付适合开发的建设用地已构成违约,依法应当承担违约责任。根据合同约定,梁昌运有权解除合同,要求霍邱县人民政府国土资源局双倍返还定金、返还已交付的土地出让金,并承担赔偿责任。但本案合同约定的定金数额明显过高,依法应当调整。梁昌运主张的损失无充分证据证实,其虽确实存在运营及融资成本,但考虑双倍返还定金的数额并未过份高于或低于其实际损失,故对其要求另行支付利息及赔偿损失的诉讼请求依法不予支持。判决:一、解除梁昌运与霍邱县人民政府国土资源局签订的《国有建设用地使用权出让合同》;二、霍邱县人民政府国土资源局双倍返还梁昌运定金238.134万元;三、霍邱县人民政府国土资源局返还梁昌运已交纳的土地出让金476.268万元;三、驳回梁昌运的其他诉讼

[①] 案例来源:最高人民法院2016年4月8日发布十起依法平等保护公有制经济典型案例。

请求。一审宣判后,双方当事人均未上诉。

(三)典型意义

本案是关于违反国有土地使用权出让合同约定应当承担相应违约责任的典型性案例。实践中,在国有土地使用权出让过程中,由于一些地方政府的不规范行为,造成与非公有制企业签订国有土地使用权出让合同后,不能按约交付土地,侵害了非公有制经济主体的合法权益。在此情况下,依法维护非公有制经济主体的合同权益,是对其民事权利平等保护原则的重要体现。本案中,霍邱县人民政府国土资源局通过公开招投标程序与梁昌运签订了土地使用权出让合同,梁昌运也按照合同约定交纳了土地出让金,但霍邱县人民政府国土资源局没有依约交付土地构成违约,梁昌运根据合同约定要求解除合同、返还土地出让金、双倍返还定金等合理请求,均得到了人民法院的支持。人民法院审理该案件时,平等对待政府机关和非公有制经济主体,准确适用《合同法》相关规定,依法支持梁昌运的相关诉讼请求,妥善维护了非公有制经济的合法权益。

2. 定安城东建筑装修工程公司与海南省定安县人民政府、第三人中国农业银行定安支行收回国有土地使用权及撤销土地证案[①]

【裁判摘要】

行政机关作出对当事人不利的行政行为,未听取其陈述、申辩,违反正当程序原则的,属于行政诉讼法第五十四条第(二)项第3目"违反法定程序"的情形。行政机关根据《土地管理法》第五十八条第一款第(一)、(二)项规定,依法收回国有土地使用权的,对土地使用权人应当按照作出收回土地使用权决定时的市场评估价给予补偿。因行政补偿决定违法造成逾期付补偿款的,人民法院可以根据当事人的实际损失等情况,判决其承担逾期支付补偿款期间的同期银行利息损失。

【案情】

申请再审人(一审原告、二审被上诉人)定安城东建筑装修工程公司。住所地:海南省定安县定城镇大众中路克泽大厦一楼。

法定代表人莫克瑞,经理。

委托代理人吴昌平,海南鹏达律师事务所律师。

委托代理人莫克泽,定安县工商局退休干部。

被申请人(一审被告、二审上诉人)海南省定安县人民政府。住所地:定安县定城镇兴安大道。

法定代表人符立东,县长。

委托代理人周义桀,海南东方国信律师事务所律师。

委托代理人曾萍,定安县国土环境资源局公务员。

原审第三人中国农业银行定安支行。

负责人何日高,行长。

委托代理人何壮,海南省金裕律师事务所律师。

委托代理人钟冲,该行法律顾问。

申请再审人海南省定安城东建筑装修工程公司(以下简称城东公司)因诉被申请人海南省定安县人民政府(以下简称县政府)及原审第三人中国农业银行定安支行(以下简称定安支行)收回国有土地使用权及撤销土地证一案,不服海南省高级人民法院(以下简称海南高院)作出的(2008)琼行终字第159号行政判决,向本院申请再审。经审查,本院作出(2011)行监字第91号行政裁定,决定提审本案,并依法组成合议庭,于2013年8月30日在海南省高级人民法院第三法庭公开开庭审理本案,申请再审人的委托代理人吴昌平、莫克泽,被申请人的委托代理人周义桀、曾萍,原审第三人的委托代理人何壮、钟冲到庭参加诉讼。审理期间,本院依法委托杜鸣联合房地产评估(北京)有限公司对涉案土地价值进行评估,并组织各方当事人进行协调,但协调未果。本案现已审理终结。

一审经审理查明:1994年9月10日,定安县建设委员会(以下简称县建委)就定城人民北路东横街排水和路面建设工程与城东公司签订《工程承包合同》。后因县建委拖欠城东公司工程款80.472万元,县政府同意在该县塔岭工业开发区划出10亩土地作为补偿。1995年10月27日,县政府根据城东公司递交的《关于给人民北路东横街续建工程重新调整补偿用地问题的请示》,作出定府函[1995]117号《关于重新调整城东建筑装修工程公司补偿用地的批复》,决定在见龙路旁以每亩8万元的价格重新调整10亩土地给城东公司。同年12月8日,定安县土地管理局(以下简称县土地局)给城东公司颁发第14号《建设用地规划许可证》。同月27日,县政府作出定府[1995]299号《关于出让国有土地使用权给定安城东建筑装修工程公司的决定》,将位于塔岭开发区东北侧的6706平方米土地,以总价款80.472万元,出让给城东公司作为建设用地。随后城东公司与县土地局签订《国有土地使用权出让合同》。1995年12月28日,城东公司就出让所得6706平方米土地申请登记发证,但其填报申请土地登记时未写明土地用途,县土地局在审核过程中亦未在《地籍调查表》、

[①] 案例来源:最高人民法院行政判决书(2012)行提字第26号。

《土地登记审批表》等文书上载明土地用途。1996年1月22日,县政府根据城东公司的申请和县土地局的审核,在城东公司缴纳土地登记费后,给该公司颁发了定安国用(96)字第6号《国有土地使用证》(以下简称第6号土证)。此后,城东公司在该宗土地上开办了水泥预制厂。2001年11月9日,城东公司以该宗土地作为抵押物向定安支行贷款,并在定安县建设与国土环境资源局(原县土地局)办理抵押登记。2004年1月4日,县政府以城东公司土地闲置为由,在《海南日报》发布公告,拟无偿收回城东公司第6号国土证项下的土地使用权,但县政府并未实施无偿收地行为。2007年11月5日,县政府为落实塔岭规划新区城市规划用地的需要,作出定府[2007]112号《关于有偿收回国有土地使用权的通知》(以下简称112号通知),决定按原登记成本价80.6072万元有偿收回城东公司第6号国土证项下的土地使用权,并于11月8日送达城东公司。同年12月6日,县建设局(原定安县建设与国土环境资源局拆分为建设局、国土环境资源局)以海南省政府2007年1月27日已批准将城东公司受让的6706平方米综合公建用地调整为行政办公用地为由,决定撤销第14号《建设用地规划许可证》。同年12月7日,定安县国土环境资源局(以下简称县国土资源局)就有偿收回城东公司国有土地使用权事宜通知该公司和定安支行于12月11日举行听证会,城东公司没有参加听证。同年12月14日,县政府以城东公司申请土地登记发证未填写土地用途、县土地局在审核过程中亦未在《地籍调查登记表》、《土地登记审批表》等有关文书上载明土地用途导致错误登记发证为由,告知城东公司拟撤销第6号国土证。同年12月29日,县政府作出定府[2007]150号《关于撤销定安国用(96)字第6号〈国有土地使用证〉的决定》(以下简称150号撤证决定),撤销第6号国土证。城东公司不服该决定,向原海南省海南中级人民法院(现更名为海南省第一中级人民法院)提起行政诉讼。

一审判决认为:涉讼土地是县政府1996年为抵偿工程款而补偿给城东公司并颁证的土地。根据《中华人民共和国土地管理法》第五十八条的规定,县政府为公共利益的需要,可以有偿收回涉案土地使用权。但县政府112号通知决定按原抵偿价有偿收回其土地使用权,未考虑土地增值的因素,其收地行为是显然是不适当的。县政府在作出112号通知前,没有提出有偿收回国有土地使用权的方案,并存在先决定收回后举行听证的情形,违反法定程序。鉴于本案涉讼土地现已由县政府作为行政办公用地使用,撤销112号通知将会给国家利益造成损失,故不宜判决撤销而应确认违法。《土地登记规则》第十一条规定,申请土地登记时应在土地登记申请书上载明土地用途。但土地登记申请书未载明土地用途并不是注销土地登记的法定事由。因此,县政府以城东公司申请土地登记时未填写土地用途为由撤销第6号国土证没有法律依据。但撤销该行为无实际意义,故应确认150号撤证决定违法。依照最高人民法院《关于执行〈中华人民共和国行政诉讼法〉若干问题的解释》第五十八条规定判决:一、确认县政府作出的112号通知违法。二、确认县政府作出的150号撤证决定违法。三、责令县政府对收回城东公司国有土地使用权的损失采取补救措施。县政府不服一审判决提起上诉。

海南高院二审判决对一审判决认定事实予以确认,但认为城东公司自1996年1月取得争议土地后,未对该土地进行实质性的开发,只是在该土地上办了简易的水泥预制厂。2004年1月,县政府根据争议土地闲置两年以上的事实,拟无偿收回争议土地。但为使城东公司合法权益不受损害,结合本案讼争土地已经海南省人民政府批准作为县政府行政办公用地的实际情况,县政府根据《中华人民共和国土地管理法》第五十八条第一款规定,作出有偿收回涉案土地的决定,其做法已经充分维护了城东公司的合法权益。因此,县政府作出的112号通知认定事实清楚,适用法律正确,应予维持。县政府作出的150号撤证决定是对112号通知有关事宜的完善,撤销第6号国土证并不意味着城东公司的合法权益无法得到保护,其可依据112号通知就有偿收地具体方案与县政府协商。依照《中华人民共和国行政诉讼法》第六十一条第(三)项和最高人民法院《关于执行〈中华人民共和国行政诉讼法〉若干问题的解释》第五十六条第(四)项和第七十条之规定判决:一、撤销(2008)海南行初字第69号行政判决。二、驳回城东公司的诉讼请求。

申请再审人称:海南高院判决的认定有悖法律与事实。一是涉案土地在1996年是一片尚未开发的土地,属工业商业住宅综合性建设用地。申诉人进行土地平整建水泥预制厂符合规划,已进行了实质性开发和利用。二是土地闲置两年以上不是事实。该土地抵偿给申诉人后就建了水泥预制厂从未闲置,不适用闲置土地法律规定,更不适用无偿收回,这也是被申诉人公告无偿收回后,又以公共利益为由有偿收回的原因所在。三是县政府为自己建设办公大楼,不能认定是"公共利益",这与《中华人民共和国土地管理法》是背道而驰的。四是"适当补偿"要根据市场评估定价。海南高院(2008)琼行终字第159号行政判决适用法律错误,请求予以撤销。

被申请人答辩称:一、城东公司闲置土地事实明确。按照县国土部门与城东公司签订的《国有土地出让合同》

约定，城东公司应当在 1997 年 12 月 20 日前完成项目建设，而城东公司建设与规划不相符的水泥预制厂项目，明显违反《中华人民共和国城市规划法》第二十九条的规定，构成闲置土地。二、行政办公用地可以界定为"公共利益"。参照《国有土地上房屋征收与补偿条例》第八条规定，政府组织的市政公用等公共事业需要属于公共利益范畴。三、有偿收回土地的补偿标准并无不当。县政府以80.6 万元的价格有偿收回涉案土地使用权，此价格与当时土地价格差距不大。城东公司在长达 10 年的时间里未对涉案土地进行实质开发建设，属于严重闲置土地行为，本可无偿收回土地，但考虑社会和谐，选择了有偿收回。闲置土地的增值部分不应由县政府承担，城东公司这种意图通过囤积土地待价而沽的行为也是不值得提倡的。

原审第三人答辩称：一、涉案土地已经办理抵押登记手续，取得他项权利证书，抵押权合法有效，抵押优先受偿权应受法律保护。二、定安支行是善意抵押权人，没有过错，若涉案土地使用权被收回，将导致抵押权消灭，显失公平，也对交易安全造成巨大风险。县政府应当基于公平原则维护银行抵押权。三、就算县政府 112 号通知和 150 号撤证决定合法，依照《中华人民共和国担保法》第五十八条、最高人民法院《关于适用〈中华人民共和国担保法〉若干问题的解释》第八十条，以及《中华人民共和国物权法》第一百七十四条之规定，定安支行也有从城东公司的土地补偿金中优先受偿的权利。四、县政府 112 号通知和 150 号撤证决定存在违法，且严重损害抵押权人的合法权益，依法应予撤销。请求支持城东公司的诉讼请求，维护定安支行的主债权和抵押权。

本院庭审中，除以下三项事实外，各方当事人对原审判决认定主要事实均无异议，本院予以确认。

（一）城东公司对原审判决认定其"申请土地登记发证时未填报土地用途"提出异议，认为涉案土地是县政府因欠工程款抵债而来，应当由县政府办理，未填写土地用途不是该公司的错误。县政府辩称，涉案土地当时应当属于工业用地，但确实没有申报项目、没有规划，土地证上也未注明用途，未注明用途的原因不清楚。定安支行表示，对颁证过程不清楚。

本院认为，原审判决认定"申请土地登记发证时未填报土地用途"仅仅是一个事实陈述，各方当事人对此事实并无异议，未填写的过错责任不属于本案事实认定问题。因此，对原审判决认定的该项事实予以确认。

（二）城东公司对原审判决认定其未参加听证会的事实提出异议，称其代表提前 10 分钟到会场，但因会议室门未开，等了约一小时离开，并认为一审县政府提交的听证会记录是伪造的。县政府辩称：举证有听证会通知书、送达回证、会议记录等证据证明，已书面通知城东公司、定安支行参加听证会。定安支行到会，城东公司未到会。定安支行表示，参加听证会的人确是该行工作人员，但对听证会记录的真实性不予表态。

本院认为，根据一审县政府所举听证会通知书、送达回证及城东公司的陈述，可以认定事先通知城东公司和定安支行参加听证会；根据听证会会议记录和听证会签到单及定安支行对到会人员身份的认可，可以证明 2007 年 12 月 11 日就收回土地事宜举行听证会。城东公司认为听证会记录系伪造，没有提供相应证据证明，其抗辩理由不能成立。本院对原审判决认定的该项事实予以确认。

（三）县政府对原审判决认定城东公司取得土地证后在该宗土地上办了水泥预制厂的事实提出异议，认为没有证据证明该公司在涉案土地上建了水泥预制厂。城东公司辩称，公司营业执照及拆除前的现场照片可以证明建水泥预制厂的事实。定安支行认可城东公司的意见。

本院认为，城东公司 2007 年营业执照经营范围主营项目栏中有"室内外装修工程"和"建筑材料销售"的内容，现场照片可见与涉案土地相邻的楼房及空地堆放大量预制水泥管，两者与城东公司及定安支行的陈述相互印证，可以认定涉案土地上建有水泥预制厂的事实。县政府否定该项事实，没有提供充分证据，本院不予支持。

审理过程中，本院委托杜鸣评估公司以住宅用地用途对涉案土地在 2007 年 11 月 5 日县政府决定收回土地使用权时的市场价格进行评估。杜鸣评估公司作出京杜鸣估 F 字［2013］第 91292 号《房地产估价报告》，评估结果为：估价对象在估价基准日的市场价值为人民币 135 万元。庭审中，本院对该项证据进行了质证。城东公司对评估主体、程序等无异议，但对评估结果有异议，认为以 2007 年 11 月 5 日作为评估基准日不当。县政府对该评估报告无异议。定安支行提出，庭后咨询相关人士后再发表意见。其在庭后提交书面意见认为，该评估价明显低于当地市场价。

本院认为，杜鸣评估公司及其评估人员具有法定的土地价格评估资质，评估主体合法；评估过程中，本院组织评估机构及各方当事人对评估材料进行质证、认证，并进行现场勘查；评估机构按照本院委托书要求和法定程序依法作出评估。以申请再审人合法权益受到具体行政行为影响即县政府决定收回土地使用权时的市场价格进行评估，并无不当。定安支行认为评估价明显低于当地市场价，但并未提出评估报告错误的理由和证据，经与评估时点定安县同区域同类土地市场价格相比较，涉案土地评估价格并不存在明显偏低的事实。城东公司及定安支行的抗辩理由不能成立。评估报告合法有效,本院予以采信。

本案争议焦点主要有:一是被诉112号通知中收回土地使用权决定的合法性问题;二是被诉112号通知中行政补偿决定的合法性问题;三是150号撤证决定的合法性问题。

(一)关于被诉112号通知中收回土地使用权决定的合法性问题。根据《中华人民共和国土地管理法》第五十八条第一款规定,县政府有偿收回涉案土地使用权,具有法定职权。但县政府在作出被诉112号通知之前,未听取当事人的陈述和申辩意见,事后通知城东公司和定安支行举行听证,违反"先听取意见后作决定"的基本程序规则。国务院国发[2004]10号《全面推进依法行政实施纲要》明确要求,行政机关实施行政管理要"程序正当","除涉及国家秘密和依法受到保护的商业秘密、个人隐私的外,应当公开,注意听取公民、法人和其他组织的意见;要严格遵循法定程序,依法保障行政管理相对人、利害关系人的知情权、参与权和救济权。"县政府作出112号通知前,未听取当事人意见,违反正当程序原则,本应依法撤销,但考虑到县政府办公楼已经建成并投入使用,撤销112号通知中有偿收回涉案土地使用权决定已无实际意义,且可能会损害公共利益。依据最高人民法院《关于执行〈中华人民共和国行政诉讼法〉若干问题的解释》第五十八条规定,应当依法判决确认该行政行为违法。

(二)关于112号通知中行政补偿内容的合法性问题。根据《中华人民共和国土地管理法》第五十八条第二款规定,因公共利益需要使用土地收回国有土地使用权的,对土地使用权人应当给予适当补偿。县政府根据省政府批准的总体规划要求为建设县政府办公楼需要使用涉案土地,收回城东公司的土地使用权,应当依法给予"适当补偿"。所谓"适当补偿"应当是公平合理的补偿,即按照被收回土地的性质、用途、区位等,以作出收地决定之日的市场评估价予以补偿。县政府按土地原成本价予以补偿于法无据。城东公司以收地决定违法,涉案土地使用权至今仍属于其享有为由,主张应以最终判决时的市场评估价予以补偿,其理由不能成立。本案收地决定属于违反程序,判决确认收地决定违法并未否定其法律效力。根据《中华人民共和国物权法》第二十八条规定,涉案土地使用权自收地决定生效之日已经发生物权转移的效力。考虑到涉案土地登记资料中"土地用途"栏项空白,结合当地土地交易市场情况,对涉案土地以使用年限最长、市场价值最高的"住宅用地"用途进行评估,有利于维护行政相对人的合法权益。鉴于县政府收回土地使用权行为违法,补偿价格明显不公,且收地决定作出后涉案土地升值较大,而当事人因不能以转让土地使用权方式及时偿还银行贷款,存在贷款利息损失,县政府在支付补偿款的同时,还应当支付自决定收回土地使用权之日起至实际支付全部补偿款之日的同期银行贷款利息。

(三)关于150号撤证决定的合法性问题。县政府作出112号通知后,并未要求城东公司持有关证明文件到土地管理部门申请注销土地登记,而是以该公司持有的《国有土地使用证》未按《土地登记规则》第十一条规定载明土地用途,土地管理部门也未按《土地登记规则》第十四条规定全面审核并填写土地登记审批表,造成错误登记发证为由,作出150号撤证决定。当初未填写土地用途,并非城东公司的原因所致,本可以补正方式解决,县政府却以此为由撤销城东公司合法持有的《国有土地使用证》,属于滥用行政职权,依法应予撤销。考虑到涉案土地已经收回并建成办公楼投入使用,根据最高人民法院《关于执行〈中华人民共和国行政诉讼法〉若干问题的解释》第五十八条规定,亦应依法确认该行政行为违法。

综上,112号通知中收地决定行为违反法定程序,被诉150号撤证决定滥用职权,应当依法判决确认违法;112号通知中行政补偿决定适用法律错误、违反法定程序,并显失公正,依法应予纠正。二审判决驳回原告诉讼请求错误,依法应予撤销。一审判决确认112号通知中行政补偿决定违法,并责令县政府对城东公司的损失采取补救措施,判决内容不具体,依法应予撤销和改判。城东公司申请再审理由部分成立,依法应予支持。原审定安支行对抵押物享有优先受偿权的主张成立,县政府在支付补偿款时应依法予以保护。依照最高人民法院《关于执行〈中华人民共和国行政诉讼法〉若干问题的解释》第五十八条、第七十八条规定,判决如下:

一、撤销海南省高级人民法院(2008)琼行终字第159号行政判决。

二、维持原海南省海南中级人民法院(2008)海南行初字第69号行政判决第一项对定安县人民政府2007年11月5日作出的定府[2007]112号《关于有偿收回国有土地使用权的通知》确认违法中有关收回国有土地使用权部分的内容;维持该判决第二项对定安县人民政府2007年12月29日作出的定府[2007]150号《关于撤销定国用(96)字第6号〈国有土地使用证〉的决定》确认违法的内容。

三、撤销原海南省海南中级人民法院(2008)海南行初字第69号行政判决第一项确认定安县人民政府2007年11月5日作出的定府[2007]112号《关于有偿收回国有土地使用权的通知》中有关"按成本价 80.6072 万元"对定安城东建筑装修工程公司进行行政补偿部分的内容。

四、撤销原海南省海南中级人民法院（2008）海南行初字第 69 号行政判决第三项责令定安县人民政府对收回定安城东建筑装修工程公司国有土地使用权的损失采取补救措施的判决；责令定安县人民政府自本判决送达之日起 15 日内一次性向定安城东建筑装修工程公司支付收回土地使用权补偿款 135 万元及同期银行贷款利息（贷款利息自 2007 年 11 月 5 日起计算，至本息实际支付完毕止）。

一、二审案件受理费共计 100 元，土地评估及其他费用 16 776 元，合计 16 876 元，由定安县人民政府负担。上述费用定安城东建筑装修工程公司已经支付，定安县人民政府在支付补偿款及贷款利息同时将上述款项一并支付给定安城东建筑装修工程公司。

本判决为终审判决。

五、建筑工程

1. 综 合

中华人民共和国建筑法

- 1997年11月1日第八届全国人民代表大会常务委员会第二十八次会议通过
- 根据2011年4月22日第十一届全国人民代表大会常务委员会第二十次会议《关于修改〈中华人民共和国建筑法〉的决定》第一次修正
- 根据2019年4月23日第十三届全国人民代表大会常务委员会第十次会议《关于修改〈中华人民共和国建筑法〉等八部法律的决定》第二次修正

第一章 总 则

第一条 【立法目的】为了加强对建筑活动的监督管理，维护建筑市场秩序，保证建筑工程的质量和安全，促进建筑业健康发展，制定本法。

第二条 【适用范围】在中华人民共和国境内从事建筑活动，实施对建筑活动的监督管理，应当遵守本法。

本法所称建筑活动，是指各类房屋建筑及其附属设施的建造和与其配套的线路、管道、设备的安装活动。

第三条 【建设活动要求】建筑活动应当确保建筑工程质量和安全，符合国家的建筑工程安全标准。

第四条 【国家扶持】国家扶持建筑业的发展，支持建筑科学技术研究，提高房屋建筑设计水平，鼓励节约能源和保护环境，提倡采用先进技术、先进设备、先进工艺、新型建筑材料和现代管理方式。

第五条 【从业要求】从事建筑活动应当遵守法律、法规，不得损害社会公共利益和他人的合法权益。

任何单位和个人都不得妨碍和阻挠依法进行的建筑活动。

第六条 【管理部门】国务院建设行政主管部门对全国的建筑活动实施统一监督管理。

第二章 建筑许可

第一节 建筑工程施工许可

第七条 【许可证的领取】建筑工程开工前，建设单位应当按照国家有关规定向工程所在地县级以上人民政府建设行政主管部门申请领取施工许可证；但是，国务院建设行政主管部门确定的限额以下的小型工程除外。

按照国务院规定的权限和程序批准开工报告的建筑工程，不再领取施工许可证。

第八条 【申领条件】申请领取施工许可证，应当具备下列条件：

（一）已经办理该建筑工程用地批准手续；

（二）依法应当办理建设工程规划许可证的，已经取得建设工程规划许可证；

（三）需要拆迁的，其拆迁进度符合施工要求；

（四）已经确定建筑施工企业；

（五）有满足施工需要的资金安排、施工图纸及技术资料；

（六）有保证工程质量和安全的具体措施。

建设行政主管部门应当自收到申请之日起七日内，对符合条件的申请颁发施工许可证。

第九条 【开工期限】建设单位应当自领取施工许可证之日起三个月内开工。因故不能按期开工的，应当向发证机关申请延期；延期以两次为限，每次不超过三个月。既不开工又不申请延期或者超过延期时限的，施工许可证自行废止。

第十条 【施工中止与恢复】在建的建筑工程因故中止施工的，建设单位应当自中止施工之日起一个月内，向发证机关报告，并按照规定做好建筑工程的维护管理工作。

建筑工程恢复施工时，应当向发证机关报告；中止施工满一年的工程恢复施工前，建设单位应当报发证机关核验施工许可证。

第十一条 【不能按期施工处理】按照国务院有关规定批准开工报告的建筑工程，因故不能按期开工或者中止施工的，应当及时向批准机关报告情况。因故不能按期开工超过六个月的，应当重新办理开工报告的批准手续。

第二节 从业资格

第十二条 【从业条件】从事建筑活动的建筑施工企业、勘察单位、设计单位和工程监理单位，应当具备下列条件：

（一）有符合国家规定的注册资本；

（二）有与其从事的建筑活动相适应的具有法定执业资格的专业技术人员；

（三）有从事相关建筑活动所应有的技术装备；

（四）法律、行政法规规定的其他条件。

第十三条　【资质等级】从事建筑活动的建筑施工企业、勘察单位、设计单位和工程监理单位，按照其拥有的注册资本、专业技术人员、技术装备和已完成的建筑工程业绩等资质条件，划分为不同的资质等级，经资质审查合格，取得相应等级的资质证书后，方可在其资质等级许可的范围内从事建筑活动。

第十四条　【执业资格的取得】从事建筑活动的专业技术人员，应当依法取得相应的执业资格证书，并在执业资格证书许可的范围内从事建筑活动。

第三章　建筑工程发包与承包

第一节　一般规定

第十五条　【承包合同】建筑工程的发包单位与承包单位应当依法订立书面合同，明确双方的权利和义务。

发包单位和承包单位应当全面履行合同约定的义务。不按照合同约定履行义务的，依法承担违约责任。

第十六条　【活动原则】建筑工程发包与承包的招标投标活动，应当遵循公开、公正、平等竞争的原则，择优选择承包单位。

建筑工程的招标投标，本法没有规定的，适用有关招标投标法律的规定。

第十七条　【禁止行贿、索贿】发包单位及其工作人员在建筑工程发包中不得收受贿赂、回扣或者索取其他好处。

承包单位及其工作人员不得利用向发包单位及其工作人员行贿、提供回扣或者给予其他好处等不正当手段承揽工程。

第十八条　【造价约定】建筑工程造价应当按照国家有关规定，由发包单位与承包单位在合同中约定。公开招标发包的，其造价的约定，须遵守招标投标法律的规定。

发包单位应当按照合同的约定，及时拨付工程款项。

第二节　发　包

第十九条　【发包方式】建筑工程依法实行招标发包，对不适于招标发包的可以直接发包。

第二十条　【公开招标、开标方式】建筑工程实行公开招标的，发包单位应当依照法定程序和方式，发布招标公告，提供载有招标工程的主要技术要求、主要的合同条款、评标的标准和方法以及开标、评标、定标的程序等内容的招标文件。

开标应当在招标文件规定的时间、地点公开进行。开标后应当按照招标文件规定的评标标准和程序对标书进行评价、比较，在具备相应资质条件的投标者中，择优选定中标者。

第二十一条　【招标组织和监督】建筑工程招标的开标、评标、定标由建设单位依法组织实施，并接受有关行政主管部门的监督。

第二十二条　【发包约束】建筑工程实行招标发包的，发包单位应当将建筑工程发包给依法中标的承包单位。建筑工程实行直接发包的，发包单位应当将建筑工程发包给具有相应资质条件的承包单位。

第二十三条　【禁止限定发包】政府及其所属部门不得滥用行政权力，限定发包单位将招标发包的建筑工程发包给指定的承包单位。

第二十四条　【总承包原则】提倡对建筑工程实行总承包，禁止将建筑工程肢解发包。

建筑工程的发包单位可以将建筑工程的勘察、设计、施工、设备采购一并发包给一个工程总承包单位，也可以将建筑工程勘察、设计、施工、设备采购的一项或者多项发包给一个工程总承包单位；但是，不得将应当由一个承包单位完成的建筑工程肢解成若干部分发包给几个承包单位。

第二十五条　【建筑材料采购】按照合同约定，建筑材料、建筑构配件和设备由工程承包单位采购的，发包单位不得指定承包单位购入用于工程的建筑材料、建筑构配件和设备或者指定生产厂、供应商。

第三节　承　包

第二十六条　【资质等级许可】承包建筑工程的单位应当持有依法取得的资质证书，并在其资质等级许可的业务范围内承揽工程。

禁止建筑施工企业超越本企业资质等级许可的业务范围或者以任何形式用其他建筑施工企业的名义承揽工程。禁止建筑施工企业以任何形式允许其他单位或者个人使用本企业的资质证书、营业执照，以本企业的名义承揽工程。

第二十七条　【共同承包】大型建筑工程或者结构复杂的建筑工程，可以由两个以上的承包单位联合共同承包。共同承包的各方对承包合同的履行承担连带责任。

两个以上不同资质等级的单位实行联合共同承包的，

应当按照资质等级低的单位的业务许可范围承揽工程。

第二十八条　【禁止转包、分包】禁止承包单位将其承包的全部建筑工程转包给他人，禁止承包单位将其承包的全部建筑工程肢解以后以分包的名义分别转包给他人。

第二十九条　【分包认可和责任制】建筑工程总承包单位可以将承包工程中的部分工程发包给具有相应资质条件的分包单位；但是，除总承包合同中约定的分包外，必须经建设单位认可。施工总承包的，建筑工程主体结构的施工必须由总承包单位自行完成。

建筑工程总承包单位按照总承包合同的约定对建设单位负责；分包单位按照分包合同的约定对总承包单位负责。总承包单位和分包单位就分包工程对建设单位承担连带责任。

禁止总承包单位将工程分包给不具备相应资质条件的单位。禁止分包单位将其承包的工程再分包。

第四章　建筑工程监理

第三十条　【监理制度推行】国家推行建筑工程监理制度。

国务院可以规定实行强制监理的建筑工程的范围。

第三十一条　【监理委托】实行监理的建筑工程，由建设单位委托具有相应资质条件的工程监理单位监理。建设单位与其委托的工程监理单位应当订立书面委托监理合同。

第三十二条　【监理监督】建筑工程监理应当依照法律、行政法规及有关的技术标准、设计文件和建筑工程承包合同，对承包单位在施工质量、建设工期和建设资金使用等方面，代表建设单位实施监督。

工程监理人员认为工程施工不符合工程设计要求、施工技术标准和合同约定的，有权要求建筑施工企业改正。

工程监理人员发现工程设计不符合建筑工程质量标准或者合同约定的质量要求的，应当报告建设单位要求设计单位改正。

第三十三条　【监理事项通知】实施建筑工程监理前，建设单位应当将委托的工程监理单位、监理的内容及监理权限，书面通知被监理的建筑施工企业。

第三十四条　【监理范围与职责】工程监理单位应当在其资质等级许可的监理范围内，承担工程监理业务。

工程监理单位应当根据建设单位的委托，客观、公正地执行监理任务。

工程监理单位与被监理工程的承包单位以及建筑材料、建筑构配件和设备供应单位不得有隶属关系或者其他利害关系。

工程监理单位不得转让工程监理业务。

第三十五条　【违约责任】工程监理单位不按照委托监理合同的约定履行监理义务，对应当监督检查的项目不检查或者不按照规定检查，给建设单位造成损失的，应当承担相应的赔偿责任。

工程监理单位与承包单位串通，为承包单位谋取非法利益，给建设单位造成损失的，应当与承包单位承担连带赔偿责任。

第五章　建筑安全生产管理

第三十六条　【管理方针、目标】建筑工程安全生产管理必须坚持安全第一、预防为主的方针，建立健全安全生产的责任制度和群防群治制度。

第三十七条　【工程设计要求】建筑工程设计应当符合按照国家规定制定的建筑安全规程和技术规范，保证工程的安全性能。

第三十八条　【安全措施编制】建筑施工企业在编制施工组织设计时，应当根据建筑工程的特点制定相应的安全技术措施；对专业性较强的工程项目，应当编制专项安全施工组织设计，并采取安全技术措施。

第三十九条　【现场安全防范】建筑施工企业应当在施工现场采取维护安全、防范危险、预防火灾等措施；有条件的，应当对施工现场实行封闭管理。

施工现场对毗邻的建筑物、构筑物和特殊作业环境可能造成损害的，建筑施工企业应当采取安全防护措施。

第四十条　【地下管线保护】建设单位应当向建筑施工企业提供与施工现场相关的地下管线资料，建筑施工企业应当采取措施加以保护。

第四十一条　【污染控制】建筑施工企业应当遵守有关环境保护和安全生产的法律、法规的规定，采取控制和处理施工现场的各种粉尘、废气、废水、固体废物以及噪声、振动对环境的污染和危害的措施。

第四十二条　【须审批事项】有下列情形之一的，建设单位应当按照国家有关规定办理申请批准手续：

（一）需要临时占用规划批准范围以外场地的；

（二）可能损坏道路、管线、电力、邮电通讯等公共设施的；

（三）需要临时停水、停电、中断道路交通的；

（四）需要进行爆破作业的；

（五）法律、法规规定需要办理报批手续的其他情形。

第四十三条　【安全生产管理部门】建设行政主管

部门负责建筑安全生产的管理，并依法接受劳动行政主管部门对建筑安全生产的指导和监督。

第四十四条　【施工企业安全责任】建筑施工企业必须依法加强对建筑安全生产的管理，执行安全生产责任制度，采取有效措施，防止伤亡和其他安全生产事故的发生。

建筑施工企业的法定代表人对本企业的安全生产负责。

第四十五条　【现场安全责任单位】施工现场安全由建筑施工企业负责。实行施工总承包的，由总承包单位负责。分包单位向总承包单位负责，服从总承包单位对施工现场的安全生产管理。

第四十六条　【安全生产教育培训】建筑施工企业应当建立健全劳动安全生产教育培训制度，加强对职工安全生产的教育培训；未经安全生产教育培训的人员，不得上岗作业。

第四十七条　【施工安全保障】建筑施工企业和作业人员在施工过程中，应当遵守有关安全生产的法律、法规和建筑行业安全规章、规程，不得违章指挥或者违章作业。作业人员有权对影响人身健康的作业程序和作业条件提出改进意见，有权获得安全生产所需的防护用品。作业人员对危及生命安全和人身健康的行为有权提出批评、检举和控告。

第四十八条　【企业承保】建筑施工企业应当依法为职工参加工伤保险缴纳工伤保险费。鼓励企业为从事危险作业的职工办理意外伤害保险，支付保险费。

第四十九条　【变动设计方案】涉及建筑主体和承重结构变动的装修工程，建设单位应当在施工前委托原设计单位或者具有相应资质条件的设计单位提出设计方案；没有设计方案的，不得施工。

第五十条　【房屋拆除安全】房屋拆除应当由具备保证安全条件的建筑施工单位承担，由建筑施工单位负责人对安全负责。

第五十一条　【事故应急处理】施工中发生事故时，建筑施工企业应当采取紧急措施减少人员伤亡和事故损失，并按照国家有关规定及时向有关部门报告。

第六章　建筑工程质量管理

第五十二条　【工程质量管理】建筑工程勘察、设计、施工的质量必须符合国家有关建筑工程安全标准的要求，具体管理办法由国务院规定。

有关建筑工程安全的国家标准不能适应确保建筑安全的要求时，应当及时修订。

第五十三条　【质量体系认证】国家对从事建筑活动的单位推行质量体系认证制度。从事建筑活动的单位根据自愿原则可以向国务院产品质量监督管理部门或者国务院产品质量监督管理部门授权的部门认可的认证机构申请质量体系认证。经认证合格的，由认证机构颁发质量体系认证证书。

第五十四条　【工程质量保证】建设单位不得以任何理由，要求建筑设计单位或者建筑施工企业在工程设计或者施工作业中，违反法律、行政法规和建筑工程质量、安全标准，降低工程质量。

建筑设计单位和建筑施工企业对建设单位违反前款规定提出的降低工程质量的要求，应当予以拒绝。

第五十五条　【工程质量责任制】建筑工程实行总承包的，工程质量由工程总承包单位负责，总承包单位将建筑工程分包给其他单位的，应当对分包工程的质量与分包单位承担连带责任。分包单位应当接受总承包单位的质量管理。

第五十六条　【工程勘察、设计职责】建筑工程的勘察、设计单位必须对其勘察、设计的质量负责。勘察、设计文件应当符合有关法律、行政法规的规定和建筑工程质量、安全标准，建筑工程勘察、设计技术规范以及合同的约定。设计文件选用的建筑材料、建筑构配件和设备，应当注明其规格、型号、性能等技术指标，其质量要求必须符合国家规定的标准。

第五十七条　【建筑材料供给】建筑设计单位对设计文件选用的建筑材料、建筑构配件和设备，不得指定生产厂、供应商。

第五十八条　【施工质量责任制】建筑施工企业对工程的施工质量负责。

建筑施工企业必须按照工程设计图纸和施工技术标准施工，不得偷工减料。工程设计的修改由原设计单位负责，建筑施工企业不得擅自修改工程设计。

第五十九条　【建设材料设备检验】建筑施工企业必须按照工程设计要求、施工技术标准和合同的约定，对建筑材料、建筑构配件和设备进行检验，不合格的不得使用。

第六十条　【地基和主体结构质量保证】建筑物在合理使用寿命内，必须确保地基基础工程和主体结构的质量。

建筑工程竣工时，屋顶、墙面不得留有渗漏、开裂等质量缺陷；对已发现的质量缺陷，建筑施工企业应当修复。

第六十一条　【工程验收】交付竣工验收的建筑工

程,必须符合规定的建筑工程质量标准,有完整的工程技术经济资料和经签署的工程保修书,并具备国家规定的其他竣工条件。

建筑工程竣工经验收合格后,方可交付使用;未经验收或者验收不合格的,不得交付使用。

第六十二条 【工程质量保修】建筑工程实行质量保修制度。

建筑工程的保修范围应当包括地基基础工程、主体结构工程、屋面防水工程和其他土建工程,以及电气管线、上下水管线的安装工程,供热、供冷系统工程等项目;保修的期限应当按照保证建筑物合理寿命年限内正常使用、维护使用者合法权益的原则确定。具体的保修范围和最低保修期限由国务院规定。

第六十三条 【质量投诉】任何单位和个人对建筑工程的质量事故、质量缺陷都有权向建设行政主管部门或者其他有关部门进行检举、控告、投诉。

第七章 法律责任

第六十四条 【擅自施工处罚】违反本法规定,未取得施工许可证或者开工报告未经批准擅自施工的,责令改正,对不符合开工条件的责令停止施工,可以处以罚款。

第六十五条 【非法发包、承揽处罚】发包单位将工程发包给不具有相应资质条件的承包单位的,或者违反本法规定将建筑工程肢解发包的,责令改正,处以罚款。

超越本单位资质等级承揽工程的,责令停止违法行为,处以罚款,可以责令停业整顿,降低资质等级;情节严重的,吊销资质证书;有违法所得的,予以没收。

未取得资质证书承揽工程的,予以取缔,并处罚款;有违法所得的,予以没收。

以欺骗手段取得资质证书的,吊销资质证书,处以罚款;构成犯罪的,依法追究刑事责任。

第六十六条 【非法转让承揽工程处罚】建筑施工企业转让、出借资质证书或者以其他方式允许他人以本企业的名义承揽工程的,责令改正,没收违法所得,并处罚款,可以责令停业整顿,降低资质等级;情节严重的,吊销资质证书。对因该项承揽工程不符合规定的质量标准造成的损失,建筑施工企业与使用本企业名义的单位或者个人承担连带赔偿责任。

第六十七条 【转包处罚】承包单位将承包的工程转包的,或者违反本法规定进行分包的,责令改正,没收违法所得,并处罚款,可以责令停业整顿,降低资质等级;情节严重的,吊销资质证书。

承包单位有前款规定的违法行为的,对因转包工程或者违法分包的工程不符合规定的质量标准造成的损失,与接受转包或者分包的单位承担连带赔偿责任。

第六十八条 【行贿、索贿刑事责任】在工程发包与承包中索贿、受贿、行贿,构成犯罪的,依法追究刑事责任;不构成犯罪的,分别处以罚款,没收贿赂的财物,对直接负责的主管人员和其他直接责任人员给予处分。

对在工程承包中行贿的承包单位,除依照前款规定处罚外,可以责令停业整顿,降低资质等级或者吊销资质证书。

第六十九条 【非法监理处罚】工程监理单位与建设单位或者建筑施工企业串通,弄虚作假、降低工程质量的,责令改正,处以罚款,降低资质等级或者吊销资质证书;有违法所得的,予以没收;造成损失的,承担连带赔偿责任;构成犯罪的,依法追究刑事责任。

工程监理单位转让监理业务的,责令改正,没收违法所得,可以责令停业整顿,降低资质等级;情节严重的,吊销资质证书。

第七十条 【擅自变动施工处罚】违反本法规定,涉及建筑主体或者承重结构变动的装修工程擅自施工的,责令改正,处以罚款;造成损失的,承担赔偿责任;构成犯罪的,依法追究刑事责任。

第七十一条 【安全事故处罚】建筑施工企业违反本法规定,对建筑安全事故隐患不采取措施予以消除的,责令改正,可以处以罚款;情节严重的,责令停业整顿,降低资质等级或者吊销资质证书;构成犯罪的,依法追究刑事责任。

建筑施工企业的管理人员违章指挥、强令职工冒险作业,因而发生重大伤亡事故或者造成其他严重后果的,依法追究刑事责任。

第七十二条 【质量降低处罚】建设单位违反本法规定,要求建筑设计单位或者建筑施工企业违反建筑工程质量、安全标准,降低工程质量的,责令改正,可以处以罚款;构成犯罪的,依法追究刑事责任。

第七十三条 【非法设计处罚】建筑设计单位不按照建筑工程质量、安全标准进行设计的,责令改正,处以罚款;造成工程质量事故的,责令停业整顿,降低资质等级或者吊销资质证书,没收违法所得,并处罚款;造成损失的,承担赔偿责任;构成犯罪的,依法追究刑事责任。

第七十四条 【非法施工处罚】建筑施工企业在施工中偷工减料的,使用不合格的建筑材料、建筑构配件和设备的,或者有其他不按照工程设计图纸或者施工技术标准施工的行为的,责令改正,处以罚款;情节严重的,责令停业整顿,降低资质等级或者吊销资质证书;造成建筑工程质量不符合规定的质量标准的,负责返工、修理,并赔偿因此造成的损失;构成犯罪的,依法追究刑事责任。

第七十五条 【不保修处罚及赔偿】建筑施工企业违反本法规定,不履行保修义务或者拖延履行保修义务的,责令改正,可以处以罚款,并对在保修期内因屋顶、墙面渗漏、开裂等质量缺陷造成的损失,承担赔偿责任。

第七十六条 【行政处罚机关】本法规定的责令停业整顿、降低资质等级和吊销资质证书的行政处罚,由颁发资质证书的机关决定;其他行政处罚,由建设行政主管部门或者有关部门依照法律和国务院规定的职权范围决定。

依照本法规定被吊销资质证书的,由工商行政管理部门吊销其营业执照。

第七十七条 【非法颁证处罚】违反本法规定,对不具备相应资质等级条件的单位颁发该等级资质证书的,由其上级机关责令收回所发的资质证书,对直接负责的主管人员和其他直接责任人员给予行政处分;构成犯罪的,依法追究刑事责任。

第七十八条 【限包处罚】政府及其所属部门的工作人员违反本法规定,限定发包单位将招标发包的工程发包给指定的承包单位,由上级机关责令改正;构成犯罪的,依法追究刑事责任。

第七十九条 【非法颁证、验收处罚】负责颁发建筑工程施工许可证的部门及其工作人员对不符合施工条件的建筑工程颁发施工许可证的,负责工程质量监督检查或者竣工验收的部门及其工作人员对不合格的建筑工程出具质量合格文件或者按合格工程验收的,由上级机关责令改正,对责任人员给予行政处分;构成犯罪的,依法追究刑事责任;造成损失的,由该部门承担相应的赔偿责任。

第八十条 【损害赔偿】在建筑物的合理使用寿命内,因建筑工程质量不合格受到损害的,有权向责任者要求赔偿。

第八章 附 则

第八十一条 【适用范围补充】本法关于施工许可、建筑施工企业资质审查和建筑工程发包、承包、禁止转包,以及建筑工程监理、建筑工程安全和质量管理的规定,适用于其他专业建筑工程的建筑活动,具体办法由国务院规定。

第八十二条 【监管收费】建设行政主管部门和其他有关部门在对建筑活动实施监督管理中,除按照国务院有关规定收取费用外,不得收取其他费用。

第八十三条 【适用范围特别规定】省、自治区、直辖市人民政府确定的小型房屋建筑工程的建筑活动,参照本法执行。

依法核定作为文物保护的纪念建筑物和古建筑等的修缮,依照文物保护的有关法律规定执行。

抢险救灾及其他临时性房屋建筑和农民自建低层住宅的建筑活动,不适用本法。

第八十四条 【军用工程特别规定】军用房屋建筑工程建筑活动的具体管理办法,由国务院、中央军事委员会依据本法制定。

第八十五条 【施行日期】本法自1998年3月1日起施行。

中华人民共和国安全生产法

- 2002年6月29日第九届全国人民代表大会常务委员会第二十八次会议通过
- 根据2009年8月27日第十一届全国人民代表大会常务委员会第十次会议《关于修改部分法律的决定》第一次修正
- 根据2014年8月31日第十二届全国人民代表大会常务委员会第十次会议《关于修改〈中华人民共和国安全生产法〉的决定》第二次修正
- 根据2021年6月10日第十三届全国人民代表大会常务委员会第二十九次会议《关于修改〈中华人民共和国安全生产法〉的决定》第三次修正

第一章 总 则

第一条 为了加强安全生产工作,防止和减少生产安全事故,保障人民群众生命和财产安全,促进经济社会持续健康发展,制定本法。

第二条 在中华人民共和国领域内从事生产经营活动的单位(以下统称生产经营单位)的安全生产,适用本法;有关法律、行政法规对消防安全和道路交通安全、铁路交通安全、水上交通安全、民用航空安全以及核与辐射安全、特种设备安全另有规定的,适用其规定。

第三条 安全生产工作坚持中国共产党的领导。

安全生产工作应当以人为本,坚持人民至上、生命至上,把保护人民生命安全摆在首位,树牢安全发展理念,坚持安全第一、预防为主、综合治理的方针,从源头上防范化解重大安全风险。

安全生产工作实行管行业必须管安全、管业务必须管安全、管生产经营必须管安全,强化和落实生产经营单位主体责任与政府监管责任,建立生产经营单位负责、职工参与、政府监管、行业自律和社会监督的机制。

第四条 生产经营单位必须遵守本法和其他有关安全生产的法律、法规，加强安全生产管理，建立健全全员安全生产责任制和安全生产规章制度，加大对安全生产资金、物资、技术、人员的投入保障力度，改善安全生产条件，加强安全生产标准化、信息化建设，构建安全风险分级管控和隐患排查治理双重预防机制，健全风险防范化解机制，提高安全生产水平，确保安全生产。

平台经济等新兴行业、领域的生产经营单位应当根据本行业、领域的特点，建立健全并落实全员安全生产责任制，加强从业人员安全生产教育和培训，履行本法和其他法律、法规规定的有关安全生产义务。

第五条 生产经营单位的主要负责人是本单位安全生产第一责任人，对本单位的安全生产工作全面负责。其他负责人对职责范围内的安全生产工作负责。

第六条 生产经营单位的从业人员有依法获得安全生产保障的权利，并应当依法履行安全生产方面的义务。

第七条 工会依法对安全生产工作进行监督。

生产经营单位的工会依法组织职工参加本单位安全生产工作的民主管理和民主监督，维护职工在安全生产方面的合法权益。生产经营单位制定或者修改有关安全生产的规章制度，应当听取工会的意见。

第八条 国务院和县级以上地方各级人民政府应当根据国民经济和社会发展规划制定安全生产规划，并组织实施。安全生产规划应当与国土空间规划等相关规划相衔接。

各级人民政府应当加强安全生产基础设施建设和安全生产监管能力建设，所需经费列入本级预算。

县级以上地方各级人民政府应当组织有关部门建立完善安全风险评估与论证机制，按照安全风险管控要求，进行产业规划和空间布局，并对位置相邻、行业相近、业态相似的生产经营单位实施重大安全风险联防联控。

第九条 国务院和县级以上地方各级人民政府应当加强对安全生产工作的领导，建立健全安全生产工作协调机制，支持、督促各有关部门依法履行安全生产监督管理职责，及时协调、解决安全生产监督管理中存在的重大问题。

乡镇人民政府和街道办事处，以及开发区、工业园区、港区、风景区等应当明确负责安全生产监督管理的有关工作机构及其职责，加强安全生产监管力量建设，按照职责对本行政区域或者管理区域内生产经营单位安全生产状况进行监督检查，协助人民政府有关部门或者按照授权依法履行安全生产监督管理职责。

第十条 国务院应急管理部门依照本法，对全国安全生产工作实施综合监督管理；县级以上地方各级人民政府应急管理部门依照本法，对本行政区域内安全生产工作实施综合监督管理。

国务院交通运输、住房和城乡建设、水利、民航等有关部门依照本法和其他有关法律、行政法规的规定，在各自的职责范围内对有关行业、领域的安全生产工作实施监督管理；县级以上地方各级人民政府有关部门依照本法和其他有关法律、法规的规定，在各自的职责范围内对有关行业、领域的安全生产工作实施监督管理。对新兴行业、领域的安全生产监督管理职责不明确的，由县级以上地方各级人民政府按照业务相近的原则确定监督管理部门。

应急管理部门和对有关行业、领域的安全生产工作实施监督管理的部门，统称负有安全生产监督管理职责的部门。负有安全生产监督管理职责的部门应当相互配合、齐抓共管、信息共享、资源共用，依法加强安全生产监督管理工作。

第十一条 国务院有关部门应当按照保障安全生产的要求，依法及时制定有关的国家标准或者行业标准，并根据科技进步和经济发展适时修订。

生产经营单位必须执行依法制定的保障安全生产的国家标准或者行业标准。

第十二条 国务院有关部门按照职责分工负责安全生产强制性国家标准的项目提出、组织起草、征求意见、技术审查。国务院应急管理部门统筹提出安全生产强制性国家标准的立项计划。国务院标准化行政主管部门负责安全生产强制性国家标准的立项、编号、对外通报和授权批准发布工作。国务院标准化行政主管部门、有关部门依据法定职责对安全生产强制性国家标准的实施进行监督检查。

第十三条 各级人民政府及其有关部门应当采取多种形式，加强对有关安全生产的法律、法规和安全生产知识的宣传，增强全社会的安全生产意识。

第十四条 有关协会组织依照法律、行政法规和章程，为生产经营单位提供安全生产方面的信息、培训等服务，发挥自律作用，促进生产经营单位加强安全生产管理。

第十五条 依法设立的为安全生产提供技术、管理服务的机构，依照法律、行政法规和执业准则，接受生产经营单位的委托为其安全生产工作提供技术、管理服务。

生产经营单位委托前款规定的机构提供安全生产技

术、管理服务的,保证安全生产的责任仍由本单位负责。

第十六条 国家实行生产安全事故责任追究制度,依照本法和有关法律、法规的规定,追究生产安全事故责任单位和责任人员的法律责任。

第十七条 县级以上各级人民政府应当组织负有安全生产监督管理职责的部门依法编制安全生产权力和责任清单,公开并接受社会监督。

第十八条 国家鼓励和支持安全生产科学技术研究和安全生产先进技术的推广应用,提高安全生产水平。

第十九条 国家对在改善安全生产条件、防止生产安全事故、参加抢险救护等方面取得显著成绩的单位和个人,给予奖励。

第二章 生产经营单位的安全生产保障

第二十条 生产经营单位应当具备本法和有关法律、行政法规和国家标准或者行业标准规定的安全生产条件;不具备安全生产条件的,不得从事生产经营活动。

第二十一条 生产经营单位的主要负责人对本单位安全生产工作负有下列职责:

(一)建立健全并落实本单位全员安全生产责任制,加强安全生产标准化建设;

(二)组织制定并实施本单位安全生产规章制度和操作规程;

(三)组织制定并实施本单位安全生产教育和培训计划;

(四)保证本单位安全生产投入的有效实施;

(五)组织建立并落实安全风险分级管控和隐患排查治理双重预防工作机制,督促、检查本单位的安全生产工作,及时消除生产安全事故隐患;

(六)组织制定并实施本单位的生产安全事故应急救援预案;

(七)及时、如实报告生产安全事故。

第二十二条 生产经营单位的全员安全生产责任制应当明确各岗位的责任人员、责任范围和考核标准等内容。

生产经营单位应当建立相应的机制,加强对全员安全生产责任制落实情况的监督考核,保证全员安全生产责任制的落实。

第二十三条 生产经营单位应当具备的安全生产条件所必需的资金投入,由生产经营单位的决策机构、主要负责人或者个人经营的投资人予以保证,并对由于安全生产所必需的资金投入不足导致的后果承担责任。

有关生产经营单位应当按照规定提取和使用安全生产费用,专门用于改善安全生产条件。安全生产费用在成本中据实列支。安全生产费用提取、使用和监督管理的具体办法由国务院财政部门会同国务院应急管理部门征求国务院有关部门意见后制定。

第二十四条 矿山、金属冶炼、建筑施工、运输单位和危险物品的生产、经营、储存、装卸单位,应当设置安全生产管理机构或者配备专职安全生产管理人员。

前款规定以外的其他生产经营单位,从业人员超过一百人的,应当设置安全生产管理机构或者配备专职安全生产管理人员;从业人员在一百人以下的,应当配备专职或者兼职的安全生产管理人员。

第二十五条 生产经营单位的安全生产管理机构以及安全生产管理人员履行下列职责:

(一)组织或者参与拟订本单位安全生产规章制度、操作规程和生产安全事故应急救援预案;

(二)组织或者参与本单位安全生产教育和培训,如实记录安全生产教育和培训情况;

(三)组织开展危险源辨识和评估,督促落实本单位重大危险源的安全管理措施;

(四)组织或者参与本单位应急救援演练;

(五)检查本单位的安全生产状况,及时排查生产安全事故隐患,提出改进安全生产管理的建议;

(六)制止和纠正违章指挥、强令冒险作业、违反操作规程的行为;

(七)督促落实本单位安全生产整改措施。

生产经营单位可以设置专职安全生产分管负责人,协助本单位主要负责人履行安全生产管理职责。

第二十六条 生产经营单位的安全生产管理机构以及安全生产管理人员应当恪尽职守,依法履行职责。

生产经营单位作出涉及安全生产的经营决策,应当听取安全生产管理机构以及安全生产管理人员的意见。

生产经营单位不得因安全生产管理人员依法履行职责而降低其工资、福利等待遇或者解除与其订立的劳动合同。

危险物品的生产、储存单位以及矿山、金属冶炼单位的安全生产管理人员的任免,应当告知主管的负有安全生产监督管理职责的部门。

第二十七条 生产经营单位的主要负责人和安全生产管理人员必须具备与本单位所从事的生产经营活动相应的安全生产知识和管理能力。

危险物品的生产、经营、储存、装卸单位以及矿山、金属冶炼、建筑施工、运输单位的主要负责人和安全生产管理人员,应当由主管的负有安全生产监督管理职责的部门对其安全生产知识和管理能力考核合格。考核不得收费。

危险物品的生产、储存、装卸单位以及矿山、金属冶炼单位应当有注册安全工程师从事安全生产管理工作。鼓励其他生产经营单位聘用注册安全工程师从事安全生产管理工作。注册安全工程师按专业分类管理,具体办法由国务院人力资源和社会保障部门、国务院应急管理部门会同国务院有关部门制定。

第二十八条 生产经营单位应当对从业人员进行安全生产教育和培训,保证从业人员具备必要的安全生产知识,熟悉有关的安全生产规章制度和安全操作规程,掌握本岗位的安全操作技能,了解事故应急处理措施,知悉自身在安全生产方面的权利和义务。未经安全生产教育和培训合格的从业人员,不得上岗作业。

生产经营单位使用被派遣劳动者的,应当将被派遣劳动者纳入本单位从业人员统一管理,对被派遣劳动者进行岗位安全操作规程和安全操作技能的教育和培训。劳务派遣单位应当对被派遣劳动者进行必要的安全生产教育和培训。

生产经营单位接收中等职业学校、高等学校学生实习的,应当对实习学生进行相应的安全生产教育和培训,提供必要的劳动防护用品。学校应当协助生产经营单位对实习学生进行安全生产教育和培训。

生产经营单位应当建立安全生产教育和培训档案,如实记录安全生产教育和培训的时间、内容、参加人员以及考核结果等情况。

第二十九条 生产经营单位采用新工艺、新技术、新材料或者使用新设备,必须了解、掌握其安全技术特性,采取有效的安全防护措施,并对从业人员进行专门的安全生产教育和培训。

第三十条 生产经营单位的特种作业人员必须按照国家有关规定经专门的安全作业培训,取得相应资格,方可上岗作业。

特种作业人员的范围由国务院应急管理部门会同国务院有关部门确定。

第三十一条 生产经营单位新建、改建、扩建工程项目(以下统称建设项目)的安全设施,必须与主体工程同时设计、同时施工、同时投入生产和使用。安全设施投资应当纳入建设项目概算。

第三十二条 矿山、金属冶炼建设项目和用于生产、储存、装卸危险物品的建设项目,应当按照国家有关规定进行安全评价。

第三十三条 建设项目安全设施的设计人、设计单位应当对安全设施设计负责。

矿山、金属冶炼建设项目和用于生产、储存、装卸危险物品的建设项目的安全设施设计应当按照国家有关规定报经有关部门审查,审查部门及其负责审查的人员对审查结果负责。

第三十四条 矿山、金属冶炼建设项目和用于生产、储存、装卸危险物品的建设项目的施工单位必须按照批准的安全设施设计施工,并对安全设施的工程质量负责。

矿山、金属冶炼建设项目和用于生产、储存、装卸危险物品的建设项目竣工投入生产或者使用前,应当由建设单位负责组织对安全设施进行验收;验收合格后,方可投入生产和使用。负有安全生产监督管理职责的部门应当加强对建设单位验收活动和验收结果的监督核查。

第三十五条 生产经营单位应当在有较大危险因素的生产经营场所和有关设施、设备上,设置明显的安全警示标志。

第三十六条 安全设备的设计、制造、安装、使用、检测、维修、改造和报废,应当符合国家标准或者行业标准。

生产经营单位必须对安全设备进行经常性维护、保养,并定期检测,保证正常运转。维护、保养、检测应当作好记录,并由有关人员签字。

生产经营单位不得关闭、破坏直接关系生产安全的监控、报警、防护、救生设备、设施,或者篡改、隐瞒、销毁其相关数据、信息。

餐饮等行业的生产经营单位使用燃气的,应当安装可燃气体报警装置,并保障其正常使用。

第三十七条 生产经营单位使用的危险物品的容器、运输工具,以及涉及人身安全、危险性较大的海洋石油开采特种设备和矿山井下特种设备,必须按照国家有关规定,由专业生产单位生产,并经具有专业资质的检测、检验机构检测、检验合格,取得安全使用证或者安全标志,方可投入使用。检测、检验机构对检测、检验结果负责。

第三十八条 国家对严重危及生产安全的工艺、设备实行淘汰制度,具体目录由国务院应急管理部门会同国务院有关部门制定并公布。法律、行政法规对目录的制定另有规定的,适用其规定。

省、自治区、直辖市人民政府可以根据本地区实际情况制定并公布具体目录,对前款规定以外的危及生产安全的工艺、设备予以淘汰。

生产经营单位不得使用应当淘汰的危及生产安全的工艺、设备。

第三十九条 生产、经营、运输、储存、使用危险物品或者处置废弃危险物品的，由有关主管部门依照有关法律、法规的规定和国家标准或者行业标准审批并实施监督管理。

生产经营单位生产、经营、运输、储存、使用危险物品或者处置废弃危险物品，必须执行有关法律、法规和国家标准或者行业标准，建立专门的安全管理制度，采取可靠的安全措施，接受有关主管部门依法实施的监督管理。

第四十条 生产经营单位对重大危险源应当登记建档，进行定期检测、评估、监控，并制定应急预案，告知从业人员和相关人员在紧急情况下应当采取的应急措施。

生产经营单位应当按照国家有关规定将本单位重大危险源及有关安全措施、应急措施报有关地方人民政府应急管理部门和有关部门备案。有关地方人民政府应急管理部门和有关部门应当通过相关信息系统实现信息共享。

第四十一条 生产经营单位应当建立安全风险分级管控制度，按照安全风险分级采取相应的管控措施。

生产经营单位应当建立健全并落实生产安全事故隐患排查治理制度，采取技术、管理措施，及时发现并消除事故隐患。事故隐患排查治理情况应当如实记录，并通过职工大会或者职工代表大会、信息公示栏等方式向从业人员通报。其中，重大事故隐患排查治理情况应当及时向负有安全生产监督管理职责的部门和职工大会或者职工代表大会报告。

县级以上地方各级人民政府负有安全生产监督管理职责的部门应当将重大事故隐患纳入相关信息系统，建立健全重大事故隐患治理督办制度，督促生产经营单位消除重大事故隐患。

第四十二条 生产、经营、储存、使用危险物品的车间、商店、仓库不得与员工宿舍在同一座建筑物内，并应当与员工宿舍保持安全距离。

生产经营场所和员工宿舍应当设有符合紧急疏散要求、标志明显、保持畅通的出口、疏散通道。禁止占用、锁闭、封堵生产经营场所或者员工宿舍的出口、疏散通道。

第四十三条 生产经营单位进行爆破、吊装、动火、临时用电以及国务院应急管理部门会同国务院有关部门规定的其他危险作业，应当安排专门人员进行现场安全管理，确保操作规程的遵守和安全措施的落实。

第四十四条 生产经营单位应当教育和督促从业人员严格执行本单位的安全生产规章制度和安全操作规程；并向从业人员如实告知作业场所和工作岗位存在的危险因素、防范措施以及事故应急措施。

生产经营单位应当关注从业人员的身体、心理状况和行为习惯，加强对从业人员的心理疏导、精神慰藉，严格落实岗位安全生产责任，防范从业人员行为异常导致事故发生。

第四十五条 生产经营单位必须为从业人员提供符合国家标准或者行业标准的劳动防护用品，并监督、教育从业人员按照使用规则佩戴、使用。

第四十六条 生产经营单位的安全生产管理人员应当根据本单位的生产经营特点，对安全生产状况进行经常性检查；对检查中发现的安全问题，应当立即处理；不能处理的，应当及时报告本单位有关负责人，有关负责人应当及时处理。检查及处理情况应当如实记录在案。

生产经营单位的安全生产管理人员在检查中发现重大事故隐患，依照前款规定向本单位有关负责人报告，有关负责人不及时处理的，安全生产管理人员可以向主管的负有安全生产监督管理职责的部门报告，接到报告的部门应当依法及时处理。

第四十七条 生产经营单位应当安排用于配备劳动防护用品、进行安全生产培训的经费。

第四十八条 两个以上生产经营单位在同一作业区域内进行生产经营活动，可能危及对方生产安全的，应当签订安全生产管理协议，明确各自的安全生产管理职责和应当采取的安全措施，并指定专职安全生产管理人员进行安全检查与协调。

第四十九条 生产经营单位不得将生产经营项目、场所、设备发包或者出租给不具备安全生产条件或者相应资质的单位或者个人。

生产经营项目、场所发包或者出租给其他单位的，生产经营单位应当与承包单位、承租单位签订专门的安全生产管理协议，或者在承包合同、租赁合同中约定各自的安全生产管理职责；生产经营单位对承包单位、承租单位的安全生产工作统一协调、管理，定期进行安全检查，发现安全问题的，应当及时督促整改。

矿山、金属冶炼建设项目和用于生产、储存、装卸危险物品的建设项目的施工单位应当加强对施工项目的安全管理，不得倒卖、出租、出借、挂靠或者以其他形式非法转让施工资质，不得将其承包的全部建设工程转包给第三人或者将其承包的全部建设工程支解以后以分包的名义分别转包给第三人，不得将工程分包给不具备相应资质条件的单位。

第五十条 生产经营单位发生生产安全事故时,单位的主要负责人应当立即组织抢救,并不得在事故调查处理期间擅离职守。

第五十一条 生产经营单位必须依法参加工伤保险,为从业人员缴纳保险费。

国家鼓励生产经营单位投保安全生产责任保险;属于国家规定的高危行业、领域的生产经营单位,应当投保安全生产责任保险。具体范围和实施办法由国务院应急管理部门会同国务院财政部门、国务院保险监督管理机构和相关行业主管部门制定。

第三章 从业人员的安全生产权利义务

第五十二条 生产经营单位与从业人员订立的劳动合同,应当载明有关保障从业人员劳动安全、防止职业危害的事项,以及依法为从业人员办理工伤保险的事项。

生产经营单位不得以任何形式与从业人员订立协议,免除或者减轻其对从业人员因生产安全事故伤亡依法应承担的责任。

第五十三条 生产经营单位的从业人员有权了解其作业场所和工作岗位存在的危险因素、防范措施及事故应急措施,有权对本单位的安全生产工作提出建议。

第五十四条 从业人员有权对本单位安全生产工作中存在的问题提出批评、检举、控告;有权拒绝违章指挥和强令冒险作业。

生产经营单位不得因从业人员对本单位安全生产工作提出批评、检举、控告或者拒绝违章指挥、强令冒险作业而降低其工资、福利等待遇或者解除与其订立的劳动合同。

第五十五条 从业人员发现直接危及人身安全的紧急情况时,有权停止作业或者在采取可能的应急措施后撤离作业场所。

生产经营单位不得因从业人员在前款紧急情况下停止作业或者采取紧急撤离措施而降低其工资、福利等待遇或者解除与其订立的劳动合同。

第五十六条 生产经营单位发生生产安全事故后,应当及时采取措施救治有关人员。

因生产安全事故受到损害的从业人员,除依法享有工伤保险外,依照有关民事法律尚有获得赔偿的权利的,有权提出赔偿要求。

第五十七条 从业人员在作业过程中,应当严格落实岗位安全责任,遵守本单位的安全生产规章制度和操作规程,服从管理,正确佩戴和使用劳动防护用品。

第五十八条 从业人员应当接受安全生产教育和培训,掌握本职工作所需的安全生产知识,提高安全生产技能,增强事故预防和应急处理能力。

第五十九条 从业人员发现事故隐患或者其他不安全因素,应当立即向现场安全生产管理人员或者本单位负责人报告;接到报告的人员应当及时予以处理。

第六十条 工会有权对建设项目的安全设施与主体工程同时设计、同时施工、同时投入生产和使用进行监督,提出意见。

工会对生产经营单位违反安全生产法律、法规,侵犯从业人员合法权益的行为,有权要求纠正;发现生产经营单位违章指挥、强令冒险作业或者发现事故隐患时,有权提出解决的建议,生产经营单位应当及时研究答复;发现危及从业人员生命安全的情况时,有权向生产经营单位建议组织从业人员撤离危险场所,生产经营单位必须立即作出处理。

工会有权依法参加事故调查,向有关部门提出处理意见,并要求追究有关人员的责任。

第六十一条 生产经营单位使用被派遣劳动者的,被派遣劳动者享有本法规定的从业人员的权利,并应当履行本法规定的从业人员的义务。

第四章 安全生产的监督管理

第六十二条 县级以上地方各级人民政府应当根据本行政区域内的安全生产状况,组织有关部门按照职责分工,对本行政区域内容易发生重大生产安全事故的生产经营单位进行严格检查。

应急管理部门应当按照分类分级监督管理的要求,制定安全生产年度监督检查计划,并按照年度监督检查计划进行监督检查,发现事故隐患,应当及时处理。

第六十三条 负有安全生产监督管理职责的部门依照有关法律、法规的规定,对涉及安全生产的事项需要审查批准(包括批准、核准、许可、注册、认证、颁发证照等,下同)或者验收的,必须严格依照有关法律、法规和国家标准或者行业标准规定的安全生产条件和程序进行审查;不符合有关法律、法规和国家标准或者行业标准规定的安全生产条件的,不得批准或者验收通过。对未依法取得批准或者验收合格的单位擅自从事有关活动的,负责行政审批的部门发现或者接到举报后应当立即予以取缔,并依法予以处理。对已经依法取得批准的单位,负责行政审批的部门发现其不再具备安全生产条件的,应当撤销原批准。

第六十四条 负有安全生产监督管理职责的部门对

涉及安全生产的事项进行审查、验收，不得收取费用；不得要求接受审查、验收的单位购买其指定品牌或者指定生产、销售单位的安全设备、器材或者其他产品。

第六十五条 应急管理部门和其他负有安全生产监督管理职责的部门依法开展安全生产行政执法工作，对生产经营单位执行有关安全生产的法律、法规和国家标准或者行业标准的情况进行监督检查，行使以下职权：

（一）进入生产经营单位进行检查，调阅有关资料，向有关单位和人员了解情况；

（二）对检查中发现的安全生产违法行为，当场予以纠正或者要求限期改正；对依法应当给予行政处罚的行为，依照本法和其他有关法律、行政法规的规定作出行政处罚决定；

（三）对检查中发现的事故隐患，应当责令立即排除；重大事故隐患排除前或者排除过程中无法保证安全的，应当责令从危险区域内撤出作业人员，责令暂时停产停业或者停止使用相关设施、设备；重大事故隐患排除后，经审查同意，方可恢复生产经营和使用；

（四）对有根据认为不符合保障安全生产的国家标准或者行业标准的设施、设备、器材以及违法生产、储存、使用、经营、运输的危险物品予以查封或者扣押，对违法生产、储存、使用、经营危险物品的作业场所予以查封，并依法作出处理决定。

监督检查不得影响被检查单位的正常生产经营活动。

第六十六条 生产经营单位对负有安全生产监督管理职责的部门的监督检查人员（以下统称安全生产监督检查人员）依法履行监督检查职责，应当予以配合，不得拒绝、阻挠。

第六十七条 安全生产监督检查人员应当忠于职守，坚持原则，秉公执法。

安全生产监督检查人员执行监督检查任务时，必须出示有效的行政执法证件；对涉及被检查单位的技术秘密和业务秘密，应当为其保密。

第六十八条 安全生产监督检查人员应当将检查的时间、地点、内容、发现的问题及其处理情况，作出书面记录，并由检查人员和被检查单位的负责人签字；被检查单位的负责人拒绝签字的，检查人员应当将情况记录在案，并向负有安全生产监督管理职责的部门报告。

第六十九条 负有安全生产监督管理职责的部门在监督检查中，应当互相配合，实行联合检查；确需分别进行检查的，应当互通情况，发现存在的安全问题应当由其他有关部门进行处理的，应当及时移送其他有关部门并形成记录备查，接受移送的部门应当及时进行处理。

第七十条 负有安全生产监督管理职责的部门依法对存在重大事故隐患的生产经营单位作出停产停业、停止施工、停止使用相关设施或者设备的决定，生产经营单位应当依法执行，及时消除事故隐患。生产经营单位拒不执行，有发生生产安全事故的现实危险的，在保证安全的前提下，经本部门主要负责人批准，负有安全生产监督管理职责的部门可以采取通知有关单位停止供电、停止供应民用爆炸物品等措施，强制生产经营单位履行决定。通知应当采用书面形式，有关单位应当予以配合。

负有安全生产监督管理职责的部门依照前款规定采取停止供电措施，除有危及生产安全的紧急情形外，应当提前二十四小时通知生产经营单位。生产经营单位依法履行行政决定、采取相应措施消除事故隐患的，负有安全生产监督管理职责的部门应当及时解除前款规定的措施。

第七十一条 监察机关依照监察法的规定，对负有安全生产监督管理职责的部门及其工作人员履行安全生产监督管理职责实施监察。

第七十二条 承担安全评价、认证、检测、检验职责的机构应当具备国家规定的资质条件，并对其作出的安全评价、认证、检测、检验结果的合法性、真实性负责。资质条件由国务院应急管理部门会同国务院有关部门制定。

承担安全评价、认证、检测、检验职责的机构应当建立并实施服务公开和报告公开制度，不得租借资质、挂靠、出具虚假报告。

第七十三条 负有安全生产监督管理职责的部门应当建立举报制度，公开举报电话、信箱或者电子邮件地址等网络举报平台，受理有关安全生产的举报；受理的举报事项经调查核实后，应当形成书面材料；需要落实整改措施的，报经有关负责人签字并督促落实。对不属于本部门职责，需要由其他有关部门进行调查处理的，转交其他有关部门处理。

涉及人员死亡的举报事项，应当由县级以上人民政府组织核查处理。

第七十四条 任何单位或者个人对事故隐患或者安全生产违法行为，均有权向负有安全生产监督管理职责的部门报告或者举报。

因安全生产违法行为造成重大事故隐患或者导致重大事故，致使国家利益或者社会公共利益受到侵害的，人民检察院可以根据民事诉讼法、行政诉讼法的相关规定提起公益诉讼。

第七十五条 居民委员会、村民委员会发现其所在区域内的生产经营单位存在事故隐患或者安全生产违法行为时，应当向当地人民政府或者有关部门报告。

第七十六条 县级以上各级人民政府及其有关部门对报告重大事故隐患或者举报安全生产违法行为的有功人员，给予奖励。具体奖励办法由国务院应急管理部门会同国务院财政部门制定。

第七十七条 新闻、出版、广播、电影、电视等单位有进行安全生产公益宣传教育的义务，有对违反安全生产法律、法规的行为进行舆论监督的权利。

第七十八条 负有安全生产监督管理职责的部门应当建立安全生产违法行为信息库，如实记录生产经营单位及其有关从业人员的安全生产违法行为信息；对违法行为情节严重的生产经营单位及其有关从业人员，应当及时向社会公告，并通报行业主管部门、投资主管部门、自然资源主管部门、生态环境主管部门、证券监督管理机构以及有关金融机构。有关部门和机构应当对存在失信行为的生产经营单位及其有关从业人员采取加大执法检查频次、暂停项目审批、上调有关保险费率、行业或者职业禁入等联合惩戒措施，并向社会公示。

负有安全生产监督管理职责的部门应当加强对生产经营单位行政处罚信息的及时归集、共享、应用和公开，对生产经营单位作出处罚决定后七个工作日内在监督管理部门公示系统予以公开曝光，强化对违法失信生产经营单位及其有关从业人员的社会监督，提高全社会安全生产诚信水平。

第五章 生产安全事故的应急救援与调查处理

第七十九条 国家加强生产安全事故应急能力建设，在重点行业、领域建立应急救援基地和应急救援队伍，并由国家安全生产应急救援机构统一协调指挥；鼓励生产经营单位和其他社会力量建立应急救援队伍，配备相应的应急救援装备和物资，提高应急救援的专业化水平。

国务院应急管理部门牵头建立全国统一的生产安全事故应急救援信息系统，国务院交通运输、住房和城乡建设、水利、民航等有关部门和县级以上地方人民政府建立健全相关行业、领域、地区的生产安全事故应急救援信息系统，实现互联互通、信息共享，通过推行网上安全信息采集、安全监管和监测预警，提升监管的精准化、智能化水平。

第八十条 县级以上地方各级人民政府应当组织有关部门制定本行政区域内生产安全事故应急救援预案，建立应急救援体系。

乡镇人民政府和街道办事处，以及开发区、工业园区、港区、风景区等应当制定相应的生产安全事故应急救援预案，协助人民政府有关部门或者按照授权依法履行生产安全事故应急救援工作职责。

第八十一条 生产经营单位应当制定本单位生产安全事故应急救援预案，与所在地县级以上地方人民政府组织制定的生产安全事故应急救援预案相衔接，并定期组织演练。

第八十二条 危险物品的生产、经营、储存单位以及矿山、金属冶炼、城市轨道交通运营、建筑施工单位应当建立应急救援组织；生产经营规模较小的，可以不建立应急救援组织，但应当指定兼职的应急救援人员。

危险物品的生产、经营、储存、运输单位以及矿山、金属冶炼、城市轨道交通运营、建筑施工单位应当配备必要的应急救援器材、设备和物资，并进行经常性维护、保养，保证正常运转。

第八十三条 生产经营单位发生生产安全事故后，事故现场有关人员应当立即报告本单位负责人。

单位负责人接到事故报告后，应当迅速采取有效措施，组织抢救，防止事故扩大，减少人员伤亡和财产损失，并按照国家有关规定立即如实报告当地负有安全生产监督管理职责的部门，不得隐瞒不报、谎报或者迟报，不得故意破坏事故现场、毁灭有关证据。

第八十四条 负有安全生产监督管理职责的部门接到事故报告后，应当立即按照国家有关规定上报事故情况。负有安全生产监督管理职责的部门和有关地方人民政府对事故情况不得隐瞒不报、谎报或者迟报。

第八十五条 有关地方人民政府和负有安全生产监督管理职责的部门的负责人接到生产安全事故报告后，应当按照生产安全事故应急救援预案的要求立即赶到事故现场，组织事故抢救。

参与事故抢救的部门和单位应当服从统一指挥，加强协同联动，采取有效的应急救援措施，并根据事故救援的需要采取警戒、疏散等措施，防止事故扩大和次生灾害的发生，减少人员伤亡和财产损失。

事故抢救过程中应当采取必要措施，避免或者减少对环境造成的危害。

任何单位和个人都应当支持、配合事故抢救，并提供一切便利条件。

第八十六条 事故调查处理应当按照科学严谨、依法依规、实事求是、注重实效的原则，及时、准确地查清事故原因，查明事故性质和责任，评估应急处置工作，总结事故教训，提出整改措施，并对事故责任单位和人员提出处理建议。事故调查报告应当依法及时向社会公布。事故调查和处理的具体办法由国务院制定。

事故发生单位应当及时全面落实整改措施，负有安全生产监督管理职责的部门应当加强监督检查。

负责事故调查处理的国务院有关部门和地方人民政府应当在批复事故调查报告后一年内，组织有关部门对事故整改和防范措施落实情况进行评估，并及时向社会公开评估结果；对不履行职责导致事故整改和防范措施没有落实的有关单位和人员，应当按照有关规定追究责任。

第八十七条 生产经营单位发生生产安全事故，经调查确定为责任事故的，除了应当查明事故单位的责任并依法予以追究外，还应当查明对安全生产的有关事项负有审查批准和监督职责的行政部门的责任，对失职、渎职行为的，依照本法第九十条的规定追究法律责任。

第八十八条 任何单位和个人不得阻挠和干涉对事故的依法调查处理。

第八十九条 县级以上地方各级人民政府应急管理部门应当定期统计分析本行政区域内发生生产安全事故的情况，并定期向社会公布。

第六章 法律责任

第九十条 负有安全生产监督管理职责的部门的工作人员，有下列行为之一的，给予降级或者撤职的处分；构成犯罪的，依照刑法有关规定追究刑事责任：

（一）对不符合法定安全生产条件的涉及安全生产的事项予以批准或者验收通过的；

（二）发现未依法取得批准、验收的单位擅自从事有关活动或者接到举报后不予取缔或者不依法予以处理的；

（三）对已经依法取得批准的单位不履行监督管理职责，发现其不再具备安全生产条件而不撤销原批准或者发现安全生产违法行为不予查处的；

（四）在监督检查中发现重大事故隐患，不依法及时处理的。

负有安全生产监督管理职责的部门的工作人员有前款规定以外的滥用职权、玩忽职守、徇私舞弊行为的，依法给予处分；构成犯罪的，依照刑法有关规定追究刑事责任。

第九十一条 负有安全生产监督管理职责的部门，要求被审查、验收的单位购买其指定的安全设备、器材或者其他产品的，在对安全生产事项的审查、验收中收取费用的，由其上级机关或者监察机关责令改正，责令退还收取的费用；情节严重的，对直接负责的主管人员和其他直接责任人员依法给予处分。

第九十二条 承担安全评价、认证、检测、检验职责的机构出具失实报告的，责令停业整顿，并处三万元以上十万元以下的罚款；给他人造成损害的，依法承担赔偿责任。

承担安全评价、认证、检测、检验职责的机构租借资质、挂靠、出具虚假报告的，没收违法所得；违法所得在十万元以上的，并处违法所得二倍以上五倍以下的罚款，没有违法所得或者违法所得不足十万元的，单处或者并处十万元以上二十万元以下的罚款；对其直接负责的主管人员和其他直接责任人员处五万元以上十万元以下的罚款；给他人造成损害的，与生产经营单位承担连带赔偿责任；构成犯罪的，依照刑法有关规定追究刑事责任。

对有前款违法行为的机构及其直接责任人员，吊销其相应资质和资格，五年内不得从事安全评价、认证、检测、检验等工作；情节严重的，实行终身行业和职业禁入。

第九十三条 生产经营单位的决策机构、主要负责人或者个人经营的投资人不依照本法规定保证安全生产所必需的资金投入，致使生产经营单位不具备安全生产条件的，责令限期改正，提供必需的资金；逾期未改正的，责令生产经营单位停产停业整顿。

有前款违法行为，导致发生生产安全事故的，对生产经营单位的主要负责人给予撤职处分，对个人经营的投资人处二万元以上二十万元以下的罚款；构成犯罪的，依照刑法有关规定追究刑事责任。

第九十四条 生产经营单位的主要负责人未履行本法规定的安全生产管理职责的，责令限期改正，处二万元以上五万元以下的罚款；逾期未改正的，处五万元以上十万元以下的罚款，责令生产经营单位停产停业整顿。

生产经营单位的主要负责人有前款违法行为，导致发生生产安全事故的，给予撤职处分；构成犯罪的，依照刑法有关规定追究刑事责任。

生产经营单位的主要负责人依照前款规定受刑事处罚或者撤职处分的，自刑罚执行完毕或者受处分之日起，五年内不得担任任何生产经营单位的主要负责人；对重大、特别重大生产安全事故负有责任的，终身不得担任本行业生产经营单位的主要负责人。

第九十五条 生产经营单位的主要负责人未履行本法规定的安全生产管理职责，导致发生生产安全事故的，由应急管理部门依照下列规定处以罚款：

（一）发生一般事故的，处上一年年收入百分之四十

(二)发生较大事故的,处上一年年收入百分之六十的罚款;

(三)发生重大事故的,处上一年年收入百分之八十的罚款;

(四)发生特别重大事故的,处上一年年收入百分之一百的罚款。

第九十六条 生产经营单位的其他负责人和安全生产管理人员未履行本法规定的安全生产管理职责的,责令限期改正,处一万元以上三万元以下的罚款;导致发生生产安全事故的,暂停或者吊销其与安全生产有关的资格,并处上一年年收入百分之二十以上百分之五十以下的罚款;构成犯罪的,依照刑法有关规定追究刑事责任。

第九十七条 生产经营单位有下列行为之一的,责令限期改正,处十万元以下的罚款;逾期未改正的,责令停产停业整顿,并处十万元以上二十万元以下的罚款,对其直接负责的主管人员和其他直接责任人员处二万元以上五万元以下的罚款:

(一)未按照规定设置安全生产管理机构或者配备安全生产管理人员、注册安全工程师的;

(二)危险物品的生产、经营、储存、装卸单位以及矿山、金属冶炼、建筑施工、运输单位的主要负责人和安全生产管理人员未按照规定经考核合格的;

(三)未按照规定对从业人员、被派遣劳动者、实习学生进行安全生产教育和培训,或者未按照规定如实告知有关的安全生产事项的;

(四)未如实记录安全生产教育和培训情况的;

(五)未将事故隐患排查治理情况如实记录或者未向从业人员通报的;

(六)未按照规定制定生产安全事故应急救援预案或者未定期组织演练的;

(七)特种作业人员未按照规定经专门的安全作业培训并取得相应资格,上岗作业的。

第九十八条 生产经营单位有下列行为之一的,责令停止建设或者停产停业整顿,限期改正,并处十万元以上五十万元以下的罚款,对其直接负责的主管人员和其他直接责任人员处二万元以上五万元以下的罚款;逾期未改正的,处五十万元以上一百万元以下的罚款,对其直接负责的主管人员和其他直接责任人员处五万元以上十万元以下的罚款;构成犯罪的,依照刑法有关规定追究刑事责任:

(一)未按照规定对矿山、金属冶炼建设项目或者用于生产、储存、装卸危险物品的建设项目进行安全评价的;

(二)矿山、金属冶炼建设项目或者用于生产、储存、装卸危险物品的建设项目没有安全设施设计或者安全设施设计未按照规定报经有关部门审查同意的;

(三)矿山、金属冶炼建设项目或者用于生产、储存、装卸危险物品的建设项目的施工单位未按照批准的安全设施设计施工的;

(四)矿山、金属冶炼建设项目或者用于生产、储存、装卸危险物品的建设项目竣工投入生产或者使用前,安全设施未经验收合格的。

第九十九条 生产经营单位有下列行为之一的,责令限期改正,处五万元以下的罚款;逾期未改正的,处五万元以上二十万元以下的罚款,对其直接负责的主管人员和其他直接责任人员处一万元以上二万元以下的罚款;情节严重的,责令停产停业整顿;构成犯罪的,依照刑法有关规定追究刑事责任:

(一)未在有较大危险因素的生产经营场所和有关设施、设备上设置明显的安全警示标志的;

(二)安全设备的安装、使用、检测、改造和报废不符合国家标准或者行业标准的;

(三)未对安全设备进行经常性维护、保养和定期检测的;

(四)关闭、破坏直接关系生产安全的监控、报警、防护、救生设备、设施,或者篡改、隐瞒、销毁其相关数据、信息的;

(五)未为从业人员提供符合国家标准或者行业标准的劳动防护用品的;

(六)危险物品的容器、运输工具,以及涉及人身安全、危险性较大的海洋石油开采特种设备和矿山井下特种设备未经具有专业资质的机构检测、检验合格,取得安全使用证或者安全标志,投入使用的;

(七)使用应当淘汰的危及生产安全的工艺、设备的;

(八)餐饮等行业的生产经营单位使用燃气未安装可燃气体报警装置的。

第一百条 未经依法批准,擅自生产、经营、运输、储存、使用危险物品或者处置废弃危险物品的,依照有关危险物品安全管理的法律、行政法规的规定予以处罚;构成犯罪的,依照刑法有关规定追究刑事责任。

第一百零一条 生产经营单位有下列行为之一的,责令限期改正,处十万元以下的罚款;逾期未改正的,责令停产停业整顿,并处十万元以上二十万元以下的罚款,

对其直接负责的主管人员和其他直接责任人员处二万元以上五万元以下的罚款;构成犯罪的,依照刑法有关规定追究刑事责任:

(一)生产、经营、运输、储存、使用危险物品或者处置废弃危险物品,未建立专门安全管理制度、未采取可靠的安全措施的;

(二)对重大危险源未登记建档,未进行定期检测、评估、监控,未制定应急预案,或者未告知应急措施的;

(三)进行爆破、吊装、动火、临时用电以及国务院应急管理部门会同国务院有关部门规定的其他危险作业,未安排专门人员进行现场安全管理的;

(四)未建立安全风险分级管控制度或者未按照安全风险分级采取相应管控措施的;

(五)未建立事故隐患排查治理制度,或者重大事故隐患排查治理情况未按照规定报告的。

第一百零二条 生产经营单位未采取措施消除事故隐患的,责令立即消除或者限期消除,处五万元以下的罚款;生产经营单位拒不执行的,责令停产停业整顿,对其直接负责的主管人员和其他直接责任人员处五万元以上十万元以下的罚款;构成犯罪的,依照刑法有关规定追究刑事责任。

第一百零三条 生产经营单位将生产经营项目、场所、设备发包或者出租给不具备安全生产条件或者相应资质的单位或者个人的,责令限期改正,没收违法所得;违法所得十万元以上的,并处违法所得二倍以上五倍以下的罚款;没有违法所得或者违法所得不足十万元的,单处或者并处十万元以上二十万元以下的罚款;对其直接负责的主管人员和其他直接责任人员处一万元以上二万元以下的罚款;导致发生生产安全事故给他人造成损害的,与承包方、承租方承担连带赔偿责任。

生产经营单位未与承包单位、承租单位签订专门的安全生产管理协议或者未在承包合同、租赁合同中明确各自的安全生产管理职责,或者未对承包单位、承租单位的安全生产统一协调、管理的,责令限期改正,处五万元以下的罚款,对其直接负责的主管人员和其他直接责任人员处一万元以下的罚款;逾期未改正的,责令停产停业整顿。

矿山、金属冶炼建设项目和用于生产、储存、装卸危险物品的建设项目的施工单位未按照规定对施工项目进行安全管理的,责令限期改正,处十万元以下的罚款,对其直接负责的主管人员和其他直接责任人员处二万元以下的罚款;逾期未改正的,责令停产停业整顿。以上施工单位倒卖、出租、出借、挂靠或者其他形式非法转让施工资质的,责令停产停业整顿,吊销资质证书,没收违法所得;违法所得十万元以上的,并处违法所得二倍以上五倍以下的罚款,没有违法所得或者违法所得不足十万元的,单处或者并处十万元以上二十万元以下的罚款;对其直接负责的主管人员和其他直接责任人员处五万元以上十万元以下的罚款;构成犯罪的,依照刑法有关规定追究刑事责任。

第一百零四条 两个以上生产经营单位在同一作业区域内进行可能危及对方安全生产的生产经营活动,未签订安全生产管理协议或者未指定专职安全生产管理人员进行安全检查与协调的,责令限期改正,处五万元以下的罚款,对其直接负责的主管人员和其他直接责任人员处一万元以下的罚款;逾期未改正的,责令停产停业。

第一百零五条 生产经营单位有下列行为之一的,责令限期改正,处五万元以下的罚款,对其直接负责的主管人员和其他直接责任人员处一万元以下的罚款;逾期未改正的,责令停产停业整顿;构成犯罪的,依照刑法有关规定追究刑事责任:

(一)生产、经营、储存、使用危险物品的车间、商店、仓库与员工宿舍在同一座建筑内,或者与员工宿舍的距离不符合安全要求的;

(二)生产经营场所和员工宿舍未设有符合紧急疏散需要、标志明显、保持畅通的出口、疏散通道,或者占用、锁闭、封堵生产经营场所或者员工宿舍出口、疏散通道的。

第一百零六条 生产经营单位与从业人员订立协议,免除或者减轻其对从业人员因生产安全事故伤亡依法应承担的责任的,该协议无效;对生产经营单位的主要负责人、个人经营的投资人处二万元以上十万元以下的罚款。

第一百零七条 生产经营单位的从业人员不落实岗位安全责任,不服从管理,违反安全生产规章制度或者操作规程的,由生产经营单位给予批评教育,依照有关规章制度给予处分;构成犯罪的,依照刑法有关规定追究刑事责任。

第一百零八条 违反本法规定,生产经营单位拒绝、阻碍负有安全生产监督管理职责的部门依法实施监督检查的,责令改正;拒不改正的,处二万元以上二十万元以下的罚款;对其直接负责的主管人员和其他直接责任人员处一万元以上二万元以下的罚款;构成犯罪的,依照刑法有关规定追究刑事责任。

第一百零九条 高危行业、领域的生产经营单位未按照国家规定投保安全生产责任保险的,责令限期改正,处五万元以上十万元以下的罚款;逾期未改正的,处十万元以上二十万元以下的罚款。

第一百一十条 生产经营单位的主要负责人在本单位发生生产安全事故时,不立即组织抢救或者在事故调查处理期间擅离职守或者逃匿的,给予降级、撤职的处分,并由应急管理部门处上一年年收入百分之六十至百分之一百的罚款;对逃匿的处十五日以下拘留;构成犯罪的,依照刑法有关规定追究刑事责任。

生产经营单位的主要负责人对生产安全事故隐瞒不报、谎报或者迟报的,依照前款规定处罚。

第一百一十一条 有关地方人民政府、负有安全生产监督管理职责的部门,对生产安全事故隐瞒不报、谎报或者迟报的,对直接负责的主管人员和其他直接责任人员依法给予处分;构成犯罪的,依照刑法有关规定追究刑事责任。

第一百一十二条 生产经营单位违反本法规定,被责令改正且受到罚款处罚,拒不改正的,负有安全生产监督管理职责的部门可以自作出责令改正之日的次日起,按照原处罚数额按日连续处罚。

第一百一十三条 生产经营单位存在下列情形之一的,负有安全生产监督管理职责的部门应当提请地方人民政府予以关闭,有关部门应当依法吊销其有关证照。生产经营单位主要负责人五年内不得担任任何生产经营单位的主要负责人;情节严重的,终身不得担任本行业生产经营单位的主要负责人:

(一)存在重大事故隐患,一百八十日内三次或者一年内四次受到本法规定的行政处罚的;

(二)经停产停业整顿,仍不具备法律、行政法规、国家标准或者行业标准规定的安全生产条件的;

(三)不具备法律、行政法规和国家标准或者行业标准规定的安全生产条件,导致发生重大、特别重大生产安全事故的;

(四)拒不执行负有安全生产监督管理职责的部门作出的停产停业整顿决定的。

第一百一十四条 发生生产安全事故,对负有责任的生产经营单位除要求其依法承担相应的赔偿等责任外,由应急管理部门依照下列规定处以罚款:

(一)发生一般事故的,处三十万元以上一百万元以下的罚款;

(二)发生较大事故的,处一百万元以上二百万元以下的罚款;

(三)发生重大事故的,处二百万元以上一千万元以下的罚款;

(四)发生特别重大事故的,处一千万元以上二千万元以下的罚款。

发生生产安全事故,情节特别严重、影响特别恶劣的,应急管理部门可以按照前款罚款数额的二倍以上五倍以下对负有责任的生产经营单位处以罚款。

第一百一十五条 本法规定的行政处罚,由应急管理部门和其他负有安全生产监督管理职责的部门按照职责分工决定;其中,根据本法第九十五条、第一百一十条、第一百一十四条的规定应当给予民航、铁路、电力行业的生产经营单位及其主要负责人行政处罚的,也可以由主管的负有安全生产监督管理职责的部门进行处罚。予以关闭的行政处罚,由负有安全生产监督管理职责的部门报请县级以上人民政府按照国务院规定的权限决定;给予拘留的行政处罚,由公安机关依照治安管理处罚的规定决定。

第一百一十六条 生产经营单位发生生产安全事故造成人员伤亡、他人财产损失的,应当依法承担赔偿责任;拒不承担或者其负责人逃匿的,由人民法院依法强制执行。

生产安全事故的责任人未依法承担赔偿责任,经人民法院依法采取执行措施后,仍不能对受害人给予足额赔偿的,应当继续履行赔偿义务;受害人发现责任人有其他财产的,可以随时请求人民法院执行。

第七章 附 则

第一百一十七条 本法下列用语的含义:

危险物品,是指易燃易爆物品、危险化学品、放射性物品等能够危及人身安全和财产安全的物品。

重大危险源,是指长期地或者临时地生产、搬运、使用或者储存危险物品,且危险物品的数量等于或者超过临界量的单元(包括场所和设施)。

第一百一十八条 本法规定的生产安全一般事故、较大事故、重大事故、特别重大事故的划分标准由国务院规定。

国务院应急管理部门和其他负有安全生产监督管理职责的部门应当根据各自的职责分工,制定相关行业、领域重大危险源的辨识标准和重大事故隐患的判定标准。

第一百一十九条 本法自2002年11月1日起施行。

建设工程安全生产管理条例

·2003 年 11 月 24 日国务院令第 393 号公布
·自 2004 年 2 月 1 日起施行)

第一章 总 则

第一条 为了加强建设工程安全生产监督管理,保障人民群众生命和财产安全,根据《中华人民共和国建筑法》、《中华人民共和国安全生产法》,制定本条例。

第二条 在中华人民共和国境内从事建设工程的新建、扩建、改建和拆除等有关活动及实施对建设工程安全生产的监督管理,必须遵守本条例。

本条例所称建设工程,是指土木工程、建筑工程、线路管道和设备安装工程及装修工程。

第三条 建设工程安全生产管理,坚持安全第一、预防为主的方针。

第四条 建设单位、勘察单位、设计单位、施工单位、工程监理单位及其他与建设工程安全生产有关的单位,必须遵守安全生产法律、法规的规定,保证建设工程安全生产,依法承担建设工程安全生产责任。

第五条 国家鼓励建设工程安全生产的科学技术研究和先进技术的推广应用,推进建设工程安全生产的科学管理。

第二章 建设单位的安全责任

第六条 建设单位应当向施工单位提供施工现场及毗邻区域内供水、排水、供电、供气、供热、通信、广播电视等地下管线资料,气象和水文观测资料,相邻建筑物和构筑物、地下工程的有关资料,并保证资料的真实、准确、完整。

建设单位因建设工程需要,向有关部门或者单位查询前款规定的资料时,有关部门或者单位应当及时提供。

第七条 建设单位不得对勘察、设计、施工、工程监理等单位提出不符合建设工程安全生产法律、法规和强制性标准规定的要求,不得压缩合同约定的工期。

第八条 建设单位在编制工程概算时,应当确定建设工程安全作业环境及安全施工措施所需费用。

第九条 建设单位不得明示或者暗示施工单位购买、租赁、使用不符合安全施工要求的安全防护用具、机械设备、施工机具及配件、消防设施和器材。

第十条 建设单位在申请领取施工许可证时,应当提供建设工程有关安全施工措施的资料。

依法批准开工报告的建设工程,建设单位应当自开工报告批准之日起 15 日内,将保证安全施工的措施报送建设工程所在地的县级以上地方人民政府建设行政主管部门或者其他有关部门备案。

第十一条 建设单位应当将拆除工程发包给具有相应资质等级的施工单位。

建设单位应当在拆除工程施工 15 日前,将下列资料报送建设工程所在地的县级以上地方人民政府建设行政主管部门或者其他有关部门备案:

(一)施工单位资质等级证明;

(二)拟拆除建筑物、构筑物及可能危及毗邻建筑的说明;

(三)拆除施工组织方案;

(四)堆放、清除废弃物的措施。

实施爆破作业的,应当遵守国家有关民用爆炸物品管理的规定。

第三章 勘察、设计、工程监理及其他有关单位的安全责任

第十二条 勘察单位应当按照法律、法规和工程建设强制性标准进行勘察,提供的勘察文件应当真实、准确,满足建设工程安全生产的需要。

勘察单位在勘察作业时,应当严格执行操作规程,采取措施保证各类管线、设施和周边建筑物、构筑物的安全。

第十三条 设计单位应当按照法律、法规和工程建设强制性标准进行设计,防止因设计不合理导致生产安全事故的发生。

设计单位应当考虑施工安全操作和防护的需要,对涉及施工安全的重点部位和环节在设计文件中注明,并对防范生产安全事故提出指导意见。

采用新结构、新材料、新工艺的建设工程和特殊结构的建设工程,设计单位应当在设计中提出保障施工作业人员安全和预防生产安全事故的措施建议。

设计单位和注册建筑师等注册执业人员应当对其设计负责。

第十四条 工程监理单位应当审查施工组织设计中的安全技术措施或者专项施工方案是否符合工程建设强制性标准。

工程监理单位在实施监理过程中,发现存在安全事故隐患的,应当要求施工单位整改;情况严重的,应当要求施工单位暂时停止施工,并及时报告建设单位。施工单位拒不整改或者不停止施工的,工程监理单位应当及时向有关主管部门报告。

工程监理单位和监理工程师应当按照法律、法规和工程建设强制性标准实施监理,并对建设工程安全生产

承担监理责任。

　　第十五条　为建设工程提供机械设备和配件的单位，应当按照安全施工的要求配备齐全有效的保险、限位等安全设施和装置。

　　第十六条　出租的机械设备和施工机具及配件，应当具有生产(制造)许可证、产品合格证。

　　出租单位应当对出租的机械设备和施工机具及配件的安全性能进行检测，在签订租赁协议时，应当出具检测合格证明。

　　禁止出租检测不合格的机械设备和施工机具及配件。

　　第十七条　在施工现场安装、拆卸施工起重机械和整体提升脚手架、模板等自升式架设设施，必须由具有相应资质的单位承担。

　　安装、拆卸施工起重机械和整体提升脚手架、模板等自升式架设设施，应当编制拆装方案、制定安全施工措施，并由专业技术人员现场监督。

　　施工起重机械和整体提升脚手架、模板等自升式架设设施安装完毕后，安装单位应当自检，出具自检合格证明，并向施工单位进行安全使用说明，办理验收手续并签字。

　　第十八条　施工起重机械和整体提升脚手架、模板等自升式架设设施的使用达到国家规定的检验检测期限的，必须经具有专业资质的检验检测机构检测。经检测不合格的，不得继续使用。

　　第十九条　检验检测机构对检测合格的施工起重机械和整体提升脚手架、模板等自升式架设设施，应当出具安全合格证明文件，并对检测结果负责。

第四章　施工单位的安全责任

　　第二十条　施工单位从事建设工程的新建、扩建、改建和拆除等活动，应当具备国家规定的注册资本、专业技术人员、技术装备和安全生产等条件，依法取得相应等级的资质证书，并在其资质等级许可的范围内承揽工程。

　　第二十一条　施工单位主要负责人依法对本单位的安全生产工作全面负责。施工单位应当建立健全安全生产责任制度和安全生产教育培训制度，制定安全生产规章制度和操作规程，保证本单位安全生产条件所需资金的投入，对所承担的建设工程进行定期和专项安全检查，并做好安全检查记录。

　　施工单位的项目负责人应当由取得相应执业资格的人员担任，对建设工程项目的安全施工负责，落实安全生产责任制度、安全生产规章制度和操作规程，确保安全生产费用的有效使用，并根据工程的特点组织制定安全施工措施，消除安全事故隐患，及时、如实报告生产安全事故。

　　第二十二条　施工单位对列入建设工程概算的安全作业环境及安全施工措施所需费用，应当用于施工安全防护用具及设施的采购和更新、安全施工措施的落实、安全生产条件的改善，不得挪作他用。

　　第二十三条　施工单位应当设立安全生产管理机构，配备专职安全生产管理人员。

　　专职安全生产管理人员负责对安全生产进行现场监督检查。发现安全事故隐患，应当及时向项目负责人和安全生产管理机构报告；对于违章指挥、违章操作的，应当立即制止。

　　专职安全生产管理人员的配备办法由国务院建设行政主管部门会同国务院其他有关部门制定。

　　第二十四条　建设工程实行施工总承包的，由总承包单位对施工现场的安全生产负总责。

　　总承包单位应当自行完成建设工程主体结构的施工。

　　总承包单位依法将建设工程分包给其他单位的，分包合同中应当明确各自的安全生产方面的权利、义务。总承包单位和分包单位对分包工程的安全生产承担连带责任。

　　分包单位应当服从总承包单位的安全生产管理，分包单位不服从管理导致生产安全事故的，由分包单位承担主要责任。

　　第二十五条　垂直运输机械作业人员、安装拆卸工、爆破作业人员、起重信号工、登高架设作业人员等特种作业人员，必须按照国家有关规定经过专门的安全作业培训，并取得特种作业操作资格证书后，方可上岗作业。

　　第二十六条　施工单位应当在施工组织设计中编制安全技术措施和施工现场临时用电方案，对下列达到一定规模的危险性较大的分部分项工程编制专项施工方案，并附具安全验算结果，经施工单位技术负责人、总监理工程师签字后实施，由专职安全生产管理人员进行现场监督：

　　(一)基坑支护与降水工程；

　　(二)土方开挖工程；

　　(三)模板工程；

　　(四)起重吊装工程；

　　(五)脚手架工程；

　　(六)拆除、爆破工程；

（七）国务院建设行政主管部门或者其他有关部门规定的其他危险性较大的工程。

对前款所列工程中涉及深基坑、地下暗挖工程、高大模板工程的专项施工方案，施工单位还应当组织专家进行论证、审查。

本条第一款规定的达到一定规模的危险性较大工程的标准，由国务院建设行政主管部门会同国务院其他有关部门制定。

第二十七条　建设工程施工前，施工单位负责项目管理的技术人员应当对有关安全施工的技术要求向施工作业班组、作业人员作出详细说明，并由双方签字确认。

第二十八条　施工单位应当在施工现场入口处、施工起重机械、临时用电设施、脚手架、出入通道口、楼梯口、电梯井口、孔洞口、桥梁口、隧道口、基坑边沿、爆破物及有害危险气体和液体存放处等危险部位，设置明显的安全警示标志。安全警示标志必须符合国家标准。

施工单位应当根据不同施工阶段和周围环境及季节、气候的变化，在施工现场采取相应的安全施工措施。施工现场暂时停止施工的，施工单位应当做好现场防护，所需费用由责任方承担，或者按照合同约定执行。

第二十九条　施工单位应当将施工现场的办公、生活区与作业区分开设置，并保持安全距离；办公、生活区的选址应当符合安全性要求。职工的膳食、饮水、休息场所等应当符合卫生标准。施工单位不得在尚未竣工的建筑物内设置员工集体宿舍。

施工现场临时搭建的建筑物应当符合安全使用要求。施工现场使用的装配式活动房屋应当具有产品合格证。

第三十条　施工单位对因建设工程施工可能造成损害的毗邻建筑物、构筑物和地下管线等，应当采取专项防护措施。

施工单位应当遵守有关环境保护法律、法规的规定，在施工现场采取措施，防止或者减少粉尘、废气、废水、固体废物、噪声、振动和施工照明对人和环境的危害和污染。

在城市市区内的建设工程，施工单位应当对施工现场实行封闭围挡。

第三十一条　施工单位应当在施工现场建立消防安全责任制度，确定消防安全责任人，制定用火、用电、使用易燃易爆材料等各项消防安全管理制度和操作规程，设置消防通道、消防水源，配备消防设施和灭火器材，并在施工现场入口处设置明显标志。

第三十二条　施工单位应当向作业人员提供安全防护用具和安全防护服装，并书面告知危险岗位的操作规程和违章操作的危害。

作业人员有权对施工现场的作业条件、作业程序和作业方式中存在的安全问题提出批评、检举和控告，有权拒绝违章指挥和强令冒险作业。

在施工中发生危及人身安全的紧急情况时，作业人员有权立即停止作业或者在采取必要的应急措施后撤离危险区域。

第三十三条　作业人员应当遵守安全施工的强制性标准、规章制度和操作规程，正确使用安全防护用具、机械设备等。

第三十四条　施工单位采购、租赁的安全防护用具、机械设备、施工机具及配件，应当具有生产（制造）许可证、产品合格证，并在进入施工现场前进行查验。

施工现场的安全防护用具、机械设备、施工机具及配件必须由专人管理，定期进行检查、维修和保养，建立相应的资料档案，并按照国家有关规定及时报废。

第三十五条　施工单位在使用施工起重机械和整体提升脚手架、模板等自升式架设设施前，应当组织有关单位进行验收，也可以委托具有相应资质的检验检测机构进行验收；使用承租的机械设备和施工机具及配件的，由施工总承包单位、分包单位、出租单位和安装单位共同进行验收。验收合格的方可使用。

《特种设备安全监察条例》规定的施工起重机械，在验收前应当经有相应资质的检验检测机构监督检验合格。

施工单位应当自施工起重机械和整体提升脚手架、模板等自升式架设设施验收合格之日起30日内，向建设行政主管部门或者其他有关部门登记。登记标志应当置于或者附着于该设备的显著位置。

第三十六条　施工单位的主要负责人、项目负责人、专职安全生产管理人员应当经建设行政主管部门或者其他有关部门考核合格后方可任职。

施工单位应当对管理人员和作业人员每年至少进行一次安全生产教育培训，其教育培训情况记入个人工作档案。安全生产教育培训考核不合格的人员，不得上岗。

第三十七条　作业人员进入新的岗位或者新的施工现场前，应当接受安全生产教育培训。未经教育培训或者教育培训考核不合格的人员，不得上岗作业。

施工单位在采用新技术、新工艺、新设备、新材料时，应当对作业人员进行相应的安全生产教育培训。

第三十八条　施工单位应当为施工现场从事危险作业的人员办理意外伤害保险。

意外伤害保险费由施工单位支付。实行施工总承包的，由总承包单位支付意外伤害保险费。意外伤害保险期限自建设工程开工之日起至竣工验收合格止。

第五章 监督管理

第三十九条 国务院负责安全生产监督管理的部门依照《中华人民共和国安全生产法》的规定，对全国建设工程安全生产工作实施综合监督管理。

县级以上地方人民政府负责安全生产监督管理的部门依照《中华人民共和国安全生产法》的规定，对本行政区域内建设工程安全生产工作实施综合监督管理。

第四十条 国务院建设行政主管部门对全国的建设工程安全生产实施监督管理。国务院铁路、交通、水利等有关部门按照国务院规定的职责分工，负责有关专业建设工程安全生产的监督管理。

县级以上地方人民政府建设行政主管部门对本行政区域内的建设工程安全生产实施监督管理。县级以上地方人民政府交通、水利等有关部门在各自的职责范围内，负责本行政区域内的专业建设工程安全生产的监督管理。

第四十一条 建设行政主管部门和其他有关部门应当将本条例第十条、第十一条规定的有关资料的主要内容抄送同级负责安全生产监督管理的部门。

第四十二条 建设行政主管部门在审核发放施工许可证时，应当对建设工程是否有安全施工措施进行审查，对没有安全施工措施的，不得颁发施工许可证。

建设行政主管部门或者其他有关部门对建设工程是否有安全施工措施进行审查时，不得收取费用。

第四十三条 县级以上人民政府负有建设工程安全生产监督管理职责的部门在各自的职责范围内履行安全监督检查职责时，有权采取下列措施：

（一）要求被检查单位提供有关建设工程安全生产的文件和资料；

（二）进入被检查单位施工现场进行检查；

（三）纠正施工中违反安全生产要求的行为；

（四）对检查中发现的安全事故隐患，责令立即排除；重大安全事故隐患排除前或者排除过程中无法保证安全的，责令从危险区域内撤出作业人员或者暂时停止施工。

第四十四条 建设行政主管部门或者其他有关部门可以将施工现场的监督检查委托给建设工程安全监督机构具体实施。

第四十五条 国家对严重危及施工安全的工艺、设备、材料实行淘汰制度。具体目录由国务院建设行政主管部门会同国务院其他有关部门制定并公布。

第四十六条 县级以上人民政府建设行政主管部门和其他有关部门应当及时受理对建设工程生产安全事故及安全事故隐患的检举、控告和投诉。

第六章 生产安全事故的应急救援和调查处理

第四十七条 县级以上地方人民政府建设行政主管部门应当根据本级人民政府的要求，制定本行政区域内建设工程特大生产安全事故应急救援预案。

第四十八条 施工单位应当制定本单位生产安全事故应急救援预案，建立应急救援组织或者配备应急救援人员，配备必要的应急救援器材、设备，并定期组织演练。

第四十九条 施工单位应当根据建设工程施工的特点、范围，对施工现场易发生重大事故的部位、环节进行监控，制定施工现场生产安全事故应急救援预案。实行施工总承包的，由总承包单位统一组织编制建设工程生产安全事故应急救援预案，工程总承包单位和分包单位按照应急救援预案，各自建立应急救援组织或者配备应急救援人员，配备救援器材、设备，并定期组织演练。

第五十条 施工单位发生生产安全事故，应当按照国家有关伤亡事故报告和调查处理的规定，及时、如实地向负责安全生产监督管理的部门、建设行政主管部门或者其他有关部门报告；特种设备发生事故的，还应当同时向特种设备安全监督管理部门报告。接到报告的部门应当按照国家有关规定，如实上报。

实行施工总承包的建设工程，由总承包单位负责上报事故。

第五十一条 发生生产安全事故后，施工单位应当采取措施防止事故扩大，保护事故现场。需要移动现场物品时，应当做出标记和书面记录，妥善保管有关证物。

第五十二条 建设工程生产安全事故的调查、对事故责任单位和责任人的处罚与处理，按照有关法律、法规的规定执行。

第七章 法律责任

第五十三条 违反本条例的规定，县级以上人民政府建设行政主管部门或者其他有关行政管理部门的工作人员，有下列行为之一的，给予降级或者撤职的行政处分；构成犯罪的，依照刑法有关规定追究刑事责任：

（一）对不具备安全生产条件的施工单位颁发资质证书的；

（二）对没有安全施工措施的建设工程颁发施工许可证的；

(三)发现违法行为不予查处的;
(四)不依法履行监督管理职责的其他行为。

第五十四条 违反本条例的规定,建设单位未提供建设工程安全生产作业环境及安全施工措施所需费用的,责令限期改正;逾期未改正的,责令该建设工程停止施工。

建设单位未将保证安全施工的措施或者拆除工程的有关资料报送有关部门备案的,责令限期改正,给予警告。

第五十五条 违反本条例的规定,建设单位有下列行为之一的,责令限期改正,处20万元以上50万元以下的罚款;造成重大安全事故,构成犯罪的,对直接责任人员,依照刑法有关规定追究刑事责任;造成损失的,依法承担赔偿责任:

(一)对勘察、设计、施工、工程监理等单位提出不符合安全生产法律、法规和强制性标准规定的要求的;
(二)要求施工单位压缩合同约定的工期的;
(三)将拆除工程发包给不具有相应资质等级的施工单位的。

第五十六条 违反本条例的规定,勘察单位、设计单位有下列行为之一的,责令限期改正,处10万元以上30万元以下的罚款;情节严重的,责令停业整顿,降低资质等级,直至吊销资质证书;造成重大安全事故,构成犯罪的,对直接责任人员,依照刑法有关规定追究刑事责任;造成损失的,依法承担赔偿责任:

(一)未按照法律、法规和工程建设强制性标准进行勘察、设计的;
(二)采用新结构、新材料、新工艺的建设工程和特殊结构的建设工程,设计单位未在设计中提出保障施工作业人员安全和预防生产安全事故的措施建议的。

第五十七条 违反本条例的规定,工程监理单位有下列行为之一的,责令限期改正;逾期未改正的,责令停业整顿,并处10万元以上30万元以下的罚款;情节严重的,降低资质等级,直至吊销资质证书;造成重大安全事故,构成犯罪的,对直接责任人员,依照刑法有关规定追究刑事责任;造成损失的,依法承担赔偿责任:

(一)未对施工组织设计中的安全技术措施或者专项施工方案进行审查的;
(二)发现安全事故隐患未及时要求施工单位整改或者暂时停止施工的;
(三)施工单位拒不整改或者不停止施工,未及时向有关主管部门报告的;
(四)未依照法律、法规和工程建设强制性标准实施监理的。

第五十八条 注册执业人员未执行法律、法规和工程建设强制性标准的,责令停止执业3个月以上1年以下;情节严重的,吊销执业资格证书,5年内不予注册;造成重大安全事故的,终身不予注册;构成犯罪的,依照刑法有关规定追究刑事责任。

第五十九条 违反本条例的规定,为建设工程提供机械设备和配件的单位,未按照安全施工的要求配备齐全有效的保险、限位等安全设施和装置的,责令限期改正,处合同价款1倍以上3倍以下的罚款;造成损失的,依法承担赔偿责任。

第六十条 违反本条例的规定,出租单位出租未经安全性能检测或者经检测不合格的机械设备和施工机具及配件的,责令停业整顿,并处5万元以上10万元以下的罚款;造成损失的,依法承担赔偿责任。

第六十一条 违反本条例的规定,施工起重机械和整体提升脚手架、模板等自升式架设设施安装、拆卸单位有下列行为之一的,责令限期改正,处5万元以上10万元以下的罚款;情节严重的,责令停业整顿,降低资质等级,直至吊销资质证书;造成损失的,依法承担赔偿责任:

(一)未编制拆装方案、制定安全施工措施的;
(二)未由专业技术人员现场监督的;
(三)未出具自检合格证明或者出具虚假证明的;
(四)未向施工单位进行安全使用说明,办理移交手续的。

施工起重机械和整体提升脚手架、模板等自升式架设设施安装、拆卸单位有前款规定的第(一)项、第(三)项行为,经有关部门或者单位职工提出后,对事故隐患仍不采取措施,因而发生重大伤亡事故或者造成其他严重后果,构成犯罪的,对直接责任人员,依照刑法有关规定追究刑事责任。

第六十二条 违反本条例的规定,施工单位有下列行为之一的,责令限期改正;逾期未改正的,责令停业整顿,依照《中华人民共和国安全生产法》的有关规定处以罚款;造成重大安全事故,构成犯罪的,对直接责任人员,依照刑法有关规定追究刑事责任:

(一)未设立安全生产管理机构、配备专职安全生产管理人员或者分部分项工程施工时无专职安全生产管理人员现场监督的;
(二)施工单位的主要负责人、项目负责人、专职安全生产管理人员、作业人员或者特种作业人员,未经安全教育培训或者经考核不合格即从事相关工作的;

(三)未在施工现场的危险部位设置明显的安全警示标志,或者未按照国家有关规定在施工现场设置消防通道、消防水源、配备消防设施和灭火器材的;

(四)未向作业人员提供安全防护用具和安全防护服装的;

(五)未按照规定在施工起重机械和整体提升脚手架、模板等自升式架设设施验收合格后登记的;

(六)使用国家明令淘汰、禁止使用的危及施工安全的工艺、设备、材料的。

第六十三条 违反本条例的规定,施工单位挪用列入建设工程概算的安全生产作业环境及安全施工措施所需费用的,责令限期改正,处挪用费用20%以上50%以下的罚款;造成损失的,依法承担赔偿责任。

第六十四条 违反本条例的规定,施工单位有下列行为之一的,责令限期改正;逾期未改正的,责令停业整顿,并处5万元以上10万元以下的罚款;造成重大安全事故,构成犯罪的,对直接责任人员,依照刑法有关规定追究刑事责任:

(一)施工前未对有关安全施工的技术要求作出详细说明的;

(二)未根据不同施工阶段和周围环境及季节、气候的变化,在施工现场采取相应的安全施工措施,或者在城市市区内的建设工程的施工现场未实行封闭围挡的;

(三)在尚未竣工的建筑物内设置员工集体宿舍的;

(四)施工现场临时搭建的建筑物不符合安全使用要求的;

(五)未对因建设工程施工可能造成损害的毗邻建筑物、构筑物和地下管线等采取专项防护措施的。

施工单位有前款规定第(四)项、第(五)项行为,造成损失的,依法承担赔偿责任。

第六十五条 违反本条例的规定,施工单位有下列行为之一的,责令限期改正;逾期未改正的,责令停业整顿,并处10万元以上30万元以下的罚款;情节严重的,降低资质等级,直至吊销资质证书;造成重大安全事故,构成犯罪的,对直接责任人员,依照刑法有关规定追究刑事责任;造成损失的,依法承担赔偿责任:

(一)安全防护用具、机械设备、施工机具及配件在进入施工现场前未经验或者查验不合格即投入使用的;

(二)使用未经验收或者验收不合格的施工起重机械和整体提升脚手架、模板等自升式架设设施的;

(三)委托不具有相应资质的单位承担施工现场安装、拆卸施工起重机械和整体提升脚手架、模板等自升式架设设施的;

(四)在施工组织设计中未编制安全技术措施、施工现场临时用电方案或者专项施工方案的。

第六十六条 违反本条例的规定,施工单位的主要负责人、项目负责人未履行安全生产管理职责的,责令限期改正;逾期未改正的,责令施工单位停业整顿;造成重大安全事故、重大伤亡事故或者其他严重后果,构成犯罪的,依照刑法有关规定追究刑事责任。

作业人员不服管理、违反规章制度和操作规程冒险作业造成重大伤亡事故或者其他严重后果,构成犯罪的,依照刑法有关规定追究刑事责任。

施工单位的主要负责人、项目负责人有前款违法行为,尚不够刑事处罚的,处2万元以上20万元以下的罚款或者按照管理权限给予撤职处分;自刑罚执行完毕或者受处分之日起,5年内不得担任任何施工单位的主要负责人、项目负责人。

第六十七条 施工单位取得资质证书后,降低安全生产条件的,责令限期改正;经整改仍未达到与其资质等级相适应的安全生产条件,责令停业整顿,降低其资质等级直至吊销资质证书。

第六十八条 本条例规定的行政处罚,由建设行政主管部门或者其他有关部门依照法定职权决定。

违反消防安全管理规定的行为,由公安消防机构依法处罚。

有关法律、行政法规对建设工程安全生产违法行为的行政处罚决定机关另有规定的,从其规定。

第八章 附 则

第六十九条 抢险救灾和农民自建低层住宅的安全生产管理,不适用本条例。

第七十条 军事建设工程的安全生产管理,按照中央军事委员会的有关规定执行。

第七十一条 本条例自2004年2月1日起施行。

建设工程消防设计审查验收管理暂行规定

·2020年4月1日住房和城乡建设部令第51号公布
·根据2023年8月21日住房和城乡建设部令第58号修正

第一章 总 则

第一条 为了加强建设工程消防设计审查验收管理,保证建设工程消防设计、施工质量,根据《中华人民共和国建筑法》《中华人民共和国消防法》《建设工程质量管理条例》等法律、行政法规,制定本规定。

第二条　特殊建设工程的消防设计审查、消防验收,以及其他建设工程的消防验收备案(以下简称备案)、抽查,适用本规定。

本规定所称特殊建设工程,是指本规定第十四条所列的建设工程。

本规定所称其他建设工程,是指特殊建设工程以外的其他按照国家工程建设消防技术标准需要进行消防设计的建设工程。

第三条　国务院住房和城乡建设主管部门负责指导监督全国建设工程消防设计审查验收工作。

县级以上地方人民政府住房和城乡建设主管部门(以下简称消防设计审查验收主管部门)依职责承担本行政区域内建设工程的消防设计审查、消防验收、备案和抽查工作。

跨行政区域建设工程的消防设计审查、消防验收、备案和抽查工作,由该建设工程所在行政区域消防设计审查验收主管部门共同的上一级主管部门指定负责。

第四条　消防设计审查验收主管部门应当运用互联网技术等信息化手段开展消防设计审查、消防验收、备案和抽查工作,建立健全有关单位和从业人员的信用管理制度,不断提升政务服务水平。

第五条　消防设计审查验收主管部门实施消防设计审查、消防验收、备案和抽查工作所需经费,按照《中华人民共和国行政许可法》等有关法律法规的规定执行。

第六条　消防设计审查验收主管部门应当及时将消防验收、备案和抽查情况告知消防救援机构,并与消防救援机构共享建筑平面图、消防设施平面布置图、消防设施系统图等资料。

第七条　从事建设工程消防设计审查验收的工作人员,以及建设、设计、施工、工程监理、技术服务等单位的从业人员,应当具备相应的专业技术能力,定期参加职业培训。

第二章　有关单位的消防设计、施工质量责任与义务

第八条　建设单位依法对建设工程消防设计、施工质量负首要责任。设计、施工、工程监理、技术服务等单位依法对建设工程消防设计、施工质量负主体责任。建设、设计、施工、工程监理、技术服务等单位的从业人员依法对建设工程消防设计、施工质量承担相应的个人责任。

第九条　建设单位应当履行下列消防设计、施工质量责任和义务:

(一)不得明示或者暗示设计、施工、工程监理、技术服务等单位及其从业人员违反建设工程法律法规和国家工程建设消防技术标准,降低建设工程消防设计、施工质量;

(二)依法申请建设工程消防设计审查、消防验收,办理备案并接受抽查;

(三)实行工程监理的建设工程,依法将消防施工质量委托监理;

(四)委托具有相应资质的设计、施工、工程监理单位;

(五)按照工程消防设计要求和合同约定,选用合格的消防产品和满足防火性能要求的建筑材料、建筑构配件和设备;

(六)组织有关单位进行建设工程竣工验收时,对建设工程是否符合消防要求进行查验;

(七)依法及时向档案管理机构移交建设工程消防有关档案。

第十条　设计单位应当履行下列消防设计、施工质量责任和义务:

(一)按照建设工程法律法规和国家工程建设消防技术标准进行设计,编制符合要求的消防设计文件,不得违反国家工程建设消防技术标准强制性条文;

(二)在设计文件中选用的消防产品和具有防火性能要求的建筑材料、建筑构配件和设备,应当注明规格、性能等技术指标,符合国家规定的标准;

(三)参加建设单位组织的建设工程竣工验收,对建设工程消防设计实施情况签章确认,并对建设工程消防设计质量负责。

第十一条　施工单位应当履行下列消防设计、施工质量责任和义务:

(一)按照建设工程法律法规、国家工程建设消防技术标准,以及经消防设计审查合格或者满足工程需要的消防设计文件组织施工,不得擅自改变消防设计进行施工,降低消防施工质量;

(二)按照消防设计要求、施工技术标准和合同约定检验消防产品和具有防火性能要求的建筑材料、建筑构配件和设备的质量,使用合格产品,保证消防施工质量;

(三)参加建设单位组织的建设工程竣工验收,对建设工程消防施工质量签章确认,并对建设工程消防施工质量负责。

第十二条　工程监理单位应当履行下列消防设计、施工质量责任和义务:

（一）按照建设工程法律法规、国家工程建设消防技术标准，以及经消防设计审查合格或者满足工程需要的消防设计文件实施工程监理；

（二）在消防产品和具有防火性能要求的建筑材料、建筑构配件和设备使用、安装前，核查产品质量证明文件，不得同意使用或者安装不合格的消防产品和防火性能不符合要求的建筑材料、建筑构配件和设备；

（三）参加建设单位组织的建设工程竣工验收，对建设工程消防施工质量签章确认，并对建设工程消防施工质量承担监理责任。

第十三条 提供建设工程消防设计图纸技术审查、消防设施检测或者建设工程消防验收现场评定等服务的技术服务机构，应当按照建设工程法律法规、国家工程建设消防技术标准和国家有关规定提供服务，并对出具的意见或者报告负责。

第三章 特殊建设工程的消防设计审查

第十四条 具有下列情形之一的建设工程是特殊建设工程：

（一）总建筑面积大于二万平方米的体育场馆、会堂，公共展览馆、博物馆的展示厅；

（二）总建筑面积大于一万五千平方米的民用机场航站楼、客运车站候车室、客运码头候船厅；

（三）总建筑面积大于一万平方米的宾馆、饭店、商场、市场；

（四）总建筑面积大于二千五百平方米的影剧院，公共图书馆的阅览室，营业性室内健身、休闲场馆，医院的门诊楼，大学的教学楼、图书馆、食堂，劳动密集型企业的生产加工车间，寺庙、教堂；

（五）总建筑面积大于一千平方米的托儿所、幼儿园的儿童用房，儿童游乐厅等室内儿童活动场所，养老院、福利院，医院、疗养院的病房楼，中小学校的教学楼、图书馆、食堂，学校的集体宿舍，劳动密集型企业的员工集体宿舍；

（六）总建筑面积大于五百平方米的歌舞厅、录像厅、放映厅、卡拉 OK 厅、夜总会、游艺厅、桑拿浴室、网吧、酒吧，具有娱乐功能的餐馆、茶座、咖啡厅；

（七）国家工程建设消防技术标准规定的一类高层住宅建筑；

（八）城市轨道交通、隧道工程，大型发电、变配电工程；

（九）生产、储存、装卸易燃易爆危险物品的工厂、仓库和专用车站、码头，易燃易爆气体和液体的充装站、供应站、调压站；

（十）国家机关办公楼、电力调度楼、电信楼、邮政楼、防灾指挥调度楼、广播电视楼、档案楼；

（十一）设有本条第一项至第六项所列情形的建设工程；

（十二）本条第十项、第十一项规定以外的单体建筑面积大于四万平方米或者建筑高度超过五十米的公共建筑。

第十五条 对特殊建设工程实行消防设计审查制度。

特殊建设工程的建设单位应当向消防设计审查验收主管部门申请消防设计审查，消防设计审查验收主管部门依法对审查的结果负责。

特殊建设工程未经消防设计审查或者审查不合格的，建设单位、施工单位不得施工。

第十六条 建设单位申请消防设计审查，应当提交下列材料：

（一）消防设计审查申请表；

（二）消防设计文件；

（三）依法需要办理建设工程规划许可的，应当提交建设工程规划许可文件；

（四）依法需要批准的临时性建筑，应当提交批准文件。

第十七条 特殊建设工程具有下列情形之一的，建设单位除提交本规定第十六条所列材料外，还应当同时提交特殊消防设计技术资料：

（一）国家工程建设消防技术标准没有规定的；

（二）消防设计文件拟采用的新技术、新工艺、新材料不符合国家工程建设消防技术标准规定的；

（三）因保护利用历史建筑、历史文化街区需要，确实无法满足国家工程建设消防技术标准要求的。

前款所称特殊消防设计技术资料，应当包括特殊消防设计文件，以及两个以上有关的应用实例、产品说明等资料。

特殊消防设计涉及采用国际标准或者境外工程建设消防技术标准的，还应当提供相应的中文文本。

第十八条 特殊消防设计文件应当包括特殊消防设计必要性论证、特殊消防设计方案、火灾数值模拟分析等内容，重大工程、火灾危险等级高的应当包括实体试验验证内容。

特殊消防设计方案应当对两种以上方案进行比选，从安全性、经济性、可实施性等方面进行综合分析后形成。

火灾数值模拟分析应当科学设定火灾场景和模拟参数，实体试验应当与实际场景相符。火灾数值模拟分析结论和实体试验结论应当一致。

第十九条 消防设计审查验收主管部门收到建设单位提交的消防设计审查申请后，对申请材料齐全的，应当出具受理凭证；申请材料不齐全的，应当一次性告知需要补正的全部内容。

第二十条 对具有本规定第十七条情形之一的建设工程，消防设计审查验收主管部门应当自受理消防设计审查申请之日起五个工作日内，将申请材料报送省、自治区、直辖市人民政府住房和城乡建设主管部门组织专家评审。

第二十一条 省、自治区、直辖市人民政府住房和城乡建设主管部门应当建立由具有工程消防、建筑等专业高级技术职称人员组成的专家库，制定专家库管理制度。

第二十二条 省、自治区、直辖市人民政府住房和城乡建设主管部门应当在收到申请材料之日起十个工作日内组织召开专家评审会，对建设单位提交的特殊消防设计技术资料进行评审。

评审专家从专家库随机抽取，对于技术复杂、专业性强或者国家有特殊要求的项目，可以直接邀请相应专业的中国科学院院士、中国工程院院士、全国工程勘察设计大师以及境外具有相应资历的专家参加评审；与特殊建设工程设计单位有利害关系的专家不得参加评审。

评审专家应当符合相关专业要求，总数不得少于七人，且独立出具同意或者不同意的评审意见。特殊消防设计技术资料经四分之三以上评审专家同意即为评审通过，评审专家有不同意见的，应当注明。省、自治区、直辖市人民政府住房和城乡建设主管部门应当将专家评审意见，书面通知报请评审的消防设计审查验收主管部门。

第二十三条 消防设计审查验收主管部门应当自受理消防设计审查申请之日起十五个工作日内出具书面审查意见。依照本规定需要组织专家评审的，专家评审时间不超过二十个工作日。

第二十四条 对符合下列条件的，消防设计审查验收主管部门应当出具消防设计审查合格意见：

（一）申请材料齐全、符合法定形式；

（二）设计单位具有相应资质；

（三）消防设计文件符合国家工程建设消防技术标准（具有本规定第十七条情形之一的特殊建设工程，特殊消防设计技术资料通过专家评审）。

对不符合前款规定条件的，消防设计审查验收主管部门应当出具消防设计审查不合格意见，并说明理由。

第二十五条 实行施工图设计文件联合审查的，应当将建设工程消防设计的技术审查并入联合审查。

第二十六条 建设、设计、施工单位不得擅自修改经审查合格的消防设计文件。确需修改的，建设单位应当依照本规定重新申请消防设计审查。

第四章 特殊建设工程的消防验收

第二十七条 对特殊建设工程实行消防验收制度。

特殊建设工程竣工验收后，建设单位应当向消防设计审查验收主管部门申请消防验收；未经消防验收或者消防验收不合格的，禁止投入使用。

第二十八条 建设单位组织竣工验收时，应当对建设工程是否符合下列要求进行查验：

（一）完成工程消防设计和合同约定的消防各项内容；

（二）有完整的工程消防技术档案和施工管理资料（含涉及消防的建筑材料、建筑构配件和设备的进场试验报告）；

（三）建设单位对工程涉及消防的各分部分项工程验收合格；施工、设计、工程监理、技术服务等单位确认工程消防质量符合有关标准；

（四）消防设施性能、系统功能联调联试等内容检测合格。

经查验不符合前款规定的建设工程，建设单位不得编制工程竣工验收报告。

第二十九条 建设单位申请消防验收，应当提交下列材料：

（一）消防验收申请表；

（二）工程竣工验收报告；

（三）涉及消防的建设工程竣工图纸。

消防设计审查验收主管部门收到建设单位提交的消防验收申请后，对申请材料齐全的，应当出具受理凭证；申请材料不齐全的，应当一次性告知需要补正的全部内容。

第三十条 消防设计审查验收主管部门受理消防验收申请后，应当按照国家有关规定，对特殊建设工程进行现场评定。现场评定包括对建筑物防（灭）火设施的外观进行现场抽样查看；通过专业仪器设备对涉及距离、高度、宽度、长度、面积、厚度等可测量的指标进行现场抽样测量；对消防设施的功能进行抽样测试、联调联试消防设施的系统功能等内容。

第三十一条 消防设计审查验收主管部门应当自受理消防验收申请之日起十五日内出具消防验收意见。对符合下列条件的,应当出具消防验收合格意见:

(一)申请材料齐全、符合法定形式;

(二)工程竣工验收报告内容完备;

(三)涉及消防的建设工程竣工图纸与经审查合格的消防设计文件相符;

(四)现场评定结论合格。

对不符合前款规定条件的,消防设计审查验收主管部门应当出具消防验收不合格意见,并说明理由。

第三十二条 实行规划、土地、消防、人防、档案等事项联合验收的建设工程,消防验收意见由地方人民政府指定的部门统一出具。

第五章 其他建设工程的消防设计、备案与抽查

第三十三条 其他建设工程,建设单位申请施工许可或者申请批准开工报告时,应当提供满足施工需要的消防设计图纸及技术资料。

未提供满足施工需要的消防设计图纸及技术资料的,有关部门不得发放施工许可证或者批准开工报告。

第三十四条 对其他建设工程实行备案抽查制度,分类管理。

其他建设工程经依法抽查不合格的,应当停止使用。

第三十五条 省、自治区、直辖市人民政府住房和城乡建设主管部门应当制定其他建设工程分类管理目录清单。

其他建设工程应当依据建筑所在区域环境、建筑使用功能、建筑规模和高度、建筑耐火等级、疏散能力、消防设施设备配置水平等因素分为一般项目、重点项目等两类。

第三十六条 其他建设工程竣工验收合格之日起五个工作日内,建设单位应当报消防设计审查验收主管部门备案。

建设单位办理备案,应当提交下列材料:

(一)消防验收备案表;

(二)工程竣工验收报告;

(三)涉及消防的建设工程竣工图纸。

本规定第二十八条有关建设单位竣工验收消防查验的规定,适用于其他建设工程。

第三十七条 消防设计审查验收主管部门收到建设单位备案材料后,对备案材料齐全的,应当出具备案凭证;备案材料不齐全的,应当一次性告知需要补正的全部内容。

一般项目可以采用告知承诺制的方式申请备案,消防设计审查验收主管部门依据承诺书出具备案凭证。

第三十八条 消防设计审查验收主管部门应当对备案的其他建设工程进行抽查,加强对重点项目的抽查。

抽查工作推行"双随机、一公开"制度,随机抽取检查对象,随机选派检查人员。抽取比例由省、自治区、直辖市人民政府住房和城乡建设主管部门,结合辖区内消防设计、施工质量情况确定,并向社会公示。

第三十九条 消防设计审查验收主管部门应当自其他建设工程被确定为检查对象之日起十五个工作日内,按照建设工程消防验收有关规定完成检查,制作检查记录。检查结果应当通知建设单位,并向社会公示。

第四十条 建设单位收到检查不合格整改通知后,应当停止使用建设工程,并组织整改,整改完成后,向消防设计审查验收主管部门申请复查。

消防设计审查验收主管部门应当自收到书面申请之日起七个工作日内进行复查,并出具复查意见。复查合格后方可使用建设工程。

第六章 附 则

第四十一条 违反本规定的行为,依照《中华人民共和国建筑法》《中华人民共和国消防法》《建设工程质量管理条例》等法律法规给予处罚;构成犯罪的,依法追究刑事责任。

建设、设计、施工、工程监理、技术服务等单位及其从业人员违反有关建设工程法律法规和国家工程建设消防技术标准,除依法给予处罚或者追究刑事责任外,还应当依法承担相应的民事责任。

第四十二条 建设工程消防设计审查验收规则和执行本规定所需要的文书式样,由国务院住房和城乡建设主管部门制定。

第四十三条 新颁布的国家工程建设消防技术标准实施之前,建设工程的消防设计已经依法审查合格的,按原审查意见的标准执行。

第四十四条 住宅室内装饰装修、村民自建住宅、救灾和非人员密集场所的临时性建筑的建设活动,不适用本规定。

第四十五条 省、自治区、直辖市人民政府住房和城乡建设主管部门可以根据有关法律法规和本规定,结合本地实际情况,制定实施细则。

第四十六条 本规定自 2020 年 6 月 1 日起施行。

住房和城乡建设部办公厅关于做好建设工程消防设计审查验收工作的通知

- 2021年6月30日
- 建办科〔2021〕31号

各省、自治区住房和城乡建设厅，直辖市住房和城乡建设（管）委，北京市规划和自然资源委，新疆生产建设兵团住房和城乡建设局：

建设工程消防设计审查验收事关建设工程消防安全和人民群众生命财产安全。为加强和改进建设工程消防设计审查验收管理，切实从源头上防范化解建设工程消防安全风险，现就有关事项通知如下：

一、加强审验管理

各地建设工程消防设计审查验收主管部门（以下简称主管部门）要依法依规履行建设工程消防设计审查验收职责，审查验收工作应覆盖各类建设工程，做到应办尽办、程序合法、过程透明，不得擅自改变需进行消防设计审查验收的特殊建设工程范围，不得随意取消建设工程消防验收备案和抽查手续。落实国务院"放管服"改革和优化营商环境要求，向社会公开审查验收流程图、事项清单、办事指南、申报材料和内容要求，加强对工程建设单位的技术指导，提高服务意识和服务质量，主动靠前服务。充分依托工程建设项目审批管理系统等平台，实现建设工程消防设计审查验收在线办理；能够通过部门交换获取的信息，不要求申请单位或个人提供。结合实际积极推动开展联合审图和竣工联合验收。

二、强化技术要求

各地主管部门要认真查阅工程建设单位申请消防验收备案提交的建设工程资料，核对消防设计执行的国家工程建设消防技术标准内容，并作为抽查的依据。建设工程的消防设计、施工必须符合国家工程建设消防技术标准。既有建筑改造利用不改变使用功能、不增加建筑面积的，宜执行现行国家工程建设消防技术标准，不得低于原建筑物建成时的消防安全水平。历史文化街区、历史建筑改造确实无法满足现行国家工程建设消防技术标准要求的，应制定科学合理的技术方案，由当地主管部门会同有关部门，组织工程建设单位、业主单位、利害相关人等依法会商解决，确保满足消防安全需要。

三、严格评审论证

组织特殊建设工程的特殊消防设计专家评审时，各省级主管部门应着重评审技术资料中的必要性论证、多方案比较、模拟数据或实验验证结论等内容。科学判定所采用国际标准、境外工程建设消防技术标准的成熟条件。拟采用新技术、新工艺、新材料的，提供的有关应用实例、产品说明等应与建设工程直接相关。要系统论证特殊消防设计内容和现行国家工程建设消防技术标准的关系，以及模拟数据或实验验证结论的可靠性。

四、规范技术服务

各地主管部门要推进建设工程消防设计技术审查、全过程消防技术咨询、竣工验收消防查验、建设工程消防验收现场评定、消防验收备案抽查的现场检查等技术服务市场化工作，促进公平竞争，提高审验效率。加强信息化手段在建设工程消防设计审查验收技术服务机构和人员管理中的应用，建立完善信用采集、失信惩戒、信用修复等各项措施。指导提供相关技术服务的机构加强行业自律，健全技术服务标准和质量保证体系，强化自我约束。

五、落实监督责任

各地主管部门要高度重视建设工程消防设计审查验收工作，切实加强组织领导，改进工作方式，主动与有关部门协商完善齐抓共管工作机制，守牢安全底线。贯彻落实全国安全生产专项整治三年行动和城市建设安全三年专项整治要求，系统梳理在建和2019年4月1日以来投入使用建设工程的消防设计审查验收情况，建立台账，加强备案抽查项目的消防设计安全监管，合理确定抽查比例。加强高层建筑、健身休闲场所、社会教育培训机构、歌舞娱乐游艺场所、养老机构、危险化学品生产储存场所、老旧小区、物流仓储设施，以及利用原有建筑物改建改用为酒店、饭店、学校、体育馆等场所的消防设计审查验收管理。依法严肃处理不执行建设工程消防设计审查验收制度的各方主体和有关人员，并加大曝光力度。

安全生产许可证条例

- 2004年1月13日中华人民共和国国务院令第397号公布
- 根据2013年7月18日《国务院关于废止和修改部分行政法规的决定》第一次修订
- 根据2014年7月29日《国务院关于修改部分行政法规的决定》第二次修订

第一条 为了严格规范安全生产条件，进一步加强安全生产监督管理，防止和减少生产安全事故，根据《中华人民共和国安全生产法》的有关规定，制定本条例。

第二条 国家对矿山企业、建筑施工企业和危险化学品、烟花爆竹、民用爆炸物品生产企业（以下统称企业)实行安全生产许可制度。

企业未取得安全生产许可证的,不得从事生产活动。

第三条 国务院安全生产监督管理部门负责中央管理的非煤矿矿山企业和危险化学品、烟花爆竹生产企业安全生产许可证的颁发和管理。

省、自治区、直辖市人民政府安全生产监督管理部门负责前款规定以外的非煤矿矿山企业和危险化学品、烟花爆竹生产企业安全生产许可证的颁发和管理,并接受国务院安全生产监督管理部门的指导和监督。

国家煤矿安全监察机构负责中央管理的煤矿企业安全生产许可证的颁发和管理。

在省、自治区、直辖市设立的煤矿安全监察机构负责前款规定以外的其他煤矿企业安全生产许可证的颁发和管理,并接受国家煤矿安全监察机构的指导和监督。

第四条 省、自治区、直辖市人民政府建设主管部门负责建筑施工企业安全生产许可证的颁发和管理,并接受国务院建设主管部门的指导和监督。

第五条 省、自治区、直辖市人民政府民用爆炸物品行业主管部门负责民用爆炸物品生产企业安全生产许可证的颁发和管理,并接受国务院民用爆炸物品行业主管部门的指导和监督。

第六条 企业取得安全生产许可证,应当具备下列安全生产条件:

(一)建立、健全安全生产责任制,制定完备的安全生产规章制度和操作规程;

(二)安全投入符合安全生产要求;

(三)设置安全生产管理机构,配备专职安全生产管理人员;

(四)主要负责人和安全生产管理人员经考核合格;

(五)特种作业人员经有关业务主管部门考核合格,取得特种作业操作资格证书;

(六)从业人员经安全生产教育和培训合格;

(七)依法参加工伤保险,为从业人员缴纳保险费;

(八)厂房、作业场所和安全设施、设备、工艺符合有关安全生产法律、法规、标准和规程的要求;

(九)有职业危害防治措施,并为从业人员配备符合国家标准或者行业标准的劳动防护用品;

(十)依法进行安全评价;

(十一)有重大危险源检测、评估、监控措施和应急预案;

(十二)有生产安全事故应急救援预案、应急救援组织或者应急救援人员,配备必要的应急救援器材、设备;

(十三)法律、法规规定的其他条件。

第七条 企业进行生产前,应当依照本条例的规定向安全生产许可证颁发管理机关申请领取安全生产许可证,并提供本条例第六条规定的相关文件、资料。安全生产许可证颁发管理机关应当自收到申请之日起45日内审查完毕,经审查符合本条例规定的安全生产条件的,颁发安全生产许可证;不符合本条例规定的安全生产条件的,不予颁发安全生产许可证,书面通知企业并说明理由。

煤矿企业应当以矿(井)为单位,依照本条例的规定取得安全生产许可证。

第八条 安全生产许可证由国务院安全生产监督管理部门规定统一的式样。

第九条 安全生产许可证的有效期为3年。安全生产许可证有效期满需要延期的,企业应当于期满前3个月向原安全生产许可证颁发管理机关办理延期手续。

企业在安全生产许可证有效期内,严格遵守有关安全生产的法律法规,未发生死亡事故的,安全生产许可证有效期届满时,经原安全生产许可证颁发管理机关同意,不再审查,安全生产许可证有效期延期3年。

第十条 安全生产许可证颁发管理机关应当建立、健全安全生产许可证档案管理制度,并定期向社会公布企业取得安全生产许可证的情况。

第十一条 煤矿企业安全生产许可证颁发管理机关、建筑施工企业安全生产许可证颁发管理机关、民用爆炸物品生产企业安全生产许可证颁发管理机关,应当每年向同级安全生产监督管理部门通报其安全生产许可证颁发和管理情况。

第十二条 国务院安全生产监督管理部门和省、自治区、直辖市人民政府安全生产监督管理部门对建筑施工企业、民用爆炸物品生产企业、煤矿企业取得安全生产许可证的情况进行监督。

第十三条 企业不得转让、冒用安全生产许可证或者使用伪造的安全生产许可证。

第十四条 企业取得安全生产许可证后,不得降低安全生产条件,并应当加强日常安全生产管理,接受安全生产许可证颁发管理机关的监督检查。

安全生产许可证颁发管理机关应当加强对取得安全生产许可证的企业的监督检查,发现其不再具备本条例规定的安全生产条件的,应当暂扣或者吊销安全生产许可证。

第十五条 安全生产许可证颁发管理机关工作人员在安全生产许可证颁发、管理和监督检查工作中,不得索取或者接受企业的财物,不得谋取其他利益。

第十六条 监察机关依照《中华人民共和国行政监察法》的规定,对安全生产许可证颁发管理机关及其工作人员履行本条例规定的职责实施监察。

第十七条 任何单位或者个人对违反本条例规定的行为,有权向安全生产许可证颁发管理机关或者监察机关等有关部门举报。

第十八条 安全生产许可证颁发管理机关工作人员有下列行为之一的,给予降级或者撤职的行政处分;构成犯罪的,依法追究刑事责任:

(一)向不符合本条例规定的安全生产条件的企业颁发安全生产许可证的;

(二)发现企业未依法取得安全生产许可证擅自从事生产活动,不依法处理的;

(三)发现取得安全生产许可证的企业不再具备本条例规定的安全生产条件,不依法处理的;

(四)接到对违反本条例规定行为的举报后,不及时处理的;

(五)在安全生产许可证颁发、管理和监督检查工作中,索取或者接受企业的财物,或者谋取其他利益的。

第十九条 违反本条例规定,未取得安全生产许可证擅自进行生产的,责令停止生产,没收违法所得,并处 10 万元以上 50 万元以下的罚款;造成重大事故或者其他严重后果,构成犯罪的,依法追究刑事责任。

第二十条 违反本条例规定,安全生产许可证有效期满未办理延期手续,继续进行生产的,责令停止生产,限期补办延期手续,没收违法所得,并处 5 万元以上 10 万元以下的罚款;逾期仍不办理延期手续,继续进行生产的,依照本条例第十九条的规定处罚。

第二十一条 违反本条例规定,转让安全生产许可证的,没收违法所得,处 10 万元以上 50 万元以下的罚款,并吊销其安全生产许可证;构成犯罪的,依法追究刑事责任;接受转让的,依照本条例第十九条的规定处罚。

冒用安全生产许可证或者使用伪造的安全生产许可证的,依照本条例第十九条的规定处罚。

第二十二条 本条例施行前已经进行生产的企业,应当自本条例施行之日起 1 年内,依照本条例的规定向安全生产许可证颁发管理机关申请办理安全生产许可证;逾期不办理安全生产许可证,或者经审查不符合本条例规定的安全生产条件,未取得安全生产许可证,继续进行生产的,依照本条例第十九条的规定处罚。

第二十三条 本条例规定的行政处罚,由安全生产许可证颁发管理机关决定。

第二十四条 本条例自公布之日起施行。

生产安全事故报告和调查处理条例

· 2007 年 4 月 9 日国务院令第 493 号公布
· 自 2007 年 6 月 1 日起施行

第一章 总 则

第一条 为了规范生产安全事故的报告和调查处理,落实生产安全事故责任追究制度,防止和减少生产安全事故,根据《中华人民共和国安全生产法》和有关法律,制定本条例。

第二条 生产经营活动中发生的造成人身伤亡或者直接经济损失的生产安全事故的报告和调查处理,适用本条例;环境污染事故、核设施事故、国防科研生产事故的报告和调查处理不适用本条例。

第三条 根据生产安全事故(以下简称事故)造成的人员伤亡或者直接经济损失,事故一般分为以下等级:

(一)特别重大事故,是指造成 30 人以上死亡,或者 100 人以上重伤(包括急性工业中毒,下同),或者 1 亿元以上直接经济损失的事故;

(二)重大事故,是指造成 10 人以上 30 人以下死亡,或者 50 人以上 100 人以下重伤,或者 5000 万元以上 1 亿元以下直接经济损失的事故;

(三)较大事故,是指造成 3 人以上 10 人以下死亡,或者 10 人以上 50 人以下重伤,或者 1000 万元以上 5000 万元以下直接经济损失的事故;

(四)一般事故,是指造成 3 人以下死亡,或者 10 人以下重伤,或者 1000 万元以下直接经济损失的事故。

国务院安全生产监督管理部门可以会同国务院有关部门,制定事故等级划分的补充性规定。

本条第一款所称的"以上"包括本数,所称的"以下"不包括本数。

第四条 事故报告应当及时、准确、完整,任何单位和个人对事故不得迟报、漏报、谎报或者瞒报。

事故调查处理应当坚持实事求是、尊重科学的原则,及时、准确地查清事故经过、事故原因和事故损失,查明事故性质,认定事故责任,总结事故教训,提出整改措施,并对事故责任者依法追究责任。

第五条 县级以上人民政府应当依照本条例的规定,严格履行职责,及时、准确地完成事故调查处理工作。

事故发生地有关地方人民政府应当支持、配合上级人民政府或者有关部门的事故调查处理工作,并提供必要的便利条件。

参加事故调查处理的部门和单位应当互相配合,提高事故调查处理工作的效率。

第六条 工会依法参加事故调查处理,有权向有关部门提出处理意见。

第七条 任何单位和个人不得阻挠和干涉对事故的报告和依法调查处理。

第八条 对事故报告和调查处理中的违法行为,任何单位和个人有权向安全生产监督管理部门、监察机关或者其他有关部门举报,接到举报的部门应当依法及时处理。

第二章 事故报告

第九条 事故发生后,事故现场有关人员应当立即向本单位负责人报告;单位负责人接到报告后,应当于1小时内向事故发生地县级以上人民政府安全生产监督管理部门和负有安全生产监督管理职责的有关部门报告。

情况紧急时,事故现场有关人员可以直接向事故发生地县级以上人民政府安全生产监督管理部门和负有安全生产监督管理职责的有关部门报告。

第十条 安全生产监督管理部门和负有安全生产监督管理职责的有关部门接到事故报告后,应当依照下列规定上报事故情况,并通知公安机关、劳动保障行政部门、工会和人民检察院:

(一)特别重大事故、重大事故逐级上报至国务院安全生产监督管理部门和负有安全生产监督管理职责的有关部门;

(二)较大事故逐级上报至省、自治区、直辖市人民政府安全生产监督管理部门和负有安全生产监督管理职责的有关部门;

(三)一般事故上报至设区的市级人民政府安全生产监督管理部门和负有安全生产监督管理职责的有关部门。

安全生产监督管理部门和负有安全生产监督管理职责的有关部门依照前款规定上报事故情况,应当同时报告本级人民政府。国务院安全生产监督管理部门和负有安全生产监督管理职责的有关部门以及省级人民政府接到发生特别重大事故、重大事故的报告后,应当立即报告国务院。

必要时,安全生产监督管理部门和负有安全生产监督管理职责的有关部门可以越级上报事故情况。

第十一条 安全生产监督管理部门和负有安全生产监督管理职责的有关部门逐级上报事故情况,每级上报的时间不得超过2小时。

第十二条 报告事故应当包括下列内容:

(一)事故发生单位概况;

(二)事故发生的时间、地点以及事故现场情况;

(三)事故的简要经过;

(四)事故已经造成或者可能造成的伤亡人数(包括下落不明的人数)和初步估计的直接经济损失;

(五)已经采取的措施;

(六)其他应当报告的情况。

第十三条 事故报告后出现新情况的,应当及时补报。

自事故发生之日起30日内,事故造成的伤亡人数发生变化的,应当及时补报。道路交通事故、火灾事故自发生之日起7日内,事故造成的伤亡人数发生变化的,应当及时补报。

第十四条 事故发生单位负责人接到事故报告后,应当立即启动事故相应应急预案,或者采取有效措施,组织抢救,防止事故扩大,减少人员伤亡和财产损失。

第十五条 事故发生地有关地方人民政府、安全生产监督管理部门和负有安全生产监督管理职责的有关部门接到事故报告后,其负责人应当立即赶赴事故现场,组织事故救援。

第十六条 事故发生后,有关单位和人员应当妥善保护事故现场以及相关证据,任何单位和个人不得破坏事故现场、毁灭相关证据。

因抢救人员、防止事故扩大以及疏通交通等原因,需要移动事故现场物件的,应当做出标志,绘制现场简图并做出书面记录,妥善保存现场重要痕迹、物证。

第十七条 事故发生地公安机关根据事故的情况,对涉嫌犯罪的,应当依法立案侦查,采取强制措施和侦查措施。犯罪嫌疑人逃匿的,公安机关应当迅速追捕归案。

第十八条 安全生产监督管理部门和负有安全生产监督管理职责的有关部门应当建立值班制度,并向社会公布值班电话,受理事故报告和举报。

第三章 事故调查

第十九条 特别重大事故由国务院或者国务院授权有关部门组织事故调查组进行调查。

重大事故、较大事故、一般事故分别由事故发生地省级人民政府、设区的市级人民政府、县级人民政府负责调查。省级人民政府、设区的市级人民政府、县级人民政府可以直接组织事故调查组进行调查,也可以授权或者委托有关部门组织事故调查组进行调查。

未造成人员伤亡的一般事故，县级人民政府也可以委托事故发生单位组织事故调查组进行调查。

第二十条　上级人民政府认为必要时，可以调查由下级人民政府负责调查的事故。

自事故发生之日起30日内（道路交通事故、火灾事故自发生之日起7日内），因事故伤亡人数变化导致事故等级发生变化，依照本条例规定应当由上级人民政府负责调查的，上级人民政府可以另行组织事故调查组进行调查。

第二十一条　特别重大事故以下等级事故，事故发生地与事故发生单位不在同一个县级以上行政区域的，由事故发生地人民政府负责调查，事故发生单位所在地人民政府应当派人参加。

第二十二条　事故调查组的组成应当遵循精简、效能的原则。

根据事故的具体情况，事故调查组由有关人民政府、安全生产监督管理部门、负有安全生产监督管理职责的有关部门、监察机关、公安机关以及工会派人组成，并应当邀请人民检察院派人参加。

事故调查组可以聘请有关专家参与调查。

第二十三条　事故调查组成员应当具有事故调查所需要的知识和专长，并与所调查的事故没有直接利害关系。

第二十四条　事故调查组组长由负责事故调查的人民政府指定。事故调查组组长主持事故调查组的工作。

第二十五条　事故调查组履行下列职责：

（一）查明事故发生的经过、原因、人员伤亡情况及直接经济损失；

（二）认定事故的性质和事故责任；

（三）提出对事故责任者的处理建议；

（四）总结事故教训，提出防范和整改措施；

（五）提交事故调查报告。

第二十六条　事故调查组有权向有关单位和个人了解与事故有关的情况，并要求其提供相关文件、资料，有关单位和个人不得拒绝。

事故发生单位的负责人和有关人员在事故调查期间不得擅离职守，并应当随时接受事故调查组的询问，如实提供有关情况。

事故调查中发现涉嫌犯罪的，事故调查组应当及时将有关材料或者其复印件移交司法机关处理。

第二十七条　事故调查中需要进行技术鉴定的，事故调查组应当委托具有国家规定资质的单位进行技术鉴定。必要时，事故调查组可以直接组织专家进行技术鉴定。技术鉴定所需时间不计入事故调查期限。

第二十八条　事故调查组成员在事故调查工作中应当诚信公正、恪尽职守，遵守事故调查组的纪律，保守事故调查的秘密。

未经事故调查组组长允许，事故调查组成员不得擅自发布有关事故的信息。

第二十九条　事故调查组应当自事故发生之日起60日内提交事故调查报告；特殊情况下，经负责事故调查的人民政府批准，提交事故调查报告的期限可以适当延长，但延长的期限最长不超过60日。

第三十条　事故调查报告应当包括下列内容：

（一）事故发生单位概况；

（二）事故发生经过和事故救援情况；

（三）事故造成的人员伤亡和直接经济损失；

（四）事故发生的原因和事故性质；

（五）事故责任的认定以及对事故责任者的处理建议；

（六）事故防范和整改措施。

事故调查报告应当附具有关证据材料。事故调查组成员应当在事故调查报告上签名。

第三十一条　事故调查报告报送负责事故调查的人民政府后，事故调查工作即告结束。事故调查的有关资料应当归档保存。

第四章　事故处理

第三十二条　重大事故、较大事故、一般事故，负责事故调查的人民政府应当自收到事故调查报告之日起15日内做出批复；特别重大事故，30日内做出批复，特殊情况下，批复时间可以适当延长，但延长的时间最长不超过30日。

有关机关应当按照人民政府的批复，依照法律、行政法规规定的权限和程序，对事故发生单位和有关人员进行行政处罚，对负有事故责任的国家工作人员进行处分。

事故发生单位应当按照负责事故调查的人民政府的批复，对本单位负有事故责任的人员进行处理。

负有事故责任的人员涉嫌犯罪的，依法追究刑事责任。

第三十三条　事故发生单位应当认真吸取事故教训，落实防范和整改措施，防止事故再次发生。防范和整改措施的落实情况应当接受工会和职工的监督。

安全生产监督管理部门和负有安全生产监督管理职责的有关部门应当对事故发生单位落实防范和整改措施的情况进行监督检查。

第三十四条 事故处理的情况由负责事故调查的人民政府或者其授权的有关部门、机构向社会公布，依法应当保密的除外。

第五章 法律责任

第三十五条 事故发生单位主要负责人有下列行为之一的，处上一年年收入40%至80%的罚款；属于国家工作人员的，并依法给予处分；构成犯罪的，依法追究刑事责任：

（一）不立即组织事故抢救的；

（二）迟报或者漏报事故的；

（三）在事故调查处理期间擅离职守的。

第三十六条 事故发生单位及其有关人员有下列行为之一的，对事故发生单位处100万元以上500万元以下的罚款；对主要负责人、直接负责的主管人员和其他直接责任人员处上一年年收入60%至100%的罚款；属于国家工作人员的，并依法给予处分；构成违反治安管理行为的，由公安机关依法给予治安管理处罚；构成犯罪的，依法追究刑事责任：

（一）谎报或者瞒报事故的；

（二）伪造或者故意破坏事故现场的；

（三）转移、隐匿资金、财产，或者销毁有关证据、资料的；

（四）拒绝接受调查或者拒绝提供有关情况和资料的；

（五）在事故调查中作伪证或者指使他人作伪证的；

（六）事故发生后逃匿的。

第三十七条 事故发生单位对事故发生负有责任的，依照下列规定处以罚款：

（一）发生一般事故的，处10万元以上20万元以下的罚款；

（二）发生较大事故的，处20万元以上50万元以下的罚款；

（三）发生重大事故的，处50万元以上200万元以下的罚款；

（四）发生特别重大事故的，处200万元以上500万元以下的罚款。

第三十八条 事故发生单位主要负责人未依法履行安全生产管理职责，导致事故发生的，依照下列规定处以罚款；属于国家工作人员的，并依法给予处分；构成犯罪的，依法追究刑事责任：

（一）发生一般事故的，处上一年年收入30%的罚款；

（二）发生较大事故的，处上一年年收入40%的罚款；

（三）发生重大事故的，处上一年年收入60%的罚款；

（四）发生特别重大事故的，处上一年年收入80%的罚款。

第三十九条 有关地方人民政府、安全生产监督管理部门和负有安全生产监督管理职责的有关部门有下列行为之一的，对直接负责的主管人员和其他直接责任人员依法给予处分；构成犯罪的，依法追究刑事责任：

（一）不立即组织事故抢救的；

（二）迟报、漏报、谎报或者瞒报事故的；

（三）阻碍、干涉事故调查工作的；

（四）在事故调查中作伪证或者指使他人作伪证的。

第四十条 事故发生单位对事故发生负有责任的，由有关部门依法暂扣或者吊销其有关证照；对事故发生单位负有事故责任的有关人员，依法暂停或者撤销其与安全生产有关的执业资格、岗位证书；事故发生单位主要负责人受到刑事处罚或者撤职处分的，自刑罚执行完毕或者受处分之日起，5年内不得担任任何生产经营单位的主要负责人。

为发生事故的单位提供虚假证明的中介机构，由有关部门依法暂扣或者吊销其有关证照及其相关人员的执业资格；构成犯罪的，依法追究刑事责任。

第四十一条 参与事故调查的人员在事故调查中有下列行为之一的，依法给予处分；构成犯罪的，依法追究刑事责任：

（一）对事故调查工作不负责任，致使事故调查工作有重大疏漏的；

（二）包庇、袒护负有事故责任的人员或者借机打击报复的。

第四十二条 违反本条例规定，有关地方人民政府或者有关部门故意拖延或者拒绝落实经批复的对事故责任人的处理意见的，由监察机关对有关责任人员依法给予处分。

第四十三条 本条例规定的罚款的行政处罚，由安全生产监督管理部门决定。

法律、行政法规对行政处罚的种类、幅度和决定机关另有规定的，依照其规定。

第六章 附 则

第四十四条 没有造成人员伤亡，但是社会影响恶劣的事故，国务院或者有关地方人民政府认为需要调查处理的，依照本条例的有关规定执行。

国家机关、事业单位、人民团体发生的事故的报告和调查处理，参照本条例的规定执行。

第四十五条 特别重大事故以下等级事故的报告和调查处理，有关法律、行政法规或者国务院另有规定的，依照其规定。

第四十六条 本条例自2007年6月1日起施行。国务院1989年3月29日公布的《特别重大事故调查程序暂行规定》和1991年2月22日公布的《企业职工伤亡事故报告和处理规定》同时废止。

建筑施工企业安全生产许可证管理规定

·2004年7月5日建设部令第128号公布
·根据2015年1月22日《住房和城乡建设部关于修改〈市政公用设施抗灾设防管理规定〉等部门规章的决定》修订

第一章 总 则

第一条 为了严格规范建筑施工企业安全生产条件，进一步加强安全生产监督管理，防止和减少生产安全事故，根据《安全生产许可证条例》、《建设工程安全生产管理条例》等有关行政法规，制定本规定。

第二条 国家对建筑施工企业实行安全生产许可制度。

建筑施工企业未取得安全生产许可证的，不得从事建筑施工活动。

本规定所称建筑施工企业，是指从事土木工程、建筑工程、线路管道和设备安装工程及装修工程的新建、扩建、改建和拆除等有关活动的企业。

第三条 国务院住房城乡建设主管部门负责对全国建筑施工企业安全生产许可证的颁发和管理工作进行监督指导。

省、自治区、直辖市人民政府住房城乡建设主管部门负责本行政区域内建筑施工企业安全生产许可证的颁发和管理工作。

市、县人民政府住房城乡建设主管部门负责本行政区域内建筑施工企业安全生产许可证的监督管理，并将监督检查中发现的企业违法行为及时报告安全生产许可证颁发管理机关。

第二章 安全生产条件

第四条 建筑施工企业取得安全生产许可证，应当具备下列安全生产条件：

（一）建立、健全安全生产责任制，制定完备的安全生产规章制度和操作规程；

（二）保证本单位安全生产条件所需资金的投入；

（三）设置安全生产管理机构，按照国家有关规定配备专职安全生产管理人员；

（四）主要负责人、项目负责人、专职安全生产管理人员经住房城乡建设主管部门或者其他有关部门考核合格；

（五）特种作业人员经有关业务主管部门考核合格，取得特种作业操作资格证书；

（六）管理人员和作业人员每年至少进行一次安全生产教育培训并考核合格；

（七）依法参加工伤保险，依法为施工现场从事危险作业的人员办理意外伤害保险，为从业人员交纳保险费；

（八）施工现场的办公、生活区及作业场所和安全防护用具、机械设备、施工机具及配件符合有关安全生产法律、法规、标准和规程的要求；

（九）有职业危害防治措施，并为作业人员配备符合国家标准或者行业标准的安全防护用具和安全防护服装；

（十）有对危险性较大的分部分项工程及施工现场易发生重大事故的部位、环节的预防、监控措施和应急预案；

（十一）有生产安全事故应急救援预案、应急救援组织或者应急救援人员，配备必要的应急救援器材、设备；

（十二）法律、法规规定的其他条件。

第三章 安全生产许可证的申请与颁发

第五条 建筑施工企业从事建筑施工活动前，应当依照本规定向企业注册所在地省、自治区、直辖市人民政府住房城乡建设主管部门申请领取安全生产许可证。

第六条 建筑施工企业申请安全生产许可证时，应当向住房城乡建设主管部门提供下列材料：

（一）建筑施工企业安全生产许可证申请表；

（二）企业法人营业执照；

（三）第四条规定的相关文件、材料。

建筑施工企业申请安全生产许可证，应当对申请材料实质内容的真实性负责，不得隐瞒有关情况或者提供虚假材料。

第七条 住房城乡建设主管部门应当自受理建筑施工企业的申请之日起45日内审查完毕；经审查符合安全生产条件的，颁发安全生产许可证；不符合安全生产条件的，不予颁发安全生产许可证，书面通知企业并说明理由。企业自接到通知之日起应当进行整改，整改合格后方可再次提出申请。

住房城乡建设主管部门审查建筑施工企业安全生产许可证申请，涉及铁路、交通、水利等有关专业工程时，可以征求铁路、交通、水利等有关部门的意见。

第八条　安全生产许可证的有效期为3年。安全生产许可证有效期满需要延期的，企业应当于期满前3个月向原安全生产许可证颁发管理机关申请办理延期手续。

企业在安全生产许可证有效期内，严格遵守有关安全生产的法律法规，未发生死亡事故的，安全生产许可证有效期届满时，经原安全生产许可证颁发管理机关同意，不再审查，安全生产许可证有效期延期3年。

第九条　建筑施工企业变更名称、地址、法定代表人等，应当在变更后10日内，到原安全生产许可证颁发管理机关办理安全生产许可证变更手续。

第十条　建筑施工企业破产、倒闭、撤销的，应当将安全生产许可证交回原安全生产许可证颁发管理机关予以注销。

第十一条　建筑施工企业遗失安全生产许可证，应当立即向原安全生产许可证颁发管理机关报告，并在公众媒体上声明作废后，方可申请补办。

第十二条　安全生产许可证申请表采用建设部规定的统一式样。

安全生产许可证采用国务院安全生产监督管理部门规定的统一式样。

安全生产许可证分正本和副本，正、副本具有同等法律效力。

第四章　监督管理

第十三条　县级以上人民政府住房城乡建设主管部门应当加强对建筑施工企业安全生产许可证的监督管理。住房城乡建设主管部门在审核发放施工许可证时，应当对已经确定的建筑施工企业是否有安全生产许可证进行审查，对没有取得安全生产许可证的，不得颁发施工许可证。

第十四条　跨省从事建筑施工活动的建筑施工企业有违反本规定行为的，由工程所在地的省级人民政府住房城乡建设主管部门将建筑施工企业在本地区的违法事实、处理结果和处理建议抄告原安全生产许可证颁发管理机关。

第十五条　建筑施工企业取得安全生产许可证后，不得降低安全生产条件，并应当加强日常安全生产管理，接受住房城乡建设主管部门的监督检查。安全生产许可证颁发管理机关发现企业不再具备安全生产条件的，应当暂扣或者吊销安全生产许可证。

第十六条　安全生产许可证颁发管理机关或者其上级行政机关发现有下列情形之一的，可以撤销已经颁发的安全生产许可证：

（一）安全生产许可证颁发管理机关工作人员滥用职权、玩忽职守颁发安全生产许可证的；

（二）超越法定职权颁发安全生产许可证的；

（三）违反法定程序颁发安全生产许可证的；

（四）对不具备安全生产条件的建筑施工企业颁发安全生产许可证的；

（五）依法可以撤销已经颁发的安全生产许可证的其他情形。

依照前款规定撤销安全生产许可证，建筑施工企业的合法权益受到损害的，住房城乡建设主管部门应当依法给予赔偿。

第十七条　安全生产许可证颁发管理机关应当建立、健全安全生产许可证档案管理制度，定期向社会公布企业取得安全生产许可证的情况，每年向同级安全生产监督管理部门通报建筑施工企业安全生产许可证颁发和管理情况。

第十八条　建筑施工企业不得转让、冒用安全生产许可证或者使用伪造的安全生产许可证。

第十九条　住房城乡建设主管部门工作人员在安全生产许可证颁发、管理和监督检查工作中，不得索取或者接受建筑施工企业的财物，不得谋取其他利益。

第二十条　任何单位或者个人对违反本规定的行为，有权向安全生产许可证颁发管理机关或者监察机关等有关部门举报。

第五章　罚　则

第二十一条　违反本规定，住房城乡建设主管部门工作人员有下列行为之一的，给予降级或者撤职的行政处分；构成犯罪的，依法追究刑事责任：

（一）向不符合安全生产条件的建筑施工企业颁发安全生产许可证的；

（二）发现建筑施工企业未依法取得安全生产许可证擅自从事建筑施工活动，不依法处理的；

（三）发现取得安全生产许可证的建筑施工企业不再具备安全生产条件，不依法处理的；

（四）接到对违反本规定行为的举报后，不及时处理的；

（五）在安全生产许可证颁发、管理和监督检查工作中,索取或者接受建筑施工企业的财物,或者谋取其他利益的。

由于建筑施工企业弄虚作假,造成前款第(一)项行为的,对住房城乡建设主管部门工作人员不予处分。

第二十二条 取得安全生产许可证的建筑施工企业,发生重大安全事故的,暂扣安全生产许可证并限期整改。

第二十三条 建筑施工企业不再具备安全生产条件的,暂扣安全生产许可证并限期整改;情节严重的,吊销安全生产许可证。

第二十四条 违反本规定,建筑施工企业未取得安全生产许可证擅自从事建筑施工活动的,责令其在建项目停止施工,没收违法所得,并处10万元以上50万元以下的罚款;造成重大安全事故或者其他严重后果,构成犯罪,依法追究刑事责任。

第二十五条 违反本规定,安全生产许可证有效期满未办理延期手续,继续从事建筑施工活动的,责令其在建项目停止施工,限期补办延期手续,没收违法所得,并处5万元以上10万元以下的罚款;逾期仍不办理延期手续,继续从事建筑施工活动的,依照本规定第二十四条的规定处罚。

第二十六条 违反本规定,建筑施工企业转让安全生产许可证的,没收违法所得,处10万元以上50万元以下的罚款,并吊销安全生产许可证;构成犯罪的,依法追究刑事责任;接受转让的,依照本规定第二十四条的规定处罚。

冒用安全生产许可证或者使用伪造的安全生产许可证的,依照本规定第二十四条的规定处罚。

第二十七条 违反本规定,建筑施工企业隐瞒有关情况或者提供虚假材料申请安全生产许可证的,不予受理或者不予颁发安全生产许可证,并给予警告,1年内不得申请安全生产许可证。

建筑施工企业以欺骗、贿赂等不正当手段取得安全生产许可证的,撤销安全生产许可证,3年内不得再次申请安全生产许可证;构成犯罪的,依法追究刑事责任。

第二十八条 本规定的暂扣、吊销安全生产许可证的行政处罚,由安全生产许可证的颁发管理机关决定;其他行政处罚,由县级以上地方人民政府住房城乡建设主管部门决定。

第六章 附 则

第二十九条 本规定施行前已依法从事建筑施工活动的建筑施工企业,应当自《安全生产许可证条例》施行之日起(2004年1月13日起)1年内向住房城乡建设主管部门申请办理建筑施工企业安全生产许可证;逾期不办理安全生产许可证,或者经审查不符合本规定的安全生产条件,未取得安全生产许可证,继续进行建筑施工活动的,依照本规定第二十四条的规定处罚。

第三十条 本规定自公布之日起施行。

建筑施工企业安全生产许可证动态监管暂行办法

· 2008年6月30日
· 建质〔2008〕121号

第一条 为加强建筑施工企业安全生产许可证的动态监管,促进建筑施工企业保持和改善安全生产条件,控制和减少生产安全事故,根据《安全生产许可证条例》、《建设工程安全生产管理条例》和《建筑施工企业安全生产许可证管理规定》等法规规章,制定本办法。

第二条 建设单位或其委托的工程招标代理机构在编制资格预审文件和招标文件时,应当明确要求建筑施工企业提供安全生产许可证,以及企业主要负责人、拟担任该项目负责人和专职安全生产管理人员(以下简称"三类人员")相应的安全生产考核合格证书。

第三条 建设主管部门在审核发放施工许可证时,应当对已经确定的建筑施工企业是否具有安全生产许可证以及安全生产许可证是否处于暂扣期内进行审查,对未取得安全生产许可证及安全生产许可证处于暂扣期内的,不得颁发施工许可证。

第四条 建设工程实行施工总承包的,建筑施工总承包企业应当依法将工程分包给具有安全生产许可证的专业承包企业或劳务分包企业,并加强对分包企业安全生产条件的监督检查。

第五条 工程监理单位应当查验承建工程的施工企业安全生产许可证和有关"三类人员"安全生产考核合格证书持证情况,发现其持证情况不符合规定的或施工现场降低安全生产条件的,应当要求其立即整改。施工企业拒不整改的,工程监理单位应当向建设单位报告。建设单位接到工程监理单位报告后,应当责令施工企业立即整改。

第六条 建筑施工企业应当加强对本企业和承建工程安全生产条件的日常动态检查,发现不符合法定安全生产条件的,应当立即进行整改,并做好自查和整改记录。

第七条 建筑施工企业在"三类人员"配备、安全生产管理机构设置及其他法定安全生产条件发生变化以及因施工资质升级、增项而使得安全生产条件发生变化时，应当向安全生产许可证颁发管理机关(以下简称颁发管理机关)和当地建设主管部门报告。

第八条　颁发管理机关应当建立建筑施工企业安全生产条件的动态监督检查制度，并将安全生产管理薄弱、事故频发的企业作为监督检查的重点。

颁发管理机关根据监管情况、群众举报投诉和企业安全生产条件变化报告，对相关建筑施工企业及其承建工程项目的安全生产条件进行核查，发现企业降低安全生产条件的，应当视其安全生产条件降低情况对其依法实施暂扣或吊销安全生产许可证的处罚。

第九条　市、县级人民政府建设主管部门或其委托的建筑安全监督机构在日常安全生产监督检查中，应当查验承建工程施工企业的安全生产许可证。发现企业降低施工现场安全生产条件的或存在事故隐患的，应立即提出整改要求；情节严重的，应责令工程项目停止施工并限期整改。

第十条　依据本办法第九条责令停止施工符合下列情形之一的，市、县级人民政府建设主管部门应当于作出最后一次停止施工决定之日起15日内以书面形式向颁发管理机关(县级人民政府建设主管部门同时抄报设区市级人民政府建设主管部门；工程承建企业跨省施工的，通过省级人民政府建设主管部门抄告)提出暂扣企业安全生产许可证的建议，并附具企业及有关工程项目违法违规事实和证明安全生产条件降低的相关询问笔录或其他证据材料。

(一)在12个月内，同一企业同一项目被两次责令停止施工的。

(二)在12个月内，同一企业在同一市、县内三个项目被责令停止施工的；

(三)施工企业承建工程经责令停止施工后，整改仍达不到要求或拒不停工整改的。

第十一条　颁发管理机关接到本办法第十条规定的暂扣安全生产许可证建议后，应当于5个工作日内立案，并根据情节轻重依法给予企业暂扣安全生产许可证30日至60日的处罚。

第十二条　工程项目发生一般及以上生产安全事故的，工程所在地市、县级人民政府建设主管部门应当立即按照事故报告要求向本地区颁发管理机关报告。

工程承建企业跨省施工的，工程所在地省级建设主管部门应当在事故发生之日起15日内将事故基本情况书面通报颁发管理机关，同时附具企业及有关项目违法违规事实和证明安全生产条件降低的相关询问笔录或其他证据材料。

第十三条　颁发管理机关接到本办法第十二条规定的报告或通报后，应立即组织对相关建筑施工企业(含施工总承包企业和与发生事故直接相关的分包企业)安全生产条件进行复核，并于接到报告或通报之日起20日内复核完毕。

颁发管理机关复核施工企业及其工程项目安全生产条件，可以直接复核或委托工程所在地建设主管部门复核。被委托的建设主管部门应严格按照法规规章和相关标准进行复核，并及时向颁发管理机关反馈复核结果。

第十四条　依据本办法第十三条进行复核，对企业降低安全生产条件的，颁发管理机关应当依法给予企业暂扣安全生产许可证的处罚；属情节特别严重的或者发生特别重大事故的，依法吊销安全生产许可证。

暂扣安全生产许可证处罚视事故发生级别和安全生产条件降低情况，按下列标准执行：

(一)发生一般事故的，暂扣安全生产许可证30至60日；

(二)发生较大事故的，暂扣安全生产许可证60至90日；

(三)发生重大事故的，暂扣安全生产许可证90至120日。

第十五条　建筑施工企业在12个月内第二次发生生产安全事故的，视事故级别和安全生产条件降低情况，分别按下列标准进行处罚：

(一)发生一般事故的，暂扣时限为在上一次暂扣时限的基础上再增加30日；

(二)发生较大事故的，暂扣时限为在上一次暂扣时限的基础上再增加60日；

(三)发生重大事故的，或按本条(一)、(二)处罚暂扣时限超过120日的，吊销安全生产许可证。

12个月内同一企业连续发生三次生产安全事故的，吊销安全生产许可证。

第十六条　建筑施工企业瞒报、谎报、迟报或漏报事故的，在本办法第十四条、第十五条处罚的基础上，再处延长暂扣期30日至60日的处罚。暂扣时限超过120日的，吊销安全生产许可证。

第十七条　建筑施工企业在安全生产许可证暂扣期内，拒不整改的，吊销其安全生产许可证。

第十八条　建筑施工企业安全生产许可证被暂扣期

间,企业在全国范围内不得承揽新的工程项目。发生问题或事故的工程项目停工整改,经工程所在地有关建设主管部门核查合格后方可继续施工。

第十九条 建筑施工企业安全生产许可证被吊销后,自吊销决定作出之日起一年内不得重新申请安全生产许可证。

第二十条 建筑施工企业安全生产许可证暂扣期满前10个工作日,企业需向颁发管理机关提出发还安全生产许可证申请。颁发管理机关接到申请后,应当对被暂扣企业安全生产条件进行复查,复查合格的,应当在暂扣期满时发还安全生产许可证;复查不合格的,增加暂扣期限直至吊销安全生产许可证。

第二十一条 颁发管理机关应建立建筑施工企业安全生产许可动态监管激励制度。对于安全生产工作成效显著、连续三年及以上未被暂扣安全生产许可证的企业,在评选各级各类安全生产先进集体和个人、文明工地、优质工程等时可以优先考虑,并可根据本地实际情况在监督管理时采取有关优惠政策措施。

第二十二条 颁发管理机关应将建筑施工企业安全生产许可证审批、延期、暂扣、吊销情况,于做出有关行政决定之日起5个工作日内录入全国建筑施工企业安全生产许可证管理信息系统,并对录入信息的真实性和准确性负责。

第二十三条 在建筑施工企业安全生产许可证动态监管中,涉及有关专业建设工程主管部门的,依照有关职责分工实施。

各省、自治区、直辖市人民政府建设主管部门可根据本办法,制定本地区的实施细则。

建筑工程施工许可管理办法

· 2014年6月25日住房和城乡建设部令第18号公布
· 根据2018年9月28日《住房城乡建设部关于修改〈建筑工程施工许可管理办法〉的决定》第一次修正
· 根据2021年3月30日《住房和城乡建设部关于修改〈建筑工程施工许可管理办法〉等三部规章的决定》第二次修正

第一条 为了加强对建筑活动的监督管理,维护建筑市场秩序,保证建筑工程的质量和安全,根据《中华人民共和国建筑法》,制定本办法。

第二条 在中华人民共和国境内从事各类房屋建筑及其附属设施的建造、装修装饰和与其配套的线路、管道、设备的安装,以及城镇市政基础设施工程的施工,建设单位在开工前应当依照本办法的规定,向工程所在地的县级以上地方人民政府住房城乡建设主管部门(以下简称发证机关)申请领取施工许可证。

工程投资额在30万元以下或者建筑面积在300平方米以下的建筑工程,可以不申请办理施工许可证。省、自治区、直辖市人民政府住房城乡建设主管部门可以根据当地的实际情况,对限额进行调整,并报国务院住房城乡建设主管部门备案。

按照国务院规定的权限和程序批准开工报告的建筑工程,不再领取施工许可证。

第三条 本办法规定应当申请领取施工许可证的建筑工程未取得施工许可证的,一律不得开工。

任何单位和个人不得将应当申请领取施工许可证的工程项目分解为若干限额以下的工程项目,规避申请领取施工许可证。

第四条 建设单位申请领取施工许可证,应当具备下列条件,并提交相应的证明文件:

(一)依法应当办理用地批准手续的,已经办理该建筑工程用地批准手续;

(二)依法应当办理建设工程规划许可证的,已经取得建设工程规划许可证;

(三)施工场地已经基本具备施工条件,需要征收房屋的,其进度符合施工要求;

(四)已经确定施工企业。按照规定应当招标的工程没有招标,应当公开招标的工程没有公开招标,或者肢解发包工程,以及将工程发包给不具备相应资质条件的企业的,所确定的施工企业无效;

(五)有满足施工需要的资金安排、施工图纸及技术资料,建设单位应当提供建设资金已经落实承诺书,施工图设计文件已按规定审查合格;

(六)有保证工程质量和安全的具体措施。施工企业编制的施工组织设计中有根据建筑工程特点制定的相应质量、安全技术措施。建立工程质量安全责任制并落实到人。专业性较强的工程项目编制了专项质量、安全施工组织设计,并按照规定办理了工程质量、安全监督手续。

县级以上地方人民政府住房城乡建设主管部门不得违反法律法规规定,增设办理施工许可证的其他条件。

第五条 申请办理施工许可证,应当按照下列程序进行:

(一)建设单位向发证机关领取《建筑工程施工许可证申请表》。

（二）建设单位持加盖单位及法定代表人印鉴的《建筑工程施工许可证申请表》，并附本办法第四条规定的证明文件，向发证机关提出申请。

（三）发证机关在收到建设单位报送的《建筑工程施工许可证申请表》和所附证明文件后，对于符合条件的，应当自收到申请之日起七日内颁发施工许可证；对于证明文件不齐全或者失效的，应当当场或者五日内一次告知建设单位需要补正的全部内容，审批时间可以自证明文件补正齐全后作相应顺延；对于不符合条件的，应当自收到申请之日起七日内书面通知建设单位，并说明理由。

建筑工程在施工过程中，建设单位或者施工单位发生变更的，应当重新申请领取施工许可证。

第六条 建设单位申请领取施工许可证的工程名称、地点、规模，应当符合依法签订的施工承包合同。

施工许可证应当放置在施工现场备查，并按规定在施工现场公开。

第七条 施工许可证不得伪造和涂改。

第八条 建设单位应当自领取施工许可证之日起三个月内开工。因故不能按期开工的，应当在期满前向发证机关申请延期，并说明理由；延期以两次为限，每次不超过三个月。既不开工又不申请延期或者超过延期次数、时限的，施工许可证自行废止。

第九条 在建的建筑工程因故中止施工的，建设单位应当自中止施工之日起一个月内向发证机关报告，报告内容包括中止施工的时间、原因、在施部位、维修管理措施等，并按照规定做好建筑工程的维护管理工作。

建筑工程恢复施工时，应当向发证机关报告；中止施工满一年的工程恢复施工前，建设单位应当报发证机关核验施工许可证。

第十条 发证机关应当将办理施工许可证的依据、条件、程序、期限以及需要提交的全部材料和申请表示范文本等，在办公场所和有关网站予以公示。

发证机关作出的施工许可决定，应当予以公开，公众有权查阅。

第十一条 发证机关应当建立颁发施工许可证后的监督检查制度，对取得施工许可证后条件发生变化、延期开工、中止施工等行为进行监督检查，发现违法违规行为及时处理。

第十二条 对于未取得施工许可证或者为规避办理施工许可证将工程项目分解后擅自施工的，由有管辖权的发证机关责令停止施工，限期改正，对建设单位处工程合同价款1%以上2%以下罚款；对施工单位处3万元以下罚款。

第十三条 建设单位采用欺骗、贿赂等不正当手段取得施工许可证的，由原发证机关撤销施工许可证，责令停止施工，并处1万元以上3万元以下罚款；构成犯罪的，依法追究刑事责任。

第十四条 建设单位隐瞒有关情况或者提供虚假材料申请施工许可证的，发证机关不予受理或者不予许可，并处1万元以上3万元以下罚款；构成犯罪的，依法追究刑事责任。

建设单位伪造或者涂改施工许可证的，由发证机关责令停止施工，并处1万元以上3万元以下罚款；构成犯罪的，依法追究刑事责任。

第十五条 依照本办法规定，给予单位罚款处罚的，对单位直接负责的主管人员和其他直接责任人员处单位罚款数额5%以上10%以下罚款。

单位及相关责任人受到处罚的，作为不良行为记录予以通报。

第十六条 发证机关及其工作人员，违反本办法，有下列情形之一的，由其上级行政机关或者监察机关责令改正；情节严重的，对直接负责的主管人员和其他直接责任人员，依法给予行政处分：

（一）对不符合条件的申请人准予施工许可的；

（二）对符合条件的申请人不予施工许可或者未在法定期限内作出准予许可决定的；

（三）对符合条件的申请不予受理的；

（四）利用职务上的便利，收受他人财物或者谋取其他利益的；

（五）不依法履行监督职责或者监督不力，造成严重后果的。

第十七条 建筑工程施工许可证由国务院住房城乡建设主管部门制定格式，由各省、自治区、直辖市人民政府住房城乡建设主管部门统一印制。

施工许可证分为正本和副本，正本和副本具有同等法律效力。复印的施工许可证无效。

第十八条 本办法关于施工许可管理的规定适用于其他专业建筑工程。有关法律、行政法规有明确规定的，从其规定。

《建筑法》第八十三条第三款规定的建筑活动，不适用本办法。

军事房屋建筑工程施工许可的管理，按国务院、中央军事委员会制定的办法执行。

第十九条 省、自治区、直辖市人民政府住房城乡建设主管部门可以根据本办法制定实施细则。

第二十条　本办法自 2014 年 10 月 25 日起施行。1999 年 10 月 15 日建设部令第 71 号发布、2001 年 7 月 4 日建设部令第 91 号修正的《建筑工程施工许可管理办法》同时废止。

中华人民共和国产品质量法

· 1993 年 2 月 22 日第七届全国人民代表大会常务委员会第三十次会议通过
· 根据 2000 年 7 月 8 日第九届全国人民代表大会常务委员会第十六次会议《关于修改〈中华人民共和国产品质量法〉的决定》第一次修正
· 根据 2009 年 8 月 27 日第十一届全国人民代表大会常务委员会第十次会议《关于修改部分法律的决定》第二次修正
· 根据 2018 年 12 月 29 日第十三届全国人民代表大会常务委员会第七次会议《关于修改〈中华人民共和国产品质量法〉等五部法律的决定》第三次修正

第一章　总　则

第一条　【立法目的】为了加强对产品质量的监督管理，提高产品质量水平，明确产品质量责任，保护消费者的合法权益，维护社会经济秩序，制定本法。

第二条　【适用范围】在中华人民共和国境内从事产品生产、销售活动，必须遵守本法。

本法所称产品是指经过加工、制作，用于销售的产品。

建设工程不适用本法规定；但是，建设工程使用的建筑材料、建筑构配件和设备，属于前款规定的产品范围的，适用本法规定。

第三条　【建立健全内部产品质量管理制度】生产者、销售者应当建立健全内部产品质量管理制度，严格实施岗位质量规范、质量责任以及相应的考核办法。

第四条　【依法承担产品质量责任】生产者、销售者依照本法规定承担产品质量责任。

第五条　【禁止行为】禁止伪造或者冒用认证标志等质量标志；禁止伪造产品的产地，伪造或者冒用他人的厂名、厂址；禁止在生产、销售的产品中掺杂、掺假，以假充真，以次充好。

第六条　【鼓励推行先进科学技术】国家鼓励推行科学的质量管理方法，采用先进的科学技术，鼓励企业产品质量达到并且超过行业标准、国家标准和国际标准。

对产品质量管理先进和产品质量达到国际先进水平、成绩显著的单位和个人，给予奖励。

第七条　【各级人民政府保障本法的施行】各级人民政府应当把提高产品质量纳入国民经济和社会发展规划，加强对产品质量工作的统筹规划和组织领导，引导、督促生产者、销售者加强产品质量管理，提高产品质量，组织各有关部门依法采取措施，制止产品生产、销售中违反本法规定的行为，保障本法的施行。

第八条　【监管部门的监管权限】国务院市场监督管理部门主管全国产品质量监督工作。国务院有关部门在各自的职责范围内负责产品质量监督工作。

县级以上地方市场监督管理部门主管本行政区域内的产品质量监督工作。县级以上地方人民政府有关部门在各自的职责范围内负责产品质量监督工作。

法律对产品质量的监督部门另有规定的，依照有关法律的规定执行。

第九条　【各级政府的禁止行为】各级人民政府工作人员和其他国家机关工作人员不得滥用职权、玩忽职守或者徇私舞弊，包庇、放纵本地区、本系统发生的产品生产、销售中违反本法规定的行为，或者阻挠、干预依法对产品生产、销售中违反本法规定的行为进行查处。

各级地方人民政府和其他国家机关有包庇、放纵产品生产、销售中违反本法规定的行为的，依法追究其主要负责人的法律责任。

第十条　【公众检举权】任何单位和个人有权对违反本法规定的行为，向市场监督管理部门或者其他有关部门检举。

市场监督管理部门和有关部门应当为检举人保密，并按照省、自治区、直辖市人民政府的规定给予奖励。

第十一条　【禁止产品垄断经营】任何单位和个人不得排斥非本地区或者非本系统企业生产的质量合格产品进入本地区、本系统。

第二章　产品质量的监督

第十二条　【产品质量要求】产品质量应当检验合格，不得以不合格产品冒充合格产品。

第十三条　【工业产品质量标准要求】可能危及人体健康和人身、财产安全的工业产品，必须符合保障人体健康和人身、财产安全的国家标准、行业标准；未制定国家标准、行业标准的，必须符合保障人体健康和人身、财产安全的要求。

禁止生产、销售不符合保障人体健康和人身、财产安全的标准和要求的工业产品。具体管理办法由国务院规定。

第十四条　【企业质量体系认证制度】国家根据国

际通用的质量管理标准,推行企业质量体系认证制度。企业根据自愿原则可以向国务院市场监督管理部门认可的或者国务院市场监督管理部门授权的部门认可的认证机构申请企业质量体系认证。经认证合格的,由认证机构颁发企业质量体系认证证书。

国家参照国际先进的产品标准和技术要求,推行产品质量认证制度。企业根据自愿原则可以向国务院市场监督管理部门认可的或者国务院市场监督管理部门授权的部门认可的认证机构申请产品质量认证。经认证合格的,由认证机构颁发产品质量认证证书,准许企业在产品或者其包装上使用产品质量认证标志。

第十五条 【以抽查为主要方式的组织领导监督检查制度】国家对产品质量实行以抽查为主要方式的监督检查制度,对可能危及人体健康和人身、财产安全的产品,影响国计民生的重要工业产品以及消费者、有关组织反映有质量问题的产品进行抽查。抽查的样品应当在市场上或者企业成品仓库内的待销产品中随机抽取。监督抽查工作由国务院市场监督管理部门规划和组织。县级以上地方市场监督管理部门在本行政区域内也可以组织监督抽查。法律对产品质量的监督检查另有规定的,依照有关法律的规定执行。

国家监督抽查的产品,地方不得另行重复抽查;上级监督抽查的产品,下级不得另行重复抽查。

根据监督抽查的需要,可以对产品进行检验。检验抽取样品的数量不得超过检验的合理需要,并不得向被检查人收取检验费用。监督抽查所需检验费用按照国务院规定列支。

生产者、销售者对抽查检验的结果有异议的,可以自收到检验结果之日起十五日内向实施监督抽查的市场监督管理部门或者其上级市场监督管理部门申请复检,由受理复检的市场监督管理部门作出复检结论。

第十六条 【质量监督检查】对依法进行的产品质量监督检查,生产者、销售者不得拒绝。

第十七条 【违反监督抽查规定的行政责任】依照本法规定进行监督抽查的产品质量不合格的,由实施监督抽查的市场监督管理部门责令其生产者、销售者限期改正。逾期不改正的,由省级以上人民政府市场监督管理部门予以公告;公告后经复查仍不合格的,责令停业,限期整顿;整顿期满后经复查产品质量仍不合格的,吊销营业执照。

监督抽查的产品有严重质量问题的,依照本法第五章的有关规定处罚。

第十八条 【县级以上市场监督管理部门查违职权】县级以上市场监督管理部门根据已经取得的违法嫌疑证据或者举报,对涉嫌违反本法规定的行为进行查处时,可以行使下列职权:

(一)对当事人涉嫌从事违反本法的生产、销售活动的场所实施现场检查;

(二)向当事人的法定代表人、主要负责人和其他有关人员调查、了解与涉嫌从事违反本法的生产、销售活动有关的情况;

(三)查阅、复制当事人有关的合同、发票、账簿以及其他有关资料;

(四)对有根据认为不符合保障人体健康和人身、财产安全的国家标准、行业标准的产品或者有其他严重质量问题的产品,以及直接用于生产、销售该项产品的原辅材料、包装物、生产工具,予以查封或者扣押。

第十九条 【产品质量检验机构设立条件】产品质量检验机构必须具备相应的检测条件和能力,经省级以上人民政府市场监督管理部门或者其授权的部门考核合格后,方可承担产品质量检验工作。法律、行政法规对产品质量检验机构另有规定的,依照有关法律、行政法规的规定执行。

第二十条 【产品质量检验、认证中介机构依法设立】从事产品质量检验、认证的社会中介机构必须依法设立,不得与行政机关和其他国家机关存在隶属关系或者其他利益关系。

第二十一条 【产品质量检验、认证机构必须依法出具检验结果、认证证明】产品质量检验机构、认证机构必须依法按照有关标准,客观、公正地出具检验结果或者认证证明。

产品质量认证机构应当依照国家规定对准许使用认证标志的产品进行认证后的跟踪检查;对不符合认证标准而使用认证标志的,要求其改正;情节严重的,取消其使用认证标志的资格。

第二十二条 【消费者的查询、申诉权】消费者有权就产品质量问题,向产品的生产者、销售者查询;向市场监督管理部门及有关部门申诉,接受申诉的部门应当负责处理。

第二十三条 【消费者权益组织的职能】保护消费者权益的社会组织可以就消费者反映的产品质量问题建议有关部门负责处理,支持消费者对因产品质量造成的损害向人民法院起诉。

第二十四条 【抽查产品质量状况定期公告】国务

院和省、自治区、直辖市人民政府的市场监督管理部门应当定期发布其监督抽查的产品的质量状况公告。

第二十五条 【监管机构的禁止行为】市场监督管理部门或者其他国家机关以及产品质量检验机构不得向社会推荐生产者的产品；不得以对产品进行监制、监销等方式参与产品经营活动。

第三章 生产者、销售者的产品质量责任和义务

第一节 生产者的产品质量责任和义务

第二十六条 【生产者的产品质量要求】生产者应当对其生产的产品质量负责。

产品质量应当符合下列要求：

（一）不存在危及人身、财产安全的不合理的危险，有保障人体健康和人身、财产安全的国家标准、行业标准的，应当符合该标准；

（二）具备产品应当具备的使用性能，但是，对产品存在使用性能的瑕疵作出说明的除外；

（三）符合在产品或者其包装上注明采用的产品标准，符合以产品说明、实物样品等方式表明的质量状况。

第二十七条 【产品及其包装上的标识要求】产品或者其包装上的标识必须真实，并符合下列要求：

（一）有产品质量检验合格证明；

（二）有中文标明的产品名称、生产厂厂名和厂址；

（三）根据产品的特点和使用要求，需要标明产品规格、等级、所含主要成份的名称和含量的，用中文相应予以标明；需要事先让消费者知晓的，应当在外包装上标明，或者预先向消费者提供有关资料；

（四）限期使用的产品，应当在显著位置清晰地标明生产日期和安全使用期或者失效日期；

（五）使用不当，容易造成产品本身损坏或者可能危及人身、财产安全的产品，应当有警示标志或者中文警示说明。

裸装的食品和其他根据产品的特点难以附加标识的裸装产品，可以不附加产品标识。

第二十八条 【危险物品包装质量要求】易碎、易燃、易爆、有毒、有腐蚀性、有放射性等危险物品以及储运中不能倒置和其他有特殊要求的产品，其包装质量必须符合相应要求，依照国家有关规定作出警示标志或者中文警示说明，标明储运注意事项。

第二十九条 【禁止生产国家明令淘汰的产品】生产者不得生产国家明令淘汰的产品。

第三十条 【禁止伪造产地、伪造或者冒用他人的厂名、厂址】生产者不得伪造产地，不得伪造或者冒用他人的厂名、厂址。

第三十一条 【禁止伪造或者冒用认证标志等质量标志】生产者不得伪造或者冒用认证标志等质量标志。

第三十二条 【生产者的禁止行为】生产者生产产品，不得掺杂、掺假，不得以假充真、以次充好，不得以不合格产品冒充合格产品。

第二节 销售者的产品质量责任和义务

第三十三条 【进货检查验收制度】销售者应当建立并执行进货检查验收制度，验明产品合格证明和其他标识。

第三十四条 【保持销售产品质量的义务】销售者应当采取措施，保持销售产品的质量。

第三十五条 【禁止销售的产品范围】销售者不得销售国家明令淘汰并停止销售的产品和失效、变质的产品。

第三十六条 【销售产品的标识要求】销售者销售的产品的标识应当符合本法第二十七条的规定。

第三十七条 【禁止伪造产地、伪造或者冒用他人的厂名、厂址】销售者不得伪造产地，不得伪造或者冒用他人的厂名、厂址。

第三十八条 【禁止伪造或者冒用认证标志等质量标志】销售者不得伪造或者冒用认证标志等质量标志。

第三十九条 【销售者的禁止行为】销售者销售产品，不得掺杂、掺假，不得以假充真、以次充好，不得以不合格产品冒充合格产品。

第四章 损害赔偿

第四十条 【销售者的损害赔偿责任】售出的产品有下列情形之一的，销售者应当负责修理、更换、退货；给购买产品的消费者造成损失的，销售者应当赔偿损失：

（一）不具备产品应当具备的使用性能而事先未作说明的；

（二）不符合在产品或者其包装上注明采用的产品标准的；

（三）不符合以产品说明、实物样品等方式表明的质量状况的。

销售者依照前款规定负责修理、更换、退货、赔偿损失后，属于生产者的责任或者属于向销售者提供产品的其他销售者（以下简称供货者）的责任的，销售者有权向生产者、供货者追偿。

销售者未按照第一款规定给予修理、更换、退货或者

赔偿损失的,由市场监督管理部门责令改正。

生产者之间,销售者之间,生产者与销售者之间订立的买卖合同、承揽合同有不同约定的,合同当事人按照合同约定执行。

第四十一条 【人身、他人财产的损害赔偿责任】因产品存在缺陷造成人身、缺陷产品以外的其他财产(以下简称他人财产)损害的,生产者应当承担赔偿责任。

生产者能够证明有下列情形之一的,不承担赔偿责任:

(一)未将产品投入流通的;

(二)产品投入流通时,引起损害的缺陷尚不存在的;

(三)将产品投入流通时的科学技术水平尚不能发现缺陷的存在的。

第四十二条 【销售者的过错赔偿责任】由于销售者的过错使产品存在缺陷,造成人身、他人财产损害的,销售者应当承担赔偿责任。

销售者不能指明缺陷产品的生产者也不能指明缺陷产品的供货者的,销售者应当承担赔偿责任。

第四十三条 【受害者的选择赔偿权】因产品存在缺陷造成人身、他人财产损害的,受害人可以向产品的生产者要求赔偿,也可以向产品的销售者要求赔偿。属于产品的生产者的责任,产品的销售者赔偿的,产品的销售者有权向产品的生产者追偿。属于产品的销售者的责任,产品的生产者赔偿的,产品的生产者有权向产品的销售者追偿。

第四十四条 【人身伤害的赔偿范围】因产品存在缺陷造成受害人人身伤害的,侵害人应当赔偿医疗费、治疗期间的护理费、因误工减少的收入等费用;造成残疾的,还应当支付残疾者生活自助具费、生活补助费、残疾赔偿金以及由其扶养的人所必需的生活费等费用;造成受害人死亡的,并应当支付丧葬费、死亡赔偿金以及由死者生前扶养的人所必需的生活费等费用。

因产品存在缺陷造成受害人财产损失的,侵害人应当恢复原状或者折价赔偿。受害人因此遭受其他重大损失的,侵害人应当赔偿损失。

第四十五条 【诉讼时效期间】因产品存在缺陷造成损害要求赔偿的诉讼时效期间为二年,自当事人知道或者应当知道其权益受到损害时起计算。

因产品存在缺陷造成损害要求赔偿的请求权,在造成损害的缺陷产品交付最初消费者满十年丧失;但是,尚未超过明示的安全使用期的除外。

第四十六条 【缺陷的含义】本法所称缺陷,是指产品存在危及人身、他人财产安全的不合理的危险;产品有保障人体健康和人身、财产安全的国家标准、行业标准的,是指不符合该标准。

第四十七条 【纠纷解决方式】因产品质量发生民事纠纷时,当事人可以通过协商或者调解解决。当事人不愿通过协商、调解解决或者协商、调解不成的,可以根据当事人各方的协议向仲裁机构申请仲裁;当事人各方没有达成仲裁协议或者仲裁协议无效的,可以直接向人民法院起诉。

第四十八条 【仲裁机构或者人民法院对产品质量检验的规定】仲裁机构或者人民法院可以委托本法第十九条规定的产品质量检验机构,对有关产品质量进行检验。

第五章 罚 则

第四十九条 【生产、销售不符合安全标准的产品的行政处罚、刑事责任】生产、销售不符合保障人体健康和人身、财产安全的国家标准、行业标准的产品的,责令停止生产、销售,没收违法生产、销售的产品,并处违法生产、销售产品(包括已售出和未售出的产品,下同)货值金额等值以上三倍以下的罚款;有违法所得的,并处没收违法所得;情节严重的,吊销营业执照;构成犯罪的,依法追究刑事责任。

第五十条 【假冒产品的行政处罚、刑事责任】在产品中掺杂、掺假,以假充真,以次充好,或者以不合格产品冒充合格产品的,责令停止生产、销售,没收违法生产、销售的产品,并处违法生产、销售产品货值金额百分之五十以上三倍以下的罚款;有违法所得的,并处没收违法所得;情节严重的,吊销营业执照;构成犯罪的,依法追究刑事责任。

第五十一条 【生产、销售淘汰产品的行政处罚规定】生产国家明令淘汰的产品的,销售国家明令淘汰并停止销售的产品的,责令停止生产、销售,没收违法生产、销售的产品,并处违法生产、销售产品货值金额等值以下的罚款;有违法所得的,并处没收违法所得;情节严重的,吊销营业执照。

第五十二条 【销售失效、变质的产品的行政处罚、刑事责任】销售失效、变质的产品的,责令停止销售,没收违法销售的产品,并处违法销售产品货值金额二倍以下的罚款;有违法所得的,并处没收违法所得;情节严重的,吊销营业执照;构成犯罪的,依法追究刑事责任。

第五十三条 【伪造、冒用产品产地、厂名、厂址、标志的行政处罚规定】伪造产品产地的,伪造或者冒用他人厂名、厂址的,伪造或者冒用认证标志等质量标志的,责令改正,没收违法生产、销售的产品,并处违法生产、销售产品货值金额等值以下的罚款;有违法所得的,并处没收违法所得;情节严重的,吊销营业执照。

第五十四条 【不符合产品包装、标识要求的行政处罚规定】产品标识不符合本法第二十七条规定的,责令改正;有包装的产品标识不符合本法第二十七条第(四)项、第(五)项规定,情节严重的,责令停止生产、销售,并处违法生产、销售产品货值金额百分之三十以下的罚款;有违法所得的,并处没收违法所得。

第五十五条 【销售者的从轻或者减轻处罚情节】销售者销售本法第四十九条至第五十三条规定禁止销售的产品,有充分证据证明其不知道该产品为禁止销售的产品并如实说明其进货来源的,可以从轻或者减轻处罚。

第五十六条 【违反依法接受产品质量监督检查义务的行政处罚规定】拒绝接受依法进行的产品质量监督检查的,给予警告,责令改正;拒不改正的,责令停业整顿;情节特别严重的,吊销营业执照。

第五十七条 【产品质量中介机构的行政处罚、刑事责任规定】产品质量检验机构、认证机构伪造检验结果或者出具虚假证明的,责令改正,对单位处五万元以上十万元以下的罚款,对直接负责的主管人员和其他直接责任人员处一万元以上五万元以下的罚款;有违法所得的,并处没收违法所得;情节严重的,取消其检验资格、认证资格;构成犯罪的,依法追究刑事责任。

产品质量检验机构、认证机构出具的检验结果或者证明不实,造成损失的,应当承担相应的赔偿责任;造成重大损失的,撤销其检验资格、认证资格。

产品质量认证机构违反本法第二十一条第二款的规定,对不符合认证标准而使用认证标志的产品,未依法要求其改正或者取消其使用认证标志资格的,对因产品不符合认证标准给消费者造成的损失,与产品的生产者、销售者承担连带责任;情节严重的,撤销其认证资格。

第五十八条 【社会团体、社会中介机构的连带赔偿责任】社会团体、社会中介机构对产品质量作出承诺、保证,而该产品又不符合其承诺、保证的质量要求,给消费者造成损失的,与产品的生产者、销售者承担连带责任。

第五十九条 【虚假广告的责任承担】在广告中对产品质量作虚假宣传,欺骗和误导消费者的,依照《中华人民共和国广告法》的规定追究法律责任。

第六十条 【生产伪劣产品的材料、包装、工具的没收】对生产者专门用于生产本法第四十九条、第五十一条所列的产品或者以假充真的产品的原辅材料、包装物、生产工具,应当予以没收。

第六十一条 【运输、保管、仓储部门的责任承担】知道或者应当知道属于本法规定禁止生产、销售的产品而为其提供运输、保管、仓储等便利条件的,或者为以假充真的产品提供制假生产技术的,没收全部运输、保管、仓储或者提供制假生产技术的收入,并处违法收入百分之五十以上三倍以下的罚款;构成犯罪的,依法追究刑事责任。

第六十二条 【服务业经营者的责任承担】服务业的经营者将本法第四十九条至第五十二条规定禁止销售的产品用于经营性服务的,责令停止使用;对知道或者应当知道所使用的产品属于本法规定禁止销售的产品的,按照违法使用的产品(包括已使用和尚未使用的产品)的货值金额,依照本法对销售者的处罚规定处罚。

第六十三条 【隐匿、转移、变卖、损毁被依法查封、扣押的物品的行政责任】隐匿、转移、变卖、损毁被市场监督管理部门查封、扣押的物品的,处被隐匿、转移、变卖、损毁物品货值金额等值以上三倍以下的罚款;有违法所得的,并处没收违法所得。

第六十四条 【民事赔偿责任优先原则】违反本法规定,应当承担民事赔偿责任和缴纳罚款、罚金,其财产不足以同时支付时,先承担民事赔偿责任。

第六十五条 【国家工作人员的责任承担】各级人民政府工作人员和其他国家机关工作人员有下列情形之一的,依法给予行政处分;构成犯罪的,依法追究刑事责任:

(一)包庇、放纵产品生产、销售中违反本法规定行为的;

(二)向从事违反本法规定的生产、销售活动的当事人通风报信,帮助其逃避查处的;

(三)阻挠、干预市场监督管理部门依法对产品生产、销售中违反本法规定的行为进行查处,造成严重后果的。

第六十六条 【质检部门的检验责任承担】市场监督管理部门在产品质量监督抽查中超过规定的数量索取样品或者向被检查人收取检验费用的,由上级市场监督管理部门或者监察机关责令退还;情节严重的,对直接负责的主管人员和其他直接责任人员依法给予行政处分。

第六十七条 【国家机关推荐产品的责任承担】市场监督管理部门或者其他国家机关违反本法第二十五条的规定，向社会推荐生产者的产品或者以监制、监销等方式参与产品经营活动的，由其上级机关或者监察机关责令改正，消除影响，有违法收入的予以没收；情节严重的，对直接负责的主管人员和其他直接责任人员依法给予行政处分。

产品质量检验机构有前款所列违法行为的，由市场监督管理部门责令改正，消除影响，有违法收入的予以没收，可以并处违法收入一倍以下的罚款；情节严重的，撤销其质量检验资格。

第六十八条 【监管部门工作人员违法行为的责任承担】市场监督管理部门的工作人员滥用职权、玩忽职守、徇私舞弊，构成犯罪的，依法追究刑事责任；尚不构成犯罪的，依法给予行政处分。

第六十九条 【妨碍监管公务的行政责任】以暴力、威胁方法阻碍市场监督管理部门的工作人员依法执行职务的，依法追究刑事责任；拒绝、阻碍未使用暴力、威胁方法的，由公安机关依照治安管理处罚法的规定处罚。

第七十条 【监管部门的行政处罚权限】本法第四十九条至第五十七条、第六十条至第六十三条规定的行政处罚由市场监督管理部门决定。法律、行政法规对行使行政处罚权的机关另有规定的，依照有关法律、行政法规的规定执行。

第七十一条 【没收产品的处理】对依照本法规定没收的产品，依照国家有关规定进行销毁或者采取其他方式处理。

第七十二条 【货值金额的计算】本法第四十九条至第五十四条、第六十二条、第六十三条所规定的货值金额以违法生产、销售产品的标价计算；没有标价的，按照同类产品的市场价格计算。

第六章 附　则

第七十三条 【军工产品质量监督管理办法另行制定】军工产品质量监督管理办法，由国务院、中央军事委员会另行制定。

因核设施、核产品造成损害的赔偿责任，法律、行政法规另有规定的，依照其规定。

第七十四条 【施行日期】本法自1993年9月1日起施行。

实施工程建设强制性标准监督规定

- 2000年8月25日建设部令第81号发布
- 根据2015年1月22日《住房和城乡建设部关于修改〈市政公用设施抗灾设防管理规定〉等部门规章的决定》第一次修正
- 根据2021年3月30日《住房和城乡建设部关于修改〈建筑工程施工许可管理办法〉等三部规章的决定》第二次修正

第一条 为加强工程建设强制性标准实施的监督工作，保证建设工程质量，保障人民的生命、财产安全，维护社会公共利益，根据《中华人民共和国标准化法》、《中华人民共和国标准化法实施条例》、《建设工程质量管理条例》等法律法规，制定本规定。

第二条 在中华人民共和国境内从事新建、扩建、改建等工程建设活动，必须执行工程建设强制性标准。

第三条 本规定所称工程建设强制性标准是指直接涉及工程质量、安全、卫生及环境保护等方面的工程建设标准强制性条文。

国家工程建设标准强制性条文由国务院住房城乡建设主管部门会同国务院有关主管部门确定。

第四条 国务院住房城乡建设主管部门负责全国实施工程建设强制性标准的监督管理工作。

国务院有关主管部门按照国务院的职能分工负责实施工程建设强制性标准的监督管理工作。

县级以上地方人民政府住房城乡建设主管部门负责本行政区域内实施工程建设强制性标准的监督管理工作。

第五条 建设工程勘察、设计文件中规定采用的新技术、新材料，可能影响建设工程质量和安全，又没有国家技术标准的，应当由国家认可的检测机构进行试验、论证，出具检测报告，并经国务院有关主管部门或者省、自治区、直辖市人民政府有关主管部门组织的建设工程技术专家委员会审定后，方可使用。

第六条 建设项目规划审查机关应当对工程建设规划阶段执行强制性标准的情况实施监督。

施工图设计文件审查单位应当对工程建设勘察、设计阶段执行强制性标准的情况实施监督。

建筑安全监督管理机构应当对工程建设施工阶段执行施工安全强制性标准的情况实施监督。

工程质量监督机构应当对工程建设施工、监理、验收等阶段执行强制性标准的情况实施监督。

第七条 建设项目规划审查机关、施工图设计文件审查单位、建筑安全监督管理机构、工程质量监督机构的技术人员必须熟悉、掌握工程建设强制性标准。

第八条 工程建设标准批准部门应当定期对建设项目规划审查机关、施工图设计文件审查单位、建筑安全监督管理机构、工程质量监督机构实施强制性标准的监督进行检查，对监督不力的单位和个人，给予通报批评，建议有关部门处理。

第九条 工程建设标准批准部门应当对工程项目执行强制性标准情况进行监督检查。监督检查可以采取重点检查、抽查和专项检查的方式。

第十条 强制性标准监督检查的内容包括：
（一）有关工程技术人员是否熟悉、掌握强制性标准；
（二）工程项目的规划、勘察、设计、施工、验收等是否符合强制性标准的规定；
（三）工程项目采用的材料、设备是否符合强制性标准的规定；
（四）工程项目的安全、质量是否符合强制性标准的规定；
（五）工程中采用的导则、指南、手册、计算机软件的内容是否符合强制性标准的规定。

第十一条 工程建设标准批准部门应当将强制性标准监督检查结果在一定范围内公告。

第十二条 工程建设强制性标准的解释由工程建设标准批准部门负责。
有关标准具体技术内容的解释，工程建设标准批准部门可以委托该标准的编制管理单位负责。

第十三条 工程技术人员应当参加有关工程建设强制性标准的培训，并可以计入继续教育学时。

第十四条 住房城乡建设主管部门或者有关主管部门在处理重大工程事故时，应当有工程建设标准方面的专家参加；工程事故报告应当包括是否符合工程建设强制性标准的意见。

第十五条 任何单位和个人对违反工程建设强制性标准的行为有权向住房城乡建设主管部门或者有关部门检举、控告、投诉。

第十六条 建设单位有下列行为之一的，责令改正，并处以20万元以上50万元以下的罚款：
（一）明示或者暗示施工单位使用不合格的建筑材料、建筑构配件和设备的；
（二）明示或者暗示设计单位或者施工单位违反工程建设强制性标准，降低工程质量的。

第十七条 勘察、设计单位违反工程建设强制性标准进行勘察、设计的，责令改正，并处以10万元以上30万元以下的罚款。
有前款行为，造成工程质量事故的，责令停业整顿，降低资质等级；情节严重的，吊销资质证书；造成损失的，依法承担赔偿责任。

第十八条 施工单位违反工程建设强制性标准的，责令改正，处工程合同价款2%以上4%以下的罚款；造成建设工程质量不符合规定的质量标准的，负责返工、修理，并赔偿因此造成的损失；情节严重的，责令停业整顿，降低资质等级或者吊销资质证书。

第十九条 工程监理单位违反强制性标准规定，将不合格的建设工程以及建筑材料、建筑构配件和设备按照合格签字的，责令改正，处50万元以上100万元以下的罚款，降低资质等级或者吊销资质证书；有违法所得的，予以没收；造成损失的，承担连带赔偿责任。

第二十条 违反工程建设强制性标准造成工程质量、安全隐患或者工程质量安全事故的，按照《建设工程质量管理条例》、《建设工程勘察设计管理条例》和《建设工程安全生产管理条例》的有关规定进行处罚。

第二十一条 有关责令停业整顿、降低资质等级和吊销资质证书的行政处罚，由颁发资质证书的机关决定；其他行政处罚，由住房城乡建设主管部门或者有关部门依照法定职权决定。

第二十二条 住房城乡建设主管部门和有关主管部门工作人员，玩忽职守、滥用职权、徇私舞弊的，给予行政处分；构成犯罪的，依法追究刑事责任。

第二十三条 本规定由国务院住房城乡建设主管部门负责解释。

第二十四条 本规定自发布之日起施行。

中华人民共和国防震减灾法（节录）

- 1997年12月29日第八届全国人民代表大会常务委员会第二十九次会议通过
- 2008年12月27日第十一届全国人民代表大会常务委员会第六次会议修订

……

第三章 地震监测预报

第十七条 国家加强地震监测预报工作，建立多学科地震监测系统，逐步提高地震监测预报水平。

第十八条 国家对地震监测台网实行统一规划，分级、分类管理。

国务院地震工作主管部门和县级以上地方人民政府负责管理地震工作的部门或者机构，按照国务院有关规定，制定地震监测台网规划。

全国地震监测台网由国家级地震监测台网、省级地震监测台网和市、县级地震监测台网组成，其建设资金和运行经费列入财政预算。

第十九条 水库、油田、核电站等重大建设工程的建设单位，应当按照国务院有关规定，建设专用地震监测台网或者强震动监测设施，其建设资金和运行经费由建设单位承担。

第二十条 地震监测台网的建设，应当遵守法律、法规和国家有关标准，保证建设质量。

第二十一条 地震监测台网不得擅自中止或者终止运行。

检测、传递、分析、处理、存贮、报送地震监测信息的单位，应当保证地震监测信息的质量和安全。

县级以上地方人民政府应当组织相关单位为地震监测台网的运行提供通信、交通、电力等保障条件。

第二十二条 沿海县级以上地方人民政府负责管理地震工作的部门或者机构，应当加强海域地震活动监测预测工作。海域地震发生后，县级以上地方人民政府负责管理地震工作的部门或者机构，应当及时向海洋主管部门和当地海事管理机构等通报情况。

火山所在地的县级以上地方人民政府负责管理地震工作的部门或者机构，应当利用地震监测设施和技术手段，加强火山活动监测预测工作。

第二十三条 国家依法保护地震监测设施和地震观测环境。

任何单位和个人不得侵占、毁损、拆除或者擅自移动地震监测设施。地震监测设施遭到破坏的，县级以上地方人民政府负责管理地震工作的部门或者机构应当采取紧急措施组织修复，确保地震监测设施正常运行。

任何单位和个人不得危害地震观测环境。国务院地震工作主管部门和县级以上地方人民政府负责管理地震工作的部门或者机构会同级有关部门，按照国务院有关规定划定地震观测环境保护范围，并纳入土地利用总体规划和城乡规划。

第二十四条 新建、扩建、改建建设工程，应当避免对地震监测设施和地震观测环境造成危害。建设国家重点工程，确实无法避免对地震监测设施和地震观测环境造成危害的，建设单位应当按照县级以上地方人民政府负责管理地震工作的部门或者机构的要求，增建抗干扰设施；不能增建抗干扰设施的，应当新建地震监测设施。

对地震观测环境保护范围内的建设工程项目，城乡规划主管部门在依法核发选址意见书时，应当征求负责管理地震工作的部门或者机构的意见；不需要核发选址意见书的，城乡规划主管部门在依法核发建设用地规划许可证或者乡村建设规划许可证时，应当征求负责管理地震工作的部门或者机构的意见。

第二十五条 国务院地震工作主管部门建立健全地震监测信息共享平台，为社会提供服务。

县级以上地方人民政府负责管理地震工作的部门或者机构，应当将地震监测信息及时报送上一级人民政府负责管理地震工作的部门或者机构。

专用地震监测台网和强震动监测设施的管理单位，应当将地震监测信息及时报送所在地省、自治区、直辖市人民政府负责管理地震工作的部门或者机构。

第二十六条 国务院地震工作主管部门和县级以上地方人民政府负责管理地震工作的部门或者机构，根据地震监测信息研究结果，对可能发生地震的地点、时间和震级作出预测。

其他单位和个人通过研究提出的地震预测意见，应当向所在地或者所预测地的县级以上地方人民政府负责管理地震工作的部门或者机构书面报告，或者直接向国务院地震工作主管部门书面报告。收到书面报告的部门或者机构应当进行登记并出具接收凭证。

第二十七条 观测到可能与地震有关的异常现象的单位和个人，可以向所在地县级以上地方人民政府负责管理地震工作的部门或者机构报告，也可以直接向国务院地震工作主管部门报告。

国务院地震工作主管部门和县级以上地方人民政府负责管理地震工作的部门或者机构接到报告后，应当进行登记并及时组织调查核实。

第二十八条 国务院地震工作主管部门和省、自治区、直辖市人民政府负责管理地震工作的部门或者机构，应当组织召开震情会商会，必要时邀请有关部门、专家和其他有关人员参加，对地震预测意见和可能与地震有关的异常现象进行综合分析研究，形成震情会商意见，报本级人民政府；经震情会商形成地震预报意见的，在报本级人民政府前，应当进行评审，作出评审结果，并提出对策建议。

第二十九条 国家对地震预报意见实行统一发布制度。

全国范围内的地震长期和中期预报意见,由国务院发布。省、自治区、直辖市行政区域内的地震预报意见,由省、自治区、直辖市人民政府按照国务院规定的程序发布。

除发表本人或者本单位对长期、中期地震活动趋势的研究成果及进行相关学术交流外,任何单位和个人不得向社会散布地震预测意见。任何单位和个人不得向社会散布地震预报意见及其评审结果。

第三十条 国务院地震工作主管部门根据地震活动趋势和震害预测结果,提出确定地震重点监视防御区的意见,报国务院批准。

国务院地震工作主管部门应当加强地震重点监视防御区的震情跟踪,对地震活动趋势进行分析评估,提出年度防震减灾工作意见,报国务院批准后实施。

地震重点监视防御区的县级以上地方人民政府应当根据年度防震减灾工作意见和当地的地震活动趋势,组织有关部门加强防震减灾工作。

地震重点监视防御区的县级以上地方人民政府负责管理地震工作的部门或者机构,应当增加地震监测台网密度,组织做好震情跟踪、流动观测和可能与地震有关的异常现象观测以及群测群防工作,并及时将有关情况报上一级人民政府负责管理地震工作的部门或者机构。

第三十一条 国家支持全国地震烈度速报系统的建设。

地震灾害发生后,国务院地震工作主管部门应当通过全国地震烈度速报系统快速判断致灾程度,为指挥抗震救灾工作提供依据。

第三十二条 国务院地震工作主管部门和县级以上地方人民政府负责管理地震工作的部门或者机构,应当对发生地震灾害的区域加强地震监测,在地震现场设立流动观测点,根据震情的发展变化,及时对地震活动趋势作出分析、判定,为余震防范工作提供依据。

国务院地震工作主管部门和县级以上地方人民政府负责管理地震工作的部门或者机构、地震监测台网的管理单位,应当及时收集、保存有关地震的资料和信息,并建立完整的档案。

第三十三条 外国的组织或者个人在中华人民共和国领域和中华人民共和国管辖的其他海域从事地震监测活动,必须经国务院地震工作主管部门会同有关部门批准,并采取与中华人民共和国有关部门或者单位合作的形式进行。

第四章 地震灾害预防

第三十四条 国务院地震工作主管部门负责制定全国地震烈度区划图或者地震动参数区划图。

国务院地震工作主管部门和省、自治区、直辖市人民政府负责管理地震工作的部门或者机构,负责审定建设工程的地震安全性评价报告,确定抗震设防要求。

第三十五条 新建、扩建、改建建设工程,应当达到抗震设防要求。

重大建设工程和可能发生严重次生灾害的建设工程,应当按照国务院有关规定进行地震安全性评价,并按照经审定的地震安全性评价报告所确定的抗震设防要求进行抗震设防。建设工程的地震安全性评价单位应当按照国家有关标准进行地震安全性评价,并对地震安全性评价报告的质量负责。

前款规定以外的建设工程,应当按照地震烈度区划图或者地震动参数区划图所确定的抗震设防要求进行抗震设防;对学校、医院等人员密集场所的建设工程,应当按照高于当地房屋建筑的抗震设防要求进行设计和施工,采取有效措施,增强抗震设防能力。

第三十六条 有关建设工程的强制性标准,应当与抗震设防要求相衔接。

第三十七条 国家鼓励城市人民政府组织制定地震小区划图。地震小区划图由国务院地震工作主管部门负责审定。

第三十八条 建设单位对建设工程的抗震设计、施工的全过程负责。

设计单位应当按照抗震设防要求和工程建设强制性标准进行抗震设计,并对抗震设计的质量以及出具的施工图设计文件的准确性负责。

施工单位应当按照施工图设计文件和工程建设强制性标准进行施工,并对施工质量负责。

建设单位、施工单位应当选用符合施工图设计文件和国家有关标准规定的材料、构配件和设备。

工程监理单位应当按照施工图设计文件和工程建设强制性标准实施监理,并对施工质量承担监理责任。

第三十九条 已经建成的下列建设工程,未采取抗震设防措施或者抗震设防措施未达到抗震设防要求的,应当按照国家有关规定进行抗震性能鉴定,并采取必要的抗震加固措施:

(一)重大建设工程;

(二)可能发生严重次生灾害的建设工程;

(三)具有重大历史、科学、艺术价值或者重要纪念意义的建设工程；

（四）学校、医院等人员密集场所的建设工程；

（五）地震重点监视防御区内的建设工程。

第四十条 县级以上地方人民政府应当加强对农村村民住宅和乡村公共设施抗震设防的管理，组织开展农村实用抗震技术的研究和开发，推广达到抗震设防要求、经济适用、具有当地特色的建筑设计和施工技术，培训相关技术人员，建设示范工程，逐步提高农村村民住宅和乡村公共设施的抗震设防水平。

国家对需要抗震设防的农村村民住宅和乡村公共设施给予必要支持。

第四十一条 城乡规划应当根据地震应急避难的需要，合理确定应急疏散通道和应急避难场所，统筹安排地震应急避难所必需的交通、供水、供电、排污等基础设施建设。

第四十二条 地震重点监视防御区的县级以上地方人民政府应当根据实际需要，在本级财政预算和物资储备中安排抗震救灾资金、物资。

第四十三条 国家鼓励、支持研究开发和推广使用符合抗震设防要求、经济实用的新技术、新工艺、新材料。

第四十四条 县级人民政府及其有关部门和乡、镇人民政府、城市街道办事处等基层组织，应当组织开展地震应急知识的宣传普及活动和必要的地震应急救援演练，提高公民在地震灾害中自救互救的能力。

机关、团体、企业、事业等单位，应当按照所在地人民政府的要求，结合各自实际情况，加强对本单位人员的地震应急知识宣传教育，开展地震应急救援演练。

学校应当进行地震应急知识教育，组织开展必要的地震应急救援演练，培养学生的安全意识和自救互救能力。

新闻媒体应当开展地震灾害预防和应急、自救互救知识的公益宣传。

国务院地震工作主管部门和县级以上地方人民政府负责管理地震工作的部门或者机构，应当指导、协助、督促有关单位做好防震减灾知识的宣传教育和地震应急救援演练等工作。

第四十五条 国家发展有财政支持的地震灾害保险事业，鼓励单位和个人参加地震灾害保险。

……

建设工程抗震设防要求管理规定

· 2002 年 1 月 28 日中国地震局令第 7 号公布
· 自公布之日起施行

第一条 为了加强对新建、扩建、改建建设工程（以下简称建设工程）抗震设防要求的管理，防御与减轻地震灾害，保护人民生命和财产安全，根据《中华人民共和国防震减灾法》和《地震安全性评价管理条例》，制定本规定。

第二条 在中华人民共和国境内进行建设工程抗震设防要求的确定、使用和监督管理，必须遵守本规定。

本规定所称抗震设防要求，是指建设工程抗御地震破坏的准则和在一定风险水准下抗震设计采用的地震烈度或地震动参数。

第三条 国务院地震工作主管部门负责全国建设工程抗震设防要求的监督管理工作。

县级以上地方人民政府负责管理地震工作的部门或者机构，负责本行政区域内建设工程抗震设防要求的监督管理工作。

第四条 建设工程必须按照抗震设防要求进行抗震设防。

应当进行地震安全性评价的建设工程，其抗震设防要求必须按照地震安全性评价结果确定；其他建设工程的抗震设防要求按照国家颁布的地震动参数区划图或者地震动参数复核、地震小区划结果确定。

第五条 应当进行地震安全性评价的建设工程的建设单位，必须在项目可行性研究阶段，委托具有资质的单位进行地震安全性评价工作，并将地震安全性评价报告报送有关地震工作主管部门或者机构审定。

第六条 国务院地震工作主管部门和省、自治区、直辖市人民政府负责管理地震工作的部门或者机构，应当设立地震安全性评审组织。

地震安全性评审组织应当由 15 名以上地震行业及有关行业的技术、管理专家组成，其中技术专家不得少于 1/2。

第七条 国务院地震工作主管部门和省、自治区、直辖市人民政府负责管理地震工作的部门或者机构，应当委托本级地震安全性评审组织，对地震安全性评价报告进行评审。

地震安全性评审组织应当按照国家地震安全性评价的技术规范和其他有关技术规范，对地震安全性评价报告的基础资料、技术途径和评价结果等进行审查，形成评审意见。

第八条　国务院地震工作主管部门和省、自治区、直辖市人民政府负责管理地震工作的部门或者机构，应当根据地震安全性评审组织的评审意见，结合建设工程特性和其他综合因素，确定建设工程的抗震设防要求。

第九条　下列区域内建设工程的抗震设防要求不应直接采用地震动参数区划图结果，必须进行地震动参数复核：

（一）位于地震动峰值加速度区划图峰值加速度分区界线两侧各4公里区域的建设工程；

（二）位于某些地震研究程度和资料详细程度较差的边远地区的建设工程。

第十条　下列地区应当根据需要和可能开展地震小区划工作：

（一）地震重点监视防御区内的大中城市和地震重点监视防御城市；

（二）位于地震动参数0.15g以上（含0.15g）的大中城市；

（三）位于复杂工程地质条件区域内的大中城市、大型厂矿企业、长距离生命线工程和新建开发区；

（四）其他需要开展地震小区划工作的地区。

第十一条　地震动参数复核和地震小区划工作必须由具有相应地震安全性评价资质的单位进行。

第十二条　地震动参数复核结果一般由省、自治区、直辖市人民政府负责管理地震工作的部门或者机构负责审定，结果变动显著的，报国务院地震工作主管部门审定；地震小区划结果，由国务院地震工作主管部门负责审定。

地震动参数复核和地震小区划结果的审定程序按照本规定第七条、第八条的规定执行。

省、自治区、直辖市人民政府负责管理地震工作的部门或者机构，应当将审定后的地震动参数复核结果报国务院地震工作主管部门备案。

第十三条　经过地震动参数复核或者地震小区划工作的区域内不需要进行地震安全性评价的建设工程，必须按照地震动参数复核或者地震小区划结果确定的抗震设防要求进行抗震设防。

第十四条　国务院地震工作主管部门和县级以上地方人民政府负责管理地震工作的部门或者机构，应当会同同级政府有关行业主管部门，加强对建设工程抗震设防要求使用的监督检查，确保建设工程按照抗震设防要求进行抗震设防。

第十五条　国务院地震工作主管部门和县级以上地方人民政府负责管理地震工作的部门或者机构，应当按照地震动参数区划图规定的抗震设防要求，加强对村镇房屋建设抗震设防的指导，逐步增强村镇房屋抗御地震破坏的能力。

第十六条　国务院地震工作主管部门和县级以上地方人民政府负责管理地震工作的部门或者机构，应当加强对建设工程抗震设防的宣传教育，提高社会的防震减灾意识，增强社会防御地震灾害的能力。

第十七条　建设单位违反本规定第十三条的规定，由国务院地震工作主管部门或者县级以上地方人民政府负责管理地震工作的部门或者机构，责令改正，并处5000元以上30000元以下的罚款。

第十八条　本规定自公布之日起施行。

中华人民共和国文物保护法（节录）

- 1982年11月19日第五届全国人民代表大会常务委员会第二十五次会议通过
- 根据1991年6月29日第七届全国人民代表大会常务委员会第二十次会议《关于修改〈中华人民共和国文物保护法〉第三十条、第三十一条的决定》第一次修正
- 2002年10月28日第九届全国人民代表大会常务委员会第三十次会议修订
- 根据2007年12月29日第十届全国人民代表大会常务委员会第三十一次会议《关于修改〈中华人民共和国文物保护法〉的决定》第二次修正
- 根据2013年6月29日第十二届全国人民代表大会常务委员会第三次会议《关于修改〈中华人民共和国文物保护法〉等十二部法律的决定》第三次修正
- 根据2015年4月24日第十二届全国人民代表大会常务委员会第十四次会议《关于修改〈中华人民共和国文物保护法〉的决定》第四次修正
- 根据2017年11月4日第十二届全国人民代表大会常务委员会第三十次会议《关于修改〈中华人民共和国会计法〉等十一部法律的决定》第五次修正

……

第二章　不可移动文物

第十三条　国务院文物行政部门在省级、市、县级文物保护单位中，选择具有重大历史、艺术、科学价值的确定为全国重点文物保护单位，或者直接确定为全国重点文物保护单位，报国务院核定公布。

省级文物保护单位，由省、自治区、直辖市人民政府核定公布，并报国务院备案。

市级和县级文物保护单位，分别由设区的市、自治州和县级人民政府核定公布，并报省、自治区、直辖市人民政府备案。

尚未核定公布为文物保护单位的不可移动文物，由县级人民政府文物行政部门予以登记并公布。

第十四条 保存文物特别丰富并且具有重大历史价值或者革命纪念意义的城市，由国务院核定公布为历史文化名城。

保存文物特别丰富并且具有重大历史价值或者革命纪念意义的城镇、街道、村庄，由省、自治区、直辖市人民政府核定公布为历史文化街区、村镇，并报国务院备案。

历史文化名城和历史文化街区、村镇所在地的县级以上地方人民政府应当组织编制专门的历史文化名城和历史文化街区、村镇保护规划，并纳入城市总体规划。

历史文化名城和历史文化街区、村镇的保护办法，由国务院制定。

第十五条 各级文物保护单位，分别由省、自治区、直辖市人民政府和市、县级人民政府划定必要的保护范围，作出标志说明，建立记录档案，并区别情况分别设置专门机构或者专人负责管理。全国重点文物保护单位的保护范围和记录档案，由省、自治区、直辖市人民政府文物行政部门报国务院文物行政部门备案。

县级以上地方人民政府文物行政部门应当根据不同文物的保护需要，制定文物保护单位和未核定为文物保护单位的不可移动文物的具体保护措施，并公告施行。

第十六条 各级人民政府制定城乡建设规划，应当根据文物保护的需要，事先由城乡建设规划部门会同文物行政部门商定对本行政区域内各级文物保护单位的保护措施，并纳入规划。

第十七条 文物保护单位的保护范围内不得进行其他建设工程或者爆破、钻探、挖掘等作业。但是，因特殊情况需要在文物保护单位的保护范围内进行其他建设工程或者爆破、钻探、挖掘等作业的，必须保证文物保护单位的安全，并经核定公布该文物保护单位的人民政府批准，在批准前应当征得上一级人民政府文物行政部门同意；在全国重点文物保护单位的保护范围内进行其他建设工程或者爆破、钻探、挖掘等作业的，必须经省、自治区、直辖市人民政府批准，在批准前应当征得国务院文物行政部门同意。

第十八条 根据保护文物的实际需要，经省、自治区、直辖市人民政府批准，可以在文物保护单位的周围划出一定的建设控制地带，并予以公布。

在文物保护单位的建设控制地带内进行建设工程，不得破坏文物保护单位的历史风貌；工程设计方案应当根据文物保护单位的级别，经相应的文物行政部门同意后，报城乡建设规划部门批准。

第十九条 在文物保护单位的保护范围和建设控制地带内，不得建设污染文物保护单位及其环境的设施，不得进行可能影响文物保护单位安全及其环境的活动。对已有的污染文物保护单位及其环境的设施，应当限期治理。

第二十条 建设工程选址，应当尽可能避开不可移动文物；因特殊情况不能避开的，对文物保护单位应当尽可能实施原址保护。

实施原址保护的，建设单位应当事先确定保护措施，根据文物保护单位的级别报相应的文物行政部门批准；未经批准的，不得开工建设。

无法实施原址保护，必须迁移异地保护或者拆除的，应当报省、自治区、直辖市人民政府批准；迁移或者拆除省级文物保护单位的，批准前须征得国务院文物行政部门同意。全国重点文物保护单位不得拆除；需要迁移的，须由省、自治区、直辖市人民政府报国务院批准。

依照前款规定拆除的国有不可移动文物中具有收藏价值的壁画、雕塑、建筑构件等，由文物行政部门指定的文物收藏单位收藏。

本条规定的原址保护、迁移、拆除所需费用，由建设单位列入建设工程预算。

第二十一条 国有不可移动文物由使用人负责修缮、保养；非国有不可移动文物由所有人负责修缮、保养。非国有不可移动文物有损毁危险，所有人不具备修缮能力的，当地人民政府应当给予帮助；所有人具备修缮能力而拒不依法履行修缮义务的，县级以上人民政府可以给予抢救修缮，所需费用由所有人负担。

对文物保护单位进行修缮，应当根据文物保护单位的级别报相应的文物行政部门批准；对未核定为文物保护单位的不可移动文物进行修缮，应当报登记的县级人民政府文物行政部门批准。

文物保护单位的修缮、迁移、重建，由取得文物保护工程资质证书的单位承担。

对不可移动文物进行修缮、保养、迁移，必须遵守不改变文物原状的原则。

第二十二条 不可移动文物已经全部毁坏的，应当实施遗址保护，不得在原址重建。但是，因特殊情况需要在原址重建的，由省、自治区、直辖市人民政府文物行政部门报省、自治区、直辖市人民政府批准；全国重点文物保护单位需要在原址重建的，由省、自治区、直辖市人民政府报国务院批准。

第二十三条　核定为文物保护单位的属于国家所有的纪念建筑物或者古建筑，除可以建立博物馆、保管所或者辟为参观游览场所外，作其他用途的，市、县级文物保护单位应当经核定公布该文物保护单位的人民政府文物行政部门征得上一级文物行政部门同意后，报核定公布该文物保护单位的人民政府批准；省级文物保护单位应当经核定公布该文物保护单位的省级人民政府的文物行政部门审核同意后，报该省级人民政府批准；全国重点文物保护单位作其他用途的，应当由省、自治区、直辖市人民政府报国务院批准。国有未核定为文物保护单位的不可移动文物作其他用途的，应当报告县级人民政府文物行政部门。

第二十四条　国有不可移动文物不得转让、抵押。建立博物馆、保管所或者辟为参观游览场所的国有文物保护单位，不得作为企业资产经营。

第二十五条　非国有不可移动文物不得转让、抵押给外国人。

非国有不可移动文物转让、抵押或者改变用途的，应当根据其级别报相应的文物行政部门备案。

第二十六条　使用不可移动文物，必须遵守不改变文物原状的原则，负责保护建筑物及其附属文物的安全，不得损毁、改建、添建或者拆除不可移动文物。

对危害文物保护单位安全、破坏文物保护单位历史风貌的建筑物、构筑物，当地人民政府应当及时调查处理，必要时，对该建筑物、构筑物予以拆迁。

第三章　考古发掘

第二十七条　一切考古发掘工作，必须履行报批手续；从事考古发掘的单位，应当经国务院文物行政部门批准。

地下埋藏的文物，任何单位或者个人都不得私自发掘。

第二十八条　从事考古发掘的单位，为了科学研究进行考古发掘，应当提出发掘计划，报国务院文物行政部门批准；对全国重点文物保护单位的考古发掘计划，应当经国务院文物行政部门审核后报国务院批准。国务院文物行政部门在批准或者审核前，应当征求社会科学研究机构及其他科研机构和有关专家的意见。

第二十九条　进行大型基本建设工程，建设单位应当事先报请省、自治区、直辖市人民政府文物行政部门组织从事考古发掘的单位在工程范围内有可能埋藏文物的地方进行考古调查、勘探。

考古调查、勘探中发现文物的，由省、自治区、直辖市人民政府文物行政部门根据文物保护的要求会同建设单位共同商定保护措施；遇有重要发现的，由省、自治区、直辖市人民政府文物行政部门及时报国务院文物行政部门处理。

第三十条　需要配合建设工程进行的考古发掘工作，应当由省、自治区、直辖市文物行政部门在勘探工作的基础上提出发掘计划，报国务院文物行政部门批准。国务院文物行政部门在批准前，应当征求社会科学研究机构及其他科研机构和有关专家的意见。

确因建设工期紧迫或者有自然破坏危险，对古文化遗址、古墓葬急需进行抢救发掘的，由省、自治区、直辖市人民政府文物行政部门组织发掘，并同时补办审批手续。

第三十一条　凡因进行基本建设和生产建设需要的考古调查、勘探、发掘，所需费用由建设单位列入建设工程预算。

第三十二条　在进行建设工程或者在农业生产中，任何单位或者个人发现文物，应当保护现场，立即报告当地文物行政部门，文物行政部门接到报告后，如无特殊情况，应当在二十四小时内赶赴现场，并在七日内提出处理意见。文物行政部门可以报请当地人民政府通知公安机关协助保护现场；发现重要文物的，应当立即上报国务院文物行政部门，国务院文物行政部门应当在接到报告后十五日内提出处理意见。

依照前款规定发现的文物属于国家所有，任何单位或者个人不得哄抢、私分、藏匿。

第三十三条　非经国务院文物行政部门报国务院特别许可，任何外国人或者外国团体不得在中华人民共和国境内进行考古调查、勘探、发掘。

第三十四条　考古调查、勘探、发掘的结果，应当报告国务院文物行政部门和省、自治区、直辖市人民政府文物行政部门。

考古发掘的文物，应当登记造册，妥善保管，按照国家有关规定移交给由省、自治区、直辖市人民政府文物行政部门或者国务院文物行政部门指定的国有博物馆、图书馆或者其他国有收藏文物的单位收藏。经省、自治区、直辖市人民政府文物行政部门批准，从事考古发掘的单位可以保留少量出土文物作为科研标本。

考古发掘的文物，任何单位或者个人不得侵占。

第三十五条　根据保证文物安全、进行科学研究和充分发挥文物作用的需要,省、自治区、直辖市人民政府文物行政部门经本级人民政府批准,可以调用本行政区域内的出土文物;国务院文物行政部门经国务院批准,可以调用全国的重要出土文物。

……

第八章 附 则

第八十条 本法自公布之日起施行。

国家重点建设项目管理办法

- 1996年6月14日国家计划委员会发布
- 根据2011年1月8日《国务院关于废止和修改部分行政法规的决定》修订

第一条 为了加强国家重点建设项目的管理,保证国家重点建设项目的工程质量和按期竣工,提高投资效益,促进国民经济持续、快速、健康发展,制定本办法。

第二条 本办法所称国家重点建设项目,是指从下列国家大中型基本建设项目中确定的对国民经济和社会发展有重大影响的骨干项目:

(一)基础设施、基础产业和支柱产业中的大型项目;

(二)高科技并能带动行业技术进步的项目;

(三)跨地区并对全国经济发展或者区域经济发展有重大影响的项目;

(四)对社会发展有重大影响的项目;

(五)其他骨干项目。

第三条 国家重点建设项目的确定,根据国家产业政策、国民经济和社会发展的需要和可能,实行突出重点、量力而行、留有余地、防止资金分散、保证投资落实和资金供应的原则。

第四条 国家重点建设项目由国务院计划主管部门商国务院有关主管部门确定。

第五条 省、自治区、直辖市以及计划单列市的人民政府计划主管部门和国务院有关主管部门(公司),按照本办法第二条规定的范围和第三条规定的原则,对本地区、本部门的基本建设项目进行平衡后,每年可以向国务院计划主管部门提出列为国家重点建设项目的申请。

国务院计划主管部门收到申请后,应当征求国务院有关主管部门的意见,进行综合平衡,在所申请项目的可行性研究报告批准后,确定国家重点建设预备项目;在所申请项目批准开工后,正式确定国家重点建设项目。

国家重点建设项目和国家重点建设预备项目确定后,由国务院计划主管部门公布。

第六条 国务院计划主管部门和有关地方人民政府计划主管部门,应当按照国家重点建设项目的建设工期,安排国家重点建设项目的年度投资计划。

第七条 国家重点建设项目,实行建设项目法人责任制;国家另有规定的,从其规定。

建设项目法人负责国家重点建设项目的筹划、筹资、建设、生产经营、偿还债务和资产的保值增值,依照国家有关规定对国家重点建设项目的建设资金、建设工期、工程质量、生产安全等进行严格管理。

建设项目法人的组织形式、组织机构,依照《中华人民共和国公司法》和国家有关规定执行。

第八条 根据国家重点建设项目的年度投资计划和合同,负有拨付建设资金责任的国务院有关主管部门、有关地方人民政府、银行和企业事业单位,应当按照项目的建设进度,保证拨付建设资金。

第九条 国家重点建设项目的设备储备资金,各有关银行和部门应当优先安排。

第十条 国务院计划主管部门和有关地方人民政府计划主管部门,在安排国家重点建设项目的年度投资计划时,应当预留一定比例的资金,用于国家重点建设项目建设过程中的特殊需要。

第十一条 任何单位和个人不得挪用、截留国家重点建设项目的建设资金以及设备储备资金。

第十二条 地方人民政府负责与国家重点建设项目征地有关的协调工作,并提供必要的便利条件。土地管理部门应当依法保证国家重点建设项目的建设用地。

第十三条 国家重点建设项目主体工程的设计、施工、监理、设备采购,由建设项目法人依法公开进行招标,择优选定中标单位;但是,按照规定经批准可以议标、邀请招标的除外。

国家重点建设项目的投标单位应当具有国家规定的甲级(一级)资格(资质)。

国家重点建设项目的中标单位,未经建设项目法人的同意,不得将合同转包或者分包。

国务院计划主管部门会同国务院有关主管部门、有关地方人民政府、银行,对国家重点建设项目的招标投标工作进行监督检查。

第十四条 电力、交通、邮电、供水、供热等单位,应当优先保证国家重点建设项目对施工和生产用电、物资运输、邮电通信和用水、用热等方面的需要,按照合同的约定履行义务。

第十五条　有关企业事业单位应当优先供应国家重点建设项目所需的设备、材料，按照合同的约定履行义务。

第十六条　任何单位和个人不得向国家重点建设项目收取费用；但是，法律或者国务院另有规定的，从其规定。

第十七条　建设项目法人应当按照国家有关规定，向国务院计划主管部门报送国家重点建设项目的建设情况和资料，并抄报有关主管部门和银行。

第十八条　为国家重点建设项目直接配套的项目，应当按照国家重点建设项目的建设进度，同步进行建设。为配套的项目提供建设资金的部门和单位，应当保证按照项目的建设进度拨付建设资金。

第十九条　国家重点建设项目建成并经过试运营，应当按照批准的设计文件和其他有关文件，由建设项目法人及时组织设计、施工等单位进行初步验收。

初步验收合格的，由国务院计划主管部门或者其委托的机构，组织有关单位进行竣工验收。

第二十条　国家重点建设项目竣工验收合格的，经过运营，应当按照国家有关规定进行项目后评价。

第二十一条　国务院计划主管部门会同国务院有关主管部门、有关地方人民政府，对国家重点建设项目的建设进行协调、指导和监督。

第二十二条　未按照规定拨付国家重点建设项目资金的，由国务院计划主管部门予以通报批评，并提请有关主管部门对负有直接责任的主管人员和其他责任人员依法给予行政处分；地方投资的部分连续两年未按照规定拨付的，国务院计划主管部门有权停止审批该地方下一年度的新开工项目。

未按照合同约定拨付国家重点建设项目资金的，应当承担相应的违约责任。

第二十三条　挪用、截留国家重点建设项目资金的，由审计机关、财政机关追还被挪用、截留的资金，予以通报批评，并提请有关主管部门对负有直接责任的主管人员和其他责任人员依法给予行政处分；构成犯罪的，依法追究刑事责任。

第二十四条　扰乱国家重点建设项目建设、生产经营秩序，致使其不能正常进行的，依照《中华人民共和国治安管理处罚法》的规定给予处罚；构成犯罪的，依法追究刑事责任。

第二十五条　国家重点建设项目工程因管理不善、弄虚作假，造成严重超概算、质量低劣、损失浪费或者责任事故的，由国务院计划主管部门予以通报批评，并提请有关主管部门对负有直接责任的主管人员和其他责任人员依法给予行政处分；构成犯罪的，依法追究刑事责任。

第二十六条　本办法自发布之日起施行。

工程建设工法管理办法

- 2014年7月16日
- 建质〔2014〕103号

第一条　为促进建筑施工企业技术创新，提升施工技术水平，规范工程建设工法的管理，制定本办法。

第二条　本办法适用于工法的开发、申报、评审和成果管理。

第三条　本办法所称的工法，是指以工程为对象，以工艺为核心，运用系统工程原理，把先进技术和科学管理结合起来，经过一定工程实践形成的综合配套的施工方法。

工法分为房屋建筑工程、土木工程、工业安装工程三个类别。

第四条　工法分为企业级、省（部）级和国家级，实施分级管理。

企业级工法由建筑施工企业（以下简称企业）根据工程特点开发，通过工程实际应用，经企业组织评审和公布。

省（部）级工法由企业自愿申报，经省、自治区、直辖市住房城乡建设主管部门或国务院有关部门（行业协会）、中央管理的有关企业（以下简称省（部）级工法主管部门）组织评审和公布。

国家级工法由企业自愿申报，经省（部）级工法主管部门推荐，由住房和城乡建设部组织评审和公布。

第五条　工法必须符合国家工程建设的方针、政策和标准，具有先进性、科学性和适用性，能保证工程质量安全、提高施工效率和综合效益，满足节约资源、保护环境等要求。

第六条　企业应当建立工法管理制度，根据工程特点制定工法开发计划，定期组织企业级工法评审，并将公布的企业级工法向省（部）级工法主管部门备案。

第七条　企业应在工程建设中积极推广应用工法，推动技术创新成果转化，提升工程施工的科技含量。

第八条　省（部）级工法主管部门应当督促指导企业开展工法开发和推广应用，组织省（部）级工法评审，将公布的省（部）级工法报住房和城乡建设部备案，择优推荐申报国家级工法。

第九条 住房和城乡建设部每两年组织一次国家级工法评审，评审遵循优中选优、总量控制的原则。

第十条 国家级工法申报遵循企业自愿原则，每项工法由一家建筑施工企业申报，主要完成人员不超过5人。申报企业应是开发应用工法的主要完成单位。

第十一条 申报国家级工法应满足以下条件：

（一）已公布为省（部）级工法；

（二）工法的关键性技术达到国内领先及以上水平；工法中采用的新技术、新工艺、新材料尚没有相应的工程建设国家、行业或地方标准的，已经省级及以上住房城乡建设主管部门组织的技术专家委员会审定；

（三）工法已经过2项及以上工程实践应用，安全可靠，具有较高推广应用价值，经济效益和社会效益显著；

（四）工法遵循国家工程建设的方针、政策和工程建设强制性标准，符合国家建筑技术发展方向和节约资源、保护环境等要求；

（五）工法编写内容齐全完整，包括前言、特点、适用范围、工艺原理、工艺流程及操作要点、材料与设备、质量控制、安全措施、环保措施、效益分析和应用实例；

（六）工法内容不得与已公布的有效期内的国家级工法雷同。

第十二条 申报国家级工法按以下程序进行：

（一）申报企业向省（部）级工法主管部门提交申报材料；

（二）省（部）级工法主管部门审核企业申报材料，择优向住房和城乡建设部推荐。

第十三条 企业申报国家级工法，只能向批准该省（部）级工法的主管部门申报，同一工法不得同时向多个省（部）级工法主管部门申报。

第十四条 省（部）级工法主管部门推荐申报国家级工法时，内容不得存在雷同。

第十五条 国家级工法申报资料应包括以下内容：

（一）国家级工法申报表；

（二）工法文本；

（三）省（部）级工法批准文件、工法证书；

（四）省（部）级工法评审意见（包括关键技术的评价）；

（五）建设单位或监理单位出具的工程应用证明、施工许可证或开工报告、工程施工合同；

（六）经济效益证明；

（七）工法应用的有关照片或视频资料；

（八）科技查新报告；

（九）涉及他方专利的无争议声明书；

（十）技术标准、专利证书、科技成果获奖证明等其他有关材料。

第十六条 国家级工法评审分为形式审查、专业组审查、评委会审核三个阶段。形式审查、专业组审查采用网络评审方式，评委会审核采用会议评审方式。

（一）形式审查。对申报资料完整性、符合性进行审查，符合申报条件的列入专业组审查。

（二）专业组审查。对通过形式审查的工法按专业分组，评审专家对工法的关键技术水平、工艺流程和操作要点的科学性、合理性、安全可靠性、推广应用价值、文本编制等进行评审，评审结果提交评委会审核。

（三）评委会审核。评委会分房屋建筑、土木工程、工业安装工程三类进行评议审核、实名投票表决，有效票数达到三分之二及以上的通过审核。

第十七条 住房和城乡建设部负责建立国家级工法评审专家库，评审专家从专家库中选取。专家库专家应具有高级及以上专业技术职称，有丰富的施工实践经验和坚实的专业基础理论知识，担任过大型施工企业技术负责人或大型项目负责人，年龄不超过70周岁。院士、获得省（部）级及以上科技进步奖和优质工程奖的专家优先选任。

第十八条 评审专家应坚持公正、公平的原则，严格按照标准评审，对评审意见负责，遵守评审工作纪律和保密规定，保证工法评审的严肃性和科学性。

第十九条 国家级工法评审实行专家回避制度，专业组评审专家不得评审本企业工法。

第二十条 住房和城乡建设部对审核通过的国家级工法进行公示，公示无异议后予以公布。

第二十一条 对获得国家级工法的单位和个人，由住房和城乡建设部颁发证书。

第二十二条 住房和城乡建设部负责建立国家级工法管理和查询信息系统，省（部）级工法主管部门负责建立本地区（部门）工法信息库。

第二十三条 国家级工法有效期为8年。

对有效期内的国家级工法，其完成单位应注意技术跟踪，注重创新和发展，保持工法技术的先进性和适用性。

超出有效期的国家级工法仍具有先进性的，工法完成单位可重新申报。

第二十四条 获得国家级工法证书的单位为该工法

的所有权人。工法所有权人可根据国家有关法律法规的规定有偿转让工法使用权,但工法完成单位、主要完成人员不得变更。未经工法所有权人同意,任何单位和个人不得擅自公开工法的关键技术内容。

第二十五条 鼓励企业采用新技术、新工艺、新材料、新设备,加快技术积累和科技成果转化。鼓励符合专利法、科学技术奖励规定条件的工法及其关键技术申请专利和科学技术发明、进步奖。

第二十六条 各级住房城乡建设主管部门和有关部门应积极推动将技术领先、应用广泛、效益显著的工法纳入相关的国家标准、行业标准和地方标准。

第二十七条 鼓励企业积极开发和推广应用工法。省(部)级工法主管部门应对开发和应用工法有突出贡献的企业和个人给予表彰。企业应对开发和推广应用工法有突出贡献的个人给予表彰和奖励。

第二十八条 企业提供虚假材料申报国家级工法的,予以全国通报,5年内不受理其申报国家级工法。

企业以剽窃作假等欺骗手段获得国家级工法的,撤销其国家级工法称号,予以全国通报,5年内不受理其申报国家级工法。

企业提供虚假材料申报国家级工法,或以剽窃作假等欺骗手段获得国家级工法的,作为不良行为记录,记入企业信用档案。

第二十九条 评审专家存在徇私舞弊、违反回避制度和保密纪律等行为的,取消国家级工法评审专家资格。

第三十条 各地区、各部门可参照本办法制定省(部)级工法管理办法。

第三十一条 本办法自发布之日起施行。原《工程建设工法管理办法》(建质〔2005〕145号)同时废止。

最高人民法院关于审理建设工程施工合同纠纷案件适用法律问题的解释(一)

- 2020年12月25日最高人民法院审判委员会第1825次会议通过
- 2020年12月29日最高人民法院公告公布
- 自2021年1月1日起施行
- 法释〔2020〕25号

为正确审理建设工程施工合同纠纷案件,依法保护当事人合法权益,维护建筑市场秩序,促进建筑市场健康发展,根据《中华人民共和国民法典》《中华人民共和国建筑法》《中华人民共和国招标投标法》《中华人民共和国民事诉讼法》等相关法律规定,结合审判实践,制定本解释。

第一条 建设工程施工合同具有下列情形之一的,应当依据民法典第一百五十三条第一款的规定,认定无效:

(一)承包人未取得建筑业企业资质或者超越资质等级的;

(二)没有资质的实际施工人借用有资质的建筑施工企业名义的;

(三)建设工程必须进行招标而未招标或者中标无效的。

承包人因转包、违法分包建设工程与他人签订的建设工程施工合同,应当依据民法典第一百五十三条第一款及第七百九十一条第二款、第三款的规定,认定无效。

第二条 招标人和中标人另行签订的建设工程施工合同约定的工程范围、建设工期、工程质量、工程价款等实质性内容,与中标合同不一致,一方当事人请求按照中标合同确定权利义务的,人民法院应予支持。

招标人和中标人在中标合同之外就明显高于市场价格购买承建房产、无偿建设住房配套设施、让利、向建设单位捐赠财物等另行签订合同,变相降低工程价款,一方当事人以该合同背离中标合同实质性内容为由请求确认无效的,人民法院应予支持。

第三条 当事人以发包人未取得建设工程规划许可证等规划审批手续为由,请求确认建设工程施工合同无效的,人民法院应予支持,但发包人在起诉前取得建设工程规划许可证等规划审批手续的除外。

发包人能够办理审批手续而未办理,并以未办理审批手续为由请求确认建设工程施工合同无效的,人民法院不予支持。

第四条 承包人超越资质等级许可的业务范围签订建设工程施工合同,在建设工程竣工前取得相应资质等级,当事人请求按照无效合同处理的,人民法院不予支持。

第五条 具有劳务作业法定资质的承包人与总承包人、分包人签订的劳务分包合同,当事人请求确认无效的,人民法院依法不予支持。

第六条 建设工程施工合同无效,一方当事人请求对方赔偿损失的,应当就对方过错、损失大小、过错与损失之间的因果关系承担举证责任。

损失大小无法确定,一方当事人请求参照合同约定的质量标准、建设工期、工程价款支付时间等内容确定损失大小的，人民法院可以结合双方过错程度、过错与损失之间的因果关系等因素作出裁判。

第七条 缺乏资质的单位或者个人借用有资质的建筑施工企业名义签订建设工程施工合同，发包人请求出借方与借用方对建设工程质量不合格等因出借资质造成的损失承担连带赔偿责任的，人民法院应予支持。

第八条 当事人对建设工程开工日期有争议的，人民法院应当分别按照以下情形予以认定：

（一）开工日期为发包人或者监理人发出的开工通知载明的开工日期；开工通知发出后，尚不具备开工条件的，以开工条件具备的时间为开工日期；因承包人原因导致开工时间推迟的，以开工通知载明的时间为开工日期。

（二）承包人经发包人同意已经实际进场施工的，以实际进场施工时间为开工日期。

（三）发包人或者监理人未发出开工通知，亦无相关证据证明实际开工日期的，应当综合考虑开工报告、合同、施工许可证、竣工验收报告或竣工验收备案表等载明的时间，并结合是否具备开工条件的事实，认定开工日期。

第九条 当事人对建设工程实际竣工日期有争议的，人民法院应当分别按照以下情形予以认定：

（一）建设工程经竣工验收合格的，以竣工验收合格之日为竣工日期；

（二）承包人已经提交竣工验收报告，发包人拖延验收的，以承包人提交验收报告之日为竣工日期；

（三）建设工程未经竣工验收，发包人擅自使用的，以转移占有建设工程之日为竣工日期。

第十条 当事人约定顺延工期应当经发包人或者监理人签证等方式确认，承包人虽未取得工期顺延的确认，但能够证明在合同约定的期限内向发包人或者监理人申请过工期顺延且顺延事由符合合同约定，承包人以此为由主张工期顺延的，人民法院应予支持。

当事人约定承包人未在约定期限内提出工期顺延申请视为工期不顺延的，按照约定处理，但发包人在约定期限后同意工期顺延或者承包人提出合理抗辩的除外。

第十一条 建设工程竣工前，当事人对工程质量发生争议，工程质量经鉴定合格的，鉴定期间为顺延工期期间。

第十二条 因承包人的原因造成建设工程质量不符合约定，承包人拒绝修理、返工或者改建，发包人请求减少支付工程价款的，人民法院应予支持。

第十三条 发包人具有下列情形之一，造成建设工程质量缺陷，应当承担过错责任：

（一）提供的设计有缺陷；

（二）提供或者指定购买的建筑材料、建筑构配件、设备不符合强制性标准；

（三）直接指定分包人分包专业工程。

承包人有过错的，也应当承担相应的过错责任。

第十四条 建设工程未经竣工验收，发包人擅自使用后，又以使用部分质量不符合约定为由主张权利的，人民法院不予支持；但是承包人应当在建设工程的合理使用寿命内对地基基础工程和主体结构质量承担民事责任。

第十五条 因建设工程质量发生争议的，发包人可以以总承包人、分包人和实际施工人为共同被告提起诉讼。

第十六条 发包人在承包人提起的建设工程施工合同纠纷案件中，以建设工程质量不符合合同约定或者法律规定为由，就承包人支付违约金或者赔偿修理、返工、改建的合理费用等损失提出反诉的，人民法院可以合并审理。

第十七条 有下列情形之一，承包人请求发包人返还工程质量保证金的，人民法院应予支持：

（一）当事人约定的工程质量保证金返还期限届满；

（二）当事人未约定工程质量保证金返还期限的，自建设工程通过竣工验收之日起满二年；

（三）因发包人原因建设工程未按约定期限进行竣工验收的，自承包人提交工程竣工验收报告九十日后当事人约定的工程质量保证金返还期限届满；当事人未约定工程质量保证金返还期限的，自承包人提交工程竣工验收报告九十日后起满二年。

发包人返还工程质量保证金后，不影响承包人根据合同约定或者法律规定履行工程保修义务。

第十八条 因保修人未及时履行保修义务，导致建筑物毁损或者造成人身损害、财产损失的，保修人应当承担赔偿责任。

保修人与建筑物所有人或者发包人对建筑物毁损均有过错的，各自承担相应的责任。

第十九条 当事人对建设工程的计价标准或者计价方法有约定的，按照约定结算工程价款。

因设计变更导致建设工程的工程量或者质量标准发生变化，当事人对该部分工程价款不能协商一致的，可以参照签订建设工程施工合同时当地建设行政主管部门发布的计价方法或者计价标准结算工程价款。

建设工程施工合同有效，但建设工程经竣工验收不合格的，依照民法典第五百七十七条规定处理。

第二十条 当事人对工程量有争议的，按照施工过程中形成的签证等书面文件确认。承包人能够证明发包人同意其施工，但未能提供签证文件证明工程量发生的，可以按照当事人提供的其他证据确认实际发生的工程量。

第二十一条 当事人约定，发包人收到竣工结算文件后，在约定期限内不予答复，视为认可竣工结算文件的，按照约定处理。承包人请求按照竣工结算文件结算工程价款的，人民法院应予支持。

第二十二条 当事人签订的建设工程施工合同与招标文件、投标文件、中标通知书载明的工程范围、建设工期、工程质量、工程价款不一致，一方当事人请求将招标文件、投标文件、中标通知书作为结算工程价款的依据的，人民法院应予支持。

第二十三条 发包人将依法不属于必须招标的建设工程进行招标后，与承包人另行订立的建设工程施工合同背离中标合同的实质性内容，当事人请求以中标合同作为结算建设工程价款依据的，人民法院应予支持，但发包人与承包人因客观情况发生了在招标投标时难以预见的变化而另行订立建设工程施工合同的除外。

第二十四条 当事人就同一建设工程订立的数份建设工程施工合同均无效，但建设工程质量合格，一方当事人请求参照实际履行的合同关于工程价款的约定折价补偿承包人的，人民法院应予支持。

实际履行的合同难以确定，当事人请求参照最后签订的合同关于工程价款的约定折价补偿承包人的，人民法院应予支持。

第二十五条 当事人对垫资和垫资利息有约定，承包人请求按照约定返还垫资及其利息的，人民法院应予支持，但是约定的利息计算标准高于垫资时的同类贷款利率或者同期贷款市场报价利率的部分除外。

当事人对垫资没有约定的，按照工程欠款处理。

当事人对垫资利息没有约定，承包人请求支付利息的，人民法院不予支持。

第二十六条 当事人对欠付工程价款利息计付标准有约定的，按照约定处理。没有约定的，按照同期同类贷款利率或者同期贷款市场报价利率计息。

第二十七条 利息从应付工程价款之日开始计付。当事人对付款时间没有约定或者约定不明的，下列时间视为应付款时间：

（一）建设工程已实际交付的，为交付之日；

（二）建设工程没有交付的，为提交竣工结算文件之日；

（三）建设工程未交付，工程价款也未结算的，为当事人起诉之日。

第二十八条 当事人约定按照固定价结算工程价款，一方当事人请求对建设工程造价进行鉴定的，人民法院不予支持。

第二十九条 当事人在诉讼前已经对建设工程价款结算达成协议，诉讼中一方当事人申请对工程造价进行鉴定的，人民法院不予准许。

第三十条 当事人在诉讼前共同委托有关机构、人员对建设工程造价出具咨询意见，诉讼中一方当事人不认可该咨询意见申请鉴定的，人民法院应予准许，但双方当事人明确表示受该咨询意见约束的除外。

第三十一条 当事人对部分案件事实有争议的，仅对有争议的事实进行鉴定，但争议事实范围不能确定，或者双方当事人请求对全部事实鉴定的除外。

第三十二条 当事人对工程造价、质量、修复费用等专门性问题有争议，人民法院认为需要鉴定的，应当向负有举证责任的当事人释明。当事人经释明未申请鉴定，虽申请鉴定但未支付鉴定费用或者拒不提供相关材料的，应当承担举证不能的法律后果。

一审诉讼中负有举证责任的当事人未申请鉴定，虽申请鉴定但未支付鉴定费用或者拒不提供相关材料，二审诉讼中申请鉴定，人民法院认为确有必要的，应当依照民事诉讼法第一百七十条第一款第三项的规定处理。

第三十三条 人民法院准许当事人的鉴定申请后，应当根据当事人申请及查明案件事实的需要，确定委托鉴定的事项、范围、鉴定期限等，并组织当事人对争议的鉴定材料进行质证。

第三十四条 人民法院应当组织当事人对鉴定意见进行质证。鉴定人将当事人有争议且未经质证的材料作为鉴定依据的，人民法院应当组织当事人就该部分材料进行质证。经质证认为不能作为鉴定依据的，根据该材料作出的鉴定意见不得作为认定案件事实的依据。

第三十五条 与发包人订立建设工程施工合同的承包人，依据民法典第八百零七条的规定请求其承建工程的价款就工程折价或者拍卖的价款优先受偿的,人民法院应予支持。

第三十六条 承包人根据民法典第八百零七条规定享有的建设工程价款优先受偿权优于抵押权和其他债权。

第三十七条 装饰装修工程具备折价或者拍卖条件,装饰装修工程的承包人请求工程价款就该装饰装修工程折价或者拍卖的价款优先受偿的,人民法院应予支持。

第三十八条 建设工程质量合格,承包人请求其承建工程的价款就工程折价或者拍卖的价款优先受偿的,人民法院应予支持。

第三十九条 未竣工的建设工程质量合格,承包人请求其承建工程的价款就其承建工程部分折价或者拍卖的价款优先受偿的,人民法院应予支持。

第四十条 承包人建设工程价款优先受偿的范围依照国务院有关行政主管部门关于建设工程价款范围的规定确定。

承包人就逾期支付建设工程价款的利息、违约金、损害赔偿金等主张优先受偿的,人民法院不予支持。

第四十一条 承包人应当在合理期限内行使建设工程价款优先受偿权,但最长不得超过十八个月,自发包人应当给付建设工程价款之日起算。

第四十二条 发包人与承包人约定放弃或者限制建设工程价款优先受偿权,损害建筑工人利益,发包人根据该约定主张承包人不享有建设工程价款优先受偿权的,人民法院不予支持。

第四十三条 实际施工人以转包人、违法分包人为被告起诉的,人民法院应当依法受理。

实际施工人以发包人为被告主张权利的,人民法院应当追加转包人或者违法分包人为本案第三人,在查明发包人欠付转包人或者违法分包人建设工程价款的数额后,判决发包人在欠付建设工程价款范围内对实际施工人承担责任。

第四十四条 实际施工人依据民法典第五百三十五条规定,以转包人或者违法分包人怠于向发包人行使到期债权或者与该债权有关的从权利,影响其到期债权实现,提起代位权诉讼的,人民法院应予支持。

第四十五条 本解释自2021年1月1日起施行。

2. 节能减排

中华人民共和国节约能源法

- 1997年11月1日第八届全国人民代表大会常务委员会第二十八次会议通过
- 2007年10月28日第十届全国人民代表大会常务委员会第三十次会议修订
- 根据2016年7月2日第十二届全国人民代表大会常务委员会第二十一次会议《关于修改〈中华人民共和国节约能源法〉等六部法律的决定》第一次修正
- 根据2018年10月26日第十三届全国人民代表大会常务委员会第六次会议《关于修改〈中华人民共和国野生动物保护法〉等十五部法律的决定》第二次修正

第一章 总 则

第一条 为了推动全社会节约能源,提高能源利用效率,保护和改善环境,促进经济社会全面协调可持续发展,制定本法。

第二条 本法所称能源,是指煤炭、石油、天然气、生物质能和电力、热力以及其他直接或者通过加工、转换而取得有用能的各种资源。

第三条 本法所称节约能源(以下简称节能),是指加强用能管理,采取技术上可行、经济上合理以及环境和社会可以承受的措施,从能源生产到消费的各个环节,降低消耗、减少损失和污染物排放,制止浪费,有效、合理地利用能源。

第四条 节约资源是我国的基本国策。国家实施节约与开发并举、把节约放在首位的能源发展战略。

第五条 国务院和县级以上地方各级人民政府应当将节能工作纳入国民经济和社会发展规划、年度计划,并组织编制和实施节能中长期专项规划、年度节能计划。

国务院和县级以上地方各级人民政府每年向本级人民代表大会或者其常务委员会报告节能工作。

第六条 国家实行节能目标责任制和节能考核评价制度,将节能目标完成情况作为对地方人民政府及其负责人考核评价的内容。

省、自治区、直辖市人民政府每年向国务院报告节能目标责任的履行情况。

第七条 国家实行有利于节能和环境保护的产业政策,限制发展高耗能、高污染行业,发展节能环保型产业。

国务院和省、自治区、直辖市人民政府应当加强节能工作,合理调整产业结构、企业结构、产品结构和能源消费结构,推动企业降低单位产值能耗和单位产品能耗,淘汰落后的生产能力,改进能源的开发、加工、转换、输送、储存和供应,提高能源利用效率。

国家鼓励、支持开发和利用新能源、可再生能源。

第八条 国家鼓励、支持节能科学技术的研究、开发、示范和推广,促进节能技术创新与进步。

国家开展节能宣传和教育,将节能知识纳入国民教育和培训体系,普及节能科学知识,增强全民的节能意识,提倡节约型的消费方式。

第九条 任何单位和个人都应当依法履行节能义务,有权检举浪费能源的行为。

新闻媒体应当宣传节能法律、法规和政策,发挥舆论监督作用。

第十条 国务院管理节能工作的部门主管全国的节能监督管理工作。国务院有关部门在各自的职责范围内负责节能监督管理工作,并接受国务院管理节能工作的部门的指导。

县级以上地方各级人民政府管理节能工作的部门负责本行政区域内的节能监督管理工作。县级以上地方各级人民政府有关部门在各自的职责范围内负责节能监督管理工作,并接受同级管理节能工作的部门的指导。

第二章 节能管理

第十一条 国务院和县级以上地方各级人民政府应当加强对节能工作的领导,部署、协调、监督、检查、推动节能工作。

第十二条 县级以上人民政府管理节能工作的部门和有关部门应当在各自的职责范围内,加强对节能法律、法规和节能标准执行情况的监督检查,依法查处违法用能行为。

履行节能监督管理职责不得向监督管理对象收取费用。

第十三条 国务院标准化主管部门和国务院有关部门依法组织制定并适时修订有关节能的国家标准、行业标准,建立健全节能标准体系。

国务院标准化主管部门会同国务院管理节能工作的部门和国务院有关部门制定强制性的用能产品、设备能源效率标准和生产过程中耗能高的产品的单位产品能耗限额标准。

国家鼓励企业制定严于国家标准、行业标准的企业节能标准。

省、自治区、直辖市制定严于强制性国家标准、行业标准的地方节能标准,由省、自治区、直辖市人民政府报经国务院批准;本法另有规定的除外。

第十四条 建筑节能的国家标准、行业标准由国务院建设主管部门组织制定,并依照法定程序发布。

省、自治区、直辖市人民政府建设主管部门可以根据本地实际情况,制定严于国家标准或者行业标准的地方建筑节能标准,并报国务院标准化主管部门和国务院建设主管部门备案。

第十五条 国家实行固定资产投资项目节能评估和审查制度。不符合强制性节能标准的项目,建设单位不得开工建设;已经建成的,不得投入生产、使用。政府投资项目不符合强制性节能标准的,依法负责项目审批的机关不得批准建设。具体办法由国务院管理节能工作的部门会同国务院有关部门制定。

第十六条 国家对落后的耗能过高的用能产品、设备和生产工艺实行淘汰制度。淘汰的用能产品、设备、生产工艺的目录和实施办法,由国务院管理节能工作的部门会同国务院有关部门制定并公布。

生产过程中耗能高的产品的生产单位,应当执行单位产品能耗限额标准。对超过单位产品能耗限额标准用能的生产单位,由管理节能工作的部门按照国务院规定的权限责令限期治理。

对高耗能的特种设备,按照国务院的规定实行节能审查和监管。

第十七条 禁止生产、进口、销售国家明令淘汰或者不符合强制性能源效率标准的用能产品、设备;禁止使用国家明令淘汰的用能设备、生产工艺。

第十八条 国家对家用电器等使用面广、耗能量大的用能产品,实行能源效率标识管理。实行能源效率标识管理的产品目录和实施办法,由国务院管理节能工作的部门会同国务院市场监督管理部门制定并公布。

第十九条 生产者和进口商应当对列入国家能源效率标识管理产品目录的用能产品标注能源效率标识,在产品包装物上或者说明书中予以说明,并按照规定报国务院市场监督管理部门和国务院管理节能工作的部门共同授权的机构备案。

生产者和进口商应当对其标注的能源效率标识及相关信息的准确性负责。禁止销售应当标注而未标注能源效率标识的产品。

禁止伪造、冒用能源效率标识或者利用能源效率标识进行虚假宣传。

第二十条 用能产品的生产者、销售者,可以根据自愿原则,按照国家有关节能产品认证的规定,向经国务院认证认可监督管理部门认可的从事节能产品认证的机构提出节能产品认证申请;经认证合格后,取得节能产品认证证书,可以在用能产品或者其包装物上使用节能产品认证标志。

禁止使用伪造的节能产品认证标志或者冒用节能产品认证标志。

第二十一条 县级以上各级人民政府统计部门应当会同同级有关部门,建立健全能源统计制度,完善能源统计指标体系,改进和规范能源统计方法,确保能源统计数据真实、完整。

国务院统计部门会同国务院管理节能工作的部门,定期向社会公布各省、自治区、直辖市以及主要耗能行业的能源消费和节能情况等信息。

第二十二条 国家鼓励节能服务机构的发展,支持节能服务机构开展节能咨询、设计、评估、检测、审计、认证等服务。

国家支持节能服务机构开展节能知识宣传和节能技术培训,提供节能信息、节能示范和其他公益性节能服务。

第二十三条 国家鼓励行业协会在行业节能规划、节能标准的制定和实施、节能技术推广、能源消费统计、节能宣传培训和信息咨询等方面发挥作用。

第三章 合理使用与节约能源

第一节 一般规定

第二十四条 用能单位应当按照合理用能的原则,加强节能管理,制定并实施节能计划和节能技术措施,降低能源消耗。

第二十五条 用能单位应当建立节能目标责任制,对节能工作取得成绩的集体、个人给予奖励。

第二十六条 用能单位应当定期开展节能教育和岗位节能培训。

第二十七条 用能单位应当加强能源计量管理,按照规定配备和使用经依法检定合格的能源计量器具。

用能单位应当建立能源消费统计和能源利用状况分析制度,对各类能源的消费实行分类计量和统计,并确保能源消费统计数据真实、完整。

第二十八条 能源生产经营单位不得向本单位职工无偿提供能源。任何单位不得对能源消费实行包费制。

第二节 工业节能

第二十九条 国务院和省、自治区、直辖市人民政府推进能源资源优化开发利用和合理配置,推进有利于节能的行业结构调整,优化用能结构和企业布局。

第三十条 国务院管理节能工作的部门会同国务院有关部门制定电力、钢铁、有色金属、建材、石油加工、化工、煤炭等主要耗能行业的节能技术政策,推动企业节能技术改造。

第三十一条 国家鼓励工业企业采用高效、节能的电动机、锅炉、窑炉、风机、泵类等设备,采用热电联产、余热余压利用、洁净煤以及先进的用能监测和控制等技术。

第三十二条 电网企业应当按照国务院有关部门制定的节能发电调度管理的规定,安排清洁、高效和符合规定的热电联产、利用余热余压发电的机组以及其他符合资源综合利用规定的发电机组与电网并网运行,上网电价执行国家有关规定。

第三十三条 禁止新建不符合国家规定的燃煤发电机组、燃油发电机组和燃煤热电机组。

第三节 建筑节能

第三十四条 国务院建设主管部门负责全国建筑节能的监督管理工作。

县级以上地方各级人民政府建设主管部门负责本行政区域内建筑节能的监督管理工作。

县级以上地方各级人民政府建设主管部门会同同级管理节能工作的部门编制本行政区域内的建筑节能规划。建筑节能规划应当包括既有建筑节能改造计划。

第三十五条 建筑工程的建设、设计、施工和监理单位应当遵守建筑节能标准。

不符合建筑节能标准的建筑工程,建设主管部门不得批准开工建设;已经开工建设的,应当责令停止施工、限期改正;已经建成的,不得销售或者使用。

建设主管部门应当加强对在建建筑工程执行建筑节能标准情况的监督检查。

第三十六条 房地产开发企业在销售房屋时,应当向购买人明示所售房屋的节能措施、保温工程保修期等信息,在房屋买卖合同、质量保证书和使用说明书中载明,并对其真实性、准确性负责。

第三十七条 使用空调采暖、制冷的公共建筑应当实行室内温度控制制度。具体办法由国务院建设主管部门制定。

第三十八条 国家采取措施,对实行集中供热的建筑分步骤实行供热分户计量、按照用热量收费的制度。新建建筑或者对既有建筑进行节能改造,应当按照规定安装用热计量装置、室内温度调控装置和供热系统调控装置。具体办法由国务院建设主管部门会同国务院有关部门制定。

第三十九条 县级以上地方各级人民政府有关部门

应当加强城市节约用电管理,严格控制公用设施和大型建筑物装饰性景观照明的能耗。

第四十条 国家鼓励在新建建筑和既有建筑节能改造中使用新型墙体材料等节能建筑材料和节能设备,安装和使用太阳能等可再生能源利用系统。

第四节 交通运输节能

第四十一条 国务院有关交通运输主管部门按照各自的职责负责全国交通运输相关领域的节能监督管理工作。

国务院有关交通运输主管部门会同国务院管理节能工作的部门分别制定相关领域的节能规划。

第四十二条 国务院及其有关部门指导、促进各种交通运输方式协调发展和有效衔接,优化交通运输结构,建设节能型综合交通运输体系。

第四十三条 县级以上地方各级人民政府应当优先发展公共交通,加大对公共交通的投入,完善公共交通服务体系,鼓励利用公共交通工具出行;鼓励使用非机动交通工具出行。

第四十四条 国务院有关交通运输主管部门应当加强交通运输组织管理,引导道路、水路、航空运输企业提高运输组织化程度和集约化水平,提高能源利用效率。

第四十五条 国家鼓励开发、生产、使用节能环保型汽车、摩托车、铁路机车车辆、船舶和其他交通运输工具,实行老旧交通运输工具的报废、更新制度。

国家鼓励开发和推广应用交通运输工具使用的清洁燃料、石油替代燃料。

第四十六条 国务院有关部门制定交通运输营运车船的燃料消耗量限值标准;不符合标准的,不得用于营运。

国务院有关交通运输主管部门应当加强对交通运输营运车船燃料消耗检测的监督管理。

第五节 公共机构节能

第四十七条 公共机构应当厉行节约,杜绝浪费,带头使用节能产品、设备,提高能源利用效率。

本法所称公共机构,是指全部或者部分使用财政性资金的国家机关、事业单位和团体组织。

第四十八条 国务院和县级以上地方各级人民政府管理机关事务工作的机构会同同级有关部门制定和组织实施本级公共机构节能规划。公共机构节能规划应当包括公共机构既有建筑节能改造计划。

第四十九条 公共机构应当制定年度节能目标和实施方案,加强能源消费计量和监测管理,向本级人民政府管理机关事务工作的机构报送上年度的能源消费状况报告。

国务院和县级以上地方各级人民政府管理机关事务工作的机构会同同级有关部门按照管理权限,制定本级公共机构的能源消耗定额,财政部门根据该定额制定能源消耗支出标准。

第五十条 公共机构应当加强本单位用能系统管理,保证用能系统的运行符合国家相关标准。

公共机构应当按照规定进行能源审计,并根据能源审计结果采取提高能源利用效率的措施。

第五十一条 公共机构采购用能产品、设备,应当优先采购列入节能产品、设备政府采购名录中的产品、设备。禁止采购国家明令淘汰的用能产品、设备。

节能产品、设备政府采购名录由省级以上人民政府的政府采购监督管理部门会同同级有关部门制定并公布。

第六节 重点用能单位节能

第五十二条 国家加强对重点用能单位的节能管理。

下列用能单位为重点用能单位:

(一)年综合能源消费总量一万吨标准煤以上的用能单位;

(二)国务院有关部门或者省、自治区、直辖市人民政府管理节能工作的部门指定的年综合能源消费总量五千吨以上不满一万吨标准煤的用能单位。

重点用能单位节能管理办法,由国务院管理节能工作的部门会同国务院有关部门制定。

第五十三条 重点用能单位应当每年向管理节能工作的部门报送上年度的能源利用状况报告。能源利用状况包括能源消费情况、能源利用效率、节能目标完成情况和节能效益分析、节能措施等内容。

第五十四条 管理节能工作的部门应当对重点用能单位报送的能源利用状况报告进行审查。对节能管理制度不健全、节能措施不落实、能源利用效率低的重点用能单位,管理节能工作的部门应当开展现场调查,组织实施用能设备能源效率检测,责令实施能源审计,并提出书面整改要求,限期整改。

第五十五条 重点用能单位应当设立能源管理岗位,在具有节能专业知识、实际经验以及中级以上技术职称的人员中聘任能源管理负责人,并报管理节能工作的部门和有关部门备案。

能源管理负责人负责组织对本单位用能状况进行分析、评价,组织编写本单位能源利用状况报告,提出本单位节能工作的改进措施并组织实施。

能源管理负责人应当接受节能培训。

第四章　节能技术进步

第五十六条　国务院管理节能工作的部门会同国务院科技主管部门发布节能技术政策大纲,指导节能技术研究、开发和推广应用。

第五十七条　县级以上各级人民政府应当把节能技术研究开发作为政府科技投入的重点领域,支持科研单位和企业开展节能技术应用研究,制定节能标准,开发节能共性和关键技术,促进节能技术创新与成果转化。

第五十八条　国务院管理节能工作的部门会同国务院有关部门制定并公布节能技术、节能产品的推广目录,引导用能单位和个人使用先进的节能技术、节能产品。

国务院管理节能工作的部门会同国务院有关部门组织实施重大节能科研项目、节能示范项目、重点节能工程。

第五十九条　县级以上各级人民政府应当按照因地制宜、多能互补、综合利用、讲求效益的原则,加强农业和农村节能工作,增加对农业和农村节能技术、节能产品推广应用的资金投入。

农业、科技等有关主管部门应当支持、推广在农业生产、农产品加工储运等方面应用节能技术和节能产品,鼓励更新和淘汰高耗能的农业机械和渔业船舶。

国家鼓励、支持在农村大力发展沼气,推广生物质能、太阳能和风能等可再生能源利用技术,按照科学规划、有序开发的原则发展小型水力发电,推广节能型的农村住宅和炉灶等,鼓励利用非耕地种植能源植物,大力发展薪炭林等能源林。

第五章　激励措施

第六十条　中央财政和省级地方财政安排节能专项资金,支持节能技术研究开发、节能技术和产品的示范与推广、重点节能工程的实施、节能宣传培训、信息服务和表彰奖励等。

第六十一条　国家对生产、使用列入本法第五十八条规定的推广目录的需要支持的节能技术、节能产品,实行税收优惠等扶持政策。

国家通过财政补贴支持节能照明器具等节能产品的推广和使用。

第六十二条　国家实行有利于节约能源资源的税收政策,健全能源矿产资源有偿使用制度,促进能源资源的节约及其开采利用水平的提高。

第六十三条　国家运用税收等政策,鼓励先进节能技术、设备的进口,控制在生产过程中耗能高、污染重的产品的出口。

第六十四条　政府采购监督管理部门会同有关部门制定节能产品、设备政府采购名录,应当优先列入取得节能产品认证证书的产品、设备。

第六十五条　国家引导金融机构增加对节能项目的信贷支持,为符合条件的节能技术研究开发、节能产品生产以及节能技术改造等项目提供优惠贷款。

国家推动和引导社会有关方面加大对节能的资金投入,加快节能技术改造。

第六十六条　国家实行有利于节能的价格政策,引导用能单位和个人节能。

国家运用财税、价格等政策,支持推广电力需求侧管理、合同能源管理、节能自愿协议等节能办法。

国家实行峰谷分时电价、季节性电价、可中断负荷电价制度,鼓励电力用户合理调整用电负荷;对钢铁、有色金属、建材、化工和其他主要耗能行业的企业,分淘汰、限制、允许和鼓励类实行差别电价政策。

第六十七条　各级人民政府对在节能管理、节能科学技术研究和推广应用中有显著成绩以及检举严重浪费能源行为的单位和个人,给予表彰和奖励。

第六章　法律责任

第六十八条　负责审批政府投资项目的机关违反本法规定,对不符合强制性节能标准的项目予以批准建设的,对直接负责的主管人员和其他直接责任人员依法给予处分。

固定资产投资项目建设单位开工建设不符合强制性节能标准的项目或者将该项目投入生产、使用的,由管理节能工作的部门责令停止建设或者停止生产、使用,限期改造;不能改造或者逾期不改造的生产性项目,由管理节能工作的部门报请本级人民政府按照国务院规定的权限责令关闭。

第六十九条　生产、进口、销售国家明令淘汰的用能产品、设备的,使用伪造的节能产品认证标志或者冒用节能产品认证标志的,依照《中华人民共和国产品质量法》的规定处罚。

第七十条　生产、进口、销售不符合强制性能源效率标准的用能产品、设备的,由市场监督管理部门责令停止生产、进口、销售,没收违法生产、进口、销售的用能产品、设备和违法所得,并处违法所得一倍以上五倍以下罚款;情节严重的,吊销营业执照。

第七十一条　使用国家明令淘汰的用能设备或者生产工艺的,由管理节能工作的部门责令停止使用,没收国家明令淘汰的用能设备;情节严重的,可以由管理节能工作的部门提出意见,报请本级人民政府按照国务院规定的权限责令停业整顿或者关闭。

第七十二条 生产单位超过单位产品能耗限额标准用能,情节严重,经限期治理逾期不治理或者没有达到治理要求的,可以由管理节能工作的部门提出意见,报请本级人民政府按照国务院规定的权限责令停业整顿或者关闭。

第七十三条 违反本法规定,应当标注能源效率标识而未标注的,由市场监督管理部门责令改正,处三万元以上五万元以下罚款。

违反本法规定,未办理能源效率标识备案,或者使用的能源效率标识不符合规定的,由市场监督管理部门责令限期改正;逾期不改正的,处一万元以上三万元以下罚款。

伪造、冒用能源效率标识或者利用能源效率标识进行虚假宣传的,由市场监督管理部门责令改正,处五万元以上十万元以下罚款;情节严重的,吊销营业执照。

第七十四条 用能单位未按照规定配备、使用能源计量器具的,由市场监督管理部门责令限期改正;逾期不改正的,处一万元以上五万元以下罚款。

第七十五条 瞒报、伪造、篡改能源统计资料或者编造虚假能源统计数据的,依照《中华人民共和国统计法》的规定处罚。

第七十六条 从事节能咨询、设计、评估、检测、审计、认证等服务的机构提供虚假信息的,由管理节能工作的部门责令改正,没收违法所得,并处五万元以上十万元以下罚款。

第七十七条 违反本法规定,无偿向本单位职工提供能源或者对能源消费实行包费制的,由管理节能工作的部门责令限期改正;逾期不改正的,处五万元以上二十万元以下罚款。

第七十八条 电网企业未按照本法规定安排符合规定的热电联产和利用余热余压发电的机组与电网并网运行,或者未执行国家有关上网电价规定的,由国家电力监管机构责令改正;造成发电企业经济损失的,依法承担赔偿责任。

第七十九条 建设单位违反建筑节能标准的,由建设主管部门责令改正,处二十万元以上五十万元以下罚款。

设计单位、施工单位、监理单位违反建筑节能标准的,由建设主管部门责令改正,处十万元以上五十万元以下罚款;情节严重的,由颁发资质证书的部门降低资质等级或者吊销资质证书;造成损失的,依法承担赔偿责任。

第八十条 房地产开发企业违反本法规定,在销售房屋时未向购买人明示所售房屋的节能措施、保温工程保修期等信息的,由建设主管部门责令限期改正,逾期不改正的,处三万元以上五万元以下罚款;对以上信息作虚假宣传的,由建设主管部门责令改正,处五万元以上二十万元以下罚款。

第八十一条 公共机构采购用能产品、设备,未优先采购列入节能产品、设备政府采购名录中的产品、设备,或者采购国家明令淘汰的用能产品、设备的,由政府采购监督管理部门给予警告,可以并处罚款;对直接负责的主管人员和其他直接责任人员依法给予处分,并予通报。

第八十二条 重点用能单位未按照本法规定报送能源利用状况报告或者报告内容不实的,由管理节能工作的部门责令限期改正;逾期不改正的,处一万元以上五万元以下罚款。

第八十三条 重点用能单位无正当理由拒不落实本法第五十四条规定的整改要求或者整改没有达到要求的,由管理节能工作的部门处十万元以上三十万元以下罚款。

第八十四条 重点用能单位未按照本法规定设立能源管理岗位,聘任能源管理负责人,并报管理节能工作的部门和有关部门备案的,由管理节能工作的部门责令改正;拒不改正的,处一万元以上三万元以下罚款。

第八十五条 违反本法规定,构成犯罪的,依法追究刑事责任。

第八十六条 国家工作人员在节能管理工作中滥用职权、玩忽职守、徇私舞弊,构成犯罪的,依法追究刑事责任;尚不构成犯罪的,依法给予处分。

第七章 附 则

第八十七条 本法自2008年4月1日起施行。

民用建筑节能条例

· 2008年8月1日国务院令第530号公布
· 自公布之日起施行

第一章 总 则

第一条 为了加强民用建筑节能管理,降低民用建筑使用过程中的能源消耗,提高能源利用效率,制定本条例。

第二条 本条例所称民用建筑节能,是指在保证民用建筑使用功能和室内热环境质量的前提下,降低其使用过程中能源消耗的活动。

本条例所称民用建筑,是指居住建筑、国家机关办公建筑和商业、服务业、教育、卫生等其他公共建筑。

第三条 各级人民政府应当加强对民用建筑节能工作的领导,积极培育民用建筑节能服务市场,健全民用建筑节能服务体系,推动民用建筑节能技术的开发应用,做好民用建筑节能知识的宣传教育工作。

第四条 国家鼓励和扶持在新建建筑和既有建筑节能改造中采用太阳能、地热能等可再生能源。

在具备太阳能利用条件的地区,有关地方人民政府及其部门应当采取有效措施,鼓励和扶持单位、个人安装使用太阳能热水系统、照明系统、供热系统、采暖制冷系统等太阳能利用系统。

第五条 国务院建设主管部门负责全国民用建筑节能的监督管理工作。县级以上地方人民政府建设主管部门负责本行政区域民用建筑节能的监督管理工作。

县级以上人民政府有关部门应当依照本条例的规定以及本级人民政府规定的职责分工,负责民用建筑节能的有关工作。

第六条 国务院建设主管部门应当在国家节能中长期专项规划指导下,编制全国民用建筑节能规划,并与相关规划相衔接。

县级以上地方人民政府建设主管部门应当组织编制本行政区域的民用建筑节能规划,报本级人民政府批准后实施。

第七条 国家建立健全民用建筑节能标准体系。国家民用建筑节能标准由国务院建设主管部门负责组织制定,并依照法定程序发布。

国家鼓励制定、采用优于国家民用建筑节能标准的地方民用建筑节能标准。

第八条 县级以上人民政府应当安排民用建筑节能资金,用于支持民用建筑节能的科学技术研究和标准制定、既有建筑围护结构和供热系统的节能改造、可再生能源的应用,以及民用建筑节能示范工程、节能项目的推广。

政府引导金融机构对既有建筑节能改造、可再生能源的应用,以及民用建筑节能示范工程等项目提供支持。

民用建筑节能项目依法享受税收优惠。

第九条 国家积极推进供热体制改革,完善供热价格形成机制,鼓励发展集中供热,逐步实行按用热量收费制度。

第十条 对在民用建筑节能工作中做出显著成绩的单位和个人,按照国家有关规定给予表彰和奖励。

第二章 新建建筑节能

第十一条 国家推广使用民用建筑节能的新技术、新工艺、新材料和新设备,限制使用或者禁止使用能源消耗高的技术、工艺、材料和设备。国务院节能工作主管部门、建设主管部门应当制定、公布并及时更新推广使用、限制使用、禁止使用目录。

国家限制进口或者禁止进口能源消耗高的技术、材料和设备。

建设单位、设计单位、施工单位不得在建筑活动中使用列入禁止使用目录的技术、工艺、材料和设备。

第十二条 编制城市详细规划、镇详细规划,应当按照民用建筑节能的要求,确定建筑的布局、形状和朝向。

城乡规划主管部门依法对民用建筑进行规划审查,应当就设计方案是否符合民用建筑节能强制性标准征求同级建设主管部门的意见;建设主管部门应当自收到征求意见材料之日起 10 日内提出意见。征求意见时间不计算在规划许可的期限内。

对不符合民用建筑节能强制性标准的,不得颁发建设工程规划许可证。

第十三条 施工图设计文件审查机构应当按照民用建筑节能强制性标准对施工图设计文件进行审查;经审查不符合民用建筑节能强制性标准的,县级以上地方人民政府建设主管部门不得颁发施工许可证。

第十四条 建设单位不得明示或者暗示设计单位、施工单位违反民用建筑节能强制性标准进行设计、施工,不得明示或者暗示施工单位使用不符合施工图设计文件要求的墙体材料、保温材料、门窗、采暖制冷系统和照明设备。

按照合同约定由建设单位采购墙体材料、保温材料、门窗、采暖制冷系统和照明设备的,建设单位应当保证其符合施工图设计文件要求。

第十五条 设计单位、施工单位、工程监理单位及其注册执业人员,应当按照民用建筑节能强制性标准进行设计、施工、监理。

第十六条 施工单位应当对进入施工现场的墙体材料、保温材料、门窗、采暖制冷系统和照明设备进行查验;不符合施工图设计文件要求的,不得使用。

工程监理单位发现施工单位不按照民用建筑节能强制性标准施工的,应当要求施工单位改正;施工单位拒不改正的,工程监理单位应当及时报告建设单位,并向有关主管部门报告。

墙体、屋面的保温工程施工时,监理工程师应当按照工程监理规范的要求,采取旁站、巡视和平行检验等形式实施监理。

未经监理工程师签字,墙体材料、保温材料、门窗、采暖制冷系统和照明设备不得在建筑上使用或者安装,施工单位不得进行下一道工序的施工。

第十七条 建设单位组织竣工验收,应当对民用建筑是否符合民用建筑节能强制性标准进行查验;对不符合民用建筑节能强制性标准的,不得出具竣工验收合格报告。

第十八条 实行集中供热的建筑应当安装供热系统调控装置、用热计量装置和室内温度调控装置;公共建筑还应当安装用电分项计量装置。居住建筑安装的用热计量装置应当满足分户计量的要求。

计量装置应当依法检定合格。

第十九条 建筑的公共走廊、楼梯等部位,应当安装、使用节能灯具和电气控制装置。

第二十条 对具备可再生能源利用条件的建筑,建设单位应当选择合适的可再生能源,用于采暖、制冷、照明和热水供应等;设计单位应当按照有关可再生能源利用的标准进行设计。

建设可再生能源利用设施,应当与建筑主体工程同步设计、同步施工、同步验收。

第二十一条 国家机关办公建筑和大型公共建筑的所有权人应当对建筑的能源利用效率进行测评和标识,并按照国家有关规定将测评结果予以公示,接受社会监督。

国家机关办公建筑应当安装、使用节能设备。

本条例所称大型公共建筑,是指单体建筑面积2万平方米以上的公共建筑。

第二十二条 房地产开发企业销售商品房,应当向购买人明示所售商品房的能源消耗指标、节能措施和保护要求、保温工程保修期等信息,并在商品房买卖合同和住宅质量保证书、住宅使用说明书中载明。

第二十三条 在正常使用条件下,保温工程的最低保修期限为5年。保温工程的保修期,自竣工验收合格之日起计算。

保温工程在保修范围和保修期内发生质量问题的,施工单位应当履行保修义务,并对造成的损失依法承担赔偿责任。

第三章 既有建筑节能

第二十四条 既有建筑节能改造应当根据当地经济、社会发展水平和地理气候条件等实际情况,有计划、分步骤地实施分类改造。

本条例所称既有建筑节能改造,是指对不符合民用建筑节能强制性标准的既有建筑的围护结构、供热系统、采暖制冷系统、照明设备和热水供应设施等实施节能改造的活动。

第二十五条 县级以上地方人民政府建设主管部门应当对本行政区域内既有建筑的建设年代、结构形式、用能系统、能源消耗指标、寿命周期等组织调查统计和分析,制定既有建筑节能改造计划,明确节能改造的目标、范围和要求,报本级人民政府批准后组织实施。

中央国家机关既有建筑的节能改造,由有关管理机关事务工作的机构制定节能改造计划,并组织实施。

第二十六条 国家机关办公建筑、政府投资和以政府投资为主的公共建筑的节能改造,应当制定节能改造方案,经充分论证,并按照国家有关规定办理相关审批手续方可进行。

各级人民政府及其有关部门、单位不得违反国家有关规定和标准,以节能改造的名义对前款规定的既有建筑进行扩建、改建。

第二十七条 居住建筑和本条例第二十六条规定以外的其他公共建筑不符合民用建筑节能强制性标准的,在尊重建筑所有权人意愿的基础上,可以结合扩建、改建,逐步实施节能改造。

第二十八条 实施既有建筑节能改造,应当符合民用建筑节能强制性标准,优先采用遮阳、改善通风等低成本改造措施。

既有建筑围护结构的改造和供热系统的改造,应当同步进行。

第二十九条 对实行集中供热的建筑进行节能改造,应当安装供热系统调控装置和用热计量装置;对公共建筑进行节能改造,还应当安装室内温度调控装置和用电分项计量装置。

第三十条 国家机关办公建筑的节能改造费用,由县级以上人民政府纳入本级财政预算。

居住建筑和教育、科学、文化、卫生、体育等公益事业使用的公共建筑节能改造费用,由政府、建筑所有权人共同负担。

国家鼓励社会资金投资既有建筑节能改造。

第四章 建筑用能系统运行节能

第三十一条 建筑所有权人或者使用权人应当保证建筑用能系统的正常运行，不得人为损坏建筑围护结构和用能系统。

国家机关办公建筑和大型公共建筑的所有权人或者使用权人应当建立健全民用建筑节能管理制度和操作规程，对建筑用能系统进行监测、维护，并定期将分项用电量报县级以上地方人民政府建设主管部门。

第三十二条 县级以上地方人民政府节能工作主管部门应当会同同级建设主管部门确定本行政区域内公共建筑重点用电单位及其年度用电限额。

县级以上地方人民政府建设主管部门应当对本行政区域内国家机关办公建筑和公共建筑用电情况进行调查统计和评价分析。国家机关办公建筑和大型公共建筑采暖、制冷、照明的能源消耗情况应当依照法律、行政法规和国家其他有关规定向社会公布。

国家机关办公建筑和公共建筑的所有权人或者使用权人应当对县级以上地方人民政府建设主管部门的调查统计工作予以配合。

第三十三条 供热单位应当建立健全相关制度，加强对专业技术人员的教育和培训。

供热单位应当改进技术装备，实施计量管理，并对供热系统进行监测、维护，提高供热系统的效率，保证供热系统的运行符合民用建筑节能强制性标准。

第三十四条 县级以上地方人民政府建设主管部门应当对本行政区域内供热单位的能源消耗情况进行调查统计和分析，并制定供热单位能源消耗指标；对超过能源消耗指标的，应当要求供热单位制定相应的改进措施，并监督实施。

第五章 法律责任

第三十五条 违反本条例规定，县级以上人民政府有关部门有下列行为之一的，对负有责任的主管人员和其他直接责任人员依法给予处分；构成犯罪的，依法追究刑事责任：

（一）对设计方案不符合民用建筑节能强制性标准的民用建筑项目颁发建设工程规划许可证的；

（二）对不符合民用建筑节能强制性标准的设计方案出具合格意见的；

（三）对施工图设计文件不符合民用建筑节能强制性标准的民用建筑项目颁发施工许可证的；

（四）不依法履行监督管理职责的其他行为。

第三十六条 违反本条例规定，各级人民政府及其有关部门、单位违反国家有关规定和标准，以节能改造的名义对既有建筑进行扩建、改建的，对负有责任的主管人员和其他直接责任人员，依法给予处分。

第三十七条 违反本条例规定，建设单位有下列行为之一的，由县级以上地方人民政府建设主管部门责令改正，处20万元以上50万元以下的罚款：

（一）明示或者暗示设计单位、施工单位违反民用建筑节能强制性标准进行设计、施工的；

（二）明示或者暗示施工单位使用不符合施工图设计文件要求的墙体材料、保温材料、门窗、采暖制冷系统和照明设备的；

（三）采购不符合施工图设计文件要求的墙体材料、保温材料、门窗、采暖制冷系统和照明设备的；

（四）使用列入禁止使用目录的技术、工艺、材料和设备的。

第三十八条 违反本条例规定，建设单位对不符合民用建筑节能强制性标准的民用建筑项目出具竣工验收合格报告的，由县级以上地方人民政府建设主管部门责令改正，处民用建筑项目合同价款2%以上4%以下的罚款；造成损失的，依法承担赔偿责任。

第三十九条 违反本条例规定，设计单位未按照民用建筑节能强制性标准进行设计，或者使用列入禁止使用目录的技术、工艺、材料和设备的，由县级以上地方人民政府建设主管部门责令改正，处10万元以上30万元以下的罚款；情节严重的，由颁发资质证书的部门责令停业整顿，降低资质等级或者吊销资质证书；造成损失的，依法承担赔偿责任。

第四十条 违反本条例规定，施工单位未按照民用建筑节能强制性标准进行施工的，由县级以上地方人民政府建设主管部门责令改正，处民用建筑项目合同价款2%以上4%以下的罚款；情节严重的，由颁发资质证书的部门责令停业整顿，降低资质等级或者吊销资质证书；造成损失的，依法承担赔偿责任。

第四十一条 违反本条例规定，施工单位有下列行为之一的，由县级以上地方人民政府建设主管部门责令改正，处10万元以上20万元以下的罚款；情节严重的，由颁发资质证书的部门责令停业整顿，降低资质等级或者吊销资质证书；造成损失的，依法承担赔偿责任：

（一）未对进入施工现场的墙体材料、保温材料、门窗、采暖制冷系统和照明设备进行查验的；

（二）使用不符合施工图设计文件要求的墙体材料、保温材料、门窗、采暖制冷系统和照明设备的；

（三）使用列入禁止使用目录的技术、工艺、材料和设备的。

第四十二条 违反本条例规定，工程监理单位有下列行为之一的，由县级以上地方人民政府建设主管部门责令限期改正；逾期未改正的，处10万元以上30万元以下的罚款；情节严重的，由颁发资质证书的部门责令停业整顿，降低资质等级或者吊销资质证书；造成损失的，依法承担赔偿责任：

（一）未按照民用建筑节能强制性标准实施监理的；

（二）墙体、屋面的保温工程施工时，未采取旁站、巡视和平行检验等形式实施监理的。

对不符合施工图设计文件要求的墙体材料、保温材料、门窗、采暖制冷系统和照明设备，按照符合施工图设计文件要求签字的，依照《建设工程质量管理条例》第六十七条的规定处罚。

第四十三条 违反本条例规定，房地产开发企业销售商品房，未向购买人明示所售商品房的能源消耗指标、节能措施和保护要求、保温工程保修期等信息，或者向购买人明示的所售商品房能源消耗指标与实际能源消耗不符的，依法承担民事责任；由县级以上地方人民政府建设主管部门责令限期改正；逾期未改正的，处交付使用的房屋销售总额2%以下的罚款；情节严重的，由颁发资质证书的部门降低资质等级或者吊销资质证书。

第四十四条 违反本条例规定，注册执业人员未执行民用建筑节能强制性标准的，由县级以上人民政府建设主管部门责令停止执业3个月以上1年以下；情节严重的，由颁发资格证书的部门吊销执业资格证书，5年内不予注册。

第六章 附 则

第四十五条 本条例自2008年10月1日起施行。

民用建筑节能管理规定

· 2005年11月10日建设部令第143号公布
· 自2006年1月1日起施行

第一条 为了加强民用建筑节能管理，提高能源利用效率，改善室内热环境质量，根据《中华人民共和国节约能源法》、《中华人民共和国建筑法》、《建设工程质量管理条例》，制定本规定。

第二条 本规定所称民用建筑，是指居住建筑和公共建筑。

本规定所称民用建筑节能，是指民用建筑在规划、设计、建造和使用过程中，通过采用新型墙体材料，执行建筑节能标准，加强建筑物用能设备的运行管理，合理设计建筑围护结构的热工性能，提高采暖、制冷、照明、通风、给排水和通道系统的运行效率，以及利用可再生能源，在保证建筑物使用功能和室内热环境质量的前提下，降低建筑能源消耗，合理、有效地利用能源的活动。

第三条 国务院建设行政主管部门负责全国民用建筑节能的监督管理工作。

县级以上地方人民政府建设行政主管部门负责本行政区域内民用建筑节能的监督管理工作。

第四条 国务院建设行政主管部门根据国家节能规划，制定国家建筑节能专项规划；省、自治区、直辖市以及设区城市人民政府建设行政主管部门应当根据本地节能规划，制定本地建筑节能专项规划，并组织实施。

第五条 编制城乡规划应当充分考虑能源、资源的综合利用和节约，对城镇布局、功能区设置、建筑特征、基础设施配置的影响进行研究论证。

第六条 国务院建设行政主管部门根据建筑节能发展状况和技术先进、经济合理的原则，组织制定建筑节能相关标准，建立和完善建筑节能标准体系；省、自治区、直辖市人民政府建设行政主管部门应当严格执行国家民用建筑节能有关规定，可以制定严于国家民用建筑节能标准的地方标准或者实施细则。

第七条 鼓励民用建筑节能的科学研究和技术开发，推广应用节能型的建筑、结构、材料、用能设备和附属设施及相应的施工工艺、应用技术和管理技术，促进可再生能源的开发利用。

第八条 鼓励发展下列建筑节能技术和产品：

（一）新型节能墙体和屋面的保温、隔热技术与材料；

（二）节能门窗的保温隔热和密闭技术；

（三）集中供热和热、电、冷联产联供技术；

（四）供热采暖系统温度调控和分户热量计量技术与装置；

（五）太阳能、地热等可再生能源应用技术及设备；

（六）建筑照明节能技术与产品；

（七）空调制冷节能技术与产品；

（八）其他技术成熟、效果显著的节能技术和节能管理技术。

鼓励推广应用和淘汰的建筑节能部品及技术的目

录,由国务院建设行政主管部门制定;省、自治区、直辖市建设行政主管部门可以结合该目录,制定适合本区域的鼓励推广应用和淘汰的建筑节能部品及技术的目录。

第九条 国家鼓励多元化、多渠道投资既有建筑的节能改造,投资人可以按照协议分享节能改造的收益;鼓励研究制定本地区既有建筑节能改造资金筹措办法和相关激励政策。

第十条 建筑工程施工过程中,县级以上地方人民政府建设行政主管部门应当加强对建筑物的围护结构(含墙体、屋面、门窗、玻璃幕墙等)、供热采暖和制冷系统、照明和通风等电器设备是否符合节能要求的监督检查。

第十一条 新建民用建筑应当严格执行建筑节能标准要求,民用建筑工程扩建和改建时,应当对原建筑进行节能改造。

既有建筑节能改造应当考虑建筑物的寿命周期,对改造的必要性、可行性以及投入收益比进行科学论证。节能改造要符合建筑节能标准要求,确保结构安全,优化建筑物使用功能。

寒冷地区和严寒地区既有建筑节能改造应当与供热系统节能改造同步进行。

第十二条 采用集中采暖制冷方式的新建民用建筑应当安设建筑物室内温度控制和用能计量设施,逐步实行基本冷热价和计量冷热价共同构成的两部制用能价格制度。

第十三条 供热单位、公共建筑所有权人或者其委托的物业管理单位应当制定相应的节能建筑运行管理制度,明确节能建筑运行状态各项性能指标、节能工作诸环节的岗位目标责任等事项。

第十四条 公共建筑的所有权人或者委托的物业管理单位应当建立用能档案,在供热或者制冷间歇期委托相关检测机构对用能设备和系统的性能进行综合检测评价,定期进行维护、维修、保养及更新置换,保证设备和系统的正常运行。

第十五条 供热单位、房屋产权单位或者其委托的物业管理等有关单位,应当记录并按有关规定上报能源消耗资料。

鼓励新建民用建筑和既有建筑实施建筑能效测评。

第十六条 从事建筑节能及相关管理活动的单位,应当对其从业人员进行建筑节能标准与技术等专业知识的培训。

建筑节能标准和节能技术应当作为注册城市规划师、注册建筑师、勘察设计注册工程师、注册监理工程师、注册建造师等继续教育的必修内容。

第十七条 建设单位应当按照建筑节能政策要求和建筑节能标准委托工程项目的设计。

建设单位不得以任何理由要求设计单位、施工单位擅自修改经审查合格的节能设计文件,降低建筑节能标准。

第十八条 房地产开发企业应当将所售商品住房的节能措施、围护结构保温隔热性能指标等基本信息在销售现场显著位置予以公示,并在《住宅使用说明书》中予以载明。

第十九条 设计单位应当依据建筑节能标准的要求进行设计,保证建筑节能设计质量。

施工图设计文件审查机构在进行审查时,应当审查节能设计的内容,在审查报告中单列节能审查章节;不符合建筑节能强制性标准的,施工图设计文件审查结论应当定为不合格。

第二十条 施工单位应当按照审查合格的设计文件和建筑节能施工标准的要求进行施工,保证工程施工质量。

第二十一条 监理单位应当依照法律、法规以及建筑节能标准、节能设计文件、建设工程承包合同及监理合同对节能工程建设实施监理。

第二十二条 对超过能源消耗指标的供热单位、公共建筑的所有权人或者其委托的物业管理单位,责令限期达标。

第二十三条 对擅自改变建筑围护结构节能措施,并影响公共利益和他人合法权益的,责令责任人及时予以修复,并承担相应的费用。

第二十四条 建设单位在竣工验收过程中,有违反建筑节能强制性标准行为的,按照《建设工程质量管理条例》的有关规定,重新组织竣工验收。

第二十五条 建设单位未按照建筑节能强制性标准委托设计,擅自修改节能设计文件,明示或暗示设计单位、施工单位违反建筑节能设计强制性标准,降低工程建设质量的,处 20 万元以上 50 万元以下的罚款。

第二十六条 设计单位未按照建筑节能强制性标准进行设计的,应当修改设计。未进行修改的,给予警告,处 10 万元以上 30 万元以下罚款;造成损失的,依法承担赔偿责任;两年内,累计三项工程未按照建筑节能强制性标准设计的,责令停业整顿,降低资质等级或者吊销资质证书。

第二十七条 对未按照节能设计进行施工的施工单位,责令改正;整改所发生的工程费用,由施工单位负责;

可以给予警告,情节严重的,处工程合同价款2%以上4%以下的罚款;两年内,累计三项工程未按照符合节能标准要求的设计进行施工的,责令停业整顿,降低资质等级或者吊销资质证书。

第二十八条 本规定的责令停业整顿、降低资质等级和吊销资质证书的行政处罚,由颁发资质证书的机关决定;其他行政处罚,由建设行政主管部门依照法定职权决定。

第二十九条 农民自建低层住宅不适用本规定。

第三十条 本规定自2006年1月1日起施行。原《民用建筑节能管理规定》(建设部令第76号)同时废止。

建设项目环境保护管理条例

· 1998年11月29日中华人民共和国国务院令第253号发布
· 根据2017年7月16日《国务院关于修改〈建设项目环境保护管理条例〉的决定》修订

第一章 总 则

第一条 为了防止建设项目产生新的污染、破坏生态环境,制定本条例。

第二条 在中华人民共和国领域和中华人民共和国管辖的其他海域内建设对环境有影响的建设项目,适用本条例。

第三条 建设产生污染的建设项目,必须遵守污染物排放的国家标准和地方标准;在实施重点污染物排放总量控制的区域内,还必须符合重点污染物排放总量控制的要求。

第四条 工业建设项目应当采用能耗物耗小、污染物产生量少的清洁生产工艺,合理利用自然资源,防止环境污染和生态破坏。

第五条 改建、扩建项目和技术改造项目必须采取措施,治理与该项目有关的原有环境污染和生态破坏。

第二章 环境影响评价

第六条 国家实行建设项目环境影响评价制度。

第七条 国家根据建设项目对环境的影响程度,按照下列规定对建设项目的环境保护实行分类管理:

(一)建设项目对环境可能造成重大影响的,应当编制环境影响报告书,对建设项目产生的污染和对环境的影响进行全面、详细的评价;

(二)建设项目对环境可能造成轻度影响的,应当编制环境影响报告表,对建设项目产生的污染和对环境的影响进行分析或者专项评价;

(三)建设项目对环境影响很小,不需要进行环境影响评价的,应当填报环境影响登记表。

建设项目环境影响评价分类管理名录,由国务院环境保护行政主管部门在组织专家进行论证和征求有关部门、行业协会、企事业单位、公众等意见的基础上制定并公布。

第八条 建设项目环境影响报告书,应当包括下列内容:

(一)建设项目概况;
(二)建设项目周围环境现状;
(三)建设项目对环境可能造成影响的分析和预测;
(四)环境保护措施及其经济、技术论证;
(五)环境影响经济损益分析;
(六)对建设项目实施环境监测的建议;
(七)环境影响评价结论。

建设项目环境影响报告表、环境影响登记表的内容和格式,由国务院环境保护行政主管部门规定。

第九条 依法应当编制环境影响报告书、环境影响报告表的建设项目,建设单位应当在开工建设前将环境影响报告书、环境影响报告表报有审批权的环境保护行政主管部门审批;建设项目的环境影响评价文件未依法经审批部门审查或者审查后未予批准的,建设单位不得开工建设。

环境保护行政主管部门审批环境影响报告书、环境影响报告表,应当重点审查建设项目的环境可行性、环境影响分析预测评估的可靠性、环境保护措施的有效性、环境影响评价结论的科学性等,并分别自收到环境影响报告书之日起60日内、收到环境影响报告表之日起30日内,作出审批决定并书面通知建设单位。

环境保护行政主管部门可以组织技术机构对建设项目环境影响报告书、环境影响报告表进行技术评估,并承担相应费用;技术机构应当对其提出的技术评估意见负责,不得向建设单位、从事环境影响评价工作的单位收取任何费用。

依法应当填报环境影响登记表的建设项目,建设单位应当按照国务院环境保护行政主管部门的规定将环境影响登记表报建设项目所在地县级环境保护行政主管部门备案。

环境保护行政主管部门应当开展环境影响评价文件网上审批、备案和信息公开。

第十条 国务院环境保护行政主管部门负责审批下

列建设项目环境影响报告书、环境影响报告表：

（一）核设施、绝密工程等特殊性质的建设项目；

（二）跨省、自治区、直辖市行政区域的建设项目；

（三）国务院审批的或者国务院授权有关部门审批的建设项目。

前款规定以外的建设项目环境影响报告书、环境影响报告表的审批权限，由省、自治区、直辖市人民政府规定。

建设项目造成跨行政区域环境影响，有关环境保护行政主管部门对环境影响评价结论有争议的，其环境影响报告书或者环境影响报告表由共同上一级环境保护行政主管部门审批。

第十一条 建设项目有下列情形之一的，环境保护行政主管部门应当对环境影响报告书、环境影响报告表作出不予批准的决定：

（一）建设项目类型及其选址、布局、规模等不符合环境保护法律法规和相关法定规划；

（二）所在区域环境质量未达到国家或者地方环境质量标准，且建设项目拟采取的措施不能满足区域环境质量改善目标管理要求；

（三）建设项目采取的污染防治措施无法确保污染物排放达到国家和地方排放标准，或者未采取必要措施预防和控制生态破坏；

（四）改建、扩建和技术改造项目，未针对项目原有环境污染和生态破坏提出有效防治措施；

（五）建设项目的环境影响报告书、环境影响报告表的基础资料数据明显不实，内容存在重大缺陷、遗漏，或者环境影响评价结论不明确、不合理。

第十二条 建设项目环境影响报告书、环境影响报告表经批准后，建设项目的性质、规模、地点、采用的生产工艺或者防治污染、防止生态破坏的措施发生重大变动的，建设单位应当重新报批建设项目环境影响报告书、环境影响报告表。

建设项目环境影响报告书、环境影响报告表自批准之日起 5 年，建设项目方开工建设的，其环境影响报告书、环境影响报告表应当报原审批部门重新审核。原审批部门应当自收到建设项目环境影响报告书、环境影响报告表之日起 10 日内，将审核意见书面通知建设单位；逾期未通知，视为审核同意。

审核、审批建设项目环境影响报告书、环境影响报告表及备案环境影响登记表，不得收取任何费用。

第十三条 建设单位可以采取公开招标的方式，选择从事环境影响评价工作的单位，对建设项目进行环境影响评价。

任何行政机关不得为建设单位指定从事环境影响评价工作的单位，进行环境影响评价。

第十四条 建设单位编制环境影响报告书，应当依照有关法律规定，征求建设项目所在地有关单位和居民的意见。

第三章 环境保护设施建设

第十五条 建设项目需要配套建设的环境保护设施，必须与主体工程同时设计、同时施工、同时投产使用。

第十六条 建设项目的初步设计，应当按照环境保护设计规范的要求，编制环境保护篇章，落实防治环境污染和生态破坏的措施以及环境保护设施投资概算。

建设单位应当将环境保护设施建设纳入施工合同，保证环境保护设施建设进度和资金，并在项目建设过程中同时组织实施环境影响报告书、环境影响报告表及其审批部门审批决定中提出的环境保护对策措施。

第十七条 编制环境影响报告书、环境影响报告表的建设项目竣工后，建设单位应当按照国务院环境保护行政主管部门规定的标准和程序，对配套建设的环境保护设施进行验收，编制验收报告。

建设单位在环境保护设施验收过程中，应当如实查验、监测、记载建设项目环境保护设施的建设和调试情况，不得弄虚作假。

除按照国家规定需要保密的情形外，建设单位应当依法向社会公开验收报告。

第十八条 分期建设、分期投入生产或者使用的建设项目，其相应的环境保护设施应当分期验收。

第十九条 编制环境影响报告书、环境影响报告表的建设项目，其配套建设的环境保护设施经验收合格，方可投入生产或者使用；未经验收或者验收不合格的，不得投入生产或者使用。

前款规定的建设项目投入生产或者使用后，应当按照国务院环境保护行政主管部门的规定开展环境影响后评价。

第二十条 环境保护行政主管部门应当对建设项目环境保护设施设计、施工、验收、投入生产或者使用情况，以及有关环境影响评价文件确定的其他环境保护措施的落实情况，进行监督检查。

环境保护行政主管部门应当将建设项目有关环境违法信息记入社会诚信档案，及时向社会公开违法者名单。

第四章 法律责任

第二十一条 建设单位有下列行为之一的,依照《中华人民共和国环境影响评价法》的规定处罚：

(一)建设项目环境影响报告书、环境影响报告表未依法报批或者报请重新审核,擅自开工建设；

(二)建设项目环境影响报告书、环境影响报告表未经批准或者重新审核同意,擅自开工建设；

(三)建设项目环境影响登记表未依法备案。

第二十二条 违反本条例规定,建设单位编制建设项目初步设计未落实防治环境污染和生态破坏的措施以及环境保护设施投资概算,未将环境保护设施建设纳入施工合同,或者未依法开展环境影响后评价的,由建设项目所在地县级以上环境保护行政主管部门责令限期改正,处5万元以上20万元以下的罚款；逾期不改正的,处20万元以上100万元以下的罚款。

违反本条例规定,建设单位在项目建设过程中未同时组织实施环境影响报告书、环境影响报告表及其审批部门审批决定中提出的环境保护对策措施的,由建设项目所在地县级以上环境保护行政主管部门责令限期改正,处20万元以上100万元以下的罚款；逾期不改正的,责令停止建设。

第二十三条 违反本条例规定,需要配套建设的环境保护设施未建成、未经验收或者验收不合格,建设项目即投入生产或者使用,或者在环境保护设施验收中弄虚作假的,由县级以上环境保护行政主管部门责令限期改正,处20万元以上100万元以下的罚款；逾期不改正的,处100万元以上200万元以下的罚款；对直接负责的主管人员和其他责任人员,处5万元以上20万元以下的罚款；造成重大环境污染或者生态破坏的,责令停止生产或者使用,或者报经有批准权的人民政府批准,责令关闭。

违反本条例规定,建设单位未依法向社会公开环境保护设施验收报告的,由县级以上环境保护行政主管部门责令公开,处5万元以上20万元以下的罚款,并予以公告。

第二十四条 违反本条例规定,技术机构向建设单位、从事环境影响评价工作的单位收取费用的,由县级以上环境保护行政主管部门责令退还所收费用,处所收费用1倍以上3倍以下的罚款。

第二十五条 从事建设项目环境影响评价工作的单位,在环境影响评价工作中弄虚作假的,由县级以上环境保护行政主管部门处所收费用1倍以上3倍以下的罚款。

第二十六条 环境保护行政主管部门的工作人员徇私舞弊、滥用职权、玩忽职守,构成犯罪的,依法追究刑事责任；尚不构成犯罪的,依法给予行政处分。

第五章 附 则

第二十七条 流域开发、开发区建设、城市新区建设和旧区改建等区域性开发,编制建设规划时,应当进行环境影响评价。具体办法由国务院环境保护行政主管部门会同国务院有关部门另行规定。

第二十八条 海洋工程建设项目的环境保护管理,按照国务院关于海洋工程环境保护管理的规定执行。

第二十九条 军事设施建设项目的环境保护管理,按照中央军事委员会的有关规定执行。

第三十条 本条例自发布之日起施行。

绿色建筑标识管理办法

- 2021年1月8日
- 建标规〔2021〕1号

第一章 总 则

第一条 为规范绿色建筑标识管理,促进绿色建筑高质量发展,根据《中共中央 国务院关于进一步加强城市规划建设管理工作的若干意见》和《国民经济和社会发展第十三个五年(2016－2020年)规划纲要》《中共中央关于制定国民经济和社会发展第十四个五年规划和二〇三五年远景目标的建议》要求,制定本办法。

第二条 本办法所称绿色建筑标识,是指表示绿色建筑星级并载有性能指标的信息标志,包括标牌和证书。绿色建筑标识由住房和城乡建设部统一式样,证书由授予部门制作,标牌由申请单位根据不同应用场景按照制作指南自行制作。

第三条 绿色建筑标识授予范围为符合绿色建筑星级标准的工业与民用建筑。

第四条 绿色建筑标识星级由低至高分为一星级、二星级和三星级3个级别。

第五条 住房和城乡建设部负责制定完善绿色建筑标识制度,指导监督地方绿色建筑标识工作,认定三星级绿色建筑并授予标识。省级住房和城乡建设部门负责本地区绿色建筑标识工作,认定二星级绿色建筑并授予标识,组织地市级住房和城乡建设部门开展本地区一星级绿色建筑认定和标识授予工作。

第六条 绿色建筑三星级标识认定统一采用国家标准,二星级、一星级标识认定可采用国家标准或与国家标准相对应的地方标准。

新建民用建筑采用《绿色建筑评价标准》GB/T50378，工业建筑采用《绿色工业建筑评价标准》GB/T50878，既有建筑改造采用《既有建筑绿色改造评价标准》GB/T51141。

第七条 省级住房和城乡建设部门制定的绿色建筑评价标准，可细化国家标准要求，补充国家标准中创新项的开放性条款，不应调整国家标准评价要素和指标权重。

第八条 住房和城乡建设部门应建立绿色建筑专家库。专家应熟悉绿色建筑标准，了解掌握工程规划、设计、施工等相关技术要求，具有良好的职业道德，具有副高级及以上技术职称或取得相关专业执业资格。

第二章 申报和审查程序

第九条 申报绿色建筑标识遵循自愿原则，绿色建筑标识认定应科学、公开、公平、公正。

第十条 绿色建筑标识认定需经申报、推荐、审查、公示、公布等环节，审查包括形式审查和专家审查。

第十一条 绿色建筑标识申报应由项目建设单位、运营单位或业主单位提出，鼓励设计、施工和咨询等相关单位共同参与申报。申报绿色建筑标识的项目应具备以下条件：

（一）按照《绿色建筑评价标准》等相关国家标准或相应的地方标准进行设计、施工、运营、改造；

（二）已通过建设工程竣工验收并完成备案。

第十二条 申报单位应按下列要求，提供申报材料，并对材料的真实性、准确性和完整性负责。申报材料应包括以下内容：

（一）绿色建筑标识申报书和自评估报告；

（二）项目立项审批等相关文件；

（三）申报单位简介、资质证书、统一社会信用代码证等；

（四）与标识认定相关的图纸、报告、计算书、图片、视频等技术文件；

（五）每年上报主要绿色性能指标运行数据的承诺函。

第十三条 三星级绿色建筑项目应由省级住房和城乡建设部门负责组织推荐，并报住房和城乡建设部。二星级和一星级绿色建筑推荐规则由省级住房和城乡建设部门制定。

第十四条 住房和城乡建设部门应对申报推荐绿色建筑标识项目进行形式审查，主要审查以下内容：

（一）申报单位和项目是否具备申报条件；

（二）申报材料是否齐全、完整、有效。

形式审查期间可要求申报单位补充一次材料。

第十五条 住房和城乡建设部门在形式审查后，应组织专家审查，按照绿色建筑评价标准审查绿色建筑性能，确定绿色建筑等级。对于审查中无法确定的项目技术内容，可组织专家进行现场核查。

第十六条 审查结束后，住房和城乡建设部门应在门户网站进行公示。公示内容包括项目所在地、类型、名称、申报单位、绿色建筑星级和关键技术指标等。公示期不少于7个工作日。对公示项目的署名书面意见必须核实情况并处理异议。

第十七条 对于公示无异议的项目，住房和城乡建设部门应印发公告，并授予证书。

第十八条 绿色建筑标识证书编号由地区编号、星级、建筑类型、年份和当年认定项目序号组成，中间用"-"连接。地区编号按照行政区划排序，从北京01编号到新疆31，新疆生产建设兵团编号32。建筑类型代号分别为公共建筑P、住宅建筑R、工业建筑I、混合功能建筑M。例如，北京2020年认定的第1个3星级公共建筑项目，证书编号为NO.01-3-P-2020-1。

第十九条 住房和城乡建设部负责建立完善绿色建筑标识管理信息系统，三星级绿色建筑项目应通过系统申报、推荐、审查。省级和地级市住房和城乡建设部门可依据管理权限登录绿色建筑标识管理信息系统并开展绿色建筑标识认定工作，不通过系统认定的二星级、一星级项目应及时将认定信息上报至系统。

第三章 标识管理

第二十条 住房和城乡建设部门应加强绿色建筑标识认定工作权力运行制约监督机制建设，科学设计工作流程和监管方式，明确管理责任事项和监督措施，切实防控廉政风险。

第二十一条 获得绿色建筑标识的项目运营单位或业主，应强化绿色建筑运行管理，加强运行指标与申报绿色建筑星级指标比对，每年将年度运行主要指标上报绿色建筑标识管理信息系统。

第二十二条 住房和城乡建设部门发现获得绿色建筑标识项目存在以下任一问题，应提出限期整改要求，整改期限不超过2年：

（一）项目低于已认定绿色建筑星级；

（二）项目主要性能低于绿色建筑标识证书的指标；

（三）利用绿色建筑标识进行虚假宣传；

（四）连续两年以上不如实上报主要指标数据。

第二十三条 住房和城乡建设部门发现获得绿色建筑标识项目存在以下任一问题，应撤销绿色建筑标识，并收回标牌和证书：

（一）整改期限内未完成整改；

（二）伪造技术资料和数据获得绿色建筑标识；

（三）发生重大安全事故。

第二十四条 地方住房和城乡建设部门采用不符合本办法第六条要求的地方标准开展认定的，住房和城乡建设部将责令限期整改。到期整改不到位的，将通报批评并撤销以该地方标准认定的全部绿色建筑标识。

第二十五条 参与绿色建筑标识认定的专家应坚持公平公正，回避与自己有连带关系的申报项目。对违反评审规定和评审标准的，视情节计入个人信用记录，并从专家库中清除。

第二十六条 项目建设单位或使用者对认定结果有异议的，可依法申请行政复议或者提起行政诉讼。

第四章 附 则

第二十七条 本办法由住房和城乡建设部负责解释。

第二十八条 本办法自 2021 年 6 月 1 日起施行。《建设部关于印发〈绿色建筑评价标识管理办法〉（试行）的通知》（建科〔2007〕206 号）、《住房城乡建设部关于推进一二星级绿色建筑评价标识工作的通知》（建科〔2009〕109 号）、《住房城乡建设部办公厅关于绿色建筑评价标识管理有关工作的通知》（建办科〔2015〕53 号）、《住房城乡建设部关于进一步规范绿色建筑评价管理工作的通知》（建科〔2017〕238 号）同时废止。

城镇污水排入排水管网许可管理办法

· 2015 年 1 月 22 日住房和城乡建设部令第 21 号发布
· 根据 2022 年 12 月 1 日住房和城乡建设部令第 56 号修订

第一章 总 则

第一条 为了加强对污水排入城镇排水管网的管理，保障城镇排水与污水处理设施安全运行，防治城镇水污染，根据《中华人民共和国行政许可法》、《城镇排水与污水处理条例》等法律法规，制定本办法。

第二条 在中华人民共和国境内申请污水排入排水管网许可（以下称排水许可），对从事工业、建筑、餐饮、医疗等活动的企业事业单位、个体工商户（以下称排水户）向城镇排水设施排放污水的活动实施监督管理，适用本办法。

第三条 国务院住房和城乡建设主管部门负责全国排水许可工作的指导监督。

省、自治区人民政府住房和城乡建设主管部门负责本行政区域内排水许可工作的指导监督。

直辖市、市、县人民政府城镇排水与污水处理主管部门（以下简称城镇排水主管部门）负责本行政区域内排水许可证书的颁发和监督管理。城镇排水主管部门可以委托专门机构承担排水许可审核管理的具体工作。

第四条 城镇排水设施覆盖范围内的排水户应当按照国家有关规定，将污水排入城镇排水设施。排水户向城镇排水设施排放污水，应当按照本办法的规定，申请领取排水许可证。未取得排水许可证，排水户不得向城镇排水设施排放污水。城镇居民排放生活污水不需要申请领取排水许可证。

在雨水、污水分流排放的地区，不得将污水排入雨水管网。

工程建设疏干排水应当优先利用和补给水体。

第五条 城镇排水主管部门应当因地制宜，按照排水行为影响城镇排水与污水处理设施安全运行的程度，对排水户进行分级分类管理。

对列入重点排污单位名录的排水户和城镇排水主管部门确定的对城镇排水与污水处理设施安全运行影响较大的排水户，应当作为重点排水户进行管理。

第二章 许可申请与审查

第六条 排水户向排水行为发生地的城镇排水主管部门申请领取排水许可证。城镇排水主管部门应当自受理申请之日起 15 日内作出决定。

集中管理的建筑或者单位内有多个排水户的，可以由产权单位或者其委托的物业服务人统一申请领取排水许可证，并由领证单位对排水户的排水行为负责。

因施工作业需要向城镇排水设施排入污水的，由建设单位申请领取排水许可证。

第七条 申请领取排水许可证，应当如实提交下列材料：

（一）排水许可申请表；

（二）排水户内部排水管网、专用检测井、雨污水排放口位置和口径的图纸及说明等材料；

（三）按照国家有关规定建设污水预处理设施的有关材料；

（四）排水隐蔽工程竣工报告，或者排水户承诺排水隐蔽工程合格且不存在雨水污水管网混接错接、雨水污水混排的书面承诺书；

（五）排水水质符合相关标准的检测报告或者排水水质符合相关标准的书面承诺书；

（六）列入重点排污单位名录的排水户应当提供已安装的主要水污染物排放自动监测设备有关材料。

第八条 城镇排水主管部门在作出许可决定前，应当按照排水户分级分类管理要求，对重点排水户进行现场核查，对其他排水户采取抽查方式进行现场核查。

第九条 符合以下条件的，由城镇排水主管部门核发排水许可证：

（一）污水排放口的设置符合城镇排水与污水处理规划的要求；

（二）排放污水的水质符合国家或者地方规定的有关排放标准；

（三）按照国家有关规定建设相应的预处理设施；

（四）按照国家有关规定在排放口设置便于采样和水量计量的专用检测井和计量设备；列入重点排污单位名录的排水户已安装主要水污染物排放自动监测设备；

（五）法律、法规规定的其他条件。

第十条 排水许可证的有效期为5年。

因施工作业需要向城镇排水设施排水的，排水许可证的有效期，由城镇排水主管部门根据排水状况确定，但不得超过施工期限。

第十一条 排水许可证有效期满需要继续排放污水的，排水户应当在有效期届满30日前，向城镇排水主管部门提出申请。城镇排水主管部门应当在有效期届满前作出是否准予延续的决定。准予延续的，有效期延续5年。

排水户在排水许可证有效期内，严格按照许可内容排放污水，且未发生违反本办法规定行为的，有效期届满30日前，排水户可提出延期申请，经原许可机关同意，不再进行审查，排水许可证有效期延期5年。

第十二条 在排水许可证的有效期内，排水口数量和位置、排水量、主要污染物项目或者浓度等排水许可内容变更的，排水户应当按照本办法规定，重新申请领取排水许可证。

排水户名称、法定代表人等其他事项变更的，排水户应当在变更之日起30日内向城镇排水主管部门申请办理变更。

第三章 管理和监督

第十三条 排水户应当按照排水许可证确定的排水类别、总量、时限、排放口位置和数量、排放的主要污染物项目和浓度等要求排放污水。

第十四条 排水户不得有下列危及城镇排水设施安全的活动：

（一）向城镇排水设施排放、倾倒剧毒、易燃易爆、腐蚀性废液和废渣；

（二）向城镇排水设施排放有害气体和烹饪油烟；

（三）堵塞城镇排水设施或者向城镇排水设施内排放、倾倒垃圾、渣土、施工泥浆、油脂、污泥等易堵塞物；

（四）擅自拆卸、移动、穿凿和接入城镇排水设施；

（五）擅自向城镇排水设施加压排放污水；

（六）其他危及城镇排水与污水处理设施安全的活动。

第十五条 排水户因发生事故或者其他突发事件，排放的污水可能危及城镇排水与污水处理设施安全运行的，应当立即暂停排放，采取措施消除危害，并按规定及时向城镇排水主管部门等有关部门报告。

第十六条 城镇排水主管部门应当加强对排水户的排放口设置、连接管网、预处理设施和水质、水量监测设施建设和运行的指导和监督。

第十七条 重点排水户应当建立档案管理制度，对污水预处理设施、内部排水管网、与市政管网的连接管、专用检测井运行维护情况、发生异常的原因和采取的措施等进行记录，记录保存期限不少于5年。

鼓励排水户推进传统载体档案数字化。电子档案与传统载体档案具有同等效力。

第十八条 城镇排水主管部门应当结合排水户分级分类情况，通过"双随机、一公开"方式，对排水户排放污水的情况实施监督检查。实施监督检查时，有权采取下列措施：

（一）进入现场开展检查、监测；

（二）要求被监督检查的排水户出示排水许可证；

（三）查阅、复制有关文件和材料；

（四）要求被监督检查的单位和个人就有关问题作出说明；

（五）依法采取禁止排水户向城镇排水设施排放污水等措施，纠正违反有关法律、法规和本办法规定的行为。

被监督检查的单位和个人应当予以配合，不得妨碍和阻挠依法进行的监督检查活动。

城镇排水主管部门可以通过政府购买服务等方式，组织或者委托排水监测机构等技术服务单位为排水许可监督检查工作提供技术服务。受委托的具有计量认证资质的排水监测机构应当对排水户排放污水的水质、水量进行监测，建立排水监测档案。

第十九条　城镇排水主管部门委托的专门机构，可以开展排水许可审查、档案管理、监督指导排水户排水行为等工作，并协助城镇排水主管部门对排水许可实施监督管理。

第二十条　城镇排水主管部门应当将排水户的基本信息、排水许可内容等信息载入城市排水信息系统。涉及排水户的排水许可内容、行政处罚、不良信用记录等信息，应当依法向社会公示。

城镇排水主管部门可以根据排水户的信用情况，依法采取守信激励、失信惩戒措施。

第二十一条　有下列情形之一的，许可机关或者其上级行政机关，根据利害关系人的请求或者依据职权，可以撤销排水许可：

（一）城镇排水主管部门工作人员滥用职权、玩忽职守作出准予排水许可决定的；

（二）超越法定职权作出准予排水许可决定的；

（三）违反法定程序作出准予排水许可决定的；

（四）对不符合许可条件的申请人作出准予排水许可决定的；

（五）依法可以撤销排水许可的其他情形。

排水户以欺骗、贿赂等不正当手段取得排水许可的，应当予以撤销。

第二十二条　有下列情形之一的，城镇排水主管部门应当依法办理排水许可的注销手续：

（一）排水户依法终止的；

（二）排水许可依法被撤销、撤回，或者排水许可证被吊销的；

（三）排水许可证有效期满且未延续许可的；

（四）法律、法规规定的应当注销排水许可的其他情形。

第二十三条　城镇排水主管部门应当按照国家有关规定将监督检查的情况向社会公开。

城镇排水主管部门及其委托的专门机构、排水监测机构的工作人员对知悉的被监督检查单位和个人的技术和商业秘密负有保密义务。

第二十四条　城镇排水主管部门实施排水许可不得收费。

城镇排水主管部门实施排水许可所需经费，应当列入城镇排水主管部门的预算，由本级财政予以保障，按照批准的预算予以核拨。

第四章　法律责任

第二十五条　城镇排水主管部门有下列情形之一的，由其上级行政机关或者监察机关责令改正，对直接负责的主管人员和其他直接责任人员依法给予处分；构成犯罪的，依法追究刑事责任：

（一）对不符合本规定条件的申请人准予排水许可的；

（二）对符合本规定条件的申请人不予核发排水许可证或者不在法定期限内作出准予许可决定的；

（三）利用职务上的便利，收受他人财物或者谋取其他利益的；

（四）泄露被监督检查单位和个人的技术或者商业秘密的；

（五）不依法履行监督管理职责或者监督不力，造成严重后果的。

第二十六条　违反本办法规定，在城镇排水与污水处理设施覆盖范围内，未按照国家有关规定将污水排入城镇排水设施，或者在雨水、污水分流地区将污水排入雨水管网的，由城镇排水主管部门责令改正，给予警告；逾期不改正或者造成严重后果的，对单位处10万元以上20万元以下罚款；对个人处2万元以上10万元以下罚款；造成损失的，依法承担赔偿责任。

第二十七条　违反本办法规定，排水户未取得排水许可，向城镇排水设施排放污水的，由城镇排水主管部门责令停止违法行为，限期采取治理措施，补办排水许可证，可以处50万元以下罚款；对列入重点排污单位名录的排水户，可以处30万元以上50万元以下罚款；造成损失的，依法承担赔偿责任；构成犯罪的，依法追究刑事责任。

第二十八条　排水户未按照排水许可证的要求，向城镇排水设施排放污水的，由城镇排水主管部门责令停止违法行为，限期改正，可以处5万元以下罚款；造成严重后果的，吊销排水许可证，并处5万元以上50万元以下罚款，对列入重点排污单位名录的排水户，处30万元以上50万元以下罚款，并将有关情况通知同级环境保护主管部门，可以向社会予以通报；造成损失的，依法承担赔偿责任；构成犯罪的，依法追究刑事责任。

第二十九条　排水户名称、法定代表人等其他事项变更，未按本办法规定及时向城镇排水主管部门申请办理变更的，由城镇排水主管部门责令改正，可以处1万元以下罚款。

第三十条　排水户以欺骗、贿赂等不正当手段取得排水许可的，可以处3万元以下罚款；造成损失的，依法承担赔偿责任;构成犯罪的,依法追究刑事责任。

第三十一条 违反本办法规定,排水户因发生事故或者其他突发事件,排放的污水可能危及城镇排水与污水处理设施安全运行,没有立即暂停排放,未采取措施消除危害,或者未按规定及时向城镇排水主管部门等有关部门报告的,城镇排水主管部门可以处 3 万元以下罚款。

第三十二条 违反本办法规定,从事危及城镇排水设施安全的活动的,由城镇排水主管部门责令停止违法行为,限期恢复原状或者采取其他补救措施,并给予警告;逾期不采取补救措施或者造成严重后果的,对单位处 10 万元以上 30 万元以下罚款,对个人处 2 万元以上 10 万元以下罚款;造成损失的,依法承担赔偿责任;构成犯罪的,依法追究刑事责任。

第三十三条 重点排水户未按照本办法规定建立档案管理制度,或者档案记录保存期限少于 5 年的,由城镇排水主管部门责令改正,可以处 3 万元以下罚款。

第三十四条 排水户违反本办法规定,拒不接受水质、水量监测或者妨碍、阻挠城镇排水主管部门依法监督检查的,由城镇排水主管部门给予警告;情节严重的,处 3 万元以下罚款。

第五章 附 则

第三十五条 排水许可证由国务院住房和城乡建设主管部门制定格式,由省、自治区人民政府住房和城乡建设主管部门以及直辖市人民政府城镇排水主管部门组织印制。鼓励城镇排水主管部门实行电子许可证,电子许可证与纸质许可证具有同等效力。

排水许可申请表、排水户书面承诺书由国务院住房和城乡建设主管部门制定推荐格式,城镇排水主管部门可以参考制定。

第三十六条 本办法自 2015 年 3 月 1 日起施行。《城市排水许可管理办法》(建设部令第 152 号)同时废止。

国家发展改革委 住房城乡建设部 生态环境部关于推进污水处理减污降碳协同增效的实施意见

· 2023 年 12 月 12 日
· 发改环资〔2023〕1714 号

各省、自治区、直辖市、新疆生产建设兵团发展改革委、住房和城乡建设厅(委、管委、局)、生态环境厅(局):

当前,我国生态文明建设进入了以降碳为重点战略方向、推动减污降碳协同增效、促进经济社会发展全面绿色转型、实现生态环境质量改善由量变到质变的关键时期。污水处理既是深入打好污染防治攻坚战的重要抓手,也是推动温室气体减排的重要领域。为深入贯彻习近平生态文明思想,落实全国生态环境保护大会要求,推动污水处理减污降碳协同增效,制定本实施意见。

一、总体要求

以习近平新时代中国特色社会主义思想为指导,全面贯彻党的二十大精神,深入贯彻习近平生态文明思想,立足新发展阶段,贯彻新发展理念,构建新发展格局,坚持系统观念,协同推进污水处理全过程污染物削减与温室气体减排,开展源头节水增效、处理过程节能降碳、污水污泥资源化利用,全面提高污水处理综合效能,提升环境基础设施建设水平,推进城乡人居环境整治,助力实现碳达峰碳中和目标,加快美丽中国建设。

到 2025 年,污水处理行业减污降碳协同增效取得积极进展,能效水平和降碳能力持续提升。地级及以上缺水城市再生水利用率达到 25%以上,建成 100 座能源资源高效循环利用的污水处理绿色低碳标杆厂。

二、强化源头节水增效

(一)加强源头节水减排。深入实施国家节水行动,减少生产生活新水取用量和污水排放量。加快海绵城市建设,提升城市蓄水、渗水和涵养水能力,削减雨水径流污染。推动工业企业和园区废水循环利用,实现串联用水、分质用水、一水多用和梯级利用,严重缺水地区示范推动工业园区废水应用尽用。规范工业企业、园区和医疗机构排水管理,对于污染物不能被城镇污水处理厂有效处理或可能影响污水处理厂出水稳定达标的废水,严格限制进入市政污水收集处理系统。

(二)提升污水收集效能。加快消除城镇污水收集管网空白区,建设城市污水管网全覆盖示范区。有序推进雨污分流改造,除干旱地区外,新建城区原则上实施雨污分流。以老旧城区为重点,开展老旧破损、混错漏接等问题管网诊断修复更新,实施污水收集管网外水入渗入流、倒灌排查治理。对于进水生化需氧量浓度低于 100 毫克/升的污水处理厂,从严审批核准新增污水处理能力,推行"一厂一策"整治。合理规划建设污水处理厂,鼓励生活污水就近集中处理,减少污水输送距离。土地资源紧缺的城市可建设全地下/半地下式污水处理厂,鼓励通过建设公园绿化活动场地等方式合理利用地上空间,提升区域环境品质和城市生态系统碳汇能力。

三、加强污水处理节能降碳

（三）开展节能降碳改造。推广选用高效节能的电机、风机、水泵、照明灯具等通用产品设备，结合厂区升级改造，加快淘汰老旧低效的重点用能设备。优化负荷匹配，避免"大马拉小车"。推广建设智慧水务管理系统，开展全过程智能调控与优化，实现精准曝气与回流控制、泵站变频调控与负载匹配、数字计量精准加药等。推广污水源热泵技术，对厂内及周边区域供暖供冷。鼓励发展节能降耗专业服务，推广合同能源管理模式。

（四）减少温室气体排放。科学开展污水管网清淤管护，减少甲烷排放。支持依法依规将上游生产企业可生化性强的废水作为下游污水处理厂碳源补充。加强高效脱氮除磷等低碳技术应用，减少脱氮过程氧化亚氮逸散。鼓励污水处理厂使用植物除臭剂、环保型絮凝剂等新型绿色药剂。

（五）加大可再生能源应用。在光照资源丰富地区推广"光伏+"模式，在保证厂区建筑安全和功能的前提下，利用厂区屋顶、处理设施、开阔构筑物等闲置空间布置光伏发电设施。积极布局智能微电网、新型储能设施，提高可再生能源应用稳定性，鼓励有条件的污水处理厂参与电力需求侧响应。各地结合实际情况，推动污水（污泥）处理厂通过自建可再生能源设施、积极参与绿证交易等方式，扩大可再生能源消纳规模。

（六）推动再生水利用。坚持以需定供、分质利用、就近利用，扩大再生水利用场景，统筹推进再生水用于工业生产、市政杂用、生态用水等。将再生水合理纳入高耗水项目和洗车、高尔夫球场、人工滑雪场等特种行业计划用水管理，对于具备利用条件的用水户充分配置再生水。结合当地自然禀赋及社会发展需要，有序建设区域再生水循环利用工程。缺水城市新建城区要提前规划布局再生水管网，鼓励沿工业园区建设再生水厂。西北干旱地区因地制宜推广再生水"冬储夏用"。

四、推进污泥处理节能降碳

（七）推广低碳处理工艺。在污泥稳定化、无害化处置前提下，逐步压减污泥填埋规模，积极采用资源化利用等替代处理方案。在确保运行参数稳定、配套高效污染治理设施前提下，可利用垃圾焚烧厂、火力发电厂、水泥窑等设施处理能力协同焚烧处置污泥，并将新增废气污染物纳入排污许可管理。污泥单独焚烧时，鼓励干化和焚烧联用，采用高效节能设备和余热利用技术，提高污泥热能利用效率。

（八）加强能源资源回收利用。加强污泥沼气回收利用，推广沼气热电联产。遵循"安全环保、稳妥可靠"的原则，积极采用好氧发酵、厌氧消化等工艺，回收利用污泥中氮磷等营养物质。积极推广污泥土地利用，鼓励在满足相关标准和规范的前提下，将处理后的污泥作为肥料或土壤改良剂，用于国土绿化、荒漠改良、矿区修复等。推动污泥焚烧灰渣建材化和资源化利用。加大科普宣传，消除认识误区，畅通污泥资源化产品市场出路。

五、完善支持政策

（九）强化标准引导。落实精准治污、科学治污要求，各地方应突出问题导向，基于本地区经济社会情况、流域水环境容量、污水水质等因素，统筹考虑能耗、药耗增加，科学合理、因地制宜制定污水排放地方标准。做好再生水利用系列标准制修订工作。研究制定城镇污水处理碳排放统计核算、监测计量等相关标准。加快制定《协同降碳绩效评价 城镇污水处理》国家标准，适时开展绩效评价工作。

（十）加大科技支撑。开展污水处理绿色低碳关键技术攻关，重点突破高浓度有机废水和高盐废水处理与循环利用、高性能膜材料、环保型药剂、温室气体控制、智能监测与优化控制等关键共性技术，推动大数据、人工智能、数字孪生等数字技术与污水处理工艺融合发展。推动产学研深度融合，加强污水污泥资源化利用、减污降碳协同等创新技术科技成果转化、技术集成示范和应用推广。

（十一）完善激励政策。加大对污水处理减污降碳升级改造项目的资金支持力度，将符合条件的项目纳入地方政府专项债券支持范围，支持符合条件的项目发行不动产投资信托基金、申请绿色信贷或通过绿色债券融资。推动建立污水处理服务费与污水处理厂进水污染物浓度、污染物削减量、出水水质、污泥无害化稳定化处理效果挂钩的按效付费机制。落实环境保护、节能节水等领域税收优惠政策。将污水（污泥）处理厂光伏发电、沼气发电等绿色电力纳入电网企业保障性收购范围，依规向符合条件的项目核发绿色电力证书。

（十二）建设绿色低碳标杆厂。推动建设一批能源资源高效循环利用的污水处理绿色低碳标杆厂。鼓励标杆厂实施"厂—网—河（湖）"一体化专业化运行维护，开展新理念、新技术、新设备的先行先试。加强对配套工程建设的各类要素保障，推动重点工程项目有序实施。总结推广标杆厂建设的经验模式和实践案例，引导全行业对标对表。鼓励各地依托标杆厂打造宣传教育基地和实践教学基地，加强绿色低碳理念的宣传教育。

各地区、各有关部门要充分认识推进污水处理减污降碳协同增效的重要意义，建立健全工作机制，形成工作合力。各省（区、市）发展改革、住房城乡建设、生态环境主管部门要结合本地实际抓好工作落实，摸排本省份处理能力 10 万吨/日以上的污水处理厂（再生水厂）能耗及碳排放情况，明确建设改造目标和建设任务，推动本地区污水处理减污降碳协同增效各项工作落到实处。

3. 资质管理

工程造价咨询企业管理办法

· 2006 年 3 月 22 日建设部令第 149 号公布
· 根据 2015 年 5 月 4 日《住房和城乡建设部关于修改〈房地产开发企业资质管理规定〉等部门规章的决定》第一次修订
· 根据 2016 年 9 月 13 日《住房城乡建设部关于修改〈勘察设计注册工程师管理规定〉等 11 个部门规章的决定》第二次修订
· 根据 2020 年 2 月 19 日《住房和城乡建设部关于修改〈工程造价咨询企业管理办法〉〈注册造价工程师管理办法〉的决定》第三次修订

第一章 总 则

第一条 为了加强对工程造价咨询企业的管理，提高工程造价咨询工作质量，维护建设市场秩序和社会公共利益，根据《中华人民共和国行政许可法》、《国务院对确需保留的行政审批项目设定行政许可的决定》，制定本办法。

第二条 在中华人民共和国境内从事工程造价咨询活动，实施对工程造价咨询企业的监督管理，应当遵守本办法。

第三条 本办法所称工程造价咨询企业，是指接受委托，对建设项目投资、工程造价的确定与控制提供专业咨询服务的企业。

第四条 工程造价咨询企业应当依法取得工程造价咨询企业资质，并在其资质等级许可的范围内从事工程造价咨询活动。

第五条 工程造价咨询企业从事工程造价咨询活动，应当遵循独立、客观、公正、诚实信用的原则，不得损害社会公共利益和他人的合法权益。

任何单位和个人不得非法干预依法进行的工程造价咨询活动。

第六条 国务院住房城乡建设主管部门负责全国工程造价咨询企业的统一监督管理工作。

省、自治区、直辖市人民政府住房城乡建设主管部门负责本行政区域内工程造价咨询企业的监督管理工作。

有关专业部门负责对本专业工程造价咨询企业实施监督管理。

第七条 工程造价咨询行业组织应当加强行业自律管理。

鼓励工程造价咨询企业加入工程造价咨询行业组织。

第二章 资质等级与标准

第八条 工程造价咨询企业资质等级分为甲级、乙级。

第九条 甲级工程造价咨询企业资质标准如下：

（一）已取得乙级工程造价咨询企业资质证书满 3 年；

（二）技术负责人已取得一级造价工程师注册证书，并具有工程或工程经济类高级专业技术职称，且从事工程造价专业工作 15 年以上；

（三）专职从事工程造价专业工作的人员（以下简称专职专业人员）不少于 12 人，其中，具有工程（或工程经济类）中级以上专业技术职称或者取得二级造价工程师注册证书的人员合计不少于 10 人；取得一级造价工程师注册证书的人员不少于 6 人，其他人员具有从事工程造价专业工作的经历；

（四）企业与专职专业人员签订劳动合同，且专职专业人员符合国家规定的职业年龄（出资人除外）；

（五）企业近 3 年工程造价咨询营业收入累计不低于人民币 500 万元；

（六）企业为本单位专职专业人员办理的社会基本养老保险手续齐全；

（七）在申请核定资质等级之日前 3 年内无本办法第二十五条禁止的行为。

第十条 乙级工程造价咨询企业资质标准如下：

（一）技术负责人已取得一级造价工程师注册证书，并具有工程或工程经济类高级专业技术职称，且从事工程造价专业工作 10 年以上；

（二）专职专业人员不少于 6 人，其中，具有工程（或工程经济类）中级以上专业技术职称或者取得二级造价工程师注册证书的人员合计不少于 4 人；取得一级造价工程师注册证书的人员不少于 3 人，其他人员具有从事工程造价专业工作的经历；

（三）企业与专职专业人员签订劳动合同，且专职专业人员符合国家规定的职业年龄（出资人除外）；

（四）企业为本单位专职专业人员办理的社会基本

养老保险手续齐全；

（五）暂定期内工程造价咨询营业收入累计不低于人民币50万元；

（六）申请核定资质等级之日前无本办法第二十五条禁止的行为。

第三章 资质许可

第十一条 甲级工程造价咨询企业资质，由国务院住房城乡建设主管部门审批。

申请甲级工程造价咨询企业资质的，可以向申请人工商注册所在地省、自治区、直辖市人民政府住房城乡建设主管部门或者国务院有关专业部门提交申请材料。

省、自治区、直辖市人民政府住房城乡建设主管部门或者国务院有关专业部门收到申请材料后，应当在5日内将全部申请材料报国务院住房城乡建设主管部门，国务院住房城乡建设主管部门应当自受理之日起20日内作出决定。

组织专家评审所需时间不计算在上述时限内，但应当明确告知申请人。

第十二条 申请乙级工程造价咨询企业资质的，由省、自治区、直辖市人民政府住房城乡建设主管部门审查决定。其中，申请有关专业乙级工程造价咨询企业资质的，由省、自治区、直辖市人民政府住房城乡建设主管部门商同级有关专业部门审查决定。

乙级工程造价咨询企业资质许可的实施程序由省、自治区、直辖市人民政府住房城乡建设主管部门依法确定。

省、自治区、直辖市人民政府住房城乡建设主管部门应当自作出决定之日起30日内，将准予资质许可的决定报国务院住房城乡建设主管部门备案。

第十三条 企业在申请工程造价咨询甲级（或乙级）资质，以及在资质延续、变更时，应当提交下列申报材料：

（一）工程造价咨询企业资质申请书（含企业法定代表人承诺书）；

（二）专职专业人员（含技术负责人）的中级以上专业技术职称证书和身份证；

（三）企业开具的工程造价咨询营业收入发票和对应的工程造价咨询合同（如发票能体现工程造价咨询业务的，可不提供对应的工程造价咨询合同；新申请工程造价咨询企业资质的，不需提供）；

（四）工程造价咨询企业资质证书（新申请工程造价咨询企业资质的，不需提供）；

（五）企业营业执照。

企业在申请工程造价咨询甲级（或乙级）资质，以及在资质延续、变更时，企业法定代表人应当对下列事项进行承诺，并由资质许可机关调查核实：

（一）企业与专职专业人员签订劳动合同；

（二）企业缴纳营业收入的增值税；

（三）企业为专职专业人员（含技术负责人）缴纳本年度社会基本养老保险费用。

第十四条 新申请工程造价咨询企业资质的，其资质等级按照本办法第十条第（一）项至第（四）项所列资质标准核定为乙级，设暂定期一年。

暂定期届满需继续从事工程造价咨询活动的，应当在暂定期届满30日前，向资质许可机关申请换发资质证书。符合乙级资质条件的，由资质许可机关换发资质证书。

第十五条 准予资质许可的，资质许可机关应当向申请人颁发工程造价咨询企业资质证书。

工程造价咨询企业资质证书由国务院住房城乡建设主管部门统一印制，分正本和副本。正本和副本具有同等法律效力。

工程造价咨询企业遗失资质证书的，应当向资质许可机关申请补办，由资质许可机关在官网发布信息。

第十六条 工程造价咨询企业资质有效期为3年。

资质有效期届满，需要继续从事工程造价咨询活动的，应当在资质有效期届满30日前向资质许可机关提出资质延续申请。资质许可机关应当根据申请作出是否准予延续的决定。准予延续的，资质有效期延续3年。

第十七条 工程造价咨询企业的名称、住所、组织形式、法定代表人、技术负责人、注册资本等事项发生变更的，应当自变更确立之日起30日内，到资质许可机关办理资质证书变更手续。

第十八条 工程造价咨询企业合并的，合并后存续或者新设立的工程造价咨询企业可以承继合并前各方中较高的资质等级，但应当符合相应的资质等级条件。

工程造价咨询企业分立的，只能由分立后的一方承继原工程造价咨询企业资质，但应当符合原工程造价咨询企业资质等级条件。

第四章 工程造价咨询管理

第十九条 工程造价咨询企业依法从事工程造价咨询活动，不受行政区域限制。

甲级工程造价咨询企业可以从事各类建设项目的工程造价咨询业务。

乙级工程造价咨询企业可以从事工程造价2亿元人民币以下各类建设项目的工程造价咨询业务。

第二十条 工程造价咨询业务范围包括：

（一）建设项目建议书及可行性研究投资估算、项目经济评价报告的编制和审核；

（二）建设项目概预算的编制与审核，并配合设计方案比选、优化设计、限额设计等工作进行工程造价分析与控制；

（三）建设项目合同价款的确定（包括招标工程工程量清单和标底、投标报价的编制和审核）；合同价款的签订与调整（包括工程变更、工程洽商和索赔费用的计算）及工程款支付，工程结算及竣工结（决）算报告的编制与审核等；

（四）工程造价经济纠纷的鉴定和仲裁的咨询；

（五）提供工程造价信息服务等。

工程造价咨询企业可以对建设项目的组织实施进行全过程或者若干阶段的管理和服务。

第二十一条 工程造价咨询企业在承接各类建设项目的工程造价咨询业务时，应当与委托人订立书面工程造价咨询合同。

工程造价咨询企业与委托人可以参照《建设工程造价咨询合同》（示范文本）订立合同。

第二十二条 工程造价咨询企业从事工程造价咨询业务，应当按照有关规定的要求出具工程造价成果文件。

工程造价成果文件应当由工程造价咨询企业加盖有企业名称、资质等级及证书编号的执业印章，并由执行咨询业务的注册造价工程师签字、加盖执业印章。

第二十三条 工程造价咨询企业跨省、自治区、直辖市承接工程造价咨询业务的，应当自承接业务之日起30日内到建设工程所在地省、自治区、直辖市人民政府住房城乡建设主管部门备案。

第二十四条 工程造价咨询收费应当按照有关规定，由当事人在建设工程造价咨询合同中约定。

第二十五条 工程造价咨询企业不得有下列行为：

（一）涂改、倒卖、出租、出借资质证书，或者以其他形式非法转让资质证书；

（二）超越资质等级业务范围承接工程造价咨询业务；

（三）同时接受招标人和投标人或两个以上投标人对同一工程项目的工程造价咨询业务；

（四）以给予回扣、恶意压低收费等方式进行不正当竞争；

（五）转包承接的工程造价咨询业务；

（六）法律、法规禁止的其他行为。

第二十六条 除法律、法规另有规定外，未经委托人书面同意，工程造价咨询企业不得对外提供工程造价咨询服务过程中获知的当事人的商业秘密和业务资料。

第二十七条 县级以上地方人民政府住房城乡建设主管部门、有关专业部门应当依照有关法律、法规和本办法的规定，对工程造价咨询企业从事工程造价咨询业务的活动实施监督检查。

第二十八条 监督检查机关履行监督检查职责时，有权采取下列措施：

（一）要求被检查单位提供工程造价咨询企业资质证书、造价工程师注册证书，有关工程造价咨询业务的文档，有关技术档案管理制度、质量控制制度、财务管理制度的文件；

（二）进入被检查单位进行检查，查阅工程造价咨询成果文件以及工程造价咨询合同等相关资料；

（三）纠正违反有关法律、法规和本办法及执业规程规定的行为。

监督检查机关应当将监督检查的处理结果向社会公布。

第二十九条 监督检查机关进行监督检查时，应当有两名以上监督检查人员参加，并出示执法证件，不得妨碍被检查单位的正常经营活动，不得索取或者收受财物、谋取其他利益。

有关单位和个人对依法进行的监督检查应当协助与配合，不得拒绝或者阻挠。

第三十条 有下列情形之一的，资质许可机关或者其上级机关，根据利害关系人的请求或者依据职权，可以撤销工程造价咨询企业资质：

（一）资质许可机关工作人员滥用职权、玩忽职守作出准予工程造价咨询企业资质许可的；

（二）超越法定职权作出准予工程造价咨询企业资质许可的；

（三）违反法定程序作出准予工程造价咨询企业资质许可的；

（四）对不具备行政许可条件的申请人作出准予工程造价咨询企业资质许可的；

（五）依法可以撤销工程造价咨询企业资质的其他情形。

工程造价咨询企业以欺骗、贿赂等不正当手段取得工程造价咨询企业资质的，应当予以撤销。

第三十一条 工程造价咨询企业取得工程造价咨询企业资质后，不再符合相应资质条件的，资质许可机关根据利害关系人的请求或者依据职权,可以责令其限期改正;逾期不改的,可以撤回其资质。

第三十二条 有下列情形之一的,资质许可机关应当依法注销工程造价咨询企业资质:

(一)工程造价咨询企业资质有效期满,未申请延续的;

(二)工程造价咨询企业资质被撤销、撤回的;

(三)工程造价咨询企业依法终止的;

(四)法律、法规规定的应当注销工程造价咨询企业资质的其他情形。

第三十三条 工程造价咨询企业应当按照有关规定,向资质许可机关提供真实、准确、完整的工程造价咨询企业信用档案信息。

工程造价咨询企业信用档案应当包括工程造价咨询企业的基本情况、业绩、良好行为、不良行为等内容。违法行为、被投诉举报处理、行政处罚等情况应当作为工程造价咨询企业的不良记录记入其信用档案。

任何单位和个人有权查阅信用档案。

第五章　法律责任

第三十四条 申请人隐瞒有关情况或者提供虚假材料申请工程造价咨询企业资质的,不予受理或者不予资质许可,并给予警告,申请人在1年内不得再次申请工程造价咨询企业资质。

第三十五条 以欺骗、贿赂等不正当手段取得工程造价咨询企业资质的,由县级以上地方人民政府住房城乡建设主管部门或者有关专业部门给予警告,并处以1万元以上3万元以下的罚款,申请人3年内不得再次申请工程造价咨询企业资质。

第三十六条 未取得工程造价咨询企业资质从事工程造价咨询活动或者超越资质等级承接工程造价咨询业务的,出具的工程造价成果文件无效,由县级以上地方人民政府住房城乡建设主管部门或者有关专业部门给予警告,责令限期改正,并处以1万元以上3万元以下的罚款。

第三十七条 违反本办法第十七条规定,工程造价咨询企业不及时办理资质证书变更手续的,由资质许可机关责令限期办理;逾期不办理的,可处以1万元以下的罚款。

第三十八条 违反本办法第二十三条规定,跨省、自治区、直辖市承接业务不备案的,由县级以上地方人民政府住房城乡建设主管部门或者有关专业部门给予警告,责令限期改正;逾期未改正的,可处以5000元以上2万元以下的罚款。

第三十九条 工程造价咨询企业有本办法第二十五条行为之一的,由县级以上地方人民政府住房城乡建设主管部门或者有关专业部门给予警告,责令限期改正,并处以1万元以上3万元以下的罚款。

第四十条 资质许可机关有下列情形之一的,由其上级行政主管部门或者监察机关责令改正,对直接负责的主管人员和其他直接责任人员依法给予处分;构成犯罪的,依法追究刑事责任:

(一)对不符合法定条件的申请人准予工程造价咨询企业资质许可或者超越职权作出准予工程造价咨询企业资质许可决定的;

(二)对符合法定条件的申请人不予工程造价咨询企业资质许可或者不在法定期限内作出准予工程造价咨询企业资质许可决定的;

(三)利用职务上的便利,收受他人财物或者其他利益的;

(四)不履行监督管理职责,或者发现违法行为不予查处的。

第六章　附　则

第四十一条 本办法自2006年7月1日起施行。2000年1月25日建设部发布的《工程造价咨询单位管理办法》(建设部令第74号)同时废止。

本办法施行前建设部发布的规章与本办法的规定不一致的,以本办法为准。

建设工程勘察设计资质管理规定

- 2007年6月26日建设部令第160号发布
- 根据2015年5月4日《住房和城乡建设部关于修改〈房地产开发企业资质管理规定〉等部门规章的决定》第一次修订
- 根据2016年9月13日《住房城乡建设部关于修改〈勘察设计注册工程师管理规定〉等11个部门规章的决定》第二次修订
- 根据2018年12月22日《住房城乡建设部关于修改〈建筑业企业资质管理规定〉等部门规章的决定》第三次修订

第一章　总　则

第一条 为了加强对建设工程勘察、设计活动的监督管理,保证建设工程勘察、设计质量,根据《中华人民共和国行政许可法》《中华人民共和国建筑法》《建设工程质量管理条例》和《建设工程勘察设计管理条例》等法律、行政法规,制定本规定。

第二条 在中华人民共和国境内申请建设工程勘

察、工程设计资质，实施对建设工程勘察、工程设计资质的监督管理，适用本规定。

第三条 从事建设工程勘察、工程设计活动的企业，应当按照其拥有的资产、专业技术人员、技术装备和勘察设计业绩等条件申请资质，经审查合格，取得建设工程勘察、工程设计资质证书后，方可在资质许可的范围内从事建设工程勘察、工程设计活动。

第四条 国务院住房城乡建设主管部门负责全国建设工程勘察、工程设计资质的统一监督管理。国务院铁路、交通、水利、信息产业、民航等有关部门配合国务院住房城乡建设主管部门实施相应行业的建设工程勘察、工程设计资质管理工作。

省、自治区、直辖市人民政府住房城乡建设主管部门负责本行政区域内建设工程勘察、工程设计资质的统一监督管理。省、自治区、直辖市人民政府交通、水利、信息产业等有关部门配合同级住房城乡建设主管部门实施本行政区域内相应行业的建设工程勘察、工程设计资质管理工作。

第二章 资质分类和分级

第五条 工程勘察资质分为工程勘察综合资质、工程勘察专业资质、工程勘察劳务资质。

工程勘察综合资质只设甲级；工程勘察专业资质设甲级、乙级，根据工程性质和技术特点，部分专业可以设丙级；工程勘察劳务资质不分等级。

取得工程勘察综合资质的企业，可以承接各专业（海洋工程勘察除外）、各等级工程勘察业务；取得工程勘察专业资质的企业，可以承接相应等级相应专业的工程勘察业务；取得工程勘察劳务资质的企业，可以承接岩土工程治理、工程钻探、凿井等工程勘察劳务业务。

第六条 工程设计资质分为工程设计综合资质、工程设计行业资质、工程设计专业资质和工程设计专项资质。

工程设计综合资质只设甲级；工程设计行业资质、工程设计专业资质、工程设计专项资质设甲级、乙级。

根据工程性质和技术特点，个别行业、专业、专项资质可以设丙级，建筑工程专业资质可以设丁级。

取得工程设计综合资质的企业，可以承接各行业、各等级的建设工程设计业务；取得工程设计行业资质的企业，可以承接相应行业相应等级的工程设计业务及本行业范围内同级别的相应专业、专项（设计施工一体化资质除外）工程设计业务；取得工程设计专业资质的企业，可以承接本专业相应等级的专业工程设计业务及同级别的

相应专项工程设计业务（设计施工一体化资质除外）；取得工程设计专项资质的企业，可以承接本专项相应等级的专项工程设计业务。

第七条 建设工程勘察、工程设计资质标准和各资质类别、级别企业承担工程的具体范围由国务院住房城乡建设主管部门商国务院有关部门制定。

第三章 资质申请和审批

第八条 申请工程勘察甲级资质、工程设计甲级资质，以及涉及铁路、交通、水利、信息产业、民航等方面的工程设计乙级资质的，可以向企业工商注册所在地的省、自治区、直辖市人民政府住房城乡建设主管部门提交申请材料。

省、自治区、直辖市人民政府住房城乡建设主管部门收到申请材料后，应当在5日内将全部申请材料报审批部门。

国务院住房城乡建设主管部门在收到申请材料后，应当依法作出是否受理的决定，并出具凭证；申请材料不齐全或者不符合法定形式的，应当在5日内一次性告知申请人需要补正的全部内容。逾期不告知的，自收到申请材料之日起即为受理。

国务院住房城乡建设主管部门应当自受理之日起20日内完成审查。自作出决定之日起10日内公告审批结果。其中，涉及铁路、交通、水利、信息产业、民航等方面的工程设计资质，由国务院住房城乡建设主管部门送国务院有关部门审核，国务院有关部门应当在15日内审核完毕，并将审核意见送国务院住房城乡建设主管部门。

组织专家评审所需时间不计算在上述时限内，但应当明确告知申请人。

第九条 工程勘察乙级及以下资质、劳务资质、工程设计乙级（涉及铁路、交通、水利、信息产业、民航等方面的工程设计乙级资质除外）及以下资质许可由省、自治区、直辖市人民政府住房城乡建设主管部门实施。具体实施程序由省、自治区、直辖市人民政府住房城乡建设主管部门依法确定。

省、自治区、直辖市人民政府住房城乡建设主管部门应当自作出决定之日起30日内，将准予资质许可的决定报国务院住房城乡建设主管部门备案。

第十条 工程勘察、工程设计资质证书分为正本和副本，正本一份，副本六份，由国务院住房城乡建设主管部门统一印制，正、副本具备同等法律效力。资质证书有效期为5年。

第十一条 企业申请工程勘察、工程设计资质，应在

资质许可机关的官方网站或审批平台上提出申请，提交资金、专业技术人员、技术装备和已完成的业绩等电子材料。

第十二条 资质有效期届满，企业需要延续资质证书有效期的，应当在资质证书有效期届满60日前，向原资质许可机关提出资质延续申请。

对在资质有效期内遵守有关法律、法规、规章、技术标准，信用档案中无不良行为记录，且专业技术人员满足资质标准要求的企业，经资质许可机关同意，有效期延续5年。

第十三条 企业在资质证书有效期内名称、地址、注册资本、法定代表人等发生变更的，应当在工商部门办理变更手续后30日内办理资质证书变更手续。

取得工程勘察甲级资质、工程设计甲级资质，以及涉及铁路、交通、水利、信息产业、民航等方面的工程设计乙级资质的企业，在资质证书有效期内发生企业名称变更的，应当向企业工商注册所在地省、自治区、直辖市人民政府住房城乡建设主管部门提出变更申请，省、自治区、直辖市人民政府住房城乡建设主管部门应当自受理申请之日起2日内将有关变更证明材料报国务院住房城乡建设主管部门，由国务院住房城乡建设主管部门在2日内办理变更手续。

前款规定以外的资质证书变更手续，由企业工商注册所在地的省、自治区、直辖市人民政府住房城乡建设主管部门负责办理。省、自治区、直辖市人民政府住房城乡建设主管部门应当自受理申请之日起2日内办理变更手续，并在办理资质证书变更手续后15日内将变更结果报国务院住房城乡建设主管部门备案。

涉及铁路、交通、水利、信息产业、民航等方面的工程设计资质的变更，国务院住房城乡建设主管部门应当将企业资质变更情况告知国务院有关部门。

第十四条 企业申请资质证书变更，应当提交以下材料：

（一）资质证书变更申请；
（二）企业法人、合伙企业营业执照副本复印件；
（三）资质证书正、副本原件；
（四）与资质变更事项有关的证明材料。

企业改制的，除提供前款规定资料外，还应当提供改制重组方案、上级资产管理部门或者股东大会的批准决定、企业职工代表大会同意改制重组的决议。

第十五条 企业首次申请、增项申请工程勘察、工程设计资质，其申请资质等级最高不超过乙级，且不考核企业工程勘察、工程设计业绩。

已具备施工资质的企业首次申请同类别或相近类别的工程勘察、工程设计资质的，可以将相应规模的工程总承包业绩作为工程业绩予以申报。其申请资质等级最高不超过其现有施工资质等级。

第十六条 企业合并的，合并后存续或者新设立的企业可以承继合并前各方中较高的资质等级，但应当符合相应的资质标准条件。

企业分立的，分立后企业的资质按照资质标准及本规定的审批程序核定。

企业改制的，改制后不再符合资质标准的，应按其实际达到的资质标准及本规定重新核定；资质条件不发生变化的，按本规定第十四条办理。

第十七条 从事建设工程勘察、设计活动的企业，申请资质升级、资质增项，在申请之日起前一年内有下列情形之一的，资质许可机关不予批准企业的资质升级申请和增项申请：

（一）企业相互串通投标或者与招标人串通投标承揽工程勘察、工程设计业务的；
（二）将承揽的工程勘察、工程设计业务转包或违法分包的；
（三）注册执业人员未按照规定在勘察设计文件上签字的；
（四）违反国家工程建设强制性标准的；
（五）因勘察设计原因造成过重大生产安全事故的；
（六）设计单位未根据勘察成果文件进行工程设计的；
（七）设计单位违反规定指定建筑材料、建筑构配件的生产厂、供应商的；
（八）无工程勘察、工程设计资质或者超越资质等级范围承揽工程勘察、工程设计业务的；
（九）涂改、倒卖、出租、出借或者以其他形式非法转让资质证书的；
（十）允许其他单位、个人以本单位名义承揽建设工程勘察、设计业务的；
（十一）其他违反法律、法规行为的。

第十八条 企业在领取新的工程勘察、工程设计资质证书的同时，应当将原资质证书交回原发证机关予以注销。

企业需增补（含增加、更换、遗失补办）工程勘察、工程设计资质证书的，应当持资质证书增补申请等材料向资质许可机关申请办理。遗失资质证书的，在申请补办前应当在公众媒体上刊登遗失声明。资质许可机关应当在2日内办理完毕。

第四章 监督与管理

第十九条 国务院住房城乡建设主管部门对全国的建设工程勘察、设计资质实施统一的监督管理。国务院铁路、交通、水利、信息产业、民航等有关部门配合国务院住房城乡建设主管部门对相应的行业资质进行监督管理。

县级以上地方人民政府住房城乡建设主管部门负责对本行政区域内的建设工程勘察、设计资质实施监督管理。县级以上人民政府交通、水利、信息产业等有关部门配合同级住房城乡建设主管部门对相应的行业资质进行监督管理。

上级住房城乡建设主管部门应当加强对下级住房城乡建设主管部门资质管理工作的监督检查，及时纠正资质管理中的违法行为。

第二十条 住房城乡建设主管部门、有关部门履行监督检查职责时，有权采取下列措施：

（一）要求被检查单位提供工程勘察、设计资质证书、注册执业人员的注册执业证书，有关工程勘察、设计业务的文档，有关质量管理、安全生产管理、档案管理、财务管理等企业内部管理制度的文件；

（二）进入被检查单位进行检查，查阅相关资料；

（三）纠正违反有关法律、法规和本规定及有关规范和标准的行为。

住房城乡建设主管部门、有关部门依法对企业从事行政许可事项的活动进行监督检查时，应当将监督检查情况和处理结果予以记录，由监督检查人员签字后归档。

第二十一条 住房城乡建设主管部门、有关部门在实施监督检查时，应当有两名以上监督检查人员参加，并出示执法证件，不得妨碍企业正常的生产经营活动，不得索取或者收受企业的财物，不得谋取其他利益。

有关单位和个人对依法进行的监督检查应当协助与配合，不得拒绝或者阻挠。

监督检查机关应当将监督检查的处理结果向社会公布。

第二十二条 企业违法从事工程勘察、工程设计活动的，其违法行为发生地的住房城乡建设主管部门应当依法将企业的违法事实、处理结果或处理建议告知该企业的资质许可机关。

第二十三条 企业取得工程勘察、设计资质后，不再符合相应资质条件的，住房城乡建设主管部门、有关部门根据利害关系人的请求或者依据职权，可以责令其限期改正；逾期不改的，资质许可机关可以撤回其资质。

第二十四条 有下列情形之一的，资质许可机关或者其上级机关，根据利害关系人的请求或者依据职权，可以撤销工程勘察、工程设计资质：

（一）资质许可机关工作人员滥用职权、玩忽职守作出准予工程勘察、工程设计资质许可的；

（二）超越法定职权作出准予工程勘察、工程设计资质许可的；

（三）违反资质审批程序作出准予工程勘察、工程设计资质许可的；

（四）对不符合许可条件的申请人作出工程勘察、工程设计资质许可的；

（五）依法可以撤销资质证书的其他情形。

以欺骗、贿赂等不正当手段取得工程勘察、工程设计资质证书的，应当予以撤销。

第二十五条 有下列情形之一的，企业应当及时向资质许可机关提出注销资质的申请，交回资质证书，资质许可机关应当办理注销手续，公告其资质证书作废：

（一）资质证书有效期届满未依法申请延续的；

（二）企业依法终止的；

（三）资质证书依法被撤销、撤回，或者吊销的；

（四）法律、法规规定的应当注销资质的其他情形。

第二十六条 有关部门应当将监督检查情况和处理意见及时告知住房城乡建设主管部门。资质许可机关应当将涉及铁路、交通、水利、信息产业、民航等方面的资质被撤回、撤销和注销的情况及时告知有关部门。

第二十七条 企业应当按照有关规定，向资质许可机关提供真实、准确、完整的企业信用档案信息。

企业的信用档案应当包括企业基本情况、业绩、工程质量和安全、合同违约等情况。被投诉举报和处理、行政处罚等情况应当作为不良行为记入其信用档案。

企业的信用档案信息按照有关规定向社会公示。

第五章 法律责任

第二十八条 企业隐瞒有关情况或者提供虚假材料申请资质的，资质许可机关不予受理或者不予行政许可，并给予警告，该企业在1年内不得再次申请该资质。

第二十九条 企业以欺骗、贿赂等不正当手段取得资质证书的，由县级以上地方人民政府住房城乡建设主管部门或者有关部门给予警告，并依法处以罚款；该企业在3年内不得再次申请该资质。

第三十条 企业不及时办理资质证书变更手续的，由资质许可机关责令限期办理；逾期不办理的，可处以1000元以上1万元以下的罚款。

第三十一条 企业未按照规定提供信用档案信息的,由县级以上地方人民政府住房城乡建设主管部门给予警告,责令限期改正;逾期未改正的,可处 1000 元以上 1 万元以下的罚款。

第三十二条 涂改、倒卖、出租、出借或者以其他形式非法转让资质证书的,由县级以上地方人民政府住房城乡建设主管部门或者有关部门给予警告,责令改正,并处以 1 万元以上 3 万元以下的罚款;造成损失的,依法承担赔偿责任;构成犯罪的,依法追究刑事责任。

第三十三条 县级以上地方人民政府住房城乡建设主管部门依法给予工程勘察、设计企业行政处罚的,应当将行政处罚决定以及给予行政处罚的事实、理由和依据,报国务院住房城乡建设主管部门备案。

第三十四条 住房城乡建设主管部门及其工作人员,违反本规定,有下列情形之一的,由其上级行政机关或者监察机关责令改正;情节严重的,对直接负责的主管人员和其他直接责任人员,依法给予行政处分:

(一)对不符合条件的申请人准予工程勘察、设计资质许可的;

(二)对符合条件的申请人不予工程勘察、设计资质许可或者未在法定期限内作出许可决定的;

(三)对符合条件的申请不予受理或者未在法定期限内初审完毕的;

(四)利用职务上的便利,收受他人财物或者其他好处的;

(五)不依法履行监督职责或者监督不力,造成严重后果的。

第六章 附 则

第三十五条 本规定所称建设工程勘察包括建设工程项目的岩土工程、水文地质、工程测量、海洋工程勘察等。

第三十六条 本规定所称建设工程设计是指:

(一)建设工程项目的主体工程和配套工程(含厂(矿)区内的自备电站、道路、专用铁路、通信、各种管网管线和配套的建筑物等全部配套工程)以及与主体工程、配套工程相关的工艺、土木、建筑、环境保护、水土保持、消防、安全、卫生、节能、防雷、抗震、照明工程等的设计。

(二)建筑工程建设用地规划许可证范围内的室外工程设计、建筑物构筑物设计、民用建筑修建的地下工程设计及住宅小区、工厂厂前区、工厂生活区、小区规划设计及单体设计等,以及上述建筑工程所包含的相关专业的设计内容(包括总平面布置、竖向设计、各类管网管线设计、景观设计、室内外环境设计及建筑装饰、道路、消防、安保、通信、防雷、人防、供配电、照明、废水治理、空调设施、抗震加固等)。

第三十七条 取得工程勘察、工程设计资质证书的企业,可以从事资质证书许可范围内相应的建设工程总承包业务,可以从事工程项目管理和相关的技术与管理服务。

第三十八条 本规定自 2007 年 9 月 1 日起实施。2001 年 7 月 25 日建设部颁布的《建设工程勘察设计企业资质管理规定》(建设部令第 93 号)同时废止。

建筑业企业资质管理规定

·2015 年 1 月 22 日住房和城乡建设部令第 22 号公布
·根据 2016 年 9 月 13 日《住房城乡建设部关于修改〈勘察设计注册工程师管理规定〉等 11 个部门规章的决定》第一次修订
·根据 2018 年 12 月 22 日《住房城乡建设部关于修改〈建筑业企业资质管理规定〉等部门规章的决定》第二次修订

第一章 总 则

第一条 为了加强对建筑活动的监督管理,维护公共利益和规范建筑市场秩序,保证建设工程质量安全,促进建筑业的健康发展,根据《中华人民共和国建筑法》、《中华人民共和国行政许可法》、《建设工程质量管理条例》、《建设工程安全生产管理条例》等法律、行政法规,制定本规定。

第二条 在中华人民共和国境内申请建筑业企业资质,实施对建筑业企业资质监督管理,适用本规定。

本规定所称建筑业企业,是指从事土木工程、建筑工程、线路管道设备安装工程的新建、扩建、改建等施工活动的企业。

第三条 企业应当按照其拥有的资产、主要人员、已完成的工程业绩和技术装备等条件申请建筑业企业资质,经审查合格,取得建筑业企业资质证书后,方可在资质许可的范围内从事建筑施工活动。

第四条 国务院住房城乡建设主管部门负责全国建筑业企业资质的统一监督管理。国务院交通运输、水利、工业信息化等有关部门配合国务院住房城乡建设主管部门实施相关资质类别建筑业企业资质的管理工作。

省、自治区、直辖市人民政府住房城乡建设主管部门负责本行政区域内建筑业企业资质的统一监督管理。省、自治区、直辖市人民政府交通运输、水利、通信等有关部门配合同级住房城乡建设主管部门实施本行政区域内相关资质类别建筑业企业资质的管理工作。

第五条 建筑业企业资质分为施工总承包资质、专业承包资质、施工劳务资质三个序列。

施工总承包资质、专业承包资质按照工程性质和技术特点分别划分为若干资质类别，各资质类别按照规定的条件划分为若干资质等级。施工劳务资质不分类别与等级。

第六条 建筑业企业资质标准和取得相应资质的企业可以承担工程的具体范围，由国务院住房城乡建设主管部门会同国务院有关部门制定。

第七条 国家鼓励取得施工总承包资质的企业拥有全资或者控股的劳务企业。

建筑业企业应当加强技术创新和人员培训，使用先进的建造技术、建筑材料，开展绿色施工。

第二章 申请与许可

第八条 企业可以申请一项或多项建筑业企业资质。

企业首次申请或增项申请资质，应当申请最低等级资质。

第九条 下列建筑业企业资质，由国务院住房城乡建设主管部门许可：

（一）施工总承包资质序列特级资质、一级资质及铁路工程施工总承包二级资质；

（二）专业承包资质序列公路、水运、水利、铁路、民航方面的专业承包一级资质及铁路、民航方面的专业承包二级资质；涉及多个专业的专业承包一级资质。

第十条 下列建筑业企业资质，由企业工商注册所在地省、自治区、直辖市人民政府住房城乡建设主管部门许可：

（一）施工总承包资质序列二级资质及铁路、通信工程施工总承包三级资质；

（二）专业承包资质序列一级资质（不含公路、水运、水利、铁路、民航方面的专业承包一级资质及涉及多个专业的专业承包一级资质）；

（三）专业承包资质序列二级资质（不含铁路、民航方面的专业承包二级资质）；铁路方面专业承包三级资质；特种工程专业承包资质。

第十一条 下列建筑业企业资质，由企业工商注册所在地设区的市人民政府住房城乡建设主管部门许可：

（一）施工总承包资质序列三级资质（不含铁路、通信工程施工总承包三级资质）；

（二）专业承包资质序列三级资质（不含铁路方面专业承包资质）及预拌混凝土、模板脚手架专业承包资质；

（三）施工劳务资质；

（四）燃气燃烧器具安装、维修企业资质。

第十二条 申请本规定第九条所列资质的，可以向企业工商注册所在地省、自治区、直辖市人民政府住房城乡建设主管部门提交申请材料。

省、自治区、直辖市人民政府住房城乡建设主管部门收到申请材料后，应当在5日内将全部申请材料报审批部门。

国务院住房城乡建设主管部门在收到申请材料后，应当依法作出是否受理的决定，并出具凭证；申请材料不齐全或者不符合法定形式的，应当在5日内一次性告知申请人需要补正的全部内容。逾期不告知的，自收到申请材料之日起即为受理。

国务院住房城乡建设主管部门应当自受理之日起20个工作日内完成审查。自作出决定之日起10日内公告审批结果。其中，涉及公路、水运、水利、通信、铁路、民航等方面资质的，由国务院住房城乡建设主管部门会同国务院有关部门审查。

需要组织专家评审的，所需时间不计算在许可时限内，但应当明确告知申请人。

第十三条 本规定第十条规定的资质许可程序由省、自治区、直辖市人民政府住房城乡建设主管部门依法确定，并向社会公布。

本规定第十一条规定的资质许可程序由设区的市级人民政府住房城乡建设主管部门依法确定，并向社会公布。

第十四条 企业申请建筑业企业资质，在资质许可机关的网站或审批平台提出申请事项，提交资金、专业技术人员、技术装备和已完成业绩等电子材料。

第十五条 企业申请建筑业企业资质，应当如实提交有关申请材料。资质许可机关收到申请材料后，应当按照《中华人民共和国行政许可法》的规定办理受理手续。

第十六条 资质许可机关应当及时将资质许可决定向社会公开，并为公众查询提供便利。

第十七条 建筑业企业资质证书分为正本和副本，由国务院住房城乡建设主管部门统一印制，正、副本具备同等法律效力。资质证书有效期为5年。

第三章 延续与变更

第十八条 建筑业企业资质证书有效期届满，企业继续从事建筑施工活动的，应当于资质证书有效期届满3个月前，向原资质许可机关提出延续申请。

资质许可机关应当在建筑业企业资质证书有效期届满前做出是否准予延续的决定；逾期未做出决定的，视为准予延续。

第十九条 企业在建筑业企业资质证书有效期内名称、地址、注册资本、法定代表人等发生变更的，应当在工商部门办理变更手续后1个月内办理资质证书变更手续。

第二十条 由国务院住房城乡建设主管部门颁发的建筑业企业资质证书的变更，企业应当向企业工商注册所在地省、自治区、直辖市人民政府住房城乡建设主管部门提出变更申请，省、自治区、直辖市人民政府住房城乡建设主管部门应当自受理申请之日起2日内将有关变更证明材料报国务院住房城乡建设主管部门，由国务院住房城乡建设主管部门在2日内办理变更手续。

前款规定以外的资质证书的变更，由企业工商注册所在地的省、自治区、直辖市人民政府住房城乡建设主管部门或者设区的市人民政府住房城乡建设主管部门依法另行规定。变更结果应当在资质证书变更后15日内，报送国务院住房城乡建设主管部门备案。

涉及公路、水运、水利、通信、铁路、民航等方面的建筑业企业资质证书的变更，办理变更手续的住房城乡建设主管部门应将建筑业企业资质证书变更情况告知同级有关部门。

第二十一条 企业发生合并、分立、重组以及改制等事项，需承继原建筑业企业资质的，应当申请重新核定建筑业企业资质等级。

第二十二条 企业需更换、遗失补办建筑业企业资质证书的，应当持建筑业企业资质证书更换、遗失补办申请等材料向资质许可机关申请办理。资质许可机关应当在2个工作日内办理完毕。

企业遗失建筑业企业资质证书的，在申请补办前应当在公众媒体上刊登遗失声明。

第二十三条 企业申请建筑业企业资质升级、资质增项，在申请之日起前一年至资质许可决定作出前，有下列情形之一的，资质许可机关不予批准其建筑业企业资质升级申请和增项申请：

（一）超越本企业资质等级或以其他企业的名义承揽工程，或允许其他企业或个人以本企业的名义承揽工程的；

（二）与建设单位或企业之间相互串通投标，或以行贿等不正当手段谋取中标的；

（三）未取得施工许可证擅自施工的；

（四）将承包的工程转包或违法分包的；

（五）违反国家工程建设强制性标准施工的；

（六）恶意拖欠分包企业工程款或者劳务人员工资的；

（七）隐瞒或谎报、拖延报告工程质量安全事故，破坏事故现场、阻碍对事故调查的；

（八）按照国家法律、法规和标准规定需要持证上岗的现场管理人员和技术工种作业人员未取得证书上岗的；

（九）未依法履行工程质量保修义务或拖延履行保修义务的；

（十）伪造、变造、倒卖、出租、出借或者以其他形式非法转让建筑业企业资质证书的；

（十一）发生过较大以上质量安全事故或者发生过两起以上一般质量安全事故的；

（十二）其他违反法律、法规的行为。

第四章 监督管理

第二十四条 县级以上人民政府住房城乡建设主管部门和其他有关部门应当依照有关法律、法规和本规定，加强对企业取得建筑业企业资质后是否满足资质标准和市场行为的监督管理。

上级住房城乡建设主管部门应当加强对下级住房城乡建设主管部门资质管理工作的监督检查，及时纠正建筑业企业资质管理中的违法行为。

第二十五条 住房城乡建设主管部门、其他有关部门的监督检查人员履行监督检查职责时，有权采取下列措施：

（一）要求被检查企业提供建筑业企业资质证书、企业有关人员的注册执业证书、职称证书、岗位证书和考核或者培训合格证书，有关施工业务的文档，有关质量管理、安全生产管理、合同管理、档案管理、财务管理等企业内部管理制度的文件；

（二）进入被检查企业进行检查，查阅相关资料；

（三）纠正违反有关法律、法规和本规定及有关规范和标准的行为。

监督检查人员应当将监督检查情况和处理结果予以记录，由监督检查人员和被检查企业的有关人员签字确认后归档。

第二十六条 住房城乡建设主管部门、其他有关部门的监督检查人员在实施监督检查时，应当出示证件，并要有两名以上人员参加。

监督检查人员应当为被检查企业保守商业秘密，不得索取或者收受企业的财物，不得谋取其他利益。

有关企业和个人对依法进行的监督检查应当协助与配合，不得拒绝或者阻挠。

监督检查机关应当将监督检查的处理结果向社会公布。

第二十七条 企业违法从事建筑活动的，违法行为发生地的县级以上地方人民政府住房城乡建设主管部门或者其他有关部门应当依法查处，并将违法事实、处理结果或者处理建议及时告知该建筑业企业资质的许可机关。

对取得国务院住房城乡建设主管部门颁发的建筑业企业资质证书的企业需要处以停业整顿、降低资质等级、吊销资质证书行政处罚的，县级以上地方人民政府住房城乡建设主管部门或者其他有关部门，应当通过省、自治区、直辖市人民政府住房城乡建设主管部门或者国务院有关部门，将违法事实、处理建议及时报送国务院住房城乡建设主管部门。

第二十八条 取得建筑业企业资质证书的企业，应当保持资产、主要人员、技术装备等方面满足相应建筑业企业资质标准要求的条件。

企业不再符合相应建筑业企业资质标准要求条件的，县级以上地方人民政府住房城乡建设主管部门、其他有关部门，应当责令其限期改正并向社会公告，整改期限最长不超过3个月；企业整改期间不得申请建筑业企业资质的升级、增项，不能承揽新的工程；逾期仍未达到建筑业企业资质标准要求条件的，资质许可机关可以撤回其建筑业企业资质证书。

被撤回建筑业企业资质证书的企业，可以在资质被撤回后3个月内，向资质许可机关提出核定低于原等级同类别资质的申请。

第二十九条 有下列情形之一的，资质许可机关应当撤销建筑业企业资质：

（一）资质许可机关工作人员滥用职权、玩忽职守准予资质许可的；

（二）超越法定职权准予资质许可的；

（三）违反法定程序准予资质许可的；

（四）对不符合资质标准条件的申请企业准予资质许可的；

（五）依法可以撤销资质许可的其他情形。

以欺骗、贿赂等不正当手段取得资质许可的，应当予以撤销。

第三十条 有下列情形之一的，资质许可机关应当依法注销建筑业企业资质，并向社会公布其建筑业企业资质证书作废，企业应当及时将建筑业企业资质证书交回资质许可机关：

（一）资质证书有效期届满，未依法申请延续的；

（二）企业依法终止的；

（三）资质证书依法被撤回、撤销或吊销的；

（四）企业提出注销申请的；

（五）法律、法规规定的应当注销建筑业企业资质的其他情形。

第三十一条 有关部门应当将监督检查情况和处理意见及时告知资质许可机关。资质许可机关应当将涉及有关公路、水运、水利、通信、铁路、民航等方面的建筑业企业资质许可被撤回、撤销、吊销和注销的情况告知同级有关部门。

第三十二条 资质许可机关应当建立、健全建筑业企业信用档案管理制度。建筑业企业信用档案应当包括企业基本情况、资质、业绩、工程质量和安全、合同履约、社会投诉和违法行为等情况。

企业的信用档案信息按照有关规定向社会公开。

取得建筑业企业资质的企业应当按照有关规定，向资质许可机关提供真实、准确、完整的企业信用档案信息。

第三十三条 县级以上地方人民政府住房城乡建设主管部门或其他有关部门依法给予企业行政处罚的，应当将行政处罚决定以及给予行政处罚的事实、理由和依据，通过省、自治区、直辖市人民政府住房城乡建设主管部门或者国务院有关部门报国务院住房城乡建设主管部门备案。

第三十四条 资质许可机关应当推行建筑业企业资质许可电子化，建立建筑业企业资质管理信息系统。

第五章 法律责任

第三十五条 申请企业隐瞒有关真实情况或者提供虚假材料申请建筑业企业资质的，资质许可机关不予许可，并给予警告，申请企业在1年内不得再次申请建筑业企业资质。

第三十六条 企业以欺骗、贿赂等不正当手段取得建筑业企业资质的，由原资质许可机关予以撤销；由县级以上地方人民政府住房城乡建设主管部门或者其他有关部门给予警告，并处3万元的罚款；申请企业3年内不得再次申请建筑业企业资质。

第三十七条 企业有本规定第二十三条行为之一，

《中华人民共和国建筑法》《建设工程质量管理条例》和其他有关法律、法规对处罚机关和处罚方式有规定的，依照法律、法规的规定执行；法律、法规未作规定的，由县级以上地方人民政府住房城乡建设主管部门或者其他有关部门给予警告，责令改正，并处1万元以上3万元以下的罚款。

第三十八条 企业未按照本规定及时办理建筑业企业资质证书变更手续的，由县级以上地方人民政府住房城乡建设主管部门责令限期办理；逾期不办理的，可处以1000元以上1万元以下的罚款。

第三十九条 企业在接受监督检查时，不如实提供有关材料，或者拒绝、阻碍监督检查的，由县级以上地方人民政府住房城乡建设主管部门责令限期改正，并可以处3万元以下罚款。

第四十条 企业未按照本规定要求提供企业信用档案信息的，由县级以上地方人民政府住房城乡建设主管部门或者其他有关部门给予警告，责令限期改正；逾期未改正的，可处以1000元以上1万元以下的罚款。

第四十一条 县级以上人民政府住房城乡建设主管部门及其工作人员，违反本规定，有下列情形之一的，由其上级行政机关或者监察机关责令改正；对直接负责的主管人员和其他直接责任人员，依法给予行政处分；直接负责的主管人员和其他直接责任人员构成犯罪的，依法追究刑事责任：

（一）对不符合资质标准规定条件的申请企业准予资质许可的；

（二）对符合受理条件的申请企业不予受理或者未在法定期限内初审完毕的；

（三）对符合资质标准规定条件的申请企业不予许可或者不在法定期限内准予资质许可的；

（四）发现违反本规定规定的行为不予查处，或者接到举报后不依法处理的；

（五）在企业资质许可和监督管理中，利用职务上的便利，收受他人财物或者其他好处，以及有其他违法行为的。

第六章 附 则

第四十二条 本规定自2015年3月1日起施行。2007年6月26日建设部颁布的《建筑业企业资质管理规定》（建设部令第159号）同时废止。

工程监理企业资质管理规定实施意见

· 2007年7月31日建市〔2007〕190号发布
· 根据2016年6月16日《住房城乡建设部关于建设工程企业资质管理资产考核有关问题的通知》修订

为规范工程监理企业资质管理，依据《工程监理企业资质管理规定》（建设部令第158号，以下简称158号部令）及相关法律法规，制定本实施意见。

一、资质申请条件

（一）新设立的企业申请工程监理企业资质和已具有工程监理企业资质的企业申请综合资质、专业资质升级、增加其他专业资质，自2007年8月1日起应按照158号部令要求提出资质申请。

（二）新设立的企业申请工程监理企业资质，应先取得《企业法人营业执照》或《合伙企业营业执照》，办理完相应的执业人员注册手续后，方可申请资质。

取得《企业法人营业执照》的企业，只可申请综合资质和专业资质，取得《合伙企业营业执照》的企业，只可申请事务所资质。

（三）新设立的企业申请工程监理企业资质和已获得工程监理企业资质的企业申请增加其他专业资质，应从专业乙级、丙级资质或事务所资质开始申请，不需要提供业绩证明材料。申请房屋建筑、水利水电、公路和市政公用工程专业资质的企业，也可以直接申请专业乙级资质。

（四）已具有专业丙级资质企业可直接申请专业乙级资质，不需要提供业绩证明材料。已具有专业乙级资质申请晋升专业甲级资质的企业，应在近2年内独立监理过3个及以上相应专业的二级工程项目。

（五）具有甲级设计资质或一级及以上施工总承包资质的企业可以直接申请与主营业务相对应的专业工程类别甲级工程监理企业资质。具有甲级设计资质或一级及以上施工总承包资质的企业申请主营业务以外的专业工程类别监理企业资质的，应从专业乙级及以下资质开始申请。

主营业务是指企业在具有的甲级设计资质或一级以上施工总承包资质中主要从事的工程类别业务。

（六）工程监理企业申请专业资质升级、增加其他专业资质的，相应专业的注册监理工程师人数应满足已有监理资质所要求的注册监理工程师等人员标准后，方可申请。申请综合资质的，应至少满足已有资质中的5个甲级专业资质要求的注册监理工程师人员数量。

（七）工程监理企业的注册人员、工程监理业绩（包括境外工程业绩)和技术装备等资质条件,均是以独立企业法人为审核单位。企业(集团)的母、子公司在申请资质时,各项指标不得重复计算。

二、申请材料

(八)申请专业甲级资质或综合资质的工程监理企业需提交以下材料:

1.《工程监理企业资质申请表》(见附件1)一式三份及相应的电子文档;

2. 企业法人营业执照正、副本复印件;

3. 企业章程复印件;

4. 工程监理企业资质证书正、副本复印件;

5. 企业法定代表人、企业负责人的身份证明、工作简历及任命(聘用)文件的复印件;

6. 企业技术负责人的身份证明、工作简历、任命(聘用)文件、毕业证书、相关专业学历证书、职称证书和加盖执业印章的《中华人民共和国注册监理工程师注册执业证书》等复印件;

7.《工程监理企业资质申请表》中所列注册执业人员的身份证明、加盖执业印章的注册执业证书复印件(无执业印章的,须提供注册执业证书复印件);

8. 企业近2年内业绩证明材料的复印件,包括:监理合同、监理规划、工程竣工验收证明、监理工作总结和监理业务手册;

9. 企业必要的工程试验检测设备的购置清单(按申请表要求填写)。

(九)具有甲级设计资质或一级及以上施工总承包资质的企业申请与主营业务对应的专业工程类别甲级监理资质的,除应提供本实施意见第(八)条1、2、3、5、6、7、9所列材料外,还需提供企业具有的甲级设计资质或一级及以上施工总承包资质的资质证书正、副本复印件,不需提供相应的业绩证明。

(十)申请专业乙级和丙级资质的工程监理企业,需提供本实施意见第(八)条1、2、3、5、6、7、9所列材料,不需提供相应的业绩证明。

(十一)申请事务所资质的企业,需提供以下材料:

1.《工程监理企业资质申请表》(见附件1)一式三份及相应的电子文档;

2. 合伙企业营业执照正、副本复印件;

3. 合伙人协议文本复印件;

4. 合伙人组成名单、身份证明、工作简历以及加盖执业印章的《中华人民共和国注册监理工程师注册执业证书》复印件;

5. 办公场所属于自有产权的,应提供产权证明复印件;办公场所属于租用的,应提供出租方产权证明、双方租赁合同的复印件;

6. 必要的工程试验检测设备的购置清单(按申请表要求填写)。

(十二)申请综合资质、专业资质延续的企业,需提供本实施意见第(八)条1、2、4、7所列材料,不需提供相应的业绩证明;申请事务所资质延续的企业,应提供本实施意见第(十一)条1、2、4所列材料。

(十三)具有综合资质、专业甲级资质的企业申请变更资质证书中企业名称的,由建设部负责办理。企业应向工商注册所在地的省、自治区、直辖市人民政府建设主管部门提出申请,并提交下列材料:

1.《建设工程企业资质证书变更审核表》;

2. 企业法人营业执照副本复印件;

3. 企业原有资质证书正、副本原件及复印件;

4. 企业股东大会或董事会关于变更事项的决议或文件。

上述规定以外的资质证书变更手续,由省、自治区、直辖市人民政府建设主管部门负责办理,具体办理程序由省、自治区、直辖市人民政府建设主管部门依法确定。其中具有综合资质、专业甲级资质的企业其资质证书编号发生变化的,省、自治区、直辖市人民政府建设主管部门需报建设部核准后,方可办理。

(十四)企业改制、分立、合并后设立的工程监理企业申请资质,除提供本实施意见第(八)条所要求的材料外,还应当提供如下证明材料的复印件:

1. 企业改制、分立、合并或重组的情况说明,包括新企业与原企业的产权关系、资本构成及资产负债情况,人员、内部组织机构的分立与合并、工程业绩的分割、合并等情况;

2. 上级主管部门的批复文件,职工代表大会的决议;或股东大会、董事会的决议。

(十五)具有综合资质、专业甲级资质的工程监理企业申请工商注册地跨省、自治区、直辖市变更的,企业应向新注册所在地的省、自治区、直辖市人民政府建设主管部门提出申请,并提交下列材料:

1. 工程监理企业原工商注册地省、自治区、直辖市人民政府建设主管部门同意资质变更的书面意见;

2. 变更前原工商营业执照注销证明及变更后新工商营业执照正、副本复印件;

3. 本实施意见第(八)条1、2、3、4、5、6、7、9所列的材料。

其中涉及到资质证书中企业名称变更的,省、自治区、直辖市人民政府建设主管部门应将受理的申请材料报建设部办理。

具有专业乙级、丙级资质和事务所资质的工程监理企业申请工商注册地跨省、自治区、直辖市变更,由各省、自治区、直辖市人民政府建设主管部门参照上述程序依法制定。

(十六)企业申请工程监理企业资质的申报材料,应符合以下要求:

1. 申报材料应包括:《工程监理企业资质申请表》及相应的附件材料;

2.《工程监理企业资质申请表》一式三份,涉及申请铁路、交通、水利、信息产业、民航等专业资质的,每增加申请一项资质,申报材料应增加二份申请表和一份附件材料;

3. 申请表与附件材料应分开装订,用A4纸打印或复印。附件材料应按《工程监理企业资质申请表》填写顺序编制详细目录及页码范围,以便审查查找。复印材料要求清晰、可辨;

4. 所有申报材料必须填写规范、盖章或印鉴齐全、字迹清晰;

5. 工程监理企业申报材料中如有外文,需附中文译本。

三、资质受理审查程序

(十七)工程监理企业资质申报材料应当齐全,手续完备。对于手续不全、盖章或印鉴不清的,资质管理部门将不予受理。

资质受理部门应对工程监理企业资质申报材料中的附件材料原件进行核验,确认企业附件材料中相关内容与原件相符。对申请综合资质、专业甲级资质的企业,省、自治区、直辖市人民政府建设主管部门应将其《工程监理企业资质申请表》(附件1)及附件材料、报送文件一并报建设部。

(十八)工程监理企业应于资质证书有效期届满60日前,向原资质许可机关提出资质延续申请。逾期不申请资质延续的,有效期届满后,其资质证书自动失效。如需开展工程监理业务,应按首次申请办理。

(十九)工程监理企业的所有申报材料一经建设主管部门受理,未经批准,不得修改。

(二十)各省、自治区、直辖市人民政府建设主管部门可根据本地的实际情况,制定事务所资质的具体实施办法。

(二十一)对企业改制、分立或合并后设立的工程监理企业,资质许可机关按下列规定进行资质核定:

1. 整体改制的企业,按资质变更程序办理;

2. 合并后存续或者新设立的工程监理企业可以承继合并前各方中较高资质等级。合并后不申请资质升级和增加其他专业资质的,按资质变更程序办理;申请资质升级或增加其他专业资质的,资质许可机关应根据其实际达到的资质条件,按照158号部令中的审批程序核定;

3. 企业分立成两个及以上工程监理企业的,应根据其实际达到的资质条件,按照158号部令的审批程序对分立后的企业分别重新核定资质等级。

(二十二)对工程监理企业的所有申请、审查等书面材料,有关建设主管部门应保存5年。

四、资质证书

(二十三)工程监理企业资质证书由建设部统一印制。专业甲级资质、乙级资质、丙级资质证书分别打印,每套资质证书包括一本正本和四本副本。

工程监理企业资质证书有效期为5年,有效期的计算时间以资质证书最后的核定日期为准。

(二十四)工程监理企业资质证书全国通用,各地、各部门不得以任何名义设立158号部令规定以外的其他准入条件,不得违法收取费用。

(二十五)工程监理企业遗失资质证书,应首先在全国性建设行业报刊或省级(含省级)综合类报刊上刊登遗失作废声明,然后再向原资质许可机关申请补办,并提供下列材料:

1. 企业补办资质证书的书面申请;

2. 刊登遗失声明的报刊原件;

3.《建设工程企业资质证书增补审核表》。

五、监督管理

(二十六)县级以上人民政府建设主管部门和有关部门应依法对本辖区内工程监理企业的资质情况实施动态监督管理。重点检查158号部令第十六条和第二十三条的有关内容,并将检查和处理结果记入企业信用档案。

具体抽查企业的数量和比例由县级以上人民政府建设主管部门或者有关部门根据实际情况研究决定。

监督检查可以采取下列形式:

1. 集中监督检查。由县级以上人民政府建设主管部门或者有关部门统一部署的监督检查;

2. 抽查和巡查。县级以上人民政府建设主管部门或者有关部门随机进行的监督检查。

（二十七）县级以上人民政府建设主管部门和有关部门应按以下程序实施监督检查：

1. 制定监督检查方案，其中集中监督检查方案应予以公布；

2. 检查应出具相应的检查文件或证件；

3. 当地建设主管部门和有关部门应当配合上级部门的监督检查；

4. 实施检查时，应首先明确监督检查内容，被检企业应如实提供相关文件资料。对于提供虚假材料的企业，予以通报；对于不符合相应资质条件要求的监理企业，应及时上报资质许可机关，资质许可机关可以责令其限期改正，逾期不改的，撤回其相应工程监理企业资质；对于拒不提供被检资料的企业，予以通报，并责令其限期提供被检资料；

5. 检查人员应当将检查情况予以记录，并由被检企业负责人和检查人员签字确认；

6. 检查人员应当将检查情况汇总，连同有关行政处理或者行政处罚建议书面告知当地建设主管部门。

（二十八）工程监理企业违法从事工程监理活动的，违法行为发生地的县级以上地方人民政府建设主管部门应当依法查处，并将工程监理企业的违法事实、处理结果或处理建议及时报告违法行为发生地的省、自治区、直辖市人民政府建设主管部门；其中对综合资质或专业甲级资质工程监理企业的违法事实、处理结果或处理建议，须通过违法行为发生地的省、自治区、直辖市人民政府建设主管部门报建设部。

六、有关说明

（二十九）工程监理企业的注册监理工程师是指在本企业注册的取得《中华人民共和国注册监理工程师注册执业证书》的人员。注册监理工程师不得同时受聘、注册于两个及以上企业。

注册监理工程师的专业是指《中华人民共和国注册监理工程师注册执业证书》上标注的注册专业。

一人同时具有注册监理工程师、注册造价工程师、一级注册建造师、一级注册建筑师、一级注册结构工程师或者其他勘察设计注册工程师两个及以上执业资格，且在同一监理企业注册的，可以按照取得的注册执业证书个数，累计计算其人次。

申请工程监理企业资质的企业，其注册人数和注册人次应分别满足158号部令中规定的注册人数和注册人次要求。申请综合资质的企业具有一级注册建造师、一级注册建筑师、一级注册结构工程师或者其他勘察设计注册工程师合计应不少于15人次，且具有一级注册建造师不少于1人次、具有一级注册结构工程师或其他勘察设计注册工程师或一级注册建筑师不少于1人次。

（三十）"企业近2年内独立监理过3个以上相应专业的二级工程项目"是指企业自申报之日起前2年内独立监理完成并已竣工验收合格的工程项目。企业申报材料中应提供相应的工程验收证明复印件。

（三十一）因本企业监理责任造成重大质量事故和因本企业监理责任发生安全事故的发生日期，以行政处罚决定书中认定的事故发生日为准。

（三十二）具有事务所资质的企业只可承担房屋建筑、水利水电、公路和市政公用工程专业等级三级且非强制监理的建设工程项目的监理、项目管理、技术咨询等相关服务。

七、过渡期的有关规定

（三十三）158号部令自实施之日起设2年过渡期，即从2007年8月1日起，至2009年7月31日止。过渡期内，已取得工程监理企业资质的企业申请资质升级、增加其他专业资质以及申请企业分立的，按158号部令和本实施意见执行。对于准予资质许可的工程监理企业，核发新的工程监理企业资质证书，旧的资质证书交回原发证机关，予以作废。

（三十四）过渡期内，已取得工程监理企业资质证书的企业申请资质更名、遗失补证、两家及以上企业整体合并等不涉及申请资质升级和增加其他专业资质的，可按资质变更程序办理，并换发新的工程监理企业资质证书，新资质证书有效期至2009年7月31日。

（三十五）建设主管部门在2007年8月1日之前颁发的工程监理企业资质证书，在过渡期内有效，但企业资质条件仍应符合《工程监理企业资质管理规定》（建设部令第102号）的相关要求。过渡期内，各省、自治区、直辖市人民政府建设主管部门应按《工程监理企业资质管理规定》（建设部令第102号）要求的资质条件对本辖区内已取得工程监理企业资质的企业进行监督检查。过渡期届满后，对达不到158号部令要求条件的企业，要重新核定其监理企业资质等级。

对于已取得冶炼、矿山、化工石油、电力、铁路、港口与航道、航天航空和通信工程丙级资质的工程监理企业，过渡期内，企业可继续完成已承揽的工程项目。过渡期届满后，上述专业工程类别的工程监理企业丙级资质证书自行失效。

（三十六）已取得工程监理企业资质证书但未换发新的资质证书的企业，在过渡期届满60日前，应按158号令要求向资质许可机关提交换发工程监理企业资质证书的申请材料，不需提供相应的业绩证明。对于满足相应资质标准要求的企业，资质许可机关给予换发新的工程监理企业资质证书，旧资质证书交回原发证机关，予以作废；对于不满足相应资质标准要求的企业，由资质许可机关根据其实际达到的资质条件，按照158号部令的审批程序和标准给予重新核定，旧资质证书交回原发证机关，予以作废。过渡期届满后，未申请换发工程监理企业资质证书的企业，其旧资质证书自行失效。

附件：1.《工程监理企业资质申请表》；（略）
　　　2.《工程监理企业资质申请表》填表说明。（略）

注册建造师管理规定

- 2006年12月28日建设部令第153号发布
- 根据2016年9月13日《住房城乡建设部关于修改〈勘察设计注册工程师管理规定〉等11个部门规章的决定》修订

第一章 总 则

第一条 为了加强对注册建造师的管理，规范注册建造师的执业行为，提高工程项目管理水平，保证工程质量和安全，依据《建筑法》《行政许可法》《建设工程质量管理条例》等法律、行政法规，制定本规定。

第二条 中华人民共和国境内注册建造师的注册、执业、继续教育和监督管理，适用本规定。

第三条 本规定所称注册建造师，是指通过考核认定或考试合格取得中华人民共和国建造师资格证书（以下简称资格证书），并按照本规定注册，取得中华人民共和国建造师注册证书（以下简称注册证书）和执业印章，担任施工单位项目负责人及从事相关活动的专业技术人员。

未取得注册证书和执业印章的，不得担任大中型建设工程项目的施工单位项目负责人，不得以注册建造师的名义从事相关活动。

第四条 国务院住房城乡建设主管部门对全国注册建造师的注册、执业活动实施统一监督管理；国务院铁路、交通、水利、信息产业、民航等有关部门按照国务院规定的职责分工，对全国有关专业工程注册建造师的执业活动实施监督管理。

县级以上地方人民政府住房城乡建设主管部门对本行政区域内的注册建造师的注册、执业活动实施监督管理；县级以上地方人民政府交通、水利、通信等有关部门在各自职责范围内，对本行政区域内有关专业工程注册建造师的执业活动实施监督管理。

第二章 注 册

第五条 注册建造师实行注册执业管理制度，注册建造师分为一级注册建造师和二级注册建造师。

取得资格证书的人员，经过注册方能以注册建造师的名义执业。

第六条 申请初始注册时应当具备以下条件：
（一）经考核认定或考试合格取得资格证书；
（二）受聘于一个相关单位；
（三）达到继续教育要求；
（四）没有本规定第十五条所列情形。

第七条 取得一级建造师资格证书并受聘于一个建设工程勘察、设计、施工、监理、招标代理、造价咨询等单位的人员，应当通过聘用单位提出注册申请，并可以向单位工商注册所在地的省、自治区、直辖市人民政府住房城乡建设主管部门提交申请材料。

省、自治区、直辖市人民政府住房城乡建设主管部门收到申请材料后，应当在5日内将全部申请材料报国务院住房城乡建设主管部门审批。

国务院住房城乡建设主管部门在收到申请材料后，应当依法作出是否受理的决定，并出具凭证；申请材料不齐全或者不符合法定形式的，应当在5日内一次性告知申请人需要补正的全部内容。逾期不告知的，自收到申请材料之日起即为受理。

涉及铁路、公路、港口与航道、水利水电、通信与广电、民航专业的，国务院住房城乡建设主管部门应当将全部申报材料送同级有关部门审核。符合条件的，由国务院住房城乡建设主管部门核发《中华人民共和国一级建造师注册证书》，并核定执业印章编号。

第八条 对申请初始注册的，国务院住房城乡建设主管部门应当自受理之日起20日内作出审批决定。自作出决定之日起10日内公告审批结果。国务院有关部门收到国务院住房城乡建设主管部门移送的申请材料后，应当在10日内审核完毕，并将审核意见送国务院住房城乡建设主管部门。

对申请变更注册、延续注册的，国务院住房城乡建设主管部门应当自受理之日起10日内作出审批决定。自作出决定之日起10日内公告审批结果。国务院有关部门收到国务院住房城乡建设主管部门移送的申请材料后，应当在5日内审核完毕，并将审核意见送国务院住房城乡建设主管部门。

第九条　取得二级建造师资格证书的人员申请注册，由省、自治区、直辖市人民政府住房城乡建设主管部门负责受理和审批，具体审批程序由省、自治区、直辖市人民政府住房城乡建设主管部门依法确定。对批准注册的，核发由国务院住房城乡建设主管部门统一样式的《中华人民共和国二级建造师注册证书》和执业印章，并在核发证书后30日内送国务院住房城乡建设主管部门备案。

第十条　注册证书和执业印章是注册建造师的执业凭证，由注册建造师本人保管、使用。

注册证书与执业印章有效期为3年。

一级注册建造师的注册证书由国务院住房城乡建设主管部门统一印制，执业印章由国务院住房城乡建设主管部门统一样式，省、自治区、直辖市人民政府住房城乡建设主管部门组织制作。

第十一条　初始注册者，可自资格证书签发之日起3年内提出申请。逾期未申请者，须符合本专业继续教育的要求后方可申请初始注册。

申请初始注册需要提交下列材料：

（一）注册建造师初始注册申请表；

（二）资格证书、学历证书和身份证明复印件；

（三）申请人与聘用单位签订的聘用劳动合同复印件或其他有效证明文件；

（四）逾期申请初始注册的，应当提供达到继续教育要求的证明材料。

第十二条　注册有效期满需继续执业的，应当在注册有效期届满30日前，按照第七条、第八条的规定申请延续注册。延续注册的，有效期为3年。

申请延续注册的，应当提交下列材料：

（一）注册建造师延续注册申请表；

（二）原注册证书；

（三）申请人与聘用单位签订的聘用劳动合同复印件或其他有效证明文件；

（四）申请人注册有效期内达到继续教育要求的证明材料。

第十三条　在注册有效期内，注册建造师变更执业单位，应当与原聘用单位解除劳动关系，并按照第七条、第八条的规定办理变更注册手续，变更注册后仍延续原注册有效期。

申请变更注册的，应当提交下列材料：

（一）注册建造师变更注册申请表；

（二）注册证书和执业印章；

（三）申请人与新聘用单位签订的聘用合同复印件或有效证明文件；

（四）工作调动证明（与原聘用单位解除聘用合同或聘用合同到期的证明文件、退休人员的退休证明）。

第十四条　注册建造师需要增加执业专业的，应当按照第七条的规定申请专业增项注册，并提供相应的资格证明。

第十五条　申请人有下列情形之一的，不予注册：

（一）不具有完全民事行为能力的；

（二）申请在两个或者两个以上单位注册的；

（三）未达到注册建造师继续教育要求的；

（四）受到刑事处罚，刑事处罚尚未执行完毕的；

（五）因执业活动受到刑事处罚，自刑事处罚执行完毕之日起至申请注册之日止不满5年的；

（六）因前项规定以外的原因受到刑事处罚，自处罚决定之日起至申请注册之日止不满3年的；

（七）被吊销注册证书，自处罚决定之日起至申请注册之日止不满2年的；

（八）在申请注册之日前3年内担任项目经理期间，所负责项目发生过重大质量和安全事故的；

（九）申请人的聘用单位不符合注册单位要求的；

（十）年龄超过65周岁的；

（十一）法律、法规规定不予注册的其他情形。

第十六条　注册建造师有下列情形之一的，其注册证书和执业印章失效：

（一）聘用单位破产的；

（二）聘用单位被吊销营业执照的；

（三）聘用单位被吊销或者撤回资质证书的；

（四）已与聘用单位解除聘用合同关系的；

（五）注册有效期满且未延续注册的；

（六）年龄超过65周岁的；

（七）死亡或不具有完全民事行为能力的；

（八）其他导致注册失效的情形。

第十七条　注册建造师有下列情形之一的，由注册机关办理注销手续，收回注册证书和执业印章或者公告注册证书和执业印章作废：

（一）有本规定第十六条所列情形发生的；

（二）依法被撤销注册的；

（三）依法被吊销注册证书的；

（四）受到刑事处罚的；

（五）法律、法规规定应当注销注册的其他情形。

注册建造师有前款所列情形之一的，注册建造师本人和聘用单位应当及时向注册机关提出注销注册申请；有关单位和个人有权向注册机关举报；县级以上地方人民政府住房城乡建设主管部门或者有关部门应当及时告知注册机关。

第十八条 被注销注册或者不予注册的，在重新具备注册条件后，可按第七条、第八条规定重新申请注册。

第十九条 注册建造师因遗失、污损注册证书或执业印章，需要补办的，应当持在公众媒体上刊登的遗失声明的证明，向原注册机关申请补办。原注册机关应当在5日内办理完毕。

第三章 执 业

第二十条 取得资格证书的人员应当受聘于一个具有建设工程勘察、设计、施工、监理、招标代理、造价咨询等一项或者多项资质的单位，经注册后方可从事相应的执业活动。

担任施工单位项目负责人的，应当受聘并注册于一个具有施工资质的企业。

第二十一条 注册建造师的具体执业范围按照《注册建造师执业工程规模标准》执行。

注册建造师不得同时在两个及两个以上的建设工程项目上担任施工单位项目负责人。

注册建造师可以从事建设工程项目总承包管理或施工管理，建设工程项目管理服务，建设工程技术经济咨询，以及法律、行政法规和国务院住房城乡建设主管部门规定的其他业务。

第二十二条 建设工程施工活动中形成的有关工程施工管理文件，应当由注册建造师签字并加盖执业印章。

施工单位签署质量合格的文件上，必须有注册建造师的签字盖章。

第二十三条 注册建造师在每一个注册有效期内应当达到国务院住房城乡建设主管部门规定的继续教育要求。

继续教育分为必修课和选修课，在每一注册有效期内各为60学时。经继续教育达到合格标准的，颁发继续教育合格证书。

继续教育的具体要求由国务院住房城乡建设主管部门会同国务院有关部门另行规定。

第二十四条 注册建造师享有下列权利：

（一）使用注册建造师名称；

（二）在规定范围内从事执业活动；

（三）在本人执业活动中形成的文件上签字并加盖执业印章；

（四）保管和使用本人注册证书、执业印章；

（五）对本人执业活动进行解释和辩护；

（六）接受继续教育；

（七）获得相应的劳动报酬；

（八）对侵犯本人权利的行为进行申述。

第二十五条 注册建造师应当履行下列义务：

（一）遵守法律、法规和有关管理规定，恪守职业道德；

（二）执行技术标准、规范和规程；

（三）保证执业成果的质量，并承担相应责任；

（四）接受继续教育，努力提高执业水准；

（五）保守在执业中知悉的国家秘密和他人的商业、技术等秘密；

（六）与当事人有利害关系的，应当主动回避；

（七）协助注册管理机关完成相关工作。

第二十六条 注册建造师不得有下列行为：

（一）不履行注册建造师义务；

（二）在执业过程中，索贿、受贿或者谋取合同约定费用外的其他利益；

（三）在执业过程中实施商业贿赂；

（四）签署有虚假记载等不合格的文件；

（五）允许他人以自己的名义从事执业活动；

（六）同时在两个或者两个以上单位受聘或者执业；

（七）涂改、倒卖、出租、出借或以其他形式非法转让资格证书、注册证书和执业印章；

（八）超出执业范围和聘用单位业务范围内从事执业活动；

（九）法律、法规、规章禁止的其他行为。

第四章 监督管理

第二十七条 县级以上人民政府住房城乡建设主管部门、其他有关部门应当依照有关法律、法规和本规定，对注册建造师的注册、执业和继续教育实施监督检查。

第二十八条 国务院住房城乡建设主管部门应当将注册建造师注册信息告知省、自治区、直辖市人民政府住房城乡建设主管部门。

省、自治区、直辖市人民政府住房城乡建设主管部门应当将注册建造师注册信息告知本行政区域内市、县、市辖区人民政府住房城乡建设主管部门。

第二十九条 县级以上人民政府住房城乡建设主管部门和有关部门履行监督检查职责时，有权采取下列措施：

（一）要求被检查人员出示注册证书；

（二）要求被检查人员所在聘用单位提供有关人员签署的文件及相关业务文档；

（三）就有关问题询问签署文件的人员；

（四）纠正违反有关法律、法规、本规定及工程标准规范的行为。

第三十条 注册建造师违法从事相关活动的，违法行为发生地县级以上地方人民政府住房城乡建设主管部门或者其他有关部门应当依法查处，并将违法事实、处理结果告知注册机关；依法应当撤销注册的，应当将违法事实、处理建议及有关材料报注册机关。

第三十一条 有下列情形之一的，注册机关依据职权或者根据利害关系人的请求，可以撤销注册建造师的注册：

（一）注册机关工作人员滥用职权、玩忽职守作出准予注册许可的；

（二）超越法定职权作出准予注册许可的；

（三）违反法定程序作出准予注册许可的；

（四）对不符合法定条件的申请人颁发注册证书和执业印章的；

（五）依法可以撤销注册的其他情形。

申请人以欺骗、贿赂等不正当手段获准注册的，应当予以撤销。

第三十二条 注册建造师及其聘用单位应当按照要求，向注册机关提供真实、准确、完整的注册建造师信用档案信息。

注册建造师信用档案应当包括注册建造师的基本情况、业绩、良好行为、不良行为等内容。违法违规行为、被投诉举报处理、行政处罚等情况应当作为注册建造师的不良行为记入其信用档案。

注册建造师信用档案信息按照有关规定向社会公示。

第五章 法律责任

第三十三条 隐瞒有关情况或者提供虚假材料申请注册的，住房城乡建设主管部门不予受理或者不予注册，并给予警告，申请人1年内不得再次申请注册。

第三十四条 以欺骗、贿赂等不正当手段取得注册证书的，由注册机关撤销其注册，3年内不得再次申请注册，并由县级以上地方人民政府住房城乡建设主管部门处以罚款。其中没有违法所得的，处以1万元以下的罚款；有违法所得的，处以违法所得3倍以下且不超过3万元的罚款。

第三十五条 违反本规定，未取得注册证书和执业印章，担任大中型建设工程项目施工单位项目负责人，或者以注册建造师的名义从事相关活动的，其所签署的工程文件无效，由县级以上地方人民政府住房城乡建设主管部门或者其他有关部门给予警告，责令停止违法活动，并可处以1万元以上3万元以下的罚款。

第三十六条 违反本规定，未办理变更注册而继续执业的，由县级以上地方人民政府住房城乡建设主管部门或者其他有关部门责令限期改正；逾期不改正的，可处以5000元以下的罚款。

第三十七条 违反本规定，注册建造师在执业活动中有第二十六条所列行为之一的，由县级以上地方人民政府住房城乡建设主管部门或者其他有关部门给予警告，责令改正，没有违法所得的，处以1万元以下的罚款；有违法所得的，处以违法所得3倍以下且不超过3万元的罚款。

第三十八条 违反本规定，注册建造师或者其聘用单位未按照要求提供注册建造师信用档案信息的，由县级以上地方人民政府住房城乡建设主管部门或者其他有关部门责令限期改正；逾期未改正的，可处以1000元以上1万元以下的罚款。

第三十九条 聘用单位为申请人提供虚假注册材料的，由县级以上地方人民政府住房城乡建设主管部门或者其他有关部门给予警告，责令限期改正；逾期未改正的，可处以1万元以上3万元以下的罚款。

第四十条 县级以上人民政府住房城乡建设主管部门及其工作人员，在注册建造师管理工作中，有下列情形之一的，由其上级行政机关或者监察机关责令改正，对直接负责的主管人员和其他直接责任人员依法给予处分；构成犯罪的，依法追究刑事责任：

（一）对不符合法定条件的申请人准予注册的；

（二）对符合法定条件的申请人不予注册或者不在法定期限内作出准予注册决定的；

（三）对符合法定条件的申请不予受理或者未在法定期限内初审完毕的；

（四）利用职务上的便利，收受他人财物或者其他好处的；

（五）不依法履行监督管理职责或者监督不力，造成严重后果的。

第六章 附 则

第四十一条 本规定自2007年3月1日起施行。

注册造价工程师管理办法

- 2006年12月25日建设部令第150号发布
- 根据2016年9月13日《住房城乡建设部关于修改〈勘察设计注册工程师管理规定〉等11个部门规章的决定》第一次修订
- 根据2020年2月19日《住房和城乡建设部关于修改〈工程造价咨询企业管理办法〉〈注册造价工程师管理办法〉的决定》第二次修订

第一章 总 则

第一条 为了加强对注册造价工程师的管理,规范注册造价工程师执业行为,维护社会公共利益,制定本办法。

第二条 中华人民共和国境内注册造价工程师的注册、执业、继续教育和监督管理,适用本办法。

第三条 本办法所称注册造价工程师,是指通过土木建筑工程或者安装工程专业造价工程师职业资格考试取得造价工程师职业资格证书或者通过资格认定、资格互认,并按照本办法注册后,从事工程造价活动的专业人员。注册造价工程师分为一级注册造价工程师和二级注册造价工程师。

第四条 国务院住房城乡建设主管部门对全国注册造价工程师的注册、执业活动实施统一监督管理,负责实施全国一级注册造价工程师的注册,并负责建立全国统一的注册造价工程师注册信息管理平台;国务院有关专业部门按照国务院规定的职责分工,对本行业注册造价工程师的执业活动实施监督管理。

省、自治区、直辖市人民政府住房城乡建设主管部门对本行政区域内注册造价工程师的执业活动实施监督管理,并实施本行政区域二级注册造价工程师的注册。

第五条 工程造价行业组织应当加强造价工程师自律管理。

鼓励注册造价工程师加入工程造价行业组织。

第二章 注 册

第六条 注册造价工程师实行注册执业管理制度。

取得职业资格的人员,经过注册方能以注册造价工程师的名义执业。

第七条 注册造价工程师的注册条件为:

(一)取得职业资格;

(二)受聘于一个工程造价咨询企业或者工程建设领域的建设、勘察设计、施工、招标代理、工程监理、工程造价管理等单位;

(三)无本办法第十三条不予注册的情形。

第八条 符合注册条件的人员申请注册的,可以向聘用单位工商注册所在地的省、自治区、直辖市人民政府住房城乡建设主管部门或者国务院有关专业部门提交申请材料。

申请一级注册造价工程师初始注册,省、自治区、直辖市人民政府住房城乡建设主管部门或者国务院有关专业部门收到申请材料后,应当在5日内将申请材料报国务院住房城乡建设主管部门。国务院住房城乡建设主管部门在收到申请材料后,应当依法做出是否受理的决定,并出具凭证;申请材料不齐全或者不符合法定形式的,应当在5日内一次性告知申请人需要补正的全部内容。逾期不告知的,自收到申请材料之日起即为受理。国务院住房城乡建设主管部门应当自受理之日起20日内作出决定。

申请二级注册造价工程师初始注册,省、自治区、直辖市人民政府住房城乡建设主管部门收到申请材料后,应依法做出是否受理的决定,并出具凭证;申请材料不齐全或者不符合法定形式的,应当在5日内一次性告知申请人需要补正的全部内容。逾期不告知的,自收到申请材料之日起即为受理。省、自治区、直辖市人民政府住房城乡建设主管部门应当自受理之日起20日内作出决定。

申请一级注册造价工程师变更注册、延续注册,省、自治区、直辖市人民政府住房城乡建设主管部门或者国务院有关专业部门收到申请材料后,应当在5日内将申请材料报国务院住房城乡建设主管部门,国务院住房城乡建设主管部门应当自受理之日起10日内作出决定。

申请二级注册造价工程师变更注册、延续注册,省、自治区、直辖市人民政府住房城乡建设主管部门收到申请材料后,应当自受理之日起10日内作出决定。

注册造价工程师的初始、变更、延续注册,通过全国统一的注册造价工程师注册信息管理平台实行网上申报、受理和审批。

第九条 准予注册的,由国务院住房城乡建设主管部门或者省、自治区、直辖市人民政府住房城乡建设主管部门(以下简称注册机关)核发注册造价工程师注册证书,注册造价工程师按照规定自行制作执业印章。

注册证书和执业印章是注册造价工程师的执业凭证,由注册造价工程师本人保管、使用。注册证书、执业印章的样式以及编码规则由国务院住房城乡建设主管部门统一制定。

一级注册造价工程师注册证书由国务院住房城乡建设主管部门印制;二级注册造价工程师注册证书由省、自治区、直辖市人民政府住房城乡建设主管部门按照规定分别印制。

注册造价工程师遗失注册证书，应当按照本办法第八条规定的延续注册程序申请补发，并由注册机关在官网发布信息。

第十条 取得职业资格证书的人员，可自职业资格证书签发之日起1年内申请初始注册。逾期未申请者，须符合继续教育的要求后方可申请初始注册。初始注册的有效期为4年。

申请初始注册的，应当提交下列材料：

（一）初始注册申请表；

（二）职业资格证书和身份证件；

（三）与聘用单位签订的劳动合同；

（四）取得职业资格证书的人员，自职业资格证书签发之日起1年后申请初始注册的，应当提供当年的继续教育合格证明；

（五）外国人应当提供外国人就业许可证书。

申请初始注册时，造价工程师本人和单位应当对下列事项进行承诺，并由注册机关调查核实：

（一）受聘于工程造价岗位；

（二）聘用单位为其交纳社会基本养老保险或者已办理退休。

第十一条 注册造价工程师注册有效期满需继续执业的，应当在注册有效期满30日前，按照本办法第八条规定的程序申请延续注册。延续注册的有效期为4年。

申请延续注册的，应当提交下列材料：

（一）延续注册申请表；

（二）注册证书；

（三）与聘用单位签订的劳动合同；

（四）继续教育合格证明。

申请延续注册时，造价工程师本人和单位应对其前一个注册的工作业绩进行承诺，并由注册机关调查核实。

第十二条 在注册有效期内，注册造价工程师变更执业单位的，应当与原聘用单位解除劳动合同，并按照本办法第八条规定的程序，到新聘用单位工商注册所在地的省、自治区、直辖市人民政府住房城乡建设主管部门或者国务院有关专业部门办理变更注册手续。变更注册后延续原注册有效期。

申请变更注册的，应当提交下列材料：

（一）变更注册申请表；

（二）注册证书；

（三）与新聘用单位签订的劳动合同。

申请变更注册时，造价工程师本人和单位应当对下列事项进行承诺，并由注册机关调查核实：

（一）与原聘用单位解除劳动合同；

（二）聘用单位为其交纳社会基本养老保险或者已办理退休。

第十三条 有下列情形之一的，不予注册：

（一）不具有完全民事行为能力的；

（二）申请在两个或者两个以上单位注册的；

（三）未达到造价工程师继续教育合格标准的；

（四）前一个注册期内工作业绩达不到规定标准或未办理暂停执业手续而脱离工程造价业务岗位的；

（五）受刑事处罚，刑事处罚尚未执行完毕的；

（六）因工程造价业务活动受刑事处罚，自刑事处罚执行完毕之日起至申请注册之日止不满5年的；

（七）因前项规定以外原因受刑事处罚，自处罚决定之日起至申请注册之日止不满3年的；

（八）被吊销注册证书，自被处罚决定之日起至申请注册之日止不满3年的；

（九）以欺骗、贿赂等不正当手段获准注册被撤销，自被撤销注册之日起至申请注册之日止不满3年的；

（十）法律、法规规定不予注册的其他情形。

第十四条 被注销注册或者不予注册者，在具备注册条件后重新申请注册的，按照本办法第八条规定的程序办理。

第三章 执 业

第十五条 一级注册造价工程师执业范围包括建设项目全过程的工程造价管理与工程造价咨询等，具体工作内容：

（一）项目建议书、可行性研究投资估算与审核，项目评价造价分析；

（二）建设工程设计概算、施工预算编制和审核；

（三）建设工程招标投标文件工程量和造价的编制与审核；

（四）建设工程合同价款、结算价款、竣工决算价款的编制与管理；

（五）建设工程审计、仲裁、诉讼、保险中的造价鉴定，工程造价纠纷调解；

（六）建设工程计价依据、造价指标的编制与管理；

（七）与工程造价管理有关的其他事项。

二级注册造价工程师协助一级注册造价工程师开展相关工作，并可以独立开展以下工作：

（一）建设工程工料分析、计划、组织与成本管理，施工图预算、设计概算编制；

（二）建设工程量清单、最高投标限价、投标报价编制；

（三）建设工程合同价款、结算价款和竣工决算价款的编制。

第十六条　注册造价工程师享有下列权利：

（一）使用注册造价工程师名称；

（二）依法从事工程造价业务；

（三）在本人执业活动中形成的工程造价成果文件上签字并加盖执业印章；

（四）发起设立工程造价咨询企业；

（五）保管和使用本人的注册证书和执业印章；

（六）参加继续教育。

第十七条　注册造价工程师应当履行下列义务：

（一）遵守法律、法规、有关管理规定，恪守职业道德；

（二）保证执业活动成果的质量；

（三）接受继续教育，提高执业水平；

（四）执行工程造价计价标准和计价方法；

（五）与当事人有利害关系的，应当主动回避；

（六）保守在执业中知悉的国家秘密和他人的商业、技术秘密。

第十八条　注册造价工程师应当根据执业范围，在本人形成的工程造价成果文件上签字并加盖执业印章，并承担相应的法律责任。最终出具的工程造价成果文件应当由一级注册造价工程师审核并签字盖章。

第十九条　修改经注册造价工程师签字盖章的工程造价成果文件，应当由签字盖章的注册造价工程师本人进行；注册造价工程师本人因特殊情况不能进行修改的，应当由其他注册造价工程师修改，并签字盖章；修改工程造价成果文件的注册造价工程师对修改部分承担相应的法律责任。

第二十条　注册造价工程师不得有下列行为：

（一）不履行注册造价工程师义务；

（二）在执业过程中，索贿、受贿或者谋取合同约定费用外的其他利益；

（三）在执业过程中实施商业贿赂；

（四）签署有虚假记载、误导性陈述的工程造价成果文件；

（五）以个人名义承接工程造价业务；

（六）允许他人以自己名义从事工程造价业务；

（七）同时在两个或者两个以上单位执业；

（八）涂改、倒卖、出租、出借或者以其他形式非法转让注册证书或者执业印章；

（九）超出执业范围、注册专业范围执业；

（十）法律、法规、规章禁止的其他行为。

第二十一条　在注册有效期内，注册造价工程师因特殊原因需要暂停执业的，应当到注册机关办理暂停执业手续，并交回注册证书和执业印章。

第二十二条　注册造价工程师应当适应岗位需要和职业发展的要求，按照国家专业技术人员继续教育的有关规定接受继续教育，更新专业知识，提高专业水平。

第四章　监督管理

第二十三条　县级以上人民政府住房城乡建设主管部门和其他有关部门应当依照有关法律、法规和本办法的规定，对注册造价工程师的注册、执业和继续教育实施监督检查。

第二十四条　国务院住房城乡建设主管部门应当将造价工程师注册信息告知省、自治区、直辖市人民政府住房城乡建设主管部门和国务院有关专业部门。

省、自治区、直辖市人民政府住房城乡建设主管部门应当将造价工程师注册信息告知本行政区域内市、县人民政府住房城乡建设主管部门。

第二十五条　县级以上人民政府住房城乡建设主管部门和其他有关部门依法履行监督检查职责时，有权采取下列措施：

（一）要求被检查人员提供注册证书；

（二）要求被检查人员所在聘用单位提供有关人员签署的工程造价成果文件及相关业务文档；

（三）就有关问题询问签署工程造价成果文件的人员；

（四）纠正违反有关法律、法规和本办法及工程造价计价标准和计价办法的行为。

第二十六条　注册造价工程师违法从事工程造价活动的，违法行为发生地县级以上地方人民政府住房城乡建设主管部门或者其他有关部门应当依法查处，并将违法事实、处理结果告知注册机关；依法应当撤销注册的，应当将违法事实、处理建议及有关材料报注册机关。

第二十七条　注册造价工程师有下列情形之一的，其注册证书失效：

（一）已与聘用单位解除劳动合同且未被其他单位聘用的；

（二）注册有效期满且未延续注册的；

（三）死亡或者不具有完全民事行为能力的；

（四）其他导致注册失效的情形。

第二十八条　有下列情形之一的，注册机关或者其上级行政机关依据职权或者根据利害关系人的请求，可以撤销注册造价工程师的注册：

（一）行政机关工作人员滥用职权、玩忽职守作出准予注册许可的；

（二）超越法定职权作出准予注册许可的；

（三）违反法定程序作出准予注册许可的；

（四）对不具备注册条件的申请人作出准予注册许可的；

（五）依法可以撤销注册的其他情形。

申请人以欺骗、贿赂等不正当手段获准注册的，应当予以撤销。

第二十九条 有下列情形之一的，由注册机关办理注销注册手续，收回注册证书和执业印章或者公告其注册证书和执业印章作废：

（一）有本办法第二十七条所列情形发生的；

（二）依法被撤销注册的；

（三）依法被吊销注册证书的；

（四）受到刑事处罚的；

（五）法律、法规规定应当注销注册的其他情形。

注册造价工程师有前款所列情形之一的，注册造价工程师本人和聘用单位应当及时向注册机关提出注销注册申请；有关单位和个人有权向注册机关举报；县级以上地方人民政府住房城乡建设主管部门或者其他有关部门应当及时告知注册机关。

第三十条 注册造价工程师及其聘用单位应当按照有关规定，向注册机关提供真实、准确、完整的注册造价工程师信用档案信息。

注册造价工程师信用档案应当包括造价工程师的基本情况、业绩、良好行为、不良行为等内容。违法违规行为、被投诉举报处理、行政处罚等情况应当作为造价工程师的不良行为记入其信用档案。

注册造价工程师信用档案信息按有关规定向社会公示。

第五章 法律责任

第三十一条 隐瞒有关情况或者提供虚假材料申请造价工程师注册的，不予受理或者不予注册，并给予警告，申请人在1年内不得再次申请造价工程师注册。

第三十二条 聘用单位为申请人提供虚假注册材料的，由县级以上地方人民政府住房城乡建设主管部门或者其他有关部门给予警告，并可处以1万元以上3万元以下的罚款。

第三十三条 以欺骗、贿赂等不正当手段取得造价工程师注册的，由注册机关撤销其注册，3年内不得再次申请注册，并由县级以上地方人民政府住房城乡建设主管部门处以罚款。其中，没有违法所得的，处以1万元以下罚款；有违法所得的，处以违法所得3倍以下且不超过3万元的罚款。

第三十四条 违反本办法规定，未经注册而以注册造价工程师的名义从事工程造价活动的，所签署的工程造价成果文件无效，由县级以上地方人民政府住房城乡建设主管部门或者其他有关部门给予警告，责令停止违法活动，并可处以1万元以上3万元以下的罚款。

第三十五条 违反本办法规定，未办理变更注册而继续执业的，由县级以上人民政府住房城乡建设主管部门或者其他有关部门责令限期改正；逾期不改的，可处以5000元以下的罚款。

第三十六条 注册造价工程师有本办法第二十条规定行为之一的，由县级以上地方人民政府住房城乡建设主管部门或者其他有关部门给予警告，责令改正，没有违法所得的，处以1万元以下罚款，有违法所得的，处以违法所得3倍以下且不超过3万元的罚款。

第三十七条 违反本办法规定，注册造价工程师或者其聘用单位未按照要求提供造价工程师信用档案信息的，由县级以上地方人民政府住房城乡建设主管部门或者其他有关部门责令限期改正；逾期未改正的，可处以1000元以上1万元以下的罚款。

第三十八条 县级以上人民政府住房城乡建设主管部门和其他有关部门工作人员，在注册造价工程师管理工作中，有下列情形之一的，依法给予处分；构成犯罪的，依法追究刑事责任：

（一）对不符合注册条件的申请人准予注册许可或者超越法定职权作出注册许可决定的；

（二）对符合注册条件的申请人不予注册许可或者不在法定期限内作出注册许可决定的；

（三）对符合法定条件的申请不予受理的；

（四）利用职务之便，收取他人财物或者其他好处的；

（五）不依法履行监督管理职责，或者发现违法行为不予查处的。

第六章 附则

第三十九条 造价工程师职业资格考试工作按照国务院人力资源社会保障主管部门的有关规定执行。

第四十条 本办法自2007年3月1日起施行。2000年1月21日发布的《造价工程师注册管理办法》（建设部令第75号）同时废止。

注册监理工程师管理规定

- 2006年1月26日建设部令第147号发布
- 根据2016年9月13日《住房城乡建设部关于修改〈勘察设计注册工程师管理规定〉等11个部门规章的决定》修订

第一章 总 则

第一条 为了加强对注册监理工程师的管理，维护公共利益和建筑市场秩序，提高工程监理质量与水平，根据《中华人民共和国建筑法》、《建设工程质量管理条例》等法律法规，制定本规定。

第二条 中华人民共和国境内注册监理工程师的注册、执业、继续教育和监督管理，适用本规定。

第三条 本规定所称注册监理工程师，是指经考试取得中华人民共和国监理工程师资格证书（以下简称资格证书），并按照本规定注册，取得中华人民共和国注册监理工程师注册执业证书（以下简称注册证书）和执业印章，从事工程监理及相关业务活动的专业技术人员。

未取得注册证书和执业印章的人员，不得以注册监理工程师的名义从事工程监理及相关业务活动。

第四条 国务院住房城乡建设主管部门对全国注册监理工程师的注册、执业活动实施统一监督管理。

县级以上地方人民政府住房城乡建设主管部门对本行政区域内的注册监理工程师的注册、执业活动实施监督管理。

第二章 注 册

第五条 注册监理工程师实行注册执业管理制度。

取得资格证书的人员，经过注册方能以注册监理工程师的名义执业。

第六条 注册监理工程师依据其所学专业、工作经历、工程业绩，按照《工程监理企业资质管理规定》划分的工程类别，按专业注册。每人最多可以申请两个专业注册。

第七条 取得资格证书的人员申请注册，由国务院住房城乡建设主管部门审批。

取得资格证书并受聘于一个建设工程勘察、设计、施工、监理、招标代理、造价咨询等单位的人员，应当通过聘用单位提出注册申请，并可以向单位工商注册所在地的省、自治区、直辖市人民政府住房城乡建设主管部门提交申请材料；省、自治区、直辖市人民政府住房城乡建设主管部门收到申请材料后，应当在5日内将全部申请材料报审批部门。

第八条 国务院住房城乡建设主管部门在收到申请材料后，应当依法作出是否受理的决定，并出具凭证；申请材料不齐全或者不符合法定形式的，应当在5日内一次性告知申请人需要补正的全部内容。逾期不告知的，自收到申请材料之日起即为受理。

对申请初始注册的，国务院住房城乡建设主管部门应当自受理申请之日起20日内审批完毕并作出书面决定。自作出决定之日起10日内公告审批结果。

对申请变更注册、延续注册的，国务院住房城乡建设主管部门应当自受理申请之日起10日内审批完毕并作出书面决定。

符合条件的，由国务院住房城乡建设主管部门核发注册证书，并核定执业印章编号。对不予批准的，应当说明理由，并告知申请人享有依法申请行政复议或者提起行政诉讼的权利。

第九条 注册证书和执业印章是注册监理工程师的执业凭证，由注册监理工程师本人保管、使用。

注册证书和执业印章的有效期为3年。

第十条 初始注册者，可自资格证书签发之日起3年内提出申请。逾期未申请者，须符合继续教育的要求后方可申请初始注册。

申请初始注册，应当具备以下条件：

（一）经全国注册监理工程师执业资格统一考试合格，取得资格证书；

（二）受聘于一个相关单位；

（三）达到继续教育要求；

（四）没有本规定第十三条所列情形。

初始注册需要提交下列材料：

（一）申请人的注册申请表；

（二）申请人的资格证书和身份证复印件；

（三）申请人与聘用单位签订的聘用劳动合同复印件；

（四）所学专业、工作经历、工程业绩、工程类中级及中级以上职称证书等有关证明材料；

（五）逾期初始注册的，应当提供达到继续教育要求的证明材料。

第十一条 注册监理工程师每一注册有效期为3年，注册有效期满需继续执业的，应当在注册有效期满30日前，按照本规定第七条规定的程序申请延续注册。延续注册有效期3年。延续注册需要提交下列材料：

（一）申请人延续注册申请表；

（二）申请人与聘用单位签订的聘用劳动合同复印件；

（三）申请人注册有效期内达到继续教育要求的证明材料。

第十二条 在注册有效期内，注册监理工程师变更执业单位，应当与原聘用单位解除劳动关系，并按本规定第七条规定的程序办理变更注册手续，变更注册后仍延续原注册有效期。

变更注册需要提交下列材料：

（一）申请人变更注册申请表；

（二）申请人与新聘用单位签订的聘用劳动合同复印件；

（三）申请人的工作调动证明（与原聘用单位解除聘用劳动合同或者聘用劳动合同到期的证明文件、退休人员的退休证明）。

第十三条 申请人有下列情形之一的，不予初始注册、延续注册或者变更注册：

（一）不具有完全民事行为能力的；

（二）刑事处罚尚未执行完毕或者因从事工程监理或者相关业务受到刑事处罚，自刑事处罚执行完毕之日起至申请注册之日止不满2年的；

（三）未达到监理工程师继续教育要求的；

（四）在两个或者两个以上单位申请注册的；

（五）以虚假的职称证书参加考试并取得资格证书的；

（六）年龄超过65周岁的；

（七）法律、法规规定不予注册的其他情形。

第十四条 注册监理工程师有下列情形之一的，其注册证书和执业印章失效：

（一）聘用单位破产的；

（二）聘用单位被吊销营业执照的；

（三）聘用单位被吊销相应资质证书的；

（四）已与聘用单位解除劳动关系的；

（五）注册有效期满且未延续注册的；

（六）年龄超过65周岁的；

（七）死亡或者丧失行为能力的；

（八）其他导致注册失效的情形。

第十五条 注册监理工程师有下列情形之一的，负责审批的部门应当办理注销手续，收回注册证书和执业印章或者公告其注册证书和执业印章作废：

（一）不具有完全民事行为能力的；

（二）申请注销注册的；

（三）有本规定第十四条所列情形发生的；

（四）依法被撤销注册的；

（五）依法被吊销注册证书的；

（六）受到刑事处罚的；

（七）法律、法规规定应当注销注册的其他情形。

注册监理工程师有前款情形之一的，注册监理工程师本人和聘用单位应当及时向国务院住房城乡建设主管部门提出注销注册的申请；有关单位和个人有权向国务院住房城乡建设主管部门举报；县级以上地方人民政府住房城乡建设主管部门或者有关部门应当及时报告或者告知国务院住房城乡建设主管部门。

第十六条 被注销注册者或者不予注册者，在重新具备初始注册条件，并符合继续教育要求后，可以按照本规定第七条规定的程序重新申请注册。

第三章 执 业

第十七条 取得资格证书的人员，应当受聘于一个具有建设工程勘察、设计、施工、监理、招标代理、造价咨询等一项或者多项资质的单位，经注册后方可从事相应的执业活动。从事工程监理执业活动的，应当受聘并注册于一个具有工程监理资质的单位。

第十八条 注册监理工程师可以从事工程监理、工程经济与技术咨询、工程招标与采购咨询、工程项目管理服务以及国务院有关部门规定的其他业务。

第十九条 工程监理活动中形成的监理文件由注册监理工程师按照规定签字盖章后方可生效。

第二十条 修改经注册监理工程师签字盖章的工程监理文件，应当由该注册监理工程师进行；因特殊情况，该注册监理工程师不能进行修改的，应当由其他注册监理工程师修改，并签字、加盖执业印章，对修改部分承担责任。

第二十一条 注册监理工程师从事执业活动，由所在单位接受委托并统一收费。

第二十二条 因工程监理事故及相关业务造成的经济损失，聘用单位应当承担赔偿责任；聘用单位承担赔偿责任后，可依法向负有过错的注册监理工程师追偿。

第四章 继续教育

第二十三条 注册监理工程师在每一注册有效期内应当达到国务院住房城乡建设主管部门规定的继续教育要求。继续教育作为注册监理工程师逾期初始注册、延续注册和重新申请注册的条件之一。

第二十四条 继续教育分为必修课和选修课，在每一注册有效期内各为48学时。

第五章 权利和义务

第二十五条 注册监理工程师享有下列权利：

（一）使用注册监理工程师称谓；
（二）在规定范围内从事执业活动；
（三）依据本人能力从事相应的执业活动；
（四）保管和使用本人的注册证书和执业印章；
（五）对本人执业活动进行解释和辩护；
（六）接受继续教育；
（七）获得相应的劳动报酬；
（八）对侵犯本人权利的行为进行申诉。

第二十六条 注册监理工程师应当履行下列义务：
（一）遵守法律、法规和有关管理规定；
（二）履行管理职责，执行技术标准、规范和规程；
（三）保证执业活动成果的质量，并承担相应责任；
（四）接受继续教育，努力提高执业水准；
（五）在本人执业活动所形成的工程监理文件上签字、加盖执业印章；
（六）保守在执业中知悉的国家秘密和他人的商业、技术秘密；
（七）不得涂改、倒卖、出租、出借或者以其他形式非法转让注册证书或者执业印章；
（八）不得同时在两个或者两个以上单位受聘或者执业；
（九）在规定的执业范围和聘用单位业务范围内从事执业活动；
（十）协助注册管理机构完成相关工作。

第六章 法律责任

第二十七条 隐瞒有关情况或者提供虚假材料申请注册的，住房城乡建设主管部门不予受理或者不予注册，并给予警告，1年之内不得再次申请注册。

第二十八条 以欺骗、贿赂等不正当手段取得注册证书的，由国务院住房城乡建设主管部门撤销其注册，3年内不得再次申请注册，并由县级以上地方人民政府住房城乡建设主管部门处以罚款，其中没有违法所得的，处以1万元以下罚款，有违法所得的，处以违法所得3倍以下且不超过3万元的罚款；构成犯罪的，依法追究刑事责任。

第二十九条 违反本规定，未经注册，擅自以注册监理工程师的名义从事工程监理及相关业务活动的，由县级以上地方人民政府住房城乡建设主管部门给予警告，责令停止违法行为，处以3万元以下罚款；造成损失的，依法承担赔偿责任。

第三十条 违反本规定，未办理变更注册仍执业的，由县级以上地方人民政府住房城乡建设主管部门给予警告，责令限期改正；逾期不改的，可处以5000元以下的罚款。

第三十一条 注册监理工程师在执业活动中有下列行为之一的，由县级以上地方人民政府住房城乡建设主管部门给予警告，责令其改正，没有违法所得的，处以1万元以下罚款，有违法所得的，处以违法所得3倍以下且不超过3万元的罚款；造成损失的，依法承担赔偿责任；构成犯罪的，依法追究刑事责任：
（一）以个人名义承接业务的；
（二）涂改、倒卖、出租、出借或者以其他形式非法转让注册证书或者执业印章的；
（三）泄露执业中应当保守的秘密并造成严重后果的；
（四）超出规定执业范围或者聘用单位业务范围从事执业活动的；
（五）弄虚作假提供执业活动成果的；
（六）同时受聘于两个或者两个以上的单位，从事执业活动的；
（七）其他违反法律、法规、规章的行为。

第三十二条 有下列情形之一的，国务院住房城乡建设主管部门依据职权或者根据利害关系人的请求，可以撤销监理工程师注册：
（一）工作人员滥用职权、玩忽职守颁发注册证书和执业印章的；
（二）超越法定职权颁发注册证书和执业印章的；
（三）违反法定程序颁发注册证书和执业印章的；
（四）对不符合法定条件的申请人颁发注册证书和执业印章的；
（五）依法可以撤销注册的其他情形。

第三十三条 县级以上人民政府住房城乡建设主管部门的工作人员，在注册监理工程师管理工作中，有下列情形之一的，依法给予处分；构成犯罪的，依法追究刑事责任：
（一）对不符合法定条件的申请人颁发注册证书和执业印章的；
（二）对符合法定条件的申请人不予颁发注册证书和执业印章的；
（三）对符合法定条件的申请人未在法定期限内颁发注册证书和执业印章的；
（四）对符合法定条件的申请不予受理或者未在法定期限内初审完毕的；
（五）利用职务上的便利，收受他人财物或者其他好处的；

（六）不依法履行监督管理职责，或者发现违法行为不予查处的。

第七章 附 则

第三十四条 注册监理工程师资格考试工作按照国务院住房城乡建设主管部门、国务院人事主管部门的有关规定执行。

第三十五条 香港特别行政区、澳门特别行政区、台湾地区及外籍专业技术人员，申请参加注册监理工程师注册和执业的管理办法另行制定。

第三十六条 本规定自 2006 年 4 月 1 日起施行。1992 年 6 月 4 日建设部颁布的《监理工程师资格考试和注册试行办法》（建设部令第 18 号）同时废止。

勘察设计注册工程师管理规定

· 2005 年 2 月 4 日建设部令第 137 号发布
· 根据 2016 年 9 月 13 日《住房城乡建设部关于修改〈勘察设计注册工程师管理规定〉等 11 个部门规章的决定》修订

第一章 总 则

第一条 为了加强对建设工程勘察、设计注册工程师的管理，维护公共利益和建筑市场秩序，提高建设工程勘察、设计质量与水平，依据《中华人民共和国建筑法》、《建设工程勘察设计管理条例》等法律法规，制定本规定。

第二条 中华人民共和国境内建设工程勘察设计注册工程师（以下简称注册工程师）的注册、执业、继续教育和监督管理，适用本规定。

第三条 本规定所称注册工程师，是指经考试取得中华人民共和国注册工程师资格证书（以下简称资格证书），并按照本规定注册，取得中华人民共和国注册工程师注册执业证书（以下简称注册证书）和执业印章，从事建设工程勘察、设计及有关业务活动的专业技术人员。

未取得注册证书及执业印章的人员，不得以注册工程师的名义从事建设工程勘察、设计及有关业务活动。

第四条 注册工程师按专业类别设置，具体专业划分由国务院住房城乡建设主管部门和人事主管部门商国务院有关部门制定。

除注册结构工程师分为一级和二级外，其他专业注册工程师不分级别。

第五条 国务院住房城乡建设主管部门对全国的注册工程师的注册、执业活动实施统一监督管理；国务院铁路、交通、水利等有关部门按照国务院规定的职责分工，负责全国有关专业工程注册工程师执业活动的监督管理。

县级以上地方人民政府住房城乡建设主管部门对本行政区域内的注册工程师的注册、执业活动实施监督管理；县级以上地方人民政府交通、水利等有关部门在各自的职责范围内，负责本行政区域内有关专业工程注册工程师执业活动的监督管理。

第二章 注 册

第六条 注册工程师实行注册执业管理制度。取得资格证书的人员，必须经过注册方能以注册工程师的名义执业。

第七条 取得资格证书的人员申请注册，由国务院住房城乡建设主管部门审批；其中涉及有关部门的专业注册工程师的注册，由国务院住房城乡建设主管部门和有关部门审批。

取得资格证书并受聘于一个建设工程勘察、设计、施工、监理、招标代理、造价咨询等单位的人员，应当通过聘用单位提出注册申请，并可以向单位工商注册所在地的省、自治区、直辖市人民政府住房城乡建设主管部门提交申请材料；省、自治区、直辖市人民政府住房城乡建设主管部门收到申请材料后，应当在 5 日内将全部申请材料报审批部门。

第八条 国务院住房城乡建设主管部门在收到申请材料后，应当依法作出是否受理的决定，并出具凭证；申请材料不齐全或者不符合法定形式的，应当在 5 日内一次性告知需要补正的全部内容。逾期不告知的，自收到申请材料之日即为受理。

申请初始注册的，国务院住房城乡建设主管部门应当自受理之日起 20 日内审批完毕并作出书面决定。自作出决定之日起 10 日内公告审批结果。由国务院住房城乡建设主管部门和有关部门共同审批的，国务院有关部门应当在 15 日内审核完毕，并将审核意见报国务院住房城乡建设主管部门。

对申请变更注册、延续注册的，国务院住房城乡建设主管部门应当自受理之日起 10 日内审批完毕并作出书面决定。

符合条件的，由审批部门核发由国务院住房城乡建设主管部门统一制作、国务院住房城乡建设主管部门或者国务院住房城乡建设主管部门和有关部门共同用印的注册证书，并核定执业印章编号。对不予批准的，应当说明理由，并告知申请人享有依法申请行政复议或者提起行政诉讼的权利。

第九条 二级注册结构工程师的注册受理和审批，

由省、自治区、直辖市人民政府住房城乡建设主管部门负责。

第十条 注册证书和执业印章是注册工程师的执业凭证，由注册工程师本人保管、使用。注册证书和执业印章的有效期为3年。

第十一条 初始注册者，可自资格证书签发之日起3年内提出申请。逾期未申请者，须符合本专业继续教育的要求后方可申请初始注册。

初始注册需要提交下列材料：

（一）申请人的注册申请表；

（二）申请人的资格证书复印件；

（三）申请人与聘用单位签订的聘用劳动合同复印件；

（四）逾期初始注册的，应提供达到继续教育要求的证明材料。

第十二条 注册工程师每一注册期为3年，注册期满需继续执业的，应在注册期满前30日，按照本规定第七条规定的程序申请延续注册。

延续注册需要提交下列材料：

（一）申请人延续注册申请表；

（二）申请人与聘用单位签订的聘用劳动合同复印件；

（三）申请人注册期内达到继续教育要求的证明材料。

第十三条 在注册有效期内，注册工程师变更执业单位，应与原聘用单位解除劳动关系，并按本规定第七条规定的程序办理变更注册手续，变更注册后仍延续原注册有效期。

变更注册需要提交下列材料：

（一）申请人变更注册申请表；

（二）申请人与新聘用单位签订的聘用劳动合同复印件；

（三）申请人的工作调动证明（或者与原聘用单位解除聘用劳动合同的证明文件、退休人员的退休证明）。

第十四条 注册工程师有下列情形之一的，其注册证书和执业印章失效：

（一）聘用单位破产的；

（二）聘用单位被吊销营业执照的；

（三）聘用单位相应资质证书被吊销的；

（四）已与聘用单位解除聘用劳动关系的；

（五）注册有效期满且未延续注册的；

（六）死亡或者丧失行为能力的；

（七）注册失效的其他情形。

第十五条 注册工程师有下列情形之一的，负责审批的部门应当办理注销手续，收回注册证书和执业印章或者公告其注册证书和执业印章作废：

（一）不具有完全民事行为能力的；

（二）申请注销注册的；

（三）有本规定第十四条所列情形发生的；

（四）依法被撤销注册的；

（五）依法被吊销注册证书的；

（六）受到刑事处罚的；

（七）法律、法规规定应当注销注册的其他情形。

注册工程师有前款情形之一的，注册工程师本人和聘用单位应当及时向负责审批的部门提出注销注册的申请；有关单位和个人有权向负责审批的部门举报；住房城乡建设主管部门和有关部门应当及时向负责审批的部门报告。

第十六条 有下列情形之一的，不予注册：

（一）不具有完全民事行为能力的；

（二）因从事勘察设计或者相关业务受到刑事处罚，自刑事处罚执行完毕之日起至申请注册之日止不满2年的；

（三）法律、法规规定不予注册的其他情形。

第十七条 被注销注册者或者不予注册者，在重新具备初始注册条件，并符合本专业继续教育要求后，可按照本规定第七条规定的程序重新申请注册。

第三章 执 业

第十八条 取得资格证书的人员，应受聘于一个具有建设工程勘察、设计、施工、监理、招标代理、造价咨询等一项或多项资质的单位，经注册后方可从事相应的执业活动。但从事建设工程勘察、设计执业活动的，应受聘并注册于一个具有建设工程勘察、设计资质的单位。

第十九条 注册工程师的执业范围：

（一）工程勘察或者本专业工程设计；

（二）本专业工程技术咨询；

（三）本专业工程招标、采购咨询；

（四）本专业工程的项目管理；

（五）对工程勘察或者本专业工程设计项目的施工进行指导和监督；

（六）国务院有关部门规定的其他业务。

第二十条 建设工程勘察、设计活动中形成的勘察、设计文件由相应专业注册工程师按照规定签字盖章后方可生效。各专业注册工程师签字盖章的勘察、设计文件种类及办法由国务院住房城乡建设主管部门会同有关部门规定。

第二十一条　修改经注册工程师签字盖章的勘察、设计文件，应当由该注册工程师进行；因特殊情况，该注册工程师不能进行修改的，应由同专业其他注册工程师修改，并签字、加盖执业印章，对修改部分承担责任。

第二十二条　注册工程师从事执业活动，由所在单位接受委托并统一收费。

第二十三条　因建设工程勘察、设计事故及相关业务造成的经济损失，聘用单位应当承担赔偿责任；聘用单位承担赔偿责任后，可依法向负有过错的注册工程师追偿。

第四章　继续教育

第二十四条　注册工程师在每一注册期内应达到国务院住房城乡建设主管部门规定的本专业继续教育要求。继续教育作为注册工程师逾期初始注册、延续注册和重新申请注册的条件。

第二十五条　继续教育按照注册工程师专业类别设置，分为必修课和选修课，每注册期各为60学时。

第五章　权利和义务

第二十六条　注册工程师享有下列权利：
（一）使用注册工程师称谓；
（二）在规定范围内从事执业活动；
（三）依据本人能力从事相应的执业活动；
（四）保管和使用本人的注册证书和执业印章；
（五）对本人执业活动进行解释和辩护；
（六）接受继续教育；
（七）获得相应的劳动报酬；
（八）对侵犯本人权利的行为进行申诉。

第二十七条　注册工程师应当履行下列义务：
（一）遵守法律、法规和有关管理规定；
（二）执行工程建设标准规范；
（三）保证执业活动成果的质量，并承担相应责任；
（四）接受继续教育，努力提高执业水准；
（五）在本人执业活动所形成的勘察、设计文件上签字、加盖执业印章；
（六）保守在执业中知悉的国家秘密和他人的商业、技术秘密；
（七）不得涂改、出租、出借或者以其他形式非法转让注册证书或者执业印章；
（八）不得同时在两个或两个以上单位受聘或者执业；
（九）在本专业规定的执业范围和聘用单位业务范围内从事执业活动；
（十）协助注册管理机构完成相关工作。

第六章　法律责任

第二十八条　隐瞒有关情况或者提供虚假材料申请注册的，审批部门不予受理，并给予警告，一年之内不得再次申请注册。

第二十九条　以欺骗、贿赂等不正当手段取得注册证书的，由负责审批的部门撤销其注册，3年内不得再次申请注册；并由县级以上人民政府住房城乡建设主管部门或者有关部门处以罚款，其中没有违法所得的，处以1万元以下的罚款；有违法所得的，处以违法所得3倍以下且不超过3万元的罚款；构成犯罪的，依法追究刑事责任。

第三十条　注册工程师在执业活动中有下列行为之一的，由县级以上人民政府住房城乡建设主管部门或者有关部门予以警告，责令其改正，没有违法所得的，处以1万元以下的罚款；有违法所得的，处以违法所得3倍以下且不超过3万元的罚款；造成损失的，应当承担赔偿责任；构成犯罪的，依法追究刑事责任：
（一）以个人名义承接业务的；
（二）涂改、出租、出借或者以形式非法转让注册证书或者执业印章的；
（三）泄露执业中应当保守的秘密并造成严重后果的；
（四）超出本专业规定范围或者聘用单位业务范围从事执业活动的；
（五）弄虚作假提供执业活动成果的；
（六）其他违反法律、法规、规章的行为。

第三十一条　有下列情形之一的，负责审批的部门或者其上级主管部门，可以撤销其注册：
（一）住房城乡建设主管部门或者有关部门的工作人员滥用职权、玩忽职守颁发注册证书和执业印章的；
（二）超越法定职权颁发注册证书和执业印章的；
（三）违反法定程序颁发注册证书和执业印章的；
（四）对不符合法定条件的申请人颁发注册证书和执业印章的；
（五）依法可以撤销注册的其他情形。

第三十二条　县级以上人民政府住房城乡建设主管部门及有关部门的工作人员，在注册工程师管理工作中，有下列情形之一的，依法给予行政处分；构成犯罪的，依法追究刑事责任：
（一）对不符合法定条件的申请人颁发注册证书和执业印章的；
（二）对符合法定条件的申请人不予颁发注册证书和执业印章的；

（三）对符合法定条件的申请人未在法定期限内颁发注册证书和执业印章的；

（四）利用职务上的便利，收受他人财物或者其他好处的；

（五）不依法履行监督管理职责，或者发现违法行为不予查处的。

第七章 附 则

第三十三条 注册工程师资格考试工作按照国务院住房城乡建设主管部门、国务院人事主管部门的有关规定执行。

第三十四条 香港特别行政区、澳门特别行政区、台湾地区及外籍专业技术人员，注册工程师注册和执业的管理办法另行制定。

第三十五条 本规定自2005年4月1日起施行。

住房城乡建设部关于简化建筑业企业资质标准部分指标的通知

- 2016年10月14日
- 建市〔2016〕226号

各省、自治区住房城乡建设厅，直辖市建委，新疆生产建设兵团建设局，国务院有关部门建设司（局），中央管理的有关企业：

为进一步推进简政放权、放管结合、优化服务改革，经研究，决定简化《建筑业企业资质标准》（建市〔2014〕159号）中部分指标。现将有关事项通知如下：

一、除各类别最低等级资质外，取消关于注册建造师、中级以上职称人员、持有岗位证书的现场管理人员、技术工人的指标考核。

二、取消通信工程施工总承包三级资质标准中关于注册建造师的指标考核。

三、调整建筑工程施工总承包一级及以下资质的建筑面积考核指标，具体内容详见附件。

四、对申请建筑工程、市政公用工程施工总承包特级、一级资质的企业，未进入全国建筑市场监管与诚信信息发布平台的企业业绩，不作为有效业绩认定。省级住房城乡建设主管部门要加强本地区工程项目数据库建设，完善数据补录办法，使真实有效的企业业绩及时进入全国建筑市场监管与诚信信息发布平台。

各级住房城乡建设主管部门要进一步加强事中事后监管，加强对施工现场主要管理人员在岗履职的监督检查，重点加强对项目经理是否持注册建造师证书上岗、在岗执业履职等行为的监督检查。对有违法违规行为的企业，依法给予罚款、停业整顿、降低资质等级、吊销资质证书等行政处罚；对有违法违规行为的注册建造师，依法给予罚款、暂停执业、吊销注册执业资格证书等行政处罚；要将企业和个人不良行为记入信用档案并向社会公布，切实规范建筑市场秩序，保障工程质量安全。

本通知自2016年11月1日起实施。

附件：（略）

住房和城乡建设部办公厅关于简化监理工程师执业资格注册程序和条件的通知

- 2021年11月5日
- 建办市函〔2021〕450号

各省、自治区住房城乡建设厅，直辖市住房和城乡建设（管）委，新疆生产建设兵团住房和城乡建设局：

为深入推进建筑业"放管服"改革，优化审批服务，提高审批效率，决定自2022年1月1日起，进一步简化监理工程师执业资格注册程序和条件。现将有关事项通知如下：

一、取消公示审核意见环节。取得监理工程师职业资格证书的人员通过国家政务服务平台申请初始注册，经聘用单位确认，由双方对申报材料真实性进行承诺。我部审核后不再公示审核意见，直接公告审批结果。任何单位和个人对审批结果持有异议，均可向我部反映。

二、取消相关职称注册条件。取得监理工程师职业资格证书的人员通过国家政务服务平台申请监理工程师执业资格注册，无需申报本人职称情况。我部在注册审查中不再考核职称条件。

监理工程师执业资格注册信息、个人工程业绩信息、执业单位变更记录信息、不良行为信息等，可通过全国建筑市场监管公共服务平台查询。

住房和城乡建设部办公厅关于建设工程企业资质有关事宜的通知

- 2022年10月28日
- 建办市函〔2022〕361号

各省、自治区住房和城乡建设厅，直辖市住房和城乡建设（管）委，北京市规划和自然资源委，新疆生产建设兵团住房和城乡建设局，国务院有关部门建设司（局），中央军委后勤保障部军事设施建设局，国资委管理的中央企业：

为认真落实《国务院关于深化"证照分离"改革进一步激发市场主体发展活力的通知》（国发〔2021〕7号）要求，进一步优化建筑市场营商环境，减轻企业负担，激发市场主体活力，现将有关事项通知如下：

一、我部核发的工程勘察、工程设计、建筑业企业、工程监理企业资质，资质证书有效期于2023年12月30日前满的，统一延期至2023年12月31日。上述资质有效期将在全国建筑市场监管公共服务平台自动延期，企业无需换领资质证书，原资质证书仍可用于工程招标投标等活动。

企业通过合并、跨省变更事项取得有效期1年资质证书的，不适用上款规定，企业应在1年资质证书有效期届满前，按相关规定申请重新核定。

地方各级住房和城乡建设主管部门核发的工程勘察、工程设计、建筑业企业、工程监理企业资质，资质延续有关政策由各省级住房和城乡建设主管部门确定，相关企业资质证书信息应及时报送至全国建筑市场监管公共服务平台。

二、具有法人资格的企业可直接申请施工总承包、专业承包二级资质。企业按照新申请或增项提交相关材料，企业资产、技术负责人需满足《建筑业企业资质标准》（建市〔2014〕159号）规定的相应类别二级资质标准要求，其他指标需满足相应类别三级资质标准要求。

持有施工总承包、专业承包三级资质的企业，可按照现行二级资质标准要求申请升级，也可按照上述要求直接申请二级资质。

住房城乡建设部关于进一步加强建设工程企业资质审批管理工作的通知

· 2023年9月6日
· 建市规〔2023〕3号

各省、自治区住房城乡建设厅，直辖市住房城乡建设（管）委，北京市规划和自然资源委，新疆生产建设兵团住房城乡建设局，国务院有关部门，有关中央企业：

为深入贯彻落实党的二十大精神，扎实推进建筑业高质量发展，切实保证工程质量安全和人民生命财产安全，规范市场秩序，激发企业活力，现就进一步加强建设工程企业资质审批管理工作通知如下。

一、提高资质审批效率。住房城乡建设主管部门和有关专业部门要积极完善企业资质审批机制，提高企业资质审查信息化水平，提升审批效率，确保按时作出审批决定。住房城乡建设部负责审批的企业资质，2个月内完成专家评审、公示审查结果，企业可登录住房城乡建设部政务服务门户，点击"申请事项办理进度查询（受理发证信息查询）"栏目查询审批进度和结果。

二、统一全国资质审批权限。自本通知施行之日起，企业资质审批权限下放试点地区不再受理试点资质申请事项，统一由住房城乡建设部实施。试点地区已受理的申请事项应在规定时间内审办结。试点期间颁发的资质，在资质证书有效期届满前继续有效，对企业依法处以停业整顿、降低资质等级、吊销或撤销资质证书的，由试点地区住房城乡建设主管部门实施。

三、加强企业重组分立及合并资质核定。企业因发生重组分立申请资质核定的，需对原企业和资质承继企业按资质标准进行考核。企业因发生合并申请资质核定的，需对企业资产、人员及相关法律关系等情况进行考核。

四、完善业绩认定方式。申请由住房城乡建设部负责审批的企业资质，其企业业绩应当是在全国建筑市场监管公共服务平台（以下简称全国建筑市场平台）上满足资质标准要求的A级工程项目，专业技术人员个人业绩应当是在全国建筑市场平台上满足资质标准要求的A级或B级工程项目。业绩未录入全国建筑市场平台的，申请企业需在提交资质申请前由业绩项目所在地省级住房城乡建设主管部门确认业绩指标真实性。自2024年1月1日起，申请资质企业的业绩应当录入全国建筑市场平台。申请由有关专业部门配合实施审查的企业资质，相关业绩由有关专业部门负责确认。

五、加大企业资质动态核查力度。住房城乡建设主管部门要完善信息化手段，对企业注册人员等开展动态核查，及时公开核查信息。经核查，企业不满足资质标准要求的，在全国建筑市场平台上标注资质异常，并限期整改。企业整改后满足资质标准要求的，取消标注。标注期间，企业不得申请办理企业资质许可事项。

六、强化建筑业企业资质注册人员考核要求。申请施工总承包一级资质、专业承包一级资质的企业，应当满足《建筑业企业资质标准》（建市〔2014〕159号）要求的注册建造师人数等指标要求。

七、加强信用管理。对存在资质申请弄虚作假行为、发生工程质量安全责任事故、拖欠农民工工资等违反法律法规和工程建设强制性标准的企业和从业人员，住房城乡建设主管部门要加大惩戒力度，依法依规限制或禁止从业，并列入信用记录。企业在申请资质时，应当对法定代表人、实际控制人、技术负责人、项目负责人、注册人员等申报材料的真实性进行承诺，并授权住房城乡建设主管部门核查社保、纳税等信息。

八、建立函询制度。住房城乡建设主管部门可就资质申请相关投诉举报、申报材料等问题向企业发函问询，被函询的企业应如实对有关问题进行说明。经函询，企业承认在资质申请中填报内容不实的，按不予许可办结。

九、强化平台数据监管责任。住房城乡建设主管部门要加强对全国建筑市场平台数据的监管，落实平台数据录入审核人员责任，加强对项目和人员业绩信息的核实。全国建筑市场平台项目信息数据不得擅自变更、删除，数据变化记录永久保存。住房城乡建设部将以实地核查、遥感卫星监测等方式抽查复核项目信息，加大对虚假信息的处理力度，并按有关规定追究责任。

十、加强党风廉政建设。住房城乡建设主管部门要完善企业资质审批权力运行和制约监督机制，严格审批程序，强化对审批工作人员、资质审查专家的廉政教育和监督管理，建立健全追责机制。推进企业资质智能化审批，实现审批工作全程留痕，切实防止发生企业资质审批违法违纪违规行为。

本通知自2023年9月15日起施行。《住房城乡建设部关于建设工程企业发生重组、合并、分立等情况资质核定有关问题的通知》(建市〔2014〕79号)、《住房和城乡建设部办公厅关于开展建设工程企业资质审批权限下放试点的通知》(建办市函〔2020〕654号)和《住房和城乡建设部办公厅关于扩大建设工程企业资质审批权限下放试点范围的通知》(建办市函〔2021〕93号)同时废止。《住房城乡建设部关于简化建筑业企业资质标准部分指标的通知》(建市〔2016〕226号)、《住房和城乡建设部办公厅关于做好建筑业"证照分离"改革衔接有关工作的通知》(建办市〔2021〕30号)与本通知规定不一致的，以本通知为准。

执行中的情况和问题，请及时反馈住房城乡建设部。

4. 工程招投标承包

中华人民共和国招标投标法

- 1999年8月30日第九届全国人民代表大会常务委员会第十一次会议通过
- 根据2017年12月27日第十二届全国人民代表大会常务委员会第三十一次会议《关于修改〈中华人民共和国招标投标法〉、〈中华人民共和国计量法〉的决定》修正

第一章 总 则

第一条 【立法目的】为了规范招标投标活动，保护国家利益、社会公共利益和招标投标活动当事人的合法权益，提高经济效益，保证项目质量，制定本法。

第二条 【适用范围】在中华人民共和国境内进行招标投标活动，适用本法。

第三条 【必须进行招标的工程建设项目】在中华人民共和国境内进行下列工程建设项目包括项目的勘察、设计、施工、监理以及与工程建设有关的重要设备、材料等的采购，必须进行招标：

（一）大型基础设施、公用事业等关系社会公共利益、公众安全的项目；

（二）全部或者部分使用国有资金投资或者国家融资的项目；

（三）使用国际组织或者外国政府贷款、援助资金的项目。

前款所列项目的具体范围和规模标准，由国务院发展计划部门会同国务院有关部门制订，报国务院批准。

法律或者国务院对必须进行招标的其他项目的范围有规定的，依照其规定。

第四条 【禁止规避招标】任何单位和个人不得将依法必须进行招标的项目化整为零或者以其他任何方式规避招标。

第五条 【招投标活动的原则】招标投标活动应当遵循公开、公平、公正和诚实信用的原则。

第六条 【招投标活动不受地区或部门的限制】依法必须进行招标的项目，其招标投标活动不受地区或者部门的限制。任何单位和个人不得违法限制或者排斥本地区、本系统以外的法人或者其他组织参加投标，不得以任何方式非法干涉招标投标活动。

第七条 【对招投标活动的监督】招标投标活动及其当事人应当接受依法实施的监督。

有关行政监督部门依法对招标投标活动实施监督，依法查处招标投标活动中的违法行为。

对招标投标活动的行政监督及有关部门的具体职权划分,由国务院规定。

第二章 招 标

第八条 【招标人】招标人是依照本法规定提出招标项目、进行招标的法人或者其他组织。

第九条 【招标项目应具备的主要条件】招标项目按照国家有关规定需要履行项目审批手续的,应当先履行审批手续,取得批准。

招标人应当有进行招标项目的相应资金或者资金来源已经落实,并应当在招标文件中如实载明。

第十条 【公开招标和邀请招标】招标分为公开招标和邀请招标。

公开招标,是指招标人以招标公告的方式邀请不特定的法人或者其他组织投标。

邀请招标,是指招标人以投标邀请书的方式邀请特定的法人或者其他组织投标。

第十一条 【适用邀请招标的情形】国务院发展计划部门确定的国家重点项目和省、自治区、直辖市人民政府确定的地方重点项目不适宜公开招标的,经国务院发展计划部门或者省、自治区、直辖市人民政府批准,可以进行邀请招标。

第十二条 【代理招标和自行招标】招标人有权自行选择招标代理机构,委托其办理招标事宜。任何单位和个人不得以任何方式为招标人指定招标代理机构。

招标人具有编制招标文件和组织评标能力的,可以自行办理招标事宜。任何单位和个人不得强制其委托招标代理机构办理招标事宜。

依法必须进行招标的项目,招标人自行办理招标事宜的,应当向有关行政监督部门备案。

第十三条 【招标代理机构及条件】招标代理机构是依法设立、从事招标代理业务并提供相关服务的社会中介组织。

招标代理机构应当具备下列条件:

(一)有从事招标代理业务的营业场所和相应资金;

(二)有能够编制招标文件和组织评标的相应专业力量。

第十四条 【招标代理机构不得与国家机关存在利益关系】招标代理机构与行政机关和其他国家机关不得存在隶属关系或者其他利益关系。

第十五条 【招标代理机构的代理范围】招标代理机构应当在招标人委托的范围内办理招标事宜,并遵守本法关于招标人的规定。

第十六条 【招标公告】招标人采用公开招标方式的,应当发布招标公告。依法必须进行招标的项目的招标公告,应当通过国家指定的报刊、信息网络或者其他媒介发布。

招标公告应当载明招标人的名称和地址、招标项目的性质、数量、实施地点和时间以及获取招标文件的办法等事项。

第十七条 【投标邀请书】招标人采用邀请招标方式的,应当向3个以上具备承担招标项目的能力、资信良好的特定的法人或者其他组织发出投标邀请书。

投标邀请书应当载明本法第十六条第二款规定的事项。

第十八条 【对潜在投标人的资格审查】招标人可以根据招标项目本身的要求,在招标公告或者投标邀请书中,要求潜在投标人提供有关资质证明文件和业绩情况,并对潜在投标人进行资格审查;国家对投标人的资格条件有规定的,依照其规定。

招标人不得以不合理的条件限制或者排斥潜在投标人,不得对潜在投标人实行歧视待遇。

第十九条 【招标文件】招标人应当根据招标项目的特点和需要编制招标文件。招标文件应当包括招标项目的技术要求、对投标人资格审查的标准、投标报价要求和评标标准等所有实质性要求和条件以及拟签订合同的主要条款。

国家对招标项目的技术、标准有规定的,招标人应当按照其规定在招标文件中提出相应要求。

招标项目需要划分标段、确定工期的,招标人应当合理划分标段、确定工期,并在招标文件中载明。

第二十条 【招标文件的限制】招标文件不得要求或者标明特定的生产供应者以及含有倾向或者排斥潜在投标人的其他内容。

第二十一条 【潜在投标人对项目现场的踏勘】招标人根据招标项目的具体情况,可以组织潜在投标人踏勘项目现场。

第二十二条 【招标人的保密义务】招标人不得向他人透露已获取招标文件的潜在投标人的名称、数量以及可能影响公平竞争的有关招标投标的其他情况。

招标人设有标底的,标底必须保密。

第二十三条 【招标文件的澄清或修改】招标人对已发出的招标文件进行必要的澄清或者修改的,应当在招标文件要求提交投标文件截止时间至少15日前,以书面形式通知所有招标文件收受人。该澄清或者修改的内容为招标文件的组成部分。

第二十四条 【编制投标文件的时间】招标人应当确定投标人编制投标文件所需要的合理时间；但是，依法必须进行招标的项目，自招标文件开始发出之日起至投标人提交投标文件截止之日止，最短不得少于20日。

第三章 投 标

第二十五条 【投标人】投标人是响应招标、参加投标竞争的法人或者其他组织。

依法招标的科研项目允许个人参加投标的，投标的个人适用本法有关投标人的规定。

第二十六条 【投标人的资格条件】投标人应当具备承担招标项目的能力；国家有关规定对投标人资格条件或者招标文件对投标人资格条件有规定的，投标人应当具备规定的资格条件。

第二十七条 【投标文件的编制】投标人应当按照招标文件的要求编制投标文件。投标文件应当对招标文件提出的实质性要求和条件作出响应。

招标项目属于建设施工的，投标文件的内容应当包括拟派出的项目负责人与主要技术人员的简历、业绩和拟用于完成招标项目的机械设备等。

第二十八条 【投标文件的送达】投标人应当在招标文件要求提交投标文件的截止时间前，将投标文件送达投标地点。招标人收到投标文件后，应当签收保存，不得开启。投标人少于3个的，招标人应当依照本法重新招标。

在招标文件要求提交投标文件的截止时间后送达的投标文件，招标人应当拒收。

第二十九条 【投标文件的补充、修改、撤回】投标人在招标文件要求提交投标文件的截止时间前，可以补充、修改或者撤回已提交的投标文件，并书面通知招标人。补充、修改的内容为投标文件的组成部分。

第三十条 【投标文件对拟分包情况的说明】投标人根据招标文件载明的项目实际情况，拟在中标后将中标项目的部分非主体、非关键性工作进行分包的，应当在投标文件中载明。

第三十一条 【联合体投标】两个以上法人或者其他组织可以组成一个联合体，以一个投标人的身份共同投标。

联合体各方均应当具备承担招标项目的相应能力；国家有关规定或者招标文件对投标人资格条件有规定的，联合体各方均应当具备规定的相应资格条件。由同一专业的单位组成的联合体，按照资质等级较低的单位确定资质等级。

联合体各方应当签订共同投标协议，明确约定各方拟承担的工作和责任，并将共同投标协议连同投标文件一并提交招标人。联合体中标的，联合体各方应当共同与招标人签订合同，就中标项目向招标人承担连带责任。

招标人不得强制投标人组成联合体共同投标，不得限制投标人之间的竞争。

第三十二条 【串通投标的禁止】投标人不得相互串通投标报价，不得排挤其他投标人的公平竞争，损害招标人或者其他投标人的合法权益。

投标人不得与招标人串通投标，损害国家利益、社会公共利益或者他人的合法权益。

禁止投标人以向招标人或者评标委员会成员行贿的手段谋取中标。

第三十三条 【低于成本的报价竞标与骗取中标的禁止】投标人不得以低于成本的报价竞标，也不得以他人名义投标或者以其他方式弄虚作假，骗取中标。

第四章 开标、评标和中标

第三十四条 【开标的时间与地点】开标应当在招标文件确定的提交投标文件截止时间的同一时间公开进行；开标地点应当为招标文件中预先确定的地点。

第三十五条 【开标参加人】开标由招标人主持，邀请所有投标人参加。

第三十六条 【开标方式】开标时，由投标人或者其推选的代表检查投标文件的密封情况，也可以由招标人委托的公证机构检查并公证；经确认无误后，由工作人员当众拆封，宣读投标人名称、投标价格和投标文件的其他主要内容。

招标人在招标文件要求提交投标文件的截止时间前收到的所有投标文件，开标时都应当当众予以拆封、宣读。

开标过程应当记录，并存档备查。

第三十七条 【评标委员会】评标由招标人依法组建的评标委员会负责。

依法必须进行招标的项目，其评标委员会由招标人的代表和有关技术、经济等方面的专家组成，成员人数为5人以上单数，其中技术、经济等方面的专家不得少于成员总数的2/3。

前款专家应当从事相关领域工作满8年并具有高级职称或者具有同等专业水平，由招标人从国务院有关部门或者省、自治区、直辖市人民政府有关部门提供的专家名册或者招标代理机构的专家库内的相关专业的专家名单中确定；一般招标项目可以采取随机抽取方式，特殊招标项目可以由招标人直接确定。

与投标人有利害关系的人不得进入相关项目的评标委员会;已经进入的应当更换。

评标委员会成员的名单在中标结果确定前应当保密。

第三十八条 【评标的保密】招标人应当采取必要的措施,保证评标在严格保密的情况下进行。

任何单位和个人不得非法干预、影响评标的过程和结果。

第三十九条 【投标人对投标文件的澄清或说明】评标委员会可以要求投标人对投标文件中含义不明确的内容作必要的澄清或者说明,但是澄清或者说明不得超出投标文件的范围或者改变投标文件的实质性内容。

第四十条 【评标】评标委员会应当按照招标文件确定的评标标准和方法,对投标文件进行评审和比较;设有标底的,应当参考标底。评标委员会完成评标后,应当向招标人提出书面评标报告,并推荐合格的中标候选人。

招标人根据评标委员会提出的书面评标报告和推荐的中标候选人确定中标人。招标人也可以授权评标委员会直接确定中标人。

国务院对特定招标项目的评标有特别规定的,从其规定。

第四十一条 【中标条件】中标人的投标应当符合下列条件之一:

(一)能够最大限度地满足招标文件中规定的各项综合评价标准;

(二)能够满足招标文件的实质性要求,并且经评审的投标价格最低;但是投标价格低于成本的除外。

第四十二条 【否决所有投标和重新招标】评标委员会经评审,认为所有投标都不符合招标文件要求的,可以否决所有投标。

依法必须进行招标的项目的所有投标被否决的,招标人应当依照本法重新招标。

第四十三条 【禁止与投标人进行实质性谈判】在确定中标人前,招标人不得与投标人就投标价格、投标方案等实质性内容进行谈判。

第四十四条 【评标委员会成员的义务】评标委员会成员应当客观、公正地履行职务,遵守职业道德,对所提出的评审意见承担个人责任。

评标委员会成员不得私下接触投标人,不得收受投标人的财物或者其他好处。

评标委员会成员和参与评标的有关工作人员不得透露对投标文件的评审和比较、中标候选人的推荐情况以及与评标有关的其他情况。

第四十五条 【中标通知书的发出】中标人确定后,招标人应当向中标人发出中标通知书,并同时将中标结果通知所有未中标的投标人。

中标通知书对招标人和中标人具有法律效力。中标通知书发出后,招标人改变中标结果的,或者中标人放弃中标项目的,应当依法承担法律责任。

第四十六条 【订立书面合同和提交履约保证金】招标人和中标人应当自中标通知书发出之日起30日内,按照招标文件和中标人的投标文件订立书面合同。招标人和中标人不得再行订立背离合同实质性内容的其他协议。

招标文件要求中标人提交履约保证金的,中标人应当提交。

第四十七条 【招投标情况的报告】依法必须进行招标的项目,招标人应当自确定中标人之日起15日内,向有关行政监督部门提交招标投标情况的书面报告。

第四十八条 【禁止转包和有条件分包】中标人应当按照合同约定履行义务,完成中标项目。中标人不得向他人转让中标项目,也不得将中标项目肢解后分别向他人转让。

中标人按合同约定或者经招标人同意,可以将中标项目的部分非主体、非关键性工作分包给他人完成。接受分包的人应当具备相应的资格条件,并不得再次分包。

中标人应当就分包项目向招标人负责,接受分包的人就分包项目承担连带责任。

第五章 法律责任

第四十九条 【必须进行招标的项目不招标的责任】违反本法规定,必须进行招标的项目而不招标的,将必须进行招标的项目化整为零或者以其他任何方式规避招标的,责令限期改正,可以处项目合同金额5‰以上10‰以下的罚款;对全部或者部分使用国有资金的项目,可以暂停项目执行或者暂停资金拨付;对单位直接负责的主管人员和其他直接责任人员依法给予处分。

第五十条 【招标代理机构的责任】招标代理机构违反本法规定,泄露应当保密的与招标投标活动有关的情况和资料的,或者与招标人、投标人串通损害国家利益、社会公共利益或者他人合法权益的,处五万元以上二十五万元以下的罚款;对单位直接负责的主管人员和其他直接责任人员处单位罚款数额百分之五以上百分之十以下的罚款;有违法所得的,并处没收违法所得;情节严重的,禁止其一年至二年内代理依法必须进行招标的项目并予以公告,直至由工商行政管理机关吊销营业执照;构成犯罪的,依法追究刑事责任。给他人造成损失的,依法承担赔偿责任。

前款所列行为影响中标结果的,中标无效。

第五十一条　【限制或排斥潜在投标人的责任】招标人以不合理的条件限制或者排斥潜在投标人的,对潜在投标人实行歧视待遇的,强制要求投标人组成联合体共同投标的,或者限制投标人之间竞争的,责令改正,可以处1万元以上5万元以下的罚款。

第五十二条　【泄露招投标活动有关秘密的责任】依法必须进行招标的项目的招标人向他人透露已获取招标文件的潜在投标人的名称、数量或者可能影响公平竞争的有关招标投标的其他情况的,或者泄露标底的,给予警告,可以并处1万元以上10万元以下的罚款;对单位直接负责的主管人员和其他直接责任人员依法给予处分;构成犯罪的,依法追究刑事责任。

前款所列行为影响中标结果的,中标无效。

第五十三条　【串通投标的责任】投标人相互串通投标或者与招标人串通投标的,投标人以向招标人或者评标委员会成员行贿的手段谋取中标的,中标无效,处中标项目金额5‰以上10‰以下的罚款,对单位直接负责的主管人员和其他直接责任人员处单位罚款数额5%以上10%以下的罚款;有违法所得的,并处没收违法所得;情节严重的,取消其1年至2年内参加依法必须进行招标的项目的投标资格并予以公告,直至由工商行政管理机关吊销营业执照;构成犯罪的,依法追究刑事责任。给他人造成损失的,依法承担赔偿责任。

第五十四条　【骗取中标的责任】投标人以他人名义投标或者以其他方式弄虚作假,骗取中标的,中标无效,给招标人造成损失的,依法承担赔偿责任;构成犯罪的,依法追究刑事责任。

依法必须进行招标的项目的投标人有前款所列行为尚未构成犯罪的,处中标项目金额5‰以上10‰以下的罚款,对单位直接负责的主管人员和其他直接责任人员处单位罚款数额5%以上10%以下的罚款;有违法所得的,并处没收违法所得;情节严重的,取消其1年至3年内参加依法必须进行招标的项目的投标资格并予以公告,直至由工商行政管理机关吊销营业执照。

第五十五条　【招标人违规谈判的责任】依法必须进行招标的项目,招标人违反本法规定,与投标人就投标价格、投标方案等实质性内容进行谈判的,给予警告,对单位直接负责的主管人员和其他直接责任人员依法给予处分。

前款所列行为影响中标结果的,中标无效。

第五十六条　【评标委员会成员违法行为的责任】评标委员会成员收受投标人的财物或者其他好处的,评标委员会成员或者参加评标的有关工作人员向他人透露对投标文件的评审和比较、中标候选人的推荐以及与评标有关的其他情况的,给予警告,没收收受的财物,可以并处3000元以上5万元以下的罚款,对有所列违法行为的评标委员会成员取消担任评标委员会成员的资格,不得再参加任何依法必须进行招标的项目的评标;构成犯罪的,依法追究刑事责任。

第五十七条　【招标人在中标候选人之外确定中标人的责任】招标人在评标委员会依法推荐的中标候选人以外确定中标人的,依法必须进行招标的项目在所有投标被评标委员会否决后自行确定中标人的,中标无效,责令改正,可以处中标项目金额5‰以上10‰以下的罚款;对单位直接负责的主管人员和其他直接责任人员依法给予处分。

第五十八条　【中标人违法转包、分包的责任】中标人将中标项目转让给他人的,将中标项目肢解后分别转让给他人的,违反本法规定将中标项目的部分主体、关键性工作分包给他人的,或者分包人再次分包的,转让、分包无效,处转让、分包项目金额5‰以上10‰以下的罚款;有违法所得的,并处没收违法所得;可以责令停业整顿;情节严重的,由工商行政管理机关吊销营业执照。

第五十九条　【不按招投标文件订立合同的责任】招标人与中标人不按照招标文件和中标人的投标文件订立合同的,或者招标人、中标人订立背离合同实质性内容的协议的,责令改正;可以处中标项目金额5‰以上10‰以下的罚款。

第六十条　【中标人不履行合同或不按合同履行义务的责任】中标人不履行与招标人订立的合同的,履约保证金不予退还,给招标人造成的损失超过履约保证金数额的,还应当对超过部分予以赔偿;没有提交履约保证金的,应当对招标人的损失承担赔偿责任。

中标人不按照与招标人订立的合同履行义务,情节严重的,取消其2年至5年内参加依法必须进行招标的项目的投标资格并予以公告,直至由工商行政管理机关吊销营业执照。

因不可抗力不能履行合同的,不适用前两款规定。

第六十一条 【行政处罚的决定】本章规定的行政处罚,由国务院规定的有关行政监督部门决定。本法已对实施行政处罚的机关作出规定的除外。

第六十二条 【干涉招投标活动的责任】任何单位违反本法规定,限制或者排斥本地区、本系统以外的法人或者其他组织参加投标的,为招标人指定招标代理机构的,强制招标人委托招标代理机构办理招标事宜的,或者以其他方式干涉招标投标活动的,责令改正;对单位直接负责的主管人员和其他直接责任人员依法给予警告、记过、记大过的处分,情节较重的,依法给予降级、撤职、开除的处分。

个人利用职权进行前款违法行为的,依照前款规定追究责任。

第六十三条 【行政监督机关工作人员的责任】对招标投标活动依法负有行政监督职责的国家机关工作人员徇私舞弊、滥用职权或者玩忽职守,构成犯罪的,依法追究刑事责任;不构成犯罪的,依法给予行政处分。

第六十四条 【中标无效的处理】依法必须进行招标的项目违反本法规定,中标无效的,应当依照本法规定的中标条件从其余投标人中重新确定中标人或者依照本法重新进行招标。

第六章 附　则

第六十五条 【异议或投诉】投标人和其他利害关系人认为招标投标活动不符合本法有关规定的,有权向招标人提出异议或者依法向有关行政监督部门投诉。

第六十六条 【不进行招标的项目】涉及国家安全、国家秘密、抢险救灾或者属于利用扶贫资金实行以工代赈、需要使用农民工等特殊情况,不适宜进行招标的项目,按照国家有关规定可以不进行招标。

第六十七条 【适用除外】使用国际组织或者外国政府贷款、援助资金的项目进行招标,贷款方、资金提供方对招标投标的具体条件和程序有不同规定的,可以适用其规定,但违背中华人民共和国的社会公共利益的除外。

第六十八条 【施行日期】本法自 2000 年 1 月 1 日起施行。

中华人民共和国招标投标法实施条例

- 2011 年 12 月 20 日中华人民共和国国务院令第 613 号公布
- 根据 2017 年 3 月 1 日《国务院关于修改和废止部分行政法规的决定》第一次修订
- 根据 2018 年 3 月 19 日《国务院关于修改和废止部分行政法规的决定》第二次修订
- 根据 2019 年 3 月 2 日《国务院关于修改部分行政法规的决定》第三次修订

第一章 总　则

第一条　为了规范招标投标活动,根据《中华人民共和国招标投标法》(以下简称招标投标法),制定本条例。

第二条　招标投标法第三条所称工程建设项目,是指工程以及与工程建设有关的货物、服务。

前款所称工程,是指建设工程,包括建筑物和构筑物的新建、改建、扩建及其相关的装修、拆除、修缮等;所称与工程建设有关的货物,是指构成工程不可分割的组成部分,且为实现工程基本功能所必需的设备、材料等;所称与工程建设有关的服务,是指为完成工程所需的勘察、设计、监理等服务。

第三条　依法必须进行招标的工程建设项目的具体范围和规模标准,由国务院发展改革部门会同国务院有关部门制订,报国务院批准后公布施行。

第四条　国务院发展改革部门指导和协调全国招标投标工作,对国家重大建设项目的工程招标投标活动实施监督检查。国务院工业和信息化、住房城乡建设、交通运输、铁道、水利、商务等部门,按照规定的职责分工对有关招标投标活动实施监督。

县级以上地方人民政府发展改革部门指导和协调本行政区域的招标投标工作。县级以上地方人民政府有关部门按照规定的职责分工,对招标投标活动实施监督,依法查处招标投标活动中的违法行为。县级以上地方人民政府对其所属部门有关招标投标活动的监督职责分工另有规定的,从其规定。

财政部门依法对实行招标投标的政府采购工程建设项目的政府采购政策执行情况实施监督。

监察机关依法对与招标投标活动有关的监察对象实施监察。

第五条　设区的市级以上地方人民政府可以根据实际需要,建立统一规范的招标投标交易场所,为招标投标活动提供服务。招标投标交易场所不得与行政监督部门存在隶属关系,不得以营利为目的。

国家鼓励利用信息网络进行电子招标投标。

第六条 禁止国家工作人员以任何方式非法干涉招标投标活动。

第二章 招 标

第七条 按照国家有关规定需要履行项目审批、核准手续的依法必须进行招标的项目，其招标范围、招标方式、招标组织形式应当报项目审批、核准部门审批、核准。项目审批、核准部门应当及时将审批、核准确定的招标范围、招标方式、招标组织形式通报有关行政监督部门。

第八条 国有资金占控股或者主导地位的依法必须进行招标的项目，应当公开招标；但有下列情形之一的，可以邀请招标：

（一）技术复杂、有特殊要求或者受自然环境限制，只有少量潜在投标人可供选择；

（二）采用公开招标方式的费用占项目合同金额的比例过大。

有前款第二项所列情形，属于本条例第七条规定的项目，由项目审批、核准部门在审批、核准项目时作出认定；其他项目由招标人申请有关行政监督部门作出认定。

第九条 除招标投标法第六十六条规定的可以不进行招标的特殊情况外，有下列情形之一的，可以不进行招标：

（一）需要采用不可替代的专利或者专有技术；

（二）采购人依法能够自行建设、生产或者提供；

（三）已通过招标方式选定的特许经营项目投资人依法能够自行建设、生产或者提供；

（四）需要向原中标人采购工程、货物或者服务，否则将影响施工或者功能配套要求；

（五）国家规定的其他特殊情形。

招标人为适用前款规定弄虚作假的，属于招标投标法第四条规定的规避招标。

第十条 招标投标法第十二条第二款规定的招标人具有编制招标文件和组织评标能力，是指招标人具有与招标项目规模和复杂程度相适应的技术、经济等方面的专业人员。

第十一条 国务院住房城乡建设、商务、发展改革、工业和信息化等部门，按照规定的职责分工对招标代理机构依法实施监督管理。

第十二条 招标代理机构应当拥有一定数量的具备编制招标文件、组织评标等相应能力的专业人员。

第十三条 招标代理机构在招标人委托的范围内开展招标代理业务，任何单位和个人不得非法干涉。

招标代理机构代理招标业务，应当遵守招标投标法和本条例关于招标人的规定。招标代理机构不得在所代理的招标项目中投标或者代理投标，也不得为所代理的招标项目的投标人提供咨询。

第十四条 招标人应当与被委托的招标代理机构签订书面委托合同，合同约定的收费标准应当符合国家有关规定。

第十五条 公开招标的项目，应当依照招标投标法和本条例的规定发布招标公告、编制招标文件。

招标人采用资格预审办法对潜在投标人进行资格审查的，应当发布资格预审公告、编制资格预审文件。

依法必须进行招标的项目的资格预审公告和招标公告，应当在国务院发展改革部门依法指定的媒介发布。在不同媒介发布的同一招标项目的资格预审公告或者招标公告的内容应当一致。指定媒介发布依法必须进行招标的项目的境内资格预审公告、招标公告，不得收取费用。

编制依法必须进行招标的项目的资格预审文件和招标文件，应当使用国务院发展改革部门会同有关行政监督部门制定的标准文本。

第十六条 招标人应当按照资格预审公告、招标公告或者投标邀请书规定的时间、地点发售资格预审文件或者招标文件。资格预审文件或者招标文件的发售期不得少于5日。

招标人发售资格预审文件、招标文件收取的费用应当限于补偿印刷、邮寄的成本支出，不得以营利为目的。

第十七条 招标人应当合理确定提交资格预审申请文件的时间。依法必须进行招标的项目提交资格预审申请文件的时间，自资格预审文件停止发售之日起不得少于5日。

第十八条 资格预审应当按照资格预审文件载明的标准和方法进行。

国有资金占控股或者主导地位的依法必须进行招标的项目，招标人应当组建资格审查委员会审查资格预审申请文件。资格审查委员会及其成员应当遵守招标投标法和本条例有关评标委员会及其成员的规定。

第十九条 资格预审结束后，招标人应当及时向资格预审申请人发出资格预审结果通知书。未通过资格预审的申请人不具有投标资格。

通过资格预审的申请人少于3个的，应当重新招标。

第二十条 招标人采用资格后审办法对投标人进行资格审查的，应当在开标后由评标委员会按照招标文件规定的标准和方法对投标人的资格进行审查。

第二十一条 招标人可以对已发出的资格预审文件

或者招标文件进行必要的澄清或者修改。澄清或者修改的内容可能影响资格预审申请文件或者投标文件编制的，招标人应当在提交资格预审申请文件截止时间至少3日前，或者投标截止时间至少15日前，以书面形式通知所有获取资格预审文件或者招标文件的潜在投标人；不足3日或者15日的，招标人应当顺延提交资格预审申请文件或者投标文件的截止时间。

第二十二条　潜在投标人或者其他利害关系人对资格预审文件有异议的，应当在提交资格预审申请文件截止时间2日前提出；对招标文件有异议的，应当在投标截止时间10日前提出。招标人应当自收到异议之日起3日内作出答复；作出答复前，应当暂停招标投标活动。

第二十三条　招标人编制的资格预审文件、招标文件的内容违反法律、行政法规的强制性规定，违反公开、公平、公正和诚实信用原则，影响资格预审结果或者潜在投标人投标的，依法必须进行招标的项目的招标人应当在修改资格预审文件或者招标文件后重新招标。

第二十四条　招标人对招标项目划分标段的，应当遵守招标投标法的有关规定，不得利用划分标段限制或者排斥潜在投标人。依法必须进行招标的项目的招标人不得利用划分标段规避招标。

第二十五条　招标人应当在招标文件中载明投标有效期。投标有效期从提交投标文件的截止之日起算。

第二十六条　招标人在招标文件中要求投标人提交投标保证金的，投标保证金不得超过招标项目估算价的2%。投标保证金有效期应当与投标有效期一致。

依法必须进行招标的项目的境内投标单位，以现金或者支票形式提交的投标保证金应当从其基本账户转出。

招标人不得挪用投标保证金。

第二十七条　招标人可以自行决定是否编制标底。一个招标项目只能有一个标底。标底必须保密。

接受委托编制标底的中介机构不得参加受托编制标底项目的投标，也不得为该项目的投标人编制投标文件或者提供咨询。

招标人设有最高投标限价的，应当在招标文件中明确最高投标限价或者最高投标限价的计算方法。招标人不得规定最低投标限价。

第二十八条　招标人不得组织单个或者部分潜在投标人踏勘项目现场。

第二十九条　招标人可以依法对工程以及与工程建设有关的货物、服务全部或者部分实行总承包招标。以暂估价形式包括在总承包范围内的工程、货物、服务属于

依法必须进行招标的项目范围且达到国家规定规模标准的，应当依法进行招标。

前款所称暂估价，是指总承包招标时不能确定价格而由招标人在招标文件中暂时估定的工程、货物、服务的金额。

第三十条　对技术复杂或者无法精确拟定技术规格的项目，招标人可以分两阶段进行招标。

第一阶段，投标人按照招标公告或者投标邀请书的要求提交不带报价的技术建议，招标人根据投标人提交的技术建议确定技术标准和要求，编制招标文件。

第二阶段，招标人向在第一阶段提交技术建议的投标人提供招标文件，投标人按照招标文件的要求提交包括最终技术方案和投标报价的投标文件。

招标人要求投标人提交投标保证金的，应当在第二阶段提出。

第三十一条　招标人终止招标的，应当及时发布公告，或者以书面形式通知被邀请的或者已经获取资格预审文件、招标文件的潜在投标人。已经发售资格预审文件、招标文件或者已经收取投标保证金的，招标人应当及时退还所收取的资格预审文件、招标文件的费用，以及所收取的投标保证金及银行同期存款利息。

第三十二条　招标人不得以不合理的条件限制、排斥潜在投标人或者投标人。

招标人有下列行为之一的，属于以不合理条件限制、排斥潜在投标人或者投标人：

（一）就同一招标项目向潜在投标人或者投标人提供有差别的项目信息；

（二）设定的资格、技术、商务条件与招标项目的具体特点和实际需要不相适应或者与合同履行无关；

（三）依法必须进行招标的项目以特定行政区域或者特定行业的业绩、奖项作为加分条件或者中标条件；

（四）对潜在投标人或者投标人采取不同的资格审查或者评标标准；

（五）限定或者指定特定的专利、商标、品牌、原产地或者供应商；

（六）依法必须进行招标的项目非法限定潜在投标人或者投标人的所有制形式或者组织形式；

（七）以其他不合理条件限制、排斥潜在投标人或者投标人。

第三章　投　标

第三十三条　投标人参加依法必须进行招标的项目的投标，不受地区或者部门的限制，任何单位和个人不得

非法干涉。

第三十四条 与招标人存在利害关系可能影响招标公正性的法人、其他组织或者个人，不得参加投标。

单位负责人为同一人或者存在控股、管理关系的不同单位，不得参加同一标段投标或者未划分标段的同一招标项目投标。

违反前两款规定的，相关投标均无效。

第三十五条 投标人撤回已提交的投标文件，应当在投标截止时间前书面通知招标人。招标人已收取投标保证金的，应当自收到投标人书面撤回通知之日起5日内退还。

投标截止后投标人撤销投标文件的，招标人可以不退还投标保证金。

第三十六条 未通过资格预审的申请人提交的投标文件，以及逾期送达或者不按照招标文件要求密封的投标文件，招标人应当拒收。

招标人应当如实记载投标文件的送达时间和密封情况，并存档备查。

第三十七条 招标人应当在资格预审公告、招标公告或者投标邀请书中载明是否接受联合体投标。

招标人接受联合体投标并进行资格预审的，联合体应当在提交资格预审申请文件前组成。资格预审后联合体增减、更换成员的，其投标无效。

联合体各方在同一招标项目中以自己名义单独投标或者参加其他联合体投标的，相关投标均无效。

第三十八条 投标人发生合并、分立、破产等重大变化的，应当及时书面告知招标人。投标人不再具备资格预审文件、招标文件规定的资格条件或者其投标影响招标公正性的，其投标无效。

第三十九条 禁止投标人相互串通投标。

有下列情形之一的，属于投标人相互串通投标：

（一）投标人之间协商投标报价等投标文件的实质性内容；

（二）投标人之间约定中标人；

（三）投标人之间约定部分投标人放弃投标或者中标；

（四）属于同一集团、协会、商会等组织成员的投标人按照该组织要求协同投标；

（五）投标人之间为谋取中标或者排斥特定投标人而采取的其他联合行动。

第四十条 有下列情形之一的，视为投标人相互串通投标：

（一）不同投标人的投标文件由同一单位或者个人编制；

（二）不同投标人委托同一单位或者个人办理投标事宜；

（三）不同投标人的投标文件载明的项目管理成员为同一人；

（四）不同投标人的投标文件异常一致或者投标报价呈规律性差异；

（五）不同投标人的投标文件相互混装；

（六）不同投标人的投标保证金从同一单位或者个人的账户转出。

第四十一条 禁止招标人与投标人串通投标。

有下列情形之一的，属于招标人与投标人串通投标：

（一）招标人在开标前开启投标文件并将有关信息泄露给其他投标人；

（二）招标人直接或者间接向投标人泄露标底、评标委员会成员等信息；

（三）招标人明示或者暗示投标人压低或者抬高投标报价；

（四）招标人授意投标人撤换、修改投标文件；

（五）招标人明示或者暗示投标人为特定投标人中标提供方便；

（六）招标人与投标人为谋求特定投标人中标而采取的其他串通行为。

第四十二条 使用通过受让或者租借等方式获取的资格、资质证书投标的，属于招标投标法第三十三条规定的以他人名义投标。

投标人有下列情形之一的，属于招标投标法第三十三条规定的以其他方式弄虚作假的行为：

（一）使用伪造、变造的许可证件；

（二）提供虚假的财务状况或者业绩；

（三）提供虚假的项目负责人或者主要技术人员简历、劳动关系证明；

（四）提供虚假的信用状况；

（五）其他弄虚作假的行为。

第四十三条 提交资格预审申请文件的申请人应当遵守招标投标法和本条例有关投标人的规定。

第四章　开标、评标和中标

第四十四条 招标人应当按照招标文件规定的时间、地点开标。

投标人少于3个的，不得开标；招标人应当重新招标。

投标人对开标有异议的，应当在开标现场提出，招标人应当当场作出答复，并制作记录。

第四十五条 国家实行统一的评标专家专业分类标准和管理办法。具体标准和办法由国务院发展改革部门会同国务院有关部门制定。

省级人民政府和国务院有关部门应当组建综合评标专家库。

第四十六条 除招标投标法第三十七条第三款规定的特殊招标项目外，依法必须进行招标的项目，其评标委员会的专家成员应当从评标专家库内相关专业的专家名单中以随机抽取方式确定。任何单位和个人不得以明示、暗示等任何方式指定或者变相指定参加评标委员会的专家成员。

依法必须进行招标的项目的招标人非因招标投标法和本条例规定的事由，不得更换依法确定的评标委员会成员。更换评标委员会的专家成员应当依照前款规定进行。

评标委员会成员与投标人有利害关系的，应当主动回避。

有关行政监督部门应当按照规定的职责分工，对评标委员会成员的确定方式、评标专家的抽取和评标活动进行监督。行政监督部门的工作人员不得担任本部门负责监督项目的评标委员会成员。

第四十七条 招标投标法第三十七条第三款所称特殊招标项目，是指技术复杂、专业性强或者国家有特殊要求，采取随机抽取方式确定的专家难以保证胜任评标工作的项目。

第四十八条 招标人应当向评标委员会提供评标所必需的信息，但不得明示或者暗示其倾向或者排斥特定投标人。

招标人应当根据项目规模和技术复杂程度等因素合理确定评标时间。超过三分之一的评标委员会成员认为评标时间不够的，招标人应当适当延长。

评标过程中，评标委员会成员有回避事由、擅离职守或者因健康等原因不能继续评标的，应当及时更换。被更换的评标委员会成员作出的评审结论无效，由更换后的评标委员会成员重新进行评审。

第四十九条 评标委员会成员应当依照招标投标法和本条例的规定，按照招标文件规定的评标标准和方法，客观、公正地对投标文件提出评审意见。招标文件没有规定的评标标准和方法不得作为评标的依据。

评标委员会成员不得私下接触投标人，不得收受投标人给予的财物或者其他好处，不得向招标人征询确定中标人的意向，不得接受任何单位或者个人明示或者暗示提出的倾向或者排斥特定投标人的要求，不得有其他不客观、不公正履行职务的行为。

第五十条 招标项目设有标底的，招标人应当在开标时公布。标底只能作为评标的参考，不得以投标报价是否接近标底作为中标条件，也不得以投标报价超过标底上下浮动范围作为否决投标的条件。

第五十一条 有下列情形之一的，评标委员会应当否决其投标：

（一）投标文件未经投标单位盖章和单位负责人签字；

（二）投标联合体没有提交共同投标协议；

（三）投标人不符合国家或者招标文件规定的资格条件；

（四）同一投标人提交两个以上不同的投标文件或者投标报价，但招标文件要求提交备选投标的除外；

（五）投标报价低于成本或者高于招标文件设定的最高投标限价；

（六）投标文件没有对招标文件的实质性要求和条件作出响应；

（七）投标人有串通投标、弄虚作假、行贿等违法行为。

第五十二条 投标文件中有含义不明确的内容、明显文字或者计算错误，评标委员会认为需要投标人作出必要澄清、说明的，应当书面通知该投标人。投标人的澄清、说明应当采用书面形式，并不得超出投标文件的范围或者改变投标文件的实质性内容。

评标委员会不得暗示或者诱导投标人作出澄清、说明，不得接受投标人主动提出的澄清、说明。

第五十三条 评标完成后，评标委员会应当向招标人提交书面评标报告和中标候选人名单。中标候选人应当不超过3个，并标明排序。

评标报告应当由评标委员会全体成员签字。对评标结果有不同意见的评标委员会成员应当以书面形式说明其不同意见和理由，评标报告应当注明该不同意见。评标委员会成员拒绝在评标报告上签字又不书面说明其不同意见和理由的，视为同意评标结果。

第五十四条 依法必须进行招标的项目，招标人应当自收到评标报告之日起3日内公示中标候选人，公示期不得少于3日。

投标人或者其他利害关系人对依法必须进行招标的项目的评标结果有异议的，应当在中标候选人公示期间提出。招标人应当自收到异议之日起3日内作出答复；

作出答复前,应当暂停招标投标活动。

第五十五条 国有资金占控股或者主导地位的依法必须进行招标的项目,招标人应当确定排名第一的中标候选人为中标人。排名第一的中标候选人放弃中标、因不可抗力不能履行合同、不按照招标文件要求提交履约保证金,或者被查实存在影响中标结果的违法行为等情形,不符合中标条件的,招标人可以按照评标委员会提出的中标候选人名单排序依次确定其他中标候选人为中标人,也可以重新招标。

第五十六条 中标候选人的经营、财务状况发生较大变化或者存在违法行为,招标人认为可能影响其履约能力的,应当在发出中标通知书前由原评标委员会按照招标文件规定的标准和方法审查确认。

第五十七条 招标人和中标人应当依照招标投标法和本条例的规定签订书面合同,合同的标的、价款、质量、履行期限等主要条款应当与招标文件和中标人的投标文件的内容一致。招标人和中标人不得再行订立背离合同实质性内容的其他协议。

招标人最迟应当在书面合同签订后5日内向中标人和未中标的投标人退还投标保证金及银行同期存款利息。

第五十八条 招标文件要求中标人提交履约保证金的,中标人应当按照招标文件的要求提交。履约保证金不得超过中标合同金额的10%。

第五十九条 中标人应当按照合同约定履行义务,完成中标项目。中标人不得向他人转让中标项目,也不得将中标项目肢解后分别向他人转让。

中标人按照合同约定或者经招标人同意,可以将中标项目的部分非主体、非关键性工作分包给他人完成。接受分包的人应当具备相应的资格条件,并不得再次分包。

中标人应当就分包项目向招标人负责,接受分包的人就分包项目承担连带责任。

第五章 投诉与处理

第六十条 投标人或者其他利害关系人认为招标投标活动不符合法律、行政法规规定的,可以自知道或者应当知道之日起10日内向有关行政监督部门投诉。投诉应当有明确的请求和必要的证明材料。

就本条例第二十二条、第四十四条、第五十四条规定事项投诉的,应当先向招标人提出异议,异议答复期间不计算在前款规定的期限内。

第六十一条 投诉人就同一事项向两个以上有权受理的行政监督部门投诉的,由最先收到投诉的行政监督部门负责处理。

行政监督部门应当自收到投诉之日起3个工作日内决定是否受理投诉,并自受理投诉之日起30个工作日内作出书面处理决定;需要检验、检测、鉴定、专家评审的,所需时间不计算在内。

投诉人捏造事实、伪造材料或者以非法手段取得证明材料进行投诉的,行政监督部门应当予以驳回。

第六十二条 行政监督部门处理投诉,有权查阅、复制有关文件、资料,调查有关情况,相关单位和人员应当予以配合。必要时,行政监督部门可以责令暂停招标投标活动。

行政监督部门的工作人员对监督检查过程中知悉的国家秘密、商业秘密,应当依法予以保密。

第六章 法律责任

第六十三条 招标人有下列限制或者排斥潜在投标人行为之一的,由有关行政监督部门依照招标投标法第五十一条的规定处罚:

(一)依法应当公开招标的项目不按照规定在指定媒介发布资格预审公告或者招标公告;

(二)在不同媒介发布的同一招标项目的资格预审公告或者招标公告的内容不一致,影响潜在投标人申请资格预审或者投标。

依法必须进行招标的项目的招标人不按照规定发布资格预审公告或者招标公告,构成规避招标的,依照招标投标法第四十九条的规定处罚。

第六十四条 招标人有下列情形之一的,由有关行政监督部门责令改正,可以处10万元以下的罚款:

(一)依法应当公开招标而采用邀请招标;

(二)招标文件、资格预审文件的发售、澄清、修改的时限,或者确定的提交资格预审申请文件、投标文件的时限不符合招标投标法和本条例规定;

(三)接受未通过资格预审的单位或者个人参加投标;

(四)接受应当拒收的投标文件。

招标人有前款第一项、第三项、第四项所列行为之一的,对单位直接负责的主管人员和其他直接责任人员依法给予处分。

第六十五条 招标代理机构在所代理的招标项目中投标、代理投标或者向该项目投标人提供咨询的,接受委托编制标底的中介机构参加受托编制标底项目的投标或者为该项目的投标人编制投标文件、提供咨询的,依照招标投标法第五十条的规定追究法律责任。

第六十六条 招标人超过本条例规定的比例收取投标保证金、履约保证金或者不按照规定退还投标保证金及银行同期存款利息的,由有关行政监督部门责令改正,可以处5万元以下的罚款;给他人造成损失的,依法承担赔偿责任。

第六十七条 投标人相互串通投标或者与招标人串通投标的,投标人向招标人或者评标委员会成员行贿谋取中标的,中标无效;构成犯罪的,依法追究刑事责任;尚不构成犯罪的,依照招标投标法第五十三条的规定处罚。投标人未中标的,对单位的罚款金额按照招标项目合同金额依照招标投标法规定的比例计算。

投标人有下列行为之一的,属于招标投标法第五十三条规定的情节严重行为,由有关行政监督部门取消其1年至2年内参加依法必须进行招标的项目的投标资格:

(一)以行贿谋取中标;

(二)3年内2次以上串通投标;

(三)串通投标行为损害招标人、其他投标人或者国家、集体、公民的合法利益,造成直接经济损失30万元以上;

(四)其他串通投标情节严重的行为。

投标人自本条第二款规定的处罚执行期限届满之日起3年内又有该款所列违法行为之一的,或者串通投标、以行贿谋取中标情节特别严重的,由工商行政管理机关吊销营业执照。

法律、行政法规对串通投标报价行为的处罚另有规定的,从其规定。

第六十八条 投标人以他人名义投标或者以其他方式弄虚作假骗取中标的,中标无效;构成犯罪的,依法追究刑事责任;尚不构成犯罪的,依照招标投标法第五十四条的规定处罚。依法必须进行招标的项目的投标人未中标的,对单位的罚款金额按照招标项目合同金额依照招标投标法规定的比例计算。

投标人有下列行为之一的,属于招标投标法第五十四条规定的情节严重行为,由有关行政监督部门取消其1年至3年内参加依法必须进行招标的项目的投标资格:

(一)伪造、变造资格、资质证书或者其他许可证件骗取中标;

(二)3年内2次以上使用他人名义投标;

(三)弄虚作假骗取中标给招标人造成直接经济损失30万元以上;

(四)其他弄虚作假骗取中标情节严重的行为。

投标人自本条第二款规定的处罚执行期限届满之日起3年内又有该款所列违法行为之一的,或者弄虚作假骗取中标情节特别严重的,由工商行政管理机关吊销营业执照。

第六十九条 出让或者出租资格、资质证书供他人投标的,依照法律、行政法规的规定给予行政处罚;构成犯罪的,依法追究刑事责任。

第七十条 依法必须进行招标的项目的招标人不按照规定组建评标委员会,或者确定、更换评标委员会成员违反招标投标法和本条例规定的,由有关行政监督部门责令改正,可以处10万元以下的罚款,对单位直接负责的主管人员和其他直接责任人员依法给予处分;违法确定或者更换的评标委员会成员作出的评审结论无效,依法重新进行评审。

国家工作人员以任何方式非法干涉选取评标委员会成员的,依照本条例第八十条的规定追究法律责任。

第七十一条 评标委员会成员有下列行为之一的,由有关行政监督部门责令改正;情节严重的,禁止其在一定期限内参加依法必须进行招标的项目的评标;情节特别严重的,取消其担任评标委员会成员的资格:

(一)应当回避而不回避;

(二)擅离职守;

(三)不按照招标文件规定的评标标准和方法评标;

(四)私下接触投标人;

(五)向招标人征询确定中标人的意向或者接受任何单位或者个人明示或者暗示提出的倾向或者排斥特定投标人的要求;

(六)对依法应当否决的投标不提出否决意见;

(七)暗示或者诱导投标人作出澄清、说明或者接受投标人主动提出的澄清、说明;

(八)其他不客观、不公正履行职务的行为。

第七十二条 评标委员会成员收受投标人的财物或者其他好处的,没收收受的财物,处3000元以上5万元以下的罚款,取消担任评标委员会成员的资格,不得再参加依法必须进行招标的项目的评标;构成犯罪的,依法追究刑事责任。

第七十三条 依法必须进行招标的项目的招标人有下列情形之一的,由有关行政监督部门责令改正,可以处中标项目金额10‰以下的罚款;给他人造成损失的,依法承担赔偿责任;对单位直接负责的主管人员和其他直接责任人员依法给予处分:

（一）无正当理由不发出中标通知书；
（二）不按照规定确定中标人；
（三）中标通知书发出后无正当理由改变中标结果；
（四）无正当理由不与中标人订立合同；
（五）在订立合同时向中标人提出附加条件。

第七十四条 中标人无正当理由不与招标人订立合同，在签订合同时向招标人提出附加条件，或者不按照招标文件要求提交履约保证金的，取消其中标资格，投标保证金不予退还。对依法必须进行招标的项目的中标人，由有关行政监督部门责令改正，可以处中标项目金额10‰以下的罚款。

第七十五条 招标人和中标人不按照招标文件和中标人的投标文件订立合同，合同的主要条款与招标文件、中标人的投标文件的内容不一致，或者招标人、中标人订立背离合同实质性内容的协议的，由有关行政监督部门责令改正，可以处中标项目金额5‰以上10‰以下的罚款。

第七十六条 中标人将中标项目转让给他人的，将中标项目肢解后分别转让给他人的，违反招标投标法和本条例规定将中标项目的部分主体、关键性工作分包给他人的，或者分包人再次分包的，转让、分包无效，处转让、分包项目金额5‰以上10‰以下的罚款；有违法所得的，并处没收违法所得；可以责令停业整顿；情节严重的，由工商行政管理机关吊销营业执照。

第七十七条 投标人或者其他利害关系人捏造事实、伪造材料或者以非法手段取得证明材料进行投诉，给他人造成损失的，依法承担赔偿责任。

招标人不按照规定对异议作出答复，继续进行招标投标活动的，由有关行政监督部门责令改正，拒不改正或者不能改正并影响中标结果的，依照本条例第八十一条的规定处理。

第七十八条 国家建立招标投标信用制度。有关行政监督部门应当依法公告对招标人、招标代理机构、投标人、评标委员会成员等当事人违法行为的行政处理决定。

第七十九条 项目审批、核准部门不依法审批、核准项目招标范围、招标方式、招标组织形式的，对单位直接负责的主管人员和其他直接责任人员依法给予处分。

有关行政监督部门不依法履行职责，对违反招标投标法和本条例规定的行为不依法查处，或者不按照规定处理投诉、不依法公告对招标投标当事人违法行为的行政处理决定的，对直接负责的主管人员和其他直接责任人员依法给予处分。

项目审批、核准部门和有关行政监督部门的工作人员徇私舞弊、滥用职权、玩忽职守，构成犯罪的，依法追究刑事责任。

第八十条 国家工作人员利用职务便利，以直接或者间接、明示或者暗示等任何方式非法干涉招标投标活动，有下列情形之一的，依法给予记过或者记大过处分；情节严重的，依法给予降级或者撤职处分；情节特别严重的，依法给予开除处分；构成犯罪的，依法追究刑事责任：

（一）要求对依法必须进行招标的项目不招标，或者要求对依法应当公开招标的项目不公开招标；
（二）要求评标委员会成员或者招标人以其指定的投标人作为中标候选人或者中标人，或者以其他方式非法干涉评标活动，影响中标结果；
（三）以其他方式非法干涉招标投标活动。

第八十一条 依法必须进行招标的项目的招标投标活动违反招标投标法和本条例的规定，对中标结果造成实质性影响，且不能采取补救措施予以纠正的，招标、投标、中标无效，应当依法重新招标或者评标。

第七章 附 则

第八十二条 招标投标协会按照依法制定的章程开展活动，加强行业自律和服务。

第八十三条 政府采购的法律、行政法规对政府采购货物、服务的招标投标另有规定的，从其规定。

第八十四条 本条例自2012年2月1日起施行。

建筑工程设计招标投标管理办法

· 2017年1月24日住房和城乡建设部令第33号发布
· 自2017年5月1日起施行

第一条 为规范建筑工程设计市场，提高建筑工程设计水平，促进公平竞争，繁荣建筑创作，根据《中华人民共和国建筑法》《中华人民共和国招标投标法》《建设工程勘察设计管理条例》和《中华人民共和国招标投标法实施条例》等法律法规，制定本办法。

第二条 依法必须进行招标的各类房屋建筑工程，其设计招标投标活动，适用本办法。

第三条 国务院住房城乡建设主管部门依法对全国建筑工程设计招标投标活动实施监督。

县级以上地方人民政府住房城乡建设主管部门依法对本行政区域内建筑工程设计招标投标活动实施监督，依法查处招标投标活动中的违法违规行为。

第四条 建筑工程设计招标范围和规模标准按照国家有关规定执行,有下列情形之一的,可以不进行招标:

(一)采用不可替代的专利或者专有技术的;

(二)对建筑艺术造型有特殊要求,并经有关主管部门批准的;

(三)建设单位依法能够自行设计的;

(四)建筑工程项目的改建、扩建或者技术改造,需要由原设计单位设计,否则将影响功能配套要求的;

(五)国家规定的其他特殊情形。

第五条 建筑工程设计招标应当依法进行公开招标或者邀请招标。

第六条 建筑工程设计招标可以采用设计方案招标或者设计团队招标,招标人可以根据项目特点和实际需要选择。

设计方案招标,是指主要通过对投标人提交的设计方案进行评审确定中标人。

设计团队招标,是指主要通过对投标人拟派设计团队的综合能力进行评审确定中标人。

第七条 公开招标的,招标人应当发布招标公告。邀请招标的,招标人应当向3个以上潜在投标人发出投标邀请书。

招标公告或者投标邀请书应当载明招标人名称和地址、招标项目的基本要求、投标人的资质要求以及获取招标文件的办法等事项。

第八条 招标人一般应当将建筑工程的方案设计、初步设计和施工图设计一并招标。确需另行选择设计单位承担初步设计、施工图设计的,应当在招标公告或者投标邀请书中明确。

第九条 鼓励建筑工程实行设计总包。实行设计总包的,按照合同约定或者经招标人同意,设计单位可以不通过招标方式将建筑工程非主体部分的设计进行分包。

第十条 招标文件应当满足设计方案招标或者设计团队招标的不同需求,主要包括以下内容:

(一)项目基本情况;

(二)城乡规划和城市设计对项目的基本要求;

(三)项目工程经济技术要求;

(四)项目有关基础资料;

(五)招标内容;

(六)招标文件答疑、现场踏勘安排;

(七)投标文件编制要求;

(八)评标标准和方法;

(九)投标文件送达地点和截止时间;

(十)开标时间和地点;

(十一)拟签订合同的主要条款;

(十二)设计费或者计费方法;

(十三)未中标方案补偿办法。

第十一条 招标人应当在资格预审公告、招标公告或者投标邀请书中载明是否接受联合体投标。采用联合体形式投标的,联合体各方应当签订共同投标协议,明确约定各方承担的工作和责任,就中标项目向招标人承担连带责任。

第十二条 招标人可以对已发出的招标文件进行必要的澄清或者修改。澄清或者修改的内容可能影响投标文件编制的,招标人应当在投标截止时间至少15日前,以书面形式通知所有获取招标文件的潜在投标人,不足15日的,招标人应当顺延提交投标文件的截止时间。

潜在投标人或者其他利害关系人对招标文件有异议的,应当在投标截止时间10日前提出。招标人应当自收到异议之日起3日内作出答复;作出答复前,应当暂停招标投标活动。

第十三条 招标人应当确定投标人编制投标文件所需要的合理时间,自招标文件开始发出之日起至投标人提交投标文件截止之日止,时限最短不少于20日。

第十四条 投标人应当具有与招标项目相适应的工程设计资质。境外设计单位参加国内建筑工程设计投标的,按照国家有关规定执行。

第十五条 投标人应当按照招标文件的要求编制投标文件。投标文件应当对招标文件提出的实质性要求和条件作出响应。

第十六条 评标由评标委员会负责。

评标委员会由招标人代表和有关专家组成。评标委员会人数为5人以上单数,其中技术和经济方面的专家不得少于成员总数的2/3。建筑工程设计方案评标时,建筑专业专家不得少于技术和经济方面专家总数的2/3。

评标专家一般从专家库随机抽取,对于技术复杂、专业性强或者国家有特殊要求的项目,招标人也可以直接邀请相应专业的中国科学院院士、中国工程院院士、全国工程勘察设计大师以及境外具有相应资历的专家参加评标。

投标人或者与投标人有利害关系的人员不得参加评标委员会。

第十七条 有下列情形之一的,评标委员会应当否决其投标:

(一)投标文件未按招标文件要求经投标人盖章和单位负责人签字;

(二)投标联合体没有提交共同投标协议;

(三)投标人不符合国家或者招标文件规定的资格条件;

(四)同一投标人提交两个以上不同的投标文件或者投标报价,但招标文件要求提交备选投标的除外;

(五)投标文件没有对招标文件的实质性要求和条件作出响应;

(六)投标人有串通投标、弄虚作假、行贿等违法行为;

(七)法律法规规定的其他应当否决投标的情形。

第十八条 评标委员会应当按照招标文件确定的评标标准和方法,对投标文件进行评审。

采用设计方案招标的,评标委员会应当在符合城乡规划、城市设计以及安全、绿色、节能、环保要求的前提下,重点对功能、技术、经济和美观等进行评审。

采用设计团队招标的,评标委员会应当对投标人拟从事项目设计的人员构成、人员业绩、人员从业经历、项目解读、设计构思、投标人信用情况和业绩等进行评审。

第十九条 评标委员会应当在评标完成后,向招标人提出书面评标报告,推荐不超过3个中标候选人,并标明顺序。

第二十条 招标人应当公示中标候选人。采用设计团队招标的,招标人应当公示中标候选人投标文件中所列主要人员、业绩等内容。

第二十一条 招标人根据评标委员会的书面评标报告和推荐的中标候选人确定中标人。招标人也可以授权评标委员会直接确定中标人。

采用设计方案招标的,招标人认为评标委员会推荐的候选方案不能最大限度满足招标文件规定的要求的,应当依法重新招标。

第二十二条 招标人应当在确定中标人后及时向中标人发出中标通知书,并同时将中标结果通知所有未中标人。

第二十三条 招标人应当自确定中标人之日起15日内,向县级以上地方人民政府住房城乡建设主管部门提交招标投标情况的书面报告。

第二十四条 县级以上地方人民政府住房城乡建设主管部门应当自收到招标投标情况的书面报告之日起5个工作日内,公开专家评审意见等信息,涉及国家秘密、商业秘密的除外。

第二十五条 招标人和中标人应当自中标通知书发出之日起30日内,按照招标文件和中标人的投标文件订立书面合同。

第二十六条 招标人、中标人使用未中标方案的,应当征得提交方案的投标人同意并付给使用费。

第二十七条 国务院住房城乡建设主管部门,省、自治区、直辖市人民政府住房城乡建设主管部门应当加强建筑工程设计评标专家和专家库的管理。

建筑专业专家库应当按建筑工程类别细化分类。

第二十八条 住房城乡建设主管部门应当加快推进电子招标投标,完善招标投标信息平台建设,促进建筑工程设计招标投标信息化监管。

第二十九条 招标人以不合理的条件限制或者排斥潜在投标人的,对潜在投标人实行歧视待遇的,强制要求投标人组成联合体共同投标的,或者限制投标人之间竞争的,由县级以上地方人民政府住房城乡建设主管部门责令改正,可以处1万元以上5万元以下的罚款。

第三十条 招标人澄清、修改招标文件的时限,或者确定的提交投标文件的时限不符合本办法规定的,由县级以上地方人民政府住房城乡建设主管部门责令改正,可以处10万元以下的罚款。

第三十一条 招标人不按照规定组建评标委员会,或者评标委员会成员的确定违反本办法规定的,由县级以上地方人民政府住房城乡建设主管部门责令改正,可以处10万元以下的罚款,相应评审结论无效,依法重新进行评审。

第三十二条 招标人有下列情形之一的,由县级以上地方人民政府住房城乡建设主管部门责令改正,可以处中标项目金额10‰以下的罚款;给他人造成损失的,依法承担赔偿责任;对单位直接负责的主管人员和其他直接责任人员依法给予处分。

(一)无正当理由未按本办法规定发出中标通知书;

(二)不按照规定确定中标人;

(三)中标通知书发出后无正当理由改变中标结果;

(四)无正当理由未按本办法规定与中标人订立合同;

(五)在订立合同时向中标人提出附加条件。

第三十三条 投标人以他人名义投标或者以其他方式弄虚作假,骗取中标的,中标无效,给招标人造成损失的,依法承担赔偿责任;构成犯罪的,依法追究刑事责任。

投标人有前款所列行为尚未构成犯罪的,由县级以上地方人民政府住房城乡建设主管部门处中标项目金额5‰以上10‰以下的罚款,对单位直接负责的主管人员和其他直接责任人员处单位罚款数额5%以上10%以下的罚款;有违法所得的,并处没收违法所得;情节严重的,取消其1年至3年内参加依法必须进行招标的建筑工程设计招标的投标资格,并予以公告,直至由工商行政管理机关吊销营业执照。

第三十四条 评标委员会成员收受投标人的财物或者其他好处的,评标委员会成员或者参加评标的有关工作人员向他人透露对投标文件的评审和比较、中标候选人的推荐以及与评标有关的其他情况的,由县级以上地方人民政府住房城乡建设主管部门给予警告,没收收受的财物,可以并处3000元以上5万元以下的罚款。

评标委员会成员有前款所列行为的,由有关主管部门通报批评并取消担任评标委员会成员的资格,不得再参加任何依法必须进行招标的建筑工程设计招标投标的评标;构成犯罪的,依法追究刑事责任。

第三十五条 评标委员会成员违反本办法规定,对应当否决的投标不提出否决意见的,由县级以上地方人民政府住房城乡建设主管部门责令改正;情节严重的,禁止其在一定期限内参加依法必须进行招标的建筑工程设计招标投标的评标;情节特别严重的,由有关主管部门取消其担任评标委员会成员的资格。

第三十六条 住房城乡建设主管部门或者有关职能部门的工作人员徇私舞弊、滥用职权或者玩忽职守,构成犯罪的,依法追究刑事责任;不构成犯罪的,依法给予行政处分。

第三十七条 市政公用工程及园林工程设计招标投标参照本办法执行。

第三十八条 本办法自2017年5月1日起施行。2000年10月18日建设部颁布的《建筑工程设计招标投标管理办法》(建设部令第82号)同时废止。

工程建设项目勘察设计招标投标办法

· 2003年6月12日国家发改委、建设部、铁道部、交通部、信息产业部、水利部、中国民航总局、国家广电总局令第2号发布
· 根据2013年3月11日国家发展和改革委员会、工业和信息化部、财政部、住房和城乡建设部、交通运输部、铁道部、水利部、国家广播电影电视总局、中国民用航空局《关于废止和修改部分招标投标规章和规范性文件的决定》修订

第一章 总 则

第一条 为规范工程建设项目勘察设计招标投标活动,提高投资效益,保证工程质量,根据《中华人民共和国招标投标法》、《中华人民共和国招标投标法实施条例》制定本办法。

第二条 在中华人民共和国境内进行工程建设项目勘察设计招标投标活动,适用本办法。

第三条 工程建设项目符合《工程建设项目招标范围和规模标准规定》(国家计委令第3号)规定的范围和标准的,必须依据本办法进行招标。

任何单位和个人不得将依法必须进行招标的项目化整为零或者以其他任何方式规避招标。

第四条 按照国家规定需要履行项目审批、核准手续的依法必须进行招标的项目,有下列情形之一的,经项目审批、核准部门审批、核准,项目的勘察设计可以不进行招标:

(一)涉及国家安全、国家秘密、抢险救灾或者属于利用扶贫资金实行以工代赈、需要使用农民工等特殊情况,不适宜进行招标;

(二)主要工艺、技术采用不可替代的专利或者专有技术,或者其建筑艺术造型有特殊要求;

(三)采购人依法能够自行勘察、设计;

(四)已通过招标方式选定的特许经营项目投资人依法能够自行勘察、设计;

(五)技术复杂或专业性强,能够满足条件的勘察设计单位少于三家,不能形成有效竞争;

(六)已建成项目需要改、扩建或者技术改造,由其他单位进行设计影响项目功能配套性;

(七)国家规定其他特殊情形。

第五条 勘察设计招标工作由招标人负责。任何单位和个人不得以任何方式非法干涉招标投标活动。

第六条 各级发展改革、工业和信息化、住房城乡建设、交通运输、铁道、水利、商务、广电、民航等部门依照《国务院办公厅印发国务院有关部门实施招标投标活动行政监督的职责分工意见的通知》(国办发〔2000〕34号)和各地规定的职责分工,对工程建设项目勘察设计招标投标活动实施监督,依法查处招标投标活动中的违法行为。

第二章 招 标

第七条 招标人可以依据工程建设项目的不同特点,实行勘察设计一次性总体招标;也可以在保证项目完整性、连续性的前提下,按照技术要求实行分段或分项招标。

招标人不得利用前款规定限制或者排斥潜在投标人或者投标。依法必须进行招标的项目的招标人不得利用前款规定规避招标。

第八条 依法必须招标的工程建设项目,招标人可

以对项目的勘察、设计、施工以及与工程建设有关的重要设备、材料的采购,实行总承包招标。

第九条 依法必须进行勘察设计招标的工程建设项目,在招标时应当具备下列条件:

(一)招标人已经依法成立;

(二)按照国家有关规定需要履行项目审批、核准或者备案手续的,已经审批、核准或者备案;

(三)勘察设计有相应资金或者资金来源已经落实;

(四)所必需的勘察设计基础资料已经收集完成;

(五)法律法规规定的其他条件。

第十条 工程建设项目勘察设计招标分为公开招标和邀请招标。

国有资金投资占控股或者主导地位的工程建设项目,以及国务院发展和改革部门确定的国家重点项目和省、自治区、直辖市人民政府确定的地方重点项目,除符合本办法第十一条规定条件并依法获得批准外,应当公开招标。

第十一条 依法必须进行公开招标的项目,在下列情况下可以进行邀请招标:

(一)技术复杂、有特殊要求或者受自然环境限制,只有少量潜在投标人可供选择;

(二)采用公开招标方式的费用占项目合同金额的比例过大。

有前款第二项所列情形,属于按照国家有关规定需要履行项目审批、核准手续的项目,由项目审批、核准部门在审批、核准项目时作出认定;其他项目由招标人申请有关行政监督部门作出认定。

招标人采用邀请招标方式的,应保证有三个以上具备承担招标项目勘察设计的能力,并具有相应资质的特定法人或者其他组织参加投标。

第十二条 招标人应当按照资格预审公告、招标公告或者投标邀请书规定的时间、地点出售招标文件或者资格预审文件。自招标文件或者资格预审文件出售之日起至停止出售之日止,最短不得少于五日。

第十三条 进行资格预审的,招标人只向资格预审合格的潜在投标人发售招标文件,并同时向资格预审不合格的潜在投标人告知资格预审结果。

第十四条 凡是资格预审合格的潜在投标人都应被允许参加投标。

招标人不得以抽签、摇号等不合理条件限制或者排斥资格预审合格的潜在投标人参加投标。

第十五条 招标人应当根据招标项目的特点和需要编制招标文件。

勘察设计招标文件应当包括下列内容:

(一)投标须知;

(二)投标文件格式及主要合同条款;

(三)项目说明书,包括资金来源情况;

(四)勘察设计范围,对勘察设计进度、阶段和深度要求;

(五)勘察设计基础资料;

(六)勘察设计费用支付方式,对未中标人是否给予补偿及补偿标准;

(七)投标报价要求;

(八)对投标人资格审查的标准;

(九)评标标准和方法;

(十)投标有效期。

投标有效期,从提交投标文件截止日起计算。

对招标文件的收费应仅限于补偿印刷、邮寄的成本支出,招标人不得通过出售招标文件谋取利益。

第十六条 招标人负责提供与招标项目有关的基础资料,并保证所提供资料的真实性、完整性。涉及国家秘密的除外。

第十七条 对于潜在投标人在阅读招标文件和现场踏勘中提出的疑问,招标人可以书面形式或召开投标预备会的方式解答,但需同时将解答以书面方式通知所有招标文件收受人。该解答的内容为招标文件的组成部分。

第十八条 招标人可以要求投标人在提交符合招标文件规定要求的投标文件外,提交备选投标文件,但应当在招标文件中做出说明,并提出相应的评审和比较办法。

第十九条 招标人应当确定潜在投标人编制投标文件所需要的合理时间。

依法必须进行勘察设计招标的项目,自招标文件开始发出之日起至投标人提交投标文件截止之日止,最短不得少于 20 日。

第二十条 除不可抗力原因外,招标人在发布招标公告或者发出投标邀请书后不得终止招标,也不得在出售招标文件后终止招标。

第三章 投 标

第二十一条 投标人是响应招标、参加投标竞争的法人或者其他组织。

在其本国注册登记,从事建筑、工程服务的国外设计企业参加投标的,必须符合中华人民共和国缔结或者参加的国际条约、协定中所作的市场准入承诺以及有关勘察设计市场准入的管理规定。

投标人应当符合国家规定的资质条件。

第二十二条 投标人应当按照招标文件或者投标邀请书的要求编制投标文件。投标文件中的勘察设计收费报价，应当符合国务院价格主管部门制定的工程勘察设计收费标准。

第二十三条 投标人在投标文件有关技术方案和要求中不得指定与工程建设项目有关的重要设备、材料的生产供应者，或者含有倾向或者排斥特定生产供应者的内容。

第二十四条 招标文件要求投标人提交投标保证金的，保证金数额不得超过勘察设计估算费用的百分之二，最多不超过十万元人民币。

依法必须进行招标的项目的境内投标单位，以现金或者支票形式提交的投标保证金应当从其基本账户转出。

第二十五条 在提交投标文件截止时间后到招标文件规定的投标有效期终止之前，投标人不得撤销其投标文件，否则招标人可以不退还投标保证金。

第二十六条 投标人在投标截止时间前提交的投标文件，补充、修改或撤回投标文件的通知，备选投标文件等，都必须加盖所在单位公章，并且由其法定代表人或授权代表签字，但招标文件另有规定的除外。

招标人在接收上述材料时，应检查其密封或签章是否完好，并向投标人出具标明签收人和签收时间的回执。

第二十七条 以联合体形式投标的，联合体各方应签订共同投标协议，连同投标文件一并提交招标人。

联合体各方不得再单独以自己名义，或者参加另外的联合体投同一个标。

招标人接受联合体投标并进行资格预审的，联合体应当在提交资格预审申请文件前组成。资格预审后联合体增减、更换成员的，其投标无效。

第二十八条 联合体中标的，应指定牵头人或代表，授权其代表所有联合体成员与招标人签订合同，负责整个合同实施阶段的协调工作。但是，需要向招标人提交由所有联合体成员法定代表人签署的授权委托书。

第二十九条 投标人不得以他人名义投标，也不得利用伪造、转让、无效或者租借的资质证书参加投标，或者以任何方式请其他单位在自己编制的投标文件代为签字盖章，损害国家利益、社会公共利益和招标人的合法权益。

第三十条 投标人不得通过故意压低投资额、降低施工技术要求、减少占地面积，或者缩短工期等手段弄虚作假，骗取中标。

第四章 开标、评标和中标

第三十一条 开标应当在招标文件确定的提交投标文件截止时间的同一时间公开进行；除不可抗力原因外，招标人不得以任何理由拖延开标，或者拒绝开标。

投标人对开标有异议的，应当在开标现场提出，招标人应当当场作出答复，并制作记录。

第三十二条 评标工作由评标委员会负责。评标委员会的组成方式及要求，按《中华人民共和国招标投标法》、《中华人民共和国招标投标法实施条例》及《评标委员会和评标方法暂行规定》（国家计委等七部委联合令第12号）的有关规定执行。

第三十三条 勘察设计评标一般采取综合评估法进行。评标委员会应当按照招标文件确定的评标标准和方法，结合经批准的项目建议书、可行性研究报告或者上阶段设计批复文件，对投标人的业绩、信誉和勘察设计人员的能力以及勘察设计方案的优劣进行综合评定。

招标文件中没有规定的标准和方法，不得作为评标的依据。

第三十四条 评标委员会可以要求投标人对其技术文件进行必要的说明或介绍，但不得提出带有暗示性或诱导性的问题，也不得明确指出其投标文件中的遗漏和错误。

第三十五条 根据招标文件的规定，允许投标人投备选标的，评标委员会可以对中标人所提交的备选标进行评审，以决定是否采纳备选标。不符合中标条件的投标人的备选标不予考虑。

第三十六条 投标文件有下列情况之一的，评标委员会应当否决其投标：

（一）未经投标单位盖章和单位负责人签字；

（二）投标报价不符合国家颁布的勘察设计取费标准，或者低于成本，或者高于招标文件设定的最高投标限价；

（三）未响应招标文件的实质性要求和条件。

第三十七条 投标人有下列情况之一的，评标委员会应当否决其投标：

（一）不符合国家或者招标文件规定的资格条件；

（二）与其他投标人或者与招标人串通投标；

（三）以他人名义投标，或者以其他方式弄虚作假；

（四）以向招标人或者评标委员会成员行贿的手段谋取中标；

（五）以联合体形式投标，未提交共同投标协议；

（六）提交两个以上不同的投标文件或者投标报价，但招标文件要求提交备选投标的除外。

第三十八条 评标委员会完成评标后，应当向招标人提出书面评标报告，推荐合格的中标候选人。

评标报告的内容应当符合《评标委员会和评标方法暂行规定》第四十二条的规定。但是，评标委员会决定否决所有投标的，应在评标报告中详细说明理由。

第三十九条 评标委员会推荐的中标候选人应当限定在一至三人，并标明排列顺序。

能够最大限度地满足招标文件中规定的各项综合评价标准的投标人，应当推荐为中标候选人。

第四十条 国有资金占控股或者主导地位的依法必须招标的项目，招标人应当确定排名第一的中标候选人为中标人。

排名第一的中标候选人放弃中标、因不可抗力提出不能履行合同，不按照招标文件要求提交履约保证金，或者被查实存在影响中标结果的违法行为等情形，不符合中标条件的，招标人可以按照评标委员会提出的中标候选人名单排序依次确定其他中标候选人为中标人。依次确定其他中标候选人与招标人预期差距较大，或者对招标人明显不利的，招标人可以重新招标。

招标人可以授权评标委员会直接确定中标人。

国务院对中标人的确定另有规定的，从其规定。

第四十一条 招标人应在接到评标委员会的书面评标报告之日起三日内公示中标候选人，公示期不少于三日。

第四十二条 招标人和中标人应当在投标有效期内并在自中标通知书发出之日起三十日内，按照招标文件和中标人的投标文件订立书面合同。

中标人履行合同应当遵守《合同法》以及《建设工程勘察设计管理条例》中勘察设计文件编制实施的有关规定。

第四十三条 招标人不得以压低勘察设计费、增加工作量、缩短勘察设计周期等作为发出中标通知书的条件，也不得与中标人再行订立背离合同实质性内容的其他协议。

第四十四条 招标人与中标人签订合同后五日内，应当向中标人和未中标人一次性退还投标保证金及银行同期存款利息。招标文件中规定给予未中标人经济补偿的，也应在此期限内一并给付。

招标文件要求中标人提交履约保证金的，中标人应当提交；经中标人同意，可将其投标保证金抵作履约保证金。

第四十五条 招标人或者中标人采用其他未中标人投标文件中技术方案的，应当征得未中标人的书面同意，并支付合理的使用费。

第四十六条 评标定标工作应当在投标有效期内完成，不能如期完成的，招标人应当通知所有投标人延长投标有效期。

同意延长投标有效期的投标人应当相应延长其投标担保的有效期，但不得修改投标文件的实质性内容。

拒绝延长投标有效期的投标人有权收回投标保证金。招标文件中规定给予未中标人补偿的，拒绝延长的投标人有权获得补偿。

第四十七条 依法必须进行勘察设计招标的项目，招标人应当在确定中标人之日起15日内，向有关行政监督部门提交招标投标情况的书面报告。

书面报告一般应包括以下内容：

（一）招标项目基本情况；

（二）投标人情况；

（三）评标委员会成员名单；

（四）开标情况；

（五）评标标准和方法；

（六）否决投标情况；

（七）评标委员会推荐的经排序的中标候选人名单；

（八）中标结果；

（九）未确定排名第一的中标候选人为中标人的原因；

（十）其他需说明的问题。

第四十八条 在下列情况下，依法必须招标项目的招标人在分析招标失败的原因并采取相应措施后，应当依照本办法重新招标：

（一）资格预审合格的潜在投标人不足3个的；

（二）在投标截止时间前提交投标文件的投标人少于3个的；

（三）所有投标均被否决的；

（四）评标委员会否决不合格投标后，因有效投标不足3个使得投标明显缺乏竞争，评标委员会决定否决全部投标的；

（五）根据第四十六条规定，同意延长投标有效期的投标人少于3个的。

第四十九条 招标人重新招标后，发生本办法第四十八条情形之一的，属于按照国家规定需要政府审批、核准的项目,报经原项目审批、核准部门审批、核准后可以不再进行招标;其他工程建设项目,招标人可自行决定不再进行招标。

第五章 罚 则

第五十条 招标人有下列限制或者排斥潜在投标人行为之一的,由有关行政监督部门依照招标投标法第五十一条的规定处罚;其中,构成依法必须进行勘察设计招标的项目的招标人规避招标的,依照招标投标法第四十九条的规定处罚:

(一)依法必须公开招标的项目不按照规定在指定媒介发布资格预审公告或者招标公告;

(二)在不同媒介发布的同一招标项目的资格预审公告或者招标公告的内容不一致,影响潜在投标人申请资格预审或者投标。

第五十一条 招标人有下列情形之一的,由有关行政监督部门责令改正,可以处10万元以下的罚款:

(一)依法应当公开招标而采用邀请招标;

(二)招标文件、资格预审文件的发售、澄清、修改的时限,或者确定的提交资格预审申请文件、投标文件的时限不符合招标投标法和招标投标法实施条例规定;

(三)接受未通过资格预审的单位或者个人参加投标;

(四)接受应当拒收的投标文件。

招标人有前款第一项、第三项、第四项所列行为之一的,对单位直接负责的主管人员和其他直接责任人员依法给予处分。

第五十二条 依法必须进行招标的项目的投标人以他人名义投标,利用伪造、转让、租借、无效的资质证书参加投标,或者请其他单位在自己编制的投标文件上代为签字盖章,弄虚作假,骗取中标的,中标无效。尚未构成犯罪的,处中标项目金额5‰以上10‰以下的罚款,对单位直接负责的主管人员和其他直接责任人员处单位罚款数额5%以上10%以下的罚款;有违法所得的,并处没收违法所得;情节严重的,取消其1年至3年内参加依法必须进行招标的项目的投标资格并予公告,直至由工商行政管理机关吊销营业执照。

第五十三条 招标人以抽签、摇号等不合理的条件限制或者排斥资格预审合格的潜在投标人参加投标,对潜在投标人实行歧视待遇,强制要求投标人组成联合体共同投标的,或者限制投标人之间竞争的,责令改正,可以处1万元以上5万元以下的罚款。

依法必须进行招标的项目的招标人不按照规定组建评标委员会,或者确定、更换评标委员会成员违反招标投标法和招标投标法实施条例规定的,由有关行政监督部门责令改正,可以处10万元以下的罚款,对单位直接负责的主管人员和其他直接责任人员依法给予处分;违法确定或者更换的评标委员会成员作出的评审结论无效,依法重新进行评审。

第五十四条 评标委员会成员有下列行为之一的,由有关行政监督部门责令改正;情节严重的,禁止其在一定期限内参加依法必须进行招标的项目的评标;情节特别严重的,取消其担任评标委员会成员的资格:

(一)不按照招标文件规定的评标标准和方法评标;

(二)应当回避而不回避;

(三)擅离职守;

(四)私下接触投标人;

(五)向招标人征询确定中标人的意向或者接受任何单位或者个人明示或者暗示提出的倾向或者排斥特定投标人的要求;

(六)对依法应当否决的投标不提出否决意见;

(七)暗示或者诱导投标人作出澄清、说明或者接受投标人主动提出的澄清、说明;

(八)其他不客观、不公正履行职务的行为。

第五十五条 招标人与中标人不按照招标文件和中标人的投标文件订立合同,责令改正,可以处中标项目金额千分之五以上千分之十以下的罚款。

第五十六条 本办法对违法行为及其处罚措施未做规定的,依据《中华人民共和国招标投标法》、《中华人民共和国招标投标法实施条例》和有关法律、行政法规的规定执行。

第六章 附 则

第五十七条 使用国际组织或者外国政府贷款、援助资金的项目进行招标,贷款方、资金提供方对工程勘察设计招标投标活动的条件和程序另有规定的,可以适用其规定,但违背中华人民共和国社会公共利益的除外。

第五十八条 本办法发布之前有关勘察设计招标投标的规定与本办法不一致的,以本办法为准。法律或者行政法规另有规定的,从其规定。

第五十九条 本办法由国家发展和改革委员会会同有关部门负责解释。

第六十条 本办法自2003年8月1日起施行。

工程建设项目施工招标投标办法

- 2003年3月8日国家发展计划委员会、建设部、铁道部、交通部、信息产业部、水利部、中国民用航空总局第30号令发布
- 根据2013年3月11日国家发展和改革委员会、工业和信息化部、财政部、住房和城乡建设部、交通运输部、铁道部、水利部、国家广播电影电视总局、中国民用航空局《关于废止和修改部分招标投标规章和规范性文件的决定》修订

第一章 总 则

第一条 为规范工程建设项目施工(以下简称工程施工)招标投标活动,根据《中华人民共和国招标投标法》《中华人民共和国招标投标法实施条例》和国务院有关部门的职责分工,制定本办法。

第二条 在中华人民共和国境内进行工程施工招标投标活动,适用本办法。

第三条 工程建设项目符合《工程建设项目招标范围和规模标准规定》(国家计委令第3号)规定的范围和标准的,必须通过招标选择施工单位。

任何单位和个人不得将依法必须进行招标的项目化整为零或者以其他任何方式规避招标。

第四条 工程施工招标投标活动应当遵循公开、公平、公正和诚实信用的原则。

第五条 工程施工招标投标活动,依法由招标人负责。任何单位和个人不得以任何方式非法干涉工程施工招标投标活动。

施工招标投标活动不受地区或者部门的限制。

第六条 各级发展改革、工业和信息化、住房城乡建设、交通运输、铁道、水利、商务、民航等部门依照《国务院办公厅印发国务院有关部门实施招标投标活动行政监督的职责分工意见的通知》(国办发〔2000〕34号)和各地规定的职责分工,对工程施工招标投标活动实施监督,依法查处工程施工招标投标活动中的违法行为。

第二章 招 标

第七条 工程施工招标人是依法提出施工招标项目、进行招标的法人或者其他组织。

第八条 依法必须招标的工程建设项目,应当具备下列条件才能进行施工招标:

(一)招标人已经依法成立;

(二)初步设计及概算应当履行审批手续的,已经批准;

(三)有相应资金或资金来源已经落实;

(四)有招标所需的设计图纸及技术资料。

第九条 工程施工招标分为公开招标和邀请招标。

第十条 按照国家有关规定需要履行项目审批、核准手续的依法必须进行施工招标的工程建设项目,其招标范围、招标方式、招标组织形式应当报项目审批部门审批、核准。项目审批、核准部门应当及时将审批、核准确定的招标内容通报有关行政监督部门。

第十一条 依法必须进行公开招标的项目,有下列情形之一的,可以邀请招标:

(一)项目技术复杂或有特殊要求,或者受自然地域环境限制,只有少量潜在投标人可供选择;

(二)涉及国家安全、国家秘密或者抢险救灾,适宜招标但不宜公开招标;

(三)采用公开招标方式的费用占项目合同金额的比例过大。

有前款第二项所列情形,属于本办法第十条规定的项目,由项目审批、核准部门在审批、核准项目时作出认定;其他项目由招标人申请有关行政监督部门作出认定。

全部使用国有资金投资或者国有资金投资占控股或者主导地位的并需要审批的工程建设项目的邀请招标,应当经项目审批部门批准,但项目审批部门只审批立项的,由有关行政监督部门审批。

第十二条 依法必须进行施工招标的工程建设项目有下列情形之一的,可以不进行施工招标:

(一)涉及国家安全、国家秘密、抢险救灾或者属于利用扶贫资金实行以工代赈需要使用农民工等特殊情况,不适宜进行招标的;

(二)施工主要技术采用不可替代的专利或者专有技术;

(三)已通过招标方式选定的特许经营项目投资人依法能够自行建设;

(四)采购人依法能够自行建设;

(五)在建工程追加的附属小型工程或者主体加层工程,原中标人仍具备承包能力,并且其他人承担将影响施工或者功能配套要求;

(六)国家规定的其他情形。

第十三条 采用公开招标方式的,招标人应当发布招标公告,邀请不特定的法人或者其他组织投标。依法必须进行施工招标项目的招标公告,应当在国家指定的报刊和信息网络上发布。

采用邀请招标方式的,招标人应当向三家以上具备承担施工招标项目的能力、资信良好的特定的法人或者其他组织发出投标邀请书。

第十四条　招标公告或者投标邀请书应当至少载明下列内容：
（一）招标人的名称和地址；
（二）招标项目的内容、规模、资金来源；
（三）招标项目的实施地点和工期；
（四）获取招标文件或者资格预审文件的地点和时间；
（五）对招标文件或者资格预审文件收取的费用；
（六）对投标人的资质等级的要求。

第十五条　招标人应当按招标公告或者投标邀请书规定的时间、地点出售招标文件或资格预审文件。自招标文件或者资格预审文件出售之日起至停止出售之日止，最短不得少于五日。

招标人可以通过信息网络或者其他媒介发布招标文件，通过信息网络或者其他媒介发布的招标文件与书面招标文件具有同等法律效力，出现不一致时以书面招标文件为准，国家另有规定的除外。

对招标文件或者资格预审文件的收费应当限于补偿印刷、邮寄的成本支出，不得以营利为目的。对于所附的设计文件，招标人可以向投标人酌收押金；对于开标后投标人退还设计文件的，招标人应当向投标人退还押金。

招标文件或者资格预审文件售出后，不予退还。除不可抗力原因外，招标人在发布招标公告、发出投标邀请书后或者售出招标文件或资格预审文件后不得终止招标。

第十六条　招标人可以根据招标项目本身的特点和需要，要求潜在投标人或者投标人提供满足其资格要求的文件，对潜在投标人或者投标人进行资格审查；国家对潜在投标人或者投标人的资格条件有规定的，依照其规定。

第十七条　资格审查分为资格预审和资格后审。

资格预审，是指在投标前对潜在投标人进行的资格审查。

资格后审，是指在开标后对投标人进行的资格审查。

进行资格预审的，一般不再进行资格后审，但招标文件另有规定的除外。

第十八条　采取资格预审的，招标人应当发布资格预审公告。资格预审公告适用本办法第十三条、第十四条有关招标公告的规定。

采取资格预审的，招标人应当在资格预审文件中载明资格预审的条件、标准和方法；采取资格后审的，招标人应当在招标文件中载明对投标人资格要求的条件、标准和方法。

招标人不得改变载明的资格条件或者以没有载明的资格条件对潜在投标人或者投标人进行资格审查。

第十九条　经资格预审后，招标人应当向资格预审合格的潜在投标人发出资格预审合格通知书，告知获取招标文件的时间、地点和方法，并同时向资格预审不合格的潜在投标人告知资格预审结果。资格预审不合格的潜在投标人不得参加投标。

经资格后审不合格的投标人的投标应予否决。

第二十条　资格审查应主要审查潜在投标人或者投标人是否符合下列条件：
（一）具有独立订立合同的权利；
（二）具有履行合同的能力，包括专业、技术资格和能力，资金、设备和其他物质设施状况，管理能力、经验、信誉和相应的从业人员；
（三）没有处于被责令停业，投标资格被取消，财产被接管、冻结，破产状态；
（四）在最近三年内没有骗取中标和严重违约及重大工程质量问题；
（五）国家规定的其他资格条件。

资格审查时，招标人不得以不合理的条件限制、排斥潜在投标人或者投标人，不得对潜在投标人或者投标人实行歧视待遇。任何单位和个人不得以行政手段或者其他不合理方式限制投标人的数量。

第二十一条　招标人符合法律规定的自行招标条件的，可以自行办理招标事宜。任何单位和个人不得强制其委托招标代理机构办理招标事宜。

第二十二条　招标代理机构应当在招标人委托的范围内承担招标事宜。招标代理机构可以在其资格等级范围内承担下列招标事宜：
（一）拟订招标方案，编制和出售招标文件、资格预审文件；
（二）审查投标人资格；
（三）编制标底；
（四）组织投标人踏勘现场；
（五）组织开标、评标，协助招标人定标；
（六）草拟合同；
（七）招标人委托的其他事项。

招标代理机构不得无权代理、越权代理，不得明知委托事项违法而进行代理。

招标代理机构不得在所代理的招标项目中投标或者代理投标，也不得为所代理的招标项目的投标人提供咨询；未经招标人同意，不得转让招标代理业务。

第二十三条　工程招标代理机构与招标人应当签订

书面委托合同,并按双方约定的标准收取代理费;国家对收费标准有规定的,依照其规定。

第二十四条 招标人根据施工招标项目的特点和需要编制招标文件。招标文件一般包括下列内容:

(一)招标公告或投标邀请书;
(二)投标人须知;
(三)合同主要条款;
(四)投标文件格式;
(五)采用工程量清单招标的,应当提供工程量清单;
(六)技术条款;
(七)设计图纸;
(八)评标标准和方法;
(九)投标辅助材料。

招标人应当在招标文件中规定实质性要求和条件,并用醒目的方式标明。

第二十五条 招标人可以要求投标人在提交符合招标文件规定要求的投标文件外,提交备选投标方案,但应当在招标文件中作出说明,并提出相应的评审和比较办法。

第二十六条 招标文件规定的各项技术标准应符合国家强制性标准。

招标文件中规定的各项技术标准均不得要求或标明某一特定的专利、商标、名称、设计、原产地或生产供应者,不得含有倾向或者排斥潜在投标人的其他内容。如果必须引用某一生产供应者的技术标准才能准确或清楚地说明拟招标项目的技术标准时,则应当在参照后面加上"或相当于"的字样。

第二十七条 施工招标项目需要划分标段、确定工期的,招标人应当合理划分标段、确定工期,并在招标文件中载明。对工程技术上紧密相联、不可分割的单位工程不得分割标段。

招标人不得以不合理的标段或工期限制或者排斥潜在投标人或者投标人。依法必须进行施工招标的项目的招标人不得利用划分标段规避招标。

第二十八条 招标文件应当明确规定所有评标因素,以及如何将这些因素量化或者据以进行评估。

在评标过程中,不得改变招标文件中规定的评标标准、方法和中标条件。

第二十九条 招标文件应当规定一个适当的投标有效期,以保证招标人有足够的时间完成评标和与中标人签订合同。投标有效期从投标人提交投标文件截止之日起计算。

在原投标有效期结束前,出现特殊情况的,招标人可以书面形式要求所有投标人延长投标有效期。投标人同意延长的,不得要求或被允许修改其投标文件的实质性内容,但应当相应延长其投标保证金的有效期;投标人拒绝延长的,其投标失效,但投标人有权收回其投标保证金。因延长投标有效期造成投标人损失的,招标人应当给予补偿,但因不可抗力需要延长投标有效期的除外。

第三十条 施工招标项目工期较长的,招标文件中可以规定工程造价指数体系、价格调整因素和调整方法。

第三十一条 招标人应当确定投标人编制投标文件所需要的合理时间;但是,依法必须进行招标的项目,自招标文件开始发出之日起至投标人提交投标文件截止之日止,最短不得少于 20 日。

第三十二条 招标人根据招标项目的具体情况,可以组织潜在投标人踏勘项目现场,向其介绍工程场地和相关环境的有关情况。潜在投标人依据招标人介绍情况作出的判断和决策,由投标人自行负责。

招标人不得单独或者分别组织任何一个投标人进行现场踏勘。

第三十三条 对于潜在投标人在阅读招标文件和现场踏勘中提出的疑问,招标人可以书面形式或召开投标预备会的方式解答,但需同时将解答以书面方式通知所有购买招标文件的潜在投标人。该解答的内容为招标文件的组成部分。

第三十四条 招标人可根据项目特点决定是否编制标底。编制标底的,标底编制过程和标底在开标前必须保密。

招标项目编制标底的,应根据批准的初步设计、投资概算,依据有关计价办法,参照有关工程定额,结合市场供求状况,综合考虑投资、工期和质量等方面的因素合理确定。

标底由招标人自行编制或委托中介机构编制。一个工程只能编制一个标底。

任何单位和个人不得强制招标人编制或报审标底,或干预其确定标底。

招标项目可以不设标底,进行无标底招标。

招标人设有最高投标限价的,应当在招标文件中明确最高投标限价或者最高投标限价的计算方法。招标人不得规定最低投标限价。

第三章 投 标

第三十五条 投标人是响应招标、参加投标竞争的法人或者其他组织。招标人的任何不具独立法人资格的附属机构(单位),或者为招标项目的前期准备或者监理工作提供设计、咨询服务的任何法人及其任何附属机构(单位),都无资格参加该招标项目的投标。

第三十六条 投标人应当按照招标文件的要求编制投标文件。投标文件应当对招标文件提出的实质性要求和条件作出响应。

投标文件一般包括下列内容:

(一)投标函;

(二)投标报价;

(三)施工组织设计;

(四)商务和技术偏差表。

投标人根据招标文件载明的项目实际情况,拟在中标后将中标项目的部分非主体、非关键性工作进行分包的,应当在投标文件中载明。

第三十七条 招标人可以在招标文件中要求投标人提交投标保证金。投标保证金除现金外,可以是银行出具的银行保函、保兑支票、银行汇票或现金支票。

投标保证金不得超过项目估算价的百分之二,但最高不得超过八十万元人民币。投标保证金有效期应当与投标有效期一致。

投标人应当按照招标文件要求的方式和金额,将投标保证金随投标文件提交给招标人或其委托的招标代理机构。

依法必须进行施工招标的项目的境内投标单位,以现金或者支票形式提交的投标保证金应当从其基本账户转出。

第三十八条 投标人应当在招标文件要求提交投标文件的截止时间前,将投标文件密封送达投标地点。招标人收到投标文件后,应当向投标人出具标明签收人和签收时间的凭证,在开标前任何单位和个人不得开启投标文件。

在招标文件要求提交投标文件的截止时间后送达的投标文件,招标人应当拒收。

依法必须进行施工招标的项目提交投标文件的投标人少于三个的,招标人在分析招标失败的原因并采取相应措施后,应当依法重新招标。重新招标后投标人仍少于三个的,属于必须审批、核准的工程建设项目,报经原审批、核准部门审批、核准后可以不再进行招标;其他工程建设项目,招标人可自行决定不再进行招标。

第三十九条 投标人在招标文件要求提交投标文件的截止时间前,可以补充、修改、替代或者撤回已提交的投标文件,并书面通知招标人。补充、修改的内容为投标文件的组成部分。

第四十条 在提交投标文件截止时间后到招标文件规定的投标有效期终止之前,投标人不得撤销其投标文件,否则招标人可以不退还其投标保证金。

第四十一条 在开标前,招标人应当妥善保管好已接收的投标文件、修改或撤回通知、备选投标方案等投标资料。

第四十二条 两个以上法人或者其他组织可以组成一个联合体,以一个投标人的身份共同投标。

联合体各方签订共同投标协议后,不得再以自己名义单独投标,也不得组成新的联合体或参加其他联合体在同一项目中投标。

第四十三条 招标人接受联合体投标并进行资格预审的,联合体应当在提交资格预审申请文件前组成。资格预审后联合体增减、更换成员的,其投标无效。

第四十四条 联合体各方应当指定牵头人,授权其代表所有联合体成员负责投标和合同实施阶段的主办、协调工作,并应当向招标人提交由所有联合体成员法定代表人签署的授权书。

第四十五条 联合体投标的,应当以联合体各方或者联合体中牵头人的名义提交投标保证金。以联合体中牵头人名义提交的投标保证金,对联合体各成员具有约束力。

第四十六条 下列行为均属投标人串通投标报价:

(一)投标人之间相互约定抬高或压低投标报价;

(二)投标人之间相互约定,在招标项目中分别以高、中、低价位报价;

(三)投标人之间先进行内部竞价,内定中标人,然后再参加投标;

(四)投标人之间其他串通投标报价的行为。

第四十七条 下列行为均属招标人与投标人串通投标:

(一)招标人在开标前开启投标文件并将有关信息泄露给其他投标人,或者授意投标人撤换、修改投标文件;

(二)招标人向投标人泄露标底、评标委员会成员等信息;

(三)招标人明示或者暗示投标人压低或抬高投标报价;

(四)招标人明示或者暗示投标人为特定投标人中标提供方便;

(五)招标人与投标人为谋求特定中标人中标而采

取的其他串通行为。

第四十八条 投标人不得以他人名义投标。

前款所称以他人名义投标，指投标人挂靠其他施工单位，或从其他单位通过受让或租借的方式获取资格或资质证书，或者由其他单位及其法定代表人在自己编制的投标文件上加盖印章和签字等行为。

第四章 开标、评标和定标

第四十九条 开标应当在招标文件确定的提交投标文件截止时间的同一时间公开进行；开标地点应当为招标文件中确定的地点。

投标人对开标有异议的，应当在开标现场提出，招标人应当当场作出答复，并制作记录。

第五十条 投标文件有下列情形之一的，招标人应当拒收：

（一）逾期送达；

（二）未按招标文件要求密封。

有下列情形之一的，评标委员会应当否决其投标：

（一）投标文件未经投标单位盖章和单位负责人签字；

（二）投标联合体没有提交共同投标协议；

（三）投标人不符合国家或者招标文件规定的资格条件；

（四）同一投标人提交两个以上不同的投标文件或者投标报价，但招标文件要求提交备选投标的除外；

（五）投标报价低于成本或者高于招标文件设定的最高投标限价；

（六）投标文件没有对招标文件的实质性要求和条件作出响应；

（七）投标人有串通投标、弄虚作假、行贿等违法行为。

第五十一条 评标委员会可以书面方式要求投标人对投标文件中含义不明确、对同类问题表述不一致或者有明显文字和计算错误的内容作必要的澄清、说明或补正。评标委员会不得向投标人提出带有暗示性或诱导性的问题，或向其明确投标文件中的遗漏和错误。

第五十二条 投标文件不响应招标文件的实质性要求和条件的，评标委员会不得允许投标人通过修正或撤销其不符合要求的差异或保留，使之成为具有响应性的投标。

第五十三条 评标委员会在对实质上响应招标文件要求的投标进行报价评估时，除招标文件另有约定外，应当按下述原则进行修正：

（一）用数字表示的数额与用文字表示的数额不一致时，以文字数额为准；

（二）单价与工程量的乘积与总价之间不一致时，以单价为准。若单价有明显的小数点错位，应以总价为准，并修改单价。

按前款规定调整后的报价经投标人确认后产生约束力。

投标文件中没有列入的价格和优惠条件在评标时不予考虑。

第五十四条 对于投标人提交的优越于招标文件中技术标准的备选投标方案所产生的附加收益，不得考虑进评标评价中。符合招标文件的基本技术要求且评标价最低或综合评分最高的投标人，其所提交的备选方案方可予以考虑。

第五十五条 招标人设有标底的，标底在评标中应当作为参考，但不得作为评标的唯一依据。

第五十六条 评标委员会完成评标后，应向招标人提出书面评标报告。评标报告由评标委员会全体成员签字。

依法必须进行招标的项目，招标人应当自收到评标报告之日起三日内公示中标候选人，公示期不得少于三日。

中标通知书由招标人发出。

第五十七条 评标委员会推荐的中标候选人应当限定在一至三人，并标明排列顺序。招标人应当接受评标委员会推荐的中标候选人，不得在评标委员会推荐的中标候选人之外确定中标人。

第五十八条 国有资金占控股或者主导地位的依法必须进行招标的项目，招标人应当确定排名第一的中标候选人为中标人。排名第一的中标候选人放弃中标、因不可抗力提出不能履行合同、不按照招标文件的要求提交履约保证金，或者被查实存在影响中标结果的违法行为等情形，不符合中标条件的，招标人可以按照评标委员会提出的中标候选人名单排序依次确定其他中标候选人为中标人。依次确定其他中标候选人与招标人预期差距较大，或者对招标人明显不利的，招标人可以重新招标。

招标人可以授权评标委员会直接确定中标人。

国务院对中标人的确定另有规定的，从其规定。

第五十九条 招标人不得向中标人提出压低报价、增加工作量、缩短工期或其他违背中标人意愿的要求，以此作为发出中标通知书和签订合同的条件。

第六十条 中标通知书对招标人和中标人具有法律效力。中标通知书发出后，招标人改变中标结果的，或者中标人放弃中标项目的,应当依法承担法律责任。

第六十一条 招标人全部或者部分使用非中标单位投标文件中的技术成果或技术方案时,需征得其书面同意,并给予一定的经济补偿。

第六十二条 招标人和中标人应当在投标有效期内并在自中标通知书发出之日起30日内,按照招标文件和中标人的投标文件订立书面合同。招标人和中标人不得再行订立背离合同实质性内容的其他协议。

招标人要求中标人提供履约保证金或其他形式履约担保的,招标人应当同时向中标人提供工程款支付担保。

招标人不得擅自提高履约保证金,不得强制要求中标人垫付中标项目建设资金。

第六十三条 招标人最迟应当在与中标人签订合同后五日内,向中标人和未中标的投标人退还投标保证金及银行同期存款利息。

第六十四条 合同中确定的建设规模、建设标准、建设内容、合同价格应当控制在批准的初步设计及概算文件范围内;确需超出规定范围的,应当在中标合同签订前,报原项目审批部门审查同意。凡应报经审查而未报的,在初步设计及概算调整时,原项目审批部门一律不予承认。

第六十五条 依法必须进行施工招标的项目,招标人应当自发出中标通知书之日起15日内,向有关行政监督部门提交招标投标情况的书面报告。

前款所称书面报告至少应包括下列内容:

(一)招标范围;

(二)招标方式和发布招标公告的媒介;

(三)招标文件中投标人须知、技术条款、评标标准和方法、合同主要条款等内容;

(四)评标委员会的组成和评标报告;

(五)中标结果。

第六十六条 招标人不得直接指定分包人。

第六十七条 对于不具备分包条件或者不符合分包规定的,招标人有权在签订合同或者中标人提出分包要求时予以拒绝。发现中标人转包或违法分包时,可要求其改正;拒不改正的,可终止合同,并报请有关行政监督部门查处。

监理人员和有关行政部门发现中标人违反合同约定进行转包或违法分包的,应当要求中标人改正,或者告知招标人要求其改正;对于拒不改正的,应当报请有关行政监督部门查处。

第五章 法律责任

第六十八条 依法必须进行招标的项目而不招标的,将必须进行招标的项目化整为零或者以其他任何方式规避招标的,有关行政监督部门责令限期改正,可以处项目合同金额5‰以上10‰以下的罚款;对全部或者部分使用国有资金的项目,项目审批部门可以暂停项目执行或者暂停资金拨付;对单位直接负责的主管人员和其他直接责任人员依法给予处分。

第六十九条 招标代理机构违法泄露应当保密的与招标投标活动有关的情况和资料的,或者与招标人、投标人串通损害国家利益、社会公共利益或者他人合法权益的,由有关行政监督部门处5万元以上25万元以下罚款,对单位直接负责的主管人员和其他直接责任人员处单位罚款数额5%以上10%以下罚款;有违法所得的,并处没收违法所得;情节严重的,有关行政监督部门可停止其一定时期内参与相关领域的招标代理业务,资格认定部门可暂停直至取消招标代理资格;构成犯罪的,由司法部门依法追究刑事责任。给他人造成损失的,依法承担赔偿责任。

前款所列行为影响中标结果,并且中标人为前款所列行为的受益人的,中标无效。

第七十条 招标人以不合理的条件限制或者排斥潜在投标人的,对潜在投标人实行歧视待遇的,强制要求投标人组成联合体共同投标的,或者限制投标人之间竞争的,有关行政监督部门责令改正,可处1万元以上5万元以下罚款。

第七十一条 依法必须进行招标项目的招标人向他人透露已获取招标文件的潜在投标人的名称、数量或者可能影响公平竞争的有关招标投标的其他情况的,或者泄露标底的,有关行政监督部门给予警告,可以并处1万元以上10万元以下的罚款;对单位直接负责的主管人员和其他直接责任人员依法给予处分;构成犯罪的,依法追究刑事责任。

前款所列行为影响中标结果的,中标无效。

第七十二条 招标人在发布招标公告、发出投标邀请书或者售出招标文件或资格预审文件后终止招标的,应当及时退还所收取的资格预审文件、招标文件的费用,以及所收取的投标保证金及银行同期存款利息。给潜在投标人或者投标人造成损失的,应当赔偿损失。

第七十三条 招标人有下列限制或者排斥潜在投标人行为之一的,由有关行政监督部门依照招标投标法第五十一条的规定处罚;其中,构成依法必须进行施工招标的项目的招标人规避招标的,依照招标投标法第四十九条的规定处罚:

（一）依法应当公开招标的项目不按照规定在指定媒介发布资格预审公告或者招标公告；

（二）在不同媒介发布的同一招标项目的资格预审公告或者招标公告的内容不一致，影响潜在投标人申请资格预审或者投标。

招标人有下列情形之一的，由有关行政监督部门责令改正，可以处10万元以下的罚款：

（一）依法应当公开招标而采用邀请招标；

（二）招标文件、资格预审文件的发售、澄清、修改的时限，或者确定的提交资格预审申请文件、投标文件的时限不符合招标投标法和招标投标法实施条例规定；

（三）接受未通过资格预审的单位或者个人参加投标；

（四）接受应当拒收的投标文件。

招标人有前款第一项、第三项、第四项所列行为之一的，对单位直接负责的主管人员和其他直接责任人员依法给予处分。

第七十四条 投标人相互串通投标或者与招标人串通投标的，投标人以向招标人或者评标委员会成员行贿的手段谋取中标的，中标无效，由有关行政监督部门处中标项目金额5‰以上10‰以下的罚款，对单位直接负责的主管人员和其他直接责任人员处单位罚款数额5%以上10%以下的罚款；有违法所得的，并处没收违法所得；情节严重的，取消其一至二年的投标资格，并予以公告，直至由工商行政管理机关吊销营业执照；构成犯罪的，依法追究刑事责任。给他人造成损失的，依法承担赔偿责任。投标人未中标的，对单位的罚款金额按照招标项目合同金额依照招标投标法规定的比例计算。

第七十五条 投标人以他人名义投标或者以其他方式弄虚作假，骗取中标的，中标无效，给招标人造成损失的，依法承担赔偿责任；构成犯罪的，依法追究刑事责任。

依法必须进行招标项目的投标人有前款所列行为尚未构成犯罪的，有关行政监督部门处中标项目金额5‰以上10‰以下的罚款，对单位直接负责的主管人员和其他直接责任人员处单位罚款数额5%以上10%以下的罚款；有违法所得的，并处没收违法所得；情节严重的，取消其一至三年投标资格，并予以公告，直至由工商行政管理机关吊销营业执照。投标人未中标的，对单位的罚款金额按照招标项目合同金额依照招标投标法规定的比例计算。

第七十六条 依法必须进行招标的项目，招标人违法与投标人就投标价格、投标方案等实质性内容进行谈判的，有关行政监督部门给予警告，对单位直接负责的主管人员和其他直接责任人员依法给予处分。

前款所列行为影响中标结果的，中标无效。

第七十七条 评标委员会成员收受投标人的财物或者其他好处的，没收收受的财物，可以并处3000元以上5万元以下的罚款，取消担任评标委员会成员的资格并予以公告，不得再参加依法必须进行招标的项目的评标；构成犯罪的，依法追究刑事责任。

第七十八条 评标委员会成员应当回避而不回避，擅离职守，不按照招标文件规定的评标标准和方法评标，私下接触投标人，向招标人征询确定中标人的意向或者接受任何单位或者个人明示或者暗示提出的倾向或者排斥特定投标人的要求，对依法应当否决的投标不提出否决意见，暗示或者诱导投标人作出澄清、说明或者接受投标人主动提出的澄清、说明，或者有其他不能客观公正地履行职责行为的，有关行政监督部门责令改正；情节严重的，禁止其在一定期限内参加依法必须进行招标的项目的评标；情节特别严重的，取消其担任评标委员会成员的资格。

第七十九条 依法必须进行招标的项目的招标人不按照规定组建评标委员会，或者确定、更换评标委员会成员违反招标投标法和招标投标法实施条例规定的，由有关行政监督部门责令改正，可以处10万元以下的罚款，对单位直接负责的主管人员和其他直接责任人员依法给予处分；违法确定或者更换的评标委员会成员作出的评审决定无效，依法重新进行评审。

第八十条 依法必须进行招标的项目的招标人有下列情形之一的，由有关行政监督部门责令改正，可以处中标项目金额千分之十以下的罚款；给他人造成损失的，依法承担赔偿责任；对单位直接负责的主管人员和其他直接责任人员依法给予处分：

（一）无正当理由不发出中标通知书；

（二）不按照规定确定中标人；

（三）中标通知书发出后无正当理由改变中标结果；

（四）无正当理由不与中标人订立合同；

（五）在订立合同时向中标人提出附加条件。

第八十一条 中标通知书发出后，中标人放弃中标项目的，无正当理由不与招标人签订合同的，在签订合同时向招标人提出附加条件或者更改合同实质性内容的，或者拒不提交所要求的履约保证金的，取消其中标资格，投标保证金不予退还；给招标人的损失超过投标保证金数额的，中标人应当对超过部分予以赔偿；没有提交投标保证金的，应当对招标人的损失承担赔偿责任。对依法必须进行施工招标的项目的中标人，由有关行政监督部门责令改正，可以处中标金额千分之十以下罚款。

第八十二条 中标人将中标项目转让给他人的，将中标项目肢解后分别转让给他人的，违法将中标项目的部分主体、关键性工作分包给他人的，或者分包人再次分包的，转让、分包无效，有关行政监督部门处转让、分包项目金额5‰以上10‰以下的罚款；有违法所得的，并处没收违法所得；可以责令停业整顿；情节严重的，由工商行政管理机关吊销营业执照。

第八十三条 招标人与中标人不按照招标文件和中标人的投标文件订立合同的，合同的主要条款与招标文件、中标人的投标文件的内容不一致，或者招标人、中标人订立背离合同实质性内容的协议的，有关行政监督部门责令改正；可以处中标项目金额5‰以上10‰以下的罚款。

第八十四条 中标人不履行与招标人订立的合同的，履约保证金不予退还，给招标人造成的损失超过履约保证金数额的，还应当对超过部分予以赔偿；没有提交履约保证金的，应当对招标人的损失承担赔偿责任。

中标人不按照与招标人订立的合同履行义务，情节严重的，有关行政监督部门取消其2至5年参加招标项目的投标资格并予以公告，直至由工商行政管理机关吊销营业执照。

因不可抗力不能履行合同的，不适用前两款规定。

第八十五条 招标人不履行与中标人订立的合同的，应当返还中标人的履约保证金，并承担相应的赔偿责任；没有提交履约保证金的，应当对中标人的损失承担赔偿责任。

因不可抗力不能履行合同的，不适用前款规定。

第八十六条 依法必须进行施工招标的项目违反法律规定，中标无效的，应当依照法律规定的中标条件从其余投标人中重新确定中标人或者依法重新进行招标。

中标无效的，发出的中标通知书和签订的合同自始没有法律约束力，但不影响合同中独立存在的有关解决争议方法的条款的效力。

第八十七条 任何单位违法限制或者排斥本地区、本系统以外的法人或者其他组织参加投标的，为招标人指定招标代理机构的，强制招标人委托招标代理机构办理招标事宜的，或者以其他方式干涉招标投标活动的，有关行政监督部门责令改正；对单位直接负责的主管人员和其他直接责任人员依法给予警告、记过、记大过的处分，情节较重的，依法给予降级、撤职、开除的处分。

个人利用职权进行前款违法行为的，依照前款规定追究责任。

第八十八条 对招标投标活动依法负有行政监督职责的国家机关工作人员徇私舞弊、滥用职权或者玩忽职守，构成犯罪的，依法追究刑事责任；不构成犯罪的，依法给予行政处分。

第八十九条 投标人或者其他利害关系人认为工程建设项目施工招标投标活动不符合国家规定的，可以自知道或者应当知道之日起10日内向有关行政监督部门投诉。投诉应当有明确的请求和必要的证明材料。

第六章 附 则

第九十条 使用国际组织或者外国政府贷款、援助资金的项目进行招标，贷款方、资金提供方对工程施工招标投标活动的条件和程序有不同规定的，可以适用其规定，但违背中华人民共和国社会公共利益的除外。

第九十一条 本办法由国家发展改革委会同有关部门负责解释。

第九十二条 本办法自2003年5月1日起施行。

工程建设项目货物招标投标办法

- 2005年1月18日国家发展和改革委员会、建设部、铁道部、交通部、信息产业部、水利部、中国民用航空总局令第27号发布
- 根据2013年3月11日国家发展和改革委员会、工业和信息化部、财政部、住房和城乡建设部、交通运输部、铁道部、水利部、国家广播电影电视总局、中国民用航空局《关于废止和修改部分招标投标规章和规范性文件的决定》修订

第一章 总 则

第一条 为规范工程建设项目的货物招标投标活动，保护国家利益、社会公共利益和招标投标活动当事人的合法权益，保证工程质量，提高投资效益，根据《中华人民共和国招标投标法》、《中华人民共和国招标投标法实施条例》和国务院有关部门的职责分工，制定本办法。

第二条 本办法适用于在中华人民共和国境内工程建设项目货物招标投标活动。

第三条 工程建设项目符合《工程建设项目招标范围和规模标准规定》（原国家计委令第3号）规定的范围和标准的，必须通过招标选择货物供应单位。

任何单位和个人不得将依法必须进行招标的项目化整为零或者以其他任何方式规避招标。

第四条 工程建设项目货物招标投标活动应当遵循公开、公平、公正和诚实信用的原则。货物招标投标活动不受地区或者部门的限制。

第五条 工程建设项目货物招标投标活动，依法由招标人负责。

工程建设项目招标人对项目实行总承包招标时，未包括在总承包范围内的货物属于依法必须进行招标的项目范围且达到国家规定规模标准的，应当由工程建设项目招标人依法组织招标。

工程建设项目实行总承包招标时，以暂估价形式包括在总承包范围内的货物属于依法必须进行招标的项目范围且达到国家规定规模标准的，应当依法组织招标。

第六条 各级发展改革、工业和信息化、住房城乡建设、交通运输、铁道、水利、民航等部门依照国务院和地方各级人民政府关于工程建设项目行政监督的职责分工，对工程建设项目中所包括的货物招标投标活动实施监督，依法查处货物招标投标活动中的违法行为。

第二章 招 标

第七条 工程建设项目招标人是依法提出招标项目、进行招标的法人或者其他组织。本办法第五条总承包中标人单独或者共同招标时，也为招标人。

第八条 依法必须招标的工程建设项目，应当具备下列条件才能进行货物招标：

（一）招标人已经依法成立；

（二）按照国家有关规定应当履行项目审批、核准或者备案手续的，已经审批、核准或者备案；

（三）有相应资金或者资金来源已经落实；

（四）能够提出货物的使用与技术要求。

第九条 依法必须进行招标的工程建设项目，按国家有关规定需要履行审批、核准手续的，招标人应当在报送的可行性研究报告、资金申请报告或者项目申请报告中将货物招标范围、招标方式（公开招标或邀请招标）、招标组织形式（自行招标或委托招标）等有关招标内容报项目审批、核准部门审批、核准。项目审批、核准部门应当将审批、核准的招标内容通报有关行政监督部门。

第十条 货物招标分为公开招标和邀请招标。

第十一条 依法应当公开招标的项目，有下列情形之一的，可以邀请招标：

（一）技术复杂、有特殊要求或者受自然环境限制，只有少量潜在投标人可供选择；

（二）采用公开招标方式的费用占项目合同金额的比例过大；

（三）涉及国家安全、国家秘密或者抢险救灾，适宜招标但不宜公开招标。

有前款第二项所列情形，属于按照国家有关规定需要履行项目审批、核准手续的依法必须进行招标的项目，由项目审批、核准部门认定；其他项目由招标人申请有关行政监督部门作出认定。

第十二条 采用公开招标方式的，招标人应当发布资格预审公告或者招标公告。依法必须进行货物招标的资格预审公告或者招标公告，应当在国家指定的报刊或者信息网络上发布。

采用邀请招标方式的，招标人应当向三家以上具备货物供应的能力、资信良好的特定的法人或者其他组织发出投标邀请书。

第十三条 招标公告或者投标邀请书应当载明下列内容：

（一）招标人的名称和地址；

（二）招标货物的名称、数量、技术规格、资金来源；

（三）交货的地点和时间；

（四）获取招标文件或者资格预审文件的地点和时间；

（五）对招标文件或者资格预审文件收取的费用；

（六）提交资格预审申请书或者投标文件的地点和截止日期；

（七）对投标人的资格要求。

第十四条 招标人应当按照资格预审公告、招标公告或者投标邀请书规定的时间、地点发售招标文件或者资格预审文件。自招标文件或者资格预审文件发售之日起至停止发售之日止，最短不得少于五日。

招标人可以通过信息网络或者其他媒介发布招标文件，通过信息网络或者其他媒介发布的招标文件与书面招标文件具有同等法律效力，出现不一致时以书面招标文件为准，但国家另有规定的除外。

对招标文件或者资格预审文件的收费应当限于补偿印刷、邮寄的成本支出，不得以营利为目的。

除不可抗力原因外，招标文件或者资格预审文件发出后，不予退还；招标人在发布招标公告、发出投标邀请书后或者发出招标文件或资格预审文件后不得终止招标。招标人终止招标的，应当及时发布公告，或者以书面形式通知被邀请的或者已经获取资格预审文件、招标文件的潜在投标人。已经发售资格预审文件、招标文件或者已经收取投标保证金的，招标人应当及时退还所收取的资格预审文件、招标文件的费用，以及所收取的投标保证金及银行同期存款利息。

第十五条 招标人可以根据招标货物的特点和需要，对潜在投标人或者投标人进行资格审查；国家对潜在投标人或者投标人的资格条件有规定的,依照其规定。

第十六条 资格审查分为资格预审和资格后审。

资格预审,是指招标人出售招标文件或者发出投标邀请书前对潜在投标人进行的资格审查。资格预审一般适用于潜在投标人较多或者大型、技术复杂货物的招标。

资格后审,是指在开标后对投标人进行的资格审查。资格后审一般在评标过程中的初步评审开始时进行。

第十七条 采取资格预审的,招标人应当发布资格预审公告。资格预审公告适用本办法第十二条、第十三条有关招标公告的规定。

第十八条 资格预审文件一般包括下列内容:

(一)资格预审公告;

(二)申请人须知;

(三)资格要求;

(四)其他业绩要求;

(五)资格审查标准和方法;

(六)资格预审结果的通知方式。

第十九条 采取资格预审的,招标人应当在资格预审文件中详细规定资格审查的标准和方法;采取资格后审的,招标人应当在招标文件中详细规定资格审查的标准和方法。

招标人在进行资格审查时,不得改变或补充载明的资格审查标准和方法或者以没有载明的资格审查标准和方法对潜在投标人或者投标人进行资格审查。

第二十条 经资格预审后,招标人应当向资格预审合格的潜在投标人发出资格预审合格通知书,告知获取招标文件的时间、地点和方法,并同时向资格预审不合格的潜在投标人告知资格预审结果。依法必须招标的项目通过资格预审的申请人不足三个的,招标人在分析招标失败的原因并采取相应措施后,应当重新招标。

对资格后审不合格的投标人,评标委员会应当否决其投标。

第二十一条 招标文件一般包括下列内容:

(一)招标公告或者投标邀请书;

(二)投标人须知;

(三)投标文件格式;

(四)技术规格、参数及其他要求;

(五)评标标准和方法;

(六)合同主要条款。

招标人应当在招标文件中规定实质性要求和条件,说明不满足其中任何一项实质性要求和条件的投标将被拒绝,并用醒目的方式标明;没有标明的要求和条件在评标时不得作为实质性要求和条件。对于非实质性要求和条件,应规定允许偏差的最大范围、最高项数,以及对这些偏差进行调整的方法。

国家对招标货物的技术、标准、质量等有规定的,招标人应当按照其规定在招标文件中提出相应要求。

第二十二条 招标货物需要划分标包的,招标人应合理划分标包,确定各标包的交货期,并在招标文件中如实载明。

招标人不得以不合理的标包限制或者排斥潜在投标人或者投标人。依法必须进行招标的项目的招标人不得利用标包划分规避招标。

第二十三条 招标人允许中标人对非主体货物进行分包的,应当在招标文件中载明。主要设备、材料或者供货合同的主要部分不得要求或者允许分包。

除招标文件要求不得改变标准货物的供应商外,中标人经招标人同意改变标准货物的供应商的,不应视为转包和违法分包。

第二十四条 招标人可以要求投标人在提交符合招标文件规定要求的投标文件外,提交备选投标方案,但应当在招标文件中作出说明。不符合中标条件的投标人的备选投标方案不予考虑。

第二十五条 招标文件规定的各项技术规格应当符合国家技术法规的规定。

招标文件中规定的各项技术规格均不得要求或标明某一特定的专利技术、商标、名称、设计、原产地或供应者等,不得含有倾向或者排斥潜在投标人的其他内容。如果必须引用某一供应者的技术规格才能准确或清楚地说明拟招标货物的技术规格时,则应当在参照后面加上"或相当于"的字样。

第二十六条 招标文件应当明确规定评标时包含价格在内的所有评标因素,以及据此进行评估的方法。

在评标过程中,不得改变招标文件中规定的评标标准、方法和中标条件。

第二十七条 招标人可以在招标文件中要求投标人以自己的名义提交投标保证金。投标保证金除现金外,可以是银行出具的银行保函、兑兑支票、银行汇票或现金支票,也可以是招标人认可的其他合法担保形式。依法必须进行招标的项目的境内投标单位,以现金或者支票形式提交的投标保证金应当从其基本账户转出。

投标保证金不得超过项目估算价的百分之二,但最高不得超过八十万元人民币。投标保证金有效期应当与投标有效期一致。

投标人应当按照招标文件要求的方式和金额,在提交投标文件截止时间前将投标保证金提交给招标人或其委托的招标代理机构。

第二十八条 招标文件应当规定一个适当的投标有效期,以保证招标人有足够的时间完成评标和与中标人签订合同。投标有效期从招标文件规定的提交投标文件截止之日起计算。

在原投标有效期结束前,出现特殊情况的,招标人可以书面形式要求所有投标人延长投标有效期。投标人同意延长的,不得要求或被允许修改其投标文件的实质性内容,但应当相应延长其投标保证金的有效期;投标人拒绝延长的,其投标失效,但投标人有权收回其投标保证金及银行同期存款利息。

依法必须进行招标的项目同意延长投标有效期的投标人少于三个的,招标人在分析招标失败的原因并采取相应措施后,应当重新招标。

第二十九条 对于潜在投标人在阅读招标文件中提出的疑问,招标人应当以书面形式、投标预备会方式或者通过电子网络解答,但需同时将解答以书面方式通知所有购买招标文件的潜在投标人。该解答的内容为招标文件的组成部分。

除招标文件明确要求外,出席投标预备会不是强制性的,由潜在投标人自行决定,并自行承担由此可能产生的风险。

第三十条 招标人应当确定投标人编制投标文件所需的合理时间。依法必须进行招标的货物,自招标文件开始发出之日起至投标人提交投标文件截止之日止,最短不得少于二十日。

第三十一条 对无法精确拟定其技术规格的货物,招标人可以采用两阶段招标程序。

在第一阶段,招标人可以首先要求潜在投标人提交技术建议,详细阐明货物的技术规格、质量和其他特性。招标人可以与投标人就其建议的内容进行协商和讨论,达成一个统一的技术规格后编制招标文件。

在第二阶段,招标人应当向第一阶段提交了技术建议的投标人提供包含统一技术规格的正式招标文件,投标人根据正式招标文件的要求提交包括价格在内的最后投标文件。

招标人要求投标人提交投标保证金的,应当在第二阶段提出。

第三章 投 标

第三十二条 投标人是响应招标、参加投标竞争的法人或者其他组织。

法定代表人为同一个人的两个及两个以上法人,母公司、全资子公司及其控股公司,都不得在同一货物招标中同时投标。

违反前两款规定的,相关投标均无效。

一个制造商对同一品牌同一型号的货物,仅能委托一个代理商参加投标。

第三十三条 投标人应当按照招标文件的要求编制投标文件。投标文件应当对招标文件提出的实质性要求和条件作出响应。

投标文件一般包括下列内容:

(一)投标函;

(二)投标一览表;

(三)技术性能参数的详细描述;

(四)商务和技术偏差表;

(五)投标保证金;

(六)有关资格证明文件;

(七)招标文件要求的其他内容。

投标人根据招标文件载明的货物实际情况,拟在中标后将供货合同中的非主要部分进行分包的,应当在投标文件中载明。

第三十四条 投标人应当在招标文件要求提交投标文件的截止时间前,将投标文件密封送达招标文件中规定的地点。招标人收到投标文件后,应当向投标人出具标明签收人和签收时间的凭证,在开标前任何单位和个人不得开启投标文件。

在招标文件要求提交投标文件的截止时间后送达的投标文件,为无效的投标文件,招标人应当拒收,并将其原封不动地退回投标人。

在招标文件要求提交投标文件的截止时间后送达的投标文件,招标人应当拒收。

依法必须进行招标的项目,提交投标文件的投标人少于三个的,招标人在分析招标失败的原因并采取相应措施后,应当重新招标。重新招标后投标人仍少于三个,按国家有关规定需要履行审批、核准手续的依法必须进行招标的项目,报项目审批、核准部门审批、核准后可以不再进行招标。

第三十五条 投标人在招标文件要求提交投标文件的截止时间前,可以补充、修改、替代或者撤回已提交的投标文件,并书面通知招标人。补充、修改的内容为投标文件的组成部分。

第三十六条 在提交投标文件截止时间后,投标人不得撤销其投标文件，否则招标人可以不退还其投标保证金。

第三十七条　招标人应妥善保管好已接收的投标文件、修改或撤回通知、备选投标方案等投标资料，并严格保密。

第三十八条　两个以上法人或者其他组织可以组成一个联合体，以一个投标人的身份共同投标。

联合体各方签订共同投标协议后，不得再以自己名义单独投标，也不得组成或参加其他联合体在同一项目中投标；否则相关投标均无效。

联合体中标的，应当指定牵头人或代表，授权其代表所有联合体成员与招标人签订合同，负责整个合同实施阶段的协调工作。但是，需要向招标人提交由所有联合体成员法定代表人签署的授权委托书。

第三十九条　招标人接受联合体投标并进行资格预审的，联合体应当在提交资格预审申请文件前组成。资格预审后联合体增减、更换成员的，其投标无效。

招标人不得强制资格预审合格的投标人组成联合体。

第四章　开标、评标和定标

第四十条　开标应当在招标文件确定的提交投标文件截止时间的同一时间公开进行；开标地点应当为招标文件中确定的地点。

投标人或其授权代表有权出席开标会，也可以自主决定不参加开标会。

投标人对开标有异议的，应当在开标现场提出，招标人应当当场作出答复，并制作记录。

第四十一条　投标文件有下列情形之一的，招标人应当拒收：

（一）逾期送达；

（二）未按招标文件要求密封。

有下列情形之一的，评标委员会应当否决其投标：

（一）投标文件未经投标单位盖章和单位负责人签字；

（二）投标联合体没有提交共同投标协议；

（三）投标人不符合国家或者招标文件规定的资格条件；

（四）同一投标人提交两个以上不同的投标文件或者投标报价，但招标文件要求提交备选投标的除外；

（五）投标标价低于成本或者高于招标文件设定的最高投标限价；

（六）投标文件没有对招标文件的实质性要求和条件作出响应；

（七）投标人有串通投标、弄虚作假、行贿等违法行为。

依法必须招标的项目评标委员会否决所有投标的，或者评标委员会否决一部分投标后其他有效投标不足三个使得投标明显缺乏竞争，决定否决全部投标的，招标人在分析招标失败的原因并采取相应措施后，应当重新招标。

第四十二条　评标委员会可以书面方式要求投标人对投标文件中含义不明确、对同类问题表述不一致或者有明显文字和计算错误的内容作必要的澄清、说明或补正。评标委员会不得向投标人提出带有暗示性或诱导性的问题，或向其明确投标文件中的遗漏和错误。

第四十三条　投标文件不响应招标文件的实质性要求和条件的，评标委员会不得允许投标人通过修正或撤销其不符合要求的差异或保留，使之成为具有响应性的投标。

第四十四条　技术简单或技术规格、性能、制作工艺要求统一的货物，一般采用经评审的最低投标价法进行评标。技术复杂或技术规格、性能、制作工艺要求难以统一的货物，一般采用综合评估法进行评标。

第四十五条　符合招标文件要求且评标价最低或综合评分最高而被推荐为中标候选人的投标人，其所提交的备选投标方案方可予以考虑。

第四十六条　评标委员会完成评标后，应向招标人提出书面评标报告。评标报告由评标委员会全体成员签字。

第四十七条　评标委员会在书面评标报告中推荐的中标候选人应当限定在一至三人，并标明排列顺序。招标人应当接受评标委员会推荐的中标候选人，不得在评标委员会推荐的中标候选人之外确定中标人。

依法必须进行招标的项目，招标人应当自收到评标报告之日起三日内公示中标候选人，公示期不得少于三日。

第四十八条　国有资金占控股或者主导地位的依法必须进行招标的项目，招标人应当确定排名第一的中标候选人为中标人。排名第一的中标候选人放弃中标、因不可抗力提出不能履行合同、不按招标文件要求提交履约保证金，或者被查实存在影响中标结果的违法行为等情形，不符合中标条件的，招标人可以按照评标委员会提出的中标候选人名单排序依次确定其他中标候选人为中标人。依次确定其他中标候选人与招标人预期差距较大，或者对招标人明显不利的，招标人可以重新招标。

招标人可以授权评标委员会直接确定中标人。

国务院对中标人的确定另有规定的，从其规定。

第四十九条　招标人不得向中标人提出压低报价、

增加配件或者售后服务量以及其他超出招标文件规定的违背中标人意愿的要求,以此作为发出中标通知书和签订合同的条件。

第五十条 中标通知书对招标人和中标人具有法律效力。中标通知书发出后,招标人改变中标结果的,或者中标人放弃中标项目的,应当依法承担法律责任。

中标通知书由招标人发出,也可以委托其招标代理机构发出。

第五十一条 招标人和中标人应当在投标有效期内并在自中标通知书发出之日起三十日内,按照招标文件和中标人的投标文件订立书面合同。招标人和中标人不得再行订立背离合同实质性内容的其他协议。

招标文件要求中标人提交履约保证金或者其他形式履约担保的,中标人应当提交;拒绝提交的,视为放弃中标项目。招标人要求中标人提供履约保证金或其他形式履约担保的,招标人应当同时向中标人提供货物款支付担保。

履约保证金不得超过中标合同金额的10%。

第五十二条 招标人最迟应当在书面合同签订后五日内,向中标人和未中标的投标人一次性退还投标保证金及银行同期存款利息。

第五十三条 必须审批的工程建设项目,货物合同价格应当控制在批准的概算投资范围内;确需超出范围的,应当在中标合同签订前,报原项目审批部门审查同意。项目审批部门应当根据招标的实际情况,及时作出批准或者不予批准的决定;项目审批部门不予批准的,招标人应当自行平衡超出的概算。

第五十四条 依法必须进行货物招标的项目,招标人应当自确定中标人之日起十五日内,向有关行政监督部门提交招标投标情况的书面报告。

前款所称书面报告至少应包括下列内容:

(一)招标货物基本情况;

(二)招标方式和发布招标公告或者资格预审公告的媒介;

(三)招标文件中投标人须知、技术条款、评标标准和方法、合同主要条款等内容;

(四)评标委员会的组成和评标报告;

(五)中标结果。

第五章 罚 则

第五十五条 招标人有下列限制或者排斥潜在投标人行为之一的,由有关行政监督部门依照招标投标法第五十一条的规定处罚;其中,构成依法必须进行招标的项目的招标人规避招标的,依照招标投标法第四十九条的规定处罚:

(一)依法应当公开招标的项目不按照规定在指定媒介发布资格预审公告或者招标公告;

(二)在不同媒介发布的同一招标项目的资格预审公告或者招标公告内容不一致,影响潜在投标人申请资格预审或者投标。

第五十六条 招标人有下列情形之一的,由有关行政监督部门责令改正,可以处10万元以下的罚款:

(一)依法应当公开招标而采用邀请招标;

(二)招标文件、资格预审文件的发售、澄清、修改的时限,或者确定的提交资格预审申请文件、投标文件的时限不符合招标投标法和招标投标法实施条例规定;

(三)接受未通过资格预审的单位或者个人参加投标;

(四)接受应当拒收的投标文件。招标人有前款第一项、第三项、第四项所列行为之一的,对单位直接负责的主管人员和其他直接责任人员依法给予处分。

第五十七条 评标委员会成员有下列行为之一的,由有关行政监督部门责令改正;情节严重的,禁止其在一定期限内参加依法必须进行招标的项目的评标;情节特别严重的,取消其担任评标委员会成员的资格:

(一)应当回避而不回避;

(二)擅离职守;

(三)不按照招标文件规定的评标标准和方法评标;

(四)私下接触投标人;

(五)向招标人征询确定中标人的意向或者接受任何单位或者个人明示或者暗示提出的倾向或者排斥特定投标人的要求;

(六)对依法应当否决的投标不提出否决意见;

(七)暗示或者诱导投标人作出澄清、说明或者接受投标人主动提出的澄清、说明;

(八)其他不客观、不公正履行职务的行为。

第五十八条 依法必须进行招标的项目的招标人有下列情形之一的,由有关行政监督部门责令改正,可以处中标项目金额千分之十以下的罚款;给他人造成损失的,依法承担赔偿责任;对单位直接负责的主管人员和其他直接责任人员依法给予处分:

(一)无正当理由不发出中标通知书;

(二)不按照规定确定中标人;

(三)中标通知书发出后无正当理由改变中标结果;

(四)无正当理由不与中标人订立合同;

(五)在订立合同时向中标人提出附加条件。

中标通知书发出后，中标人放弃中标项目的，无正当理由不与招标人签订合同的，在签订合同时向招标人提出附加条件或者更改合同实质性内容的，或者拒不提交所要求的履约保证金的，取消其中标资格，投标保证金不予退还；给招标人的损失超过投标保证金数额的，中标人应当对超过部分予以赔偿；没有提交投标保证金的，应当对招标人的损失承担赔偿责任。对依法必须进行招标的项目的中标人，由有关行政监督部门责令改正，可以处中标金额千分之十以下罚款。

第五十九条　招标人不履行与中标人订立的合同的，应当返还中标人的履约保证金，并承担相应的赔偿责任；没有提交履约保证金的，应当对中标人的损失承担赔偿责任。

因不可抗力不能履行合同的，不适用前款规定。

第六十条　中标无效的，发出的中标通知书和签订的合同自始没有法律约束力，但不影响合同中独立存在的有关解决争议方法的条款的效力。

第六章　附　则

第六十一条　不属于工程建设项目，但属于固定资产投资的货物招标投标活动，参照本办法执行。

第六十二条　使用国际组织或者外国政府贷款、援助资金的项目进行招标，贷款方、资金提供方对货物招标投标活动的条件和程序有不同规定的，可以适用其规定，但违背中华人民共和国社会公共利益的除外。

第六十三条　本办法由国家发展和改革委员会会同有关部门负责解释。

第六十四条　本办法自2005年3月1日起施行。

房屋建筑和市政基础设施工程施工招标投标管理办法

· 2001年6月1日建设部令第89号发布
· 根据2018年9月28日《住房城乡建设部关于修改〈房屋建筑和市政基础设施工程施工招标投标管理办法〉的决定》第一次修正
· 根据2019年3月13日《住房和城乡建设部关于修改部分部门规章的决定》第二次修正

第一章　总　则

第一条　为了规范房屋建筑和市政基础设施工程施工招标投标活动，维护招标投标当事人的合法权益，依据《中华人民共和国建筑法》、《中华人民共和国招标投标法》等法律、行政法规，制定本办法。

第二条　依法必须进行招标的房屋建筑和市政基础设施工程（以下简称工程），其施工招标投标活动，适用本办法。

本办法所称房屋建筑工程，是指各类房屋建筑及其附属设施和与其配套的线路、管道、设备安装工程及室内外装修工程。

本办法所称市政基础设施工程，是指城市道路、公共交通、供水、排水、燃气、热力、园林、环卫、污水处理、垃圾处理、防洪、地下公共设施及附属设施的土建、管道、设备安装工程。

第三条　国务院建设行政主管部门负责全国工程施工招标投标活动的监督管理。

县级以上地方人民政府建设行政主管部门负责本行政区域内工程施工招标投标活动的监督管理。具体的监督管理工作，可以委托工程招标投标监督管理机构负责实施。

第四条　任何单位和个人不得违反法律、行政法规规定，限制或者排斥本地区、本系统以外的法人或者其他组织参加投标，不得以任何方式非法干涉施工招标投标活动。

第五条　施工招标投标活动及其当事人应当依法接受监督。

建设行政主管部门依法对施工招标投标活动实施监督，查处施工招标投标活动中的违法行为。

第二章　招　标

第六条　工程施工招标由招标人依法组织实施。招标人不得以不合理条件限制或者排斥潜在投标人，不得对潜在投标人实行歧视待遇，不得对潜在投标人提出与招标工程实际要求不符的过高的资质等级要求和其他要求。

第七条　工程施工招标应当具备下列条件：

（一）按照国家有关规定需要履行项目审批手续的，已经履行审批手续；

（二）工程资金或者资金来源已经落实；

（三）有满足施工招标需要的设计文件及其他技术资料；

（四）法律、法规、规章规定的其他条件。

第八条　工程施工招标分为公开招标和邀请招标。

依法必须进行施工招标的工程，全部使用国有资金投资或者国有资金投资占控股或者主导地位的，应当公开招标，但经国家计委或者省、自治区、直辖市人民政府依法批准可以进行邀请招标的重点建设项目除外；其他工程可以实行邀请招标。

第九条 工程有下列情形之一的，经县级以上地方人民政府建设行政主管部门批准，可以不进行施工招标：

（一）停建或者缓建后恢复建设的单位工程，且承包人未发生变更的；

（二）施工企业自建自用的工程，且该施工企业资质等级符合工程要求的；

（三）在建工程追加的附属小型工程或者主体加层工程，且承包人未发生变更的；

（四）法律、法规、规章规定的其他情形。

第十条 依法必须进行施工招标的工程，招标人自行办理施工招标事宜的，应当具有编制招标文件和组织评标的能力：

（一）有专门的施工招标组织机构；

（二）有与工程规模、复杂程度相适应并具有同类工程施工招标经验、熟悉有关工程施工招标法律法规的工程技术、概预算及工程管理的专业人员。

不具备上述条件的，招标人应当委托工程招标代理机构代理施工招标。

第十一条 招标人自行办理施工招标事宜的，应当在发布招标公告或者发出投标邀请书的5日前，向工程所在地县级以上地方人民政府建设行政主管部门备案，并报送下列材料：

（一）按照国家有关规定办理审批手续的各项批准文件；

（二）本办法第十条所列条件的证明材料，包括专业技术人员的名单、职称证书或者执业资格证书及其工作经历的证明材料；

（三）法律、法规、规章规定的其他材料。

招标人不具备自行办理施工招标事宜条件的，建设行政主管部门应当自收到备案材料之日起5日内责令招标人停止自行办理施工招标事宜。

第十二条 全部使用国有资金投资或者国有资金投资占控股或者主导地位，依法必须进行施工招标的工程项目，应当进入有形建筑市场进行招标投标活动。

政府有关管理机关可以在有形建筑市场集中办理有关手续，并依法实施监督。

第十三条 依法必须进行施工公开招标的工程项目，应当在国家或者地方指定的报刊、信息网络或者其他媒介上发布招标公告，并同时在中国工程建设和建筑业信息网上发布招标公告。

招标公告应当载明招标人的名称和地址、招标工程的性质、规模、地点以及获取招标文件的办法等事项。

第十四条 招标人采用邀请招标方式的，应当向3个以上符合资质条件的施工企业发出投标邀请书。

投标邀请书应当载明本办法第十三条第二款规定的事项。

第十五条 招标人可以根据招标工程的需要，对投标申请人进行资格预审，也可以委托工程招标代理机构对投标申请人进行资格预审。实行资格预审的招标工程，招标人应当在招标公告或者投标邀请书中载明资格预审的条件和获取资格预审文件的办法。

资格预审文件一般应当包括资格预审申请书格式、申请人须知，以及需要投标申请人提供的企业资质、业绩、技术装备、财务状况和拟派出的项目经理与主要技术人员的简历、业绩等证明材料。

第十六条 经资格预审后，招标人应当向资格预审合格的投标申请人发出资格预审合格通知书，告知获取招标文件的时间、地点和方法，并同时向资格预审不合格的投标申请人告知资格预审结果。

在资格预审合格的投标申请人过多时，可以由招标人从中选择不少于7家资格预审合格的投标申请人。

第十七条 招标人应当根据招标工程的特点和需要，自行或者委托工程招标代理机构编制招标文件。招标文件应当包括下列内容：

（一）投标须知，包括工程概况，招标范围，资格审查条件，工程资金来源或者落实情况，标段划分，工期要求，质量标准，现场踏勘和答疑安排，投标文件编制、提交、修改、撤回的要求，投标报价要求，投标有效期，开标的时间和地点，评标的方法和标准等；

（二）招标工程的技术要求和设计文件；

（三）采用工程量清单招标的，应当提供工程量清单；

（四）投标函的格式及附录；

（五）拟签订合同的主要条款；

（六）要求投标人提交的其他材料。

第十八条 依法必须进行施工招标的工程，招标人应当在招标文件发出的同时，将招标文件报工程所在地的县级以上地方人民政府建设行政主管部门备案，但实施电子招标投标的项目除外。建设行政主管部门发现招标文件有违反法律、法规内容的，应当责令招标人改正。

第十九条 招标人对已发出的招标文件进行必要的澄清或者修改的，应当在招标文件要求提交投标文件截止时间至少15日前，以书面形式通知所有招标文件收受人，并同时报工程所在地的县级以上地方人民政府建设行政主管部门备案，但实施电子招标投标的项目除外。该澄清或者修改的内容为招标文件的组成部分。

第二十条 招标人设有标底的，应当依据国家规定的工程量计算规则及招标文件规定的计价方法和要求编制标底，并在开标前保密。一个招标工程只能编制一个标底。

第二十一条 招标人对于发出的招标文件可以酌收工本费。其中的设计文件，招标人可以酌收押金。对于开标后将设计文件退还的，招标人应当退还押金。

第三章 投 标

第二十二条 施工招标的投标人是响应施工招标、参与投标竞争的施工企业。

投标人应当具备相应的施工企业资质，并在工程业绩、技术能力、项目经理资格条件、财务状况等方面满足招标文件提出的要求。

第二十三条 投标人对招标文件有疑问需要澄清的，应当以书面形式向招标人提出。

第二十四条 投标人应当按照招标文件的要求编制投标文件，对招标文件提出的实质性要求和条件作出响应。

招标文件允许投标人提供备选标的，投标人可以按照招标文件的要求提交替代方案，并作出相应报价作备选标。

第二十五条 投标文件应当包括下列内容：

（一）投标函；

（二）施工组织设计或者施工方案；

（三）投标报价；

（四）招标文件要求提供的其他材料。

第二十六条 招标人可以在招标文件中要求投标人提交投标担保。投标担保可以采用投标保函或者投标保证金的方式。投标保证金可以使用支票、银行汇票等，一般不得超过投标总价的2%，最高不得超过50万元。

投标人应当按照招标文件要求的方式和金额，将投标保函或者投标保证金随投标文件提交招标人。

第二十七条 投标人应当在招标文件要求提交投标文件的截止时间前，将投标文件密封送达投标地点。招标人收到投标文件后，应当向投标人出具标明签收人和签收时间的凭证，并妥善保存投标文件。在开标前，任何单位和个人均不得开启投标文件。在招标文件要求提交投标文件的截止时间后送达的投标文件，为无效的投标文件，招标人应当拒收。

提交投标文件的投标人少于3个的，招标人应当依法重新招标。

第二十八条 投标人在招标文件要求提交投标文件的截止时间前，可以补充、修改或者撤回已提交的投标文件。补充、修改的内容为投标文件的组成部分，并应当按照本办法第二十七条第一款的规定送达、签收和保管。在招标文件要求提交投标文件的截止时间后送达的补充或者修改的内容无效。

第二十九条 两个以上施工企业可以组成一个联合体，签订共同投标协议，以一个投标人的身份共同投标。联合体各方均应当具备承担招标工程的相应资质条件。相同专业的施工企业组成的联合体，按照资质等级低的施工企业的业务许可范围承揽工程。

招标人不得强制投标人组成联合体共同投标，不得限制投标人之间的竞争。

第三十条 投标人不得相互串通投标，不得排挤其他投标人的公平竞争，损害招标人或者其他投标人的合法权益。

投标人不得与招标人串通投标，损害国家利益、社会公共利益或者他人的合法权益。

禁止投标人以向招标人或者评标委员会成员行贿的手段谋取中标。

第三十一条 投标人不得以低于其企业成本的报价竞标，不得以他人名义投标或者以其他方式弄虚作假，骗取中标。

第四章 开标、评标和中标

第三十二条 开标应当在招标文件确定的提交投标文件截止时间的同一时间公开进行；开标地点应当为招标文件中预先确定的地点。

第三十三条 开标由招标人主持，邀请所有投标人参加。开标应当按照下列规定进行：

由投标人或者其推选的代表检查投标文件的密封情况，也可以由招标人委托的公证机构进行检查并公证。经确认无误后，由有关工作人员当众拆封，宣读投标人名称、投标价格和投标文件的其他主要内容。

招标人在招标文件要求提交投标文件的截止时间前收到的所有投标文件，开标时都应当当众予以拆封、宣读。

开标过程应当记录，并存档备查。

第三十四条 在开标时，投标文件出现下列情形之一的，应当作为无效投标文件，不得进入评标：

（一）投标文件未按照招标文件的要求予以密封的；

（二）投标文件中的投标函未加盖投标人的企业及企业法定代表人印章的，或者企业法定代表人委托代理

人没有合法、有效的委托书(原件)及委托代理人印章的;

(三)投标文件的关键内容字迹模糊、无法辨认的;

(四)投标人未按照招标文件的要求提供投标保函或者投标保证金的;

(五)组成联合体投标的,投标文件未附联合体各方共同投标协议的。

第三十五条 评标由招标人依法组建的评标委员会负责。

依法必须进行施工招标的工程,其评标委员会由招标人的代表和有关技术、经济等方面的专家组成,成员人数为5人以上单数,其中招标人、招标代理机构以外的技术、经济等方面专家不得少于成员总数的2/3。评标委员会的专家成员,应当由招标人从建设行政主管部门及其他有关政府部门确定的专家名册或者工程招标代理机构的专家库内相关专业的专家名单中确定。确定专家成员一般应当采取随机抽取的方式。

与投标人有利害关系的人不得进入相关工程的评标委员会。评标委员会成员的名单在中标结果确定前应当保密。

第三十六条 建设行政主管部门的专家名册应当拥有一定数量规模并符合法定资格条件的专家。省、自治区、直辖市人民政府建设行政主管部门可以将专家数量少的地区的专家名册予以合并或者实行专家名册计算机联网。

建设行政主管部门应当对进入专家名册的专家组织有关法律和业务培训,对其评标能力、廉洁公正等进行综合评估,及时取消不称职或者违法违规人员的评标专家资格。被取消评标专家资格的人员,不得再参加任何评标活动。

第三十七条 评标委员会应当按照招标文件确定的评标标准和方法,对投标文件进行评审和比较,并对评标结果签字确认;设有标底的,应当参考标底。

第三十八条 评标委员会可以用书面形式要求投标人对投标文件中含义不明确的内容作必要的澄清或者说明。投标人应当采用书面形式进行澄清或者说明,其澄清或者说明不得超出投标文件的范围或者改变投标文件的实质性内容。

第三十九条 评标委员会经评审,认为所有投标文件都不符合招标文件要求的,可以否决所有投标。

依法必须进行施工招标工程的所有投标被否决的,招标人应当依法重新招标。

第四十条 评标可以采用综合评估法、经评审的最低投标价法或者法律法规允许的其他评标方法。

采用综合评估法的,应当对投标文件提出的工程质量、施工工期、投标价格、施工组织设计或者施工方案、投标人及项目经理业绩等,能否最大限度地满足招标文件中规定的各项要求和评价标准进行评审和比较。以评分方式进行评估,对于各种评比奖项不得额外计分。

采用经评审的最低投标价法的,应当在投标文件能够满足招标文件实质性要求的投标人中,评审出投标价格最低的投标人,但投标价格低于其企业成本的除外。

第四十一条 评标委员会完成评标后,应当向招标人提出书面评标报告,阐明评标委员会对各投标文件的评审和比较意见,并按照招标文件中规定的评标方法,推荐不超过3名有排序的合格的中标候选人。招标人根据评标委员会提出的书面评标报告和推荐的中标候选人确定中标人。

使用国有资金投资或者国家融资的工程项目,招标人应当按照中标候选人的排序确定中标人。当确定中标的中标候选人放弃中标或者因不可抗力提出不能履行合同的,招标人可以依序确定其他中标候选人为中标人。

招标人也可以授权评标委员会直接确定中标人。

第四十二条 有下列情形之一的,评标委员会可以要求投标人作出书面说明并提供相关材料:

(一)设有标底的,投标报价低于标底合理幅度的;

(二)不设标底的,投标报价明显低于其他投标报价,有可能低于其企业成本的。

经评标委员会论证,认定该投标人的报价低于其企业成本的,不能推荐为中标候选人或者中标人。

第四十三条 招标人应当在投标有效期截止时限30日前确定中标人。投标有效期应当在招标文件中载明。

第四十四条 依法必须进行施工招标的工程,招标人应当自确定中标人之日起15日内,向工程所在地的县级以上地方人民政府建设行政主管部门提交施工招标投标情况的书面报告。书面报告应当包括下列内容:

(一)施工招标投标的基本情况,包括施工招标范围、施工招标方式、资格审查、开评标过程和确定中标人的方式及理由等;

(二)相关的文件资料,包括招标公告或者投标邀请书、投标报名表、资格预审文件、招标文件、评标委员会的评标报告（设有标底的，应当附标底）、中标人的投标文件。委托工程招标代理的，还应当附工程施工招标代理委托合同。

前款第二项中已按照本办法的规定办理了备案的文件资料，不再重复提交。

第四十五条 建设行政主管部门自收到书面报告之日起5日内未通知招标人在招标投标活动中有违法行为的，招标人可以向中标人发出中标通知书，并将中标结果通知所有未中标的投标人。

第四十六条 招标人和中标人应当自中标通知书发出之日起30日内，按照招标文件和中标人的投标文件订立书面合同；招标人和中标人不得再行订立背离合同实质性内容的其他协议。

中标人不与招标人订立合同的，投标保证金不予退还并取消其中标资格，给招标人造成的损失超过投标保证金数额的，应当对超过部分予以赔偿；没有提交投标保证金的，应当对招标人的损失承担赔偿责任。

招标人无正当理由不与中标人签订合同，给中标人造成损失的，招标人应当给予赔偿。

第四十七条 招标文件要求中标人提交履约担保的，中标人应当提交。招标人应当同时向中标人提供工程款支付担保。

第五章　罚　则

第四十八条 有违反《招标投标法》行为的，县级以上地方人民政府建设行政主管部门应当按照《招标投标法》的规定予以处罚。

第四十九条 招标投标活动中有《招标投标法》规定中标无效情形的，由县级以上地方人民政府建设行政主管部门宣布中标无效，责令重新组织招标，并依法追究有关责任人责任。

第五十条 应当招标未招标的，应当公开招标未公开招标的，县级以上地方人民政府建设行政主管部门应当责令改正，拒不改正的，不得颁发施工许可证。

第五十一条 招标人不具备自行办理施工招标事宜条件而自行招标的，县级以上地方人民政府建设行政主管部门应当责令改正，处1万元以下的罚款。

第五十二条 评标委员会的组成不符合法律、法规规定的，县级以上地方人民政府建设行政主管部门应当责令招标人重新组织评标委员会。

第五十三条 招标人未向建设行政主管部门提交施工招标投标情况书面报告的，县级以上地方人民政府建设行政主管部门应当责令改正。

第六章　附　则

第五十四条 工程施工专业分包、劳务分包采用招标方式的，参照本办法执行。

第五十五条 招标文件或者投标文件使用两种以上语言文字的，必须有一种是中文；如对不同文本的解释发生异议的，以中文文本为准。用文字表示的金额与数字表示的金额不一致的，以文字表示的金额为准。

第五十六条 涉及国家安全、国家秘密、抢险救灾或者属于利用扶贫资金实行以工代赈、需要使用农民工等特殊情况，不适宜进行施工招标的工程，按照国家有关规定可以不进行施工招标。

第五十七条 使用国际组织或者外国政府贷款、援助资金的工程进行施工招标，贷款方、资金提供方对招标投标的具体条件和程序有不同规定的，可以适用其规定，但违背中华人民共和国的社会公共利益的除外。

第五十八条 本办法由国务院建设行政主管部门负责解释。

第五十九条 本办法自发布之日起施行。1992年12月30日建设部颁布的《工程建设施工招标投标管理办法》（建设部令第23号）同时废止。

工程建设项目招标投标活动投诉处理办法

- 2004年6月21日国家发展和改革委员会、建设部、铁道部、交通部、信息产业部、水利部、中国民用航空总局令第11号发布
- 根据2013年3月11日国家发展和改革委员会、工业和信息化部、财政部、住房和城乡建设部、交通运输部、铁道部、水利部、国家广播电影电视总局、中国民用航空局《关于废止和修改部分招标投标规章和规范性文件的决定》修订

第一条 为保护国家利益、社会公共利益和招标投标当事人的合法权益，建立公平、高效的工程建设项目招标投标活动投诉处理机制，根据《中华人民共和国招标投标法》、《中华人民共和国招标投标法实施条例》，制定本办法。

第二条 本办法适用于工程建设项目招标投标活动的投诉及其处理活动。

前款所称招标投标活动，包括招标、投标、开标、评标、中标以及签订合同等各阶段。

第三条 投标人或者其他利害关系人认为招标投标活动不符合法律、法规和规章规定的，有权依法向有关行政监督部门投诉。

前款所称其他利害关系人是指投标人以外的、与招标项目或者招标活动有直接和间接利益关系的法人、其他组织和自然人。

第四条 各级发展改革、工业和信息化、住房城乡建设、水利、交通运输、铁道、商务、民航等招标投标活动行政监督部门，依照《国务院办公厅印发国务院有关部门实施招标投标活动行政监督的职责分工的意见的通知》（国办发〔2000〕34号）和地方各级人民政府规定的职责分工，受理投诉并依法做出处理决定。

对国家重大建设项目（含工业项目）招标投标活动的投诉，由国家发展改革委受理并依法做出处理决定。对国家重大建设项目招标投标活动的投诉，有关行业行政监督部门已经收到的，应当通报国家发展改革委，国家发展改革委不再受理。

第五条 行政监督部门处理投诉时，应当坚持公平、公正、高效原则，维护国家利益、社会公共利益和招标投标当事人的合法权益。

第六条 行政监督部门应当确定本部门内部负责受理投诉的机构及其电话、传真、电子信箱和通讯地址，并向社会公布。

第七条 投诉人投诉时，应当提交投诉书。投诉书应当包括下列内容：

（一）投诉人的名称、地址及有效联系方式；

（二）被投诉人的名称、地址及有效联系方式；

（三）投诉事项的基本事实；

（四）相关请求及主张；

（五）有效线索和相关证明材料。

对招标投标法实施条例规定应先提出异议的事项进行投诉的，应当附提出异议的证明文件。已向有关行政监督部门投诉的，应当一并说明。

投诉人是法人的，投诉书必须由其法定代表人或者授权代表签字并盖章；其他组织或者自然人投诉的，投诉书必须由其主要负责人或者投诉人本人签字，并附有效身份证明复印件。

投诉书有关材料是外文的，投诉人应当同时提供其中文译本。

第八条 投诉人不得以投诉为名排挤竞争对手，不得进行虚假、恶意投诉，阻碍招标投标活动的正常进行。

第九条 投诉人认为招标投标活动不符合法律行政法规规定的，可以在知道或者应当知道之日起十日内提出书面投诉。依照有关行政法规提出异议的，异议答复期间不计算在内。

第十条 投诉人可以自己直接投诉，也可以委托代理人办理投诉事务。代理人办理投诉事务时，应将授权委托书连同投诉书一并提交给行政监督部门。授权委托书应当明确有关委托代理权限和事项。

第十一条 行政监督部门收到投诉书后，应当在三个工作日内进行审查，视情况分别做出以下处理决定：

（一）不符合投诉处理条件的，决定不予受理，并将不予受理的理由书面告知投诉人；

（二）对符合投诉处理条件，但不属于本部门受理的投诉，书面告知投诉人向其他行政监督部门提出投诉；

对于符合投诉处理条件并决定受理的，收到投诉书之日即为正式受理。

第十二条 有下列情形之一的投诉，不予受理：

（一）投诉人不是所投诉招标投标活动的参与者，或者与投诉项目无任何利害关系；

（二）投诉事项不具体，且未提供有效线索，难以查证的；

（三）投诉书未署具投诉人真实姓名、签字和有效联系方式的；以法人名义投诉的，投诉书未经法定代表人签字并加盖公章的；

（四）超过投诉时效的；

（五）已经作出处理决定，并且投诉人没有提出新的证据的；

（六）投诉事项应先提出异议没有提出异议、已进入行政复议或行政诉讼程序的。

第十三条 行政监督部门负责投诉处理的工作人员，有下列情形之一的，应当主动回避：

（一）近亲属是被投诉人、投诉人，或者是被投诉人、投诉人的主要负责人；

（二）在近三年内本人曾经在被投诉人单位担任高级管理职务；

（三）与被投诉人、投诉人有其他利害关系，可能影响对投诉事项公正处理的。

第十四条 行政监督部门受理投诉后，应当调取、查阅有关文件，调查、核实有关情况。

对情况复杂、涉及面广的重大投诉事项，有权受理投诉的行政监督部门可以会同其他有关的行政监督部门进行联合调查，共同研究后由受理部门做出处理决定。

第十五条 行政监督部门调查取证时，应当由两名以上行政执法人员进行，并做笔录，交被调查人签字确认。

第十六条 在投诉处理过程中，行政监督部门应当听取被投诉人的陈述和申辩，必要时可通知投诉人和被投诉人进行质证。

第十七条 行政监督部门负责处理投诉的人员应当严格遵守保密规定，对于在投诉处理过程中所接触到的国家秘密、商业秘密应当予以保密，也不得将投诉事项透露给与投诉无关的其他单位和个人。

第十八条 行政监督部门处理投诉，有权查阅、复制有关文件、资料，调查有关情况，相关单位和人员应当予以配合。必要时，行政监督部门可以责令暂停招标投标活动。

对行政监督部门依法进行的调查，投诉人、被投诉人以及评标委员会成员等与投诉事项有关的当事人应当予以配合，如实提供有关资料及情况，不得拒绝、隐匿或者伪报。

第十九条 投诉处理决定做出前，投诉人要求撤回投诉的，应当以书面形式提出并说明理由，由行政监督部门视以下情况，决定是否准予撤回：

（一）已经查实有明显违法行为的，应当不准撤回，并继续调查直至做出处理决定；

（二）撤回投诉不损害国家利益、社会公共利益或者其他当事人合法权益的，应当准予撤回，投诉处理过程终止。投诉人不得以同一事实和理由再提出投诉。

第二十条 行政监督部门应当根据调查和取证情况，对投诉事项进行审查，按照下列规定做出处理决定：

（一）投诉缺乏事实根据或者法律依据的，或者投诉人捏造事实、伪造材料或者以非法手段取得证明材料进行投诉的，驳回投诉；

（二）投诉情况属实，招标投标活动确实存在违法行为的，依据《中华人民共和国招标投标法》、《中华人民共和国招标投标法实施条例》及其他有关法规、规章做出处罚。

第二十一条 负责受理投诉的行政监督部门应当自受理投诉之日起三十个工作日内，对投诉事项做出处理决定，并以书面形式通知投诉人、被投诉人和其他与投诉处理结果有关的当事人。需要检验、检测、鉴定、专家评审的，所需时间不计算在内。

第二十二条 投诉处理决定应当包括下列主要内容：

（一）投诉人和被投诉人的名称、住址；

（二）投诉人的投诉事项及主张；

（三）被投诉人的答辩及请求；

（四）调查认定的基本事实；

（五）行政监督部门的处理意见及依据。

第二十三条 行政监督部门应当建立投诉处理档案，并做好保存和管理工作，接受有关方面的监督检查。

第二十四条 行政监督部门在处理投诉过程中，发现被投诉人单位直接负责的主管人员和其他直接责任人员有违法、违规或者违纪行为的，应当建议其行政主管机关、纪检监察部门给予处分；情节严重构成犯罪的，移送司法机关处理。

对招标代理机构有违法行为，且情节严重的，依法暂停直至取消招标代理资格。

第二十五条 当事人对行政监督部门的投诉处理决定不服或者行政监督部门逾期未做处理的，可以依法申请行政复议或者向人民法院提起行政诉讼。

第二十六条 投诉人故意捏造事实、伪造证明材料或者以非法手段取得证明材料进行投诉，给他人造成损失的，依法承担赔偿责任。

第二十七条 行政监督部门工作人员在处理投诉过程中徇私舞弊、滥用职权或者玩忽职守，对投诉人打击报复的，依法给予行政处分；构成犯罪的，依法追究刑事责任。

第二十八条 行政监督部门在处理投诉过程中，不得向投诉人和被投诉人收取任何费用。

第二十九条 对于性质恶劣、情节严重的投诉事项，行政监督部门可以将投诉处理结果在有关媒体上公布，接受舆论和公众监督。

第三十条 本办法由国家发展改革委会同国务院有关部门解释。

第三十一条 本办法自2004年8月1日起施行。

建筑工程施工发包与承包计价管理办法

· 2013年12月11日住房和城乡建设部令第16号公布
· 自2014年2月1日起施行

第一条 为了规范建筑工程施工发包与承包计价行为，维护建筑工程发包与承包双方的合法权益，促进建筑市场的健康发展，根据有关法律、法规，制定本办法。

第二条 在中华人民共和国境内的建筑工程施工发包与承包计价（以下简称工程发承包计价）管理，适用本办法。

本办法所称建筑工程是指房屋建筑和市政基础设施工程。

本办法所称工程发承包计价包括编制工程量清单、最高投标限价、招标标底、投标报价，进行工程结算，以及签订和调整合同价款等活动。

第三条 建筑工程施工发包与承包价在政府宏观调控下，由市场竞争形成。

工程发承包计价应当遵循公平、合法和诚实信用的原则。

第四条 国务院住房城乡建设主管部门负责全国工程发承包计价工作的管理。

县级以上地方人民政府住房城乡建设主管部门负责本行政区域内工程发承包计价工作的管理。其具体工作可以委托工程造价管理机构负责。

第五条 国家推广工程造价咨询制度，对建筑工程项目实行全过程造价管理。

第六条 全部使用国有资金投资或者以国有资金投资为主的建筑工程（以下简称国有资金投资的建筑工程），应当采用工程量清单计价；非国有资金投资的建筑工程，鼓励采用工程量清单计价。

国有资金投资的建筑工程招标的，应当设有最高投标限价；非国有资金投资的建筑工程招标的，可以设有最高投标限价或者招标标底。

最高投标限价及其成果文件，应当由招标人报工程所在地县级以上地方人民政府住房城乡建设主管部门备案。

第七条 工程量清单应当依据国家制定的工程量清单计价规范、工程量计算规范等编制。工程量清单应当作为招标文件的组成部分。

第八条 最高投标限价应当依据工程量清单、工程计价有关规定和市场价格信息等编制。招标人设有最高投标限价的，应当在招标时公布最高投标限价的总价，以及各单位工程的分部分项工程费、措施项目费、其他项目费、规费和税金。

第九条 招标标底应当依据工程计价有关规定和市场价格信息等编制。

第十条 投标报价不得低于工程成本，不得高于最高投标限价。

投标报价应当依据工程量清单、工程计价有关规定、企业定额和市场价格信息等编制。

第十一条 投标报价低于工程成本或者高于最高投标限价总价的，评标委员会应当否决投标人的投标。

对是否低于工程成本报价的异议，评标委员会可以参照国务院住房城乡建设主管部门和省、自治区、直辖市人民政府住房城乡建设主管部门发布的有关规定进行评审。

第十二条 招标人与中标人应当根据中标价订立合同。不实行招标投标的工程由发承包双方协商订立合同。

合同价款的有关事项由发承包双方约定，一般包括合同价款约定方式，预付工程款、工程进度款、工程竣工价款的支付和结算方式，以及合同价款的调整情形等。

第十三条 发承包双方在确定合同价款时，应当考虑市场环境和生产要素价格变化对合同价款的影响。

实行工程量清单计价的建筑工程，鼓励发承包双方采用单价方式确定合同价款。

建设规模较小、技术难度较低、工期较短的建筑工程，发承包双方可以采用总价方式确定合同价款。

紧急抢险、救灾以及施工技术特别复杂的建筑工程，发承包双方可以采用成本加酬金方式确定合同价款。

第十四条 发承包双方应当在合同中约定，发生下列情形时合同价款的调整方法：

（一）法律、法规、规章或者国家有关政策变化影响合同价款的；

（二）工程造价管理机构发布价格调整信息的；

（三）经批准变更设计的；

（四）发包方更改经审定批准的施工组织设计造成费用增加的；

（五）双方约定的其他因素。

第十五条 发承包双方应当根据国务院住房城乡建设主管部门和省、自治区、直辖市人民政府住房城乡建设主管部门的规定，结合工程款、建设工期等情况在合同中约定预付工程款的具体事宜。

预付工程款按照合同价款或者年度工程计划额度的一定比例确定和支付，并在工程进度款中予以抵扣。

第十六条 承包方应当按照合同约定向发包方提交已完成工程量报告。发包方收到工程量报告后，应当按照合同约定及时核对并确认。

第十七条 发承包双方应当按照合同约定，定期或者按照工程进度分段进行工程款结算和支付。

第十八条 工程完工后，应当按照下列规定进行竣工结算：

（一）承包方应当在工程完工后的约定期限内提交竣工结算文件。

（二）国有资金投资建筑工程的发包方，应当委托具有相应资质的工程造价咨询企业对竣工结算文件进行审核，并在收到竣工结算文件后的约定期限内向承包方提出由工程造价咨询企业出具的竣工结算文件审核意见；

逾期未答复的，按照合同约定处理，合同没有约定的，竣工结算文件视为已被认可。

非国有资金投资的建筑工程发包方，应当在收到竣工结算文件后的约定期限内予以答复，逾期未答复的，按照合同约定处理，合同没有约定的，竣工结算文件视为已被认可；发包方对竣工结算文件有异议的，应当在答复期内向承包方提出，并可以在提出异议之日起的约定期限内与承包方协商；发包方在协商期内未与承包方协商或者经协商未能与承包方达成协议的，应当委托工程造价咨询企业进行竣工结算审核，并在协商期满后的约定期限内向承包方提出由工程造价咨询企业出具的竣工结算文件审核意见。

（三）承包方对发包方提出的工程造价咨询企业竣工结算审核意见有异议的，在接到该审核意见后一个月内，可以向有关工程造价管理机构或者有关行业组织申请调解，调解不成的，可以依法申请仲裁或者向人民法院提起诉讼。

发承包双方在合同中对本条第（一）项、第（二）项的期限没有明确约定的，应当按照国家有关规定执行；国家没有规定的，可认为其约定期限均为28日。

第十九条　工程竣工结算文件经发承包双方签字确认的，应当作为工程决算的依据，未经对方同意，另一方不得就已生效的竣工结算文件委托工程造价咨询企业重复审核。发包方应当按照竣工结算文件及时支付竣工结算款。

竣工结算文件应当由发包方报工程所在地县级以上地方人民政府住房城乡建设主管部门备案。

第二十条　造价工程师编制工程量清单、最高投标限价、招标标底、投标报价、工程结算审核和工程造价鉴定文件，应当签字并加盖造价工程师执业专用章。

第二十一条　县级以上地方人民政府住房城乡建设主管部门应当依照有关法律、法规和本办法规定，加强对建筑工程发承包计价活动的监督检查和投诉举报的核查，并有权采取下列措施：

（一）要求被检查单位提供有关文件和资料；

（二）就有关问题询问签署文件的人员；

（三）要求改正违反有关法律、法规、本办法或者工程建设强制性标准的行为。

县级以上地方人民政府住房城乡建设主管部门应当将监督检查的处理结果向社会公开。

第二十二条　造价工程师在最高投标限价、招标标底或者投标报价编制、工程结算审核和工程造价鉴定中，签署有虚假记载、误导性陈述的工程造价成果文件的，记入造价工程师信用档案，依照《注册造价工程师管理办法》进行查处；构成犯罪的，依法追究刑事责任。

第二十三条　工程造价咨询企业在建筑工程计价活动中，出具有虚假记载、误导性陈述的工程造价成果文件的，记入工程造价咨询企业信用档案，由县级以上地方人民政府住房城乡建设主管部门责令改正，处1万元以上3万元以下的罚款，并予以通报。

第二十四条　国家机关工作人员在建筑工程计价监督管理工作中玩忽职守、徇私舞弊、滥用职权的，由有关机关给予行政处分；构成犯罪的，依法追究刑事责任。

第二十五条　建筑工程以外的工程施工发包与承包计价管理可以参照本办法执行。

第二十六条　省、自治区、直辖市人民政府住房城乡建设主管部门可以根据本办法制定实施细则。

第二十七条　本办法自2014年2月1日起施行。原建设部2001年11月5日发布的《建筑工程施工发包与承包计价管理办法》（建设部令第107号）同时废止。

房屋建筑和市政基础设施工程施工分包管理办法

- 2004年2月3日中华人民共和国建设部令第124号公布
- 根据2014年8月27日《住房和城乡建设部关于修改〈房屋建筑和市政基础设施工程施工分包管理办法〉的决定》第一次修正
- 根据2019年3月13日《住房和城乡建设部关于修改部分部门规章的决定》第二次修正

第一条　为了规范房屋建筑和市政基础设施工程施工分包活动，维护建筑市场秩序，保证工程质量和施工安全，根据《中华人民共和国建筑法》、《中华人民共和国招标投标法》、《建设工程质量管理条例》等有关法律、法规，制定本办法。

第二条　在中华人民共和国境内从事房屋建筑和市政基础设施工程施工分包活动，实施对房屋建筑和市政基础设施工程施工分包活动的监督管理，适用本办法。

第三条　国务院住房城乡建设主管部门负责全国房屋建筑和市政基础设施工程施工分包的监督管理工作。

县级以上地方人民政府住房城乡建设主管部门负责本行政区域内房屋建筑和市政基础设施工程施工分包的监督管理工作。

第四条　本办法所称施工分包，是指建筑业企业将其所承包的房屋建筑和市政基础设施工程中的专业工程或者劳务作业发包给其他建筑业企业完成的活动。

第五条 房屋建筑和市政基础设施工程施工分包分为专业工程分包和劳务作业分包。

本办法所称专业工程分包，是指施工总承包企业（以下简称专业分包工程发包人）将其所承包工程中的专业工程发包给具有相应资质的其他建筑业企业（以下简称专业分包工程承包人）完成的活动。

本办法所称劳务作业分包，是指施工总承包企业或者专业承包企业（以下简称劳务作业发包人）将其承包工程中的劳务作业发包给劳务分包企业（以下简称劳务作业承包人）完成的活动。

本办法所称分包工程发包人包括本条第二款、第三款中的专业分包工程发包人和劳务作业发包人；分包工程承包人包括本条第二款、第三款中的专业分包工程承包人和劳务作业承包人。

第六条 房屋建筑和市政基础设施工程施工分包活动必须依法进行。

鼓励发展专业承包企业和劳务分包企业，提倡分包活动进入有形建筑市场公开交易，完善有形建筑市场的分包工程交易功能。

第七条 建设单位不得直接指定分包工程承包人。任何单位和个人不得对依法实施的分包活动进行干预。

第八条 分包工程承包人必须具有相应的资质，并在其资质等级许可的范围内承揽业务。

严禁个人承揽分包工程业务。

第九条 专业工程分包除在施工总承包合同中有约定外，必须经建设单位认可。专业分包工程承包人必须自行完成所承包的工程。

劳务作业分包由劳务作业发包人与劳务作业承包人通过劳务合同约定。劳务作业承包人必须自行完成所承包的任务。

第十条 分包工程发包人和分包工程承包人应当依法签订分包合同，并按照合同履行约定的义务。分包合同必须明确约定支付工程款和劳务工资的时间、结算方式以及保证按期支付的相应措施，确保工程款和劳务工资的支付。

第十一条 分包工程发包人应当设立项目管理机构，组织管理所承包工程的施工活动。

项目管理机构应当具有与承包工程的规模、技术复杂程度相适应的技术、经济管理人员。其中，项目负责人、技术负责人、项目核算负责人、质量管理人员、安全管理人员必须是本单位的人员。具体要求由省、自治区、直辖市人民政府住房城乡建设主管部门规定。

前款所指本单位人员，是指与本单位有合法的人事或者劳动合同、工资以及社会保险关系的人员。

第十二条 分包工程发包人可以就分包合同的履行，要求分包工程承包人提供分包工程履约担保；分包工程承包人在提供担保后，要求分包工程发包人同时提供分包工程付款担保的，分包工程发包人应当提供。

第十三条 禁止将承包的工程进行转包。不履行合同约定，将其承包的全部工程发包给他人，或者将其承包的全部工程肢解后以分包的名义分别发包给他人的，属于转包行为。

违反本办法第十二条规定，分包工程发包人将工程分包后，未在施工现场设立项目管理机构和派驻相应人员，并未对该工程的施工活动进行组织管理的，视同转包行为。

第十四条 禁止将承包的工程进行违法分包。下列行为，属于违法分包：

（一）分包工程发包人将专业工程或者劳务作业分包给不具备相应资质条件的分包工程承包人的；

（二）施工总承包合同中未有约定，又未经建设单位认可，分包工程发包人将承包工程中的部分专业工程分包给他人的。

第十五条 禁止转让、出借企业资质证书或者以其他方式允许他人以本企业名义承揽工程。

分包工程发包人没有将其承包的工程进行分包，在施工现场所设项目管理机构的项目负责人、技术负责人、项目核算负责人、质量管理人员、安全管理人员不是工程承包人本单位人员的，视同允许他人以本企业名义承揽工程。

第十六条 分包工程承包人应当按照分包合同的约定对其承包的工程向分包工程发包人负责。分包工程发包人和分包工程承包人就分包工程对建设单位承担连带责任。

第十七条 分包工程发包人对施工现场安全负责，并对分包工程承包人的安全生产进行管理。专业分包工程承包人应当将其分包工程的施工组织设计和施工安全方案报分包工程发包人备案，专业分包工程发包人发现事故隐患，应当及时作出处理。

分包工程承包人就施工现场安全向分包工程发包人负责，并应当服从分包工程发包人对施工现场的安全生产管理。

第十八条 违反本办法规定，转包、违法分包或者允许他人以本企业名义承揽工程的，以及接受转包和用他人名义承揽工程的,按《中华人民共和国建筑法》《中华人民共和国招标投标法》和《建设工程质量管理条例》的规定予以处罚。具体办法由国务院住房城乡建设主管部门依据有关法律法规另行制定。

第十九条　未取得建筑业企业资质承接分包工程的,按照《中华人民共和国建筑法》第六十五条第三款和《建设工程质量管理条例》第六十条第一款、第二款的规定处罚。

第二十条　本办法自2004年4月1日起施行。原城乡建设环境保护部1986年4月30日发布的《建筑安装工程总分包实施办法》同时废止。

住房城乡建设部办公厅关于工程总承包项目和政府采购工程建设项目办理施工许可手续有关事项的通知

· 2017年7月13日
· 建办市〔2017〕46号

各省、自治区住房城乡建设厅,直辖市建委,新疆生产建设兵团建设局:

为贯彻落实《国务院办公厅关于促进建筑业持续健康发展的意见》(国办发〔2017〕19号),进一步深化建筑业"放管服"改革,完善建筑工程施工许可制度,依法为工程总承包项目和政府采购工程建设项目办理施工许可手续,现将有关事项通知如下:

一、关于工程总承包项目施工许可

对采用工程总承包模式的工程建设项目,在施工许可证及其申请表中增加"工程总承包单位"和"工程总承包项目经理"栏目。各级住房城乡建设主管部门可以根据工程总承包合同及分包合同确定设计、施工单位,依法办理施工许可证。

对在工程总承包项目中承担分包工作,且已与工程总承包单位签订分包合同的设计单位或施工单位,各级住房城乡建设主管部门不得要求其与建设单位签订设计合同或施工合同,也不得将上述要求作为申请领取施工许可证的前置条件。

二、关于政府采购工程建设项目施工许可

对依法通过竞争性谈判或单一来源方式确定供应商的政府采购工程建设项目,应严格执行建筑法、《建筑工程施工许可管理办法》等规定,对符合申请条件的,应当颁发施工许可证。

5. 建筑工程设计与验收

建设工程勘察设计管理条例

· 2000年9月25日中华人民共和国国务院令第293号公布
· 根据2015年6月12日《国务院关于修改〈建设工程勘察设计管理条例〉的决定》第一次修订
· 根据2017年10月7日《国务院关于修改部分行政法规的决定》第二次修订

第一章　总　则

第一条　为了加强对建设工程勘察、设计活动的管理,保证建设工程勘察、设计质量,保护人民生命和财产安全,制定本条例。

第二条　从事建设工程勘察、设计活动,必须遵守本条例。

本条例所称建设工程勘察,是指根据建设工程的要求,查明、分析、评价建设场地的地质地理环境特征和岩土工程条件,编制建设工程勘察文件的活动。

本条例所称建设工程设计,是指根据建设工程的要求,对建设工程所需的技术、经济、资源、环境等条件进行综合分析、论证,编制建设工程设计文件的活动。

第三条　建设工程勘察、设计应当与社会、经济发展水平相适应,做到经济效益、社会效益和环境效益相统一。

第四条　从事建设工程勘察、设计活动,应当坚持先勘察、后设计、再施工的原则。

第五条　县级以上人民政府建设行政主管部门和交通、水利等有关部门应当依照本条例的规定,加强对建设工程勘察、设计活动的监督管理。

建设工程勘察、设计单位必须依法进行建设工程勘察、设计,严格执行工程建设强制性标准,并对建设工程勘察、设计的质量负责。

第六条　国家鼓励在建设工程勘察、设计活动中采用先进技术、先进工艺、先进设备、新型材料和现代管理方法。

第二章　资质资格管理

第七条　国家对从事建设工程勘察、设计活动的单位,实行资质管理制度。具体办法由国务院建设行政主管部门商国务院有关部门制定。

第八条　建设工程勘察、设计单位应当在其资质等级许可的范围内承揽建设工程勘察、设计业务。

禁止建设工程勘察、设计单位超越其资质等级许可的范围或者以其他建设工程勘察、设计单位的名义承揽建设工程勘察、设计业务。禁止建设工程勘察、设计单位允许其他单位或者个人以本单位的名义承揽建设工程勘察、设计业务。

第九条 国家对从事建设工程勘察、设计活动的专业技术人员，实行执业资格注册管理制度。

未经注册的建设工程勘察、设计人员，不得以注册执业人员的名义从事建设工程勘察、设计活动。

第十条 建设工程勘察、设计注册执业人员和其他专业技术人员只能受聘于一个建设工程勘察、设计单位；未受聘于建设工程勘察、设计单位的，不得从事建设工程的勘察、设计活动。

第十一条 建设工程勘察、设计单位资质证书和执业人员注册证书，由国务院建设行政主管部门统一制作。

第三章 建设工程勘察设计发包与承包

第十二条 建设工程勘察、设计发包依法实行招标发包或者直接发包。

第十三条 建设工程勘察、设计应当依照《中华人民共和国招标投标法》的规定，实行招标发包。

第十四条 建设工程勘察、设计方案评标，应当以投标人的业绩、信誉和勘察、设计人员的能力以及勘察、设计方案的优劣为依据，进行综合评定。

第十五条 建设工程勘察、设计的招标人应当在评标委员会推荐的候选方案中确定中标方案。但是，建设工程勘察、设计的招标人认为评标委员会推荐的候选方案不能最大限度满足招标文件规定的要求的，应当依法重新招标。

第十六条 下列建设工程的勘察、设计，经有关主管部门批准，可以直接发包：

（一）采用特定的专利或者专有技术的；
（二）建筑艺术造型有特殊要求的；
（三）国务院规定的其他建设工程的勘察、设计。

第十七条 发包方不得将建设工程勘察、设计业务发包给不具有相应勘察、设计资质等级的建设工程勘察、设计单位。

第十八条 发包方可以将整个建设工程的勘察、设计发包给一个勘察、设计单位；也可以将建设工程的勘察、设计分别发包给几个勘察、设计单位。

第十九条 除建设工程主体部分的勘察、设计外，经发包方书面同意，承包方可以将建设工程其他部分的勘察、设计再分包给其他具有相应资质等级的建设工程勘察、设计单位。

第二十条 建设工程勘察、设计单位不得将所承揽的建设工程勘察、设计转包。

第二十一条 承包方必须在建设工程勘察、设计资质证书规定的资质等级和业务范围内承揽建设工程的勘察、设计业务。

第二十二条 建设工程勘察、设计的发包方与承包方，应当执行国家规定的建设工程勘察、设计程序。

第二十三条 建设工程勘察、设计的发包方与承包方应当签订建设工程勘察、设计合同。

第二十四条 建设工程勘察、设计发包方与承包方应当执行国家有关建设工程勘察费、设计费的管理规定。

第四章 建设工程勘察设计文件的编制与实施

第二十五条 编制建设工程勘察、设计文件，应当以下列规定为依据：

（一）项目批准文件；
（二）城乡规划；
（三）工程建设强制性标准；
（四）国家规定的建设工程勘察、设计深度要求。

铁路、交通、水利等专业建设工程，还应当以专业规划的要求为依据。

第二十六条 编制建设工程勘察文件，应当真实、准确，满足建设工程规划、选址、设计、岩土治理和施工的需要。

编制方案设计文件，应当满足编制初步设计文件和控制概算的需要。

编制初步设计文件，应当满足编制施工招标文件、主要设备材料订货和编制施工图设计文件的需要。

编制施工图设计文件，应当满足设备材料采购、非标准设备制作和施工的需要，并注明建设工程合理使用年限。

第二十七条 设计文件中选用的材料、构配件、设备，应当注明其规格、型号、性能等技术指标，其质量要求必须符合国家规定的标准。

除有特殊要求的建筑材料、专用设备和工艺生产线等外，设计单位不得指定生产厂、供应商。

第二十八条 建设单位、施工单位、监理单位不得修改建设工程勘察、设计文件；确需修改建设工程勘察、设计文件的，应当由原建设工程勘察、设计单位修改。经原建设工程勘察、设计单位书面同意，建设单位也可以委托其他具有相应资质的建设工程勘察、设计单位修改。修改单位对修改的勘察、设计文件承担相应责任。

施工单位、监理单位发现建设工程勘察、设计文件不符合工程建设强制性标准、合同约定的质量要求的，应当报告建设单位，建设单位有权要求建设工程勘察、设计单位对建设工程勘察、设计文件进行补充、修改。

建设工程勘察、设计文件内容需要作重大修改的，建设单位应当报经原审批机关批准后，方可修改。

第二十九条 建设工程勘察、设计文件中规定采用的新技术、新材料，可能影响建设工程质量和安全，又没有国家技术标准的，应当由国家认可的检测机构进行试验、论证，出具检测报告，并经国务院有关部门或者省、自治区、直辖市人民政府有关部门组织的建设工程技术专家委员会审定后，方可使用。

第三十条 建设工程勘察、设计单位应当在建设工程施工前，向施工单位和监理单位说明建设工程勘察、设计意图，解释建设工程勘察、设计文件。

建设工程勘察、设计单位应当及时解决施工中出现的勘察、设计问题。

第五章 监督管理

第三十一条 国务院建设行政主管部门对全国的建设工程勘察、设计活动实施统一监督管理。国务院铁路、交通、水利等有关部门按照国务院规定的职责分工，负责对全国的有关专业建设工程勘察、设计活动的监督管理。

县级以上地方人民政府建设行政主管部门对本行政区域内的建设工程勘察、设计活动实施监督管理。县级以上地方人民政府交通、水利等有关部门在各自的职责范围内，负责对本行政区域内的有关专业建设工程勘察、设计活动的监督管理。

第三十二条 建设工程勘察、设计单位在建设工程勘察、设计资质证书规定的业务范围内跨部门、跨地区承揽勘察、设计业务的，有关地方人民政府及其所属部门不得设置障碍，不得违反国家规定收取任何费用。

第三十三条 施工图设计文件审查机构应当对房屋建筑工程、市政基础设施工程施工图设计文件中涉及公共利益、公众安全、工程建设强制性标准的内容进行审查。县级以上人民政府交通运输等有关部门应当按照职责对施工图设计文件中涉及公共利益、公众安全、工程建设强制性标准的内容进行审查。

施工图设计文件未经审查批准的，不得使用。

第三十四条 任何单位和个人对建设工程勘察、设计活动中的违法行为都有权检举、控告、投诉。

第六章 罚 则

第三十五条 违反本条例第八条规定的，责令停止违法行为，处合同约定的勘察费、设计费1倍以上2倍以下的罚款，有违法所得的，予以没收；可以责令停业整顿，降低资质等级；情节严重的，吊销资质证书。

未取得资质证书承揽工程的，予以取缔，依照前款规定处以罚款；有违法所得的，予以没收。

以欺骗手段取得资质证书承揽工程的，吊销资质证书，依照本条第一款规定处以罚款；有违法所得的，予以没收。

第三十六条 违反本条例规定，未经注册，擅自以注册建设工程勘察、设计人员的名义从事建设工程勘察、设计活动的，责令停止违法行为，没收违法所得，处违法所得2倍以上5倍以下罚款；给他人造成损失的，依法承担赔偿责任。

第三十七条 违反本条例规定，建设工程勘察、设计注册执业人员和其他专业技术人员未受聘于一个建设工程勘察、设计单位或者同时受聘于两个以上建设工程勘察、设计单位，从事建设工程勘察、设计活动的，责令停止违法行为，没收违法所得，处违法所得2倍以上5倍以下的罚款；情节严重的，可以责令停止执行业务或者吊销资格证书；给他人造成损失的，依法承担赔偿责任。

第三十八条 违反本条例规定，发包方将建设工程勘察、设计业务发包给不具有相应资质等级的建设工程勘察、设计单位的，责令改正，处50万元以上100万元以下的罚款。

第三十九条 违反本条例规定，建设工程勘察、设计单位将所承揽的建设工程勘察、设计转包的，责令改正，没收违法所得，处合同约定的勘察费、设计费25%以上50%以下的罚款，可以责令停业整顿，降低资质等级；情节严重的，吊销资质证书。

第四十条 违反本条例规定，勘察、设计单位未依据项目批准文件，城乡规划及专业规划，国家规定的建设工程勘察、设计深度要求编制建设工程勘察、设计文件的，责令限期改正；逾期不改正的，处10万元以上30万元以下的罚款；造成工程质量事故或者环境污染和生态破坏的，责令停业整顿，降低资质等级；情节严重的，吊销资质证书；造成损失的，依法承担赔偿责任。

第四十一条 违反本条例规定，有下列行为之一的，依照《建设工程质量管理条例》第六十三条的规定给予处罚：

（一）勘察单位未按照工程建设强制性标准进行勘察的；

（二）设计单位未根据勘察成果文件进行工程设计的；

（三）设计单位指定建筑材料、建筑构配件的生产厂、供应商的；

（四）设计单位未按照工程建设强制性标准进行设计的。

第四十二条 本条例规定的责令停业整顿、降低资质等级和吊销资质证书、资格证书的行政处罚，由颁发资质证书、资格证书的机关决定；其他行政处罚，由建设行政主管部门或者其他有关部门依据法定职权范围决定。

依照本条例规定被吊销资质证书的，由工商行政管理部门吊销其营业执照。

第四十三条 国家机关工作人员在建设工程勘察、设计活动的监督管理工作中玩忽职守、滥用职权、徇私舞弊，构成犯罪的，依法追究刑事责任；尚不构成犯罪的，依法给予行政处分。

第七章 附 则

第四十四条 抢险救灾及其他临时性建筑和农民自建两层以下住宅的勘察、设计活动，不适用本条例。

第四十五条 军事建设工程勘察、设计的管理，按照中央军事委员会的有关规定执行。

第四十六条 本条例自公布之日起施行。

房屋建筑和市政基础设施工程施工图设计文件审查管理办法

- 2013年4月27日住房和城乡建设部令第13号公布
- 根据2015年5月4日《住房和城乡建设部关于修改〈房地产开发企业资质管理规定〉等部门规章的决定》第一次修正
- 根据2018年12月29日《住房和城乡建设部关于修改〈房屋建筑和市政基础设施工程施工图设计文件审查管理办法〉的决定》第二次修正

第一条 为了加强对房屋建筑工程、市政基础设施工程施工图设计文件审查的管理，提高工程勘察设计质量，根据《建设工程质量管理条例》、《建设工程勘察设计管理条例》等行政法规，制定本办法。

第二条 在中华人民共和国境内从事房屋建筑工程、市政基础设施工程施工图设计文件审查和实施监督管理的，应当遵守本办法。

第三条 国家实施施工图设计文件（含勘察文件，以下简称施工图）审查制度。

本办法所称施工图审查，是指施工图审查机构（以下简称审查机构）按照有关法律、法规，对施工图涉及公共利益、公众安全和工程建设强制性标准的内容进行的审查。施工图审查应当坚持先勘察、后设计的原则。

施工图未经审查合格的，不得使用。从事房屋建筑工程、市政基础设施工程施工、监理等活动，以及实施对房屋建筑和市政基础设施工程质量安全监督管理，应当以审查合格的施工图为依据。

第四条 国务院住房城乡建设主管部门负责对全国的施工图审查工作实施指导、监督。

县级以上地方人民政府住房城乡建设主管部门负责对本行政区域内的施工图审查工作实施监督管理。

第五条 省、自治区、直辖市人民政府住房城乡建设主管部门应当会同有关主管部门按照本办法规定的审查机构条件，结合本行政区域内的建设规模，确定相应数量的审查机构，逐步推行以政府购买服务方式开展施工图设计文件审查。具体办法由国务院住房城乡建设主管部门另行规定。

审查机构是专门从事施工图审查业务，不以营利为目的的独立法人。

省、自治区、直辖市人民政府住房城乡建设主管部门应当将审查机构名录报国务院住房城乡建设主管部门备案，并向社会公布。

第六条 审查机构按承接业务范围分两类，一类机构承接房屋建筑、市政基础设施工程施工图审查业务范围不受限制；二类机构可以承接中型及以下房屋建筑、市政基础设施工程的施工图审查。

房屋建筑、市政基础设施工程的规模划分，按照国务院住房城乡建设主管部门的有关规定执行。

第七条 一类审查机构应当具备下列条件：

（一）有健全的技术管理和质量保证体系。

（二）审查人员应当有良好的职业道德；有15年以上所需专业勘察、设计工作经历；主持过不少于5项大型房屋建筑工程、市政基础设施工程相应专业的设计或者甲级工程勘察项目相应专业的勘察；已实行执业注册制度的专业，审查人员应当具有一级注册建筑师、一级注册结构工程师或者勘察设计注册工程师资格，并在本审查机构注册；未实行执业注册制度的专业，审查人员应当具有高级工程师职称；近5年内未因违反工程建设法律法规和强制性标准受到行政处罚。

（三）在本审查机构专职工作的审查人员数量：从事房屋建筑工程施工图审查的，结构专业审查人员不少于7人，建筑专业不少于3人，电气、暖通、给排水、勘察等专业审查人员各不少于2人；从事市政基础设施工程施工图审查的,所需专业的审查人员不少于 7 人,其他必须配套的专业审查人员各不少于 2 人;专门从事勘察文件审查的,勘察专业审查人员不少于 7 人。

承担超限高层建筑工程施工图审查的,还应当具有主持过超限高层建筑工程或者 100 米以上建筑工程结构专业设计的审查人员不少于 3 人。

(四)60 岁以上审查人员不超过该专业审查人员规定数的 1/2。

第八条 二类审查机构应当具备下列条件:

(一)有健全的技术管理和质量保证体系。

(二)审查人员应当有良好的职业道德;有 10 年以上所需专业勘察、设计工作经历;主持过不少于 5 项中型以上房屋建筑工程、市政基础设施工程相应专业的设计或者乙级以上工程勘察项目相应专业的勘察;已实行执业注册制度的专业,审查人员应当具有一级注册建筑师、一级注册结构工程师或者勘察设计注册工程师资格,并在本审查机构注册;未实行执业注册制度的专业,审查人员应当具有高级工程师职称;近 5 年内未因违反工程建设法律法规和强制性标准受到行政处罚。

(三)在本审查机构专职工作的审查人员数量:从事房屋建筑工程施工图审查的,结构专业审查人员不少于 3 人,建筑、电气、暖通、给排水、勘察等专业审查人员各不少于 2 人;从事市政基础设施工程施工图审查的,所需专业的审查人员不少于 4 人,其他必须配套的专业审查人员各不少于 2 人;专门从事勘察文件审查的,勘察专业审查人员不少于 4 人。

(四)60 岁以上审查人员不超过该专业审查人员规定数的 1/2。

第九条 建设单位应当将施工图送审查机构审查,但审查机构不得与所审查项目的建设单位、勘察设计企业有隶属关系或者其他利害关系。送审管理的具体办法由省、自治区、直辖市人民政府住房城乡建设主管部门按照"公开、公平、公正"的原则规定。

建设单位不得明示或者暗示审查机构违反法律法规和工程建设强制性标准进行施工图审查,不得压缩合理审查周期、压低合理审查费用。

第十条 建设单位应当向审查机构提供下列资料并对所提供资料的真实性负责:

(一)作为勘察、设计依据的政府有关部门的批准文件及附件;

(二)全套施工图;

(三)其他应当提交的材料。

第十一条 审查机构应当对施工图审查下列内容:

(一)是否符合工程建设强制性标准;

(二)地基基础和主体结构的安全性;

(三)消防安全性;

(四)人防工程(不含人防指挥工程)防护安全性;

(五)是否符合民用建筑节能强制性标准,对执行绿色建筑标准的项目,还应当审查是否符合绿色建筑标准;

(六)勘察设计企业和注册执业人员以及相关人员是否按规定在施工图上加盖相应的图章和签字;

(七)法律、法规、规章规定必须审查的其他内容。

第十二条 施工图审查原则上不超过下列时限:

(一)大型房屋建筑工程、市政基础设施工程为 15 个工作日,中型及以下房屋建筑工程、市政基础设施工程为 10 个工作日。

(二)工程勘察文件,甲级项目为 7 个工作日,乙级及以下项目为 5 个工作日。

以上时限不包括施工图修改时间和审查机构的复审时间。

第十三条 审查机构对施工图进行审查后,应当根据下列情况分别作出处理:

(一)审查合格的,审查机构应当向建设单位出具审查合格书,并在全套施工图上加盖审查专用章。审查合格书应当有各专业的审查人员签字,经法定代表人签发,并加盖审查机构公章。审查机构应当在出具审查合格书后 5 个工作日内,将审查情况报工程所在地县级以上地方人民政府住房城乡建设主管部门备案。

(二)审查不合格的,审查机构应当将施工图退建设单位并出具审查意见告知书,说明不合格原因。同时,应当将审查意见告知书及审查中发现的建设单位、勘察设计企业和注册执业人员违反法律、法规和工程建设强制性标准的问题,报工程所在地县级以上地方人民政府住房城乡建设主管部门。

施工图退建设单位后,建设单位应当要求原勘察设计企业进行修改,并将修改后的施工图送原审查机构复审。

第十四条 任何单位或者个人不得擅自修改审查合格的施工图;确需修改的,凡涉及本办法第十一条规定内容的,建设单位应当将修改后的施工图送原审查机构审查。

第十五条 勘察设计企业应当依法进行建设工程勘察、设计,严格执行工程建设强制性标准,并对建设工程勘察、设计的质量负责。

审查机构对施工图审查工作负责,承担审查责任。施工图经审查合格后,仍有违反法律、法规和工程建设强制性标准的问题,给建设单位造成损失的,审查机构依法承担相应的赔偿责任。

第十六条 审查机构应当建立、健全内部管理制度。施工图审查应当有经各专业审查人员签字的审查记录。审查记录、审查合格书、审查意见告知书等有关资料应当归档保存。

第十七条 已实行执业注册制度的专业,审查人员应当按规定参加执业注册继续教育。

未实行执业注册制度的专业,审查人员应当参加省、自治区、直辖市人民政府住房城乡建设主管部门组织的有关法律、法规和技术标准的培训,每年培训时间不少于40学时。

第十八条 按规定应当进行审查的施工图,未经审查合格的,住房城乡建设主管部门不得颁发施工许可证。

第十九条 县级以上人民政府住房城乡建设主管部门应当加强对审查机构的监督检查,主要检查下列内容:

(一)是否符合规定的条件;
(二)是否超出范围从事施工图审查;
(三)是否使用不符合条件的审查人员;
(四)是否按规定的内容进行审查;
(五)是否按规定上报审查过程中发现的违法违规行为;
(六)是否按规定填写审查意见告知书;
(七)是否按规定在审查合格书和施工图上签字盖章;
(八)是否建立健全审查机构内部管理制度;
(九)审查人员是否按规定参加继续教育。

县级以上人民政府住房城乡建设主管部门实施监督检查时,有权要求被检查的审查机构提供有关施工图审查的文件和资料,并将监督检查结果向社会公布。

涉及消防安全性、人防工程(不含人防指挥工程)防护安全性的,由县级以上人民政府有关部门按照职责分工实施监督检查和行政处罚,并将监督检查结果向社会公布。

第二十条 审查机构应当向县级以上地方人民政府住房城乡建设主管部门报审查情况统计信息。

县级以上地方人民政府住房城乡建设主管部门应当定期对施工图审查情况进行统计,并将统计信息报上级住房城乡建设主管部门。

第二十一条 县级以上人民政府住房城乡建设主管部门应当及时受理对施工图审查工作中违法、违规行为的检举、控告和投诉。

第二十二条 县级以上人民政府住房城乡建设主管部门对审查机构报告的建设单位、勘察设计企业、注册执业人员的违法违规行为,应当依法进行查处。

第二十三条 审查机构列入名录后不再符合规定条件的,省、自治区、直辖市人民政府住房城乡建设主管部门应当责令其限期改正;逾期不改的,不再将其列入审查机构名录。

第二十四条 审查机构违反本办法规定,有下列行为之一的,由县级以上地方人民政府住房城乡建设主管部门责令改正,处3万元罚款,并记入信用档案;情节严重的,省、自治区、直辖市人民政府住房城乡建设主管部门不再将其列入审查机构名录:

(一)超出范围从事施工图审查的;
(二)使用不符合条件审查人员的;
(三)未按规定的内容进行审查的;
(四)未按规定上报审查过程中发现的违法违规行为的;
(五)未按规定填写审查意见告知书的;
(六)未按规定在审查合格书和施工图上签字盖章的;
(七)已出具审查合格书的施工图,仍有违反法律、法规和工程建设强制性标准的。

第二十五条 审查机构出具虚假审查合格书的,审查合格书无效,县级以上地方人民政府住房城乡建设主管部门处3万元罚款,省、自治区、直辖市人民政府住房城乡建设主管部门不再将其列入审查机构名录。

审查人员在虚假审查合格书上签字的,终身不得再担任审查人员;对于已实行执业注册制度的专业的审查人员,还应当依照《建设工程质量管理条例》第七十二条、《建设工程安全生产管理条例》第五十八条规定予以处罚。

第二十六条 建设单位违反本办法规定,有下列行为之一的,由县级以上地方人民政府住房城乡建设主管部门责令改正,处3万元罚款;情节严重的,予以通报:

(一)压缩合理审查周期的;
(二)提供不真实送审资料的;
(三)对审查机构提出不符合法律、法规和工程建设强制性标准要求的。

建设单位为房地产开发企业的,还应当依照《房地产开发企业资质管理规定》进行处理。

第二十七条 依照本办法规定,给予审查机构罚款处罚的,对机构的法定代表人和其他直接责任人员处机构罚款数额5%以上10%以下的罚款,并记入信用档案。

第二十八条 省、自治区、直辖市人民政府住房城乡建设主管部门未按照本办法规定确定审查机构的,国务院住房城乡建设主管部门责令改正。

第二十九条 国家机关工作人员在施工图审查监督管理工作中玩忽职守、滥用职权、徇私舞弊,构成犯罪的,依法追究刑事责任;尚不构成犯罪的,依法给予行政处分。

第三十条 省、自治区、直辖市人民政府住房城乡建设主管部门可以根据本办法,制定实施细则。

第三十一条 本办法自2013年8月1日起施行。原建设部2004年8月23日发布的《房屋建筑和市政基础设施工程施工图设计文件审查管理办法》(建设部令第134号)同时废止。

建设工程勘察质量管理办法

- 2002年12月4日建设部令第115号发布
- 根据2007年11月22日《建设部关于修改〈建设工程勘察质量管理办法〉的决定》第一次修正
- 根据2021年4月1日《住房和城乡建设部关于修改建设工程勘察质量管理办法〉的决定》第二次修正

第一章 总 则

第一条 为了加强对建设工程勘察质量的管理,保证建设工程质量,根据《中华人民共和国建筑法》《建设工程质量管理条例》《建设工程勘察设计管理条例》等有关法律、法规,制定本办法。

第二条 凡在中华人民共和国境内从事建设工程勘察活动的,必须遵守本办法。本办法所称建设工程勘察,是指根据建设工程的要求,查明、分析、评价建设场地的地质地理环境特征和岩土工程条件,编制建设工程勘察文件的活动。

第三条 工程勘察企业应当按照有关建设工程质量的法律、法规、工程建设强制性标准和勘察合同进行勘察工作,并对勘察质量负责。

勘察文件应当符合国家规定的勘察深度要求,必须真实、准确。

第四条 国务院住房和城乡建设主管部门对全国的建设工程勘察质量实施统一监督管理。国务院铁路、交通、水利等有关部门按照国务院规定的职责分工,负责全国的有关专业建设工程勘察质量的监督管理。

县级以上地方人民政府住房和城乡建设主管部门对本行政区域内的建设工程勘察质量实施监督管理。县级以上地方人民政府有关部门在各自的职责范围内,负责对本行政区域内的有关专业建设工程勘察质量的监督管理。

第二章 质量责任和义务

第五条 建设单位应当为勘察工作提供必要的现场工作条件,保证合理的勘察工期,提供真实、可*的原始资料。

建设单位应当加强履约管理,及时足额支付勘察费用,不得迫使工程勘察企业以低于成本的价格承揽任务。

建设单位应当依法将工程勘察文件送施工图审查机构审查。建设单位应当验收勘察报告,组织勘察技术交底和验槽。

建设单位项目负责人应当按照有关规定履行代表建设单位进行勘察质量管理的职责。

第六条 工程勘察企业必须依法取得工程勘察资质证书,并在资质等级许可的范围内承揽勘察业务。工程勘察企业不得超越其资质等级许可的业务范围或者以其他勘察企业的名义承揽勘察业务;不得允许其他企业或者个人以本企业的名义承揽勘察业务;不得转包或者违法分包所承揽的勘察业务。

第七条 工程勘察企业应当健全勘察质量管理体系和质量责任制度,建立勘察现场工作质量责任可追溯制度。

工程勘察企业将勘探、试验、测试等技术服务工作交由具备相应技术条件的其他单位承担的,工程勘察企业对相关勘探、试验、测试工作成果质量全面负责。

第八条 工程勘察企业应当拒绝用户提出的违反国家有关规定的不合理要求,有权提出保证工程勘察质量所必需的现场工作条件和合理工期。

第九条 工程勘察企业应当向设计、施工和监理等单位进行勘察技术交底,参与施工验槽,及时解决工程设计和施工中与勘察工作有关的问题,按规定参加工程竣工验收。

第十条 工程勘察企业应当参与建设工程质量事故的分析,并对因勘察原因造成的质量事故,提出相应的技术处理方案。

第十一条 工程勘察项目负责人、审核人、审定人及有关技术人员应当具有相应的技术职称或者注册资格。

第十二条 工程勘察企业法定代表人应当建立健全

并落实本单位质量管理制度,授权具备相应资格的人员担任项目负责人。

工程勘察企业项目负责人应当签署质量终身责任承诺书,执行勘察纲要和工程建设强制性标准,落实本单位勘察质量管理制度,制定项目质量保证措施,组织开展工程勘察各项工作。

第十三条 工程勘察企业的法定代表人、项目负责人、审核人、审定人等相关人员,应当在勘察文件上签字或者盖章,并对勘察质量负责。工程勘察企业法定代表人对本企业勘察质量全面负责;项目负责人对项目的勘察文件负主要质量责任;项目审核人、审定人对其审核、审定项目的勘察文件负审核、审定的质量责任。

第十四条 工程勘察工作的原始记录应当在勘察过程中及时整理、核对,确保取样、记录的真实和准确,禁止原始记录弄虚作假。钻探、取样、原位测试、室内试验等主要过程的影像资料应当留存备查。

司钻员、描述员、土工试验员等作业人员应当在原始记录上签字。工程勘察企业项目负责人应当对原始记录进行验收并签字。

鼓励工程勘察企业采用信息化手段,实时采集、记录、存储工程勘察数据。

第十五条 工程勘察企业应当确保仪器、设备的完好。钻探、取样的机具设备、原位测试、室内试验及测量仪器等应当符合有关规范、规程的要求。

第十六条 工程勘察企业应当加强职工技术培训和职业道德教育,提高勘察人员的质量责任意识。司钻员、描述员、土工试验员等人员应当按照有关规定接受安全生产、职业道德、理论知识和操作技能等方面的专业培训。

第十七条 工程勘察企业应当建立工程勘察档案管理制度。工程勘察企业应当在勘察报告提交建设单位后20日内将工程勘察文件和勘探、试验、测试原始记录及成果、质量安全管理记录归档保存。归档资料应当经项目负责人签字确认,保存期限应当不少于工程的设计使用年限。

国家鼓励工程勘察企业推进传统载体档案数字化。电子档案与传统载体档案具有同等效力。

第三章 监督管理

第十八条 县级以上人民政府住房和城乡建设主管部门或者其他有关部门(以下简称工程勘察质量监督部门)应当通过'双随机、一公开'方式开展工程勘察质量监管,检查及处理结果及时向社会公开。

工程勘察质量监督部门可以通过政府购买技术服务方式,聘请具有专业技术能力的单位和人员对工程勘察质量进行检查,所需费用向本级财政申请予以保障。

工程勘察质量监督部门应当运用互联网等信息化手段开展工程勘察质量监管,提升监管的精准化、智能化水平。

第十九条 工程勘察发生重大质量、安全事故时,有关单位应当按照规定向工程勘察质量监督部门报告。

第二十条 任何单位和个人有权向工程勘察质量监督部门检举、投诉工程勘察质量、安全问题。

第四章 罚 则

第二十一条 工程勘察企业违反《建设工程勘察设计管理条例》、《建设工程质量管理条例》的,由工程勘察质量监督部门按照有关规定给予处罚。

第二十二条 违反本办法规定,建设单位有下列行为之一的,由工程勘察质量监督部门责令改正,处1万元以上3万元以下的罚款:

(一)未提供必要的现场工作条件;

(二)未提供与工程勘察有关的原始资料或者提供的原始资料不真实、不可靠;

(三)未组织勘察技术交底;

(四)未组织验槽。

第二十三条 违反本办法规定,工程勘察企业未按照工程建设强制性标准进行勘察、弄虚作假、提供虚假成果资料的,由工程勘察质量监督部门责令改正,处10万元以上30万元以下的罚款;造成工程质量事故的,责令停业整顿,降低资质等级;情节严重的,吊销资质证书;造成损失的,依法承担赔偿责任。

第二十四条 违反本办法规定,工程勘察企业有下列行为之一的,由工程勘察质量监督部门责令改正,处1万元以上3万元以下的罚款:

(一)使用的勘察仪器、设备不满足相关规定;

(二)司钻员、描述员、土工试验员等关键岗位作业人员未接受专业培训;

(三)未按规定参加建设单位组织的勘察技术交底或者验槽;

(四)原始记录弄虚作假;

(五)未将钻探、取样、原位测试、室内试验等主要过程的影像资料留存备查;

(六)未按规定及时将工程勘察文件和勘探、试验、测试原始记录及成果、质量安全管理记录归档保存。

第二十五条 违反本办法规定,工程勘察企业法定代表人有下列行为之一的,由工程勘察质量监督部门责令改正,处1万元以上3万元以下的罚款:

（一）未建立或者落实本单位勘察质量管理制度；

（二）授权不具备相应资格的项目负责人开展勘察工作；

（三）未按规定在工程勘察文件上签字或者盖章。

第二十六条 违反本办法规定，工程勘察企业项目负责人有下列行为之一的，由工程勘察质量监督部门责令改正，处1万元以上3万元以下的罚款：

（一）未执行勘察纲要和工程建设强制性标准；

（二）未落实本单位勘察质量管理制度，未制定项目质量保证措施；

（三）未按规定在工程勘察文件上签字；

（四）未对原始记录进行验收并签字；

（五）未对归档资料签字确认。

第二十七条 依照本办法规定，给予建设单位、勘察企业罚款处罚的，由工程勘察质量监督部门对建设单位、勘察企业的法定代表人和其他直接责任人员处以企业罚款数额的5%以上10%以下的罚款。

第二十八条 国家机关工作人员在建设工程勘察质量监督管理工作中玩忽职守、滥用职权、徇私舞弊的，依法给予行政处分；构成犯罪的，依法追究刑事责任。

第五章 附 则

第二十九条 本办法自2003年2月1日起施行。

建设工程监理范围和规模标准规定

· 2001年1月17日建设部令第86号发布

· 自发布之日起施行

第一条 为了确定必须实行监理的建设工程项目具体范围和规模标准，规范建设工程监理活动，根据《建设工程质量管理条例》，制定本规定。

第二条 下列建设工程必须实行监理：

（一）国家重点建设工程；

（二）大中型公用事业工程；

（三）成片开发建设的住宅小区工程；

（四）利用外国政府或者国际组织贷款、援助资金的工程；

（五）国家规定必须实行监理的其他工程。

第三条 国家重点建设工程，是指依照《国家重点建设项目管理办法》所确定的对国民经济和社会发展有重大影响的骨干项目。

第四条 大中型公用事业工程，是指项目总投资额在3000万元以上的下列工程项目：

（一）供水、供电、供气、供热等市政工程项目；

（二）科技、教育、文化等项目；

（三）体育、旅游、商业等项目；

（四）卫生、社会福利等项目；

（五）其他公用事业项目。

第五条 成片开发建设的住宅小区工程，建筑面积在5万平方米以上的住宅建设工程必须实行监理；5万平方米以下的住宅建设工程，可以实行监理，具体范围和规模标准，由省、自治区、直辖市人民政府建设行政主管部门规定。

为了保证住宅质量，对高层住宅及地基、结构复杂的多层住宅应当实行监理。

第六条 利用外国政府或者国际组织贷款、援助资金的工程范围包括：

（一）使用世界银行、亚洲开发银行等国际组织贷款资金的项目；

（二）使用国外政府及其机构贷款资金的项目；

（三）使用国际组织或者国外政府援助资金的项目。

第七条 国家规定必须实行监理的其他工程是指：

（一）项目总投资额在3000万元以上关系社会公共利益、公众安全的下列基础设施项目：

（1）煤炭、石油、化工、天然气、电力、新能源等项目；

（2）铁路、公路、管道、水运、民航以及其他交通运输业等项目；

（3）邮政、电信枢纽、通信、信息网络等项目；

（4）防洪、灌溉、排涝、发电、引（供）水、滩涂治理、水资源保护、水土保持等水利建设项目；

（5）道路、桥梁、铁路和轻轨交通、污水排放及处理、垃圾处理、地下管道、公共停车场等城市基础设施项目；

（6）生态环境保护项目；

（7）其他基础设施项目。

（二）学校、影剧院、体育场馆项目。

第八条 国务院建设行政主管部门商同国务院有关部门后，可以对本规定确定的必须实行监理的建设工程具体范围和规模标准进行调整。

第九条 本规定由国务院建设行政主管部门负责解释。

第十条 本规定自发布之日起施行。

房屋建筑和市政基础设施工程竣工验收规定

- 2013年12月2日
- 建质〔2013〕171号

第一条 为规范房屋建筑和市政基础设施工程的竣工验收，保证工程质量，根据《中华人民共和国建筑法》和《建设工程质量管理条例》，制定本规定。

第二条 凡在中华人民共和国境内新建、扩建、改建的各类房屋建筑和市政基础设施工程的竣工验收（以下简称工程竣工验收），应当遵守本规定。

第三条 国务院住房和城乡建设主管部门负责全国工程竣工验收的监督管理。

县级以上地方人民政府建设主管部门负责本行政区域内工程竣工验收的监督管理，具体工作可以委托所属的工程质量监督机构实施。

第四条 工程竣工验收由建设单位负责组织实施。

第五条 工程符合下列要求方可进行竣工验收：

（一）完成工程设计和合同约定的各项内容。

（二）施工单位在工程完工后对工程质量进行了检查，确认工程质量符合有关法律、法规和工程建设强制性标准，符合设计文件及合同要求，并提出工程竣工报告。工程竣工报告应经项目经理和施工单位有关负责人审核签字。

（三）对于委托监理的工程项目，监理单位对工程进行了质量评估，具有完整的监理资料，并提出工程质量评估报告。工程质量评估报告应经总监理工程师和监理单位有关负责人审核签字。

（四）勘察、设计单位对勘察、设计文件及施工过程中由设计单位签署的设计变更通知书进行了检查，并提出质量检查报告。质量检查报告应经该项目勘察、设计负责人和勘察、设计单位有关负责人审核签字。

（五）有完整的技术档案和施工管理资料。

（六）有工程使用的主要建筑材料、建筑构配件和设备的进场试验报告，以及工程质量检测和功能性试验资料。

（七）建设单位已按合同约定支付工程款。

（八）有施工单位签署的工程质量保修书。

（九）对于住宅工程，进行分户验收并验收合格，建设单位按户出具《住宅工程质量分户验收表》。

（十）建设主管部门及工程质量监督机构责令整改的问题全部整改完毕。

（十一）法律、法规规定的其他条件。

第六条 工程竣工验收应当按以下程序进行：

（一）工程完工后，施工单位向建设单位提交工程竣工报告，申请工程竣工验收。实行监理的工程，工程竣工报告须经总监理工程师签署意见。

（二）建设单位收到工程竣工报告后，对符合竣工验收要求的工程，组织勘察、设计、施工、监理等单位组成验收组，制定验收方案。对于重大工程和技术复杂工程，根据需要可邀请有关专家参加验收组。

（三）建设单位应当在工程竣工验收7个工作日前将验收的时间、地点及验收组名单书面通知负责监督该工程的工程质量监督机构。

（四）建设单位组织工程竣工验收。

1. 建设、勘察、设计、施工、监理单位分别汇报工程合同履约情况和在工程建设各个环节执行法律、法规和工程建设强制性标准的情况；

2. 审阅建设、勘察、设计、施工、监理单位的工程档案资料；

3. 实地查验工程质量；

4. 对工程勘察、设计、施工、设备安装质量和各管理环节等方面作出全面评价，形成经验收组人员签署的工程竣工验收意见。

参与工程竣工验收的建设、勘察、设计、施工、监理等各方不能形成一致意见时，应当协商提出解决的方法，待意见一致后，重新组织工程竣工验收。

第七条 工程竣工验收合格后，建设单位应当及时提出工程竣工验收报告。工程竣工验收报告主要包括工程概况，建设单位执行基本建设程序情况，对工程勘察、设计、施工、监理等方面的评价，工程竣工验收时间、程序、内容和组织形式，工程竣工验收意见等内容。

工程竣工验收报告还应附有下列文件：

（一）施工许可证；

（二）施工图设计文件审查意见；

（三）本规定第五条（二）、（三）、（四）、（八）项规定的文件；

（四）验收组人员签署的工程竣工验收意见；

（五）法规、规章规定的其他有关文件。

第八条 负责监督该工程的工程质量监督机构应当对工程竣工验收的组织形式、验收程序、执行验收标准等情况进行现场监督，发现有违反建设工程质量管理规定行为的，责令改正，并将对工程竣工验收的监督情况作为工程质量监督报告的重要内容。

第九条 建设单位应当自工程竣工验收合格之日起

15日内,依照《房屋建筑和市政基础设施工程竣工验收备案管理办法》(住房和城乡建设部令第2号)的规定,向工程所在地的县级以上地方人民政府建设主管部门备案。

第十条 抢险救灾工程、临时性房屋建筑工程和农民自建低层住宅工程,不适用本规定。

第十一条 军事建设工程的管理,按照中央军事委员会的有关规定执行。

第十二条 省、自治区、直辖市人民政府住房和城乡建设主管部门可以根据本规定制定实施细则。

第十三条 本规定由国务院住房和城乡建设主管部门负责解释。

第十四条 本规定自发布之日起施行。《房屋建筑工程和市政基础设施工程竣工验收暂行规定》(建建〔2000〕142号)同时废止。

房屋建筑和市政基础设施工程竣工验收备案管理办法

· 2000年4月4日建设部令第78号发布
· 根据2009年10月19日《住房和城乡建设部关于修改〈房屋建筑工程和市政基础设施工程竣工验收备案暂行办法〉的决定》修订

第一条 为了加强房屋建筑和市政基础设施工程质量的管理,根据《建设工程质量管理条例》,制定本办法。

第二条 在中华人民共和国境内新建、扩建、改建各类房屋建筑和市政基础设施工程的竣工验收备案,适用本办法。

第三条 国务院住房和城乡建设主管部门负责全国房屋建筑和市政基础设施工程(以下统称工程)的竣工验收备案管理工作。

县级以上地方人民政府建设主管部门负责本行政区域内工程的竣工验收备案管理工作。

第四条 建设单位应当自工程竣工验收合格之日起15日内,依照本办法规定,向工程所在地的县级以上地方人民政府建设主管部门(以下简称备案机关)备案。

第五条 建设单位办理工程竣工验收备案应当提交下列文件:

(一)工程竣工验收备案表;
(二)工程竣工验收报告。竣工验收报告应当包括工程报建日期,施工许可证号,施工图设计文件审查意见,勘察、设计、施工、工程监理等单位分别签署的质量合格文件及验收人员签署的竣工验收原始文件,市政基础设施的有关质量检测和功能性试验资料以及备案机关认为需要提供的有关资料;

(三)法律、行政法规规定应当由规划、环保等部门出具的认可文件或者准许使用文件;

(四)法律规定应当由公安消防部门出具的对大型的人员密集场所和其他特殊建设工程验收合格的证明文件;

(五)施工单位签署的工程质量保修书;

(六)法规、规章规定必须提供的其他文件。

住宅工程还应当提交《住宅质量保证书》和《住宅使用说明书》。

第六条 备案机关收到建设单位报送的竣工验收备案文件,验证文件齐全后,应当在工程竣工验收备案表上签署文件收讫。

工程竣工验收备案表一式两份,一份由建设单位保存,一份留备案机关存档。

第七条 工程质量监督机构应当在工程竣工验收之日起5日内,向备案机关提交工程质量监督报告。

第八条 备案机关发现建设单位在竣工验收过程中有违反国家有关建设工程质量管理规定行为的,应当在收讫竣工验收备案文件15日内,责令停止使用,重新组织竣工验收。

第九条 建设单位在工程竣工验收合格之日起15日内未办理工程竣工验收备案的,备案机关责令限期改正,处20万元以上50万元以下罚款。

第十条 建设单位将备案机关决定重新组织竣工验收的工程,在重新组织竣工验收前,擅自使用的,备案机关责令停止使用,处工程合同价款2%以上4%以下罚款。

第十一条 建设单位采用虚假证明文件办理工程竣工验收备案的,工程竣工验收无效,备案机关责令停止使用,重新组织竣工验收,处20万元以上50万元以下罚款;构成犯罪的,依法追究刑事责任。

第十二条 备案机关决定重新组织竣工验收并责令停止使用的工程,建设单位在备案之前已投入使用或者建设单位擅自继续使用造成使用人损失的,由建设单位依法承担赔偿责任。

第十三条 竣工验收备案文件齐全,备案机关及其工作人员不办理备案手续的,由有关机关责令改正,对直接责任人员给予行政处分。

第十四条 抢险救灾工程、临时性房屋建筑工程和农民自建低层住宅工程,不适用本办法。

第十五条 军用房屋建筑工程竣工验收备案,按照中央军事委员会的有关规定执行。

第十六条 省、自治区、直辖市人民政府住房和城乡建设主管部门可以根据本办法制定实施细则。

第十七条 本办法自发布之日起施行。

住房和城乡建设部关于做好住宅工程质量分户验收工作的通知

· 2009年12月22日
· 建质〔2009〕291号

各省、自治区住房和城乡建设厅，直辖市建委及有关部门，新疆生产建设兵团建设局：

为进一步加强住宅工程质量管理，落实住宅工程参建各方主体质量责任，提高住宅工程质量水平，现就做好住宅工程质量分户验收工作通知如下：

一、高度重视分户验收工作

住宅工程质量分户验收（以下简称分户验收），是指建设单位组织施工、监理等单位，在住宅工程各检验批、分项、分部工程验收合格的基础上，在住宅工程竣工验收前，依据国家有关工程质量验收标准，对每户住宅及相关公共部位的观感质量和使用功能等进行检查验收，并出具验收合格证明的活动。

住宅工程涉及千家万户，住宅工程质量的好坏直接关系到广大人民群众的切身利益。各地住房城乡建设主管部门要进一步增强做好分户验收工作的紧迫感和使命感，把全面开展住宅工程质量分户验收工作提高到实践科学发展观、构建社会主义和谐社会的高度来认识，明确要求，制定措施，加强监管，切实把这项工作摆到重要的议事日程，抓紧抓好。

二、分户验收内容

分户验收内容主要包括：
（一）地面、墙面和顶棚质量；
（二）门窗质量；
（三）栏杆、护栏质量；
（四）防水工程质量；
（五）室内主要空间尺寸；
（六）给水排水系统安装质量；
（七）室内电气工程安装质量；
（八）建筑节能和采暖工程质量；
（九）有关合同中规定的其他内容。

三、分户验收依据

分户验收依据为国家现行有关工程建设标准，主要包括住宅建筑规范、混凝土结构工程施工质量验收、砌体工程施工质量验收、建筑装饰装修工程施工质量验收、建筑地面工程施工质量验收、建筑给水排水及采暖工程施工质量验收、建筑电气工程施工质量验收、建筑节能工程施工质量验收、智能建筑工程质量验收、屋面工程质量验收、地下防水工程质量验收等标准规范，以及经审查合格的施工图设计文件。

四、分户验收程序

分户验收应当按照以下程序进行：
（一）根据分户验收的内容和住宅工程的具体情况确定检查部位、数量；
（二）按照国家现行有关标准规定的方法，以及分户验收的内容适时进行检查；
（三）每户住宅和规定的公共部位验收完毕，应填写《住宅工程质量分户验收表》（见附件），建设单位和施工单位项目负责人、监理单位项目总监理工程师分别签字；
（四）分户验收合格后，建设单位必须按户出具《住宅工程质量分户验收表》，并作为《住宅质量保证书》的附件，一同交给住户。

分户验收不合格，不能进行住宅工程整体竣工验收。同时，住宅工程整体竣工验收前，施工单位应制作工程标牌，将工程名称、竣工日期和建设、勘察、设计、施工、监理单位全称镶嵌在该建筑工程外墙的显著部位。

五、分户验收的组织实施

分户验收由施工单位提出申请，建设单位组织实施，施工单位项目负责人、监理单位项目总监理工程师及相关质量、技术人员参加，对所涉及的部位、数量按分户验收内容进行检查验收。已经预选物业公司的项目，物业公司应当派人参加分户验收。

建设、施工、监理等单位应严格履行分户验收职责，对分户验收的结论进行签认，不得简化分户验收程序。对于经检查不符合要求的，施工单位应及时进行返修，监理单位负责复查。返修完成后重新组织分户验收。

工程质量监督机构要加强对分户验收工作的监督检查，发现问题及时监督有关方面认真整改，确保分户验收工作质量。对在分户验收中弄虚作假、降低标准或将不合格工程按合格工程验收的，依法对有关单位和责任人进行处罚，并纳入不良行为记录。

六、加强对分户验收工作的领导

各地住房城乡建设主管部门应结合本地实际，制定分户验收实施细则或管理办法，明确提高住宅工程质量的工作目标和任务，突出重点和关键环节，尤其在保障性住房中应全面推行分户验收制度，把分户验收工作落到实处,确保住宅工程结构安全和使用功能质量,促进提高住宅工程质量总体水平。

附件:住宅工程质量分户验收表(略)

住房城乡建设部办公厅关于简化工程造价咨询企业资质申报材料的通知

· 2017年7月13日
· 建办标〔2017〕43号

各省、自治区住房城乡建设厅,直辖市建委,国务院有关部门:

为贯彻落实《国务院办公厅关于促进建筑业持续健康发展的意见》(国办发〔2017〕19号),进一步推进简政放权、放管结合、优化服务改革,决定取消和简化工程造价咨询企业资质申请、延续和变更申报材料,现将有关事项通知如下:

一、取消的申报材料

企业在申请工程造价咨询甲级(或乙级)资质,以及在申请资质延续、变更时,无需提供以下申报材料:

1. 技术负责人任职文件;
2. 造价员资格证书;
3. 专业技术职称批准文件;
4. 企业为专职专业人员缴纳社会基本养老保险的缴费发票;
5. 财务审计报告。

二、简化的申报材料

企业在申请工程造价咨询甲级(或乙级)资质,以及在申请资质延续、变更时,无需提供以下证明材料,由企业法定代表人对其真实性、有效性进行承诺:

1. 股东出资协议;
2. 企业技术档案管理、质量控制、财务管理等制度;
3. 固定办公场所的租赁合同或产权证明;
4. 专职专业人员的劳动合同和人事存档证明;
5. 企业缴纳营业收入的营业税(或增值税)发票;
6. 造价工程师注册证书。

三、需提交的申报材料

经取消和简化后,企业在申请工程造价咨询甲级(或乙级)资质,以及在申请资质延续、变更时,需提交以下申报材料:

1. 工程造价咨询企业资质申请书(含企业法定代表人承诺书);
2. 企业营业执照;
3. 工程造价咨询企业资质证书(新申请工程造价咨询企业资质的,不需提供);
4. 工商部门备案的企业章程;
5. 专职专业人员的身份证和中级及以上专业技术职称证书;
6. 企业缴纳社保证明:由人力资源社会保障部门出具并盖章的企业员工缴纳社保情况表(退休人员提供退休证);
7. 营业收入证明:企业开具的工程造价咨询营业收入发票和对应的工程造价咨询合同(新申请工程造价咨询企业资质的,不需提供)。

四、其他说明事项

《关于进一步加强工程造价咨询企业晋升甲级资质审核工作的通知》(建办标〔2011〕29号)、《住房城乡建设部标准定额司关于进一步加强工程造价咨询企业资质变更工作的通知》(建标造函〔2016〕200号)中与本通知精神不一致的,按本通知规定执行。

本通知自2017年9月1日起实施。

住房城乡建设部关于加强和改善工程造价监管的意见

· 2017年9月14日
· 建标〔2017〕209号

各省、自治区住房城乡建设厅,直辖市建委,国务院有关部门:

工程造价监管是建设市场监管的重要内容,加强和改善工程造价监管是维护市场公平竞争、规范市场秩序的重要保障。近年来,工程造价监管在推进建筑业"放管服"改革,坚持市场决定工程造价,完善工程计价制度,维护建设市场各方合法权益等方面取得明显成效,但也存在工程造价咨询服务信用体系不健全、计价体系不完善、计价行为不规范、计价监督机制不完善等问题。为贯彻落实《国务院关于印发"十三五"市场监管规划的通知》(国发〔2017〕6号)和《国务院办公厅关于促进建筑业持续健康发展的意见》(国办发〔2017〕19号),完善工程造价监管机制,全面提升工程造价监管水平,更好服务建筑业持续健康发展,现提出以下意见:

一、深化工程造价咨询业监管改革,营造良好市场环境

(一)优化资质资格管理。进一步简化工程造价咨询企业资质管理,全面实行行政许可事项网上办理,提高行政审批效率,逐步取消工程造价咨询企业异地执业备案,减轻企业负担。完善造价工程师执业资格制度,发挥个人执业在工程造价咨询中的作用。推进造价工程师执业资格国际互认,为"一带一路"国家战略和工程造价咨询企业"走出去"提供人才支撑。

(二)建立以信用为核心的新型市场监管机制。各级住房城乡建设主管部门、有关行业主管部门要按照"谁审批、谁监管,谁主管、谁监管"和信用信息"谁产生、谁负责、谁归集、谁解释"的原则,加快推进工程造价咨询信用体系建设。积极推进工程造价咨询企业年报公示和信用承诺制度,加快信用档案建设,增强企业责任意识、信用意识。加快政府部门之间工程造价信用信息共建共享,强化行业协会自律和社会监督作用,应用投诉举报方式,建立工程造价咨询企业和造价工程师守信联合激励和失信联合惩戒机制,重点监管失信企业和执业人员,积极推进信用信息和信用产品应用。

(三)营造良好的工程造价咨询业发展环境。充分发挥工程造价在工程建设全过程管理中的引导作用,积极培育具有全过程工程咨询能力的工程造价咨询企业,鼓励工程造价咨询企业融合投资咨询、勘察、设计、监理、招标代理等业务开展联合经营,开展全过程工程咨询,设立合伙制工程造价咨询企业。促进企业创新发展,强化工程造价咨询成果质量终身责任制,逐步建立执业人员保险制度。

(四)完善工程造价咨询企业退出机制。对长期未履行年报义务,长期无咨询业务,以及违反相关政策法规、计价规则等不正当竞争行为的工程造价咨询企业和造价工程师记入信用档案,情节严重的,依法强制退出市场。严肃查处工程造价咨询企业资质"挂靠"、造价工程师违规"挂证"行为。

二、共编共享计价依据,搭建公平市场平台

(一)完善工程建设全过程计价依据体系。完善工程前期投资估算、设计概算等计价依据,清除妨碍形成全国统一市场的不合理地区计价依据,统一消耗量定额编制规则,推动形成统一开放的建设市场。加快编制工程总承包计价规范,规范工程总承包计量和计价活动。统一工程造价综合指标指数和人工、材料价格信息发布标准。

(二)大力推进共享计价依据编制。整合各地、各有关部门计价依据编制力量,共编共享计价依据,并及时修订,提高其时效性。各级工程造价管理机构要完善本地区、本行业人工、材料、机械价格信息发布机制,探索区域价格信息统一测算、统一管理、统一发布模式,提高信息发布的及时性和准确性,为工程项目全过程投资控制和

工程造价监管提供支撑。

(三)突出服务重点领域的造价指标编制。为推进工程科学决策和造价控制提供依据,围绕政府投资工程,编制对本行业、本地区具有重大影响的工程造价指标。加快住房城乡建设领域装配式建筑、绿色建筑、城市轨道交通、海绵城市、城市地下综合管廊等工程造价指标编制。

(四)完善建设工程人工单价市场形成机制。改革计价依据中人工单价的计算方法,使其更加贴近市场,满足市场实际需要。扩大人工单价计算口径,将单价构成调整为工资、津贴、职工福利费、劳动保护费、社会保险费、住房公积金、工会经费、职工教育经费以及特殊情况下工资性费用,并依据新材料、新技术的发展,及时调整人工消耗量。各省级建设主管部门、有关行业主管部门工程造价管理机构要深入市场调查,按上述口径建立人工单价信息动态发布机制,引导企业将工资分配向关键技术技能岗位倾斜,定期集中发布人工单价信息。

三、明确工程质量安全措施费用,突出服务市场关键环节

(一)落实安全文明施工、绿色施工等措施费。各级住房城乡建设主管部门要以保障工程质量安全、创建绿色环保施工环境为目标,不断完善工程计价依据中绿色建筑、装配式建筑、环境保护、安全文明施工等有关措施费用,并加强对费用落实情况的监督。

(二)合理确定建设工程工期。合理确定、有效控制建设工程工期是确保工程质量安全的重要内容。各级住房城乡建设主管部门要指导和监督工程建设各方主体认真贯彻落实《建筑安装工程工期定额》,在可行性研究、初步设计、招标投标及签订合同阶段应结合施工现场实际情况,科学合理确定工期。加大工期定额实施力度,杜绝任意压缩合同工期行为,确保工期管理的各项规定和要求落实到位。

四、强化工程价款结算纠纷调解,营造竞争有序的市场环境

(一)规范工程价款结算。强化合同对工程价款的约定与调整,推行工程价款施工过程结算制度,规范工程预付款、工程进度款支付。研究建立工程价款结算文件备案与产权登记联动的信息共享机制。鼓励采取工程款支付担保等手段,约束建设单位履约行为,确保工程价款支付。

(二)强化工程价款结算过程中农民工工资的支付管理。为保障农民工合法权益,落实人工费用与其他工程款分账管理制度,完善农民工工资(劳务费)专用账户管理,避免总承包人将经营风险转嫁给农民工,克扣或拖

欠农民工工资。

（三）建立工程造价纠纷调解机制。制定工程造价鉴定标准，规范工程造价咨询企业、造价工程师参与工程造价经济纠纷鉴定和仲裁咨询行为，重点加强工程价款结算纠纷和合同纠纷的调解。积极搭建工程造价纠纷调解平台，充分发挥经验丰富的造价工程师调解纠纷的专业优势，提高纠纷解决效率，维护建设市场稳定。

五、加强工程造价制度有效实施，完善市场监管手段

（一）加强政府投资工程造价服务。各级工程造价管理机构要不断提高政府投资工程和重大工程项目工程造价服务能力，建立工程造价全过程信息服务平台，完善招标控制价、合同价、结算价电子化备案管理，确保资金投资效益。

（二）开展工程造价信息监测。各级造价管理机构要加强工程造价咨询服务监督，指导工程造价咨询企业对工程造价成果数据归集、监测，利用信息化手段逐步实现对工程造价的监测，形成监测大数据，为各方主体计价提供服务。

（三）建立工程造价监测指数指标。各级工程造价管理机构要通过工程造价监测，形成国家、省、市工程造价监测指数指标，定期发布造价指标指数，引导建设市场主体对价格变化进行研判，为工程建设市场的预测预判等宏观决策提供支持。

（四）规范计价软件市场管理。建立计价软件监督检查机制。各级造价管理机构要定期开展计价软件评估检查，加强计价依据和相关标准规范执行监管，鼓励计价软件编制企业加大技术投入和创新，更好地服务工程计价。

住房和城乡建设部办公厅关于取消工程造价咨询企业资质审批加强事中事后监管的通知

· 2021年6月28日
· 建办标〔2021〕26号

各省、自治区住房和城乡建设厅，直辖市住房和城乡建设（管）委，新疆生产建设兵团住房和城乡建设局，国务院有关部门建设工程造价管理机构，各有关单位：

为贯彻落实《国务院关于深化"证照分离"改革 进一步激发市场主体发展活力的通知》（国发〔2021〕7号），持续深入推进"放管服"改革，取消工程造价咨询企业资质审批，创新和完善工程造价咨询监管方式，加强事中事后监管，现就有关事项通知如下：

一、取消工程造价咨询企业资质审批。按照国发〔2021〕7号文件要求，自2021年7月1日起，住房和城乡建设主管部门停止工程造价咨询企业资质审批，工程造价咨询企业按照其营业执照经营范围开展业务，行政机关、企事业单位、行业组织不得要求企业提供工程造价咨询企业资质证明。2021年6月3日起，住房和城乡建设主管部门不再办理工程造价咨询企业资质延续手续，到期需延续的企业，有效期自动延续至2021年6月30日。

二、健全企业信息管理制度。各级住房和城乡建设主管部门要加强与市场监管等有关部门沟通协调，结合工程造价咨询统计调查数据，健全工程造价咨询企业名录，积极做好行政区域内企业信息的归集、共享和公开工作。鼓励企业自愿在全国工程造价咨询管理系统完善并及时更新相关信息，供委托方根据工程项目实际情况选择参考。企业对所填写信息的真实性和准确性负责，接受社会监督。对于提供虚假信息的工程造价咨询企业，不良行为记入企业社会信用档案。

三、推进信用体系建设。各级住房和城乡建设主管部门要进一步完善工程造价咨询企业诚信长效机制，加强信用管理，及时将行政处罚、生效的司法判决等信息归集至全国工程造价咨询管理系统，充分运用信息化手段实行动态监管。依法实施失信惩戒，提高工程造价咨询企业诚信意识，努力营造诚实守信的市场环境。

四、构建协同监管新格局。健全政府主导、企业自治、行业自律、社会监督的协同监管格局。探索建立企业信用与执业人员信用挂钩机制，强化个人执业资格管理，落实工程造价咨询成果质量终身责任制，推广职业保险制度。支持行业协会提升自律水平，完善会员自律公约和职业道德准则，做好会员信用评价工作，加强会员行为约束和管理。充分发挥社会监督力量参与市场秩序治理。鼓励第三方信用服务机构开展信用业务。

五、提升工程造价咨询服务能力。继续落实《关于推进全过程工程咨询服务发展的指导意见》（发改投资规〔2019〕515号）精神，深化工程领域咨询服务供给侧结构性改革，积极培育具有全过程咨询能力的工程造价咨询企业，提高企业服务水平和国际竞争力。

六、加强事中事后监管。各级住房和城乡建设主管部门要高度重视工程造价咨询企业资质取消后的事中事后监管工作，落实放管结合的要求，健全审管衔接机制，完善工作机制，创新监管手段，加大监管力度，依法履行监管职责。全面推行"双随机、一公开"监管，根据企业信用风险分类结果实施差异化监管措施，及时查处相关违法、违规行为，并将监督检查结果向社会公布。

6. 工程质量管理

建设工程质量管理条例

- 2000年1月30日国务院令第279号发布
- 据2017年10月7日《国务院关于修改部分行政法规的决定》第一次修订
- 根据2019年4月23日《国务院关于修改部分行政法规的决定》第二次修订

第一章 总 则

第一条 为了加强对建设工程质量的管理，保证建设工程质量，保护人民生命和财产安全，根据《中华人民共和国建筑法》，制定本条例。

第二条 凡在中华人民共和国境内从事建设工程的新建、扩建、改建等有关活动及实施对建设工程质量监督管理的，必须遵守本条例。

本条例所称建设工程，是指土木工程、建筑工程、线路管道和设备安装工程及装修工程。

第三条 建设单位、勘察单位、设计单位、施工单位、工程监理单位依法对建设工程质量负责。

第四条 县级以上人民政府建设行政主管部门和其他有关部门应当加强对建设工程质量的监督管理。

第五条 从事建设工程活动，必须严格执行基本建设程序，坚持先勘察、后设计、再施工的原则。

县级以上人民政府及其有关部门不得超越权限审批建设项目或者擅自简化基本建设程序。

第六条 国家鼓励采用先进的科学技术和管理方法，提高建设工程质量。

第二章 建设单位的质量责任和义务

第七条 建设单位应当将工程发包给具有相应资质等级的单位。

建设单位不得将建设工程肢解发包。

第八条 建设单位应当依法对工程建设项目的勘察、设计、施工、监理以及与工程建设有关的重要设备、材料等的采购进行招标。

第九条 建设单位必须向有关的勘察、设计、施工、工程监理等单位提供与建设工程有关的原始资料。

原始资料必须真实、准确、齐全。

第十条 建设工程发包单位不得迫使承包方以低于成本的价格竞标，不得任意压缩合理工期。

建设单位不得明示或者暗示设计单位或者施工单位违反工程建设强制性标准，降低建设工程质量。

第十一条 施工图设计文件审查的具体办法，由国务院建设行政主管部门、国务院其他有关部门制定。

施工图设计文件未经审查批准的，不得使用。

第十二条 实行监理的建设工程，建设单位应当委托具有相应资质等级的工程监理单位进行监理，也可以委托具有工程监理相应资质等级并与被监理工程的施工承包单位没有隶属关系或者其他利害关系的该工程的设计单位进行监理。

下列建设工程必须实行监理：

（一）国家重点建设工程；

（二）大中型公用事业工程；

（三）成片开发建设的住宅小区工程；

（四）利用外国政府或者国际组织贷款、援助资金的工程；

（五）国家规定必须实行监理的其他工程。

第十三条 建设单位在开工前，应当按照国家有关规定办理工程质量监督手续，工程质量监督手续可以与施工许可证或者开工报告合并办理。

第十四条 按照合同约定，由建设单位采购建筑材料、建筑构配件和设备的，建设单位应当保证建筑材料、建筑构配件和设备符合设计文件和合同要求。

建设单位不得明示或者暗示施工单位使用不合格的建筑材料、建筑构配件和设备。

第十五条 涉及建筑主体和承重结构变动的装修工程，建设单位应当在施工前委托原设计单位或者具有相应资质等级的设计单位提出设计方案；没有设计方案的，不得施工。

房屋建筑使用者在装修过程中，不得擅自变动房屋建筑主体和承重结构。

第十六条 建设单位收到建设工程竣工报告后，应当组织设计、施工、工程监理等有关单位进行竣工验收。

建设工程竣工验收应当具备下列条件：

（一）完成建设工程设计和合同约定的各项内容；

（二）有完整的技术档案和施工管理资料；

（三）有工程使用的主要建筑材料、建筑构配件和设备的进场试验报告；

（四）有勘察、设计、施工、工程监理等单位分别签署的质量合格文件；

（五）有施工单位签署的工程保修书。

建设工程经验收合格的，方可交付使用。

第十七条 建设单位应当严格按照国家有关档案管理的规定，及时收集、整理建设项目各环节的文件资料，建立、健全建设项目档案，并在建设工程竣工验收后，及时向建设行政主管部门或者其他有关部门移交建设项目档案。

第三章 勘察、设计单位的质量责任和义务

第十八条 从事建设工程勘察、设计的单位应当依法取得相应等级的资质证书,并在其资质等级许可的范围内承揽工程。

禁止勘察、设计单位超越其资质等级许可的范围或者以其他勘察、设计单位的名义承揽工程。禁止勘察、设计单位允许其他单位或者个人以本单位的名义承揽工程。

勘察、设计单位不得转包或者违法分包所承揽的工程。

第十九条 勘察、设计单位必须按照工程建设强制性标准进行勘察、设计,并对其勘察、设计的质量负责。

注册建筑师、注册结构工程师等注册执业人员应当在设计文件上签字,对设计文件负责。

第二十条 勘察单位提供的地质、测量、水文等勘察成果必须真实、准确。

第二十一条 设计单位应当根据勘察成果文件进行建设工程设计。

设计文件应当符合国家规定的设计深度要求,注明工程合理使用年限。

第二十二条 设计单位在设计文件中选用的建筑材料、建筑构配件和设备,应当注明规格、型号、性能等技术指标,其质量要求必须符合国家规定的标准。

除有特殊要求的建筑材料、专用设备、工艺生产线等外,设计单位不得指定生产厂、供应商。

第二十三条 设计单位应当就审查合格的施工图设计文件向施工单位作出详细说明。

第二十四条 设计单位应当参与建设工程质量事故分析,并对因设计造成的质量事故,提出相应的技术处理方案。

第四章 施工单位的质量责任和义务

第二十五条 施工单位应当依法取得相应等级的资质证书,并在其资质等级许可的范围内承揽工程。

禁止施工单位超越本单位资质等级许可的业务范围或者以其他施工单位的名义承揽工程。禁止施工单位允许其他单位或者个人以本单位的名义承揽工程。

施工单位不得转包或者违法分包工程。

第二十六条 施工单位对建设工程的施工质量负责。

施工单位应当建立质量责任制,确定工程项目的项目经理、技术负责人和施工管理负责人。

建设工程实行总承包的,总承包单位应当对全部建设工程质量负责;建设工程勘察、设计、施工、设备采购的一项或者多项实行总承包的,总承包单位应当对其承包的建设工程或者采购的设备的质量负责。

第二十七条 总承包单位依法将建设工程分包给其他单位的,分包单位应当按照分包合同的约定对其分包工程的质量向总承包单位负责,总承包单位与分包单位对分包工程的质量承担连带责任。

第二十八条 施工单位必须按照工程设计图纸和施工技术标准施工,不得擅自修改工程设计,不得偷工减料。

施工单位在施工过程中发现设计文件和图纸有差错的,应当及时提出意见和建议。

第二十九条 施工单位必须按照工程设计要求、施工技术标准和合同约定,对建筑材料、建筑构配件、设备和商品混凝土进行检验,检验应当有书面记录和专人签字;未经检验或者检验不合格的,不得使用。

第三十条 施工单位必须建立、健全施工质量的检验制度,严格工序管理,作好隐蔽工程的质量检查和记录。隐蔽工程在隐蔽前,施工单位应当通知建设单位和建设工程质量监督机构。

第三十一条 施工人员对涉及结构安全的试块、试件以及有关材料,应当在建设单位或者工程监理单位监督下现场取样,并送具有相应资质等级的质量检测单位进行检测。

第三十二条 施工单位对施工中出现质量问题的建设工程或者竣工验收不合格的建设工程,应当负责返修。

第三十三条 施工单位应当建立、健全教育培训制度,加强对职工的教育培训;未经教育培训或者考核不合格的人员,不得上岗作业。

第五章 工程监理单位的质量责任和义务

第三十四条 工程监理单位应当依法取得相应等级的资质证书,并在其资质等级许可的范围内承担工程监理业务。

禁止工程监理单位超越本单位资质等级许可的范围或者以其他工程监理单位的名义承担工程监理业务。禁止工程监理单位允许其他单位或者个人以本单位的名义承担工程监理业务。

工程监理单位不得转让工程监理业务。

第三十五条　工程监理单位与被监理工程的施工承包单位以及建筑材料、建筑构配件和设备供应单位有隶属关系或者其他利害关系的，不得承担该项建设工程的监理业务。

第三十六条　工程监理单位应当依照法律、法规以及有关技术标准、设计文件和建设工程承包合同，代表建设单位对施工质量实施监理，并对施工质量承担监理责任。

第三十七条　工程监理单位应当选派具备相应资格的总监理工程师和监理工程师进驻施工现场。

未经监理工程师签字，建筑材料、建筑构配件和设备不得在工程上使用或者安装，施工单位不得进行下一道工序的施工。未经总监理工程师签字，建设单位不拨付工程款，不进行竣工验收。

第三十八条　监理工程师应当按照工程监理规范的要求，采取旁站、巡视和平行检验等形式，对建设工程实施监理。

第六章　建设工程质量保修

第三十九条　建设工程实行质量保修制度。

建设工程承包单位在向建设单位提交工程竣工验收报告时，应当向建设单位出具质量保修书。质量保修书中应当明确建设工程的保修范围、保修期限和保修责任等。

第四十条　在正常使用条件下，建设工程的最低保修期限为：

（一）基础设施工程、房屋建筑的地基基础工程和主体结构工程，为设计文件规定的该工程的合理使用年限；

（二）屋面防水工程、有防水要求的卫生间、房间和外墙面的防渗漏，为5年；

（三）供热与供冷系统，为2个采暖期、供冷期；

（四）电气管线、给排水管道、设备安装和装修工程，为2年。

其他项目的保修期限由发包方与承包方约定。

建设工程的保修期，自竣工验收合格之日起计算。

第四十一条　建设工程在保修范围和保修期限内发生质量问题的，施工单位应当履行保修义务，并对造成的损失承担赔偿责任。

第四十二条　建设工程在超过合理使用年限后需要继续使用的，产权所有人应当委托具有相应资质等级的勘察、设计单位鉴定，并根据鉴定结果采取加固、维修等措施，重新界定使用期。

第七章　监督管理

第四十三条　国家实行建设工程质量监督管理制度。

国务院建设行政主管部门对全国的建设工程质量实施统一监督管理。国务院铁路、交通、水利等有关部门按照国务院规定的职责分工，负责对全国的有关专业建设工程质量的监督管理。

县级以上地方人民政府建设行政主管部门对本行政区域内的建设工程质量实施监督管理。县级以上地方人民政府交通、水利等有关部门在各自的职责范围内，负责对本行政区域内的专业建设工程质量的监督管理。

第四十四条　国务院建设行政主管部门和国务院铁路、交通、水利等有关部门应当加强对有关建设工程质量的法律、法规和强制性标准执行情况的监督检查。

第四十五条　国务院发展计划部门按照国务院规定的职责，组织稽察特派员，对国家出资的重大建设项目实施监督检查。

国务院经济贸易主管部门按照国务院规定的职责，对国家重大技术改造项目实施监督检查。

第四十六条　建设工程质量监督管理，可以由建设行政主管部门或者其他有关部门委托的建设工程质量监督机构具体实施。

从事房屋建筑工程和市政基础设施工程质量监督的机构，必须按照国家有关规定经国务院建设行政主管部门或者省、自治区、直辖市人民政府建设行政主管部门考核；从事专业建设工程质量监督的机构，必须按照国家有关规定经国务院有关部门或者省、自治区、直辖市人民政府有关部门考核。经考核合格后，方可实施质量监督。

第四十七条　县级以上地方人民政府建设行政主管部门和其他有关部门应当加强对有关建设工程质量的法律、法规和强制性标准执行情况的监督检查。

第四十八条　县级以上人民政府建设行政主管部门和其他有关部门履行监督检查职责时，有权采取下列措施：

（一）要求被检查的单位提供有关工程质量的文件和资料；

（二）进入被检查单位的施工现场进行检查；

（三）发现有影响工程质量的问题时，责令改正。

第四十九条　建设单位应当自建设工程竣工验收合格之日起15日内，将建设工程竣工验收报告和规划、公安消防、环保等部门出具的认可文件或者准许使用文件报建设行政主管部门或者其他有关部门备案。

建设行政主管部门或者其他有关部门发现建设单位在竣工验收过程中有违反国家有关建设工程质量管理规定行为的,责令停止使用,重新组织竣工验收。

第五十条 有关单位和个人对县级以上人民政府建设行政主管部门和其他有关部门进行的监督检查应当支持与配合,不得拒绝或者阻碍建设工程质量监督检查人员依法执行职务。

第五十一条 供水、供电、供气、公安消防等部门或者单位不得明示或者暗示建设单位、施工单位购买其指定的生产供应单位的建筑材料、建筑构配件和设备。

第五十二条 建设工程发生质量事故,有关单位应当在24小时内向当地建设行政主管部门和其他有关部门报告。对重大质量事故,事故发生地的建设行政主管部门和其他有关部门应当按照事故类别和等级向当地人民政府和上级建设行政主管部门和其他有关部门报告。

特别重大质量事故的调查程序按照国务院有关规定办理。

第五十三条 任何单位和个人对建设工程的质量事故、质量缺陷都有权检举、控告、投诉。

第八章 罚 则

第五十四条 违反本条例规定,建设单位将建设工程发包给不具有相应资质等级的勘察、设计、施工单位或者委托给不具有相应资质等级的工程监理单位的,责令改正,处50万元以上100万元以下的罚款。

第五十五条 违反本条例规定,建设单位将建设工程肢解发包的,责令改正,处工程合同价款0.5%以上1%以下的罚款;对全部或者部分使用国有资金的项目,并可以暂停项目执行或者暂停资金拨付。

第五十六条 违反本条例规定,建设单位有下列行为之一的,责令改正,处20万元以上50万元以下的罚款:

(一)迫使承包方以低于成本的价格竞标的;

(二)任意压缩合理工期的;

(三)明示或者暗示设计单位或者施工单位违反工程建设强制性标准,降低工程质量的;

(四)施工图设计文件未经审查或者审查不合格,擅自施工的;

(五)建设项目必须实行工程监理而未实行工程监理的;

(六)未按照国家规定办理工程质量监督手续的;

(七)明示或者暗示施工单位使用不合格的建筑材料、建筑构配件和设备的;

(八)未按照国家规定将竣工验收报告、有关认可文件或者准许使用文件报送备案的。

第五十七条 违反本条例规定,建设单位未取得施工许可证或者开工报告未经批准,擅自施工的,责令停止施工,限期改正,处工程合同价款1%以上2%以下的罚款。

第五十八条 违反本条例规定,建设单位有下列行为之一的,责令改正,处工程合同价款2%以上4%以下的罚款;造成损失的,依法承担赔偿责任:

(一)未组织竣工验收,擅自交付使用的;

(二)验收不合格,擅自交付使用的;

(三)对不合格的建设工程按照合格工程验收的。

第五十九条 违反本条例规定,建设工程竣工验收后,建设单位未向建设行政主管部门或者其他有关部门移交建设项目档案的,责令改正,处1万元以上10万元以下的罚款。

第六十条 违反本条例规定,勘察、设计、施工、工程监理单位超越本单位资质等级承揽工程的,责令停止违法行为,对勘察、设计单位或者工程监理单位处合同约定的勘察费、设计费或者监理酬金1倍以上2倍以下的罚款;对施工单位处工程合同价款2%以上4%以下的罚款,可以责令停业整顿,降低资质等级;情节严重的,吊销资质证书;有违法所得的,予以没收。

未取得资质证书承揽工程的,予以取缔,依照前款规定处以罚款;有违法所得的,予以没收。

以欺骗手段取得资质证书承揽工程的,吊销资质证书,依照本条第一款规定处以罚款;有违法所得的,予以没收。

第六十一条 违反本条例规定,勘察、设计、施工、工程监理单位允许其他单位或者个人以本单位名义承揽工程的,责令改正,没收违法所得,对勘察、设计单位和工程监理单位处合同约定的勘察费、设计费和监理酬金1倍以上2倍以下的罚款;对施工单位处工程合同价款2%以上4%以下的罚款;可以责令停业整顿,降低资质等级;情节严重的,吊销资质证书。

第六十二条 违反本条例规定,承包单位将承包的工程转包或者违法分包的,责令改正,没收违法所得,对勘察、设计单位处合同约定的勘察费、设计费25%以上50%以下的罚款;对施工单位处工程合同价款0.5%以上1%以下的罚款;可以责令停业整顿,降低资质等级;情节严重的，吊销资质证书。

工程监理单位转让工程监理业务的，责令改正，没收违法所得，处合同约定的监理酬金25%以上50%以下的罚款；可以责令停业整顿，降低资质等级；情节严重的，吊销资质证书。

第六十三条 违反本条例规定，有下列行为之一的，责令改正，处10万元以上30万元以下的罚款：

（一）勘察单位未按照工程建设强制性标准进行勘察的；

（二）设计单位未根据勘察成果文件进行工程设计的；

（三）设计单位指定建筑材料、建筑构配件的生产厂、供应商的；

（四）设计单位未按照工程建设强制性标准进行设计的。

有前款所列行为，造成工程质量事故的，责令停业整顿，降低资质等级；情节严重的，吊销资质证书；造成损失的，依法承担赔偿责任。

第六十四条 违反本条例规定，施工单位在施工中偷工减料的，使用不合格的建筑材料、建筑构配件和设备的，或者有不按照工程设计图纸或者施工技术标准施工的其他行为的，责令改正，处工程合同价款2%以上4%以下的罚款；造成建设工程质量不符合规定的质量标准的，负责返工、修理，并赔偿因此造成的损失；情节严重的，责令停业整顿，降低资质等级或者吊销资质证书。

第六十五条 违反本条例规定，施工单位未对建筑材料、建筑构配件、设备和商品混凝土进行检验，或者未对涉及结构安全的试块、试件以及有关材料取样检测的，责令改正，处10万元以上20万元以下的罚款；情节严重的，责令停业整顿，降低资质等级或者吊销资质证书；造成损失的，依法承担赔偿责任。

第六十六条 违反本条例规定，施工单位不履行保修义务或者拖延履行保修义务的，责令改正，处10万元以上20万元以下的罚款，并对在保修期内因质量缺陷造成的损失承担赔偿责任。

第六十七条 工程监理单位有下列行为之一的，责令改正，处50万元以上100万元以下的罚款，降低资质等级或者吊销资质证书；有违法所得的，予以没收；造成损失的，承担连带赔偿责任：

（一）与建设单位或者施工单位串通，弄虚作假、降低工程质量的；

（二）将不合格的建设工程、建筑材料、建筑构配件和设备按照合格签字的。

第六十八条 违反本条例规定，工程监理单位与被监理工程的施工承包单位以及建筑材料、建筑构配件和设备供应单位有隶属关系或者其他利害关系承担该项建设工程的监理业务的，责令改正，处5万元以上10万元以下的罚款，降低资质等级或者吊销资质证书；有违法所得的，予以没收。

第六十九条 违反本条例规定，涉及建筑主体或者承重结构变动的装修工程，没有设计方案擅自施工的，责令改正，处50万元以上100万元以下的罚款；房屋建筑使用者在装修过程中擅自变动房屋建筑主体和承重结构的，责令改正，处5万元以上10万元以下的罚款。

有前款所列行为，造成损失的，依法承担赔偿责任。

第七十条 发生重大工程质量事故隐瞒不报、谎报或者拖延报告期限的，对直接负责的主管人员和其他责任人员依法给予行政处分。

第七十一条 违反本条例规定，供水、供电、供气、公安消防等部门或者单位明示或者暗示建设单位或者施工单位购买其指定的生产供应单位的建筑材料、建筑构配件和设备的，责令改正。

第七十二条 违反本条例规定，注册建筑师、注册结构工程师、监理工程师等注册执业人员因过错造成质量事故的，责令停止执业1年；造成重大质量事故的，吊销执业资格证书，5年以内不予注册；情节特别恶劣的，终身不予注册。

第七十三条 依照本条例规定，给予单位罚款处罚的，对单位直接负责的主管人员和其他直接责任人员处单位罚款数额5%以上10%以下的罚款。

第七十四条 建设单位、设计单位、施工单位、工程监理单位违反国家规定，降低工程质量标准，造成重大安全事故，构成犯罪的，对直接责任人员依法追究刑事责任。

第七十五条 本条例规定的责令停业整顿，降低资质等级和吊销资质证书的行政处罚，由颁发资质证书的机关决定；其他行政处罚，由建设行政主管部门或者其他有关部门依照法定职权决定。

依照本条例规定被吊销资质证书的，由工商行政管理部门吊销其营业执照。

第七十六条 国家机关工作人员在建设工程质量监督管理工作中玩忽职守、滥用职权、徇私舞弊，构成犯罪的，依法追究刑事责任；尚不构成犯罪的，依法给予行政处分。

第七十七条 建设、勘察、设计、施工、工程监理单位的工作人员因调动工作、退休等原因离开该单位后，被发现在该单位工作期间违反国家有关建设工程质量管理规定，造成重大工程质量事故的，仍应当依法追究法律责任。

第九章 附 则

第七十八条 本条例所称肢解发包，是指建设单位将应当由一个承包单位完成的建设工程分解成若干部分发包给不同的承包单位的行为。

本条例所称违法分包，是指下列行为：

（一）总承包单位将建设工程分包给不具备相应资质条件的单位的；

（二）建设工程总承包合同中未有约定，又未经建设单位认可，承包单位将其承包的部分建设工程交由其他单位完成的；

（三）施工总承包单位将建设工程主体结构的施工分包给其他单位的；

（四）分包单位将其承包的建设工程再分包的。

本条例所称转包，是指承包单位承包建设工程后，不履行合同约定的责任和义务，将其承包的全部建设工程转给他人或者将其承包的全部建设工程肢解以后以分包的名义分别转给其他单位承包的行为。

第七十九条 本条例规定的罚款和没收的违法所得，必须全部上缴国库。

第八十条 抢险救灾及其他临时性房屋建筑和农民自建低层住宅的建设活动，不适用本条例。

第八十一条 军事建设工程的管理，按照中央军事委员会的有关规定执行。

第八十二条 本条例自发布之日起施行。

建设部关于适用《建设工程质量管理条例》第58条有关问题的复函

· 2006年1月20日
· 建法函〔2006〕23号

河北省建设厅：

你厅《关于适用〈建设工程质量管理条例〉第58条有关问题的请示》（冀建法〔2005〕535号）收悉。经研究，现函复如下：

一、《建设工程质量管理条例》中的建设工程在房屋建筑中一般是指单位工程。

二、工程合同价款是指双方商定认可的价款。

建设部关于运用《建设工程质量管理条例》第六十七条、第三十一条的复函

· 2002年4月24日
· 建法函〔2002〕99号

福建省建设厅：

你厅"关于如何具体运用《建设工程质量管理条例》第六十七条、第三十一条的请示"（闽建法〔2002〕9号）收悉。经研究，现答复如下：

一、监理单位在实施监理时，未按照设计文件要求实施监理，致使工程质量未能达到原设计文件要求，降低了原设计质量标准的，应当认定为降低工程质量的行为。

二、《建设工程质量管理条例》第三十一条规定的"具有相应资质等级的质量检测单位"，是指经省级以上（含省级）建设行政主管部门资质审查合格和有关部门计量认证通过的工程质量检测单位。

房屋建筑工程质量保修办法

· 2000年6月30日建设部令第80号发布
· 自发布之日起施行

第一条 为保护建设单位、施工单位、房屋建筑所有人和使用人的合法权益，维护公共安全和公众利益，根据《中华人民共和国建筑法》和《建设工程质量管理条例》，制订本办法。

第二条 在中华人民共和国境内新建、扩建、改建各类房屋建筑工程（包括装修工程）的质量保修，适用本办法。

第三条 本办法所称房屋建筑工程质量保修，是指对房屋建筑工程竣工验收后在保修期限内出现的质量缺陷，予以修复。

本办法所称质量缺陷，是指房屋建筑工程的质量不符合工程建设强制性标准以及合同的约定。

第四条 房屋建筑工程在保修范围和保修期限内出现质量缺陷，施工单位应当履行保修义务。

第五条 国务院建设行政主管部门负责全国房屋建

筑工程质量保修的监督管理。

县级以上地方人民政府建设行政主管部门负责本行政区域内房屋建筑工程质量保修的监督管理。

第六条 建设单位和施工单位应当在工程质量保修书中约定保修范围、保修期限和保修责任等，双方约定的保修范围、保修期限必须符合国家有关规定。

第七条 在正常使用条件下，房屋建筑工程的最低保修期限为：

（一）地基基础工程和主体结构工程，为设计文件规定的该工程的合理使用年限；

（二）屋面防水工程、有防水要求的卫生间、房间和外墙面的防渗漏，为5年；

（三）供热与供冷系统，为2个采暖期、供冷期；

（四）电气管线、给排水管道、设备安装为2年；

（五）装修工程为2年。

其他项目的保修期限由建设单位和施工单位约定。

第八条 房屋建筑工程保修期从工程竣工验收合格之日起计算。

第九条 房屋建筑工程在保修期限内出现质量缺陷，建设单位或者房屋建筑所有人应当向施工单位发出保修通知。施工单位接到保修通知后，应当到现场核查情况，在保修书约定的时间内予以保修。发生涉及结构安全或者严重影响使用功能的紧急抢修事故，施工单位接到保修通知后，应当立即到达现场抢修。

第十条 发生涉及结构安全的质量缺陷，建设单位或者房屋建筑所有人应当立即向当地建设行政主管部门报告，采取安全防范措施；由原设计单位或者具有相应资质等级的设计单位提出保修方案，施工单位实施保修，原工程质量监督机构负责监督。

第十一条 保修完成后，由建设单位或者房屋建筑所有人组织验收。涉及结构安全的，应当报当地建设行政主管部门备案。

第十二条 施工单位不按工程质量保修书约定保修的，建设单位可以另行委托其他单位保修，由原施工单位承担相应责任。

第十三条 保修费用由质量缺陷的责任方承担。

第十四条 在保修期内，因房屋建筑工程质量缺陷造成房屋所有人、使用人或者第三方人身、财产损害的，房屋所有人、使用人或者第三方可以向建设单位提出赔偿要求。建设单位向造成房屋建筑工程质量缺陷的责任方追偿。

第十五条 因保修不及时造成新的人身、财产损害，由造成拖延的责任方承担赔偿责任。

第十六条 房地产开发企业售出的商品房保修，还应当执行《城市房地产开发经营管理条例》和其他有关规定。

第十七条 下列情况不属于本办法规定的保修范围：

（一）因使用不当或者第三方造成的质量缺陷；

（二）不可抗力造成的质量缺陷。

第十八条 施工单位有下列行为之一的，由建设行政主管部门责令改正，并处1万元以上3万元以下的罚款。

（一）工程竣工验收后，不向建设单位出具质量保修书的；

（二）质量保修的内容、期限违反本办法规定的。

第十九条 施工单位不履行保修义务或者拖延履行保修义务的，由建设行政主管部门责令改正，处10万元以上20万元以下的罚款。

第二十条 军事建设工程的管理，按照中央军事委员会的有关规定执行。

第二十一条 本办法由国务院建设行政主管部门负责解释。

第二十二条 本办法自发布之日起施行。

建设工程质量检测管理办法

·2022年12月29日住房和城乡建设部令第57号公布
·自2023年3月1日起施行

第一章 总 则

第一条 为了加强对建设工程质量检测的管理，根据《中华人民共和国建筑法》《建设工程质量管理条例》《建设工程抗震管理条例》等法律、行政法规，制定本办法。

第二条 从事建设工程质量检测相关活动及其监督管理，适用本办法。

本办法所称建设工程质量检测，是指在新建、扩建、改建房屋建筑和市政基础设施工程活动中，建设工程质量检测机构（以下简称检测机构）接受委托，依据国家有关法律、法规和标准，对建设工程涉及结构安全、主要使用功能的检测项目，进入施工现场的建筑材料、建筑构配件、设备，以及工程实体质量等进行的检测。

第三条 检测机构应当按照本办法取得建设工程质量检测机构资质（以下简称检测机构资质），并在资质许可的范围内从事建设工程质量检测活动。

未取得相应资质证书的，不得承担本办法规定的建设工程质量检测业务。

第四条 国务院住房和城乡建设主管部门负责全国建设工程质量检测活动的监督管理。

县级以上地方人民政府住房和城乡建设主管部门负责本行政区域内建设工程质量检测活动的监督管理，可以委托所属的建设工程质量监督机构具体实施。

第二章 检测机构资质管理

第五条 检测机构资质分为综合类资质、专项类资质。

检测机构资质标准和业务范围，由国务院住房和城乡建设主管部门制定。

第六条 申请检测机构资质的单位应当是具有独立法人资格的企业、事业单位，或者依法设立的合伙企业，并具备相应的人员、仪器设备、检测场所、质量保证体系等条件。

第七条 省、自治区、直辖市人民政府住房和城乡建设主管部门负责本行政区域内检测机构的资质许可。

第八条 申请检测机构资质应当向登记地所在省、自治区、直辖市人民政府住房和城乡建设主管部门提出，并提交下列材料：

（一）检测机构资质申请表；

（二）主要检测仪器、设备清单；

（三）检测场所不动产权属证书或者租赁合同；

（四）技术人员的职称证书；

（五）检测机构管理制度以及质量控制措施。

检测机构资质申请表由国务院住房和城乡建设主管部门制定格式。

第九条 资质许可机关受理申请后，应当进行材料审查和专家评审，在20个工作日内完成审查并作出书面决定。对符合资质标准的，自作出决定之日起10个工作日内颁发检测机构资质证书，并报国务院住房和城乡建设主管部门备案。专家评审时间不计算在资质许可期限内。

第十条 检测机构资质证书实行电子证照，由国务院住房和城乡建设主管部门制定格式。资质证书有效期为5年。

第十一条 申请综合类资质或者资质增项的检测机构，在申请之日起前一年内有本办法第三十条规定行为的，资质许可机关不予批准其申请。

取得资质的检测机构，按照本办法第三十五条应当整改但尚未完成整改的，对其综合类资质或者资质增项申请，资质许可机关不予批准。

第十二条 检测机构需要延续资质证书有效期的，应当在资质证书有效期届满30个工作日前向资质许可机关提出资质延续申请。

对符合资质标准且在资质证书有效期内无本办法第三十条规定行为的检测机构，经资质许可机关同意，有效期延续5年。

第十三条 检测机构在资质证书有效期内名称、地址、法定代表人等发生变更的，应当在办理营业执照或者法人证书变更手续后30个工作日内办理资质证书变更手续。资质许可机关应当在2个工作日内办理完毕。

检测机构检测场所、技术人员、仪器设备等事项发生变更影响其符合资质标准的，应当在变更后30个工作日内向资质许可机关提出资质重新核定申请，资质许可机关应当在20个工作日内完成审查，并作出书面决定。

第三章 检测活动管理

第十四条 从事建设工程质量检测活动，应当遵守相关法律、法规和标准，相关人员应当具备相应的建设工程质量检测知识和专业能力。

第十五条 检测机构与所检测建设工程相关的建设、施工、监理单位，以及建筑材料、建筑构配件和设备供应单位不得有隶属关系或者其他利害关系。

检测机构及其工作人员不得推荐或者监制建筑材料、建筑构配件和设备。

第十六条 委托方应当委托具有相应资质的检测机构开展建设工程质量检测业务。检测机构应当按照法律、法规和标准进行建设工程质量检测，并出具检测报告。

第十七条 建设单位应当在编制工程概预算时合理核算建设工程质量检测费用，单独列支并按照合同约定及时支付。

第十八条 建设单位委托检测机构开展建设工程质量检测活动的，建设单位或者监理单位应当对建设工程质量检测活动实施见证。见证人员应当制作见证记录，记录取样、制样、标识、封志、送检以及现场检测等情况，并签字确认。

第十九条 提供检测试样的单位和个人，应当对检测试样的符合性、真实性及代表性负责。检测试样应当具有清晰的、不易脱落的唯一性标识、封志。

建设单位委托检测机构开展建设工程质量检测活动的，施工人员应当在建设单位或者监理单位的见证人员监督下现场取样。

第二十条 现场检测或者检测试样送检时，应当由检测内容提供单位、送检单位等填写委托单。委托单应当由送检人员、见证人员等签字确认。

检测机构接收检测试样时，应当对试样状况、标识、封志等符合性进行检查，确认无误后方可进行检测。

第二十一条 检测报告经检测人员、审核人员、检测机构法定代表人或者其授权的签字人等签署，并加盖检测专用章后方可生效。

检测报告中应当包括检测项目代表数量（批次）、检测依据、检测场所地址、检测数据、检测结果、见证人员单位及姓名等相关信息。

非建设单位委托的检测机构出具的检测报告不得作为工程质量验收资料。

第二十二条 检测机构应当建立建设工程过程数据和结果数据、检测影像资料及检测报告记录与留存制度，对检测数据和检测报告的真实性、准确性负责。

第二十三条 任何单位和个人不得明示或者暗示检测机构出具虚假检测报告，不得篡改或者伪造检测报告。

第二十四条 检测机构在检测过程中发现建设、施工、监理单位存在违反有关法律法规规定和工程建设强制性标准等行为，以及检测项目涉及结构安全、主要使用功能检测结果不合格的，应当及时报告建设工程所在地县级以上地方人民政府住房和城乡建设主管部门。

第二十五条 检测结果利害关系人对检测结果存在争议的，可以委托共同认可的检测机构复检。

第二十六条 检测机构应当建立档案管理制度。检测合同、委托单、检测数据原始记录、检测报告按照年度统一编号，编号应当连续，不得随意抽撤、涂改。

检测机构应当单独建立检测结果不合格项目台账。

第二十七条 检测机构应当建立信息化管理系统，对检测业务受理、检测数据采集、检测信息上传、检测报告出具、检测档案管理等活动进行信息化管理，保证建设工程质量检测活动全过程可追溯。

第二十八条 检测机构应当保持人员、仪器设备、检测场所、质量保证体系等方面符合建设工程质量检测资质标准，加强检测人员培训，按照有关规定对仪器设备进行定期检定或者校准，确保检测技术能力持续满足所开展建设工程质量检测活动的要求。

第二十九条 检测机构跨省、自治区、直辖市承担检测业务的，应当向建设工程所在地的省、自治区、直辖市人民政府住房和城乡建设主管部门备案。

检测机构在承担检测业务所在地的人员、仪器设备、检测场所、质量保证体系等应当满足开展相应建设工程质量检测活动的要求。

第三十条 检测机构不得有下列行为：

（一）超出资质许可范围从事建设工程质量检测活动；

（二）转包或者违法分包建设工程质量检测业务；

（三）涂改、倒卖、出租、出借或者以其他形式非法转让资质证书；

（四）违反工程建设强制性标准进行检测；

（五）使用不能满足所开展建设工程质量检测活动要求的检测人员或者仪器设备；

（六）出具虚假的检测数据或者检测报告。

第三十一条 检测人员不得有下列行为：

（一）同时受聘于两家或者两家以上检测机构；

（二）违反工程建设强制性标准进行检测；

（三）出具虚假的检测数据；

（四）违反工程建设强制性标准进行结论判定或者出具虚假判定结论。

第四章 监督管理

第三十二条 县级以上地方人民政府住房和城乡建设主管部门应当加强对建设工程质量检测活动的监督管理，建立建设工程质量检测监管信息系统，提高信息化监管水平。

第三十三条 县级以上人民政府住房和城乡建设主管部门应当对检测机构实行动态监管，通过"双随机、一公开"等方式开展监督检查。

实施监督检查时，有权采取下列措施：

（一）进入建设工程施工现场或者检测机构的工作场地进行检查、抽测；

（二）向检测机构、委托方、相关单位和人员询问、调查有关情况；

（三）对检测人员的建设工程质量检测知识和专业能力进行检查；

（四）查阅、复制有关检测数据、影像资料、报告、合同以及其他相关资料；

（五）组织实施能力验证或者比对试验；

（六）法律、法规规定的其他措施。

第三十四条 县级以上地方人民政府住房和城乡建设主管部门应当加强建设工程质量监督抽测。建设工程质量监督抽测可以通过政府购买服务的方式实施。

第三十五条 检测机构取得检测机构资质后，不再符合相应资质标准的,资质许可机关应当责令其限期整改并向社会公开。检测机构完成整改后,应当向资质许可机关提出资质重新核定申请。重新核定符合资质标准前出具的检测报告不得作为工程质量验收资料。

第三十六条 县级以上地方人民政府住房和城乡建设主管部门对检测机构实施行政处罚的,应当自行政处罚决定书送达之日起20个工作日内告知检测机构的资质许可机关和违法行为发生地省、自治区、直辖市人民政府住房和城乡建设主管部门。

第三十七条 县级以上地方人民政府住房和城乡建设主管部门应当依法将建设工程质量检测活动相关单位和人员受到的行政处罚等信息予以公开,建立信用管理制度,实行守信激励和失信惩戒。

第三十八条 对建设工程质量检测活动中的违法违规行为,任何单位和个人有权向建设工程所在地县级以上人民政府住房和城乡建设主管部门投诉、举报。

第五章 法律责任

第三十九条 违反本办法规定,未取得相应资质、资质证书已过有效期或者超出资质许可范围从事建设工程质量检测活动的,其检测报告无效,由县级以上地方人民政府住房和城乡建设主管部门处5万元以上10万元以下罚款;造成危害后果的,处10万元以上20万元以下罚款;构成犯罪的,依法追究刑事责任。

第四十条 检测机构隐瞒有关情况或者提供虚假材料申请资质,资质许可机关不予受理或者不予行政许可,并给予警告;检测机构1年内不得再次申请资质。

第四十一条 以欺骗、贿赂等不正当手段取得资质证书的,由资质许可机关予以撤销;由县级以上地方人民政府住房和城乡建设主管部门给予警告或者通报批评,并处5万元以上10万元以下罚款;检测机构3年内不得再次申请资质;构成犯罪的,依法追究刑事责任。

第四十二条 检测机构未按照本办法第十三条第一款规定办理检测机构资质证书变更手续的,由县级以上地方人民政府住房和城乡建设主管部门责令限期办理;逾期未办理的,处5000元以上1万元以下罚款。

检测机构未按照本办法第十三条第二款规定向资质许可机关提出资质重新核定申请的,由县级以上地方人民政府住房和城乡建设主管部门责令限期改正;逾期未改正的,处1万元以上3万元以下罚款。

第四十三条 检测机构违反本办法第二十二条、第三十条第六项规定的,由县级以上地方人民政府住房和城乡建设主管部门责令改正,处5万元以上10万元以下罚款;造成危害后果的,处10万元以上20万元以下罚款;构成犯罪的,依法追究刑事责任。

检测机构在建设工程抗震活动中有前款行为的,依照《建设工程抗震管理条例》有关规定给予处罚。

第四十四条 检测机构违反本办法规定,有第三十条第二项至第五项行为之一的,由县级以上地方人民政府住房和城乡建设主管部门责令改正,处5万元以上10万元以下罚款;造成危害后果的,处10万元以上20万元以下罚款;构成犯罪的,依法追究刑事责任。

检测人员违反本办法规定,有第三十一条行为之一的,由县级以上地方人民政府住房和城乡建设主管部门责令改正,处3万元以下罚款。

第四十五条 检测机构违反本办法规定,有下列行为之一的,由县级以上地方人民政府住房和城乡建设主管部门责令改正,处1万元以上5万元以下罚款:

(一)与所检测建设工程相关的建设、施工、监理单位,以及建筑材料、建筑构配件和设备供应单位有隶属关系或者其他利害关系的;

(二)推荐或者监制建筑材料、建筑构配件和设备的;

(三)未按照规定在检测报告上签字盖章的;

(四)未及时报告发现的违反有关法律法规规定和工程建设强制性标准等行为的;

(五)未及时报告涉及结构安全、主要使用功能的不合格检测结果的;

(六)未按照规定进行档案和台账管理的;

(七)未建立并使用信息化管理系统对检测活动进行管理的;

(八)不满足跨省、自治区、直辖市承担检测业务的要求开展相应建设工程质量检测活动的;

(九)接受监督检查时不如实提供有关资料、不按照要求参加能力验证和比对试验,或者拒绝、阻碍监督检查的。

第四十六条 检测机构违反本办法规定,有违法所得的,由县级以上地方人民政府住房和城乡建设主管部门依法予以没收。

第四十七条 违反本办法规定,建设、施工、监理等单位有下列行为之一的,由县级以上地方人民政府住房和城乡建设主管部门责令改正,处3万元以上10万元以下罚款;造成危害后果的,处10万元以上20万元以下罚款;构成犯罪的,依法追究刑事责任:

(一)委托未取得相应资质的检测机构进行检测的;

（二）未将建设工程质量检测费用列入工程概预算并单独列支的；

（三）未按照规定实施见证的；

（四）提供的检测试样不满足符合性、真实性、代表性要求的；

（五）明示或者暗示检测机构出具虚假检测报告的；

（六）篡改或者伪造检测报告的；

（七）取样、制样和送检试样不符合规定和工程建设强制性标准的。

第四十八条 依照本办法规定，给予单位罚款处罚的，对单位直接负责的主管人员和其他直接责任人员处3万元以下罚款。

第四十九条 县级以上地方人民政府住房和城乡建设主管部门工作人员在建设工程质量检测管理工作中，有下列情形之一的，依法给予处分；构成犯罪的，依法追究刑事责任：

（一）对不符合法定条件的申请人颁发资质证书的；

（二）对符合法定条件的申请人不予颁发资质证书的；

（三）对符合法定条件的申请人未在法定期限内颁发资质证书的；

（四）利用职务上的便利，索取、收受他人财物或者谋取其他利益的；

（五）不依法履行监督职责或者监督不力，造成严重后果的。

第六章 附　则

第五十条 本办法自2023年3月1日起施行。2005年9月28日原建设部公布的《建设工程质量检测管理办法》(建设部令第141号)同时废止。

房屋建筑和市政基础设施工程质量监督管理规定

· 2010年8月1日住房和城乡建设部令第5号公布
· 自2010年9月1日起施行

第一条 为了加强房屋建筑和市政基础设施工程质量的监督，保护人民生命和财产安全，规范住房和城乡建设主管部门及工程质量监督机构（以下简称主管部门）的质量监督行为，根据《中华人民共和国建筑法》、《建设工程质量管理条例》等有关法律、行政法规，制定本规定。

第二条 在中华人民共和国境内主管部门实施对新建、扩建、改建房屋建筑和市政基础设施工程质量监管理的，适用本规定。

第三条 国务院住房和城乡建设主管部门负责全国房屋建筑和市政基础设施工程（以下简称工程）质量监督管理工作。

县级以上地方人民政府建设主管部门负责本行政区域内工程质量监督管理工作。

工程质量监督管理的具体工作可以由县级以上地方人民政府建设主管部门委托所属的工程质量监督机构（以下简称监督机构）实施。

第四条 本规定所称工程质量监督管理，是指主管部门依据有关法律法规和工程建设强制性标准，对工程实体质量和工程建设、勘察、设计、施工、监理单位（以下简称工程质量责任主体）和质量检测等单位的工程质量行为实施监督。

本规定所称工程实体质量监督，是指主管部门对涉及工程主体结构安全、主要使用功能的工程实体质量情况实施监督。

本规定所称工程质量行为监督，是指主管部门对工程质量责任主体和质量检测等单位履行法定质量责任和义务的情况实施监督。

第五条 工程质量监督管理应当包括下列内容：

（一）执行法律法规和工程建设强制性标准的情况；

（二）抽查涉及工程主体结构安全和主要使用功能的工程实体质量；

（三）抽查工程质量责任主体和质量检测等单位的工程质量行为；

（四）抽查主要建筑材料、建筑构配件的质量；

（五）对工程竣工验收进行监督；

（六）组织或者参与工程质量事故的调查处理；

（七）定期对本地区工程质量状况进行统计分析；

（八）依法对违法违规行为实施处罚。

第六条 对工程项目实施质量监督，应当依照下列程序进行：

（一）受理建设单位办理质量监督手续；

（二）制订工作计划并组织实施；

（三）对工程实体质量、工程质量责任主体和质量检测等单位的工程质量行为进行抽查、抽测；

（四）监督工程竣工验收，重点对验收的组织形式、程序等是否符合有关规定进行监督；

（五）形成工程质量监督报告；

（六）建立工程质量监督档案。

第七条 工程竣工验收合格后，建设单位应当在建筑物明显部位设置永久性标牌，载明建设、勘察、设计、施工、监理单位等工程质量责任主体的名称和主要责任人姓名。

第八条 主管部门实施监督检查时，有权采取下列措施：

（一）要求被检查单位提供有关工程质量的文件和资料；

（二）进入被检查单位的施工现场进行检查；

（三）发现有影响工程质量的问题时，责令改正。

第九条 县级以上地方人民政府建设主管部门应当根据本地区的工程质量状况，逐步建立工程质量信用档案。

第十条 县级以上地方人民政府建设主管部门应当将工程质量监督中发现的涉及主体结构安全和主要使用功能的工程质量问题及整改情况，及时向社会公布。

第十一条 省、自治区、直辖市人民政府建设主管部门应当按照国家有关规定，对本行政区域内监督机构每三年进行一次考核。

监督机构经考核合格后，方可依法对工程实施质量监督，并对工程质量监督承担监督责任。

第十二条 监督机构应当具备下列条件：

（一）具有符合本规定第十三条规定的监督人员。人员数量由县级以上地方人民政府建设主管部门根据实际需要确定。监督人员应当占监督机构总人数的75%以上；

（二）有固定的工作场所和满足工程质量监督检查工作需要的仪器、设备和工具等；

（三）有健全的质量监督工作制度，具备与质量监督工作相适应的信息化管理条件。

第十三条 监督人员应当具备下列条件：

（一）具有工程类专业大学专科以上学历或者工程类执业注册资格；

（二）具有三年以上工程质量管理或者设计、施工、监理等工作经历；

（三）熟悉掌握相关法律法规和工程建设强制性标准；

（四）具有一定的组织协调能力和良好职业道德。

监督人员符合上述条件经考核合格后，方可从事工程质量监督工作。

第十四条 监督机构可以聘请中级职称以上的工程类专业技术人员协助实施工程质量监督。

第十五条 省、自治区、直辖市人民政府建设主管部门应当每两年对监督人员进行一次岗位考核，每年进行一次法律法规、业务知识培训，并适时组织开展继续教育培训。

第十六条 国务院住房和城乡建设主管部门对监督机构和监督人员的考核情况进行监督抽查。

第十七条 主管部门工作人员玩忽职守、滥用职权、徇私舞弊，构成犯罪的，依法追究刑事责任；尚不构成犯罪的，依法给予行政处分。

第十八条 抢险救灾工程、临时性房屋建筑工程和农民自建低层住宅工程，不适用本规定。

第十九条 省、自治区、直辖市人民政府建设主管部门可以根据本规定制定具体实施办法。

第二十条 本规定自2010年9月1日起施行。

住房城乡建设部关于进一步强化住宅工程质量管理和责任的通知

· 2010年5月4日
· 建市〔2010〕68号

各省、自治区住房和城乡建设厅，直辖市建委（建设交通委），北京市规划委，总后基建营房工程局：

住宅工程质量，关系到人民群众的切身利益和生命财产安全，关系到住有所居、安居乐业政策的有效落实。近几年来，住宅工程质量总体上是好的，但在一些住宅工程中，违反建设程序、降低质量标准、违规违章操作、执法监督不力等现象依然存在，重大质量事故仍有发生。为进一步加强质量管理，强化质量责任，切实保证住宅工程质量，现将有关问题通知如下：

一、强化住宅工程质量责任，规范建设各方主体行为

（一）建设单位的责任。建设单位要严格履行项目用地许可、规划许可、招投标、施工图审查、施工许可、委托监理、质量安全监督、工程竣工验收、工程技术档案移交、工程质量保修等法定职责，依法承担住宅工程质量的全面管理责任。建设单位要落实项目法人责任制，设立质量管理机构并配备专职人员，高度重视项目前期的技术论证，及时提供住宅工程所需的基础资料，统一协调安排住宅工程建设各相关方的工作；要加强对勘察、设计、采购和施工质量的过程控制和验收管理，不得将住宅工程发包给不具有相应资质等级的勘察、设计、施工、监理等单位，不得将住宅工程肢解发包，不得违规指定分包单位，不得以任何明示或暗示的方式要求勘察、设计、施工、监理等单位违反法律、法规、工程建设标准和任意更改相

关工作的成果及结论；要严格按照基本建设程序进行住宅工程建设，不得以任何名义不履行法定建设程序或擅自简化建设程序；要保证合理的工期和造价，严格执行有关工程建设标准，确保住宅工程质量。

（二）勘察单位的责任。勘察单位要严格按照法律、法规、工程建设标准进行勘察，对住宅工程的勘察质量依法承担责任。勘察单位要建立健全质量管理体系，全面加强对现场踏勘、勘察纲要编制、现场作业、土工试验和成果资料审核等关键环节的管理，确保勘察工作内容满足国家法律、法规、工程建设标准和工程设计与施工的需要；要强化质量责任制，落实注册土木工程师（岩土）执业制度，加强对钻探描述（记录）员、机长、观测员、试验员等作业人员的岗位培训；要增强勘察从业人员的质量责任意识，及时整理、核对勘察过程中的各类原始记录，不得虚假勘察，不得离开现场进行追记、补记和修改记录，保证地质、测量、水文等勘察成果资料的真实性和准确性。

（三）设计单位的责任。设计单位要严格按照法律、法规、工程建设标准、规划许可条件和勘察成果文件进行设计，对住宅工程的设计质量依法承担责任。设计单位要建立健全质量管理体系，加强设计过程的质量控制，保证设计质量符合工程建设标准和设计深度的要求；要依法设计、精心设计，坚持以人为本，对容易产生质量通病的部位和环节，实施优化及细化设计；要配备足够数量和符合资格的设计人员做好住宅工程设计和现场服务工作，严禁采用未按规定审定的可能影响住宅工程质量和安全的技术和材料；要进一步强化注册建筑师、勘察设计注册工程师等执业人员的责任意识，加强文件审查，对不符合要求的设计文件不得签字认可，确保所签章的设计文件能够满足住宅工程对安全、抗震、节能、防火、环保、无障碍设计、公共卫生和居住方便等结构安全和使用功能的需要，并在设计使用年限内有足够的可靠性。

（四）施工单位的责任。施工单位要严格按照经审查合格的施工图设计文件和施工技术标准进行施工，对住宅工程的施工质量依法承担责任。施工单位要建立健全质量管理体系，强化质量责任制，确定符合规定并满足施工需要的项目管理机构和项目经理、技术负责人等主要管理人员，不得转包和违法分包，不得擅自修改设计文件，不得偷工减料；要建立健全教育培训制度，所有施工管理和作业人员必须经过教育培训且考核合格后方可上岗；要按照工程设计要求、施工技术标准和合同约定，对建筑材料、建筑构配件、设备和商品混凝土进行检验，未经检验或者检验不合格的，不得使用；要健全施工过程的质量检验检测制度，做好工程重要结构部位和隐蔽工程的质量检查和记录，隐蔽工程在隐蔽前，要按规定通知有关单位验收；要对施工或者竣工验收中出现质量问题的住宅工程负责返修，对已竣工验收合格并交付使用的住宅工程要按规定承担保修责任。

（五）监理单位的责任。监理单位要严格依照法律、法规以及有关技术标准、设计文件和建设工程承包合同进行监理，对住宅工程的施工质量依法承担监理责任。监理单位因不按照监理合同约定履行监理职责，给建设单位造成损失的，要承担违约赔偿责任；因监理单位弄虚作假，降低工程质量标准，造成工程质量事故的，要依法承担相应法律责任。监理单位要建立健全质量管理体系，落实项目总监负责制，建立适宜的组织机构，配备足够的、专业配套的合格监理人员，严格按照监理规划和规定的监理程序开展监理工作，不得转让工程监理业务，不得与被监理的住宅工程的施工单位以及建筑材料、建筑构配件和设备供应单位有隶属关系或其他利害关系。监理人员要按规定采取旁站、巡视、平行检验等多种形式，及时到位进行监督检查，对达不到规定要求的材料、设备、工程以及不符合要求的施工组织设计、施工方案不得签字放行，并按规定及时向建设单位和有关部门报告，确保监理工作质量。

（六）有关专业机构的责任。工程质量检测机构依法对其检测数据和检测报告的真实性和准确性负责，因违反国家有关规定给他人造成损失的，要依法承担相应赔偿责任及其他法律责任。工程质量检测机构要建立健全质量管理体系，严格依据法律、法规、工程建设标准和批准的资质范围实施质量检测，不得转包检测业务，不得与承接工程项目建设的各方有隶属关系或其他利害关系；要加强检测工程的质量监控，保证检测报告真实有效、结论明确，并要将检测过程中发现的建设、监理、施工等单位违反国家有关规定以及涉及结构安全检测结果的不合格情况，及时按规定向有关部门报告。施工图审查机构要依法对施工图设计文件（含勘察文件，下同）质量承担审查责任。施工图设计文件经审查合格后，仍有违反法律、法规和工程建设强制性标准的问题，给建设单位造成损失的，要依法承担相应赔偿责任。施工图审查机构要建立健全内部质量管理制度，配备合格、专业配套的审查人员，严格按照国家有关规定和认定范围进行审查，不得降低标准或虚假审查，并要按规定将审查过程中发现的建设、勘察、设计单位和注册执业人员的违法违规行为向有关部门报告。

二、加强住宅工程质量管理，严格执行法定基本制度

（七）加强市场准入清出管理。住宅工程要严格执行房地产开发、招标代理、勘察、设计、施工、监理等企业资质管理制度，严禁企业无资质或超越资质等级和业务范围承揽业务。要健全关键岗位个人注册执业签章制度，严禁执业人员出租、出借执业证书和印章，从事非法执业活动。对不满足资质标准、存在违法违规行为，以及出租、出借、重复注册、不履行执业责任等行为的企业和执业人员，要依法进行处罚。对发生重大质量事故的，要依法降低资质等级、吊销资质证书、吊销执业资格并追究其他法律责任。

（八）加强工程招标投标管理。住宅工程要依法执行招标投标制度。严禁围标、串标，严禁招标代理机构串通招标人或投标人操纵招标投标。要加强评标专家管理，建立培训、考核、评价制度，规范评标专家行为，健全评标专家退出机制；完善评标方法和标准，坚决制止不经评审的最低价中标的做法。对存在围标、串标的企业以及不正确履行职责的招标代理机构、评标专家要依法进行处罚；对情节严重的，要依法降低资质等级、吊销资质证书、取消评标专家资格并追究其他法律责任。

（九）加强合同管理。住宅工程的工程总承包、施工总承包、专业承包、劳务分包以及勘察、设计、施工、监理、项目管理等都要依法订立书面合同。各类合同都应有明确的承包范围、质量要求以及违约责任等内容。对于违反合同的单位，要依法追究违约责任。发生合同争议时，合同各方应积极协商解决，协商不成，要及时通过仲裁或诉讼妥善解决，维护合法权益。各地要加强合同备案管理制度，及时掌握合同履约情况，减少合同争议的发生。对因合同争议而引发群体性事件或突发性事件，损害房屋所有人、使用人以及施工作业人员合法权益，以及存在转包、挂靠、违法分包、签订阴阳合同等违法违规行为的单位，要依法进行处罚，并追究单位法定代表人的责任。

（十）加强施工许可管理。住宅工程要严格执行施工许可制度。依法必须申请领取施工许可证的住宅工程未取得施工许可手续的，不得擅自开工建设。任何单位和个人不得将应该申请领取施工许可证的工程项目分解为若干限额以下的工程项目，规避申请领取施工许可证。各地要切实加强施工许可证的发放管理，严格依法审查住宅工程用地、规划、设计等前置条件，不符合法定条件的不得颁发施工许可证。对存在违法开工行为的单位和个人，要依法进行处罚，并追究建设单位和施工单位法定代表人的责任。对于不按规定颁发施工许可证的有关部门和个人，要依法追究法律责任。

（十一）加强施工图审查管理。建设单位要严格执行施工图设计文件审查制度，及时将住宅工程施工图设计文件报有关机构审查；要先行将勘察文件报审，不得将勘察文件和设计文件同时报审，未经审查合格的勘察文件不得作为设计依据。施工图审查机构要重点对住宅工程的地基基础和主体结构的安全性、防火、抗震、节能、环保以及厨房、卫生间等关键场所的设计质量是否符合工程建设强制性标准进行审查，任何单位和个人不得擅自修改已审查合格的施工图设计文件。确需修改的，建设单位要按有关规定将修改后的施工图设计文件送原审查机构审查。凡出具虚假审查合格书或未尽审查职责的审查机构和审查人员要依法承担相应责任。

（十二）加强总承包责任管理。住宅工程实行总承包的要严格执行国家有关法律、法规，总承包单位分包工程要取得建设单位书面认可。严禁总承包单位将承接工程转包或将其主体工程分包，严禁分包单位将分包工程再分包。对转包和违法分包的单位，要依法停业整顿，降低资质等级，情节严重的要依法吊销资质证书。要认真落实总承包单位负责制，总承包单位要按照合同约定加强对分包单位的组织协调和管理，并对所承接工程质量负总责。对因分包单位责任导致工程质量事故的，总承包单位要承担连带责任。

（十三）加强建筑节能管理。建设单位要严格遵守国家建筑节能的有关法律法规，按照相应的建筑节能标准和技术要求委托住宅工程项目的规划设计、开工建设、组织竣工验收，不得以任何理由要求设计、施工等单位擅自修改经审查合格的节能设计文件，降低建筑节能标准。勘察、设计、施工、监理单位及其注册执业人员，要严格按照建筑节能强制性标准开展工作，加强节能管理，提高能源利用效率和可再生能源利用水平，保证住宅工程建筑节能质量。对违反国家有关节能规定，降低建筑节能标准的有关单位和个人，要依法追究法律责任。

（十四）加强工期和造价管理。合理工期和造价是保证住宅工程质量的重要前提。建设单位要从保证住宅工程安全和质量的角度出发，科学确定住宅工程合理工期以及勘察、设计和施工等各阶段的合理时间；要在住宅工程合同中明确合理工期要求，并严格约定工期调整的前提和条件。建设、勘察、设计和施工等单位要严格执行住宅工程合同，任何单位和个人不得任意压缩合理工期，不得不顾客观规律随意调整工期。建设单位要严格

执行国家有关工程造价计价办法和计价标准，不得任意降低住宅工程质量标准，不得要求承包方以低于成本的价格竞标。勘察、设计、施工和监理等单位要严格执行国家有关收费标准，坚持质量第一，严禁恶意压价竞争。对违反国家有关规定，任意压缩合理工期或降低工程造价造成工程质量事故的有关单位和个人，要依法追究法律责任。

（十五）加强施工现场组织管理。施工单位要建立施工现场管理责任制，全面负责施工过程中的现场管理。住宅工程实行总承包的，由总包方负责施工现场的统一管理，分包方在总包方的统一管理下，在其分包范围内实施施工现场管理。施工单位要按规定编制施工组织设计和专项施工方案并组织实施。任何单位和个人不得擅自修改已批准的施工组织设计和施工方案。建设单位要指定施工现场总代表人，全面负责协调施工现场的组织管理。建设单位要根据事先确定的设计、施工方案，定期对住宅工程项目实施情况进行检查，督促施工现场的设计、施工、监理等单位加强现场管理，并及时处理和解决有关问题，切实保证住宅工程建设及原有地下管线、地下建筑和周边建筑、构筑物的质量安全。设计单位要加强住宅工程项目实施过程中的驻场设计服务，及时解决与设计有关的各种问题。要加强与建设、施工单位的沟通，不断优化设计方案，保证工程质量。监理单位要加强对施工现场的巡查，认真履行对重大质量问题和事故的督促整改和报告的责任。对于因建设、设计、施工和监理单位未正确履行现场组织管理职责，造成工程质量事故的，要依法进行处罚，并追究单位法定代表人的责任。

（十六）加强竣工验收管理。住宅工程建成后，建设单位要组织勘察、设计、施工、监理等有关单位严格按照规定的组织形式、验收程序和验收标准进行竣工验收，并及时将有关验收文件报有关住房和城乡建设主管部门备案。各地要加强对住宅工程竣工验收备案的管理，将竣工验收备案情况及时向社会公布。未经验收或验收不合格的住宅工程不得交付使用。住宅工程经竣工验收备案后，方可办理房屋所有权证。对发现建设单位在竣工验收过程中有违反国家有关建设工程质量管理规定以及建筑节能强制性标准行为的，或采用虚假证明文件办理工程竣工验收备案的住宅工程项目，要限期整改，重新组织竣工验收，并依法追究建设单位及其法定代表人的责任。

有条件的地区，在住宅工程竣工验收前，要积极推行由建设单位组织实施的分户验收。若住房地基基础和主体结构质量经法定检测不符合验收质量标准或全装修住房的装饰装修标准不符合合同约定的，购房人有权按照合同约定向建设单位索赔。

（十七）加强工程质量保修管理。建设单位要按照国家有关工程质量保修规定和住宅质量保证书承诺的内容承担相应法律责任。施工单位要按照国家有关工程质量保修规定和工程质量保修书的要求，对住宅工程竣工验收后在保修期限内出现的质量缺陷予以修复。在保修期内，因住宅工程质量缺陷造成房屋所有人、使用人或者第三方人身、财产损害的，房屋所有人、使用人或者第三方可以向建设单位提出赔偿要求，建设单位可以向造成房屋建筑工程质量缺陷的责任方追偿。对因不履行保修义务或保修不及时、不到位，造成工程质量事故的建设单位和施工单位，要依法追究法律责任。建设单位要逐步推进质量安全保险机制，在住宅工程项目中实行工程质量保险，为用户在工程竣工一定时期内出现的质量缺陷提供保险。

（十八）加强工程质量报告工作。各地要建立住宅工程质量报告制度。建设单位要按工程进度及时向工程项目所在地住房和城乡建设主管部门报送工程质量报告。质量报告要如实反映工程质量情况，工程质量负责人和监理负责人要对填报的内容签字负责。住宅工程发生重大质量事故，事故发生单位要依法向工程项目所在地住房和城乡建设主管部门及有关部门报告。对弄虚作假和隐瞒不报的，要依法追究有关单位责任人和建设单位法定代表人的责任。

（十九）加强城市建设档案管理。住宅工程要按照《城市建设档案管理规定》有关要求，建立健全项目档案管理制度。建设单位要组织勘察、设计、施工、监理等有关单位严格按照规定收集、整理、归档从项目决策立项到工程竣工验收各环节的全部文件资料及竣工图，并在规定时限内向城市建设档案管理机构报送。城市建设档案管理机构和档案管理人员要严格履行职责，认真做好档案的登记、验收、保管和保护工作。对未按照规定移交建设工程档案的建设单位以及在档案管理中失职的有关单位和人员，要依法严肃处理。

（二十）加强应急救援管理。建设单位要建立健全应急抢险组织，充分考虑住宅工程施工过程中可能出现的紧急情况，制定施工应急救援预案，并开展应急救援预案的演练。施工单位要根据住宅工程施工特点制定切实可行的应急救援预案，配备相应装备和人员，并按有关规定进行演练。监理单位要审查应急救援预案并督促落实各项应急准备措施。住宅工程施工现场各有关单位要重视应急救援管理,共同建立起与政府应急体系的联动机制,确保应急救援反应灵敏、行动迅速、处置得力。

三、强化工程质量负责制,落实住宅工程质量责任

(二十一)强化建设单位法定代表人责任制。建设单位是住宅工程的主要质量责任主体,要依法对所建设的商品住房、保障性安居工程等住宅工程在设计使用年限内的质量负全面责任。建设单位的法定代表人要对所建设的住宅工程质量负主要领导责任。住宅工程发生工程质量事故的,除依法追究建设单位及有关责任人的法律责任以外,还要追究建设单位法定代表人的领导责任。对政府部门作为建设单位直接负责组织建设的保障性安居工程发生工程质量事故的,除依法追究有关责任人外,还要追究政府部门相关负责人的领导责任。

(二十二)强化参建单位法定代表人责任制。勘察、设计、施工、监理等单位按照法律规定和合同约定对所承接的住宅工程承担相应法律责任。勘察、设计、施工、监理等单位的法定代表人,对所承接的住宅工程项目的工程质量负领导责任。因参建单位责任导致工程质量事故的,除追究直接责任人的责任外,还要追究参建单位法定代表人的领导责任。

(二十三)强化关键岗位执业人员负责制。住宅工程项目要严格执行国家规定的注册执业管理制度。注册建筑师、勘察设计注册工程师、注册监理工程师、注册建造师等注册执业人员应对其法定义务内的工作和签章文件负责。因注册执业人员的过错造成工程质量事故的,要依法追究注册执业人员的责任。

(二十四)强化工程质量终身负责制。住宅工程的建设、勘察、设计、施工、监理等单位的法定代表人、工程项目负责人、工程技术负责人、注册执业人员要按各自职责对所承担的住宅工程项目在设计使用年限内的质量负终身责任。违反国家有关建设工程质量管理规定,造成重大工程质量事故的,无论其在何职何岗、身居何处,都要依法追究相应责任。

四、加强政府监管和社会监督,健全住宅工程质量监督体系

(二十五)加强政府监管。各级住房城乡建设主管部门要加强对建设、勘察、设计、施工、监理以及质量检测、施工图审查等有关单位执行建设工程质量管理规定和工程建设标准情况的监督检查。要加大对住宅工程质量的监管力度,特别要加大对保障性安居工程质量的监管力度。要充分发挥工程质量监督机构的作用,严格按照工程建设标准,依法对住宅工程实行强制性工程质量监督检查,对在监督检查中发现的问题,各有关单位要及时处理和整改。对检查中发现问题较多的住宅工程,要加大检查频次,并将其列入企业的不良记录。对检查中发现有重大工程质量问题的项目,要及时发出整改通知,限期进行整改,对违法违规行为要依法予以查处。要加强质量监管队伍建设,充实监管人员,提供必要的工作条件和经费;要严格质量监督机构和人员的考核,进一步加强监管人员培训教育,提高监管机构和监管人员执法能力,保障住宅工程质量监管水平。

地方政府要切实负起农房建设质量安全的监管责任,采取多种形式加强对农房建设质量安全的监督管理工作,加大对农民自建低层住宅的技术服务和指导。实施统建的,要参照本文件进行管理,并严格执行有关质量管理规定。

(二十六)加强社会监督。建设单位要在住宅工程施工现场的显著部位,将建设、勘察、设计、施工、监理等单位的名称、联系电话、主要责任人姓名和工程基本情况挂牌公示。住宅工程建成后,建设单位须在每栋建筑物明显部位永久标注建设、勘察、设计、施工、监理单位的名称及主要责任人的姓名,接受社会监督。各地和有关单位要公布质量举报电话,建立质量投诉渠道,完善投诉处理制度。要进一步加强信息公开制度,及时向社会公布住宅建筑工程质量的相关信息,切实发挥媒体与公众的监督作用。所有单位、个人和新闻媒体都有权举报和揭发工程质量问题。各有关单位要及时处理在社会监督中发现的问题,对于不能及时处理有关问题的单位和个人,要依法进行处罚。

(二十七)加强组织领导。各地要高度重视,加强领导,认真贯彻"百年大计,质量第一"的方针,充分认识保证住宅工程质量的重要性,要把强化质量责任,保证住宅工程质量摆在重要位置。要认真贯彻中共中央办公厅、国务院办公厅《关于实行党政领导干部问责的暂行规定》,严格落实党政领导干部问责制,对发生住宅工程质量事故的,除按有关法律法规追究有关单位和个人的责任外,还要严格按照规定的问责内容、问责程序,对有关党政领导干部进行问责。各地要结合本地区住宅工程质量实际情况,切实采取有效措施,进一步做好宣传和教育工作,增强各单位及从业人员的责任意识,切实将住宅工程质量责任落实到位,真正确保住宅工程质量。

·文书范本

GF—2020—0216

建设项目工程总承包合同

(示范文本)

中华人民共和国住房和城乡建设部
国家市场监督管理总局　　制定

说　明

为指导建设项目工程总承包合同当事人的签约行为,维护合同当事人的合法权益,依据《中华人民共和国民法典》、《中华人民共和国建筑法》、《中华人民共和国招标投标法》以及相关法律、法规,住房和城乡建设部、市场监管总局对《建设项目工程总承包合同示范文本(试行)》(GF-2011-0216)进行了修订,制定了《建设项目工程总承包合同(示范文本)》(GF-2020-0216)(以下简称《示范文本》)。现就有关问题说明如下:

一、《示范文本》的组成

《示范文本》由合同协议书、通用合同条件和专用合同条件三部分组成。

(一)合同协议书

《示范文本》合同协议书共计11条,主要包括:工程概况、合同工期、质量标准、签约合同价与合同价格形式、工程总承包项目经理、合同文件构成、承诺、订立时间、订立地点、合同生效和合同份数,集中约定了合同当事人基本的合同权利义务。

(二)通用合同条件

通用合同条件是合同当事人根据《中华人民共和国民法典》、《中华人民共和国建筑法》等法律法规的规定,就工程总承包项目的实施及相关事项,对合同当事人的权利义务作出的原则性约定。通用合同条件共计20条,具体条款分别为:第1条 一般约定,第2条 发包人,第3条 发包人的管理,第4条 承包人,第5条 设计,第6条 材料、工程设备,第7条 施工,第8条 工期和进度,第9条 竣工试验,第10条 验收和工程接收,第11条 缺陷责任与保修,第12条 竣工后试验,第13条 变更与调整,第14条 合同价格与支付,第15条 违约,第16条 合同解除,第17条 不可抗力,第18条 保险,第19条 索赔,第20条 争议解决。前述条款安排既考虑了现行法律法规对工程总承包活动的有关要求,也考虑了工程总承包项目管理的实际需要。

(三)专用合同条件

专用合同条件是合同当事人根据不同建设项目的特点及具体情况,通过双方的谈判、协商对通用合同条件原则性约定细化、完善、补充、修改或另行约定的合同条件。在编写专用合同条件时,应注意以下事项:

1. 专用合同条件的编号应与相应的通用合同条件的编号一致;

2. 在专用合同条件中有横道线的地方,合同当事人可针对相应的通用合同条件进行细化、完善、补充、修改或另行约定;如无细化、完善、补充、修改或另行约定,则填写"无"或划"/";

3. 对于在专用合同条件中未列出的通用合同条件中的条款,合同当事人根据建设项目的具体情况认为需要进行细化、完善、补充、修改或另行约定的,可在专用合同条件中,以同一条款号增加相关条款的内容。

二、《示范文本》的适用范围

《示范文本》适用于房屋建筑和市政基础设施项目工程总承包承发包活动。

三、《示范文本》的性质

《示范文本》为推荐使用的非强制性使用文本。合同当事人可结合建设工程具体情况,参照《示范文本》订立合同,并按照法律法规和合同约定承担相应的法律责任及合同权利义务。

第一部分　合同协议书

发包人(全称):＿＿＿＿＿＿＿＿＿＿＿＿＿＿＿＿＿＿

承包人(全称):＿＿＿＿＿＿＿＿＿＿＿＿＿＿＿＿＿＿

根据《中华人民共和国民法典》、《中华人民共和国建筑法》及有关法律规定,遵循平等、自愿、公平和诚实信用的原则,双方就＿＿＿＿＿＿＿＿＿＿＿＿＿＿＿＿项目的工程总承包及有关事项协商一致,共同达成如下协议:

一、工程概况

1. 工程名称:＿＿＿。
2. 工程地点:＿＿＿。
3. 工程审批、核准或备案文号:＿＿＿＿＿＿＿＿＿＿＿＿＿＿＿＿＿＿＿＿＿＿＿＿＿＿＿＿＿＿＿＿＿＿。
4. 资金来源:＿＿。
5. 工程内容及规模:＿＿。
6. 工程承包范围:＿＿＿。

二、合同工期

计划开始工作日期:＿＿＿＿＿＿年＿＿＿月＿＿＿日。

计划开始现场施工日期:＿＿＿＿＿＿年＿＿＿月＿＿＿日。

计划竣工日期:＿＿＿＿＿＿年＿＿＿月＿＿＿日。

工期总日历天数:＿＿＿＿＿天,工期总日历天数与根据前述计划日期计算的工期天数不一致的,以工期总日历天数为准。

三、质量标准

工程质量标准:＿＿＿。

四、签约合同价与合同价格形式

1. 签约合同价(含税)为:

人民币(大写)＿＿＿＿＿＿＿＿＿(￥＿＿＿＿＿＿元)。

具体构成详见价格清单。其中:

(1)设计费(含税):

人民币(大写)＿＿＿＿＿＿＿＿(￥＿＿＿＿＿元);适用税率:＿＿＿＿＿%,税金为人民币(大写)＿＿＿＿＿＿＿＿(￥＿＿＿＿＿元);

(2)设备购置费(含税):

人民币(大写)＿＿＿＿＿＿＿＿(￥＿＿＿＿＿元);适用税率:＿＿＿＿＿%,税金为人民币(大写)＿＿＿＿＿＿＿＿(￥＿＿＿＿＿元);

(3)建筑安装工程费(含税):

人民币(大写)＿＿＿＿＿＿＿＿(￥＿＿＿＿＿元);适用税率:＿＿＿＿＿%,税金为人民币(大写)＿＿＿＿＿＿＿＿(￥＿＿＿＿＿元);

(4)暂估价(含税):

人民币(大写)＿＿＿＿＿＿＿＿＿(￥＿＿＿＿＿＿元)。

(5)暂列金额(含税):

人民币(大写)＿＿＿＿＿＿＿＿＿(￥＿＿＿＿＿＿元)。

(6)双方约定的其他费用(含税):

人民币(大写)＿＿＿＿＿＿＿＿(￥＿＿＿＿＿元);适用税率:＿＿＿＿＿%,税金为人民币(大写)＿＿＿＿＿＿＿＿(￥＿＿＿＿＿元)。

2. 合同价格形式:

合同价格形式为总价合同,除根据合同约定的在工程实施过程中需进行增减的款项外,合同价格不予调整,但合同当事人另有约定的除外。

合同当事人对合同价格形式的其他约定：_____。

五、工程总承包项目经理
工程总承包项目经理：_____。

六、合同文件构成
本协议书与下列文件一起构成合同文件：
(1)中标通知书(如果有)；
(2)投标函及投标函附录(如果有)；
(3)专用合同条件及《发包人要求》等附件；
(4)通用合同条件；
(5)承包人建议书；
(6)价格清单；
(7)双方约定的其他合同文件。
上述各项合同文件包括双方就该项合同文件所作出的补充和修改，属于同一类内容的合同文件应以最新签署的为准。专用合同条件及其附件须经合同当事人签字或盖章。

七、承诺
1. 发包人承诺按照法律规定履行项目审批手续、筹集工程建设资金并按照合同约定的期限和方式支付合同价款。
2. 承包人承诺按照法律规定及合同约定组织完成工程的设计、采购和施工等工作，确保工程质量和安全，不进行转包及违法分包，并在缺陷责任期及保修期内承担相应的工程维修责任。

八、订立时间
本合同于_____年____月____日订立。

九、订立地点
本合同在_____订立。

十、合同生效
本合同经双方签字或盖章后成立，并自_____生效。

十一、合同份数
本合同一式_____份，均具有同等法律效力，发包人执_____份，承包人执_____份。

发包人：（公章）	承包人：（公章）
法定代表人或其委托代理人：	法定代表人或其委托代理人：
（签字）	（签字）
统一社会信用代码：_____	统一社会信用代码：_____
地址：_____	地址：_____
邮政编码：_____	邮政编码：_____
法定代表人：_____	法定代表人：_____
委托代理人：_____	委托代理人：_____
电话：_____	电话：_____
传真：_____	传真：_____
电子信箱：_____	电子信箱：_____
开户银行：_____	开户银行：_____
账号：_____	账号：_____

第二部分 通用合同条件

第 1 条 一般约定

1.1 词语定义和解释

合同协议书、通用合同条件、专用合同条件中的下列词语应具有本款所赋予的含义:

1.1.1 合同

1.1.1.1 合同:是指根据法律规定和合同当事人约定具有约束力的文件,构成合同的文件包括合同协议书、中标通知书(如果有)、投标函及其附录(如果有)、专用合同条件及其附件、通用合同条件、《发包人要求》、承包人建议书、价格清单以及双方约定的其他合同文件。

1.1.1.2 合同协议书:是指构成合同的由发包人和承包人共同签署的称为"合同协议书"的书面文件。

1.1.1.3 中标通知书:是指构成合同的由发包人通知承包人中标的书面文件。中标通知书随附的澄清、说明、补正事项纪要等,是中标通知书的组成部分。

1.1.1.4 投标函:是指构成合同的由承包人填写并签署的用于投标的称为"投标函"的文件。

1.1.1.5 投标函附录:是指构成合同的附在投标函后的称为"投标函附录"的文件。

1.1.1.6 《发包人要求》:指构成合同文件组成部分的名为《发包人要求》的文件,其中列明工程的目的、范围、设计与其他技术标准和要求,以及合同双方当事人约定对其所作的修改或补充。

1.1.1.7 项目清单:是指发包人提供的载明工程总承包项目勘察费(如果有)、设计费、建筑安装工程费、设备购置费、暂估价、暂列金额和双方约定的其他费用的名称和相应数量等内容的项目明细。

1.1.1.8 价格清单:指构成合同文件组成部分的由承包人按发包人提供的项目清单规定的格式和要求填写并标明价格的清单。

1.1.1.9 承包人建议书:指构成合同文件组成部分的名为承包人建议书的文件。承包人建议书由承包人随投标函一起提交。

1.1.1.10 其他合同文件:是指经合同当事人约定的与工程实施有关的具有合同约束力的文件或书面协议。合同当事人可以在专用合同条件中进行约定。

1.1.2 合同当事人及其他相关方

1.1.2.1 合同当事人:是指发包人和(或)承包人。

1.1.2.2 发包人:是指与承包人订立合同协议书的当事人及取得该当事人资格的合法继受人。本合同中"因发包人原因"里的"发包人"包括发包人及所有发包人人员。

1.1.2.3 承包人:是指与发包人订立合同协议书的当事人及取得该当事人资格的合法继受人。

1.1.2.4 联合体:是指经发包人同意由两个或两个以上法人或者其他组织组成的,作为承包人的临时机构。

1.1.2.5 发包人代表:是指由发包人任命并派驻工作现场,在发包人授权范围内行使发包人权利和履行发包人义务的人。

1.1.2.6 工程师:是指在专用合同条件中指明的,受发包人委托按照法律规定和发包人的授权进行合同履行管理、工程监督管理等工作的法人或其他组织;该法人或其他组织应雇用一名具有相应执业资格和职业能力的自然人作为工程师代表,并授予其根据本合同代表工程师行事的权利。

1.1.2.7 工程总承包项目经理:是指由承包人任命的,在承包人授权范围内负责合同履行的管理,且按照法律规定具有相应资格的项目负责人。

1.1.2.8 设计负责人:是指承包人指定负责组织、指导、协调设计工作并具有相应资格的人员。

1.1.2.9 采购负责人:是指承包人指定负责组织、指导、协调采购工作的人员。

1.1.2.10 施工负责人:是指承包人指定负责组织、指导、协调施工工作并具有相应资格的人员。

1.1.2.11 分包人:是指按照法律规定和合同约定,分包部分工程或工作,并与承包人订立分包合同的具有相应资质或资格的法人或其他组织。

1.1.3 工程和设备

1.1.3.1 工程:是指与合同协议书中工程承包范围对应的永久工程和(或)临时工程。

1.1.3.2 工程实施:是指进行工程的设计、采购、施工和竣工以及对工程任何缺陷的修复。

1.1.3.3 永久工程:是指按合同约定建造并移交给发包人的工程,包括工程设备。

1.1.3.4 临时工程:是指为完成合同约定的永久工程所修建的各类临时性工程,不包括施工设备。

1.1.3.5 单位/区段工程:是指在专用合同条件中指明特定范围的,能单独接收和使用的永久工程。

1.1.3.6 工程设备:指构成永久工程的机电设备、仪器装置、运载工具及其他类似的设备和装置,包括其配件及备品、备件、易损易耗件等。

1.1.3.7 施工设备:指为完成合同约定的各项工作所需的设备、器具和其他物品,不包括工程设备、临时工程和材料。

1.1.3.8　临时设施：指为完成合同约定的各项工作所服务的临时性生产和生活设施。

1.1.3.9　施工现场：是指用于工程施工的场所，以及在专用合同条件中指明作为施工场所组成部分的其他场所，包括永久占地和临时占地。

1.1.3.10　永久占地：是指专用合同条件中指明为实施工程需永久占用的土地。

1.1.3.11　临时占地：是指专用合同条件中指明为实施工程需临时占用的土地。

1.1.4　日期和期限

1.1.4.1　开始工作通知：指工程师按第8.1.2项［开始工作通知］的约定通知承包人开始工作的函件。

1.1.4.2　开始工作日期：包括计划开始工作日期和实际开始工作日期。计划开始工作日期是指合同协议书约定的开始工作日期；实际开始工作日期是指工程师按照第8.1款［开始工作］约定发出的符合法律规定的开始工作通知中载明的开始工作日期。

1.1.4.3　开始现场施工日期：包括计划开始现场施工日期和实际开始现场施工日期。计划开始现场施工日期是指合同协议书约定的开始现场施工日期；实际开始现场施工日期是指工程师发出的符合法律规定的开工通知中载明的开始现场施工日期。

1.1.4.4　竣工日期：包括计划竣工日期和实际竣工日期。计划竣工日期是指合同协议书约定的竣工日期；实际竣工日期按照第8.2款［竣工日期］的约定确定。

1.1.4.5　工期：是指在合同协议书约定的承包人完成合同工作所需的期限，包括按照合同约定所作的期限变更及按合同约定承包人有权取得的工期延长。

1.1.4.6　缺陷责任期：是指发包人预留工程质量保证金以保证承包人履行第11.3款［缺陷调查］下质量缺陷责任的期限。

1.1.4.7　保修期：是指承包人按照合同约定和法律规定对工程质量承担保修责任的期限，该期限自缺陷责任期起算之日起计算。

1.1.4.8　基准日期：招标发包的工程以投标截止日前28天的日期为基准日期，直接发包的工程以合同订立前28天的日期为基准日期。

1.1.4.9　天：除特别指明外，均指日历天。合同中按天计算时间的，开始当天不计入，从次日开始计算。期限最后一天的截止时间为当天24:00。

1.1.4.10　竣工试验：是指在工程竣工验收前，根据第9条［竣工试验］要求进行的试验。

1.1.4.11　竣工验收：是指承包人完成了合同约定的各项内容后，发包人按合同要求进行的验收。

1.1.4.12　竣工后试验：是指在工程竣工验收后，根据第12条［竣工后试验］约定进行的试验。

1.1.5　合同价格和费用

1.1.5.1　签约合同价：是指发包人和承包人在合同协议书中确定的总金额，包括暂估价及暂列金额等。

1.1.5.2　合同价格：是指发包人用于支付承包人按照合同约定完成承包范围内全部工作的金额，包括合同履行过程中按合同约定发生的价格变化。

1.1.5.3　费用：是指为履行合同所发生的或将要发生的所有合理开支，包括管理费和应分摊的其他费用，但不包括利润。

1.1.5.4　人工费：是指支付给直接从事建筑安装工程施工作业的建筑工人的各项费用。

1.1.5.5　暂估价：是指发包人在项目清单中给定的，用于支付必然发生但暂时不能确定价格的专业服务、材料、设备、专业工程的金额。

1.1.5.6　暂列金额：是指发包人在项目清单中给定的，用于在订立协议书时尚未确定或不可预见变更的设计、施工及其所需材料、工程设备、服务等的金额，包括以计日工方式支付的金额。

1.1.5.7　计日工：是指合同履行过程中，承包人完成发包人提出的零星工作或需要采用计日工计价的变更工作时，按合同中约定的单价计价的一种方式。

1.1.5.8　质量保证金：是指按第14.6款［质量保证金］约定承包人用于保证其在缺陷责任期内履行缺陷修复义务的担保。

1.1.6　其他

1.1.6.1　书面形式：指合同文件、信函、电报、传真、数据电文、电子邮件、会议纪要等可以有形地表现所载内容的形式。

1.1.6.2　承包人文件：指由承包人根据合同约定应提交的所有图纸、手册、模型、计算书、软件、函件、洽商性文件和其他技术性文件。

1.1.6.3　变更：指根据第13条［变更与调整］的约定，经指示或批准对《发包人要求》或工程所做的改变。

1.2　语言文字

合同文件以中国的汉语简体语言文字编写、解释和说明。专用术语使用外文的，应附有中文注释。合同当事人在专用合同条件约定使用两种及以上语言时，汉语为优先解释和说明合同的语言。

与合同有关的联络应使用专用合同条件约定的语言。

如没有约定,则应使用中国的汉语简体语言文字。

1.3 法律

合同所称法律是指中华人民共和国法律、行政法规、部门规章,以及工程所在地的地方法规、自治条例、单行条例和地方政府规章等。

合同当事人可以在专用合同条件中约定合同适用的其他规范性文件。

1.4 标准和规范

1.4.1 适用于工程的国家标准、行业标准、工程所在地的地方性标准,以及相应的规范、规程等,合同当事人有特别要求的,应在专用合同条件中约定。

1.4.2 发包人要求使用国外标准、规范的,发包人负责提供原文版本和中文译本,并在专用合同条件中约定提供标准规范的名称、份数和时间。

1.4.3 没有相应成文规定的标准、规范时,由发包人在专用合同条件中约定的时间向承包人列明技术要求,承包人按约定的时间和技术要求提出实施方法,经发包人认可后执行。承包人需要对实施方法进行研发试验的,或须对项目人员进行特殊培训及其有特殊要求的,除签约合同价已包含此项费用外,双方应另行订立协议作为合同附件,其费用由发包人承担。

1.4.4 发包人对于工程的技术标准、功能要求高于或严于现行国家、行业或地方标准的,应当在《发包人要求》中予以明确。除专用合同条件另有约定外,应视为承包人在订立合同前已充分预见前述技术标准和功能要求的复杂程度,签约合同价中已包含由此产生的费用。

1.5 合同文件的优先顺序

组成合同的各项文件应互相解释,互为说明。除专用合同条件另有约定外,解释合同文件的优先顺序如下:

(1)合同协议书;
(2)中标通知书(如果有);
(3)投标函及投标函附录(如果有);
(4)专用合同条件及《发包人要求》等附件;
(5)通用合同条件;
(6)承包人建议书;
(7)价格清单;
(8)双方约定的其他合同文件。

上述各项合同文件包括合同当事人就该项合同文件所作出的补充和修改,属于同一类内容的文件,应以最新签署的为准。

在合同订立及履行过程中形成的与合同有关的文件均构成合同文件组成部分,并根据其性质确定优先解释顺序。

1.6 文件的提供和照管

1.6.1 发包人文件的提供

发包人应按照专用合同条件约定的期限、数量和形式向承包人免费提供前期工作相关资料、环境保护、气象水文、地质条件进行工程设计、现场施工等工程实施所需的文件。因发包人未按合同约定提供文件造成工期延误的,按照第8.7.1项[因发包人原因导致工期延误]约定办理。

1.6.2 承包人文件的提供

除专用合同条件另有约定外,承包人文件应包含下列内容,并用第1.2款[语言文字]约定的语言制作:

(1)《发包人要求》中规定的相关文件;
(2)满足工程相关行政审批手续所必须的应由承包人负责的相关文件;
(3)第5.4款[竣工文件]与第5.5款[操作和维修手册]中要求的相关文件。

承包人应按照专用合同条件约定的期限、名称、数量和形式向工程师提供应当由承包人编制的与工程设计、现场施工等工程实施有关的承包人文件。工程师对承包人文件有异议的,承包人应予以修改,并重新报送工程师。合同约定承包人文件应经审查的,工程师应在合同约定的期限内审查完毕,但工程师的审查并

不减轻或免除承包人根据合同约定应当承担的责任。承包人文件的提供和审查还应遵守第5.2款[承包人文件审查]和第5.4款[竣工文件]的约定。

1.6.3 文件错误的通知

任何一方发现文件中存在明显的错误或疏忽,应及时通知另一方。

1.6.4 文件的照管

除专用合同条件另有约定外,承包人应在现场保留一份合同、《发包人要求》中列出的所有文件、承包人文件、变更以及其他根据合同收发的往来信函。发包人和工程师有权在任何合理的时间查阅和使用上述所有文件。

1.7 联络

1.7.1 与合同有关的通知、批准、证明、证书、指示、指令、要求、请求、同意、意见、确定和决定等,均应采用书面形式,并应在合同约定的期限内(如无约定,应在合理期限内)通过特快专递或专人、挂号信、传真或双方商定的电子传输方式送达收件地址。

1.7.2 发包人和承包人应在专用合同条件中约定各自的送达方式和收件地址。任何一方合同当事人指定的送达方式或收件地址发生变动的,应提前3天以书面形式通知对方。

1.7.3 发包人和承包人应当及时签收另一方通过约

定的送达方式送达至收件地址的来往文件。拒不签收的，由此增加的费用和（或）延误的工期由拒绝接收一方承担。

1.7.4 对于工程师向承包人发出的任何通知，均应以书面形式由工程师或其代表签认后送交承包人实施，并抄送发包人；对于合同一方向另一方发出的任何通知，均应抄送工程师。对于由工程师审查后报发包人批准的事项，应由工程师向承包人出具经发包人签认的批准文件。

1.8 严禁贿赂

合同当事人不得以贿赂或变相贿赂的方式，谋取非法利益或损害对方权益。因一方合同当事人的贿赂造成对方损失的，应赔偿损失，并承担相应的法律责任。

承包人不得与工程师或发包人聘请的第三方串通损害发包人利益。未经发包人书面同意，承包人不得为工程师提供合同约定以外的通讯设备、交通工具及其他任何形式的利益，不得向工程师支付报酬。

1.9 化石、文物

在施工现场发掘的所有文物、古迹以及具有地质研究或考古价值的其他遗迹、化石、钱币或物品属于国家所有。一旦发现上述文物，承包人应采取合理有效的保护措施，防止任何人员移动或损坏上述物品，并立即报告有关政府行政管理部门，同时通知工程师。

发包人、工程师和承包人应按有关政府行政管理部门要求采取妥善的保护措施，由此增加的费用和（或）延误的工期由发包人承担。

承包人发现文物后不及时报告或隐瞒不报，致使文物丢失或损坏的，应赔偿损失，并承担相应的法律责任。

1.10 知识产权

1.10.1 除专用合同条件另有约定外，由发包人（或以发包人名义）编制的《发包人要求》和其他文件，就合同当事人之间而言，其著作权和其他知识产权应归发包人所有。承包人可以为实现合同目的而复制、使用此类文件，但不能用于与合同无关的其他事项。未经发包人书面同意，承包人不得为了合同以外的目的而复制、使用上述文件或将之提供给任何第三方。

1.10.2 除专用合同条件另有约定外，由承包人（或以承包人名义）为实施工程所编制的文件，承包人完成的设计工作成果和建造完成的建筑物，就合同当事人之间而言，其著作权和其他知识产权应归承包人享有。发包人可因实施工程的运行、调试、维修、改造等目的而复制、使用此类文件，但不能用于与合同无关的其他事项。未经承包人书面同意，发包人不得为合同以外的目的而复制、使用上述文件或将之提供给任何第三方。

1.10.3 合同当事人保证在履行合同过程中不侵犯对方及第三方的知识产权。承包人在工程设计、使用材料、施工设备、工程设备或采用施工工艺时，因侵犯他人的专利权或其他知识产权所引起的责任，由承包人承担；因发包人提供的材料、施工设备、工程设备或施工工艺导致侵权的，由发包人承担责任。

1.10.4 除专用合同条件另有约定外，承包人在投标文件中采用的专利、专有技术、商业软件、技术秘密的使用费已包含在签约合同价中。

1.10.5 合同当事人可就本合同涉及的合同一方、或合同双方（含一方或双方相关的专利商或第三方设计单位）的技术专利、建筑设计方案、专有技术、设计文件著作权等知识产权，订立知识产权及保密协议，作为本合同的组成部分。

1.11 保密

合同当事人一方对在订立和履行合同过程中知悉的另一方的商业秘密、技术秘密，以及任何一方明确要求保密的其它信息，负有保密责任。

除法律规定或合同另有约定外，未经对方同意，任何一方当事人不得将对方提供的文件、技术秘密以及声明需要保密的资料信息等商业秘密泄露给第三方或者用于本合同以外的目的。

一方泄露或者在本合同以外使用该商业秘密、技术秘密等保密信息给另一方造成损失的，应承担损害赔偿责任。当事人为履行合同所需要的信息，另一方应予以提供。当事人认为必要时，可订立保密协议，作为合同附件。

1.12 《发包人要求》和基础资料中的错误

承包人应尽早认真阅读、复核《发包人要求》以及其提供的基础资料，发现错误的，应及时书面通知发包人补正。发包人作相应修改的，按照第13条［变更与调整］的约定处理。

《发包人要求》或其提供的基础资料中的错误导致承包人增加费用和（或）工期延误的，发包人应承担由此增加的费用和（或）工期延误，并向承包人支付合理利润。

1.13 责任限制

承包人对发包人的赔偿责任不应超过专用合同条件约定的赔偿最高限额。若专用合同条件未约定，则承包人对发包人的赔偿责任不应超过签约合同价。但对于因欺诈、犯罪、故意、重大过失、人身伤害等不当行为造成的损失，赔偿的责任限度不受上述最高限额的限制。

1.14 建筑信息模型技术的应用

如果项目中拟采用建筑信息模型技术，合同双方应遵守国家现行相关标准的规定,并符合项目所在地的相关地方标准或指南。合同双方应在专用合同条件中就建筑信息模型的开发、使用、存储、传输、交付及费用等相关内容进行约定。除专用合同条件另有约定外,承包人应负责与本项目中其他使用方协商。

第2条 发包人

2.1 遵守法律

发包人在履行合同过程中应遵守法律,并承担因发包人违反法律给承包人造成的任何费用和损失。发包人不得以任何理由,

要求承包人在工程实施过程中违反法律、行政法规以及建设工程质量、安全、环保标准,任意压缩合理工期或者降低工程质量。

2.2 提供施工现场和工作条件

2.2.1 提供施工现场

发包人应按专用合同条件约定向承包人移交施工现场,给承包人进入和占用施工现场各部分的权利,并明确与承包人的交接界面,上述进入和占用权可不为承包人独享。如专用合同条件没有约定移交时间的,则发包人应最迟于计划开始现场施工日期7天前向承包人移交施工现场,但承包人未能按照第4.2款[履约担保]提供履约担保的除外。

2.2.2 提供工作条件

发包人应按专用合同条件约定向承包人提供工作条件。专用合同条件对此没有约定的,发包人应负责提供开展本合同相关工作所需要的条件,包括:

(1)将施工用水、电力、通讯线路等施工所必需的条件接至施工现场内;

(2)保证向承包人提供正常施工所需要的进入施工现场的交通条件;

(3)协调处理施工现场周围地下管线和邻近建筑物、构筑物、古树名木、文物、化石及坟墓等的保护工作,并承担相关费用;

(4)对工程现场临近发包人正在使用、运行、或由发包人用于生产的建筑物、构筑物、生产装置、设施、设备等,设置隔离设施,竖立禁止入内、禁止动火的明显标志,并以书面形式通知承包人须遵守的安全规定和位置范围;

(5)按照专用合同条件约定应提供的其他设施和条件。

2.2.3 逾期提供的责任

因发包人原因未能按合同约定及时向承包人提供施工现场和施工条件的,由发包人承担由此增加的费用和(或)延误的工期。

2.3 提供基础资料

发包人应按专用合同条件和《发包人要求》中的约定向承包人提供施工现场及工程实施所必需的毗邻区域内的供水、排水、供电、供气、供热、通信、广播电视等地上、地下管线和设施资料,气象和水文观测资料,地质勘察资料,相邻建筑物、构筑物和地下工程等有关基础资料,并根据第1.12款[《发包人要求》和基础资料中的错误]承担基础资料错误造成的责任。按照法律规定确需在开工后方能提供的基础资料,发包人应尽其努力及时地在相应工程实施前的合理期限内提供,合理期限应以不影响承包人的正常履约为限。因发包人原因未能在合理期限内提供相应基础资料的,由发包人承担由此增加的费用和延误的工期。

2.4 办理许可和批准

2.4.1 发包人在履行合同过程中应遵守法律,并办理法律规定或合同约定由其办理的许可、批准或备案,包括但不限于建设用地规划许可证、建设工程规划许可证、建设工程施工许可证等许可和批准。对于法律规定或合同约定由承包人负责的有关设计、施工证件、批件或备案,发包人应给予必要的协助。

2.4.2 因发包人原因未能及时办理完毕前述许可、批准或备案,由发包人承担由此增加的费用和(或)延误的工期,并支付承包人合理的利润。

2.5 支付合同价款

2.5.1 发包人应按合同约定向承包人及时支付合同价款。

2.5.2 发包人应当制定资金安排计划,除专用合同条件另有约定外,如发包人拟对资金安排做任何重要变更,应将变更的详细情况通知承包人。如发生承包人收到价格大于签约合同价10%的变更指示或累计变更的总价超过签约合同价30%;或承包人未能根据第14条[合同价格与支付]收到付款,或承包人得知发包人的资金安排发生重要变更但并未收到发包人上述重要变更通知的情况,则承包人可随时要求发包人在28天内补充提供能够按照合同约定支付合同价款的相应资金来源证明。

2.5.3 发包人应当向承包人提供支付担保。支付担保可以采用银行保函或担保公司担保等形式,具体由合同当事人在专用合同条件中约定。

2.6 现场管理配合

发包人应负责保证在现场或现场附近的发包人人员和发包人的其他承包人(如有):

(1)根据第7.3款[现场合作]的约定,与承包人进行合作;

(2)遵守第7.5款[现场劳动用工]、第7.6款[安全文

明施工]、第7.7款[职业健康]和第7.8款[环境保护]的相关约定。

发包人应与承包人、由发包人直接发包的其他承包人(如有)订立施工现场统一管理协议,明确各方的权利义务。

2.7 其他义务

发包人应履行合同约定的其他义务,双方可在专用合同条件内对发包人应履行的其他义务进行补充约定。

第3条 发包人的管理

3.1 发包人代表

发包人应任命发包人代表,并在专用合同条件中明确发包人代表的姓名、职务、联系方式及授权范围等事项。发包人代表应在发包人的授权范围内,负责处理合同履行过程中与发包人有关的具体事宜。发包人代表在授权范围内的行为由发包人承担法律责任。

除非发包人另行通知承包人,发包人代表应被授予并且被认为具有发包人在授权范围内享有的相应权利,涉及第16.1款[由发包人解除合同]的权利除外。

发包人代表(或者在其为法人的情况下,被任命代表其行事的自然人)应:

(1)履行指派给其的职责,行使发包人托付给的权利;

(2)具备履行这些职责、行使这些权利的能力;

(3)作为熟练的专业人员行事。

如果发包人代表为法人且在签订本合同时未能确定授权代表的,发包人代表应在本合同签订之日起3日内向双方发出书面通知,告知被任命和授权的自然人以及任何替代人员。此授权在双方收到本通知后生效。发包人代表撤销该授权或者变更授权代表时也应同样发出该通知。

发包人更换发包人代表的,应提前14天将更换人的姓名、地址、任务和权利,以及任命的日期书面通知承包人。发包人不得将发包人代表更换为承包人根据本款发出通知提出合理反对意见的人员,不论是法人还是自然人。

发包人代表不能按照合同约定履行其职责及义务,并导致合同无法继续正常履行的,承包人可以要求发包人撤换发包人代表。

3.2 发包人人员

发包人人员包括发包人代表、工程师及其他由发包人派驻施工现场的人员,发包人可以在专用合同条件中明确发包人人员的姓名、职务及职责等事项。发包人或发包人代表可随时对一些助手指派和托付一定的任务和权利,也可撤销这些指派和托付。这些助手可包括驻地工程师或担任检验、试验各项工程设备和材料的独立检查员。这些助手应具有适当的资质、履行其任务和权利的能力。以上指派、托付或撤销,在承包人收到通知后生效。承包人对于可能影响正常履约或工程安全质量的发包人人员保有随时提出沟通的权利。

发包人应要求在施工现场的发包人人员遵守法律及有关安全、质量、环境保护、文明施工等规定,因发包人人员未遵守上述要求给承包人造成的损失和责任由发包人承担。

3.3 工程师

3.3.1 发包人需对承包人的设计、采购、施工、服务等工作过程或过程节点实施监督管理的,有权委任工程师。工程师的名称、监督管理范围、内容和权限在专用合同条件中写明。根据国家相关法律法规规定,如本合同工程属于强制监理项目的,由工程师履行法定的监理相关职责,但发包人另行授权第三方进行监理的除外。

3.3.2 工程师按发包人委托的范围、内容、职权和权限,代表发包人对承包人实施监督管理。若承包人认为工程师行使的职权不在发包人委托的授权范围之内的,则其有权拒绝执行工程师的相关指示,同时应及时通知发包人,发包人书面确认工程师相关指示的,承包人应遵照执行。

3.3.3 在发包人和承包人之间提供证明、行使决定权或处理权时,工程师应作为独立专业的第三方,根据自己的专业技能和判断进行工作。但工程师或其人员均无权修改合同,且无权减轻或免除合同当事人的任何责任与义务。

3.3.4 通用合同条件中约定由工程师行使的职权如不在发包人对工程师的授权范围内的,则视为没有取得授权,该职权应由发包人或发包人指定的其他人员行使。若承包人认为工程师的职权与发包人(包括其人员)的职权相重叠或不明确时,应及时通知发包人,由发包人予以协调和明确并以书面形式通知承包人。

3.4 任命和授权

3.4.1 发包人应在发出开始工作通知前将工程师的任命通知承包人。更换工程师的,发包人应提前7天以书面形式通知承包人,并在通知中写明替换者的姓名、职务、职权、权限和任命时间。工程师超过2天不能履行职责的,应委派代表代行其职责,并通知承包人。

3.4.2 工程师可以授权其他人员负责执行其指派的一项或多项工作,但第3.6款[商定或确定]下的权利除外。工程师应将被授权人员的姓名及其授权范围通知承包人。被授权的人员在授权范围内发出的指示视为已得到工程师的同意,与工程师发出的指示具有同等效力。工程师撤销某项授权时,应将撤销授权的决定及时通知承包人。

3.5 指示

3.5.1 工程师应按照发包人的授权发出指示。工程师的指示应采用书面形式,盖有工程师授权的项目管理机构章,并由工程师的授权人员签字。在紧急情况下,工程师的授权人员可以口头形式发出指示或当场签发临时书面指示,承包人应遵照执行。工程师应在授权人员发出口头指示或临时书面指示后24小时内发出书面确认函,在24小时内未发出书面确认函的,该口头指示或临时书面指示应被视为工程师的正式指示。

3.5.2 承包人收到工程师作出的指示后应遵照执行。如果任何此类指示构成一项变更时,应按照第13条[变更与调整]的约定办理。

3.5.3 由于工程师未能按合同约定发出指示、指示延误或指示错误而导致承包人费用增加和(或)工期延误的,发包人应承担由此增加的费用和(或)工期延误,并向承包人支付合理利润。

3.6 商定或确定

3.6.1 合同约定工程师应按照本款对任何事项进行商定或确定时,工程师应及时与合同当事人协商,尽量达成一致。工程师应将商定的结果以书面形式通知发包人和承包人,并由双方签署确认。

3.6.2 除专用合同条件另有约定外,商定的期限应为工程师收到任何一方就商定事由发出的通知后42天内或工程师提出并经双方同意的其他期限。未能在该期限内达成一致的,由工程师按照合同约定审慎做出公正的确定。确定的期限应为商定的期限届满后42天内或工程师提出并经双方同意的其他期限。工程师应将确定的结果以书面形式通知发包人和承包人,并附详细依据。

3.6.3 任何一方对工程师的确定有异议的,应在收到确定的结果后28天内向另一方发出书面异议通知并抄送工程师。除第19.2款[承包人索赔的处理程序]另有约定外,工程师未能在确定的期限内发出确定的结果通知的,或者任何一方发出对确定的结果有

异议的通知,则构成争议并应按照第20条[争议解决]的约定处理。如未在28天内发出上述通知的,工程师的确定应被视为已被双方接受并对双方具有约束力,但专用合同条件另有约定的除外。

3.6.4 在该争议解决前,双方应暂按工程师的确定执行。按照第20条[争议解决]的约定对工程师的确定作出修改,按修改后的结果执行,由此导致承包人增加的费用和延误的工期由责任方承担。

3.7 会议

3.7.1 除专用合同条件另有约定外,任何一方可向另一方发出通知,要求另一方出席会议,讨论工程的实施安排或与本合同履行有关的其他事项。发包人的其他承包人、承包人的分包人和其他第三方可应任何一方的请求出席任何此类会议。

3.7.2 除专用合同条件另有约定外,发包人应保存每次会议参加人签名的记录,并将会议纪要提供给出席会议的人员。任何根据此类会议以及会议纪要采取的行动应符合本合同的约定。

第4条 承包人

4.1 承包人的一般义务

除专用合同条件另有约定外,承包人在履行合同过程中应遵守法律和工程建设标准规范,并履行以下义务:

(1)办理法律规定和合同约定由承包人办理的许可和批准,将办理结果书面报送发包人留存,并承担因承包人违反法律或合同约定给发包人造成的任何费用和损失;

(2)按合同约定完成全部工作并在缺陷责任期和保修期内承担缺陷保证责任和保修义务,对工作中的任何缺陷进行整改、完善和修补,使其满足合同约定的目的;

(3)提供合同约定的工程设备和承包人文件,以及为完成合同工作所需的劳务、材料、施工设备和其他物品,并按合同约定负责临时设施的设计、施工、运行、维护、管理和拆除;

(4)按合同约定的工作内容和进度要求,编制设计、施工的组织和实施计划,保证项目进度计划的实现,并对所有设计、施工作业和施工方法,以及全部工程的完备性和安全可靠性负责;

(5)按法律规定和合同约定采取安全文明施工、职业健康和环境保护措施,办理员工工伤保险等相关保险,确保工程及人员、材料、设备和设施的安全,防止因工程实施造成的人身伤害和财产损失;

(6)将发包人按合同约定支付的各项价款专用于合同工程,且应及时支付其雇用人员(包括建筑工人)工资,并及时向分包人支付合同价款;

(7)在进行合同约定的各项工作时,不得侵害发包人与他人使用公用道路、水源、市政管网等公共设施的权利,避免对邻近的公共设施产生干扰。

4.2 履约担保

发包人需要承包人提供履约担保的,由合同当事人在专用合同条件中约定履约担保的方式、金额及提交的时间等,并应符合第2.5款[支付合同价款]的规定。履约担保可以采用银行保函或担保公司担保等形式,承包人为联合体的,其履约担保由联合体各方或者联合体中牵头人的名义代表联合体提交,具体由合同当事人在专用合同条件中约定。

承包人应保证其履约担保在发包人竣工验收前一直有效,发包人应在竣工验收合格后7天内将履约担保款项退

还给承包人或者解除履约担保。

因承包人原因导致工期延长的，继续提供履约担保所增加的费用由承包人承担；非因承包人原因导致工期延长的，继续提供履约担保所增加的费用由发包人承担。

4.3 工程总承包项目经理

4.3.1 工程总承包项目经理应为合同当事人所确认的人选，并在专用合同条件中明确工程总承包项目经理的姓名、注册执业资格或职称、联系方式及授权范围等事项。工程总承包项目经理应具备履行其职责所需的资格、经验和能力，并为承包人正式聘用的员工，承包人应向发包人提交工程总承包项目经理与承包人之间的劳动合同，以及承包人为工程总承包项目经理缴纳社会保险的有效证明。承包人不提交上述文件的，工程总承包项目经理无权履行职责，发包人有权要求更换工程总承包项目经理，由此增加的费用和(或)延误的工期由承包人承担。同时，发包人有权根据专用合同条件约定要求承包人承担违约责任。

4.3.2 承包人应按合同协议书的约定指派工程总承包项目经理，并在约定的期限内到职。工程总承包项目经理不得同时担任其他工程项目的工程总承包项目经理或施工工程总承包项目经理(含施工总承包工程、专业承包工程)。工程在现场实施的全部时间内，工程总承包项目经理每月在施工现场时间不得少于专用合同条件约定的天数。工程总承包项目经理确需离开施工现场时，应事先通知工程师，并取得发包人的书面同意。工程总承包项目经理未经批准擅自离开施工现场的，承包人应按照专用合同条件的约定承担违约责任。工程总承包项目经理的通知中应当载明临时代行其职责的人员的注册执业资格、管理经验等资料，该人员应具备履行相应职责的资格、经验和能力。

4.3.3 承包人应根据本合同的约定授予工程总承包项目经理代表承包人履行合同所需的权利，工程总承包项目经理权限以专用合同条件中约定的权限为准。经承包人授权后，工程总承包项目经理应按合同约定以及工程师按第3.5款[指示]作出的指示，代表承包人负责组织合同的实施。在紧急情况下，且无法与发包人和工程师取得联系时，工程总承包项目经理有权采取必要的措施保证人身、工程和财产的安全，但须在事后48小时内向工程师送交书面报告。

4.3.4 承包人需要更换工程总承包项目经理的，应提前14天书面通知发包人并抄送工程师，征得发包人书面同意。通知中应当载明继任工程总承包项目经理的注册执业资格、管理经验等资料，继任工程总承包项目经理继续履行本合同约定的职责。未经发包人书面同意，承包人不得擅自更换工程总承包项目经理，在发包人未予以书面回复期间内，工程总承包项目经理将继续履行其职责。工程总承包项目经理突发丧失履行职务能力的，承包人应当及时委派一位具有相应资格能力的人员担任临时工程总承包项目经理，履行工程总承包项目经理的职责，临时工程总承包项目经理将履行职责直至发包人同意新的工程总承包项目经理的任命之日止。承包人擅自更换工程总承包项目经理的，应按照专用合同条件的约定承担违约责任。

4.3.5 发包人有权书面通知承包人要求更换其认为不称职的工程总承包项目经理，通知中应当载明要求更换的理由。承包人应在接到更换通知后14天内向发包人提出书面的改进报告。如承包人没有提出改进报告，应在收到更换通知后28天内更换项目经理。发包人收到改进报告后仍要求更换的，承包人应在接到第二次更换通知的28天内进行更换，并将新任命的工程总承包项目经理的注册执业资格、管理经验等资料书面通知发包人。继任工程总承包项目经理继续履行本合同约定的职责。承包人无正当理由拒绝更换工程总承包项目经理的，应按照专用合同条件的约定承担违约责任。

4.3.6 工程总承包项目经理因特殊情况授权其下属人员履行其某项工作职责的，该下属人员应具备履行相应职责的能力，并应事先将上述人员的姓名、注册执业资格、管理经验等信息和授权范围书面通知发包人并抄送工程师，征得发包人书面同意。

4.4 承包人人员

4.4.1 人员安排

承包人人员的资质、数量、配置和管理应能满足工程实施的需要。除专用合同条件另有约定外，承包人应在接到开始工作通知之日起14天内，向工程师提交承包人的项目管理机构以及人员安排的报告，其内容应包括管理机构的设置、各主要岗位的关键人员名单及注册执业资格等证明其具备担任关键人员能力的相关文件，以及设计人员和各工种技术负责人的安排状况。

关键人员是发包人及承包人一致认为对工程建设起重要作用的承包人主要管理人员或技术人员。关键人员的具体范围由发包人及承包人在附件5[承包人主要管理人员表]中另行约定。

4.4.2 关键人员更换

承包人派驻到施工现场的关键人员应相对稳定。承包人更换关键人员时，应提前14天将继任关键人员信息及相关证明文件提交给工程师，并由工程师报发包人征求同意。在发包人未予以书面回复期间内，关键人员将继续履行其职务。关键人员突发丧失履行职务能力的，承包人应当及时委派一位具有相应资格能力的人员临时继任该关键人员职位，履行该关键人员职责，临时继任关键人员将履行职责直至发包人同意新的关键人员任命之日止。承包人擅自更换关键人员，应按照专用合同条件约定承担违约责任。

工程师对于承包人关键人员的资格或能力有异议的，承包人应提供资料证明被质疑人员有能力完成其岗位工作或不存在工程师所质疑的情形。工程师指示撤换不能按照合同约定履行职责及义务的主要施工管理人员的，承包人应当撤换。承包人无正当理由拒绝撤换的，应按照专用合同条件的约定承担违约责任。

4.4.3 现场管理关键人员在岗要求

除专用合同条件另有约定外，承包人的现场管理关键人员离开施工现场每月累计不超过 7 天的，应报工程师同意；离开施工现场每月累计超过 7 天的，应书面通知发包人并抄送工程师，征得发包人书面同意。现场管理关键人员因故离开施工现场的，可授权有经验的人员临时代行其职责，但承包人应将被授权人员信息及授权范围书面通知发包人并取得其同意。现场管理关键人员未经工程师或发包人同意擅自离开施工现场的，应按照专用合同条件约定承担违约责任。

4.5 分包

4.5.1 一般约定

承包人不得将其承包的全部工程转包给第三人，或将其承包的全部工程支解后以分包的名义转包给第三人。承包人不得将法律或专用合同条件中禁止分包的工作事项分包给第三人，不得以劳务分包的名义转包或违法分包工程。

4.5.2 分包的确定

承包人应按照专用合同条件约定对工作事项进行分包，确定分包人。

专用合同条件未列出的分包事项，承包人可在工程实施阶段分批分期就分包事项向发包人提交申请，发包人在接到分包事项申请后的 14 天内，予以批准或提出意见。未经发包人同意，承包人不得将提出的拟分包事项对外分包。发包人未能在 14 天内批准亦未提出意见的，承包人有权将提出的拟分包事项对外分包，但应在分包人确定后通知发包人。

4.5.3 分包人资质

分包人应符合国家法律规定的资质等级，否则不能作为分包人。承包人有义务对分包人的资质进行审查。

4.5.4 分包管理

承包人应当对分包人的工作进行必要的协调与管理，确保分包人严格执行国家有关分包事项的管理规定。承包人应向工程师提交分包人的主要管理人员表，并对分包人的工作人员进行实名制管理，包括但不限于进出场管理、登记造册以及各种证照的办理。

4.5.5 分包合同价款支付

（1）除本项第（2）目约定的情况或专用合同条件另有约定外，分包合同价款由承包人与分包人结算，未经承包人同意，发包人不得向分包人支付分包合同价款；

（2）生效法律文书要求发包人向分包人支付分包合同价款的，发包人有权从应付承包人工程款中扣除该部分款项，将扣款直接支付给分包人，并书面通知承包人。

4.5.6 责任承担

承包人对分包人的行为向发包人负责，承包人和分包人就分包工作向发包人承担连带责任。

4.6 联合体

4.6.1 经发包人同意，以联合体方式承包工程的，联合体各方应共同与发包人订立合同协议书。联合体各方应为履行合同向发包人承担连带责任。

4.6.2 承包人应在专用合同条件中明确联合体各成员的分工、费用收取、发票开具等事项。联合体各成员分工承担的工作内容必须与适用法律规定的该成员的资质资格相适应，并具有相应的项目管理体系和项目管理能力，且不应根据其就承包工作的分工而减免对发包人的任何合同责任。

4.6.3 联合体协议经发包人确认后作为合同附件。在履行合同过程中，未经发包人同意，不得变更联合体成员和其负责的工作范围，或者修改联合体协议中与本合同履行相关的内容。

4.7 承包人现场查勘

4.7.1 除专用合同条件另有约定外，承包人应对基于发包人提交的基础资料所做出的解释和推断负责，因基础资料存在错误、遗漏导致承包人解释或推断失实的，按照第 2.3 项 [提供基础资料] 的规定承担责任。承包人发现基础资料中存在明显错误或疏忽的，应及时书面通知发包人。

4.7.2 承包人应对现场和工程实施条件进行查勘，并充分了解工程所在地的气象条件、交通条件、风俗习惯以及其他与完成合同工作有关的其他资料。承包人提交投标文件，视为承包人已对施工现场及周围环境进行了踏勘，并已充分了解评估施工现场及周围环境对工程可能产生的影响，自愿承担相应风险与责任。在全部合同工作中，视为承包人已充分估计了应承担的责任和风险，但属于 4.8 款 [不可预见的困难] 约定的情形除外。

4.8 不可预见的困难

不可预见的困难是指有经验的承包人在施工现场遇到的不可预见的自然物质条件、非自然的物质障碍和污染物，包括地表以下物质条件和水文条件以及专用合同条件约定的其他情形,但不包括气候条件。

承包人遇到不可预见的困难时,应采取克服不可预见的困难的合理措施继续施工,并及时通知工程师并抄送发包人。通知应载明不可预见的困难的内容、承包人认为不可预见的理由以及承包人制定的处理方案。工程师应当及时发出指示,指示构成变更的,按第13条[变更与调整]约定执行。承包人因采取合理措施而增加的费用和(或)延误的工期由发包人承担。

4.9 工程质量管理

4.9.1 承包人应按合同约定的质量标准规范,建立有效的质量管理系统,确保设计、采购、加工制造、施工、竣工试验等各项工作的质量,并按照国家有关规定,通过质量保修责任书的形式约定保修范围、保修期限和保修责任。

4.9.2 承包人按照第8.4款[项目进度计划]约定向工程师提交工程质量保证体系及措施文件,建立完善的质量检查制度,并提交相应的工程质量文件。对于发包人和工程师违反法律规定和合同约定的错误指示,承包人有权拒绝实施。

4.9.3 承包人应对其人员进行质量教育和技术培训,定期考核人员的劳动技能,严格执行相关规范和操作规程。

4.9.4 承包人应按照法律规定和合同约定,对设计、材料、工程设备以及全部工程内容及其施工工艺进行全过程的质量检查和检测,并作详细记录,编制工程质量报表,报送工程师审查。此外,承包人还应按照法律规定和合同约定,进行施工现场取样试验、工程复核测量和设备性能检测,提供试验样品、提交试验报告和测量成果以及其他工作。

第5条 设计

5.1 承包人的设计义务

5.1.1 设计义务的一般要求

承包人应当按照法律规定,国家、行业和地方的规范和标准,以及《发包人要求》和合同约定完成设计工作和设计相关的其他服务,并对工程的设计负责。承包人应根据工程实施的需要及时向发包人和工程师说明设计文件的意图,解释设计文件。

5.1.2 对设计人员的要求

承包人应保证其或其设计分包人的设计资质在合同有效期内满足法律法规、行业标准或合同约定的相关要求,并指派符合法律法规、行业标准或合同约定的资质要求并具有从事设计所必需的经验与能力的设计人员完成设计工作。承包人应保证其设计人员(包括分包人的设计人员)在合同期限内,都能按时参加发包人或工程师组织的工作会议。

5.1.3 法律和标准的变化

除合同另有约定外,承包人完成设计工作所应遵守的法律规定,以及国家、行业和地方的规范和标准,均应视为在基准日期适用的版本。基准日期之后,前述版本发生重大变化,或者有新的法律,以及国家、行业和地方的规范和标准实施的,承包人应向工程师提出遵守新规定的建议。发包人或其委托的工程师应在收到建议后7天内发出是否遵守新规定的指示。如果该项建议构成变更的,按照第13.2款[承包人的合理化建议]的约定执行。

在基准日期之后,因国家颁布新的强制性规范、标准导致承包人的费用变化的,发包人应合理调整合同价格;导致工期延误的,发包人应合理延长工期。

5.2 承包人文件审查

5.2.1 根据《发包人要求》应当通过工程师报发包人审查同意的承包人文件,承包人应当按照《发包人要求》约定的范围和内容及时报送审查。

除专用合同条件另有约定外,自工程师收到承包人文件以及承包人的通知之日起,发包人对承包人文件审查期不超过21天。

承包人的设计文件对于合同约定有偏离的,应在通知中说明。承包人需要修改已提交的承包人文件的,应立即通知工程师,并向工程师提交修改后的承包人文件,审查期重新起算。

发包人同意承包人文件的,应及时通知承包人,发包人不同意承包人文件的,应在审查期限内通过工程师以书面形式通知承包人,并说明不同意的具体内容和理由。

承包人对发包人的意见按以下方式处理:

(1)发包人的意见构成变更的,承包人应在7天内通知发包人按照第13条[变更与调整]中关于发包人指示变更的约定执行,双方对是否构成变更无法达成一致的,按照第20条[争议解决]的约定执行;

(2)因承包人原因导致无法通过审查的,承包人应根据发包人的书面说明,对承包人文件进行修改后重新报送发包人审查,审查期重新起算。因此引起的工期延长和必要的工程费用增加,由承包人负责。

合同约定的审查期满,发包人没有做出审查结论也没有提出异议的,视为承包人文件已获发包人同意。

发包人对承包人文件的审查和同意不得被理解为对合同的修改或改变,也并不减轻或免除承包人任何的责任和义务。

5.2.2 承包人文件不需要政府有关部门或专用合同条件约定的第三方审查单位审查或批准的,承包人应当严格按照经发包人审查同意的承包人文件设计和实施工程。

发包人需要组织审查会议对承包人文件进行审查的，审查会议的审查形式、时间安排、费用承担，在专用合同条件中约定。发包人负责组织承包人文件审查会议，承包人有义务参加发包人组织的审查会议，向审查者介绍、解答、解释承包人文件，并提供有关补充资料。

发包人有义务向承包人提供审查会议的批准文件和纪要。承包人有义务按照相关审查会议批准的文件和纪要，并依据合同约定及相关技术标准，对承包人文件进行修改、补充和完善。

5.2.3 承包人文件需政府有关部门或专用合同条件约定的第三方审查单位审查或批准的，发包人应在发包人审查同意承包人文件后7天内，向政府有关部门或第三方报送承包人文件，承包人应予以协助。

对于政府有关部门或第三方审查单位的审查意见，不需要修改《发包人要求》的，承包人需按该审查意见修改承包人的设计文件；需要修改《发包人要求》的，承包人应按第13.2款[承包人的合理化建议]的约定执行。上述情形还应适用第5.1款[承包人的设计义务]和第13条[变更与调整]的有关约定。

政府有关部门或第三方审查单位审查批准后，承包人应当严格按照批准后的承包人文件实施工程。政府有关部门或第三方审查单位批准时间较合同约定时间延长的，竣工日期相应顺延。因此给双方带来的费用增加，由双方在负责的范围内各自承担。

5.3 培训

承包人应按照《发包人要求》，对发包人的雇员或其它发包人指定的人员进行工程操作、维修或其它合同中约定的培训。合同约定接收之前进行培训的，应在第10.1款[竣工验收]约定的竣工验收前或试运行结束前完成培训。

培训的时长由双方在专用合同条件中约定，承包人应为培训提供有经验的人员、设施和其它必要条件。

5.4 竣工文件

5.4.1 承包人应编制并及时更新反映工程实施结果的竣工记录，如实记载竣工工程的确切位置、尺寸和已实施工作的详细说明。竣工文件的形式、技术标准以及其它相关内容应按照相关法律法规、行业标准与《发包人要求》执行。竣工记录应保存在施工现场，并在竣工试验开始前，按照专用合同条件约定的份数提交给工程师。

5.4.2 在颁发工程接收证书之前，承包人应按照《发包人要求》的份数和形式向工程师提交相应竣工图纸，并取得工程师对尺寸、参照系统及其他有关细节的认可。工程师应按照第5.2款[承包人文件审查]的约定进行审查。

5.4.3 除专用合同条件另有约定外，在工程师收到本款下的文件前，不应认为工程已根据第10.1款[竣工验收]和第10.2款[单位/区段工程的验收]的约定完成验收。

5.5 操作和维修手册

5.5.1 在竣工试验开始前，承包人应向工程师提交暂行的操作和维修手册并负责及时更新，该手册应足够详细，以便发包人能够对工程设备进行操作、维修、拆卸、重新安装、调整及修理，以及实现《发包人要求》。同时，手册还应包含发包人未来可能需要的备品备件清单。

5.5.2 工程师收到承包人提交的文件后，应依据第5.2款[承包人文件审查]的约定对操作和维修手册进行审查，竣工试验工程中，承包人应为任何因操作和维修手册错误或遗漏引起的风险或损失承担责任。

5.5.3 除专用合同条件另有约定外，承包人应提交足够详细的最终操作和维修手册，以及在《发包人要求》中明确的相关操作和维修手册。除专用合同条件另有约定外，在工程师收到上述文件前，不应认为工程已根据第10.1款[竣工验收]和第10.2款[单位/区段工程的验收]的约定完成验收。

5.6 承包人文件错误

承包人文件存在错误、遗漏、含混、矛盾、不充分之处或其他缺陷，无论承包人是否根据本款获得了同意，承包人均应自费对前述问题带来的缺陷和工程问题进行改正，并按照第5.2款[承包人文件审查]的要求，重新送工程师审查，审查日期从工程师收到文件开始重新计算。因此款原因重新提交审查文件导致的工程延误和必要费用增加由承包人承担。《发包人要求》的错误导致承包人文件错误、遗漏、含混、矛盾、不充分或其他缺陷的除外。

第6条 材料、工程设备

6.1 实施方法

承包人应按以下方法进行材料的加工、工程设备的采购、制造和安装，以及工程的所有其他实施作业：

（1）按照法律规定和合同约定的方法；

（2）按照公认的良好行业习惯，使用恰当、审慎、先进的方法；

（3）除专用合同条件另有规定外，应使用适当配备的实施方法、设备、设施和无危险的材料。

6.2 材料和工程设备

6.2.1 发包人提供的材料和工程设备

发包人自行供应材料、工程设备的，应在订立合同时在专用合同条件的附件《发包人供应材料设备一览表》中明确材料、工程设备的品种、规格、型号、主要参数、数量、单价、质量等级和交接地点等。

承包人应根据项目进度计划的安排,提前28天以书面形式通知工程师供应材料与工程设备的进场计划。承包人按照第8.4款[项目进度计划]约定修订项目进度计划时,需同时提交经修订后的发包人供应材料与工程设备的进场计划。发包人应按照上述进场计划,向承包人提交材料和工程设备。

发包人应在材料和工程设备到货7天前通知承包人,承包人应会同工程师在约定的时间内,赴交货地点共同进行验收。除专用合同条件另有约定外,发包人提供的材料和工程设备验收后,由承包人负责接收、运输和保管。

发包人需要对进场计划进行变更的,承包人不得拒绝,应根据第13条[变更与调整]的规定执行,并由发包人承担承包人由此增加的费用,以及引起的工期延误。承包人需要对进场计划进行变更的,应事先报请工程师批准,由此增加的费用和(或)工期延误由承包人承担。

发包人提供的材料和工程设备的规格、数量或质量不符合合同要求,或由于发包人原因发生交货日期延误及交货地点变更等情况的,发包人应承担由此增加的费用和(或)工期延误,并向承包人支付合理利润。

6.2.2 承包人提供的材料和工程设备

承包人应按照专用合同条件的约定,将各项材料和工程设备的供货人及品种、技术要求、规格、数量和供货时间等报送工程师批准。承包人应向工程师提交其负责提供的材料和工程设备的质量证明文件,并根据合同约定的质量标准,对材料、工程设备质量负责。

承包人应按照已被批准的第8.4款[项目进度计划]规定的数量要求及时间要求,负责组织材料和工程设备采购(包括备品备件、专用工具及厂商提供的技术文件),负责运抵现场。合同约定由承包人采购的材料、工程设备,除专用合同条件另有约定外,发包人不得指定生产厂家或供应商,发包人违反本款约定指定生产厂家或供应商的,承包人有权拒绝,并由发包人承担相应责任。

对承包人提供的材料和工程设备,承包人应会同工程师进行检验和交货验收,查验材料合格证明和产品合格证书,并按合同约定和工程师指示,进行材料的抽样检验和工程设备的检验测试,检验和测试结果应提交工程师,所需费用由承包人承担。

因承包人提供的材料和工程设备不符合国家强制性标准、规范的规定或合同约定的标准、规范,所造成的质量缺陷,由承包人自费修复,竣工日期不予延长。在履行合同过程中,由于国家新颁布的强制性标准、规范,造成承包人负责提供的材料和工程设备,虽符合合同约定的标准,但不符合新颁布的强制性标准时,由承包人负责修

复或重新订货,相关费用支出及导致的工期延长由发包人负责。

6.2.3 材料和工程设备的保管

(1)发包人供应材料与工程设备的保管与使用

发包人供应的材料和工程设备,承包人清点并接收后由承包人妥善保管,保管费用由承包人承担,但专用合同条件另有约定除外。因承包人原因发生丢失毁损的,由承包人负责赔偿。

发包人供应的材料和工程设备使用前,由承包人负责必要的检验,检验费用由发包人承担,不合格的不得使用。

(2)承包人采购材料与工程设备的保管与使用

承包人采购的材料和工程设备由承包人妥善保管,保管费用由承包人承担。合同约定或法律规定材料和工程设备使用前必须进行检验或试验的,承包人应按工程师的指示进行检验或试验,检验或试验费用由承包人承担,不合格的不得使用。

工程师发现承包人使用不符合设计或有关标准要求的材料和工程设备时,有权要求承包人进行修复、拆除或重新采购,由此增加的费用和(或)延误的工期,由承包人承担。

6.2.4 材料和工程设备的所有权

除本合同另有约定外,承包人根据第6.2.2项[承包人提供的材料和工程设备]约定提供的材料和工程设备后,材料及工程设备的价款应列入第14.3.1项第(2)目的进度款金额中,发包人支付当期进度款之后,其所有权转为发包人所有(周转性材料除外);在发包人接收工程前,承包人有义务对材料和工程设备进行保管、维护和保养,未经发包人批准不得运出现场。

承包人按第6.2.2项提供的材料和工程设备,承包人应确保发包人取得无权利负担的材料及工程设备所有权,因承包人与第三人的物权争议导致的增加的费用和(或)延误的工期,由承包人承担。

6.3 样品

6.3.1 样品的报送与封存

需要承包人报送样品的材料或工程设备,样品的种类、名称、规格、数量等要求均应在专用合同条件中约定。样品的报送程序如下:

(1)承包人应在计划采购前28天向工程师报送样品。承包人报送的样品均应来自供应材料的实际生产地,且提供的样品的规格、数量足以表明材料或工程设备的质量、型号、颜色、表面处理、质地、误差和其他要求的特征。

(2)承包人每次报送样品时应随附申报单,申报单应载明报送样品的相关数据和资料,并标明每件样品对应的图纸号,预留工程师审批意见栏。工程师应在收到承包人

报送的样品后7天向承包人回复经发包人签认的样品审批意见。

(3) 经工程师审批确认的样品应按约定的方法封样，封存的样品作为检验工程相关部分的标准之一。承包人在施工过程中不得使用与样品不符的材料或工程设备。

(4) 工程师对样品的审批确认仅为确认相关材料或工程设备的特征或用途，不得被理解为对合同的修改或改变，也并不减轻或免除承包人任何的责任和义务。如果封存的样品修改或改变了合同约定，合同当事人应当以书面协议予以确认。

6.3.2 样品的保管

经批准的样品应由工程师负责封存于现场，承包人应在现场为保存样品提供适当和固定的场所并保持适当和良好的存储环境条件。

6.4 质量检查

6.4.1 工程质量要求

工程质量标准必须符合现行国家有关工程施工质量验收规范和标准的要求。有关工程质量的特殊标准或要求由合同当事人在专用合同条件中约定。

因承包人原因造成工程质量未达到合同约定标准的，发包人有权要求承包人返工直至工程质量达到合同约定的标准为止，并由承包人承担由此增加的费用和(或)延误的工期。因发包人原因造成工程质量未达到合同约定标准的，由发包人承担由此增加的费用和(或)延误的工期，并支付承包人合理的利润。

6.4.2 质量检查

发包人有权通过工程师或自行对全部工程内容及其施工工艺、材料和工程设备进行检查和检验。承包人应为工程师或发包人的检查和检验提供方便，包括到施工现场，或制造、加工地点，或专用合同条件约定的其他地方进行察看和查阅施工原始记录。承包人还应按工程师或发包人指示，进行施工现场的取样试验，工程复核测量和设备性能检测，提供试验样品，提交试验报告和测量成果以及工程师或发包人指示进行的其他工作。工程师或发包人的检查和检验，不免除承包人按合同约定应负的责任。

6.4.3 隐蔽工程检查

除专用合同条件另有约定外，工程隐蔽部位经承包人自检确认具备覆盖条件的，承包人应书面通知工程师在约定的期限内检查，通知中应载明隐蔽检查的内容、时间和地点，并应附有自检记录和必要的检查资料。

工程师应按时到场并对隐蔽工程及其施工工艺、材料和工程设备进行检查。经工程师检查确认质量符合隐蔽要求，并在验收记录上签字后，承包人才能进行覆盖。经工程师检查质量不合格的，承包人应在工程师指示的时间内完成修复，并由工程师重新检查，由此增加的费用和(或)延误的工期由承包人承担。

除专用合同条件另有约定外，工程师不能按时进行检查的，应提前向承包人提交书面延期要求，顺延时间不得超过48小时，由此导致工期延误的，工期应予以顺延。顺延超过48小时的，由此导致的工期延误及费用增加由发包人承担。工程师未按时进行检查，也未提出延期要求的，视为隐蔽工程检查合格，承包人可自行完成覆盖工作，并作相应记录报送工程师，工程师应签字确认。工程师事后对检查记录有疑问的，可按下列约定重新检查。

承包人覆盖工程隐蔽部位后，工程师对质量有疑问的，可要求承包人对已覆盖的部位进行钻孔探测或揭开重新检查，承包人应遵照执行，并在检查后重新覆盖恢复原状。经检查证明工程质量符合合同要求的，由发包人承担由此增加的费用和(或)延误的工期，并支付承包人合理的利润；经检查证明工程质量不符合合同要求的，由此增加的费用和(或)延误的工期由承包人承担。

承包人未通知工程师到场检查，私自将工程隐蔽部位覆盖的，工程师有权指示承包人钻孔探测或揭开检查，无论工程隐蔽部位质量是否合格，由此增加的费用和(或)延误的工期均由承包人承担。

6.5 由承包人试验和检验

6.5.1 试验设备与试验人员

(1) 承包人根据合同约定或工程师指示进行的现场材料试验，应由承包人提供试验场所、试验人员、试验设备以及其他必要的试验条件。工程师在必要时可以使用承包人提供的试验场所、试验设备以及其他试验条件，进行以工程质量检查为目的的材料复核试验，承包人应予以协助。

(2) 承包人应按专用合同条件约定的试验内容、时间和地点提供试验设备、取样装置、试验场所和试验条件，并向工程师提交相应进场计划表。

承包人配置的试验设备要符合相应试验规程的要求并经具有资质的检测单位检测，且在正式使用该试验设备前，需要经过工程师与承包人共同核定。

(3) 承包人应向工程师提交试验人员的名单及其岗位、资格等证明资料，试验人员必须能够熟练进行相应的检测试验，承包人对试验人员的试验程序和试验结果的正确性负责。

6.5.2 取样

试验属于自检性质的，承包人可以单独取样。试验属于工程师抽检性质的，可由工程师取样，也可由承包人的试验人员在工程师的监督下取样。

6.5.3 材料、工程设备和工程的试验和检验

(1)承包人应按合同约定进行材料和工程设备的试验和检验,并为工程师对上述材料、工程设备和工程的质量检查提供必要的试验资料和原始记录。按合同约定应由工程师与承包人共同进行试验和检验的,由承包人负责提供必要的试验资料和原始记录。

(2)试验属于自检性质的,承包人可以单独进行试验。试验属于工程师抽检性质的,工程师可以单独进行试验,也可由承包人与工程师共同进行。承包人对由工程师单独进行的试验结果有异议的,可以申请重新共同进行试验。约定共同进行试验的,工程师未按照约定参加试验的,承包人可自行试验,并将试验结果报送工程师,工程师应承认该试验结果。

(3)工程师对承包人的试验和检验结果有异议的,或为查清承包人试验和检验成果的可靠性要求承包人重新试验和检验的,可由工程师与承包人共同进行。重新试验和检验的结果证明该项材料、工程设备或工程的质量不符合合同要求的,由此增加的费用和(或)延误的工期由承包人承担;重新试验和检验结果证明该项材料、工程设备和工程符合合同要求的,由此增加的费用和(或)延误的工期由发包人承担。

6.5.4 现场工艺试验

承包人应按合同约定进行现场工艺试验。对大型的现场工艺试验,发包人认为必要时,承包人应根据发包人提出的工艺试验要求,编制工艺试验措施计划,报送发包人审查。

6.6 缺陷和修补

6.6.1 发包人可在颁发接收证书前随时指示承包人:

(1)对不符合合同要求的任何工程设备或材料进行修补,或者将其移出现场并进行更换;

(2)对不符合合同的其他工作进行修补,或者将其去除并重新实施;

(3)实施因意外、不可预见的事件或其他原因引起的、为工程的安全迫切需要的任何修补工作。

6.6.2 承包人应遵守第6.6.1项指示,并在合理可行的情况下,根据上述指示中规定的时间完成修补工作。除因下列原因引起的第6.6.1项第(3)目下的情形外,承包人应承担所有修补工作的费用:

(1)因发包人或其人员的任何行为导致的情形,在此情况下发包人应承担此引起的工期延误和承包人费用损失,并向承包人支付合理的利润。

(2)第17.4款[不可抗力后果的承担]中适用的不可抗力事件的情形。

6.6.3 如果承包人未能遵守发包人的指示,发包人可以自行决定请第三方完成上述修补工作,并有权要求承包人支付因未履行指示而产生的所有费用,但承包人根据第6.6.2项有权就修补工作获得支付的情况除外。

第7条 施工

7.1 交通运输

7.1.1 出入现场的权利

除专用合同条件另有约定外,发包人应根据工程实施需要,负责取得出入施工现场所需的批准手续和全部权利,以及取得因工程实施所需修建道路、桥梁以及其他基础设施的权利,并承担相关手续费用和建设费用。承包人应协助发包人办理修建场内外道路、桥梁以及其他基础设施的手续。

7.1.2 场外交通

除专用合同条件另有约定外,发包人应提供场外交通设施的技术参数和具体条件,场外交通设施无法满足工程施工需要的,由发包人负责承担由此产生的相关费用。承包人应遵守有关交通法规,严格按照道路和桥梁的限制荷载行驶,执行有关道路限速、限行、禁止超载的规定,并配合交通管理部门的监督和检查。承包人车辆外出行驶所需的场外公共道路的通行费、养路费和税款等由承包人承担。

7.1.3 场内交通

除专用合同条件另有约定外,承包人应负责修建、维修、养护和管理施工所需的临时道路和交通设施,包括维修、养护和管理发包人提供的道路和交通设施,并承担相应费用。承包人修建的临时道路和交通设施应免费提供发包人和工程师为实现合同目的使用。场内交通与场外交通的边界由合同当事人在专用合同条件中约定。

7.1.4 超大件和超重件的运输

由承包人负责运输的超大件或超重件,应由承包人负责向交通管理部门办理申请手续,发包人给予协助。运输超大件或超重件所需的道路和桥梁临时加固改造费用和其他有关费用,由承包人承担,但专用合同条件另有约定的除外。

7.1.5 道路和桥梁的损坏责任

因承包人运输造成施工现场内外公共道路和桥梁损坏的,由承包人承担修复损坏的全部费用和可能引起的赔偿。

7.1.6 水路和航空运输

本条上述各款的内容适用于水路运输和航空运输,其中"道路"一词的涵义包括河道、航线、船闸、机场、码头、堤防以及水路或航空运输中其他相似结构物;"车辆"一词的涵义包括船舶和飞机等。

7.2 施工设备和临时设施

7.2.1 承包人提供的施工设备和临时设施

承包人应按项目进度计划的要求,及时配置施工设备和修建临时设施。进入施工现场的承包人提供的施工设备需经工程师核查后才能投入使用。承包人更换合同约定由承包人提供的施工设备的,应报工程师批准。

除专用合同条件另有约定外,承包人应自行承担修建临时设施的费用,需要临时占地的,应由发包人办理申请手续并承担相应费用。承包人应在专用合同条件 7.2 款约定的时间内向发包人提交临时占地资料,因承包人未能按时提交资料,导致工期延误的,由此增加的费用和(或)竣工日期延误,由承包人负责。

7.2.2 发包人提供的施工设备和临时设施

发包人提供的施工设备或临时设施在专用合同条件中约定。

7.2.3 要求承包人增加或更换施工设备

承包人使用的施工设备不能满足项目进度计划和(或)质量要求时,工程师有权要求承包人增加或更换施工设备,承包人应及时增加或更换,由此增加的费用和(或)延误的工期由承包人承担。

7.2.4 施工设备和临时设施专用于合同工程

承包人运入施工现场的施工设备以及在施工现场建设的临时设施必须专用于工程。未经发包人批准,承包人不得运出施工现场或挪作他用;经发包人批准,承包人可以根据施工进度计划撤走闲置的施工设备和其他物品。

7.3 现场合作

承包人应按合同约定或发包人的指示,与发包人人员、发包人的其他承包人等人员就在现场或附近实施与工程有关的各项工作进行合作并提供适当条件,包括使用承包人设备、临时工程或进入现场等。

承包人应对其在现场的施工活动负责,并应尽合理努力按合同约定或发包人的指示,协调自身与发包人人员、发包人的其他承包人等人员的活动。

除专用合同条件另有约定外,如果承包人提供上述合作、条件或协调在考虑到《发包人要求》所列内容的情况下是不可预见的,则承包人有权就额外费用和合理利润从发包人处获得支付,且因此延误的工期应相应顺延。

7.4 测量放线

7.4.1
除专用合同条件另有约定外,承包人应根据国家测绘基准、测绘系统和工程测量技术规范,按基准点(线)以及合同工程精度要求,测设施工控制网,并在专用合同条件约定的期限内,将施工控制网资料报送工程师。

7.4.2
承包人应负责管理施工控制网点。施工控制网点丢失或损坏的,承包人应及时修复。承包人应承担施工控制网点的管理与修复费用,并在工程竣工后将施工控制网点移交发包人。承包人负责对工程、单位/区段工程、施工部位放线,并对放线的准确性负责。

7.4.3
承包人负责施工过程中的全部施工测量放线工作,并配置具有相应资质的人员、合格的仪器、设备和其他物品。承包人应矫正工程的位置、标高、尺寸或基准线中出现的任何差错,并对工程各部分的定位负责。施工过程中对施工现场内水准点等测量标志物的保护工作由承包人负责。

7.5 现场劳动用工

7.5.1
承包人及其分包人招用建筑工人的,应当依法与所招用的建筑工人订立劳动合同,实行建筑工人劳动用工实名制管理,承包人应当按照有关规定开设建筑工人工资专用账户,存储工资保证金,专项用于支付和保障该工程建设项目建筑工人工资。

7.5.2
承包人应当在工程项目部配备劳资专管员,对分包单位劳动用工及工资发放实施监督管理。承包人拖欠建筑工人工资的,应当依法予以清偿。分包人拖欠建筑工人工资的,由承包人先行清偿,再依法进行追偿。因发包人未按照合同约定及时拨付工程款导致建筑工人工资拖欠的,发包人应当以未结清的工程款为限先行垫付被拖欠的建筑工人工资。合同当事人可在专用合同条件中约定具体的清偿事宜和违约责任。

7.5.3
承包人应当按照相关法律法规的要求,进行劳动用工管理和建筑工人工资支付。

7.6 安全文明施工

7.6.1 安全生产要求

合同履行期间,合同当事人均应当遵守国家和工程所在地有关安全生产的要求,合同当事人有特别要求的,应在专用合同条件中明确安全生产标准化目标及相应事项。承包人有权拒绝发包人及工程师强令承包人违章作业、冒险施工的任何指示。

在工程实施过程中,如遇到突发的地质变动、事先未知的地下施工障碍等影响施工安全的紧急情况,承包人应及时报告工程师和发包人,发包人应当及时下令停工并采取应急措施,按照相关法律法规的要求需上报政府有关行政管理部门的,应依法上报。

因安全生产需要暂停施工的,按照第 8.9 款[暂停工作]的约定执行。

7.6.2 安全生产保证措施

承包人应当按照法律、法规和工程建设强制性标准进行设计，在设计文件中注明涉及施工安全的重点部位和环节，提出保障施工作业人员和预防安全事故的措施建议，防止因设计不合理导致生产安全事故的发生。

承包人应当按照有关规定编制安全技术措施或者专项施工方案，建立安全生产责任制度、治安保卫制度及安全生产教育培训制度，并按安全生产法律规定及合同约定履行安全职责，如实编制工程安全生产的有关记录，接受发包人、工程师及政府安全监督部门的检查与监督。

承包人应按照法律规定进行施工，开工前做好安全技术交底工作，施工过程中做好各项安全防护措施。承包人为实施合同而雇用的特殊工种的人员应受过专门的培训并已取得政府有关管理机构颁发的上岗证书。承包人应加强施工作业安全管理，特别应加强对于易燃、易爆材料、火工器材、有毒与腐蚀性材料和其他危险品的管理，以及对爆破作业和地下工程施工等危险作业的管理。

7.6.3 文明施工

承包人在工程施工期间，应当采取措施保持施工现场平整，物料堆放整齐。工程所在地有关政府行政管理部门有特殊要求的，按照其要求执行。合同当事人对文明施工有其他要求的，可以在专用合同条件中明确。

在工程移交之前，承包人应当从施工现场清除承包人的全部工程设备、多余材料、垃圾和各种临时工程，并保持施工现场清洁整齐。经发包人书面同意，承包人可在发包人指定的地点保留承包人履行保修期内的各项义务所需要的材料、施工设备和临时工程。

7.6.4 事故处理

工程实施过程中发生事故的，承包人应立即通知工程师。发包人和承包人应立即组织人员和设备进行紧急抢救和抢修，减少人员伤亡和财产损失，防止事故扩大，并保护事故现场。需要移动现场物品时，应作出标记和书面记录，妥善保管有关证据。发包人和承包人应按国家有关规定，及时如实地向有关部门报告事故发生的情况，以及正在采取的紧急措施等。

在工程实施期间或缺陷责任期内发生危及工程安全的事件，工程师通知承包人进行抢救和抢修，承包人声明无能力或不愿立即执行的，发包人有权雇佣其他人员进行抢救和抢修。此类抢救和抢修按合同约定属于承包人义务的，由此增加的费用和（或）延误的工期由承包人承担。

7.6.5 安全生产责任

发包人应负责赔偿以下各种情况造成的损失：

（1）工程或工程的任何部分对土地的占用所造成的第三者财产损失；

（2）由于发包人原因在施工现场及其毗邻地带，履行合同工作中造成的第三者人身伤亡和财产损失；

（3）由于发包人原因对发包人自身、承包人、工程师造成的人身伤害和财产损失。

承包人应负责赔偿由于承包人原因在施工现场及其毗邻地带、履行合同工作中造成的第三者人身伤亡和财产损失。

如果上述损失是由于发包人和承包人共同原因导致的，则双方应根据过错情况按比例承担。

7.7 职业健康

承包人应遵守适用的职业健康的法律和合同约定（包括对雇用、职业健康、安全、福利等方面的规定），负责现场实施过程中其人员的职业健康和保护，包括：

（1）承包人应遵守适用的劳动法规，保护承包人员工及承包人聘用的第三方人员的合法休假等合法权益，按照法律规定安排现场施工人员的劳动和休息时间，保障劳动者的休息时间，并支付合理的报酬和费用。因工程施工的特殊需要占用休假日或延长工作时间的，应不超过法律规定的限度，并按法律规定给予补休或酬劳。

（2）承包人应依法为承包人员工及承包人聘用的第三方人员办理必要的证件、许可、保险和注册等，承包人应督促其分包人为分包人员工及分包人聘用的第三方人员办理必要的证件、许可、保险和注册等。承包人应为其履行合同所雇用的人员提供必要的膳宿条件和生活环境，必要的现场食宿条件。

（3）承包人应对其施工人员进行相关作业的职业健康知识培训，危险及危害因素交底，安全操作规程交底，采取有效措施，按有关规定为其现场人员提供劳动保护用品、防护器具、防暑降温用品和安全生产设施。采取有效的防止粉尘、降低噪声、控制有害气体和保障高温、高寒、高空作业安全等劳动保护措施。

（4）承包人应在有毒有害作业区域设置警示标志和说明，对有毒有害岗位进行防治检查，对不合格的防护设施、器具、搭设等及时整改，消除危害职业健康的隐患。发包人人员和工程师人员未经承包人允许、未配备相关保护器具，进入该作业区域所造成的伤害，由发包人承担责任和费用。

（5）承包人应采取有效措施预防传染病，保持食堂的饮食卫生，保证施工人员的健康，并定期对施工现场、施工人员生活基地和工程进行防疫和卫生的专业检查和处理，在远离城镇的施工现场，还应配备必要的伤病防治和急救的医务人员与医疗设施。承包人雇佣人员在施工中受到伤害的,承包人应立即采取有效措施进行抢救和治疗。

7.8 环境保护

7.8.1 承包人负责在现场施工过程中对现场周围的建筑物、构筑物、文物建筑、古树、名木,及地下管线、线缆、构筑物、文物、化石和坟墓等进行保护。因承包人未能通知发包人,并在未能得到发包人进一步指示的情况下,所造成的损害、损失、赔偿等费用增加,和(或)竣工日期延误,由承包人负责。如承包人已及时通知发包人,发包人未能及时作出指示的,所造成的损害、损失、赔偿等费用增加,和(或)竣工日期延误,由发包人负责。

7.8.2 承包人应采取措施,并负责控制和(或)处理现场的粉尘、废气、废水、固体废物和噪声对环境的污染和危害。因此发生的伤害、赔偿、罚款等费用增加,和(或)竣工日期延误,由承包人负责。

7.8.3 承包人及时或定期将施工现场残留、废弃的垃圾分类后运到发包人或当地有关行政部门指定的地点,防止对周围环境的污染及对作业的影响。承包人应当承担因其原因引起的环境污染侵权损害赔偿责任,因违反上述约定导致当地行政部门的罚款、赔偿等增加的费用,由承包人承担;因上述环境污染引起纠纷而导致暂停施工的,由此增加的费用和(或)延误的工期由承包人承担。

7.9 临时性公用设施

7.9.1 提供临时用水、用电等和节点铺设

除专用合同条件另有约定外,发包人应在承包人进场前将施工临时用水、用电等接至约定的节点位置,并保证其需要。上述临时使用的水、电等的类别、取费单价在专用合同条件中约定,发包人按实际计量结果收费。发包人无法提供的水、电等在专用合同条件中约定,相关费用由承包人纳入报价并承担相关责任。

发包人未能按约定的类别和时间完成节点铺设,使开工时间延误,竣工日期相应顺延。未能按约定的品质、数量和时间提供水、电等,给承包人造成的损失由发包人承担,导致工程关键路径延误的,竣工日期相应顺延。

7.9.2 临时用水、用电等

承包人应在计划开始现场施工日期 28 天前或双方约定的其它时间,按专用合同条件中约定的发包人能够提供的临时用水、用电等类别,向发包人提交施工(含工程物资保管)所需的临时用水、用电等的品质、正常用量、高峰用量、使用时间和节点位置等资料。承包人自费负责计量仪器的购买、安装和维护,并依据专用合同条件中约定的单价向发包人交费,合同当事人另有约定时除外。

因承包人未能按合同约定提交上述资料,造成发包人费用增加和竣工日期延误时,由承包人负责。

7.10 现场安保

承包人承担自发包人向其移交施工现场、进入占有施工现场至发包人接收单位/区段工程或(和)工程之前的现场安保责任,并负责编制相关的安保制度、责任制度和报告制度,提交给发包人。除专用合同条件另有约定外,承包人的该等义务不因其与他人共同合法占有施工现场而减免。承包人有权要求发包人负责协调他人就共同合法占有现场的安保事宜接受承包人的管理。

承包人应将其作业限制在现场区域、合同约定的区域或为履行合同所需的区域内。承包人应采取一切必要的预防措施,以保持承包人的设备和人员处于现场区域内,避免其进入邻近地区。

承包人为履行合同义务而占用的其他场所(如预制加工场所、办公及生活营区)的安保适用本款前述关于现场安保的规定。

7.11 工程照管

自开始现场施工日期起至发包人应当接收工程之日止,承包人应承担工程现场、材料、设备及承包人文件的照管和维护工作。

如部分工程于竣工验收前提前交付发包人的,则自交付之日起,该部分工程照管及维护职责由发包人承担。

如发包人及承包人进行竣工验收时尚有部分未竣工工程的,承包人应负责该未竣工工程的照管和维护工作,直至竣工后移交给发包人。

如合同解除或终止的,承包人自合同解除或终止之日起不再对工程承担照管和维护义务。

第 8 条 工期和进度

8.1 开始工作

8.1.1 开始工作准备

合同当事人应按专用合同条件约定完成开始工作准备工作。

8.1.2 开始工作通知

经发包人同意后,工程师应提前 7 天向承包人发出经发包人签认的开始工作通知,工期自开始工作通知中载明的开始工作日期起算。

除专用合同条件另有约定外,因发包人原因造成实际开始现场施工日期迟于计划开始现场施工日期后第 84 天的,承包人有权提出价格调整要求,或者解除合同。发包人应当承担由此增加的费用和(或)延误的工期,并向承包人支付合理利润。

8.2 竣工日期

承包人应在合同协议书约定的工期内完成合同工作。除专用合同条件另有约定外,工程的竣工日期以第 10.1 条

[竣工验收]的约定为准，并在工程接收证书中写明。

因发包人原因，在工程师收到承包人竣工验收申请报告42天后未进行验收的，视为验收合格，实际竣工日期以提交竣工验收申请报告的日期为准，但发包人由于不可抗力不能进行验收的除外。

8.3 项目实施计划

8.3.1 项目实施计划的内容

项目实施计划是依据合同和经批准的项目管理计划进行编制并用于对项目实施进行管理和控制的文件，应包含概述、总体实施方案、项目实施要点、项目初步进度计划以及合同当事人在专用合同条件中约定的其他内容。

8.3.2 项目实施计划的提交和修改

除专用合同条件另有约定外，承包人应在合同订立后14天内，向工程师提交项目实施计划，工程师应在收到项目实施计划后21天内确认或提出修改意见。对工程师提出的合理意见和要求，承包人应自费修改完善。根据工程实施的实际情况需要修改项目实施计划的，承包人应向工程师提交修改后的项目实施计划。

项目进度计划的编制和修改按照第8.4款[项目进度计划]执行。

8.4 项目进度计划

8.4.1 项目进度计划的提交和修改

承包人应按照第8.3款[项目实施计划]约定编制并向工程师提交项目初步进度计划，经工程师批准后实施。

除专用合同条件另有约定外，工程师应在21天内批复或提出修改意见，否则该项目初步进度计划视为已得到批准。对工程师提出的合理意见和要求，承包人应自费修改完善。

经工程师批准的项目初步进度计划称为项目进度计划，是控制合同工程进度的依据，工程师有权按照进度计划检查工程进度情况。承包人还应根据项目进度计划，编制更为详细的分阶段或分项的进度计划，由工程师批准。

8.4.2 项目进度计划的内容

项目进度计划应当包括设计、承包人文件提交、采购、制造、检验、运达现场、施工、安装、试验的各个阶段的预期时间以及设计和施工组织方案说明等，其编制应当符合国家法律规定和一般工程实践惯例。项目进度计划的具体要求、关键路径及关键路径变化的确定原则、承包人提交的份数和时间等，在专用合同条件约定。

8.4.3 项目进度计划的修订

项目进度计划不符合合同要求或与工程的实际进度不一致的，承包人应向工程师提交修订的项目进度计划，并附具有关措施和相关资料。工程师也可以直接向承包人发出修订项目进度计划的通知，承包人如接受，应按该通知修订项目进度计划，报工程师批准。承包人如不接受，应当在14天内回复，如未按时答复视作已接受修订项目进度计划通知中的内容。

除专用合同条件另有约定外，工程师应在收到修订的项目进度计划后14天内完成审批或提出修改意见，如未按时答复视作已批准承包人修订后的项目进度计划。工程师对承包人提交的项目进度计划的确认，不能减轻或免除包人根据法律规定和合同约定应承担的任何责任或义务。

除合同当事人另有约定外，项目进度计划的修订并不能减轻或者免除双方按第8.7款[工期延误]、第8.8款[工期提前]、第8.9款[暂停工作]应承担的合同责任。

8.5 进度报告

项目实施过程中，承包人应进行实际进度记录，并根据工程师的要求编制月进度报告，并提交给工程师。进度报告应包含以下主要内容：

(1)工程设计、采购、施工等各个工作内容的进展报告；

(2)工程施工方法的一般说明；

(3)当月工程实施介入的项目人员、设备和材料的预估明细报告；

(4)当月实际进度与进度计划对比分析，以及提出未来可能引起工期延误的情形，同时提出应对措施；需要修订项目进度计划的，应对项目进度计划的修订部分进行说明；

(5)承包人对于解决工期延误所提出的建议；

(6)其他与工程有关的重大事项。

进度报告的具体要求等，在专用合同条件约定。

8.6 提前预警

任何一方应当在下列情形发生时尽快书面通知另一方：

(1)该情形可能对合同的履行或实现合同目的产生不利影响；

(2)该情形可能对工程完成后的使用产生不利影响；

(3)该情形可能导致合同价款增加；

(4)该情形可能导致整个工程或单位/区段工程的工期延长。

发包人有权要求承包人根据第13.2款[承包人的合理化建议]的约定提交变更建议，采取措施尽量避免或最小化上述情形的发生或影响。

8.7 工期延误

8.7.1 因发包人原因导致工期延误

在合同履行过程中，因下列情况导致工期延误和(或)费用增加的，由发包人承担由此延误的工期和(或)增加的费用，且发包人应支付承包人合理的利润：

(1)根据第13条[变更与调整]的约定构成一项变更的;

(2)发包人违反本合同约定,导致工期延误和(或)费用增加的;

(3)发包人、发包人代表、工程师或发包人聘请的任意第三方造成或引起的任何延误、妨碍和阻碍;

(4)发包人未能依据第6.2.1项[发包人提供的材料和工程设备]的约定提供材料和工程设备导致工期延误和(或)费用增加的;

(5)因发包人原因导致的暂停施工;

(6)发包人未及时履行相关合同义务,造成工期延误的其他原因。

8.7.2 因承包人原因导致工期延误

由于承包人的原因,未能按项目进度计划完成工作,承包人应采取措施加快进度,并承担加快进度所增加的费用。

由于承包人原因造成工期延误并导致逾期竣工的,承包人应支付逾期竣工违约金。逾期竣工违约金的计算方法和最高限额在专用合同条件中约定。承包人支付逾期竣工违约金,不免除承包人完成工作及修补缺陷的义务,且发包人有权从工程进度款、竣工结算款或约定提交的履约担保中扣除相当于逾期竣工违约金的金额。

8.7.3 行政审批迟延

合同约定范围内的工作需国家有关部门审批的,发包人和(或)承包人应按照专用合同条件约定的职责分工完成行政审批报送。因国家有关部门审批迟延造成工期延误的,竣工日期相应顺延。造成费用增加的,由双方在负责的范围内各自承担。

8.7.4 异常恶劣的气候条件

异常恶劣的气候条件是指在施工过程中遇到的,有经验的承包人在订立合同时不可预见,对合同履行造成实质性影响的,但尚未构成不可抗力事件的恶劣气候条件。合同当事人可以在专用合同条件中约定异常恶劣的气候条件的具体情形。

承包人应采取克服异常恶劣的气候条件的合理措施继续施工,并及时通知工程师。工程师应当及时发出指示,指示构成变更的,按第13条[变更与调整]约定办理。承包人因采取合理措施而延误的工期由发包人承担。

8.8 工期提前

8.8.1 发包人指示承包人提前竣工且被承包人接受的,应与承包人共同协商采取加快工程进度的措施和修订项目进度计划。发包人应承担承包人由此增加的费用,增加的费用按第13条[变更与调整]的约定执行;发包人不得以任何理由要求承包人超过合理限度压缩工期。承包人有权不接受提前竣工的指示,工期按照合同约定执行。

8.8.2 承包人提出提前竣工的建议且发包人接受的,应与发包人共同协商采取加快工程进度的措施和修订项目进度计划。发包人应承担承包人由此增加的费用,增加的费用按第13条[变更与调整]的约定执行,并向承包人支付专用合同条件约定的相应奖励金。

8.9 暂停工作

8.9.1 由发包人暂停工作

发包人认为必要时,可通过工程师向承包人发出经发包人签认的暂停工作通知,应列明暂停原因、暂停的日期及预计暂停的期限。承包人应按该通知暂停工作。

承包人因执行暂停工作通知而造成费用的增加和(或)工期延误由发包人承担,并有权要求发包人支付合理利润,但由于承包人原因造成发包人暂停工作的除外。

8.9.2 由承包人暂停工作

因承包人原因所造成部分或全部工程的暂停,承包人应采取措施尽快复工并赶上进度,由此造成费用的增加或工期延误由承包人承担。因此造成逾期竣工的,承包人应按第8.7.2项[因承包人原因导致工期延误]承担逾期竣工违约责任。

合同履行过程中发生下列情形之一的,承包人可向发包人发出通知,要求发包人采取有效措施予以纠正。发包人收到承包人通知后的28天内仍不予以纠正,承包人有权暂停施工,并通知工程师。承包人有权要求发包人延长工期和(或)增加费用,并支付合理利润:

(1)发包人拖延、拒绝批准付款申请和支付证书,或未能按合同约定支付价款,导致付款延误的;

(2)发包人未按约定履行合同其他义务导致承包人无法继续履行合同的,或者发包人明确表示暂停或实质上已暂停履行合同的。

8.9.3 除上述原因以外的暂停工作,双方应遵守第17条[不可抗力]的相关约定。

8.9.4 暂停工作期间的工程照管

不论由于何种原因引起暂停工作的,暂停工作期间,承包人应负责对工程、工程物资及文件等进行照管和保护,并提供安全保障,由此增加的费用按第8.9.1项[由发包人暂停工作]和第8.9.2项[由承包人暂停工作]的约定承担。

因承包人未能尽到照管、保护的责任造成损失的,使发包人的费用增加,(或)竣工日期延误的,由承包人按本合同约定承担责任。

8.9.5 拖长的暂停

根据第8.9.1项[由发包人暂停工作]暂停工作持续

超过56天的,承包人可向发包人发出要求复工的通知。如果发包人没有在收到书面通知后28天内准许已暂停工作的全部或部分继续工作,承包人有权根据第13条[变更与调整]的约定,要求以变更方式调减受暂停影响的部分工程。发包人的暂停超过56天且暂停影响到整个工程的,承包人有权根据第16.2款[由承包人解除合同]的约定,发出解除合同的通知。

8.10 复工

8.10.1 收到发包人的复工通知后,承包人应按通知时间复工;发包人通知的复工时间应当给予承包人必要的准备复工时间。

8.10.2 不论由于何种原因引起暂停工作,双方均可要求对方一同对受暂停影响的工程、工程设备和工程物资进行检查,承包人应将检查结果及需要恢复、修复的内容和估算通知发包人。

8.10.3 除第17条[不可抗力]另有约定外,发生的恢复、修复价款及工期延误的后果由责任方承担。

第9条 竣工试验

9.1 竣工试验的义务

9.1.1 承包人完成工程或区段工程进行竣工试验所需的作业,并根据第5.4款[竣工文件]和第5.5款[操作和维修手册]提交文件后,进行竣工试验。

9.1.2 承包人应在进行竣工试验之前,至少提前42天向工程师提交详细的竣工试验计划,该计划应载明竣工试验的内容、地点、

拟开展时间和需要发包人提供的资源条件。工程师应在收到计划后的14天内进行审查,并就该计划不符合合同的部分提出意见,承包人应在收到意见后的14天内自费对计划进行修正。工程师逾期未提出意见的,视为竣工试验计划已得到确认。除提交竣工试验计划外,承包人还应提前21天将可以开始进行各项试验的日期通知工程师,并在该日期后的14天内或工程师指示的日期进行竣工试验。

9.1.3 承包人应根据经确认的竣工试验计划以及第6.5款[由承包人试验和检验]进行竣工试验。除《发包人要求》中另有说明外,竣工试验应按以下顺序分阶段进行,即只有在工程或区段工程已通过上一阶段试验的情况下,才可进行下一阶段试验:

(1)承包人进行启动前试验,包括适当的检查和功能性试验,以证明工程或区段工程的每一部分均能够安全地承受下一阶段试验;

(2)承包人进行启动试验,以证明工程或区段工程能够在所有可利用的操作条件下安全运行,并按照专用合同条件和《发包人要求》中的规定操作;

(3)承包人进行试运行试验。当工程或区段工程能稳定安全运行时,承包人应通知工程师,可以进行其他竣工试验,包括各种性能测试,以证明工程或区段工程符合《发包人要求》中列明的性能保证指标。

进行上述试验不应构成第10条[验收和工程接收]规定的接收,但试验所产生的任何产品或其他收益均应归属于发包人。

9.1.4 完成上述各阶段竣工试验后,承包人应向工程师提交试验结果报告,试验结果须符合约定的标准、规范和数据。工程师应在收到报告后14天内予以回复,逾期未回复的,视为认可竣工试验结果。但在考虑工程或区段工程是否通过竣工试验时,应适当考虑发包人对工程或其任何部分的使用,对工程或区段工程的性能、特性和试验结果产生的影响。

9.2 延误的试验

9.2.1 如果承包人已根据第9.1款[竣工试验的义务]就可以开始进行各项竣工试验的日期通知工程师,但该等试验因发包人原因被延误14天以上的,发包人应承担由此增加的费用和工期延误,并支付承包人合理利润。同时,承包人应在合理可行的情况下尽快进行竣工试验。

9.2.2 承包人无正当理由延误进行竣工试验的,工程师可向其发出通知,要求其在收到通知后的21天内进行该项竣工试验。承包人应在该21天的期限内确定进行试验的日期,并至少提前7天通知工程师。

9.2.3 如果承包人未在该期限内进行竣工试验,则发包人有权自行组织该项竣工试验,由此产生的合理费用由承包人承担。发包人应在试验完成后28天内向承包人发送试验结果。

9.3 重新试验

如果工程或区段工程未能通过竣工试验,则承包人应根据第6.6款[缺陷和修补]修补缺陷。发包人或承包人可要求按相同的条件,重新进行未通过的试验以及相关工程或区段工程的竣工试验。该等重新进行的试验仍应适用本条对于竣工试验的规定。

9.4 未能通过竣工试验

9.4.1 因发包人原因导致竣工试验未能通过的,承包人进行竣工试验的费用由发包人承担,竣工日期相应顺延。

9.4.2 如果工程或区段工程未能通过根据第9.3款[重新试验]重新进行的竣工试验的,则:

(1)发包人有权要求承包人根据第6.6款[缺陷和修补]继续进行修补和改正,并根据第9.3款[重新试验]再次进行竣工试验;

(2)未能通过竣工试验,对工程或区段工程的操作或使用未产生实质性影响的,发包人有权要求承包人自费修复,承担因此增加的费用和误期损害赔偿责任,并赔偿发包人的相应损失;无法修复时,发包人有权扣减该部分的相应付款,同时视为通过竣工验收;

(3)未能通过竣工试验,使工程或区段工程的任何主要部分丧失了生产、使用功能时,发包人有权指令承包人更换相关部分,承包人应承担因此增加的费用和误期损害赔偿责任,并赔偿发包人的相应损失;

(4)未能通过竣工试验,使整个工程或区段工程丧失了生产、使用功能时,发包人可拒收工程或区段工程,或指令承包人重新设计、重置相关部分,承包人应承担因此增加的费用和误期损害赔偿责任,并赔偿发包人的相应损失。同时发包人有权根据第16.1款[由发包人解除合同]的约定解除合同。

第10条 验收和工程接收

10.1 竣工验收

10.1.1 竣工验收条件

工程具备以下条件的,承包人可以申请竣工验收:

(1)除因第13条[变更与调整]导致的工程量删减和第14.5.3项[扫尾工作清单]列入缺陷责任期内完成的扫尾工程和缺陷修补工作外,合同范围内的全部单位/区段工程以及有关工作,包括合同要求的试验和竣工试验均已完成,并符合合同要求;

(2)已按合同约定编制了扫尾工作和缺陷修补工作清单以及相应实施计划;

(3)已按合同约定的内容和份数备齐竣工资料;

(4)合同约定要求在竣工验收前应完成的其他工作。

10.1.2 竣工验收程序

除专用合同条件另有约定外,承包人申请竣工验收的,应当按照以下程序进行:

(1)承包人向工程师报送竣工验收申请报告,工程师应在收到竣工验收申请报告后14天内完成审查并报送发包人。工程师审查后认为尚不具备竣工验收条件的,应在收到竣工验收申请报告后的14天内通知承包人,指出在颁发接收证书前承包人还需进行的工作内容。承包人完成工程师通知的全部工作内容后,应再次提交竣工验收申请报告,直至工程师同意为止。

(2)工程师同意承包人提交的竣工验收申请报告的,或工程师收到竣工验收申请报告后14天内不予答复的,视为发包人收到并同意承包人竣工验收申请,发包人应在收到该竣工验收申请报告后的28天内进行竣工验收。工程经竣工验收合格的,以竣工验收合格之日为实际竣工日期,并在工程接收证书中载明;完成竣工验收但发包人不予签发工程接收证书的,视为竣工验收合格,以完成竣工验收之日为实际竣工日期。

(3)竣工验收不合格的,工程师应按照验收意见发出指示,要求承包人对不合格工程返工、修复或采取其他补救措施,由此增加的费用和(或)延误的工期由承包人承担。承包人在完成不合格工程的返工、修复或采取其他补救措施后,应重新提交竣工验收申请报告,并按本项约定的程序重新进行验收。

(4)因发包人原因,未在工程师收到承包人竣工验收申请报告之日起42天内完成竣工验收的,以承包人提交竣工验收申请报告之日作为工程实际竣工日期。

(5)工程未经竣工验收,发包人擅自使用的,以转移占有工程之日为实际竣工日期。

除专用合同条件另有约定外,发包人不按照本项和第10.4款[接收证书]约定组织竣工验收、颁发工程接收证书的,每逾期一天,应以签约合同价为基数,按照贷款市场报价利率(LPR)支付违约金。

10.2 单位/区段工程的验收

10.2.1 发包人根据项目进度计划安排,在全部工程竣工前需要使用已经竣工的单位/区段工程时,或承包人提出经发包人同意时,可进行单位/区段工程验收。验收的程序可参照第10.1款[竣工验收]的约定进行。验收合格后,由工程师向承包人出具经发包人签认的单位/区段工程验收证书。单位/区段工程的验收成果和结论作为全部工程竣工验收申请报告的附件。

10.2.2 发包人在全部工程竣工前,使用已接收的单位/区段工程导致承包人费用增加的,发包人应承担由此增加的费用和(或)工期延误,并支付承包人合理利润。

10.3 工程的接收

10.3.1 根据工程项目的具体情况和特点,可按工程或单位/区段工程进行接收,并在专用合同条件约定接收的先后顺序、时间安排和其他要求。

10.3.2 除按本条约定已经提交的资料外,接收工程时承包人需提交竣工验收资料的类别、内容、份数和提交时间,在专用合同条件中约定。

10.3.3 发包人无正当理由不接收工程的,发包人自应当接收工程之日起,承担工程照管、成品保护、保管等与工程有关的各项费用,合同当事人可以在专用合同条件中另行约定发包人逾期接收工程的违约责任。

10.3.4 承包人无正当理由不移交工程的,承包人应承担工程照管、成品保护、保管等与工程有关的各项费用,合同当事人可以在专用合同条件中另行约定承包人无正当理由不移交工程的违约责任。

10.4 接收证书

10.4.1 除专用合同条件另有约定外，承包人应在竣工验收合格后向发包人提交第14.6款[质量保证金]约定的质量保证金，发包人应在竣工验收合格且工程具备接收条件后的14天内向承包人颁发工程接收证书，但承包人未提交质量保证金的，发包人有权拒绝颁发。发包人拒绝颁发工程接收证书的，应向承包人发出通知，说明理由并指出在颁发接收证书前承包人需要做的工作，需要修补的缺陷和承包人需要提供的文件。

10.4.2 发包人向承包人颁发的接收证书，应注明工程或单位/区段工程经验收合格的实际竣工日期，并列明不在接收范围内的、在收尾工作和缺陷修补完成之前对工程或单位/区段工程预期使用目的没有实质影响的少量收尾工作和缺陷。

10.4.3 竣工验收合格而发包人无正当理由逾期不颁发工程接收证书的，自验收合格后第15天起视为已颁发工程接收证书。

10.4.4 工程未经验收或验收不合格，发包人擅自使用的，应在转移占有工程后7天内向承包人颁发工程接收证书；发包人无正当理由逾期不颁发工程接收证书的，自转移占有后第15天起视为已颁发工程接收证书。

10.4.5 存在扫尾工作的，工程接收证书中应当将第14.5.3项[扫尾工作清单]中约定的扫尾工作清单作为工程接收证书附件。

10.5 竣工退场

10.5.1 竣工退场

颁发工程接收证书后，承包人应对施工现场进行清理，并撤离相关人员，使得施工现场处于以下状态，直至工程师检验合格为止：

（1）施工现场内残留的垃圾已全部清除出场；

（2）临时工程已拆除，场地已按合同约定进行清理、平整或复原；

（3）按合同约定应撤离的人员、承包人提供的施工设备和剩余的材料，包括废弃的施工设备和材料，已按计划撤离施工现场；

（4）施工现场周边及其附近道路、河道的施工堆积物，已全部清理；

（5）施工现场其他竣工退场工作已全部完成。

施工现场的竣工退场费用由承包人承担。承包人应在专用合同条件约定的期限内完成竣工退场，逾期未完成的，发包人有权出售或另行处理承包人遗留的物品，由此支出的费用由承包人承担，发包人出售承包人遗留物品所得款项在扣除必要费用后应返还承包人。

10.5.2 地表还原

承包人应按合同约定和工程师的要求恢复临时占地及清理场地，否则发包人有权委托其他人恢复或清理，所发生的费用由承包人承担。

10.5.3 人员撤离

除了经工程师同意需在缺陷责任期内继续工作和使用的人员、施工设备和临时工程外，承包人应按专用合同条件约定和工程师的要求将其余的人员、施工设备和临时工程撤离施工现场或拆除。除专用合同条件另有约定外，缺陷责任期满时，承包人的人员和施工设备应全部撤离施工现场。

第11条 缺陷责任与保修

11.1 工程保修的原则

在工程移交发包人后，因承包人原因产生的质量缺陷，承包人应承担质量缺陷责任和保修义务。缺陷责任期届满，承包人仍应按合同约定的工程各部位保修年限承担保修义务。

11.2 缺陷责任期

缺陷责任期原则上从工程竣工验收合格之日起计算，合同当事人应在专用合同条件约定缺陷责任期的具体期限，但该期限最长不超过24个月。

单位/区段工程先于全部工程进行验收，经验收合格并交付使用的，该单位/区段工程缺陷责任期自单位/区段工程验收合格之日起算。因发包人原因导致工程未在合同约定期限进行验收，但工程经验收合格的，以承包人提交竣工验收报告之日起算；因发包人原因导致工程未能进行竣工验收的，在承包人提交竣工验收报告90天后，工程自动进入缺陷责任期；发包人未经竣工验收擅自使用工程的，缺陷责任期自工程转移占有之日起开始计算。

由于承包人原因造成某项缺陷或损坏使某项工程或工程设备不能按原定目标使用而需要再次检查、检验和修复的，发包人有权要求承包人延长该项工程或工程设备的缺陷责任期，并应在原缺陷责任期届满前发出延长通知。但缺陷责任期最长不超过24个月。

11.3 缺陷调查

11.3.1 承包人缺陷调查

如果发包人指示承包人调查任何缺陷的原因，承包人应在发包人的指导下进行调查。承包人应在发包人指示中说明的日期或与发包人达成一致的其他日期开展调查。除非该缺陷应由承包人负责自费进行修补，承包人有权就调查的成本和利润获得支付。

如果承包人未能根据本款开展调查，该调查可由发包人开展。但应将上述调查开展的日期通知承包人，承包人可自费参加调查。如果该缺陷应由承包人自费进行修补，则发包人有权要求承包人支付发包人因调查产生的合理费用。

11.3.2　缺陷责任

缺陷责任期内，由承包人原因造成的缺陷，承包人应负责维修，并承担鉴定及维修费用。如承包人不维修也不承担费用，发包人可按合同约定从质量保证金中扣除，费用超出质量保证金金额的，发包人可按合同约定向承包人进行索赔。承包人维修并承担相应费用后，不免除对工程的损失赔偿责任。发包人在使用过程中，发现已修补的缺陷部位或部件还存在质量缺陷的，承包人应负责修复，直至检验合格为止。

11.3.3　修复费用

发包人和承包人应共同查清缺陷或损坏的原因。经查明属承包人原因造成的，应由承包人承担修复的费用。经查验非承包人原因造成的，发包人应承担修复的费用，并支付承包人合理利润。

11.3.4　修复通知

在缺陷责任期内，发包人在使用过程中，发现已接收的工程存在缺陷或损坏的，应书面通知承包人予以修复，但情况紧急必须立即修复缺陷或损坏的，发包人可以口头通知承包人并在口头通知后48小时内书面确认，承包人应在专用合同条件约定的合理期限内到达工程现场并修复缺陷或损坏。

11.3.5　在现场外修复

在缺陷责任期内，承包人认为设备中的缺陷或损害不能在现场得到迅速修复，承包人应当向发包人发出通知，请求发包人同意把这些有缺陷或者损害的设备移出现场进行修复，通知应当注明有缺陷或者损害的设备及维修的相关内容，发包人可要求承包人按移出设备的全部重置成本增加质量保证金的数额。

11.3.6　未能修复

因承包人原因造成工程的缺陷或损坏，承包人拒绝维修或未能在合理期限内修复缺陷或损坏，且经发包人书面催告后仍未修复的，发包人有权自行修复或委托第三方修复，所需费用由承包人承担。但修复范围超出缺陷或损坏范围的，超出范围部分的修复费用由发包人承担。

如果工程或工程设备的缺陷或损害使发包人实质上失去了工程的整体功能，发包人有权向承包人追回已支付的工程款项，并要求其赔偿发包人相应损失。

11.4　缺陷修复后的进一步试验

任何一项缺陷修补后的7天内，承包人应向发包人发出通知，告知已修补的情况。如根据第9条[竣工试验]或第12条[竣工后试验]的规定适用重新试验的，还应建议重新试验。发包人应在收到重新试验的通知后14天内答复，逾期未进行答复的视为同意重新试验。承包人未建议重新试验的，发包人也可在缺陷修补后的14天内指示进行必要的重新试验，以证明已修复的部分符合合同要求。

所有的重复试验应按照适用于先前试验的条款进行，但应由责任方承担修补工作的成本和重新试验的风险和费用。

11.5　承包人出入权

在缺陷责任期内，为了修复缺陷或损坏，承包人有权出入工程现场，除情况紧急必须立即修复缺陷或损坏外，承包人应提前24小时通知发包人进场修复的时间。承包人进入工程现场前应获得发包人同意，且不应影响发包人正常的生产经营，并应遵守发包人有关安保和保密等规定。

11.6　缺陷责任期终止证书

除专用合同条件另有约定外，承包人应于缺陷责任期届满前7天内向发包人发出缺陷责任期即将届满通知，发包人应在收到通知后7天内核实承包人是否履行缺陷修复义务，承包人未能履行缺陷修复义务的，发包人有权扣除相应金额的维修费用。发包人应在缺陷责任期届满之日，向承包人颁发缺陷责任期终止证书，并按第14.6.3项[质量保证金的返还]返还质量保证金。

如根据第10.5.3项[人员撤离]承包人在施工现场还留有人员、施工设备和临时工程的，承包人应当在收到缺陷责任期终止证书后28天内，将上述人员、施工设备和临时工程撤离施工现场。

11.7　保修责任

因承包人原因导致的质量缺陷责任，由合同当事人根据有关法律规定，在专用合同条件和工程质量保修书中约定工程质量保修范围、期限和责任。

第12条　竣工后试验

本合同工程包含竣工后试验的，遵守本条约定。

12.1　竣工后试验的程序

12.1.1　工程或区段工程被发包人接收后，在合理可行的情况下应根据合同约定尽早进行竣工后试验。

12.1.2　除专用合同条件另有约定外，发包人应提供全部电力、水、污水处理、燃料、消耗品和材料，以及全部其他仪器、协助、文件或其他信息、设备、工具、劳力，启动工程设备，并组织安排有适当资质、经验和能力的工作人员实施竣工后试验。

12.1.3 除《发包人要求》另有约定外，发包人应在合理可行的情况下尽快进行每项竣工后试验，并至少提前21天将该项竣工后试验的内容、地点和时间，以及显示其他竣工后试验拟开展时间的竣工后试验计划通知承包人。

12.1.4 发包人应根据《发包人要求》、承包人按照第5.5款[操作和维修手册]提交的文件，以及承包人被要求提供的指导进行竣工后试验。如承包人未在发包人通知的时间和地点参加竣工后试验，发包人可自行进行，该试验应被视为是承包人在场的情况下进行的，且承包人应视为认可试验数据。

12.1.5 竣工后试验的结果应由双方进行整理和评价，并应适当考虑发包人对工程或其任何部分的使用，对工程或区段工程的性能、特性和试验结果产生的影响。

12.2 延误的试验

12.2.1 如果竣工后试验因发包人原因被延误，发包人应承担承包人由此增加的费用并支付承包人合理利润。

12.2.2 如果因承包人以外的原因，导致竣工后试验未能在缺陷责任期或双方另行同意的其他期限内完成，则相关工程或区段工程应视为已通过该竣工后试验。

12.3 重新试验

如工程或区段工程未能通过竣工后试验，则承包人应根据第11.3款[缺陷调查]的规定修补缺陷，以达到合同约定的要求；并按照第11.4款[缺陷修复后的进一步试验]重新进行试验以及承担风险和费用。如未通过试验和重新试验是承包人原因造成的，则承包人还应承担发包人因此增加的费用。

12.4 未能通过竣工后试验

12.4.1 工程或区段工程未能通过竣工后试验，且合同中就该项未通过的试验约定了性能损害赔偿违约金及其计算方法的，或者就该项未通过的试验另行达成补充协议的，承包人在缺陷责任期内向发包人支付相应违约金或按补充协议履行后，视为通过竣工后试验。

12.4.2 对未能通过竣工后试验的工程或区段工程，承包人可向发包人建议，由承包人对该工程或区段工程进行调整或修补。发包人收到建议后，可向承包人发出通知，指示其在发包人方便的合理时间进入工程或区段工程进行调查、调整或修补，并为承包人的进入提供方便。承包人提出建议，但未在缺陷责任期内收到上述发包人通知的，相关工程或区段工程应视为已通过该竣工后试验。

12.4.3 发包人无故拖延给予承包人进行调查、调整或修补所需的进入工程或区段工程的许可，并造成承包人费用增加的，应承担由此增加的费用并支付承包人合理利润。

第13条 变更与调整

13.1 发包人变更权

13.1.1 变更指示应经发包人同意，并由工程师发出经发包人签认的变更指示。除第11.3.6项[未能修复]约定的情况外，变更不应包括准备将任何工作删减并交由他人或发包人自行实施的情况。承包人收到变更指示后，方可实施变更。未经许可，承包人不得擅自对工程的任何部分进行变更。发包人与承包人对某项指示或批准是否构成变更产生争议的，按第20条[争议解决]处理。

13.1.2 承包人应按照变更指示执行，除非承包人及时向工程师发出通知，说明该项变更指示将降低工程的安全性、稳定性或适用性；涉及的工作内容和范围不可预见；所涉设备难以采购；导致承包人无法执行第7.5款[现场劳动用工]、第7.6款[安全文明施工]、第7.7款[职业健康]或第7.8款[环境保护]内容；将造成工期延误；与第4.1款[承包人的一般义务]相冲突等无法执行的理由。工程师接到承包人的通知后，应作出经发包人签认的取消、确认或改变原指示的书面回复。

13.2 承包人的合理化建议

13.2.1 承包人提出合理化建议的，应向工程师提交合理化建议说明，说明建议的内容、理由以及实施该建议对合同价格和工期的影响。

13.2.2 除专用合同条件另有约定外，工程师应在收到承包人提交的合理化建议后7天内审查完毕并报送发包人，发现其中存在技术上的缺陷，应通知承包人修改。发包人应在收到工程师报送的合理化建议后7天内审批完毕。合理化建议经发包人批准的，工程师应及时发出变更指示，由此引起的合同价格调整按照第13.3.3项[变更估价]约定执行。发包人不同意变更的，工程师应书面通知承包人。

13.2.3 合理化建议降低了合同价格、缩短了工期或者提高了工程经济效益，双方可以按照专用合同条件的约定进行利益分享。

13.3 变更程序

13.3.1 发包人提出变更

发包人提出变更的，应通过工程师向承包人发出书面形式的变更指示，变更指示应说明计划变更的工程范围和变更的内容。

13.3.2 变更执行

承包人收到工程师下达的变更指示后，认为不能执行，应在合理期限内提出不能执行该变更指示的理由。承包人认为可以执行变更的，应当书面说明实施该变更指示需要采取的具体措施及对合同价格和工期的影响，且合同当事人应当按照第 13.3.3 项[变更估价]约定确定变更估价。

13.3.3 变更估价

13.3.3.1 变更估价原则

除专用合同条件另有约定外,变更估价按照本款约定处理:

(1)合同中未包含价格清单,合同价格应按照所执行的变更工程的成本加利润调整;

(2)合同中包含价格清单,合同价格按照如下规则调整:

1)价格清单中有适用于变更工程项目的,应采用该项目的费率和价格;

2)价格清单中没有适用但有类似于变更工程项目的,可在合理范围内参照类似项目的费率或价格;

3)价格清单中没有适用也没有类似于变更工程项目的,该工程项目应按成本加利润原则调整适用新的费率或价格。

13.3.3.2 变更估价程序

承包人应在收到变更指示后 14 天内,向工程师提交变更估价申请。工程师应在收到承包人提交的变更估价申请后 7 天内审查完毕并报送发包人,工程师对变更估价申请有异议,通知承包人修改后重新提交。发包人应在承包人提交变更估价申请后 14 天内审批完毕。发包人逾期未完成审批或未提出异议,视为认可承包人提交的变更估价申请。

因变更引起的价格调整应计入最近一期的进度款中支付。

13.3.4 变更引起的工期调整

因变更引起工期变化的,合同当事人均可要求调整合同工期,由合同当事人按照第 3.6 款[商定或确定]并参考工程所在地的工期定额标准确定增减工期天数。

13.4 暂估价

13.4.1 依法必须招标的暂估价项目

对于依法必须招标的暂估价项目,专用合同条件约定由承包人作为招标人的,招标文件、评标方案、评标结果应报送发包人批准。与组织招标工作有关的费用应当被认为已经包括在承包人的签约合同价中。

专用合同条件约定由发包人和承包人共同作为招标人的,与组织招标工作有关的费用在专用合同条件中约定。

具体的招标程序以及发包人和承包人权利义务关系可在专用合同条件中约定。暂估价项目的中标金额与价格清单中所列暂估价的金额差以及相应的税金等其他费用应列入合同价格。

13.4.2 不属于依法必须招标的暂估价项目

对于不属于依法必须招标的暂估价项目,承包人具备实施暂估价项目的资格和条件的,经发包人和承包人协商一致后,可由承包人自行实施暂估价项目,具体的协商和估价程序以及发包人和承包人权利义务关系可在专用合同条件中约定。确定后的暂估价项目金额与价格清单中所列暂估价的金额差以及相应的税金等其他费用应列入合同价格。

因发包人原因导致暂估价合同订立和履行迟延的,由此增加的费用和(或)延误的工期由发包人承担,并支付承包人合理的利润。因承包人原因导致暂估价合同订立和履行迟延的,由此增加的费用和(或)延误的工期由承包人承担。

13.5 暂列金额

除专用合同条件另有约定外,每一笔暂列金额只能按照发包人的指示全部或部分使用,并对合同价格进行相应调整。付给承包人的总金额应仅包括发包人已指示的,与暂列金额相关的工作、货物或服务的应付款项。

对于每笔暂列金额,发包人可以指示用于下列支付:

(1)发包人根据第 13.1 款[发包人变更权]指示变更,决定对合同价格和付款计划表(如有)进行调整的、由承包人实施的工作(包括要提供的工程设备、材料和服务);

(2)承包人购买的工程设备、材料、工作或服务,应支付包括承包人已付(或应付)的实际金额以及相应的管理费等费用和利润(管理费和利润应以实际金额为基数根据合同约定的费率(如有)或百分比计算)。

发包人根据上述(1)和(或)(2)指示支付暂列金额的,可以要求承包人提交其供应商提供的全部或部分要实施的工程或拟购买的工程设备、材料、工作或服务的项目报价单。发包人可以发出通知指示承包人接受其中的一个报价或指示撤销支付,发包人在收到项目报价单的 7 天内未作回应的,承包人应有权自行接受其中任何一个报价。

每份包含暂列金额的文件还应包括用以证明暂列金额的所有有效的发票、凭证或账户或收据。

13.6 计日工

13.6.1 需要采用计日工方式的,经发包人同意后,由工程师通知承包人以计日工计价方式实施相应的工作,其价款按列入价格清单或预算书中的计日工计价项目及其单价进行计算;价格清单或预算书中无相应的计日工单价的,按照合理的成本与利润构成的原则,由工程师按照第 3.6 款[商定或确定]确定计日工的单价。

13.6.2 采用计日工计价的任何一项工作,承包人应在该项工作实施过程中,每天提交以下报表和有关凭证报送工程师审查:
(1)工作名称、内容和数量;
(2)投入该工作的所有人员的姓名、专业、工种、级别和耗用工时;
(3)投入该工作的材料类别和数量;
(4)投入该工作的施工设备型号、台数和耗用台时;
(5)其他有关资料和凭证。

计日工由承包人汇总后,列入最近一期进度付款申请单,由工程师审查并经发包人批准后列入进度付款。

13.7 法律变化引起的调整

13.7.1 基准日期后,法律变化导致承包人在合同履行过程中所需要的费用发生除第 13.8 款[市场价格波动引起的调整]约定以外的增加时,由发包人承担由此增加的费用;减少时,应从合同价格中予以扣减。基准日期后,因法律变化造成工期延误时,工期应予以顺延。

13.7.2 因法律变化引起的合同价格和工期调整,合同当事人无法达成一致的,由工程师按第 3.6 款[商定或确定]的约定处理。

13.7.3 因承包人原因造成工期延误,在工期延误期间出现法律变化的,由此增加的费用和(或)延误的工期由承包人承担。

13.7.4 因法律变化而需要对工程的实施进行任何调整的,承包人应迅速通知发包人,或者发包人应迅速通知承包人,并附上详细的辅助资料。发包人接到通知后,应根据第 13.3 款[变更程序]发出变更指示。

13.8 市场价格波动引起的调整

13.8.1 主要工程材料、设备、人工价格与招标时基期价相比,波动幅度超过合同约定幅度的,双方按照合同约定的价格调整方式调整。

13.8.2 发包人与承包人在专用合同条件中约定采用《价格指数权重表》的,适用本项约定。

13.8.2.1 双方当事人可以将部分主要工程材料、工程设备、人工价格及其他双方认为应当根据市场价格调整的费用列入附件 6[价格指数权重表],并根据以下公式计算差额并调整合同价格:

(1)价格调整公式

$$\Delta P = P_0 \left[A + \left(B_1 \times \frac{F_{t1}}{F_{01}} + B_2 \times \frac{F_{t2}}{F_{02}} + B_3 \times \frac{F_{t3}}{F_{03}} + \cdots + B_n \times \frac{F_{tn}}{F_{0n}} \right) - 1 \right]$$

公式中:ΔP——需调整的价格差额;

P_0——付款证书中承包人应得到的已完成工作量的金额。此项金额应不包括价格调整、不计质量保证金的预留和支付、预付款的支付和扣回。第 13 条[变更与调整]约定的变更及其他金额已按当期价格计价的,也不计在内;

A——定值权重(即不调部分的权重);

$B_1;B_2;B_3;\cdots\cdots B_n$——各可调因子的变值权重(即可调部分的权重)为各可调因子在投标函投标总报价中所占的比例,且 $A+B_1+B_2+B_3+\cdots+B_n = 1$;

$F_{t1};F_{t2};F_{t3};\cdots\cdots F_{tn}$——各可调因子的当期价格指数,指付款证书相关周期最后一天的前 42 天的各可调因子的价格指数;

$F_{01};F_{02};F_{03};\cdots\cdots F_{0n}$——各可调因子的基本价格指数,指基准日期的各可调因子的价格指数。

以上价格调整公式中的各可调因子、定值和变值权重,以及基本价格指数及其来源在投标函附录价格指数和权重表中约定。价格指数应首先采用投标函附录中载明的有关部门提供的价格指数,缺乏上述价格指数时,可采用有关部门提供的价格代替。

(2)暂时确定调整差额

在计算调整差额时得不到当期价格指数的,可暂用上一次价格指数计算,并在以后的付款中再按实际价格指数进行调整。

(3)权重的调整

按第 13.1 款[发包人变更权]约定的变更导致原定合同中的权重不合理的,由工程师与承包人和发包人协商后进行调整。

(4)承包人原因工期延误后的价格调整

因承包人原因未在约定的工期内竣工的,则对原约定竣工日期后继续施工的工程,在使用本款第(1)项价格调整公式时,应采用原约定竣工日期与实际竣工日期的两个价格指数中较低的一个作为当期价格指数。

(5)发包人引起的工期延误后的价格调整

由于发包人原因未在约定的工期内竣工的,则对原约定竣工日期后继续施工的工程,在使用本款第(1)目价格调整公式时,应采用原约定竣工日期与实际竣工日期的两个价格指数中较高的一个作为当期价格指数。

13.8.2.2 未列入《价格指数权重表》的费用不因市场变化而调整。

13.8.3 双方约定采用其他方式调整合同价款的,以专用合同条件约定为准。

第 14 条 合同价格与支付

14.1 合同价格形式

14.1.1 除专用合同条件中另有约定外,本合同为总价合同,除根据第 13 条[变更与调整],以及合同中其它相关增减金额的约定进行调整外,合同价格不做调整。

14.1.2 除专用合同条件另有约定外:

(1)工程款的支付应以合同协议书约定的签约合同价格为基础,按照合同约定进行调整;

(2)承包人应支付根据法律规定或合同约定应由其支付的各项税费,除第 13.7 款[法律变化引起的调整]约定外,合同价格不应因任何这些税费进行调整;

(3)价格清单列出的任何数量仅为估算的工作量,不得将其视为要求承包人实施的工程的实际或准确的工作量。在价格清单中列出的任何工作量和价格数据应仅限用于变更和支付的参考资料,而不能用于其他目的。

14.1.3 合同约定工程的某部分按照实际完成的工程量进行支付的,应按照专用合同条件的约定进行计量和估价,并据此调整合同价格。

14.2 预付款

14.2.1 预付款支付

预付款的额度和支付按照专用合同条件约定执行。预付款应当专用于承包人为合同工程的设计和工程实施购置材料、工程设备、施工设备、修建临时设施以及组织施工队伍进场等合同工作。

除专用合同条件另有约定外,预付款在进度付款中同比例扣回。在颁发工程接收证书前,提前解除合同的,尚未扣完的预付款应与合同价款一并结算。

发包人逾期支付预付款超过 7 天的,承包人有权向发包人发出要求预付的催告通知,发包人收到通知后 7 天内仍未支付的,承包人有权暂停施工,并按第 15.1.1 项[发包人违约的情形]执行。

14.2.2 预付款担保

发包人指示承包人提供预付款担保的,承包人应在发包人支付预付款 7 天前提供预付款担保,专用合同条件另有约定除外。预付款担保可采用银行保函、担保公司担保等形式,具体由合同当事人在专用合同条件中约定。在预付款完全扣回之前,承包人应保证预付款担保持续有效。

发包人在工程款中逐期扣回预付款后,预付款担保额度应相应减少,但剩余的预付款担保金额不得低于未被扣回的预付款金额。

14.3 工程进度款

14.3.1 工程进度付款申请

(1)人工费的申请

人工费应按月支付,工程师应在收到承包人人工费付款申请单以及相关资料后 7 天内完成审查并报送发包人,发包人应在收到后 7 天内完成审批并向承包人签发人工费支付证书,发包人应在人工费支付证书签发后 7 天内完成支付。已支付的人工费部分,发包人支付进度款时予以相应扣除。

(2)除专用合同条件另有约定外,承包人应在每月月末向工程师提交进度付款申请单,该进度付款申请单应包括下列内容:

1)截至本次付款周期内已完成工作对应的金额;

2)扣除依据本款第(1)目约定中已扣除的人工费金额;

3)根据第 13 条[变更与调整]应增加和扣减的变更金额;

4)根据第 14.2 款[预付款]约定应支付的预付款和扣减的返还预付款;

5)根据第 14.6.2 项[质量保证金的预留]约定应预留的质量保证金金额;

6)根据第 19 条[索赔]应增加和扣减的索赔金额;

7)对已签发的进度款支付证书中出现错误的修正,应在本次进度付款中支付或扣除的金额;

8)根据合同约定应增加和扣减的其他金额。

14.3.2 进度付款审核和支付

除专用合同条件另有约定外,工程师应在收到承包人进度付款申请单以及相关资料后 7 天内完成审查并报送发包人,发包人应在收到后 7 天内完成审批并向承包人签发进度款支付证书。发包人逾期(包括因工程师原因延误报送的时间)未完成审批且未提出异议的,视为已签发进度款支付证书。

工程师对承包人的进度付款申请单有异议的,有权要求承包人修正和提供补充资料,承包人应提交修正后的进度付款申请单。工程师应在收到承包人修正后的进度付款申请单及相关资料后 7 天内完成审查并报送发包人,发包人应在收到工程师报送的进度付款申请单及相关资料后 7 天内,向承包人签发无异议部分的进度款支付证书。存在争议的部分,按照第 20 条[争议解决]的约定处理。

除专用合同条件另有约定外,发包人应在进度款支付证书签发后 14 天内完成支付,发包人逾期支付进度款的,按照贷款市场报价利率(LPR)支付利息;逾期支付超过 56 天的,按照贷款市场报价利率(LPR)的两倍支付利息。

发包人签发进度款支付证书，不表明发包人已同意、批准或接受了承包人完成的相应部分的工作。

14.3.3 进度付款的修正

在对已签发的进度款支付证书进行阶段汇总和复核中发现错误、遗漏或重复的，发包人和承包人均有权提出修正申请。经发包人和承包人同意的修正，应在下期进度付款中支付或扣除。

14.4 付款计划表

14.4.1 付款计划表的编制要求

除专用合同条件另有约定外，付款计划表按如下要求编制：

（1）付款计划表中所列的每期付款金额，应为第14.3.1项[工程进度付款申请]每期进度款的估算金额；

（2）实际进度与项目进度计划不一致的，合同当事人可按照第3.6款[商定或确定]修改付款计划表；

（3）不采用付款计划表的，承包人应向工程师提交按季度编制的支付估算付款计划表，用于支付参考。

14.4.2 付款计划表的编制与审批

（1）除专用合同条件另有约定外，承包人应根据第8.4款[项目进度计划]约定的项目进度计划、签约合同价和工程量等因素对总价合同进行分解，确定付款期数、计划每期达到的主要形象进度和(或)完成的主要计划工程量(含设计、采购、施工、竣工试验和竣工后试验等)等目标任务，编制付款计划表。其中人工费应按月确定付款期和付款计划。承包人应当在收到工程师和发包人批准的项目进度计划后7天内，将付款计划表及编制付款计划表的支持性资料报送工程师。

（2）工程师应在收到付款计划表后7天内完成审核并报送发包人。发包人应在收到经工程师审核的付款计划表后7天内完成审批，经发包人批准的付款计划表为有约束力的付款计划表。

（3）发包人逾期未完成付款计划表审批的，也未及时要求承包人进行修正和提供补充资料的，则承包人提交的付款计划表视为已经获得发包人批准。

14.5 竣工结算

14.5.1 竣工结算申请

除专用合同条件另有约定外，承包人应在工程竣工验收合格后42天内向工程师提交竣工结算申请单，并提交完整的结算资料，有关竣工结算申请单的资料清单和份数等要求由合同当事人在专用合同条件中约定。

除专用合同条件另有约定外，竣工结算申请单应包括以下内容：

（1）竣工结算合同价格；

（2）发包人已支付承包人的款项；

（3）采用第14.6.1项[承包人提供质量保证金的方式]第(2)种方式提供质量保证金的，应当列明应预留的质量保证金金额；采用第14.6.1项[承包人提供质量保证金的方式]中其他方式提供质量保证金的，应当按第14.6款[质量保证金]提供相关文件作为附件；

（4）发包人应支付承包人的合同价款。

14.5.2 竣工结算审核

（1）除专用合同条件另有约定外，工程师应在收到竣工结算申请单后14天内完成核查并报送发包人。发包人应在收到工程师提交的经审核的竣工结算申请单后14天内完成审批，并由工程师向承包人签发经发包人签认的竣工付款证书。工程师或发包人对竣工结算申请单有异议的，有权要求承包人进行修正和提供补充资料，承包人应提交修正后的竣工结算申请单。

发包人在收到承包人提交竣工结算申请书后28天内未完成审批且未提出异议的，视为发包人认可承包人提交的竣工结算申请单，并自发包人收到承包人提交的竣工结算申请单后第29天起视为已签发竣工付款证书。

（2）除专用合同条件另有约定外，发包人应在签发竣工付款证书后的14天内，完成对承包人的竣工付款。发包人逾期支付的，按照贷款市场报价利率(LPR)支付违约金；逾期支付超过56天的，按照贷款市场报价利率(LPR)的两倍支付违约金。

（3）承包人对发包人签认的竣工付款证书有异议的，对于有异议部分应在收到发包人签认的竣工付款证书后7天内提出异议，并由合同当事人按照专用合同条件约定的方式和程序进行复核，或按照第20条[争议解决]约定处理。对于无异议部分，发包人应签发临时竣工付款证书，并按本款第(2)项完成付款。承包人逾期未提出异议的，视为认可发包人的审批结果。

14.5.3 扫尾工作清单

经双方协商，部分工作在工程竣工验收后进行的，承包人应当编制扫尾工作清单，扫尾工作清单中应当列明承包人应当完成的扫尾工作的内容及完成时间。

承包人完成扫尾工作清单中的内容应取得的费用包含在第14.5.1项[竣工结算申请]及第14.5.2项[竣工结算审核]中一并结算。

扫尾工作的缺陷责任期按第11条[缺陷责任与保修]处理。承包人未能按照扫尾工作清单约定的完成时间完成扫尾工作的，视为承包人原因导致的工程质量缺陷按照第11.3款[缺陷调查]处理。

14.6 质量保证金

经合同当事人协商一致提供质量保证金的,应在专用合同条件中予以明确。在工程项目竣工前,承包人已经提供履约担保的,发包人不得同时要求承包人提供质量保证金。

14.6.1 承包人提供质量保证金的方式

承包人提供质量保证金有以下三种方式:

(1)提交工程质量保证担保;
(2)预留相应比例的工程款;
(3)双方约定的其他方式。

除专用合同条件另有约定外,质量保证金原则上采用上述第(1)种方式,且承包人应在工程竣工验收合格后7天内,向发包人提交工程质量保证担保。承包人提交工程质量保证担保时,发包人应同时返还预留的作为质量保证金的工程价款(如有)。但不论承包人以何种方式提供质量保证金,累计金额均不得高于工程价款结算总额的3%。

14.6.2 质量保证金的预留

双方约定采用预留相应比例的工程款方式提供质量保证金的,质量保证金的预留有以下三种方式:

(1)按专用合同条件的约定在支付工程进度款时逐次预留,直至预留的质量保证金总额达到专用合同条件约定的金额或比例为止。在此情况下,质量保证金的计算基数不包括预付款的支付、扣回以及价格调整的金额;
(2)工程竣工结算时一次性预留质量保证金;
(3)双方约定的其他预留方式。

除专用合同条件另有约定外,质量保证金的预留原则上采用上述第(1)种方式。如承包人在发包人签发竣工付款证书后28天内提交工程质量保证担保,发包人应同时返还预留的作为质量保证金的工程价款。发包人在返还本条款项下的质量保证金的同时,按照中国人民银行同期同类存款基准利率支付利息。

14.6.3 质量保证金的返还

缺陷责任期内,承包人认真履行合同约定的责任,缺陷责任期满,发包人根据第11.6款[缺陷责任期终止证书]向承包人颁发缺陷责任期终止证书后,承包人可向发包人申请返还质量保证金。

发包人在接到承包人返还质量保证金申请后,应于7天内将质量保证金返还承包人,逾期未返还的,应承担违约责任。发包人在接到承包人返还质量保证金申请后7天内不予答复,视同认可承包人的返还质量保证金申请。

发包人和承包人对质量保证金预留、返还以及工程维修质量、费用有争议的,按本合同第20条[争议解决]约定的争议和纠纷解决程序处理。

14.7 最终结清

14.7.1 最终结清申请单

(1)除专用合同条件另有约定外,承包人应在缺陷责任期终止证书颁发后7天内,按专用合同条件约定的份数向发包人提交最终结清申请单,并提供相关证明材料。

除专用合同条件另有约定外,最终结清申请单应列明质量保证金、应扣除的质量保证金、缺陷责任期内发生的增减费用。

(2)发包人对最终结清申请单内容有异议的,有权要求承包人进行修正和提供补充资料,承包人应向发包人提交修正后的最终结清申请单。

14.7.2 最终结清证书和支付

(1)除专用合同条件另有约定外,发包人应在收到承包人提交的最终结清申请单后14天内完成审批并向承包人颁发最终结清证书。发包人逾期未完成审批,又未提出修改意见的,视为发包人同意承包人提交的最终结清申请单,且自发包人收到承包人提交的最终结清申请单后15天起视为已颁发最终结清证书。

(2)除专用合同条件另有约定外,发包人应在颁发最终结清证书后7天内完成支付。发包人逾期支付的,按照贷款市场报价利率(LPR)支付利息;逾期支付超过56天,按照贷款市场报价利率(LPR)的两倍支付利息。

(3)承包人对发包人颁发的最终结清证书有异议的,按第20条[争议解决]的约定办理。

第15条 违约

15.1 发包人违约

15.1.1 发包人违约的情形

除专用合同条件另有约定外,在合同履行过程中发生的下列情形,属于发包人违约:

(1)因发包人原因导致开始工作日期延误的;
(2)因发包人原因未能按合同约定支付合同价款的;
(3)发包人违反第13.1.1项约定,自行实施被取消的工作或转由他人实施的;
(4)因发包人违反合同约定造成工程暂停施工的;
(5)工程师无正当理由没有在约定期限内发出复工指示,导致承包人无法复工的;
(6)发包人明确表示或者以其行为表明不履行合同主要义务的;
(7)发包人未能按照合同约定履行其他义务的。

15.1.2 通知改正

发包人发生除第15.1.1项第(6)目以外的违约情况时,承包人可向发包人发出通知,要求发包人采取有效措施纠正违约行为。发包人收到承包人通知后28天内仍不纠正违约行为的，承包人有权暂停相应部位工程实施，并通知工程师。

15.1.3 发包人违约的责任

发包人应承担因其违约给承包人增加的费用和(或)延误的工期，并支付承包人合理的利润。此外，合同当事人可在专用合同条件中另行约定发包人违约责任的承担方式和计算方法。

15.2 承包人违约

15.2.1 承包人违约的情形

除专用合同条件另有约定外，在履行合同过程中发生的下列情况之一的，属于承包人违约：

(1)承包人的原因导致的承包人文件、实施和竣工的工程不符合法律法规、工程质量验收标准以及合同约定；

(2)承包人违反合同约定进行转包或违法分包的；

(3)承包人违反约定采购和使用不合格材料或工程设备；

(4)因承包人原因导致工程质量不符合合同要求的；

(5)承包人未经工程师批准，擅自将已按合同约定进入施工现场的施工设备、临时设施或材料撤离施工现场；

(6)承包人未能按项目进度计划及时完成合同约定的工作，造成工期延误；

(7)由于承包人原因未能通过竣工试验或竣工后试验的；

(8)承包人在缺陷责任期及保修期内，未能在合理期限对工程缺陷进行修复，或拒绝按发包人指示进行修复的；

(9)承包人明确表示或者以其行为表明不履行合同主要义务的；

(10)承包人未能按照合同约定履行其他义务的。

15.2.2 通知改正

承包人发生除第15.2.1项第(7)目、第(9)目约定以外的其他违约情况时，工程师可在专用合同条件约定的合理期限内向承包人发出整改通知，要求其在指定的期限内改正。

15.2.3 承包人违约的责任

承包人应承担因其违约行为而增加的费用和(或)延误的工期。此外，合同当事人可在专用合同条件中另行约定承包人违约责任的承担方式和计算方法。

15.3 第三人造成的违约

在履行合同过程中，一方当事人因第三人的原因造成违约的，应当向对方当事人承担违约责任。一方当事人和第三人之间的纠纷，依照法律规定或者按约定解决。

第16条 合同解除

16.1 由发包人解除合同

16.1.1 因承包人违约解除合同

除专用合同条件另有约定外，发包人有权基于下列原因，以书面形式通知承包人解除合同，解除通知中应注明是根据第16.1.1项发出的，发包人应在发出正式解除合同通知14天前告知承包人其解除合同意向，除非承包人在收到该解除合同意向通知后14天内采取了补救措施，否则发包人可向承包人发出正式解除合同通知立即解除合同。解除日期应为承包人收到正式解除合同通知的日期，但在第(5)目的情况下，发包人无须提前告知承包人其解除合同意向，可直接发出正式解除合同通知立即解除合同：

(1)承包人未能遵守第4.2款[履约担保]的约定；

(2)承包人未能遵守第4.5款[分包]有关分包和转包的约定；

(3)承包人实际进度明显落后于进度计划，并且未按发包人的指令采取措施并修正进度计划；

(4)工程质量有严重缺陷，承包人无正当理由使修复开始日期拖延达28天以上；

(5)承包人破产、停业清理或进入清算程序，或情况表明承包人将进入破产和(或)清算程序，已对其财产的接管令或管理令，与债权人达成和解，或为其债权人的利益在财产接管人、受托人或管理人的监督下营业，或采取任何行动或发生任何事件(根据有关适用法律)具有与前述行动或事件相似的效果；

(6)承包人明确表示或以自己的行为表明不履行合同，或经发包人以书面形式通知其履约后仍未能依约履行合同，或以不适当的方式履行合同；

(7)未能通过的竣工试验、未能通过的竣工后试验，使工程的任何部分和(或)整个工程丧失了主要使用功能、生产功能；

(8)因承包人的原因暂停工作超过56天且暂停影响到整个工程，或因承包人的原因暂停工作超过182天；

(9)承包人未能遵守第8.2款[竣工日期]规定，延误超过182天；

(10)工程师根据第15.2.2项[通知改正]发出整改通知后，承包人在指定的合理期限内仍不纠正违约行为并致使合同目的不能实现的。

16.1.2 因承包人违约解除合同后承包人的义务

合同解除后，承包人应按以下约定执行：

(1)除了为保护生命、财产或工程安全，清理和必须执行的工作外，停止执行所有被通知解除的工作，并将相关人员撤离现场；

（2）经发包人批准，承包人应将与被解除合同相关的和正在执行的分包合同及相关的责任和义务转让至发包人和（或）发包人指定方的名下，包括永久性工程及工程物资，以及相关工作；

（3）移交已完成的永久性工程及负责已运抵现场的工程物资。在移交前，妥善做好已完工程和已运抵现场的工程物资的保管、维护和保养；

（4）将发包人提供的所有信息及承包人为本工程编制的设计文件、技术资料及其它文件移交给发包人。在承包人留有的资料文件中，销毁与发包人提供的所有信息相关的数据及资料的备份；

（5）移交相应实施阶段已经付款的并已完成的和尚待完成的设计文件、图纸、资料、操作维修手册、施工组织设计、质检资料、竣工资料等；

16.1.3　因承包人违约解除合同后的估价、付款和结算

因承包人原因导致合同解除的，则合同当事人应在合同解除后 28 天内完成估价、付款和清算，并按以下约定执行：

（1）合同解除后，按第 3.6 款［商定或确定］商定或确定承包人实际完成工作对应的合同价款，以及承包人已提供的材料、工程设备、施工设备和临时工程等的价值；

（2）合同解除后，承包人应支付的违约金；

（3）合同解除后，因解除合同给发包人造成的损失；

（4）合同解除后，承包人应按照发包人的指示完成现场的清理和撤离；

（5）发包人和承包人应在合同解除后进行清算，出具最终结清付款证书，结清全部款项。

因承包人违约解除合同的，发包人有权暂停对承包人的付款，查清各项付款和已扣款项，发包人和承包人未能就合同解除后的清算和款项支付达成一致的，按照第 20 条［争议解决］的约定处理。

16.1.4　因承包人违约解除合同的合同权益转让

合同解除后，发包人可以继续完成工程，和（或）安排第三人完成。发包人有权要求承包人将其为实施合同而订立的材料和设备的订货合同或任何服务合同利益转让给发包人，并在承包人收到解除合同通知后的 14 天内，依法办理转让手续。发包人和（或）第三人有权使用承包人在施工现场的材料、设备、临时工程、承包人文件和由承包人或以其名义编制的其他文件。

16.2　由承包人解除合同

16.2.1　因发包人违约解除合同

除专用合同条件另有约定外，承包人有权基于下列原因，以书面形式通知发包人解除合同，解除通知中应注明是根据第 16.2.1 项发出的，承包人应在发出正式解除合同通知 14 天前告知发包人其解除合同意向，除非发包人在收到该解除合同意向通知后 14 天内采取了补救措施，否则承包人可向发包人发出正式解除合同通知立即解除合同。解除日期应为发包人收到正式解除合同通知的日期，但在第(5)目的情况下，承包人无须提前告知发包人其解除合同意向，可直接发出正式解除合同通知立即解除合同：

（1）承包人就发包人未能遵守第 2.5.2 项关于发包人的资金安排发出通知后 42 天内，仍未收到合理的证明；

（2）在第 14 条规定的付款时间到期后 42 天内，承包人仍未收到应付款项；

（3）发包人实质上未能根据合同约定履行其义务，构成根本性违约；

（4）发承包双方订立本合同协议书后的 84 天内，承包人未收到根据第 8.1 款［开始工作］的开始工作通知；

（5）发包人破产、停业清理或进入清算程序，或情况表明发包人将进入破产和（或）清算程序或发包人资信严重恶化，已有对其财产的接管令或管理令，与债权人达成和解，或为其债权人的利益在财产接管人、受托人或管理人的监督下营业，或采取了任何行动或发生任何事件（根据有关适用法律）具有与前述行动或事件相似的效果；

（6）发包人未能遵守第 2.5.3 项的约定提交支付担保；

（7）发包人未能执行第 15.1.2 项［通知改正］的约定，致使合同目的不能实现的；

（8）因发包人的原因暂停工作超过 56 天且暂停影响到整个工程，或因发包人的原因暂停工作超过 182 天的；

（9）因发包人原因造成开始工作日期迟于承包人收到中标通知书（或在无中标通知书的情况下，订立本合同之日）后第 84 天的。

发包人接到承包人解除合同意向通知后 14 天内，发包人随后给予了付款，或同意复工，或继续履行其义务，或提供了支付担保等，承包人应尽快安排并恢复正常工作；因此造成工期延误的，竣工日期顺延，承包人因此增加的费用，由发包人承担。

16.2.2　因发包人违约解除合同后承包人的义务

合同解除后，承包人应按以下约定执行：

（1）除为保护生命、财产、工程安全的工作外，停止所有进一步的工作；承包人因执行该保护工作而产生费用的，由发包人承担；

（2）向发包人移交承包人已获得支付的承包人文件、生产设备、材料和其他工作；

（3）从现场运走除为了安全需要以外的所有属于承包

人的其他货物,并撤离现场。

16.2.3 因发包人违约解除合同后的付款

承包人按照本款约定解除合同的,发包人应在解除合同后28天内支付下列款项,并退还履约担保:

(1)合同解除前所完成工作的价款;

(2)承包人为工程施工订购并已付款的材料、工程设备和其他物品的价款;发包人付款后,该材料、工程设备和其他物品归发包人所有;

(3)承包人为完成工程所发生的,而发包人未支付的金额;

(4)承包人撤离施工现场以及遣散承包人人员的款项;

(5)按照合同约定在合同解除前应支付的违约金;

(6)按照合同约定应当支付给承包人的其他款项;

(7)按照合同约定应返还的质量保证金;

(8)因解除合同给承包人造成的损失。

承包人应妥善做好已完工程和与工程有关的已购材料、工程设备的保护和移交工作,并将施工设备和人员撤出施工现场,发包人应为承包人撤出提供必要条件。

16.3 合同解除后的事项

16.3.1 结算约定依然有效

合同解除后,由发包人或由承包人解除合同的结算及结算后的付款约定仍然有效,直至解除合同的结算工作结清。

16.3.2 解除合同的争议

双方对解除合同或解除合同后的结算有争议的,按照第20条[争议解决]的约定处理。

第17条 不可抗力

17.1 不可抗力的定义

不可抗力是指合同当事人在订立合同时不可预见,在合同履行过程中不可避免、不能克服且不能提前防备的自然灾害和社会性突发事件,如地震、海啸、瘟疫、骚乱、戒严、暴动、战争和专用合同条件中约定的其他情形。

17.2 不可抗力的通知

合同一方当事人觉察或发现不可抗力事件发生,使其履行合同义务受到阻碍时,有义务立即通知合同另一方当事人和工程师,书面说明不可抗力和受阻碍的详细情况,并提供必要的证明。

不可抗力持续发生的,合同一方当事人应每隔28天向合同另一方当事人和工程师提交中间报告,说明不可抗力和履行合同受阻的情况,并于不可抗力事件结束后28天内提交最终报告及有关资料。

17.3 将损失减至最小的义务

不可抗力发生后,合同当事人均应采取措施尽量避免和减少损失的扩大,使不可抗力对履行合同造成的损失减至最小。另一方全力协助并采取措施,需暂停实施的工作,立即停止。任何一方当事人没有采取有效措施导致损失扩大的,应对扩大的损失承担责任。

17.4 不可抗力后果的承担

不可抗力导致的人员伤亡、财产损失、费用增加和(或)工期延误等后果,由合同当事人按以下原则承担:

(1)永久工程,包括已运至施工现场的材料和工程设备的损害,以及因工程损害造成的第三人人员伤亡和财产损失由发包人承担;

(2)承包人提供的施工设备的损坏由承包人承担;

(3)发包人和承包人各自承担其人员伤亡及其他财产损失;

(4)因不可抗力影响承包人履行合同约定的义务,已经引起或将引起工期延误的,应当顺延工期,由此导致承包人停工的费用损失由发包人和承包人合理分担,停工期间必须支付的现场必要的工人工资由发包人承担;

(5)因不可抗力引起或将引起工期延误,发包人指示赶工的,由此增加的赶工费用由发包人承担;

(6)承包人在停工期间按照工程师或发包人要求照管、清理和修复工程的费用由发包人承担。

不可抗力引起的后果及造成的损失由合同当事人按照法律规定及合同约定各自承担。不可抗力发生前已完成的工程应当按照合同约定进行支付。

17.5 不可抗力影响分包人

分包人根据分包合同的约定,有权获得更多或者更广的不可抗力而免除某些义务时,承包人不得以分包合同中不可抗力约定向发包人抗辩免除其义务。

17.6 因不可抗力解除合同

因单次不可抗力导致合同无法履行连续超过84天或累计超过140天的,发包人和承包人均有权解除合同。合同解除后,承包人应按照第10.5款[竣工退场]的规定进行。由双方当事人按照第3.6款[商定或确定]商定或确定发包人应支付的款项,该款项包括:

(1)合同解除前承包人已完成工作的价款;

(2)承包人为工程订购的并已交付给承包人,或承包人有责任接受交付的材料、工程设备和其他物品的价款;当发包人支付上述费用后,此项材料、工程设备与其他物品应成为发包人的财产,承包人应将其交由发包人处理;

(3)发包人指示承包人退货或解除订货合同而产生的费用,或因不能退货或解除合同产生的损失;

(4)承包人撤离施工现场以及遣散承包人人员的费用;

（5）按照合同约定在合同解除前应支付给承包人的其他款项；

（6）扣减承包人按照合同约定应向发包人支付的款项；

（7）双方商定或确定的其他款项。

除专用合同条件另有约定外，合同解除后，发包人应当在商定或确定上述款项后28天内完成上述款项的支付。

第18条 保险

18.1 设计和工程保险

18.1.1 双方应按照专用合同条件的约定向双方同意的保险人投保建设工程设计责任险、建筑安装工程一切险等保险。具体的投保险种、保险范围、保险金额、保险费率、保险期限等有关内容应当在专用合同条件中明确约定。

18.1.2 双方应按照专用合同条件的约定投保第三者责任险，并在缺陷责任期终止证书颁发前维持其持续有效。第三者责任险最低投保额应在专用合同条件内约定。

18.2 工伤和意外伤害保险

18.2.1 发包人应依照法律规定为其在施工现场的雇用人员办理工伤保险，缴纳工伤保险费；并要求工程师及由发包人为履行合同聘请的第三方在施工现场的雇用人员依法办理工伤保险。

18.2.2 承包人应依照法律规定为其履行合同雇用的全部人员办理工伤保险，缴纳工伤保险费，并要求分包人及由承包人为履行合同聘请的第三方雇用的全部人员依法办理工伤保险。

18.2.3 发包人和承包人可以为其施工现场的全部人员办理意外伤害保险并支付保险费，包括其员工及为履行合同聘请的第三方的人员，具体事项由合同当事人在专用合同条件约定。

18.3 货物保险

承包人应按照专用合同条件的约定为运抵现场的施工设备、材料、工程设备和临时工程等办理财产保险，保险期限自上述货物运抵现场至其不再为工程所需要为止。

18.4 其他保险

发包人应按照工程总承包模式所适用的法律法规和专用合同条件约定，投保其他保险并保持保险有效，其投保费用由发包人自行承担。承包人应按照工程总承包模式所适用法律法规和专用合同条件约定投保相应保险并保持保险有效，其投保费用包含在合同价格中，但在合同执行过程中，新颁布适用的法律法规规定由承包人投保的强制保险，应根据本合同第13条［变更与调整］的约定增加合同价款。

18.5 对各项保险的一般要求

18.5.1 持续保险

合同当事人应与保险人保持联系，使保险人能够随时了解工程实施中的变动，并确保按保险合同条款要求持续保险。

18.5.2 保险凭证

合同当事人应及时向另一方当事人提交其已投保的各项保险的凭证和保险单复印件，保险单必须与专用合同条件约定的条件保持一致。

18.5.3 未按约定投保的补救

负有投保义务的一方当事人未按合同约定办理保险，或未能使保险持续有效的，则另一方当事人可代为办理，所需费用由负有投保义务的一方当事人承担。

负有投保义务的一方当事人未按合同约定办理某项保险，导致受益人未能得到足额赔偿的，由负有投保义务的一方当事人负责按照原应从该项保险得到的保险金数额进行补足。

18.5.4 通知义务

除专用合同条件另有约定外，任何一方当事人变更除工伤保险之外的保险合同时，应事先征得另一方当事人同意，并通知工程师。

保险事故发生时，投保人应按照保险合同规定的条件和期限及时向保险人报告。发包人和承包人应当在知道保险事故发生后及时通知对方。

双方按本条规定投保不减少双方在合同下的其他义务。

第19条 索赔

19.1 索赔的提出

根据合同约定，任意一方认为有权得到追加/减少付款、延长缺陷责任期和（或）延长工期的，应按以下程序向对方提出索赔：

（1）索赔方应在知道或应当知道索赔事件发生后28天内，向对方递交索赔意向通知书，并说明发生索赔事件的事由；索赔方未在前述28天内发出索赔意向通知书的，丧失要求追加/减少付款、延长缺陷责任期和（或）延长工期的权利；

（2）索赔方应在发出索赔意向通知书后28天内，向对方正式递交索赔报告；索赔报告应详细说明索赔理由以及要求追加的付款金额、延长缺陷责任期和（或）延长的工期，并附必要的记录和证明材料；

（3）索赔事件具有持续影响的，索赔方应每月递交延续索赔通知，说明持续影响的实际情况和记录，列出累计的追加付款金额、延长缺陷责任期和（或）工期延长天数；

(4) 在索赔事件影响结束后 28 天内，索赔方应向对方递交最终索赔报告，说明最终要求索赔的追加付款金额、延长缺陷责任期和(或)延长的工期，并附必要的记录和证明材料。

(5) 承包人作为索赔方时，其索赔意向通知书、索赔报告及相关索赔文件应向工程师提出；发包人作为索赔方时，其索赔意向通知书、索赔报告及相关索赔文件可自行向承包人提出或由工程师向承包人提出。

19.2　承包人索赔的处理程序

(1) 工程师收到承包人提交的索赔报告后，应及时审查索赔报告的内容、查验承包人的记录和证明材料，必要时工程师可要求承包人提交全部原始记录副本。

(2) 工程师应按第 3.6 款[商定或确定]商定或确定追加的付款和(或)延长的工期，并在收到上述索赔报告或有关索赔的进一步证明材料后及时书面告知发包人，并在 42 天内，将发包人书面认可的索赔处理结果答复承包人。工程师在收到索赔报告或有关索赔的进一步证明材料后的 42 天内不予答复，视为认可索赔。

(3) 承包人接受索赔处理结果的，发包人应在作出索赔处理结果答复后 28 天内完成支付。承包人不接受索赔处理结果的，按照第 20 条[争议解决]约定处理。

19.3　发包人索赔的处理程序

(1) 承包人收到发包人提交的索赔报告后，应及时审查索赔报告的内容、查验发包人证明材料；

(2) 承包人应在收到上述索赔报告或有关索赔的进一步证明材料后 42 天内，将索赔处理结果答复发包人。承包人在收到索赔通知书或有关索赔的进一步证明材料后的 42 天内不予答复，视为认可索赔。

(3) 发包人接受索赔处理结果的，发包人可从应支付给承包人的合同价款中扣除赔付的金额或延长缺陷责任期；发包人不接受索赔处理结果的，按第 20 条[争议解决]约定处理。

19.4　提出索赔的期限

(1) 承包人按第 14.5 款[竣工结算]约定接收竣工付款证书后，应被认为已无权再提出在合同工程接收证书颁发前所发生的任何索赔。

(2) 承包人按第 14.7 款[最终结清]提交的最终结清申请单中，只限于提出工程接收证书颁发后发生的索赔。提出索赔的期限均自接受最终结清证书时终止。

第 20 条　争议解决

20.1　和解

合同当事人可以就争议自行和解，自行和解达成协议的经双方签字并盖章后作为合同补充文件，双方均应遵照执行。

20.2　调解

合同当事人可以就争议请求建设行政主管部门、行业协会或其他第三方进行调解，调解达成协议的，经双方签字盖章后作为合同补充文件，双方均应遵照执行。

20.3　争议评审

合同当事人在专用合同条件中约定采取争议评审方式及评审规则解决争议的，按下列约定执行：

20.3.1　争议评审小组的确定

合同当事人可以共同选择一名或三名争议评审员，组成争议评审小组。如专用合同条件未对成员人数进行约定，则应由三名成员组成。除专用合同条件另有约定外，合同当事人应当自合同订立后 28 天内，或者争议发生后 14 天内，选定争议评审员。

选择一名争议评审员的，由合同当事人共同确定；选择三名争议评审员，各自选定一名，第三名成员由合同当事人共同确定或由合同当事人委托已选定的争议评审员共同确定，为首席争议评审员。争议评审员为一人且合同当事人未能达成一致的，或争议评审员为三人且合同当事人就首席争议评审员未能达成一致的，由专用合同条件约定的评审机构指定。

除专用合同条件另有约定外，争议评审员报酬由发包人和承包人各承担一半。

20.3.2　争议的避免

合同当事人协商一致，可以共同书面请求争议评审小组，就合同履行过程中可能出现争议的情况提供协助或进行非正式讨论，争议评审小组应给出公正的意见或建议。

此类协助或非正式讨论可在任何会议、施工现场视察或其他场合进行，并且除专用合同条件另有约定外，发包人和承包人均应出席。

争议评审小组在此类非正式讨论上给出的任何意见或建议，无论是口头还是书面的，对发包人和承包人不具有约束力，争议评审小组在之后的争议评审程序或决定中也不受此类意见或建议的约束。

20.3.3　争议评审小组的决定

合同当事人可在任何时间将与合同有关的任何争议共同提请争议评审小组进行评审。争议评审小组应秉持客观、公正原则，充分听取合同当事人的意见，依据相关法律、规范、标准、案例经验及商业惯例等，自收到争议评审申请报告后 14 天或争议评审小组建议并经双方同意的其他期限内作出书面决定，并说明理由。合同当事人可以在专用合同条件中对本项事项另行约定。

20.3.4　争议评审小组决定的效力

争议评审小组作出的书面决定经合同当事人签字确认

后,对双方具有约束力,双方应遵照执行。

任何一当事人不接受争议评审小组决定或不履行争议评审小组决定的,双方可选择采用其他争议解决方式。

任何一方当事人不接受争议评审小组的决定,并不影响暂时执行争议评审小组的决定,直到在后续的采用其他争议解决方式中对争议评审小组的决定进行了改变。

20.4　仲裁或诉讼

因合同及合同有关事项产生的争议,合同当事人可以在专用合同条件中约定以下一种方式解决争议:

(1)向约定的仲裁委员会申请仲裁;

(2)向有管辖权的人民法院起诉。

20.5　争议解决条款效力

合同有关争议解决的条款独立存在,合同的不生效、无效、被撤销或者终止的,不影响合同中有关争议解决条款的效力。

第三部分　专用合同条件

第1条　一般约定

1.1　词语定义和解释

1.1.1　合同

1.1.1.10　其他合同文件:_____。

1.1.3　工程和设备

1.1.3.5　单位/区段工程的范围:_____。

1.1.3.9　作为施工场所组成部分的其他场所包括:_____。

1.1.3.10　永久占地包括:_____。

1.1.3.11　临时占地包括:_____。

1.2　语言文字

本合同除使用汉语外,还使用_____语言。

1.3　法律

适用于合同的其他规范性文件:_____。

1.4　标准和规范

1.4.1　适用于本合同的标准、规范(名称)包括:_____。

1.4.2　发包人提供的国外标准、规范的名称:_____;发包人提供的国外标准、规范的份数:_____;发包人提供的国外标准、规范的时间:_____。

1.4.3　没有成文规范、标准规定的约定:_____。

1.4.4　发包人对于工程的技术标准、功能要求:_____。

1.5　合同文件的优先顺序

合同文件组成及优先顺序为:_____。

1.6　文件的提供和照管

1.6.1　发包人文件的提供

发包人文件的提供期限、名称、数量和形式:_____。

1.6.2　承包人文件的提供

承包人文件的内容、提供期限、名称、数量和形式:_____。

1.6.4　文件的照管

关于现场文件准备的约定:_____。

1.7　联络

1.7.2　发包人指定的送达方式(包括电子传输方式):_____。

发包人的送达地址:_____。

承包人指定的送达方式(包括电子传输方式):_____。

承包人的送达地址:_____。

1.10　知识产权
1.10.1　由发包人(或以发包人名义)编制的《发包人要求》和其他文件的著作权归属：＿＿＿＿＿＿＿＿＿＿＿＿＿＿。
1.10.2　由承包人(或以承包人名义)为实施工程所编制的文件、承包人完成的设计工作成果和建造完成的建筑物的知识产权归属：＿＿。
1.10.4　承包人在投标文件中采用的专利、专有技术、技术秘密的使用费的承担方式＿＿＿＿＿＿＿＿＿＿＿＿＿＿。
1.11　保密
双方订立的商业保密协议(名称)：＿＿＿＿＿＿,作为本合同附件。
双方订立的技术保密协议(名称)：＿＿＿＿＿＿,作为本合同附件。
1.13　责任限制
承包人对发包人赔偿责任的最高限额为＿＿＿＿＿＿＿＿＿＿＿＿＿＿＿＿＿＿＿＿＿＿＿＿。
1.14　建筑信息模型技术的应用
关于建筑信息模型技术的开发、使用、存储、传输、交付及费用约定如下：＿＿＿＿＿＿＿＿＿＿＿＿＿＿。

第2条　发包人

2.2　提供施工现场和工作条件
2.2.1　提供施工现场
关于发包人提供施工现场的范围和期限：＿＿＿＿＿＿＿＿＿＿＿＿＿＿＿＿＿＿＿＿＿＿＿＿＿＿＿＿。
2.2.2　提供工作条件
关于发包人应负责提供的工作条件包括：＿＿＿＿＿＿＿＿＿＿＿＿＿＿＿＿＿＿＿＿＿＿＿＿＿＿。
2.3　提供基础资料
关于发包人应提供的基础资料的范围和期限：＿＿＿＿＿＿＿＿＿＿＿＿＿＿＿＿＿＿＿＿＿＿＿＿。
2.5　支付合同价款
2.5.2　发包人提供资金来源证明及资金安排的期限要求：＿＿＿＿＿＿＿＿＿＿＿＿＿＿＿＿＿＿＿。
2.5.3　发包人提供支付担保的形式、期限、金额(或比例)：＿＿＿＿＿＿＿＿＿＿＿＿＿＿＿＿＿＿。
2.7　其他义务
发包人应履行的其他义务：＿＿＿＿＿＿＿＿＿＿＿＿＿＿＿＿＿＿＿＿＿＿＿＿＿＿＿＿＿＿＿＿。

第3条　发包人的管理

3.1　发包人代表
发包人代表的姓名：＿＿＿＿＿＿＿＿＿＿＿＿＿＿＿＿＿＿＿＿＿＿＿＿＿＿＿＿＿＿＿＿＿＿；
发包人代表的身份证号：＿＿＿＿＿＿＿＿＿＿＿＿＿＿＿＿＿＿＿＿＿＿＿＿＿＿＿＿＿＿＿＿；
发包人代表的职务：＿＿＿＿＿＿＿＿＿＿＿＿＿＿＿＿＿＿＿＿＿＿＿＿＿＿＿＿＿＿＿＿＿＿；
发包人代表的联系电话：＿＿＿＿＿＿＿＿＿＿＿＿＿＿＿＿＿＿＿＿＿＿＿＿＿＿＿＿＿＿＿＿；
发包人代表的电子邮箱：＿＿＿＿＿＿＿＿＿＿＿＿＿＿＿＿＿＿＿＿＿＿＿＿＿＿＿＿＿＿＿＿；
发包人代表的通信地址：＿＿＿＿＿＿＿＿＿＿＿＿＿＿＿＿＿＿＿＿＿＿＿＿＿＿＿＿＿＿＿＿；
发包人对发包人代表的授权范围如下：＿＿＿＿＿＿＿＿＿＿＿＿＿＿＿＿＿＿＿＿＿＿＿＿＿＿；
发包人代表的职责：＿＿＿＿＿＿＿＿＿＿＿＿＿＿＿＿＿＿＿＿＿＿＿＿＿＿＿＿＿＿＿＿＿＿。
3.2　发包人人员
发包人人员姓名：＿＿＿＿＿＿＿＿＿＿＿＿＿＿＿＿＿＿＿＿＿＿＿＿＿＿＿＿＿＿＿＿＿＿＿；
发包人人员职务：＿＿＿＿＿＿＿＿＿＿＿＿＿＿＿＿＿＿＿＿＿＿＿＿＿＿＿＿＿＿＿＿＿＿＿；
发包人人员职责：＿＿＿＿＿＿＿＿＿＿＿＿＿＿＿＿＿＿＿＿＿＿＿＿＿＿＿＿＿＿＿＿＿＿。
3.3　工程师
3.3.1　工程师名称：＿＿＿＿＿＿＿；工程师监督管理范围、内容：＿＿＿＿＿＿＿；工程师权限：＿＿＿＿＿＿＿。
3.6　商定或确定
3.6.2　关于商定时间限制的具体约定：＿＿＿＿＿＿＿＿＿＿＿＿＿＿＿＿＿＿＿＿＿＿＿＿＿＿。

3.6.3　关于商定或确定效力的具体约定：_____；关于对工程师的确定提出异议的具体约定：_____。
3.7　会议
3.7.1　关于召开会议的具体约定：_____。
3.7.2　关于保存和提供会议纪要的具体约定：_____。

第4条　承包人

4.1　承包人的一般义务
承包人应履行的其他义务：_____。
4.2　履约担保
承包人是否提供履约担保：_____。
履约担保的方式、金额及期限：_____。
4.3　工程总承包项目经理
4.3.1　工程总承包项目经理姓名：_____；
执业资格或职称类型：_____；
执业资格证或职称证号码：_____；
联系电话：_____；
电子邮箱：_____；
通信地址：_____。
承包人未提交劳动合同，以及没有为工程总承包项目经理缴纳社会保险证明的违约责任：_____。
4.3.2　工程总承包项目经理每月在现场的时间要求：_____。
工程总承包项目经理未经批准擅自离开施工现场的违约责任：_____。
4.3.3　承包人对工程总承包项目经理的授权范围：_____。
4.3.4　承包人擅自更换工程总承包项目经理的违约责任：_____。
4.3.5　承包人无正当理由拒绝更换工程总承包项目经理的违约责任：_____。
4.4　承包人人员
4.4.1　人员安排
承包人提交项目管理机构及施工现场人员安排的报告的期限：_____。
承包人提交关键人员信息及注册执业资格等证明其具备担任关键人员能力的相关文件的期限：_____。
4.4.2　关键人员更换
承包人擅自更换关键人员的违约责任：_____。
承包人无正当理由拒绝撤换关键人员的违约责任：_____。
4.4.3　现场管理关键人员在岗要求
承包人现场管理关键人员离开施工现场的批准要求：_____。
承包人现场管理关键人员擅自离开施工现场的违约责任：_____。
4.5　分包
4.5.1　一般约定
禁止分包的工程包括：_____。
4.5.2　分包的确定
允许分包的工程包括：_____。
其他关于分包的约定：_____。
4.5.5　分包合同价款支付
关于分包合同价款支付的约定：_____。
4.6　联合体
4.6.2　联合体各成员的分工、费用收取、发票开具等事项：_____。

4.7 承包人现场查勘
4.7.1 双方当事人对现场查勘的责任承担的约定：_____。
4.8 不可预见的困难
不可预见的困难包括：_____。

第 5 条　设计
5.2 承包人文件审查
5.2.1 承包人文件审查的期限：_____。
5.2.2 审查会议的审查形式和时间安排为：_____，审查会议的相关费用由_____承担。
5.2.3 关于第三方审查单位的约定：_____。
5.3 培训
培训的时长为_____，承包人应为培训提供的人员、设施和其它必要条件为_____。
5.4 竣工文件
5.4.1 竣工文件的形式、提供的份数、技术标准以及其它相关要求：_____。
5.4.3 关于竣工文件的其他约定：_____。
5.5 操作和维修手册
5.5.3 对最终操作和维修手册的约定：_____。

第 6 条　材料、工程设备
6.1 实施方法
双方当事人约定的实施方法、设备、设施和材料：_____。
6.2 材料和工程设备
6.2.1 发包人提供的材料和工程设备
发包人提供的材料和工程设备验收后，由_____负责接收、运输和保管。
6.2.2 承包人提供的材料和工程设备
材料和工程设备的类别、估算数量：_____。
竣工后试验的生产性材料的类别或(和)清单：_____。
6.2.3 材料和工程设备的保管
发包人供应的材料和工程设备的保管费用由_____承担。
承包人提交保管、维护方案的时间：_____。
发包人提供的库房、堆场、设施和设备：_____。
6.3 样品
6.3.1 样品的报送与封存
需要承包人报送样品的材料或工程设备，样品种类、名称、规格、数量：_____。
6.4 质量检查
6.4.1 工程质量要求
工程质量的特殊标准或要求：_____。
6.4.2 质量检查
除通用合同条件已列明的质量检查的地点外，发包人有权进行质量检查的其他地点：_____。
6.4.3 隐蔽工程检查
关于隐蔽工程和中间验收的特别约定：_____。
6.5 由承包人试验和检验
6.5.1 试验设备与试验人员
试验的内容、时间和地点：_____。
试验所需要的试验设备、取样装置、试验场所和试验条件：_____。

试验和检验费用的计价原则：_____。

第 7 条　施工

7.1　交通运输

7.1.1　出入现场的权利

关于出入现场的权利的约定：_____。

7.1.2　场外交通

关于场外交通的特别约定：_____。

7.1.3　场内交通

关于场内交通的特别约定：_____。

关于场内交通与场外交通边界的约定：_____。

7.1.4　超大件和超重件的运输

运输超大件或超重件所需的道路和桥梁临时加固改造费用和其他有关费用由_____承担。

7.2　施工设备和临时设施

7.2.1　承包人提供的施工设备和临时设施

临时设施的费用和临时占地手续和费用承担的特别约定：_____。

7.2.2　发包人提供的施工设备和临时设施

发包人提供的施工设备或临时设施范围：_____。

7.3　现场合作

关于现场合作费用的特别约定：_____。

7.4　测量放线

7.4.1　关于测量放线的特别约定的技术规范：_____。施工控制网资料的告知期限：_____。

7.5　现场劳动用工

7.5.2　合同当事人对建筑工人工资清偿事宜和违约责任的约定：_____。

7.6　安全文明施工

7.6.1　安全生产要求

合同当事人对安全施工的要求：_____。

7.6.3　文明施工

合同当事人对文明施工的要求：_____。

7.9　临时性公用设施

关于临时性公用设施的特别约定：_____。

7.10　现场安保

承包人现场安保义务的特别约定：_____。

第 8 条　工期和进度

8.1　开始工作

8.1.1　开始准备工作：_____。

8.1.2　发包人可在计划开始工作之日起 84 日后发出开始工作通知的特殊情形：_____。

8.2　竣工日期

竣工日期的约定：_____。

8.3　项目实施计划

8.3.1　项目实施计划的内容

项目实施计划的内容：_____。

8.3.2　项目实施计划的提交和修改

项目实施计划的提交及修改期限：_____。

8.4 项目进度计划
8.4.1 工程师在收到进度计划后确认或提出修改意见的期限：_____。
8.4.2 进度计划的具体要求：_____。
关键路径及关键路径变化的确定原则：_____。
承包人提交项目进度计划的份数和时间：_____。
8.4.3 进度计划的修订
承包人提交修订项目进度计划申请报告的期限：_____。
发包人批复修订项目进度计划申请报告的期限：_____。
承包人答复发包人提出修订合同计划的期限：_____。
8.5 进度报告
进度报告的具体要求：_____。
8.7 工期延误
8.7.2 因承包人原因导致工期延误
因承包人原因使竣工日期延误，每延误1日的误期赔偿金额为合同协议书的合同价格的_____%或人民币金额为：_____，累计最高赔偿金额为合同协议书的合同价格的：_____%或人民币金额为：_____。
8.7.3 行政审批迟延
行政审批报送的职责分工：_____。
8.7.4 异常恶劣的气候条件
双方约定视为异常恶劣的气候条件的情形：_____。
8.8 工期提前
8.8.2 承包人提前竣工的奖励：_____。

第9条 竣工试验
9.1 竣工试验的义务
9.1.3 竣工试验的阶段、内容和顺序：_____。
竣工试验的操作要求：_____。

第10条 验收和工程接收
10.1 竣工验收
10.1.2 关于竣工验收程序的约定：_____。
发包人不按照合同约定组织竣工验收、颁发工程接受证书的违约金的计算方式：_____。
10.3 工程的接收
10.3.1 工程接收的先后顺序、时间安排和其他要求：_____。
10.3.2 接受工程时承包人需提交竣工验收资料的类别、内容、份数和提交时间：_____。
10.3.3 发包人逾期接收工程的违约责任：_____。
10.3.4 承包人无正当理由不移交工程的违约责任：_____。
10.4 接收证书
10.4.1 工程接收证书颁发时间：_____。
10.5 竣工退场
10.5.1 竣工退场的相关约定：_____。
10.5.3 人员撤离
工程师同意需在缺陷责任期内继续工作和使用的人员、施工设备和临时工程的内容：_____。

第11条 缺陷责任与保修
11.2 缺陷责任期
缺陷责任期的期限：_____。

11.3 缺陷调查
11.3.4 修复通知
承包人收到保修通知并到达工程现场的合理时间：_____。
11.6 缺陷责任期终止证书
承包人应于缺陷责任期届满后_____天内向发包人发出缺陷责任期届满通知，发包人应在收到缺陷责任期满通知后_____天内核实承包人是否履行缺陷修复义务，承包人未能履行缺陷修复义务的，发包人有权扣除相应金额的维修费用。发包人应在收到缺陷责任期届满通知后_____天内，向承包人颁发缺陷责任期终止证书。
11.7 保修责任
工程质量保修范围、期限和责任为：_____。

第12条 竣工后试验
本合同工程是否包含竣工后试验：_____。
12.1 竣工后试验的程序
12.1.2 竣工后试验全部电力、水、污水处理、燃料、消耗品和材料，以及全部其他仪器、协助、文件或其他信息、设备、工具、劳力、启动工程设备，并组织安排有适当资质、经验和能力的工作人员等必要条件的提供方：_____。

第13条 变更与调整
13.2 承包人的合理化建议
13.2.2 工程师应在收到承包人提交的合理化建议后_____日内审查完毕并报送发包人，发现其中存在技术上的缺陷，应通知承包人修改。发包人应在收到工程师报送的合理化建议后_____日内审批完毕。合理化建议经发包人批准的，工程师应及时发出变更指示，由此引起的合同价格调整按照_____执行。发包人不同意变更的，工程师应书面通知承包人。
13.2.3 承包人提出的合理化变更建议的利益分享约定：_____。
13.3 变更程序
13.3.3 变更估价
13.3.3.1 变更估价原则
关于变更估价原则的约定：_____。
13.4 暂估价
13.4.1 依法必须招标的暂估价项目
承包人可以参与投标的暂估价项目范围：_____。
承包人不得参与投标的暂估价项目范围：_____。
招投标程序及其他约定：_____。
13.4.2 不属于依法必须招标的暂估价项目
不属于依法必须招标的暂估价项目的协商及估价的约定：_____。
13.5 暂列金额
其他关于暂列金额使用的约定：_____。
13.8 市场价格波动引起的调整
13.8.2 关于是否采用《价格指数权重表》的约定：_____。
13.8.3 关于采用其他方式调整合同价款的约定：_____。

第14条 合同价格与支付
14.1 合同价格形式
14.1.1 关于合同价格形式的约定：_____。
14.1.2 关于合同价格调整的约定：_____。
14.1.3 按实际完成的工程量支付工程价款的计量方法、估价方法：

14.2 预付款
14.2.1 预付款支付
预付款的金额或比例为：_____。
预付款支付期限：_____。
预付款扣回的方式：_____。
14.2.2 预付款担保
提供预付款担保期限：_____。
预付款担保形式：_____。
14.3 工程进度款
14.3.1 工程进度付款申请
工程进度付款申请方式：_____。
承包人提交进度付款申请单的格式、内容、份数和时间：_____。
进度付款申请单应包括的内容：_____。
14.3.2 进度付款审核和支付
进度付款的审核方式和支付的约定：_____。
发包人应在进度款支付证书或临时进度款支付证书签发后的_____天内完成支付，发包人逾期支付进度款的，应按照_____支付违约金。
14.4 付款计划表
14.4.1 付款计划表的编制要求：_____。
14.4.2 付款计划表的编制与审批
付款计划表的编制：_____。
14.5 竣工结算
14.5.1 竣工结算申请
承包人提交竣工结算申请的时间：_____。
竣工结算申请的资料清单和份数：_____。
竣工结算申请单的内容应包括：_____。
14.5.2 竣工结算审核
发包人审批竣工付款申请单的期限：_____。
发包人完成竣工付款的期限：_____。
关于竣工付款证书异议部分复核的方式和程序：_____。
14.6 质量保证金
14.6.1 承包人提供质量保证金的方式
质量保证金采用以下第_____种方式：
(1) 工程质量保证担保，保证金额为：_____；
(2) _____%的工程款；
(3) 其他方式：_____。
14.6.2 质量保证金的预留
质量保证金的预留采取以下第_____种方式：
(1) 在支付工程进度款时逐次预留的质量保证金的比例：_____，在此情形下，质量保证金的计算基数不包括预付款的支付、扣回以及价格调整的金额；
(2) 工程竣工结算时一次性预留专用合同条件第14.6.1项第(2)目约定的工程款预留比例的质量保证金；
(3) 其他预留方式：_____。
关于质量保证金的补充约定：_____。

14.7 最终结清
14.7.1 最终结清申请单
当事人双方关于最终结清申请的其他约定：_____。
14.7.2 最终结清证书和支付
当事人双方关于最终结清支付的其他约定：_____。

第15条 违约
15.1 发包人违约
15.1.1 发包人违约的情形
发包人违约的其他情形_____。
15.1.3 发包人违约的责任
发包人违约责任的承担方式和计算方法：_____。
15.2 承包人违约
15.2.1 承包人违约的情形
承包人违约的其他情形：_____。
15.2.2 通知改正
工程师通知承包人改正的合理期限是：_____。
15.2.3 承包人违约的责任
承包人违约责任的承担方式和计算方法：_____。

第16条 合同解除
16.1 由发包人解除合同
16.1.1 因承包人违约解除合同
双方约定可由发包人解除合同的其他事由：_____。
16.2 由承包人解除合同
16.2.1 因发包人违约解除合同
双方约定可由承包人解除合同的其他事由：_____。

第17条 不可抗力
17.1 不可抗力的定义
除通用合同条件约定的不可抗力事件之外，视为不可抗力的其他情形：_____。
17.6 因不可抗力解除合同
合同解除后，发包人应当在商定或确定发包人应支付款项后的_____天内完成款项的支付。

第18条 保险
18.1 设计和工程保险
18.1.1 双方当事人关于设计和工程保险的特别约定：_____。
18.1.2 双方当事人关于第三方责任险的特别约定：_____。
18.2 工伤和意外伤害保险
18.2.3 关于工伤保险和意外伤害保险的特别约定：_____。
18.3 货物保险
关于承包人应为其施工设备、材料、工程设备和临时工程等办理财产保险的特别约定：_____。
18.4 其他保险
关于其他保险的约定：_____。
18.5 对各项保险的一般要求
18.5.2 保险凭证
保险单的条件：_____。

18.5.4 通知义务
关于变更保险合同时的通知义务的约定：_____。

第20条 争议解决
20.3 争议评审
合同当事人是否同意将工程争议提交争议评审小组决定：_____。
20.3.1 争议评审小组的确定
争议评审小组成员的人数：_____。
争议评审小组成员的确定：_____。
选定争议避免/评审组的期限：_____。
评审机构：_____。
其他事项的约定：_____。
争议评审员报酬的承担人：_____。
20.3.2 争议的避免
发包人和承包人是否均出席争议避免的非正式讨论：_____。
20.3.3 争议评审小组的决定
关于争议评审小组的决定的特别约定：_____。
20.4 仲裁或诉讼
因合同及合同有关事项发生的争议，按下列第_____种方式解决：
（1）向_____仲裁委员会申请仲裁；
（2）向_____人民法院起诉。

专用合同条件附件

附件1：发包人要求
附件2：发包人供应材料设备一览表
附件3：工程质量保修书
附件4：主要建设工程文件目录
附件5：承包人主要管理人员表
附件6：价格指数权重表

附件1 《发包人要求》

《发包人要求》应尽可能清晰准确，对于可以进行定量评估的工作，《发包人要求》不仅应明确规定其产能、功能、用途、质量、环境、安全，并且要规定偏离的范围和计算方法，以及检验、试验、试运行的具体要求。对于承包人负责提供的有关设备和服务，对发包人人员进行培训和提供一些消耗品等，在《发包人要求》中应一并明确规定。

《发包人要求》通常包括但不限于以下内容：
一、功能要求
（一）工程目的。
（二）工程规模。
（三）性能保证指标(性能保证表)。
（四）产能保证指标。

二、工程范围
（一）概述
（二）包括的工作
1. 永久工程的设计、采购、施工范围。
2. 临时工程的设计与施工范围。
3. 竣工验收工作范围。
4. 技术服务工作范围。
5. 培训工作范围。
6. 保修工作范围。
（三）工作界区
（四）发包人提供的现场条件
1. 施工用电。
2. 施工用水。
3. 施工排水。
4. 施工道路。

(五)发包人提供的技术文件

除另有批准外,承包人的工作需要遵照发包人的下列技术文件:

1. 发包人需求任务书。
2. 发包人已完成的设计文件。

三、工艺安排或要求(如有)

四、时间要求

(一)开始工作时间。

(二)设计完成时间。

(三)进度计划。

(四)竣工时间。

(五)缺陷责任期。

(六)其他时间要求。

五、技术要求

(一)设计阶段和设计任务。

(二)设计标准和规范。

(三)技术标准和要求。

(四)质量标准。

(五)设计、施工和设备监造、试验(如有)。

(六)样品。

(七)发包人提供的其他条件,如发包人或其委托的第三人提供的设计、工艺包、用于试验检验的工器具等,以及据此对承包人提出的予以配套的要求。

六、竣工试验

(一)第一阶段,如对单车试验等的要求,包括试验前准备。

(二)第二阶段,如对联动试车、投料试车等的要求,包括人员、设备、材料、燃料、电力、消耗品、工具等必要条件。

(三)第三阶段,如对性能测试及其他竣工试验的要求,包括产能指标、产品质量标准、运营指标、环保指标等。

七、竣工验收

八、竣工后试验(如有)

九、文件要求

(一)设计文件,及其相关审批、核准、备案要求。

(二)沟通计划。

(三)风险管理计划。

(四)竣工文件和工程的其他记录。

(五)操作和维修手册。

(六)其他承包人文件。

十、工程项目管理规定

(一)质量。

(二)进度,包括里程碑进度计划(如果有)。

(三)支付。

(四)HSE(健康、安全与环境管理体系)。

(五)沟通。

(六)变更。

十一、其他要求

(一)对承包人的主要人员资格要求。

(二)相关审批、核准和备案手续的办理。

(三)对项目业主人员的操作培训。

(四)分包。

(五)设备供应商。

(六)缺陷责任期的服务要求。

附件2　发包人供应材料设备一览表

序号	材料、设备品种	规格型号	单位	数量	单价(元)	质量等级	供应时间	送达地点	备注

附件3 工程质量保修书

发包人(全称)：_____
承包人(全称)：_____
发包人和承包人根据《中华人民共和国建筑法》和《建设工程质量管理条例》，经协商一致就_____（工程全称）订立工程质量保修书。

一、工程质量保修范围和内容
承包人在质量保修期内，按照有关法律规定和合同约定，承担工程质量保修责任。
质量保修范围包括地基基础工程、主体结构工程、屋面防水工程、有防水要求的卫生间、房间和外墙面的防渗漏，供热与供冷系统，电气管线、给排水管道、设备安装和装修工程，以及双方约定的其他项目。具体保修的内容，双方约定如下：_____。

二、质量保修期
根据《建设工程质量管理条例》及有关规定，工程的质量保修期如下：
1. 地基基础工程和主体结构工程为设计文件规定的工程合理使用年限；
2. 屋面防水工程、有防水要求的卫生间、房间和外墙面的防渗为_____年；
3. 装修工程为_____年；
4. 电气管线、给排水管道、设备安装工程为_____年；
5. 供热与供冷系统为_____个采暖期、供冷期；
6. 住宅小区内的给排水设施、道路等配套工程为_____年；
7. 其他项目保修期限约定如下：_____。
质量保修期自工程竣工验收合格之日起计算。

三、缺陷责任期
工程缺陷责任期为_____个月，缺陷责任期自工程通过竣工验收之日起计算。单位/区段工程先于全部工程进行验收，单位/区段工程缺陷责任期自单位/区段工程验收合格之日起算。
缺陷责任期终止后，发包人应返还剩余的质量保证金。

四、质量保修责任
1. 属于保修范围、内容的项目，承包人应当在接到保修通知之日起7天内派人保修。承包人不在约定期限内派人保修的，发包人可以委托他人修理。
2. 发生紧急事故需抢修的，承包人在接到事故通知后，应当立即到达事故现场抢修。
3. 对于涉及结构安全的质量问题，应当按照《建设工程质量管理条例》的规定，立即向当地建设行政主管部门和有关部门报告，采取安全防范措施，并由承包人提出保修方案，承包人将
设计业务分包的，应由原设计分包人或具有相应资质等级的设计人提出保修方案，承包人实施保修。
4. 质量保修完成后，由发包人组织验收。

五、保修费用
保修费用由造成质量缺陷的责任方承担。

六、双方约定的其他工程质量保修事项：_____。
工程质量保修书由发包人、承包人在工程竣工验收前共同签署，作为工程总承包合同附件，其有效期限至保修期满。

发包人（公章）：　　　　　　　　承包人（公章）：
地　　址：　　　　　　　　　　　地　　址：
法定代表人（签字）：　　　　　　法定代表人（签字）：
委托代理人（签字）：　　　　　　委托代理人（签字）：
电　　话：　　　　　　　　　　　电　　话：
传　　真：　　　　　　　　　　　传　　真：

开户银行：　　　　　　　　　开户银行：
账　　号：　　　　　　　　　账　　号：
邮政编码：　　　　　　　　　邮政编码：

附件4　主要建设工程文件目录

文件名称	套数	费用(元)	质量	移交时间	责任人

附件5　承包人主要管理人员表

名　称	姓　名	职　务	职　称	主要资历、经验及承担过的项目
一、总部人员					
项目主管				
其他人员				
二、现场人员				
工程总承包项目经理				

续表

项目副经理	
设计负责人	
采购负责人	
施工负责人	
技术负责人	
造价管理	
质量管理	
计划管理	
安全管理	
环境管理	
其他人员	

附件6 价格指数权重表

序号	名称	变更权重 B		基本价格指数 F0		备注
		代号	权重	代号	指数	
	变值部分	B1		F01		
		B2		F02		
		B3		F03		
		B4		F04		
定值部分权重 A						
合计						

GF—2017—0201

建设工程施工合同

(示范文本)

住 房 城 乡 建 设 部
国家工商行政管理总局   制定

说　明

为了指导建设工程施工合同当事人的签约行为,维护合同当事人的合法权益,依据《中华人民共和国合同法》[①]、《中华人民共和国建筑法》、《中华人民共和国招标投标法》以及相关法律法规,住房城乡建设部、国家工商行政管理总局对《建设工程施工合同(示范文本)》(GF-2013-0201)进行了修订,制定了《建设工程施工合同(示范文本)》(GF-2017-0201)(以下简称《示范文本》)。为了便于合同当事人使用《示范文本》,现就有关问题说明如下:

一、《示范文本》的组成

《示范文本》由合同协议书、通用合同条款和专用合同条款三部分组成。

(一)合同协议书

《示范文本》合同协议书共计13条,主要包括:工程概况、合同工期、质量标准、签约合同价和合同价格形式、项目经理、合同文件构成、承诺以及合同生效条件等重要内容,集中约定了合同当事人基本的合同权利义务。

(二)通用合同条款

通用合同条款是合同当事人根据《中华人民共和国建筑法》、《中华人民共和国合同法》等法律法规的规定,就工程建设的实施及相关事项,对合同当事人的权利义务作出的原则性约定。

通用合同条款共计20条,具体条款分别为:一般约定、发包人、承包人、监理人、工程质量、安全文明施工与环境保护、工期和进度、材料与设备、试验与检验、变更、价格调整、合同价格、计量与支付、验收和工程试车、竣工结算、缺陷责任与保修、违约、不可抗力、保险、索赔与争议解决。前述条款安排既考虑了现行法律法规对工程建设的有关要求,也考虑了建设工程施工管理的特殊需要。

(三)专用合同条款

专用合同条款是对通用合同条款原则性约定的细化、完善、补充、修改或另行约定的条款。合同当事人可以根据不同建设工程的特点及具体情况,通过双方的谈判、协商对相应的专用合同条款进行修改补充。在使用专用合同条款时,应注意以下事项:

1. 专用合同条款的编号应与相应的通用合同条款的编号一致;

2. 合同当事人可以通过对专用合同条款的修改,满足具体建设工程的特殊要求,避免直接修改通用合同条款;

3. 在专用合同条款中有横道线的地方,合同当事人可针对相应的通用合同条款进行细化、完善、补充、修改或另行约定;如无细化、完善、补充、修改或另行约定,则填写"无"或划"/"。

二、《示范文本》的性质和适用范围

《示范文本》为非强制性使用文本。《示范文本》适用于房屋建筑工程、土木工程、线路管道和设备安装工程、装修工程等建设工程的施工承发包活动,合同当事人可结合建设工程具体情况,根据《示范文本》订立合同,并按照法律法规规定和合同约定承担相应的法律责任及合同权利义务。

---

① 《合同法》已被《民法典》废止,后同。

第一部分 合同协议书

发包人(全称)：_____
承包人(全称)：_____
根据《中华人民共和国合同法》、《中华人民共和国建筑法》及有关法律规定，遵循平等、自愿、公平和诚实信用的原则，双方就_____工程施工及有关事项协商一致，共同达成如下协议：

一、工程概况

1. 工程名称：_____。
2. 工程地点：_____。
3. 工程立项批准文号：_____。
4. 资金来源：_____。
5. 工程内容：_____。
群体工程应附《承包人承揽工程项目一览表》(附件1)。
6. 工程承包范围：_____
_____。

二、合同工期

计划开工日期：_____年____月____日。
计划竣工日期：_____年____月____日。
工期总日历天数：_____天。工期总日历天数与根据前述计划开竣工日期计算的工期天数不一致的，以工期总日历天数为准。

三、质量标准

工程质量符合_____标准。

四、签约合同价与合同价格形式

1. 签约合同价为：
人民币(大写)_____(￥_____元)；
其中：
(1)安全文明施工费：
人民币(大写)_____(￥_____元)；
(2)材料和工程设备暂估价金额：
人民币(大写)_____(￥_____元)；
(3)专业工程暂估价金额：
人民币(大写)_____(￥_____元)；
(4)暂列金额：
人民币(大写)_____(￥_____元)。
2. 合同价格形式：_____。

五、项目经理

承包人项目经理：_____。

六、合同文件构成

本协议书与下列文件一起构成合同文件：
(1)中标通知书(如果有)；
(2)投标函及其附录(如果有)；
(3)专用合同条款及其附件；
(4)通用合同条款；

（5）技术标准和要求；
（6）图纸；
（7）已标价工程量清单或预算书；
（8）其他合同文件。

在合同订立及履行过程中形成的与合同有关的文件均构成合同文件组成部分。

上述各项合同文件包括合同当事人就该项合同文件所作出的补充和修改，属于同一类内容的文件，应以最新签署的为准。专用合同条款及其附件须经合同当事人签字或盖章。

七、承诺

1. 发包人承诺按照法律规定履行项目审批手续、筹集工程建设资金并按照合同约定的期限和方式支付合同价款。
2. 承包人承诺按照法律规定及合同约定组织完成工程施工，确保工程质量和安全，不进行转包及违法分包，并在缺陷责任期及保修期内承担相应的工程维修责任。
3. 发包人和承包人通过招投标形式签订合同的，双方理解并承诺不再就同一工程另行签订与合同实质性内容相背离的协议。

八、词语含义

本协议书中词语含义与第二部分通用合同条款中赋予的含义相同。

九、签订时间

本合同于＿＿＿＿年＿＿月＿＿日签订。

十、签订地点

本合同在＿＿＿＿＿＿＿＿＿＿＿＿＿＿＿＿＿＿＿＿＿＿＿＿＿＿＿＿＿＿签订。

十一、补充协议

合同未尽事宜，合同当事人另行签订补充协议，补充协议是合同的组成部分。

十二、合同生效

本合同自＿＿＿＿＿＿＿＿＿＿＿＿＿＿＿＿＿＿＿＿＿＿＿＿＿＿＿＿＿＿生效。

十三、合同份数

本合同一式＿＿＿份，均具有同等法律效力，发包人执＿＿＿份，承包人执＿＿＿份。

发包人：（公章）   承包人：（公章）

法定代表人或其委托代理人：   法定代表人或其委托代理人：
（签字）   （签字）

组织机构代码：＿＿＿＿＿＿＿＿＿   组织机构代码：＿＿＿＿＿＿＿＿＿
地　　址：＿＿＿＿＿＿＿＿＿＿＿   地　　址：＿＿＿＿＿＿＿＿＿＿＿
邮政编码：＿＿＿＿＿＿＿＿＿＿＿   邮政编码：＿＿＿＿＿＿＿＿＿＿＿
法定代表人：＿＿＿＿＿＿＿＿＿＿   法定代表人：＿＿＿＿＿＿＿＿＿＿
委托代理人：＿＿＿＿＿＿＿＿＿＿   委托代理人：＿＿＿＿＿＿＿＿＿＿
电　　话：＿＿＿＿＿＿＿＿＿＿＿   电　　话：＿＿＿＿＿＿＿＿＿＿＿
传　　真：＿＿＿＿＿＿＿＿＿＿＿   传　　真：＿＿＿＿＿＿＿＿＿＿＿
电子信箱：＿＿＿＿＿＿＿＿＿＿＿   电子信箱：＿＿＿＿＿＿＿＿＿＿＿
开户银行：＿＿＿＿＿＿＿＿＿＿＿   开户银行：＿＿＿＿＿＿＿＿＿＿＿
账　　号：＿＿＿＿＿＿＿＿＿＿＿   账　　号：＿＿＿＿＿＿＿＿＿＿＿

第二部分 通用合同条款

1. 一般约定

1.1 词语定义与解释

合同协议书、通用合同条款、专用合同条款中的下列词语具有本款所赋予的含义：

1.1.1 合同

1.1.1.1 合同：是指根据法律规定和合同当事人约定具有约束力的文件，构成合同的文件包括合同协议书、中标通知书（如果有）、投标函及其附录（如果有）、专用合同条款及其附件、通用合同条款、技术标准和要求、图纸、已标价工程量清单或预算书以及其他合同文件。

1.1.1.2 合同协议书：是指构成合同的由发包人和承包人共同签署的称为"合同协议书"的书面文件。

1.1.1.3 中标通知书：是指构成合同的由发包人通知承包人中标的书面文件。

1.1.1.4 投标函：是指构成合同的由承包人填写并签署的用于投标的称为"投标函"的文件。

1.1.1.5 投标函附录：是指构成合同的附在投标函后的称为"投标函附录"的文件。

1.1.1.6 技术标准和要求：是指构成合同的施工应当遵守的或指导施工的国家、行业或地方的技术标准和要求，以及合同约定的技术标准和要求。

1.1.1.7 图纸：是指构成合同的图纸，包括由发包人按照合同约定提供或经发包人批准的设计文件、施工图、鸟瞰图及模型等，以及在合同履行过程中形成的图纸文件。图纸应当按照法律规定审查合格。

1.1.1.8 已标价工程量清单：是指构成合同的由承包人按照规定的格式和要求填写并标明价格的工程量清单，包括说明和表格。

1.1.1.9 预算书：是指构成合同的由承包人按照发包人规定的格式和要求编制的工程预算文件。

1.1.1.10 其他合同文件：是指经合同当事人约定的与工程施工有关的具有合同约束力的文件或书面协议。合同当事人可以在专用合同条款中进行约定。

1.1.2 合同当事人及其他相关方

1.1.2.1 合同当事人：是指发包人和（或）承包人。

1.1.2.2 发包人：是指与承包人签订合同协议书的当事人及取得该当事人资格的合法继承人。

1.1.2.3 承包人：是指与发包人签订合同协议书的，具有相应工程施工承包资质的当事人及取得该当事人资格的合法继承人。

1.1.2.4 监理人：是指在专用合同条款中指明的，受发包人委托按照法律规定进行工程监督管理的法人或其他组织。

1.1.2.5 设计人：是指在专用合同条款中指明的，受发包人委托负责工程设计并具备相应工程设计资质的法人或其他组织。

1.1.2.6 分包人：是指按照法律规定和合同约定，分包部分工程或工作，并与承包人签订分包合同的具有相应资质的法人。

1.1.2.7 发包人代表：是指由发包人任命并派驻施工现场在发包人授权范围内行使发包人权利的人。

1.1.2.8 项目经理：是指由承包人任命并派驻施工现场，在承包人授权范围内负责合同履行，且按照法律规定具有相应资格的项目负责人。

1.1.2.9 总监理工程师：是指由监理人任命并派驻施工现场进行工程监理的总负责人。

1.1.3 工程和设备

1.1.3.1 工程：是指与合同协议书中工程承包范围对应的永久工程和（或）临时工程。

1.1.3.2 永久工程：是指按合同约定建造并移交给发包人的工程，包括工程设备。

1.1.3.3 临时工程：是指为完成合同约定的永久工程所修建的各类临时性工程，不包括施工设备。

1.1.3.4 单位工程：是指在合同协议书中指明的，具备独立施工条件并能形成独立使用功能的永久工程。

1.1.3.5 工程设备：是指构成永久工程的机电设备、金属结构设备、仪器及其他类似的设备和装置。

1.1.3.6 施工设备：是指为完成合同约定的各项工作所需的设备、器具和其他物品，但不包括工程设备、临时工程和材料。

1.1.3.7 施工现场：是指用于工程施工的场所，以及在专用合同条款中指明作为施工场所组成部分的其他场所，包括永久占地和临时占地。

1.1.3.8 临时设施：是指为完成合同约定的各项工作所服务的临时性生产和生活设施。

1.1.3.9 永久占地：是指专用合同条款中指明为实施工程需永久占用的土地。

1.1.3.10 临时占地：是指专用合同条款中指明为实施工程需要临时占用的土地。

1.1.4 日期和期限

1.1.4.1 开工日期：包括计划开工日期和实际开工日期。计划开工日期是指合同协议书约定的开工日期；实际开工日期是指监理人按照第7.3.2项〔开工通知〕约定发出的符合法律规定的开工通知中载明的开工日期。

1.1.4.2 竣工日期:包括计划竣工日期和实际竣工日期。计划竣工日期是指合同协议书约定的竣工日期;实际竣工日期按照第13.2.3项〔竣工日期〕的约定确定。

1.1.4.3 工期:是指在合同协议书约定的承包人完成工程所需的期限,包括按照合同约定所作的期限变更。

1.1.4.4 缺陷责任期:是指承包人按照合同约定承担缺陷修复义务,且发包人预留质量保证金(已缴纳履约保证金的除外)的期限,自工程实际竣工日期起计算。

1.1.4.5 保修期:是指承包人按照合同约定对工程承担保修责任的期限,从工程竣工验收合格之日起计算。

1.1.4.6 基准日期:招标发包的工程以投标截止日前28天的日期为基准日期,直接发包的工程以合同签订日前28天的日期为基准日期。

1.1.4.7 天:除特别指明外,均指日历天。合同中按天计算时间的,开始当天不计入,从次日开始计算,期限最后一天的截止时间为当天24:00时。

1.1.5 合同价格和费用

1.1.5.1 签约合同价:是指发包人和承包人在合同协议书中确定的总金额,包括安全文明施工费、暂估价及暂列金额等。

1.1.5.2 合同价格:是指发包人用于支付承包人按照合同约定完成承包范围内全部工作的金额,包括合同履行过程中按合同约定发生的价格变化。

1.1.5.3 费用:是指为履行合同所发生的或将要发生的所有必需的开支,包括管理费和应分摊的其他费用,但不包括利润。

1.1.5.4 暂估价:是指发包人在工程量清单或预算书中提供的用于支付必然发生但暂时不能确定价格的材料、工程设备的单价、专业工程以及服务工作的金额。

1.1.5.5 暂列金额:是指发包人在工程量清单或预算书中暂定并包括在合同价格中的一笔款项,用于工程合同签订时尚未确定或者不可预见的所需材料、工程设备、服务的采购,施工中可能发生的工程变更、合同约定调整因素出现时的合同价格调整以及发生的索赔、现场签证确认等的费用。

1.1.5.6 计日工:是指合同履行过程中,承包人完成发包人提出的零星工作或需要采用计日工计价的变更工作时,按合同中约定的单价计价的一种方式。

1.1.5.7 质量保证金:是指按照第15.3款〔质量保证金〕约定承包人用于保证其在缺陷责任期内履行缺陷修补义务的担保。

1.1.5.8 总价项目:是指在现行国家、行业以及地方的计量规则中无工程量计算规则,在已标价工程量清单或预算书中以总价或以费率形式计算的项目。

1.1.6 其他

1.1.6.1 书面形式:是指合同文件、信函、电报、传真等可以有形地表现所载内容的形式。

1.2 语言文字

合同以中国的汉语简体文字编写、解释和说明。合同当事人在专用合同条款中约定使用两种以上语言时,汉语为优先解释和说明合同的语言。

1.3 法律

合同所称法律是指中华人民共和国法律、行政法规、部门规章,以及工程所在地的地方性法规、自治条例、单行条例和地方政府规章等。

合同当事人可以在专用合同条款中约定合同适用的其他规范性文件。

1.4 标准和规范

1.4.1 适用于工程的国家标准、行业标准、工程所在地的地方性标准,以及相应的规范、规程等,合同当事人有特别要求的,应在专用合同条款中约定。

1.4.2 发包人要求使用国外标准、规范的,发包人负责提供原文版本和中文译本,并在专用合同条款中约定提供标准规范的名称、份数和时间。

1.4.3 发包人对工程的技术标准、功能要求高于或严于现行国家、行业或地方标准的,应当在专用合同条款中予以明确。除专用合同条款另有约定外,应视为承包人在签订合同前已充分预见前述技术标准和功能要求的复杂程度,签约合同价中已包含由此产生的费用。

1.5 合同文件的优先顺序

组成合同的各项文件应互相解释,互为说明。除专用合同条款另有约定外,解释合同文件的优先顺序如下:

(1)合同协议书;
(2)中标通知书(如果有);
(3)投标函及其附录(如果有);
(4)专用合同条款及其附件;
(5)通用合同条款;
(6)技术标准和要求;
(7)图纸;
(8)已标价工程量清单或预算书;
(9)其他合同文件。

上述各项合同文件包括合同当事人就该项合同文件所作出的补充和修改,属于同一类内容的文件,应以最新签署的为准。

在合同订立及履行过程中形成的与合同有关的文件均构成合同文件组成部分,并根据其性质确定优先解释顺序。

1.6 图纸和承包人文件

1.6.1 图纸的提供和交底

发包人应按照专用合同条款约定的期限、数量和内容向承包人免费提供图纸,并组织承包人、监理人和设计人进行图纸会审和设计交底。发包人至迟不得晚于第7.3.2项〔开工通知〕载明的开工日期前14天向承包人提供图纸。

因发包人未按合同约定提供图纸导致承包人费用增加和(或)工期延误的,按照第7.5.1项〔因发包人原因导致工期延误〕约定办理。

1.6.2 图纸的错误

承包人在收到发包人提供的图纸后,发现图纸存在差错、遗漏或缺陷的,应及时通知监理人。监理人接到该通知后,应附具相关意见并立即报送发包人,发包人应在收到监理人报送的通知后的合理时间内作出决定。合理时间是指发包人在收到监理人的报送通知后,尽其努力且不懈怠地完成图纸修改补充所需的时间。

1.6.3 图纸的修改和补充

图纸需要修改和补充的,应经图纸原设计人及审批部门同意,并由监理人在工程或工程相应部位施工前将修改后的图纸或补充图纸提交给承包人,承包人应按修改或补充后的图纸施工。

1.6.4 承包人文件

承包人应按照专用合同条款的约定提供应当由其编制的与工程施工有关的文件,并按照专用合同条款约定的期限、数量和形式提交监理人,并由监理人报送发包人。

除专用合同条款另有约定外,监理人应在收到承包人文件后7天内审查完毕,监理人对承包人文件有异议的,承包人应予以修改,并重新报送监理人。监理人的审查并不减轻或免除承包人根据合同约定应当承担的责任。

1.6.5 图纸和承包人文件的保管

除专用合同条款另有约定外,承包人应在施工现场另外保存一套完整的图纸和承包人文件,供发包人、监理人及有关人员进行工程检查时使用。

1.7 联络

1.7.1 与合同有关的通知、批准、证明、证书、指示、指令、要求、请求、同意、意见、确定和决定等,均应采用书面形式,并应在合同约定的期限内送达接收人和送达地点。

1.7.2 发包人和承包人应在专用合同条款中约定各自的送达接收人和送达地点。任何一方合同当事人指定的接收人或送达地点发生变动的,应提前3天以书面形式通知对方。

1.7.3 发包人和承包人应当及时签收另一方送达至送达地点和指定接收人的来往信函。拒不签收的,由此增加的费用和(或)延误的工期由拒绝接收一方承担。

1.8 严禁贿赂

合同当事人不得以贿赂或变相贿赂的方式,谋取非法利益或损害对方权益。因一方合同当事人的贿赂造成对方损失的,应赔偿损失,并承担相应的法律责任。

承包人不得与监理人或发包人聘请的第三方串通损害发包人利益。未经发包人书面同意,承包人不得为监理人提供合同约定以外的通讯设备、交通工具及其他任何形式的利益,不得向监理人支付报酬。

1.9 化石、文物

在施工现场发掘的所有文物、古迹以及具有地质研究或考古价值的其他遗迹、化石、钱币或物品属于国家所有。一旦发现上述文物,承包人应采取合理有效的保护措施,防止任何人员移动或损坏上述物品,并立即报告有关政府行政管理部门,同时通知监理人。

发包人、监理人和承包人应按有关政府行政管理部门要求采取妥善的保护措施,由此增加的费用和(或)延误的工期由发包人承担。

承包人发现文物后不及时报告或隐瞒不报,致使文物丢失或损坏的,应赔偿损失,并承担相应的法律责任。

1.10 交通运输

1.10.1 出入现场的权利

除专用合同条款另有约定外,发包人应根据施工需要,负责取得出入施工现场所需的批准手续和全部权利,以及取得因施工所需修建道路、桥梁以及其他基础设施的权利,并承担相关手续费用和建设费用。承包人应协助发包人办理修建场内外道路、桥梁以及其他基础设施的手续。

承包人应在订立合同前查勘施工现场,并根据工程规模及技术参数合理预见工程施工所需的进出施工现场的方式、手段、路径等。因承包人未合理预见所增加的费用和(或)延误的工期由承包人承担。

1.10.2 场外交通

发包人应提供场外交通设施的技术参数和具体条件,承包人应遵守有关交通法规,严格按照道路和桥梁的限制荷载行驶,执行有关道路限速、限行、禁止超载的规定,并配合交通管理部门的监督和检查。场外交通设施无法满足工程施工需要的,由发包人负责完善并承担相关费用。

1.10.3 场内交通

发包人应提供场内交通设施的技术参数和具体条件,并应按照专用合同条款的约定向承包人免费提供满足工程施工所需的场内道路和交通设施。因承包人原因造成上述道路或交通设施损坏的,承包人负责修复并承担由此增加的费用。

除发包人按照合同约定提供的场内道路和交通设施外,承包人负责修建、维修、养护和管理施工所需的其他场内临时道路和交通设施。发包人和监理人可以为实现合同目的使用承包人修建的场内临时道路和交通设施。

场外交通和场内交通的边界由合同当事人在专用合同条款中约定。

1.10.4 超大件和超重件的运输

由承包人负责运输的超大件或超重件,应由承包人负责向交通管理部门办理申请手续,发包人给予协助。运输超大件或超重件所需的道路和桥梁临时加固改造费用和其他有关费用,由承包人承担,但专用合同条款另有约定除外。

1.10.5 道路和桥梁的损坏责任

因承包人运输造成施工场地内外公共道路和桥梁损坏的,由承包人承担修复损坏的全部费用和可能引起的赔偿。

1.10.6 水路和航空运输

本款前述各项的内容适用于水路运输和航空运输,其中"道路"一词的涵义包括河道、航线、船闸、机场、码头、堤防以及水路或航空运输中其他相似结构物;"车辆"一词的涵义包括船舶和飞机等。

1.11 知识产权

1.11.1 除专用合同条款另有约定外,发包人提供给承包人的图纸、发包人为实施工程自行编制或委托编制的技术规范以及反映发包人要求的或其他类似性质的文件的著作权属于发包人,承包人可以为实现合同目的而复制、使用此类文件,但不能用于与合同无关的其他事项。未经发包人书面同意,承包人不得为了合同以外的目的而复制、使用上述文件或将之提供给任何第三方。

1.11.2 除专用合同条款另有约定外,承包人为实施工程所编制的文件,除署名权以外的著作权属于发包人,承包人可因实施工程的运行、调试、维修、改造等目的而复制、使用此类文件,但不能用于与合同无关的其他事项。未经发包人书面同意,承包人不得为了合同以外的目的而复制、使用上述文件或将之提供给任何第三方。

1.11.3 合同当事人保证在履行合同过程中不侵犯对方及第三方的知识产权。承包人在使用材料、施工设备、工程设备或采用施工工艺时,因侵犯他人的专利权或其他知识产权所引起的责任,由承包人承担;因发包人提供的材料、施工设备、工程设备或施工工艺导致侵权的,由发包人承担责任。

1.11.4 除专用合同条款另有约定外,承包人在合同签订前和签订时已确定采用的专利、专有技术、技术秘密的使用费已包含在签约合同价中。

1.12 保密

除法律规定或合同另有约定外,未经发包人同意,承包人不得将发包人提供的图纸、文件以及声明需要保密的资料信息等商业秘密泄露给第三方。

除法律规定或合同另有约定外,未经承包人同意,发包人不得将承包人提供的技术秘密及声明需要保密的资料信息等商业秘密泄露给第三方。

1.13 工程量清单错误的修正

除专用合同条款另有约定外,发包人提供的工程量清单,应被认为是准确的和完整的。出现下列情形之一时,发包人应予以修正,并相应调整合同价格:

(1)工程量清单存在缺项、漏项的;
(2)工程量清单偏差超出专用合同条款约定的工程量偏差范围的;
(3)未按照国家现行计量规范强制性规定计量的。

2. 发包人

2.1 许可或批准

发包人应遵守法律,并办理法律规定由其办理的许可、批准或备案,包括但不限于建设用地规划许可证、建设工程规划许可证、建设工程施工许可证、施工所需临时用水、临时用电、中断道路交通、临时占用土地等许可和批准。发包人应协助承包人办理法律规定的有关施工证件和批件。

因发包人原因未能及时办理完毕前述许可、批准或备案,由发包人承担由此增加的费用和(或)延误的工期,并支付承包人合理的利润。

2.2 发包人代表

发包人应在专用合同条款中明确其派驻施工现场的发包人代表的姓名、职务、联系方式及授权范围等事项。发包人代表在发包人的授权范围内,负责处理合同履行过程中与发包人有关的具体事宜。发包人代表在授权范围内的行为由发包人承担法律责任。发包人更换发包人代表的,应提前7天书面通知承包人。

发包人代表不能按照合同约定履行其职责及义务,并导致合同无法继续正常履行的,承包人可以要求发包人撤换发包人代表。

不属于法定必须监理的工程,监理人的职权可以由发包人代表或发包人指定的其他人员行使。

2.3 发包人人员

发包人应要求在施工现场的发包人人员遵守法律及有关安全、质量、环境保护、文明施工等规定,并保障承包人免于承受因发包人人员未遵守上述要求给承包人造成的损失和责任。

发包人人员包括发包人代表及其他由发包人派驻施工现场的人员。

2.4 施工现场、施工条件和基础资料的提供

2.4.1 提供施工现场

除专用合同条款另有约定外，发包人应最迟于开工日期7天前向承包人移交施工现场。

2.4.2 提供施工条件

除专用合同条款另有约定外，发包人应负责提供施工所需要的条件，包括：

（1）将施工用水、电力、通讯线路等施工所必需的条件接至施工现场内；

（2）保证向承包人提供正常施工所需要的进入施工现场的交通条件；

（3）协调处理施工现场周围地下管线和邻近建筑物、构筑物、古树名木的保护工作，并承担相关费用；

（4）按照专用合同条款约定应提供的其他设施和条件。

2.4.3 提供基础资料

发包人应当在移交施工现场前向承包人提供施工现场及工程施工所必需的毗邻区域内供水、排水、供电、供气、供热、通信、广播电视等地下管线资料，气象和水文观测资料，地质勘察资料，相邻建筑物、构筑物和地下工程等有关基础资料，并对所提供资料的真实性、准确性和完整性负责。

按照法律规定确需在开工后方能提供的基础资料，发包人应尽其努力及时地在相应工程施工前的合理期限内提供，合理期限应以不影响承包人的正常施工为限。

2.4.4 逾期提供的责任

因发包人原因未能按合同约定及时向承包人提供施工现场、施工条件、基础资料的，由发包人承担由此增加的费用和(或)延误的工期。

2.5 资金来源证明及支付担保

除专用合同条款另有约定外，发包人应在收到承包人要求提供资金来源证明的书面通知后28天内，向承包人提供能够按照合同约定支付合同价款的相应资金来源证明。

除专用合同条款另有约定外，发包人要求承包人提供履约担保的，发包人应当向承包人提供支付担保。支付担保可以采用银行保函或担保公司担保等形式，具体由合同当事人在专用合同条款中约定。

2.6 支付合同价款

发包人应按合同约定向承包人及时支付合同价款。

2.7 组织竣工验收

发包人应按合同约定及时组织竣工验收。

2.8 现场统一管理协议

发包人应与承包人、由发包人直接发包的专业工程的承包人签订施工现场统一管理协议，明确各方的权利义务。施工现场统一管理协议作为专用合同条款的附件。

3. 承包人

3.1 承包人的一般义务

承包人在履行合同过程中应遵守法律和工程建设标准规范，并履行以下义务：

（1）办理法律规定应由承包人办理的许可和批准，并将办理结果书面报送发包人留存；

（2）按法律规定和合同约定完成工程，并在保修期内承担保修义务；

（3）按法律规定和合同约定采取施工安全和环境保护措施，办理工伤保险，确保工程及人员、材料、设备和设施的安全；

（4）按合同约定的工作内容和施工进度要求，编制施工组织设计和施工措施计划，并对所有施工作业和施工方法的完备性和安全可靠性负责；

（5）在进行合同约定的各项工作时，不得侵害发包人与他人使用公用道路、水源、市政管网等公共设施的权利，避免对邻近的公共设施产生干扰。承包人占用或使用他人的施工场地，影响他人作业或生活的，应承担相应责任；

（6）按照第6.3款〔环境保护〕约定负责施工场地及其周边环境与生态的保护工作；

（7）按第6.1款〔安全文明施工〕约定采取施工安全措施，确保工程及其人员、材料、设备和设施的安全，防止因工程施工造成的人身伤害和财产损失；

（8）将发包人按合同约定支付的各项价款专用于合同工程，且应及时支付其雇用人员工资，并及时向分包人支付合同价款；

（9）按照法律规定和合同约定编制竣工资料，完成竣工资料立卷及归档，并按专用合同条款约定的竣工资料的套数、内容、时间等要求移交发包人；

（10）应履行的其他义务。

3.2 项目经理

3.2.1 项目经理应为合同当事人所确认的人选，并在专用合同条款中明确项目经理的姓名、职称、注册执业证书编号、联系方式及授权范围等事项，项目经理经承包人授权后代表承包人负责履行合同。项目经理应是承包人正式聘用的员工，承包人应向发包人提交项目经理与承包人之间的劳动合同，以及承包人为项目经理缴纳社会保险的有效证明。承包人不提交上述文件的，项目经理无权履行职责，发包人有权要求更换项目经理，由此增加的费用和(或)延

误的工期由承包人承担。

项目经理应常驻施工现场，且每月在施工现场时间不得少于专用合同条款约定的天数。项目经理不得同时担任其他项目的项目经理。项目经理确需离开施工现场时，应事先通知监理人，并取得发包人的书面同意。项目经理的通知中应当载明临时代行其职责的人员的注册执业资格、管理经验等资料，该人员应具备履行相应职责的能力。

承包人违反上述约定的，应按照专用合同条款的约定，承担违约责任。

3.2.2 项目经理按合同约定组织工程实施。在紧急情况下为确保施工安全和人员安全，在无法与发包人代表和总监理工程师及时取得联系时，项目经理有权采取必要的措施保证与工程有关的人身、财产和工程的安全，但应在48小时内向发包人代表和总监理工程师提交书面报告。

3.2.3 承包人需要更换项目经理的，应提前14天书面通知发包人和监理人，并征得发包人书面同意。通知中应当载明继任项目经理的注册执业资格、管理经验等资料，继任项目经理继续履行第3.2.1项约定的职责。未经发包人书面同意，承包人不得擅自更换项目经理。承包人擅自更换项目经理的，应按照专用合同条款的约定承担违约责任。

3.2.4 发包人有权书面通知承包人更换其认为不称职的项目经理，通知中应当载明要求更换的理由。承包人应在接到更换通知后14天内向发包人提出书面的改进报告。发包人收到改进报告后仍要求更换的，承包人应在接到第二次更换通知的28天内进行更换，并将新任命的项目经理的注册执业资格、管理经验等资料书面通知发包人。继任项目经理继续履行第3.2.1项约定的职责。承包人无正当理由拒绝更换项目经理的，应按照专用合同条款的约定承担违约责任。

3.2.5 项目经理因特殊情况授权其下属人员履行其某项工作职责的，该下属人员应具备履行相应职责的能力，并应提前7天将上述人员的姓名和授权范围书面通知监理人，并征得发包人书面同意。

3.3 承包人人员

3.3.1 除专用合同条款另有约定外，承包人应在接到开工通知后7天内，向监理人提交承包人项目管理机构及施工现场人员安排的报告，其内容应包括合同管理、施工、技术、材料、质量、安全、财务等主要施工管理人员名单及其岗位、注册执业资格等，以及各工种技术工人的安排情况，并同时提交主要施工管理人员与承包人之间的劳动关系证明和缴纳社会保险的有效证明。

3.3.2 承包人派驻到施工现场的主要施工管理人员应相对稳定。施工过程中如有变动，承包人应及时向监理人提交施工现场人员变动情况的报告。承包人更换主要施工管理人员时，应提前7天书面通知监理人，并征得发包人书面同意。通知中应当载明继任人员的注册执业资格、管理经验等资料。

特殊工种作业人员均应持有相应的资格证明，监理人可以随时检查。

3.3.3 发包人对于承包人主要施工管理人员的资格或能力有异议的，承包人应提供资料证明被质疑人员有能力完成其岗位工作或不存在发包人所质疑的情形。发包人要求撤换不能按照合同约定履行职责及义务的主要施工管理人员的，承包人应当撤换。承包人无正当理由拒绝撤换的，应按照专用合同条款的约定承担违约责任。

3.3.4 除专用合同条款另有约定外，承包人的主要施工管理人员离开施工现场每月累计不超过5天的，应报监理人同意；离开施工现场每月累计超过5天的，应通知监理人，并征得发包人书面同意。主要施工管理人员离开施工现场前应指定一名有经验的人员临时代行其职责，该人员应具备履行相应职责的资格和能力，且应征得监理人或发包人的同意。

3.3.5 承包人擅自更换主要施工管理人员，或前述人员未经监理人或发包人同意擅自离开施工现场的，应按照专用合同条款约定承担违约责任。

3.4 承包人现场查勘

承包人应对基于发包人按照第2.4.3项〔提供基础资料〕提交的基础资料所做出的解释和推断负责，但因基础资料存在错误、遗漏导致承包人解释或推断失实的，由发包人承担责任。

承包人应对施工现场和施工条件进行查勘，并充分了解工程所在地的气象条件、交通条件、风俗习惯以及其他与完成合同工作有关的其他资料。因承包人未能充分查勘、了解前述情况或未能充分估计前述情况所可能产生后果的，承包人承担由此增加的费用和（或）延误的工期。

3.5 分包

3.5.1 分包的一般约定

承包人不得将其承包的全部工程转包给第三人，或将其承包的全部工程肢解后以分包的名义转包给第三人。承包人不得将工程主体结构、关键性工作及专用合同条款中禁止分包的专业工程分包给第三人，主体结构、关键性工作的范围由合同当事人按照法律规定在专用合同条款中予以明确。

承包人不得以劳务分包的名义转包或违法分包工程。

3.5.2 分包的确定

承包人应按专用合同条款的约定进行分包，确定分包人。已标价工程量清单或预算书中给定暂估价的专业工程，按照第10.7款〔暂估价〕确定分包人。按照合同约定进行分包的，承包人应确保分包人具有相应的资质和能力。工程分包不减轻或免除承包人的责任和义务，承包人和分包人就分包工程向发包人承担连带责任。除合同另有约定外，承包人应在分包合同签订后7天内向发包人和监理人提交分包合同副本。

3.5.3 分包管理

承包人应向监理人提交分包人的主要施工管理人员表，并对分包人的施工人员进行实名制管理，包括但不限于进出场管理、登记造册以及各种证照的办理。

3.5.4 分包合同价款

（1）除本项第（2）目约定的情况或专用合同条款另有约定外，分包合同价款由承包人与分包人结算，未经承包人同意，发包人不得向分包人支付分包工程价款；

（2）生效法律文书要求发包人向分包人支付分包合同价款的，发包人有权从应付承包人工程款中扣除该部分款项。

3.5.5 分包合同权益的转让

分包人在分包合同项下的义务持续到缺陷责任期届满以后的，发包人有权在缺陷责任期届满前，要求承包人将其在分包合同项下的权益转让给发包人，承包人应当转让。除转让合同另有约定外，转让合同生效后，由分包人向发包人履行义务。

3.6 工程照管与成品、半成品保护

（1）除专用合同条款另有约定外，自发包人向承包人移交施工现场之日起，承包人应负责照管工程及工程相关的材料、工程设备，直到颁发工程接收证书之日止。

（2）在承包人负责照管期间，因承包人原因造成工程、材料、工程设备损坏的，由承包人负责修复或更换，并承担由此增加的费用和（或）延误的工期。

（3）对合同内分期完成的成品和半成品，在工程接收证书颁发前，由承包人承担保护责任。因承包人原因造成成品或半成品损坏的，由承包人负责修复或更换，并承担由此增加的费用和（或）延误的工期。

3.7 履约担保

发包人需要承包人提供履约担保的，由合同当事人在专用合同条款中约定履约担保的方式、金额及期限等。履约担保可以采用银行保函或担保公司担保等形式，具体由合同当事人在专用合同条款中约定。

因承包人原因导致工期延长的，继续提供履约担保所增加的费用由承包人承担；非因承包人原因导致工期延长的，继续提供履约担保所增加的费用由发包人承担。

3.8 联合体

3.8.1 联合体各方应共同与发包人签订合同协议书。联合体各方应为履行合同向发包人承担连带责任。

3.8.2 联合体协议经发包人确认后作为合同附件。在履行合同过程中，未经发包人同意，不得修改联合体协议。

3.8.3 联合体牵头人负责与发包人和监理人联系，并接受指示，负责组织联合体各成员全面履行合同。

4. 监理人

4.1 监理人的一般规定

工程实行监理的，发包人和承包人应在专用合同条款中明确监理人的监理内容及监理权限等事项。监理人应当根据发包人授权及法律规定，代表发包人对工程施工相关事项进行检查、查验、审核、验收，并签发相关指示，但监理人无权修改合同，且无权减轻或免除合同约定的承包人的任何责任与义务。

除专用合同条款另有约定外，监理人在施工现场的办公场所、生活场所由承包人提供，所发生的费用由发包人承担。

4.2 监理人员

发包人授予监理人对工程实施监理的权利由监理人派驻施工现场的监理人员行使，监理人员包括总监理工程师及监理工程师。监理人应将授权的总监理工程师和监理工程师的姓名及授权范围以书面形式提前通知承包人。更换总监理工程师的，监理人应提前7天书面通知承包人；更换其他监理人员，监理人应提前48小时书面通知承包人。

4.3 监理人的指示

监理人应按照发包人的授权发出监理指示。监理人的指示应采用书面形式，并经其授权的监理人员签字。紧急情况下，为了保证施工人员的安全或避免工程受损，监理人员可以口头形式发出指示，该指示与书面形式的指示具有同等法律效力，但必须在发出口头指示后24小时内补发书面监理指示，补发的书面监理指示应与口头指示一致。

监理人发出的指示应送达承包人项目经理或经项目经理授权接收的人员。因监理人未能按合同约定发出指示、指示延误或发出了错误指示而导致承包人费用增加和（或）工期延误的，由发包人承担相应责任。除专用合同条款另有约定外，总监理工程师不应将第4.4款〔商定或确定〕约定应由总监理工程师作出确定的权力授权或委托给其他监理人员。

承包人对监理人发出的指示有疑问的，应向监理人提出书面异议，监理人应在48小时内对该指示予以确认、更改或撤销，监理人逾期未回复的，承包人有权拒绝执行上述指示。

监理人对承包人的任何工作、工程或其采用的材料和工程设备未在约定的或合理期限内提出意见的,视为批准,但不免除或减轻承包人对该工作、工程、材料、工程设备等应承担的责任和义务。

4.4 商定或确定

合同当事人进行商定或确定时,总监理工程师应当会同合同当事人尽量通过协商达成一致,不能达成一致的,由总监理工程师按照合同约定审慎做出公正的确定。

总监理工程师应将确定以书面形式通知发包人和承包人,并附详细依据。合同当事人对总监理工程师的确定没有异议的,按照总监理工程师的确定执行。任何一方合同当事人有异议,按照第20条〔争议解决〕约定处理。争议解决前,合同当事人暂按总监理工程师的确定执行;争议解决后,争议解决的结果与总监理工程师的确定不一致的,按照争议解决的结果执行,由此造成的损失由责任人承担。

5. **工程质量**

5.1 质量要求

5.1.1 工程质量标准必须符合现行国家有关工程施工质量验收规范和标准的要求。有关工程质量的特殊标准或要求由合同当事人在专用合同条款中约定。

5.1.2 因发包人原因造成工程质量未达到合同约定标准的,由发包人承担由此增加的费用和(或)延误的工期,并支付承包人合理的利润。

5.1.3 因承包人原因造成工程质量未达到合同约定标准的,发包人有权要求承包人返工直至工程质量达到合同约定的标准为止,并由承包人承担由此增加的费用和(或)延误的工期。

5.2 质量保证措施

5.2.1 发包人的质量管理

发包人应按照法律规定及合同约定完成与工程质量有关的各项工作。

5.2.2 承包人的质量管理

承包人按照第7.1款〔施工组织设计〕约定向发包人和监理人提交工程质量保证体系及措施文件,建立完善的质量检查制度,并提交相应的工程质量文件。对于发包人和监理人违反法律规定和合同约定的错误指示,承包人有权拒绝实施。

承包人应对施工人员进行质量教育和技术培训,定期考核施工人员的劳动技能,严格执行施工规范和操作规程。

承包人应按照法律规定和发包人的要求,对材料、工程设备以及工程的所有部位及其施工工艺进行全过程的质量检查和检验,并作详细记录,编制工程质量报表,报送监理人审查。此外,承包人还应按照法律规定和发包人的要求,进行施工现场取样试验、工程复核测量和设备性能检测,提供试验样品、提交试验报告和测量成果以及其他工作。

5.2.3 监理人的质量检查和检验

监理人按照法律规定和发包人授权对工程的所有部位及其施工工艺、材料和工程设备进行检查和检验。承包人应为监理人的检查和检验提供方便,包括监理人到施工现场,或制造、加工地点,或合同约定的其他地方进行察看和查阅施工原始记录。监理人为此进行的检查和检验,不免除或减轻承包人按照合同约定应当承担的责任。

监理人的检查和检验不应影响施工正常进行。监理人的检查和检验影响施工正常进行的,且经检查检验不合格的,影响正常施工的费用由承包人承担,工期不予顺延;经检查检验合格的,由此增加的费用和(或)延误的工期由发包人承担。

5.3 隐蔽工程检查

5.3.1 承包人自检

承包人应当对工程隐蔽部位进行自检,并经自检确认是否具备覆盖条件。

5.3.2 检查程序

除专用合同条款另有约定外,工程隐蔽部位经承包人自检确认具备覆盖条件的,承包人应在共同检查前48小时书面通知监理人检查,通知中应载明隐蔽检查的内容、时间和地点,并应附有自检记录和必要的检查资料。

监理人应按时到场并对隐蔽工程及其施工工艺、材料和工程设备进行检查。经监理人检查确认质量符合隐蔽要求,并在验收记录上签字后,承包人才能进行覆盖。经监理人检查质量不合格的,承包人应在监理人指示的时间内完成修复,并由监理人重新检查,由此增加的费用和(或)延误的工期由承包人承担。

除专用合同条款另有约定外,监理人不能按时进行检查的,应在检查前24小时向承包人提交书面延期要求,但延期不能超过48小时,由此导致工期延误的,工期应予以顺延。监理人未按时进行检查,也未提出延期要求的,视为隐蔽工程检查合格,承包人可自行完成覆盖工作,并作相应记录报送监理人,监理人应签字确认。监理人事后对检查记录有疑问的,可按第5.3.3项〔重新检查〕的约定重新检查。

5.3.3 重新检查

承包人覆盖工程隐蔽部位后,发包人或监理人对质量有疑问的,可要求承包人对已覆盖的部位进行钻孔探测或揭开重新检查,承包人应遵照执行,并在检查后重新覆盖恢复原状。经检查证明工程质量符合合同要求的,由发包人承担由此增加的费用和(或)延误的工期,并支付承包人合理的利润;经检查证明工程质量不符合合同要求的,由此增加的费用和(或)延误的工期由承包人承担。

5.3.4 承包人私自覆盖

承包人未通知监理人到场检查,私自将工程隐蔽部位覆盖的,监理人有权指示承包人钻孔探摸或揭开检查,无论工程隐蔽部位质量是否合格,由此增加的费用和(或)延误的工期均由承包人承担。

5.4 不合格工程的处理

5.4.1 因承包人原因造成工程不合格的,发包人有权随时要求承包人采取补救措施,直至达到合同要求的质量标准,由此增加的费用和(或)延误的工期由承包人承担。无法补救的,按照第 13.2.4 项〔拒绝接收全部或部分工程〕约定执行。

5.4.2 因发包人原因造成工程不合格的,由此增加的费用和(或)延误的工期由发包人承担,并支付承包人合理的利润。

5.5 质量争议检测

合同当事人对工程质量有争议的,由双方协商确定的工程质量检测机构鉴定,由此产生的费用及因此造成的损失,由责任方承担。

合同当事人均有责任的,由双方根据其责任分别承担。合同当事人无法达成一致的,按照第 4.4 款〔商定或确定〕执行。

6. 安全文明施工与环境保护

6.1 安全文明施工

6.1.1 安全生产要求

合同履行期间,合同当事人应当遵守国家和工程所在地有关安全生产的要求,合同当事人有特别要求的,应在专用合同条款中明确施工项目安全生产标准化达标目标及相应事项。承包人有权拒绝发包人及监理人强令承包人违章作业、冒险施工的任何指示。

在施工过程中,如遇到突发的地质变动、事先未知的地下施工障碍等影响施工安全的紧急情况,承包人应及时报告监理人和发包人,发包人应当及时下令停工并报政府有关行政管理部门采取应急措施。

因安全生产需要暂停施工的,按照第 7.8 款〔暂停施工〕的约定执行。

6.1.2 安全生产保证措施

承包人应当按照有关规定编制安全技术措施或者专项施工方案,建立安全生产责任制度、治安保卫制度及安全生产教育培训制度,并按安全生产法律规定及合同约定履行安全职责,如实编制工程安全生产的有关记录,接受发包人、监理人及政府安全监督部门的检查与监督。

6.1.3 特别安全生产事项

承包人应按法律规定进行施工,开工前做好安全技术交底工作,施工过程中做好各项安全防护措施。承包人为实施合同而雇用的特殊工种的人员应受过专门的培训并已取得政府有关管理机构颁发的上岗证书。

承包人在动力设备、输电线路、地下管道、密封防震车间、易燃易爆地段以及临街交通要道附近施工时,施工开始前应向发包人和监理人提出安全防护措施,经发包人认可后实施。

实施爆破作业,在放射、毒害性环境中施工(含储存、运输、使用)及使用毒害性、腐蚀性物品施工时,承包人应在施工前 7 天以书面通知发包人和监理人,并报送相应的安全防护措施,经发包人认可后实施。

需单独编制危险性较大分部分项专项工程施工方案的,及要求进行专家论证的超过一定规模的危险性较大的分部分项工程,承包人应及时编制和组织论证。

6.1.4 治安保卫

除专用合同条款另有约定外,发包人应与当地公安部门协商,在现场建立治安管理机构或联防组织,统一管理施工场地的治安保卫事项,履行合同工程的治安保卫职责。

发包人和承包人除应协助现场治安管理机构或联防组织维护施工场地的社会治安外,还应做好包括生活区在内的各自管辖区的治安保卫工作。

除专用合同条款另有约定外,发包人和承包人应在工程开工后 7 天内共同编制施工场地治安管理计划,并制定应对突发治安事件的紧急预案。在工程施工过程中,发生暴乱、爆炸等恐怖事件,以及群殴、械斗等群体性突发治安事件的,发包人和承包人应立即向当地政府报告。发包人和承包人应积极协助当地有关部门采取措施平息事态,防止事态扩大,尽量避免人员伤亡和财产损失。

6.1.5 文明施工

承包人在工程施工期间,应当采取措施保持施工现场平整,物料堆放整齐。工程所在地有关政府行政管理部门有特殊要求的,按照其要求执行。合同当事人对文明施工有其他要求的,可以在专用合同条款中明确。

在工程移交之前,承包人应当从施工现场清除承包人的全部工程设备、多余材料、垃圾和各种临时工程,并保持施工现场清洁整齐。经发包人书面同意,承包人可在发包人指定的地点保留承包人履行保修期内的各项义务所需要的材料、施工设备和临时工程。

6.1.6 安全文明施工费

安全文明施工费由发包人承担,发包人不得以任何形式扣减该部分费用。因基准日期后合同所适用的法律或政府有关规定发生变化，增加的安全文明施工费由发包人承担。

承包人经发包人同意采取合同约定以外的安全措施所产生的费用，由发包人承担。未经发包人同意的，如果该措施避免了发包人的损失，则发包人在避免损失的额度内承担该措施费。如果该措施避免了承包人的损失，由承包人承担该措施费。

除专用合同条款另有约定外，发包人应在开工后 28 天内预付安全文明施工费总额的 50%，其余部分与进度款同期支付。发包人逾期支付安全文明施工费超过 7 天的，承包人有权向发包人发出要求预付的催告通知，发包人收到通知后 7 天内仍未支付的，承包人有权暂停施工，并按第 16.1.1 项〔发包人违约的情形〕执行。

承包人对安全文明施工费应专款专用，承包人应在财务账目中单独列项备查，不得挪作他用，否则发包人有权责令其限期改正；逾期未改正的，可以责令其暂停施工，由此增加的费用和（或）延误的工期由承包人承担。

6.1.7 紧急情况处理

在工程实施期间或缺陷责任期内发生危及工程安全的事件，监理人通知承包人进行抢救，承包人声明无能力或不愿立即执行的，发包人有权雇佣其他人员进行抢救。此类抢救按合同约定属于承包人义务的，由此增加的费用和（或）延误的工期由承包人承担。

6.1.8 事故处理

工程施工过程中发生事故的，承包人应立即通知监理人，监理人应立即通知发包人。发包人和承包人应立即组织人员和设备进行紧急抢救和抢修，减少人员伤亡和财产损失，防止事故扩大，并保护事故现场。需要移动现场物品时，应作出标记和书面记录，妥善保管有关证据。发包人和承包人应按国家有关规定，及时如实地向有关部门报告事故发生的情况，以及正在采取的紧急措施等。

6.1.9 安全生产责任

6.1.9.1 发包人的安全责任

发包人应负责赔偿以下各种情况造成的损失：

（1）工程或工程的任何部分对土地的占用所造成的第三者财产损失；

（2）由于发包人原因在施工场地及其毗邻地带造成的第三者人身伤亡和财产损失；

（3）由于发包人原因对承包人、监理人造成的人员人身伤亡和财产损失；

（4）由于发包人原因造成的发包人自身人员的人身伤害以及财产损失。

6.1.9.2 承包人的安全责任

由于承包人原因在施工场地内及其毗邻地带造成的发包人、监理人以及第三者人员伤亡和财产损失，由承包人负责赔偿。

6.2 职业健康

6.2.1 劳动保护

承包人应按照法律规定安排现场施工人员的劳动和休息时间，保障劳动者的休息时间，并支付合理的报酬和费用。承包人应依法为其履行合同所雇用的人员办理必要的证件、许可、保险和注册等，承包人应督促其分包人为分包人所雇用的人员办理必要的证件、许可、保险和注册等。

承包人应按照法律规定保障现场施工人员的劳动安全，并提供劳动保护，并应按国家有关劳动保护的规定，采取有效的防止粉尘、降低噪声、控制有害气体和保障高温、高寒、高空作业安全等劳动保护措施。承包人雇佣人员在施工中受到伤害的，承包人应立即采取有效措施进行抢救和治疗。

承包人应按法律规定安排工作时间，保证其雇佣人员享有休息和休假的权利。因工程施工的特殊需要占用休假日或延长工作时间的，应不超过法律规定的限度，并按法律规定给予补休或付酬。

6.2.2 生活条件

承包人应为其履行合同所雇用的人员提供必要的膳宿条件和生活环境；承包人应采取有效措施预防传染病，保证施工人员的健康，并定期对施工现场、施工人员生活基地和工程进行防疫和卫生的专业检查和处理，在远离城镇的施工场地，还应配备必要的伤病防治和急救的医务人员与医疗设施。

6.3 环境保护

承包人应在施工组织设计中列明环境保护的具体措施。在合同履行期间，承包人应采取合理措施保护施工现场环境。对施工作业过程中可能引起的大气、水、噪音以及固体废物污染采取具体可行的防范措施。

承包人应当承担因其原因引起的环境污染侵权损害赔偿责任，因上述环境污染引起纠纷而导致暂停施工的，由此增加的费用和（或）延误的工期由承包人承担。

7. **工期和进度**

7.1 施工组织设计

7.1.1 施工组织设计的内容

施工组织设计应包含以下内容：

（1）施工方案；

（2）施工现场平面布置图；

（3）施工进度计划和保证措施；

(4)劳动力及材料供应计划；
(5)施工机械设备的选用；
(6)质量保证体系及措施；
(7)安全生产、文明施工措施；
(8)环境保护、成本控制措施；
(9)合同当事人约定的其他内容。
7.1.2 施工组织设计的提交和修改

除专用合同条款另有约定外，承包人应在合同签订后14天内，但最迟不得晚于第7.3.2项〔开工通知〕载明的开工日期前7天，向监理人提交详细的施工组织设计，并由监理人报送发包人。除专用合同条款另有约定外，发包人和监理人应在监理人收到施工组织设计后7天内确认或提出修改意见。对发包人和监理人提出的合理意见和要求，承包人应自费修改完善。根据工程实际情况需要修改施工组织设计的，承包人应向发包人和监理人提交修改后的施工组织设计。

施工进度计划的编制和修改按照第7.2款〔施工进度计划〕执行。

7.2 施工进度计划

7.2.1 施工进度计划的编制

承包人应按照第7.1款〔施工组织设计〕约定提交详细的施工进度计划，施工进度计划的编制应当符合国家法律规定和一般工程实践惯例，施工进度计划经发包人批准后实施。施工进度计划是控制工程进度的依据，发包人和监理人有权按照施工进度计划检查工程进度情况。

7.2.2 施工进度计划的修订

施工进度计划不符合合同要求或与工程的实际进度不一致的，承包人应向监理人提交修订的施工进度计划，并附具有关措施和相关资料，由监理人报送发包人。除专用合同条款另有约定外，发包人和监理人应在收到修订的施工进度计划后7天内完成审核和批准或提出修改意见。发包人和监理人对承包人提交的施工进度计划的确认，不能减轻或免除承包人根据法律规定和合同约定应承担的任何责任或义务。

7.3 开工

7.3.1 开工准备

除专用合同条款另有约定外，承包人应按照第7.1款〔施工组织设计〕约定的期限，向监理人提交工程开工报审表，经监理人报发包人批准后执行。开工报审表应详细说明按施工进度计划正常施工所需的施工道路、临时设施、材料、工程设备、施工设备、施工人员等落实情况以及工程的进度安排。

除专用合同条款另有约定外，合同当事人应按约定完成开工准备工作。

7.3.2 开工通知

发包人应按照法律规定获得工程施工所需的许可。经发包人同意后，监理人发出的开工通知应符合法律规定。监理人应在计划开工日期7天前向承包人发出开工通知，工期自开工通知中载明的开工日期起算。

除专用合同条款另有约定外，因发包人原因造成监理人未能在计划开工日期之日起90天内发出开工通知的，承包人有权提出价格调整要求，或者解除合同。发包人应当承担由此增加的费用和(或)延误的工期，并向承包人支付合理利润。

7.4 测量放线

7.4.1 除专用合同条款另有约定外，发包人应在至迟不得晚于第7.3.2项〔开工通知〕载明的开工日期前7天通过监理人向承包人提供测量基准点、基准线和水准点及其书面资料。发包人应对其提供的测量基准点、基准线和水准点及其书面资料的真实性、准确性和完整性负责。

承包人发现发包人提供的测量基准点、基准线和水准点及其书面资料存在错误或疏漏的，应及时通知监理人。监理人应及时报告发包人，并会同发包人和承包人予以核实。发包人应就如何处理和是否继续施工作出决定，并通知监理人和承包人。

7.4.2 承包人负责施工过程中的全部施工测量放线工作，并配置具有相应资质的人员、合格的仪器、设备和其他物品。承包人应矫正工程的位置、标高、尺寸或准线中出现的任何差错，并对工程各部分的定位负责。

施工过程中对施工现场内水准点等测量标志物的保护工作由承包人负责。

7.5 工期延误

7.5.1 因发包人原因导致工期延误

在合同履行过程中，因下列情况导致工期延误和(或)费用增加的，由发包人承担由此延误的工期和(或)增加的费用，且发包人应支付承包人合理的利润：

(1)发包人未能按合同约定提供图纸或所提供图纸不符合合同约定的；

(2)发包人未能按合同约定提供施工现场、施工条件、基础资料、许可、批准等开工条件的；

(3)发包人提供的测量基准点、基准线和水准点及其书面资料存在错误或疏漏的；

(4)发包人未能在计划开工之日起7天内同意下达开工通知的；

(5)发包人未能按合同约定日期支付工程预付款、进度款或竣工结算款的；

(6) 监理人未按合同约定发出指示、批准等文件的；
(7) 专用合同条款中约定的其他情形。

因发包人原因未按计划开工日期开工的，发包人应按实际开工日期顺延竣工日期，确保实际工期不低于合同约定的工期总日历天数。因发包人原因导致工期延误需要修订施工进度计划的，按照第7.2.2项〔施工进度计划的修订〕执行。

7.5.2 因承包人原因导致工期延误

因承包人原因造成工期延误的，可以在专用合同条款中约定逾期竣工违约金的计算方法和逾期竣工违约金的上限。承包人支付逾期竣工违约金后，不免除承包人继续完成工程及修补缺陷的义务。

7.6 不利物质条件

不利物质条件是指有经验的承包人在施工现场遇到的不可预见的自然物质条件、非自然的物质障碍和污染物，包括地表以下物质条件和水文条件以及专用合同条款约定的其他情形，但不包括气候条件。

承包人遇到不利物质条件时，应采取克服不利物质条件的合理措施继续施工，并及时通知发包人和监理人。通知应载明不利物质条件的内容以及承包人认为不可预见的理由。监理人经发包人同意后应当及时发出指示，指示构成变更的，按第10条〔变更〕约定执行。承包人因采取合理措施而增加的费用和（或）延误的工期由发包人承担。

7.7 异常恶劣的气候条件

异常恶劣的气候条件是指在施工过程中遇到的，有经验的承包人在签订合同时不可预见的，对合同履行造成实质性影响的，但尚未构成不可抗力事件的恶劣气候条件。合同当事人可以在专用合同条款中约定异常恶劣的气候条件的具体情形。

承包人应采取克服异常恶劣的气候条件的合理措施继续施工，并及时通知发包人和监理人。监理人经发包人同意后应当及时发出指示，指示构成变更的，按第10条〔变更〕约定办理。承包人因采取合理措施而增加的费用和（或）延误的工期由发包人承担。

7.8 暂停施工

7.8.1 发包人原因引起的暂停施工

因发包人原因引起暂停施工的，监理人经发包人同意后，应及时下达暂停施工指示。情况紧急且监理人未及时下达暂停施工指示的，按照第7.8.4项〔紧急情况下的暂停施工〕执行。

因发包人原因引起的暂停施工，发包人应承担由此增加的费用和（或）延误的工期，并支付承包人合理的利润。

7.8.2 承包人原因引起的暂停施工

因承包人原因引起的暂停施工，承包人应承担由此增加的费用和（或）延误的工期，且承包人在收到监理人复工指示后84天内仍未复工的，视为第16.2.1项〔承包人违约的情形〕第(7)目约定的承包人无法继续履行合同的情形。

7.8.3 指示暂停施工

监理人认为有必要时，并经发包人批准后，可向承包人作出暂停施工的指示，承包人应按监理人指示暂停施工。

7.8.4 紧急情况下的暂停施工

因紧急情况需暂停施工，且监理人未及时下达暂停施工指示的，承包人可先暂停施工，并及时通知监理人。监理人应在接到通知后24小时内发出指示，逾期未发出指示，视为同意承包人暂停施工。监理人不同意承包人暂停施工的，应说明理由，承包人对监理人的答复有异议，按照第20条〔争议解决〕约定处理。

7.8.5 暂停施工后的复工

暂停施工后，发包人和承包人应采取有效措施积极消除暂停施工的影响。在工程复工前，监理人会同发包人和承包人确定因暂停施工造成的损失，并确定工程复工条件。当工程具备复工条件时，监理人应经发包人批准后向承包人发出复工通知，承包人应按照复工通知要求复工。

承包人无故拖延和拒绝复工的，承包人承担由此增加的费用和（或）延误的工期；因发包人原因无法按时复工的，按照第7.5.1项〔因发包人原因导致工期延误〕约定办理。

7.8.6 暂停施工持续56天以上

监理人发出暂停施工指示后56天内未向承包人发出复工通知，除该项停工属于第7.8.2项〔承包人原因引起的暂停施工〕及第17条〔不可抗力〕约定的情形外，承包人可向发包人提交书面通知，要求发包人在收到书面通知后28天内准许已暂停施工的部分或全部工程继续施工。发包人逾期不予批准的，则承包人可以通知发包人，将工程受影响的部分视为按第10.1款〔变更的范围〕第(2)项的可取消工作。

暂停施工持续84天以上不复工的，且不属于第7.8.2项〔承包人原因引起的暂停施工〕及第17条〔不可抗力〕约定的情形，并影响到整个工程以及合同目的实现的，承包人有权提出价格调整要求，或者解除合同。解除合同的，按照第16.1.3项〔因发包人违约解除合同〕执行。

7.8.7 暂停施工期间的工程照管

暂停施工期间，承包人应负责妥善照管工程并提供安全保障，由此增加的费用由责任方承担。

7.8.8 暂停施工的措施

暂停施工期间，发包人和承包人均应采取必要的措施确保工程质量及安全，防止因暂停施工扩大损失。

7.9 提前竣工

7.9.1 发包人要求承包人提前竣工的，发包人应通过监理人向承包人下达提前竣工指示，承包人应向发包人和监理人提交提前竣工建议书，提前竣工建议书应包括实施的方案、缩短的时间、增加的合同价格等内容。发包人接受该提前竣工建议书的，监理人应与发包人和承包人协商采取加快工程进度的措施，并修订施工进度计划，由此增加的费用由发包人承担。承包人认为提前竣工指示无法执行的，应向监理人和发包人提出书面异议，发包人和监理人应在收到异议后7天内予以答复。任何情况下，发包人不得压缩合理工期。

7.9.2 发包人要求承包人提前竣工，或承包人提出提前竣工的建议能够给发包人带来效益的，合同当事人可以在专用合同条款中约定提前竣工的奖励。

8. 材料与设备

8.1 发包人供应材料与工程设备

发包人自行供应材料、工程设备的，应在签订合同时在专用合同条款的附件《发包人供应材料设备一览表》中明确材料、工程设备的品种、规格、型号、数量、单价、质量等级和送达地点。

承包人应提前30天通过监理人以书面形式通知发包人供应材料与工程设备进场。承包人按照第7.2.2项〔施工进度计划的修订〕约定修订施工进度计划时，需同时提交经修订后的发包人供应材料与工程设备的进场计划。

8.2 承包人采购材料与工程设备

承包人负责采购材料、工程设备的，应按照设计和有关标准要求采购，并提供产品合格证明及出厂证明，对材料、工程设备质量负责。合同约定由承包人采购的材料、工程设备，发包人不得指定生产厂家或供应商，发包人违反本款约定指定生产厂家或供应商的，承包人有权拒绝，并由发包人承担相应责任。

8.3 材料与工程设备的接收与拒收

8.3.1 发包人应按《发包人供应材料设备一览表》约定的内容提供材料和工程设备，并向承包人提供产品合格证明及出厂证明，对其质量负责。发包人应提前24小时以书面形式通知承包人、监理人材料和工程设备到货时间，承包人负责材料和工程设备的清点、检验和接收。

发包人提供的材料和工程设备的规格、数量或质量不符合合同约定的，或因发包人原因导致交货日期延误或交货地点变更等情况的，按照第16.1款〔发包人违约〕约定办理。

8.3.2 承包人采购的材料和工程设备，应保证产品质量合格，承包人应在材料和工程设备到货前24小时通知监理人检验。承包人进行永久设备、材料的制造和生产的，应符合相关质量标准，并向监理人提交材料的样本以及有关资料，并应在使用该材料或工程设备之前获得监理人同意。

承包人采购的材料和工程设备不符合设计或有关标准要求时，承包人应在监理人要求的合理期限内将不符合设计或有关标准要求的材料、工程设备运出施工现场，并重新采购符合要求的材料、工程设备，由此增加的费用和（或）延误的工期，由承包人承担。

8.4 材料与工程设备的保管与使用

8.4.1 发包人供应材料与工程设备的保管与使用

发包人供应的材料和工程设备，承包人清点后由承包人妥善保管，保管费用由发包人承担，但已标价工程量清单或预算书已经列支或专用合同条款另有约定除外。因承包人原因发生丢失毁损的，由承包人负责赔偿；监理人未通知承包人清点的，承包人不负责材料和工程设备的保管，由此导致丢失毁损的由发包人负责。

发包人供应的材料和工程设备使用前，由承包人负责检验，检验费用由发包人承担，不合格的不得使用。

8.4.2 承包人采购材料与工程设备的保管与使用

承包人采购的材料和工程设备由承包人妥善保管，保管费用由承包人承担。法律规定材料和工程设备使用前必须进行检验或试验的，承包人应按监理人的要求进行检验或试验，检验或试验费用由承包人承担，不合格的不得使用。

发包人或监理人发现承包人使用不符合设计或有关标准要求的材料和工程设备时，有权要求承包人进行修复、拆除或重新采购，由此增加的费用和（或）延误的工期，由承包人承担。

8.5 禁止使用不合格的材料和工程设备

8.5.1 监理人有权拒绝承包人提供的不合格材料或工程设备，并要求承包人立即进行更换。监理人应在更换后再次进行检查和检验，由此增加的费用和（或）延误的工期由承包人承担。

8.5.2 监理人发现承包人使用了不合格的材料和工程设备，承包人应按照监理人的指示立即改正，并禁止在工程中继续使用不合格的材料和工程设备。

8.5.3 发包人提供的材料或工程设备不符合合同要求的，承包人有权拒绝，并可要求发包人更换，由此增加的费用和（或）延误的工期由发包人承担，并支付承包人合理的利润。

8.6 样品

8.6.1 样品的报送与封存

需要承包人报送样品的材料或工程设备,样品的种类、名称、规格、数量等要求均应在专用合同条款中约定。样品的报送程序如下:

(1)承包人应在计划采购前28天向监理人报送样品。承包人报送的样品均应来自供应材料的实际生产地,且提供的样品的规格、数量足以表明材料或工程设备的质量、型号、颜色、表面处理、质地、误差和其他要求的特征。

(2)承包人每次报送样品时应随附申报单,申报单应载明报送样品的相关数据和资料,并标明每件样品对应的图纸号,预留监理人批复意见栏。监理人应在收到承包人报送的样品后7天向承包人回复经发包人签认的样品审批意见。

(3)经发包人和监理人审批确认的样品应按约定的方法封样,封存的样品作为检验工程相关部分的标准之一。承包人在施工过程中不得使用与样品不符的材料或工程设备。

(4)发包人和监理人对样品的审批确认仅为确认相关材料或工程设备的特征或用途,不得被理解为对合同的修改或改变,也并不减轻或免除承包人任何的责任和义务。如果封存的样品修改或改变了合同约定,合同当事人应当以书面协议予以确认。

8.6.2 样品的保管

经批准的样品应由监理人负责封存于现场,承包人应在现场为保存样品提供适当和固定的场所并保持适当和良好的存储环境条件。

8.7 材料与工程设备的替代

8.7.1 出现下列情况需要使用替代材料和工程设备的,承包人应按照第8.7.2项约定的程序执行:

(1)基准日期后生效的法律规定禁止使用的;

(2)发包人要求使用替代品的;

(3)因其他原因必须使用替代品的。

8.7.2 承包人应在使用替代材料和工程设备28天前书面通知监理人,并附下列文件:

(1)被替代的材料和工程设备的名称、数量、规格、型号、品牌、性能、价格及其他相关资料;

(2)替代品的名称、数量、规格、型号、品牌、性能、价格及其他相关资料;

(3)替代品与被替代产品之间的差异以及使用替代品可能对工程产生的影响;

(4)替代品与被替代产品的价格差异;

(5)使用替代品的理由和原因说明;

(6)监理人要求的其他文件。

监理人应在收到通知后14天内向承包人发出经发包人签认的书面指示;监理人逾期发出书面指示的,视为发包人和监理人同意使用替代品。

8.7.3 发包人认可使用替代材料和工程设备的,替代材料和工程设备的价格,按照已标价工程量清单或预算书相同项目的价格认定;无相同项目的,参考相似项目价格认定;既无相同项目也无相似项目的,按照合理的成本与利润构成的原则,由合同当事人按照第4.4款〔商定或确定〕确定价格。

8.8 施工设备和临时设施

8.8.1 承包人提供的施工设备和临时设施

承包人应按合同进度计划的要求,及时配置施工设备和修建临时设施。进入施工场地的承包人设备需经监理人核查后才能投入使用。承包人更换合同约定的承包人设备的,应报监理人批准。

除专用合同条款另有约定外,承包人应自行承担修建临时设施的费用,需要临时占地的,应由发包人办理申请手续并承担相应费用。

8.8.2 发包人提供的施工设备和临时设施

发包人提供的施工设备或临时设施在专用合同条款中约定。

8.8.3 要求承包人增加或更换施工设备

承包人使用的施工设备不能满足合同进度计划和(或)质量要求时,监理人有权要求承包人增加或更换施工设备,承包人应及时增加或更换,由此增加的费用和(或)延误的工期由承包人承担。

8.9 材料与设备专用要求

承包人运入施工现场的材料、工程设备、施工设备以及在施工场地建设的临时设施,包括备品备件、安装工具与资料,必须专用于工程。未经发包人批准,承包人不得运出施工现场或挪作他用;经发包人批准,承包人可以根据施工进度计划撤走闲置的施工设备和其他物品。

9. 试验与检验

9.1 试验设备与试验人员

9.1.1 承包人根据合同约定或监理人指示进行的现场材料试验,应由承包人提供试验场所、试验人员、试验设备以及其他必要的试验条件。监理人在必要时可以使用承包人提供的试验场所、试验设备以及其他试验条件,进行以工程质量检查为目的的材料复核试验,承包人应予以协助。

9.1.2 承包人应按专用合同条款的约定提供试验设备、取样装置、试验场所和试验条件,并向监理人提交相应进场计划表。

承包人配置的试验设备要符合相应试验规程的要求并经过具有资质的检测单位检测,且在正式使用该试验设备前,需要经过监理人与承包人共同校定。

9.1.3 承包人应向监理人提交试验人员的名单及其岗位、资格等证明资料,试验人员必须能够熟练进行相应的检测试验,承包人对试验人员的试验程序和试验结果的正确性负责。

9.2 取样

试验属于自检性质的,承包人可以单独取样。试验属于监理人抽检性质的,可由监理人取样,也可由承包人的试验人员在监理人的监督下取样。

9.3 材料、工程设备和工程的试验和检验

9.3.1 承包人应按合同约定进行材料、工程设备和工程的试验和检验,并为监理人对上述材料、工程设备和工程的质量检查提供必要的试验资料和原始记录。按合同约定应由监理人与承包人共同进行试验和检验的,由承包人负责提供必要的试验资料和原始记录。

9.3.2 试验属于自检性质的,承包人可以单独进行试验。试验属于监理人抽检性质的,监理人可以单独进行试验,也可由承包人与监理人共同进行。承包人对由监理人单独进行的试验结果有异议的,可以申请重新共同进行试验。约定共同进行试验的,监理人未按照约定参加试验的,承包人可自行试验,并将试验结果报送监理人,监理人应承认该试验结果。

9.3.3 监理人对承包人的试验和检验结果有异议的,或为查清承包人试验和检验成果的可靠性要求承包人重新试验和检验的,可由监理人与承包人共同进行。重新试验和检验的结果证明该项材料、工程设备或工程的质量不符合合同要求的,由此增加的费用和(或)延误的工期由承包人承担;重新试验和检验结果证明该项材料、工程设备和工程符合合同要求的,由此增加的费用和(或)延误的工期由发包人承担。

9.4 现场工艺试验

承包人应按合同约定或监理人指示进行现场工艺试验。对大型的现场工艺试验,监理人认为必要时,承包人应根据监理人提出的工艺试验要求,编制工艺试验措施计划,报送监理人审查。

10. 变更

10.1 变更的范围

除专用合同条款另有约定外,合同履行过程中发生以下情形的,应按照本条约定进行变更:

(1)增加或减少合同中任何工作,或追加额外的工作;

(2)取消合同中任何工作,但转由他人实施的工作除外;

(3)改变合同中任何工作的质量标准或其他特性;

(4)改变工程的基线、标高、位置和尺寸;

(5)改变工程的时间安排或实施顺序。

10.2 变更权

发包人和监理人均可以提出变更。变更指示均通过监理人发出,监理人发出变更指示前应征得发包人同意。承包人收到经发包人签认的变更指示后,方可实施变更。未经许可,承包人不得擅自对工程的任何部分进行变更。

涉及设计变更的,应由设计人提供变更后的图纸和说明。如变更超过原设计标准或批准的建设规模时,发包人应及时办理规划、设计变更等审批手续。

10.3 变更程序

10.3.1 发包人提出变更

发包人提出变更的,应通过监理人向承包人发出变更指示,变更指示应说明计划变更的工程范围和变更的内容。

10.3.2 监理人提出变更建议

监理人提出变更建议的,需要向发包人以书面形式提出变更计划,说明计划变更工程范围和变更的内容、理由,以及实施该变更对合同价格和工期的影响。发包人同意变更的,由监理人向承包人发出变更指示。发包人不同意变更的,监理人无权擅自发出变更指示。

10.3.3 变更执行

承包人收到监理人下达的变更指示后,认为不能执行,应立即提出不能执行该变更指示的理由。承包人认为可以执行变更的,应当书面说明实施该变更指示对合同价格和工期的影响,且合同当事人应当按照第 10.4 款〔变更估价〕约定确定变更估价。

10.4 变更估价

10.4.1 变更估价原则

除专用合同条款另有约定外,变更估价按照本款约定处理:

(1)已标价工程量清单或预算书有相同项目的,按照相同项目单价认定;

(2)已标价工程量清单或预算书中无相同项目,但有类似项目的,参照类似项目的单价认定;

(3)变更导致实际完成的变更工程量与已标价工程量清单或预算书中列明的该项目工程量的变化幅度超过15%的,或已标价工程量清单或预算书中无相同项目及类似项目单价的,按照合理的成本与利润构成的原则,由合同当事人按照第 4.4 款〔商定或确定〕确定变更工作的单价。

10.4.2 变更估价程序

承包人应在收到变更指示后 14 天内,向监理人提交变更估价申请。监理人应在收到承包人提交的变更估价申请

后7天内审查完毕并报送发包人,监理人对变更估价申请有异议,通知承包人修改后重新提交。发包人应在承包人提交变更估价申请后14天内审批完毕。发包人逾期未完成审批或未提出异议的,视为认可承包人提交的变更估价申请。

因变更引起的价格调整应计入最近一期的进度款中支付。

10.5 承包人的合理化建议

承包人提出合理化建议的,应向监理人提交合理化建议说明,说明建议的内容和理由,以及实施该建议对合同价格和工期的影响。

除专用合同条款另有约定外,监理人应在收到承包人提交的合理化建议后7天内审查完毕并报送发包人,发现其中存在技术上的缺陷,应通知承包人修改。发包人应在收到监理人报送的合理化建议后7天内审批完毕。合理化建议经发包人批准的,监理人应及时发出变更指示,由此引起的合同价格调整按照第10.4款〔变更估价〕约定执行。发包人不同意变更的,监理人应书面通知承包人。

合理化建议降低了合同价格或者提高了工程经济效益的,发包人可对承包人给予奖励,奖励的方法和金额在专用合同条款中约定。

10.6 变更引起的工期调整

因变更引起工期变化的,合同当事人均可要求调整合同工期,由合同当事人按照第4.4款〔商定或确定〕并参考工程所在地的工期定额标准确定增减工期天数。

10.7 暂估价

暂估价专业分包工程、服务、材料和工程设备的明细由合同当事人在专用合同条款中约定。

10.7.1 依法必须招标的暂估价项目

对于依法必须招标的暂估价项目,采取以下第1种方式确定。合同当事人也可以在专用合同条款中选择其他招标方式。

第1种方式:对于依法必须招标的暂估价项目,由承包人招标,对该暂估价项目的确认和批准按照以下约定执行:

(1)承包人应当根据施工进度计划,在招标工作启动前14天将招标方案通过监理人报送发包人审查,发包人应当在收到承包人报送的招标方案后7天内批准或提出修改意见。承包人应当按照经过发包人批准的招标方案开展招标工作;

(2)承包人应当根据施工进度计划,提前14天将招标文件通过监理人报送发包人审批,发包人应当在收到承包人报送的相关文件后7天内完成审批或提出修改意见;发包人有权确定招标控制价并按照法律规定参加评标;

(3)承包人与供应商、分包人在签订暂估价合同前,应当提前7天将确定的中标候选供应商或中标候选分包人的资料报送发包人,发包人应在收到资料后3天内与承包人共同确定中标人;承包人应当在签订合同后7天内,将暂估价合同副本报送发包人留存。

第2种方式:对于依法必须招标的暂估价项目,由发包人和承包人共同招标确定暂估价供应商或分包人的,承包人应按照施工进度计划,在招标工作启动前14天通知发包人,并提交暂估价招标方案和工作分工。发包人应在收到后7天内确认。确定中标人后,由发包人、承包人与中标人共同签订暂估价合同。

10.7.2 不属于依法必须招标的暂估价项目

除专用合同条款另有约定外,对于不属于依法必须招标的暂估价项目,采取以下第1种方式确定:

第1种方式:对于不属于依法必须招标的暂估价项目,按本项约定确认和批准。

(1)承包人应根据施工进度计划,在签订暂估价项目的采购合同、分包合同前28天向监理人提出书面申请。监理人应当在收到申请后3天内报送发包人,发包人应当在收到申请后14天内给予批准或提出修改意见,发包人逾期未予批准或提出修改意见的,视为该书面申请已获得同意;

(2)发包人认为承包人确定的供应商、分包人无法满足工程质量或合同要求的,发包人可以要求承包人重新确定暂估价项目的供应商、分包人;

(3)承包人应当在签订暂估价合同后7天内,将暂估价合同副本报送发包人留存。

第2种方式:承包人按照第10.7.1项〔依法必须招标的暂估价项目〕约定的第1种方式确定暂估价项目。

第3种方式:承包人直接实施的暂估价项目

承包人具备实施暂估价项目的资格和条件的,经发包人和承包人协商一致后,可由承包人自行实施暂估价项目,合同当事人可以在专用合同条款约定具体事项。

10.7.3 因发包人原因导致暂估价合同订立和履行迟延的,由此增加的费用和(或)延误的工期由发包人承担,并支付承包人合理的利润。因承包人原因导致暂估价合同订立和履行迟延的,由此增加的费用和(或)延误的工期由承包人承担。

10.8 暂列金额

暂列金额应按照发包人的要求使用,发包人的要求应通过监理人发出。合同当事人可以在专用合同条款中协商确定有关事项。

10.9 计日工

需要采用计日工方式的,经发包人同意后,由监理人通知承包人以计日工计价方式实施相应的工作,其价款按列入已标价工程量清单或预算书中的计日工计价项目及其单价进行计算;已标价工程量清单或预算书中无相应的计日工单价的,按照合理的成本与利润构成的原则,由合同当事人按照第 4.4 款〔商定或确定〕确定计日工的单价。

采用计日工计价的任何一项工作,承包人应在该项工作实施过程中,每天提交以下报表和有关凭证报送监理人审查:

(1)工作名称、内容和数量;

(2)投入该工作的所有人员的姓名、专业、工种、级别和耗用工时;

(3)投入该工作的材料类别和数量;

(4)投入该工作的施工设备型号、台数和耗用台时;

(5)其他有关资料和凭证。

$$\Delta P = P_0 \left[A + \left(B_1 \times \frac{F_{t1}}{F_{01}} + B_2 \times \frac{F_{t2}}{F_{02}} + B_3 \times \frac{F_{t3}}{F_{03}} + \cdots + B_n \times \frac{F_{tn}}{F_{0n}} \right) - 1 \right]$$

公式中:ΔP——需调整的价格差额;

P_0——约定的付款证书中承包人应得到的已完成工程量的金额。此项金额应不包括价格调整、不计质量保证金的扣留和支付、预付款的支付和扣回。约定的变更及其他金额已按现行价格计价的,也不计在内;

A——定值权重(即不调部分的权重);

$B_1;B_2;B_3\cdots\cdots B_n$——各可调因子的变值权重(即可调部分的权重),为各可调因子在签约合同价中所占的比例;

$F_{t1};F_{t2};F_{t3}\cdots\cdots F_{tn}$——各可调因子的现行价格指数,指约定的付款证书相关周期最后一天的前 42 天的各可调因子的价格指数;

$F_{01};F_{02};F_{03}\cdots\cdots F_{0n}$——各可调因子的基本价格指数,指基准日期的各可调因子的价格指数。

以上价格调整公式中的各可调因子、定值和变值权重,以及基本价格指数及其来源在投标函附录价格指数和权重表中约定,非招标订立的合同,由合同当事人在专用合同条款中约定。价格指数应首先采用工程造价管理机构发布的价格指数,无前述价格指数时,可采用工程造价管理机构发布的价格代替。

(2)暂时确定调整差额

在计算调整差额时无现行价格指数的,合同当事人同意暂用前次价格指数计算。实际价格指数有调整的,合同当事人进行相应调整。

(3)权重的调整

因变更导致合同约定的权重不合理时,按照第 4.4 款〔商定或确定〕执行。

计日工由承包人汇总后,列入最近一期进度付款申请单,由监理人审查并经发包人批准后列入进度付款。

11. 价格调整

11.1 市场价格波动引起的调整

除专用合同条款另有约定外,市场价格波动超过合同当事人约定的范围,合同价格应当调整。合同当事人可以在专用合同条款中约定选择以下一种方式对合同价格进行调整:

第 1 种方式:采用价格指数进行价格调整。

(1)价格调整公式

因人工、材料和设备等价格波动影响合同价格时,根据专用合同条款中约定的数据,按以下公式计算差额并调整合同价格:

(4)因承包人原因工期延误后的价格调整

因承包人原因未按期竣工的,对合同约定的竣工日期后继续施工的工程,在使用价格调整公式时,应采用计划竣工日期与实际竣工日期的两个价格指数中较低的一个作为现行价格指数。

第 2 种方式:采用造价信息进行价格调整。

合同履行期间,因人工、材料、工程设备和机械台班价格波动影响合同价格时,人工、机械使用费按照国家或省、自治区、直辖市建设行政管理部门、行业建设管理部门或其授权的工程造价管理机构发布的人工、机械使用费系数进行调整;需要进行价格调整的材料,其单价和采购数量应由发包人审批,发包人确认需调整的材料单价及数量,作为调整合同价格的依据。

(1)人工单价发生变化且符合省级或行业建设主管部门发布的人工费调整规定,合同当事人应按省级或行业建设主管部门或其授权的工程造价管理机构发布的人工费等文件调整合同价格,但承包人对人工费或人工单价的报价高于发布价格的除外。

(2)材料、工程设备价格变化的价款调整按照发包人提供的基准价格,按以下风险范围规定执行:

①承包人在已标价工程量清单或预算书中载明材料单价低于基准价格的:除专用合同条款另有约定外,合同履行期间材料单价涨幅以基准价格为基础超过 5%时,或材料单价跌幅以已标价工程量清单或预算书中载明材料单价为基础超过 5%时,其超过部分据实调整。

②承包人在已标价工程量清单或预算书中载明材料单价高于基准价格的:除专用合同条款另有约定外,合同履行

期间材料单价跌幅以基准价格为基础超过5%时,材料单价涨幅以在已标价工程量清单或预算书中载明材料单价为基础超过5%时,其超过部分据实调整。

③承包人在已标价工程量清单或预算书中载明材料单价等于基准价格的:除专用合同条款另有约定外,合同履行期间材料单价涨跌幅以基准价格为基础超过±5%时,其超过部分据实调整。

④承包人应在采购材料前将采购数量和新的材料单价报发包人核对,发包人确认用于工程时,发包人应确认采购材料的数量和单价。发包人在收到承包人报送的确认资料后5天内不予答复的视为认可,作为调整合同价格的依据。未经发包人事先核对,承包人自行采购材料的,发包人有权不予调整合同价格。发包人同意的,可以调整合同价格。

前述基准价格是指由发包人在招标文件或专用合同条款中给定的材料、工程设备的价格,该价格原则上应当按照省级或行业建设主管部门或其授权的工程造价管理机构发布的信息价编制。

(3)施工机械台班单价或施工机械使用费发生变化超过省级或行业建设主管部门或其授权的工程造价管理机构规定的范围时,按规定调整合同价格。

第3种方式:专用合同条款约定的其他方式。

11.2 法律变化引起的调整

基准日期后,法律变化导致承包人在合同履行过程中所需要的费用发生除第11.1款〔市场价格波动引起的调整〕约定以外的增加时,由发包人承担由此增加的费用;减少时,应从合同价格中予以扣减。基准日期后,因法律变化造成工期延误时,工期应予以顺延。

因法律变化引起的合同价格和工期调整,合同当事人无法达成一致的,由总监理工程师按第4.4款〔商定或确定〕的约定处理。

因承包人原因造成工期延误,在工期延误期间出现法律变化的,由此增加的费用和(或)延误的工期由承包人承担。

12. 合同价格、计量与支付

12.1 合同价格形式

发包人和承包人应在合同协议书中选择下列一种合同价格形式:

1. 单价合同

单价合同是指合同当事人约定以工程量清单及其综合单价进行合同价格计算、调整和确认的建设工程施工合同,在约定的范围内合同单价不作调整。合同当事人应在专用合同条款中约定综合单价包含的风险范围和风险费用的计算方法,并约定风险范围以外的合同价格的调整方法,其中因市场价格波动引起的调整按第11.1款〔市场价格波动引起的调整〕约定执行。

2. 总价合同

总价合同是指合同当事人约定以施工图、已标价工程量清单或预算书及有关条件进行合同价格计算、调整和确认的建设工程施工合同,在约定的范围内合同总价不作调整。合同当事人应在专用合同条款中约定总价包含的风险范围和风险费用的计算方法,并约定风险范围以外的合同价格的调整方法,其中因市场价格波动引起的调整按第11.1款〔市场价格波动引起的调整〕、因法律变化引起的调整按第11.2款〔法律变化引起的调整〕约定执行。

3. 其他价格形式

合同当事人可在专用合同条款中约定其他合同价格形式。

12.2 预付款

12.2.1 预付款的支付

预付款的支付按照专用合同条款约定执行,但至迟应在开工通知载明的开工日期7天前支付。预付款应当用于材料、工程设备、施工设备的采购及修建临时工程、组织施工队伍进场等。

除专用合同条款另有约定外,预付款在进度付款中同比例扣回。在颁发工程接收证书前,提前解除合同的,尚未扣完的预付款应与合同价款一并结算。

发包人逾期支付预付款超过7天的,承包人有权向发包人发出要求预付的催告通知,发包人收到通知后7天内仍未支付的,承包人有权暂停施工,并按第16.1.1项〔发包人违约的情形〕执行。

12.2.2 预付款担保

发包人要求承包人提供预付款担保的,承包人应在发包人支付预付款7天前提供预付款担保,专用合同条款另有约定除外。预付款担保可采用银行保函、担保公司担保等形式,具体由合同当事人在专用合同条款中约定。在预付款完全扣回之前,承包人应保证预付款担保持续有效。

发包人在工程款中逐期扣回预付款后,预付款担保额度应相应减少,但剩余的预付款担保金额不得低于未被扣回的预付款金额。

12.3 计量

12.3.1 计量原则

工程量计量按照合同约定的工程量计算规则、图纸及变更指示等进行计量。工程量计算规则应以相关的国家标准、行业标准等为依据,由合同当事人在专用合同条款中约定。

12.3.2 计量周期

除专用合同条款另有约定外,工程量的计量按月进行。

12.3.3 单价合同的计量

除专用合同条款另有约定外,单价合同的计量按照本项约定执行:

（1）承包人应于每月 25 日向监理人报送上月 20 日至当月 19 日已完成的工程量报告,并附具进度付款申请单、已完成工程量报表和有关资料。

（2）监理人应在收到承包人提交的工程量报告后 7 天内完成对承包人提交的工程量报表的审核并报送发包人,以确定当月实际完成的工程量。监理人对工程量有异议的,有权要求承包人进行共同复核或抽样复测。承包人应协助监理人进行复核或抽样复测,并按监理人要求提供补充计量资料。承包人未按监理人要求参加复核或抽样复测的,监理人复核或修正的工程量视为承包人实际完成的工程量。

（3）监理人未在收到承包人提交的工程量报表后的 7 天内完成审核的,承包人报送的工程量报告中的工程量视为承包人实际完成的工程量,据此计算工程价款。

12.3.4 总价合同的计量

除专用合同条款另有约定外,按月计量支付的总价合同,按照本项约定执行:

（1）承包人应于每月 25 日向监理人报送上月 20 日至当月 19 日已完成的工程量报告,并附具进度付款申请单、已完成工程量报表和有关资料。

（2）监理人应在收到承包人提交的工程量报告后 7 天内完成对承包人提交的工程量报表的审核并报送发包人,以确定当月实际完成的工程量。监理人对工程量有异议的,有权要求承包人进行共同复核或抽样复测。承包人应协助监理人进行复核或抽样复测并按监理人要求提供补充计量资料。承包人未按监理人要求参加复核或抽样复测的,监理人审核或修正的工程量视为承包人实际完成的工程量。

（3）监理人未在收到承包人提交的工程量报表后的 7 天内完成复核的,承包人提交的工程量报告中的工程量视为承包人实际完成的工程量。

12.3.5 总价合同采用支付分解表计量支付的,可以按照第 12.3.4 项〔总价合同的计量〕约定进行计量,但合同价款按照支付分解表进行支付。

12.3.6 其他价格形式合同的计量

合同当事人可在专用合同条款中约定其他价格形式合同的计量方式和程序。

12.4 工程进度款支付

12.4.1 付款周期

除专用合同条款另有约定外,付款周期应按照第 12.3.2 项〔计量周期〕的约定与计量周期保持一致。

12.4.2 进度付款申请单的编制

除专用合同条款另有约定外,进度付款申请单应包括下列内容:

（1）截至本次付款周期已完成工作对应的金额;

（2）根据第 10 条〔变更〕应增加和扣减的变更金额;

（3）根据第 12.2 款〔预付款〕约定应支付的预付款和扣减的返还预付款;

（4）根据第 15.3 款〔质量保证金〕约定应扣减的质量保证金;

（5）根据第 19 条〔索赔〕应增加和扣减的索赔金额;

（6）对已签发的进度款支付证书中出现错误的修正,应在本次进度付款中支付或扣除的金额;

（7）根据合同约定应增加和扣减的其他金额。

12.4.3 进度付款申请单的提交

（1）单价合同进度付款申请单的提交

单价合同的进度付款申请单,按照第 12.3.3 项〔单价合同的计量〕约定的时间按月向监理人提交,并附上已完成工程量报表和有关资料。单价合同中的总价项目按月进行支付分解,并汇总列入当期进度付款申请单。

（2）总价合同进度付款申请单的提交

总价合同按月计量支付的,承包人按照第 12.3.4 项〔总价合同的计量〕约定的时间按月向监理人提交进度付款申请单,并附上已完成工程量报表和有关资料。

总价合同按支付分解表支付的,承包人应按照第 12.4.6 项〔支付分解表〕及第 12.4.2 项〔进度付款申请单的编制〕的约定向监理人提交进度付款申请单。

（3）其他价格形式合同的进度付款申请单的提交

合同当事人可在专用合同条款中约定其他价格形式合同的进度付款申请单的编制和提交程序。

12.4.4 进度款审核和支付

（1）除专用合同条款另有约定外,监理人应在收到承包人进度付款申请单以及相关资料后 7 天内完成审查并报送发包人,发包人应在收到后 7 天内完成审批并签发进度款支付证书。发包人逾期未完成审批且未提出异议的,视为已签发进度款支付证书。

发包人和监理人对承包人的进度付款申请单有异议的,有权要求承包人修正和提供补充资料,承包人应提交修正后的进度付款申请单。监理人应在收到承包人修正后的进度付款申请单及相关资料后 7 天内完成审查并报送发包人,发包人应在收到监理人报送的进度付款申请单及相关资料后 7 天内,向承包人签发无异议部分的临时进度款支付证书。存在争议的部分,按照第 20 条〔争议解决〕的约

(2) 除专用合同条款另有约定外，发包人应在进度款支付证书或临时进度款支付证书签发后14天内完成支付，发包人逾期支付进度款的，应按照中国人民银行发布的同期同类贷款基准利率支付违约金。

(3) 发包人签发进度款支付证书或临时进度款支付证书，不表明发包人已同意、批准或接受了承包人完成的相应部分的工作。

12.4.5 进度付款的修正

在对已签发的进度款支付证书进行阶段汇总和复核中发现错误、遗漏或重复的，发包人和承包人均有权提出修正申请。经发包人和承包人同意的修正，应在下期进度付款中支付或扣除。

12.4.6 支付分解表

1. 支付分解表的编制要求

(1) 支付分解表中所列的每期付款金额，应为第12.4.2项〔进度付款申请单的编制〕第(1)目的估算金额；

(2) 实际进度与施工进度计划不一致的，合同当事人可按照第4.4款〔商定或确定〕修改支付分解表；

(3) 不采用支付分解表的，承包人应向发包人和监理人提交按季度编制的支付估算分解表，用于支付参考。

2. 总价合同支付分解表的编制与审批

(1) 除专用合同条款另有约定外，承包人应根据第7.2款〔施工进度计划〕约定的施工进度计划、签约合同价和工程量等因素对总价合同按月进行分解，编制支付分解表。承包人应当在收到监理人和发包人批准的施工进度计划后7天内，将支付分解表及编制支付分解表的支持性资料报送监理人。

(2) 监理人应在收到支付分解表后7天内完成审核并报送发包人。发包人应在收到经监理人审核的支付分解表后7天内完成审批，经发包人批准的支付分解表为有约束力的支付分解表。

(3) 发包人逾期未完成支付分解表审批的，也未及时要求承包人进行修正和提供补充资料的，则承包人提交的支付分解表视为已经获得发包人批准。

3. 单价合同的总价项目支付分解表的编制与审批

除专用合同条款另有约定外，单价合同的总价项目，由承包人根据施工进度计划和总价项目的总价构成、费用性质、计划发生时间和相应工程量等因素按月进行分解，形成支付分解表，其编制与审批参照总价合同支付分解表的编制与审批执行。

12.5 支付账户

发包人应将合同价款支付至合同协议书中约定的承包人账户。

13. 验收和工程试车

13.1 分部分项工程验收

13.1.1 分部分项工程质量应符合国家有关工程施工验收规范、标准及合同约定，承包人应按照施工组织设计的要求完成分部分项工程施工。

13.1.2 除专用合同条款另有约定外，分部分项工程经承包人自检合格并具备验收条件的，承包人应提前48小时通知监理人进行验收。监理人不能按时进行验收的，应在验收前24小时向承包人提交书面延期要求，但延期不能超过48小时。监理人未按时进行验收，也未提出延期要求的，承包人有权自行验收，监理人应认可验收结果。分部分项工程未经验收的，不得进入下一道工序施工。

分部分项工程的验收资料应当作为竣工资料的组成部分。

13.2 竣工验收

13.2.1 竣工验收条件

工程具备以下条件的，承包人可以申请竣工验收：

(1) 除发包人同意的甩项工作和缺陷修补工作外，合同范围内的全部工程以及有关工作，包括合同要求的试验、试运行以及检验均已完成，并符合合同要求；

(2) 已按合同约定编制了甩项工作和缺陷修补工作清单以及相应的施工计划；

(3) 已按合同约定的内容和份数备齐竣工资料。

13.2.2 竣工验收程序

除专用合同条款另有约定外，承包人申请竣工验收的，应当按照以下程序进行：

(1) 承包人向监理人报送竣工验收申请报告，监理人应在收到竣工验收申请报告后14天内完成审查并报送发包人。监理人审查后认为尚不具备验收条件的，应通知承包人在竣工验收前承包人还需完成的工作内容，承包人应在完成监理人通知的全部工作内容后，再次提交竣工验收申请报告。

(2) 监理人审查后认为已具备竣工验收条件的，应将竣工验收申请报告提交发包人，发包人应在收到经监理人审核的竣工验收申请报告后28天内审批完毕并组织监理人、承包人、设计人等相关单位完成竣工验收。

(3) 竣工验收合格的，发包人应在验收合格后14天内向承包人签发工程接收证书。发包人无正当理由逾期不颁发工程接收证书的，自验收合格后第15天起视为已颁发工程接收证书。

(4) 竣工验收不合格的，监理人应按照验收意见发出指示，要求承包人对不合格工程返工、修复或采取其他补救措施,由此增加的费用和(或)延误的工期由承包人承担。承包人在完成不合格工程的返工、修复或采取其他补救措施后,应重新提交竣工验收申请报告,并按本项约定的程序重新进行验收。

(5)工程未经验收或验收不合格,发包人擅自使用的,应在转移占有工程后 7 天内向承包人颁发工程接收证书;发包人无正当理由逾期不颁发工程接收证书的,自转移占有后第 15 天起视为已颁发工程接收证书。

除专用合同条款另有约定外,发包人不按照本项约定组织竣工验收、颁发工程接收证书的,每逾期一天,应以签约合同价为基数,按照中国人民银行发布的同期同类贷款基准利率支付违约金。

13.2.3 竣工日期

工程经竣工验收合格的,以承包人提交竣工验收申请报告之日为实际竣工日期,并在工程接收证书中载明;因发包人原因,未在监理人收到承包人提交的竣工验收申请报告 42 天内完成竣工验收,或完成竣工验收不予签发工程接收证书的,以提交竣工验收申请报告的日期为实际竣工日期;工程未经竣工验收,发包人擅自使用的,以转移占有工程之日为实际竣工日期。

13.2.4 拒绝接收全部或部分工程

对于竣工验收不合格的工程,承包人完成整改后,应当重新进行竣工验收,经重新组织验收仍不合格的且无法采取措施补救的,则发包人可以拒绝接收不合格工程,因不合格工程导致其他工程不能正常使用的,承包人应采取措施确保相关工程的正常使用,由此增加的费用和(或)延误的工期由承包人承担。

13.2.5 移交、接收全部与部分工程

除专用合同条款另有约定外,合同当事人应当在颁发工程接收证书后 7 天内完成工程的移交。

发包人无正当理由不接收工程的,发包人自应当接收工程之日起,承担工程照管、成品保护、保管等与工程有关的各项费用,合同当事人可以在专用合同条款中另行约定发包人逾期接收工程的违约责任。

承包人无正当理由不移交工程的,承包人应承担工程照管、成品保护、保管等与工程有关的各项费用,合同当事人可以在专用合同条款中另行约定承包人无正当理由不移交工程的违约责任。

13.3 工程试车

13.3.1 试车程序

工程需要试车的,除专用合同条款另有约定外,试车内容应与承包人承包范围相一致,试车费用由承包人承担。工程试车应按如下程序进行:

(1)具备单机无负荷试车条件,承包人组织试车,并在试车前 48 小时书面通知监理人,通知中应载明试车内容、时间、地点。承包人准备试车记录,发包人根据承包人要求为试车提供必要条件。试车合格的,监理人在试车记录上签字。监理人在试车合格后不在试车记录上签字,自试车结束满 24 小时后视为监理人已经认可试车记录,承包人可继续施工或办理竣工验收手续。

监理人不能按时参加试车,应在试车前 24 小时以书面形式向承包人提出延期要求,但延期不能超过 48 小时,由此导致工期延误的,工期应予以顺延。监理人未能在前述期限内提出延期要求,又不参加试车的,视为认可试车记录。

(2)具备无负荷联动试车条件,发包人组织试车,并在试车前 48 小时以书面形式通知承包人。通知中应载明试车内容、时间、地点和对承包人的要求,承包人按要求做好准备工作。试车合格,合同当事人在试车记录上签字。承包人无正当理由不参加试车的,视为认可试车记录。

13.3.2 试车中的责任

因设计原因导致试车达不到验收要求,发包人应要求设计人修改设计,承包人按修改后的设计重新安装。发包人承担修改设计、拆除及重新安装的全部费用,工期相应顺延。因承包人原因导致试车达不到验收要求,承包人按监理人要求重新安装和试车,并承担重新安装和试车的费用,工期不予顺延。

因工程设备制造原因导致试车达不到验收要求的,由采购该工程设备的合同当事人负责重新购置或修理,承包人负责拆除和重新安装,由此增加的修理、重新购置、拆除及重新安装的费用及延误的工期由采购该工程设备的合同当事人承担。

13.3.3 投料试车

如需进行投料试车的,发包人应在工程竣工验收后组织投料试车。发包人要求在工程竣工验收前进行或需要承包人配合时,应征得承包人同意,并在专用合同条款中约定有关事项。

投料试车合格的,费用由发包人承担;因承包人原因造成投料试车不合格的,承包人应按照发包人要求进行整改,由此产生的整改费用由承包人承担;非因承包人原因导致投料试车不合格的,如发包人要求承包人进行整改的,由此产生的费用由发包人承担。

13.4 提前交付单位工程的验收

13.4.1 发包人需要在工程竣工前使用单位工程的,或承包人提出提前交付已经竣工的单位工程且经发包人同意的,可进行单位工程验收,验收的程序按照第 13.2 款〔竣工

验收]的约定进行。

验收合格后,由监理人向承包人出具经发包人签认的单位工程接收证书。已签发单位工程接收证书的单位工程由发包人负责照管。单位工程的验收成果和结论作为整体工程竣工验收申请报告的附件。

13.4.2 发包人要求在工程竣工前交付单位工程,由此导致承包人费用增加和(或)工期延误的,由发包人承担由此增加的费用和(或)延误的工期,并支付承包人合理的利润。

13.5 施工期运行

13.5.1 施工期运行是指合同工程尚未全部竣工,其中某项或某几项单位工程或工程设备安装已竣工,根据专用合同条款约定,需要投入施工期运行的,经发包人按第13.4款〔提前交付单位工程的验收〕的约定验收合格,证明能确保安全后,才能在施工期投入运行。

13.5.2 在施工期运行中发现工程或工程设备损坏或存在缺陷的,由承包人按第15.2款〔缺陷责任期〕约定进行修复。

13.6 竣工退场

13.6.1 竣工退场

颁发工程接收证书后,承包人应按以下要求对施工现场进行清理:

(1)施工现场内残留的垃圾已全部清除出场;

(2)临时工程已拆除,场地已进行清理、平整或复原;

(3)按合同约定应撤离的人员、承包人施工设备和剩余的材料,包括废弃的施工设备和材料,已按计划撤离施工现场;

(4)施工现场周边及其附近道路、河道的施工堆积物,已全部清理;

(5)施工现场其他场地清理工作已全部完成。

施工现场的竣工退场费用由承包人承担。承包人应在专用合同条款约定的期限内完成竣工退场,逾期未完成的,发包人有权出售或另行处理承包人遗留的物品,由此支出的费用由承包人承担,发包人出售承包人遗留物品所得款项在扣除必要费用后应返还承包人。

13.6.2 地表还原

承包人应按发包人要求恢复临时占地及清理场地,承包人未按发包人的要求恢复临时占地,或者场地清理未达到合同约定要求的,发包人有权委托其他人恢复或清理,所发生的费用由承包人承担。

14. 竣工结算

14.1 竣工结算申请

除专用合同条款另有约定外,承包人应在工程竣工验收合格后28天内向发包人和监理人提交竣工结算申请单,并提交完整的结算资料,有关竣工结算申请单的资料清单和份数等要求由合同当事人在专用合同条款中约定。

除专用合同条款另有约定外,竣工结算申请单应包括以下内容:

(1)竣工结算合同价格;

(2)发包人已支付承包人的款项;

(3)应扣留的质量保证金。已缴纳履约保证金的或提供其他工程质量担保方式的除外;

(4)发包人应支付承包人的合同价款。

14.2 竣工结算审核

(1)除专用合同条款另有约定外,监理人应在收到竣工结算申请单后14天内完成核查并报送发包人。发包人应在收到监理人提交的经审核的竣工结算申请单后14天内完成审批,并由监理人向承包人签发经发包人签认的竣工付款证书。监理人或发包人对竣工结算申请单有异议的,有权要求承包人进行修正和提供补充资料,承包人应提交修正后的竣工结算申请单。

发包人在收到承包人提交竣工结算申请书后28天内未完成审批且未提出异议的,视为发包人认可承包人提交的竣工结算申请单,并自发包人收到承包人提交的竣工结算申请单后第29天起视为已签发竣工付款证书。

(2)除专用合同条款另有约定外,发包人应在签发竣工付款证书后的14天内,完成对承包人的竣工付款。发包人逾期支付的,按照中国人民银行发布的同期同类贷款基准利率支付违约金;逾期支付超过56天的,按照中国人民银行发布的同期同类贷款基准利率的两倍支付违约金。

(3)承包人对发包人签认的竣工付款证书有异议的,对于有异议部分应在收到发包人签认的竣工付款证书后7天内提出异议,并由合同当事人按专用合同条款约定的方式和程序进行复核,或按照第20条〔争议解决〕约定处理。对于无异议部分,发包人应签发临时竣工付款证书,并按本款第(2)项完成付款。承包人逾期未提出异议的,视为认可发包人的审批结果。

14.3 甩项竣工协议

发包人要求用甩项竣工的,合同当事人应签订甩项竣工协议。在甩项竣工协议中应明确,合同当事人按照第14.1款〔竣工结算申请〕及14.2款〔竣工结算审核〕的约定,对已完合格工程进行结算,并支付相应合同价款。

14.4 最终结清

14.4.1 最终结清申请单

(1)除专用合同条款另有约定外,承包人应在缺陷责任期终止证书颁发后7天内,按专用合同条款约定的份数向发包人提交最终结清申请单,并提供相关证明材料。

除专用合同条款另有约定外,最终结清申请单应列明质量保证金、应扣除的质量保证金、缺陷责任期内发生的增减费用。

(2)发包人对最终结清申请单内容有异议的,有权要求承包人进行修正和提供补充资料,承包人应向发包人提交修正后的最终结清申请单。

14.4.2 最终结清证书和支付

(1)除专用合同条款另有约定外,发包人应在收到承包人提交的最终结清申请单后14天内完成审批并向承包人颁发最终结清证书。发包人逾期未完成审批,又未提出修改意见的,视为发包人同意承包人提交的最终结清申请单,且自发包人收到承包人提交的最终结清申请单后15天起视为已颁发最终结清证书。

(2)除专用合同条款另有约定外,发包人应在颁发最终结清证书后7天内完成支付。发包人逾期支付的,按照中国人民银行发布的同期同类贷款基准利率支付违约金;逾期支付超过56天的,按照中国人民银行发布的同期同类贷款基准利率的两倍支付违约金。

(3)承包人对发包人颁发的最终结清证书有异议的,按第20条[争议解决]的约定办理。

15. 缺陷责任与保修

15.1 工程保修的原则

在工程移交发包人后,因承包人原因产生的质量缺陷,承包人应承担质量缺陷责任和保修义务。缺陷责任期届满,承包人仍应按合同约定的工程各部位保修年限承担保修义务。

15.2 缺陷责任期

15.2.1 缺陷责任期从工程通过竣工验收之日起计算,合同当事人应在专用合同条款约定缺陷责任期的具体期限,但该期限最长不超过24个月。

单位工程先于全部工程进行验收,经验收合格并交付使用的,该单位工程缺陷责任期自单位工程验收合格之日起算。因承包人原因导致工程无法按合同约定期限进行竣工验收的,缺陷责任期从实际通过竣工验收之日起计算。因发包人原因导致工程无法按合同约定期限进行竣工验收的,在承包人提交竣工验收报告90天后,工程自动进入缺陷责任期;发包人未经竣工验收擅自使用工程的,缺陷责任期自工程转移占有之日起开始计算。

15.2.2 缺陷责任期内,由承包人原因造成的缺陷,承包人应负责维修,并承担鉴定及维修费用。如承包人不维修也不承担费用,发包人可按合同约定从保证金或银行保函中扣除,费用超出保证金额的,发包人可按合同约定向承包人进行索赔。承包人维修并承担相应费用后,不免除对工程的损失赔偿责任。发包人有权要求承包人延长缺陷责任期,并应在原缺陷责任期届满前发出延长通知。但缺陷责任期(含延长部分)最长不能超过24个月。

由他人原因造成的缺陷,发包人负责组织维修,承包人不承担费用,且发包人不得从保证金中扣除费用。

15.2.3 任何一项缺陷或损坏修复后,经检查证明其影响了工程或工程设备的使用性能,承包人应重新进行合同约定的试验和试运行,试验和试运行的全部费用应由责任方承担。

15.2.4 除专用合同条款另有约定外,承包人应于缺陷责任期届满后7天内向发包人发出缺陷责任期届满通知,发包人应在收到缺陷责任期届满通知后14天内核实承包人是否履行缺陷修复义务,承包人未能履行缺陷修复义务的,发包人有权扣除相应金额的维修费用。发包人应在收到缺陷责任期届满通知后14天内,向承包人颁发缺陷责任期终止证书。

15.3 质量保证金

经合同当事人协商一致扣留质量保证金的,应在专用合同条款中予以明确。

在工程项目竣工前,承包人已经提供履约担保的,发包人不得同时预留工程质量保证金。

15.3.1 承包人提供质量保证金的方式

承包人提供质量保证金有以下三种方式:

(1)质量保证金保函;

(2)相应比例的工程款;

(3)双方约定的其他方式。

除专用合同条款另有约定外,质量保证金原则上采用上述第(1)种方式。

15.3.2 质量保证金的扣留

质量保证金的扣留有以下三种方式:

(1)在支付工程进度款时逐次扣留,在此情形下,质量保证金的计算基数不包括预付款的支付、扣回以及价格调整的金额;

(2)工程竣工结算时一次性扣留质量保证金;

(3)双方约定的其他扣留方式。

除专用合同条款另有约定外,质量保证金的扣留原则上采用上述第(1)种方式。

发包人累计扣留的质量保证金不得超过工程价款结算总额的3%。如承包人在发包人签发竣工付款证书后28天内提交质量保证金保函,发包人应同时退还扣留的作为质量保证金的工程价款;保函金额不得超过工程价款结算总额的3%。

发包人在退还质量保证金的同时按照中国人民银行发布的同期同类贷款基准利率支付利息。

15.3.3 质量保证金的退还

缺陷责任期内，承包人认真履行合同约定的责任，到期后，承包人可向发包人申请退还保证金。

发包人在接到承包人返还保证金申请后，应于14天内会同承包人按照合同约定的内容进行核实。如无异议，发包人应当按照约定将保证金返还给承包人。对返还期限没有约定或者约定不明确的，发包人应当在核实后14天内将保证金返还承包人，逾期未返还的，依法承担违约责任。发包人在接到承包人返还保证金申请后14天内不予答复，经催告后14天内仍不予答复，视同认可承包人的返还保证金申请。

发包人和承包人对保证金预留、返还以及工程维修质量、费用有争议的，按本合同第20条约定的争议和纠纷解决程序处理。

15.4 保修

15.4.1 保修责任

工程保修期从工程竣工验收合格之日起算，具体分部分项工程的保修期由合同当事人在专用合同条款中约定，但不得低于法定最低保修年限。在工程保修期内，承包人应当根据有关法律规定以及合同约定承担保修责任。

发包人未经竣工验收擅自使用工程的，保修期自转移占有之日起算。

15.4.2 修复费用

保修期内，修复的费用按照以下约定处理：

（1）保修期内，因承包人原因造成工程的缺陷、损坏，承包人应负责修复，并承担修复的费用以及因工程的缺陷、损坏造成的人身伤害和财产损失；

（2）保修期内，因发包人使用不当造成工程的缺陷、损坏，可以委托承包人修复，但发包人应承担修复的费用，并支付承包人合理利润；

（3）因其他原因造成工程的缺陷、损坏，可以委托承包人修复，发包人应承担修复的费用，并支付承包人合理的利润，因工程的缺陷、损坏造成的人身伤害和财产损失由责任方承担。

15.4.3 修复通知

在保修期内，发包人在使用过程中，发现已接收的工程存在缺陷或损坏的，应书面通知承包人予以修复，但情况紧急必须立即修复缺陷或损坏的，发包人可以口头通知承包人并在口头通知后48小时内书面确认，承包人应在专用合同条款约定的合理期限内到达工程现场并修复缺陷或损坏。

15.4.4 未能修复

因承包人原因造成工程的缺陷或损坏，承包人拒绝维修或未能在合理期限内修复缺陷或损坏，且经发包人书面催告后仍未修复的，发包人有权自行修复或委托第三方修复，所需费用由承包人承担。但修复范围超出缺陷或损坏范围的，超出范围部分的修复费用由发包人承担。

15.4.5 承包人出入权

在保修期内，为了修复缺陷或损坏，承包人有权出入工程现场，除情况紧急必须立即修复缺陷或损坏外，承包人应提前24小时通知发包人进场修复的时间。承包人进入工程现场前应获得发包人同意，且不应影响发包人正常的生产经营，并应遵守发包人有关保安和保密等规定。

16. 违约

16.1 发包人违约

16.1.1 发包人违约的情形

在合同履行过程中发生的下列情形，属于发包人违约：

（1）因发包人原因未能在计划开工日期前7天内下达开工通知的；

（2）因发包人原因未能按合同约定支付合同价款的；

（3）发包人违反第10.1款〔变更的范围〕第（2）项约定，自行实施被取消的工作或转由他人实施的；

（4）发包人提供的材料、工程设备的规格、数量或质量不符合合同约定，或因发包人原因导致交货日期延误或交货地点变更等情况的；

（5）因发包人违反合同约定造成暂停施工的；

（6）发包人无正当理由没有在约定期限内发出复工指示，导致承包人无法复工的；

（7）发包人明确表示或者以其行为表明不履行合同主要义务的；

（8）发包人未能按照合同约定履行其他义务的。

发包人发生除本项第（7）目以外的违约情况时，承包人可向发包人发出通知，要求发包人采取有效措施纠正违约行为。发包人收到承包人通知后28天内仍不纠正违约行为的，承包人有权暂停相应部位工程施工，并通知监理人。

16.1.2 发包人违约的责任

发包人应承担因其违约给承包人增加的费用和（或）延误的工期，并支付承包人合理的利润。此外，合同当事人可在专用合同条款中另行约定发包人违约责任的承担方式和计算方法。

16.1.3 因发包人违约解除合同

除专用合同条款另有约定外，承包人按第16.1.1项〔发包人违约的情形〕约定暂停施工满28天后，发包人仍不纠正其违约行为并致使合同目的不能实现的,或出现第16.1.1项〔发包人违约的情形〕第(7)目约定的违约情况,承包人有权解除合同,发包人应承担由此增加的费用,并支付承包人合理的利润。

16.1.4 因发包人违约解除合同后的付款

承包人按照本款约定解除合同的,发包人应在解除合同后28天内支付下列款项,并解除履约担保:

(1)合同解除前所完成工作的价款;

(2)承包人为工程施工订购并已付款的材料、工程设备和其他物品的价款;

(3)承包人撤离施工现场以及遣散承包人人员的款项;

(4)按照合同约定在合同解除前应支付的违约金;

(5)按照合同约定应当支付给承包人的其他款项;

(6)按照合同约定应退还的质量保证金;

(7)因解除合同给承包人造成的损失。

合同当事人未能就解除合同后的结清达成一致的,按照第20条〔争议解决〕的约定处理。

承包人应妥善做好已完工程和与工程有关的已购材料、工程设备的保护和移交工作,并将施工设备和人员撤出施工现场,发包人应为承包人撤出提供必要条件。

16.2 承包人违约

16.2.1 承包人违约的情形

在合同履行过程中发生的下列情形,属于承包人违约:

(1)承包人违反合同约定进行转包或违法分包的;

(2)承包人违反合同约定采购和使用不合格的材料和工程设备的;

(3)因承包人原因导致工程质量不符合合同要求的;

(4)承包人违反第8.9款〔材料与设备专用要求〕的约定,未经批准,私自将已按合同约定进入施工现场的材料或设备撤离施工现场的;

(5)承包人未能按施工进度计划及时完成合同约定的工作,造成工期延误的;

(6)承包人在缺陷责任期及保修期内,未能在合理期限对工程缺陷进行修复,或拒绝按发包人要求进行修复的;

(7)承包人明确表示或者以其行为表明不履行合同主要义务的;

(8)承包人未能按照合同约定履行其他义务的。

承包人发生除本项第(7)目约定以外的其他违约情况时,监理人可向承包人发出整改通知,要求其在指定的期限内改正。

16.2.2 承包人违约的责任

承包人应承担因其违约行为而增加的费用和(或)延误的工期。此外,合同当事人可在专用合同条款中另行约定承包人违约责任的承担方式和计算方法。

16.2.3 因承包人违约解除合同

除专用合同条款另有约定外,出现第16.2.1项〔承包人违约的情形〕第(7)目约定的违约情况时,或监理人发出整改通知后,承包人在指定的合理期限内仍不纠正违约行为并致使合同目的不能实现的,发包人有权解除合同。合同解除后,因继续完成工程的需要,发包人有权使用承包人在施工现场的材料、设备、临时工程、承包人文件和由承包人或以其名义编制的其他文件,合同当事人应在专用合同条款约定相应费用的承担方式。发包人继续使用的行为不免除或减轻承包人应承担的违约责任。

16.2.4 因承包人违约解除合同后的处理

因承包人原因导致合同解除的,则合同当事人应在合同解除后28天内完成估价、付款和清算,并按以下约定执行:

(1)合同解除后,按第4.4款〔商定或确定〕商定或确定承包人实际完成工作对应的合同价款,以及承包人已提供的材料、工程设备、施工设备和临时工程等的价值;

(2)合同解除后,承包人应支付的违约金;

(3)合同解除后,因解除合同给发包人造成的损失;

(4)合同解除后,承包人应按发包人要求和监理人的指示完成现场的清理和撤离;

(5)发包人和承包人应在合同解除后进行清算,出具最终结清付款证书,结清全部款项。

因承包人违约解除合同的,发包人有权暂停对承包人的付款,查清各项付款和已扣款项。发包人和承包人未能就合同解除后的清算和款项支付达成一致的,按照第20条〔争议解决〕的约定处理。

16.2.5 采购合同权益转让

因承包人违约解除合同的,发包人有权要求承包人将其为实施合同而签订的材料和设备的采购合同的权益转让给发包人,承包人应在收到解除合同通知后14天内,协助发包人与采购合同的供应商达成相关的转让协议。

16.3 第三人造成的违约

在履行合同过程中,一方当事人因第三人的原因造成违约的,应当向对方当事人承担违约责任。一方当事人和第三人之间的纠纷,依照法律规定或者按照约定解决。

17. 不可抗力

17.1 不可抗力的确认

不可抗力是指合同当事人在签订合同时不可预见,在合同履行过程中不可避免且不能克服的自然灾害和社会性突发事件,如地震、海啸、瘟疫、骚乱、戒严、暴动、战争和专用合同条款中约定的其他情形。

不可抗力发生后,发包人和承包人应收集证明不可抗力发生及不可抗力造成损失的证据,并及时认真统计所造成的损失。合同当事人对是否属于不可抗力或其损失的意见不一致的,由监理人按第4.4款〔商定或确定〕的约定处理。发生争议时,按第20条〔争议解决〕的约定处理。

17.2 不可抗力的通知

合同一方当事人遇到不可抗力事件,使其履行合同义务受到阻碍时,应立即通知合同另一方当事人和监理人,书面说明不可抗力和受阻碍的详细情况,并提供必要的证明。

不可抗力持续发生的,合同一方当事人应及时向合同另一方当事人和监理人提交中间报告,说明不可抗力和履行合同受阻的情况,并于不可抗力事件结束后28天内提交最终报告及有关资料。

17.3 不可抗力后果的承担

17.3.1 不可抗力引起的后果及造成的损失由合同当事人按照法律规定及合同约定各自承担。不可抗力发生前已完成的工程应当按照合同约定进行计量支付。

17.3.2 不可抗力导致的人员伤亡、财产损失、费用增加和(或)工期延误等后果,由合同当事人按以下原则承担:

(1)永久工程、已运至施工现场的材料和工程设备的损坏,以及因工程损坏造成的第三人人员伤亡和财产损失由发包人承担;

(2)承包人施工设备的损坏由承包人承担;

(3)发包人和承包人承担各自人员伤亡和财产的损失;

(4)因不可抗力影响承包人履行合同约定的义务,已经引起或将引起工期延误的,应当顺延工期,由此导致承包人停工的费用损失由发包人和承包人合理分担,停工期间必须支付的工人工资由发包人承担;

(5)因不可抗力引起或将引起工期延误,发包人要求赶工的,由此增加的赶工费用由发包人承担;

(6)承包人在停工期间按照发包人要求照管、清理和修复工程的费用由发包人承担。

不可抗力发生后,合同当事人均应采取措施尽量避免和减少损失的扩大,任何一方当事人没有采取有效措施导致损失扩大的,应对扩大的损失承担责任。

因合同一方迟延履行合同义务,在迟延履行期间遭遇不可抗力的,不免除其违约责任。

17.4 因不可抗力解除合同

因不可抗力导致合同无法履行连续超过84天或累计超过140天的,发包人和承包人均有权解除合同。合同解除后,由双方当事人按照第4.4款〔商定或确定〕商定或确定发包人应支付的款项,该款项包括:

(1)合同解除前承包人已完成工作的价款;

(2)承包人为工程订购的并已交付给承包人,或承包人有责任接受交付的材料、工程设备和其他物品的价款;

(3)发包人要求承包人退货或解除订货合同而产生的费用,或因不能退货或解除合同而产生的损失;

(4)承包人撤离施工现场以及遣散承包人人员的费用;

(5)按照合同约定在合同解除前应支付给承包人的其他款项;

(6)扣减承包人按照合同约定应向发包人支付的款项;

(7)双方商定或确定的其他款项。

除专用合同条款另有约定外,合同解除后,发包人应在商定或确定上述款项后28天内完成上述款项的支付。

18. 保险

18.1 工程保险

除专用合同条款另有约定外,发包人应投保建筑工程一切险或安装工程一切险;发包人委托承包人投保的,因投保产生的保险费和其他相关费用由发包人承担。

18.2 工伤保险

18.2.1 发包人应依照法律规定参加工伤保险,并为在施工现场的全部员工办理工伤保险,缴纳工伤保险费,并要求监理人及由发包人为履行合同聘请的第三方依法参加工伤保险。

18.2.2 承包人应依照法律规定参加工伤保险,并为其履行合同的全部员工办理工伤保险,缴纳工伤保险费,并要求分包人及由承包人为履行合同聘请的第三方依法参加工伤保险。

18.3 其他保险

发包人和承包人可以为其施工现场的全部人员办理意外伤害保险并支付保险费,包括其员工及为履行合同聘请的第三方的人员,具体事项由合同当事人在专用合同条款约定。

除专用合同条款另有约定外,承包人应为其施工设备等办理财产保险。

18.4 持续保险

合同当事人应与保险人保持联系,使保险人能够随时了解工程实施中的变动,并确保按保险合同条款要求持续保险。

18.5 保险凭证

合同当事人应及时向另一方当事人提交其已投保的各

项保险的凭证和保险单复印件。

18.6 未按约定投保的补救

18.6.1 发包人未按合同约定办理保险,或未能使保险持续有效的,则承包人可代为办理,所需费用由发包人承担。发包人未按合同约定办理保险,导致未能得到足额赔偿的,由发包人负责补足。

18.6.2 承包人未按合同约定办理保险,或未能使保险持续有效的,则发包人可代为办理,所需费用由承包人承担。承包人未按合同约定办理保险,导致未能得到足额赔偿的,由承包人负责补足。

18.7 通知义务

除专用合同条款另有约定外,发包人变更除工伤保险之外的保险合同时,应事先征得承包人同意,并通知监理人;承包人变更除工伤保险之外的保险合同时,应事先征得发包人同意,并通知监理人。

保险事故发生时,投保人应按照保险合同规定的条件和期限及时向保险人报告。发包人和承包人应当在知道保险事故发生后及时通知对方。

19. 索赔

19.1 承包人的索赔

根据合同约定,承包人认为有权得到追加付款和(或)延长工期的,应按以下程序向发包人提出索赔:

(1)承包人应在知道或应当知道索赔事件发生后 28 天内,向监理人递交索赔意向通知书,并说明发生索赔事件的事由;承包人未在前述 28 天内发出索赔意向通知书的,丧失要求追加付款和(或)延长工期的权利;

(2)承包人应在发出索赔意向通知书后 28 天内,向监理人正式递交索赔报告;索赔报告应详细说明索赔理由以及要求追加的付款金额和(或)延长的工期,并附必要的记录和证明材料;

(3)索赔事件具有持续影响的,承包人应按合理时间间隔继续递交延续索赔通知,说明持续影响的实际情况和记录,列出累计的追加付款金额和(或)工期延长天数;

(4)在索赔事件影响结束后 28 天内,承包人应向监理人递交最终索赔报告,说明最终要求索赔的追加付款金额和(或)延长的工期,并附必要的记录和证明材料。

19.2 对承包人索赔的处理

对承包人索赔的处理如下:

(1)监理人应在收到索赔报告后 14 天内完成审查并报送发包人。监理人对索赔报告存在异议的,有权要求承包人提交全部原始记录副本;

(2)发包人应在监理人收到索赔报告或有关索赔的进一步证明材料后的 28 天内,由监理人向承包人出具经发包人签认的索赔处理结果。发包人逾期答复的,则视为认可承包人的索赔要求;

(3)承包人接受索赔处理结果的,索赔款项在当期进度款中进行支付;承包人不接受索赔处理结果的,按照第 20 条〔争议解决〕约定处理。

19.3 发包人的索赔

根据合同约定,发包人认为有权得到赔付金额和(或)延长缺陷责任期的,监理人应向承包人发出通知并附有详细的证明。

发包人应在知道或应当知道索赔事件发生后 28 天内通过监理人向承包人提出索赔意向通知书,发包人未在前述 28 天内发出索赔意向通知书的,丧失要求赔付金额和(或)延长缺陷责任期的权利。发包人应在发出索赔意向通知书后 28 天内,通过监理人向承包人正式递交索赔报告。

19.4 对发包人索赔的处理

对发包人索赔的处理如下:

(1)承包人收到发包人提交的索赔报告后,应及时审查索赔报告的内容、查验发包人证明材料;

(2)承包人应在收到索赔报告或有关索赔的进一步证明材料后 28 天内,将索赔处理结果答复发包人。如果承包人未在上述期限内作出答复的,则视为对发包人索赔要求的认可;

(3)承包人接受索赔处理结果的,发包人可从应支付给承包人的合同价款中扣除赔付的金额或延长缺陷责任期;发包人不接受索赔处理结果的,按第 20 条〔争议解决〕约定处理。

19.5 提出索赔的期限

(1)承包人按第 14.2 款〔竣工结算审核〕约定接收竣工付款证书后,应被视为已无权再提出在工程接收证书颁发前所发生的任何索赔。

(2)承包人按第 14.4 款〔最终结清〕提交的最终结清申请单中,只限于提出工程接收证书颁发后发生的索赔。提出索赔的期限自接受最终结清证书时终止。

20. 争议解决

20.1 和解

合同当事人可以就争议自行和解,自行和解达成协议的经双方签字并盖章后作为合同补充文件,双方均应遵照执行。

20.2 调解

合同当事人可以就争议请求建设行政主管部门、行业协会或其他第三方进行调解,调解达成协议的,经双方签字并盖章后作为合同补充文件,双方均应遵照执行。

20.3 争议评审

合同当事人在专用合同条款中约定采取争议评审方式解决争议以及评审规则,并按下列约定执行:

20.3.1 争议评审小组的确定

合同当事人可以共同选择一名或三名争议评审员,组成争议评审小组。除专用合同条款另有约定外,合同当事人应当自合同签订后28天内,或者争议发生后14天内,选定争议评审员。

选择一名争议评审员的,由合同当事人共同确定;选择三名争议评审员的,各自选定一名,第三名成员为首席争议评审员,由合同当事人共同确定或由合同当事人委托已选定的争议评审员共同确定,或由专用合同条款约定的评审机构指定第三名首席争议评审员。

除专用合同条款另有约定外,评审员报酬由发包人和承包人各承担一半。

20.3.2 争议评审小组的决定

合同当事人可在任何时间将与合同有关的任何争议共同提请争议评审小组进行评审。争议评审小组应秉持客观、公正原则,充分听取合同当事人的意见,依据相关法律、规范、标准、案例经验及商业惯例等,自收到争议评审申请报告后14天内作出书面决定,并说明理由。合同当事人可以在专用合同条款中对本项事项另行约定。

20.3.3 争议评审小组决定的效力

争议评审小组作出的书面决定经合同当事人签字确认后,对双方具有约束力,双方应遵照执行。

任何一方当事人不接受争议评审小组决定或不履行争议评审小组决定的,双方可选择采用其他争议解决方式。

20.4 仲裁或诉讼

因合同及合同有关事项产生的争议,合同当事人可以在专用合同条款中约定以下一种方式解决争议:

(1)向约定的仲裁委员会申请仲裁;

(2)向有管辖权的人民法院起诉。

20.5 争议解决条款效力

合同有关争议解决的条款独立存在,合同的变更、解除、终止、无效或者被撤销均不影响其效力。

第三部分　专用合同条款

1. **一般约定**

1.1 词语定义

1.1.1 合同

1.1.1.10 其他合同文件包括:_____

_____。

1.1.2 合同当事人及其他相关方

1.1.2.4 监理人:

名　　称:_____;

资质类别和等级:_____;

联系电话:_____;

电子信箱:_____;

通信地址:_____。

1.1.2.5 设计人:

名　　称:_____;

资质类别和等级:_____;

联系电话:_____;

电子信箱:_____;

通信地址:_____。

1.1.3 工程和设备

1.1.3.7 作为施工现场组成部分的其他场所包括:_____

_____。

1.1.3.9 永久占地包括：_____。
1.1.3.10 临时占地包括：_____。
1.3 法律
适用于合同的其他规范性文件：_____
_____。

1.4 标准和规范
1.4.1 适用于工程的标准规范包括：_____
_____。
1.4.2 发包人提供国外标准、规范的名称：_____
_____；
发包人提供国外标准、规范的份数：_____；
发包人提供国外标准、规范的名称：_____。
1.4.3 发包人对工程的技术标准和功能要求的特殊要求：_____
_____
_____。

1.5 合同文件的优先顺序
合同文件组成及优先顺序为：_____
_____
_____。

1.6 图纸和承包人文件
1.6.1 图纸的提供
发包人向承包人提供图纸的期限：_____；
发包人向承包人提供图纸的数量：_____；
发包人向承包人提供图纸的内容：_____。
1.6.4 承包人文件
需要由承包人提供的文件，包括：_____
_____；
承包人提供的文件的期限为：_____；
承包人提供的文件的数量为：_____；
承包人提供的文件的形式为：_____；
发包人审批承包人文件的期限：_____。
1.6.5 现场图纸准备
关于现场图纸准备的约定：_____。
1.7 联络
1.7.1 发包人和承包人应当在____天内将与合同有关的通知、批准、证明、证书、指示、指令、要求、请求、同意、意见、确定和决定等书面函件送达对方当事人。
1.7.2 发包人接收文件的地点：_____；
发包人指定的接收人为：_____。
承包人接收文件的地点：_____；
承包人指定的接收人为：_____。
监理人接收文件的地点：_____；
监理人指定的接收人为：_____。

1.10 交通运输

1.10.1 出入现场的权利

关于出入现场的权利的约定：_____
_____。

1.10.3 场内交通

关于场外交通和场内交通的边界的约定：_____
_____。

关于发包人向承包人免费提供满足工程施工需要的场内道路和交通设施的约定：_____
_____。

1.10.4 超大件和超重件的运输

运输超大件或超重件所需的道路和桥梁临时加固改造费用和其他有关费用由_____承担。

1.11 知识产权

1.11.1 关于发包人提供给承包人的图纸、发包人为实施工程自行编制或委托编制的技术规范以及反映发包人关于合同要求或其他类似性质的文件的著作权的归属：_____
_____。

关于发包人提供的上述文件的使用限制的要求：_____
_____。

1.11.2 关于承包人为实施工程所编制文件的著作权的归属：_____
_____。

关于承包人提供的上述文件的使用限制的要求：_____
_____。

1.11.4 承包人在施工过程中所采用的专利、专有技术、技术秘密的使用费的承担方式：_____
_____。

1.13 工程量清单错误的修正

出现工程量清单错误时，是否调整合同价格：_____
_____。

允许调整合同价格的工程量偏差范围：_____
_____。

2. 发包人

2.2 发包人代表

发包人代表：

姓　　名：_____；
身份证号：_____；
职　　务：_____；
联系电话：_____；
电子信箱：_____；
通信地址：_____。

发包人对发包人代表的授权范围如下：_____
_____。

2.4 施工现场、施工条件和基础资料的提供

2.4.1 提供施工现场

关于发包人移交施工现场的期限要求：_____
_____。

2.4.2 提供施工条件

关于发包人应负责提供施工所需要的条件,包括:_____
_____。

2.5 资金来源证明及支付担保

发包人提供资金来源证明的期限要求:_____。
发包人是否提供支付担保:_____。
发包人提供支付担保的形式:_____。

3. 承包人

3.1 承包人的一般义务

(9)承包人提交的竣工资料的内容:_____
_____。

承包人需要提交的竣工资料套数:_____。
承包人提交的竣工资料的费用承担:_____。
承包人提交的竣工资料移交时间:_____。
承包人提交的竣工资料形式要求:_____。
(10)承包人应履行的其他义务:_____
_____。

3.2 项目经理

3.2.1 项目经理:

姓　　名:_____;
身份证号:_____;
建造师执业资格等级:_____;
建造师注册证书号:_____;
建造师执业印章号:_____;
安全生产考核合格证书号:_____;
联系电话:_____;
电子信箱:_____;
通信地址:_____;
承包人对项目经理的授权范围如下:_____
_____。

关于项目经理每月在施工现场的时间要求:_____
_____。

承包人未提交劳动合同,以及没有为项目经理缴纳社会保险证明的违约责任:____
_____。

项目经理未经批准,擅自离开施工现场的违约责任:_____
_____。

3.2.3 承包人擅自更换项目经理的违约责任:_____
_____。

3.2.4 承包人无正当理由拒绝更换项目经理的违约责任:_____
_____。

3.3 承包人人员

3.3.1 承包人提交项目管理机构及施工现场管理人员安排报告的期限:_____
_____。

3.3.3 承包人无正当理由拒绝撤换主要施工管理人员的违约责任：_____
_____。

3.3.4 承包人主要施工管理人员离开施工现场的批准要求：_____
_____。

3.3.5 承包人擅自更换主要施工管理人员的违约责任：_____
_____。

承包人主要施工管理人员擅自离开施工现场的违约责任：_____
_____。

3.5 分包
3.5.1 分包的一般约定
禁止分包的工程包括：_____
主体结构、关键性工作的范围：_____
_____。

3.5.2 分包的确定
允许分包的专业工程包括：_____
其他关于分包的约定：_____
_____。

3.5.4 分包合同价款
关于分包合同价款支付的约定：_____
3.6 工程照管与成品、半成品保护
承包人负责照管工程及工程相关的材料、工程设备的起始时间：_____。
3.7 履约担保
承包人是否提供履约担保：_____
承包人提供履约担保的形式、金额及期限的：_____
_____。

4. 监理人
4.1 监理人的一般规定
关于监理人的监理内容：_____
关于监理人的监理权限：_____
关于监理人在施工现场的办公场所、生活场所的提供和费用承担的约定：_____
_____。

4.2 监理人员
总监理工程师：
姓　　名：_____；
职　　务：_____；
监理工程师执业资格证书号：_____；
联系电话：_____；
电子信箱：_____；
通信地址：_____；
关于监理人的其他约定：_____。
4.4 商定或确定
在发包人和承包人不能通过协商达成一致意见时，发包人授权监理人对以下事项进行确定：
(1) _____；

(2) _____ ;
(3) _____ 。

5. 工程质量
5.1 质量要求
5.1.1 特殊质量标准和要求：_____
_____ 。

关于工程奖项的约定：_____
_____ 。

5.3 隐蔽工程检查
5.3.2 承包人提前通知监理人隐蔽工程检查的期限的约定：_____
_____ 。

监理人不能按时进行检查时，应提前_____小时提交书面延期要求。
关于延期最长不得超过：_____小时。

6. 安全文明施工与环境保护
6.1 安全文明施工
6.1.1 项目安全生产的达标目标及相应事项的约定：_____
_____ 。

6.1.4 关于治安保卫的特别约定：_____
_____ 。

关于编制施工场地治安管理计划的约定：_____
_____ 。

6.1.5 文明施工
合同当事人对文明施工的要求：_____
_____
_____ 。

6.1.6 关于安全文明施工费支付比例和支付期限的约定：_____
_____ 。

7. 工期和进度
7.1 施工组织设计
7.1.1 合同当事人约定的施工组织设计应包括的其他内容：_____
_____ 。

7.1.2 施工组织设计的提交和修改
承包人提交详细施工组织设计的期限的约定：_____
_____ 。
发包人和监理人在收到详细的施工组织设计后确认或提出修改意见的期限：_____ 。

7.2 施工进度计划
7.2.2 施工进度计划的修订
发包人和监理人在收到修订的施工进度计划后确认或提出修改意见的期限：_____ 。

7.3 开工
7.3.1 开工准备
关于承包人提交工程开工报审表的期限：_____ 。
关于发包人应完成的其他开工准备工作及期限：_____
_____ 。

关于承包人应完成的其他开工准备工作及期限：_____
_____。

7.3.2 开工通知
因发包人原因造成监理人未能在计划开工日期之日起____天内发出开工通知的,承包人有权提出价格调整要求,或者解除合同。

7.4 测量放线
7.4.1 发包人通过监理人向承包人提供测量基准点、基准线和水准点及其书面资料的期限：_____。

7.5 工期延误
7.5.1 因发包人原因导致工期延误
(7)因发包人原因导致工期延误的其他情形：_____
_____。

7.5.2 因承包人原因导致工期延误
因承包人原因造成工期延误,逾期竣工违约金的计算方法为：_____
_____。

因承包人原因造成工期延误,逾期竣工违约金的上限：_____
_____。

7.6 不利物质条件
不利物质条件的其他情形和有关约定：_____
_____。

7.7 异常恶劣的气候条件
发包人和承包人同意以下情形视为异常恶劣的气候条件：
(1) _____；
(2) _____；
(3) _____。

7.9 提前竣工的奖励
7.9.2 提前竣工的奖励：_____
_____。

8. 材料与设备
8.4 材料与工程设备的保管与使用
8.4.1 发包人供应的材料设备的保管费用的承担：_____
_____。

8.6 样品
8.6.1 样品的报送与封存
需要承包人报送样品的材料或工程设备,样品的种类、名称、规格、数量要求：_____
_____。

8.8 施工设备和临时设施
8.8.1 承包人提供的施工设备和临时设施
关于修建临时设施费用承担的约定：_____
_____。

9. 试验与检验
9.1 试验设备与试验人员
9.1.2 试验设备
施工现场需要配置的试验场所：_____
_____。

施工现场需要配备的试验设备：_____
_____。
施工现场需要具备的其他试验条件：_____
_____。

9.4 现场工艺试验
现场工艺试验的有关约定：_____
_____。

10. 变更
10.1 变更的范围
关于变更的范围的约定：_____
_____。

10.4 变更估价
10.4.1 变更估价原则
关于变更估价的约定：_____
_____。

10.5 承包人的合理化建议
监理人审查承包人合理化建议的期限：_____
_____。

发包人审批承包人合理化建议的期限：_____
_____。

承包人提出的合理化建议降低了合同价格或者提高了工程经济效益的奖励的方法和金额为：_____
_____。

10.7 暂估价
暂估价材料和工程设备的明细详见附件11：《暂估价一览表》。
10.7.1 依法必须招标的暂估价项目
对于依法必须招标的暂估价项目的确认和批准采取第____种方式确定。
10.7.2 不属于依法必须招标的暂估价项目
对于不属于依法必须招标的暂估价项目的确认和批准采取第____种方式确定。
第3种方式：承包人直接实施的暂估价项目
承包人直接实施的暂估价项目的约定：_____
_____。

10.8 暂列金额
合同当事人关于暂列金额使用的约定：_____
_____。

11. 价格调整
11.1 市场价格波动引起的调整
市场价格波动是否调整合同价格的约定：_____。
因市场价格波动调整合同价格，采用以下第____种方式对合同价格进行调整：
第1种方式：采用价格指数进行价格调整。
关于各可调因子、定值和变值权重，以及基本价格指数及其来源的约定：_____。
第2种方式：采用造价信息进行价格调整。
(2)关于基准价格的约定：_____。
专用合同条款①承包人在已标价工程量清单或预算书中载明的材料单价低于基准价格的：专用合同条款合同履行期

间材料单价涨幅以基准价格为基础超过____%时,或材料单价跌幅以已标价工程量清单或预算书中载明材料单价为基础超过____%时,其超过部分据实调整。

②承包人在已标价工程量清单或预算书中载明的材料单价高于基准价格的:专用合同条款合同履行期间材料单价跌幅以基准价格为基础超过____%时,材料单价涨幅以已标价工程量清单或预算书中载明材料单价为基础超过____%时,其超过部分据实调整。

③承包人在已标价工程量清单或预算书中载明的材料单价等于基准单价的:专用合同条款合同履行期间材料单价涨跌幅以基准单价为基础超过±____%时,其超过部分据实调整。

第3种方式:其他价格调整方式:_____。

12. 合同价格、计量与支付

12.1 合同价格形式

1. 单价合同。

综合单价包含的风险范围:_____

_____。

风险费用的计算方法:_____。

风险范围以外合同价格的调整方法:_____

_____。

2. 总价合同。

总价包含的风险范围:_____

_____。

风险费用的计算方法:_____。

风险范围以外合同价格的调整方法:_____

_____。

3. 其他价格方式:_____

_____。

12.2 预付款

12.2.1 预付款的支付

预付款支付比例或金额:_____。

预付款支付期限:_____。

预付款扣回的方式:_____。

12.2.2 预付款担保

承包人提交预付款担保的期限:_____。

预付款担保的形式为:_____。

12.3 计量

12.3.1 计量原则

工程量计算规则:_____。

12.3.2 计量周期

关于计量周期的约定:_____。

12.3.3 单价合同的计量

关于单价合同计量的约定:_____。

12.3.4 总价合同的计量
关于总价合同计量的约定：_____。
12.3.5 总价合同采用支付分解表计量支付的，是否适用第12.3.4项〔总价合同的计量〕约定进行计量：_____。
12.3.6 其他价格形式合同的计量
其他价格形式的计量方式和程序：_____
_____。

12.4 工程进度款支付
12.4.1 付款周期
关于付款周期的约定：_____。
12.4.2 进度付款申请单的编制
关于进度付款申请单编制的约定：_____
_____。

12.4.3 进度付款申请单的提交
(1) 单价合同进度付款申请单提交的约定：_____。
(2) 总价合同进度付款申请单提交的约定：_____。
(3) 其他价格形式合同进度付款申请单提交的约定：_____
_____。

12.4.4 进度款审核和支付
(1) 监理人审查并报送发包人的期限：_____。
发包人完成审批并签发进度款支付证书的期限：_____
_____。
(2) 发包人支付进度款的期限：_____。
发包人逾期支付进度款的违约金的计算方式：_____
_____。

12.4.6 支付分解表的编制
2. 总价合同支付分解表的编制与审批：_____
_____。
3. 单价合同的总价项目支付分解表的编制与审批：_____
_____。

13. 验收和工程试车
13.1 分部分项工程验收
13.1.2 监理人不能按时进行验收时，应提前_____小时提交书面延期要求。
关于延期最长不得超过：_____小时。
13.2 竣工验收
13.2.2 竣工验收程序
关于竣工验收程序的约定：_____
_____。
发包人不按照本项约定组织竣工验收、颁发工程接收证书的违约金的计算方法：_____
_____。

13.2.5 移交、接收全部与部分工程
承包人向发包人移交工程的期限：_____。
发包人未按本合同约定接收全部或部分工程的，违约金的计算方法为：_____
_____。

承包人未按时移交工程的,违约金的计算方法为:_____
_____。

13.3 工程试车
13.3.1 试车程序
工程试车内容:_____
_____。
(1)单机无负荷试车费用由_____承担;
(2)无负荷联动试车费用由_____承担。
13.3.3 投料试车
关于投料试车相关事项的约定:_____
_____。

13.6 竣工退场
13.6.1 竣工退场
承包人完成竣工退场的期限:_____。

14. 竣工结算
14.1 竣工结算申请
承包人提交竣工结算申请单的期限:_____。
竣工结算申请单应包括的内容:_____
_____。

14.2 竣工结算审核
发包人审批竣工付款申请单的期限:_____。
发包人完成竣工付款的期限:_____。
关于竣工付款证书异议部分复核的方式和程序:_____
_____。

14.4 最终结清
14.4.1 最终结清申请单
承包人提交最终结清申请单的份数:_____。
承包人提交最终结算申请单的期限:_____。
14.4.2 最终结清证书和支付
(1)发包人完成最终结清申请单的审批并颁发最终结清证书的期限:_____。
(2)发包人完成支付的期限:_____。

15. 缺陷责任期与保修
15.2 缺陷责任期
缺陷责任期的具体期限:_____。
15.3 质量保证金
关于是否扣留质量保证金的约定:_____。在工程项目竣工前,承包人按专用合同条款第3.7条提供履约担保的,发包人不得同时预留工程质量保证金。
15.3.1 承包人提供质量保证金的方式
质量保证金采用以下第_____种方式:
(1)质量保证金保函,保证金额为:_____;
(2)_____%的工程款;
(3)其他方式:_____。

15.3.2 质量保证金的扣留

质量保证金的扣留采取以下第_____种方式：

(1)在支付工程进度款时逐次扣留,在此情形下,质量保证金的计算基数不包括预付款的支付、扣回以及价格调整的金额；

(2)工程竣工结算时一次性扣留质量保证金；

(3)其他扣留方式：_____。

关于质量保证金的补充约定：_____

_____。

15.4 保修

15.4.1 保修责任

工程保修期为：_____

_____。

15.4.3 修复通知

承包人收到保修通知并到达工程现场的合理时间：_____

_____。

16. 违约

16.1 发包人违约

16.1.1 发包人违约的情形

发包人违约的其他情形：_____

_____。

16.1.2 发包人违约的责任

发包人违约责任的承担方式和计算方法：

(1)因发包人原因未能在计划开工日期前7天内下达开工通知的违约责任：_____

_____。

(2)因发包人原因未能按合同约定支付合同价款的违约责任：_____

_____。

(3)发包人违反第10.1款[变更的范围]第(2)项约定,自行实施被取消的工作或转由他人实施的违约责任：____

_____。

(4)发包人提供的材料、工程设备的规格、数量或质量不符合合同约定,或因发包人原因导致交货日期延误或交货地点变更等情况的违约责任：_____

_____。

(5)因发包人违反合同约定造成暂停施工的违约责任：_____

_____。

(6)发包人无正当理由没有在约定期限内发出复工指示,导致承包人无法复工的违约责任：_____

_____。

(7)其他：_____

_____。

16.1.3 因发包人违约解除合同

承包人按16.1.1项[发包人违约的情形]约定暂停施工满_____天后发包人仍不纠正其违约行为并致使合同目的不能实现的,承包人有权解除合同。

16.2 承包人违约

16.2.1 承包人违约的情形

承包人违约的其他情形：_____

_____。

16.2.2 承包人违约的责任
承包人违约责任的承担方式和计算方法：_____
_____。

16.2.3 因承包人违约解除合同
关于承包人违约解除合同的特别约定：_____
_____。
发包人继续使用承包人在施工现场的材料、设备、临时工程、承包人文件和由承包人或以其名义编制的其他文件的费用承担方式：_____
_____。

17. 不可抗力
17.1 不可抗力的确认
除通用合同条款约定的不可抗力事件之外，视为不可抗力的其他情形：_____
_____。

17.4 因不可抗力解除合同
合同解除后，发包人应在商定或确定发包人应支付款项后____天内完成款项的支付。

18. 保险
18.1 工程保险
关于工程保险的特别约定：_____。
18.3 其他保险
关于其他保险的约定：_____
承包人是否应为其施工设备等办理财产保险：_____
_____。

18.7 通知义务
关于变更保险合同时的通知义务的约定：_____
_____。

20. 争议解决
20.3 争议评审
合同当事人是否同意将工程争议提交争议评审小组决定：_____
_____。

20.3.1 争议评审小组的确定
争议评审小组成员的确定：_____。
选定争议评审员的期限：_____。
争议评审小组成员的报酬承担方式：_____。
其他事项的约定：_____。
20.3.2 争议评审小组的决定
合同当事人关于本项的约定：_____。
20.4 仲裁或诉讼
因合同及合同有关事项发生的争议，按下列第____种方式解决：
（1）向_____仲裁委员会申请仲裁；
（2）向_____人民法院起诉。

附件1：

承包人承揽工程项目一览表

单位工程名称	建设规模	建筑面积（平方米）	结构形式	层数	生产能力	设备安装内容	合同价格（元）	开工日期	竣工日期

附件2：

发包人供应材料设备一览表

序号	材料、设备品种	规格型号	单位	数量	单价（元）	质量等级	供应时间	送达地点	备注

附件 3：

工程质量保修书

发包人（全称）：_____

承包人（全称）：_____

发包人和承包人根据《中华人民共和国建筑法》和《建设工程质量管理条例》，经协商一致就_____（工程全称）签订工程质量保修书。

一、工程质量保修范围和内容

承包人在质量保修期内，按照有关法律规定和合同约定，承担工程质量保修责任。

质量保修范围包括地基基础工程、主体结构工程，屋面防水工程、有防水要求的卫生间、房间和外墙面的防渗漏，供热与供冷系统，电气管线、给排水管道、设备安装和装修工程，以及双方约定的其他项目。具体保修的内容，双方约定如下：

_____

_____。

二、质量保修期

根据《建设工程质量管理条例》及有关规定，工程的质量保修期如下：

1. 地基基础工程和主体结构工程为设计文件规定的工程合理使用年限；
2. 屋面防水工程、有防水要求的卫生间、房间和外墙面的防渗为_____年；
3. 装修工程为_____年；
4. 电气管线、给排水管道、设备安装工程为_____年；
5. 供热与供冷系统为_____个采暖期、供冷期；
6. 住宅小区内的给排水设施、道路等配套工程为_____年；
7. 其他项目保修期限约定如下：

_____

_____。

质量保修期自工程竣工验收合格之日起计算。

三、缺陷责任期

工程缺陷责任期为_____个月，缺陷责任期自工程通过竣工验收之日起计算。单位工程先于全部工程进行验收，单位工程缺陷责任期自单位工程验收合格之日起算。

缺陷责任期终止后，发包人应退还剩余的质量保证金。

四、质量保修责任

1. 属于保修范围、内容的项目，承包人应当在接到保修通知之日起 7 天内派人保修。承包人不在约定期限内派人保修的，发包人可以委托他人修理。
2. 发生紧急事故需抢修的，承包人在接到事故通知后，应当立即到达事故现场抢修。
3. 对于涉及结构安全的质量问题，应当按照《建设工程质量管理条例》的规定，立即向当地建设行政主管部门和有关部门报告，采取安全防范措施，并由原设计人或者具有相应资质等级的设计人提出保修方案，承包人实施保修。
4. 质量保修完成后，由发包人组织验收。

五、保修费用

保修费用由造成质量缺陷的责任方承担。

六、双方约定的其他工程质量保修事项：_____

_____

_____。

工程质量保修书由发包人、承包人在工程竣工验收前共同签署,作为施工合同附件,其有效期限至保修期满。

发包人(公章):_____	承包人(公章):_____
地　　址:_____	地　　址:_____
法定代表人(签字):_____	法定代表人(签字):_____
委托代理人(签字):_____	委托代理人(签字):_____
电　　话:_____	电　　话:_____
传　　真:_____	传　　真:_____
开户银行:_____	开户银行:_____
账　　号:_____	账　　号:_____
邮政编码:_____	邮政编码:_____

附件4:

主要建设工程文件目录

文件名称	套数	费用(元)	质量	移交时间	责任人

附件5：
承包人用于本工程施工的机械设备表

序号	机械或设备名称	规格型号	数量	产地	制造年份	额定功率(kW)	生产能力	备注

附件6：
承包人主要施工管理人员表

名　　称	姓名	职务	职称	主要资历、经验及承担过的项目
一、总部人员					
项目主管				
其他人员				
二、现场人员					
项目经理				
项目副经理				
技术负责人				
造价管理				
质量管理				
材料管理				
计划管理				
安全管理				

续表

其他人员				

附件7：

分包人主要施工管理人员表

名　　称	姓名	职务	职称	主要资历、经验及承担过的项目
一、总部人员					
项目主管				
其他人员				
二、现场人员					
项目经理				
项目副经理				
技术负责人				
造价管理				
质量管理				
材料管理				
计划管理				
安全管理				
其他人员				

附件8：

履约担保

_____（发包人名称）：

　　鉴于_____（发包人名称,以下简称"发包人"）与_____（承包人名称）（以下称"承包人"）于_____年___月___日就_____（工程名称）施工及有关事项协商一致共同签订《建设工程施工合同》。我方愿意无条件地、不可撤销地就承包人履行与你方签订的合同,向你方提供连带责任担保。

　　1. 担保金额人民币(大写)_____元(￥_____)。

　　2. 担保有效期自你方与承包人签订的合同生效之日起至你方签发或应签发工程接收证书之日止。

　　3. 在本担保有效期内,因承包人违反合同约定的义务给你方造成经济损失时,我方在收到你方以书面形式提出的在担保金额内的赔偿要求后,在7天内无条件支付。

　　4. 你方和承包人按合同约定变更合同时,我方承担本担保规定的义务不变。

　　5. 因本保函发生的纠纷,可由双方协商解决,协商不成的,任何一方均可提请_____仲裁委员会仲裁。

　　6. 本保函自我方法定代表人(或其授权代理人)签字并加盖公章之日起生效。

担　保　人：_____（盖单位章）
法定代表人或其委托代理人：_____（签字）
地　　　址：_____
邮政编码：_____
电　　　话：_____
传　　　真：_____

　　　　　　　　　　　　　　　　　　　　　　　　　　　　_____年___月___日

附件9：

预付款担保

_____（发包人名称）：

　　根据_____（承包人名称）（以下称"承包人"）与_____（发包人名称）（以下简称"发包人"）于_____年___月___日签订的_____（工程名称）《建设工程施工合同》,承包人按约定的金额向你方提交一份预付款担保,即有权得到你方支付相等金额的预付款。我方愿意就你方提供给承包人的预付款为承包人提供连带责任担保。

　　1. 担保金额人民币(大写)_____元(￥_____)。

　　2. 担保有效期自预付款支付给承包人起生效,至你方签发的进度款支付证书说明已完全扣清止。

　　3. 在本保函有效期内,因承包人违反合同约定的义务而要求收回预付款时,我方在收到你方的书面通知后,在7天内无条件支付。但本保函的担保金额,在任何时候不应超过预付款金额减去你方按合同约定在向承包人签发的进度款支付证书中扣除的金额。

　　4. 你方和承包人按合同约定变更合同时,我方承担本保函规定的义务不变。

　　5. 因本保函发生的纠纷,可由双方协商解决,协商不成的,任何一方均可提请_____仲裁委员会仲裁。

　　6. 本保函自我方法定代表人(或其授权代理人)签字并加盖公章之日起生效。

担保人：_____（盖单位章）
法定代表人或其委托代理人：_____（签字）

地　　址：_____
邮政编码：_____
电　　话：_____
传　　真：_____

　　　　　　　　　　　　　　　　　　　　_____年____月____日

附件10：

支付担保

_____（承包人）：

　　鉴于你方作为承包人已经与_____（发包人名称）（以下称"发包人"）于_____年___月___日签订了_____（工程名称）《建设工程施工合同》（以下称"主合同"），应发包人的申请，我方愿就发包人履行主合同约定的工程款支付义务以保证的方式向你方提供如下担保：

一、保证的范围及保证金额

1. 我方的保证范围是主合同约定的工程款。
2. 本保函所称主合同约定的工程款是指主合同约定的除工程质量保证金以外的合同价款。
3. 我方保证的金额是主合同约定的工程款的_____%，数额最高不超过人民币元（大写：_____）。

二、保证的方式及保证期间

1. 我方保证的方式为：连带责任保证。
2. 我方保证的期间为：自本合同生效之日起至主合同约定的工程款支付完毕之日后____日内。
3. 你方与发包人协议变更工程款支付日期的，经我方书面同意后，保证期间按照变更后的支付日期做相应调整。

三、承担保证责任的形式

我方承担保证责任的形式是代为支付。发包人未按主合同约定向你方支付工程款的，由我方在保证金额内代为支付。

四、代偿的安排

1. 你方要求我方承担保证责任的，应向我方发出书面索赔通知及发包人未支付主合同约定工程款的证明材料。索赔通知应写明要求索赔的金额，支付款项应到达的账号。
2. 在出现你方与发包人因工程质量发生争议，发包人拒绝向你方支付工程款的情形时，你方要求我方履行保证责任代为支付的，需提供符合相应条件要求的工程质量检测机构出具的质量说明材料。
3. 我方收到你方的书面索赔通知及相应的证明材料后7天内无条件支付。

五、保证责任的解除

1. 在本保函承诺的保证期间内，你方未书面向我方主张保证责任的，自保证期间届满次日起，我方保证责任解除。
2. 发包人按主合同约定履行了工程款的全部支付义务的，自本保函承诺的保证期间届满次日起，我方保证责任解除。
3. 我方按照本保函向你方履行保证责任所支付金额达到本保函保证金额时，自我方向你方支付（支付款项从我方账户划出）之日起，保证责任即解除。
4. 按照法律法规的规定或出现应解除我方保证责任的其他情形时，我方在本保函项下的保证责任亦解除。
5. 我方解除保证责任后，你方应自我方保证责任解除之日起____个工作日内，将本保函原件返还我方。

六、免责条款

1. 因你方违约致使发包人不能履行义务的，我方不承担保证责任。
2. 依照法律法规的规定或你方与发包人的另行约定，免除发包人部分或全部义务的，我方亦免除其相应的保证责任。
3. 你方与发包人协议变更主合同的，如加重发包人责任致使我方保证责任加重的，需征得我方书面同意，否则我方不再承担因此而加重部分的保证责任，但主合同第10条〔变更〕约定的变更不受本款限制。
4. 因不可抗力造成发包人不能履行义务的，我方不承担保证责任。

七、争议解决

因本保函或本保函相关事项发生的纠纷,可由双方协商解决,协商不成的,按下列第____种方式解决:
(1)向_____仲裁委员会申请仲裁;
(2)向_____人民法院起诉。

八、保函的生效

本保函自我方法定代表人(或其授权代理人)签字并加盖公章之日起生效。

担保人:_____(盖章)
法定代表人或委托代理人:_____(签字)
地　　　址:_____
邮政编码:_____
传　　　真:_____

_____年___月___日

附件11:

11-1:材料暂估价表

序号	名称	单位	数量	单价(元)	合价(元)	备注

11-2：工程设备暂估价表

序号	名称	单位	数量	单价(元)	合价(元)	备注

11-3：专业工程暂估价表

序号	专业工程名称	工程内容	金额
		小计：	

GF—2016—0203

合同编号：_____

建设工程勘察合同①

（示范文本）

住房和城乡建设部
国家工商行政管理总局　制定

说　明

为了指导建设工程勘察合同当事人的签约行为，维护合同当事人的合法权益，依据《中华人民共和国合同法》②、《中华人民共和国建筑法》、《中华人民共和国招标投标法》等相关法律法规的规定，住房和城乡建设部、国家工商行政管理总局对《建设工程勘察合同（一）[岩土工程勘察、水文地质勘察（含凿井）、工程测量、工程物探]》（GF-2000-0203）及《建设工程勘察合同（二）[岩土工程设计、治理、监测]》（GF-2000-0204）进行修订，制定了《建设工程勘察合同（示范文本）》（以下简称《示范文本》）。

为了便于合同当事人使用《示范文本》，现就有关问题说明如下：
一、《示范文本》的组成
《示范文本》由合同协议书、通用合同条款和专用合同条款三部分组成。
（一）合同协议书
《示范文本》合同协议书共计12条，主要包括工程概况、勘察范围和阶段、技术要求及工作量、合同工期、质量标准、合同价款、合同文件构成、承诺、词语定义、签订时间、签订地点、合同生效和合同份数等内容，集中约定了合同当事人基本的合同权利义务。
（二）通用合同条款
通用合同条款是合同当事人根据《中华人民共和国合同法》、《中华人民共和国建筑法》、《中华人民共和国招标投标法》等相关法律法规的规定，就工程勘察的实施及相关事项对合同当事人的权利义务作出的原则性约定。
通用合同条款具体包括一般约定、发包人、勘察人、工期、成果资料、后期服务、合同价款与支付、变更与调整、知识产权、不可抗力、合同生效与终止、合同解除、责任与保险、违约、索赔、争议解决及补充条款等共计17条。上述条款安排既考虑了现行法律法规对工程建设的有关要求，也考虑了工程勘察管理的特殊需要。
（三）专用合同条款
专用合同条款是对通用合同条款原则性约定的细化、完善、补充、修改或另行约定的条款。合同当事人可以根据不同建设工程的特点及具体情况，通过双方的谈判、协商对相应的专用合同条款进行修改补充。在使用专用合同条款时，应注意以下事项：
1. 专用合同条款编号应与相应的通用合同条款编号一致；

---

① 本示范文本来源于住房和城乡建设部、国家工商行政管理总局《关于印发建设工程勘察合同示范文本的通知》（2016年9月12日 建市〔2016〕199号）。《关于印发〈建设工程勘察设计合同管理办法〉和〈建设工程勘察合同〉、〈建设工程设计合同〉文本的通知》（建设〔2000〕50号）同时废止。
② 《合同法》已被《民法典》废止，后同。

2. 合同当事人可以通过对专用合同条款的修改,满足具体项目工程勘察的特殊要求,避免直接修改通用合同条款;

3. 在专用合同条款中有横道线的地方,合同当事人可针对相应的通用合同条款进行细化、完善、补充、修改或另行约定;如无细化、完善、补充、修改或另行约定,则填写"无"或划"/"。

二、《示范文本》的性质和适用范围

《示范文本》为非强制性使用文本,合同当事人可结合工程具体情况,根据《示范文本》订立合同,并按照法律法规和合同约定履行相应的权利义务,承担相应的法律责任。

《示范文本》适用于岩土工程勘察、岩土工程设计、岩土工程物探/测试/检测/监测、水文地质勘察及工程测量等工程勘察活动,岩土工程设计也可使用《建设工程设计合同示范文本(专业建设工程)》(GF-2015-0210)。

第一部分　合同协议书

发包人(全称):＿＿＿＿＿＿＿＿＿＿＿＿＿＿

勘察人(全称):＿＿＿＿＿＿＿＿＿＿＿＿＿＿

根据《中华人民共和国合同法》《中华人民共和国建筑法》《中华人民共和国招标投标法》等相关法律法规的规定,遵循平等、自愿、公平和诚实信用的原则,双方就＿＿＿＿＿＿＿＿＿＿＿＿＿＿＿＿＿＿项目工程勘察有关事项协商一致,达成如下协议。

一、工程概况

1. 工程名称:＿＿＿＿＿＿＿＿＿＿＿＿＿＿＿＿＿＿＿＿＿＿＿＿＿＿＿＿＿＿＿＿＿＿＿＿＿＿

2. 工程地点:＿＿＿＿＿＿＿＿＿＿＿＿＿＿＿＿＿＿＿＿＿＿＿＿＿＿＿＿＿＿＿＿＿＿＿＿＿＿

3. 工程规模、特征:＿＿＿＿＿＿＿＿＿＿＿＿＿＿＿＿＿＿＿＿＿＿＿＿＿＿＿＿＿＿＿＿＿＿
＿＿

二、勘察范围和阶段、技术要求及工作量

1. 勘察范围和阶段:＿＿＿＿＿＿＿＿＿＿＿＿＿＿＿＿＿＿＿＿＿＿＿＿＿＿＿＿＿＿＿＿＿＿

2. 技术要求:＿＿＿＿＿＿＿＿＿＿＿＿＿＿＿＿＿＿＿＿＿＿＿＿＿＿＿＿＿＿＿＿＿＿＿＿＿

3. 工作量:＿＿＿＿＿＿＿＿＿＿＿＿＿＿＿＿＿＿＿＿＿＿＿＿＿＿＿＿＿＿＿＿＿＿＿＿＿＿

三、合同工期

1. 开工日期:＿＿＿＿＿＿＿＿＿＿＿＿＿＿＿＿＿＿＿＿＿＿＿＿＿＿＿＿＿＿＿＿＿＿＿＿＿

2. 成果提交日期:＿＿＿＿＿＿＿＿＿＿＿＿＿＿＿＿＿＿＿＿＿＿＿＿＿＿＿＿＿＿＿＿＿＿＿

3. 合同工期(总日历天数)＿＿＿＿＿＿＿＿天

四、质量标准

质量标准:＿＿＿＿＿＿＿＿＿＿＿＿＿＿＿＿＿＿＿＿＿＿＿＿＿＿＿＿＿＿＿＿＿＿＿＿＿＿

五、合同价款

1. 合同价款金额:人民币(大写)＿＿＿＿＿＿＿＿＿(¥＿＿＿＿＿＿元)

2. 合同价款形式:＿＿＿＿＿＿＿＿＿＿＿＿＿＿＿＿＿＿＿＿＿＿＿＿＿＿＿＿＿＿＿＿＿＿＿

六、合同文件构成

组成本合同的文件包括:

(1)合同协议书;

(2)专用合同条款及其附件;

(3)通用合同条款;

(4)中标通知书(如果有);

(5)投标文件及其附件(如果有);

(6)技术标准和要求;

(7)图纸;

(8)其他合同文件。

在合同履行过程中形成的与合同有关的文件构成合同文件组成部分。

七、承诺

1. 发包人承诺按照法律规定履行项目审批手续,按照合同约定提供工程勘察条件和相关资料,并按照合同约定的期限和方式支付合同价款。

2. 勘察人承诺按照法律法规和技术标准规定及合同约定提供勘察技术服务。

八、词语定义

本合同协议书中词语含义与合同第二部分《通用合同条款》中的词语含义相同。

九、签订时间

本合同于＿＿＿年＿＿＿月＿＿＿日签订。

十、签订地点

本合同在＿＿＿＿＿＿＿＿＿＿签订。

十一、合同生效

本合同自＿＿＿＿＿＿＿＿＿＿生效。

十二、合同份数

本合同一式＿＿＿份,具有同等法律效力,发包人执＿＿＿份,勘察人执＿＿＿份。

发包人:(印章)＿＿＿＿＿＿＿＿＿＿　　　　勘察人:(印章)＿＿＿＿＿＿＿＿＿＿
法定代表人或其委托代理人:　　　　　　　　法定代表人或其委托代理人:
(签字)　　　　　　　　　　　　　　　　　　(签字)
统一社会信用代码:＿＿＿＿＿＿＿＿　　　　统一社会信用代码:＿＿＿＿＿＿＿＿
地址:＿＿＿＿＿＿＿＿＿＿＿＿＿＿　　　　地址:＿＿＿＿＿＿＿＿＿＿＿＿＿＿
邮政编码:＿＿＿＿＿＿＿＿＿＿＿　　　　　邮政编码:＿＿＿＿＿＿＿＿＿＿＿
电话:＿＿＿＿＿＿＿＿＿＿＿＿＿＿　　　　电话:＿＿＿＿＿＿＿＿＿＿＿＿＿＿
传真:＿＿＿＿＿＿＿＿＿＿＿＿＿＿　　　　传真:＿＿＿＿＿＿＿＿＿＿＿＿＿＿
电子邮箱:＿＿＿＿＿＿＿＿＿＿＿　　　　　电子邮箱:＿＿＿＿＿＿＿＿＿＿＿
开户银行:＿＿＿＿＿＿＿＿＿＿＿　　　　　开户银行:＿＿＿＿＿＿＿＿＿＿＿
账号:＿＿＿＿＿＿＿＿＿＿＿＿＿＿　　　　账号:＿＿＿＿＿＿＿＿＿＿＿＿＿＿

第二部分　通用合同条款

第1条　一般约定

1.1 词语定义

下列词语除专用合同条款另有约定外,应具有本条所赋予的含义。

1.1.1 合同:指根据法律规定和合同当事人约定具有约束力的文件,构成合同的文件包括合同协议书、专用合同条款及其附件、通用合同条款、中标通知书(如果有)、投标文件及其附件(如果有)、技术标准和要求、图纸以及其他合同文件。

1.1.2 合同协议书:指构成合同的由发包人和勘察人共同签署的称为"合同协议书"的书面文件。

1.1.3 通用合同条款:是根据法律、行政法规规定及建设工程勘察的需要订立,通用于建设工程勘察的合同条款。

1.1.4 专用合同条款:是发包人与勘察人根据法律、行政法规规定,结合具体工程实际,经协商达成一致意见的合同条款,是对通用合同条款的细化、完善、补充、修改或另行约定。

1.1.5 发包人:指与勘察人签定合同协议书的当事人以及取得该当事人资格的合法继承人。

1.1.6 勘察人:指在合同协议书中约定,被发包人接受的具有工程勘察资质的当事人以及取得该当事人资格的合法继承人。

1.1.7 工程:指发包人与勘察人在合同协议书中约定的勘察范围内的项目。

1.1.8 勘察任务书:指由发包人就工程勘察范围、内容和技术标准等提出要求的书面文件。勘察任务书构成合同文件组成部分。

1.1.9 合同价款:指合同当事人在合同协议书中约定,发包人用以支付勘察人完成合同约定范围内工程勘察工作的款项。

1.1.10 费用:指为履行合同所发生的或将要发生的必需的支出。

1.1.11 工期:指合同当事人在合同协议书中约定,按总日历天数(包括法定节假日)计算的工作天数。

1.1.12 天:除特别指明外,均指日历天。约定按天计算时间的,开始当天不计入,从次日开始计算。时限的最后一天是休息日或者其他法定节假日的,以节假日次日为时限的最后一天,时限的最后一天的截止时间为当日24时。

1.1.13 开工日期:指合同当事人在合同中约定,勘察人开始工作的绝对或相对日期。

1.1.14 成果提交日期:指合同当事人在合同中约定,勘察人完成合同范围内工作并提交成果资料的绝对或相对日期。

1.1.15 图纸:指由发包人提供或由勘察人提供并经发包人认可,满足勘察人开展工作需要的所有图件,包括相关说明和资料。

1.1.16 作业场地:指工程勘察作业的场所以及发包人具体指定的供工程勘察作业使用的其他场所。

1.1.17 书面形式:指合同书、信件和数据电文(包括电报、电传、传真、电子数据交换和电子邮件)等可以有形地表现所载内容的形式。

1.1.18 索赔:指在合同履行过程中,一方违反合同约定,直接或间接地给另一方造成实际损失,受损方向违约方提出经济赔偿和(或)工期顺延的要求。

1.1.19 不利物质条件:指勘察人在作业场地遇到的不可预见的自然物质条件、非自然的物质障碍和污染物。

1.1.20 后期服务:指勘察人提交成果资料后,为发包人提供的后续技术服务工作和程序性工作,如报告成果咨询、基槽检验、现场交桩和竣工验收等。

1.2 合同文件及优先解释顺序

1.2.1 合同文件应能相互解释,互为说明。除专用合同条款另有约定外,组成本合同的文件及优先解释顺序如下:

(1)合同协议书;
(2)专用合同条款及其附件;
(3)通用合同条款;
(4)中标通知书(如果有);
(5)投标文件及其附件(如果有);
(6)技术标准和要求;
(7)图纸;
(8)其他合同文件。

上述合同文件包括合同当事人就该项合同文件所作出的补充和修改,属于同一类内容的文件,应以最新签署的为准。

1.2.2 当合同文件内容含糊不清或不相一致时,在不影响工作正常进行的情况下,由发包人和勘察人协商解决。双方协商不成时,按第16条〔争议解决〕的约定处理。

1.3 适用法律法规、技术标准

1.3.1 适用法律法规

本合同文件适用中华人民共和国法律、行政法规、部门规章以及工程所在地的地方性法规、自治条例、单行条例和地方政府规章等。其他需要明示的规范性文件,由合同当事人在专用合同条款中约定。

1.3.2 适用技术标准

适用于工程的现行有效国家标准、行业标准、工程所在地的地方标准以及相应的规范、规程为本合同文件适用的技术标准。合同当事人有特别要求的,应在专用合同条款中约定。

发包人要求使用国外技术标准的,应在专用合同条款中约定所使用技术标准的名称及提供方,并约定技术标准原文版、中译本的份数、时间及费用承担等事项。

1.4 语言文字

本合同文件使用汉语语言文字书写、解释和说明。如专用合同条款约定使用两种以上(含两种)语言时,汉语为优先解释和说明本合同的语言。

1.5 联络

1.5.1 与合同有关的批准文件、通知、证明、证书、指示、指令、要求、请求、意见、确定和决定等,均应采用书面形式或合同双方确认的其他形式,并应在合同约定的期限内送达接收人。

1.5.2 发包人和勘察人应在专用合同条款中约定各自的送达接收人、送达形式及联系方式。合同当事人指定的接收人、送达地点或联系方式发生变动的,应提前3天以书面形式通知对方,否则视为未发生变动。

1.5.3 发包人、勘察人应及时签收对方送达至约定送达地点和指定接收人的来往信函;如确有充分证据证明一方无正当理由拒不签收的,视为拒绝签收一方认可往来信函的内容。

1.6 严禁贿赂

合同当事人不得以贿赂或变相贿赂的方式,谋取非法利益或损害对方权益。因一方的贿赂造成对方损失的,应赔偿损失并承担相应的法律责任。

1.7 保密

除法律法规规定或合同另有约定外,未经发包人同意,勘察人不得将发包人提供的图纸、文件以及声明需要保密的资料信息等商业秘密泄露给第三方。

除法律法规规定或合同另有约定外,未经勘察人同意,发包人不得将勘察人提供的技术文件、成果资料、技术秘密及声明需要保密的资料信息等商业秘密泄露给第三方。

第 2 条 发包人

2.1 发包人权利

2.1.1 发包人对勘察人的勘察工作有权依照合同约定实施监督,并对勘察成果予以验收。

2.1.2 发包人对勘察人无法胜任工程勘察工作的人员有权提出更换。

2.1.3 发包人拥有勘察人为其项目编制的所有文件资料的使用权,包括投标文件、成果资料和数据等。

2.2 发包人义务

2.2.1 发包人应以书面形式向勘察人明确勘察任务及技术要求。

2.2.2 发包人应提供开展工程勘察工作所需要的图纸及技术资料,包括总平面图、地形图、已有水准点和坐标控制点等,若上述资料由勘察人负责搜集时,发包人应承担相关费用。

2.2.3 发包人应提供工程勘察作业所需的批准及许可文件,包括立项批复、占用和挖掘道路许可等。

2.2.4 发包人应为勘察人提供具备条件的作业场地及进场通道(包括土地征用、障碍物清除、场地平整、提供水电接口和青苗赔偿等)并承担相关费用。

2.2.5 发包人应为勘察人提供作业场地内地下埋藏物(包括地下管线、地下构筑物等)的资料、图纸,没有资料、图纸的地区,发包人应委托专业机构查清地下埋藏物。若因发包人未提供上述资料、图纸,或提供的资料、图纸不实,致使勘察人在工程勘察工作过程中发生人身伤害或造成经济损失时,由发包人承担赔偿责任。

2.2.6 发包人应按照法律法规规定为勘察人安全生产提供条件并支付安全生产防护费用,发包人不得要求勘察人违反安全生产管理规定进行作业。

2.2.7 若勘察现场需要看守,特别是在有毒、有害等危险现场作业时,发包人应派人负责安全保卫工作;按国家有关规定,对从事危险作业的现场人员进行保健防护,并承担费用。发包人对安全文明施工有特殊要求时,应在专用合同条款中另行约定。

2.2.8 发包人应对勘察人满足质量标准的已完工作,按照合同约定及时支付相应的工程勘察合同价款及费用。

2.3 发包人代表

发包人应在专用合同条款中明确其负责工程勘察的发包人代表的姓名、职务、联系方式及授权范围等事项。发包人代表在发包人的授权范围内,负责处理合同履行过程中与发包人有关的具体事宜。

第 3 条 勘察人

3.1 勘察人权利

3.1.1 勘察人在工程勘察期间,根据项目条件和技术标准、法律法规规定等方面的变化,有权向发包人提出增减合同工作量或修改技术方案的建议。

3.1.2 除建设工程主体部分的勘察外,根据合同约定或经发包人同意,勘察人可以将建设工程其他部分的勘察分包给其他具有相应资质等级的建设工程勘察单位。发包人对分包的特殊要求应在专用合同条款中另行约定。

3.1.3 勘察人对其编制的所有文件资料,包括投标文件、成果资料、数据和专利技术等拥有知识产权。

3.2 勘察人义务

3.2.1 勘察人应按勘察任务书和技术要求并依据有关技术标准进行工程勘察工作。

3.2.2 勘察人应建立质量保证体系,按本合同约定的时间提交质量合格的成果资料,并对其质量负责。

3.2.3 勘察人在提交成果资料后,应为发包人继续提供后期服务。

3.2.4 勘察人在工程勘察期间遇到地下文物时,应及时向发包人和文物主管部门报告并妥善保护。

3.2.5 勘察人开展工程勘察活动时应遵守有关职业健康及安全生产方面的各项法律法规的规定,采取安全防护措施,确保人员、设备和设施的安全。

3.2.6 勘察人在燃气管道、热力管道、动力设备、输水管道、输电线路、临街交通要道及地下通道(地下隧道)附近等风险性较大的地点,以及在易燃易爆地段及放射、有毒环境中进行工程勘察作业时,应编制安全防护方案并制定应急预案。

3.2.7 勘察人应在勘察方案中列明环境保护的具体措施,并在合同履行期间采取合理措施保护作业现场环境。

3.3 勘察人代表

勘察人接受任务时,应在专用合同条款中明确其负责工程勘察的勘察人代表的姓名、职务、联系方式及授权范围等事项。勘察人代表在勘察人的授权范围内,负责处理合同履行过程中与勘察人有关的具体事宜。

第4条 工期

4.1 开工及延期开工

4.1.1 勘察人应按合同约定的工期进行工程勘察工作,并接受发包人对工程勘察工作进度的监督、检查。

4.1.2 因发包人原因不能按照合同约定的日期开工,发包人应以书面形式通知勘察人,推迟开工日期并相应顺延工期。

4.2 成果提交日期

勘察人应按照合同约定的日期或双方同意顺延的工期提交成果资料,具体可在专用合同条款中约定。

4.3 发包人造成的工期延误

4.3.1 因以下情形造成工期延误,勘察人有权要求发包人延长工期、增加合同价款和(或)补偿费用:

(1)发包人未能按合同约定提供图纸及开工条件;

(2)发包人未能按合同约定及时支付定金、预付款和(或)进度款;

(3)变更导致合同工作量增加;

(4)发包人增加合同工作内容;

(5)发包人改变工程勘察技术要求;

(6)发包人导致工期延误的其他情形。

4.3.2 除专用合同条款对期限另有约定外,勘察人在第4.3.1款情形发生后7天内,应就延误的工期以书面形式向发包人提出报告。发包人在收到报告后7天内予以确认;逾期不予确认也不提出修改意见,视为同意顺延工期。补偿费用的确认程序参照第7.1款〔合同价款与调整〕执行。

4.4 勘察人造成的工期延误

勘察人因以下情形不能按照合同约定的日期或双方同意顺延的工期提交成果资料的,勘察人承担违约责任:

(1)勘察人未按合同约定开工日期开展工作造成工期延误的;

(2)勘察人管理不善、组织不力造成工期延误的;

(3)因弥补勘察人自身原因导致的质量缺陷而造成工期延误的;

(4)因勘察人成果资料不合格返工造成工期延误的;

(5)勘察人导致工期延误的其他情形。

4.5 恶劣气候条件

恶劣气候条件影响现场作业,导致现场作业难以进行,造成工期延误的,勘察人有权要求发包人延长工期,具体可参照第4.3.2款处理。

第5条 成果资料

5.1 成果质量

5.1.1 成果质量应符合相关技术标准和深度规定,且满足合同约定的质量要求。

5.1.2 双方对工程勘察成果质量有争议时,由双方同意的第三方机构鉴定,所需费用及因此造成的损失,由责任方承担;双方均有责任的,由双方根据其责任分别承担。

5.2 成果份数

勘察人应向发包人提交成果资料四份,发包人要求增加的份数,在专用合同条款中另行约定,发包人另行支付相应的费用。

5.3 成果交付

勘察人按照约定时间和地点向发包人交付成果资料,发包人应出具书面签收单,内容包括成果名称、成果组成、成果份数、提交和签收日期、提交人与接收人的亲笔签名等。

5.4 成果验收

勘察人向发包人提交成果资料后,如需对勘察成果组织验收的,发包人应及时组织验收。除专用合同条款对期限另有约定外,发包人14天内无正当理由不予组织验收,视为验收通过。

第6条 后期服务

6.1 后续技术服务

勘察人应派专业技术人员为发包人提供后续技术服务,发包人应为其提供必要的工作和生活条件,后续技术服务的内容、费用和时限应由双方在专用合同条款中另行约定。

6.2 竣工验收

工程竣工验收时,勘察人应按发包人要求参加竣工验收工作,并提供竣工验收所需相关资料。

第7条 合同价款与支付

7.1 合同价款与调整

7.1.1 依照法定程序进行招标工程的合同价款由发包人和勘察人依据中标价格载明在合同协议书中;非招标工程的合同价款由发包人和勘察人议定,并载明在合同协议书中。合同价款在合同协议书中约定后,除合同条款约定的合同价款调整因素外,任何一方不得擅自改变。

7.1.2 合同当事人可任选下列一种合同价款的形式,双方可在专用合同条款中约定:

(1)总价合同

双方在专用合同条款中约定合同价款包含的风险范围和风险费用的计算方法,在约定的风险范围内合同价款不再调整。风险范围以外的合同价款调整因素和方法,应在专用合同条款中约定。

(2)单价合同

合同价款根据工作量的变化而调整,合同单价在风险范围内一般不予调整，双方可在专用合同条款中约定合同单价调整因素和方法。

（3）其他合同价款形式

合同当事人可在专用合同条款中约定其他合同价格形式。

7.1.3 需调整合同价款时，合同一方应及时将调整原因、调整金额以书面形式通知对方，双方共同确认调整金额后作为追加或减少的合同价款，与进度款同期支付。除专用合同条款对期限另有约定外，一方在收到对方的通知后7天内不予确认也不提出修改意见，视为已经同意该项调整。合同当事人就调整事项不能达成一致的，则按照第16条〔争议解决〕的约定处理。

7.2 定金或预付款

7.2.1 实行定金或预付款的，双方应在专用合同条款中约定发包人向勘察人支付定金或预付款数额，支付时间应不迟于约定的开工日期前7天。发包人不按约定支付，勘察人向发包人发出要求支付的通知，发包人收到通知后仍不能按要求支付，勘察人可在发出通知后推迟开工日期，并由发包人承担违约责任。

7.2.2 定金或预付款在进度款中抵扣，抵扣办法可在专用合同条款中约定。

7.3 进度款支付

7.3.1 发包人应按照专用合同条款约定的进度款支付方式、支付条件和支付时间进行支付。

7.3.2 第7.1款〔合同价款与调整〕和第8.2款〔变更合同价款确定〕确定调整的合同价款及其他条款中约定的追加或减少的合同价款，应与进度款同期调整支付。

7.3.3 发包人超过约定的支付时间不支付进度款，勘察人可向发包人发出要求付款的通知，发包人收到勘察人通知后仍不能按要求付款，可与勘察人协商签订延期付款协议，经勘察人同意后可延期支付。

7.3.4 发包人不按合同约定支付进度款，双方又未达成延期付款协议，勘察人可停止工程勘察作业和后期服务，由发包人承担违约责任。

7.4 合同价款结算

除专用合同条款另有约定外，发包人应在勘察人提交成果资料后28天内，依据第7.1款〔合同价款与调整〕和第8.2款〔变更合同价款确定〕的约定进行最终合同价款确定，并予以全额支付。

第8条 变更与调整

8.1 变更范围与确认

8.1.1 变更范围

本合同变更是指在合同签订后发生的以下变更：

（1）法律法规及技术标准的变化引起的变更；
（2）规划方案或设计条件的变化引起的变更；
（3）不利物质条件引起的变更；
（4）发包人的要求变化引起的变更；
（5）因政府临时禁令引起的变更；
（6）其他专用合同条款中约定的变更。

8.1.2 变更确认

当引起变更的情形出现，除专用合同条款对期限另有约定外，勘察人应在7天内就调整后的技术方案以书面形式向发包人提出变更要求，发包人应在收到报告后7天内予以确认，逾期不予确认也不提出修改意见，视为同意变更。

8.2 变更合同价款确定

8.2.1 变更合同价款按下列方法进行：

（1）合同中已有适用于变更工程的价格，按合同已有的价格变更合同价款；

（2）合同中只有类似于变更工程的价格，可以参照类似价格变更合同价款；

（3）合同中没有适用或类似于变更工程的价格，由勘察人提出适当的变更价格，经发包人确认后执行。

8.2.2 除专用合同条款对期限另有约定外，一方应在双方确定变更事项后14天内向对方提出变更合同价款报告，否则视为该项变更不涉及合同价款的变更。

8.2.3 除专用合同条款对期限另有约定外，一方应在收到对方提交的变更合同价款报告之日起14天内予以确认。逾期无正当理由不予确认的，则视为该项变更合同价款报告已被确认。

8.2.4 一方不同意对方提出的合同价款变更，按第16条〔争议解决〕的约定处理。

8.2.5 因勘察人自身原因导致的变更，勘察人无权要求追加合同价款。

第9条 知识产权

9.1 除专用合同条款另有约定外，发包人提供给勘察人的图纸、发包人为实施工程自行编制或委托编制的反映发包人要求或其他类似性质的文件的著作权属于发包人，勘察人可以为实现本合同目的而复制、使用此类文件，但不能用于与本合同无关的其他事项。未经发包人书面同意，勘察人不得为了本合同以外的目的而复制、使用上述文件或将之提供给任何第三方。

9.2 除专用合同条款另有约定外，勘察人为实施工程所编制的成果文件的著作权属于勘察人，发包人可因本工程的需要而复制、使用此类文件，但不能擅自修改或用于与本合同无关的其他事项。未经勘察人书面同意，发包人不得为了本合同以外的目的而复制、使用上述文件或将之提供给任何第三方。

9.3 合同当事人保证在履行本合同过程中不侵犯对方及第三方的知识产权。勘察人在工程勘察时,因侵犯他人的专利权或其他知识产权所引起的责任,由勘察人承担;因发包人提供的基础资料导致侵权的,由发包人承担责任。

9.4 在不损害对方利益情况下,合同当事人双方均有权在申报奖项、制作宣传印刷品及出版物时使用有关项目的文字和图片材料。

9.5 除专用合同条款另有约定外,勘察人在合同签订前和签订时已确定采用的专利、专有技术、技术秘密的使用费已包含在合同价款中。

第 10 条 不可抗力

10.1 不可抗力的确认

10.1.1 不可抗力是在订立合同时不可合理预见,在履行合同中不可避免地发生且不能克服的自然灾害和社会突发事件,如地震、海啸、瘟疫、洪水、骚乱、暴动、战争以及专用条款约定的其他自然灾害和社会突发事件。

10.1.2 不可抗力发生后,发包人和勘察人应收集不可抗力发生及造成损失的证据。合同当事双方对是否属于不可抗力或其损失发生争议时,按第 16 条〔争议解决〕的约定处理。

10.2 不可抗力的通知

10.2.1 遇有不可抗力发生时,发包人和勘察人应立即通知对方,双方应共同采取措施减少损失。除专用合同条款对期限另有约定外,不可抗力持续发生,勘察人应每隔 7 天向发包人报告一次受害损失情况。

10.2.2 除专用合同条款对期限另有约定外,不可抗力结束后 2 天内,勘察人向发包人通报受害损失情况及预计清理和修复的费用;不可抗力结束后 14 天内,勘察人向发包人提交清理和修复费用的正式报告及有关资料。

10.3 不可抗力后果的承担

10.3.1 因不可抗力发生的费用及延误的工期由双方按以下方法分别承担:

(1)发包人和勘察人人员伤亡由合同当事人双方自行负责,并承担相应费用;

(2)勘察人机械设备损坏及停工损失,由勘察人承担;

(3)停工期间,勘察人应发包人要求留在作业场地的管理人员及保卫人员的费用由发包人承担;

(4)作业场地发生的清理、修复费用由发包人承担;

(5)延误的工期相应顺延。

10.3.2 因合同一方迟延履行合同后发生不可抗力的,不能免除迟延履行方的相应责任。

第 11 条 合同生效与终止

11.1 双方在合同协议书中约定合同生效方式。

11.2 发包人、勘察人履行合同全部义务,合同价款支付完毕,本合同即告终止。

11.3 合同的权利义务终止后,合同当事人应遵循诚实信用原则,履行通知、协助和保密等义务。

第 12 条 合同解除

12.1 有下列情形之一的,发包人、勘察人可以解除合同:

(1)因不可抗力致使合同无法履行;

(2)发生未按第 7.2 款〔定金或预付款〕或第 7.3 款〔进度款支付〕约定按时支付合同价款的情况,停止作业超过 28 天,勘察人有权解除合同,由发包人承担违约责任;

(3)勘察人将其承包的全部工程转包给他人或者肢解以后以分包的名义分别转包给他人,发包人有权解除合同,由勘察人承担违约责任;

(4)发包人和勘察人协商一致可以解除合同的其他情形。

12.2 一方依据第 12.1 款约定要求解除合同的,应以书面形式向对方发出解除合同的通知,并在发出通知前不少于 14 天告知对方,通知到达对方时合同解除。对解除合同有争议的,按第 16 条〔争议解决〕的约定处理。

12.3 因不可抗力致使合同无法履行时,发包人应按合同约定向勘察人支付已完工作量相对应比例的合同价款后解除合同。

12.4 合同解除后,勘察人应按发包人要求将自有设备和人员撤出作业场地,发包人应为勘察人撤出提供必要条件。

第 13 条 责任与保险

13.1 勘察人应运用一切合理的专业技术和经验,按照公认的职业标准尽其全部职责和谨慎、勤勉地履行其在本合同项下的责任和义务。

13.2 合同当事人可按照法律法规的要求在专用合同条款中约定履行本合同所需要的工程勘察责任保险,并使其于合同责任期内保持有效。

13.3 勘察人应依照法律法规的规定为勘察作业人员参加工伤保险、人身意外伤害险和其他保险。

第 14 条 违约

14.1 发包人违约

14.1.1 发包人违约情形

(1)合同生效后,发包人无故要求终止或解除合同;

(2)发包人未按第 7.2 款〔定金或预付款〕约定按时支付定金或预付款;

(3)发包人未按第 7.3 款〔进度款支付〕约定按时支付进度款;

(4)发包人不履行合同义务或不按合同约定履行义务的其他情形。

14.1.2 发包人违约责任

(1)合同生效后,发包人无故要求终止或解除合同,勘察人未开始勘察工作的,不退还发包人已付的定金或发包人按照专用合同条款约定向勘察人支付违约金;勘察人已开始勘察工作的,若完成计划工作量不足50%的,发包人应支付勘察人合同价款的50%;完成计划工作量超过50%的,发包人应支付勘察人合同价款的100%。

(2)发包人发生其他违约情形时,发包人应承担由此增加的费用和工期延误损失,并给予勘察人合理赔偿。双方可在专用合同条款内约定发包人赔偿勘察人损失的计算方法或者发包人应支付违约金的数额或计算方法。

14.2 勘察人违约

14.2.1 勘察人违约情形

(1)合同生效后,勘察人因自身原因要求终止或解除合同;

(2)因勘察人原因不能按照合同约定的日期或合同当事人同意顺延的工期提交成果资料;

(3)因勘察人原因造成成果资料质量达不到合同约定的质量标准;

(4)勘察人不履行合同义务或未按约定履行合同义务的其他情形。

14.2.2 勘察人违约责任

(1)合同生效后,勘察人因自身原因要求终止或解除合同,勘察人应双倍返还发包人已支付的定金或勘察人按照专用合同条款约定向发包人支付违约金。

(2)因勘察人原因造成工期延误的,应按专用合同条款约定向发包人支付违约金。

(3)因勘察人原因造成成果资料质量达不到合同约定的质量标准,勘察人应负责无偿给予补充完善使其达到质量合格。因勘察人原因导致工程质量安全事故或其他事故时,勘察人除负责采取补救措施外,应通过所投工程勘察责任保险向发包人承担赔偿责任或根据直接经济损失程度按专用合同条款约定向发包人支付赔偿金。

(4)勘察人发生其他违约情形时,勘察人应承担违约责任并赔偿因其违约给发包人造成的损失,双方可在专用合同条款内约定勘察人赔偿发包人损失的计算方法和赔偿金额。

第15条 索赔

15.1 发包人索赔

勘察人未按合同约定履行义务或发生错误以及应由勘察人承担责任的其他情形,造成工期延误及发包人的经济损失,除专用合同条款另有约定外,发包人可按下列程序以书面形式向勘察人索赔:

(1)违约事件发生后7天内,向勘察人发出索赔意向通知;

(2)发出索赔意向通知后14天内,向勘察人提出经济损失的索赔报告及有关资料;

(3)勘察人在收到发包人送交的索赔报告和有关资料或补充索赔理由、证据后,于28天内给予答复;

(4)勘察人在收到发包人送交的索赔报告和有关资料后28天内未予答复或未对发包人作进一步要求,视为该项索赔已被认可;

(5)当该违约事件持续进行时,发包人应阶段性向勘察人发出索赔意向,在违约事件终了后21天内,向勘察人送交索赔的有关资料和最终索赔报告。索赔答复程序与本款第(3)、(4)项约定相同。

15.2 勘察人索赔

发包人未按合同约定履行义务或发生错误以及应由发包人承担责任的其他情形,造成工期延误和(或)勘察人不能及时得到合同价款及勘察人的经济损失,除专用合同条款另有约定外,勘察人可按下列程序以书面形式向发包人索赔:

(1)违约事件发生后7天内,勘察人可向发包人发出要求其采取有效措施纠正违约行为的通知;发包人收到通知14天内仍不履行合同义务,勘察人有权停止作业,并向发包人发出索赔意向通知。

(2)发出索赔意向通知后14天内,向发包人提出延长工期和(或)补偿经济损失的索赔报告及有关资料;

(3)发包人在收到勘察人送交的索赔报告和有关资料或补充索赔理由、证据后,于28天内给予答复;

(4)发包人在收到勘察人送交的索赔报告和有关资料后28天内未予答复或未对勘察人作进一步要求,视为该项索赔已被认可;

(5)当该索赔事件持续进行时,勘察人应阶段性向发包人发出索赔意向,在索赔事件终了后21天内,向发包人送交索赔的有关资料和最终索赔报告。索赔答复程序与本款第(3)、(4)项约定相同。

第16条 争议解决

16.1 和解

因本合同以及与本合同有关事项发生争议的,双方可以就争议自行和解。自行和解达成协议的,经签字并盖章后作为合同补充文件,合同双方均应遵照执行。

16.2 调解

因本合同以及与本合同有关事项发生争议的,双方可以就争议请求行政主管部门、行业协会或其他第三方进行调解。调解达成协议的,经签字并盖章后作为合同补充文件,双方均应遵照执行。

16.3 仲裁或诉讼

因本合同以及与本合同有关事项发生争议的,当事人不愿和解、调解或者和解、调解不成的,双方可以在专用合同条款内约定以下一种方式解决争议:

(1)双方达成仲裁协议,向约定的仲裁委员会申请仲裁;

(2)向有管辖权的人民法院起诉。

第17条 补充条款

双方根据有关法律法规规定,结合实际经协商一致,可对通用合同条款内容具体化、补充或修改,并在专用合同条款内约定。

第三部分 专用合同条款

第1条 一般约定

1.1 词语定义
_____

1.2 合同文件及优先解释顺序
1.2.1 合同文件组成及优先解释顺序:_____
_____
_____

1.3 适用法律法规、技术标准
1.3.1 适用法律法规
需要明示的规范性文件:_____
1.3.2 适用技术标准
特别要求:_____
使用国外技术标准的名称、提供方、原文版、中译本的份数、时间及费用承担:_____
_____

1.4 语言文字
本合同除使用汉语外,还使用_____语言文字。

1.5 联络
1.5.1 发包人和勘察人应在_____天内将与合同有关的通知、批准、证明、证书、指示、指令、要求、请求、同意、意见、确定和决定等书面函件送达对方当事人。
1.5.2 发包人接收文件的地点:_____
发包人指定的接收人:_____
发包人指定的联系方式:_____
勘察人接收文件的地点:_____
勘察人指定的接收人:_____
勘察人指定的联系方式:_____

1.7 保密
合同当事人关于保密的约定:_____

第2条 发包人

2.2 发包人义务
2.2.2 发包人委托勘察人搜集的资料:_____
_____

2.2.7 发包人对安全文明施工的特别要求：_____
_____
_____

2.3 发包人代表
姓名：_____ 职务：_____ 联系方式：_____
授权范围：_____

第3条 勘察人
3.1 勘察人权利
3.1.2 关于分包的约定：_____
3.3 勘察人代表
姓名：_____ 职务：_____ 联系方式：_____
授权范围：_____
_____

第4条 工期
4.2 成果提交日期
双方约定工期顺延的其他情况：_____
4.3 发包人造成的工期延误
4.3.2 双方就工期顺延确定期限的约定：_____

第5条 成果资料
5.2 成果份数
勘察人应向发包人提交成果资料四份，发包人要求增加的份数为_____份。
5.4 成果验收
双方就成果验收期限的约定：_____
_____

第6条 后期服务
6.1 后续技术服务
后续技术服务内容约定：_____
后续技术服务费用约定：_____
后续技术服务时限约定：_____

第7条 合同价款与支付
7.1 合同价款与调整
7.1.1 双方约定的合同价款调整因素和方法：_____
_____

7.1.2 本合同价款采用_____方式确定。
(1)采用总价合同,合同价款中包括的风险范围：_____
_____
风险费用的计算方法：_____

风险范围以外合同价款调整因素和方法：_____
(2) 采用单价合同，合同价款中包括的风险范围：_____
风险范围以外合同单价调整因素和方法：_____
(3) 采用的其他合同价款形式及调整因素和方法：_____

7.1.3 双方就合同价款调整确认期限的约定：_____
7.2 定金或预付款
7.2.1 发包人向勘察人支付定金金额：_____ 或预付款的金额：_____
7.2.2 定金或预付款在进度款中的抵扣办法：_____
7.3 进度款支付
7.3.1 双方约定的进度款支付方式、支付条件和支付时间：_____

7.4 合同价款结算
最终合同价款支付的约定：_____
第 8 条　变更与调整
8.1 变更范围与确认
8.1.1 变更范围
变更范围的其他约定：_____
8.1.2 变更确认
变更提出和确认期限的约定：_____
8.2 变更合同价款确定
8.2.2 提出变更合同价款报告期限的约定：_____
8.2.3 确认变更合同价款报告时限的约定：_____
第 9 条　知识产权
9.1 关于发包人提供给勘察人的图纸、发包人为实施工程自行编制或委托编制的反映发包人要求或其他类似性质的文件的著作权的归属：_____
关于发包人提供的上述文件的使用限制的要求：_____

9.2 关于勘察人为实施工程所编制文件的著作权的归属：_____
关于勘察人提供的上述文件的使用限制的要求：_____

9.5 勘察人在工作过程中所采用的专利、专有技术、技术秘密的使用费的承担方式：_____

第 10 条　不可抗力
10.1 不可抗力的确认
10.1.1 双方关于不可抗力的其他约定(如政府临时禁令)：_____

10.2 不可抗力的通知
10.2.1 不可抗力持续发生，勘察人报告受害损失期限的约定：_____

10.2.2 勘察人向发包人通报受害损失情况及费用期限的约定：_____

第 13 条 责任与保险
13.2 工程勘察责任保险的约定：_____

第 14 条 违约
14.1 发包人违约
14.1.2 发包人违约责任
(1)发包人支付勘察人的违约金：_____
(2)发包人发生其他违约情形应承担的违约责任：_____

14.2 勘察人违约
14.2.2 勘察人违约责任
(1)勘察人支付发包人的违约金：_____

(2)勘察人造成工期延误应承担的违约责任：_____

(3)因勘察人原因导致工程质量安全事故或其他事故时的赔偿金上限：_____

(4)勘察人发生其他违约情形应承担的违约责任：_____

第 15 条 索赔
15.1 发包人索赔
索赔程序和期限的约定：_____

15.2 勘察人索赔
索赔程序和期限的约定：_____

第 16 条 争议解决
16.3 仲裁或诉讼
双方约定在履行合同过程中产生争议时,采取下列第_____种方式解决：
(1)向_____仲裁委员会提请仲裁；
(2)向_____人民法院提起诉讼。

第 17 条 补充条款
双方根据有关法律法规规定,结合实际经协商一致,补充约定如下：
_____

附件 A 勘察任务书及技术要求
附件 B 发包人向勘察人提交有关资料及文件一览表
附件 C 进度计划
附件 D 工作量和费用明细表

六、人大代表建议、政协委员提案答复

对十三届全国人大五次会议第8259号建议的答复
——关于开展既有建筑分布式光伏自能源化升级改造的建议

- 2022年8月10日
- 建建复字〔2022〕177号

您提出的关于开展既有建筑分布式光伏自能源化升级改造的建议收悉，现答复如下：

一、关于建筑节能降碳宣传，推进建筑光伏一体化建设

我部重视城乡建设领域的宣传工作，指导各地住房和城乡建设主管部门开展节能宣传周等活动，围绕提高新建建筑节能标准、既有建筑节能改造、可再生能源建筑应用等内容开展形式多样的宣传，积极倡导简约适度、绿色低碳的生活方式，取得了积极成效。2021年10月，颁布全文强制性标准《建筑节能与可再生能源利用通用规范》，明确自2022年4月1日起新建建筑应安装太阳能系统。2022年3月，印发《"十四五"建筑节能与绿色建筑发展规划》，提出推进新建建筑太阳能光伏一体化建设、施工、安装，鼓励政府投资公益性建筑加强太阳能光伏应用。"十四五"期间，累计新增太阳能光伏装机容量0.5亿千瓦，逐步完善太阳能光伏应用政策体系、标准体系、技术体系。

国家电网有限公司深入开展分布式光伏业务研究，编制完成《区域分布式光伏市场化应用典型解决方案》，推动分布式光伏业务规范开展。制定《低压分布式光伏计量采集典型设计方案》，规范低压分布式光伏现场装表接线，探索逆变器控制技术。以市场化方式大力开发分布式光伏建设，聚焦公共建筑、厂房屋顶、园区等场景，累计实施项目1000余个，总装机容量达308MW。

中国南方电网有限责任公司大力支持既有建筑分布式光伏自能源化升级改造，制定印发了《新能源服务指南》《分布式光伏并网服务业务指导书》等文件，按照简化并网流程、提高服务效率、促进高效利用的基本原则，为分布式光伏项目设立绿色通道，提供"一站式"并网服务，推动分布式光伏项目健康快速发展。

二、关于开展社区网格化推进既有建筑自能源化升级改造

积极推进既有建筑节能绿色改造工作。2022年3月，我部印发《"十四五"建筑节能与绿色建筑发展规划》，提出引导居民在更换门窗、空调、壁挂炉等部品及设备时，采购高效能产品。结合老旧小区改造，开展建筑节能低碳改造，与小区公共环境整治、多层加装电梯、小区市政基础设施改造等统筹推进。

积极推广新型绿色建造方式。《"十四五"建筑节能与绿色建筑发展规划》提出完善装配式建筑标准化设计和生产体系，推行选型和一体化集成设计，推广少规格、多组合设计方法，推动构件和部品部件标准化，扩大标准化构件和部品部件使用规模，满足标准化设计选型要求。同时，构建"1+3"标准化设计和生产体系，编制报批《装配式住宅设计选型标准》，发布实施《装配式混凝土结构住宅主要构件尺寸指南》《住宅装配化装修主要部品部件尺寸指南》《钢结构住宅主要构件尺寸指南》，引领设计单位实施标准化正向设计，指导生产单位开展标准化批量生产，进一步降低装配式建筑造价成本，提升综合效率和效益优势。

三、关于建立建筑低碳化、净零能耗绿色运行收益共享机制

2012年，国家应对气候变化主管部门发布《温室气体自愿减排交易管理暂行办法》，建立了温室气体自愿减排交易机制，支持对可再生能源、林业碳汇等项目的减排效果进行量化核证，核证后的减排量称之为国家核证自愿减排量（CCER）并可用于市场交易。温室气体自愿减排交易机制实施以来，在服务碳排放权交易试点碳市场配额清抵销、促进可再生能源发展等方面发挥了积极作用，并为全国碳排放权交易市场建设和运行积累了宝贵经验。

2020年12月，生态环境部发布《碳排放权交易管理办法（试行）》，规定"重点排放单位每年可以使用国家核证自愿减排量抵销碳排放配额的清缴，抵销比例不得超过应清缴碳排放配额的5%"。2021年，全国碳市场第一个履约周期已有重点排放单位使用CCER进行配额清缴。目前，正在组织修订《温室气体自愿减排交易管理暂行办法》及相关技术规范，将研究支持符合条件的建筑绿色能源项目开发为温室气体自愿减排项目，并进入市场获取减排量收益。

四、关于建设社区微电网，实现社区清洁化产能、储能与耗能自平衡并开展市场化充电服务

2021年底，国家能源局联合9部委印发《"十四五"可再生能源发展规划》。规划明确提出全面推进分布式光伏开发，重点推进工业园区、经济开发区、公共建筑等屋顶光伏开发利用行动，在新建厂房和公共建筑积极推进光伏建筑一体化开发，实施"千家万户沐光行动"，规范有序推进整县（区）屋顶分布式光伏开发，建设光伏新村。同时提出大力发展综合能源服务，推动分布式可再生能源高效灵活接入与生产消费一体化，建设冷热水电气一体供应的区域综合能源系统。通过电力市场交易等促进可再生能源与电动汽车互动发展。

2022年3月，国家发改委、国家能源局、住房和城乡建设部等10部门联合印发《关于进一步推进电能替代的指导意见》，大力推进工业领域电气化，加快建设绿色微电网，引导企业和园区加快厂房光伏、分布式风电、热泵等一体化系统开发运行，推进多能高效互补利用，推进"电能替代+综合能源服务"，鼓励利用虚拟电厂参与系统互动，促进用户积极主动参与需求侧响应，更多消费绿色电力。

感谢您对住房和城乡建设事业的关心和支持！

对十三届全国人大五次会议第2483号建议的答复

——关于加快中水回用立法大力推进城市中水回用的建议

- 2022年7月11日
- 建建复字〔2022〕40号

您提出的关于加快中水回用立法大力推进城市中水回用的建议收悉，现答复如下：

我国水资源紧缺，推进污水再生利用有利于缓解水资源压力，对改善水生态环境质量具有重大意义。近年来，我部与水利部等部门积极推动再生水（中水）等非常规水资源利用有关工作。

一、推动污水再生利用立法

近年来我部积极推进污水再生利用立法。2014年1月1日施行的《城镇排水与污水处理条例》，从规划、建设、运行、维护等方面规定了再生水利用要求，为污水收集处理及再生利用提供了有力的法律保障，明确在生态景观、工业生产、城市绿化、道路清扫、车辆冲洗、建筑施工等领域优先使用再生水。我部与水利部、国家发展改革委推进《节约用水条例》立法工作，2021年12月，3部门已联合将《节约用水条例（草案）》（送审稿）呈报国务院审议。《节约用水条例（草案）》（送审稿）设置非常规水源利用专节，制定了推动再生水利用有关条款，明确各级地方人民政府应当统筹规划建设污水资源化利用基础设施，工业生产、城市绿化等应当优先使用再生水。

二、完善标准规范

我部先后出台《城镇污水再生利用工程设计规范》《建筑中水设计标准》《建筑给水排水与节水通用规范》以及工业用水、城市杂用水、景观环境用水、绿地灌溉、农田灌溉、地下水回灌等一系列城市污水再生利用水质标准，对建筑等中水设计、用途、水质、处理方式等方面做出规定，为污水再生利用提供技术支撑。

三、强化规划引领，推进设施建设

"十一五"以来，我部与国家发展改革委每5年联合编制印发污水处理及再生水利用设施建设规划。2021年，我部与国家发展改革委印发《"十四五"城镇污水处理及资源化利用发展规划》，指导各地全面提升污水收集处理效能，推进污水再生利用。2021年，与国家发改委等部委联合印发《关于推进污水资源化利用的指导意见》，提出将污水资源化利用作为节水开源的重要内容，实施污水收集及资源化利用设施建设工程，缺水城市新建城区要因地制宜提前规划布局再生水管网。与水利部等部委印发《"十四五"节水型社会建设规划》《关于加强城市节水工作的指导意见》等文件，明确"十四五"期间再生水利用的目标、重点领域和重点工程。据初步统计，2021年全国城市再生水利用量达160多亿立方米，再生水正在成为城市的第二水源。此外，我部与有关部委联合印发《区域再生水循环利用试点实施方案》《典型地区再生水利用配置试点方案》，在典型地区选择基础条件较好的城市开展再生水利用试点，形成先进使用成熟的案例及模式，为其他地区提高再生水利用水平提供经验借鉴。

四、强化政策支持

我部发布《绿色建筑评价标准》（GB/T50378-2019），对利用非传统水源（包含中水）的建筑给予绿色建筑评价的相应分值鼓励。财政部、税务总局和水利部编制印发《水资源税改革试点暂行办法》，以惠促用推进再生水利用，明确对取用再生水等非常规水源，免征水资源税。此外，水利部与国家发展改革委印发《"十四五"

用水总量和强度双控目标》,明确将非常规水源最低利用量纳入双控目标,有力推进再生水等非常规水源利用。

下一步,我部将会同有关部门抓好政策落实,督促各地推进污水资源化利用设施建设,提高污水再生利用水平,同时继续推进《节约用水条例》立法工作,为持续推动再生水利用提供法律保障。

感谢您对住房和城乡建设事业的关心和支持!

关于政协第十三届全国委员会第五次会议第02006号(城乡建设类057号)提案答复的函

——关于提升城市绿化带生态化设计的提案

· 2022年9月8日
· 建提复字〔2022〕第122号

您提出的《关于提升城市绿化带生态化设计的提案》收悉,现答复如下:

提升城市绿化带生态化设计,是落实海绵城市建设理念、加强城市生态基础设施建设的重要内容。您的建议非常具有参考价值和借鉴意义。近年来,我部认真贯彻落实习近平生态文明思想,不断推进城市园林绿化建设,改善城乡生态和人居环境,按照海绵城市建设要求,组织有关单位对部分规划设计标准和规范进行修订,指导各地园林绿化主管部门持续推动对城市绿化带等公共绿地的生态化改造。

一、关于深化"海绵城市"建设的全生命周期管理

指导各地落实《国务院办公厅关于推进海绵城市建设的指导意见》(国办发〔2015〕75号),编制实施海绵城市建设规划,完善标准规范,统筹有序建设,创新建设运营机制等。2022年4月,我部印发《关于进一步明确海绵城市建设工作有关要求的通知》(建办城〔2022〕17号),指导督促各地在海绵城市建设中加强园林绿化等多专业融合设计、全过程协同,强化项目建设管控、加强施工管理和做好运行维护。制定《海绵城市建设技术指南》,修订城市规划、给排水、园林、建筑、道路等10项标准规范,组织编制海绵城市建设设计、施工验收等标准,将海绵城市建设理念落实到相关工程建设中。

二、关于对新、老城区的绿化带因地制宜进行"海绵化"改造

指导地方落实国办发〔2015〕75号文件要求,增强道路绿化带对雨水的消纳功能。推广海绵型公园和绿地,通过建设雨水花园、下凹式绿地、人工湿地等措施,增强公园和绿地系统的城市海绵体功能,消纳自身雨水,并为蓄滞周边区域雨水提供空间。同时,落实建办城〔2022〕17号文件要求,发挥道路、绿地等对雨水的吸纳和缓释作用,提升城市蓄水、渗水和涵养水的能力,实现水的自然积存、自然渗透、自然净化。

三、关于采用下沉式道路绿化带设计

指导地方落实《城市绿地设计规范》(GB50420-2007)、《城市道路工程设计规范》(CJJ37-2012)等规定,在城市道路、绿地中设置雨水渗透、净化设施等。

四、关于加强对绿化带抗逆植物的选育

指导地方落实《城市道路绿化规划与设计规范》(CJJ75-97)规定,植物种植应适地适树,符合植物间伴生的生态习性;在道路绿化中选择适应道路环境条件、生长稳定、观赏价值高和环境效益好的植物种类。

下一步,我部将进一步指导各地落实相关文件和标准要求,推动海绵城市建设,切实提升城市绿化带生态化设计水平。

感谢您对住房和城乡建设事业的关心和支持!

关于政协第十三届全国委员会第五次会议第00301号(资源环境类018号)提案答复的函

——关于提升我国北方城市洪涝治理能力的提案

· 2022年8月31日
· 建提复字〔2022〕第112号

《关于提升我国北方城市洪涝治理能力的提案》收悉,现答复如下:

你们提出的建设适水韧性城市、加强城市防涝基础设施建设、建立有效跨部门协作联动机制等建议,对于推动北方城市洪涝治理能力的提升具有重要意义。我部认真贯彻落实党中央、国务院决策部署,积极推进北方城市内涝治理。

一、指导北方地区城市内涝治理

近年来,北方地区降雨增多,极端天气频发,相比于南方地区,北方地区应对能力和经验不足。我部积极指导北方地区安全度汛,2021—2022年汛前组织对东北地区、华北地区调研指导,多次赴辽宁、吉林、黑龙江等省现场督促城市防汛工作;与国家防汛抗旱总指挥部办公室对海河流域开展汛前检查,提醒做好排水防涝工作等。2021年,针对河南郑州"7·20"特大暴雨灾害,指导和帮助河南省开展抢险救灾和灾后恢复重建工作。

二、关于建设适水韧性城市

（一）强化人水和谐，预留生态滞蓄空间。指导地方落实《国务院办公厅关于加强城市内涝治理的实施意见》（国办发〔2021〕11号）要求，强化规划管理与实施，保护山水林田湖草等自然调蓄空间。恢复并增加水空间，扩展城市及周边自然调蓄空间。督促各地按照《国务院办公厅关于推进海绵城市建设的指导意见》（国办发〔2015〕75号）要求，推广海绵型公园和绿地，通过建设雨水花园、下凹式绿地、人工湿地等措施，增强公园和绿地系统的城市海绵体功能，消纳自身雨水，并为蓄滞周边区域雨水提供空间。

（二）加强洪涝风险管控。指导各地落实国办发〔2021〕11号文件要求，编制内涝风险图，探索划定洪涝风险控制线和灾害风险区，优化排涝通道和设施设置，加强城市竖向设计，合理确定地块高程。

三、关于加强城市防涝基础设施建设

（一）推进设施建设。2022年4月，我部会同国家发展改革委等部门印发《"十四五"城市排水防涝体系建设行动计划》（建城〔2022〕36号），指导各地加快实施排水管网等设施建设改造，新建排水管网原则上应尽可能达到国家建设标准的上限要求，改造易造成积水内涝问题和混错接的雨污水管网。按照《国务院办公厅关于印发城市燃气管道等老化更新改造实施方案（2022—2025年）的通知》（国办发〔2022〕22号）要求，指导各地结合城市更新改造等，加快推进城市排水管网更新改造工作。

（二）提高建设标准。2014年以来，多次修订《室外排水设计标准》（GB 50014），制定《城镇内涝防治技术规范》（GB 51222-2017）和全文强制性工程建设规范《城乡排水工程项目规范》（GB 55027-2022）等，提升雨水管渠设计标准，超大城市和特大城市的中心城区雨水管网设计标准提升到3—5年一遇，基本达到发达国家排水管网建设标准要求。建立城市内涝防治标准，明确城市排水防涝工程技术要求。

（三）提升重点区域排水防涝能力。指导督促各地落实建城〔2022〕36号文件和《关于做好2022年城市排水防涝工作的通知》（建办城函〔2022〕134号）要求，提升立交桥区、地铁出入口及场站等区域及周边排涝能力，储备挡水板、沙袋等应急物资；因地制宜对地下空间关键设备采取挡水防淹、迁移改造等措施，提高抗灾减灾能力。医院、地铁、隧道等项目建设应加强选址论证，充分考虑洪涝风险。按照《城乡排水工程项目规范》（GB 55027-2022）要求，在地下通道和下穿立交道路设置独立的雨水排水系统，并采取防止倒灌的措施。

（四）推进海绵城市建设。2022年4月，印发《关于进一步明确海绵城市建设工作有关要求的通知》（建办城〔2022〕17号），要求各地落实海绵城市建设理念，聚焦城市内涝治理，增强城市防洪排涝能力。我部与财政部、水利部在"十四五"期间开展海绵城市建设示范，目前遴选了两批共45个示范城市，综合采取"渗、滞、蓄、净、用、排"等措施，缓解城市内涝。

四、关于建立有效的跨部门联动协作机制

（一）加强部门协作联动。建城〔2022〕36号文件明确了住房和城乡建设、发展改革、水利、应急管理、气象等部门工作职责，进一步加强城市排水防涝体系建设，完善应急处置体系。与气象部门紧密合作，根据气象预报，2022年汛期，多次组织北方有关省（区）和重点城市召开视频会商会，研判汛情，有针对性地指导督促降雨地区做好排水防涝工作，并对降雨可能超出内涝防范标准的城市重点提醒。指导各地落实国办发〔2021〕11号、建城〔2022〕36号等文件要求，完善重大气象灾害应急联动机制，及时修订完善城市各类应急预案，细化和落实各相关部门工作任务、预警信息发布与响应行动措施，明确极端天气下停工、停产、停学、停运和转移避险的要求。同时，要求地方住房和城乡建设部门与应急、气象、水利等部门实行信息共享和会商联动，及时发布暴雨预警信息和启动应急响应，通知有关单位和居民提前做好防范。

（二）推进智慧平台建设。我部会同有关部门印发《关于加快推进新型城市基础设施建设的指导意见》（建改发〔2020〕73号），指导各地对城镇排水等设施进行升级改造和智能化管理，在排水设施关键节点、易涝积水点布设必要的智能化感知终端设备，依托城市信息模型（CIM）平台，对设施运行数据进行实时监测、模拟仿真和大数据分析，满足灾情预判、预警预报、防汛调度等功能需要，实现及时预警和应急处置。

五、关于提升全社会应对城市洪涝灾害的综合能力

指导各地落实建办城函〔2022〕134号、建城〔2022〕36号文件要求，加强对街道、社区、物业等基层管理人员的指导和培训，提升应急处置能力，组织和发动群众，不定期开展演练，增强公众防灾减灾意识和自救互救能力。同时，加大宣传引导，充分发挥各类媒体作用，开展防灾避险科普宣传。完善信息发布制度，公开透明、积极负责任地回应社会关切。2022年6月，我部会同国家发展改革委、中国气象局印发《关于进一步规范城市内涝防治信息发布等有关工作的通知》（建办城〔2022〕30号），要求在发

布气象预警预报和排水防涝等信息时，明确公布降雨量的毫米数，避免"×年一遇"等模糊性表述，更好地引导公众防灾避险。此外，结合我部每年组织开展的"安全生产月"等活动，对城市排水防涝安全进行宣传，强化公众参与。

下一步，我部将会同有关部门重点做好如下工作：一是指导北方城市结合本地区实际情况，抓紧落实城市排水防涝体系建设项目，加快设施建设。二是持续加强对海绵城市建设示范城市的跟踪、指导和绩效评价，及时总结示范城市经验做法，以示范城市带动其他城市落实海绵城市建设理念，缓解城市内涝，提升城市排水防涝能力。三是加强部门协调联动，指导督促北方城市在汛前、汛中开展应急演练，提升应急处置能力。四是强化培训和宣传引导，建立健全多部门协同、全社会动员的城市防汛应急管理体系。

感谢对住房和城乡建设事业的关心和支持！

关于政协第十三届全国委员会第五次会议第 03601 号（城乡建设类 098 号）提案答复的函
——关于我国城市现有基础设施实现快速、低成本数字化升级的提案

· 2022 年 8 月 18 日
· 建提复字〔2022〕第 54 号

您提出的《关于我国城市现有基础设施实现快速、低成本数字化升级的提案》收悉，现答复如下：

推动公用事业数字化，提升公用事业管理水平，对促进公用事业高质量发展，更好地服务广大用户有重要意义。近年来，我部与有关部门积极推进相关工作。

一、已开展工作

（一）推进新型城市基础设施建设。2020 年，我部联合中央网信办、科技部、工业和信息化部等部门印发《关于加快推进新型城市基础设施建设的指导意见》（建改发〔2020〕73 号），明确有关要求，加快推进基于信息化、数字化、智能化的新型城市基础设施建设（以下简称"新城建"）。2020 年，我部在重庆、太原、南京等十几个城市开展"新城建"试点工作，系统推进"新城建"各项任务，包括推进智能化市政基础设施建设和改造、建设城市运行管理平台、加快推进智慧社区建设等内容。同时，在承德、长春、海宁、湖州、绍兴、芜湖等城市开展"新城建"专项试点工作，组织实施智能化市政基础设施建设和改造，对城镇供水、排水、燃气、热力等市政基础设施进行升级改造和智能化管理。在苏州、广州等地开展城市排水智能化试点，积极探索结合 5G、物联网等技术，加强对数据采集、分析、应用，推进管网日常运营维护的智慧化管理。

（二）推动市政基础设施智能化建设。2020 年，经国务院同意，我部印发《关于加强城市地下市政基础设施建设的指导意见》（建城〔2020〕111 号），明确提出推动数字化、智能化建设，提升设施运行效率和服务水平。2022 年，我部与国家发展改革委印发《"十四五"全国城市基础设施建设规划》（建城〔2022〕57 号），提出开展城市基础设施智能化建设行动，加快推进基于数字化、网络化、智能化的新型城市基础设施建设和改造。2022 年，我部与国家发展改革委印发《关于加强公共供水管网漏损控制的通知》（建办水〔2022〕2 号），明确提出开展供水管网智能化建设工程，推动供水企业完成供水管网信息化基础上，实施智能化改造，建立基于物联网的供水智能化管理平台，逐步提高城市供水管网漏损的信息化、智慧化管理水平。

（三）推进信息技术与产业融合应用，促进城市数字化发展。工业和信息化部积极推进互联网、大数据、云计算、人工智能等新一代信息技术与产业融合应用，促进城市数字化发展。印发《"十四五"信息化和工业化深度融合发展规划》《关于全面推进移动物联网（NB-IoT）建设发展的通知》《关于深入推进移动互联网全面发展的通知》，明确推动企业数字化发展的重点方向、主要路径及核心任务，推动构建高中低协同发展的移动物联网综合生态体系，为城市数字化转型提供政策支撑。加快推进信息基础设施建设，为城市数字化发展提供坚实网络支撑。截至 2022 年 3 月底，移动物联网连接数达到 15.2 亿户，在智慧公用事业、智能制造等领域形成较大应用规模，智能水表、气表等已在多地推广应用。同时，加强数据安全法治建设和网络安全监测力度，2021 年以来，累计监测并通报处置水、电、气、热等有关行业网页篡改事件 22 个、信息系统安全漏洞 542 个。

（四）推进城乡社区服务体系建设。民政部积极推进社区智慧化智能化水平，报请印发《中共中央 国务院关于加强和完善城乡社区治理的意见》《中共中央 国务院关于加强基层治理体系和治理能力现代化建设的意见》，以加强基层智慧能力建设、优化社区服务格局为重点，指导各地推进包括公用事业在内的智慧城市、智慧社区基础设施建设。报请国务院办公厅印发《"十四五"城乡社区服务体系建设规划》，指导各地加快推动包括公共事业基础设施在内的社区服务数字化建设。会同中央政法委等 9 部

门印发《关于深入推进智慧社区建设的意见》，指导各地深化物联网、大数据、云计算和人工智能等信息技术应用，加强完善智慧社区标准体系建设，鼓励公用事业企业参与，推动公用事业大数据和其他部门业务协同和数据共享。会同有关部门指导各地大力推进城乡社区服务体系建设，持续健全城乡社区综合服务设施网络，截至2021年底，全国城市社区综合服务设施覆盖率为100%，服务信息化不断加强，"互联网+社区政务、商务服务"加速推进。

二、下一步工作

我部将与有关部门按职责分工继续做好新型城市基础设施建设试点工作，及时形成可复制可推广经验模式，以数字化、智能化推动城市市政基础设施高质量发展。持续推进城市基础设施数字化、智能化建设和改造，指导各地充分利用"互联网+"技术，推动供水、供热、燃气等基础设施数字化建设，不断提升管理的智能化水平，更好地服务群众。

感谢您对住房和城乡建设事业的关心和支持！

对十三届全国人大四次会议第2126号建议的答复
—— 关于规范发展长租公寓市场促进我国
住房租赁行业平稳健康发展的建议

· 2021年6月25日

您提出的关于规范发展长租公寓市场促进我国住房租赁行业平稳健康发展的建议收悉，现答复如下：

近年来，我国住房租赁市场快速发展，但部分从事转租经营的轻资产住房租赁企业，利用租金支付期限错配建立资金池，控制房源、哄抬租金，有的甚至利用承租人信用套取信贷资金，变相开展金融业务。2020年，少数住房租赁企业资金链断裂，严重影响住房租赁当事人合法权益。您提的建议，对于促进和规范长租公寓市场发展具有重要的借鉴意义。

一、正在开展的工作

（一）加快住房租赁立法工作。推动加快出台《住房租赁条例》。目前，《住房租赁条例》（草案）已经公开征求社会意见，其中，包括明确住房租赁双方权利义务、加强承租人权益保护、推动形成稳定的租赁关系、完善住房租赁服务与监督、加强住房租赁企业监管等内容。

（二）开展中央财政支持住房租赁试点工作。2019年以来，我部会同财政部开展中央财政支持住房租赁市场发展试点工作，支持试点城市通过新增用地建设租赁住房、集体建设用地建设租赁住房、非居住房屋改建、园区配建、利用存量土地建设租赁住房等多种方式，有效增加租赁住房供给，缓解新市民、青年人特别是从事基本公共服务人员阶段性住房困难问题。

（三）整顿规范住房租赁市场秩序。2019年12月，我部会同发展改革委等5部门印发《关于整顿规范住房租赁市场秩序的意见》（建房规〔2019〕10号），从严格登记备案管理、真实发布房源信息、落实网络平台责任等方面，保障承租人权益，规范租赁市场秩序。2021年4月，我部会同发展改革委等5部门出台《关于加强轻资产住房租赁企业监管的意见》（建房规〔2021〕2号），从加强从业管理、规范经营行为、开展租赁资金监管等方面，加强轻资产住房租赁企业监管，防范化解金融风险。

二、下一步拟开展的工作

我部将充分考虑您的建议，进一步规范发展长租公寓市场，从以下几方面加强工作：

（一）加快完善长租房政策。全面落实2020年中央经济工作会议要求，我部会同相关部门研究加大对住房租赁市场的税收、金融、土地政策支持，规范发展长租房市场，加快完善长租房政策，逐步使租购住房在享受公共服务上具有同等权利。

（二）建立健全管理服务平台。目前，我部正指导各城市建设住房租赁管理服务平台。根据平台建设要求，平台应当具备机构备案、开业报告、房源核验、面积管理、信息发布、合同示范文本、网签备案、统计监测等功能。支持住房租赁管理服务平台与住房租赁相关企业数据联网，依托住房租赁管理服务平台，对住房租赁经营活动实施全过程监管。

（三）继续整治规范住房租赁市场秩序。会同相关部门继续开展整治规范住房租赁市场秩序工作，加强部门协调联动，规范住房租赁企业和中介机构行为，持续整治住房租赁市场乱象。

感谢您对住房和城乡建设事业的关心和支持！

关于政协十三届全国委员会第三次会议
第2958号提案答复的函
—— 关于从国家层面出台政策破解"空心村"的提案

· 2020年10月9日

您提出的关于从国家层面出台政策破解"空心村"的提案收悉，现答复如下：

"空心村"是当前乡村发展面临的实际问题,您所提出的相关建议对解决"空心村"问题具有重要借鉴意义。近年来,我部结合职责积极开展有关工作。

一、加强乡村建设规划管理和指导

2014年,印发《乡村建设规划许可实施意见》(建村〔2014〕21号),明确要求先规划、后许可、再建设,依法加强管理,规范乡村建设秩序。2015年,印发《关于改革创新全面有效推进乡村规划工作的指导意见》(建村〔2015〕187号),提出合理预测乡村人口流动趋势及空间分布,划定乡村居民点管控边界,确定乡村基础设施和公共服务设施建设项目,分区分类制定村庄整治指引。2018年,印发《关于进一步加强村庄建设规划工作的通知》(建村〔2018〕89号),指导各地根据村庄现状条件和发展需求,因地制宜编制村庄建设规划。

二、改善农村居住环境

一是推进农村生活垃圾治理。指导各地建立健全农村生活垃圾收运处置体系,每半年统计汇总各县(市、区)收运处置体系覆盖行政村和自然村的数据,组织第三方对所有省份进行现场核实。截至目前,农村生活垃圾收运处置体系已覆盖90%以上的行政村。会同生态环境部、水利部、农业农村部印发《关于做好2020年非正规垃圾堆放点整治工作的通知》,要求各地统筹做好疫情防控和非正规垃圾堆放点整治工作,确保2020年底基本完成整治任务。组织第三方对所有省份非正规垃圾堆放点整治工作进行现场核实。截至2020年6月底,各地排查上报的2.4万个堆放点95%以上已完成整治。

二是指导村庄开展整治。2019年,发布国家标准《村庄整治技术标准》,指导各地结合当地自然条件、经济社会发展水平、农民生产方式与生活习惯,科学制定村庄整治年度计划,优先整治贫困村以及村民最急需、农村最基本的设施和相关项目,提高村庄宜居性。

三、提升农房建设水平

2019年2月,印发《关于开展农村住房建设试点工作的通知》(建办村〔2019〕11号),开展农村住房建设试点,指导各地推广新型农房建造方式,加强配套设施建设,提升农房设计和建造质量,建设一批功能现代、风貌乡土、结构安全、绿色环保的宜居型示范农房。

下一步,我部将按照《中共中央办公厅 国务院办公厅关于实施乡村振兴战略的意见》要求,积极抓好宜居型农房示范,不断改善农民居住条件。继续加强农村生活垃圾治理,确保2020年基本实现收运处置体系覆盖90%村庄、年底前2.4万个堆放点基本完成整治的目标。指导各地按照《村庄整治技术标准》要求,因地制宜推进村庄整治,不断提升农村人居环境质量,推动美丽乡村建设。

感谢您对住房和城乡建设事业的关心和支持!

关于政协十三届全国委员会第三次会议第3192号提案答复的函

——关于建议国家发改委牵头部署启动全国内涝与防洪城市大数据建设项目的提案

· 2020年9月25日

您提出的关于建议国家发改委牵头部署启动全国内涝与防洪城市大数据建设项目的提案收悉,现答复如下:

党中央、国务院高度重视城市防洪排涝工作,习近平总书记多次就城市内涝治理、防汛救灾工作作出重要批示,我部认真抓好贯彻落实。您提出的创新城市防洪工作思路、按照流域资源环境承载力的要求推进城市防洪排涝适应体系建设等建议很有借鉴意义。

一、关于改变城市防洪的基本理念

我部赞同您关于转变传统模式、按照流域统筹城市和城市周边要素治理洪涝灾害的建议。我国地处大陆季风性气候带,降雨集中分布在5—9月,洪涝并发、相互交织。我国气候特点决定了不能照搬西方的治水思路、依靠抬高防洪堤来"拒洪水于千里之外",必须用统筹的方式、系统的方法治理城市内涝,坚持洪涝同治、蓄排统筹、疏堵结合、生态措施与工程措施并举;必须强化部门协同,扩展调蓄空间,补齐设施短板,建设生态、安全、可持续的城市水系统,实现雨季蓄水、旱季用水。我部在指导萍乡市解决流域洪水和城市暴雨碰头导致的城市内涝问题时,就是按照流域统筹思路,采取"上截、中蓄、下排"等措施,上截是指将上游来水引出,缓解下游城区外洪压力;中蓄是指发挥城市河湖水系和绿地等的调蓄作用;下排是指完善排水管网和泵站,对城市内雨水进行强排。经过治理,萍乡市应对涝灾害能力显著提升,基本实现"小雨不积水、大雨不内涝",2020年6月5日萍乡市遭受超过30年一遇的强降雨,超出城市设防标准,但城市低洼处积水深度和时间较以往均减少了70%以上。

下一步,我部将加强与水利部等有关部门的沟通,努力推动建立城市防洪和排水防涝相统筹的工作机制,力争在治理措施、建设标准、管理调度等方面充分协调衔接,逐步形成与流域、区域资源环境承载力相适应的洪涝治理体系。

二、关于城市基础设施体系向适应水患转变

我部赞同您提出的转移城市水灾水患管理重心，从防止水患向城市适应水患的基础设施体系转变等建议。近年来，我部按照《国务院办公厅关于推进海绵城市建设的指导意见》（国办发〔2015〕75号）要求，大力推进海绵城市建设，要求立足于从根源上重塑人水和谐关系，增强城市基础设施体系适应水患的能力，提高城市应对暴雨极端天气的"韧性"。印发《海绵城市建设技术指南》（建城函〔2014〕275号）、《海绵城市专项规划编制暂行规定》（建规〔2015〕50号），指导各地科学编制规划，将城市竖向管控、蓝绿线、雨水年径流总量控制率等作为刚性约束纳入规划管控，杜绝侵占河湖水系、低洼地等行为，保留天然河道、水体、坑塘、湿地等，增强城市调蓄、吸纳雨水的能力。会同财政部、水利部在30个城市开展海绵城市建设试点，探索建立从源头到末端的全过程雨水控制体系，综合运用生态措施和工程措施，统筹推进城市防洪和排水防涝设施建设，提升城市防灾减灾能力。

2017年以来，我部修订颁布建筑、园林绿化、道路、排水设施等方面的10项标准规范，明确建设下凹式绿地、雨水花园、透水性铺装等技术要求，通过"渗、滞、蓄、净、用、排"等多种措施，让城市的建筑、道路、绿地、公园等基础设施都能适应暴雨水患的影响，尽可能减少内涝灾害造成的损失。如江苏省昆山市结合老旧小区改造推进海绵城市建设，将屋面雨水、道路雨水通过侧石开口、植草沟和暗沟导流进下凹式绿地和雨水花园滞蓄、净化，起到良好效果，内涝积水现象显著缓解。2020年7月6日，昆山市遭遇强降雨，最大小时雨量达73毫米，与2019年台风"利奇马"登陆造成的暴雨强度接近，改造后的小区没有出现积水现象。浙江省宁波市在城市道路建设时将道路绿化带建成下凹式绿地，把雨水最大限度消纳、滞蓄在下凹式绿地中，避免雨水淹没道路。2020年入汛以来，宁波市总降雨量较常年同期偏多8成，经过海绵化改造的道路在梅雨期间未再发生以往"水浸街"的现象。

下一步，我们将继续指导各地系统化全域推进海绵城市建设，结合"增绿留白"扩展调蓄空间，加强城市绿化、透水铺装、下沉式绿地、植草沟、旱溪、干湿塘等建设，持续提升城市应对暴雨内涝灾害的能力；制定海绵城市规划设计、施工和验收、运行维护等标准规范，修订相关专业标准，将海绵城市建设要求落实到城市竖向设计、建筑、道路、广场、公园绿地等各类项目当中，明确海绵城市建设落地性要求。

三、关于科学、系统的大数据体系建设

我部高度重视基础设施大数据对城市排水防涝、海绵城市建设的支撑作用。印发《城市排水防涝设施普查数据采集与管理技术导则（试行）》（建研〔2013〕88号），发布实施《城市排水防涝设施数据采集与维护技术规范》（GB/T 51187-2016），要求各地在推进海绵城市建设和治理城市内涝工作中，采用数字化信息技术手段、模型方法等进行科学规划、设计、监测、评估。在规划建设环节，对自然生态本底、城市水文地质、气象降雨数据、地上地下基础设施等进行信息采集，实现规划管控"一张图"；在管理环节，要求充分运用大数据、在线监测、数学模型等先进技术方法，为设施运行管理和效果评估提供支撑。部分城市不断创新信息化技术手段，做了许多有益探索。如西咸新区研发"大数据+智慧海绵"管控平台，以实时监测、模型模拟技术动态评估建设成效，并用于指导规划、设计的优化和设施运行维护；厦门市依托"多规合一"平台，建立统一的建设项目协同审批平台，形成多部门信息共享、联动审批的综合高效信息化系统，实现海绵城市建设项目全程监管；福州市建立"联排联调"机制，统筹城区水系、管网、内河、水库等运行管理，采用物联网监测、大数据分析、云平台计算等多种信息技术手段，对城区1000多个水库、湖、池、河、闸、站，实现远程一体调控和精准调度。目前，我部正在研究新型城市基础设施建设有关工作，推进城市信息模型（CIM）平台建设，实施智能化市政基础设施建设和改造，运用大数据、云计算、区块链、人工智能等前沿技术推动城市管理手段、管理模式、管理理念创新，提升城市治理体系和治理能力的现代化水平。

下一步，我们将继续推动CIM平台建设，开展新城建供排水智能化试点，探索将城市水系统、地下管网等市政基础进行升级改造和智能化管理，推进智能化终端感知设备建设，实现对防洪排涝等及时预警和应急处置，提高城市排水防涝管理的智慧化水平。

感谢您对住房和城乡建设事业的关心和支持！

对十三届全国人大三次会议第5910号建议的答复

——关于城市更新过程中老旧建筑改造的建议

· 2020年9月8日

您提出的关于城市更新过程中老旧建筑改造的建议收悉，现答复如下：

一、相关工作情况

党中央、国务院高度重视城市更新和老旧建筑改造工作。2016年2月，中共中央、国务院印发《关于进一步加强城市规划建设管理工作的若干意见》，要求有序实施城市修补和有机更新，通过维护加固老建筑、改造利用旧厂房、完善基础设施等措施，恢复老城区功能和活力。2019年12月，中央经济工作会议明确，加强城市更新和存量住房改造提升，做好城镇老旧小区改造。2020年7月，国务院办公厅印发《关于全面推进城镇老旧小区改造工作的指导意见》，明确要求实施小区内屋面、外墙、楼梯等公共部位维修。我部认真贯彻落实党中央、国务院决策部署，在推动城市更新过程中将老旧建筑改造作为重点，开展了以下工作。

（一）推动加强老旧建筑改造利用。2007年以来，我部持续推进北方采暖地区既有居住建筑供热计量及节能改造，提高公共建筑节能水平，累计完成居住建筑节能改造14亿平方米，公共建筑节能改造2亿平方米。2017年9月，我部印发《关于加强历史建筑保护与利用工作的通知》（建规〔2017〕212号），指导各地建立完善历史建筑保护利用的规划标准规范和管理体制机制。2017年12月，我部将北京等10个城市列为历史建筑保护利用试点，探索历史建筑保护利用有关技术标准和审批机制等经验。2018年9月，我部印发《关于进一步做好城市既有建筑保留利用和更新改造工作的通知》（建城〔2018〕96号），指导各地建立健全既有建筑情况调查、定期维护、安全管理、拆除管理等制度。2019年9月，我部推动开展老厂区老厂房更新改造利用试点，探索城市老厂房产业转型、活化利用路径，总结有关土地利用、规划编制、建筑审批、项目管理等工作经验。此外，我部结合已经开展的生态修复城市修补工作，指导各地优先将旧厂房用于公共文化、体育、养老和创意产业。目前，各地因地制宜探索更新改造老旧建筑，在推动文化传承、塑造特色风貌和促进低碳发展等方面取得积极效果。如北京市探索更新首钢老厂区，打造城市复兴新地标；广州市开展"三旧"改造、"三园"转型、"三乱"整治，老城区焕发新活力；景德镇市造利用原国有陶瓷厂厂房，打造创新创业街区。

（二）制定老旧建筑改造有关标准。2015年以来，我部先后发布《建筑外墙外保温系统修缮标准》（JGJ376-2015）、《既有住宅建筑功能改造技术规范》（JGJ/T390-2016）、《民用建筑修缮工程施工标准》（JGJ/T112-2019）、《民用建筑修缮工程查勘与设计标准》（JGJ/T117-2019）等工程建设标准，对建筑物维修改造的设计、施工等技术要求作出了明确规定，并专门规定建筑修缮设计应符合现行标准，条件不具备时，不应低于原建造时的标准，明确了老旧建筑改造工作的基本目标。2020年4月，我部发布《建设工程消防设计审查验收管理暂行规定》，其第四十条规定明确，新颁布的国家工程建设消防技术标准实施之前，建设工程的消防设计已经依法审查合格的，按原审查意见的标准执行。一些地方还结合实际，发布了相关工程建设地方标准，如河北省发布《既有住宅建筑综合改造技术标准》；重庆市发布《既有民用建筑外门窗节能改造应用技术标准》；广东省发布《既有建筑混凝土结构改造设计规范》；河南省发布《既有居住建筑加装电梯技术标准》，明确老旧改造的节能、结构、加装电梯等方面技术要求。

（三）简化老旧建筑改造审批手续。近年来，我部指导各地按照工程建设项目审批制度改革部署要求，不断压减工程建设项目审批手续和时间。2019年，在北京等试点城市开展"清单制+告知承诺制"改革，在确保工程质量安全和保障群众权益的前提下，支持既有建筑功能混合利用，根据既有建筑改造内容、风险和社会影响等因素，建立并公布不同类型建设工程的审批事项清单和告知承诺制事项清单，切实简化立项、用地、规划、建设、验收、市政公用等手续，构建快速审批流程。各地在推进工程建设项目审批制度改革工作中，围绕提高老旧建筑改造项目审批效率进行了积极探索，取得良好成效。如有的地方推行老旧建筑改造方案由相关部门联合审查认可后，直接办理立项用地规划手续，对于不涉及土地权属变化的项目，可用已有用地手续等材料作为土地证明文件，无需再办理用地手续；有的地方探索将建设工程规划许可和施工许可合并为一个阶段，简化相关审批手续，对于不涉及建筑主体结构变动的低风险项目，实行项目建设单位告知承诺制的，可不进行施工图审查；有的地方鼓励相关各方一次性联合验收。

二、下一步工作打算

当前，我国城市已由大规模建设阶段转向更新发展阶段。城市更新是盘活存量空间、改善人居环境、提升城市品质的重要路径，对不适应现代发展需要的老旧建筑进行改造是城市更新的重点工作。您的建议对推动城市更新、提升既有建筑品质具有重要指导意义。我部将充分吸纳您的建议，在加快推动城市更新中做好以下工作：

（一）研究建立完善城市更新的制度机制。在深入总结各地实践经验基础上，探索建立适应大规模城市存量改建、扩建和改造的工作机制，推动健全城市更新法律法规体系，建立城市更新的规划、建设、管理、运行、拆除等全周期管理体制机制，完善有关标准体系。会同有关部门研究提出存量改造的土地、规划、财税、金融、项目审批等政策制度，为破解老旧建筑改造难等问题提供支撑。

（二）推动加强老旧建筑改造利用。持续推进既有建筑绿色改造，与城镇老旧小区改造、抗震加固等同步实施。在城市更新中支持旧建筑物功能混合利用，推动绿色健康住宅应用示范。指导各地充分考虑应对疫情等突发事件需要，实施大型公共建筑应急功能提升改造工程。

（三）优化老旧建筑改造项目审批程序。继续指导各地深入开展工程建设项目审批制度改革，及时推广地方改革典型经验和做法，简化老旧建筑改造的项目审批流程，大力推进"清单制+告知承诺制"审批，优化老旧建筑改造所涉及的建设工程消防设计审查验收工作审批程序，在确保安全的前提下，提升老旧建筑改造审批效率。

（四）完善老旧建筑改造技术标准。加快推进《历史建筑数字化技术标准》《历史文化街区和历史建筑防火标准》《历史保护地保护利用项目规范》等编制工作。结合老旧小区改造、生态修复功能修补、完整社区建设等，适时组织修订完善相关老旧建筑改造标准，指导各地因地制宜编制完善适用于地方实际情况的老旧建筑改造标准规范，为老旧建筑改造提供必要的技术支撑。

感谢您对住房和城乡建设事业的关心和支持！

关于政协十三届全国委员会第三次会议第4855号提案答复的函

——关于修订住房公积金缴纳办法减轻企业负担的提案

· 2020年9月18日

您提出的关于修订住房公积金缴纳办法减轻企业负担的提案收悉，现答复如下：

住房公积金是单位及其在职职工缴存的长期住房储金。1991年，上海市借鉴新加坡经验，率先建立住房公积金制度，主要目的是筹集建房资金，加快住房建设，形成一种互助共济的制度安排。经过近30年的实践，住房公积金制度始终服从服务于解决城镇住房问题的目标，对于促进房地产市场发展、改善缴存职工住房条件发挥了重要作用。

《住房公积金管理条例》（以下简称《条例》）明确规定单位负有依法履行缴存住房公积金义务。无论用人单位与职工是否在劳动合同中约定缴存住房公积金，均不能免除该项法定义务。用人单位应在劳动合同中明确约定为职工依法缴纳住房公积金相关条款。若因劳动合同未明确约定，单位逾期不缴或少缴住房公积金出现纠纷，可根据《条例》相关规定，由住房公积金管理中心责令限期缴存；逾期仍不缴存的，可以申请人民法院强制执行。

单位为职工履行缴存住房公积金的法定义务时，可根据自身实际情况，与职工协商确定具体的住房公积金缴存比例。缴存住房公积金确有困难的单位，可按《条例》规定，申请降低缴存比例或缓缴，待经济效益好转后，再提高缴存比例或补缴缓缴。我部分别于2016年、2018年会同有关部门印发《关于规范和阶段性适当降低住房公积金缴存比例的通知》（建金〔2016〕74号）和《关于改进住房公积金缴存机制进一步降低企业成本的通知》（建金〔2018〕45号），将住房公积金缴存比例下限统一降至5%，扩大了缴存比例浮动区间；降比和缓缴由各设区城市住房公积金管理委员会授权住房公积金管理中心，10个工作日内完成审批。

总体上看，住房公积金制度已成为我国住房制度的重要内容，为解决职工住房问题发挥了重要作用。随着经济社会发展，这项制度也出现了一些需要完善和调整的内容，需要通过改革加以完善。目前，我部正在按照党中央、国务院的决策部署，会同有关部门研究推进住房公积金制度改革，如指导各地推进非公企业建制缴存，探索灵活就业人员自愿缴存，部分地区已出台政策或探索开展业务。

下一步，我部将在改革住房公积金制度的基础上，及时总结经验，配合司法部进一步做好《住房公积金管理条例》修改完善相关工作。

感谢您对住房和城乡建设事业的关心和支持！

对十三届全国人大二次会议第9306号建议的答复

——"建立房地产经纪人信用体系电子档案，评定经纪人信用等级，建立公示和惩戒机制"的建议

· 2019年10月31日

您提出的"建立房地产经纪人信用体系电子档案，评定经纪人信用等级，建立公示和惩戒机制"的建议，切中房地产中介行业要害，具有很强的针对性和操作性，我部将在后续有关工作中积极予以采纳。最近几年，我部会同国家发展改革委、公安部、市场监管总局等部门，加快

推动房地产中介领域信用体系建设，取得了积极成就。

一是健全房地产中介领域信用信息管理机制。为加快推进社会信用体系建设，促进房地产领域相关主体依法诚信经营，2017年6月，国家发展改革委会同我部等30个部门联合印发《关于对房地产领域相关失信责任主体实施联合惩戒的合作备忘录》（发改财金〔2017〕1206号），将房地产中介机构及其从业人员纳入联合惩戒范围。目前，我部正在制订住房和城乡建设领域信用信息管理暂行办法、失信联合惩戒对象名单管理暂行办法、守信联合激励对象名单管理暂行办法，对推进建立全国统一的住房和城乡建设领域信用信息共享平台，完善守信联合激励和失信联合惩戒机制，实现包括房地产经纪人等住房和城乡建设领域的信用信息归集、共享与应用等提出要求。

二是建立统一信用档案系统，为开展房地产经纪人信用评价提供数据支撑。国家发展改革委牵头搭建了全国信用信息平台，依法依规将各类市场主体和自然人信用信息归集到同一主体名下，并推送至相关政府部门信息系统进行共享与应用，为开展房地产经纪人信用评价奠定了信息化基础。市场监管总局将经营异常名录和严重违法失信企业名单与各相关部门信息共享，推动房地产领域协同监管和联合惩戒。在此基础上，我部建立了统一的房地产经纪信用档案系统，通过中国房地产经纪人网（www.agents.org.cn）向社会公示取得职业资格的房地产经纪专业人员及其所在房地产经纪机构的相关信息。截至2019年9月底，房地产经纪信用档案系统向社会公示全部22.1万名取得职业资格的房地产经纪专业人员信息，以及4.2万家房地产经纪机构信息，公示内容包括机构基本信息、个人基本信息、职业资格信息、登记信息、继续教育信息、机构和人员良好记录和不良记录等。

三是指导各地开展房地产中介行业信用体系建设。近年来，我部指导地方积极开展房地产中介行业信用管理工作。深圳市制定行业黑名单、行业信用管理、诚信评价规则、诚信档案管理办法、中介人员星级管理办法等信用评价相关制度，截至目前纳入信用评价中介机构2638家，分支机构5497家，经纪人员270381人，对中介机构、分支机构、经纪人员实行星级认定，严重失信行为列入"行业黑名单"，并与广州、东莞、惠州、佛山等地进行黑名单数据共享，相关信息向社会进行公示，消费者随时可查。杭州市2016年建立国内首个房地产经纪行业管理服务平台，引入信用评价、星级评定及红黑灰名单机制，消费者可查询杭州中介机构、门店以及从业人员的各项基本信息，择优选择服务，并可对其服务进行评价，数据累积后对经纪人形成星级评定。

下一步，我部将积极会同国家发展改革委、人民银行、公安部、市场监管总局等多部门积极推动《关于对房地产领域相关失信责任主体实施联合惩戒的合作备忘录》的落实。研究出台相关信用管理办法及信用评价指标体系，建立房地产经纪机构与房地产经纪人员守信联合激励和失信联合惩戒机制。

感谢您对住房和城乡建设事业的关心和支持！

对十三届全国人大二次会议第1780号建议的答复
—— 关于简化企业工程项目建设审批程序，推进项目建设进程的建议

· 2019年7月12日

你们提出的关于简化企业工程项目建设审批程序，推进项目建设进程的建议收悉，现答复如下：

党中央、国务院高度重视工程建设项目审批制度改革工作。2018年国务院决定在北京、上海等15个城市和浙江省开展工程建设项目审批制度改革试点，提出统一审批流程、精简审批环节、完善审批体系、强化监督管理等改革任务，着力构建科学、便捷、高效的工程建设项目审批和管理体系。在各试点地区和相关部门的共同努力下，改革试点取得积极成效，全流程审批时间压减至120个工作日以内，实现了"审批时间压减一半以上"的目标，基本统一了审批流程、统一了信息数据平台、构建了统一的审批管理体系、初步建立了统一的监管方式，有效地减轻企业负担。2019年3月，《国务院办公厅关于全面开展工程建设项目审批制度改革的实施意见》（国办发〔2019〕11号）印发实施，要求在全国全面开展工程建设项目审批制度改革，提出了统一审批流程、统一信息数据平台、统一审批管理体系、统一监管方式等改革任务措施，目前，我部正按照党中央、国务院部署要求，会同有关部门，指导各地全面贯彻落实国办发〔2019〕11号文件要求，加快推进开展工程建设项目审批制度改革。

国办发〔2019〕11号文件对简化工程建设项目审批程序提出了明确要求，一是大幅压缩审批时间。明确将工程建设项目全流程（包括从立项到竣工验收和公共设施接入服务）审批时间压缩至120个工作日以内。二是精简规范审批事项。采取减放并转调等方法，大力精简审批事项，制定并向社会公布审批事项清单。三是实施

并联审批。提出将工程建设项目审批流程主要划分为立项用地规划许可、工程建设许可、施工许可、竣工验收四个阶段。其中，工程建设许可阶段主要包括设计方案审查、建设工程规划许可证核发等，施工许可阶段主要包括设计审核确认、施工许可证核发等。每个审批阶段确定一家牵头部门，实行"一家牵头、并联审批、限时办结"。四是分类优化审批流程。鼓励各地根据工程建设项目类型、投资类别、规模大小等，进一步梳理合并审批流程，简化审批手续，压减审批时间。

下一步，我部将深入贯彻落实党中央、国务院部署要求，会同有关部门指导各地全面开展工程建设项目审批制度改革，大力开展宣传培训，建立健全上下联动的工作机制，加强督促评价，压实改革主体责任，完善相关制度，督促各地将工程建设项目审批时间压缩至120个工作日以内，切实统一审批流程，统一信息数据平台，统一审批管理体系，统一监管方式，实现工程建设项目"四统一"。

感谢你们对住房和城乡建设事业的关心和支持！

对十三届全国人大二次会议第8130号建议的答复

——关于精准帮扶城镇特困群体的建议

· 2019年7月2日

您提出的关于精准帮扶城镇特困群体的建议收悉。现就"推进安居工程"建议答复如下：

一、关于积极发展公租房，开展住房救助工作

我部高度重视解决城镇特困群体住房困难问题，会同有关部门认真做好相关工作，通过努力，目前城镇特困家庭公租房保障工作基本实现应保尽保，主要采取了以下措施：

一是建立住房救助制度。会同民政部等相关部门印发《关于做好住房救助有关工作的通知》(建保〔2014〕160号)，明确将住房困难的最低生活保障家庭和分散供养特困人员纳入住房救助范围，优先给予公租房保障，并对住房救助的标准和实施程序作出规定。

二是加大公租房实物保障力度。督促各地完善公租房配套基础设施，加快公租房竣工分配，尽快形成有效供应。在分配房源时，优先向住房救助对象配租，并在租金上给予减免。

三是积极推进租赁补贴。制定《关于做好城镇住房保障家庭租赁补贴工作的指导意见》(建保〔2016〕281号)，完善公租房保障方式，满足城镇住房困难群体多样化需求，支持困难群众领取租赁补贴后在市场租赁房屋，解决其住房困难问题。

四是实施精准保障。印发《关于完善公租房分配方式的通知》(建办保函〔2017〕634号)、《关于进一步规范发展公租房的意见》(建保〔2019〕55号)，要求各地全面梳理低收入特别是低保家庭、分散供养特困人员的住房状况，要求凡申请并符合条件的要实现应保尽保。

二、关于城镇特困群体的棚户区改造工作

《国有土地上房屋征收与补偿条例》(国务院令第590号)明确，征收个人住宅，被征收人符合住房保障条件的，作出房屋征收决定的市、县级人民政府应当优先给予住房保障。具体办法由省、自治区、直辖市制定。

《国务院关于加快棚户区改造工作的意见》(国发〔2013〕25号)明确，对经济困难、无力购买安置住房的棚户区居民，可以通过提供租赁型保障房的方式满足其基本居住需求，或在符合有关政策规定的条件下，纳入当地住房保障系统统筹解决。

在实施棚改的过程中，各市、县对原住房面积较小的困难居民，按照不低于一定面积予以安置，确保居民得到基本住房保障；对经济困难、无力购买安置住房的居民，纳入当地住房保障体系，通过公租房保障等方式统筹解决。

感谢您对住房和城乡建设事业的关心和支持！

关于政协十三届全国委员会第一次会议第1597号提案答复的函

——关于建立进城落户农民住房公积金制度的提案

· 2018年7月12日

您提出的关于建立进城落户农民住房公积金制度的提案收悉。现答复如下：

按照《住房公积金管理条例》(以下简称《条例》)规定，包括农村户籍职工在内的城镇单位在职职工，本人及其单位均应缴存住房公积金，并依法享有住房公积金提取和申请个人住房贷款的权利。近年来，我部认真贯彻党中央、国务院决策部署和《条例》规定，针对进城落户农民的实际需求，不断完善住房公积金缴存、提取、贷款和转移接续政策，支持进城落户农民解决住房问题，实现住有所居。您提出的适当降低缴存门槛、适度放宽提取条件、优先保障进城落户农民贷款需求等建议，我部均已出台了相应的政策，并列入《条例》修订和制度改革的重要内容予以研究。

一、关于适当降低缴存门槛

按照国务院常务会议要求,我部会同财政部、人民银行于2018年4月印发《关于改进住房公积金缴存机制进一步降低企业成本的通知》(建金〔2018〕45号),要求扩大住房公积金缴存比例浮动区间,住房公积金缴存比例下限为5%,上限最高不得超过12%,缴存单位可在此区间内自主确定住房公积金缴存比例。对于生产经营困难的企业,经职工代表大会或工会讨论通过,可申请降低住房公积金缴存比例或者缓缴。住房公积金管理委员会应授权住房公积金管理中心审批,审批时限不得超过10个工作日。

二、关于适当放宽提取条件

现行《条例》规定,职工购买、建造、翻建、大修自住住房的,可以提取账户内的存储余额。近年来,我部会同财政部、人民银行,进一步放宽提取条件:一是推动修订《条例》,规定支付自住住房租金和物业费可以提取住房公积金,并允许在职职工及其配偶同时提取住房公积金用于家庭住房消费。二是《关于住房公积金管理若干具体问题的指导意见》(建金管〔2005〕5号)规定,部分或者全部丧失劳动能力以及遇到其他突发事件,造成家庭生活严重困难的,提供有效证明材料,经住房公积金管理中心审核,可以提取本人住房公积金账户内的存储余额。三是印发《关于放宽提取住房公积金支付房租条件的通知》(建金〔2015〕19号),规定职工连续足额缴存住房公积金满3个月,本人及配偶在缴存城市无自有住房且租赁住房的,可提取夫妻双方住房公积金支付房租。

对于与单位终止劳动关系的农村户籍职工,部分城市为满足其离城返乡时的提取需求,开设离职提取业务。2017年6月,我部建成使用住房公积金异地转移接续平台,畅通了转接渠道,实现了"账随人走,钱随账走",职工在转出地和转入地均可通过平台一次办理账户转移手续,避免往返奔波。

三、关于优先保障进城落户农民贷款需求

近年来,我部放宽了申请住房公积金个人住房贷款的条件,提高了贷款额度。一是印发《关于发展住房公积金个人住房贷款业务的通知》(建金〔2014〕148号),规定职工连续足额缴存住房公积金6个月(含)以上,可申请住房公积金个人住房贷款。二是印发《关于切实提高住房公积金使用效率的通知》(建金〔2015〕150号),规定要综合考虑当地房价水平、贷款需求和借款人还款能力,提高实际贷款额度;在保证借款人基本生活费用的前提下,月还款额与月收入比上限控制在50%-60%;贷款偿还期限可延至借款人法定退休年龄后5年,最长贷款期限为30年。

下一步,我部将贯彻落实党中央、国务院的决策部署,深入了解进城落户农民的住房需求,加快推进住房公积金制度改革,建立自愿缴存机制,进一步完善存贷挂钩机制,将更多的进城落户农民纳入住房公积金制度覆盖范围,更好地促进全体人民住有所居。

感谢您对住房城乡建设事业的关心和支持!

关于政协十三届全国委员会第一次会议第1848号提案答复的函

——关于提请国家出台城市管理法的提案

·2018年7月11日

您提出的关于提请国家出台城市管理法的提案收悉。现答复如下:

随着我国城镇化快速发展,城市管理工作的地位和作用日益突出。我部赞同您关于出台城市管理法的提案。为加强和改善城市管理,我部在制定出台《城市管理执法办法》的基础上,已向全国人大常委会法工委正式提出将《中华人民共和国城市管理法》列入十三届全国人大常委会立法规划。

一、制定城市管理法十分必要

(一)党中央、国务院对城市管理立法提出明确要求。《中共中央 国务院关于深入推进城市执法体制改革改进城市管理工作的指导意见》(以下简称《指导意见》)对城市管理立法工作提出明确要求:"到2020年,城市管理法律法规和标准体系基本完善,执法体制基本理顺,机构和队伍建设明显加强,保障机制初步完善,服务便民高效,现代城市治理体系初步形成,城市管理效能大幅提高,人民群众满意度显著提升"。"加强城市管理和执法方面的立法工作,完善配套法规和规章,实现深化改革与法治保障有机统一,发挥立法对改革的引领和规范作用"。出台城市管理法,是落实党中央、国务院关于深化城市管理执法体制改革的要求,也是实际工作的需要。

(二)破解城市管理和执法难题迫切需要制定城市管理法。

一是破解城市管理职责边界不清、综合统筹能力不强问题。城市管理牵涉面广,目前国家层面有6部行政法规,分散解决了城市管理中的局部问题,但系统性、整

体性不够。因此,有必要制定城市管理法,以市政公用、市容环卫、园林绿化、城市管理执法为核心,从法律层面匡定城市管理职责边界,统筹解决城市管理中的重点、难点问题,提高城市管理和服务水平。

二是破解城市管理执法依据不足、强制力不够问题。城市管理执法涉及事项多,执法难度大。在实施过程中,因无法律规范,执法主体资格常常受到质疑。此外,城市管理执法与行业管理职责划分不清,城市管理执法强制手段不足,执法过程容易发生冲突纠纷,影响执法效果。因此,有必要制定城市管理法,明确城市管理执法主体地位,厘清综合执法与行业监管责任,建立执法协作机制和责任追究机制,赋予必要的行政强制手段,确保严格规范公正文明执法。

三是破解城市治理能力不高问题。尽管我国城市管理工作取得了一定的成就,但距离城市治理体系和治理能力现代化要求还有很大差距,表现在:管理理念落后,重事轻人、重建轻管、重管轻治;体制机制不顺,多方共治机制尚未建立;执法手段不足,源头治理和信息化水平不高;部分执法人员素质不高,执法行为不规范。没有好的治理体系就无法真正提高治理能力。因此,有必要制定城市管理法,以法律形式构建城市治理体系,规范城市管理执法行为,构建开放、包容的城市治理格局。

二、当前已具备城市管理法立法条件

(一)社会各方对城市管理国家立法呼声很高。当前,社会各界对城市管理高度关注,建议制定城市管理法的呼声很高。全国人大代表、政协委员、专家学者和业内外人士一直呼吁加快制定城市管理法。自1996年城市管理领域相对集中行政处罚权以来,国内外专家学者对城市管理和执法的理论研究日趋成熟,吸收借鉴日本、新加坡等国家城市管理和执法的经验,城市管理国家立法涉及的诸多问题被广泛深入讨论,依法治市形成共识。

(二)地方立法成果为国家立法奠定了基础。2015年城市管理执法体制改革以来,城市管理地方立法成果丰硕,积累了实践经验。据不完全统计,各地已出台40部城市管理和执法方面的地方性法规。这些法规在调整范围、主要制度方面都结合实际作出了相应规定,并在实践中起到了很好的效果,为国家层面制定城市管理法创造了基础。

(三)我部就城市管理立法进行了前期调研论证。2016年以来,我部结合全国人大代表建议和政协委员提案办理,会同全国人大财经委、国务院法制办召开立法论证会,对安徽、湖南等7个省份,武汉、南京等19个城市开展调研,摸清立法需求。委托中国政法大学马怀德教授开展城市管理国家立法课题研究并已形成研究成果。召开3次立法研讨会,广泛听取全国人大代表和政协委员、知名专家学者、地方立法机关和行业主管部门意见,凝聚立法共识。

三、关于城市管理法立法的考虑

(一)调整范围。

根据《指导意见》匡定的城市管理职责,城市管理法拟对全国范围内城市管理工作进行规范,包括市政管理、环境管理、交通管理、应急管理和城市规划实施管理等。具体实施范围包括市政公用设施运行管理、市容环境卫生管理、园林绿化管理、城市管理执法等方面的全部工作;与城市管理密切相关,需要纳入统一管理的公共空间秩序管理、违法建设治理、交通管理等方面的部分工作。

(二)管理体制。

住房城乡建设部指导全国城市管理工作。各省、自治区、直辖市城市管理部门主管本地区城市管理工作。各地城市管理部门负责本地区城市管理工作。在城市设立城市治理委员会,作为议事协调机构。

(三)立法框架和主要制度。

1. 市政管理。明确城市供水、污水处理、供热、燃气、综合管廊等市政管理的基本原则、主要内容、强制性要求、违反情形等。

2. 环境管理。明确建筑物和设施、户外广告和招牌标识、流动摊贩、建筑施工、园林绿化、环卫保洁、垃圾分类、固体废弃物、噪音、大气、河湖水系等环境管理的基本原则、主要内容、强制性要求、违反情形等。

3. 交通管理。明确交通路网、城市道路、城市桥梁、静态交通秩序、交通管制、公共交通、互联网汽车和自行车等交通管理的基本原则、主要内容、强制性要求、违反情形等。

4. 应急管理。明确防灾减灾、生命线系统、应急避难场所、应急预案、应急接管、应急征用等应急管理的基本原则、主要内容、强制性要求、违反情形等。

5. 城市规划实施管理。明确违法建设管理的基本原则,建立限制交易、即查即拆等制度。

6. 城市管理执法。匡定城市管理综合执法范围,明确执法主体地位,建立执法协作机制。明确城市管理执法人员和协管人员身份。赋予城市管理部门行政处罚权和行政强制权。规范执法程序,完善执法手段和保障,实行联合惩戒。

7. 城市治理。坚持系统治理、依法治理、综合治理、源头治理的原则，强化智能化管理，提高城市管理标准，聚焦影响城市安全、制约发展、群众反映强烈的突出问题，加强综合整治，形成常态长效管理机制，努力让城市有序、安全、干净。

8. 法律监督和责任。建立数字化城市管理平台、网格化管理制度，运用现代信息技术为完善城市管理提供技术保障。明确层级监督、绩效考核、投诉举报、社会监督机制，建立实施信用惩戒机制。明确法律责任。

下一步，我部将会同有关部门加强调查研究，进一步总结地方城市管理立法经验做法和《城市管理执法办法》实施情况，听取各地对城市管理法立法的建议，扎实做好城市管理法调研论证工作，推动城市管理法早日出台。

感谢您对住房城乡建设事业的关心和支持！

对十三届全国人大一次会议第 3227 号建议的答复

——关于提升城市水污染防治效果的建议

· 2018 年 8 月 14 日

您提出的《关于提升城市水污染防治效果的建议》（第 3227 号）的建议收悉，现答复如下：

您提出的关于提升城市水污染防治效果的建议对我们推动城市水污染治理有很好的借鉴作用。国家高度重视城市水污染防治工作。近年来，我部与水利部、财政部、生态环境部按职责分工主要开展了以下工作：

一、强化规划引领作用

《城镇排水与污水处理条例》明确规定各地编制本行政区域的城镇排水与污水处理规划，除干旱地区外，新区建设应当实行雨水、污水分流；对实行雨水、污水合流的地区，应当按规划要求，进行雨水、污水分流改造。在雨水、污水分流地区，新区建设和旧城区改建不得将雨水管网、污水管网相互混接。2017 年经国务院批准，我部会同国家发展改革委印发《全国城市市政基础设施建设"十三五"规划》，明确各地雨污分流管网改造和建设任务及目标，指导各地加快雨污分流管网改造和建设。我部还印发了《海绵城市专项规划编制暂行规定》要求各地从源头解决好雨污分流、私接烂排问题。

二、加大财政支持力度

中央财政高度重视生态文明建设，通过一般转移支付和相关专项资金对山西省等重点治理区域尤其是经济欠发达地区开展生态环境保护和污染防治工作给予了支持。自 2016 年起，累计安排资金 100.71 亿元，支持山西开展搬迁安置、地质环境治理、生态恢复等综合治理工作。山西省可统筹使用上述资金做好汾河流域城市水污染防治工作，财政部将继续通过专项资金支持山西省开展相关工作。

三、完善标准规范体系

我部先后制定了涉及城市排水设施规划、建设、运维等系列标准。一是规划建设方面，制修订《城市工程管线综合规划规范》《城市排水工程规划规范》《城镇给水排水技术规范》《室外排水设计规范》《给水排水工程管道结构设计规范》《给水排水构筑物工程施工及验收规范》等国家标准；二是运维养护方面，制修订《城镇排水管道维护安全技术规程》《城镇污水处理厂运行、维护及安全技术规程》《城镇排水管渠与泵站运行、维护及安全技术规程》等技术规范，基本涵盖城市排水规划、设计建设、施工、验收、运维全过程，有效加强技术标准规范。同时，我部还印发《国家园林城市系列标准及申报评审管理办法的通知》，将城市水体修复纳入国家生态园林城市考核标准。

四、建立城市水污染防治长效机制

一是我部修订印发《城镇污水处理工作考核暂行办法》，进一步加强城市污水处理设施建设和运行监管，全面提升城镇污水处理效能；结合"水十条"的相关考核，会同生态环境部对进展相对滞后的地区组织开展专项督查督导，督促各地加大城镇污水管网建设力度，因地制宜加快实施雨污分流改造，提升城镇污水处理运行维护管理水平。二是水利部联合我部等 9 个部门开展最严格水资源管理考核，将城市水污染防治相关指标纳入考核内容，严格考核，督促责任落实。三是全面落实河湖长制，明确各河湖长责任，充分发挥各地政府、街道和社区的作用。

下一步，我们将积极落实《中共中央 国务院关于全面加强生态环境保护坚决打好污染防治攻坚战的意见》，进一步加大对城市水污染防治工作的支持力度，指导督促各地加快建设，推进城镇污水收集处理；深入开展河湖水资源保护和水生态修复，落实海绵城市建设理念，统筹协调排水与污水处理、园林绿地、道路等设施建设；坚决打好水污染防治攻坚战，打好预警通报、信息公开、督查问责的"组合拳"，不断提升城市水污染防治效果。

感谢您对住房城乡建设部的关心和支持！

对全国政协十二届五次会议第 0191 号提案的答复
——关于加快出台农村住房建设管理办法的提案

· 2017 年 8 月 29 日

您提出的关于加快出台农村住房建设管理办法的提案收悉，现答复如下：

目前，建筑法、《建设工程质量管理条例》等现行有关法律法规不适用于农民自建低层住宅建设活动，城乡规划法和《村庄和集镇规划建设管理条例》虽规定了农房建设的规划管理要求，但各地执行不平衡，许多地方如您所言，不能对农房建设进行有效约束与指导。为加强农房建设管理，近年来我部主要开展了以下几方面工作。

一、积极推动《村庄和集镇规划建设管理条例》修订工作

《村庄和集镇规划建设管理条例》已实施 25 年，一些条款已不能涵盖目前出现的新情况，我部积极建议国务院法制办修订《村庄和集镇规划建设管理条例》。

二、关于加强规划和许可审批管理

我部于 2015 年 11 月印发《关于改革创新、全面有效推进乡村规划工作的指导意见》（建村〔2015〕187 号），明确到 2020 年全国所有县（市）要完成县（市）域乡村建设规划或修编，实现乡村建设发展有目标、重要建设项目有安排、生态环境有管控、自然景观和文化遗产有保护、农村人居环境改善有措施。通过创新村庄规划编制机制和工作机制，切实提高村庄规划的覆盖率和实用性。2013 年，我部启动全国村庄规划试点工作，2014 年将镇规划、县域村镇体系规划纳入试点范围。印发《乡村建设规划许可实施意见》，要求在乡、村庄规划区内进行农村村民住宅、乡镇企业、乡村公共设施和公益事业建设的，需依法申请、办理乡村建设规划许可，规范了乡村建设规划许可的内容、主体、实施程序和保障措施等。

三、加强质量安全管理

印发《关于切实加强农房建设质量安全管理的通知》，要求各地落实行业和属地管理责任、强化建设责任和安全意识、实施到户技术指导和服务、加强农村建筑工匠队伍管理、严格农房改扩建管理，全面推动农房建设具备基本的结构设计、基本技能的建筑工匠、基本的管理队伍、基本的质量检查，力争到 2020 年实现农房建设普遍有基本的管理。

此外，我部会同有关部门通过实施农村危房改造推动农房建设质量安全水平提高。为解决农村居民住房困难，中央实施了农村危房改造工程。我部印发《农村危房改造抗震安全基本要求（试行）》等技术规范，加强对房屋设计、施工等环节的指导与监督，探索建立农村建筑工匠资格制度。总体看，农村危房改造进展顺利，明显改善了农村困难群众住房条件，在近年历次地震中，改造后的农房无一户倒塌，保护了农民群众生命和财产安全。

四、加强农房建设管理服务

为加强对农村建设的指导与管理，提高村镇建设的质量和管理水平，2013 年我部印发《关于加强乡镇建设管理员队伍建设的通知》（建村〔2013〕49 号），要求各地采取有力措施，推进目前还未配备专职乡镇建设管理员的乡镇尽快配备 1 名以上专职乡镇建设管理员，承担农村建设的指导与管理具体任务；各地县级以上住房城乡建设部门加强协调，指导乡镇建设管理员队伍建设，加大对乡镇建设管理员的业务指导和培训力度。

我部高度重视农房建设质量安全的宣传与技术指导工作。指导各地编印和发放农房抗震设防手册或挂图，向广大农民宣传和普及抗震设防常识。组织专家编印《农村建筑工匠培训教材》，举办了多期全国农房建设管理和危房改造培训班，提高农村建筑工匠的技术水平和从业素质。

五、关于加强宅基地执法监管

对于农房建设过程中存在非法、违规用地等问题，国土资源部出台的《关于进一步完善宅基地管理制度切实维护农民权益的通知》（国土资发〔2010〕28 号）等文件明确要求加强监管，建立宅基地管理动态巡查和责任追究制度，同时与市、县有关部门、乡镇政府、村自治组织建立依法管理宅基地的共同责任机制，共同遏制违法占地建住宅的行为，建立宅基地使用和管理新秩序。国土资源执法检查工作布局日趋合理，已初步形成"全国覆盖、全程监管、科技支撑、执法督察、社会监督"的执法监管体系，并积极配合有关部门追究党纪政纪和法律责任。

感谢您对住房城乡建设事业的关心和支持！

图书在版编目（CIP）数据

中华人民共和国房地产法律法规全书：含相关政策及文书范本：2024年版／中国法制出版社编．—北京：中国法制出版社，2024.3

（法律法规全书系列）

ISBN 978-7-5216-4136-3

Ⅰ．①中… Ⅱ．①中… Ⅲ．①房地产法-汇编-中国 Ⅳ．①D922.389

中国国家版本馆CIP数据核字（2024）第032331号

策划编辑：袁笋冰　　　责任编辑：王林林　　　封面设计：李　宁

中华人民共和国房地产法律法规全书：含相关政策及文书范本：2024年版
ZHONGHUA RENMIN GONGHEGUO FANGDICHAN FALÜ FAGUI QUANSHU：HAN XIANGGUAN ZHENGCE JI WENSHU FANBEN：2024 NIAN BAN

经销/新华书店
印刷/三河市国英印务有限公司
开本/787毫米×960毫米　16开　　　　　　印张/ 45.75　字数/ 1241千
版次/2024年3月第1版　　　　　　　　　　2024年3月第1次印刷

中国法制出版社出版
书号 ISBN 978-7-5216-4136-3　　　　　　　　　　　　　定价：96.00元

北京市西城区西便门西里甲16号西便门办公区
邮政编码：100053　　　　　　　　　　　　　传真：010-63141600
网址：http：//www.zgfzs.com　　　　　　编辑部电话：010-63141676
市场营销部电话：010-63141612　　　　　　印务部电话：010-63141606

（如有印装质量问题，请与本社印务部联系。）